强国钢铁书系 | 共和国钢铁脊梁丛书

中国铁矿石

ZHONGGUO TIEKUANGSHI

◎ 中国冶金矿山企业协会 编

北 京
冶 金 工 业 出 版 社
2025

内容提要

铁矿石作为维护钢铁产业链-供应链安全的压舱石，是经济建设和社会发展的重要物质基础。本书全面反映新中国成立以来，尤其是改革开放四十余年来中国铁矿业波澜壮阔的发展历程和取得的辉煌成就；聚焦践行“科技创新是发展新质生产力的核心要素”的突出成效，从中国铁矿石产业的历史与发展、科技进步、典型企业的发展历程与科技创新、铁矿需求及海外资源开发与利用、产业技术支撑体系等维度，从工艺、技术、装备、数字化、智能化、绿色矿山、资源综合利用、安全环保、节能减排，以及“走出去”情况等方面，按照重大历史阶段、重大历史成就展开论述；展现了中国铁矿业以科技铸就矿业脊梁，不断向着建设绿色矿山、智能矿山的目标踔厉进发的征程。

本书可供矿业行业协会人员，矿业研究人员，矿山企业研发、管理、技术、生产人员，以及高校师生阅读参考。

图书在版编目(CIP)数据

中国铁矿石/中国冶金矿山企业协会编. -- 北京：冶金工业出版社，2025. 8. --(强国钢铁书系).

ISBN 978-7-5240-0187-4

Ⅰ. F426.1

中国国家版本馆 CIP 数据核字第 20253D5Q77 号

中国铁矿石

出版发行 冶金工业出版社　　**电　话** (010)64027926

地　址 北京市东城区嵩祝院北巷 39 号　　**邮　编** 100009

网　址 www.mip1953.com　　**电子信箱** service@mip1953.com

责任编辑　刘小峰　曾　媛　美术编辑　彭子赫　版式设计　郑小利

责任校对　梁江凤　责任印制　禹　蕊

北京捷迅佳彩印刷有限公司印刷

2025 年 8 月第 1 版，2025 年 8 月第 1 次印刷

787mm×1092mm　1/16；52.75 印张；1212 千字；824 页

定价 339.00 元

投稿电话　(010)64027932　投稿信箱　tougao@cnmip.com.cn

营销中心电话　(010)64044283

冶金工业出版社天猫旗舰店　yjgycbs.tmall.com

丛书编委会

《中国铁矿石》编委会

主要编审人员 （以姓氏笔画为序）

马　琳	马延平	王　旭	王　健	王　磊
王晓明[①]	王晓明[②]	王笑语	刘惠中	冯　岩
巩德彪	刘方明	关晓伟	许文耀	许志中
苏东宾	李　刚	李志慧	李恒欠	杨　琪
杨旭辉	肖　薇	吴　杨	何　伟	何小璇
何建成	宋昕铭	张　丽	张　明	张　峰
张　强	张文静	张永芳	张建辉	张建鹏
张春正	张清山	陆玉根	陈　帮	陈　辉
青　颖	范立军	金　纯	周　宇	周　倩
周雪梅	郑焱评	赵　剑	胡自强	侯　杰
侯诗华	姜礼明	祝昕冉	耿嘉鑫	钱　伟
徐　彪	高路路	郭云飞	唐志东	常　剑
常浩然	揭香萍	谢卫东	鲍艳华	蔡正鹏
熊正莲	黎一冰	戴　虹		

---

① 太原重型机械集团有限公司。

② 矿冶科技集团北矿机电公司。

丛书总序

中国共产党的成立，是开天辟地的大事变，深刻改变了近代以后中华民族发展的方向和进程，深刻改变了中国人民和中华民族的前途和命运，深刻改变了世界发展的趋势和格局。中国共产党人具有钢铁般的意志，带领全国人民无惧风雨，凝心聚力，不断把中国革命、建设、改革事业推向前进，中华民族伟大复兴展现出前所未有的光明前景。

新中国钢铁工业与党和国家同呼吸、共命运，秉持钢铁报国、钢铁强国的初心和使命，从战争的废墟上艰难起步，伴随着国民经济的发展而不断发展壮大，取得了举世瞩目的辉煌成就。炽热的钢铁映透着红色的基因，红色的岁月熔铸了中国钢铁的风骨和精神。

1949 年，鞍钢炼出了新中国第一炉钢水；1952 年，太钢成功冶炼出新中国第一炉不锈钢；1953 年，新中国第一根无缝管在鞍钢无缝钢管厂顺利下线；1956 年，新中国第一炉高温合金在抚钢试制成功；1959 年，包钢试炼出第一炉稀土硅铁合金；1975 年，第一批 140 毫米石油套管在包钢正式下线；1978 年，第一块宽厚钢板在舞钢呱呱坠地；1978 年，第一卷冷轧取向硅钢在武钢诞生……1996 年，中国钢产量位居世界第一！2020 年中国钢产量 10.65 亿吨，占世界钢产量的 56.7%。伴随着中国经济的发展壮大，中国钢铁悄然崛起，钢产量从不足世界千分之一到如今占据半壁江山，中国已成为名副其实的世界钢铁大国。

在走向钢铁大国的同时，中国也在不断向钢铁强国迈进。在粗钢产量迅速增长的同时，整体技术水平不断提升，形成了世界上最完整的现代化钢铁工业体系，在钢铁工程建设、装备制造、工艺技术、生产组织、产品研发等方面已处于世界领先水平。钢材品种质量不断改善，实物质量不断提升，为“中国制造”奠定了坚实的原材料基础，为中国经济的持续、快速发展提供了重要支撑。在工业强基工程中，服务于十大领域的 80 种关键基础材料中很多是钢铁材料，如海洋工程及高技术船舶用高性能海工钢和双相不锈钢、轨道交通用高性能齿轮渗碳钢、节能和新能源领域用高强钢等。坚持绿色发展，不断提高排放标准，在节能降耗、资源综合利用和改善环境方面取得明显进步。到 2025 年年底前，重点区域钢铁企业基本完成、全国 80%以上产能将完成国内外现行标准的最严水平超低排放改造。2006年以来，在满足国内消费需求的同时，中国钢铁工业为国际市场提供了大量有竞争力的钢铁产品和服务；展望未来，中国钢铁将有可能率先在绿色低碳和智能制造方面实现突破，继续为世界钢铁工业的进步、为全球经济发展做出应有的贡献。

今年是中国共产党成立100周年，是“十四五”规划的开局之年，也是顺利实现第一个百年目标、向第二个百年目标砥砺奋进的第一年。为了记录和展现我国钢铁工业改革与发展日新月异的面貌、对经济社会发展的支撑作用、从钢铁大国走向钢铁强国的轨迹，在中国钢铁工业协会的支持下，冶金工业出版社联合陕钢集团、中信泰富特钢集团、太钢集团、中国特钢企业协会、中国特钢企业协会不锈钢分会、中国废钢铁应用协会等单位共同策划了“强国钢铁书系”之“共和国钢铁脊梁丛书”，包括《中国螺纹钢》《中国特殊钢》《中国不锈钢》和《中国废钢铁》，以庆祝中国共产党成立100周年。

写书是为了传播，正视听、展形象。进一步改善钢铁行业形象，应坚持三个面向。一是面向行业、企业内部的宣传工作，提升员工的自豪感、荣誉感，树立为了钢铁事业奉献的决心和信心；二是面向社会公众，努力争取各级政府和老百姓的理解和支持；三是面向全球，充分展示中国钢铁对推进世界钢铁业和世界经济健康发展做出的努力和贡献。如何向钢铁人讲述自己的故事，如何向全社会和全世界讲述中国钢铁故事，是关乎钢铁行业和钢铁企业生存发展的大事，也是我们作为中国钢铁工业大发展的亲历者、参与者、奋斗者义不容辞的时代责任！

希望这套丛书能成为反映我国钢铁行业波澜壮阔的发展历程和举世瞩目的辉煌成就，指明钢铁行业未来发展方向，具有权威性、科学性、先进性、史料性、前瞻性的时代之作，为行业留史存志，激励今人、教育后人，推动中国钢铁工业高质量发展，向中国共产党成立100周年献礼。

中国钢铁工业协会党委书记、执行会长

2021年10月于北京

序

中国铁矿石资源的开发与利用，宛如一部波澜壮阔的史诗，融合了中华民族千年的文明积淀、世界工业革命的浪潮以及全球化的战略布局。从古代先民对铁矿的初步应用，到现代科技驱动下的智能开采；从国内矿山的艰难崛起，到跨国资源的精心整合，这一历程深刻地塑造了铁矿石这一“工业粮食”的发展底色。本书旨在系统梳理中国铁矿石产业的发展脉络，为读者呈现一幅多维度的产业图景，引领我们深入探寻这一重要产业的过去、现在与未来。

一、铁矿石开发的历史回响

中国铁矿的利用可追溯至新石器时代，商周时期便已出现规模化的采冶活动。春秋战国时期，铁器的全面普及推动了冶铁技术的重大突破，为社会的发展注入了强大动力。近代以来，中国铁矿石的开发历经重重磨难。帝国主义、官僚主义和封建主义的压迫与羁绊，使得中国近代矿业在技术、管理和经营等方面严重落后，发展步履维艰。新中国成立后，铁矿开发步入了分阶段演进的崭新阶段。1949—1978 年，中国铁矿发展历经坎坷曲折，一路披荆斩棘、奋发向前，矿山机械化、采选技术快速发展，为后续的腾飞奠定了坚实基础。1978 年，改革开放以后，中国铁矿迎来了蓬勃发展的生机，铁矿石产量持续增长，铁精矿质量和金属回收率实现双提升。与此同时，优质铁矿石仍依赖大幅度进口，行业高质量发展面临严峻挑战。党的十八大以来，在以习近平同志为核心的党中央的坚强领导下，中国铁矿产业进入了创新驱动、绿色发展的新阶段，智能化、自动化水平显著提升，资源利用效率大幅提高，绿色发展理念深入人心。随着“一带一路”倡议的深入实施，中国铁矿产业迎来了新的发展机遇。通过加强与共建国家的经贸合作，共同开发铁矿资源，不仅有效缓解了国内铁矿资源紧张的局面，还为促进区域经济发展奠定了坚实基础。在此期间，国家加大了对铁矿资源的整合力度，优化了产业布局，加强了上下游企业的紧密合作，推动产业链上下游协同创新，共同应对市场变化和风险挑战，提升了整个产业链的竞争力和抗风险能力，推动形成了一批具有国际竞争力的铁矿企业集团，提升了中国铁矿产业的国际影响力和话语权。

二、技术革新的产业跃迁

采选技术的进步，犹如一把钥匙，为破解中国铁矿资源禀赋的限制打开了新的大门。落后的人工开采方式逐渐被机械化全面取代，采选业广泛应用了高效节能新工艺、新技术和新设备，正迈向数字化智能化的新时代。在采矿领域，开采技术从最初的引进逐步转变为自主研发，成功实现了机械化、自动化的转型升级，极大地促进了矿山开采效率和效益的提升，推动了铁矿资源的高效利用。过去难以开采利用的低品位矿如今可以充分高效利用，开采深度也从地表深入1000米以下，资源保障能力大幅提高。在选矿领域，低效的破碎、球磨工艺逐渐被半自磨、高压辊磨、塔磨等高效设备所代替，破碎磨矿效率提升了30%以上；磁化焙烧技术使难选赤铁矿的回收率大幅度提升，常温浮选药剂的研发使能耗降低了15%；智能化选矿厂通过物联网实现了矿石流全流程的自动化控制。这些技术创新为我国深井开采、低品位难选资源的开发开辟了新的路径，中国铁矿资源得到了更加充分、高效的开发利用。

三、大国重器的企业群像

中国铁矿开发催生了世界级的矿业企业集群，鞍钢矿业作为国内最大的铁矿石生产企业，资源探明储量达88亿吨，远景储量173亿吨，具备年产铁矿石8000万吨、铁精矿2800万吨的强大能力。该企业聚焦打造世界级规模、世界级成本、世界级产品，加快实现“建设世界一流资源开发企业”的发展目标，坚决维护我国钢铁产业链供应链的战略安全。宝武资源作为一家矿产资源供应链公司，通过打造“四业务板块（境内矿山板块、海外矿山板块、贸易与营销板块、物流板块）+四协同功能（智慧交易功能、智慧物流功能、资金管控功能、技术创新功能）”的矩阵业态，致力于为钢铁业打造可靠、高效、绿色的资源供应链。首钢矿业已发展成为以采矿、选矿为主业，同时发展资源综合利用产业、运输物流产业、矿山装备制造和技术服务等相关产业的特大型现代化矿山企业。该企业确立了“发展培育资源综合利用产业”的战略，明确了“利用固废资源生产优质砂石骨料，协同回收铁矿石资源”的产业模式。随着河钢矿业、太钢矿业、攀钢矿业、包钢股份、华夏建龙、山东金岭、内蒙古大中等国内一大批矿山企业的不断发展壮大，中国铁矿石已经开始在全球铁矿石供应链中发挥越来越重要的作用，逐步重构全球铁矿石供应链的格局。

四、全球视野下的资源博弈

长期以来，中国是全球最大的铁矿石进口国，2024 年进口铁矿石达到 12.37 亿吨，外采度超过 80%。国际四大矿山（淡水河谷、必和必拓、力拓、FMG）长期占据着定价权，铁矿石价格的波动直接影响着下游万亿级产业的稳定与发展。为破解这一困局，中国企业加速布局海外权益矿，早期的首钢秘鲁铁矿和中钢恰那项目成为海外铁矿投资的成功范例。近十年来，尤其是“一带一路”倡议提出之后，受政策的有力驱动，中国对外矿山直接投资恢复增长，采矿业也开始了新一轮的尝试，积极参与全球矿业格局的重塑。

本书通过历史纵深、科技进步、企业实践与国际比较的多维度视角，展现了中国铁矿石产业从资源禀赋劣势到技术自主、从被动进口到主动布局的转型之路。这不仅是一部铁矿产业的发展史，更是中国工业化进程中资源战略及高质量发展的生动写照。它让我们深刻认识到，在全球经济一体化的背景下，中国铁矿石产业的发展对于国家的经济安全和可持续发展具有重要的战略意义。同时，也为我们展示了中国铁矿石产业在技术创新、企业发展和国际合作等方面所取得的卓越成就，激励着我们不断探索和前行，为实现中国铁矿石产业的新跨越而努力奋斗，为实现强国建设、民族复兴伟大事业贡献新的力量。

中国工程院院士 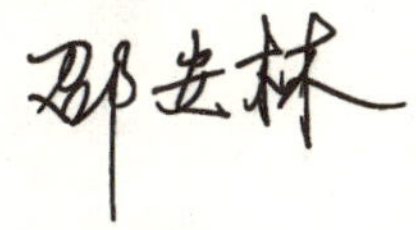

2025 年 4 月 16 日

前　言

铁矿资源是我国产量最大的金属资源，也是国家战略性紧缺性矿产资源，更是钢铁工业发展的基本条件、基础支撑和重要保障。党的二十大报告明确指出："强化经济、重大基础设施、金融、网络、数据、生物、资源、核、太空、海洋等安全保障体系建设""加强重点领域安全能力建设，确保粮食、能源资源、重要产业链供应链安全"。作为国家战略矿产资源的铁矿石，对维护我国钢铁产业链供应链安全具有压舱石作用。

近年来，中国铁矿企业深入实施创新驱动发展战略，加快动能转换，扎实推进绿色矿山建设，基本实现开采方式科学化、资源利用高效化、生产工艺环保化、矿山环境生态化、矿区社区和谐化，形成了符合生态文明建设要求的铁矿行业发展新模式。传统铁矿行业对环境扰动大的标签已然"向绿"蜕变。

在新质生产力的驱动下，矿山企业聚焦信息技术、数字技术，牢牢抓住转型机会，大力发展自身机械化和信息化，在数字矿山和智能矿山领域取得了显著成果。远程遥控、一键启动、自动装卸等智能化场景在大型铁矿山随处可见，无人驾驶的百吨级重卡呼啸在矿场的预定路线上。控制台上精准地呈现着每名工人所在的位置和工作状态，矿山的生产运行变化随时都在监测之中。在科技的加持下，矿山企业正行进在智能化的道路上。

技术兴则矿业兴，装备强则矿业强。矿山企业将设备智能化、高效化作为提高规模效益、实现节能减排的重要途径。装备制造业是国之重器，智能、高效的采选装备作为保障国家战略矿产资源安全中的重要一环，不断以科技创新推动矿产资源开发增产提效，促进中国铁矿业的安全、稳定、高效发展。

为展现中国铁矿石产业从新中国成立时的不足百万吨产量到现在十亿吨铁矿石（原矿）生产大国的辉煌成就，记录中国铁矿行业在新中国成立75年来走过的不平凡之路和发生的历史性变革，尤其是近十年中国铁矿行业依靠科技创新取得的历史性突破，在中国钢铁工业协会的指导支持下，中国冶金矿山企业协会、冶金工业出版社和上海钢联电子商务股份有限公司共同策划了"强国钢铁书系丨共和国钢铁脊梁丛书"之《中国铁矿石》，为中国铁矿行业留史存志，擘画中国铁矿业未来高质量发展之路。本书聚焦践行"科技创新是发展新质生产力核心要素”的突出成效，从中国铁矿石产业的历史与发展、科技进步、典型企业的发展历程与科技创新、铁矿需求及海外资源开发与利用、产业技术支撑体系等维度，结合矿山科研设计院所、高等院校及典型矿山生产企业、矿用装备企业的发展历程，从工艺、技术、装备、数字化、智能化、绿色矿山、资源综合利用、安全环保、节能减排，以及“走出去”情况等方面，按照重大历史阶段、重大历史成就展开论述。

本书的组织、编写和出版工作得到业内外同仁的大力支持。特别是本溪钢铁（集团）矿业有限责任公司、中钢集团马鞍山矿山研究总院股份有限公司、矿冶科技集团有限公司、北京科技大学、东北大学、太原重型机械集团有限公司、徐州徐工矿业机械有限公司等单位和部分重点矿山企业给予了鼎力相助。

特别感谢邵安林院士在百忙中为本书作序。邵院士作为中国铁矿行业的领军人物，长期致力于推动行业技术创新、管理升级及战略发展，破解了贫铁矿利用的世界性难题，推动中国铁矿业由基础原材料生产向具备全球竞争力的现代化产业转型升级，为中国铁矿资源安全及行业高质量发展作出了重要贡献。

特别感谢沈政昌院士团队为本书撰写选矿装备的发展历程。沈政昌院士是我国矿物加工领域的领军人物之一，长期致力于选矿装备研发与工程化应用，其贡献贯穿理论创新、技术突破、产业升级及国际合作等多个维度，推动了我国浮选技术从跟跑到领跑的跨越。

衷心感谢为本书出版给予支持和帮助的各位专家及业界朋友！期待社会各界专家学者和业内同仁建言献策、大力支持，共同推进我国铁矿行业绿色低碳高质量健康发展。

本书编委会

2025 年 4 月 22 日

目　　录

第一篇　中国铁矿石产业的发展

第二篇　中国铁矿石采选设备的发展

第三篇 中国铁矿石产业安全和环保的发展

第四篇 中国铁矿山数字化智能化的发展

第五篇 中国铁矿石行业典型企业的发展历程与科技创新

第六篇　中国铁矿石需求及海外资源开发与利用

第一篇

中国铁矿石产业的发展

第一章　中国铁矿石产业发展历程

铁矿石作为一种重要的矿产资源，在人类社会发展和科学技术进步中起着极其关键的作用，从铁器时代的兵器到现代社会的各个领域都与铁矿石有着非常密切的关系。中国铁矿开发历史悠久，早在约10万年前的北京周口店龙骨山山顶洞人遗址内就发现了赤铁矿粉末，鞍山、邯邢等地出土大量春秋战国时期的铁器，说明当时铁矿开发和冶炼技术已经开始；东周、秦、汉以来，铁矿开采已经有了一定规模；汉武帝时期，铁矿已收归官营；北宋时期，全国铁矿产地有24州、79处；明、清时期发展较快，初具规模。

根据自然资源部《全国矿产资源储量通报》数据显示，截至2023年底，我国铁矿储量169.17亿吨。我国铁矿资源分布广泛，又相对集中，矿石储量大，贫矿多富矿少，伴生共生矿多，矿体复杂，利用难度大。全国30个省（区、市）基本上都拥有铁矿资源，但相对集中于辽宁、河北、四川、山西、内蒙古、安徽等几省（区）之内，尤其是辽宁、河北、四川三省铁矿石储量占48.01%。按铁矿资源储量，我国居世界第五位，世界已有的铁矿床类型，我国都已发现。具有工业价值的矿床类型主要是鞍山式沉积变质型铁矿床、攀枝花式岩浆岩型钒钛磁铁矿床、大冶式矽卡岩型铁矿床、梅山式火山岩型铁矿床和白云鄂博热液型稀土铁矿床。主要矿石类型有磁铁矿石、钒钛磁铁矿石、赤铁矿石、菱铁矿石、褐铁矿石、镜铁矿石及混合矿石（两种或两种以上类型矿石混杂一起的），但贫矿占98%左右，且采选难度很大，须经过选矿富集后才能使用。

新中国成立以来，国家一直大力开发铁矿资源，开发总体上经历了4个阶段：

第一阶段为三年恢复时期（1949—1952年），自力更生，艰苦奋斗，恢复建设了一批老矿山，如龙烟、磁山、弓长岭、大孤山、南芬、綦江、金岭、利国、桃冲铁矿等，大力推进矿山机械化开采。

第二阶段为计划经济时期（1953—1978年），国家比较重视矿山建设，实行“先富后贫、先易后难”，矿山生产建设全面铺开，勘查新建一批新矿山。全国支持推进矿山装备大型化，矿山管理不断改进，涌现出一批管理好、发展快的大型骨干矿山。

第三阶段为改革开放时期（1979—2000年），坚持改革、开放、搞活原则，实行承包经营责任制，实施三项制度改革，开展多种经营，技术装备改造升级，积极扶持地方矿山发展，推动各地群众办矿。

第四阶段为21世纪时期（2001—2023年），贯彻落实“两种资源、两个市场”，加大国内铁矿开发力度，努力提高国产铁矿规模，积极“走出去”开发国外铁矿山，同时加大铁矿进口规模，满足国家经济高速发展对钢铁快速上涨的需求。通过引进借鉴、自主研发先进技术装备和建立现代化管理理念，建设资源节约型、环境友好型、绿色高效智能型矿山。

第一节 中国古代铁矿山（古代—1860年）

据《金岭铁矿志》记载，金岭铁矿开采历史悠久。据史籍记载，春秋时代，齐国即在这里开采冶炼铁矿。据《管子·轻重乙》记载，齐桓公与管仲讨论山铁之利时，桓公曰："……请以令断山木、鼓山铁，是可以毋籍而用足。"《国语·齐语》记载，春秋初齐国已使用铁制农具。汉武帝元狩四年（公元前119年），把盐铁业收归官府经营，在产铁区设立铁官，当时全国划40个郡，设铁官49处，山东设12处铁官，齐郡临淄设铁官1处。据《鞍钢矿山志》记载，战国时期，鞍山地区为燕国领地，在鞍山的战国遗址中出土的大批铁器表明，当时的铁矿冶炼技术和铁的质量已经达到一定水平。据《迁安县志古迹篇》记载，"炼铁炉县西四十里唐太宗造兵器于此""缆船县西北百六十里，山下滦河之滨铸铁于石上""县东北蟒山距城十五里产铁，昔日有冶""县西八十里平台山南巅之半有铁锅一口不知制自何时何人半衔山中半立山外""血石岭距城五十里石色如血"。

据《元史·合利景华传》记载，元朝在四脚山（四宝山）、商山建两个冶炼厂。元朝宁宗至顺三年（1332年）夏五月在商山设立了金银铜铁提举司，收其产品，制造货币，以供国用。元世祖忽必烈为开采商山之矿石，曾赠送提举司矿工三千，住在大王庄，在冶里庄设立冶炼厂。明朝神宗万历二十四年（1596年）在商山设置采矿司，采掘冶炼商山矿石。明末宋应星《天工开物》对古代铁矿的开采技术和矿石类型作了较为系统的记载。清朝仁宗嘉庆年间（1796—1820年）操业兴盛，改商山为铁山，改四脚山为四宝山，铁山露天矿又一次被开采。形成长洞子、铁峪、小井儿，再从原坑内向更深处采掘，在冶里庄和大王庄冶炼。

史料说明，我国铁矿开发不仅历史悠久，分布较广，而且几经变迁，源远流长。先后开发了大冶、鞍山、本溪、宣化—龙关、金岭、利国驿、当涂—繁昌等铁矿和湘潭、东平锰矿以及一些辅助原料矿山。

第二节 中国近代铁矿山（1860—1949年）

中国古代矿业具有辉煌灿烂的历史，长时期居于先进的位置。近代矿业以部分机器生产为特点，有别于以往全靠手工作业。然而，由于帝国主义、官僚主义和封建主义的压迫和羁绊，造成矿业早先的优势丧失殆尽，导致中国近代矿业技术、管理、经营落后，发展十分缓慢。

中国近代最早的铁矿是和煤矿一起开采，清朝直隶总督李鸿章为了解决机器制造局和轮船制造局的用煤，1874年春发现直隶（今河北）磁州彭城出铁甚丰，与煤窑相近，且有水路通往天津，欲开采磁州煤铁，用煤炼铁；但由于复查资源时发现储量不多，矿产地距水道太远，当地老百姓又反对官府强占民地办矿，磁州煤铁矿终于没能办成。在筹办磁州煤铁矿的同时，1875年5月，盛宣怀秉承李鸿章旨意，密函候任知县张斯桂查得广济阳城山一带煤产颇多，盛宣怀初拟招商集资试办，后又改议官办，成立"湖北开采煤铁总局”。从1877年起，历时3年，普查踏勘了广济、兴国、大冶、荆门、当阳等地的煤铁矿。大冶市北铁山、白雉山皆产铁，经取样化验，大冶铁矿矿石含铁近62%，可炼成上等生铁。1890年，在建设汉阳铁厂的同时，湖广总督张之洞从德国购进采矿设备，开始建设大冶铁矿，铺设30多千米轻便铁路，使之成为中国第一个用近代技术装备起来的露天铁矿山。该矿于1891年开始生产，年产4万吨矿石。湖北开采煤铁总局在湖北相当大的地域内进行了地质勘探，开创了我国近代地质勘探的历史。这对湖北矿冶业的发展，特别是对后来中国第一个近代钢铁企业——汉阳铁厂的建立，具有重要意义。

1894年中日甲午战争之前，外国列强对中国矿藏已经相当了解，为甲午战争后他们掠取中国矿藏的开采权做了前期准备工作，1895—1912年，是外国列强攫取中国矿产最多的时期。日本入侵中国以后，许多铁矿山包括鞍山的弓长岭铁矿，本溪的南芬铁矿（庙儿沟铁矿），宣化的庞家堡铁矿、烟筒山铁矿（20世纪60年代后合并为龙烟铁矿），金岭铁矿，马鞍山地区铁矿和大冶铁矿等东北、华北、华东地区的铁矿山都遭到了日本帝国主义掠夺式开采。据不完全统计，日本从我国掠夺了7000多万吨的铁矿石，如大冶铁矿从1890年开办至1949年的59年中，共生产铁矿石2121.22万吨（包括象鼻山铁矿），竟被日本制铁所掠夺去了1520.47万吨，占总产量的71.67%；从1918年至1945年日本帝国主义在我国矿区储量最大、资源条件最好的鞍山地区进行了27年的掠夺式开采，共掠夺铁矿石约3000万吨；从1915年至1945年日本投降30年间，从本溪庙儿沟铁矿共开采出铁矿石700余万吨，其中富矿石495.65万吨，贫矿石204.59万吨；马鞍山铁矿区从1916年北洋政府与日本人联合开发到1945年抗战胜利前夕，被掠夺的矿石达1000余万吨，同时盗走有关马鞍山资源的全部原始资料，以及矿床地质储量资料。日本帝国主义占领后，不仅掠夺我国铁矿资源，还利用大批战俘和当地民工，实行“以人换矿”的野蛮政策，用中国人的尸骨换取他们发动战争需要的铁矿资源，如1937年至1945年8年间在庞家堡、烟筒山和宣化各厂矿劳工死亡人数20000人左右；仅1942年至1945年就有被俘的中国抗日军民及当地百姓17000多人惨死于本溪庙儿沟铁矿山。

抗日战争之前，中国钢铁工业极为落后。1937年，全国以机械冶炼的生铁产量为95.8万吨、钢55.6万吨，其中也包括日本侵占下的东北产生铁81万吨，占总产量的84.8%；钢52万吨，占总产量的93.5%。完全由中国人自办的铁厂仅汉口六河沟铁厂及山西阳泉保晋铁厂2家；钢厂仅上海炼钢厂等4家，年产量不足4万吨。各地铁矿所产矿砂99.9%以上运往东北。抗日战争爆发后，铁矿资源蕴藏丰富的地方基本落入日本人之手。后方为铁矿资源贫乏区，铁矿矿山只有四川的綦江、涪陵、彭水、威远和云南易门等少数几处。曾经被日本帝国主义侵占过的铁矿山，不仅遭到了多年掠夺式开采，在日本投降前夕撤离时又遭到严重破坏：矿井采场被炸，基础设施、公路、铁路、生产用管线路和机械设备惨遭破坏。掠夺式开采实施的滥采乱挖、采富弃贫、采大丢小，破坏了矿山整体开采规划。

1945年日本投降后，原沦陷区各类矿山多数为国民政府接收，少数为解放区民主政府接收。在国民政府管辖区，多数矿山经过日本帝国主义的掠夺、破坏，再加上新的政治、军事局势影响，几乎处于停产或半停产状态，矿山生产逐渐萎缩。而在解放区，民主政府先是从日本手中接管了一批矿山，嗣后又陆续从国民政府手中接管了东北、华北乃至全国除台湾省以外的矿山。民主政府在器材、物资极端匮乏的条件下，进行艰苦的修复工作，逐步恢复生产，并在经营管理上着手进行改革，使生产效率显著提高。近代矿业中的典型冶金矿山企业主要有大冶铁矿、龙烟铁矿、鞍山铁矿、南芬露天矿、山东金岭铁矿、马鞍山铁矿6个铁矿山。

第三节 中国现代铁矿山产业（1949年至今）

一、三年恢复时期的铁矿山（1949—1952年）

新中国成立初期，铁矿山是遭受两次严重破坏后的“破烂摊”，本来就很脆弱的铁矿业举步维艰。新中国成立以后，不仅要恢复建设一批老矿山，还要勘探新建一批新矿山。1949—1952年三年恢复时期，我国铁矿石由1949年的59万吨增加到993万吨，增长15.8倍。铁精矿从无增加到187万吨。这一时期重点恢复建设了察哈尔龙烟、磁山铁矿，辽宁弓长岭、大孤山、樱桃园、南芬铁矿，四川綦江铁矿，山东金岭铁矿，江苏利国铁矿，安徽桃冲铁矿等。三年期间开采铁矿石总量近千万吨，其中规模较大、代表性较强的主要矿山恢复建设情况如下。

（一）鞍钢三年恢复时期的矿山建设

鞍山解放后，根据党中央和东北局、东北工业部的指示，按照国家建设鞍钢的方针和总体设计要求，鞍钢矿山建设积极地开展起来。

鞍山解放后，鞍钢采矿部接管22座大小矿山，由于日本帝国主义侵占时期的掠夺式开采和国民党统治时期的破坏，采场荒废、设备缺损、技术资料荡然无存，已是满目疮痍，矿山的恢复和建设工作面临着极大困难。鞍钢采矿部发扬自力更生、艰苦创业的精神积极投入生产恢复的热潮中；同时，国家从财力、物力和人力上给予了大力支持，从全国各地派来专家、地质工作者和工程技术人员，投入矿山资源普查和矿山地质勘探工作；为矿山大规模建设和以后的发展奠定了坚实的基础。从1949年到1952年，国家为鞍钢矿山的建设投资总共为2286万元。三年恢复时期鞍钢主要有4座矿山恢复生产。

（1）大孤山铁矿：1948年6月首先恢复生产。利用旧坑以坑采法开采富矿，为鞍钢高炉输送了第一车矿石。1949年11月停采富矿，着手整理采场，修复设备。以当时的设备能力年产铁矿石可达70万吨。1950年，大孤山铁矿只有一台37 kW空压机，两台手持式凿岩机可以使用。开采方法以人工开采为主，凿岩基本上是人工打眼，采场为窄轨铁路运输，人力装车。1951年以后，新的384 kW空压机投入生产，自制液氧炸药也恢复了生产，开始使用硐室大爆破。

（2）弓长岭铁矿：1949年7月局部恢复生产。同年10月修复了735 kW卷扬机、八番破碎系统和电机车，井下矿全部恢复了生产。当时的设备条件极差，仍以人力开采为主。当年完成采掘总量12.27万吨。到1952年，在整个国民经济恢复时期，基本修复了遭到严重破坏的提升、破碎、运输系统，初步形成了以井下开采为主的大型铁矿山。从

1949 年到 1952 年，共生产铁矿石 208.75 万吨。但井下矿采场由于日伪时期采用上向水平分层干式充填采矿法，工作面长达 500~600 m，没有矿柱支撑，恢复生产后，频繁发生冒顶事故。

（二）本钢矿山在三年恢复时期的建设情况

（1）南芬铁矿（原庙儿沟铁矿）：1948 年 11 月 30 日，庙儿沟铁矿开始恢复建设。1949 年庙儿沟铁矿改称为南芬铁矿，并成立南芬铁矿部。同年 5 月 1 日南芬铁矿恢复生产。当年生产富矿石 6.85 万吨、矽石 0.7 万吨。1950 年，开始修复平峒下部工程，全年生产铁矿石 31.45 万吨。1952 年生产富矿 45 万吨，取得了三年恢复时期的重大胜利。同年 7 月南芬铁矿部撤销，南芬铁矿划归本钢公司直接领导。

（2）南芬选矿厂：1948 年 10 月 30 日，本溪市解放。本溪煤铁公司成立南芬铁矿部，随即召集工人，组织清理资产设备，修缮厂房，修配机器，准备恢复生产。1950 年，厂部设生产、计划、经理、财务四科及保卫、人事两股和工程师室。生产系统划分为选矿场与机电场。1950 年 4 月一选车间（原一选厂）恢复生产。1952 年二选车间（原二选厂）B 场两个系列相继运转，年产铁精粉 40 万吨。

（三）龙烟铁矿三年恢复时期的建设情况

1949 年 9 月底，全矿职工总数已由接管时的 281 人增加到 2437 人。1949 年底，龙烟铁矿职工迅速增加到 3177 人，当年产矿石 84.2 万吨。1949 年上半年完成烟筒山矿生产恢复工作，到年底产矿石 8.4 万吨。1950 年国家把庞家堡矿列为重点恢复建设项目，奉上级指示，烟筒山矿压缩生产，1900 多名职工分批调往庞家堡。上半年，该矿先后分 3 批修复井巷 3423 m，继续开凿 30 号、25 号石巷，掘进 1420 m。1950 年 4 月 13 日，宣庞铁路修复通车，5 月 1 日该矿恢复工作基本完成。从 1950 年到 1952 年，矿山基建投资共 605.7 万元，形成年产 70 万吨铁矿石能力。

（四）山东金岭铁矿三年恢复时期的建设情况

1948 年 7 月，山东矿务局决定在金岭铁矿开矿，8 月金岭铁矿开始筹建和矿山恢复建设工作。1949 年 1 月正式生产，全部为手工开采，恢复了过去日本人开采过的 4 个露天采场，当年生产铁矿石 10.4 万吨，年末生产能力达到 20 万吨/年，为山东省第一个生产出铁矿石的矿山。1951 年 8 月开始使用小型发电机，自发电 410 万度/年，开始主要用于坑外照明。1952 年 6 月，金岭铁矿开始试验使用苏联先进采矿法——“扩大窝底爆破法”和“交叉作业法”。1953 年 10 月，金岭铁矿第一座 35 kV 变电站建成投产，建成了 33 kV 南铁线，并投入运行，为金岭铁矿第一条外部供电线路。同年还安装 10 m^3 空气压缩机 4 台，风钻 27 台，凿岩量占全矿总凿岩量的 23.4%，开始了部分机械化作业，使露天手工开采部分转入地下机械化开采。

（五）磁山铁矿三年恢复时期的建设情况

磁山铁矿是邯邢地区的第一座铁矿山，1951 年春由河北省工业厅矿务局开始兴建。

1950年国家修复了峰峰到和村的铁路，1951年7月14日正式投产，当年生产矿石3.98万吨。河北省工业厅矿务局于1952年下达给磁山铁矿矿石生产任务为84万吨。矿石产量从3.9万吨猛增到84万吨。从1952年11月至12月，磁山铁矿职工人数由2108人激增到7656人，增加近4倍。1953年末，基本实现了均衡生产，超额完成了40万吨的矿石生产计划，效率取得很大提高。

二、计划经济时期的铁矿山（1953—1978年）

计划经济时期，对铁矿山来讲是一个风雨多变、坎坷曲折的动荡时期。这期间，从有利条件看：第一，国家对铁矿山非常重视和支持，共为矿山投入建设资金达14亿元，连续召开矿山会议，研究落实矿山生产。第二，由于我国铁矿资源贫矿多（约占98%），富矿少（仅占2%左右），难采难选矿多，易采易选矿少，当时国家制定的开采方针是先富后贫，先易后难，20世纪50—60年代建设的矿山绝大部分是资源条件较好的矿山，好采好选、投资少、产量高、成本低、效益好，而且大多数矿山处于建矿初期和中期，故各项指标处于上升期，同时又不存在矿山能力自然衰减问题。这一时期是黑色金属矿山的黄金时期。从不利条件看：一是我国处于封闭和半封闭状态，在资源、资金、技术交流和管理信息沟通方面受到一定限制。特别是自1960年苏联撕毁合同、撤走专家以后，对学习借鉴国际先进经验方面受到一定影响。二是由于受国家计划的约束，矿山活力不足、发展受限。三是这期间正是我国政治运动频繁、形势动荡时期，使矿山生产建设受到多次政治冲击。

回顾25年计划经济时期黑色金属矿山的发展历史，主要有以下几个特点：第一，矿山生产建设全面铺开。这期间全国几个主要大型铁矿区如鞍本、冀东迁安、邯邢、攀枝花、白云鄂博、海南、武钢、马钢、酒钢镜铁山矿、鲁中矿山公司、大宝山铁矿、山西峨口等全部上马，老矿区搞扩建，新矿区上新点，初步形成了我国几个大型铁矿原料基地。铁矿石产量由1953年的532万吨增加到1960年的11279万吨。随后由于各种运动冲击，铁矿石产量迅速下降，到1968年仅产2679万吨，之后由于经济复苏，铁矿石产量逐年增加，到1978年铁矿石产量达到11779万吨。1953—1978年的25年间共生产铁矿石18亿多吨，铁精矿4.5亿吨，铁矿石自给率达70%以上。第二，这期间矿山机械化、矿山开采、选矿生产、多金属矿综合利用科研攻关和科学试验等矿山技术全面发展。特别是地下采矿方法攻关、磁选厂多段磨矿攻关、红矿选矿攻关、两大多金属矿区综合利用试验和矿山穿爆铲装运输设备大型化连续化等均取得突破性进展。第三，矿山管理不断改进，创造和积累了许多符合采掘工业规律和特点的矿山管理经验，涌现出一大批像马万水工程队、邯邢矿山局青年老虎队、王君绍小分队、赵清志小分队、赵国文小分队、南芬矿七号铲、俞浣贞包车组等全国劳动模范、冶金工业英雄集体等先进集体和先进个人。同时也出现一大批管理好、实力强、发展快的大型骨干矿山。

（一）计划经济时期重点矿山生产建设

1. 鞍钢所属矿山生产和建设情况

第一个五年计划（1953—1957年），鞍钢矿山基本建设项目中有改建工程9项，新建工程 17 项，竣工 18 项，续建 8 项。1957 年，矿山新增生产能力：铁矿石 665 万吨、铁精矿 261.5 万吨、烧结矿 381.75 万吨。用于矿山基本建设的投资为 28391 万元，占鞍钢基建总投资的 17.4%。1957 年，已形成的实际产量为：铁矿石 876.13 万吨、铁精矿 313.92 万吨、烧结矿 527.19 万吨，高炉自给率 63.84%，平炉自给率 62.77%。

第二个五年计划开始的第一年（1958 年），鞍钢的基本建设力量已陆续转向包头钢铁公司、酒泉钢铁公司、本溪钢铁公司等冶金建设基地。而鞍钢矿山的建设工程仍处于紧张阶段。1958—1962 年 5 年中，用于矿山建设的投资为 35831 万元，比第一个五年计划的矿山建设投资提高 26.2%，占鞍钢建设总投资的 27.4%。“二五”期间，矿山续建工程 8 项，新开工程 13 项，总计 21 项。重点项目为新建东鞍山铁矿、东鞍山选矿烧结厂、大石桥镁砖车间、弓长岭磁选车间、眼前山铁矿、扩建大孤山铁矿等工程。新增生产能力：铁矿石 500 万吨，镁矿石 50 万吨，选矿年产精矿 465.9 万吨，烧结矿 300 万吨，镁砖 4.5 万吨。与第一个五年计划相比，矿山建设规模和投资比重虽有增加，但矿石自给这个目标仍未达到。

1963—1965 年，是国民经济建设调整时期，矿山建设项目明显减少。除了第二个五年计划期间结转的 7 项工程外，新立项的工程仅有弓长岭独木采区的运输系统改造和东鞍山烧结厂的配套改造工程两项。这期间，用于矿山的基建投资为 9779 万元，是第二个五年计划期间投资的 27.3%，占鞍钢基建投资的 40%，形成新增生产能力铁矿石 230 万吨、镁砂 100 万吨。

第三个五年计划时期，经过三年调整，国民经济有所好转，矿山的基本建设工程也相应增加。1966—1970 年，用于矿山建设的投资达 16053 万元，占鞍钢基建投资的 57.2%。此时期正值“文化大革命”，矿山基本建设严重违背科学规律，齐大山选矿工程出现的反复和造成的浪费是一个突出的例子。因选厂处理矿石能力不足，导致关门山、小岭子、瓦房子锰矿、东鞍山二选等工程分别停建和缓建，造成不可挽回的损失。

1971 年 9 月，鞍钢编制了《鞍钢“四五”总体规划》，其中包括要实现矿石原料基本自给。1970 年，铁矿山的设计生产能力为 2460 万吨，但实际生产能力仅为 1796 万吨，为设计能力的 73%，其原因主要是忽略矿山建设，矿山长期处于采剥失调、剥岩欠账的局面。同时，矿山机修能力薄弱，备件自给率只有 11%～15%；主要设备未按设计配套，致使矿山的产量、质量满足不了冶炼的需要。

第四个五年计划期间规划规模为年产精矿 1000 万吨。设计概算为铁矿山 17049 万元，选矿 14250 万元，辅料矿山 9380 万元。第四个五年计划期间，结转“三五”期间续建工程 11 项、新开工程项目 12 项、基建投资 66755 万元，平均每年 13351 万元，是鞍钢矿山基本建设中投资最多、项目最多的 5 年。

第五个五年计划期间，矿山的基本建设投资为 30920 万元，比“四五”计划期间减少 53.7%。其中用于铁矿山 11086 万元，选矿 7009 万元，辅料矿山 4002 万元，烧结 631 万元，机运修工程 7811 万元，其他工程 381 万元，“四五”期间未全部竣工的 17 个工程项目转入“五五”期间续建，续建和新开工项目总计 28 个。

1953—1978 年鞍钢新建、续建、扩建的主要矿山和选矿工程共 9 个，其中矿山 5 个、选矿和选烧厂4个。

2. 本钢所属矿山生产和建设情况

在计划经济时期，本溪钢铁公司的所属矿山主要是南芬露天矿和南芬选矿厂。

南芬露天矿：

1953年，南芬露天矿继续开采井下富矿，仅有一个工程队进行露天贫矿石开采。同年5月，本钢将工程队扩大，健全行政和管理机构，成立了南芬露天铁矿。由苏联负责新建南芬露天铁矿第一期露天开采技术设计，规模为年产贫矿石470万吨，剥离岩石570万吨。鞍山设计院于1954年和1965年负责补充并设计了新建项目的全部施工图。本钢负责提供矿山地质精查报告。1954年3月，本钢将南芬露天铁矿（贫矿）、南芬铁矿（富矿）等以及选矿厂、石灰石矿和南芬运输站合并，成立南芬矿山总厂，形成南芬矿区采选运的统一管理体制。1955年初开始了大规模施工建设。到1957年，南芬露天铁矿穿爆、铲装、运输全部采用机械化，成为我国当时冶金战线最早的露天机械化开采的大型矿山。当年生产铁矿石270.76万吨（含富矿）。

1958—1960年，南芬铁矿在“大跃进”时期，三年共生产矿石2205万吨，岩石剥离只有804万吨，虽然1960年生产铁矿石669万吨，采剥总量1098万吨，达到1953年设计水平，但由于过去剥岩欠账，采剥严重失调，给以后采矿造成困难。

1961年，生产形势日趋好转。1963年生产矿石303.7万吨，剥离岩石570.18万吨，分别完成计划的116.66%和121.31%，矿山生产逐渐走上正轨。同年进行10年过渡设计，设计规模为年产矿石500万吨。

1964年11月至1965年7月，矿山开展“四清”运动。1966年，“文化大革命”开始，生产大幅度下降。1967年，采剥总量、矿石和岩石生产分别只完成年度计划的85.7%、79.06%和88.85%。1968年采剥总量只完成1311万吨，矿石仅完成430万吨，比1965年少生产矿石40.28万吨。

1966—1968年，以本钢为主，鞍山矿山设计院派人参加南芬铁矿第一次扩产设计，设计年产铁矿石700万吨，岩石1820万吨，采剥总量为2520万吨，要求1972年达产。按设计要求，1970年引进了贝拉斯27 t自卸汽车。1973年矿石产量达752万吨，岩石完成1891万吨，采剥总量完成2643万吨，创矿山生产历史最高水平。

1976年10月，粉碎“四人帮”后，矿山生产经营逐步好转。1978年采剥总量达到2690万吨，8项经济技术指标全面完成国家计划，出现建矿以来最高水平。1979年完成采剥总量3004万吨，矿石完成了765万吨，岩石2239万吨，3项指标创建矿以来生产最高纪录。

南芬选矿厂：

南芬选矿厂是加工矿石、生产铁精矿（粉）、湿式磁力选矿厂，系本钢铁精粉主要生产基地之一。

1973—1975年，对二选车间厂房、设备和工艺进行技术改造，将原直径2.3 m×2.0 m溢流型球磨机加长1 m，改造成直径2.3 m×3.0 m，使容积由7.5 m^3增大到11.25 m^3。为了适应球磨机加长辅助设备配置，1975 年 8—9 月对 A、B 两厂房盖作整体一次顶升抬高 2.6 m 成功。1969 年研制成功永磁磁选机之后，1974 年研制成功顶部磁系永磁脱水槽，取代了原用苏联产克劳凯特 128-Э 带式磁选机和电磁脱水槽，实现了选别设备永磁化。

随着原矿品位不断下降，选矿厂从 1975 年开始，通过降低磨矿能力和磨细粒度使铁精粉质量提高 1%，炼铁焦比将下降 2%，高炉炼铁利用系数提高 3%，对降焦增铁十分有利。1978 年试验成功细筛自循环新工艺，年底在三、四选车间推广，次年初全厂实现细筛化。1979 年，铁精粉质量达到 68.08%，荣获国家颁发的优质产品金牌。露天矿的原矿石中，含有少量弱磁性铁矿，选矿厂用磁选法难以回收弱磁铁。为了提高金属回收率，1975 年试验用螺旋溜槽，将磁选后含铁 12%~17%的尾矿，进行一次粗选、一次中矿再选，获得含铁 57%~63%的铁精粉，重选作业回收率达到 38%~53%，这种设备对工艺条件适应性强，操作控制简便。为此，一机部和冶金部于 1979 年 4 月在南芬召开技术鉴定会，肯定了这一新型重选设备，这一成果受到了冶金部和辽宁省的奖励，在全国 20 多家选矿厂推广使用。

3. 邯邢冶金矿山管理局所属矿山和选矿厂

自 1951 年 7 月邯邢地区第一座铁矿山——磁山铁矿建成投产后，该局相继建成投产了 16 座不同类型的铁矿山，到 1978 年邯邢冶金矿山管理局发生了巨大的变化。从笨重的手工生产发展成为机械化生产；由露天采矿为主转向井下采矿；由单纯采矿、单一产品，发展到采选配套，产品多样，生产能力大幅度增长。从 1953—1978 年的 25 年间共为国家生产铁矿石 8171 万吨、铁精粉 1606 万吨，这些铁矿产品曾供应全国 22 个省（市）的 40 多个钢铁企业，为发展我国钢铁工业做出了贡献。

邯邢冶金矿山的发展过程是曲折的。“大跃进”至“三五”“四五”之间矿山“三上三下”给矿山建设带来了严重的问题。一是采取群众运动摊子铺得很大，被迫下马；二是实行“边勘探、边设计、边施工”的“三边”方针，不按基本建设程序办事，造成了很大浪费；三是追求高指标、高产量，不讲经济效益，不做长远打算，破坏了矿山正常生产秩序，造成矿山采剥（掘）比例失调，管理混乱。1974 年以来，特别是党的十一届三中全会以后，该局逐步发展成为一个以生产铁矿石为主、多种经营、经济效益逐步提高、职工生活同步改善的社会主义新型矿山。

1953—1978 年，其主要矿山和选矿厂发展状况如下：

（1）磁山铁矿：从第一个五年计划起到 1978 年，磁山铁矿由人工开采逐步发展为半机械化、机械化开采。大体分三个阶段：

第一个阶段为人工开采阶段（1951—1953 年），该阶段为笨重的土法人力开采，即人工打眼、放炮、装车、推车、碎矿等；劳动强度大，生产效率低，资源浪费多。1953 年全员效率 285 吨/(人·年)，1958 年以前矿石边界品位定为 50%，把 50%以下的矿石当废石处理。

第二个阶段为小型机械化时期（1954—1966 年），该阶段生产上逐步使用小型机械设备，用 01~30 凿岩机凿岩。1954 年采用了硐室爆破，大大增加了一次爆破量。在运输上依不同地形，使用了自溜滑行运输、无极绳运输。采矿工作面使用土溜子、土滑行道，使生产效率大为提高。1958 年以后开展“双革”运动，由技术人员与老工人共同试制出 3 t 交流电机车，提高了运输效率。如 1960 年生产铁矿石 166.01 万吨，全员效率为 1286 吨/(人・年)。此时期为磁山铁矿经济效益最好时期，也是生产的高峰期。

第三个阶段为机械化时期（1967—1983 年），该阶段是磁山铁矿开采末期，但机械化开采程度逐年提高。1966 年 H600 装岩机在磁山铁矿使用，得到了较好效果。1970 年使用 0.6 m^3 电铲装矿，仅生产 8 个月，装车达 20.1 万吨，1971 年达到 34.7 万吨。1972 年进行生产系统改造，三吨交流电机车全部改用七吨直流电机车；破碎用 600 mm×900 mm 颚式破碎机代替了陈旧的 400 mm×600 mm 破碎机；翻车由人工改为强制翻车；采矿全改用电铲。同时又配备了推土机、装载机、潜孔钻等设备。1972 年采剥总量达 101.2 万吨，其中矿石为 93 万吨，全员效率达 1228 吨/(人・年)。从 1969 年到 1982 年末共回收堆积矿 658 万吨，其中富矿 97 万吨。

磁山铁矿从 1951 年 3 月筹建，到 1983 年采完闭坑，累计探明地质储量 1653 万吨，实际生产采出矿石为 1857 万吨，超过地质储量 11.24%。其中堆积矿 685 万吨。

（2）固镇铁矿：1959 年 7 月，邯郸冶金采矿公司将玉泉岭铁矿移交给河北省新生铁矿后，改为磁山铁矿固镇采矿场，开始建矿。同年 9 月 7 日，固镇采矿场改名为固镇铁矿筹建处，1960 年完成采剥总量 67.86 万吨，其中矿石 5.66 万吨。1961 年 4 月 27 日专用铁路线正式通车，解决了矿石不能外运的困难。1962 年 9 月 27 日决定固镇铁矿下马。1966 年固镇铁矿第二次上马。经补充勘探铁岭山储量由 490 万吨减到 204 万吨，矿山规模由原设计铁岭山、凤凰山两矿体年产 60 万吨改为年产 35 万吨，手工开采，斜坡卷扬提升，电机车运输。从 1960 年投产到 1979 年底共生产铁矿石 331.39 万吨，超过原设计矿量 133 万吨。1980 年 1 月正式闭坑。

（3）午汲选矿厂：1966 年 4 月 1 日动工兴建，设计规模年处理原矿 60 万吨，为了充分利用资源，1970 年 1 月筹建回收车间，对过去排放的品位在 8%～20%的尾矿进行再选。4 月 20 日试车。主要设备有 2700 mm×2000 mm 球磨机一台，多梯度磁选机 8 台，旋流器 4 台，5 台汽车拉尾矿，共投资 1210 万元，回收精粉品位 58%～60%，共收回精矿 25.6 万吨，1978 年因缺水停产。

4. 首钢矿业公司

首钢矿业公司隶属于首钢集团，是首钢主要的原料基地。1959 年 3 月，冶金工业部与河北省商定，河北迁安县境内，滦河西岸铁矿，南至大石河矿区北至水厂一带划归石景山钢铁厂建设。1959 年 4 月，石钢成立迁滦铁矿，在大石河荒山野岭之间打响了开发矿山的战役。建设大军用了半年时间，炸掉了十几座山头，填平了 20 多条沟谷，挖运土石方 300 万立方米，修筑了 37 座桥涵，开通了从京山线卑家店车站到大石河选矿站的 35 km 铁路；用 40 天建成矿区外部铁路 32.5 km。用 100 天时间建成了面积 3 km^2、容积 3600 万立方米的尾矿库，用 8 个月时间建成了拥有破碎、选矿、尾矿完整工序的两个选矿系列。1960 年 4 月，第一台电铲上山作业。

1960 年 9 月 10 日，龙山脚下满载精矿粉的列车一声长鸣，结束了首钢有铁无矿的历史；当年产精矿粉 6400 t，铁矿石 4.9 万吨。年产 100 万吨能力的大石河采矿场和设计 400 万吨/年原矿处理能力 7 个系列的选矿中 2 个系列投产，历时 18 个月。

1962 年秋，国家计委决定，水厂铁矿勘探列入国家重点建设规划项目。1963 年，首钢迁安大石河铁矿选矿厂第 3 个选矿系列建成投产，形成年处理铁矿石 180 万吨的能力。1964 年 12 月，国家正式批准迁安水厂铁矿建设项目。1965 年 9 月，拉开了水厂铁矿建设的序幕。1965 年，迁安铁矿生产精矿粉 51.9 万吨，铁矿石 158.7 万吨。首钢铁矿石自给率达到 30%。

1966 年 3 月，首钢在迁安矿区召开誓师大会，打响了建设水厂铁矿的大会战。“文化大革命”开始后，水厂铁矿工程被迫下马。1969 年初，国家决定继续建设首钢水厂铁矿工程。2 月 11 日，迁安矿区召开会战誓师大会。北京市计委在矿山召开了有 40 多个单位参加的协作会。自此，水厂大会战全面打响。9 月 27 日，水厂北山采场通车出矿。当年完成矿岩总量 15.5 万吨，矿石 3.3 万吨，实现了当年建设当年投产、当年投资当年见效。

水厂大会战受到国家领导人的亲切关怀。1970 年 6 月 8 日，周恩来总理在接见全国重点钢铁企业座谈会全体代表时，详细询问了首钢矿山建设情况，指示说，迁安的铁矿要加紧进行，要国家、地方一起合作修建一条北京到迁安矿区的铁路。在周总理关怀下，1975 年 12 月，为首钢运输铁精粉的北京通县至河北唐山坨子头铁路建成通车。1970 年 11 月 5—6 日，李先念副总理到首钢迁安矿区视察工作。先后到水厂、二马采区、大石河选厂和尾矿坝视察，并召开现场座谈会。李先念副总理指示，要加快水厂铁矿建设，发动群众，搞技术革新。

1971 年 7 月水厂南山、1971 年 10 月杨庄、1972 年 10 月裴庄等采矿点相继建成。特别是杨庄采场仅用 28 天建成。

1971 年 10 月，水厂铁矿 8 个选矿系列全部建成投产。宣告设计原矿处理能力 500 万吨/年的水厂选矿厂全部建成。1979 年又扩建了 3 个选矿系列。

到 1971 年底，水厂铁矿采矿场形成采矿能力 350 万吨，选矿厂生产精矿粉 30 万吨。至此，水厂铁矿宣告建成，比计划工期提前了 2 年。

到 1979 年 7 月，首钢迁安矿区共有 22 个选矿系列建成投产，形成 1100 多万吨/年的原矿处理能力，跃居全国黑色冶金矿山前列。至此，首钢不但实现了矿石自给，还开始支援国内兄弟企业。

5. 马钢矿山

马钢矿山共有 5 个采场和 4 个选矿厂，采场分别为南山采场、凹山采场、东山采场、姑山采场、桃冲采场，选厂分别为凹山选矿厂、东山选矿厂、姑山铁矿选矿工程、桃冲铁矿选矿工程。其中，南山采场，1954 年 11 月由中央重工业部黑色金属设计院北京分院提供南山采场恢复工程第一期设计方案，1955 年 4 月 21 日一期工程投产，设计能力为 20 万吨/年。1957 年又完成了第二期 30 万吨/年工程。姑山采场，于 1954 年 5 月恢复开采。

1955年矿石产量6.83万吨。1972年4月21日批准姑山采场第一期建设规模为100万吨/年，当年矿石产量为34.39万吨。1973年，开始基本建设，于1977年竣工并投产。凹山选矿厂，1962年1月，凹山选矿厂工程动工兴建，6个系列于1965年12月建成投产，基建新增原矿处理能力370万吨/年，完成基建投资6677万元。1973年10月，凹山选矿厂扩建7、8两个系列工程开工，于1979年9月投产。姑山铁矿钟山选矿工程，1973年12月建成试生产，1983年停产。1975年5月，建成钓鱼山新粗中碎系统，年处理矿石能力为100万吨（实际处理能力可达120万~125万吨/年）。1977年7月，龙山选厂建成两个系列投入试生产，年处理原矿能力为70万吨，铁精矿能力为33万吨，另有30万吨原矿经粗中破碎处理后可以直接入高炉。1978年4月龙山选厂正式投产，此后又筹建了第三系列，使姑山铁矿最终形成了100万吨/年综合生产能力，共完成基建投资3744.43万元。

6. 攀枝花冶金矿山公司

攀枝花是攀西大裂谷中得天独厚的“聚宝盆”，具有丰富的矿产资源，仅钒钛磁铁矿储量就有近100亿吨，其中钒、钛分别占全国总储量的82%和90.54%，还伴生有相当数量的钪、钴、镍、铬、镓等稀有金属，矿产资源综合利用价值高达6.25万亿美元，是世界上少有的钢铁钒钛原料基地。

1964年11月，党中央作出了建设攀枝花钢铁钒钛基地的英明决策。1966年春，兰尖矿区正式开工建设，拉开了攀枝花矿区建设的序幕。1973年5月1日冶金部决定，从攀钢和第十九冶金建设公司划出部分单位成立攀枝花冶金矿山公司（简称攀矿公司）。攀矿公司1978年已形成了年产钒钛磁铁矿700万吨、钒钛铁精矿300万吨、钛精矿5万吨的生产能力。

1970—1978年，累计完成采剥总量8000多万吨，生产钒钛磁铁矿石4500多万吨，同时，钒钛铁精矿、重型汽车系列等产品相继获得并一直保持了省优、部优称号。钒钛铁精矿等8项产品还出口到苏联、德国、日本等10多个国家，各项主要经济技术指标在全国冶金行业始终保持了领先水平。这期间有生产铁矿山2个，选矿厂1个。

（1）兰尖铁矿，位于攀枝花市东区的攀枝花村。兰尖铁矿包括兰山、尖山和营盘山3个采区，矿区占地面积3.7 km^2，共有工业储量3.8亿吨。设计能力（不包括营盘山）为年采剥总量1690万吨，生产钒钛磁铁矿石650万吨。矿区内有采场公路约26 km，担负着每年1800万吨左右的矿岩运输任务。采场内陆续建成9条溜井，担负着每年1750万吨左右的矿岩运输任务。

（2）朱家包包铁矿，位于攀枝花市东区（简称朱矿）。朱矿矿区由东山头、南山头、狮子山、营盘山和徐家山5个山头组成，总储量为3.11亿吨，设计规模年采剥矿岩总量3043万吨，其中铁矿石700万吨。1965年长沙矿山设计院完成了攀枝花矿区的初步设计。1967年5月29日，朱矿东山头1480 m水平以上进行了第一次基建剥离的硐室大爆破，标志着朱矿基建开始。1970年11月8日，东山头1520 m水平重新开始剥离，朱矿大会战开始。狮子山万吨大爆破从设计到施工历时6个月，于1971年5月21日起爆成功，相当于4.4级地震，松动岩石1140万立方米，是我国工业建设史上最大的一次露天爆破。1974

年3月南山头开始出矿，并投入试生产。1976年1月东山头相继投产。1979年1月狮子山完成剥离任务，营盘山开拓运输系统形成。同年3月1日狮子山和营盘山投产。至此，朱矿除徐家山外，基建工作基本完成，部分投入生产。这个时期是朱矿基建高峰期，也是局部试生产阶段。

（3）攀矿选矿厂，位于金沙江北岸的密地片区，尾矿坝在金沙江的南岸，两地隔江相望。选矿厂是攀矿公司的主体厂之一，也是矿山公司最终产品—钒钛铁精矿的生产单位。1965年由冶金部长沙矿山设计院设计，1966年9月由第十九冶金建设公司开工建设。经过4年时间，一座设计年处理原矿1350万吨、年产钒钛铁精矿588万吨的全国规模最大设备最先进的选矿厂建成投产。为综合回收钒钛磁铁矿中的钛、钴、镍、硫等资源，1978年5月冶金部决定新建选钛试验厂，并于7月6日开工新建。

7. 包钢矿山

（1）白云鄂博铁矿，该矿于1955—1956年完成主、东矿的初步设计，确定主、东矿体分为2个露天采场，矿石年产能力为1200万吨，其中主矿720万吨/年、东矿480万吨/年，上部用铁路电机车运输，深部用铁路、汽车联合运输。该矿矿石类型是铁、铌、稀土综合性矿床，现已查明有71种元素、170多种矿物。由于各不同类型矿带的矿物组合不同，差异较大，使采矿、选矿、造块、冶炼、综合回收以及环境保护、职业卫生、检验方法和手段诸多方面与国内矿物组合简单的矿石大不相同。该矿从建厂前就开始研究，经过50多年研究试验和科研攻关，解决了该矿床的开发利用和综合回收、环境保护等一系列问题，取得了许多重大科研成果，并已在生产中实际运用，效果很好，特别是对稀土的回收利用取得很大进展。

（2）包钢选矿厂，位于包头市包钢厂区。该厂不仅是包钢的铁精矿生产基地，还是国内外主要的稀土精矿生产基地。稀土精矿产量占全国总产量的90%以上，原设计8个生产系列处理白云鄂博主、东矿体矿石，分3种选矿工艺流程，年处理原矿1200万吨，年产铁精矿590万吨。该厂自1965年投产后，经历了多次工艺改造，采用边生产、边试验、边改造，到20世纪80年代中期，铁精矿品位才突破58%，铁回收率65%左右。20世纪80年代末选矿工艺取得了重大突破，弱磁、强磁、反浮选新工艺在工业生产中得到应用，使中贫氧化矿石的铁精矿品位达到60%以上，回收率达到70%以上。1993年精矿品位达到62.25%，比20世纪80年代提高2.77个百分点，铁精矿产量达到300万吨以上，稀土精矿的生产可满足国内外生产的需要。

8. 海南铁矿

海南铁矿位于海南省昌江黎族自治县的石碌镇，矿区面积约11 km^2。1953年探明的大型富铁矿也是我国和亚洲第一大富铁矿。总储量3.14亿吨，平均含铁品位51.15%，最高含铁品位62.36%。除铁矿外还伴生丰富的铜和钴，钴为大型富矿，储量375万吨，金属量为1.4万吨。1957年恢复生产建设，从第二个五年计划开始正常生产，高产稳产期是在20世纪70—80年代，年产铁矿石300万~450万吨。铁矿石主要供应武钢、湘钢、首钢、重钢、唐钢、太钢等 20 多个钢铁企业。

9. 大冶铁矿

1950 年 10 月大冶资源勘探队成立，1952 年 5 月 1 日成立 429 地质队，对大冶铁矿及周围地区进行大规模的地质勘探，探明了老矿区的矿石储量，找到了尖林山“地质之谜”，随后国家决定重建大冶铁矿。1954 年 11 月，成立铁山筹备处。1955 年 7 月 1 日，矿山重建基建工程开工，从国外引进了一大批大型采矿、运输、选矿设备，将大冶铁矿长达 50 多年的小型机械作业模式改为大型机械化作业。1958 年 9 月 15 日，毛主席视察大冶铁矿，指示矿山要综合利用好矿产资源。到 20 世纪 70 年代初，采场形成年产原矿 440 万吨，选厂形成年处理原矿 430 万吨的综合生产能力。最高年开采原矿达 505 万吨。可生产 7 种矿石产品，并能直接和间接回收铁、铜、硫、钴、金、银等金属和非金属元素。先后攻克了混合矿选别难关，治理了东露天采场世界第一高陡边坡。

10. 金岭铁矿

第一个五年计划期间矿山进行了第一期三矿体 35~68 m 水平建设，用中段法采矿，安装了变电站外部高压输电工程，修建了破碎场，安装空气压缩机等，实现了部分机械化作业。“一五”末和“二五”期间矿山进行第二期扩建，新增一矿体和三、四矿体两露天投产，增加生产能力 30 万吨/年。4 个露天坑均超能力开采。四宝山与金岭铁矿合并，其他各矿点生产矿石 14 万吨，以及运出过去堆存的贫矿，期末生产能力达 80 万吨/年。第三次扩建于 1966 年开始基建，1976 年投产，生产能力 24 万吨/年。1971 年对选矿厂进行改造扩建，形成处理量为 60 万吨/年的能力。铁山采场深部扩建，增加能力 15 万吨/年。在此期间，露天开采相继结束，共消失生产能力 70 万吨/年。此期末生产能力为 60 万吨/年。

计划经济期间（1953—1978 年），新建扩建的铁矿山还有梅山铁矿、张家洼铁矿、酒钢镜铁山矿、太钢峨口铁矿、本钢歪头山矿、邯邢矿山局西石门铁矿、四川綦江铁矿、水钢观音山铁矿、武钢程潮铁矿、灵乡铁矿、金山店铁矿、承钢大庙铁矿、广东大宝山矿、南京冶山铁矿、河南李珍铁矿等一批矿山。

（二）计划经济时期铁矿山的重点工作

1953—1978 年计划经济时期，国家为了加强铁矿山工作，以适应钢铁工业乃至整个国民经济的发展需要，重点抓了三个方面的工作。

1. 从有计划、按比例原则出发，加强矿山企业管理

一是调集培养矿山领导干部，组织矿山生产建设队伍。1953 年，第一个五年计划开始，一大批矿山投入建设和生产，急需大批矿山人才，国家从部队、地方调集大批领导干部到矿山担任领导工作。“一五”期间宣钢龙烟铁矿、鞍钢弓长岭铁矿、本钢南芬露天矿、江苏利国铁矿、山东金岭铁矿、马钢桃冲铁矿、四川綦江铁矿、邯邢冶金矿山管理局磁山

铁矿、海南铁矿等都有一大批从部队或地方转战到矿山的领导干部，成为矿山的领导骨干，并抽调全国各地的农民上山办矿，成为新中国第一代矿工。在20世纪60年代，国家还聘请了一批苏联专家到矿山做顾问，同时选派一批矿山领导干部和技术骨干赴苏联学习。号召大家向苏联老大哥学习，绝大部分矿山开始都是学习模仿原苏联矿山的管理模式，在领导体制上学习苏联的厂长负责制（后来改为党委领导下的厂长负责制），在原来的党政领导制的基础上又配备了矿山总工程师、总地质师、总机械师、总会计师；还建立了地质测量科，加强了矿山专业技术工作。

二是加强矿山管理，按矿山特有规律组织生产。在加强矿山管理方面，1957年至1978年间，重点解决矿山落后与冶炼生产比例失调的矿石、冶炼平衡问题。第一个五年计划即1957年以前，矿山与冶炼生产基本上是互相适应协调发展的。1958年“大跃进”“大办钢铁”以后，矿山落后于冶炼的矛盾日益突出，矿石缺口明显加大。1970年以前进口铁矿石不足百万吨，1971—1980年平均每年进口铁矿石在300万吨以上，这期间最典型的冲击有两次。第一次是1958—1961年的“大跃进”时期，盲目追求加快钢铁工业发展，违背了矿山生产的客观规律，带来十分严重的后果：（1）加剧了冶炼与矿山的比例失调。1958—1960年钢铁工业建设总投资为117亿元，而用于矿山建设的投资只有14.9亿元，只占投资的12.7%（合理比例是20%左右）。3年间高炉新增生产能力为1082万吨，按正常比例矿山需要相应增加4000万吨的新增能力，而实际矿山开采能力只增加了1987万吨，使矿石缺口越来越大。（2）矿山内部采剥（掘）比例失调。由于不切实际的要多出矿，迫使矿山多采少剥（掘），甚至只采不剥（掘），3年间仅重点露天矿山剥岩欠账累计达3300万吨，使有些矿一年高产、二年减产、三年停产，甚至面临采死重建的边缘。（3）矿山设备严重失修，拼设备情况严重。设备综合完好率下降到35%左右，本钢南芬露天矿运矿汽车经过3年超负荷运行，有一半以上“趴窝”。第二次是1966—1976年的“十年动乱”时期，“文化大革命”给黑色金属矿山带来更大的灾难，特别是1967年至1968年一大批矿山被迫减产或停产。1968年全国铁矿石产量下降到2679万吨，比1966年下降32%。1970—1971年，全国新建高炉312座，新增炼铁能力1337万吨，应增加铁矿开采能力5348万吨，而实际上仅增加了2822万吨，缺口达2500多万吨。1970—1973年，全国重点露天铁矿山累计剥岩欠账达到3600多万吨，1975年邓小平同志提出“企业要整顿”以后，矿山开始重视采剥并举，剥离先行，矿山的剥岩欠账才陆续还清，转入正常生产。1965年由冶金部部长吕东主持制订的《冶金工业计划三十条》，明确提出矿山是钢铁工业的基础，优先建设矿山，并且强调实行“采剥并举，剥离先行”的生产方针。为了加强冶金矿山的领导和管理，采取了以下措施：（1）在冶金部内成立了矿山局，对矿山生产和建设实行统一领导，统一指挥。矿山在钢铁工业中的投资比例也大大提高，1963—1965年的3年调整期间矿山在钢铁工业中的投资比例提高到21.46%，比1958—1962年的“二五”期间提高6.89个百分点。1971—1975年，钢铁系统新增铁矿开采能力4587万吨，平均每年增加900多万吨。同期新增选矿处理能力4734万吨、烧结能力3043万吨，都超过了前20年新增生产能力的总和。1975年全国铁矿石产量达到了9694万吨，比上年提高1000多万吨。（2）按矿山客观规律搞好矿山管理。计划经济时期，造成矿山落后的一个重要原因是矿山管理工厂化，违背矿山生产特有规律，主要表现在以下几个方面。首先，矿山的三级矿量和采场管理是一般工厂所没有的，矿山必须坚持采剥并举、剥离（掘）先行、按线推进、正规采掘。其次，矿山分老中青3个不同的生产期，青年期是指矿山刚投产时期产量低，但能力是逐年上升的；中年期即矿山达产后到出现能力自然衰减这段稳产高产期，称为矿山的中年期或黄金时期，产量高而稳定，各项指标都比较理想；老年期即矿山生产的末期，产量不升反降，而且各项指标均走下坡，以致闭坑停产。这种情况与一般工厂正常情况下各项指标逐年上升的情况是不相同的。1953—1978年期间，也就是矿山管理模式初步形成逐步完善期间，按照矿山生产特有规律，编制执行采掘计划，加强采掘生产管理，从而消除了我国长期以来一直按工厂的管理办法管理矿山的弊端，这是我国黑色金属矿山管理工作上的一大进步。

2. 依靠技术改造和科技进步发展矿山

一是计划经济期间，铁矿企业的科技进步重点抓了露天矿设备大型化，地下矿采矿方法、磁铁矿选矿攻关和红矿、多金属矿研究试验，均取得一定进展。矿山企业主要靠国家支持和自筹资金对自身进行技术改造，以先进技术取代落后技术，扩大了生产能力，提高了产品质量，降低了消耗，提高了装备水平，延缓了生产能力的自然衰减。例如马钢凹山选厂通过技术改造仅用1年时间，铁精矿品位提高了0.64个百分点，金属回收率提高了5.4个百分点；石人沟铁矿通过尾矿高浓度输送的技术改造，年节电435万千瓦·时，节水199万立方米，实现了提高质量、提高金属回收率、扩大生产能力和节能节水全面发展。据统计，“六五”计划以后，铁矿山通过技术改造增加采矿能力1780万吨、选矿能力1320万吨。

二是针对生产中的关键问题，采取生产企业、科研设计单位和大专院校三结合，矿山企业领导、矿山职工和科研人员三结合形式进行技术攻关、技术改造，并尽快将科研成果转化为现实生产力，这是科技进步推动生产加快发展的重要措施。例如在山东张家洼、河北西石门、河北玉石洼3个井下铁矿采矿方法的攻关中，在解决了采矿方法的技术难题后，立即转入提高综合生产能力的攻关，使西石门铁矿达到了70万吨/年的核定能力，张家洼铁矿达到140万吨/年的核定能力。

三是通过技术改造和科技进步，在矿石产量大幅度增长的同时，使矿石质量也不断提高。特别是成品矿质量，在原矿品位不断降低的情况下，铁精矿品位大幅度提高，有的已达到了国际水平。同时，矿山采选技术经济指标也成倍提高，大大提高了矿山企业的经济效益。1978年，全员劳动生产率达到5000吨/(人·年）以上，井下铁矿为600吨/(人·年）以上，选矿厂为2500吨/(人·年）以上，比新中国成立初期的1950年分别提高10倍、3倍和5倍；而铁矿选厂的球磨机作业率已达到74.75%~78%，最高的达到了80%以上。可以说在计划经济期间，科技进步推进了黑色金属矿山全面发展，实践中主要抓了以下工作：

（1）不断提高重点矿山装备水平，向国际先进水平靠拢。从装备水平看，到1978年，露天矿穿孔作业普遍采用了国际广泛应用的250~380 mm回转式牙轮钻机，替代了落后的钢绳冲击钻机；铲装作业普遍采用了国产或进口的4.6 m^3 的电铲；矿岩运输采用了40~154 t的机械传动或电动汽车；自重150 t电机车牵引60~100 t翻斗车以及带宽1.4 m的皮带运输机；此外还有大型推土机、7~12 t装药车、YL-102工程岩体勘探钻机，2000~3000 kg·m液压碎石机、47 t振动式遥控压路机以及炮孔堵塞器、平路机、多功能洒水车、轮胎拆装机和润滑车等多种辅助设备。东鞍山、大孤山、峨口、尖山和石人沟铁矿还采用长距离胶带运输机和排土机进行连续排土作业和采场运输。选矿厂的设备，过去只有单一的带式磁选机和小筒径感应磁选机，到1978年已普遍应用了大型永磁磁选机、永磁磁滑轮、双立环和平环式湿式强磁机、电选机、新型振动细筛、盘式过滤机等。铸石泵管内衬、工程塑料、磁性橡胶衬板、耐磨钢球等新式高效耐用选矿装备和材料，均已得到了广泛的应用。

（2）采矿技术进步，重点抓了以下工作。第一，露天矿开采技术进步。20世纪50—60年代采用大境界、缓帮宽台阶的开采方式，计划经济时期则采用分期开采和陡帮组合台阶作业方式，增大边坡角，改进推进方向，提高了生产能力，减少了矿山前期投资，调节和均衡了采剥比，获得了较好的经济效益。矿山运输方式推广了平峒溜井开拓、汽车运输和汽车铁路联合运输，以及深凹露天矿用"间断—连续"运输工艺、应用皮带排土等提高了效率，降低了开采成本。第二，井下矿山采掘技术进步。淘汰了新中国成立初期落后的水平充填和浅孔留矿采矿方法。为达到高强度、经济和安全作业，急倾斜厚大矿体普遍推广了无底柱分段崩落法，缓倾斜中厚矿体采用垂直平等密孔阶段强制崩落法，在松软矿岩中采用自然崩落法，都取得了较好效果。在巷道支护、地压控制、采空区处理、多级站通风系统、井下运输、井下通信等方面，也取得了显著成效，并在生产中得到应用。第三，爆破技术与爆破器材。先后研制成功并推广应用了铵油炸药、铵沥蜡炸药、乳化炸药、多孔粒状铵油炸药、非电导爆管、高精度毫秒电雷管等。在爆破技术上采用了大型区多排孔微差爆破、边坡控制爆破和光面爆破等新技术，效果很好。

（3）选矿技术进步。中国铁矿资源贫、杂、细的特点给选矿带来很大难度。行业从20世纪70—80年代开始，多批次立项开展红矿选矿技术攻关，取得了一定成效，特别是进行了白云鄂博含稀土等多种元素铁矿和攀枝花钒钛磁铁矿的选矿技术攻关。从20世纪80年代开始国务院和冶金部每年召开一次科技工作会议，专门研究资源综合利用问题，组织全国有关单位大协作，定期布置和检查。经过多年的反复攻关试验，20世纪80年代末基本解决了铁精矿品位、回收率提高的问题以及钒、钛、稀土金属的回收利用问题。例如包钢白云鄂博矿区的共生矿有170余种，其中可供综合利用的主要矿物有25种。这种共生矿物紧密结合，建矿初期只能利用铁金属，嵌布颗粒又细，分离难度大，1958年建选厂后，开展综合利用，经反复试验，到1985年除了铁的回收率提高之外，还综合回收了稀土精矿，生产出稀土系列产品。鞍山式红铁矿选矿工艺也有很大突破。三年恢复时期，我国只有一种焙烧竖炉用于处理贫赤铁矿。从计划经济时期开始，除了对焙烧竖炉进行技术改造之外，还先后试验了浮选、重选、强磁选以及联合流程等。"六五"期间把齐大山、东鞍山、桦树沟、司家营和海南铁矿的贫赤铁矿选矿列为国家科技攻关项目，取得了重大进展。齐大山矿采用“弱磁—强磁—弱酸性正浮选”和“阶段磨矿，重选—磁选—浮选”联合流程，在原矿品位26.11%~27%的条件下，获得了精矿品位65%、回收率78%以上的效果，比原有生产流程的精矿品位提高7个百分点，回收率提高10个百分点；东鞍山、桦树沟、司家营及海南铁矿的贫赤铁矿选矿攻关，也都按计划完成了任务。

此外在尾矿高浓度输送、尾矿坝筑坝技术和安全监测管理等方面，都有新的技术突破，取得了良好效果。

3. 开展劳动竞赛，推动矿山快速发展

计划经济期间，各矿山企业普遍开展了社会主义劳动竞赛，特别是基层生产单位包括井下掘进队，采矿队，露天矿的凿岩穿爆、铲装、运输为一体的一条龙小分队竞赛，对调动职工积极性、加快矿山生产建设起到了积极促进作用。在竞赛活动中起带头作用、影响较大、坚持时间较长的是马万水工程队（前身为马万水小组），他们在三年恢复时期艰苦奋斗，连创两次全国黑色冶金矿山掘进新纪录，成为全国冶金矿山学习的榜样。在1950—1978年的28年中，先后创造了19次全国冶金矿山掘进新纪录。1978年4.6 m^3电铲台年平均效率达到120余万吨，比上年提高48%，其中先进的单台效率有的达到400万吨，穿孔和运输效率也相应提高。劳动竞赛起到了模范带动作用，为加快矿山的生产建设做出了突出贡献。

三、改革开放时期的铁矿山（1979—2000年）

（一）改革开放初期铁矿山面临的形势

1978年党的十一届三中全会确定了“以经济建设为中心”的发展方针，迎来了我国改革开放和经济建设全面发展的春天。改革给矿山带来活力，矿山展现蓬勃发展的生机，同时也给矿山带来严峻挑战。

（1）从机遇和有利条件看，一是改革开放打破了人们思想上的禁锢，使人们从封闭半封闭的僵化思想中解放出来，带来了矿山发展的活力。突出体现在学习借鉴国外先进技术和先进管理经验方面，过去一味强调自力更生，改革开放后可以充分利用国外成功的先进经验，不仅使我们少走许多弯路，而且开拓了发展空间。二是“一个中心两个基本点”的指导思想，使矿山职工一心一意搞建设，集中精力抓生产，消除了过去“政治运动”的干扰和影响，保持了矿山生产的连续性和稳定性。三是提倡利用“两种资源、两个市场”，可以充分利用国外资源，缓解矿山压力，不再搞过去的“矿石自给”“以铁定矿”，使矿山能够按照自有的生产规律组织生产，避免了过去经常发生的采剥（掘）失调现象。四是通过改革，打破了阻碍矿山发展的不合理的管理体制和经营机制，进一步解放和发展了矿山生产力，尤其是从1978年开始的“扩大企业自主权”“承包制”“计件制”“吨矿工资含包干”“三项制度改革”等一系列改革，彻底打破了“大锅饭”“铁饭碗”，充分调动了矿山职工积极性，促进了矿山发展。

（2）从挑战和不利条件看，一是进口铁矿石的大幅度增长，使国内铁矿山的竞争力面

临严峻挑战。1970—1978年期间，我国每年进口铁矿石一直在300万~500万吨之间徘徊，平均只有400万吨。1978—2000年期间，每年进口铁矿石由开始的600万吨增长到6997万吨，每年平均4000多万吨，比20世纪80年代增长10倍以上。尤其是1997—2000年的4年间每年进口铁矿石的数量已上升到5510万~6997万吨，平均每年5800万吨，相当于1970—1978年的14.5倍。铁矿石进口量的快速增长，对我国钢铁工业的快速发展是十分有利的。不仅满足了钢铁工业高增长的需要，而且当时进口矿的价格也比较便宜，低于国产矿价格10%左右，经济上合理，矿石质量又优于国内矿，这对于我国钢铁工业快速发展是一个难得的机遇，但国内铁矿山的竞争力面临严峻挑战。二是投资体制改革加重了矿山负担。首先是投资体制改革，即从1994年开始施行“拨改贷”以后，矿山投资由过去的国家拨款改为由矿山企业贷款，到期要还本付息。由于我国铁矿资源条件较差，开发费用较高，投资建矿山周期长、投资大、见效慢、效益差，所以投资商不愿建矿山，矿山企业又无力自我发展，使矿山新增能力越来越少，制约了矿山发展。其次是税费增加，使矿山企业雪上加霜。从1994年开征资源税，每采出1 t铁矿石，要根据矿石资源的优劣情况缴纳6~18元不等的资源开采税，相应地增加了矿石生产成本；从1995年开始，对铁矿山企业逐步由过去的无偿开采变为“有偿开采”，增加了一笔购买资源的费用。据2000年的不完全统计，仅铁矿山一年就要支出2亿元左右；增加资源补偿费、土地复垦费等，铁矿产品本来就价低利微，这些税费使矿山企业成了利润水平最低而税费负担率最高的行业。从1993年开始到2001年铁矿山连续8年全行业亏损。三是大批矿山进入能力自然衰减期。我国1970年以前建设的矿山、选矿厂占70%以上。据不完全统计这期间建设的大中型矿山平均服务年限为32年。到20世纪90年代的后期这些矿山都陆续完成服务年限，逐步减产以至停产，每年衰减能力在300万~400万吨。这也是造成20世纪90年代后矿山发展较慢的重要原因。四是矿山开发条件变差，相应的政策调整不到位，使铁矿产品生产成本的增长远远超过政策调整带来的补偿，造成1990—2000年为矿产品效益最低的10年，这也是造成铁矿山行业连续8年全行业亏损的重要因素。

（二）改革开放22年铁矿山产业的主要成绩

党的十一届三中全会以来，铁矿山生产建设在各级党委和政府的领导下，坚持放开搞活，深化企业改革，推进技术进步，加强企业管理，使矿山面貌发生了深刻变化，取得了可喜成绩。

（1）铁矿石产量持续增长，由1978年的3478.6万吨，提高到2000年的22256万吨，比1978年增长18778万吨，平均每年增长853.5万吨；铁精矿产量11000万吨，比1978年增长7417万吨，平均每年增长近340万吨。这是在新建矿山能力增加不足100万吨，而原有矿山能力平均每年自然衰减300万~400万吨的情况下，主要靠老矿挖潜和发展地方中小矿山实现的。改革开放后的1978—2000年期间黑色金属矿山共生产铁矿石56亿吨，生产铁精矿15亿吨，相当于10亿吨钢的铁矿原料。

（2）铁精矿质量和金属回收率实现双提高，为高炉提供高品质原料。一是铁精矿品位显著提升。2000年全国铁精矿平均铁品位62.47%，比1978年提高1.35个百分点。特别是磁铁精矿原设计品位只有65.12%，先后通过推广应用细筛再磨以及开展科研攻关和技术改造，从20世纪80年代开始铁精矿品位一直稳定在66%以上，部分选厂还达到了68%，进入了国际先进水平；含铁大于66%的高品位铁精矿，1978年只有890万吨，2000年达到6000万吨，占铁精矿总产量的50%，比1978年增加5000多万吨。二是红矿选厂铁精矿质量明显提高。2000年红矿铁精矿品位达到60.35%，特别是鞍钢的齐大山一选和弓长岭铁矿选厂已分别达到63%和64.05%，使鞍钢矿山铁精矿平均品位突破64%大关，2000年达到65%。首钢矿山公司贯彻“矿岩分采、配矿入选、均给细磨、精选多收”的方针，使精矿粉质量一直稳定在68.5%左右。铁精矿质量的提高为钢铁工业贯彻精料方针，提高高炉利用系数，降低焦比，提供了先决条件；同时，金属回收率也明显提高，大大提高了资源回收利用率和企业经济效益。

（3）矿山职工生活有较大改善。矿山地处偏僻，远离城市，矿山职工生活条件艰苦。改革开放以来，各矿山企业都把改善职工生活作为一项重点工作，使矿山面貌和职工生活出现了较大变化。首先全国重点矿山新建职工住宅有了显著提高，职工住房紧张局面有所缓和。其次兴建了许多集体福利设施，如职工医院、俱乐部、托儿所、浴池、职工子弟学校等；新建和增设了商业服务网点，既安排了矿山职工家属就业，又方便了职工生活。随着矿办学校条件的改善和教学质量的提高，矿山子弟升学难的问题得到初步解决，矿山作业环境、劳动和安全条件得到改善，粉尘合格率逐年提高，伤亡人数逐年下降。

（三）改革开放时期铁矿山的重点工作

（1）坚持“改革、开放、搞活”的总方针，实行各种形式的承包经营责任制。矿山企业的承包经营责任制是从学习首钢的经济责任制开始的。首钢矿山是我国黑色金属矿山最早实行承包经济责任制的企业，结合实际探索实践了“三档五线”“横向到边纵向到底”的承包制，并一直坚持深化完善，狠抓矿山技术改造，取得了精矿品位连续稳定在68.5%上下，实现利润连续10年平均递增20%的显著成绩。该公司从1978年开始，采选综合生产能力为1600万吨/年，2000年达到2000万吨，实现技术扩能25%。

1979—1981年，原冶金部矿山司与首钢矿山公司共同举办了7期铁矿企业管理研修班，全国各大钢铁公司主管矿山的经理以及独立矿山的经理共计200多人参加培训，学习首钢矿山承包制的管理经验。其他一些矿山通过学习首钢的承包经营责任制也都取得了很大的成绩。尽管各个企业的承包形式不同，但其效果都比较好，大体有以下几种形式：一是吨矿工资含量包干。在国务院领导同志的关怀下，借鉴煤炭的经验实行的一种包干办法。到2000年已有10多个重点矿山企业和几个省属的地方中型矿山开始实行。有的是实行吨矿石工资含量包干，如酒钢镜铁山铁矿等；有的是实行吨精矿工资含量包干，如太钢峨口铁矿等；此外，武钢大冶、金山店、程潮三个铁矿实行吨金属量工资含量包干；包钢白云鄂博铁矿针对矿山剥岩欠账的问题，实行了吨矿岩总量工资含量包干等。这些包干形式，对于调动矿山职工积极性、减人增产、提高劳动生产率都起到很好的作用。尤其是太钢峨口铁矿的采剥总量、铁矿石产量、铁精矿产量都提高1倍，武钢矿山为公司少吃进口矿节约资金1177万元。二是工资总额与上缴利税挂钩承包。这种包干方式充分调动了企业提高经济效益的积极性。这种承包形式对独立核算的重点矿山和当时部直属矿山效果最为突出。三是投入产出包干。如邯邢矿山管理局针对老矿山多的特点，实行了投入产出包干。以最少的投入取得最大的产出。最终矿石回采率提高了，原材料消耗、成本降低了。四是利润包干。根据企业留利使用范围不同又分为两种：一种是企业留利的使用范围只限于解决简单再生产过程中的各种基金（奖励基金、职工集体福利基金、生产发展基金），矿山的基建工程费用由国家或上级有关部门另外贷款或拨款；另一种是留利使用范围包含扩大再生产部分，即“以矿养矿”的形式。五是减亏包干（减亏额全留或按一定比例分成）。这是对 1997 年以前暂时处于亏损状态的矿山企业如邯邢冶金矿山管理局、鲁中矿山公司实行的承包形式，对于矿山减少亏损、尽快实现扭亏为盈具有促进作用。六是亏损补助包干。主要是在 1997 年以后，对一些长期亏损的独立国有矿山实行的特殊政策，于 2001 年矿山企业盈利后结束（主要是邯邢冶金矿山管理局和张家洼矿山公司）。

（2）改革矿山经营方针，开发多种产品，广开经营门路，提高了矿山企业经济效益。铁矿企业一直是单一生产铁矿石、铁精粉，产品单一，产值低，利润少，应变能力差，在提高经济效益方面受到许多客观条件的制约。从 20 世纪 80 年代开始在放开搞活政策指引下，一些矿山企业陆续改革了原来的经营方针，逐步由生产单一铁矿产品向多种产品、多种经营的方向发展。大体经历了三个阶段：

第一阶段，为改善职工生活，进行农副业生产的“服务型”经营。矿山自主创办服务型养殖业和种植业。比如广西八一锰矿、海南铁矿和首钢矿山公司等矿山就开展了种植蔬菜、养鸡养牛，搞农副业生产，建立矿山商业和服务网点，为职工生活服务，改善了矿区生活条件。

第二阶段，实行机构调整后，矿山的人员和设备能力有了富余。矿山企业内可为社会服务的一些部门，如矿山施工队伍、机修厂、汽修厂、井巷掘进和土建队伍等开始走出矿山，走向社会，承包工程，安置多余劳力。比如攀枝花矿山公司 1984 年组织一部分施工队伍走向社会承包工程，1985 年外包工程量达到 2700 万元，1987 年达到 5000 余万元，使全公司所有的施工队伍都实现扭亏为盈。

第三阶段，20 世纪 90 年代后，随着效益意识的提高，有些矿山企业开始由“安置型”向“经营型”转化，开始注重效益，多种经营实现的利润开始在总利润中占有一定的比重，成为矿山企业中提高经济效益的新的经济增长点。1987 年，据统计，鞍矿、攀矿、本钢矿山、太钢矿山、邯邢矿山局、张家洼矿山公司等 12 个矿山，多种经营的利润共约 3000 万元。

（3）组织技术攻关，依靠技术进步，促进了矿山生产发展。一是红矿攻关已取得了突破性进展。改革开放时期正是矿山各项革新和技术攻关的关键时期。这一时期技术进步的主攻方向是密切结合生产需要，组织技术攻关，保证科研成果尽快用到生产实践中去，促进了生产的发展。比如，鞍钢齐大山一选通过技术攻关，改造工艺流程，1987 年 9 月实现铁精矿品位 63.53%、金属回收率 70.74%，比改造前分别提高 4.47 个百分点和 2.78 个百分点；东鞍山烧结厂一选进行磨矿分级技术攻关，采用螺旋分级机加旋流器后，-200 目含量达到 93%，在二次球磨中加优质小球，经试验铁精矿品位和金属回收率分别提高 0.12

个百分点和1.6个百分点。弓长岭选厂改造后的7、8系列成绩更明显，实现精矿品位大于64%、回收率大于68%。到1990年鞍矿红矿选厂已全部实现精矿品位大于63%、回收率大于70%，达到国际领先水平。二是地下矿采矿方法攻关也有较大进展。比如，东北工学院（现东北大学）承包的玉石洼铁矿采矿方法研究取得了可喜成果，1987年与1986年相比，采矿回采率由50%提高到80%以上，采矿单位成本降低4~5元，产量提高8万吨，实现了承包指标。三是其他方面技术攻关也取得实质性进展。比如，符山铁矿地下矿山国产设备机械化配套，经过多年的试制、试用，已正常使用，效果明显；选矿尾矿砂综合利用取得新进展，北京钢铁学院（现北京科技大学）矿业研究所研究试验尾矿砂不烧、制成建筑材料的工艺已通过鉴定并逐步推广；鞍钢矿研所与中国科学院力学所合作，在鞍钢、首钢矿山成功地把爆破硬化技术用于加固电铲牙尖和球磨机衬板；马鞍山矿山研究院研制大块干式拱选机与自磨机配套，预先抛废石取得好成绩，并研制成功露天矿粒状铵油炸药装药车；符山铁矿在有关院所帮助下，研究地压活动规律，提高了经济效益，改善了安全状况。

（4）搞好技术改造和设备更新，挖掘老矿潜力。20世纪90年代以后，新增矿山生产能力有限，而矿山能力自然衰减却逐年增加，要保持和扩大矿山生产，老矿挖潜就成为“六五”“七五”期间的一项重点工作，也是矿山在基建矿山新增能力不多的条件下，实现生产持续增长的一项重要措施。

一是各矿山企业加强了地质工作，搞好储量升级和老矿外围找矿。1978年以来平均每年增加资源储量2亿吨左右，保证了三级矿量合理的保有期。比如，邯邢冶金矿山管理局所属矿山，均为小而富的“鸡窝”矿。从20世纪70年代开始，他们自建地质队，加强了对现有生产矿山的补充勘探，不断为处于开采末期的老矿山补充新的资源，延长矿山服务年限。当时对邯邢地区16个矿体的补充勘探，新增储量2150万吨，相当于找到一个新的中型矿床。

二是各矿山普遍重视搞好维简工程，加快开拓延伸，理顺采剥（掘）关系。自1979年以来，各铁矿山加快了掘进和剥岩还账。到1983年，还清了历史遗留下来的剥岩欠账3300多万吨、地下矿欠掘9500 m；完成挖潜改造项目18项，新增能力1360万吨。按同口径比较，1987年重点铁矿山比1979年矿石产量净增1490万吨，扣除基建新增的482万吨外，老矿山在弥补能力自然衰减后增产矿石约1000万吨。

三是抓好技术改造和设备更新。在选厂技术改造方面，突出了两个方面：一个是提高红矿的精矿品位和回收率；另一个是提高各选矿厂的处理能力。红矿选厂的技术改造是结合科研攻关一起进行的，效果非常明显。在提高选矿厂处理能力方面效果最突出的是首钢矿山公司选厂——他们在选厂技术改造中，积极开展横向联合，进行了大量的科学试验工作，并推广了磁团聚等一整套新技术、新工艺、新设备。在稳定铁精矿品位68.5%的情况下，原矿处理能力比设计提高了36%。1987年4月迁安会议后，各重点选厂都学习推广首钢矿山经验，取得显著效果。1978年以前，铁矿山生产的一个突出矛盾就是装备落后，且严重失修，特别是运输设备是薄弱环节，三车（电机车、翻斗车、汽车）和进口设备失修状况尤为严重。自1978年以后，各矿山普遍重视了设备维修，提高了设备完好率，坚持了自修、研制和引进相结合，设备更新和技术改造相结合，修复设备，不仅还清了历史上遗留下来的设备失修欠账，还更新改造了一大批矿山设备。同时从国外购置了 200 台康明斯发动机总成和一批备件，对贝拉斯汽车发动机进行了更新，用道依兹发动机对 T20 汽车进行了改造，同时还引进了一大批穿孔、铲装、汽运等大型高效设备，包括 16 m^3 以上电铲、170 t 电动轮汽车等，这对提高运输能力、降低运输成本、延长汽车使用寿命起到了重要作用。在更新改造设备的同时，南芬露天矿、水厂铁矿、鞍矿矿山等还从国外引进一批二手设备，使这些矿山的穿孔、铲装、运输和辅助设备基本上达到了国际先进水平。通过修复、更新、改造和引进，加强设备管理，采用现代化管理方法和手段，使设备状况明显好转，设备综合完好率达到 90%以上，设备可开动率平均达到 88%；特别是三车状况，矿用载重汽车通过综合治理后，完好率由 1980 年的 60%上升到 80%以上，补强运输薄弱环节，设备效率逐年提高。

（5）抓管理，上等级，全面提高企业素质。从“六五”“七五”开始，黑色金属矿山的一项重点工作就是抓企业整顿、企业升级和学邢钢降成本，提高矿山企业经济效益。

一是针对矿山企业技术落后、管理更落后的状况，自 1978 年开始，各冶金矿山把加强矿山管理工作提到了重要议事日程。“六五”初期重点抓了企业整顿。在这个基础上，冶金工业部专门研究制定了《黑色金属矿山企业升级管理办法》，对铁矿企业开展企业升级的意义、考核指标、范围及各项指标的具体要求都作了明确规定，并组织了严格的考核、验收办法，每个矿山逐一组织验收，对搞好矿山管理是一个很大的促进。比如，鞍钢矿山公司通过抓管理、上等级，使产品质量、设备效率、经济效益都有很大提高。

二是通过学习和交流，现代化的管理方法逐步在矿山推广应用，1986—1988 年，每年开展一次企业管理座谈会，重点学习推广现代化管理方法。“七五”时期工作重点是抓管理、上等级，通过这项工作，推进了矿山管理现代化进程。同时，电子计算机的应用已开始起步并逐步普及，比如，鞍山黑色金属设计院（现中冶北方工程技术有限公司）等单位开发的计算机采掘计划软件，在重点露天铁矿开始使用；海南铁矿在马鞍山研究院的支持帮助下，在应用计算机进行设备管理方面提供了好的经验。

三是学习邯钢经验，实施成本否决，向企业管理要效益。1991—2000 年，是黑色金属矿山最困难的 10 年。这一时期，进口矿石量大质优价廉，钢铁厂普遍不愿用国内矿，当时恰逢三角债严重时期，国内运输又十分紧张，有的矿山生产的铁矿石、铁精粉严重积压，销售不畅；有的找到了用户又运不出去，有的卖出去了又收不回贷款，造成生产资金十分紧张。1991 年 4 月 20 日海南铁矿曾因资金紧张支付不起运费、电费被迫停产，后通过冶金工业部相关司局与主要用户协调，才于 5 月份恢复了正常生产。1994 年形势更加严峻，不少矿山已进入低谷，不仅生产受困，而且经济效益低下，不少矿山企业难以为继，铁矿山全行业出现亏损。以海南铁矿为例，该矿是我国铁矿山企业中资源条件较好的矿山，但也从 1995 年开始出现亏损，到 2002 年连续 8 年累计亏损 2.77 亿元。面对困难，海南铁矿坚持学邯钢，扎实抓管理、降成本、保生存、求发展。通过深化改革，逐步建立起适应社会主义市场经济的现代企业制度，终于在 2003 年扭亏为盈，实现利润 219 万元，跨入良性循环的发展轨道。

（6）坚持“放开、搞活、管好”方针，积极扶植地方办矿。改革开放期间冶金矿山生产所以发展较快，地方办矿起到了重要作用。为了保证地方矿山既要放开搞活，加快发展，又要坚持科学管理，健康有序，冶金工业部于1985年专门研究制定了《扶植地方办矿十项措施》和《黑色冶金地方小矿山暂行管理办法》。地方中小矿山持续健康地发展，始终贯彻执行了“放开、搞活、管好”的总方针，既放宽政策、积极扶植，又加强领导、严格管理。办矿地区的各级政府坚持把群众办矿与整个山区的开发建设紧密结合起来，在资金上扶植，技术上指导；冶金部每年还拿出一部分钢材，委托江苏冶金矿山设备制造公司为地方小矿山制造专用设备，为扶植地方中小矿山发展起了积极的促进作用。1983—1987年的5年中，全国地方中小铁矿山矿石产量增长2600万吨，平均每年增长520万吨，占全国铁矿石总产量的比例由1982年的1/4左右上升到1/3以上；铁精矿产量由1983年的596万吨增长到1987年的1350万吨，提高1倍以上。而且产品质量好，大部分产品是含铁65%以上的铁精矿和含铁60%左右的富铁矿。

四、21世纪新时期的铁矿矿山（2001—2023年）

（一）21世纪以来铁矿山产业取得的主要成绩

长期以来，国产铁矿石资源作为中国钢铁工业生产的坚强后盾，支撑了我国钢铁产量的稳定增长和钢铁工业的健康发展，为中国钢铁产业链迅速发展提供了坚实的基础。21世纪以来，我国经济高速发展带动钢材需求井喷式增长，对铁矿石资源需求也出现爆发式增长，冶金矿山行业适应中国钢铁工业的迅速发展，取得了令人瞩目的成就。

（1）持续加大勘探投入，铁矿资源储量迅速增长。为了缓解供需失衡带来的冲击，提高国内铁矿资源供给保障能力，国家出台了一系列措施，全面部署找矿突破战略行动，加强重点勘查区、重要矿集区、资源集中区和重要找矿远景区找矿力度，加大资源枯竭矿山深部和外围找矿，查明铁矿资源储量保持了较长时间的增长态势，为建设一批大型资源基地提供了重要支撑。2023年铁矿石储量169.17亿吨，比2002年增加50.81亿吨，其间开采铁矿石205亿吨，消耗地质储量近250亿吨。

（2）固定资产投资持续增长，随后大幅下滑。进入21世纪之前，由于矿山建设投资大、周期长、见效慢、效益差，同时在既定政策制度和经济环境条件下，矿山建设的投资动力不足、市场意向淡薄，因此钢铁企业内部也对矿山削减投资、减少投入，将既有矿山选择性剥离出去，甩掉矿山包袱。但2000年以来，在需求增长和价格大幅上涨的刺激下，国内矿山建设投资增加很快，产量大幅度增长，为利用好两种资源发挥了重要基础性作用。2003年以前，国内矿山的投资仅占钢铁工业投资的3%左右，2004—2015年，国内矿山累计投资11054.1亿元，占钢铁工业投资的23.8%，投资总额和铁矿石产量在2013年、2014年达到峰值，随后投资出现大幅下滑，产能难以维持，铁矿石产量也随之大幅下降。2018年固定资产投资789.5亿元，仅为2013年固定资产投资额的47.4%，不及2009年的投资水平。2019年以后，随着铁矿石价格上涨，固定资产投资恢复增长，2019年累计增长2.5%，但是2020年下降10.3%，反映投资信心不足、投资意愿不强，基地建设不落地，资源接续工程和矿山建设项目推进缓慢，目前的投资难以支撑矿山产能的持续运行。2021 年增长 26.9%，投资持续恢复，但投资强度处于相对低位。2022 年增长 33.3%，投资增长位居采矿业之首，投资意愿明显好转；受民间投资大幅下降的拖累，2023 年下降 6.8%。

铁矿石原矿产量由 2000 年的 22256 万吨，增加到 2014 年最高产量 152672 万吨，增加 5.9 倍；随后产量回落，2018 年产量仅为 76337 万吨，为 2014 年的 50%，随后铁矿石产量缓慢增长，到 2023 年铁矿石产量为 99056 万吨，比 2018 年增加 29.8%。

（3）铁精矿质量稳步提高，利用率普遍提高。2000—2018 年，在铁矿石原矿品位下降 9 个百分点的情况下，铁精矿品位稳步提高。2023 年与 2000 年相比，铁精矿品位由 62.47%提高到 64.03%。其中，磁铁矿精矿品位由 63.50%提高到 65.66%；赤铁矿精矿品位由 60.29%提高到 63.16%；多金属矿精矿品位由 56.37%提高到 60.51%，全面实现突破性提质。2023 年与 2000 年相比，露天铁矿平均开采回采率由 90%提高到 97.21%；地下矿由 75.11%提高到 88.17%，大大提高了资源利用率。

（4）经济效益不断提高，经济实力逐步增强。2000 年以来，黑色金属矿山累计实现利润 10874.57 亿元。2000 年以前，黑色金属矿山是钢铁行业内最大的亏损户，1994—1999 年曾连续 6 年全行业亏损，累计亏损额达 40 亿元以上，平均每年 6.7 亿元左右。2000 年实现扭亏为盈，达到 6.54 亿元，然后实现利润水平迅猛递增，2004 年达到 117.96 亿元，2007 年达到 349.03 亿元，2008 年利润翻一番达到 700.37 亿元；2011 年全行业实现最高利润总额 1210 亿元，2012 年和 2013 年也维持在 1130 亿元以上水平，2014 年开始利润受铁矿产量和铁矿石价格下跌持续下降，利润下降 25%，降至 851.14 亿元；2017 年同比降低 61%至 159.92 亿元，而 2018 年利润仅有 72.6 亿元，不及 2004 年水平。2019 年利润增长至 215 亿元，2020 年达到 380.6 亿元，2021 年增长至 774.5 亿元，2022 年下降至 594.9 亿元，2023 年继续下降至 554.5 亿元。

（5）矿山企业经历快速发展至大幅度关闭，产业结构持续优化。随着国内铁矿的快速发展，铁矿山企业数量激增，由 2000 年的 598 家，增加到 2010 年的 4262 家，增长 6.1 倍；随后受国家资源整合及铁矿石价格断崖式下跌等因素影响，铁矿山数量急剧下降，2021 年仅有 1320 家，为 2010 年的 31%。截至 2023 年底，数量增加至 1521 家，比 2021 年增长 15.2%。截至 2023 年底，全国设计铁矿石原矿产能 13.9 亿吨/年、成品矿产能 4.2 亿吨/年、球团矿产能 2.7 亿吨/年，实际生产铁矿石原矿 9.81 亿吨、成品矿 2.98 亿吨、球团矿 1.85 亿吨。经过长期发展，我国铁矿业形成鞍山—本溪、西昌—攀枝花、冀东—密云、五台—岚县、包头—白云鄂博、鄂东、宁芜、酒泉、海南石碌、承德等一大批重要铁矿原料基地。

（6）进口铁矿石大幅度增长，利用国外资源成效显著。长期以来，人们总以为我国地大物博、矿产丰富，很少考虑过利用国外资源的问题。2000 年以来，我国钢铁工业迅速增长所需的矿石若都靠国内供应，无论是资源开发还是资金投入都是不现实的。利用国外资源，不仅减轻了国内矿山的压力，使矿山能够按照自有的生产规律组织生产，避免了过去经常发生的采剥（掘）失调的现象；而且满足了我国钢铁工业发展的原料需求。进口矿占矿石总消费量的比例逐年提高，由2000年的50%提高到2021年的超过80%。铁矿石进口量由2000年的6997万吨，增加到2023年的117906万吨，增长了16.9倍。随着改革开放和钢铁工业发展需要，在进口铁矿石的基础上，许多钢铁企业和投资实体高度重视实施资源战略，到境外采用独资、合资、合作、购买矿产资源等方式建立铁矿生产供应基地，如宝钢、鞍钢、中钢、首钢、中信、中铝、中冶等企业都在国外建有自己的矿山或者联合开办矿山，使我国铁矿企业由国内向国外发展。

（二）21世纪新时期铁矿矿山的重点工作

进入21世纪，铁矿山所以能取得以上成绩，主要是由于重点抓了以下工作：

（1）认清形势，用好政策，保证矿山协调可持续发展。长期以来，矿山一直是钢铁行业中的薄弱环节，不仅铁矿石需求量缺口较大，严重落后于钢铁冶炼的发展需要，而且发展质量也远远落后于钢铁企业。造成矿山发展落后、比例不协调不适应的原因，除了受铁矿资源自然条件的制约和影响以外，也有一个实际工作和相关政策问题。从工作来讲，由于矿山企业多年受计划经济体制和机制的影响缺乏活力，改革开放初期虽有改善，但远远没有到位；从政策来讲，改革开放以后有些政策虽有改善，但有些政策调整滞后，有些政策不尽合理。针对这种情况，矿山企业曾进行了长期的呼吁和反映，但由于管理层次太多、手续繁杂，短期内很多问题难以解决。进入21世纪以来，中国钢铁工业协会和中国冶金矿山企业协会组织专题组做好政策的研究落实，促进了许多政策逐步落实到位，政策效应进一步发挥。

一是投资政策。过去铁矿和冶炼的投资比例长期不平衡，矿山明显偏低，经测算，在正常情况下，矿山投资比例应占钢铁工业总投资的20%左右比较适当。但新中国成立以来，只有“三五”“四五”“五五”3个五年计划矿山投资占钢铁总投资的比例基本保持了20%左右，其余年份均未达到。特别是“六五”至“九五”的20年间矿山投资比例低得可怜，有些年份只有3%左右。这样长期积累就造成了矿山建设先天不足，矿山落后的局面。进入21世纪以来，铁矿山效益的提高带来投资比例的攀升，如果按国内矿占一半左右的供给量计算，矿山投资占钢铁工业总投资的比例应保持在10%以上，比例关系基本正常。2004—2015年的投资情况基本接近了这个比例，有的年份还超过这个比例，使铁矿山的发展速度加快。

二是税费政策的调整逐步趋向合理。第一，不再规定冶金矿山维持简单再生产费用标准（以下简称维简费）。矿山与工厂不同，在生产过程中需要不断为持续生产开拓工程持续支付一笔固定费用，人们习惯称它为维简费。新中国成立初期，由于大部分矿山处于开采初期，需要支付的维简费较低。1975年以前规定每采出1吨铁矿石需要支付1.7元的矿山维简费，其中1元为中央财政补贴。以后随着矿山开采条件越来越差，维简费提取标准也逐步调整提高，由开始的1.7元上升到5元、6.7元到2000年调整为10元，但仍然偏低。由于从1990年以后矿山能力自然衰减加快，矿山开采条件变化很大，露天铁矿绝大部分进入末期开采，由山坡露天变为凹隘露天，地下开采深度下降很快，大部分都延深到百米甚至几百米以下。据测算，1999年与1958年相比，重点露天矿的剥采比增加了4倍，即采出1吨矿石需要剥离的岩石由1吨增加到5吨，采场运距增加1倍以上，运费也相应增加，这样维简费提取标准再按10元/吨标准提取，显然不足，必将造成维简工程欠账，影响矿山可持续发展。于是，2004年财政部《关于提高冶金矿山维持简单再生产费用标准的通知》（财企〔2004〕324号），将冶金矿山维简费标准提高到每吨原矿提取15~18元，其中国有大中型冶金矿山企业维简费标准为18元/吨，其他冶金矿山企业可根据自身条件在15~18元/吨的范围内自行确定提取标准。2015年财政部发布《关于不再规定冶金矿山维持简单再生产费用标准的通知》（财办资〔2015〕8号），明确财政部不再规定冶金矿山企业维持简单再生产费用标准，冶金矿山企业可根据生产经营情况自主确定是否提取维简费及提取的标准。至此，维简费由国家强制提取变更为企业自主提取，提高了企业维护矿山生产的自主性和主动性。第二，适当降低资源税和矿山附加费。这两笔费用都是1993年国家价格放开以后开征的，由于铁矿石产品属于低产值微利产品，又由于我国铁矿资源条件较差，绝大部分属于次贫矿，应该实行低税费。但开始由于缺乏经验、在开征标准上照搬其他资源条件好的矿种计征，明显偏高，使矿山税费负担大大高于实际承受能力。据有关部门测算，1995—2000年，整个钢铁行业的税费负担约占销售收入的8%，而铁矿企业高达13%以上。这样高的税费使本来处于微利的矿山企业难以承担。考虑到企业按规定缴纳资源税确有困难，财政部和国家税务总局1994年出台了《关于独立矿山铁矿石资源税减按规定税额60%征收的通知》和1995年《关于调整六家企业铁矿石资源税适用税额的通知》。2000年以后，经中国冶金矿山企业协会多次向有关部门反映实际情况并提出调整建议，有些税费已适当降低，如2015年《关于调整铁矿石资源税适用税额标准的通知》（财税〔2015〕46号）规定将铁矿石资源税由减按规定税额标准的80%征收调整为减按规定税额标准的40%征收。2016年出台《关于全面推进资源税改革的通知》，实施矿产资源税从价计征改革，其中铁矿的资源税税目税率幅度为1%~6%，同时全面清理涉及矿产资源的收费基金。在实施资源税从价计征改革的同时，将全部资源品目矿产资源补偿费费率降为零，停止征收价格调节基金，取缔地方针对矿产资源违规设立的各种收费基金项目。2019年将铁矿增值税税率由16%降至13%。以上这些政策的调整，给铁矿山的发展提供了优惠的政策支持和良好的外部条件，对于矿山的可持续发展起到了重要作用。

（2）依靠技术进步，加快矿山发展。长期以来，技术进步一直是加快矿山发展的巨大推动力。进入21世纪以来，各矿山对技术进步特别重视，在引进、吸收的基础上强调自主创新，赶超世界先进水平，使许多科研成果逐步转化为现实的生产力，科技进步对矿山发展的贡献率越来越高。我国黑色冶金矿山采选工艺和技术装备水平已有长足发展和提高，大部分处于国际领先水平。

一是采矿方面，随着矿业现代化的不断推进，矿产资源不断消耗，采矿规模也不断扩大，采矿规模的扩大带动了采矿技术的不断发展。经过几十年的开采历程，我国露天开采技术取得了丰硕成果，一大批关键技术攻关取得突破，如陡帮开采工艺、高台阶采矿工艺、间断-连续开采工艺、大型深凹露天矿陡坡铁路运输系统、深凹露天矿安全高效开采技术、露天转地下开采和露天-地下联合开采技术、矿山数字化技术、采场无（微）公害爆破技术、特大型露天安全高效开采技术等。在地下矿山开采方面，随着地下矿山开采规模的不断扩大，开采深度的不断增加，国内外大型地下矿山都在致力于研究和采用采矿全过程连续开采工艺，应用自动化和智能化开采装备来适应矿山生产不断发展的需要。这些工艺技术与装备的采用，改善了井下采矿作业的环境和工作条件，实现了地下矿山机械化、自动化乃至智能化的连续作业和大规模、高强度的集中强化开采，提高了采场的综合生产能力，显著降低了矿石的开采成本，大幅度提高了开采的经济效益。地下矿山开采主要方法为崩落采矿法、空场采矿法和充填采矿法，现阶段大型地下铁矿的开采方法主要以崩落采矿法为主，其中主要采用无底柱崩落法（鞍钢弓长岭井下铁矿、首钢杏山铁矿）、自然崩落法（酒钢镜铁山铁矿）和有底柱崩落法（水钢观音山铁矿、邯邢玉石洼铁矿）；部分铁矿山采用空场采矿法（房柱采矿法——良山铁矿，全面采矿法——金岭铁矿，分段空场法——大庙铁矿，阶段矿房法——李楼铁矿、司家营铁矿，VCR 法——草楼铁矿，留矿采矿法——福建潘洛铁矿）。由于重视环保，近十多年来充填采矿法在地下铁矿山开采中也得到了推广应用，会宝岭铁矿、白象山铁矿、张庄铁矿、大冶铁矿、金山店铁矿、谷家台铁矿以及正在设计或基建期的思山岭铁矿、陈台沟铁矿和西鞍山铁矿等都采用充填法开采。同时，随着国家对环境保护越来越重视，受我国好开发利用的铁矿资源越来越少以及智能化系统发展对我国铁矿开采行业的影响，近年来我国采矿方面的技术突出成就主要在绿色开采（充填采矿）、难采矿利用和智能采矿三方面。充填采矿是一种采矿回采率高、矿石贫化率低、作业安全性高、对地表环境破坏极小的采矿方法，近年来在深部矿床开发中得到了广泛应用。按照充填材料、输送方式的不同，充填采矿可分为三大类：干式充填法、水力充填法和胶结充填法，其中现在应用最广的是胶结充填法。复杂难采矿体开采包括松软破碎矿体、复杂富水矿床、深井矿床、缓倾斜薄矿体等，影响因素众多，矿床开采后将会出现大面积冒顶、涌水、岩爆等问题，开采难度极大。针对地下矿山复杂难采矿体开采难题，提出了开采环境再造理论：以矿床赋存环境做建筑环境，通过一定的技术手段改造矿体赋存的地质环境，改善矿床开采的技术条件，以满足安全高效采矿的需要。按照开采环境再造理论，试验研究实施了人工底柱、卸压开采、微震监测等控制技术。近年来针对矿（岩）松软破碎矿体、复杂富水矿床、深部矿体、缓倾斜薄矿体，在山东高阳铁矿、马钢白象山铁矿等研究实施了保持安全开采的控制技术，实现了复杂难采矿体的安全高效开采。进入 21 世纪以来，计算机在我国矿山得到广泛应用，经过近十几年的努力，矿山信息化的建设取得了长足进步，不过前些年信息技术的应用主要停留在以企业财务、综合统计、报表生成为主的管理系统方面，功能单一、重复建设现象严重，信息资源共享难以实现；但是，近几年来，以首钢杏山铁矿为代表的一批矿山，在全面推进数字化矿山建设的同时，矿山生产的自动化和遥控智能化作业水平也有了长足的进步。目前，杏山铁矿已实现破碎、装卸矿、运输、提升、排水、通风、供电系统全过程自动化控制，实现了皮带无人看护、井下运输电机车地面遥控无人驾驶、中深孔凿岩台车遥控自动化作业等，向遥控智能化无人采矿的远大目标迈出了重要一步。

二是选矿方面，我国铁、锰矿资源赋存条件差，贫、细、杂问题突出，选矿加工难度大。通过多年特别是近些年选矿科技攻关，我国黑色金属矿选矿技术提高到了一个新的水平。尤其是在贫赤铁矿、褐铁矿、菱铁矿等复杂难处理铁矿选矿技术方面处于世界领先水平。比如，鞍钢、包钢、攀钢、酒钢、中信大锰等大型钢铁企业和锰业企业的选矿厂规模和选矿技术经济指标不断提高，我国部分复杂难处理铁矿和锰矿得到了有效利用。根据资源禀赋特点，全行业协调创新，开发出了预选、高压辊磨—立磨、细磨—细筛分级、弱磁—强磁—阴（阳）离子（反）浮选、阶段磨矿—阶段选别、闪速磁化还原焙烧—弱磁选—浮选、预富集—悬浮磁化焙烧—磁选（PSRM）等工艺流程。研制出了干式磁选机、高压辊磨机、塔磨机、高频细筛、高梯度磁选机、组合式湿式强磁选机、磁选柱、浮选柱、精选淘洗机、磁浮选柱、陶瓷过滤机等新型高效选别设备，在破磨节能、高效分选和干堆输送等方面取得明显突破。在破磨阶段，主要采用预选、多破少磨和阶段磨矿阶段选别等工艺及干式磁选机、塔磨机、高压辊磨机等新型设备实现破碎磨矿阶段的节能降耗和提高产品回收率。其中，预选是在矿石进入磨矿作业之前，用适宜的选矿方法预先分离出部分尾矿的选别作业；多破少磨工艺是选矿厂必不可少的准备作业，其能耗占选矿厂总能耗的50%~70%，其中磨矿作业的能耗占破磨作业能耗的80%以上，降低磨矿作业能耗对降低选矿厂总能耗有重要作用；高效分选采用弱磁选—强磁选—反浮选或重选—磁选—反浮选联合工艺处理鞍山式贫磁铁矿和赤铁矿，提高铁精矿品位、降低 SiO_2 等杂质含量，使铁精矿质量达到或超过进口铁矿石的质量，实现矿山和冶金整体效益最大化。比如，攀钢攀枝花选矿厂采用“阶磨阶选”“多碎少磨”“矿石预选”等工艺技术后铁精矿品位由52%提高到54%以上，回收率74%以上，原矿处理能力提高20%以上，钒钛铁精矿达到550万吨。鞍山式含碳酸盐赤铁矿石“分步—分散协同浮选”关键技术于2010年在东鞍山烧结厂应用，获得了精矿品位63.37%、回收率62.95%的工业生产指标，标志着鞍山式含碳酸盐赤铁矿石由“呆矿”变为可利用资源；2013年建成了600万吨/年的关宝山选矿厂，达到了精矿品位65.47%、回收率70.69%的工业生产指标，年增产精矿180万吨，盘活了鞍山地区含碳酸盐铁矿资源11.2亿吨。太钢袁家村采用阶段磨矿—弱磁—强磁—阴离子反浮选工艺取得了铁精矿品位66%以上、回收率72%以上的扩大连选试验指标，已建成年处理原矿石2200万吨的国内最大规模的选矿厂。

三是管道输送方面，精矿管道输送已经被认为是经济高效、环保节能、技术上成熟的运输方式，主要发展方向是高浓度长距离输送。太钢尖山铁矿是我国第一条长距离精矿输送管道，采用高浓度、高压力、小管径的设计理念，输送矿浆浓度63%~65%，管道外径229.7 mm，管道内径211.8 mm，输送成本0.16元/(吨·千米)，年输送精矿230万吨以上。昆钢大红山铁矿也采用管道输送精矿。四川安宁铁钛公司采用管道输送粗颗粒原矿浆。矿浆输送设备方面，主厂房内部的矿浆或低扬程的尾矿输送，通常采用普通渣浆泵；高浓度、高扬程的精矿或尾矿输送，生产实践中使用的有隔膜泵、油隔离泵、水隔离泵和柱塞泵。

四是综合利用方面，主要包括共伴生有价组分回收利用、废石和尾矿综合利用等。固废利用与处理途径：第一，尾矿再选回收有价元素，实现资源化再利用。第二，废石、尾矿高效大规模应用，开发大宗量、低成本利用、处置矿山剥离废石和尾矿技术，废石、尾矿高附加值产品开发技术，矿山废水治理和高效循环利用技术，以及矿山固废堆场二次资源开发及生态环境修复和治理技术，促进大规模利用。第三，尾矿制作矿山采空区充填材料。用尾矿填充采空区不仅可以解决尾矿的排放问题，而且降低了充填成本，具有良好的环境效益和经济效益。其中，共伴生有价组分回收利用是充分利用矿产资源、提高矿山经济效益的重要措施；废石、尾矿综合利用，有力地推动了冶金矿山“三废”的减量化、资源化和无害化发展，“三废”利用率显著提高。2016 年底以来，首钢矿业公司自主研发应用“全流程一体化尾矿处置新工艺”，集尾矿高效浓缩、建筑砂提取、尾砂干排以及尾矿高浓度一级泵站输送于一体，这一规模化的尾矿全流程处置工艺属于国内首创，实现了冶金矿山行业尾矿处置工艺新突破，实现了选矿加工环节废弃物“零排放”。这一革命性的创新，解决了水厂铁矿尾矿库库容不足、尾矿浓缩效率低、输送消耗高、尾矿输送管道运行不稳定等问题，取得了显著的经济效益和社会效益，年创造效益 5000 多万元。2017 年大石河秘鲁尾矿回收产线建成投产，年产量 20 万吨；2018 年二马产线建成投产，实现了建材产品独立产线生产，新增产能 300 万吨，同步回收排土场残留矿石资源。

（3）资源利用和节能减排取得长足进步。一是在资源利用品位持续下降的情况下，“三率”指标稳定向好，采选效率大幅提高；二是通过低品位矿利用、难采残留矿回收、难选冶矿技术攻关，盘活铁矿资源 100 亿吨以上；三是共伴生资源综合回收利用，特别是钒钛磁铁矿、铁稀土多金属矿、硼铁矿等的综合回收利用技术取得新突破；四是铁矿企业废水循环利用率达到 90%以上，固体废弃物资源化利用率超过 20%、安全处置和储存率 82. 8%；五是近十年铁矿采选业综合单位能耗年均下降 2. 6%以上。

（4）全面推进绿色矿山建设。党的十八大以来，生态文明建设成为经济社会发展的重要指标，绿色矿业建设成为矿山企业发展方式转变的重要途径。最早提出绿色矿山概念是 2007 年中国国际矿业大会上，原国土资源部将“坚持科学发展，推进绿色矿业”确定为大会的主题，正式提出了“绿色矿业”。2008 年中国矿业循环经济论坛上，中国冶金矿山企业协会等 11 家矿山企业、行业协会共同发布了《绿色矿业公约》，正式启动了我国绿色矿山建设的步伐。原国土资源部《全国矿产资源规划（2008—2015）》的公布实施，提出了到 2010 年基本建立我国绿色矿山新格局的要求。2009 年中国国际矿业大会上，李克强副总理提出的“在新的形势下，中国政府将把增强资源保障能力作为保持经济长期平稳较快发展的一项重要任务，立足国内，加大地质找矿力度，增加资源储备和供应；推动科技创新，发展绿色矿业和循环经济，提高资源开采率和利用效率”为我国发展绿色矿业建设绿色矿山指明了方向。

2010 年原国土资源部下发的《国土资源部关于贯彻落实全国矿产资源规划发展绿色矿业建设绿色矿山的指导意见》（国土资发〔2010〕119 号），明确了绿色矿山建设的总体思路和主要目标任务，提出到 2015 年建设 600 个以上绿色矿山建设试点单位，形成系统的绿色矿山建设标准体系；到 2020 年，全面推广试点经验，将绿色矿山的条件和标准逐步上升为管理制度，严格准入和监管，使大中型矿山基本达到绿色矿山标准、小型矿山企业按照绿色矿山条件严格规范管理，基本形成全国绿色矿山格局。2010 年开始，原国土资源部共分 4 批评选出国家级绿色矿山试点单位 661 家，分布在 29 个省（自治区、直辖市），涉及油气、煤炭、冶金、有色、黄金、化工、建材、非金属等行业。

2017 年，原国土资源部、财政部等六部委发布《关于加快建设绿色矿山的实施意见》

（国土资规〔2017〕4号），围绕绿色矿山建设和政策支持等方面提出具体绿色矿山建设实施意见，中国冶金矿山企业协会等九大行业协会配合自然资源部根据文件精神起草发布了《冶金行业绿色矿山建设规范》等九大行业标准，指导煤炭、冶金、有色等九大行业的绿色矿山建设。

2019年和2020年，自然资源部开展了绿色矿山遴选入库工作，2019年共有953家矿山企业进入全国绿色矿山名录，其中2019年遴选绿色矿山555家，原国家级绿色矿山试点单位398家。2020年，共有302家矿山企业入选2020年全国绿色矿山遴选名录，经过两年遴选，共有1255家绿色矿山进入国家级绿色矿山名录。其中铁矿114家。下一步行业将总结推广绿色矿山发展新模式、新机制、新制度，按照绿色矿山建设规范和政策要求，加快绿色矿山建设进程，力争早日形成符合生态文明建设要求的铁矿发展新模式。

（三）未来发展展望

一是从矿山发展目标看，加快大型铁矿基地建设，有序推进资源整合，促进两化深度融合，实施现有矿山改造升级，全面开展资源综合利用，大力发展绿色矿山。开发结构和布局进一步优化，产业集中度进一步提高，大型特大型企业的引领带动作用充分发挥。基本实现消耗资源储量与新增资源储量、小时生产能力与新增生产能力基本动态平衡，形成资源有保障、综合利用水平高、生产运营安全高效、结构合理、环境友好和可持续发展的新型铁矿产业格局。国内铁矿资源供给稳定，自给率稳定在15%~20%。

二是从采矿技术与装备看，结合深部高效开采、绿色经济开发、信息智能采矿，研发适宜开采环境的采矿方法，研发安全绿色高效开采理论与技术，研发智能化、精细化开采技术，研发高效采矿装备。

三是从选矿技术与装备看，研发复合选矿与选冶联合工艺，设备高效化、大型化、节能化、智能化，生产管理自动化、信息化。

四是从尾矿综合利用技术看，尾矿资源化再利用，尾矿制备高品质建筑材料，尾矿制作矿山采空区充填材料。

五是从职业安全、健康与环保看，针对采场、边坡的稳定性以及尾矿和废（土）石安全堆置和工程治理中的关键共性问题，重点研究矿山灾害的成因、发生规律、预测预警和防治方法等，保障矿山安全生产；针对职业健康与环保方面的问题，研究新型高效集尘、除尘装备，研制爆破有毒气体吸收剂，开发水力除尘装药结构和井下制冷降温装置，研发矿井通风系统三维动态仿真与控制系统成套技术与设备；开发矿山酸性废水净化及资源化关键技术及装备。

六是从球团发展目标看，开发新型链箅机—回转窑、带式焙烧机（>300万吨/年）等新装备、新技术；新建球团设备能力应大于200万吨/年，实现多品种（高炉用、直接还原用、熔剂性）优质（高品位、高强度、低膨胀、高还原性）球团矿的生产，快速提升精料技术水平，实现更合理的高炉炉料结构；在细精矿来源越来越多的情况下，进一步提高球团矿在高炉炉料结构中的比例（全国平均达到30%，有条件的应达到50%）。我国球团矿生产技术的发展趋势是提倡生产高品位（TFe≥65%）低硅（SiO_2≤4%）和高镁

（MgO≥1.5%）的优质球团矿。提倡大力发展 MgO 质酸性球团矿和熔剂性球团矿，改善球团矿的冶金性能，为高炉降低燃料比创造条件，着力推动行业在转向高质量发展中取得扎实进展。

在新时代、新矛盾、新使命、新要求的背景和鞭策下，行业上下全面贯彻落实党的十九大精神，准确把握自身发展脉搏，谋划布局新的发展蓝图，牢牢抓住新征程的历史机遇，紧扣行业主要矛盾变化，坚持新发展理念，攻坚克难，深入推进供给侧结构性改革，加快转变发展方式、调整优化结构、转换增长动力，推动质量变革、效率变革、动力变革，站在新的起点上，推动冶金矿山迈向高质量发展新阶段。

一是坚持供给侧结构性改革，在提高供给质量和效率上取得新进展，稳住行业发展“大盘”。第一，着重在“破”“立”“降”上下功夫，淘汰不符合安全环保、最低规模、“三率”指标要求的“小散乱污”矿山企业，清除各类“自然保护区”矿山企业，关闭违法违规矿山企业，处置长期处于停产状态、存在安全环保隐患和重大风险的矿山企业，加快基地建设和大型项目开发，切实保护存量有效产能，扩大优质增量供给，推进生产布局调整、结构优化。第二，加大技术改造力度，瞄准先进标杆，调整优化，全面提高生产技术、工艺装备、能效环保、本质安全水平，推动产业优化升级。把成本和效益放在优先位置，通过协同创新、系统优化，实现工序配套衔接、装备智能化、生产组织合理、产线稳定高效、成本竞争力突出、生产效率和资源利用水平提高。第三，积极争取政策，降低能源、物流、土地、资源、制度等方面的成本，实现由规模要素投入型向质量规模效率协同发展型转变调整。

二是坚持资源优先战略，在资源配置模式、配置格局上实现新突破，打牢可持续发展基础。首先，资源储备掌控能力是矿业公司实施可持续发展的根本，在矿业开发中，谁掌握了资源，谁掌握了多种资源，谁就拥有了话语权、控制力和竞争力。其次，固守铁矿资源开发的思路，已经不适应新时代高质量发展的要求。必须结合经济社会发展，改变结构变化，支撑国家经济发展战略，从企业实际出发，增加自主勘查投资，加快横向联合、纵向整合，跨区域、全球化、多矿种资源配置，多层次多方式对接合作，实现主业矿种由铁矿为主向战略新兴、大宗紧缺矿种并重转变和调整，增强资源保障和支撑产业发展的能力。

三是坚持培育发展新项目新产业，在拓展领域和发展空间上取得新进展，增强成长竞争力。做优铁矿产业，做精资源利用产业，做好矿建机修业、现代物流业、国内外贸易、生产性服务业、金融服务业、现代农业等相关产业，发展多矿种产业，积极延伸产业链，提升产品附加值，实现经营主产品由铁矿为主向多矿种开发、相关产业协调发展、全产业链一体化经营并重调整，推动冶金矿山产业多元化、产品高端化、生产现代化、服务社会化，有效拓展企业发展和盈利空间，培育具有国际竞争力的一流大型企业集团。

四是坚持创新驱动战略，在支撑发展催生“四新”促进融合上取得新突破，形成发展新动能。围绕高质量发展，继续加大科技创新力度，通过创新支撑资源跨区域、全球化、多矿种配置，支撑以铁为主、多矿种开发、相关产业协调发展和产业链延伸，催生新技术、新产业、新业态和新模式，促进信息技术、人工智能和矿山深度融合发展，建设现代化智能化科技型矿山。实现创新方式由“单兵作战”向“产学研用立体化平台化协同作战”的跨专业跨学科跨领域调整，有效提高全要素生产率。

五是坚持加快实施管理变革，在组织团队能力和运营效率上取得新进展，提升可持续运营能力。第一，坚持“质量第一，效益优先”，创新企业管理，变革组织结构，从企业实际出发，建立与推动高质量发展相适应的高效运营体系，通过信息化和大数据运转，提高企业管理标准化，提升运营效率。第二，建立与提高企业竞争力相适应的资本管理体系，以资本回报率、内部收益率为核心，优化资本结构，增强融资能力，支撑资源整合、高质量有竞争力项目的投入。第三，加强和完善风险管理，建立风险评估、预警和防范机制，实现企业管理从生产型向生产经营型、服务型转变调整。

六是坚持全面深化企业改革，在治理模式和制度创新上取得新突破，激发企业内生活力。按照推动质量变革、效率变革、动力变革的要求，建立现代企业制度，完善企业法人治理结构，改革“三项制度”，完善激励与约束机制，突破体制机制障碍，实施股份制改造，发展混合所有制经济，创新资本运营模式，提升资本运作能力，实现企业治理制度化、规范化、程序化。实现企业改革由夯基垒台立柱架梁向全面发力、纵深推进转变。

七是坚持绿色发展战略，处理好资源开发与生态环境的关系，努力建设绿色矿山。第一，把绿色发展的理念贯穿到矿山开发的全过程、全生命周期，全面实施空间优化、绿色开采、清洁生产、节能减排、综合利用，突出动态恢复治理、动态复垦复绿，实现以开发资源为主兼顾环境保护的理念，走边开采边治理边复绿的绿色矿业开发道路。第二，在开发矿产资源获利的同时，留下美丽的矿业遗址，切实保证自然资源资产保值增值，让矿山所在地的环境更加优美舒适宜居。第三，完善绿色矿山配套政策，在资源配置上予以优先考虑，在税费政策上给予优惠，在投融资方面给予支持，激发矿山企业绿色发展的内生动力。

八是坚持以人为本，处理好企业发展和员工权益的关系，保障企业高效运营。第一，由传统、劳动密集型开采方式向符合新时代要求、高科技支撑的现代化开采方式转变，用技术装备的不断升级推进矿山生产自动化智能化，改善生产环境和安全条件，保障安全生产，提升职业健康水平。第二，建立职工收入增长机制，发展和弘扬优秀文化，创造良好发展空间，提升员工素质，提高职工满意度、幸福感。第三，培养优秀团队，发挥企业家作用，优化人员结构，崇尚“工匠精神”，有效发挥员工能力，保证企业高效运营。

第二章 中国铁矿石采矿工艺技术发展历程

第一节 露天采矿工艺技术的发展

自新中国成立以来，我国基础设施建设、经济社会发展对资源需求日益增加，钢铁工业是国民经济建设的基础，对铁矿石的需求更是大幅度增长。在铁矿资源开发利用方面，露天开采一直占主导地位，据统计，我国70%~80%的铁矿资源采用露天开采方式。20世纪50年代以来，广大矿业科技工作者及工程技术人员，针对我国铁矿石资源禀赋，通过不断的科技攻关和长期的露天铁矿开采工程实践，使我国露天铁矿开采工艺技术取得了长足的发展，有力地支撑了铁矿资源的高效安全绿色开发利用。

一、露天铁矿开采工艺技术的发展

露天铁矿开采工艺技术进步的重要标志主要表现在以下两个方面：

（1）露天铁矿山生产规模不断扩大。新中国成立初期，鞍钢弓长岭铁矿、大孤山铁矿、本钢南芬铁矿、宣钢龙烟铁矿、山东金岭铁矿、江苏利国铁矿和武钢大冶铁矿等矿山陆续恢复生产，1952年铁矿石产量仅为429万吨，“一五”计划结束的1957年全国铁矿石产量达到1937万吨，“二五”计划结束的1962年铁矿石产量达到2578万吨，“十四五”规划开局的2021年，我国铁矿石产量为9.81亿吨。目前，我国已建成多座年产千万吨级的大型露天铁矿，如鞍钢齐大山露天铁矿、首钢水厂铁矿、包钢白云鄂博西矿、太钢袁家村铁矿、本钢南芬铁矿等。

（2）劳动生产效率不断提高。露天矿山生产规模不断扩大的同时，露天开采全员劳动生产率亦不断提高。20世纪50年代，我国露天铁矿全员劳动生产率为200~300吨/(人·年)。进入21世纪以来，我国大型露天矿全员劳动生产率达到了30000~40000吨/(人·年)。

推动露天矿生产规模扩大、生产效率提高的主要因素为露天矿生产工艺的改进、革新，而露天矿装备水平的不断提高是支撑露天矿生产工艺改进、革新的原动力。

（一）露天铁矿开采工艺技术

我国露天铁矿开采工艺技术的发展，以提高资源开发经济效益、生态效益为目标，围绕制约露天铁矿高效绿色开发的难题，持续改进和攻关，逐步发展形成了适合我国铁矿石资源禀赋的开采工艺技术。

1. 陡帮开采技术

“八五”期间，陡帮开采列入国家科技攻关项目，马鞍山矿山研究院、南芬露天矿、北京科技大学、东北大学、鞍山冶金设计研究院共同承担了“大型露天矿陡帮开采工艺研究”项目，在南芬露天矿开展了大规模工业实验，取得了成功，研究成果获国家科学技术进步奖二等奖。

陡帮开采是加陡露天矿剥岩工作帮所采用的工艺方法、技术措施和采剥程序的总称。陡帮开采的实质是通过推迟剥离部分岩石，均衡整个生产期的剥采比，提高矿山生产经济效益。陡帮开采方式有组合台阶开采、倾斜分条开采和追尾式开采，就其工艺实质而言，倾斜分条是组合开采的特例，追尾式开采是横向推进方向的组合台阶开采。

自陡帮开采技术研发成功以后，在我国露天铁矿应用广泛。鞍钢矿业公司大孤山铁矿是国内典型的深凹露天矿，为了解决影响矿山发展中剥岩欠账、采矿空间狭小、重大工艺技改措施滞后等问题，大孤山铁矿从 1989 年开始采用陡帮开采工艺，取得了巨大的经济效益。

2. 内排土技术

大型露天矿山剥离物的排放，需要压占数倍于开采范围面积的土地，露天开采的生态负效应凸显。由于受外部空间限制，大型排土场选址困难，剥离物的堆置问题，进一步限制了采用露天开采方式对资源的开发，影响露天开采产能的释放。对此，研究利用采场空间开展排土作业，形成了内排土技术，减少了排土场征地。

内排土适合于矿体埋藏较浅、分布范围较大、水平赋存或倾角很缓，采用露天开采的矿山；同时，对于开采进入中后期的露天矿，在采场作业空间允许的前提下，也可实施部分内排作业。

马钢姑山铁矿，经过 50 多年的开采，排土场已堆排到最终境界。但是露天采场尚有 5 年的服务年限，有约 1600 万吨的岩土需要排放。通过利用现有的露天采坑，合理调整采剥部位，2007 年开始采用采场内部排土，延长了姑山铁矿露天开采服务年限。

3. 特大型露天矿高效开采技术

该技术为“十二五”国家科技支撑计划课题研究成果，由马鞍山矿山研究院研发，针对矿床赋存急倾斜、夹层多、走向长的特点，利用陡工作帮开采技术原理，首先在矿岩接触面上盘一侧进行新水平准备，开沟方式沿纵向拉开，将开采区域划分成上盘剥离和下盘采矿。上下盘同时向露天境界推进，下盘采用宽工作面大区域作业，上盘采用陡工作帮组合台阶作业方式，分条带逐次沿走向推进；通过控制水平推进速度和垂直延伸速度，调节临时非工作帮坡角，实现特大型露天矿高效开采。该技术涵盖了特大型露天矿的规划、设计、建设、实施全生命周期，为成套技术，主要包括：急倾斜露天矿床剥离洪峰控制技术、急倾斜露天矿生产规模优化技术、露天开采矿石损失与贫化控制技术、露天矿高强度新水平准备技术。研究成果达国际领先水平，获冶金矿山科学技术奖特等奖，入选自然资源部发布的《矿产资源节约与综合利用先进适用技术推广目录（2022 版）》。

（二）露天铁矿开采装备

露天铁矿的规模化开发是随着开采装备的现代化而迅速发展的。

1. 穿孔设备

穿孔作业是露天开采的第一道工序，其目的是为爆破工作提供装炸药的炮孔。在整个开采过程中，穿孔质量的好坏，直接影响爆破成本及安全性。通用露天穿孔设备按工作方式主要分为顶锤式的凿岩钻机、孔底冲击式的潜孔凿岩钻机、挤压破碎式的牙轮钻机（图 2-1）。

图 2-1 牙轮钻机

2. 铲装设备

露天矿工作面所使用的铲装设备主要是挖掘机，其中以电铲使用最为广泛。改革开放前，我国主要使用斗容为 4 m³ 以下的电铲。20 世纪 70 年代末期，分别由太原重型机械厂和抚顺挖掘机厂研制了斗容 4 m³ 的 WK-4 型及斗容 12 m³ 的 WD1200 型电铲。20 世纪 80 年代以来，由第一重型机械厂、太原重型机械厂引进国外技术，合作仿制了哈尼施费格公司的 P&H2800XP 型及 P&H2300XP 型电铲，斗容为 7. 6 m³、10 m³、16. 8 m³。衡阳冶金机械厂引进技术制造的 195-BI 型电铲，斗容为 7. 64 m³。2012 年，太原重工已研制出 WK-75 型矿用电铲（图 2-2），斗容达到 75 m³，为世界最大级别的挖掘机。

3. 运输设备

运输工序是露天矿开采工艺中的一个重要环节。在 20 世纪 60 年代中期以前，我国露天矿山以铁路运输占主导地位。大型露天矿采用准轨铁路运输，中小型露天矿采用窄轨铁路运输。

20 世纪 70 年代末至 80 年代初，为了适应我国部分露天矿山深部开采运输的需要，又研制开发了大功率高效能机车、牵引机组、双机并联、机车运输自动化、高强度合金钢结构的翻斗车等新技术、新设备，以及变单一机车运输为汽车-铁路联合运输方式。

图 2-2　WK-75 型矿用电铲

20 世纪 80 年代中期以后，随着我国汽车和石油工业的迅速发展，露天矿采用汽车运输日益广泛。由于矿山向深凹地形发展，铁路运输已难以适应运输要求，南芬露天矿和白银露天矿率先采用了汽车运输。

进入 20 世纪 90 年代以来，矿用电动轮汽车在控制系统方面也出现了新的突破。国外推出了技术更先进、功能更完善、工作更可靠的微电脑控制的新型矿用电动轮汽车，使常规的矿用电动轮汽车进一步向人工智能化方向发展。

采用汽车–破碎胶带机的联合运输方式，把汽车运输的灵活性和胶带运输机的连续化、经济性优点结合起来，从而减少汽车数量，降低成本，可以认为采用可移动破碎机胶带运输系统是深凹露天矿发展的必然方向。但还需进一步加强设备研制和工艺改进以及加强管理，使其能完全满足生产需要。

（三）露天铁矿开采工艺技术发展趋势

我国露天铁矿生产实践和开采技术水平不断提高，总体上已接近或达到国际先进水平，差距主要体现在设备方面，同时，露天矿山经过几十年的开采，在适应经济社会发展对生态环境保护要求方面，出现了一些制约露天矿山发展的共性问题，对露天采矿技术提出了新要求，露天开采发展趋势主要体现在以下几个方面。

1. 开采工艺精准化

针对露天铁矿开采造成的固废排放量大、碳排放高、生态负荷重等问题，需研发精准开采工艺，通过对矿岩多场信息的精细化识别，采用精准开采技术，对矿岩进行差异化采剥，降低开采过程中的损失贫化，实现固废源头减量、降碳增效。

2. 生产作业连续化

生产作业连续化主要指运输环节连续化，我国大型露天铁矿经过几十年的开发，已转入凹陷开采阶段，单一的汽车运输条件显著恶化，采矿成本大幅度增加，原先单一运输方式已不适应深凹露天矿开采的要求，因此，在露天矿深部采用汽车-胶带联合运输成为必然，我国部分大型露天矿山已采用汽车-胶带联合运输工艺，如鞍钢齐大山铁矿、首钢水厂铁矿、包钢白云鄂博铁矿等。但传统的胶带运输倾角一般为12°~18°，限制了胶带在深凹露天矿的使用。

采用大倾角运输机在深凹露天矿山运输中具有明显的优越性，美国、瑞典、德国及英国等都进行了这方面的研究，美国大陆公司研制的大倾角运输机在前南斯拉夫的马伊丹佩克露天铜矿成功应用，使采场内的汽车用量减少2/3，运距缩短4 km，大幅度降低了运输成本，每年节省开采成本1200万美元。大倾角运输机在我国尚处于起步阶段，应用很少，但随着露天开采深度的增加，运输问题凸显，提高胶带运输的倾角、降低运输距离将成为解决我国深凹露天矿运输问题的手段之一。

3. 设备大型化

我国露天铁矿的穿孔设备以牙轮钻机为主，钻孔直径250 mm、310 mm。在穿孔效率方面，国产牙轮钻机与国外牙轮钻机仍存在一定的差距，因此我国露天矿山穿孔设备的发展，在增大穿孔直径的同时，也应在提高设备效率方面下功夫。

国内露天铁矿主要使用4.6 m^3、8 m^3、10 m^3、16.8 m^3电铲，国外矿山铲斗容量以16.8 m^3、21 m^3、30 m^3、38 m^3、43 m^3为主，露天矿山采装设备的发展，主要为增大铲斗容量、增加设备功率。

运输设备方面，发展趋势是载重量的不断增大，我国大型露天铁矿矿用自卸汽车的最大装载质量为270 t。我国北方重工研制成功了MT5500电动轮矿用自卸车，载重达360 t，随着铁矿产能的进一步提升，我国露天铁矿的运输装备水平将进一步提高。

4. 生产工艺管控智能化

长期以来，国内矿山企业一直处于劳动密集型的机械化初级水平，管理粗放，决策、设计、生产等环节较大程度依赖实践经验，存在主观随意性，科学性程度不高。随着计算机技术、信息技术、通信技术、自动控制技术、3S（GIS、GPS、RS）技术、VR技术、网络技术的发展，其在矿山行业的应用越来越广泛，国内众多研究机构和学者相应提出了“智能矿山”的概念。智能矿山的目标是实现资源与开采环境数字化、技术装备智能化、生产过程控制可视化及自动化、信息传输网络化、生产管理与决策科学化。

智能矿山的建设是一个庞大的系统工程，目前，矿业发达国家建设智能矿山的重点是实现远程遥控和自动化采矿，我国智能矿山建设也取得了一定成果，如包钢白云鄂博铁矿对采场部分区域采用遥控铲装、无人驾驶，长沙迪迈数码科技股份有限公司研发的三维可视化管控平台已成功应用于国内各大矿山。

我国铁矿山智能化建设任重而道远，未来，通过“引进、消化、吸收、创新、提高”推进我国智能矿山建设，加强自主创新增强市场竞争力，实现我国铁矿山的跨越式发展，在激烈的全球竞争环境中立于不败之地。

二、露天铁矿运输工艺技术的发展

运输工作是露天矿的主要生产工序之一，其主要任务是将采场采出的矿石运送到选矿厂、破碎站或储矿场，把剥离岩石运到排土场，并将生产过程中所需要的人员、机具设备和材料运送到作业地点。运输工作在露天开采工艺中占有十分重要的地位，其基建投资额占基建费用的40%以上，运输成本和工时分别占矿石总成本和总工时的一半以上，且随着露天采场的延深，运输成本占比进一步增加。

（一）铁路运输技术

铁路运输适用于储量大、面积广、运距长（超过5~6 km）的露天矿专用线，铁路运输具有运输能力大、设备和线路比较坚固耐用、运输成本低、对矿岩性质和气候条件的适应性强等优点，同时也有基建投资大、对地形条件适应性差等缺点。

受坡度限制，铁路运输主要用于露天采场外部及采场内浅部运输，铁路运输在我国20世纪建设的大型露天铁矿应用较为广泛，如南芬露天铁矿、包钢白云鄂博铁矿、马钢南山矿凹山采场、海南铁矿等。

露天铁矿进入深凹露天开采后，受采场空间条件限制，难以布置铁路运输线路，逐渐采用自卸汽车运输方式，与铁路运输组成联合运输方式。为充分发挥铁路运输低成本的优点，攻克铁路运输在露天采场深部难以应用的难题，提升铁路运输在露天矿的应用深度，提高铁运比，在“十五”科技攻关期间，马鞍山矿山研究院成功开发出大型深凹露天矿陡坡铁路运输系统，在我国首次实现了深凹露天矿陡坡铁路运输开采，有效解决了陡坡铁路爬行、机车牵引力不足、网络安全供电的技术难题，成功打破了大型深凹露天矿陡坡铁路运输的“瓶颈”。

该成果应用到攀钢朱家包包铁矿（图2-3），延伸铁路运输深度45 m，多采铁矿石

图2-3　陡坡铁路运输系统

3000万吨，减少剥采比0.42 t/t，铁运比提高20.72%，延长矿山服务年限15年，开采成本降低25.33%，直接经济效益7.23亿元。成果推广到本钢歪头山露天铁矿，延伸铁路运输深度72 m，节省投资1.5亿元，采矿成本降低30.43%，直接经济效益5.6亿元。

（二）汽车运输技术

自20世纪60年代以来，随着汽车工业的发展，自卸汽车运输在露天矿得到越来越多的应用，尤其是新建的露天矿，基本上都是采用汽车运输，它既可作为单一运输方法，又可与其他运输设备或设施组成联合运输方式。

我国绝大多数冶金露天矿山（如南芬、水厂南采区、大宝山、大冶西采区等）都采用自卸汽车运输或与其他运输设备或设施组成联合运输方式。

露天铁矿汽车运输技术的发展，主要体现在汽车载重量的不断提升，主要发展趋势如下：

（1）大坡度汽车运输技术研发。随着露天矿山从凹陷开采转入深凹开采，采场空间有限，在保障安全的前提下，研发大坡度运输装备有利于减少深部开拓运输线路长度，减小运输道路所占用的采场深部空间，有利于资源的充分利用。

（2）绿色汽车运输技术研发。目前，露天矿用自卸汽车消耗能源为柴油，汽车运输产生的尾气污染、碳排放大等问题在深凹露天开采中进一步显现，发展绿色纯电动矿用汽车运输是深凹露天铁矿开采的现实需求。

（三）胶带运输技术

胶带运输是一种连续运输方式，其主要优点有：运输能力大，带宽1.8~2.0 m的带式输送机的运输能力与准轨铁路相当；爬坡能力强，运输倾角一般可达18°~20°，有利于缩短运输距离；易于实现自动控制；运输成本低，运输成本一般仅为汽车运输的50%~60%。其缺点是：投资较大；对运输物料的特性（硬度、磨蚀性、黏性等）和块度要求严格。

胶带运输常与汽车运输组成联合运输方式。汽车-胶带半连续运输系统是近30年来发展起来的一种高效运输技术，既可发挥汽车运输的机动灵活、适应性强、短途运输经济、有利于强化开采的长处，又可发挥带式输送机运输能力大、爬坡能力强、运营成本低的优势，两者联合可达到最佳的经济效益。所以汽车-胶带半连续运输系统对大中型深凹露天矿具有普遍适用性，是我国深凹露天矿运输系统的重点发展方向。

露天矿汽车-胶带半连续运输的开采工艺环节包含两个部分，一部分为间断工艺环节，由电铲采装和汽车运输环节组成；另一部分为连续工艺环节，由破碎机组、胶带运输机、排土机（图2-4）组成。

近年来，带式输送机在类型、规格、性能等方面均有长足发展。例如，带宽达3.2 m、带速5.2 m/s的大型输送机的输送能力可达3万吨/h；夹钢绳芯胶带的抗拉强度大为提高，加之采用了多驱动装置，输送机的单机长度可达15 km；出现了可弯曲、可变向运送大块硬岩或大倾角等适应特殊需要的输送机，进一步扩展了胶带运输的使用范围。未来，大运量、长距离、高带速将成为胶带运输的主要发展趋势，以满足深凹露天铁矿规模化开发的需求。

图 2-4　露天矿排土机

三、露天铁矿开采爆破及爆破器材技术的发展

（一）露天铁矿爆破技术的发展

我国露天矿山开采经历了硐室爆破、浅孔台阶爆破、深孔台阶爆破、护帮爆破、挤压爆破、药壶爆破、二次爆破等技术发展阶段，各爆破技术在不同开采条件下得到了广泛的推广应用；随着爆破技术的发展和安全管理的需要，药壶爆破等技术已淘汰；在毫秒延期雷管研发成功后，又逐步形成了微差爆破、逐孔起爆等技术，在减振控害方面取得较好的应用效果。近年来，伴随着国家环保管控力度的加大以及信息化技术的发展，绿色爆破、精细爆破和智能化爆破成为露天爆破的重要发展方向和必然趋势。

1. 硐室爆破

硐室爆破是指将大量炸药集中装填于设计开挖成的药室内，达成一次起爆大量炸药、完成大量土石方开挖或抛填任务的爆破技术。我国硐室爆破技术发展经历了三个阶段：（1）第一阶段，自 20 世纪 50 年代中期起，先后在宝成、鹰厦等铁路建设中实施硐室爆破，当时一个药室装药 4500 kg 左右，一次爆破土石 3. 8 万立方米。（2）第二阶段，20 世纪 60 年代，爆破工作者在工程实践中，发展了大爆破设计理论，完善了设计参数，提出了一套完整的爆破设计计算经验公式，推动硐室爆破技术发展。（3）第三阶段，硐室爆破技术发展为条形药包装药设计。

实践表明，硐室爆破是一种投资省、效率高、速度快的施工方法。在地形复杂的山区，广泛应用硐室爆破来完成大量石方的开挖。早在 1956 年硐室爆破就用于矿山基建剥离，白银有色金属公司露天矿完成了当时世界上规模最大的硐室爆破工程，3 次爆破总装药量为 1573 t，爆破岩石量 907 万立方米，其中 227 万立方米抛出采场以外，使矿山提前两年投产。1964 年金川有色金属公司露天矿采用加强松动硐室爆破削平几座山尖，总装药量为 165 t，爆破岩石 218 万立方米。1971 年 5 月 21 日，朱家包包铁矿狮子山万吨大爆破成功起爆，装药 10162 t，爆破岩石 1140 万立方米，是我国露天铁矿建设史上规模最大的一次硐室爆破（图 2-5），相关成果获得 1978 年全国科学大会奖。

图 2-5 朱家包包铁矿硐室爆破及指挥部旧址

1972 年，南京冶山铁矿为了尽快形成地下采矿条件，在主副井附近水下 100 m 处进行露天硐室大爆破，利用崩落的岩石形成井下采矿垫层，为确保工业建筑物和井巷的安全，我国第一次在硐室爆破中采用微差爆破，成功控制了地震效应和飞石危害。2002 年 12 月 29 日，首钢矿业公司大石河铁矿实施爆破总方量 181 万立方米、装炸药量 1300 t 的 A 级大型爆破。2005 年 6 月 28 日，陕西柞水县大西沟铁矿剥离工程，一次爆破总装药量为 963 t，爆破方量 122 万立方米，抛掷率达到 57.68%，爆破效果达到设计技术要求。

硐室爆破不需要很多大型机械设备，集中实施作业时间短、效率高。但硐室爆破对周围地区的影响控制程度的要求较高，其设计精度越来越高，使用范围及装药量也将受到限制。

2. 露天台阶爆破

露天台阶爆破是在地面上以台阶形式实施的石方爆破方法，是矿山生产的基本手段。据不完全统计，我国采用露天台阶爆破的比重较大，其中铁矿石开采为 77%，有色金属矿为 52%，化工矿山为 70%，建材矿山几乎 100%。

露天台阶爆破，按照布孔形式分为垂直钻孔和倾斜钻孔两种；按照装药结构分为连续装药、分段装药、孔底间隔装药和混合装药结构；按照孔径、孔深不同，分为浅孔台阶爆破和深孔台阶爆破。浅孔台阶爆破通常是指孔径不超过 50 mm、孔深不大于 5 m 的台阶爆破方法。浅孔爆破法设备简单、方便灵活、工艺简单；在露天小台阶采矿、沟槽基础开挖、二次破碎等工程中得到广泛应用。浅孔爆破的台阶宽度一般在 4~7 m，高度 3~4 m。露天浅孔台阶爆破效率低、单耗高，当炮孔抵抗线和孔网布置不合理时，常出现无序爆破飞石、冲炮、残留根底等不良现象，对爆破质量和安全造成较大影响。深孔台阶爆破通常是指孔径大于 50 mm、孔深大于 5 m 的台阶爆破方法。与浅孔台阶爆破相比，露天深孔台阶爆破作业效率高、装药单耗低，且更经济；同时大型化机械设备为深孔台阶爆破提供了条件（图 2-6 和图 2-7），且存在向高台阶爆破的发展趋势。

图 2-6 露天台阶爆破作业

图 2-7 台阶爆破效果

长期以来，我国露天金属矿山的台阶高度一般为 10～12 m，对高台阶开采技术的研究起步较晚，采用高台阶开采的露天矿不多，台阶高度最大也只有 14～15 m。随着露天开采设备向大型化发展，大型露天矿采用的穿孔、装载、运输设备不断更新，台阶高度小（12 m），已经严重限制了大型设备生产效率和矿山生产能力的提高；同时随着采矿设备的发展，采用 10 m^3 以上的大型挖掘设备的矿山逐渐增多，为高台阶开采新工艺的实施提供了有力的技术保证，露天开采向高台阶开采发展已成为必然趋势。我国露天台阶爆破技术的进展情况，总体归纳为以下几点：设计、钻孔、装药及装载等工序运用监控技术，逐步实现机械化、自动化；广泛采用逐孔顺序起爆和孔内分段微差爆破技术；根据岩性的不同，选择合理的爆破参数以及合适的炸药品种；采用计算机辅助设计系统进行爆破设计，提高设计效率；通过数字矿山模型，将计算机辅助设计系统和矿山设备相结合并有效控制其动态。

（1）高台阶爆破。高台阶采矿为国家“八五”科技攻关项目。“八五”期间，在南芬铁矿上盘扩帮区开展了 18 m 高台阶爆破科技攻关。为满足 18 m 高台阶采矿工艺的要求，配备了钻凿孔径 310 mm、孔深可达 24 m 的 YZ-55 型牙轮钻机、装载量 154 t 的 MARK-36 型电动轮自卸汽车和斗容 11.5 m^3 的 P&H2100BL 型电铲，实现了采装运设备大型化配套作业。试验研究表明，与 12 m 台阶相比，18 m 高台阶开采的单位成本可降低 5.76%～6.12%，动态效益每年可节省 1052 万～1162 万元。

近年来，包钢集团巴润矿通过改造钻机和调整生产工艺，在不改变原有矿山设计参数的条件下，将采场 12 m 台阶合二为一成 24 m 的高台阶，采用 KY-310 型牙轮钻机一次性穿孔爆破，爆区台阶岩性主要为强度中等的白云岩，按孔径 310 mm、底盘抵抗线 10 m 设计现场工业试验。孔内微差时间按 3000 μs，排间分段起爆，间隔装药，炮孔填塞 7 m，共有炮孔 71 个，岩石爆破量 6.61 万吨，试验爆破块度均匀，爆堆整体块度破碎效果较好，可以满足采装设备的采掘要求。

（2）毫秒延时爆破。毫秒延时爆破，又称毫秒微差爆破，是在群药包爆破时，以毫秒时间间隔严格控制按一定顺序先后起爆的爆破技术。我国从20世纪50年代中期开始进行毫秒爆破的试验研究，最初是利用毫秒发爆器控制毫秒间隔时间。1960年形成批量生产的毫秒电雷管后，其品种、质量和精度得到不断提高并形成系列产品。1964年白银厂露天矿首次进行了多排大区微差爆破；1967年微差爆破量增加到80%以上，两年以后全面推广了这一技术。毫秒雷管的应用有力地推动了毫秒爆破技术的广泛应用，并使爆破技术工艺得到彻底改变，使爆破工程进入全面可控阶段成为目前常规的爆破技术。

20世纪80—90年代，在露天台阶爆破中实现了大区多排孔微差爆破，并在南芬铁矿、水厂铁矿等大型露天矿山获得推广应用，明显改善了爆破质量，取得了良好的技术经济指标。本钢南芬铁矿与长沙矿冶研究院合作开展了国家“七五”重点科技攻关课题“大型露天铁矿控制爆破技术与爆破器材的研究”，研究了大区微差爆破技术，提出了一套大爆区和中小爆区计算机优化爆破参数和炸药品种选择的模型与程序，开发研究成功异步分区起爆大规模干扰降震技术；采用孔径 ϕ250 mm、ϕ310 mm、ϕ380 mm 钻头进行钻孔，试验研究技术经济指标：孔网参数扩大5%，平均大块率0.1%，延米爆破量40.1 m^3/m，在矿岩中平均降震率为28.6%，爆堆形状良好，电铲工效提高19.6%，电铲备件消耗降低10%以上，震动强度和飞石均在允许范围之内；最大规模的一次毫秒爆破段数达104段，炮孔550个，预装药量276 t，矿岩爆破量超过81.1万吨，创造了我国采用先进装药车预装药、露天矿大区多排微差爆破量最大的成功先例。中钢集团马鞍山矿山研究院承担的“十三五”国家重点研发计划课题研究了精确短延时爆破技术，提出合理的短延时间隔为9 ms。

（3）掘沟爆破。掘沟爆破是露天开拓中重要的爆破方法，广泛应用于露天矿山的出入沟和段沟开挖中。1985年马钢南山铁矿凹山采场铁矿石的生产能力从500万吨/年扩建至600万吨/年，1988年形成封闭圈，封闭圈标高为45 m。凹山采场在进入凹陷开采后，开拓一个新水平出入沟（长度为536 m）周期过长、频繁移线难度大、产能严重不足，为保证顺利达产且能持续稳定其设计生产能力，马鞍山矿山研究院和凹山采场工程技术人员根据采场的实际创造了“汽铁联运——内出入沟半段高平台倒运法”掘沟方法，研发了多台阶开采固定帮大孔径一次成沟微差控制爆破技术。掘沟爆破中采用出入沟中间直线掏槽、两帮对称多排孔微差起爆技术，全断面分区一次穿孔爆破（主爆孔孔径 ϕ250 mm），实现了底宽20 m的双壁路堑出入沟一次爆破成形。在掘沟靠帮处采用 ϕ150 mm 大孔径超前预裂爆破技术，形成半壁孔痕达75%以上的段沟侧帮，不平整度小于15~20 cm，降低了掘沟爆破对边坡的影响，提高了边坡稳定性，保证了陡坡电机车运输作业安全。

（4）挤压爆破。挤压爆破（压碴爆破）是在自由面前覆盖有松散矿岩块的条件下进行爆破，使矿岩受到挤压进一步破碎的方法；是补偿空间不足以使被爆矿石自由碎胀的爆破。按补偿空间取得的方式，可分为小补偿空间挤压爆破和向松散矿岩挤压爆破。挤压爆破是露天和地下深孔爆破中常用的方法，挤压作用受到一次爆破排数的限制：如排数多，前边松散矿岩块将越压越实，空隙越来越小，对后排深孔爆破起不到挤压作用。当松散系数达1.1时为极限值。若调整好一次爆破排数，不失为降低大块率的有效方法。这种爆破方法是改善爆破质量、发挥设备效率、提高露天矿生产能力的重要措施（图2-8和图2-9）。

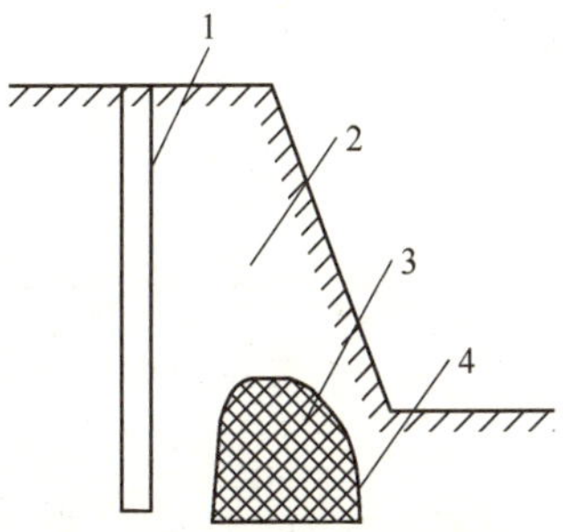

图 2-8　根底产生的原因

1—炮孔；2—岩石；3—矿体；4—矿岩交界面

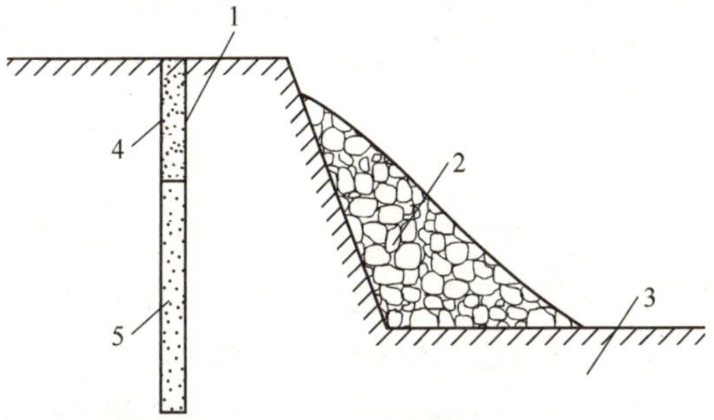

图 2-9　留碴挤压爆破图

1—炮孔；2—残留爆堆；3—矿体；4—堵塞物；5—炸药

（5）高温爆破。高温爆破是指炮孔温度在 40～80 ℃的爆破作业，80 ℃以上严禁在未采取任何有效措施下实施爆破。在高温岩石中钻孔容易损坏钻具，容易塌孔，打孔难，成孔难；高温会改变爆破器材的使用性能，易出意外；高温作业容易出现烫伤等其他安全事故。仅 1960—1990 年，我国硫化矿山就发生了 12 起炸药自燃自爆事故。在高温爆破领域，国内主要从高温爆破技术、高温爆破器材、爆破器材隔热防护材料等方面开展了大量研究与应用工作，以保证高温爆破的安全。

2015 年 7 月 1 日开始实施的《爆破安全规程》（GB 6722—2014）对高温爆破安全做了明确规定，例如，高温爆破作业人员应经过专门培训，且形成固定搭配；高温、高硫区不得进行预装药作业；高温爆破温度低于 80 ℃时，应选用耐高温爆破器材或隔热防护措施，温度超过 80 ℃时，必须对爆破器材采取隔热防护措施；高温高硫矿（岩）的爆破，应尽量避免炸药与高温高硫矿石接触，应控制药包与炮孔壁的接触时间，必要时采取隔离措施。

（6）二次爆破。二次爆破是指大块岩石的二次破碎爆破，是对一些不符合运输要求或者某些领域特定的规格的大块岩石或者矿物的二次处理的过程。传统二次爆破方法包括炮孔法和裸露药包法两种。

炮孔法是岩土二次爆破技术的基本形式，凡在岩石内部钻出各种孔径的炮孔，经装药，放入起爆雷管，堵塞孔口，连线等工序起爆的，统称炮孔法二次爆破；如用手持式风钻钻孔，孔径在 50 mm、孔深在 4 m 以下的为浅孔二次爆破；孔径和孔深大于上述数值的为深孔二次爆破；在孔底或其他部位事先用少量炸药扩出一个或多个药壶形的为药壶法二次爆破；浅孔二次爆破是古老的方法，已采用了 300 多年；深孔二次爆破是现代发展和应用最广的方法。裸露药包法不需钻孔，是直接将炸药包贴放在被爆物体表面进行二次爆破的方法，是一种最简便的二次爆破作业方法。

传统的二次破碎方法成本高、危险性大，考虑安全性等因素，《爆破安全规程》（GB 6722—2014）规定：露天岩土爆破严禁采用裸露药包。同时，使用爆破方式对大块矿岩进行二次破碎，容易发生爆破事故和飞石伤人事故，存在较大安全风险；国家安全生产监督管理总局令第 67 号规定露天矿山必须使用机械二次破碎；该方法已经被列入 2015 年 2 月

13 日国家安监总局下发的《金属非金属矿山禁止使用的设备及工艺目录（第二批）》，可采用破碎设备或液压扩张器破碎、膨胀方式破碎、爆轰管式非炸药爆破等新工艺进行替代。

3. 边坡护帮爆破

（1）预裂爆破。预裂爆破是沿设计开挖边界布置密集炮孔，采取不耦合装药或装填低威力炸药，在主爆区之前起爆，从而在爆区与保留区之间形成预裂缝，以减弱主爆破对保留岩体的破坏并形成平整轮廓面的爆破技术。

我国于 20 世纪 70 年代开始进行预裂爆破机理的研究。70 年代中期，马鞍山矿山研究院与马钢南山矿首次联合研发了超高陡边坡靠帮预裂控制爆破技术（图 2-10），总结出预裂爆破参数（不耦合系数、线装药密度、预裂孔间距）计算的经验公式，通过爆破振动加速度值对比，预裂控制爆破技术减振效果达到 60%~70%；通过爆破破坏范围和爆后地面可见裂隙对比，爆破破坏范围减少 62%。采用预裂爆破形成的台阶坡面不平整度小于 15~20 cm，半壁孔痕：坚硬岩石大于 80%、软岩大于 50%，减轻了对边坡保留岩体的破坏，提高了边坡稳定性（图 2-11）。

图 2-10 马钢凹山铁矿预裂爆破效果

图 2-11 马钢凹山铁矿全景图

大孔径垂直预裂孔爆破技术主要应用于金属矿山的边坡稳定性控制。水厂铁矿采用45R牙轮钻机、南芬露天矿采用YZ-55A牙轮钻机进行大孔径（ϕ250 mm、ϕ310 mm）的预裂爆破，降振效果好，钻机单一化，代表了大型露天矿预裂爆破技术的一种发展趋势；其中“七五”期间，水厂铁矿采用45R牙轮钻机（ϕ250 mm）进行预裂爆破18次，总长1400 m，实现一次成帮；与普通爆破法相比，降震率在44%以上；采用地表裂隙测量与标准震源测速法相结合的先进测试方法，测得破坏范围减少61%以上；采用生产钻机（45R牙轮钻）进行大孔径预裂爆破，与YQ-150潜孔钻相比，单位长度的预裂爆破费用降低32%。

2014年，马鞍山矿山研究院有限公司研发了靠帮并段超深孔预裂控界爆破技术，研究成果在包钢集团巴润矿得到推广应用，实现了双台阶（台阶高度24 m）一次穿孔爆破，孔长达到28 m，现场半壁孔率达85%以上（图2-12），较好地控制了采场边坡的安全稳定。

图2-12　包钢巴润矿预裂爆破效果

（2）光面爆破。光面爆破是沿设计开挖边界布设密集炮孔，采用不耦合装药或装填低威力炸药，在主爆区爆破之后起爆的以形成平整的开挖轮廓的爆破作业，是一种爆出的新壁面保持平整而不受明显破坏的控制爆破技术。随着光面爆破技术的发展，该技术在诸多金属矿山的采场边坡稳定性控制中得到了推广应用，并结合现场条件形成了预裂-光面爆破技术，实现了预裂爆破与光面爆破的有机结合。20世纪70年代，马鞍山矿山研究院与马钢南山铁矿对凹山采场已暴露的边坡采用了光面爆破法清坡。爆破效果达到了边坡技术要求，爆破后坡面平整光滑，坡面角达到了设计要求；爆破无后带现象，台阶境界线得到准确控制；坡面岩石由于爆破引起的裂隙大大减少，提高了岩石的稳定性，边坡的安全得到了保障。生产实践证明，光面爆破应用于露天矿边坡是有效的，而且可以节省大批的劳动力。

（3）扩壶爆破。扩壶爆破也称药壶法爆破、葫芦炮、坛子炮等，是在炮孔底部用少量炸药将炮孔底部扩大成圆球形（俗称“扩壶”），然后装入炸药进行爆破（图2-13）。其具有药壶爆破钻孔工作量小、装药量较多、爆破效率高、一次爆破量大等特点，可以在由于环境条件限制、无法使用大型穿孔机械设备情况下进行爆破，使得其在特定的时期和中硬以下的岩石中发挥了较好爆破破岩作用；但在节理、裂隙很发育的软岩中扩壶较困难。

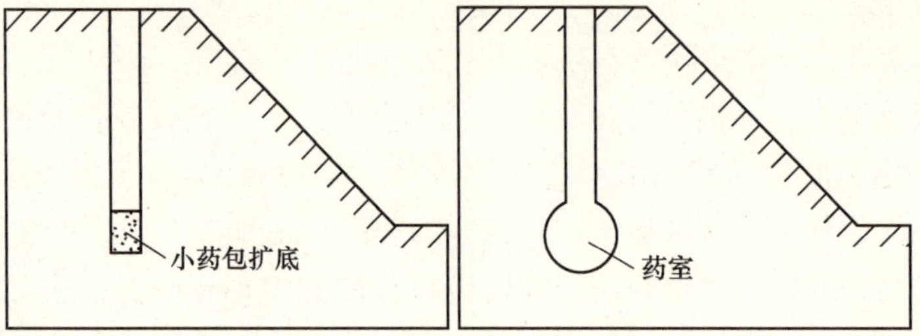

图 2-13　扩壶爆破原理

马钢公司南山铁矿从 1955 年开始应用深孔扩底爆破法，并获得了较好的效果。药壶爆破法使用历史较长，随着凿岩机械与爆破技术的不断发展，应用范围越来越少。

（4）智能化爆破。智能化爆破是采用 5G、人工智能、大数据、云计算等新一代信息技术，将爆破的设计、施工、管理、服务等各环节生产活动相联结与融合，建立具有信息深度自感知、智慧优化自决策、精准控制自执行等功能特性的综合集成爆破技术，解决人类专家才能处理的爆破问题，达到安全、环保、优质、高效的工程目的。近年来国内在爆破数值模拟、智能钻机、智能爆破设计软件、爆破块度识别分析等方面取得了较多研究成果。

在爆破数值仿真方面，1983 年马鞍山矿山研究院推出 BMMC 露天矿台阶爆破三维数学力学模型（BMMC 模型），该模型利用单位表面能理论作为破坏判据，成为我国第一个完整的可以用于爆破数值计算的模型，实现应力波能量在台阶岩体内三维分布和爆破块度分布的数值计算，并编入工程爆破等高等院校教材。

在爆破破岩质量评价方面，“八五”期间，马鞍山矿山研究院在南芬铁矿开展了 18 m 高台阶爆破科技攻关，将上盘扩帮区原 12 m 台阶增到 18 m；在国内首次采用电铲监测和摄影图像分析联合测试方法对 18 m 高台阶试验炮的爆堆破岩质量进行了综合测定和评价。

在智能爆破设计方面，爆破参数设计是爆破作业的核心环节，对爆破质量以及后续的铲装效率均有较大的影响。传统的爆破设计往往依赖于工程师的经验，不利于有效控制爆破效果和爆破成本。为了提高爆破设计的科学性，北京科技大学、北京理工大学、中钢集团马鞍山矿山研究院等单位开发了多款爆破设计软件，可以实现钻孔信息的输入和人机互动下的爆破设计，有效提升了爆破设计效率；受制于技术水平、样本信息等因素的影响，完全自主化的智能或智慧设计尚未实现，但仍是爆破设计的重要发展方向。

在智能钻机系统方面，国内多家钻机设备公司陆续推出了一些新功能钻机，钻孔自动化程度越来越高，在某些功能上基本实现了智能化。如 2022 年 11 月山河智能与马鞍山矿山研究院爆破工程有限责任公司联合研发的 5G+智能钻机，实现北斗高精度定位、自动寻孔、自动换杆、自主行走、5G+远程遥控等功能钻孔，应用于马钢南山矿业公司和尚桥铁矿（图 2-14），大幅降低了钻孔人员的劳动强度，提高了钻孔效率和作业安全。

（5）绿色爆破。绿色爆破是一种炸药能量利用率高、爆破危害小的安全高效爆破技术，包括炸药爆炸后有毒有害气体少、爆破粉尘少、爆破振动小、对爆区周边建（构）筑

图 2-14　5G 智能化钻机及远程控制室

物和居民的影响小、空气冲击波和爆破飞石控制好等多个方面。绿色爆破技术是绿色矿山建设关键技术支撑，随着矿业领域生态文明建设以及“绿水青山就是金山银山”理念的不断深入，对绿色爆破技术的需求日益剧增。国内科研院所、高等院校以及大型企业等对爆破有害效应的控制力度逐渐加大，在爆破粉尘、爆破振动和有毒有害气体等方面开展了大量绿色爆破技术研究与应用工作。

1）护帮爆破技术。预裂爆破和光面爆破技术是典型的护帮爆破技术，在金属矿山边坡稳定性控制方面得到了广泛推广应用。根据不同的应用场景，可以分为正常台阶预裂爆破、高台阶/并段预裂爆破、大孔距预裂爆破、垂直孔预裂爆破、碎软岩控制爆破、水介质控制爆破等。

2）减振爆破技术。爆破减振技术，包括微差爆破、预裂爆破、缓冲爆破、逐孔起爆、干扰降振、开挖减振沟、避免压渣爆破、控制主振频率等。近年来，中钢集团马鞍山矿山研究院等单位研究了高程对爆破振动的影响规律，结合试验矿山特点提出了高程影响下的爆破振动衰减公式，有力指导了爆破振动效应控制。

3）微尘毒爆破技术。在爆破粉尘方面，目前，常见的爆破降尘措施包括干式除尘、湿式降尘和联合式除尘 3 种，其中湿式降尘技术因其控尘效果好而被广泛应用；湿式降尘技术主要包括钻孔注水降尘、水炮泥降尘、泡沫降尘、水幕帘降尘等。2010 年以来，马鞍山矿山研究院有限公司研发了大孔径水力增压环保爆破技术，提出了合理水柱高度计算公式，揭示了其提高炸药能量利用率的作用机理，现场应用后取得显著的控尘效果，研究成果获得中国工程爆破协会科学技术一等奖。

在爆破有毒有害气体控制方面，国内诸多专家学者在爆破炮烟产生原因、扩散规律、精准监测、控制技术等方面开展了大量研究工作。2011 年以来，马鞍山矿山研究院有限公司在科技部科研院所专项基金支持下研发了爆破有毒有害气体抑制剂，并在马钢集团下属矿山得到应用。现场应用表明，爆破有毒有害气体浓度降低 40%以上，显著改善了爆破作业环境，具有较好的推广应用前景，经专家组评价，研究成果达到国际先进水平。

（二）露天爆破器材技术的发展

1. 工业炸药

工业炸药，又称民用炸药，是以氧化剂和可燃剂为主体，按照氧平衡原理构成的爆炸性混合物，属于非理想炸药。工业炸药具有成本低廉、制造简单、应用可靠等特点。随着经济建设不断发展、科学技术不断进步，对工业炸药的品种、性能、生产和使用等各方面都提出不同要求，得到迅速发展。

新中国成立初期，铵梯炸药一直是我国最主要的工业炸药。新中国成立70多年来，我国从单一品种的铵梯炸药发展到现在多品种炸药共存，炸药品种有了天翻地覆的变化；炸药产量从20世纪50年代初年产2万多吨发展到现在年产400多万吨。近20多年来，我国工业炸药进入自动化、信息化发展阶段，炸药生产技术飞速发展，已经超越发达国家水平，逐步形成了大产能、智能化、少人化的自动化生产工艺技术。特别是我国的大产能包装型乳化炸药生产工艺技术无论在规模上还是在技术上已经领先全球，我国的乳化炸药技术已经转让至亚洲、非洲，以及俄罗斯等部分欧洲国家。根据民爆行业“十四五”规划，工业炸药生产企业未来将进一步加大兼并重组力度，提升产业集中度；同时产品结构将得到优化，稳步提升企业现场混装炸药许可产能占比，推动科研、生产、爆破服务“一体化”的发展。

（1）粉状铵梯炸药。粉状铵梯炸药是以硝酸铵为主氧化剂、TNT为敏化剂及其他可燃物组成的混合炸药。其优点是比硝化甘油炸药安全性好、原料来源广、组成简单、成本低、使用方便、爆炸威力适中，可用于硬与中硬岩石的露天、地下矿山及其他工程。缺点是由于硝酸铵易吸湿结块，降低炸药的爆炸性能；它的敏化剂为TNT，对人体的生理机能有严重影响。2008年我国淘汰了铵梯炸药。

新2号岩石粉状铵梯炸药。粉状铵梯炸药又称2号岩石铵梯炸药，在我国使用30余年都未得到改进。20世纪80年代初期，长沙矿冶研究院等提出要改进2号岩石铵梯炸药的性能，并得到冶金部科技司的支持。从1982年开始，经过4年试验室研究终于获得成功。1986年3月在湖南省邵阳第三化工厂进行了工业试验，1986年7月通过了设计定型鉴定。该项研究的成功，解决了国内外岩石粉状铵梯炸药在使用中存在吸潮结块的技术难题，降低了TNT含量（由原来11%降到5%~7%），降低了生产成本，改善了劳动环境条件，在技术上具有创造性，达到了国际先进水平。

4号岩石粉状铵梯油炸药。为进一步降低TNT含量并改善炸药性能，长沙矿冶研究院在新2号岩石粉状铵梯炸药的基础上，通过试验改进，研究成功4号岩石粉状铵梯油炸药。该产品的特点是：TNT含量降至2%，降低了成本，改善了生产环境；开发应用1号复合改性剂，解决了硝铵炸药结块问题，提高了爆炸性能与储存性能及防潮、防水性能。

（2）膨化硝铵炸药。为研究替代铵梯炸药的新品种，我国研发了新一代不含梯恩梯的炸药，典型代表是由中国民用爆破器材研究所发明的、具有我国自主知识产权的膨化硝铵炸药。中国民用爆破器材研究所认为只有硝酸铵自身敏化的设计思想，才是实现粉状硝铵炸药无梯化的根本途径，研究出了复合表面活性剂作用下的强制析晶膨化技术及膨化工艺与设备，从而使硝酸铵自敏化获得成功。

膨化硝铵炸药是一类新型粉状工业炸药，不含 TNT 组分，却具有 2 号岩石铵梯炸药的爆炸性能，而物理性能、安全性能和储存性能均优于 2 号岩石铵梯炸药。膨化硝酸铵技术具有新颖性、创造性，为粉状工业炸药的研究和应用开辟了新途径，属国内外首创。岩石膨化硝铵炸药自从 1995 年鉴定以后，被国家科委列为国家“九五”重点推广项目计划。该成果 1997 年被评为兵总（部级）科技进步奖特等奖，1998 年被评为国家科学技术进步奖二等奖；1999 年被国家知识产权局和联合国世界知识产权组织联合授予“中国十大发明专利金奖”。

（3）铵油炸药。粉状铵油炸药，铵油炸药是一种无梯炸药，主要成分是硝酸铵和轻柴油；为了解决铵油炸药的结块现象，可适量加入木粉作为疏松剂。我国从 1957 年开始试验研究铵油炸药在矿山的应用。20 世纪 60 年代初，为了提高铵油炸药的威力，开发硬岩用的铵油炸药，武汉安全技术研究所、马鞍山矿山研究院、武钢矿山研究所与大冶铁矿协作共同进行了铵烷炸药的试制及在坚硬岩石中试用。1964 年在河南荥阳六〇化工厂进行了热混法轮碾机加工铵油炸药的试验，确定了 92∶4∶4 的硝酸铵∶柴油∶木粉配方和轮碾机热混法加工工艺流程，系统测定了炸药的理化爆炸性能，并在 503 厂矿山进行了深孔与浅孔爆破试验，获得良好爆破效果。1964 年 12 月由冶金部有色生产办公室主持通过了技术鉴定，肯定了热混法机械加工的铵油炸药性能。1966—1982 年，仅冶金矿山就推广使用铵油炸药 80 万吨，直接经济效益 4 亿元，其他各部门使用铵油炸药 40 多万吨。

多孔粒状铵油炸药。多孔粒状铵油炸药是由 94.5%的多孔粒状硝酸铵和 5.5%的柴油混合而成。长沙矿山研究院于 20 世纪 60 年代末期与石家庄化肥厂、大连化学公司合作，在国内首次研发多孔粒状硝酸铵的生产工艺和技术装备，创造了我国独具特色的流化床法生产工艺，建立了一套中试生产线。1986 年初在石家庄化肥厂建成了我国第一个年产 5 万吨多孔粒状硝酸铵的车间。随后在南京化学公司、柳州化肥厂、乌拉山化肥厂相继建厂，年生产能力达 10 万吨，为推广多孔粒状铵油炸药打下了基础。1986 年 8 月长沙矿山研究院与中国石化总公司兰州化学公司化肥厂合作，试验研究采用造粒塔-热处理干燥法生产多孔粒状硝酸铵，并在甘肃白银有色金属公司露天矿进行了深孔爆破生产试验，1989 年由甘肃省石化厅主持通过技术鉴定。

重铵油炸药。在粒状铵油炸药推广的基础上，为了提高炸药爆炸性能、降低炸药成本，马鞍山矿山研究院研制成功重铵油炸药（YZA 系列）。1985 年 12 月国家经贸部批准从美国埃列克公司进口的露天炸药混装车及其制药技术，其中也包括重铵油炸药技术，其粒状铵油炸药、重铵油炸药混装车由山西长治矿山机械厂制造，已在国内推广。

（4）浆状炸药。浆状炸药是 20 世纪 50 年代新兴起来的含水炸药，并在工业上得到较长时期的应用。特点是把水作为炸药的一种组分，解决了工业炸药的抗水问题，同时改善了工业炸药的爆轰性能。浆状炸药的氧化剂主要是硝酸铵，其含量通常占 30%~70%，溶解或悬浮在水相中。尽管 20 世纪 60 年代中期浆状炸药就已经在我国推广应用，但是直到 70 年代中期我国才有了第一台浆状炸药泵送车和可泵送的浆状炸药。到 80 年代中期，在

10 余个大型冶金露天矿的浆状炸药已全部被新发展起来的乳化炸药所取代，结束了历史使命。

（5）水胶炸药。水胶炸药是 20 世纪 70 年代在原浆状炸药的基础上发展起来的一类含水炸药。它以甲基胺硝酸盐作为敏化剂，并且比硝酸铵更易溶于水，从而使氧化剂和还原剂的耦合状况大为改善，获得了更好的爆炸性能。

水胶炸药比其他工业炸药有更多的优良特性，是由于采用了以甲胺硝酸盐作敏化剂和化学延迟交联技术，使得水胶炸药在生产过程的后期先后出现流动的浆状和具弹性的凝胶状。能流动的浆状适于机械装药，可根据品种规格、机械装药等需要，延迟至规定的时间进行交联而形成凝胶体。凝胶体抗水性能好、稳定性高、相容性能好，可掺进多种物质而制成 40 多个不同的品种，以满足各种爆破环境的特殊需要。主要有长沙矿冶研究院研制的 1 号水胶炸药、太原机械学院的 SHJ-K 型、武钢矿山研究所的 W-20 型等。

目前，我国水胶炸药的生产厂家主要有安徽雷鸣科化股份有限公司、淮南舜泰化工有限责任公司、阜新圣诺化工有限责任公司、青海海西东诺化工有限公司、山西江阳兴安民爆器材有限公司等。

（6）乳化炸药。乳化炸药是指一类用乳化技术制备的油包水乳胶型抗水工业炸药。乳化炸药是由硝酸铵等氧化剂水溶液与乳化剂、油相材料组成的油相溶液相互混合，经过乳化、敏化而制成的新型含水工业炸药。其特点是在组分中不含有毒物质及单质炸药，原材料来源广、成本低；不含 TNT，在生产过程中无粉尘、污水排放而造成环境污染；炸药的爆炸性能、储存稳定性和抗水性能都比较理想；密度高、爆速大、猛度高、抗水性能好、临界直径小、起爆感度好，小直径情况下具有雷管敏感度，一般密度 $1.05 \sim 1.25\ g/cm^3$，爆速 $3500 \sim 5000\ m/s$。

我国于 20 世纪 70 年代末开始研制乳化炸药。改革开放以后，我国首次实行了有偿技术转让，并制定了技术转让办法，按照生产规模大小确定了收费标准，有计划、有组织、有序地推广乳化炸药新技术。20 世纪 80 年代我国已经投入生产的乳化炸药品种有北京矿冶院的 EL 系列、长沙矿山院的 RJ 系列、马鞍山矿山研究院的 M 系列、武汉钢铁研究所 WR（M）等（图 2-15）。

图 2-15　乳化炸药及现场装药

北京矿冶研究总院引入乳化技术，与北京日用化工研究所、龙烟铁矿合作，首先发明了我国第一代乳化炸药（EL 系列乳化炸药），并在宣化龙烟铁矿完成工业试生产，于 1980 年 9 月通过冶金部组织的技术鉴定，开创了中国现代含水工业炸药技术和产品新时代，获 1982 年国家发明奖二等奖。之后在推广中不断改进乳化炸药生产工艺与制造设备，形成了 BGRIMM 乳化炸药技术，1989 年荣获第 35 届布鲁塞尔尤里卡世界发明博览会金质奖，1991 年荣获国家科学技术进步奖二等奖。

长沙矿山研究院与武钢大冶铁矿合作，研制出 RJ 系列乳化炸药；1981 年 7 月由冶金部科技司主持通过生产定型鉴定。RJ 系列乳化炸药获得 1982 年国家技术发明奖二等奖。与此同时，武钢矿山研究所研制的 WR 系列乳化炸药，在程潮铁矿完成工业试验；1981 年 5 月 6 日由湖北省冶金局主持通过技术鉴定。鞍钢矿山研究所研制成功 KL 型露天乳化炸药，在鞍钢得到推广应用。

1985 年 10 月 21—23 日在包钢白云鄂博铁矿召开包钢矿山研究所、包钢白云鄂博铁矿共同研制的乳化炸药装药车和可泵送乳化炸药技术鉴定会。可泵送乳化炸药配方合理、黏度适于泵送、温度适应性较强，并具有良好的爆炸性能；与其配用的装药车结构比较合理、性能稳定可靠，并在某些方面具有先进性和新颖性。

冶金部马鞍山矿山研究院 1994 年 7 月 12 日研制成功 MSA 型乳化炸药，在采用单一氧化盐的基础上，进一步把配方的组分减少到 3～4 种，并研制成功 MHY 型高效复合乳化剂，实现了常温下敏化、光罩连续凉药，使生产工艺更为简单，生产成本低；产品爆炸性能、储存稳定性都达到国际先进水平。

在乳化炸药标准方面，在《乳化炸药》（WJ 1989—1990）和《乳化炸药》（MT 66—1982）的基础上，结合国内乳化炸药科研、生产和应用的实际情况，2000 年 5 月 9 日国家质量技术监督局发布国家标准《乳化炸药》（GB 18095—2000），于 2000 年 7 月 1 日实施。

在乳化炸药生产线方面，1980 年北京矿冶研究总院在龙烟铁矿建立了我国第一条 1500 t/a 的 EL 系列乳化炸药工业生产线。1983 年长沙矿冶研究院在大宝山铁矿建立了我国第一条以卧式胶体磨为核心设备的 CRHT 型连续生产线，年生产能力 2000t，1985 年 6 月通过冶金部技术鉴定。“六五”计划期间，首钢迁安铁矿建立了一条年产 3000 t 的以立式连续乳化器为核心设备的 LRZ 连续生产线，1985 年 11 月通过冶金部技术鉴定；1992 年、1999 年该院又与首钢合作先后扩建 3 条生产线，年生产能力可达 15000 t。1990 年长沙矿山研究院又与武钢大冶铁矿合作在大冶铁矿建成 LRZ-2 型连续自动控制生产线；在连续生产条件下，从水相、油相的制备到乳化、冷却、敏化和产品包装，全过程形成了管道化。

20 世纪 90 年代后期，随着炸药生产技术的发展，乳化炸药进入了一个以提高产品质量和降低成本、改进工艺为中心的发展新阶段，特别是在生产线的自动控制、产品在线监测等方面取得了很大的进步。

2000 年后，随着乳化炸药生产技术的快速发展，尤其是自动化技术的融入，使得乳化炸药的生产工艺过程向智能化、自控化趋势迈进，这大大提高了乳化炸药的生产规模、生产效率，同时避免了诸多安全隐患，为乳化炸药生产企业实现了经济社会效益的显著提升，最典型代表为中钢集团马鞍山矿山研究院和安徽江南化工股份有限公司在 2015 年合作研发了无人化的粉状乳化炸药生产技术，提高了粉状乳化炸药本质安全水平。

（7）液体炸药。液体炸药具有良好的能量特性、流动特性、安全特性及使用特性，适合某些特殊条件应用的需要。液体炸药分为单质和混合两种。早期工业单质液体炸药与硝化甘油及二硝基二甘油等由于机械感度较高，未得到广泛的应用。而液体混合炸药却能克服单质炸药的缺点，保留其优点。

20 世纪 70 年代末，为解决马钢姑山铁矿矿岩坚硬、炮孔内涌水量大的爆破作业难的问题，马鞍山矿山研究院提出了研制高威力液体炸药的课题；从 1978 年开始试验研究，采用浓硝酸和甲苯为原料混合制成的方法，经过多年的试验改进，研究成功了 XJ-1 型液体炸药及液体炸药装药车，1980 年 11 月 20 日由冶金部主持通过了技术鉴定。XJ 型液体炸药的特点是：常温下为液态，流动性好；配方组分少，原料来源广；炸药密度大、爆速高、爆力高、猛度高、抗水性强。马钢姑山铁矿从 20 世纪 80 年代不仅将 XJ 型液体炸药用于露天爆破，而且生产小直径药卷用于地下巷道掘进。其缺点是化学安定性差、腐蚀性强、环境污染较严重，在生产、运输、储存和使用中均需采取特殊措施，故未普遍推广。

2. 工业雷管

雷管是管壳中装有起爆药（起初装的起爆药是雷汞，故称雷管），通过点火装置使其爆炸而引爆炸药的装置。工业雷管是起爆器材中最重要的一种。根据其内部结构的不同，又分为有起爆药雷管和无起爆药雷管两大系列。按照引爆方式和起爆能源的不同，分为火雷管、非电雷管和电雷管等。电雷管又分为普通电雷管、磁电雷管和数码电子雷管。按作用时间分为瞬发雷管和延期（秒、半秒和毫秒延期）雷管。

民爆爆破器材技术的不断进步，助推了工业雷管的迭代升级。20 世纪 80 年代以来，工业雷管发展迅速，产品开发异常活跃，新品种、新技术不断涌现，其中典型代表是无起爆药雷管、磁电雷管、冲击片雷管、数码电子雷管等一系列新品种，标志着工业雷管的发展已达到一个新水平。

导爆管雷管是最主要的雷管品种，2021 年我国雷管产品的构成中，导爆管雷管（占比 61. 35%），其次是电子雷管（占比 18. 43%），工业电雷管和其他雷管分别为 16. 85% 和 3. 37%。随着工业雷管升级替换政策的稳步落实，其他工业雷管将全部替换为数码电子雷管。

（1）火雷管。火雷管是由导火索的火焰冲能激发而引起爆炸的工业雷管。它的组成部分有管壳、加强帽、装药（分为主发装药和次发装药两种）。火雷管是最基本的也是最简单的雷管（图 2-16），其他的雷管都是在它的基础上发展起来的。

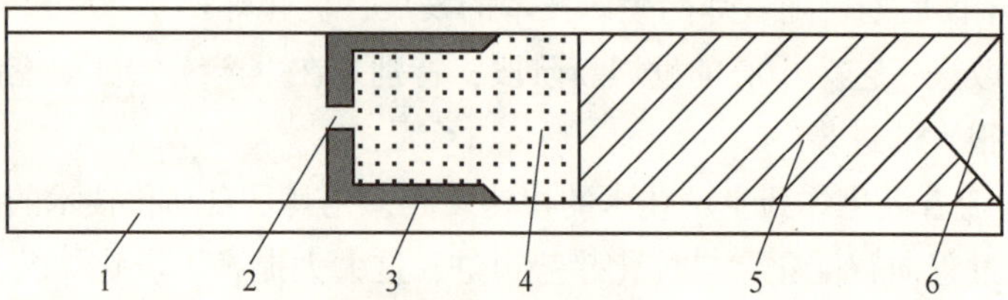

图 2-16 火雷管结构图

1—管壳；2—传火孔；3—加强帽；4—正起爆药；5—加强药；6—聚能穴

自工业雷管诞生以来，火雷管由于使用要求低、操作简单，一直是起爆工业炸药的主要起爆器材，广泛应用于我国矿山爆破开采中。国内多家企业和科研院所开展了新型火雷管研发工作。1991 年 6 月 19—20 日，由中国兵器工业总公司民爆局主持召开会议对华东工学院设计、云南安宁化工厂试生产的双帽式 WB 型无起爆药工业火雷管进行了设计、生产定型鉴定。该产品设计新颖，结构设计和药剂选配合理，安全性好、废水少、成本低，性能指标达到了有关标准，试生产的 500 多万发雷管，用户使用后均给予较高的评价，其产品结构和所用点火药属国内首创，具有国际水平。

1991 年 11 月 5—6 日，冶金部矿山司在武汉市主持召开了由冶金部安全环保研究院研制的 NPED-Ⅰ、NPED-Ⅱ型无起爆药火雷管鉴定会。NPED-Ⅰ、NPED-Ⅱ型火雷管取消了起爆药，突破了无起爆药雷管系列化中的主要技术难关，在雷管结构和药剂上有重大改进，两种产品均具有国际先进水平；Ⅰ、Ⅱ型火雷管都采用了单质猛炸药作为雷管装药，Ⅰ型有与猛炸药相匹配的引火剂，Ⅱ型只装猛炸药不含任何氧化剂、燃烧剂或敏化剂，改善了工程雷管的生产、运输、储存、使用的安全条件。

火雷管由于其在安全可靠性、环保等方面的问题日益明显，逐渐被更为安全、环保的产品所替代。2008 年 2 月 12 日，国防科工委和公安部联合发布《关于做好淘汰导火索、火雷管、铵梯炸药相关工作的通知》（科工爆〔2008〕203 号）：根据《民用爆破器材“十一五”规划纲要》的要求，导火索、火雷管、铵梯炸药已于 2008 年 1 月 1 日起停止生产；2008 年 6 月 30 日后，全国范围内停止使用导火索、火雷管、铵梯炸药，火雷管彻底淘汰。

（2）毫秒延期雷管（电与非电）。20 世纪 80 年代以前，我国的工程雷管主要是瞬发电雷管，又称即发电雷管（图 2-17 和图 2-18），常用的为 8 号瞬发雷管。70 年代末期，逐步发展了秒延期、半秒延期、毫秒延期的电雷管和非电雷管。1980 年 5 月华丰化工厂试制的 LYG30D900 毫秒电雷管由兵器工业部主持技术鉴定通过，第 30 段总秒量为 900^{+20}_{-25} ms，达到了国际先进水平。马鞍山矿山研究院与江西赣州有色冶金化工厂协作，1986 年研制成功 MG-803A 型 30 段高精度毫秒电雷管，第 30 段总秒量为 1000±30 ms；在此基础上经过 2 年的研究，1988 年又研制成功 MG-803B 型 30 段高精度毫秒非电雷管，第 30 段总秒量为 1350 ms，分段间隔时间为 25 ms、50 ms、100 ms；1990 年又研制成功 MG-803C 型 30 段高精度毫秒非电雷管与耐温高强度导爆管，第 30 段总秒量为 1350 ms，在 20 m 深常温水中

图 2-17　电雷管

存放 72 h 能可靠起爆。在南芬铁矿大区多排微差深孔爆破的工业试验中，满足了一次爆破量 65. 5 万吨规模的要求，获得了良好的爆破效果，1990 年通过冶金部技术鉴定。

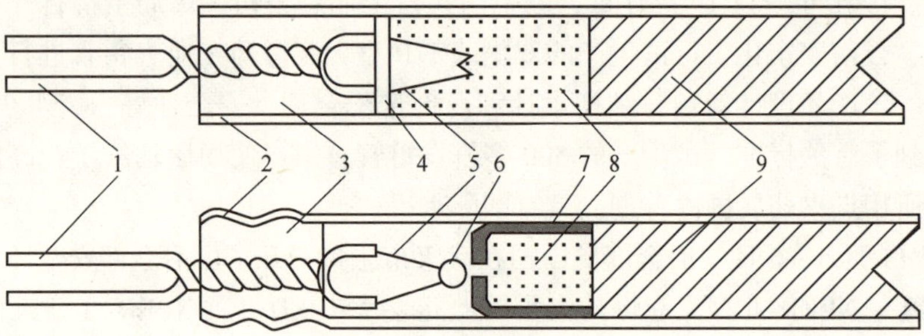

图 2-18　瞬发电雷管结构示意图

1—脚线；2—管壳；3—密封塞；4—纸垫；5—桥丝；6—引火头；7—加强帽；8—正起爆药；9—副起爆药

冶金部安全环保研究院与云南燃料厂协作研制成功的 FDG-1 型非电高精度毫秒雷管，第 30 段总秒量 1100 ms。马鞍山矿山研究院研制的双层结构塑料高强度导爆管、长沙矿冶研究院与抚顺 11 厂协作研制的 YL-11 型高精度毫秒雷管、冶金部安全环保研究院研制的 HS-1 型耐高温的高强度导爆管等均完成了工业试验，解决了露天矿乳化炸药混装车对起爆器材的要求；1990 年 11 月通过了技术鉴定，并在生产中得到应用（图 2-19）。

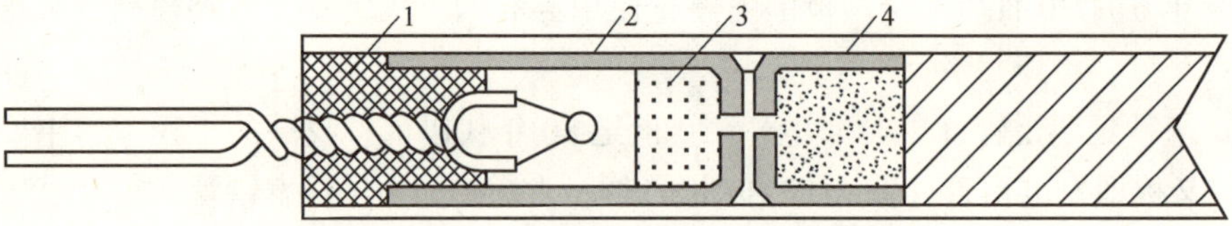

图 2-19　毫秒延期电雷管结构示意图

1—塑料塞；2—延期内管；3—延期药；4—加强帽

20 世纪 90 年代国产的工业电雷管最多只有 30 段，不能满足工程设计的需要，为此，冶金部安全环保研究院专门研制成功 DD-1 型毫秒延期电雷管，段别达到 60 段，第 60 段总秒量为 9950±200 ms，保证了工程的需要，获得了良好的爆破效果。

（3）导爆管雷管。导爆管雷管是典型的非电雷管，采用导爆管传递冲击波引爆。20 世纪 70 年代，瑞典硝基诺贝尔和美国 EB 公司发明了导爆管传爆技术，掀起了起爆器材的一场革命，非电导爆管雷管作为新型起爆器材发展迅速。导爆管雷管是随导爆管起爆系统出现的新产品，具有抗水、不受杂散电流及感应电影响、爆破网络连接形式多样及实现炮孔间微差起爆方法灵活等优点，故发展极为迅速，品种、规格及产量大幅上升，受到世界各国的普遍重视（图 2-20 和图 2-21）。

为了迅速掌握国外 20 世纪 70 年代的先进技术，五机部与冶金部于 1977 年 9 月组织华东工程学院、武汉冶金安全技术研究所和赣州冶金化工厂等单位的专业技术人员赴瑞典考察。回国后 3 个考察单位又共同努力，于 1978 年 4 月初步试制出含奥克托金炸药的导爆管。武汉冶金安全技术研究所和赣州冶金化工厂于 1978 年 6 月试制出含黑索金炸药的导

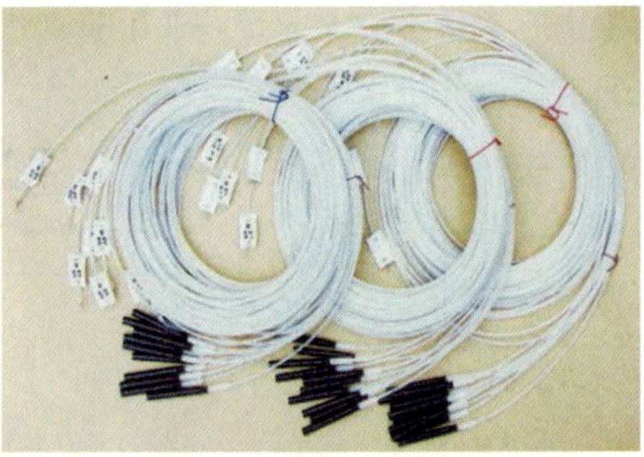

图 2-20　普通导爆管雷管

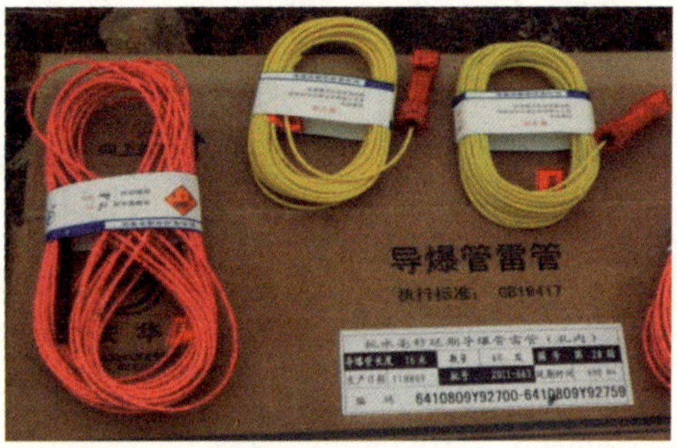

图 2-21　高精度导爆管雷管

爆管，10 月试制出非电毫秒雷管（图 2-22）；10 月下旬开始在湖北大冶铁矿进行了爆破试验，取得了良好爆破效果。冶金部于 1978 年 12 月 3 日在江西赣州召开了该导爆管起爆系统（包括导爆管、非电毫秒雷管、联结传爆元件和起爆枪）技术评审鉴定会，会议认为产品性能良好，可以初步定型，逐步试用推广。1979 年在赣州冶金化工厂转入试生产，为冶金矿山提供 20 万米导爆管，5 万发非电毫秒雷管，12 万发传爆雷管和联结块。该项目于 1985 年获国家科学技术进步奖三等奖。

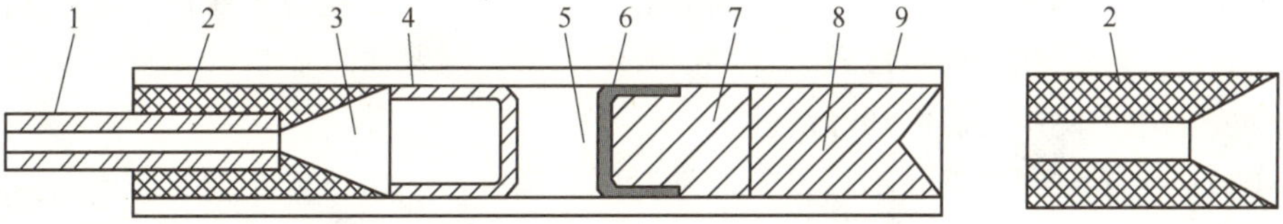

图 2-22　非电毫秒雷管结构示意图

1—塑料导爆管；2—塑料连接套；3—消爆空腔；4—空信帽；5—延期药；
6—加强帽；7—正起爆药；8—副起爆药；9—金属管壳

1979 年 12 月 17 日五机部对华东工程学院研制的塑料导爆管非电起爆系统进行鉴定，同意设计定型。20 世纪 80 年代初开始大量生产使用导爆管雷管，年产量直线上升；到 80 年代中期已在全国普遍推广。1985 年华东工程学院等单位荣获国家科学技术进步奖二等奖。2003 年 11 月 28 日发布了现行国家标准《导爆管雷管》（GB 19417—2003）。

（4）无起爆药工业雷管。自从诺贝尔公司于 1867 年发明有起爆药的工业雷管以来，尽管各国在研制无起爆药雷管方面做了长期的努力，但均未达到工业应用的目的。武汉安全技术研究所从 20 世纪 60 年代开始研制无起爆药雷管（CNPED），1970 年该所实现了冲压元件无起爆药雷管。经过 10 余年试验研究，采用装猛炸药的起爆元件代替起爆药，新型的安全工业雷管获得成功（图 2-23）。1980 年 3 月由冶金部主持通过了技术鉴定。1981 年将该项技术转让给云南东川矿务局，1984 年建成了世界上第一条年产 300 万发的无起爆药雷管生产线，实现了产品系列化，能够生产无起爆药非电延期雷管的毫秒、半秒和秒延期 3 个系列的产品。其产品具有良好的抗杂电、静电、射频电和抗冲击抗振动等优点，使雷管在生产、运输、储存和使用过程中更为安全，特别是免去了生产起爆药而造成的环境污染和职业中毒，具有显著的社会效益和一定的经济效益。1987 年由冶金部与中国有色金属总公司联合主持召开了生产定型鉴定会，与会专家一致认为，无起爆药非电延期雷管取消了起爆药和电点火，是工业雷管的重大革新，具有国际先进水平。

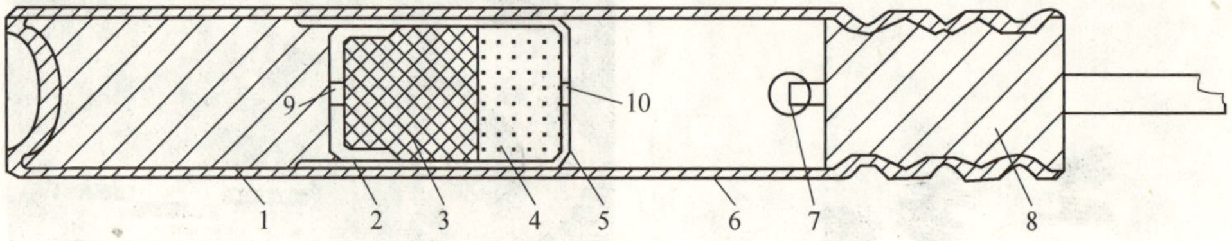

图 2-23 无起爆药安全雷管结构

1—管壳；2—金属帽壳；3—猛炸药；4—延期烟火剂；5—内管壳；
6—外壳；7—引火头；8—塑料塞卡口；9—中心孔；10—孔

我国的 CNPED 技术，从 20 世纪 80 年代初即为国外所瞩目。该项雷管专有技术于 1984 年转让给瑞典诺贝尔公司。先后在美国、西班牙、土耳其、苏联、澳大利亚等 23 个国家或地区和欧洲专利局获得专利权。1993 年 11 月瑞典诺贝尔公司代表团来华就武汉安全环保研究院研究开发的无起爆药雷管第二代产品合作进行扩大试验问题签订了协议。

（5）数码电子雷管。电子雷管，又称数码电子雷管、数码雷管或工业数码电子雷管，即采用电子控制模块对起爆过程进行控制的电子雷管。传统工业雷管通过内置的化学延期药剂实现延期，安全性、可靠性较差，爆破效率较低。与普通工业雷管相比，电子雷管具有更高的安全性、使用便捷性和经济性。

我国数码电子雷管虽然起步较早，但是发展比较缓慢。1985 年冶金部安全环保研究院与多家单位联合，开始进行数码电子雷管的研发工作，并于 1988 年成功研制出了我国第一代数码电子雷管，填补了我国在数码电子雷管研制领域的空白。随后，数码雷管的研制工作归于沉寂，直到 1996 年云南燃料一厂又重新进行数码雷管的研发工作，2001 年 12 月该厂实现了数码电子雷管的设计定型和技术鉴定。2006 年 1 月，赣州 9394 厂与南京理工大学合作，共同研制数码雷管及其起爆系统，经过 2 年多的方案设计和性能试验，其成品各种性能指标均满足了国家规定的标准，并通过了技术鉴定。2007 年 1 月，北方邦杰研发的“隆芯 1 号”数码电子雷管通过了国防基础科研项目验收，“隆芯 1 号”数码电子雷管的主要技术指标处于国际先进水平。数码电子雷管及其起爆系统推动了爆破技术革新，在复杂的爆破环境下改善了爆破效果，电子雷管替代非电雷管将成为爆破技术发展的趋势。

2015 年 4 月 30 日，工业和信息化部国防科技工业局发布标准《工业数码电子雷管》（WJ 9085—2015），自 2015 年 10 月 1 日开始实施。2017 年底，我国开始推广使用电子雷管。2018 年颁发《关于推进民爆行业高质量发展的意见》，加大对数码电子雷管的推广应用力度（图 2-24~图 2-26）。

目前，我国是世界上最大的电子雷管生产国和使用国。2020 年我国工业雷管总产量为 9.56 亿发，其中电子雷管 1.17 亿发；2021 年电子雷管产量为 1.64 亿发，同比增长 40.3%，产量是 2017 年的 21.6 倍；2022 年 1—10 月电子雷管累计产量为 2.40 亿发。随着电子雷管技术标准的完善以及生产工艺的不断进步，电子雷管将全面替代导爆管雷管、工业电雷管、其他雷管等其他类型工业雷管，实现工业雷管的全面升级。

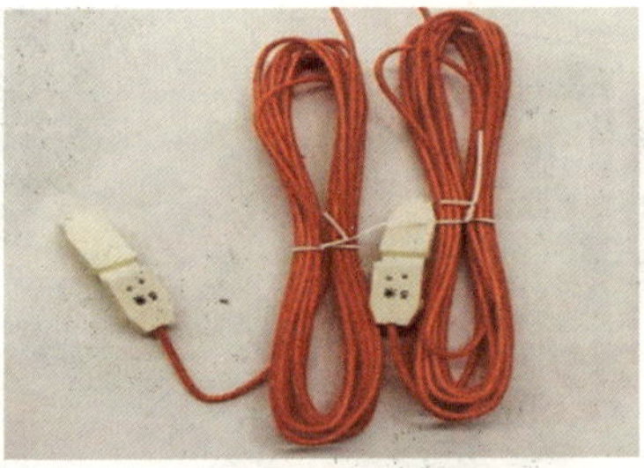

图 2-24　数码电子雷管

图 2-25　起爆器

图 2-26　起爆网路

3. 现场混装设备

露天爆破现场混装设备是现场混装爆破技术配套的重要装备。20 世纪 80 年代，我国在引进国外现场混装爆破技术和装备的基础上，多家企业和科研院所结合国内实际开展了大量研发与创新工作，形成了一系列多品种的现场混装设备，并进行了自动化升级改造，逐渐从传统手工劳动、半机械向机械化和自动化发展，有力推动了“机械化减人、自动化换人、智能化无人”进程。截至“十三五”末，我国企业现场混装炸药产能占比达到 30%，在国家行业政策的引导下，现场混装生产方式集中制备、远程配送等技术装备将进一步发展。

（1）现场混装炸药生产装备。现场混装爆破技术是在爆破现场将炸药原材料以散装形式用机械装填炮孔的爆破作业技术，是集原材料（半成品）运输、机械化装填、爆破作业于一体的一种爆破新技术。现场混装爆破技术需要现场混装设备的有力支撑，主要包括炸药现场混装车、固定式和移动式地面站等（图 2-27 和图 2-28）。

图 2-27　固定地面站

1986 年由山西惠丰特种汽车有限公司和美国埃列克公司签订粒状铵油炸药混装车、乳化炸药混装车、重铵油炸药混装车以及配套的地面辅助设施（即地面站）技术引进合同，进行了现场混装炸药车及地面站的设计和生产。南芬露天矿的地面设施于 1987 年建成，1988 年开始生产，1990 年共混装炸药 8000 余吨，随后又增加到 5 台混装车，每年混装炸药 1.2 万~2 万吨。随后，江苏澳瑞凯板桥矿山机械有限公司、北京北矿亿博科技有限责

图 2-28 移动式地面站

任公司等相继加入了研制、生产混装车的行列。经过多年消化吸收，我国山西惠丰特种汽车制造厂、北京星宇惠龙公司、湖南金能科技公司等企业成功研发了相应的车型，实现了国产化。

我国在现场混装车技术的发展，主要创新包括 6 个方面：车型的系列开发；改进炸药配方，实现了配方的系列化；控制系统的自动化；液压系统的改进；水相、油相流量控制的改进；地面站的自动化水平全面升级。

目前，我国现场混装车主要生产厂家有山西惠丰特种汽车有限公司、北京北矿亿博科技有限责任公司、湖南金能科技股份有限公司、江苏澳瑞凯板桥矿山机械有限公司和深圳市金奥博科技有限公司等。

随着行业主管部门对现场混装炸药技术在生产和使用过程中的安全性、经济性和高效性等意识的不断提高，国家修订出台了《现场混装炸药车及地面站设施生产安全考核和管理技术条件（试行）》、《现场混装炸药车移动式地面辅助设施》（JB/T 10173—2010）、《现场混装重铵油炸药车》（JB/T 8432. 1—2006）、《现场混装粒状铵油炸药车》（JB/T 8432. 2—2006）、《现场混装乳化炸药车》（JB/T 8432. 3—2006）、《现场混装炸药车地面辅助设施》（JB/T 8433—2006）、《井下现场混装乳化炸药车》（JB/T 10881—2008）、《矿用混装炸药车　安全要求》（GB 25527—2010）、《现场混装炸药生产安全管理规程》（WJ 9072—2012）等管理规范及标准，进一步促进了现场混装装备与技术的发展。

（2）铵油炸药现场混装车。自 20 世纪 60 年代开始，马鞍山矿山研究院与马钢南山矿共同研发了 YC-1 型和 YC-2 型铵油炸药装药车。1965 年马鞍山矿山研究院联合山西惠丰特种汽车有限公司、马钢南山矿共同研制了 YC-Z 型露天矿用粉状铵油炸药装药车，1969 年在马钢南山矿通过冶金部鉴定。1969 年 11 月 29 日，冶金工业部组织专家对“露天矿用 YC2 型装药车”进行了成果鉴定，YC2 型装药车利用国产 XD-250 汽车改装，构造简单，操作维护方便，性能良好；劳动生产率提高 2 倍以上，装药密度大，有利于克服根底，提高爆破效率。YC2 型装药车的成功研制，推动了矿山开采装备的技术进步。

为解决露天矿深孔装药机械化问题，1982 年 9 月开始，马鞍山矿山研究院与首钢矿山公司协作研制 HYC 系列的粒状铵油炸药混装车，1983 年被列入“六五”大型露天矿成套设备之一，1985 年 3 月在首钢完成工业试验并投入生产试用，同年 10 月通过冶金部技术鉴定。“七五”期间，马鞍山矿山研究院、鞍钢矿山公司和常州冶金机械厂共同研制了HYC-12型混装车，装药量为12 t，在鞍钢齐大山铁矿完成了工业试验，1989年5月通过了冶金部技术鉴定。1985年9月，南昌矿山机械研究所、江苏省兴化矿山机械厂在消化美国同类产品基础上，设计试制了BC-7型粒状铵油炸药混装车，在首钢水厂铁矿完成了工业试验，1988年1月通过了原国家机械委技术鉴定（图2-29）。

图2-29　铵油炸药混装车

（3）乳化炸药现场混装车。乳化炸药现场混装车经历了3个发展阶段：第一代为车上制乳、高温装药方式；第二代为地面制乳、高温装药方式；第三代为地面制乳、常温装药方式。在我国，这三代技术均有应用。

我国自20世纪80年代引进美国埃列克公司现场混装乳化炸药、铵油炸药、重铵油炸药技术与装备以来，在相当长的时间内仅在少数几个大型露天矿山以炸药“自产自用”方式使用，用量很少。此时的乳化炸药混装车一直沿用引进时的技术，车载油水相溶液，在车上制乳。我国最早研制的混装系统是长沙矿山研究院1979年立项研制的车乳混装系统（RHC-8型），1985年通过技术鉴定。我国地乳混装系统的研究也与国际同步，包钢矿山研究所1980年立项，1985年鉴定“常温泵送乳化炸药装药车”。

20世纪90年代中期，北京矿冶研究总院研究设计了地面制乳、车载乳胶基质现场混合敏化的第二代乳化炸药混装车，开启了现场混装技术的新纪元。

20世纪末，以北京矿冶研究总院为代表的一批企业相继发明“水环减阻”技术，研制成功中小直径乳化炸药混装车，使得混装车很好地应用于隧道、地下矿山开采等。

进入21世纪后，石家庄成功机电有限公司、湖南金能股份有限公司、深圳金奥博科技股份有限公司、中钢集团马鞍山矿山研究院有限公司、青岛拓极采矿服务有限公司、江苏澳瑞凯板桥矿山机械有限公司、山西鸿浩汽车改装有限公司纷纷研制地面制乳混装系统。

（4）爆炸物品示踪安检技术。为适应反恐形势的需要，加强我国民用爆炸物品的安全管理，国务院2006年发布的《民用爆炸物品安全管理条例》明确规定对民用爆炸物品的流向实行监控制度。为解决爆炸物品的流向管控难题，以汪旭光院士为首的研发团队先后攻克了唯一性化学编码技术、单个微小安检示踪剂颗粒的快速分析检测技术、微弱示踪信号的安检探测技术等多项核心技术，成功研发出两大类安检示踪剂（玻璃体安检示踪剂和高分子材料安检示踪剂）、快速精密分析检测仪器和示踪安检设备，形成了可满足安检示踪剂的生产、添加、收集、检测、安检等要求的完整技术、产品与设备体系。

（三）露天爆破技术与器材发展趋势

（1）根据国家低碳生态矿业文明建设的要求，民爆行业绿色清洁转型稳步推进，通过加强行业协同攻关、加大爆破技术创新支持力度，研发控制爆破有害效应的绿色爆破器材与技术是未来爆破的重要发展方向。

（2）随着智能化技术水平的逐步提高，智能化、无（少）人化爆破也是露天爆破技术的重要发展方向；通过智能化爆破设计、智能装备等构建智能爆破技术体系，对于提高爆破作业本质安全具有重要意义，有助于推动我国民爆安全水平再上新台阶。

（3）自2008年4月“精细爆破”概念提出以来，精细爆破的理念逐步渗透到露天矿山，今后精细爆破的思想将与露天开采过程进行深度融合，有力推动矿山开采技术的发展。未来，露天爆破作业必将朝着精细化方向发展，精细爆破技术的应用与发展前景必将更加广阔。

（4）根据我国民爆行业发展规划，低爆炸感度工业炸药、无雷管感度现场混装炸药（含乳化基质）、现场混装生产方式集中制备与远程配送等技术装备研发与应用，也是今后爆破技术的重要发展方向；未来现场混装炸药的占比将逐步提高，进一步优化炸药产品结构。

四、露天铁矿边坡稳定性研究技术的发展

边坡稳定性问题是我国20世纪70年代后出现的最具特色的工程地质问题之一。尤其是20世纪80年代以来，大型铁矿数量之多、规模之大、开采速度之快、波及面之广，举世瞩目。露天矿边坡工程研究是一项关系露天矿山生产安全、矿山可持续性发展和评价矿业开发重大营利效益的关键课题。据测算，一座中等规模的露天矿山，若采场总体边坡角提高1°，即可减少废石剥离量约1000万立方米，节省成本近亿元。而要提高边坡角度，最主要的限制就是边坡稳定性。因此，边坡稳定性研究是提升矿山生产效率、节省开采成本、确保矿山安全生产的必要工作。

（一）边坡工程稳定性评价的发展

边坡稳定性评价是边坡工程的基础内容之一，从评价方法上可以分为工程地质分析法、极限平衡分析法、极限分析法、数值模拟分析法、可靠性分析法。国外对边坡稳定性评价的研究起步较早，早在1915年瑞典科学家Petterson就提出了瑞典圆弧法，并得到了初步应用。我国边坡稳定性评价研究技术的发展，从新中国成立初期至今大体分为五个阶段。

1. 萌芽阶段

在20世纪50年代，我国正处于新中国成立初期，露天矿的发展水平较低，在岩石工

程理论研究各个方面还处于萌芽阶段，远远低于西方国家水平，没有形成用于硬质岩石边坡稳定性分析的完善理论，当时对于边坡稳定性分析主要以土力学的公式和假设条件为主。1957 年张汝晋等在对土坝软弱地层分析中首次采用了瑞典圆弧法，通过岩土体的性质寻找最危险滑动面，分析了土坝坝基下浅层处存在软弱土层时坝身的稳定性。但是土力学中的公式并不完全适用于岩质边坡稳定性分析，存在一定的局限性。

为预防频发的地质灾害，我国研究人员奋发图强，迎头追赶，基于已有的工程经验和理论基础，总结出了工程类比法和极限平衡法等定性分析方法。工程类比法是将已有边坡的岩土工程经验进行总结归纳后，应用到条件相似的边坡稳定性研究中去作为参考，本质上是一种经验方法。工程类比法可以分为直接类比法和间接类比法。直接类比法一般就围岩的强度和完整性、地下水影响程度、地应力、施工方法等因素进行比较，将条件基本相同的已建边坡结构作为设计边坡的结构；间接类比法是将大量的同种已建边坡的岩体参数按主要划分指标进行归类并给出相应的设计参数，供拟建边坡设计时对照采用。李奎在四川省乐山市金口河区地震破坏边坡的稳定性评价中使用了工程地质类比法，以相似地质背景的稳定边坡形态进行对比分析，得到了地震影响区域边坡的稳定性情况。由于工程地质条件的复杂性，一般很难找到非常符合的参考经验，所以这种方法存在较大局限性。

极限平衡法通常根据作用于岩土体中潜在破坏面上的块体沿破坏面的抗剪力与该块体沿破坏面的剪切力之比，求该块体的稳定性系数。分析岩土体稳定性时，首先假定一破坏面，然后取破坏面内土体为脱离体，计算出作用于脱离体上的力系达到静力平衡时所需的岩土的抗力或抗剪强度，通过与破坏面实际所能提供的岩土的抗力或抗剪强度相比较，求得稳定性安全系数，或根据所给定的安全系数求允许作用外荷载。极限平衡法可以细分为 Janbu 法、Bishop 法、Morgenstern. Price 法、Spencer 法和 Sarma 法。极限平衡法在后期的边坡稳定性分析中又经过改良和发展完善并且与有限元和数值模拟方法相结合，提高了计算效率和可信度。

2. 发展阶段

20 世纪 60 年代，随着岩石力学、地质学、土力学等物理力学学科的发展进步，我国边坡稳定性研究从单主题进入了多学科的交叉。

这一发展阶段最主要的成果是实体比例投影法，该方法是在赤平极射投影方法基础上的图解法。1965 年孙玉科提出了实体比例投影法，通过作图求出结构面的组合交线，以及结构体的几何形状和规模、分布位置和方向等，并且完全变空间实体为平面表示。

赤平投影方法和实体比例投影方法是评价岩质边坡稳定性的常用方法，它既可以确定边坡上的结构面（包括边坡临空面）的空间组合关系，给出边坡上可能不稳定结构体的几何形态、规模大小，以及它们的空间位置和分布，也可以确定不稳定结构体的可能变形位移方向，作出边坡稳定条件的分析和稳定性状态的初步评价。若结合结构面的强度条件和边坡上的作用力，还可以进行边坡稳定性的分析计算，求出其稳定性系数的数值。

在边坡稳定性分析思想上，谷德振提出了岩体结构控制论的观点，为工程地质学奠定了理论基础。岩体结构控制论的主要思想是：岩体结构是由结构面和结构体两个基本单元组成，结构体就是完整岩体由结构面划分出的岩块，这种岩体结构会制约岩体的物理力学性质、变形和破坏机制，很大程度上控制了岩体稳定性，该理论认为影响岩体稳定性的最大因素是软弱结构面的空间分布形态和组合关系。

我国的室内岩石实验也有了一定的进展，1964 年姚祺昌在露天矿山边坡稳定性的研究中提到了室内岩石抗剪强度试验，在万能试验机上使用不同角度的角铁式装置，并且得到了不同类型岩石的内聚力、内摩擦角、容重等指标，为边坡稳定性分析提供了可靠的一手数据。

3. 进步阶段

20 世纪 70 年代，我国对于边坡稳定性的分析进入了边坡变形破坏机理的研究，针对复杂的边坡岩体，传统的极限平衡法有一定局限性。在塑形极限平衡法的基础上，出现了弹塑性极限平衡法。在弹塑性极限平衡法中，采用的是弹塑性理论分析系统的应力和变形，由系统的应力和变形特征来确定系统的极限平衡状态，从而避免了刚体极限平衡法和多块体极限平衡法等最小安全系数的搜索，如果地质条件、材料参数、屈服准则和本构关系为正确的，就能够保证由此得到的稳定安全系数为真实稳定安全系数的下限。

随着理论知识的积累创新以及计算机的应用，数值计算方法如有限元法、边界元法、离散元法等也在边坡稳定性的分析中得到了初步应用。有限元法是将复杂岩体问题转化为较简单问题后再求解，将求解域也就是我们研究的岩体、断层、结构面等看作是有限的小单元连接组成，再对每一个单元假定一个合适的近似解，然后反过来倒推求解满足这个近似解的平衡条件，从而得到满足工程条件的近似解，而在岩石工程中，由于岩体的复杂性，很多的工程问题本身无法得到准确的解，这种方法化复杂为简单，可以适用于复杂的工况，是一种有效的分析思路和方法。

离散元法也是将岩土体划分成若干刚性块体，结合岩体本构关系，根据牛顿第二定律，考虑块体受力后的运动状态以及由此导致的受力状态的变化。与有限元不同的是，它可以允许块体之间发生平动、转动甚至块体间脱离，通过建模计算，可以形象地反映出边坡岩土体的应力场、位移等参量的变化，这种方法对于块体结构、层状结构和碎裂结构的岩体比较适合。

边界元法是在有限元法之后发展出来的一种工程数值分析方法，不同于有限元的整体划分单元。边界元的思想是在定义域的边界上划分单元，用满足于控制方程的函数去逼近边界条件，所以边界元法与有限元法相比，具有单元个数少、数据准备简单等优点。但用边界元法解非线性问题时，会遇到同非线性项相对应的区域积分，这种积分在奇异点附近有强烈的奇异性，使求解遇到困难，因此边界元对于非均匀介质等问题难以应用，应用范围不如有限元广泛。

4. 成熟阶段

（1）往期技术的应用改进与创新。到了 20 世纪 80—90 年代，我国的边坡稳定性技术趋于成熟，许多之前从国外引进的技术得到了实际工程应用，并有一些理论上的改进与创新。潘家铮院士分别于 1980 年和 1983 年提出了滑坡极限分析的两条基本原理——极大和极小值原理。1986—1987 年，何满潮、笪盍和蔡跃军分别对 Sarma 法的原理和应用进行了研究，在工程实例背景下通过大量的数据分析和计算推导论证了 Sarma 法在边坡稳定性分析中具有重要参考价值，是一种合理且较简便的迹象平衡方法。

我国学者在大量的实践中对极限平衡法的不足进行了改进，1989 年王家臣等对 Bishop 法、Janbu 法进行了探讨，发现这些方法普遍存在一个缺陷，即不能分析滑体长度。因为这些方法是假设滑体长度为无限长，从而将滑坡作为一个二维问题进行计算，虽然可以满足大部分的工程需要，但在实际工程中滑坡肯定是一个三维问题，滑体长度会影响实际的边坡稳定性，所以这些方法都会存在一定误差。王家臣对此在已有研究的基础上提出了三维极限平衡分析，并且通过三维计算给出了滑体长度的计算方法，推动了极限平衡法由二维到三维的发展。

随着我国计算机技术的发展，数值计算方法也开始在边坡稳定性分析中得到初步应用，1994 年张钦礼较早运用 FLAC 对露天矿边坡进行建模并模拟井工开采时对边坡稳定性的影响，虽然相比于现在的 FLAC 的计算能力差距很大，但很大程度上标志着有限差分数值模拟方法的发展。

（2）新技术的发展。进入 20 世纪 80 年代以来，专家学者开始从整体上认识边坡稳定性的发展趋势以及边坡破坏机理，一些新的算法和理论如块体理论、灰色理论、神经网络模型、模糊数学、损伤断裂力学理论和计算机模拟仿真、数据库与专家系统等技术被应用到边坡稳定性分析中来。

祝玉学（1993）将其他学科中的可靠性理论引入边坡工程，应用于中钢集团马鞍山矿山研究总院股份有限公司的“七五”和“八五”科技计划课题，在太钢尖山和峨口铁矿得到成功应用，开创了边坡稳定非确定性分析的新领域。

“八五”科技计划期间，中钢集团马鞍山矿山研究总院股份有限公司在太钢峨口铁矿边坡研究中提出了边坡与采矿工程结合的多目标决策方法，把边坡工程与采矿工艺、边坡稳定性与经济效益、边坡安全生产与科学管理紧密结合，形成了一套动态的高陡边坡工程研究、设计、生产管理的完整体系。通过研究使峨口铁矿的总体边坡角提高了 3.6°，采场延深 24 m，减少剥岩量 387 万吨，多采矿石 143 万吨。

块体理论与岩体结构控制论有一定的相似之处，其认为岩体是由大量岩块构成的集合体，并对岩体进行平衡稳定分析的理论。由于各种结构面（软弱夹层、裂隙、节理等）的存在，岩体并非一个均质的整体，而是被结构面切割成形态各异的岩块的集合体。在自然状态下，这些空间块体处于静力平衡状态。当进行边坡开挖或对岩体施加新的荷载后，暴露在临空面上的某些块体就失去原始的静力平衡状态，因而造成某些块体首先沿结构面滑移、失稳，进而产生连锁反应，造成整个岩体工程的破坏。由于结构面相对薄弱，故一般会首先破坏。董学晟（1987）对块体理论的原理、计算方法、岩体分类和工程应用作出了详细的叙述，为块体理论在边坡稳定性分析中的应用打下基础；之后邬爱清（1988）、张春等（1990）、郭映忠（1996）、汪卫明等（1998）、李爱兵（1989）、孙树林等（1999）、王在泉等（1999）、常全明等（1999）的研究推动了力块体理论的发展。

灰色系统理论是控制理论的一个新领域，是控制论的观点和方法应用于社会经济系统的产物，也是控制理论与运筹学等相结合的产物。它以灰色系统为研究对象，以灰色系统的白化、淡化、量化、模型化、最优化为核心，以对各种灰色系统发展的预测和控制为目的。主要研究内容包括：灰色系统的建模理论、灰色因素的关联分析理论、灰色预测理论和决策理论、灰色系统分析和控制理论、灰色系统的优化理论等。刘帝旭等（1987）、刘祖强（1991）、秦四清等（1993）、陈新民等（1999）利用灰色理论研究矿山边坡稳定性，贾立宏等（1995）于1998年在冯家峪铁矿上峪采场进行合理边坡角试验研究，用灰色系统理论的关联度分析，探讨边坡的敏感度分析，用二维弹性有限元计算边坡开挖后的变形状态。

对于边坡稳定性分析这种不确定因素较多系统，使用人工神经网络模型（ANN）可以很好地模拟其未知因素。冯夏庭等（1995）、夏元友等、常春等、邓跃进等（1998）、徐卫亚等（1999）、马洪生等（1999）、卢才金等（1999）利用神经网络理论研究了岩质边坡稳定性。

模糊数学是继经典数学、统计数学之后发展的一个新的数学学科，是研究属于不确定性而又具有模糊性的量的变化规律的一种数学方法。模糊数学的理论简单来说就是将研究系统中的各项影响因素量化，然后进行计算分析。祈泽先（1987）、贺少辉（1994）、李文秀、汪益敏（1997）、李彰明（1997）、夏元友等研究推进了模糊数学在矿山边坡稳定性领域的应用。

损伤断裂力学理论主要研究岩体破坏时裂纹生长、扩展最终导致断裂的动态过程和规律和抑制裂纹扩展、防止断裂的条件，给工程设计、合理选材、质量评价提供了判据。周维垣（1990）、盛建龙等（1990）、孙均、徐靖南（1994）、朱维申（1999）分别用损伤断裂力学理论开展岩体破坏研究。

计算机仿真模拟是随着计算机技术的发展新兴的地应力和稳定性分析手段，是有限元法、离散元法、边界元法的应用发展，数值模拟技术不仅可以用来计算已经发生的破坏，还可以用于预测边坡岩体破坏的临界条件。有限元方面，李胡生（1988）、李桂荣等（1997）、施斌等（1999）、刘宁等（1995）、张飞等（1999）、薛守义等（1990）、高谦等（1990）、刘美山（1999）分别开展了相关研究；离散元方面，杨庆等（1990）、刘爱华（1995）、朱浮声等（1997）、常春等（1998）分别开展了相关研究；边界元方面，孙广忠等（1987）、张云等（1992）、唐金荣等（1992）分别开展了相关研究。

5. 成熟阶段

进入21世纪以来，我国各个领域理论和实践技术飞速发展，2000年至今，我国在边坡稳定性分析研究中取得了丰富的成果，具体体现在以下几方面：

目前，刚体极限平衡方法已经从二维发展到三维，我国学者在理论计算方面做出了突出贡献。例如，陈祖煜等（2001）将二维Spencer法在三维条件下扩展，提出了边坡稳定分析三维极限平衡方法的一个新解法。朱大勇等（2007）分别推导出满足所有6个平衡条件三维边坡严格极限平衡解答和满足5个平衡条件的三维边坡准严格极限平衡解答。郑宏

(2007) 通过取整个滑体为受力并基于滑面应力修正，实现了满足所有6个条件的严格三维极限平衡法。刘振平（2017）基于开源地理信息系统（GRASSGIS），建立三维极限平衡Hovland模型，研究了边坡稳定性计算方法。常晨莹等（2019）针对三维极限平衡法分析边坡稳定时不能搜索最危险滑动面的问题。孙平等（2022）提出了一种理论基础严格、计算步骤相对简单的三维稳定分析方法。李茂等（2022）以某露天矿为研究背景，采用SLOPE2000软件求解了各区的安全系数，并采用模拟退火算法搜索了各区域边坡破坏的最危险滑动面，利用建模软件建立得到了三维滑动面模型，采用三维极限平衡法对该矿各区域边坡稳定性开展了分析。

随着计算机硬件和软件的逐渐发展成熟，边坡稳定性分析的数值模拟和数值计算方法也趋于成熟。其中，刘立鹏等（2008）将强度折减理论与FLAC软件相结合，利用FLAC软件后处理功能，动态显示广义剪应变增量及塑性区的演化情况，分析土质边坡的稳定性；欧湘萍等（2009）针对FLAC3D软件内嵌的强度折减法的缺陷，结合有限差分强度折减理论，编译了相应的强度折减法计算程序，并结合算例验证了该方法的有效性；马萃林等（2009）将强度折减理论与FLAC软件相结合，利用有限差分程序FLAC软件来模拟分析边坡稳定性；蓝航等（2008）为改进传统边坡稳定性分析中安全系数的定义不适合于具有多个剖面的复杂边坡的缺陷，引入静载强度分析中对点安全系数的定义，结合FLAC3D数值模型，提出了边坡单元安全度的概念，采用FLAC3D内嵌编程语言FISH编写了单元安全度的计算模块，得到了边坡各单元安全度的分布；常来山等（2013）采用采节理化本构模型描述层状岩体的各向异性特征，对鞍千矿许东沟采场上盘顺层岩体边坡建立了FLAC计算简化模型，分析计算了开挖过程中岩体内部应力与位移的变化规律，确定了边坡岩体的塑性区分布情况；王志伟等（2005）应用考虑峰值强度与残余强度的FLAC应变硬化（软化）遍布节理本构模型，通过定义软化参数实现对应变软化的模拟与描述，追踪最大剪应力率，模拟了边坡的剪切带位置和渐进性形成过程，于振等（2017）应用岩土FLAC3D的单元力学参数赋值、单元破坏状态查询等FISH语言函数，将进入塑性流动状态的单元置为残余强度后继续进行模拟计算，编制了单元初始随机强度赋值与峰后残余强度置换的FISH语言程序，实现了岩体边坡渐进破坏的FLAC3D模拟。

周子涵等（2019）基于边坡系统能量的原理，借助FLAC3D有限差分法内嵌FISH语言进行了三维露天矿边坡模型在开挖过程中能量计算的二次开发。将能量与突变理论相结合，以边坡系统的总耗散能作为状态变量，构建了边坡系统的能量耗散突变判别准则。以大孤山露天矿西北帮边坡为例，通过能量耗散突变分析、塑性区演化分析、安全系数变化分析及关键点位移分析可知，以上分析得到的边坡稳定性演化规律具有一致性，验证了提出的突变判别准则的适用性。

李启航等（2021）基于AutoCAD-ANSYS-FLAC3D等软件进行耦合建模，分别建立200 m和300 m不同开采深度的单一地下开采模型和露天终了边坡为45°倾角时露天转地下开采模型，利用FLAC3D数值模拟软件分析计算得到不同开采阶段的应力分布情况，揭示了不同边坡高度对地下采场的影响。

一些不连续变形分析方法、流形元、PFC（particle flow code）、RFPA（realistic failure process analysis）等数值方法广泛应用于边坡稳定性分析中，促进了人们对边坡破坏失稳机制的认识。在不连续变形分析方法方面，殷坤龙等（2002）用非连续变形分析方法DDA对新滩滑坡运动的全过程进行了数值模拟，明确了其时空变化规律；张国新等（2003）在DDA法的基础上，考虑裂隙网络中地下水的流动，以及渗流压力与岩石变形的耦合作用，从能量最小原理出发，推求了考虑裂隙渗流情况下岩石系统的瞬时平衡方程及对任意裂隙进行安全评价的局部安全系数；沈振中等（2004）基于非连续变形分析DDA方法，分析了岩体边坡的变形规律，提出了岩体边坡破坏时极限摩擦角的确定方法；沈振中等（2007）建立了分析边坡非稳定渗流场的有限元模型，考虑库水位降落对非稳定渗流的影响，应用非连续变形分析方法分析了岩体边坡的变形规律，并确定了边坡断层的极限内摩擦角；邬爱清等（2006）利用非连续变形分析方法兼有真实时间模拟和非连续大变形问题分析于一体的优势，研究用非连续变形分析数值模型反映滑坡启动的识别方法，并对千将坪滑坡体的启动条件和滑坡全过程特征进行数值模拟；黄盛铨等（2008）采用DDA与FEM耦合的非连续变形分析程序实现自动强度折减法以模拟边坡的稳定性和安全系数，针对强度折减有限元法收敛标准的不确定性，通过分析滑块在边坡上的稳定性，提出以边坡滑移位移与强度折减系数曲线的最大曲率所对应的折减系数为边坡安全系数的判别标准。

在流形元方面，孙跃（2003）提出了一个用流形元与有限元的变形和渗流非同步耦合的分析方法，用于模拟不连续块体在水压作用下的变形过程；张国新（2007）利用流形元法正确地模拟了块体内部的变形、应力及块体间的相互接触与块体的运动，与极限平衡方法相比，流形元法模拟块体边坡的破坏模式客观合理，其在模拟岩质边坡的倾倒破坏方面具有优势。

张国新（2007）通过加入多裂隙扩展的跟踪模拟功能，将石根华博士提出的数值流形法进行扩充，使之既可以模拟块体系统的离散特性，又可以模拟完整岩体的拉裂与剪断。数值模拟的边坡破坏模式均与实验结果吻合良好，可再现该类边坡倾倒破坏的机制，该方法与程序可以有效地模拟考虑岩桥作用的岩质边坡的倾倒破坏。刘红岩等（2008）在考虑裂纹扩展的数值流形方法程序基础上，从最小势能原理出发，阐述了渗流与变形的耦合作用机理并推导了相应的耦合方程，在程序中实现了对渗流与断裂的模拟。利用该程序对含初始裂隙的岩石边坡在渗流作用下的破坏过程进行了模拟，模拟结果很好地再现了边坡在渗流作用下的实际破坏过程。王述红等（2016）利用数值流形法模拟了岩体大变形破坏，在块体理论的基础上，运用有限元分析中经常用到的重度增加法，不断增加岩体的重度，直到岩体边坡中的“关键块体”产生滑动，使边坡发生大变形破坏；最后，以最危险“关键块体”水平位移随重度增加发生突变为破坏依据，对边坡的安全系数进行了评定。喻志发等（2021）在已有数值流形法程序基础上，对已有的裂纹扩展准则进行改进使数值流形法能够适应于多种类型裂纹扩展模拟。采用C语言开发相应计算程序计算了半圆盘拉伸试验和四点双边剪切试验，数值模拟和试验结果的裂纹扩展路径一致，并且裂纹能够穿过流形单元内部。

很多学者采用PFC对边坡岩体的破坏机制及稳定性进行了研究，如贺续文等（2011）

通过采用离散元软件 PFC2D 进行数值模拟，对完整岩石及节理的力学性能进行研究，并建立了含密集节理的岩体边坡模型，讨论了节理连通率对边坡破坏形式的影响。

赵凯（2018）等采用颗粒流法对岩质边坡的失稳破坏过程进行了模拟，并预加不同分布形式的软弱结构面，研究了软弱结构面的分布深度及倾角对边坡破坏形式的影响。

王建明等（2022）为探究露天矿不同高度边坡卸荷破坏模式的异同，以辽宁鞍山大孤山铁矿某岩质边坡为背景，利用边坡岩体内优势裂隙组产状、迹长和密度等随机分布参数，构建了与边坡结构面具有相似分布规律的二维网络模型，借助 PFC 数值计算软件，探讨不同开采水平下坡体位移场和裂隙发展的时空演化规律以及边坡的破坏模式。研究结果表明，在边坡开挖过程中，出现的裂隙以张拉裂隙为主；裂隙主要出现在靠近坡面一定范围内，从坡面向里，裂隙数量减小，裂隙初始出现在坡脚区域，而后向坡顶发展；边坡开挖后，水平位移由负变为正，且突然增大，而后呈现阶跃型增长；边坡水平和竖向位移最大值发生在坡脚区域和靠近坡面位置，远离坡面，位移逐渐减小。

赵伟华等（2018）采用颗粒离散元 PFC 软件平台研发了 SRM 技术，解决了利用均质区划分为基础的非均匀分布的规模不同的陡缓结构面复杂网络模型构建、考虑颗粒尺寸效应范围的不同工程地质性状岩石材料模型构建，以及结合重度增加法计算复合岩体模拟裂隙岩质高边坡潜在失稳路径的技术难题。

张志飞等（2019）基于颗粒流程序对反倾层状岩质边坡变形破坏过程进行模拟，并考虑岩体结构面参数（岩层倾角、层厚及层理剪切强度）对其变形破坏机制的影响；金磊等（2020）在对土石混合体边坡稳定性分析中运用了离散元的方法，建立了土石混合体的离散元模型，引入颗粒流强度折减法并提出基于能量演化的方法来判别边坡失稳破坏，分析得到了土石混合边坡的各种参数对于边坡稳定性的影响。

也有学者对节理岩质边坡在地震作用下的破坏机制进行了颗粒流模拟研究，如石崇等（2013）基于颗粒离散元的崩塌灾害分析方法计算了颗粒运动轨迹，判断了边坡的稳定性，揭示了边坡破坏扩展过程，并通过修改边界颗粒的属性模拟了入射地震波及透射边界，最大限度模拟了荷载-岩性-灾害发展的耦合作用；卞康等（2018）基于二维颗粒流软件 PFC2D 的人工合成岩体技术（SRM），研究了岩桥倾角和节理间距不同组合形式的含顺层断续节理岩质边坡在地震作用下的破坏模式与动力响应规律。

有学者利用 PFC 研究了不同岩桥的贯通模式下岩质边坡的阶梯状滑移的破坏形式，如岑夺丰（2013）以颗粒流理论为基础，从岩桥贯通机制出发，利用 PFC2D 软件从细宏观角度模拟研究了岩质边坡阶梯状滑移机制，揭示了重力作用下边坡阶梯状滑移是一个从下而上逐个岩桥贯通的渐进性过程，并以相关力学理论为手段建立了边坡稳定性评价模型；黄达等（2015）利用二维粒子流代码（PFC）对 6 个具有不同间断节理的岩石边坡进行了研究，通过研究岩石桥中裂纹的萌生、扩展和聚结过程，得到了 3 种不同的阶跃路径破坏模式，即剪切、拉伸和拉伸-剪切混合破坏。

在 RFPA 方面，李连崇等（2006）利用基于强度折减法的 RFPA-Slope，对节理岩质边坡的稳定性进行了模拟分析，直观得到了坡体的滑移破坏面，同时求得安全系数。研究了岩体中节理贯通率、几何位置、倾角以及节理间岩桥长度等因素对边坡变形破坏模式、安全系数大小的影响，证明了节理是控制岩质边坡破坏的主要因素。康佳辉等（2021）采用RFPA3D 基于离心加载法（Centrifuge）和强度折减法（SRM）模拟边坡渐进破坏过程，通过再现边坡渐进破坏过程，探讨 RFPA3D 不同加载方法在边坡稳定性分析中的适用性。李斓堃等（2021）以大孤山露天铁矿为例，构建了亿级自由度精细化网格模型，并基于RFPA3D-Parallel 数值模拟软件的高效并行求解迭代计算方法，模拟了大孤山露天矿西北帮楔形体滑坡的孕育、形成过程。数值模拟结果表明，大孤山露天矿边坡稳定性的主要威胁为 F14 断层带与 F15 断层带之间的楔形岩体，且楔形体的损伤具有自上而下的发展演化特征，这一数值模拟结果对现场滑坡监测预警及防控治理具有重要的指导意义。

大部分的理论分析方法都是通过计算得到安全系数等参数然后进行分析，除此之外，杜时贵（2018）提出了大型露天矿山边坡稳定性评价精度的概念，建立了稳定系数误差与边坡设计安全系数的相关关系，并在此基础上构建了近期静态精度与评价期静态设计安全系数、长期动态精度与服务期动态设计安全系数的关系，为边坡设计安全系数的不确定性问题提供了一种确定性解决方案。在众多的不确定性研究中，基于可靠度理论的边坡稳定性研究得到了长足的发展：陈晓平等（2004）采用 JC 方法分别计算了不同软基加固方案所对应的复杂土坡最小可靠指标，探讨了土性指标的概率特性和相关性对可靠指标的影响。许英等（2009）求解了某边坡土体的相关距离，将点方差转化为空间均值方差，用JC 法计算了某边坡稳定可靠度指标。蒋水华等（2018）在考虑参数空间变异性边坡可靠度分析的一阶可靠度方法（FORM）基础上，提出基于模型修正的空间变异边坡可靠度分析方法，引入一修正系数将基于 LEM 的简化极限状态面逐渐修正为基于 FEM 的准确极限状态面，最后基于修正系数和 LEM 安全系数计算公式采用线抽样法计算边坡失效概率。高杰等（2019）提出了基于相关向量机（RVM）的一次二阶矩可靠度计算方法，该方法实现了对边坡安全系数与可靠度的快速、准确估算。胡长明等（2020）以边坡滑移面为圆弧为前提，基于随机场理论进行了公式推导，通过二维随机场在圆弧曲线上的一维局部平均得出了局部平均方差的计算式。以推导出的局部平均方差计算式为基础提出了适用于均质原状边坡的简便可靠度分析方法。孙志豪等（2021）采用随机场理论表示土体的空间变异性，通过 Karhunen-Loève（KL）展开法进行随机场的离散；使用基于离散机构的边坡上限分析，在生成速度间断面时考虑空间各点的内摩擦角随机场离散结果，并联合使用强度折减法、二分法及序列二次规划法求解边坡的安全系数，采用一阶可靠度方法（FORM）和子集模拟（SS）进行边坡的可靠度分析。郑卫芳等（2021）利用数值差分原理，推导出功能函数在验算点处对基本随机变量的一阶、二阶及二阶混合偏导数近似计算公式；基于所推导的偏导数近似计算公式重新构建了二次二阶矩法的执行流程，形成一种改进二次二阶矩法计算方法，改进方法适用于任意形式功能函数。

在表征岩体力学参数的随机性方面，傅旭东等（2001）考虑土性参数随机场作用和土性指标之间的互相关性，建立了边坡局部抗剪和总体稳定性可靠度的随机有限元分析模型；梧松等（2003）基于随机场理论和局部平均法，研究了考虑参数各向异性空间变异性的三维土坡可靠度问题，并建议以边坡最大破坏概率预测滑坡空间分布；杨继红等（2007）用抽样法进行了考虑土性参数空间变异性的可靠度分析，讨论了土性参数互相关性对可靠指标的影响；吴振君等（2010）用拉丁超立方抽样（Latin Hypercube Hypercube Sampling，LHS）方法代替MC法的随机抽样，考虑边坡参数的变异性和相关性进行了边坡可靠度分析；马建全等（2011）对原始数据采用K-S检验法进行假设实验，确定参数变量的分布类型，克服了人为假设的误差，并分别采用Latin方抽样（LHS）法和Monte Carlo法对参数进行抽样，得到了状态函数值；孙开畅等（2018）采用拉丁超立方（LHS）抽样提出了基于响应面法（RSM）数据表的边坡可靠度计算模型；曹伟等（2021）基于拉丁超立方（LHS）抽样在有限元软件ABAQUS中开发了边坡可靠度自动计算的算法，通过交互输入可靠度计算的参数，即可简单方便地计算出边坡的可靠度。

传统的随机变量模型假定研究尺度内任意点处的参数相互之间完全相关，然而天然土体由于受到沉积、后沉积、风化和搬运作用与荷载历史等的影响，即便是均质岩土体，其特性参数也呈现一定的空间变异性和层状分布特征。因此，为考虑空间不同点处局部与整体岩土物理性质之间的差异性，满足对岩土体参数空间变异性特征做出客观分析与评价的需要，我国众多学者才采用随机场理论研究岩体力学参数的空间变异性，进而计算边坡的可靠度，典型研究成果如吴振君等（2009）把随机场理论和地质统计中的区域化变量理论结合起来，建立约束随机场，并在此基础上进行Monte Carlo随机有限元分析；郭重阳等（2018）基于直接蒙特卡罗模拟和概率密度加权分析方法提出了一种高效边坡稳定可靠度敏感性分析方法。所提出的方法通过随机场表征岩土体参数的空间变异性，并采用局部平均理论建立岩土体参数的缩微概率密度函数，用于概率密度加权分析中高效、准确地计算不同敏感性分析方案对应的边坡失稳概率；蒋水华等（2018）提出了一种有效的不排水抗剪强度参数非平稳随机场模型，并给出了土体参数二维非平稳随机场模拟方法计算流程；张顼顼等（2020）以抗剪参数为随机变量，采用局部平均法进行随机场离散，采用随机场和Monte Carlo（SMC）法编制程序进行数值计算，得到了更为可靠度的边坡的失效概率；赵炼恒等（2021）通过Cholesky分解技术生成了二维互相关对数正态随机场，基于ABAQUS平台利用Python进行二次开发，实现了高效随机有限元分析，结合蒙特卡罗法对分层边坡进行了可靠度分析和参数敏感性分析；缑变彩等（2021）采用基于Karhunen-Loève分解的随机场进行模拟，建立边坡稳定性分析的多项式混沌展开代理模型，运用正交匹配追踪算法选取对安全系数评估影响较大的多项式基函数，解决了边坡可靠性分析中构建高维高阶代理模型时存在的多项式基函数快速增长问题。

针对低失效概率水平的复杂边坡可靠度问题，蒙特卡罗方法内嵌响应面法的计算模式具有良好发展前景。典型的学术成果如：李典庆（2010）采用随机相应面法分析了香港秀茂坪边坡可靠度。王宇（2011）将向量投影响应面法与有限元强度折减法相结合，研究了隐式功能函数边坡工程稳定可靠度计算方法。朱彬（2019）通过高斯过程回归算法构建随机变量与功能函数响应值之间的关系，提出了一种新型高斯过程响应面法（GPRSM）。盛建龙等（2020）在向量梯度投影选择取样点的同时，对各取样点的重要性程度进行评估，并通过构造加权系数矩阵实现对响应面函数的拟合修正；将加权回归思想与向量投影取样相结合，并采用所得实验点拟合极限状态方程，为解决含有隐式功能函数的工程问题提供一种高效方法。梁斌等（2022）提出将数值分析中的帕德有理逼近与可靠度分析中的响应面法相结合，利用帕德逼近有理多项式拟合响应面函数。

对于多滑面边坡可靠性分析方面，谭晓慧（2001）把多滑面边坡看成一个串联系统，采用系统可靠性的上下界法对边坡的失稳进行可靠性分析；祁小辉（2013）提出了考虑土体参数空间变异性的边坡最危险滑动面随机分析方法。

在考虑支护结构的可靠度分析方面，成晓炜（2010）考虑锚杆多失效模式，以及岩土体强度、锚杆强度和锚固力参数的时变性，建立了单滑块型岩质边坡锚固系统时变可靠度分析模型。陈昌富等（2012）采用 MCS 方法研究了岩体与结构面抗剪强度参数时效性，锚杆腐蚀、降雨与地震等因素对锚固岩质边坡时变可靠度的影响。李典庆等（2013）研究了锚杆腐蚀作用对锚固岩质边坡系统可靠度的影响。徐斌（2019）考虑边坡岩土参数及抗滑桩参数的变异性，构建了基于支持向量机响应面模型的一阶可靠度分析方法；研究边坡安全系数不足和桩身抗弯承载力不够两种极限状态下的加固边坡可靠度指标和失效概率，探讨不同设计参数对上述可靠性评价结果的影响规律。房光文等（2021）针对土钉加固边坡未考虑边坡模糊随机性问题，提出考虑土体参数模糊随机性与边坡模糊过渡区间的土钉加固边坡可靠度计算方法。

在考虑降雨入渗边坡可靠度分析方面，蒋水华等（2020）以无限长边坡模型为例，发展了可确定不同降雨历时边坡土体含水率分布和湿润锋深度的修正 Green-Ampt 入渗模型，探讨了土体多参数（饱和渗透系数和抗剪强度参数）空间变异性与降雨渗入相互作用下的边坡失稳机理，进而比较了不同降雨历时下的边坡失效概率；何成等（2021）针对现有考虑应变软化效应的边坡渐进破坏分析模型中计算假定条件不符合实际情况的问题，考虑地下水位波动和地震力的影响，提出了用于分析多场耦合条件下应变软化边坡渐进破坏模式及稳定性可靠度的方法；姚云琦等（2022）使用 Comsol Multiphysics 对降雨条件下优势入渗做数值求解，利用无限边坡模型计算边坡安全系数，并应用改进 Cholesky 分解法生成空间相关随机场，使用蒙特卡罗方法分析降雨过程中边坡的可靠度，结合确定性与可靠度计算对比均质入渗与优势入渗在降雨过程中边坡安全性的变化。

在边坡可靠度高效计算分析方面，谢桂华（2009）针对多失效模式的边坡，改进了基于矩阵的体系可靠度法，应用该法解决了复杂边坡体系的稳定可靠度计算问题。肖特等（2014）提出了基于有限元强度折减法的边坡非侵入式可靠度分析方法，并研究了该方法在多层土质边坡可靠度分析中的应用。蒋水华等（2018）提出了基于子集模拟的岩质边坡系统可靠度分析方法，推导了典型边坡系统失效概率计算表达式。陈旺旺等（2018）基于模拟数据分别验证了最大熵原理估计抗剪强度参数概率分布和边坡失效概率的有效性，并比较了最大熵原理、选优识别和核密度估计方法的不确定性建模精度和稳健性。王禹玺等（2019）采用 Copula 理论构建了抗剪强度参数相关结构，在此基础上提出 Copula 空间的子集模拟方法，并采用 Bootstrap 方法模拟了土体抗剪强度参数的统计不确定性，进而提出了边坡系统可靠度的区间估计方法。张天龙等（2020）利用主动学习函数在极限状态面附近搜索训练样本更新代理模型，加快模型训练的收敛速度；采用线性核径向基插值函数简化模型参数优化过程，建立简洁、稳定的代理模型，提出了基于主动学习径向基函数（ARBF）代理模型的高效分析方法。姬建等（2021）运用 WUS（Weighted Uniform

Simulation）方法对边坡系统可靠度进行了概率分析，运用4个多层边坡算例演示了WUS对于边坡系统可靠度分析的良好适用性，该方法对高维、隐式极限状态方程下的多层土边坡问题分析精度较高的同时，可极大减少边坡模型计算样本数。方旭等（2021）将Copula函数与高效蒙特卡罗方法结合，提出了含相关随机变量的边坡可靠度高效分析方法。吴海波等（2021）提出了一种基于粒子群优化（PSO）算法的自动采样Kriging代理模型方法，该方法可以代替功能函数的作用进行安全系数的求解，实现准确高效的安全系数计算。张东升等（2022）提出利用BP神经网络模型来拟合岩土体的隐式功能函数，并结合精度较高的二次二阶矩法中的Laplace渐近方法求解可靠度，具有较高的计算效率和计算精度。

此外，我国科研人员还对不同类型的岩体边坡提出了针对性更强的稳定性分析评价方法，如中国科学院武汉岩土力学研究所陈从新研究团队对隐伏型顺层边坡稳定性研究获得重大进展，隐伏型顺层边坡广泛存在于自然边坡和工程边坡，由于顺向结构面没有出露而是向下隐入坡脚，坡体内容易集聚高能量，孕育大型滑坡。该团队经过一系列的现场调查、室内试验、数值模拟和理论分析等工作，阐明了边坡顺向结构面和岩体的损伤破裂过程，揭示了隐伏型顺层边坡的滑剪破坏机制，建立了厚层隐伏型顺层边坡的柱状力学模型，推导出该类边坡破坏的临界高度计算公式；在此基础上，基于条分法建立了考虑坡脚堆积物的隐伏型顺层边坡力学模型，提出了相应的边坡破坏面搜索方法，实现了隐伏型顺层边坡稳定性的准确评价。

除了静力学上的分析，我国研究人员还在边坡稳定性评价中引入了运动学分析，2020年马鞍山矿山研究总院的吴江伟应用DIPS以攀枝花朱矿南帮边坡为例对该岩质边坡进行运动学分析，对于边坡的破坏类型和常见的失稳模式进行分析归类，分别对其失稳进行运动学分析。

随着学科的交叉，一些新的理论也被引入到边坡稳定性评价中，如徐卫亚（2010）针对传统的以确定性理论为基础的边坡稳定性评价分析方法在实际应用中的不足，基于安全监测信息并引入了云模型，弥补了传统的以确定性理论为基础的边坡稳定性评价分析方法在实际应用中的不足。王杰等（2021）应用未确知测度理论建立了露天矿边坡稳定性评价模型，把地质条件、工程条件、气象条件等影响边坡稳定性的因素罗列并构建单指标未确知测度函数，运用熵权法确定评价指标权重，采用距离判别法作为属性识别准则；通过在露天矿山的实例分析中进行稳定性评价，评价结论与矿山实际情况一致，为露天矿山边坡稳定性评判提供了一种简便、低成本的新方法。

6. 存在的问题和发展趋势

（1）露天边坡稳定性分析评价发展至今，从定性分析到定量分析，从理论计算到数值计算，对于边坡稳定性的认识逐渐完善，但仍有许多问题和不足有待解决。

对边坡工程地质模型认识不足，对基础工程地质工作不够重视。很多人热衷于应用数学、工程力学、不确定性理论或人工智能理论的研究，力求给出量化结论的评价方法，轻视工程地质勘察、地质模型的概化和变形破坏机制的理解等影响边坡稳定的内在因素。在边坡稳定性分析中，最关键的是查明边坡灾害形成的地质环境条件。对边坡工程地质模型认识不清，将会导致力学、数学模型概化出现较大偏差，进而导致计算结果偏差，甚至错误。

对影响边坡稳定性的因素研究不足。边坡稳定的影响因素是多方面的，如边坡围岩性质、地质构造、地表降雨、地下水和人工开挖等。在工程实践中，往往因未弄清边坡变形失稳的主要因素，对稳定性状态做出误断，导致治理方案针对性不强，造成工程巨大浪费，或出现防治工程失效。

评价方法不完善。寻求既能综合概述边坡岩土体变形、演化以致破坏的主要特性，又能包含参数简单、便于获取的评价方法，仍然是边坡稳定性研究人员面临的困境。

（2）对于这些不完善和不足的地方，边坡稳定性分析的发展趋势势必是要解决这些问题，提高分析评价系统的可靠性、综合性、适用性，更好服务露天矿山的生产需要，边坡稳定性发展趋势应该是：

边坡失稳机制与变形破坏模式仍然是边坡稳定性评价方法研究的根本问题。针对边坡的工程地质环境特征和地质演变的历史阶段，研究如何分区、分阶段选择不同的变形模式与力学参数，建立对应的边坡稳定性判断准则，进行边坡稳定性评价，仍然是岩土工程研究的核心课题。

多种分析方法联合并用仍然是岩土工程现阶段通用做法。由于构成边坡地质环境的复杂性与人们认识的局限性，基于工程经验的范例推理和刚体极限平衡以及连续变形体理论，只能反映问题的某一侧面。利用统一原理、单一判据与简化模型的方法具有一定的局限性。将两种或多种方法融合起来，取长补短、相互佐证是未来发展的一种趋势。

多学科的交叉协作。岩土工程是在地质工程、结构工程基础之上发展起来的一门新兴的应用性边缘学科。边坡稳定性分析在应用基础学科（如固体力学、地质力学、断裂力学、计算力学）中的理论、技术和方法的同时，也需引进、吸收新兴的信息技术、计算机技术、智能控制理论等多学科的理论、技术与方法。

边坡监测与多源信息融合的应用研究。边坡稳定性评价仍离不开现场监测，监测数据既是边坡稳定性研究的基础，也是治理效果验证与评价依据。将传统的监测方法与3S技术、TDR技术、声发射技术、数字摄影和无人机技术相结合，从边坡表面变形监测到坡体内部空间非接触、全遥控、高精度和实时综合监测技术开发与应用是未来边坡监测的发展趋势。

基于BIM与数据库技术的集成智能评价系统的开发与研制。随着智能时代的到来，以BIM为核心理念的三维数字化设计技术和三维协同理念的出现，给边坡工程设计效率和质量提供了新的驱动力。开发与研制集传统的定性、定量和不确定性评价方法为一体的综合智能评价系统，为边坡工程的勘察、设计、施工以及后期的运营管理提供全面准确信息，是边坡稳定性研究未来的发展方向。

（二）边坡监测及预警技术的发展

边坡监测及预警是指导边坡稳定性分析、防止边坡破坏的重要手段之一。边坡监测是分析边坡地质结构、变形动态特征的依据，是边坡整治工程信息化设计及灾害预测、预报的可靠技术保障。我国对边坡监测的研究相对较晚，直到20世纪60年代才陆续开展系统性的地质灾害监测预警研究工作，并在短时间内取得了丰硕的科研成果。其中不乏一些成功预报典型案例，如秭归县马家坝滑坡、鸡鸣寺滑坡以及甘肃黄茨滑坡等，最为突出的是1985年对长江三峡新滩滑坡的成功预报，确保了滑坡区1371名人民的生命安全，成为中国滑坡监测预警史上的里程碑。

对边坡稳定性的监测可以大体分为直接监测和间接监测，直接监测是指对边坡岩体的变形或位移进行监测，间接监测是对于影响边坡稳定性的各种因素进行监测，如地下水监测、震动监测等。我国边坡监测预警技术发展过程分为以下四个阶段：

1. 定性分析阶段

20世纪50年代之前，我国在边坡监测上并没有形成完整的体系，由于科技水平限制和理论欠缺，对边坡的监测也并未形成系统，当时主要是通过人工巡视、肉眼观察或者使用一些简单的测量工具进行测量并分析。另外也有一些巧妙的方法，如在边坡有裂缝的位置贴上纸条或者涂油漆来对其裂隙发展进行观察；此外，一些异常现象也可以作为判断依据，比如地下水位突变、岩体中发生异常响动、局部出现滑坡、树木歪斜等。在这个阶段，边坡监测主要是靠人防为主，劳动强度较大，监测精度低，且难以做到连续监测。

2. 理论研究和半定量分析阶段

20世纪50—90年代是我国科学技术和理论蓬勃发展的阶段，我国学者大量引入了数理统计、概率论、灰色系统理论和模糊数学等数理力学理论，开始了理论研究改进工作，将这些先进的理论方法用于实际的边坡监测中去。其中，马莉等（1995）运用灰色系统理论处理监测数据，建立预测模型，对滑坡移动量预测进行了探讨。该方法简便易行，计算工作量小，预测精度高，且随着监测数据的不断增加，预测模型可不断更新优化，使其适应时态变化。李彰明（1997）构造了边坡稳定性分析的模糊综合评价模型及关联因素边界值矩阵，通过对某一大型露天矿边坡工程地质条件调查与物理力学性质测试研究，得到各关联因素的实测值，进而评价了该边坡的稳定性。江永红（1998）用蒙特卡罗模拟法计算边坡可靠度的基本原理，对模拟次数确定、计算误差估计等问题提出了解决办法，并结合具体运用说明该方法的实施步骤。

与此同时，随着制造业的进步，我国自主研发了一些常规的监测仪器，虽然在精度和自动化程度上与国际先进水平仍有较大差距，但在当时可以得到广泛的应用，大大减少滑坡造成的人员伤亡和财产损失。如自主研发了PSH-4型双向伺服加速度计式倾斜仪、WRM-3型多点位移计、T字形倾斜仪、测距仪、水准仪、经纬仪、全站仪等一批高精度光电和光学测量仪器。

除了监测技术和监测仪器，四川省地质矿产局成都水文地质工程地质队物探方法研究室于1987年建立了首台全自动岩土体边坡稳定监测系统仪，它由远距离自动控制、采样、数据传递和数据处理系统组成，是一个控制中心，能随时利用有线或无线电话机作传输进行遥测。这些数据将自动进入计算机处理，为科研人员掌握滑坡等地质体动态提供大量、准确、可靠的数据，对可能发生灾害性地质问题的地段进行监测，自动报警。

3. 定量分析和自动化阶段

到20世纪90年代以后，我国在岩土力学、机械等各方面理论和技术趋于成熟，且在部分领域已经开始向国际水平迈进，边坡监测理论进入了定量分析阶段，且随着监测设备的发展，理论更加丰富，监测设备技术也逐渐走向自动化。其中，代表性的有遥感技术、声发射监测技术、边坡稳定性监测系统等。

遥感技术起源大概在20世纪50年代，随着后来航空航天技术的发展而发展起来，遥感技术逐渐成熟，在边坡监测中也出现了遥感技术的身影。方子岩（1991）采用遥感地质方法进行大比例尺地质测量，研究了滑坡机理及坡体的岩性土质情况；白志勇等（1995）采用大比例尺红外航空遥感手段，对金顶集团石灰岩矿山边坡滑坡、崩塌和人工泥石流沟等不良地质体的形态特征、色调差异和堆积特点开展了研究，为矿山的边坡整治提供了可靠依据。

此外，声发射监测技术的理论和仪器设备也开始用于边坡监测中，岩体的声发射现象，实质上是由岩体内部显微缺陷扩张，应变能释放而引起的。梁海林（1998）提出了用声发射（AE）技术进行边坡变形破坏监测和滑坡预测的可行性；严明等（1998）采用声发射监测技术开展了马步坎高边坡岩体稳定性研究。

在监测设备和理论发展的基础上，以露天矿山边坡工程为背景建立了各种监测系统。如：马鞍山矿山研究院研制了一种由MBJ-1无线边坡监测仪和MW-1霍尔效应双向数字式位移传感器为主要部件组成的无线边坡监测系统，通过这一套边坡无线监测系统在马钢南山铁矿中的测试应用，在一年多的连续观测中获取了超过2万条数据，证明了监测地点在当时是稳定的。史永胜（1994）结合大冶铁矿的边坡治理工程，根据治理、监测一体化的思想，建立了一套完整的监测系统，在指导治理工作中发挥了极其重要的作用。张文波等（1996）利用FOXBASE+、FOBTRAN、TurboC混合编程，实现了边坡监测资料的数据管理、数据处理、变形预报以及绘图。余清仔（1997）提出采用全自动监测系统对大型露天矿的边坡进行岩移监控，掌握边坡岩体的变化动态，对确保矿山安全生产，提高经济效益具有十分重要的意义。刘兴权等（1997）就如何以全站仪和计算机为主要设备来建立一个自动或半自动的露天矿边坡稳定性监测系统，进行了总体方案设计。鞍山钢铁公司矿研究所在鞍钢眼前山铁矿建立了含自动温度补偿伸缩计、高精度变形计、沉降仪、滑体内蠕动内位移测试探头、地下水位计、温度计、限位报警器等探头的边坡无线监测系统，实现了边坡监测的自动化管理。李志伟等（1999）结合边坡变形监测的研究与工程实践，利用VB5.0开发了边坡变形监测信息系统，为边坡变形监测资料处理和分析提供一种有效工具。袁宝远等（1999）在Windows系统下利用面向对象的程序设计语言Visual Basic和面向对象的数据库管理开发系统Access，开发了具有可视化查询分析特征的边坡监测信息分析管理系统。

4. 综合分析和智能化阶段

进入21世纪以来，边坡监测技术手段不断丰富，不断总结改进已有的监测方法，对于边坡监测的理论研究已经不仅仅停留在单个学科，而是综合了地质学、统计学、计算机科学、航空航天等各领域的交叉学科，这一阶段的边坡监测系统最显著的特点就是综合性和智能化，不仅如此，我国在位移监测技术（数字化近景摄影、全球定位系统（GPS）、地理信息系统（GIS）、遥感（RS）、时域反射技术（TDR））、光纤传感监测技术、声发射（微震）监测技术、雷达监测技术、三维激光扫描技术、测量机器人与无人机监测技术等领域均取得了跨越式进步。

（1）位移监测技术。伴随着计算机技术的发展和光电子技术的成熟，利用计算机图像处理技术，实现了近景摄影测量的数字化。当摄影距离在 300 m 范围内时为近景摄影测量。近年来，国内外许多研究人员开始使用近景摄影测量进行边坡稳定性监测。任伟中等（2004）第一次将该技术应用在模型试验的变形测量中，这种方法所测得的位移变化与试验过程中各种现象相符合，结果比较准确，对采矿设计和生产具有重要的参考价值；聂小波等（2009）利用近景摄影测量技术对某地进行监测，利用取得的数字信息，分析得到了该地区的立面图和云图等；李彩林等（2011）利用一种新的边坡稳定性监测方法，对被测对象进行近景摄影测量，对不同时期的 DEM 模型进行叠加分析，最后得到了岩体的绝对位移量。目前该技术测量精度不高，将其应用在岩质边坡稳定性监测仍需要大量的理论研究。

运用接收卫星信号测距进行定位称为全球卫星定位系统（GPS）。过静珺等（2004）针对四川某地区滑坡，在示范区建立了 GPS 监测网，监测结果表明，GPS 可以用作常规的大地测量方面的监测，能够满足边坡位移监测要求。苗胜军等（2006）结合水厂铁矿边坡变形 GPS 监测，进行了监测点的确定及监测网的优化设计；并以 6 个监测点的 9 次变形监测数据为依据，结合现场情况及监测经验，创建了水平位移趋势玫瑰花图，对监测结果进行了简要分析。监测结果与现场状况相吻合，说明 GPS 完全能达到矿山变形监测的精度和要求。范丽萍（2008）基于 GPS 的 Pinnacle 软件数据处理功能，通过对水厂铁矿露天边坡 GPS 监测控制网图形设计、解算基线中误差 RMS、同步环闭合差、异步环闭合差、残差正态高斯分布的研究，对水厂铁矿 GPS 边坡监测控制网进行了设计优化，提高了监测网的可靠性。李艳等（2008）结合河北某铁矿边坡变形 GPS 监测及对监测数据进行回归分析处理，建立了露天转地下开采矿山的边坡动态监控系统及边坡稳定的评价方法，初步掌握了不稳定边帮的移动规律。孙彩敏等（2010）结合现代空间定位 GPS 技术，从理论和实践上探讨了空间定位 GPS 技术应用于边坡监测的实用性和可行性。邱丹丹等（2010）以大冶铁矿高陡边坡为工程背景，提出了一种基于 GPS 和 GIS 技术的高陡边坡监测预警系统，该系统主要由数据管理子系统和监测预警子系统组成，并重点阐述了 GPS 数据接收和 GPS 与 GIS 数据关联两个关键点。林昊等（2014）对 GPS 测量进行了改良，解决了 GPS 监测技术在垂直位移监测上的短板。孙厚广等（2017）利用 GPS、现代测量机器人和数显钢尺收敛计对鞍钢鞍千露天铁矿的许东沟排土场的稳定性进行了联合监测研究；研究结果表明，利用多源边坡位移监测数据对边坡稳定性进行研判是提高边坡稳定性预测准确性的有效方法。在高精度 GPS 测量中，卫星轨道精度、对流层折射修正精度、多路径效应、接收机振荡器的稳定度等都会影响定位精度，实现高精度快速定位仍然存在许多尚未完全解决的关键技术。

GIS平台具有强大的分析能力和处理空间信息的功能，利用GIS技术可以综合研究滑坡的形成过程。谈小龙（2007）在边坡稳定性研究中将力学模型和GIS技术相结合，以现场位移监测成果为依据进行数据分析、处理和统计推断，最终提出了一个综合的边坡失稳预警模型，达到了提高边坡失稳和滑坡安全评价的精度要求；马继国（2013）针对辽宁省鞍山市大孤山露天铁矿北端边坡出现滑动变形这一现象，建立了基于GIS的大孤山露天矿变形监测预警系统；吕琨（2015）以南芬露天矿边坡为研究对象，运用ArcGIS三维可视化分析软件和赤平极射投影数据处理软件，对边坡地质调查数据进行了室内处理和分析；张宝才等（2017）以某露天铁矿高陡边坡的危险性为研究对象，借助ArcGIS提供的DEM提取算法建立了相应的TIN模型，参照一定规模数量的边坡滑塌案例进行统计，赋予致滑因子栅格图像相应的关键属性，得出了采场高陡边坡易滑性分区图。在岩质边坡稳定性监测中，GIS强大的空间解析功能具有广阔的运用前景。

RS技术是运用电磁辐射理论，接收并记录目标所辐射的电磁波信息，经过信号加工处理，进而对被测体进行探测和识别的技术。张鼎（2011）通过联合运用遥感解译和实地调查，进行了马坑铁矿矿区生态地质环境调查，分析了矿区存在的主要生态地质环境问题，因地制宜地选择了植被恢复技术作为矿区生态地质环境保护的先行措施；包一丁（2020）结合遥感影像、DTM数据、地形分析、GIS技术处理、三维地质建模技术创建了可用于数值计算三维的朱家包包钒钛磁铁矿排土场实体模型，并在模型建立完成的基础上，赋予各土层参数；张琳（2021）运用RS（遥感）和GIS（地理信息系统）技术对浙江湖州某区域的矿山进行了监测分析并提出开采和治理方案。由于遥感技术在滑坡监测方面具有效率高、可动态监测、获取信息量大、适应性强等特点，在滑坡监测领域具有巨大的应用潜力。但遥感技术易受天气的不利影响，因此，遥感技术理论还需不断丰富，遥感分辨率还需提高。

时域反射测试技术（TDR）最早于20世纪70年代在岩土工程中运用。在TDR滑坡监测系统中，滑坡会导致电缆形变，反射脉冲波形变化，通过分析反射波形可以监测岩体的移动。张青（2001）提出为了分析滑坡的形成机理、活动状态及其发展趋势，可以采用TDR对滑坡位移与变形进行长期观测。聂春龙等（2007）针对某边坡工程的破坏模式和滑坡诱因，采用TDR、测斜仪等监测手段，以数据采集仪、GSM和PCTDR等进行数据采集、传输和分析；监测过程自动化程度高，采集数据精确连续，并得到人工监测数据的验证，取得了较好的监测效果。闫亚景等（2019）利用高密度电法结合TDR，通过测量边坡土体含水率与电阻率，构建了两者的对应关系，据此反演并分析了边坡介质地下水的分布特征及迁移规律，验证高密度电法技术在探究天然边坡水分运移规律的有效性。顾春生等（2015）利用TDR-3土壤水分传感器对边坡含水量进行实时监控，并观察坡体破坏前被冲刷状况，得出降雨过程实质为边坡含水量变化以及软弱夹层被冲刷软化的过程。

（2）光纤传感监测技术。利用外界环境的变化，使光在传播时某些特征参数发生变化，从而实现对外界环境的变化检测和信号的传输。目前国内运用光纤传感技术在边坡稳定性监测方面取得了一定成果。孙健（2014）针对传统的边坡监测不能依据边坡工程实际实时动态掌握边坡发展、变形、破坏过程的问题，提出将光纤光栅位移传感器布设在露天矿工程潜在滑动面上对位移数据进行精确采集并预警的方法；梁超（2016）设计了一种以光纤布拉格光栅角度、裂缝、渗透压力传感器为基础的实时边坡监测系统；景俊豪（2020）基于光纤光栅与电磁传感技术，自主研发了多种可以应用于滑坡变形监测的新型滑坡测斜仪器；易兴（2021）利用光纤布拉格光栅传感技术，基于U形结构和杠杆机械原理，设计研发了可量测位移矢量的大量程高精度位移传感器。光纤传感具有可靠程度较高、抗干扰能力较强和监测精度高等优点；但是目前还不能同时满足高初始精度和大量程的要求，滑坡方向也不能确定，若光纤传感技术在岩土工程方向中取得突破，将有良好的运用前景。

（3）声发射（微震）监测技术。声发射监测技术已广泛投入露天矿山边坡监测应用中。易武等（2007）在分析岩质边坡失稳过程中岩体力学性质和声发射产生的微观机理基础上，通过岩石声发射试验和岩质边坡声发射监测实例，研究了岩质边坡声发射特征，提出了岩质边坡失稳破坏的基本力学分类及其声发射的监测预报方法和判据，实现了对岩质边坡失稳的预测预报；杨远清（2008）阐述了声发射技术在云南的一座露天矿上的应用情况，说明了声发射技术研究边坡岩体的稳定状态是有效的，可为边坡岩体稳定性分析提供一种重要手段；李刚等（2018）结合边坡声发射监测实例分析，表明该技术不仅能实现对边坡滑移面定位，还能对边坡破坏水平进行分析，可将声发射参数划分为不同的破坏等级来判断边坡的稳定性；陈杨等（2022）在已有的滑坡声发射监测技术和变形过程预警模型基础上，对比研究声发射和位移监测参量，基于小波变换和改进切线角方法，建立了基于声发射监测的滑坡过程预警模型。

作为监测岩石内部破坏的手段，微震监测技术同样也在边坡监测中得到了广泛应用，万小军（2011）使用加拿大ESG公司生产的矿山微震监测系统及大连力软科技有限公司开发的矿山微震监测分析软件，建立了露天转地下开采的露天采场高陡边坡、衔接层及地下开采岩体稳定性及其变形活动范围的微震监测系统，将监测到的数据通过网络无线传输到微震活动分析中心，实现微震监测系统和三维应力分析系统之间的数据交换，构建了集监测、控制和管理于一体的系统集成、高度信息化和智能化的安全评价体系。张院生等（2016）在白云鄂博铁矿采场边坡搭建了微震监测系统，实现了对采场边坡的实时监测。徐士申（2016）在大红山铁矿建立了微震监测系统、地表变形监测系统与应力监测等综合地压监测系统，为解决露天地下联合开采衔接地压问题提供了技术支撑。何亚清等（2020）首次开发了微震信号无线采集技术与无线微震监测系统，实现了微震信号的无线采集，弥补了国内外微震监测系统数据无线采集的空白，解决了露天作业对微震信号有线传输采集的相互干扰技术难题，大大提高了监测系统在露天作业环境下的适用性；在河南栾川钼钨铁矿应用后推广使用至三道庄矿、富川矿业、金堆城汝阳钼业等多个露天矿山。荣辉（2021）等将微震监测与GNSS技术相结合，通过采用图像识别技术，对采场边坡赋存状态进行宏观把握，根据强度试验，得到了基于岩石指标的数值模型；在进行微震及应力监测中，得到了降水对边坡内部应力的影响。

（4）雷达监测技术。自21世纪以来，雷达监测技术在露天矿山边坡监测方面的应用逐渐丰富。杨旺等（2022）通过合成孔径雷达干涉测量（InSAR）技术获取了金川矿区地表形变速率和形变量，并利用结合先验条件的最小二乘迭代法解算了矿区三维地表形变，对3个形变区空间变化规律和地表形变机理进行了分析。王桂杰等（2010）提出了应用D-INSAR对大范围的自然滑坡进行监测和预警，D-INSAR指的是合成孔径雷达差分干涉技术，在滑坡监测上具有大范围、全天候、高精度高分辨率、成本低等具有许多优势，在边坡监测领域有很大潜力。2019年中国安全生产科学研究院基于地基合成孔径雷达差分干涉技术研发了边坡雷达及其滑坡预警云平台，这是我国首套自主知识产权的边坡雷达系统，测距可达5 km，干涉精度达到0.1 mm。刘小阳等（2020）针对露天矿高边坡监测精度要求高、实时性强、难以全面覆盖、接触困难等问题，分析了地基雷达测量的技术特点，研究了基于地基雷达的露天矿高边坡形变监测方法及大气扰动改正、时序分析等关键技术，给出了地基雷达数据的处理流程，基于振幅离散指数、估计的稳定性指数、位移精度等参数的雷达数据质量评价方法。

（5）三维激光扫描技术。三维激光扫描技术是20世纪90年代中期突破的技术，通过高速激光扫描测量的方法，能够大面积、高分辨率快速获取被测对象表面的三维坐标数据，具有全自动和非接触等诸多优势，实现了点测量到面测量的跨越；同时通过专业软件和测量数据建立物体的三维实体模型，因此三维激光扫描可以检测到细微的岩体变形。2015年鞍钢集团矿业公司发明了一种三维激光扫描和GPS相结合的矿山边坡监测方法，这种方法将三维激光扫描仪系统与GPS监测定位系统有机地结合起来，对边坡地质灾害进行准确监测，这种将三维激光扫描和GPS结合的方法兼顾了二者的优点，提高了监测系统的可靠性。赵立都采用三维激光扫描技术获取滑坡变形体点云数据，提出了基于永久三棱锥和基于全站仪后视定向两种基准统一方法。该理论方法的成功应用对三维激光扫描技术在滑坡等灾害变形监测的深度应用和有效推广有重要借鉴意义。针对传统边坡监测方法存在的工作量大、数据不全面，模型建立困难、效果差、精度低等难点问题，宋羽（2021）提出了三维激光扫描技术和T-样条曲面拟合的边坡变形监测方法。该方法利用地面三维激光扫描技术对边坡进行外业扫描，完成对边坡数据的采集，对处理后的点云数据采用T-样条进行曲面拟合，得到高精度曲面模型并对边坡体整体进行形变分析。此外，刘九阳（2016）、杜江丽（2021）、刘斌（2022）等也分别介绍了三维激光扫描在边坡监测中的工程应用。

（6）测量机器人与无人机监测技术。由于传统的边坡监测大部分需要工程人员参与，于是测量机器人被用于边坡监测中来。徐茂林等（2015）提出了一种基于测量机器人的露天边坡位移监测系统，该系统包括TM30测量机器人、笔记本电脑、GeoMos监测软件和电源等主要组成部分，其中TM30测量机器人的精度可以达到0.6 mm级别。在使用时将测量机器人安置在监测桩上，通过程序设计使它自动对多个观测点进行循环观测，并且将数据传输到电脑中进行处理，不仅可以得到各种位移等数据统计图，还可以生成得到更加直观的危险区域等级划分。刘士彪等（2020）为解决矿山边坡监测单源数据所获目标物信息单一抽象、数据不完整的问题，结合测量机器人获取点监测数据、近景摄影测量影像数据和三维激光扫描仪面监测数据，提出了一个基于最优权法进行多源数据的融合计算与分析的多源信息整合的边坡监测方法，并对其监测成果进行了相关性分析。

除了地面测量机器人，无人机监测技术也逐渐成熟。由于传统的测绘难以进行全面描述，王果等（2017）提出了一种基于无人机倾斜摄影技术的全自动露天边坡三维重建方法，该方法利用无人机搭载的数码相机获取矿区序列倾斜影像，通过特征提取、空间测量、多视影像密集匹配，构建不规则三角格网和纹理映射，自动重建出露天矿边坡三维模型；刘善军等（2020）基于大型露天矿山地形复杂、观测条件困难、影响因素众多等特点，提出了天-空-地协同的边坡智能监测系统。天-空-地的协同体现在实时间协同、空间协同、参数协同和智能分析，其中，“天”包括 GNSS 监测技术和雷达卫星 D-InSAR 技术，“空”是指无人机-TLS 协同监测技术，“地”包括地基红外热像检测技术、测量机器人技术等地基测量技术，该技术在鞍钢弓长岭铁矿边坡与鞍千铁矿大型排土场监测中得到了良好反馈。

5. 存在的问题及发展趋势

（1）目前边坡监测技术和手段主要存在以下的一些局限性：

现有研究技术手段主要基于位移监测结果进行预测，对于大部分的岩质边坡来说，失稳前变形往往很小，破坏极具突发性，用常规的位移监测方法进行预报很难达到超前预警效果。

矿山边坡稳定性监测主要以坡体表面变形观测为主，忽视对岩体内部微破裂的分析，难以掌握边坡体内部变形的“时空前兆特征”。

采用多种方法协同监测边坡变形，主要是对不同监测方法所得结果的对比分析，缺乏对多源监测信息和数据的融合。

（2）通过对前述边坡稳定性监测方法研究现状及存在问题的分析，预计未来边坡稳定性监测的研究将主要分布于以下 4 个方面：

空-天-地-内一体化边坡稳定性监测。采用空-天-地-内一体化监测，将边坡表面区域形变与内部岩体滑动监测相结合，优势互补。可以克服单一监测方法存在的明显不足和缺点，实现边坡岩体内部滑动和表面位移变化由内而外的全方位监测。

多源异构数据融合的边坡稳定性监测。将集成后的多源异构型边坡监测数据（历史滑坡数据、共享的地质环境信息数据、现场监测仪器获取的数据）进行数据清洗和转换，进行统一建模，存储于大数据平台的储存框架中（支持跨平台交互和共享）。在数据挖掘与统计分析后进行稳定性预测，结合信息管理和可视化动态展示，通过地理信息系统（GIS）呈现，为决策管理层或客户较为直观地展示评价状况。

动态评价及远程监测一体化交互的边坡稳定性监测。认识及把握边坡地质及环境等因素，将多学科、多专业理论方法相融合，不断更新和完善监测技术和设备，开展动态综合评价提前预警和远程监测实时反馈的一体化交互，实现理论计算与现场监测的有机结合，以提高边坡稳定性预警的可靠性和远程监测的时效性。

基于机器学习与人工智能的边坡稳定性预测，结合数学与计算机技术的发展，引入机器学习与人工智能领域运用广泛的非线性手段，预测分析边坡位移的发展变化，为准确、全面地分析边坡稳定性状态提供重要的技术支持。

(三) 边坡加固技术的发展

在工程前期设计与施工过程中除了监测之外，还需要对有滑坡风险的边坡进行加固处理。纵观边坡加固技术研究历史和发展过程，大体分为三个阶段。

1. 被动加固阶段

在20世纪50年代以及之前，由于自然边坡灾害不多，边坡工程更少，鲜有学者专家涉足边坡加固领域进行专门研究。这一阶段对边坡灾害作用因素、产生条件、发生和运动机理以及它的危害性缺乏系统的认识，基本上属于被动治理，即“边坡灾害发生，再想办法治理”，常采用清方减重、填土反压、地表排水等措施，但工程实际表明采用这些措施仅能使边坡暂时处于稳定状态，难以根治，当外界条件发生改变时边坡仍可能失稳。

在这一阶段，挡土墙是边坡加固最常用的方法，其中大多是重力挡土墙，其利用挡土墙自身重力来维持挡土墙在土压力作用下的稳定，通常可用石砌或混凝土建成，一般都做成简单的梯形，这样当土体给挡土墙施加压力时会产生向下的分力，可以更好地承压。

2. 半理论加固技术研究阶段

在20世纪60—70年代，专家学者们开始重视对边坡灾害的研究，各类研究边坡的类型、产生条件、分布、作用因素的成果相继问世，边坡的破坏形式及影响因素等也逐步清晰，加固技术的研究上升到了半理论的研究阶段。

在20世纪60年代，抗滑桩和预应力锚索被用于边坡加固防护工程。20世纪60年代末，我国在铁路建设中首次采用抗滑桩技术并获得成功。抗滑桩技术的诞生，使一些难度较大的边坡工程问题的处理成为现实，它所提供的抗力大、安全、见效快，施工对滑坡体扰动小，得到了广泛采用。抗滑桩（图2-30）是穿过滑坡体深入于滑动面的桩柱，可以支挡滑体的滑动力，起稳定边坡的作用，适用于浅层和中厚层的滑坡，是一种抗滑处理的主要措施。武钢大冶铁矿在工程实际中用抗滑桩对狮子山采场进行加固并得出用钻孔抗滑桩加固露天岩石边坡，具有工程量小、施工简单、工期短、工效高、费用低和不占台阶面积的结论。

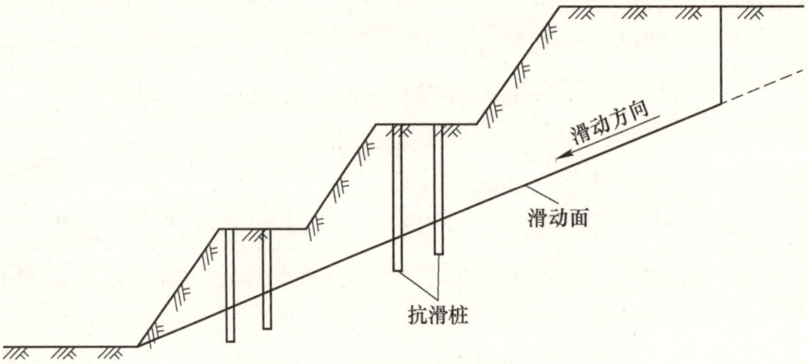

图2-30 抗滑桩示意图

任雪玲等（1991）对观音山开裂边坡的预应力锚索加固效果进行分析，预应力锚索加固达到了预期的效果，活动岩体停止位移，证明了预应力锚索具有施工较简便、结构轻型、造价较低、减轻劳动强度、可在较小的场地施工等优点，具有实用和经济价值，可推广应用于其他工程，如运营线上高陡边坡加固，危岩、孤石的处理，既有挡墙、桥墩加固，滑坡整治等均可适用。

在 20 世纪 70 年代中期，我国开始了加筋土技术的研究和应用，加筋挡土墙（图 2-31）是在土中加入拉筋，利用拉筋与土之间的摩擦作用，改善土体的变形条件和提高土体的工程特性，从而达到稳定土体的目的，其使用的高度几乎可以不受限制，造价低且施工简易。加筋挡土墙由填料、在填料中布置的拉筋以及墙面板三部分组成。何名任（1984）分析了加筋挡土墙的土压力和墙面受力与土的类型、墙面结构、加筋形式之间的关系，给出了加筋挡土墙的适用条件和施工建议。

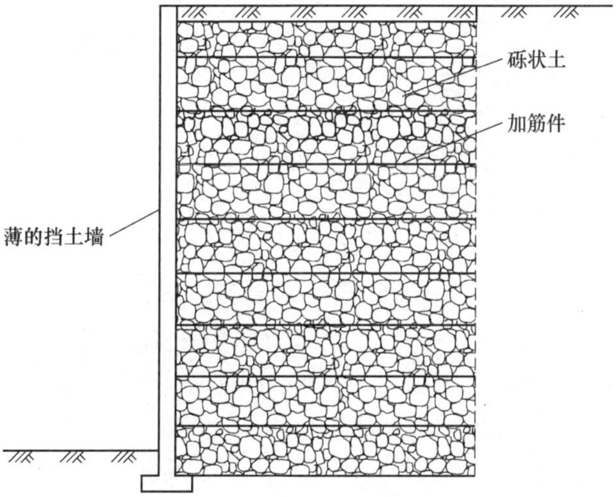

图 2-31　加筋挡土墙示意图

3. 加固技术理论方法深化研究阶段

从 20 世纪 80 年代至今，随着国民经济的大发展，更加重视边坡灾害的影响，在对边坡类型、产生条件、分布、作用因素研究的基础上，边坡的破坏形式、破坏机理等方面的研究也取得了很大进步，工程技术人员和地质专家对边坡治理的思维逐步转向综合加固方面。

在 20 世纪 80 年代末期，锚喷防护技术在我国开始应用，锚喷支护（图 2-32）指的是借高压喷射水泥混凝土和打入岩层中的金属锚杆的联合作用（根据地质情况也可分别单独采用）加固岩层，必要时会覆盖金属网，分为临时性支护结构和永久性支护结构。喷锚支护是使锚杆、混凝土喷层和围岩形成共同作用的体系，可防止岩体松动、分离。锚喷防护既可以加强边坡内部岩体稳定性，还能防止边坡表面碎石剥落，保证下部工作面的安全性。

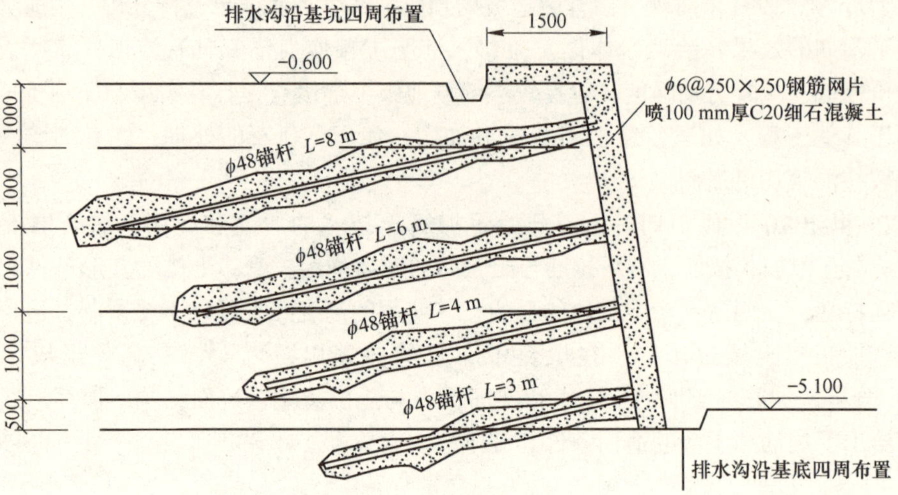

图 2-32　锚喷支护示意图

周淑媛（1988）对我国 20 世纪 80 年代的锚喷支护技术的发展进行了详细的论述，通过实际工程中的应用总结出了锚喷支护在改善劳动条件、保证安全生产、提高支护效率、降低支护成本、可扩大采矿方法应用范围与充分回收矿产资源等方面具有明显的优势。

20 世纪 90 年代末，压力注浆加固及框架锚固结构逐步被引入边坡加固中，中空注浆锚杆的工艺原理是预应力锚杆的一端与岩土体或结构物相连，另一端锚固在岩土体层内，通过混凝土注浆使锚杆与岩体紧密结合，根据不同的岩体条件和支护目的可以选择是否对其施加预应力，锚杆、混凝土和岩体形成锚固体系（图 2-33），以共同承受岩土压力、水压力、抗浮、抗倾覆等所产生的结构拉力，用以维护岩土体的稳定。薛韬等（1996）针对采用“边开挖、边加固”施工方法的高边坡工程对预锚施工速度提出的要求，研究开发出快速锚固技术，大大加快了施工速度，取得了明显的经济效益和社会效益。除此之外，相

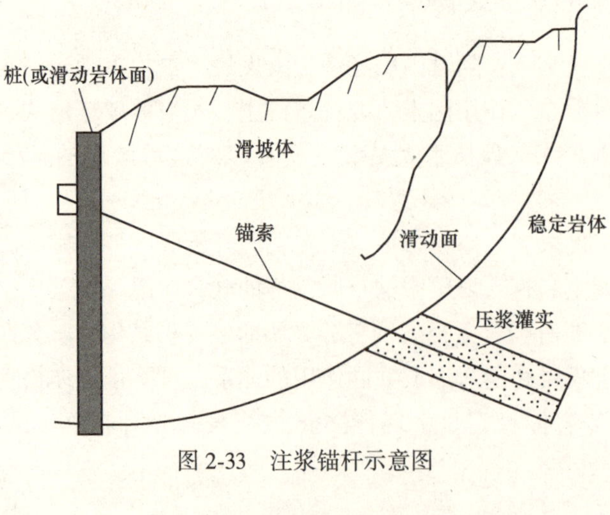

图 2-33　注浆锚杆示意图

关边坡支护技术已应用至铁矿边坡中，如陈昌富等（1999）针对新疆雅满苏露天铁矿东采场下盘边坡坡体出现张拉裂缝影响边坡稳定性的问题，阐述了露天采场边坡受爆破震动影响时的预应力锚杆加固治理设计原理和方法；陈秀厅等（1999）针对新桥硫铁矿矶山东部露天采场上盘边坡特殊工程地质条件，系统阐述了预应力锚索、锚喷网联合等项综合技术措施在第四系边坡支护中的应用；密云冶金矿山公司（1998）对密云冶金矿山公司冯家峪铁矿上峪采场西端帮 460～480 m 标高的楔形滑动体，采用“桩”“杆”“截”“喷”等综合加固措施进行加固，确保了边坡的稳定性。

2000 年以来，随着边坡加固领域理论的不断发展和技术的不断完善，边坡加固技术在铁矿边坡中得到了广泛的应用。例如，李长洪（2005）分析了水厂铁矿北区边坡滑坡现状和产生的原因，提出了削坡锚固治理方案；孙再南（2000）针对大冶铁矿东露天采场狮子山西口“Ⅰ”滑体的出现，提出了“档、疏、减、抗、锚、护”高、陡岩石边坡综合加固措施；吴海军（2006）分析了冯家峪铁矿上峪采场边坡西南端楔形体的不稳固因素，有针对性地对楔形体采取了抗滑钢轨桩与坡面喷浆的加固措施；陶龙伟等（2007）在白云鄂博铁矿边坡对不同区域滑体及高陡边坡的加固方案和参数在理论上予以研究论证，对 1516 m 平台到 1544 m 平台进行削坡卸载，1544 m 以下进行锚杆、预应力锚索和喷射混凝土综合处理，同时对 1544 m 平台进行注浆加固处理；葛修润等（2006）针对大冶铁矿狮子山北邦滑坡区，采用长锚杆为主、抗滑桩为辅的加固和疏水减压和预加固等综合治理措施，成功地锁住了滑坡，并节省了 640 万元费用；金爱兵等（2005）针对某露天铁矿进入深部开采阶段导致边帮岩体多处出现张裂、滑塌问题，提出采用预应力锚索、喷射混凝土及全长黏结型锚杆联合加固方案；张怀静（2008）结合白云鄂博铁矿东矿 C 区出现的边坡失稳问题，采用注浆加固与预应力锚索方案确保边坡稳定性；孙斌堂等（2002）针对马钢姑山矿采场东帮第四系土层的渗透破坏给整个采矿场的安全带来严重的威胁，分析确定采用高压旋喷+高压摆喷+高压灌浆组成复合防渗加固墙，对边坡进行加固、止水，提高边坡稳定性，采取了地下连续止水帷幕和边坡锚喷网、预应力长锚索联合加固等工程处理先进技术；袁菊兴等（2005）对国内第四系边坡首次采用了大面积综合加固方法，增大了采场上盘边坡角，取得了显著的效益，创利税 3245.22 万元，具有广泛的推广应用前景；张飞等（2010）针对白云鄂博露天铁矿东矿 C 区边坡产生的三处不稳定滑体，通过削坡减载、锚索加固、注浆提高岩体强度，确保边坡的稳定性；王运永（2010）结合迁安市神龙峡露天铁矿所面临的在含水砾卵石层扩帮的技术难题，提出了一项含水砾卵石边坡加固的新支挡技术——锚拉式地下连续墙技术，运用该技术，既实现了有效止水，又保证了边坡稳定，有效保证了矿山的正常、安全开采；殷德慧（2011）对兰尖铁矿北部 1360～1405 m 边坡生产爆破诱发边坡体发生垮塌问题，提出锚索加固边坡与喷锚护坡的加固方案；李荣海等（2012）以眼前山铁矿露天转井下工业场地岩石边坡为例，介绍了喷混植生技术在冶金矿山岩石边坡加固绿化中的应用；郭明等（2014）采用注浆加固技术，对石人沟铁矿充填站边坡进行加固处理，以增强边坡散体抗剪强度；常来山（2014）为解决鞍钢齐大山铁矿 5 号运矿胶带上部边坡存在的安全隐患，经分析确定边坡治理方案为采用 12 m 全长黏结锚杆与 SNS 主动柔性防护网相结合的边坡主动加固措施；张树东等（2015）将研山铁矿边坡自西向东划分为3个分区，根据各区边坡实际状况，分别采用了全长黏结锚杆支护、预应力锚索、挂网喷射混凝土等防护治理措施；杨威等（2016）通过对司家营铁矿采场西帮边坡稳定性分析评价，制定了坡脚土钉加固方案；邓敢平（2016）对首钢水厂铁矿边坡的加固方式进行了优化对比，确定了框格梁、锚索、锚杆混合交叉的新型加固方式；王健（2017）对河钢集团司家营研山铁矿采场靠界北邦风化岩层区域进行锚索格构梁工程处理，加固了该矿北部边坡的稳定性，消除了滑坡隐患；张树东（2018）为了治理研山铁矿东帮N26线风化岩体边坡的滑坡区域，提出以锚索格构梁为核心，采用危岩清理、边坡内部放水孔和地表截排水沟等措施的边坡综合加固技术；候雅东等（2022）对蒙库铁矿南帮滑坡，给出了滑坡体加固治理方案，主要为清理散体、危岩体，长锚杆、预应力长锚索、钢轨桩、框架梁综合锚固加固，破碎区域喷锚网封闭，坡体深层排水孔、周边截排水沟等；周磊等（2022）以安徽省某铁矿露天边坡为背景，提出采用预应力锚杆加固边坡，在渗流作用下的边坡变为稳定状态，研究结果可为类似的露天边坡安全治理以及防护提供经验参考。

4. 当前问题及发展趋势

由于边坡变形的复杂性、作用因素的随机性、可变性和不确定性、内部结构构造的复杂性和影响因素的多样性等，在对其进行加固措施分析时仍存在部分问题：

（1）边坡破坏形式和稳定性评估的判断存在困难，导致采用的加固工程达不到预期效果。岩土介质的多样性和复杂性，使得对边坡破坏形式和稳定性的评估的判断面临许多难题，需要科学合理的理论、方法和经验。

（2）边坡加固工程的设计与实际有差距，导致工程达不到预期效果。大量的边坡加固工程仍然参照有关手册和技术规范中提供的经验资料，经验参数的采用有很大的盲目性，加上试验测试和勘察技术方法的限制，取得准确的计算参数和建立符合实际的计算模型存在很大困难。

（3）施工技术和设计水平限制，导致边坡加固技术的应用存在困难。这类问题的实质是对加固技术的工作机理和适用条件了解不够。一方面是不了解新技术，不知道如何应用；另一方面是错误的设计和施工导致加固工程效果不佳。

5. 未来边坡加固技术发展趋势

（1）边坡加固技术是一项多学科的系统工程，最明显的特点在于多学科复合技术的综合应用。一方面，对边坡的认识和评估是边坡加固技术应用的前提，需要结合岩土力学的理论、方法和工程地质进行研究分析；另一方面，学科之间的相互渗透使许多与现代科学有关的一系列理论方法，如系统方法论、模糊数学、有限元模拟分析等，被引入岩土边坡的失稳研究中，从而大大推进了边坡理论的发展。

（2）随着对边坡的变形破坏形式、机理等研究的不断完善，伴随着新工艺、新材料及信息智能技术和性能的逐渐提高，边坡加固将由单一加固技术向综合治理发展，加固措施的组合模式将成为边坡加固的重要发展趋势。

（四）露天铁矿边坡稳定性研究科技成果

20 世纪 80 年代以来，对岩石高边坡稳定性的研究一直是我国 20 世纪铁矿露天开采的热点难点科学与工程技术问题。据不完全统计，1979—2017 年期间，相关科研院所、高校、矿山及企业（表 2-1）通过对铁矿边坡稳定性有关的勘测、稳定性分析、加固和监测方面的研究，在实践和理论方面取得重大成果达 70 余项，在困难环境条件和复杂地质条件下，成功治理了一些变形失稳边坡，多项成果填补了铁矿边坡稳定性领域的空白，总体技术达到国际领先水平，取得了举世瞩目的成就（表 2-2）。

表 2-1 取得铁矿边坡稳定性研究成果的主要单位汇总

类别	单位名称
科研院所	冶金工业部马鞍山矿山研究院、冶金工业部长沙矿冶研究院、冶金工业部长沙黑色冶金矿山设计研究院、冶金工业部鞍山黑色冶金矿山设计研究院、冶金工业部勘察科学技术研究所、冶金工业部勘察科学技术研究所、冶金工业部勘察研究总院、冶金工业部沈阳勘察研究院、中钢集团马鞍山矿山研究院、长沙矿冶研究院、鞍钢矿山研究所、鞍山冶金设计研究院、中国安全生产科学研究院、中国科学院武汉岩土力学研究所、中国科学院地质研究所、中安国泰（北京）科技发展中心、包钢集团矿山研究院、金属矿山安全与健康国家重点实验室
高校	北京科技大学矿业研究所、北京科技大学、东北大学、中国地质大学、中国地质大学（武汉）、中国矿业大学（北京）、辽宁工程技术大学、辽宁科技大学、昆明理工大学、江西理工大学、河北理工大学、河北地质学院、黑龙江科技学院、武汉理工大学、武汉工程大学、武汉科技大学、内蒙古科技大学、青岛理工大学、石家庄铁道大学、唐山学院、中国人民解放军陆军航空兵学院、大连理工大学、北京钢铁学院、华东船舶工业学院
矿山及企业	马钢集团矿业有限公司、马鞍山钢铁公司南山铁矿、马鞍山矿山峨口铁矿、马钢（集团）控股有限公司姑山矿业公司、首钢矿业公司、鞍钢集团矿业有限公司、鞍钢矿业爆破有限公司、鞍钢集团鞍千矿业有限责任公司、本钢集团有限公司、本溪钢铁（集团）矿业有限责任公司南芬露天铁矿、本溪钢铁公司歪头山铁矿、武汉钢铁集团矿业有限责任公司、武汉钢铁集团矿业有限责任公司大冶铁矿、攀钢集团矿业有限公司、攀枝花钢铁（集团）公司、太原钢铁（集团）有限公司、太钢（集团）矿业公司峨口铁矿、河北钢铁集团矿业有限公司、唐钢矿业有限公司、包钢（集团）公司白云鄂博铁矿、铜化集团公司新桥硫铁矿、凌源钢铁公司保国铁矿、铜陵化学工业集团有限公司新桥铁矿、海南铁矿、海南矿业股份有限公司、广东大顶矿业股份有限公司、内蒙古平庄能源股份有限公司、武汉钢铁集团开圣科技有限责任公司、武汉光谷北斗控股集团有限公司、北京矿冶科技集团有限公司、北京矿冶研究总院中冶北方工程技术有限公司、洛阳栾川钼业集团股份有限公司、密云冶金矿山公司、广东宏大爆破股份有限公司、冶金部长沙冶金勘察公司、中钢集团马鞍山矿院工程勘察设计有限公司、中勘冶金勘察设计研究院有限责任公司、中铁十九局集团矿业投资有限公司、四川省川威集团有限公司、华唯金属矿产资源高效循环利用国家工程研究中心有限公司

表 2-2 1979—2017 年主要铁矿边坡稳定性研究成果汇总

公布年份	项目名称	完成人	完成单位	主要研究成果
1979	大冶铁矿边坡加固工程		冶金部长沙矿冶研究院；武汉钢铁公司大冶铁矿	采用“减”“锚”“抗”“护”“喷”“疏”等综合加固大冶铁矿 3 个滑体，预应力锚杆长 32 m，孔径 100 mm。深孔桩长为 38 ~ 54 m，桩径为 270 ~ 300 mm。该成果技术方案先进、工艺可靠、经济效益显著（1500 万元/年）。该项成果 1979 年曾获冶金部科研成果一等奖，1983 年 10 月曾获国家科学技术进步奖二等奖
1981	海南铁矿北一露天采场边坡稳定性研究	梁兆华，王安义，李启豪，秦光明，姚其昌等	马鞍山矿山研究院；海南铁矿等	此研究根据水文及工程地质勘察报告，进行了现场大型岩体力学性能试验，不规则试块抗剪试验，室内岩石抗剪、抗压试验与变形性能试验；进行了爆破振动测试并分析了其对重点剖面安全系数的影响；进行了边坡破坏形式分析和以极限平衡法为主、有限元法为辅的边坡稳定性计算。经过边坡稳定性分析与计算，推荐了合理的边坡角
1987	西藏罗布莎铬铁矿露天边坡稳定性研究		长沙矿冶研究院	对岩体强度性能进行了认真研究，做了岩块的现场小型剪切试验，进行了岩块力学性能各种室内试验，尤其着重分析了节理岩体强度的影响，所得力学参数是可靠的。报告用几种方法计算了矿坑边坡的安全系数及敏感度，并参考了条件相似的东风矿边坡工程经验，最后提出的建议的总体边坡角变化在 47° ~ 48° 之间。研究结果表明，在保证矿山安全生产的前提下，可大量减少剥岩量，具有显著的经济效益
1987	本钢南芬铁矿深部开采边坡稳定性研究	周叔举，陈日新，李九鸣，贾联锐，郑太，王敏	冶金部勘察科学技术研究所；本溪钢铁公司南芬露天铁矿等	首次应用解析法进行岩体不连续面产状的计算，用概率统计分析法进行矿区地震危险性分析，采用国外新近提出的方法进行自然边坡角统计分析，在资料整理分析中广泛应用计算机等。经鉴定认为，该项研究成果具有国内先进水平
1987	武钢大冶铁矿东露天扩帮区边坡稳定性研究	孙玉科，牟会宠，张年学，杜竞中，董为靖等	武汉钢铁公司大冶铁矿；北京钢铁学院；中国科学院地质研究所	通过工程地质测绘、室内岩石力学试验、物理模型试验，地质钻探等大量基础工作，获得了精确的边坡稳定性计算参数和边界条件，在此前提下进行了平面极限平衡法、楔体极限平衡法、有限元法、节理岩体边坡结构参数与切割概率稳定性分析以及三维极限平衡条柱计算法等多种方法的边坡稳定性计算和综合分析。通过上述方法的计算分析，得出了南北帮边坡均可提高 2° ~ 3° 的结论，为国家节省投资 1000 余万元

续表 2-2

公布年份	项目名称	完成人	完成单位	主要研究成果
不详	凌源钢铁公司保国铁矿边坡挖潜和滑体整治研究		东北大学；凌源钢铁公司保国铁矿	以极限平衡法对12个代表性剖面进行了边坡稳定性分析计算，推荐了各亚区的总体边坡角和台阶坡面角，由原设计46°提高到50°~55°，可获经济效益1125.6万元。确定了塌滑体形成机理，进行了综合治理，科研成果为国内先进水平
不详	露天矿边坡稳定性初步评价	张飞，李志强，颜春军，董辉，陈世江等	内蒙古科技大学	通过工程地质的分析，运用极限平衡理论和有限差分程序FLAC对石宝铁矿边坡实施分析建模计算。通过两种不同的方法分析计算，比较其结果，并对石宝铁矿边坡稳定性做出初步评价。将初步评价后得出的结果在现场进行实际应用，并逐渐改进。实施本项目研究成果后，该矿山从基建到闭坑，共可以减少剥离岩石量460.95万吨左右，大约可以节省17977万元人民币
不详	矿山边坡风险监测预警系统		北京科技大学	项目综合应用GPS变形监测、遥感摄影、三维激光扫描等技术，形成了一整套的矿山边坡稳定性安全检测与应急管理系统，建立了矿山边坡综合安全管理动态监测平台，部分研究成果达到国内领先水平，已成功应用于鞍钢矿业齐大山铁矿边坡风险监测
1990	歪头山铁矿边坡稳定性研究	张绪珍，黄英山，马元林，王国中，张四维等	冶金工业部马鞍山矿山研究院；本溪钢铁公司歪头山铁矿等	该项研究成果是建立在详细的工程地质、水文地质等基础资料和全面试验的基础上，成功试验研究了临近边帮控制爆破技术，并首次应用边界元法对矿山边坡地下水渗流场进行分析和提出了边坡计算机管理信息系统。根据该项研究推荐的修改边坡设计，经计算，在下盘可增加采矿量57万吨，增加剥岩量138万吨。上盘56 m水平以下及南帮因提高边坡角到45°可减少剥岩量980万吨，累计可减少剥岩量842万吨，增加采矿量37万吨。经鉴定认为，该项研究成果具有国内先进水平

续表 2-2

公布年份	项目名称	完成人	完成单位	主要研究成果
1990	鞍钢大孤山铁矿露天边坡稳定性研究		鞍钢矿山研究所	研究中以岩体工程力学理论为指导，进行了岩体构造规律研究。采用工程地质、水文地质测绘和在计算剖面布置岩芯定向钻探相结合的方法，对边坡岩体的岩性和断裂构造进行了比较充分的研究。针对边坡可能破坏形式又进行了大量结构面和碎裂岩等岩体强度测定，从而保证了边坡稳定性评价的准确和可靠。在边坡稳定分析计算中，采用了萨尔玛法和边界元法，具有一定的实用性和新颖性，通过分析计算给出了各区段边坡角并指出了开采过程中岩体变形和破坏规律，为边坡设计提供依据。该项研究采用国内外较先进的技术和方法，成果具有国内先进水平
1991	大型露天铁矿陡帮开采技术		北京科技大学	该研究是国家“七五”科技攻关项目，由马鞍山矿山研究院和本钢公司南芬露天矿负责，该校为主要完成单位之一。结合本钢南芬露天铁矿进行了大规模工业试验。采用陡帮开采技术，使原工作帮坡角从9°增大到21°；生产剥采比由原2.7 t/t降为2.34 t/t；创造了陡帮无辅助坑线的新开采工艺，减少了临时道路的修筑量。自1991年起，南芬铁矿按照1991—2000年的陡帮开采10年规划，在生产中执行应用。按该规划可累计推迟剥岩量1254万吨。该成果用于1992年在太钢峨口铁矿的扩帮过渡中推广应用，使计划的生产剥采比从2.8 t/t，降为2.6 t/t，推迟剥岩量700万吨
1992	新桥硫铁矿露天采场下盘无台阶开采工艺及其边坡稳定性研究	王振长，梁兆华，李凯，朱大勇，李如忠等	冶金工业部马鞍山矿山研究院；铜陵化学工业集团公司新桥硫铁矿	新桥硫铁矿露天采场下盘岩体与矿体产状基本一致，且岩层有泥化页岩弱层，岩层倾角45°左右。按常规露天矿设计，平台无法保留，否则必须大幅度削缓边坡或采取大规模的边坡加固工程，这在经济上是不合理的。因此研究试验了下盘无台阶边坡开采工艺。该工艺具有基建期短、采矿工程下降速度快等特点。关键技术措施有特殊的运输线路，并对主要技术参数进行了优化组合。为配合工艺实施，对形成的光面边坡进行了稳定性全面研究，并提出围岩极限高度、滚石拦挡、边坡监测等措施的设计方案。该项成果经济效益和社会效益特别显著，经专家评定，该项研究属国内首创，达到国际先进水平

续表 2-2

公布年份	项目名称	完成人	完成单位	主要研究成果
1992	露天矿边坡无线监测系统的研制		冶金部马鞍山矿山研究院马鞍山钢铁公司南山铁矿	该系统由主控台和若干分站两部分组成。主控台包括计算机、无线电台和报警装置；分站包括无线电台、接口机和数字传感器。主控台与分站间信息采用无线数字式传输。该系统集传感技术、计算机软硬件及数字传输技术于一体，具有寻呼巡检、定时接收、主动报数和报警等多项功能。采用新研制的 MW-1 型霍尔效应双向数字式位移传感器可测量边坡的微小变形，其分辨力为 0.1 mm；精度高于 0.2%；能充分满足岩土工程要求。系统无线传输采用综合分址法，误码率低、抗干扰性强，可实现大范围的集中控制，具有显著的社会效益和经济效益
1993	攀矿兰尖铁矿尖山采场边坡挖潜研究		攀枝花钢铁（集团）公司矿山公司项目	（1）在无确性滑面的节理岩体中边坡的可能破坏模式、稳定性分析和地下水在节理岩体中的分布规律等有突破；（2）边坡挖潜的指导思想、遵循原则、采用方法，较全面地移植了国际先进技术成果；（3）综合经济效益 7549 万元，年平均 560 万元；该成果对国内露天矿具有普遍意义和推广价值
1993	宣钢近北庄铁矿深部开采边坡稳定性研究		冶金工业部勘察研究总院；冶金工业部马鞍山矿山研究所	研究采用具有国内领先水平的定向钻深技术，综合勘察及多种试验手段，获得了丰富翔实的基础资料；应用多种具有国内外先进水平的数值计算和数学力学分析方法，计算结果符合矿山实际，结论可靠，可作为矿山设计和生产的依据。研究成果与国际国内同类研究相比有所创新：岩心定向及其解析技术国内领先；边坡岩体变形破坏离散元模拟和台阶坡破坏概率分析具有国际领先水平。该成果可获经济效益 2000 多万元，并能确保矿山安全生产，社会效益显著
1993	宣钢近北庄铁矿深部开采边坡稳定性研究报告		冶金工业部勘察研究总院等	采用岩芯定向钻探及解析技术，应用勘察和试验手段，查明采矿场区边坡岩体结构、强度特征及外部动力对边坡的影响，概化出工程、水文地质模式。应用有限元、离散元和极限平衡分析稳定计算。国际先进

续表 2-2

公布年份	项目名称	完成人	完成单位	主要研究成果
1997	太钢矿业公司峨口铁矿高边坡工程及计算机管理技术研究		北京科技大学；马鞍山矿山峨口铁矿；太钢矿业公司峨口铁矿等	研究充分论证了将峨口铁矿露天采场总体边坡角提高 3°~6°的可靠性，提出了维护边坡稳定性的系统技术措施，实现了专题攻关总目标。该项研究同时采用水压致裂法和应力解除法进行矿山地应力场测量，采用大型三维物理模拟试验高陡边坡坏机理的研究。峨口铁矿已根据该项研究成果，将总体边坡角提高 3°~6°，使采场延深 24 m，减少剥岩 3371 万吨，多采矿石 143 万吨，可获得直接经济效益 23172. 5 万元
1997	高陡边坡工程及计算机管理技术研究		中钢集团马鞍山矿山研究院	主要研究内容是矿山边坡工程条件试验研究、高陡边坡工程系统优化研究、边坡计算机管理技术研究三大部分。其特点是将传统的追求“边坡稳定”的单一目标变为边坡“安全可靠”和“经济实效”双重目标。该项成果在总体上达到国际先进水平，在基础资料采集、稳定性分析方法的综合应用和边坡优化设计方面处于国际领先水平。该项成果在依托矿山——太钢峨口铁矿已被实施应用，为矿山带来盈利 2. 873 亿元。在马钢南山铁矿、姑山铁矿、新桥硫铁矿等一些矿山边坡工程中实际应用，已为企业带来累计数亿元的经济效益
1998	朱家包铁矿北帮边坡挖潜研究		攀钢集团有限公司	在岩体力学方面，首次在本矿区进行了岩石三轴卸荷试验，模拟矿山边坡开挖的卸荷破坏；提出了结构面强度非线性模型。在边坡挖潜方面采用多种挖潜方法，灵活应用到外并段及边坡旋转并段技术，使整体边坡角加陡 2°~6°，同时可少剥岩 2505 万吨，多采矿石 1073 万吨。总体经济效益 2. 48 亿元，经济效益与社会效益显著
1998	密云冶金矿山公司冯家峪铁矿上峪采场合理边坡角试验研究		密云冶金矿山公司	（1）在大量调查资料的基础上确定 8 个工程边坡地质分区，8 个稳定性计算剖面；（2）开展了岩体（石）强度试验研究；（3）观测了生产爆破地震效应；（4）开展了不稳定边坡加固研究，提出“桩”“杆”“截”“喷”等综合加固措施；（5）经极限平衡法和有限元数值分析法计算，提高原设计边坡角 2°~5°；（6）制定了边坡安全监测系统网络、观测设计方案、观测方法和日常管理制度与维护方法。上述研究内容，主要解决该矿的合理边坡角问题。该研究成果的经济效益为节省剥岩费 1126. 53 万元，创销售收入计 1300 万元

续表 2-2

公布年份	项目名称	完成人	完成单位	主要研究成果
2000	高陡边坡工程及计算机管理技术研究	张四维，杨盘铭，蔡美峰，臧秀平，张家生	马鞍山矿山研究院；太钢（集团）矿业公司峨口铁矿等	该研究系“八五”国家科技攻关项目，项目以峨口铁矿为依托工程，通过全面掌握高陡边坡的复杂工程条件，分析方法和系统模拟技术，把边坡工程与采矿工艺、边坡稳定性与经济效益、边坡安全生产与科学管理紧密结合，形成一套动态的高陡边坡工程研究、设计、生产管理的完整体系。通过研究使峨口铁矿的总体边坡角提高了 3.6°，采场延深 24 m，减少剥岩量 387 万吨，多采矿石 143 万吨，总计可盈利 28730 万元
2001	棒磨山铁矿露天采场边坡稳定性研究	柴建设，徐立军，徐东强	河北理工大学	（1）进行了边坡工程地质、水文地质调查；（2）进行了边坡岩石抗压、抗拉、抗剪试验及结构面抗剪强度试验，确定了岩石各力学参数；（3）研究了爆破对边坡稳定性的影响；（4）经边坡稳定性分析，提出了经济合理安全的边坡角，使棒磨山铁矿最终边坡角提高了 4°~8°
2001	边坡稳定分析神经网络专家系统	徐东强，李富平，陈彩，王志国	河北理工大学	边坡稳定神经网络专家系统 SSES 吸取了国内外边坡研究最新方法，总结了中国主要冶金矿山、建材矿山边坡研究的最新成果。用 190 多个边坡研究实例对 BP 神经网络进行学习、调整。其综合误差达到 0.00016，该专家系统运行可靠。通过棒磨山铁矿露天采场边坡稳定性分析，石人沟铁矿和唐山市公路管理处在露天矿边坡日常管理及公路路堑边坡滑体治理中的应用。表明该软件使用方便，运行可靠
2002	广东大顶铁矿露天采场边坡稳定性分析及设计优化的试验研究	蔡美峰，饶云山，李长洪，胡丰林，乔兰等	北京科技大学	（1）掌握了影响边坡稳定性的矿压地质构造和岩体结构因素以及边坡失稳机理；（2）采用非线性有限元方法分析，掌握了影响边坡稳定性的渗流特征；（3）采用大型非线性固-液耦合的 FLAC 数值分析和传统的极限平衡分析相结合的方法，推荐了最佳边坡角和最终开采境界；（4）根据实际工程地质条件，提出了变边坡角的边坡设计方案。提出的大顶铁矿二期工程优化边坡设计方案，使其生产规模由 130 万吨/年增加到 300 万吨/年，减少剥离量 1060 万吨，并可保证矿山的安全，提高生产效率

续表 2-2

公布年份	项目名称	完成人	完成单位	主要研究成果
2003	重庆钢铁集团公司太和铁矿扩帮延伸工程边坡稳定性研究	侯克鹏，穆大耀，白玉兵，朱春来，陈俊智等	昆明理工大学	通过深入细致的现场调查、岩土体取样、室内及现场原位试验等手段，结合岩体结构分析、三维有限元、离散元及极限平衡联合分析应用等途径，对该边坡的稳定性进行了科学的评价，进而对不稳定边坡的工程处置措施等进行了技术、经济评价，有利于矿山进行科学决策。初步查明了影响边坡稳定性的冰碛土土样特征、地层特征、砾石分布及地下水出露位置和特征等，为下部边坡稳定性评价奠定了基础
2003	马钢总公司姑山矿业公司露天采矿场边坡可靠性研究与优化决策	袁家华，徐克创，房定旺，周玉新，孙其国	中钢集团马鞍山矿山研究院	（1）该研究在矿山采场边坡岩体不连续面分组中首次采用模糊聚类分析方法；（2）首次在矿山边坡分析中引进了不变网格节点虚流量法结合相应的二维和三维有限元法进行渗流场分析；（3）在边坡稳定性与可靠性分析中首次引入双层水压力；（4）首次研究出三点定弧全局优化法，解决了以往边坡临界滑弧局部优化问题，同时将遗传算法首次用于实际边坡工程分析中，提高了分析的精确性和计算结果的可靠度；（5）首次研究推导并应用了与 Bishop 法相对应的锚固力分析公式，填补了深层圆弧形滑坡锚固力计算一直没有 Bishop 法锚固力计算公式的空白。上述各项研究成果，经专家鉴定，具有创新性、先进性和科学性，整体研究成果达到国际先进水平
2004	眼前山露天铁矿高陡边坡稳定研究		中国矿业大学	（1）首次建立了边坡岩体强度的空间变异理论模型；（2）建立了南帮边坡各个区域的三维节理网络；（3）预测了开挖过程中下部边坡局部破坏区域的发生与发展情况；（4）首次运用损伤力学理论，建立了矿山边坡开挖过程的损伤描述原理，该技术成果在上述国内类似露天矿中同样具有推广应用价值

续表 2-2

公布年份	项目名称	完成人	完成单位	主要研究成果
2004	高陡边坡工程及计算机管理技术		华东船舶工业学院	通过全面掌握高陡边坡的复杂工程条件，深入研究高陡边坡变形破坏的内在机制，根据工程系统论和优化论的原理，采用系统优化分析方法和系统模拟技术，把边坡工程与采矿工艺、边坡稳定性与经济效益、边坡安全生产与科学管理紧密结合，形成一套动态的高陡边坡工程研究、设计、生产管理的完整体系。经冶金工业部组织的专家鉴定后一致认为，“在总体上达到国际先进水平，在基础资料采集、稳定性分析方法的综合应用和边坡优化设计方面处于国际领先水平”，并获得 1998 年度冶金工业部科技进步奖一等奖及 1999 年度国家科学技术进步奖。该技术在太钢使峨口铁矿使用后，使矿区的总体边坡角提高了 3°~6°，采场延深 24 m，减少剥岩量 3871 万吨，多采矿石 143 万吨，总计可盈利 23172. 5 万元
2005	铜化集团公司新桥硫铁矿下盘高陡边坡稳定性研究	陈嘉生，马元林，项宏海，陈秀厅，亚海斌等	冶金部马鞍山矿山研究院；铜化集团公司新桥硫铁矿	该项成果集研究与应用、决策于一体。科学运用了岩石力学、地下水动力学、爆破震动效应原理、安全系统工程、计算机应用与管理等学科的先进技术和方法，突破了传统研究边坡稳定性问题的“验证合理性”之框框，达到安全、技术与经济的统一。通过工艺的实施，实现边坡设计目标，使矿山获得最佳的经济效益。该项成果的应用，使矿山创利税 5000 多万元，具有广泛的推广应用前景
2005	铜化集团有限公司新桥硫铁矿矾山东部露采综合治理技术与工程研究	袁菊兴，吴福宏，陈秀厅，洪石笙，陈嘉生等	冶金部马鞍矿山研究院；铜陵化学工业集团有限公司新桥铁矿山	该成果集研究与应用于一体，科学应用了岩土力学、地下水动力学、爆破列车振动引起的动力学、安全系统工程、岩土物理力学实验方法、计算机技术等有关学科的原理；采取了地下连续止水帷幕和边坡锚喷网、预应力长锚索联合加固等工程处理先进技术。在国内第四系边坡首次采用了大面积综合加固方法，增大了采场上盘边坡角。成果的应用取得了显著的效益，创利税 3245. 22 万元，具有广泛的推广应用前景

续表 2-2

公布年份	项目名称	完成人	完成单位	主要研究成果
2006	首钢水厂铁矿深凹露天高效开采综合技术研究	蔡美峰，郝树华，张文明，曹青少，齐宝军等	北京科技大学；首钢矿业公司；清华大学	（1）首次提出的基于 GIS 的三维极限平衡分析方法，使各区的总体边坡角平均提高了 3°～4°；（2）建立了 GPS 边坡位移监测系统；（3）研制开发了具有自主知识产权的露天矿矿车自动调度模型和软件系统、GPS 智能终端软硬件系统，研究成果在水厂铁矿进行全面应用，已经或已计划在本钢南芬铁矿、鞍钢弓长岭铁矿、首钢马兰庄铁矿和孟家沟铁矿推广应用
2006	大冶铁矿狮子山北邦滑坡区稳定性评价监测和加固治理	葛修润，陈英放，李小春，谷先荣，刘克强等	中国科学院武汉岩土力学研究所；武钢大冶铁矿等	通过采用先进的声波和地震波法勘探，激光测距仪和钻孔倾斜仪及多点伸长计等监测手段，平面和空间课题的稳定性分析，长锚杆为主、抗滑桩为辅的加固和疏水减压和预加固等综合治理措施，成功地锁住了大冶铁矿滑坡，并节省了 640 万元费，此项研究成果达到国际先进水平
2009	大冶铁矿高陡边坡变形监测与应急系统设计	李先福，尹小鹏，卢新海，季翱，吴燕玲等	武汉钢铁	（1）指出影响大冶铁矿东露天采场高陡边坡稳定性的主要因素是层状碎裂结构、碎裂结构、散体结构；（2）利用层次分析法以及岩体变形破坏特征进行了工程稳定性分区；（3）提出了大冶铁矿东露天采场滑坡的预警（变形加速）和应急救援（变形破坏）判据；（4）开发出大冶铁矿东露天采场滑坡地质灾害应急救援系统；（5）实现了边坡变形的自动监测、灾害预警和应急救援一体化功能。经过专家评审鉴定，本项目技术水平达到国际先进水平
2009	大冶铁矿高陡边坡变形监测与应急系统设计	李先福，尹小鹏，卢新海，梅丰，吴燕玲等	武汉钢铁集团矿业有限责任公司大冶铁矿	（1）采用了“多尺度、多方法”研究思路进行边坡稳定性评价；（2）利用层次分析法确定东露天采场危险性坡段；（3）利用 GIS 技术设计开发出大冶铁矿东露天采场滑坡地质灾害应急救援系统。项目研究成果已在大冶铁矿得到应用，系统的运行正常
2009	边坡变形自动监测与预报系统研究	杨帆，徐佳，张国辉，张正鹏	辽宁工程技术大学	（1）实现“TCA2003 测量机器人”的边坡监测数据自动采集、传输和管理；（2）建立了边坡变形监测数据处理和管理系统框架；（3）开发了包括小波-人工神经网络模型在内的共 7 种预报模型的边坡变形分析预报系统；（4）建立了小波-模糊人工神经网络模型。该成果已在阜新海州露天矿推广利用，取得了很好的经济效益和社会效益

续表 2-2

公布年份	项目名称	完成人	完成单位	主要研究成果
2009	大冶铁矿高陡边坡变形监测与应急系统设计	李先福，尹小鹏，卢新海，梅丰，吴燕玲	武汉钢铁集团矿业有限责任公司大冶铁矿	(1) 利用层次分析法，建立了东露天采场高陡边坡危险性评价体系，并以此将东露天采场分为滑坡区、极不稳定区、不稳定区、局部不稳定区、稳定区、极稳定区；(2) 选择极不稳定区 F9 断层上盘 3 条剖面进行 ANSYS 稳定性分析，根据边坡位移、剪应力、塑性剪应变分布特征，找出不同高程的最危险 10 个点和 2 个基准点作为位移监测点；(3) 从自动化程度、精度、经费，以及应用和维护情况等方面，对一机多天线 GPS、单频静态 GPS、全自动全站仪三种实时监测方案进行了比较，确定了单频静态 GPS 进行边坡位移监测的实施方案；(4) 提出了 10 个 GPS 监测点变形加速阶段（监测预警）、变形破坏阶段（应急救援）判据；(5) 开发出大冶铁矿高陡边坡地质灾害的预警和应急救援系统
2010	露天转地下矿山基于安全预报的优化开采方法研究	王润生，郭建文，张淑卿，李存国，刘志中，侯春华	唐山学院	本课题以石人沟铁矿平硐追脉开采挂帮矿的残采边坡和露天转地下开采矿山高边坡为例，利用 ANSYS 有限元大型数值模拟分析软件，通过建立石人沟铁矿露天矿残采边坡和露天转地下开采后高边坡三维数值模型，进行数值模拟计算，分析残采边坡和露天转地下开采后高边坡的稳定性
2010	大孤山铁矿边坡稳定分析及对策研究	张宝才，姜科，陈忠辉，徐连生，王家臣等	鞍钢集团矿业公司	(1) 建立了大孤山铁矿边坡节理网络系统；(2) 分析判断了大孤山铁矿滑体的破坏机理；(3) 利用 Barton 和 Hoek-Brown 强度理论确定了结构面和岩体强度；(4) 采用极限平衡理论和 FLAC 数值模拟，分析露天矿滑体的现状稳定性和矿山开采下延后稳定性的变化规律；(5) 研究技术先进、经济合理的边坡治理加固对策，为滑体整治奠定基础
2010	露天转地下矿山基于安全预报的优化开采方法研究	王润生，郭建文，张淑卿，李存国，刘志中，侯春华	唐山学院	该项目利用大型数值分析软件 ANSYS 建立了石人沟铁矿露天矿残采边坡和露天转地下开采后高边坡三维数值模型，对石人沟铁矿露天边坡整体稳定性进行计算分析。研究成果对石人沟铁矿露天转地下开采后高边坡和残采边坡的稳定性评价取得了良好的效果，起到了有效降低开采成本的效果。该项目立项具有较高的理论与应用价值，可以在其他同类矿山的边坡挂帮矿开采中推广

续表 2-2

公布年份	项目名称	完成人	完成单位	主要研究成果
2010	高陡边坡挂帮矿安全开采及数字化应用技术研究	马建军，尹小鹏，章启忠，蔡路军，梅林芳等	武汉科技大学	（1）采用遗传算法优化台阶参数，提出削坡减载、组合台阶、小设备、窄工作平台、自上而下全采高方法；（2）应用岩体变形和爆破震动监测分析系统实现采动作用下高边坡稳定性实时监控；（3）提出以计频允许震速作为安全判据；（4）实现了矿山露天矿主要地质数据在虚拟环境中的真实再现；（5）建立了挂帮矿开采采剥计划智能决策系统。研究成果在大冶铁矿东露天采场得到了应用，2号挂帮矿共采出优质矿石43.92万吨，直接创收3979.8万元，社会经济效益显著。经专家鉴定，本项目成果达到国际先进水平
2010	高陡边坡挂帮矿安全开采及数字化应用技术研究	马建军，尹小鹏，章启忠，蔡路军，梅林芳等	武汉钢铁集团矿业有限责任公司大冶铁矿；武汉科技大学等	（1）提出了高陡边坡挂帮矿安全开采方法；（2）实现了对现场边坡变形和爆破震动响应的数字化实时监控；（3）提出以计频允许震速（考虑了震动频率影响的地面质点震动速度）作为安全判据；（4）开发实现了基于OpenGL的矿山露天矿GIS系统；（5）开发了露天矿山采剥计划智能决策计算机系统（MPCIS）。湖北省科技厅组织的鉴定委员会认为，项目成果在大冶铁矿2号挂帮矿开采获得了成功应用，社会经济效益显著，总体上到达国际先进水平
2010	高陡边坡露天转地下开采灾变机制及控制技术研究	周传波，尹小鹏，孙金山，郭廖武，章启忠等	中国地质大学（武汉）；武汉钢铁集团矿业有限责任公司大冶铁矿等	（1）揭示了高边坡与无底柱分段崩落法开采稳定性相互影响的规律；（2）评价了地下采区顶部回填体的作用机制，提出了高陡边坡下崩落法地下开采优化顺序；（3）提出了监测分级设计原则，优化了露天边坡与地下采矿工程稳定性分级监测系统；（4）建立了不同时间尺度的滑坡体变形预测模型。该项目的成果应用，促使矿山采矿109.59万吨，利润2476.73万元
2011	露天转地下相互协调安全高效开采关键技术研究	蔡美峰，郝树华，齐宝军，甘德清，李长洪等	北京科技大学；首钢矿业公司；河北理工大学等	（1）确定了杏山铁矿露天转地下开采的最佳过渡方案；（2）提出了覆盖层的分层结构及满足其功能需求的合理厚度的确定方法；（3）揭示了边坡和地下岩体变形破坏的演化特征及地下开采导致循环动力冲击灾害的机理；（4）提出了适合于中国露天转地下开采的成套安全高效开采技术；（5）在杏山铁矿建立了露天转地下开采安全生产综合技术系统和基于GIS的安全生产管理信息系统。上述研究成果已全部在首钢杏山铁矿得到应用

续表 2-2

公布年份	项目名称	完成人	完成单位	主要研究成果
2012	露天矿开采岩土工程灾变控制技术	王运敏，王文潇，项宏海，潘常甲，汪斌等	中钢集团马鞍山矿山研究院有限公司；马钢集团矿业有限公司等	该项目提出了高陡顺层岩质边坡的“滑劈破坏”新模型、边坡稳定性分析“临界滑动场”新方法；在国内率先研究了边坡可靠性评价体系；提出了整套岩土灾害控制技术以及治理措施；建立了边坡灾变控制费用、动态经济风险、经济收益、经济效果、矿产资源利用、土地占用等因子的决策模型，优化边坡设计方案。该项目已应用于马钢南山铁矿凹山采场和姑山铁矿姑山采场以及铜陵化工集团新桥矿业有限公司露天采场，共计产生直接经济效益68802.18万元。已推广应用到太钢的峨口铁矿和尖山铁矿、攀钢的朱家包包铁矿、首钢水厂铁矿、本钢的南芬铁矿等20多个露天矿山，显著有效抑制了灾害事故的发生，经济效益、社会效益、环境效益十分明显，实现了露天矿山安全高效开采
2012	基于滑动力变化的滑坡地质灾害远程实时监测预报技术及工程应用	何满潮，韩雪，张斌，王旭春，薛应东	中国矿业大学（北京）；黑龙江科技学院；内蒙古平庄能源股份有限公司等	（1）研发了恒阻大变形缆索及其滑坡地质灾害防治-加固-监测-预报一体化控制技术；（2）基于北斗卫星通信平台，研发了滑动力变化的现场感知、采集、发射、室内接收和数据处理装备系统；（3）提出了基于滑动力变化的滑坡预警模式及相应的预测预报方法；（4）采用基于滑动力变化的滑坡地质灾害远程实时监测预报技术和4个预警模式，成功实现了滑坡灾害临滑预报。该项目在本溪钢铁（集团）南芬露天铁矿应用，新增利润3.15亿元，经技术专家委员会鉴定，该项目总体达到了国际领先水平
2012	大型露天矿边坡体矿产资源地下开采技术研究	王运敏，米子军，章林，杨礼元，汪为平等	中钢集团马鞍山矿山研究院有限公司；太钢（集团）矿业分公司等	该项目建立了边坡体资源、露天资源高度关联一体化的开拓系统，根据边坡可能的滑动范围和地下开采陷落和位移范围，确定合理的边坡表层的保安矿柱的大小。采用一坑多方案开采模式，通过留设边坡安全隔离矿柱的方式实现了边坡体矿体地下与露天的同期联合开采，该开采模式对边坡体矿产资源的充分、高效回收和露天转地下开采奠定了良好的基础。该项目已应用于峨口铁矿和姑山铁矿中，具有较好的经济效益和社会效益

续表 2-2

公布年份	项目名称	完成人	完成单位	主要研究成果
2012	南芬露天铁矿滑坡灾害预警技术及开采安全保障系统	何满潮，胡志强，宫伟力，王长军，陶志刚	本钢集团有限公司；中国矿业大学（北京）	（1）建立了滑动力监测力学模型；（2）基于北斗卫星通信平台，研发了滑动力变化的现场采集、发射、室内接收和数据处理装备系统；（3）提出了滑坡预警模式及相应的预测预报方法；（4）构建南芬露天铁矿采矿决策体系和安全保障系统，成功回避了 3 次滑坡灾害。该项技术使南芬露天铁矿于 2010—2012 年间新增利润共计 3.15 亿元，经专家委员会鉴定，研究成果总体达到了国际领先水平
2013	露天矿岩土工程灾变控制关键技术与工程应用	王运敏，王文潇，项宏海，潘常甲，汪斌等	中钢集团马鞍山矿山研究院有限公司等	（1）发现了两种新的边坡破坏模式，发展了边坡稳定性及可靠性评价方法，构建了边坡灾变方案的多目标优化决策模型；（2）揭示了排土场滑坡机理，开发了排土场稳定及泥石流治理的评价和控制技术，形成了排土场技术标准；（3）研究了细粒高黏尾矿的沉积规律，开发了细粒尾矿筑坝技术。研究成果在马钢、太钢、攀钢、首钢、本钢等 30 多个大中型非煤露天矿山成功应用，项目创经济效益 40 余亿元，具有很强的示范性和广阔的推广应用前景
2013	大型露天矿边坡体矿产资源地下开采技术	王运敏，米子军，章林，杨礼元，汪为平等	中钢集团马鞍山矿山研究院有限公司；太原钢铁（集团）有限公司矿业分公司等	研究内容主要包括以下三个方面：（1）露天矿边坡体矿地下开拓系统与露天工程空间关联技术；（2）露天矿边坡体矿地下开采边坡安全技术；（3）露天矿边坡体矿地下采矿技术。项目成果在太钢集团矿业分公司与马钢姑山矿业公司峨口铁矿露天边坡中应用，2010 年和 2011 年增收节支总额分别为 10634 万元与 39365.04 万元。该项技术也可以推广到边坡工程的治理上，市场前景广阔
2013	大型深凹露天矿岩体边坡稳定性与治理技术研究及应用	邵安林，王家臣，马旭峰，徐白山，陈忠辉等	鞍钢集团矿业公司；中国矿业大学（北京）等	（1）建立了结构面分布与滑坡的内在关系；（2）建立了露天矿边坡岩体卸荷损伤与靠帮爆破损伤力学模型；（3）提出了适宜于高陡露天矿节理边坡多元遥感遥测的新技术；（4）提出了边坡渐进破坏三维可靠性计算方法。研究工作获直接经济效益 8000 万元，经鉴定，专家认为该成果达到国际领先水平

续表 2-2

公布年份	项目名称	完成人	完成单位	主要研究成果
2013	寒区环境下蒙库铁矿高陡边坡稳定性分析与安全控制研究	罗学东，黄成林，左昌群，蒋楠，张文勇等	中国地质大学	（1）揭示了冻融效应对露天边坡岩体力学特性的影响规律和机理，通过引入冻融折减系数，提出了寒区环境下岩质高陡边坡的稳定性分析新方法；（2）揭示了蒙库铁矿在复杂开采条件下围岩应力场、位移场等的变化规律与分布特征；（3）提出了考虑地质条件（RMR）影响下的爆破振动控制标准；（4）提出了以冻融效应阻隔为主的寒区露天高陡边坡预防性安全控制新方法。该成果已在新疆雅满苏钢铁有限公司的磁海铁矿得到应用
2014	大型铁矿山露天井下协同开采及风险防控关键技术与应用	邵安林，陈忠辉，任凤玉，郑炳旭，王恩德等	鞍钢集团矿业公司；中国矿业大学（北京）；东北大学等	（1）首创了露天井下协同开采理论与技术；（2）自主创新了高陡边坡稳定性三维评估价预警防控技术；（3）开发了电磁场等强干扰环境下采空区精准探测及预警风险防控技术。研究成果在通弓长岭、大孤山、齐大山等铁矿得到应用推广，近 3 年直接经济效益 79.85 亿元，获省部级一等奖 3 项，二等奖 1 项，达国际领先水平
2014	基于虚拟现实技术的矿山围岩稳定性评价系统研究及应用	杨天鸿，于庆磊，朱万成，刘洪磊，南世卿等	东北大学	（1）建立了岩体力学参数分级、分区的动态数据库；（2）建立了整体矿山开采过程围岩应力场动态演化的计算方法；（3）提出基于微震数据和应力场数据的围岩稳定性评判方法；（4）建立了具有复杂地质条件和动态采矿活动的矿山围岩质量评价系统和开采扰动下围岩稳定性动态分析预测系统平台。研究成果在石人沟铁矿、张马屯铁矿、夏甸金矿等矿山得到了应用，取得了显著的经济效益
2015	基于 GNSS/GIS 集成的矿区边坡变形监测预警关键技术及应用	吴浩，张建华，李先福，叶海旺，黎华等	武汉理工大学；武汉光谷北斗控股集团有限公司等	探索了基于数值模拟与现场测试相结合的 GNSS 监测选点方法，设计出适应不同监测模式的 GNSS 载波相位差分整周模糊度算法，重点解决了面向 GNSS 时间序列的监测数据综合处理技术难题。项目成果在湖北省大冶铁矿等大型矿山得到应用。经过两院院士李德仁为主任的专家委员会鉴定，一致认为该成果整体达到国际先进水平，其中面向 GNSS 时间序列的监测数据综合处理技术体系处于国际领先

续表 2-2

公布年份	项目名称	完成人	完成单位	主要研究成果
2015	高陡岩质边坡稳定性评价及安全控制关键技术	王伟，袁维，李小春，石露，沈英明等	石家庄铁道大学；中国科学院武汉岩土力学研究所；海南矿业股份有限公司	（1）开发了一整套保障受爆破损伤影响的高陡岩质边坡稳定性评价与安全控制技术；（2）开发了一套岩体参数的原位测试技术；（3）开发了一套边坡变形与渗流的监测技术；（4）从岩质边坡受爆破影响的损伤破坏机理、安全系数的求解和滑动面的刻画三个方面发展了边坡稳定性评价体系；（5）基于矢量和法和人工智能方法开发一种精确刻画边坡滑动面的方法；（6）开发了一套岩质边坡的“防、排、堵”水技术，研发了一种半透水排水管网装置。该项目的技术在海南矿业、海南石碌铁矿枫树下采场等数个项目得到全面应用，产生直接经济效益 904 万元
2016	尖山铁矿地下开采地压监控预警系统研究	李爱兵，王巍，尹彦波，王素娥，袁万明等	攀钢集团矿业有限公司；长沙矿山研究院有限责任公司	（1）由先进的数值模拟等方法，分析评价出兰尖矿区的崩落开采稳定性状态；（2）建立了适合兰尖矿区的声发射及常规应力地压监测网系统和监测数据库；（3）建立了预警模型及准则，逐步形成监测预警制度与机制以及安全管理体系。地压监测系统已在兰尖铁矿尖山挂帮矿开采中建立与应用，并成功预报了 2 次显兆事故
2016	金属矿床露天坑地下资源开采安全保障关键技术与应用	王运敏，章林，南世卿，汪为平，孙国权等	中钢集团马鞍山矿山研究院有限公司；河北钢铁集团矿业有限公司	（1）首次提出矿山开采生命周期经济效益最大化的露天转地下分界线动态确定理论；（2）发明了大规模露天边坡滑塌的防护覆盖层参数计算方法与构筑技术；（3）发明了大矿段分区连续阶梯推进二步骤安全高效回采技术；（4）发明了防止暴雨期间露天坑汇水造成井下重大突水事故的水工设施。研究成果在河钢集团矿业公司应用，推广至攀钢、莱钢等矿山应用，新增利润 36634. 8 万元

续表 2-2

公布年份	项目名称	完成人	完成单位	主要研究成果
2017	朱家包包铁矿铁路排土场稳定性及综合治理研究	文孝廉，汪海滨，夏禄清，万道春，胡志全等	攀钢矿业有限公司	（1）首次揭示了排土场本体堆积结构的多层复合反粒序（inversegrading）特性；（2）首次识别排土场散体组构特征的差异受岩性及生产工艺控制；（3）首次系统提出排土场空间效应对堆积体稳定性及破坏形态和规模的控制作用；（4）首次采用降雨模型试验量化论证排土场泥石流风险；（5）首次综合集成采用多种方法分析土场边坡稳定性；（6）首次发现了排土场极限堆高受本体强度和地基特征双重控制；（7）首次论证了排土场安全防护距离及相应的统计预测模型；（8）首次提出了排土场适度变形允许的防减灾调控原则；（9）首次提出排土场监测预警阈值的动态演化概念。研究项目提高了排土场的安全运行可靠性，规避了环保事故风险

第二节　地下采矿工艺技术的发展

一、地下铁矿开采工艺技术的发展

地下开采采矿方法分类，以回采过程中采空区存在状态和维护方法为依据，划分为空场采矿法、崩落采矿法和充填采矿法三大类。据 1971 年国内金属矿山地下采矿方法的统计，空场法占 59.2%，崩落法占 33%，充填法占 7.8%。经过几十年的发展，三大类采矿方法的比重发生了重大变化。充填采矿法在地下矿山的应用不断增加。

现代科学技术的快速进步直接带动了采矿技术的快速发展，与此同时也诞生了大量的新开采技术、新开采施工工艺、新生产设施与新型施工材料，推动我国地下铁矿开采工艺技术进入世界领先水平。采矿业也在不断向着高效、高产量与工业化方面不断进步，采矿方面的生产力与生产技术也随着新技术的引进得到快速的发展，相关采矿技术的不断进步，一定程度上提升了开采的效率，同时降低了开采过程中产生的资源损失。

（一）空场采矿法的发展

空场采矿法将矿块划分为矿房和矿柱，分两步回采，先回采矿房后回采矿柱。回采矿房时所形成的采空区，利用矿柱支撑来控制地压，因此矿石和围岩均需稳固是本类采矿方法的基本条件。

作为铁矿山开采历史最悠久的采矿方法，空场采矿法具有很多的优点，除了在生产效率和成本方面具有极大的优势，在生产效果等方面的作用也很突出，这也就体现了这种方法应用广泛的原因。采矿业的快速发展同样也带动了相关技术水平的提高，同时也推动了对破碎矿体处理方法的改进。大体来说，该方法的优良特点主要表现在4个方面：一是不断优化的结构特点；二是逐渐扩展的参数范围；三是逐渐提升的生产能力；四是不断丰富的支护手段，增加了与其他方法的结合应用。

1. 全面空场法

在阶段或盘区中，把矿体划分为矿块（也可不划分矿块），工作面沿矿体走向或倾斜面推进，在回采过程中将矿体中的夹石或贫矿（有时也将矿石）留下，呈不规则的矿柱来维护空区。这些矿柱一般作永久损失，不再进行回采，当开采的是贵重金属矿体时，为了尽量回采资源，常用人工矿柱（如混凝土预制块垛、废石垛或木垛等）来替代矿柱。

全面采矿法适用于矿石和顶板岩石中等稳固以上的水平和缓倾斜薄矿体，矿体厚小于3~4 m最适宜，最大厚度一般在7 m左右。当矿体的厚度小于3 m时，整层回采；大于3 m时，应分层回采。国内大部分矿山用来开采1.5~3.0 m的矿体。矿体倾角一般在30°以下。顶板暴露面积可达200~500 m^2。最大可达1000~2000 m^2。

全面采矿法采准工程量小，工艺简单，通风良好，能适用于矿体形状不规则及倾角变化大的矿体，灵活性大。但由于顶板暴露面积大，人在顶板下作业，安全性差。当采高大于3 m时，检查顶板和维护顶板困难，生产能力小。随着小型和大型无轨出矿设备的应用，全面空场采矿法的生产能力大为提高。

綦江铁矿为沉积矿床，矿体呈似层状，倾角13°~25°，平均厚度1.25 m。矿石为赤铁矿（f=6~8）和菱铁矿（f=3~10），中等稳固。矿层内常夹含铁砂岩、废石等夹石。顶底板为铁质砂岩（f=6~10）或石英砂岩（f=10~12），较稳固。矿块沿走向布置，走向长80~100 m，斜长40~60 m，不留顶底柱和间柱。阶段运输巷道设在底板岩石中，每隔12~16 m开掘放矿溜井与切割巷道贯通，放矿溜井高3~6 m。切割巷道沿走向掘进。回采工作从切割上山开始，由矿块一侧沿走向形成2~3个梯段工作面向另一侧推进。使用YT-25或7655型凿岩机凿岩，用2DPJ-30型电耙绞车运矿。开采后形成的空区顶板，用不规则矿柱、废石垛、混凝土块垛或木垛等进行支护。由于矿层较薄，采空区不充填，也不进行崩落，采取封闭处理。

2. 房柱采矿法

房柱采矿法（以下简称房柱法）适用于开采矿石、围岩中等稳固至稳固，薄至中厚的水平和缓倾斜矿体。一般用于开采矿体的倾角在20°以下。由于喷锚网技术的应用，扩大了房柱法的适用范围。房柱法由于矿柱多不回收，矿石损失大，一般多用来开采价值不高品位较低的矿石。房柱法的实际应用带动了开采技术的不断提高，能够开采的矿体厚度逐渐增加，由薄发展为中厚再到更厚。浅孔落矿主要用于厚度较小的矿体，中深孔落矿适合中厚矿体，深孔落矿适合厚大矿体。适用条件从矿岩稳固提升为中等稳固再到顶部板的不稳固，进而进一步提升了资源回收价值。

使用房柱法的矿山，一般将矿体划分为矿块，在矿块内又划分矿房和矿柱。矿房、矿柱交替排列。房柱法实质上是全面法的变形方案，其主要特点之一是留规则矿柱。在回采矿房的同时，留下规则的矿柱以支撑采空区顶板。根据所采矿体厚度的不同，房柱法可分为整层回采和分层回采两种。按采用的装备不同，房柱法可分为浅孔落矿房柱法、中深孔落矿房柱法和无轨设备回采房柱法。房柱法是国内外广泛使用的采矿法，在国内使用最多的是浅孔落矿，电耙出矿房柱法，其次是中深孔落矿，电耙出矿房柱法。随着自行采、装、运设备的发展，在国内使用铲运机出矿的房柱法也逐渐多了起来。

苍山铁矿矿体呈鞍状，有两层矿，形态简单，品位厚度变化较小。背斜的矿体一般倾角在10°~25°之间，平均厚度5~10 m，分布于42线~52线之间。矿体顶板为黑云母长英变粒岩类岩石，由上而下，由坚硬变为极坚硬；底板角闪岩类岩石，属Ⅱ级极坚硬岩石。采用沿走向布置的房柱法，竖直分条布置矿块，矿块长度100~150 m，矿房宽10 m，矿柱宽10 m，先回采矿柱，充填强度符合要求后再回采矿房。采用YT-27气腿式凿岩机，排距0.8~1.0 m，采用乳化炸药。在凿岩运输巷中以切割槽为自由面分层凿岩，导爆管起爆。爆破、通风、撬毛后，采用4 m^3铲运机经采区斜坡道出矿，每次出1/3矿石，平场后作为后一分层的工作面，依次循环。等爆破回采结束后，再集中进行出矿。

3. 留矿采矿法

20世纪中期及以前留矿法曾在有色矿山广为应用，适用于开采矿石和围岩中等稳固以上的急倾斜矿体，主要用于极薄矿床，也可用于中厚矿体。铁矿应用较少。近年来，随着高效大型采装设备的推广和充填技术的进步，留矿法应用逐渐减少，但在小型的民采急倾斜薄矿体中，仍占很大比重。

留矿采矿法是将矿块划分为矿房和矿柱，先采矿房，后采矿柱，在矿房中自下而上分层回采，每次采下的矿石靠自重放出1/3左右，其余的暂留在矿房中作为继续上采的工作平台，待矿房采作业结束后再全部放出，矿房回采结束后再回收矿柱和处理采空区。由于矿房中储存有大量矿石，因此要求矿石不能具有自燃倾向性和结块性。对于高硫铁矿床应慎用。

采场一般沿走向布置，当矿体厚度大于10~12 m时，垂直走向布置。矿块构成要素主要取决于矿石和围岩的稳固情况、矿体厚度及倾角等。阶段高度在薄矿脉中大多数采用40~50 m，若倾角在60°以上，且矿石围岩稳固，也有采用50~60 m的，若倾角在50°~60°，矿石和围岩稳固性较差，或矿体赋存要素不稳定，则采用30~40 m；在中厚矿体中阶段高度一般为40~60 m，若矿体赋存要素比较复杂，则采用35~40 m，采场长度主要取决于矿石和围岩的稳固程度和矿体的厚度，一般为40~60 m；矿房的宽度一般为矿体厚度，对于厚度较大的矿体其宽度不大于12 m。顶板暴露面积宜在500 m^2以下。

间柱、顶柱和底柱。一般的对于薄矿脉，间柱宽2~6 m，顶柱厚2~3 m，底柱高4~6 m；对于中厚以上的矿体，间柱宽8~12 m，顶柱厚3~6 m，底柱高8~10 m。在开采薄矿体时，由于矿房的宽度很小，可以不留间柱，只留顶柱和底柱。矿块之间依靠天井的横撑支柱隔开，也可在采场中用顺路天井来代替间柱中的阶段天井。在某些情况下，由于采用人工假底，或者上部平巷不需保留时，也可不留底柱和顶柱，此时，阶段间依靠假底隔开，假底可以对围岩起支撑作用。

采场底柱结构布置主要有漏斗自重放矿、漏斗电耙耙矿和平底式（装岩机或铲运机）出矿三种类型。采用自下而上分层回采，在每一个分层中进行凿岩爆破、通风、局部放矿、平场、处理松石和破碎大块，在采用顺路天井的采场中，还包括架设顺路天井等作业。

4. 分段空场法

分段采矿法，按凿岩和出矿水平可分为阶段出矿的分段法、分段出矿的分段法。阶段出矿的分段采矿法依据矿体厚度，矿房布置分为沿走向布置和垂直走向布置。分段出矿的分段采矿法一般沿走向布置。分段空场法实际上就是在保证凿岩和巷道都是分段的情况下，在端部位置收集矿物的一种空场法。其适用于矿石与围岩均较稳固的矿体。

分段出矿方式，根据底部结构可分为：有底部结构的分段采矿法，其中包括高分段崩矿和低分段崩矿；无底部结构的分段采矿法。根据矿石、围岩稳固性、矿体倾角及厚度，又分为不留分段顶柱、留分段顶柱。

对于留矿房间矿柱的方案，当矿房的回采一旦结束，立即回收一侧的间柱和上部的分段矿柱。对于不留间矿柱方案，矿房从切槽开始，沿矿体走向连续后退回采至一定长度后，立即回采分段矿柱和处理采空区。

国内不少分段空场法矿山采用预先锚索支护顶板的办法，大大开拓了分段空场法在不稳定顶板条件下的使用范围。

5. 阶段矿房采矿法

阶段矿房法主要适用于开采矿石和围岩均稳固的急倾斜厚矿体和任意倾角的极厚矿体。矿体的几何形状较规则，可有效降低矿石的损失和贫化。由于采用深孔落矿，难以剔除夹石，因此，最好是用于矿石品位较低、价格不高，且不含有夹石的矿体。阶段矿房采矿法与分段采矿法基本类同，也是把矿块划分为矿房和矿柱。按落矿方法又可分为水平深孔阶段矿房法和垂直深孔阶段矿房法。

水平深孔阶段矿房法，是在天井凿岩硐室中钻凿扇形深孔，向矿房底部空间崩矿；垂直深孔阶段矿房法，是在矿房的顶部向下凿深孔或在矿房底部向上钻凿深孔，在阶段全高上进行崩矿。阶段矿房法与分段采矿法不同之处是：阶段矿房法其矿房内没有分段平巷，不在分段平巷内凿岩或出矿，而把凿岩集中在凿岩天井或一个水平上进行。水平深孔阶段矿房法要求在矿房底部进行拉槽，形成拉底空间；垂直深孔阶段矿房法，除拉底外，还需要在矿房全高开切割槽。

（二）崩落采矿法的发展

崩落采矿法为一步回采，不分矿房和矿柱，随回采工作面的推进，有计划地强制或自然崩落顶板围岩，以充填采空区管理采场地压。崩落采矿法是一种工艺简单、作业安全、低成本、高效率的采矿方法。我国自 20 世纪 60 年代以来，在金属矿山和某些非金属矿山逐步推广应用该方法。自 20 世纪 80 年代以来，崩落采矿法已进入了一个新的发展阶段，主要技术特征是：增大结构参数，提高矿块生产能力，采用深孔落矿技术和电动、液压无轨采矿设备，以及操作过程的自动化和遥控化。这些技术的应用，不仅提高了劳动生产率和降低了采矿成本，而且还给各类型的崩落采矿法增添了新的活力，从而推动了国内崩落采矿法的技术水平向前发展。

使用崩落采矿法进行矿体开采具有安全系数较高、成本低等优势，同时该方法的生产效率也比较高，受到采矿业的好评。该采矿方法最先在国外发明并广泛应用，国内从20世纪60年代开始引进，主要应用在铁矿形式的采矿区域，另外，对于理论研究方面与生产实践方面，通过国内外大量的成功案例和实践经验，有效提升了崩落法理论的研究水平。

允许地表崩落是使用崩落采矿法的首要条件。应用崩落采矿法的矿山，地表发生塌落是普遍现象。这种现象不仅破坏了环境也危及了地下采矿的安全，如向山硫铁矿、程潮铁矿、金山店铁矿、南京凤凰山铁矿等矿山都曾在20世纪60年代和70年代出现过地表水或泥石流从塌陷坑涌入到井下采场的事故，给矿山生产和人员设备造成极大的危害。因此，应用崩落法的矿山，在设计和生产时，就应给予高度重视，要采取妥善的防护措施，以确保生产的安全。

崩落法按回采工作面垂直高度的不同可分为单层崩落法、分层崩落法、分段崩落法、阶段强制崩落法、自然崩落法。各种方法其优缺点不同，单层崩落法和分层崩落法一般采用浅孔凿岩落矿，在矿体回采时，需进行工作空间的支护，随着回采工作面的推进，崩落上覆岩石充填空区，这两种采矿方法的工艺过程比较复杂，生产能力较低，但矿石损失贫化小。分段崩落和阶段强制崩落采矿法一般采用中深孔凿岩落矿，其生产能力大，但矿石损失和贫化也较大。阶段自然崩落法需利用矿岩体本身的不完整性，在形成较大拉底空间后借助矿岩体自重实现落矿。国内外金属矿山目前使用较多的方法为无底柱分段崩落采矿法和阶段自然崩落采矿法。

1. 单层崩落法

应用于顶板岩石不稳固，厚度小于3 m的缓倾斜矿体。主要方法为长壁崩落法。长壁法采准切割比较简单，矿石回采率高，贫化率小，同其他可用采矿法相比，生产能力大、劳动生产率高是其主要优点。其缺点是采准工作量大，长壁式一般在20 m/kt以上，短壁在30~40 m/kt以上；坑木消耗量大，支护工作强度大，顶板管理复杂，安全条件差，回采中的凿岩和支护等难于实现机械化。随着进一步的研究和掌握地压活动规律，改善顶板管理，木支护改用机械化的金属支护，如液压掩护支架等，长壁工作面落矿可视矿石软硬程度，改用凿岩爆破法、机械破碎法落矿，采场搬运可将耙斗串联起来耙矿或用链板运输机转载到胶带机上进行搬运，以提高采场生产能力。

2. 分层崩落法

早在1950年，就应用了两种类型的崩落法，第一种是分层崩落法，第二种是低分段的崩落法，但是仅有4.5 m的分段高度，并且是浅孔落矿。由于工作面难以实现机械化作业，劳动强度大，效率低，矿块生产能力小，采场支护和造顶材料消耗大，木材消耗大，回采工作面通风条件差等原因，目前国内应用较少。

3. 无底柱分段崩落法

我国于1965年由鞍山冶金矿山设计院从瑞典引进无底柱分段崩落法，同年马鞍山矿山研究院着手进行试验研究，并从两个方面进行了室内放矿模拟试验和以大庙铁矿为现场进行工业试验，1967年获得成功，之后在金属矿山、非金属矿山地下开采中得到迅速推广与应用。1975—1980年马鞍山矿山研究院和北京钢铁学院在寿王坟铜矿开展了高端壁无底柱分段崩落法开采方案的研究和实践，大幅提高了出矿效率和采矿强度。据不完全统计，在1975年之前，实际应用该方法的占铁矿山数目的45%，到20世纪90年代，全国地下铁矿山约有80%采用了无底柱分段崩落法开采；90年代以后，由于采矿设备能力不断地提高，我国一些大型矿山，如梅山、镜铁山、大红山等铁矿相继采用了大结构参数开采，矿山的生产能力得以大幅度地提高，使我国无底柱分段崩落法提高到了一个新的水平。

2000年在梅山铁矿开展了大间距集中化无底柱采矿新工艺研究，并被科技部列为“十五”国家科技攻关计划课题，将放矿理论研究从以往分析一个孤立的放出体形态转向分析多个放出体的空间排列，在梅山铁矿取得了较好的技术指标。

“高端壁”和“大间距”无底柱分段崩落法其本质上是增大分段高度和进路间距。2000年之后，随着大型凿岩设备和无轨出矿设备的研发和普及，我国无底柱分段崩落法快速向着大结构参数方向发展（表2-3）。其分段高度已从引进时的10~13 m发展到目前的30 m，进路间距则从最初的10 m发展到现在的25 m，大红山铁矿地采期开采中采用的分段高度×进路间距为30 m×20 m，成为目前我国分段高度与进路间距最大的矿山。现阶段，我国无底柱分段崩落法矿山的结构参数大部分维持在20 m×20 m左右。与此同时，回采进路规格也随之向大参数发展，进路宽度普遍在4.2~4.8 m，进路高度一般为3.8~4.0 m，眼前山铁矿于2019年开始试验8 m宽、4 m高的大尺寸进路，取得了较好的回收效果。

2010年之后，智能化成为无底柱分段崩落法新的发展方向，国内杏山铁矿走在前列，于2015年实现了破碎、提升、皮带运输、排水、通风、供电系统的全过程自动化控制，实现了皮带无人看护卸料车遥控作业、井下运输电机车地面遥控无人驾驶、中深孔凿岩台车遥控自动化作业。

2005年“绿水青山就是金山银山”的理念提出后，一系列环保政策逐渐出台。2010年后，一些地区逐渐开始限制新建矿山使用崩落法开采。随着大部分露天矿山逐渐转入地下开采，由于露天开采对地表环境的破坏已形成，加之崩落法有利于露天转地下过程中的产量衔接，因此，仍有部分矿山会选择无底柱分段崩落法进行地下开采。随着采场结构参数的不断增加以及大型凿岩出矿设备的应用，单个分段、单个步距的崩落矿量越来越大，这就更需要在实际生产中更加注重损失贫化指标的控制。

表 2-3　国内矿山无底柱分段崩落法结构参数尺寸统计

矿山名称	分段高度/m	进路间距/m	崩矿步距/m	进路规格（宽×高）/（m×m）
镜铁山铁矿	15	18	2.2	4.2×3.8
弓长岭铁矿	12.0~15.0	12	1.5~2.0	3.8×3.8
海南铁矿	15	18	1.8	4.2×3.8
北洺河铁矿	15	18	1.7	4.5×3.8
程潮铁矿	17.5	15	2.5	3.8×3.6
小汪沟铁矿	15	18	1.8	4.8×3.8
梅山铁矿	18	20	2.4	5.5×4.0
毛公铁矿	18	20	1.6	4.4×4.0
眼前山铁矿	18	20	2.0	4.8×4.0
杏山铁矿	18.5	20	1.6~2.2	4.8×3.8
大红山铁矿	30	20	4	4.2×3.8
	30	20	5.2	4.8×4.1

无底柱分段崩落法研究发展方向：业内学者及工程科技人员对无底柱分段崩落法的研究，主要集中在分析放矿理论、放矿方式、采场结构参数、回采巷道布置形式、覆盖岩块度等方面。

A　放矿理论

放矿理论是研究崩落法矿岩流动规律和确定崩落法采场结构参数的基础，目前主要的放矿理论有椭球体放矿理论、类球体放矿理论、随机介质放矿理论和基于 Bergmark-Roos 方程的放矿理论。现阶段，放矿理论研究均将矿岩散体抽象为连续介质，将散体的运动速度等视为颗粒所处位置（坐标）的连续函数，建立相应模型，从宏观统计意义上研究崩落矿岩散体移动规律。这些放矿理论研究的重点之一就是放出体的形态，基于 Bergmark-Roos 方程的放矿理论考虑了散体颗粒的重力和颗粒的摩擦力作用，该方程相比其他理论更符合实际散体作用过程，被誉为是目前描述放出体形态的最佳数学方程。马鞍山矿山研究院地下采矿研究室在国内较早地开展了物理放矿试验，研究了端部放矿时放出体发育过程及放出体形态与合理参数的关系，探讨了改善矿石损失贫化指标的途径。张国建等提出了崩落体的概念，并分析了崩落体的形态及其影响因素。路增祥团队进行了 6 种边孔角的放矿物理模拟试验，研究了边孔角对放矿效果的影响，随着边孔角降低，放矿效果也呈现出一定的规律性变化。王培涛等应用二维颗粒流数值模拟（PFC2D）方法，研究了扇形炮孔边孔角变化对放矿过程的影响规律，结果表明：随着边孔角增大，端壁所受侧压力也随之增大，边孔角越小，矿石松动带形态越粗短。常贯峰等以大结构参数单进路放矿试验为基础，进行了 3.6 m 放矿步距条件下 5 种不同铲入深度的物理模拟放矿试验。结果表明：放出体发育高度随着铲装深度增大呈先增大后减小的趋势，放出体沿进路方向的发育宽度呈增加趋势。孙浩等基于 PFC3D 程序，分析了颗粒形状、摩擦系数及放矿口尺寸对放出体形态的影响。何荣兴等通过北洛河铁矿浅部和深部回收指标的变化，指出了采深影响散体的压力及流动特性进而影响放出体的发育形态，是回收指标发生变化的主要原因。

B 采场结构参数

无底柱分段崩落法的采场结构参数主要包括分段高度（*H*）、进路间距（*S*）和崩矿步距（*L*），三者相影响，相互制约，且三者又各自受到不同因素和条件的限制（图 2-34）。

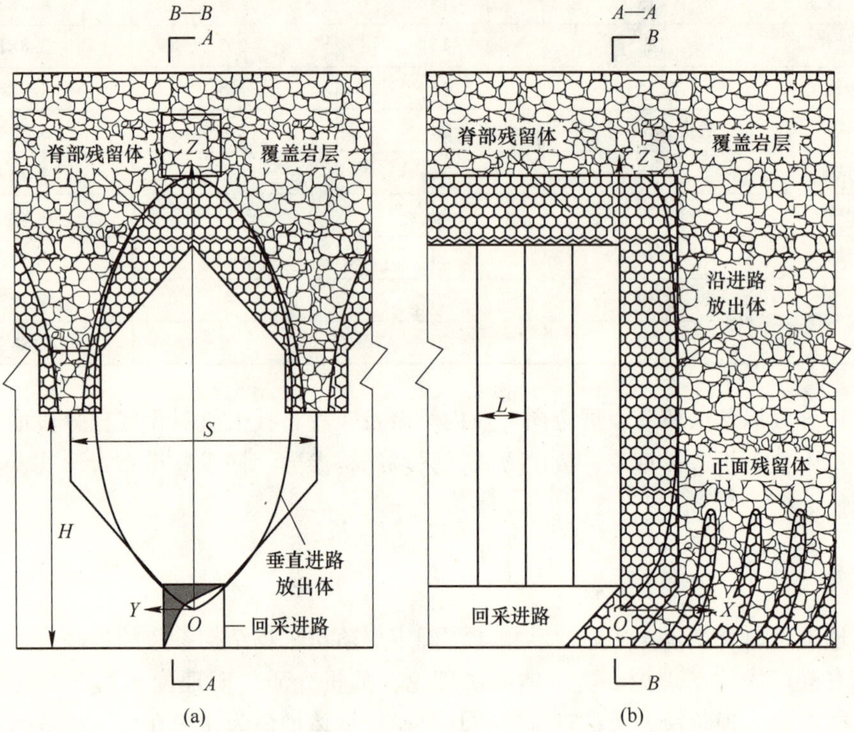

图 2-34 采场结构参数与残留体、崩落体、放出体的关系
（a）垂直进路剖面；（b）沿进路剖面

结构参数决定着开采强度，并影响损失贫化指标。采场结构参数优化思路是在 1 个或 2 个参数确定的基础上优化确定其他结构参数。目前常用的优化方法是基于放矿理论的理论计算、数值模拟和室内物理试验。任凤玉团队根据随机介质放矿理论中的散体松动范围和沿走向放出体形态提出了确定进路间距的经验公式和崩矿步距优化方法。赵颖龙等基于球体放矿理论，使用幂函数方程拟合椭球体高度与偏向率方程，并对某铁矿结构参数进行了优化。目前，采用数值模拟方法研究采场结构参数主要应用离散元颗粒流程序 PFC 实现。

刘金山以石人沟铁矿为例，针对 6 种结构工艺参数方案，通过 PFC2D 二维数值模拟，研究了矿石回收率与岩石混入率的变化规律，最后通过灰色决策分析得出了该矿无底柱分段崩落法的最优参数为分段高度 12 m、进路间距 16 m 和崩矿步距 4～5 m。章林等从物理模拟放矿试验和 PFC3D 模拟两方面，研究了大红山铁矿进路间距优选和放矿步距与进路尺寸组合优选问题，得到了高变分段放矿下的合理放矿步距和进路间距。孙浩以梅山铁矿为例，基于颗粒流理论研究了崩落矿岩运移演化机理通过 PFC 放矿数值试验探究了不同边界条件下，与崩落矿岩运移规律以及矿石损失贫化有关的各类问题，为采场结构参数优化和矿石贫化损失指标预测提供了依据。

4. 有底柱分段崩落法

随着崩落法在我国金属矿山的应用，有底柱崩落采矿法也朝着加大阶段高度、采用垂直补偿矿房落矿、矩形堑沟与锥形放矿口的底部结构和振动连续出矿系统的方向发展。实践证明，通过一系列的采矿技术革新，解决了一些破碎松软矿体的采矿问题，使有底柱分段和阶段崩落法的应用范围得以扩大。

1985—1987 年，东北大学与玉石洼铁矿合作攻关，他们首先找出该矿过去采用有底柱与无底柱崩落法都是由于巷道破坏而未能实现正常生产的原因之后，对地压控制采取了简单光面爆破、错喷网联合支护，用无底柱分段崩落法以进路为单元组织生产，用有底柱崩落法回采遗留松软矿石的开采方案，历经 3 年的技术攻关，采矿生产技术等各方面都取得了明显进展，安全生产条件得到明显改善，矿石回收率从 45.82%提高到 80.20%，创建矿以来最高水平。

观音山铁矿由于矿体赋存条件复杂和上下盘的矿岩边界处存在厚度不等的破碎带，致使巷道垮冒严重和大量矿石损失，为了解决该矿采矿方法问题，1984—1989 年马鞍山矿山研究院和贵州水城钢铁公司音山铁矿联合攻关，开展了底盘漏斗阶段强制崩落法的试验研究，采用振动出矿机的出矿方式，矿石回收率从 63.33%提高到 83.16%，出矿效率也大大提高，同时还为在采矿方法中应用振动放矿机积累了宝贵经验。

安徽铜陵有色金属（集团）公司狮子山铜矿与原中南工业大学、原北京矿冶研究院、长沙矿山研究院和马鞍山矿山研究院合作，开展盘区回采振动出矿连续开采方法的研究。试验研究中采用了多排同段起爆、束状大直径深孔爆破技术，大块率由 30%降低到 5%左右。该方法采用了 KY-170A 地下牙轮钻机、大型双台板振出矿机、振动运输列车和原矿绳架带式运输机，实现了连续运输开采。

东北大学与鲁中矿山公司合作，在鲁中矿山公司小官庄铁矿东区采用垂直分条有底柱崩落法进行试验并获得成功，针对该矿东区矿岩破碎的特点，采用沿矿体走向划分垂直分条，垂直矿体走向按 2~3 条电耙道的范围划分回采矿块，底部结构布置在下盘岩石中，上向扇形中深孔分段挤压落矿，底盘漏斗电耙出矿、卸压开采、强化一次爆破效果和让压刚性支护相结合的开采工艺，取得了矿块平均出矿能力 2.13 万吨/月、矿块回收率 91.56%、贫化率 21.73%、大块率 1.8%和采矿强度 189.4 $t/(m^2 \cdot a)$ 的良好采矿技术指标。

5. 自然崩落法

自然崩落法是借助矿岩体本身的不完整性（存有节理裂隙、弱面、夹层等），在整个阶段矿石大面积拉底和割帮工程完成后，在自重和地压作用下，发生自然崩落，并破碎成块，从而实现自然落矿。自然崩落的矿石经出矿巷道放出，在阶段运输巷道装车运走。其适用条件为急倾斜厚大矿体和极厚倾斜矿体，矿石的可崩性好，矿石无黏结性和自燃倾向性。

自然崩落法是一种生产能力大、采矿成本最低的采矿法。20 世纪 60 年代初我国易门铜矿狮山分矿和山东莱芜铁矿马庄矿试验阶段自然崩落法开采松软破碎矿体，但都未能得到推广应用。20 世纪 70 年代又在金山店铁矿试验了 2 个矿块，分别用电耙和铲运机出矿，尽管试采成功，但矿块尺寸和段高较小，试验结果不理想。自然崩落法在其他有色矿山应用较为成功。如 1984 年中条山有色金属公司引进自然崩落法，用于开采铜矿峪矿低品位的蚀变斑岩型铜矿床，并在 1989 年建成投产，目前年生产能力已达 600 万吨。自然崩落法的成功应用使长期亏损的铜矿峪矿重获生机，成为中条山有色金属公司的主力矿山。此外，云南铜业普朗铜矿采用自然崩落法开采，于 2017 年 3 月顺利投产，年处理原矿石 1250 万吨，是目前国内最大的自然崩落法矿山；该矿采用先进设计理念，配置自然崩落法放矿管理系统，按安全生产六大系统要求设计，是一座智能化水平较高的现代化矿山。

自然崩落法开采涉及的关键技术主要包括放矿理论、矿岩工程质量评价、崩落矿岩流动、放矿控制、放矿计划编制、放矿管理等。矿岩工程质量评价主要包括矿岩可崩性评价和块度预测。

（1）矿岩可崩性评价

矿岩可崩性对自然崩落法的选择、回采顺序、割帮预裂与拉底方式、拉底面积、放矿控制与出矿方式、安全生产等都有决定性的影响，是应用自然崩落法时需考虑的重要条件。影响岩体可崩性主要有地质与力学因素和工程因素。地质因素包括岩体内节理、裂隙以及断裂等结构弱面的发育程度及其空间展布特征、矿体位置及其产状等；力学因素包括原岩应力场的大小与分布，岩体及岩石的力学强度以及变形特征，弱面的剪切性能及其变形特征等；工程因素是指拉底、割帮、预裂等工程的尺寸、形状以及布置形式。研究矿岩可崩性的方法主要有 RMR 法（Rock Mass Rating）、地质强度指标法、Laubscher 崩落图法和 Mathews 稳定图法。冯兴隆在全面分析国内外岩体工程质量评价方法的基础上，建立了矿岩可崩性评价指标体系，确定了影响工程岩体质量的 6 个关键指标参数。

（2）崩落矿岩块度预测及评价

崩落矿岩块度预测及评价是自然崩落法的重要研究内容。矿岩块度决定放矿漏斗尺寸，影响放出体形态、放矿间距和设备选型。矿岩块度评价就是对矿岩块体尺寸和分布进行有效测定。在矿岩块度研究方面，杨啸使用节理网络模拟和分形理论对金川亚矿区进行了矿岩块度预测；江飞飞使用 BCF 块度预测分析系统对黄山铜镍矿厚大矿体崩落块度和分布规律进行了预测；李响在实测节理空间几何参数基础上，采用 Monte Carlo 法对某大型镍矿矿区节理空间进行了模拟；冯兴隆根据金川矿区现场不连续面参数调查结果，生成不连续面综合数据库，使用三维建模技术确定构成岩块的节理面，进而计算岩块体积并判断岩块形状，完成了崩落块度预测，并对影响矿岩块度预测的因素进行了分析。

进行矿岩可崩性评价和块度预测，需要通过岩石力学试验和地质调查获得一些岩石力学和地质条件等基础数据，然后使用可崩性评价和块度预测方法进行矿岩工程质量评价。

评价结果的准确性与基础数据和评价方法密切相关。近些年来，计算机技术、神经网络以及交叉学科等在众多领域得到较好应用，显示了良好的效果和前景，也将在矿岩工程质量评价方面得到较好的发展和应用。

自然崩落法发展趋势：采矿设备趋于无轨化、液压化、大型化，提高生产能力；厚大矿体采用阶段或分段崩落法应优化结构参数，降低损失贫化指标和掘进工作量；扩大自然崩落法的应用范围，如加强岩石力学的研究，应用大型铲运机和计算机模拟，较坚硬的大型矿体也可采用自然崩落法。

1）基于地质资料输入的矿体可崩性定量化研究。建立基于地质资料输入的矿体可崩性研究模型，通过量化数据控制，进行矿体可崩性评价，为采矿设计提供更为准确的基础资料。

2）阶段高度的提升。由于阶段自然崩落采矿法的矿块准备工作量大、时间长，为充分利用采准工程，提高生产效率，需进一步研究增大阶段高度，由目前 100 m 左右增大至 300~400 m。

3）无轨大型设备的应用。简化底部结构，利用无轨大型设备，充分发挥该采矿方法的产能优势。

4）崩落矿石块度预测。根据矿体节理裂隙发育情况，进行模型化矿石崩落块度预测。

5）全域化定量放矿管理。放矿管理是崩落法中至关重要的步骤，开展放矿相似模拟和计算机模拟相结合的放矿技术研究，根据矿岩移动规律提出崩落法全域化定量放矿管理方式。

（三）充填采矿法的发展

充填采矿法是在采矿中随回采工作面的推进，用充填料充填采空区。充填是该方法回采过程中的必要工序。一类是一步或连续回采，即随回采工作面的推进充填采空区，以控制岩移及防止围岩崩落；另一类是分两步回采，回采和充填交替进行。

我国充填采矿法的发展经历了 4 个阶段：第一阶段为 20 世纪 50 年代的干式充填，1955 年我国干式充填采矿法在有色金属地下开采中占 38.2%，但由于当时设备比较落后、技术水平较低，至 1963 年，有色矿山中充填采矿法的应用比例降至 0.7%。第二阶段为 20 世纪 60—70 年代以分级尾砂、河砂、风砂、碎石等为骨料的水砂充填和胶结充填工艺。1960 年湘潭锰矿为了防止矿坑内火灾，采用了碎石水力充填技术，1965 年锡矿山南矿为了控制采场大面积地压，使用了尾砂水力充填工艺，1968 年凡口铅锌矿为了满足采矿工艺要求，首次采用分级尾砂和水泥胶结充填工艺。第三阶段为 20 世纪 80 年代发展起来的全尾砂高浓度胶结充填、高水速凝全尾砂固化胶结充填和块石胶结充填工艺。20 世纪 80 年代末，凡口铅锌矿和金川有色金属公司开始试验全尾砂充填，同时高水速凝充填技术在煤矿开始应用，1988 年大厂铜坑矿采用了块石胶结充填工艺。第四阶段为 20 世纪 90 年代发展起来的膏体泵送充填工艺。1997 年金川有色金属公司二矿区建成了膏体泵送充填系统，1999 年大冶有色金属公司也采用了膏体泵送充填技术。此后，各种新型充填工艺、新型胶结材料的成功应用，极大地推进了我国充填采矿技术的发展。

充填采矿法在我国铁矿山开采中具有非常广泛的应用。当前我国的充填采矿工艺也逐步达到世界先进水平。最具代表性的便是高水全尾砂速凝固化胶结充填新工艺和高浓度全尾砂自流输送及泵压输送充填新工艺。这些新的工艺技术应用到实践中，进一步提升了矿山开采效果，也明显改善了矿山开采工作的安全性。

充填采矿法一般是根据矿体赋存条件、矿岩稳固性的特点，按采场布置、构成要素、回采作业顺序及采矿工艺特点等进行划分的，即分为分层（单层）充填法、分段充填法、阶段充填法，其中阶段充填法和部分分段充填法又称嗣后充填法。

充填采矿法的优点：

适应矿体形态变化的能力强，灵活性大，矿石回采率高，贫化率低；能够有效维护顶板围岩，减缓围岩移动，保护地表；对于极薄矿脉或多品种矿石的矿体，可进行选别回采；采准工程量少；能防止矿床的内因火灾，有利于深热矿井工作面降温。

充填采矿法的缺点：

充填工序较多，回采工艺相对复杂；采矿成本较高，回采循环时间长，生产能力相对降低。

充填采矿法的适应范围很广，但它的种类很多，选择哪种充填法方案，取决于矿体的稳固性和矿体产状及价值。

1. *采矿方法*

（1）上向水平分层充填采矿法，一般将矿块划分为矿房和矿柱，第一步回采矿房，第二步回采矿柱。回采矿房时，自下而上水平分层进行，随工作面向上推进，逐层充填采空区，并留出继续上采的工作空间。充填体维护两帮围岩，并作为上采的工作平台。崩落的矿石落在充填体表面上，用机械方法将矿石运至溜井中。矿房回采到最上分层时，进行接顶充填。矿柱则在采完若干矿房或全阶段采完后再进行回采。回采矿房的充填方法，可用干式充填、水力充填或胶结充填。上向水平分层充填采矿法是最主要的充采矿法之一，其中以机械化上向水平分层填充法应用最为广泛。

（2）下向分层充填采矿法，是20世纪50年代末试验成功的采矿方法，它是指在一个阶段内自上而下分层回采、分层充填，以巷道掘进的方式在分层胶结充填体为人工假顶的保护下进行作业的回采方法。该采矿方法的使用成功，为降低坑木消耗、实现开采无轨化、提高采场生产能力和劳动生产率创造了条件。下向分层充填法要求充填体具有较高的强度，使之形成稳固的人工顶板，以确保作业人员和设备的安全；同时在进路回采过程中，一般要求不再进行支护。进路充填分1~3次进行，多数矿山分2次充填。第一次充填高度为1~2 m，构筑人工假顶，灰砂比为1：4，充填体强度28 d应不小于4 MPa。第二次充填的灰砂比为1：6~1：10。矿山通常采用脱泥尾砂胶结充填，部分矿山采用混凝土充填。金川二矿区是我国采用下向分层胶结充填采矿法规模最大，机械化程度、采场生产能力和劳动生产率最高的矿山，它采用盘区留矿柱，分两步回采的机械化盘区下向胶结充填采矿法，同时配备6 m^3 铲运机、全液压双机凿岩台车等大型设备，使盘区生产能力提高到800~1000 t/d，达到世界先进水平。

（3）嗣后充填采矿法，是指矿房和矿柱回采后，嗣后一次充填采空区的采矿方法。它包括分段充填法、阶段空场嗣后充填法、VCR嗣后充填法、房柱采矿嗣后充填法和留矿采矿嗣后充填法。阶段空场嗣后充填大直径深孔落矿方案宜用于矿岩稳固、空场回采并需及时充填的中厚以上规整矿体。嗣后充填采矿法具有空场采矿法的采场生产能力大、劳动生产率高、矿石损失贫化低、能保护地表等特点，在国内外矿山得到较为广泛的应用，经济效益和社会效益显著。目前我国嗣后充填法充填材料以分级尾砂胶结料为主，块石胶结仅在极少数矿山采用，前者水泥用量大、充填成本高，因此，在有条件的矿山采用块石胶结充填是提高充填体强度、降低水泥用量和充填成本的途径之一。

2. 充填材料

常用的充填材料分为三类：充填骨料——在充填过程中和充填体内材料的物理化学性质基本不发生变化，作为充填的骨料；胶凝材料——在充填的条件下，材料本身的物理化学性质发生变化，使充填骨料凝结成具有一定强度的整体；改性材料——加入充填料中用以改变其质量指标，例如提高流动性和强度、加速或延缓凝固时间等。

（1）胶凝材料

胶凝材料是充填材料中非常重要的材料。主要有水泥、高水速凝固结材料、全水胶固材料、工业废渣活性材料等。

水泥：充填工作常采用普通水泥，它由硅酸盐水泥熟料与不同掺入量的混合材料配制而成，有硅酸盐水泥、普通硅酸盐水泥、矿渣硅酸盐水泥、火山灰质硅酸盐水泥、粉煤灰硅酸盐水泥和复合硅酸盐水泥。

高水速凝固结材料：高水材料由甲料和乙料等量配合而成，甲料由特种水泥熟料、缓凝剂、悬浮剂等组成。其中缓凝剂能使甲料与水制成的料浆有较长时间的可泵性，悬浮剂能提高甲料的固体颗粒在料浆中的分散性和悬浮性，避免沉淀泌水现象。乙料由石膏、石灰、悬浮剂、速凝剂等组成。石膏采用不溶性的天然硬石膏，一般要求含结晶水小于5%。石灰易于从空气中吸收水分，应采用新制石灰，CaO含大于75%。悬浮剂由膨润土、赤泥、粉煤灰等组成，从而使乙料与水混合后料浆有较好的可泵性。高水速凝固结材料最大优点是能在很小的体积固液比（10%~15%）时，在5~30 min内凝结、硬化，最终形成一种有一定强度的高含水固体。高水材料用于金属矿胶结充填，与普通水泥相比，吸水量大、早期强度高，但也具有水化体积膨胀、重结晶性、后期强度较低和稳定性差等特性，使用时需注意。

全水胶固材料：为克服高水材料双管输送的缺点，西北矿冶研究院开发了单料、单管输送的全水胶固材料，主要用于金属矿的全尾砂胶结充填，但不能单独使用。当水灰比为0.7~1.5时，能将料浆固化，其初凝时间不早于30 min，终凝时间不少于2 h。全水胶固材料固化料浆的水灰比约为1.5。而为满足输送要求，尾砂浆用水量可能大大超过此数，多余的水将以吸附水和自由水的形式存在，并有泌水现象和采场排水问题。

工业废渣活性材料：为节省胶凝材料的费用，广泛采用各种具有潜在胶凝活性的工业废材料，如粉煤灰、高炉矿渣、炼铜反射炉渣、熟石灰等，就近采购并散装运到充填站，在站内进行加工，磨细至一定细度，将其添加入充填料中，在水化反应环境里可表现出胶凝活性，可替代部分水泥。

（2）改性材料

絮凝剂：可使液体中分散的细粒固体形成絮凝物的高分子聚合物称为絮凝剂。细尾砂和全尾砂用于充填，对减少尾砂库的占地以及废渣的利用有十分重要的意义，而其中的关键技术之一是细粒级快速沉淀和脱水。絮凝剂对加速沉淀发挥了重要作用。为使粉状或乳化油状的絮凝剂分散成为胶体并均匀溶解于矿浆中，必须在加入絮凝剂的同时对矿浆进行搅拌。搅拌也增加了固体颗粒相互碰撞而絮凝成团的机会。因此，使用絮凝剂的效果如何，除了正确使用合适的絮凝剂外，还与矿浆中固体颗粒碰撞的频率和碰撞的效率有关，因此需要确定合理的搅拌参数和搅拌桶的结构形式。

外加剂：包括减水剂、早强剂、混凝剂等。1）减水剂，在充填料中添加减水剂适用于高浓度充填料的管道输送，可明显改善高浓度充填料的液化性能，即管道输送能力，减少输送过程中的离析和阻力。在混凝土中掺入水泥质量的0.5%~1.5%的高效减水剂，能减水15%~25%，提高强度20%~50%。在保持水灰比不变的条件下，能使混凝土的坍落度增加50~100 mm。2）早强剂，能加速水泥水化和流化，促进混凝土早期强度增长的外加剂，可缩短混凝土养护龄期，加快施工进度，提高模板和场地周转率。早强剂分无机盐类、有机物类和复合早强剂三大类。3）混凝剂，可在较长时间内保持混凝土工作性，延缓混凝土凝结和硬化时间并对其后期强度无不良影响的外加剂。缓凝剂的种类较多，可分为有机和无机两大类。

3. 充填系统

充填系统包括采集、加工、储存和制备充填料，并向空区输送和堆放，使充填材料脱水和处理污水等的设备、设施、井巷工程和构筑物。按充填材料将充填系统分成干式充填系统、水砂充填系统和胶结充填系统。其中干式充填系统作业环节多，充填能力低，粉尘大，充填体不够致密，除小型矿山或处理采空区外一般很少使用。设计充填系统的充填能力时，应充分考虑矿山生产环节多的特点和各环节间的不均衡性，在充填能力方面要留有余地，使采出矿石和充填采空区保持平衡，从而提升矿山的经济效益和生产能力。

（1）水砂充填系统

水砂充填适用于缓倾斜薄矿体的长壁式连续回采和充填，也可用于厚矿体的上向分层分条回采。水砂充填的优点是充填能力大，当采用内径为178 mm的注砂管时，充填能力可达100 m^3/h以上，且系统工艺简单、投资小。水砂充填除可限制围岩移动外，还可用于防火、隔热、密闭等。当矿山附近有河砂资源时，充填成本相当低。水砂充填体当采用木立柱（或废钢绳）、金属网、滤水布组成脱水构筑物作围护结构时，其自立高度可达4 m。水砂充填最大缺点是输送浆体的质量浓度低，用水量较大，水与砂的充填体的体积比为1.5~4，泥水流失污染井下环境，需增大矿山的供水能力、排水能力及主要巷道水沟横断面积，清仓排泥工作量大。

水砂充填系统一般由砂的采集、砂仓、注砂室、充填管道、工作面脱水构筑物、沉淀和排泥设施，以及信息、控制、管理等设施组成。

制备站主要由砂仓和注砂室构成，有圆形和矩形两类，依容量、运砂设备和出砂口数目而定。注砂室上接砂仓，下接充填管道，相当于砂浆制备室，主要作业是使砂水混合均匀，并剔除不合格大块等。注砂室的基本形式有混合沟式和给料机式两种，前者不耗用动力，无运转部件，维护简单，而后者控制砂量较为准确。

充填管道通常是由充填钻孔、刚性管道和软管构成，从地表充填站到井下主管道之间使用充填钻孔连接，钻孔通常使用刚性耐磨管道护壁。由于两相流的输送量大、速度快，造成冲击磨损和腐蚀，因此管道属于耗材。又因充填工作面不断变动，因此充填管路中的大部分需要不停地拆除、搬运、更换和安装。选择充填管材质应根据充填材料的磨蚀性、充填料浆的腐蚀性、年充填量等因素确定，使每立方米充填体积的管道费用最低。

（2）分级尾砂胶结充填系统

分级尾砂胶结充填是金属矿山使用最为成功和广泛的充填工艺。为保证管道水力输送至采场的充填料浆能及时在采场内脱水，一般由选厂供给的全尾砂通过水力旋流器脱去-0.074 mm或-0.038 mm细粒级部分。分级后的粗尾砂具有符合充填工艺要求的脱水性能，其渗透系数应达到7~10 cm/h。分级尾砂充填的材料特性与工艺参数为：充填骨料为分级粗尾砂或-3 mm的细粒充填材料；胶凝材料可用水泥、磨细的矿渣、粉煤灰、高水材料、全水胶固材料；料浆流态为固液两相流，料浆流速范围为2.5~3.8 m/s，质量浓度小于68%。

可用于尾砂脱泥的设备有脱泥斗、倾斜浓密箱、耙式分级机、螺旋分级机等，但设施最简单、配置最方便的仍属水力旋流器。充填料制备站内设置砂仓储料，用以调节外部均匀给料和充填工作间断进行之间的不平衡。砂仓的有效容积，最好能达到日平均充填量的1.5倍。根据松散惰性充填材料在砂仓内的堆存情况，可分为堆存“干”料的卧式砂仓和储存砂浆（湿料）的立式砂仓。

尾砂胶结充填料制备站的主要设备有：干尾砂的放料和计量设备，主要为由变速电机驱动的圆盘给料机或电振给料机，质量信号的采集可用带式输送机上的电子秤或核子秤。水泥的放料和计量设备，主要为变速电机驱动的叶轮给料机或双管螺旋给料机。质量信号的采集常用冲击式流量计。水的放出和计量设备，采用手动或电动阀门，流量信号的采集使用电磁流量计或涡轮流量计。尾砂浆、尾砂水泥料浆的放料和计量设备，流量信号的采集使用电磁流量计，密度信号的采集使用γ射线密度计。料浆搅拌筒，主要为推进式叶轮搅拌筒。

（3）全尾砂胶结充填系统

分级尾砂充填工艺具有分级尾砂在立式砂仓内沉降浓缩速度快、仓底不板结、放砂浓度高等优点，但分级脱泥会降低尾砂利用率（约50%），而且细粒级尾砂不能堆坝，缩短了尾砂库的服务年限，增加了筑坝费用。因此全尾砂充填技术的研究已经成为充填技术领域前沿课题，对深化充填开采更具有特殊意义。

全尾砂脱水浓缩是全尾砂充填技术的关键因素。主要采用机械脱水工艺，即浓密、过滤两级脱水，但系统投资大、能耗高、过滤机滤布更换频繁、工艺复杂、处理能力有限。也有矿山使用非机械快速浓缩全尾砂胶结充填新工艺。1998 年水口山矿务局康家湾矿开发应用了此工艺，即用絮凝药剂使低浓度全尾砂浆在立式砂仓内快速沉降浓缩，并最终实现动态沉降，连续制浆，使全尾砂胶结充填工艺有了新的突破。

全尾砂的浓密，选厂出来的全尾砂的质量浓度一般为 20%~25%，经过一段浓密机处理，可使尾砂的浓度达到 40%~55%。为减少浓密机占地，使制备站简单，广泛采用高效浓密机，其单位面积处理能力比普通浓密机提高 42~54 倍。根据尾砂料浆的特性，选择合适的絮凝剂以及配剂制度是高效浓密机使用成功的关键因素之一。

全尾砂的过滤，尾砂脱水常用的设备为真空过滤机，常用的真空过滤机有盘式真空过滤机、外滤式圆桶真空过滤机、水平带式真空过滤机、陶瓷过滤机。

非机械快速浓缩全尾砂胶结充填工艺，可实现低浓度全尾砂浆在立式砂仓中快速沉降、快速浓缩。沉降界面速度比自然沉降界面速度提高 10 倍以上，并最终实现动态沉降、连续制浆。立式砂仓溢流上清液达到国家工业废水排放标准，含固率低，仓内浓缩后的尾砂浆质量浓度达到 70%以上，仓底不板结。制浆过程中，通过添加粉煤灰或细磨冶炼炉渣改善全尾砂的级配，利用人工火山灰质材料在水化反应中大量吸水的特性，可大大减少尾胶料的泌水率，降低水泥单耗，提高胶结体质量。

（4）膏体充填系统

膏体充填：将一种或多种充填材料与水进行优化组合，配制成具有良好稳定性、流动性和可塑性的牙膏状胶结体，在重力或外加力（泵压）作用下以柱塞流的形态输送到采空区完成充填作业的过程称为膏体充填。膏体充填料流动状态为结构柱塞流，其流变参数的获得只能靠实测或经验公式计算，不存在临界流速。膏体充填采场不需排水，在相同水泥用量下充填体强度高，未加水泥的膏体，管道停运 72 h 仍可继续启动，原则上不存在“堵管”。但使用泵送，基建投资较高，操作管理较复杂。

膏体充填系统由于采用泵压输送，在制备站除要安装泵外，在制备和计量方面也更为严格。膏体充填料的配比为 95%的全尾砂、4.5%的磨细矿渣和 0.5%的活化剂。膏体充填料的可泵性，就是膏体充填料在管道泵送过程中的工作性，即流动性、可塑性、稳定性和可泵性。流动性取决于膏体充填料的浓度及粒度级配，反映其固液的相互关系和比率；可塑性是膏体充填料在外力作用下克服屈服应力后，产生非可逆变形的性质；稳定性是膏体充填料抗离析、抗沉淀的能力；可泵性是膏体充填料泵送的一个综合性指标，一般用坍落度来判别。

4. 充填法未来发展趋势

充填采矿法从某些方面代表了国内铁矿山发展的趋势，但是充填采矿的技术研究和应用方面还存在着某些问题：

（1）创新采矿工艺，保证充填质量

充填采矿技术要结合矿山特点，矿床开采技术条件，发明或创造一些与其他采矿技术相结合的新型采矿法。对于缓倾斜极薄矿脉开采，可用矿岩分掘，废石抛掷充填空区，即削壁充填和爆力运矿相结合的采矿法。对于厚大而矿岩较稳固的矿体，可用浅孔和中深孔空场采矿法开采，采后空区采用尾砂胶结、块石胶结或高水材料充填，即阶段连续回采快速充填工艺，既降低成本，又提高效率，也做到对采空区的合理处理。

（2）开发研制低成本、高强度的新型充填固化材料

充填料的物理特性包含孔隙率、湿度、容重、粒度、固体含量及其级配、渗水度、抗压、抗剪力学强度、可压缩性等。充填体的物理力学特征与许多因素有关，主要取决于骨料的成分及其结构，胶结材料的成分及其组成方式等，它直接影响充填体的强度和采场的稳定性，涉及充填采空区必不可少的材料基本性能，因此各国都对此进行了深入研究。

（3）研制高效矿山充填设备和提高矿山充填自动控制化

矿山充填系统的自动化程度的高低直接影响和制约矿山充填采矿技术的发展，必须加强研制高效浓密设备（如高效浓密机、陶瓷过滤机、真空过滤机、盘式过滤机等），为高浓度全尾矿浆的制造提供有效保证；同时研究减少或消除充填设备磨损和腐蚀的方法。更重要的是要研制高浓度输送设备，采用压排设备输送调节各段输送压力，防止输送堵管现象。对于充填系统卸料浓度和物料流量的自动控制技术精准化，最为关键的是要研制和引进适合于矿山应用的自动化设备和仪表，建立真正意义上的自动控制系统，从而通过调节充填系统的全尾矿卸料、充填固化材料和清水等物流量来自动调节充填浓度。

（四）铁矿山地下采矿技术的未来发展方向

1. 采矿设备更大型化、自动化、智能化

采矿装备的发展特征是设备配套，机械化程度高；装备大型化、无轨化、自动化及智能化程度高；装备技术成熟。先进的地下矿采矿装备从凿岩装药到装运出矿，井下全部实现机械化配套作业，各道工序无手工操作，无繁重体力劳动；同时有效减少危险作业人员参与，降低安全事故的发生，从而创造出更大的总和效益。

2. 无废开采技术

资源浪费、地表塌陷以及垃圾废物的排放是当前铁矿床开采过程中面临的几大问题。这种开采模式不符合我国当前节约型、环保型生产模式的实际需要。因此这种局面也会随着新技术和新设备的出现而发生改变。矿山工作人员在矿床开采过程中会产生固体废弃物，因此根据废弃物的种类，做好废弃物的处理才能进一步提升采矿的综合收益。具体可以利用工业生态学原理，研发能够高效降低废石出产量的露天和地下联合的开采技术、能够完成矿山废弃材料资源化的高浓度全尾矿填充技术、赤泥胶结充填技术与自然级配废石胶结填充技术，解决废弃物问题。经过相关的试验可以发现，这些新型的无废开采技术，能够最大程度降低铁矿山废弃材料的产生，能够有效缓解铁矿山采矿工作中造成的环境破坏问题，符合我国绿色生产与可持续发展的理念，因此这也将成为我国铁矿山采矿的重要发展趋势。应加强综合回收，实现废弃物的资源化，提高废弃物的整体利用水平，努力实

现矿山固体废弃物的零排放、零堆存。

3. 深井采矿技术

随着资源的不断开采，深井采矿将会成为铁资源供给的重要手段，我国一般将深度超过1000 m的矿山称为深井开采矿山。深井的开采工作与浅部的开采工作相比，工作难度较大，面临的未知因素、不可控因素较多，在具体作业时需要充分考虑高温、高压问题，这些方面也是铁矿山采矿技术需要逐步突破的难题。

4. 复杂难采矿床的开采技术

复杂难采矿体主要包括厚大第四系（含流沙层）下矿床、大水矿床或河床下矿床、采空区环境中的残留矿体、矿（岩）松软破碎矿体以及“三下”矿床等，目前这些矿体的开采已成为必然，但由于这些矿床开采的特殊性和复杂性，亟待解决一系列的安全和技术问题。未来针对此类典型复杂难采金属矿床绿色开采需要解决协同开采工艺技术、突水防治技术、岩移监测技术及高效低成本支护技术。

5. 连续采矿技术

金属矿地下连续开采技术关系到地下金属矿的效益和效率，就是指矿块或矿房回采工艺的连续性，主要包含了矿房、矿体的连续回采、开采、连续运送及工艺连续化。换言之就是涉及落矿、出矿、矿石运搬工艺，掘进、落矿、出矿、运搬、运输等众多环节的连续作业。目前我国连续出矿、运矿技术和设备得到迅速发展，但采矿方法和工艺没有大的突破，对低层次的开采模式，偏重设备的研制和试验是正确的，但向高层次模式发展，必须加强工艺与设备的合理配套、适合连续工艺设备的合格块度标准优化、连续工艺的合理应用范围、作业集中程度的优化确定等问题理论研究，创造与连续采矿技术相适应的连续采矿理论基础。

6. 采选一体化技术

井下预选、抛尾技术。在矿石提升地面之前，在井下进行预选和预富集，抛去大部分废石，可以明显降低矿石提升量。矿浆输送技术。对于深部开采，将矿石预选后在井下破碎、研磨成矿浆，用管道输送的方法送至地表选矿厂，是一项具有发展潜力的技术。管道水力输送与其他运输方案相比，具有基建投资低、对地形适应性强、不占或少占土地、连续作业受外界条件干扰小以及自动化程度高、技术可靠等一系列优点。将选矿厂建在井下，地下选矿后直接向地面输送精矿，可大量减少废石的提升量，是解决提升难题的一个重要途径；同时，废石与尾矿留在井下用于采空区充填，实现原地利用，并减少排出地面后对生态环境的污染、破坏，是实现无废开采的重要手段；而且，地面无选矿厂和尾矿库，省去征地建尾矿库和尾矿库管理的费用，具有一举多得的作用。

综上所述，当前我国的铁矿山采矿技术发展迅速，在新技术和新设备的推动下，我国的开采系统以及采矿数字化都取得了一定成果。但我国的铁采矿依然面临一定的挑战，对此需要加大技术研究投入，加快科研成果转化，充分利用现代技术和现代设备的优势，提升开采效率，降低对环境的破坏，提高安全生产水平。

二、地下铁矿开采穿孔爆破技术的发展

（一）地下穿孔设备的发展

我国地下采场钻孔设备的发展经历了从手工凿岩到气动凿岩机、液压凿岩机、凿岩台车（牙轮钻机、潜孔钻机），从低气压潜孔钻机到高气压潜孔钻机，从钻凿小孔到钻凿大孔的革新升级历程。

新中国成立初期，我国的采矿工程基本依靠人工的手工作业方式。20 世纪 50 年代初，在最初引进的一批钻孔设备中，风动凿岩机型号主要有 OM-506、KIIM-4、TII-4，潜孔钻机主要型号有 BA-100。20 世纪 50 年代末到 60 年代初，我国成功制造出 01-30、01-38、01-45 型风动凿岩机和 YQ-100 型潜孔钻机等，地下矿山钻孔开始由手工作业转向机械化作业。

1965 年初，国家组织有关研究机构和生产厂家联合攻关，仅一年多的时间，就研制成功了 YG80 重型导轨式内回转风动凿岩机以及相配套的圆盘钻架和单机采矿钻车，并在全国地下矿山得到了迅速推广。由于 YG80 内回转机构扭矩小且不可调、易损件多、故障率高等固有缺陷，逐步被 1975 年自行研制的 YGZ90 外回转凿岩机所取代；随之，系列产品 YGZ70、YGZ40 型凿岩机相继问世，使我国当时地下采场钻孔技术与装备水平迅速提高，促进了采矿工艺的快速发展，大幅度提高了地下矿山的劳动生产率。

20 世纪 70 年代初，国外相继发展了适用于地下采矿钻凿大直径的潜孔和牙轮钻机及凿岩器具。当阶段强制空场嗣后充填采矿法（VCR 法）在国外广泛应用时，国内尚无穿凿如此大孔的设备，首先引进了瑞典的 ROC-306 高气压潜孔钻机。之后，长沙矿山研究院与嘉兴冶金机械厂对该钻机进行国产化改进，研制出 DQ150J 型高风压潜孔钻机，钻凿孔径 105~155 mm、最大 216 mm，孔深 40~42 m。

为了推广“大直径深孔崩矿法”，长沙矿山研究院于 1985 年研制出我国第一台用于深孔分段爆破掘进天井的 KY-120 型地下牙轮钻机（最大孔径为 120 mm），为牙轮钻机在我国地下矿山的应用开拓了一个新的领域，并在黄沙坪铅锌矿投入试验。随后，在 KY-120 型牙轮钻机的基础上，研制了直径 165 mm 的牙轮钻头和 KY-170 型地下牙轮钻机，钻头直径 118 mm、150 mm、165 mm 和 185 mm，钻孔深度 60 m，钻孔倾角 60°~90°，钻孔偏斜率不大于 1%；该地下牙轮钻机制成出厂后，研究成果获得国家科学技术进步奖一等奖。

随着大直径深孔采矿工艺的发展，要求全方位钻孔，孔更深，精度更高，上述钻机不能满足这种工艺要求。20 世纪 80 年代末 90 年代初，一些大型矿山相继从国外进口了多台当时在国际上处于先进水平的高气压环形潜孔钻机，比较典型的有加拿大的 CD-360 和瑞典的 Simba-261 型高气压潜孔钻机。我国 1998 年成功地开发了 T-150 地下高气压环形潜孔

钻机，它的部分技术指标已超过了进口的同类产品水平，更适用于我国地下矿山。此外，针对我国中小型地下矿山的装备水平，2000 年生产出了第一台 CS-100 型中深孔高气压地下潜孔钻机；该钻机作业效率高、生产成本低、体积小、机动灵活，特别适合我国中小型地下矿山使用，并得到推广应用。

“十二五”“十三五”期间，由矿冶科技集团有限公司（原北京矿冶研究总院）牵头组织实施的“863 项目”地下金属矿智能开采技术和国家重点研发计划项目“地下金属矿规模化无人采矿关键技术研发与示范”，开发了智能凿岩台车等系列化具有国际先进水平的智能采矿装备。其中，智能中深孔全液压凿岩台车（图 2-35），具备智能开孔、智能凿岩、智能防卡、包容寻优、频率匹配、岩石特性采集、自动接卸杆和异常工况处理等功能，可实现在无人干预下自主完成整个凿岩作业的高智能化控制，显著提高凿岩效率；在设备行走导航与炮孔定位技术、潜孔凿岩参数自动匹配及智能控制技术、自动防卡纠偏技术、多钻杆存储及智能化机械手技术、钻机智能控制与通信技术等技术研究基础上开发形成的地下高气压智能潜孔钻机（图 2-36），已实现自主行驶、全自动接卸杆、凿岩参数自动匹配、随钻参数自动采集、凿岩偏斜率自动控制、自动防卡杆等多项智能控制功能。

图 2-35 智能中深孔全液压凿岩台车及操控室

图 2-36 地下高气压智能潜孔钻机

近年来，国内涌现出志高、山河智能、红五环等一批钻孔设备厂家，各自研制了多种型号、规格的掘进台车、潜孔钻机等，有力促进了地下开采钻孔技术的进步。

（二）地下爆破技术的发展

钻眼爆破法是我国地下矿床开采的最主要破岩方法。根据爆破类型可以分为井巷掘进爆破、回采爆破、VCR 爆破、中深孔成井爆破等。

1. 井巷掘进爆破

井巷掘进爆破包括平巷掘进爆破、井筒（立井、斜井）掘进爆破。井巷掘进爆破普遍采用浅孔爆破。我国 20 世纪 50 年代开始采用微差爆破方法以改善爆破质量、降低爆破振动效应等，取得了较好的应用效果。近年来，随着绿色爆破、精细爆破、智能化爆破技术等理念的不断深入，地下掘进爆破质量得到进一步改善，爆破有害效应得到较大程度的控制。

（1）平巷掘进爆破。凿岩爆破是平巷掘进的一个主要工序，占一个循环总时间的比例为 30%~50%。地下平巷掘进爆破中，我国最早采用人工打钎方式凿岩；在 1953 年基本实现了钻孔机械化；由于气腿式轻型凿岩机具有重量轻、移位和搬动较灵活方便、每台凿岩机所占的面积较小、利于多台钻机同时钻眼和钻装平行作业、适应性强等优点，因此当时国内快速施工的掘进巷道，多数都是采用气腿式凿岩机施工；所使用的大都为国产 01-38、01-30 的钻机和株洲硬质合金厂生产的合金钎头，炮眼直径为 38~42 mm，孔深一般 1. 8~2. 0 m。由于气腿式凿岩机仍然存在劳动强度大、机械化程度较低、打眼速度和深度受限制等缺点，20 世纪 70—80 年代开始研制与装备液压凿岩机，孔径 48~50 mm，孔深可达到 3. 5~4. 5 m，进一步推动了地下矿山开采的机械化发展。

平巷掘进爆破时只有一个自由面，四周岩石夹制力很大，掏槽孔的布置极为重要。同时，掏槽方式决定掘进爆破效率优劣的关键，国内的掘进爆破研究主要集中在对掏槽孔选择与优化上，形成了倾斜孔掏槽、平行空孔掏槽和混合式掏槽三种方式。其中倾斜孔掏槽通常分为单向掏槽、锥形掏槽和楔形掏槽，平行空孔掏槽通常分为龟裂掏槽、桶形掏槽和螺旋形掏槽。20 世纪 60 年代以来，国内爆破工作者先后推出了如螺旋形、三角柱形、五星形等直孔掏槽方式。70 年代中后期，在立井和平巷掘进中进行了深孔光面爆破，对直眼掏槽进行工艺研究。由于爆破工程需要，80 年代中后期某些单位开展了直眼掏槽的理论研究。1993 年中国矿业大学北京研究生部首次将无空孔分阶分段直眼掏槽爆破应用于平巷掘进，获得成功，是平巷爆破技术中的一项重要进展。近年来，随着数值仿真模拟软件和高精度数码电子雷管的应用，平巷掘进爆破主要在掏槽孔布置方式、装药结构、起爆网路等方面取得了一定的理论和试验研究成果（图 2-37~图 2-41）。

（2）井筒掘进爆破。钻孔爆破是井筒（立井、斜井）掘进的重要方法之一。根据孔径、孔深的不同，井筒掘进爆破分为浅孔爆破和深孔爆破。其中地下深孔爆破可分为中深孔爆破和深孔爆破两种。国内矿山通常把钎头直径 51~75 mm 的接杆凿岩炮孔称为中深孔，把钎头直径 95~110 mm 的潜孔钻机钻凿的炮孔称为深孔（图 2-42）。随着凿岩设备、凿岩工具的改进，二者的界限有时并不显著；所以，孔径 75 mm 或 100~120 mm，孔深大于 5 m 的统称为深孔。随着钻孔设备机械化程度的提高，孔径和孔深都有增大的趋势。

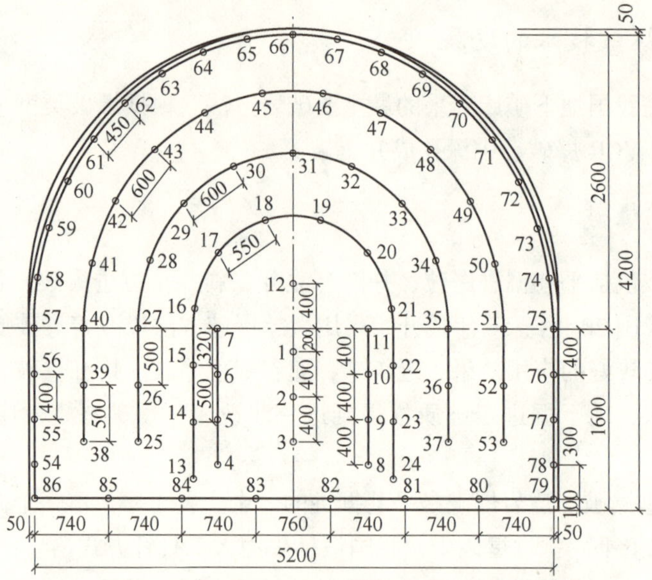

图 2-37　爆破炮孔布置

图 2-38　钻孔作业

图 2-39　爆破装药作业

图 2-40　起爆网路

图 2-41　爆破效果

图 2-42 井筒钻孔作业

深孔爆破成井技术是竖井快速施工的有效途径，是井筒机械化混合掘砌施工的重要组成部分，能够增加循环进尺并减少辅助作业时间；同时在施工安全、成本和施工进度方面均能够取得较好的效益。在超大断面竖井掘进中，深孔爆破成井技术的成井效率高、作业安全性高，因此得到了极为广泛的推广应用。大红山铁矿小断面超深箕斗竖井中深孔爆破的成功实践，对于井筒净径为 5~6 m 的小断面，采用 SJZ-5.6 型伞钻进行凿岩，有效解决了硬岩爆破成孔问题；采用改进的二阶槽眼同深、直斜眼掏槽方式进行爆破，第一阶与第二阶掏槽孔在平面内呈星形布置，深度均为 4.5 m，其中一阶掏槽孔倾斜角度 82°，圈径 1.6 m，眼距 620 mm；二阶掏槽孔圈径 1.8 m，眼距 710 mm，采用该方法不仅提高了爆破效率，而且破碎块度均匀，降低了爆破飞石的冲击。

爆破法掘进天井按照爆破方法的不同还可以分为爆破一次成井和分段爆破成井。爆破一次成井，即按天井断面尺寸，沿天井全高钻凿一组平行炮孔，凿岩工作完成后，利用大直径空孔作为初始补偿空间进行一次爆破作业就可以达到合乎规格全高贯通的天井，成井高度一般小于 10 m。分段爆破天井，是将井段划分成若干个爆破分段，由下而上逐段爆破，下分段为上分段提供自由面，爆下来的岩渣因自重下落，炮烟则经由炮孔和上部水平巷道排出，成井高度一般超过 10 m。根据分段高度可以分为高分段爆破和低分段爆破，高分段爆破分段高度大于 10 m，适用于软弱和松散的岩石；低分段爆破一次爆破的分段高度小于 10 m，适用于中等坚固以上的岩石。

深孔爆破一次成井技术主要是利用钻机一次性施工炮孔并自下而上全断面一次爆破成型的施工工艺，具有钻孔偏斜率低、凿孔速度快、设备体积小、安全可靠、工期短、费用低、人工劳动力少等优点，是目前比较先进的盲天溜井施工方法。我国早在 1958 年就开始采用中深孔爆破方法掘进天井。2004 年在大冶铁矿采用 CTC-141 凿岩台车凿上向孔，采用单螺旋掏槽方式，一次爆破盲天井 5.3 m，断面尺寸 2 m×2 m。随着该技术的推广应用，近年来在张马屯铁矿、石人沟铁矿、李楼铁矿、会宝岭铁矿等矿山天井掘进中取得较好的应用效果。

2. 采场回采爆破

根据炮孔直径、孔深的不同，地下采场回采爆破可分为浅孔爆破和深孔爆破两种。

（1）浅孔爆破。与井巷掘进爆破不同，地下采场浅孔爆破有两个自由面。浅孔爆破主要应用于地下浅孔留矿采矿法。该采矿方法在我国使用较早，也是应用范围较广的采矿方法之一。在1985年调查的120个中小型矿山，留矿法比重达到82%，其中2/3的矿山使用浅孔留矿法。

1985年3月马鞍山矿山研究院与徐州利国铁矿合作，采用浅孔爆破法进行了采场控制爆破技术的试验研究工作（控制采场顶板平整和落矿块度），工业试验取得了成功，采出矿石5万吨；爆破后采场顶板基本平整，炮后顶板检撬时间从过去的2~4 h，缩小到0.5~1.0 h，减轻了劳动强度，提高了安全程度；回采率提高10%左右，贫化率也有所降低；大块率由20%降到5%~8%，落矿材料消耗降低30%；该项试验成果在1986年通过省级鉴定。数十年来，随着凿岩设备、爆破器材的发展，浅孔爆破技术在地下矿床开采中取得较大程度的发展，对推动地下开采技术的进步起到了一定积极作用。

（2）深孔爆破。地下深孔爆破是地下矿床高效的爆破开采方法，钻孔有水平扇形中深孔、上向扇形中深孔、竖直深孔、水平深孔等多种布孔形式，广泛应用于地下空场采矿法、阶段空场嗣后充填采矿法、无底柱分段崩落法和有底柱分段崩落法等采矿方法中，并随着采矿方法、技术和凿岩设备的发展而与时俱进。20世纪70年代，随着大中型凿岩设备的快速发展以及大直径深孔爆破技术的推广应用，逐渐形成了VCR、阶段深孔、束状深孔等各具特色与运用条件的深孔爆破方法。

在空场采矿法方面，深孔爆破方式主要有分段凿岩爆破、大直径垂直深孔爆破和下向扇形深孔爆破3种，目前国内阶段空场应用较成熟的主要是前两种。采用分段凿岩爆破的矿山有金岭铁矿、李楼铁矿、金山店铁矿、大冶铁矿等；采用大直径垂直深孔凿岩爆破的矿山有周油坊铁矿等。国内著名的特大型磁铁矿马坑铁矿，矿山生产规模从2013年到2016年实现了稳步增长，逐步淘汰产量小、效率低的浅孔留矿法，发展和应用了规模化中深孔的采矿方法，分段高度15 m，采用YGZ90型导轨式独立回转凿岩机凿岩，垂直上向扇形中深孔，炮孔排距1.5 m，边孔角45°；采用多孔粒状铵油炸药，装药器装药，非电导爆管、导爆索复式爆破网路，以切割槽为自由面进行爆破，从回采进路平巷端部后退式回采，取得了显著的应用效果。

在无底柱崩落采矿法方面，1967年之后，采用深孔爆破的无底柱分段崩落法在国内金属矿山迅速得到推广应用，取得了显著的应用效果。酒泉钢铁公司、镜铁山铁矿和马鞍山矿山研究院受冶金部委托，在桦树沟矿区开展无底柱大间距高分段崩落法试验，分段高度20 m，DZY-220型装药车装药，采用单进路硐室爆破切割法和扇形深孔爆破技术等新工艺、新技术，取得较好的技术经济指标。梅山铁矿1987年着手加大分段高度和进路间距的研究，1991年由马鞍山矿山研究院、青岛建工学院、鞍山冶金设计研究院组成联合攻关组，采用小抵抗线大孔距崩矿技术、孔底起爆技术等，极大地提高了矿山生产能力和效率。

随着中深孔凿岩设备和无轨出矿设备性能的不断提高，分段爆破高度已从采矿方法引进时的 10~13 m 发展到目前的 30 m，其中小官庄铁矿 15 m，北洺河铁矿 15 m，大红山铁矿地下二期最大分段高度达 30 m，是目前我国分段高度最大的矿山。

3. VCR 爆破

VCR 采矿法（Vertical Crater Retreatminingmethod）全称为垂直深孔落矿阶段矿房法，该方法应用了美国利文斯顿于 1956 年提出的以能量平衡为准则的岩石爆破破碎的球状药包漏斗爆破理论。1974 年该采矿法在加拿大涅瓦克矿矿柱回采时取得了成功，得到了多国采矿行业的高度重视，随后各国逐步推广应用，取得了较好的爆破效果和经济效益。

1983 年我国在凡口铅锌矿首先试验 VCR 法爆破成功，通过使用 ROC-306 型或 DQ-1509 型高风压潜孔钻机凿岩，高威力乳化炸药崩矿，移动式碎石机破大块，同时配以高阶段深孔落矿技术、梯段崩矿爆破技术，使采场生产能力达到 580~730 t/d，采矿直接成本降低 44%~54%。之后，VCR 采矿法先后在国内的安徽草楼铁矿、青海肯德可克铁矿等多个大型矿山得到了广泛推广应用，推动了我国采矿技术的发展。

草楼铁矿 2007 年 7 月 18 日建成投产，该矿在充分应用 VCR 侧向崩矿爆破原理的基础上做了相应改进，由分层爆破改为全孔一次爆破。以 VCR 切槽形成主自由面后，全孔空气间隔装药，一次起爆，每次爆 2~3 排；炮孔直径 165 mm，孔深 60 m，孔网间距遵循“大孔距、小抵抗线”原则，进行了单孔和双孔同段爆破漏斗试验，大大减少了每次分层爆破的清孔、堵孔工作，降低了导爆索的消耗量，提高了单次爆破的回采落矿量，缩短了整个矿房的回采周期。

40 多年的实践证明，VCR 采矿法具有生产能力和效率高、成本低、作业条件安全、切割工程量小等优点，已在矿山开采中广泛应用。

（三）地下穿孔爆破技术发展趋势

（1）地下穿孔设备发展趋势。目前，国外采矿业比较发达的国家基本实现了中深孔全液压化、大直径深孔高气压化。随着大功率液压凿岩机的问世，全液压钻进技术正向大直径深孔方向发展。国外地下钻机在完善机械、液压技术的同时大量引入了自动控制、程序控制以及无线遥控技术，大大改善了操作环境，提高了设备作业效率。近年来，虽然我国地下穿孔设备得到了快速发展，大幅提升了地下开采技术的进步，但与国外尚有很大差距。为提高我国地下矿山钻孔技术与装备水平，需紧跟国际穿孔设备的发展趋势，采用 5G+、人工智能、北斗高精度定位等先进技术，继续加大潜孔钻机高气压化、中深孔钻机全液压化、钻孔设备智能化和水力化等方面的研发力度，逐渐缩小与国外的差距，实现跟跑、并跑到领跑的全面突破和发展。

（2）地下爆破技术发展趋势。随着地下采矿技术和钻孔装备等的快速发展，对于进路式开采方式，水平深孔高效掏槽爆破技术是未来主要发展方向之一；对于厚大矿体，与阶段空场嗣后充填法相适应的大分段、高阶段和大孔径深孔爆破技术是今后地下爆破技术的重要发展方向，同时受规模化爆破开采危害控制需要，亟须进行低扰动爆破技术研究工作。此外，地下传统爆破技术将逐渐向精准爆破、绿色爆破和智能化爆破方向发展，以大幅改善地下爆破质量和井下空气环境，提高智能化爆破效率和生产安全，降低作业人员的劳动强度，最终实现无人化的智慧爆破开采。

三、地下铁矿开采运输技术的发展

井下运输是指用机械设备从采场的出矿点将矿石和废石运输到井底车场、箕斗井矿仓或地面的作业。运输方式分有轨运输和无轨运输两类。有轨运输常用的是电机车牵引矿车列车沿轨道运输。中国的地下开采铁矿山主要是采用这种运输方式。无轨运输是 20 世纪中期发展起来的，短距离运输采用铲运机或前端装载机，长距离运输采用铲运机或前端装载机与地下矿用自卸式汽车或带式输送机配合运输。

（一）矿井运输现状

运输系统在地下矿山生产中占有极其重要的地位，通过运输可将各个环节连成一个有机整体，从而保证矿山正常生产。采场出矿经历了“人工—有轨—无轨”运输技术的发展历程，形成了从有轨为主、无轨为辅逐渐向无轨为主、有轨为辅的新局面。地下矿山采用无轨自行设备运输始于 20 世纪 60 年代，随着地下无轨设备的完善，地下无轨开采技术得到了迅速发展，推动了地下开采工艺的变革，是目前地下开采的发展趋势。采场短距离出矿采用铲运机运输，具有操作方便、工作可靠、出矿效率高、运行灵便等优点；井下长距离运矿采用地下汽车，目前国外应用较多，国内较为少见。在总体上向大型化、大负载高度自动化方向发展是矿井运输的未来总趋势。

（二）矿井运输的机械化发展现状

我国矿井运输机械发展不均衡，与主运输机械相比，辅助运输机械发展较为缓慢，矿井主运输机械智能化水平高于辅助运输机械。我国矿井辅助运输机械起步较晚，虽然部分机械设备已达到国际先进水平，但总体来看，我国矿井辅助运输机械产品质量不稳定，可靠性有待进一步提高，部分关键零部件依赖进口，多数矿井的辅助运输机械智能化水平与矿井的整体智能化水平严重不符，成为矿井智能化发展的薄弱环节，是制约矿井无人化的瓶颈所在。

（三）铲运机的发展

矿山铁矿石的开采，运输工序时间约占 60%，随着铲运机的出现和广泛应用，地下矿山进入规模化开采阶段。随着科技的发展，20 世纪 70 年代国外地下铲运机技术已渐趋成熟，形成了系列化产品。但铲运机都是柴油机驱动的内燃铲运机，需采用低污染柴油机并在机上设置柴油机尾气净化装置，加大地下通风量来稀释柴油机尾气，并将其排出坑外，以便为矿山提供合乎卫生标准的作业条件，从而使矿山通风费用几乎成倍增加。如果用电动铲运机取代所用的全部内燃铲运机，则所需通风量可减少一半以上。

20 世纪 90 年代地下铲运机迅速发展，采矿界已逐渐不再强调铲运机向大型化发展的问题，而是把更多注意力集中到设备性能的改善、提高可靠性和现代化的问题上来。进入21世纪，地下铲运机在经历了将近40年的发展和技术进步之后，已经进入成熟发展阶段。目前世界铲运机主要生产厂家有山特维克·汤姆洛克（Sandvik Tamrock）公司、阿特拉斯·科普柯·瓦格纳（Atlas Copc Wagner）公司及G. H. H. 公司。

地下铲运机是用于地下作业的一种矮车身，中央铰接前端装载的装、运、卸联合作业设备。它与其他的地下装载设备比较具有下列优点：

（1）生产能力大，效率高。2 m^3 的地下铲运机的生产率比同等条件下的电耙或T4G高出1~4倍。出矿成本也有所下降。

（2）机动灵活，活动范围很广。以柴油为动力的地下铲运机，摆脱了轨道、风管或电缆的束缚。采用铰接车架，转弯半径小，它适合于狭小的矿山巷道和场地的作业条件。又由于牵引力大，可爬很陡的坡，很适合在井下作业。

（3）改善了司机的作业条件。司机室都是按照人机工程学原理设计的。使司机操作更舒适更安全。特别是大量的电子技术、计算机技术在地下铲运机中得到广泛使用，自动化程度越来越高，大大减轻了司机的疲劳，改善了作业环境，提高了生产率。

但地下铲运机的缺点是：轮胎磨损比较严重，废气净化问题需进一步解决，维修费用比较高，对工人与管理人员的素质要求高。

我国地下铲运机经历了引进、合作制造、自主开发、发展和创新4个阶段。

1. 引进阶段

从1975年开始，原冶金部分批从波兰引进LK-1型、斗容2 m^3 内燃铲运机105台，分别在寿王坟、小寺沟、丰山、红透山、中条山等铜矿及梅山、符山、尖林山、弓长岭等铁矿使用；1976年，冶金部又从芬兰引进TO-RO100DH型、斗容1.3 m^3 内燃铲运机12台，用于有色金属矿山。这是我国最早引进的两种地下铲运机，取得了良好的效果。随后，我国掀起了无轨化采矿的热潮，原冶金部又于1979年从德国引进LF-4.1型、斗容2 m^3 内燃铲运机61台；从法国引进CT1500型、斗容0.83 m^3 内燃铲运机23台和CT6000型、斗容3.8 m^3 内燃铲运机20台，用于9个有色金属矿山；原黄金局于1980年从美国引进斗容0.76 m^3 的HST-1A型内燃铲运机7台，EHST-1A型电动铲运机5台，用于黄金矿山。此外，还有1台法国TLF-4型内燃铲运机在程潮铁矿试用。

20世纪80年代中期以来，随着我国矿山无轨化开采技术的发展及一批采用无轨化开采的新型矿山上马，对大中型铲运机的需求增长，我国陆续引进了不同厂家（Sandvik公司、Atlas Copco公司、E. M公司、艾姆科公司、G. H. H. 公司）、技术先进的新型铲运机300台以上，其中以中型铲运机为主。

2. 合作制造阶段

从1985年开始，衡阳有色冶金机械总厂、长沙矿山研究总院、北京矿冶研究总院合作，引进美国EIMCO公司922D型、922E型、928D型地下铲运机全套技术资料和部分硬件，并同美国EIMCO公司合作生产数十台上述三种型号地下铲运机，而且都分别通过中国有色总公司组织专家鉴定，荣获部级科学技术进步奖二等奖。1990 年前后又与美国 Wagner 公司合作，生产 2 台 ST-5C 型、6 台 ST-3.5 型柴油地下铲运机。后来金川有色公司又同德国 G. H. H. 公司合作，生产 LF-12.3 型、LF-4.5 型、LF-9 型地下铲运机。通过引进和同国外合作生产，为发展我国地下铲运机创造了一定条件。

3. 自主开发阶段

20 世纪 70 年代中期，长沙矿山研究院分别与厦门工程机械厂和柳州工程机械厂（天津工程机械研究所）合作，在 ZL40 型和 ZL50 型基础上，改型研制成功了 DZL40 型和 DZL50 型地下内燃铲运机，分别于 1979 年和 1980 年通过部级鉴定，各自生产了 33 台和 14 台，但均于 20 世纪 80 年代后期停止生产。随后，长沙矿山研究院、北京矿冶研究总院、中钢集团马鞍山矿山研究院、衡阳有色冶金机械总厂（后加入中钢集团，改名为中钢集团衡阳重机有限公司）、南昌矿山机械研究所等院所与南昌通用机械厂（后改名为江西凯马有限公司）、沈阳有色冶金机械厂、嘉兴冶金机械厂、吉林省冶金机械厂、太原矿山机械厂、锦州矿山机械厂、江西拖拉机厂等制造厂合作，先后研制出斗容 0.4~6.1 m^3 的地下铲运机 30 余种型号。

20 世纪 90 年代中期以来，中钢集团衡阳重机有限公司、江西凯马有限公司、金川金格公司、北京安期生技术有限公司、安徽铜冠机械股份有限公司成为我国生产地下铲运机主力军，同时也带动了许多小地下铲运机制造厂的发展。他们分别研制生产了一批具有国外 20 世纪 90 年代铲运机水平，斗容 0.4~6.1 m^3 的共 8 种规格柴油地下铲运机，0.4~4 m^3 共 7 种电动地下铲运机。它们的共同特点是：地下采矿用道依茨风冷、水冷低污染柴油、康明斯水冷直喷发动机，低功率少量采用国产水冷直喷柴油机；微型地下铲运机采用静液压传动，微型以上地下铲运机采用 DANA 公司液力机械传动装置（其中 2 m^3 以下地下铲运机驱动桥全部采用国产），全封闭湿式多盘制动器、NO-SPIN 防滑差速器、工作装置液压系统采用双泵合流、先导控制等技术。

4. 发展和创新阶段

经过 30 多年的不断努力，我国地下铲运机技术已趋于成熟，日渐与世界水平同步，主要表现在以下几方面：

（1）地下铲运机的生产逐步形成标准化、系列化、专业化及通用化。地下铲运机由引进到试制发展到今天基本形成了斗容 0.4~6.1 m^3 铲运机系列，产量由几台发展到今天的几百台，质量也有很大提高，由全部进口发展到部分出口；由于推行专业化和通用化，使整机性能和零部件的可靠性、耐久性大为提高，与国外铲运机的差距逐步缩小。我国现已拥有 60 多种型号的铲运机 3000 台左右（国产铲运机占 50%以上），并以每年 10%以上的速度增加，其中以柴油机为动力源的约占 60%，居主导地位。

（2）在柴油机尾气净化方面进行了大量实验研究工作，取得了显著成效。长沙矿山研究院于 20 世纪 70 年代末到 80 年代初对柴油机废气监测及净化问题进行了大量研究工作，对不同类型柴油机在各种工况下以及采用不同类型净化器的排污指标进行了大量的台架试验和研究，在此基础上，先后对符山、大冶、丰山、红透山、弓长岭等矿的60余台LK-1型内燃铲运机进行技术改造，用低污染柴油机取代原有的直喷式普通柴油机，并采用先进的蜂窝状催化器和水洗箱进行两级净化，使其排放指标达到了当时规定的标准。

（3）成功进行了电动铲运机的研制，形成了系列产品。为摆脱内燃铲运机尾气污染的困扰，我国自20世纪70年代末期开始自行研制拖曳电缆供电式电动铲运机，80年代以来，先后研制了斗容0.4~4 m^3 的国产电动铲运机系列产品。

（4）铲运机自动化的研制和使用。为了解决采空区残矿回收和危险作业地点的出矿问题，长沙矿山研究院从1983年开始研制遥控铲运机，先后研制成功YK-1型、YK-2型、YKCY-1.5型、WJD-1.5Y型遥控铲运机并在矿山试验和使用。目前，北京科技大学也研制出2 m^3 遥控地下铲运机，北京矿冶研究总院正在承担国家科研项目——无人驾驶地下铲运机的研发。

（5）矿用耐切割轮胎的研制和全面推广使用。从20世纪80年代初开始，长沙矿山研究院与河南轮胎厂合作研制耐切割光面轮胎，先后研制成功10.00-20-14PR、12.00-24-16PR、14.00-24-24PR等3种光面耐切割工程轮胎，及18.00-25-32PR无内胎耐切割工程轮胎，均已通过部级鉴定，在全国全面推广。这4种耐切割轮胎，可满足斗容0.75~4 m^3 地下铲运机的需要，使用寿命比普通工程轮胎或载重汽车轮胎提高2.34~9倍，基本解决了铲运机在我国推广所遇到的轮胎使用寿命低、消耗费用偏高的问题。随后，河南轮胎厂又研制成功7.50-15-14PR耐切割工程轮胎，解决了斗容0.38 m^3 微型铲运机轮胎配套问题。目前，天津、贵阳、山东不仅能生产18.00PR以下的矿用轮胎，而且还能生产18.00PR以上各种矿用轮胎，已完全能满足了国内各种地下铲运机的需要，而且已出口到国外。

（6）研制和检测手段日臻完善，接近世界当代水平。我国地下铲运机的发展从无到有，从小到大，从引进到创新，具有自主知识产权，基本完成地下铲运机系列化，产品质量和自动化水平不断提升，而且开始出口越南、朝鲜、蒙古、巴基斯坦、秘鲁、智利、俄罗斯等国家。

5. 地下铲运机发展趋势

进入21世纪以来，我国地下铲运机发展趋势除与国外基本同步外，还应结合我国的特点，进行技术创新：

（1）吸取国外先进技术，进一步提升国产铲运机的质量。铲运机是地下矿山中结构很复杂的先进设备之一，它集机、电、液压等技术于一身，应针对国内已有品种、规格在使用中暴露出的薄弱环节，进一步提升国产地下铲运机整机性能及主要零部件的可靠性、耐久性，达到国外同类产品水平。

（2）在国产铲运机上普遍采用国外铲运机行之有效的先进技术。

（3）广泛应用计算机辅助设计（CAD）和辅助制造（CAM）技术，应用计算机多媒体技术，进行铲运机整体参数及结构的动态优化设计。

（4）完善拖曳电缆式电动铲运机，发展550~1000 V电压级电动铲运机，研制安全可靠的漏电监测保护装置，采用新型高性能耐磨电缆。

（5）更加注重安全环保和节能。在地下铲运机整机、操作和监测显示系统、驾驶室等方面普遍按人机工程学和安全标准的要求进行设计，使操作人员更加舒适和安全。

（6）视距、视频内操纵的遥控铲运机将得到应用和发展。

（7）全自动式铲运机开始研制，由地面远程控制的地下铲运机作业全盘自动化在不久的将来将成为现实。

（四）地下电机车

地下铁矿阶段运输水平一般采用轨道运输，电机车牵引矿车。

（1）轨道运输的优点是运输能力大，运距不受限制，运营成本低，调度灵活，能分别运输多种矿（岩）石及其他物料。其缺点是间断性运输，适用的线路坡度一般为0.3%~0.5%，线路坡度大时难以保障运输安全。由于轨道运输优点突出，今后仍是地下矿水平运输的主要方式。

（2）现状：自1882年德国西门子公司制造出世界第一台4.5 kW矿用架线式电机车以来，工矿电机车在国内外矿山得到广泛应用，迄今已有120多年的历史。我国20世纪50年代开始窄轨工矿电机车的生产，经过50多年的发展，已能生产1.5~45 t黏着重量，具有电阻调速、斩波调速、变频调速功能的各种类型电机车，产品的品种、规格齐备，可满足国内矿山的需要，并有少量出口。

（3）发展趋势：随着计算机技术和电力电子技术的发展，各国对窄轨工矿电机车作了不少改进和升级换代，增大电机车功率，推出了新型电气传动方式，在满足机车安全可靠运行的前提下，改善技术经济指标，实现重型化、高速化和无维护化。

1）品种规格的多样化和机车结构的模块化。产品系列化可解决用户多样化的需求问题，而产品模块化则可缩短生产周期，降低制造成本，在短时期内装配出大量不同品种规格的车型。例如，德国鲁尔煤矿公司就有采用模块化结构组成不同形式的电机车，既可以组装成两端带司机室的15 t机车；还可以组装成两套动力装置，每端有一个司机室的2×15 t机车；还有通过连接器组装的车型。

2）电气传动设备的交流化。目前，窄轨电机车的电气传动设备也朝着微机控制的交流传动方向发展，国内外厂家均已研制出交流传动的窄轨电机车。如德国西门子等公司为鲁尔煤矿公司生产了交流传动防爆矿用蓄电池机车，兰州机车厂研制了XK-18型交流传动窄轨蓄电池机车等。

3）关键部件的免维护化。电机车的牵引蓄电池、牵引电动机及其传动装置，是决定机车是否正常运行的关键部件。由于窄轨电机车工作条件相当恶劣，在矿井内就地进行维护是相当困难的，提高关键部件的可靠性，采用免维护或少维护技术，增加产品寿命，是窄轨工矿电机车的发展趋势。

（五）地下矿用汽车现状

1. 现状

我国先后从美国Atlas Copco Wagner公司、德国G. H. H. 公司、芬兰Sandvik Tamrock

公司等地下矿用汽车生产商引进了多台地下自卸汽车。国内研制地下矿用汽车始于20世纪70年代中期，但由于当时基础水平所限，研制工作没有达到预期效果。进入20世纪80年代以来，我国地下矿用汽车的研制水平有了提高。但目前我国地下矿用汽车的研制还处于初期阶段，无论是品种还是数量、规模，远远满足不了国内地下矿山发展的需要，必须加大投入力度，研制较可靠的、较实用的地下矿用汽车。

2. 发展情况

北京矿冶研究总院、长沙矿山研究院、北京科技大学、太原矿山机器厂、金川有色金属公司等单位先后研制出符合我国地下矿山实际情况的JZC-8型、JZC-10型、DKC-12型、UK-12型、DQ-18型及JKQ-25型等多种型号地下矿用汽车，并在我国一些地下矿山得到了应用，发挥了重要作用。发动机采用德国道依茨公司生产的F6L912W型和JZC-8型、JZC-10型、DKC-12型三种机型，由北京矿冶研究总院机械制造厂和石家庄新华矿冶机械厂制造。发动机采用德国道依茨公司生产的F6L912W型和F6L413W型低污染风冷柴油机，采用机械液力传动，该传动具有较好的牵引性能和爬坡能力，最大爬坡能力达30%的坡度，由于采用前后各四挡的动力换挡变速箱，减少了传动系统的冲击，使传动平稳、可靠。DQ-18型地下矿用汽车原来是长沙矿山研究院设计、南宁重型机器厂制造的，现由湖南有色重型机器有限责任公司制造。发动机采用德国道依茨公司的8L413W型低污染风冷柴油机，机械液力传动，四轮驱动，动力匹配合理，具有较大的爬坡能力。JKQ-25型地下矿用汽车是金川机械制造有限公司和北京科技大学共同研制的车型，发动机选用德国道依茨公司的F10L413W型低污染风冷柴油机。传动系统采用Sicer公司生产的变矩器、变速箱和驱动桥，净化系统采用机外净化，配备了加拿大ECS废气净化系统，以保证排放达标。该车型整体性能达到了设计要求，质量可靠，故障率低，在金川有色金属公司承担了替代进口设备的地下矿运输任务。

国内还有一些制造厂研制地下矿用汽车，如太原矿山机器集团有限公司、衡阳力达铲运机制造有限公司、南昌矿山机械研究所和济南重型机器厂等。

3. 发展趋势

（1）大型化与微型化。实践表明，大型地下矿用汽车具有生产效率高，燃油消耗少，运营成本低等特点，可以大幅度提高地下矿山劳动生产率和经济效益。今后地下矿用汽车大型化是地下矿用汽车发展趋势之一。同时一些厂家的产品也向着微型化的方向发展，以适应小型矿山、黄金矿山以及一些特殊条件的矿山（如核工业原料矿山）的需求，逐步发展成无人驾驶的、遥控的地下矿用汽车。

（2）自动化与机电液仪一体化。国外新型的地下矿用汽车或铲运机都应用了现代汽车技术的最新成果。电控柴油机在地下矿用汽车上得到了广泛的应用。

（3）安全可靠的制动技术。地下矿用汽车的制动器由全封闭多盘湿式制动器逐步发展到具有国际先进水平的弹簧制动、液压松闸全封闭多盘湿式制动器新技术。液压制动系统已大大简化，不需要第二制动管路和系统，集行车制动、驻车制动和紧急制动于一身，无须另加停车制动器，简单、安全、可靠，非常适合地下矿山运输要求。

(4) 前后车架摆动形式。以往地下矿用汽车以前桥摆动居多，现在逐渐向着前后车架中央铰接，靠中间回转支承使前后车架绕车辆纵轴相对摆动形式发展。这种摆动形式的车架质心低，车厢容易布置，车辆在行驶、装料、卸料等工况的稳定性都有极大的改善，且这种摆动方式四轮始终着地，车辆所有质量均是附着重力，极大地改善了牵引附着性能；同时，转向半径小，机动性好。

(5) 卸料方式多样化。地下矿用汽车大部分采用后倾翻式卸料，这种卸料方式可以边行驶边卸料，卸净率高，卸载方便、效率高。当卸载空间受到限制时，采用伸缩式车厢卸料。当需要侧卸时，采用侧卸式车厢。装卸不同密度的物料时也可设计成多种容积的车厢供选用，以满足不同运输条件的要求。

(6) 逐步实现零污染。地下矿用汽车最理想的动力源是电力或天然气发动机等零排放动力，以改善地下矿山运输环境。这也是今后地下可矿用汽车的发展趋势。也可设计成混合动力汽车，在井下运输时采用零排放动力，如蓄电池、燃料电池、机械电池、天然气发动机等，露天运行时切换成柴油机，这样可极大改善井下环境。

(7) 以人为本，高度重视人性化操作环境。地下矿用汽车总体设计时应特别注重采用人机工程学原理和技术进行计算机仿真研究和设计，驾驶室采用隔热、隔音全封闭结构，座椅采用可调节的油气悬架系统，安全、舒适，操纵简单省力，快捷高效；引入电子监控仪表盘，声光信号报警等人性化的设计理念，为操作人员创造安全舒适的作业环境。

(8) 地下矿用汽车信息管理系统和无人驾驶技术。近年来，国外大型矿用汽车借助于全球定位系统 GPS、GS 和 GPE 等信息技术和高性能的数据通信网络技术，开发了大型计算机管理软件，对车辆的各种参数进行了智能化实时监控和管理，使资源实现了极大的共享，极大地提高了管理效率，降低了管理成本。这也是地下矿用汽车 21 世纪的发展趋势。

(六) 深井运输发展方向

经过长期发展，在深部开采中，绝大多数矿井借助轨道运输、胶带运输机或无轨设备等，传统敞开式胶带运输系统虽然结构简单，但是极易导致扬尘和滑落，污染井下环境，爬坡能力差，安全系数低。如今 SiCON 公司研发了封闭式胶带运输系统，可防止运输中的滑落和扬尘，运输速度可超过 3 m/s，提升坡度能达到 36°，适当改进该系统有望在未来应用于深部开采的矿石运输提升中；与此同时，也出现了磁悬浮升降机提升这种创新性的构想，但仍需开展深入细致的研究。这些新技术、新方法及新工艺给矿井运输提升领域注入了新鲜血液，极大地促进了运输技术、方法及工艺的创新和革新。

四、地下铁矿开采提升技术的发展

(一) 竖井提升发展

竖井提升按提升容器类型可分为罐笼提升、箕斗提升和混合井提升。

1. 罐笼提升

罐笼井，除提升矿石外，也可提升废石、升降人员、设备、材料并作为进风井。它具有多功能的特点。但这种提升容器也有提升能力小、矿车上下罐笼复杂、劳动强度大、用人多和提升费用高等缺点，故大中型矿山多作为副井，仅小型矿山作为矿石提升井。另外，对于具有黏结性、结块性，不适于用溜井放矿和箕斗提升的矿石或不宜于过分粉碎的矿石也可用罐笼提升。罐笼作为主要提升井时，由于一井多用，在生产能力计算上要留有充分的余地，以确保矿山正常生产。罐笼一般用于矿井的副井提升。罐笼的类型按提升钢绳的数量分为单绳罐笼和多绳罐笼。单绳罐笼的形式多是单层单车和双层单车的 1 t、1.5 t 和 3 t 系列罐笼，其结构必须备有防坠器，主要用于中、小型矿井提升。多绳罐笼的形式有每层装 1 辆或 2 辆矿车的单层、双层、3 层和 4 层罐笼，在国内双层罐笼应用较多，4 层罐笼极少应用。

在国内的提升容器发展过程中，罐笼更新换代较快，旧式罐笼正在逐渐淘汰。罐笼主要是由悬挂装置、罐体、导向装置、罐内阻车器、罐门等组成。单绳罐笼还配有防坠器和淋水棚，多绳罐笼带有首尾悬挂装置。从标 66 系列、T77 系列、B86 系列到近年出现的新形式罐笼，其结构形式逐步由复杂到简单，并且更加安全可靠。虽然现在国内各种形式的罐笼仍在使用，但为适应各自铁矿生产的需要，需对罐体结构、导向装置、罐内阻车器、罐门等进行改造。

2. 箕斗提升

箕斗井，大型和特大型以及开采深度大的中型矿山，多采用箕斗提升矿石。箕斗提升能力大、效率高、成本低，但工程量大、投资高。箕斗除提升矿石外也可兼提废石。用箕斗提升废石可减轻副井提升的压力，并可简化副井上下罐的设施。废石量很大的矿山，也可设专提废石的箕斗提升系统。箕斗井一般不得作进风井。用箕斗提升矿石的矿山，箕斗井作为主井，而罐笼提升作为副井，用于提升人员、设备和材料。用箕斗井提升矿石的矿山，其罐笼井（或斜坡道）既可与箕斗井集中布置，也可以分散布置。集中布置时其主，副井的距离不应小于 30 m。

集中布置的优点：工业场地集中，节省占地面积，简化地面和井下车场布置，减少地面土石方量、井下开拓工程量和投资，又便于生产管理；有利于基建施工及井延深-粉矿回收和集中排水；井下运输和排水方向一致，有利于巷道施工。

因此，只要厂址可以布置，应尽量采用集中布置。只有受厂址、地形、废石排放和副井石门太长等条件限制，不能集中布置时，才采用分散布置，如安庆铜矿采用分散布置。

箕斗是提升矿石或废石的单一容器。箕斗按卸载方式分为底卸式、翻转式和侧卸式箕斗。竖井提升主要采用底卸式和翻转式，竖井提矿箕斗按提升钢绳的数量分为单绳提矿箕斗和多绳提矿箕斗，其中多绳提升一般采用底卸式；单绳提升既可采用底卸式，也可采用翻转式。斜井提升主要采用后壁卸载式和翻转式。竖井还是斜井提升用的箕斗形式不同，均需借助卸载装置进行卸载。我国铁矿普遍采用 JLG 系列单绳箕斗。近年因深井与大型矿井的出现，竖井多绳箕斗配合摩擦轮提升机提升矿物得到广泛应用，并且箕斗有大型化发展的趋势。

与罐笼提升相比，箕斗的优点是自重小，使提升机尺寸和电动机功率减小，效率高，井筒断面小，无须增大井筒断面就能在井下使用大尺寸矿车，箕斗装、卸载时间短，生产能力大。其缺点是必须在井下和井口矿仓设装卸载装置，井架高度较大，箕斗不能运送人员，必须另设提升人员的设备。箕斗井不能作为进风井。

第一代箕斗。我国20世纪70年代设计的系列箕斗多为曲轨翻转底卸式，目前这种箕斗使用仍为普遍。其主要结构特点是箕斗底部设有一扇形闸门装置，闸门结构为曲轨连杆下开式平板闸门，卸载方式为曲轨卸载。箕斗在卸载时，卸载曲轨首先打开连杆自锁机构，同时平板闸门向下翻转进行卸载。缺点是箕斗在运行中，在闸门自重和矿压作用下，箕斗的主要结构可能会出现意外，自动打开扇形门，打开后溜嘴超出箕斗外廓，造成箕斗装矿溜嘴及井筒装备损坏；由于闸门由曲轨连杆机构自锁，在开闭过程中冲击较大，易造成闸门损坏，检修工作量大。

第二代箕斗。即外动力开闭垂直平板闸门箕斗，可以克服老式系列箕斗的缺点，其主要结构特点是闸门为一个能在斗箱侧壁导轨中垂直运动的平板。在闸门关闭时，闸板为斗箱的一部分，并承受箱内矿压。闸门的开启和关闭均由安装在井架上的卸载装置来实现。其卸载方式为当箕斗到达卸载位置并停稳后，依靠外动力（气缸）将门打开。其优点是闸门结构简单，质量小，不伸出箕斗外廓，没有卸载滚轮，斗箱卸载口不收缩，提高了有效容积。

外动力底扇形闸门箕斗主要结构特点是扇形门安装在斗箱底部。闸门的开启和关闭均由安装在井架上的卸载装置来实现。其卸载方式为闸门开闭装置安装在井口的卸载点上等箕斗停稳后，依靠外动力打开门卸载。其优点是闸门不会因自重和荷载压力自动打开，开后闸门也不会超出箕斗外廓。缺点是卸载装置复杂，需要外动力操纵，休止时间长。

第三代箕斗。为克服一、二代箕斗的缺点，我国又研制开发了曲轨自动开闭侧底扇形闸门上开式箕斗。第三代箕斗卸载无须外动力，整个卸载过程实现自动化。箕斗进入曲轨时，闸门即开始打开。箕斗至停罐位置时，卸载时间已进行了20%～30%，缩短了箕斗的休止时间，即缩短了箕斗一次提升循环时间，从而为铁矿增产增效提供了有利的条件。

目前我国铁矿大多使用JD系列多绳提矿箕斗，部分矿井使用适合本矿井生产条件的非标准多绳提矿箕斗。1993年颁布了JG系列和JL系列大型多绳提矿箕斗标准。通过对JD系列箕斗的自我完善和改造，来提高JD系列箕斗自动卸载的可靠性和安全性。

3. 混合井提升

混合井是指箕斗和罐笼两种提升容器同时布置在一个井筒中。按提升方式分主要有两种：

（1）两套提升机分别提升箕斗、罐笼，并配有平衡锤的提升方式，多适用于大中型矿山；

（2）一套提升机提升箕斗和罐笼，且互为配重的提升方式。

冶金矿山一般采用第一种提升方式，其优缺点如下：

优点：混合井共用一个井架（塔），工业场地占地面积小，混合井具有箕斗和罐笼提升的双重优点，它比主、副井分开布置开拓工程量少，投资省，粉矿回收方便，管理集中，在某些条件下混合井开拓可与胶带输送机斜井开拓相媲美。

缺点：箕斗在提升和卸矿的过程中有时撒矿，粉尘大，威胁井底车场作业人员的安全，并有砸坏井筒中的管道、电缆的可能；两套设备不同时检修时，对生产互有影响，竖井延伸影响生产。

20 世纪 50—60 年代，我国有些有色冶金矿山设计采用了混合井开拓，在生产中暴露出一些问题，使其应用受到影响。为了克服上述缺点，有的矿山采取以下措施：将两套提升设备在井筒中自上而下全部隔开。当混合井采用多绳提升时，应及早研究处理好延伸井筒的措施。有条件时，竖井一次建成。

（二）斜井提升发展

1. 斜井箕斗提升

斜井适用于缓倾斜和倾斜矿体，特别适用于倾角为 15°~40°层状矿体的开拓。对于急倾斜侧翼倾覆的矿体可采用侧翼斜井开拓，急倾斜矿体可采用伪倾斜斜井开拓。

过去，斜井采用有轨提升方式，提升能力小，经营费用高，提升系统安全性差，机械化程度低，主要用于矿体埋深浅的中小型矿山，且小型矿山居多。近年来随着装备的发展，高强度带式输送机的出现，其提升运输能力很大，可用于大中型矿山，效率高、成本低，实现连续运输，扩大了斜井的应用范围，出现了带式输送机斜井开拓。

按斜井提升运输设备不同，其适用条件见表 2-4。

表 2-4　斜井提升运输设备及其适用条件

提升运输设备	一般适用条件（斜井倾角）
矿车组斜井提升	25°~30°
带式输送机斜井运输	≤18°
箕斗或台车斜井提升	30°

（1）优缺点、适用条件及遵循的基本准则

箕斗斜井提升与矿车组斜井提升相比，优点是运行速度快、提升能力大、机械化和自动化程度高、稳定性好、作业安全；缺点是井下需设箕斗装载硐室和矿仓，地面需构筑卸载等设施。箕斗斜井功能比较单一，还需要另掘副井，以便提升废石、升降人员、上下材料设备以及敷设电缆及架设有关管路等。

（2）适用条件

箕斗斜井适用于提升量为 0.3~0.6 Mt/a 的矿井，斜井倾角一般大于 25°~30°。国内使用箕斗斜井提升的矿山较少。

我国应用的斜井箕斗有前翻式、后卸式和底卸式三种。前翻式又称翻转式箕斗，结构简单、坚固、质量轻，适宜提升重载，地下矿应用较多；但卸载时动荷载大，有自重不平衡现象，卸载曲轨较长，在斜井倾角小时，装满系数低。前翻式箕斗适用于斜井倾角大的小型矿山。后卸式比前翻式箕斗适用范围广，动载荷小，卸载比较平稳，斜井倾角小时其装满系数大；但结构较复杂，卷扬道倾角过大时卸载困难。底卸式箕斗卸载容易，但结构复杂、自重大，底卸式箕斗在斜井中很少采用，仅在斜井倾角不大时选用。

2. 斜井矿车（串车）提升

矿车组（串车）斜井，按其用途可分为主斜井、副斜井和混合斜井。主斜井用于提升矿石；副斜井用于提升废石．运送设备材料、人员上下等，或兼作通风排水用；混合斜井兼作主井和副井之用。

（1）优缺点、适用条件及遵循的基本准则：斜井与竖井相比，其优点是施工准备时间短，掘进简单易行，石门短，初期投资少，投产快，斜井延伸也比较容易。缺点是矿车组运行速度慢，提升能力小，斜井维护费用比竖井高；矿车在斜井或甩车道运行易脱轨掉道，安全事故较多；钢丝绳磨损严重；斜井铺轨、管线等比竖井长，排水管路阻力较竖井大。

（2）适用条件：矿车组斜井适用于生产能力较小，提升量在300 kt/a左右，埋藏深度不大的矿山或用于盘区提升。

（3）矿车组：用于矿车组提升的矿车容积一般为0.5~1.2 m^3。当斜井倾角较大，采用矿车组提升方式时，应当考虑矿车在运行中的稳定性，此时以选用固定式矿车为宜。为在上下部车场内调车方便以及运行安全，一组矿车的车数应尽可能与电机车牵引的车数成倍数关系。考虑到车辆布置尺寸不宜过大和矿车运行的稳定性，一组矿车的车数不宜过多，一般为3~5辆。

斜井提升的车辆还必须根据矿车连接器和车底架的强度校核矿车组车数。必要时须挂带安全绳。原中国有色金属工业总公司标准《有色金属采矿设计规范》（YSJ 019—92）试行中规定：串车提升用的矿车容积宜为0.5~0.75 m^3，最大不超过2 m^3。

3. 带式运输机运输

近些年来，国内外矿山装备水平不断提升，带式输送机运送能力增大，连续运输，自动化程度高，可以用于生产规模大的矿山。带式输送机不仅在露天矿广为应用，地下矿采用带式（胶带）输送机斜井开拓的矿井也越来越多。

输送机按胶带种类不同可分为钢绳芯胶带、钢丝绳牵引胶带、普通胶带和尼龙胶带。通过矿山多年生产实践，对于矿岩较硬的金属矿一般均采用高强度胶带——钢绳芯带式输送机，又称钢绳芯胶带输送机。今后，在条件适合的金属矿山，可将带式输送机斜井开拓作为可行的开拓方案加以论证。本节介绍钢绳芯带式输送机斜井。

（1）优缺点、适用范围及遵循的基本准则优点：斜井采用带式输送机实现了运输的连续化。输送能力大，运行性能好，安全可靠，自动化程度高，设备维护检修相对容易，运输成本低，能耗低。高强度胶带输送机可与汽车或轨道运输配合，形成一个联合运输系统。钢绳芯胶带是单层式结构，它里面的钢丝绳很柔软，且沿纵向排列，横向没有大刚度的芯体，放置在槽形托辊上时，成槽性好，单层面积上运输的货载量大。运距长。单机长度十几千米一条，在国外已十分普及，中间无任何转载点，德国已经出现单机 60 km 一条。结构及维护简单。钢绳芯胶带输送机拉紧装置紧凑、简单；传动机构也较简单，所以它故障频率低，维修工作量也较少，还有安全保护装置。长距离采用钢绳芯胶带输送机运输方式是最安全、最经济的，特别是重载向上运输更为经济可靠，而且劳动强度低、噪声低、环境污染小、作业条件好。作为安全出口，斜井更为有利。

（2）缺点：胶带斜井倾角一般应小于 18°。管理不善时，出现撕带、跑矿时，处理麻烦。胶带接头比较困难和复杂，现场处理接头困难，比较费时费工。

4. 斜井提升容器发展

斜井提升容器有斜井箕斗，串车、台车和斜井人车等。斜井人车节数一般为 3 节，即首车一节、挂车一节、尾车一节。用提升机直接牵引，完成斜井中运送人员的任务。

我国斜井提升，小型矿山采用串车提升较多，其次是斜井箕斗，斜井台车在我国应用较少。

（三）提升机的发展

1. 矿井提升机的分类与发展趋势

（1）矿井提升机分类（图 2-43）。矿井提升可分为竖井提升系统和斜井提升系统两大类。提升系统在矿山生产中占有极其重要的地位，必须认真选择，一般应经过方案比较后确定。

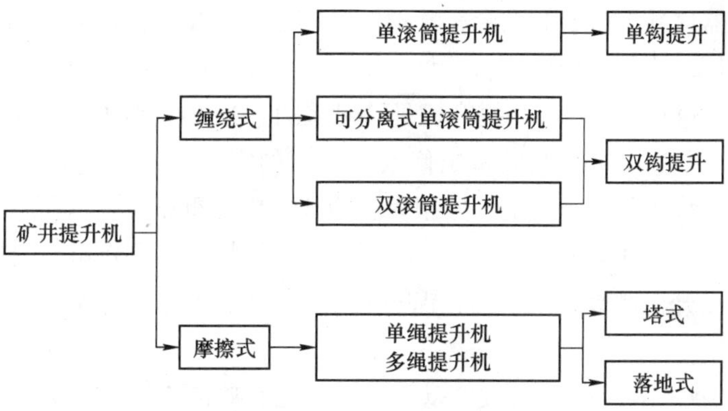

图 2-43　矿井提升机分类

目前我国生产的主要结构形式有：单绳缠绕式的有单筒和双筒矿井提升机，摩擦式的有多绳落地式和塔式多绳摩擦式提升机，另外用于井下的有液压传动矿井提升机等。

（2）矿井提升机的发展趋势。总体上向大负载、高速、大型化方向发展。未来将开发矿井提升系统专用计算机软件及负载动态自动检测、记录和控制装置，开发出罐内设置的无线通信和遥控装置，开发专用的紧急提升装置，发展内装式电动机卷筒合一的交-交变频的矿井提升机，提高机械可靠性，减少维护工作。

2. 单绳缠绕式提升机

单绳缠绕式提升机是较早出现的一种提升机。其工作原理是：将两根提升钢丝绳的一端以相反的方向分别缠绕并固定在提升机的两个卷筒上；另一端绕过井架上的天轮分别与两个提升容器连接。这样，通过电动机改变卷筒的转动方向，可将提升钢丝绳分别在两个卷筒上缠绕和松放，以达到提升或下放容器，完成提升任务的目的。目前，单绳缠绕式提升机在我国矿山中使用较为普遍。

（1）XKT 型、XKT-B 型矿井提升机。20 世纪 70 年代开始，仿制的产品在我国陆续使用后，发现一些结构上不完善的地方，就开始进行了一些新结构的试验和研究（尤其是制动系统），吸收了国外矿井提升机的新技术，结合我国矿井提升机系列参数，设计了我国第一台大型单绳矿井提升机。

（2）XKT 型提升机。XKT 型提升机于 1969 年设计，因为一些重要部件的制造工艺不成熟，此类矿井提升机出厂后出现了不少问题：不成熟的电子数字式深度指示器；在没有彻底掌握尼龙性能的情况下就采用了大直径尼龙瓦；采用了闸瓦磨损不均的单面盘形闸，间隙调节困难；减速器齿面承载压力过大，齿轮损伤加快；设计的制动摩擦系数取得过高，使闸瓦磨损加快，也不安全；把双套的液压系统、双套的润滑油站不合理地改为单套系统；电控上采用金属水冷电阻的电控等。1972 年开始进行技术修改。

（3）XKT-B 型单绳缠绕式矿井提升机。XKT-B 型是 XKT 型的修改产品，1973 年开始生产，主要把电子数字式深度指示器改为圆盘式自整角机指示器；尼龙瓦改为铜套；单面盘型制动器改为双面盘型制动器；单套制动液压泵等改为双套等。此产品 1976 年结束生产，洛阳矿山机器厂共生产 530 余台，其他生产单位有广州重机厂、陕西重机厂、上海重机厂、镇江矿机厂、内蒙古新生机械厂等。

（4）JK 型提升机。JK 型矿井提升机是针对 XKT、XKT-B 型提升机不足，由国家经贸委与一机部、煤炭部、冶金部共同审定修改为国家的定型产品，K 型是在 1976 年以后批量生产的。生产这种型号提升机的厂家很多，主要有中信重型机械有限公司、四川矿山机器集团有限责任公司、山西机器制造公司、锦州矿山机器有限公司、贵阳高原矿山机械厂、太原市富增提升机制造有限公司、锦州大可矿山机械制造有限公司、锦州凯信矿山机械有限公司等。

相对 XKT-B 型，JK 型提升机做了以下完善：把有些减速器的尺寸规格做了适当的放大，尤其是一些使用应力过高的减速器（如 ZHLR-100 改为 ZHLR-115），速比的档次也有所增多。盘形制动器不仅由单面改为双面，而且把选用过高的设计摩擦系数减小，有些规格的提升机的制动盘由 1 个改为 2 个，卷筒结构和制动器的结构也进行了完善，制动器更换和装拆更加方便。制动系统的液压站不仅由单路改为双路，而且加强了油的过滤，尤其是电液调压部分的过滤，提高了液压系统的稳定性。恢复一些重要部件的双套配置（如液压站的双套液压泵等），其中一套备用，以方便维护及应付紧急情况。深度指示器除圆盘式外，恢复供应牌坊式指示器。卷筒除保留原有的两半结构外，又增加了四半结构。电控调速方面，取消金属水冷电阻，改为金属电阻等。

（5）JK-A 型矿井提升机。JK-A 型提升机由原洛阳矿山机械研究所、洛阳矿山机器厂设计并生产，1968 年开始至 1971 年，共生产 190 余台。JK-A 型矿井提升机的规格参数与 KI 型相同，主要是结构上的修改，JK-A 型对 KIJ 型主要结构上改进如下：卷筒的筒壳厚度加厚；角移式制动器改为带关节瓦块的综合式；制动器由单回路，改为独立传动的双回路；制动液压缸也由单套改为双套，另外每一套制动液压缸除工作制动液压缸外，增加了安全制动液压缸；制动器的机械式行程压力调节器改为压力调节的电液调压阀；KI 型制动器的制动力的调节是位移式，而 JK-A 型是用电液调压阀调压式，因此重锤式蓄力器改为空气液压蓄压器；卷筒蜗轮蜗杆式调绳联合器的离合由手动改为电动；减速器齿形由渐开线齿形改为圆弧齿形；电动机输入的联轴器由齿轮联轴器改为蛇形弹簧联轴器。

（6）JK-E 型矿井提升机。20 世纪 90 年代初原洛阳矿山机器厂对 JK-A 型矿井提升机进行了一次通用部件统一改进工作，修改了图纸，对结构进行了部分改进，并定型为 JK-E 型矿井提升机。

3. 多绳摩擦式提升机

（1）优缺点、适用范围及发展趋势。多绳摩擦式提升机与单绳缠绕式提升机相比，具有以下优点：

可适应深度和载荷较大矿井的使用要求；体积小，重量轻，节省材料，制造容易，安装和运输方便，安全可靠性较高；由于多绳提升机的运动质量小，故拖动电动机的容量与耗电量均相应减小；在卡罐和过卷的情况下，有打滑的可能性，因而可以避免断绳事故的发生；延长了罐道与罐耳的使用寿命；无须设置为抵消斜向拉力的支撑腿（对于单绳缠绕式提升机的井架，一般都必须设置支撑腿），节约钢材和建筑材料。

多绳摩擦式提升机与单绳缠绕式提升机相比，具有以下缺点：

悬挂新绳和更换钢丝绳的工作量都比较大，维护（调整、检验绳）较复杂，对提升钢丝绳的质量和结构的要求都比较高；多绳摩擦式提升机安装在井塔上时，由于设备吊运的工作量较大，给安装和维修都带来不便。为了解决井塔上工作及检修人员的上下问题，还需要设置电梯；为了保证提升钢丝绳与衬垫之间具有足够的摩擦系数，提升钢丝绳不能使用普通的钢丝绳油润滑，使用特殊的润滑油脂（戈培油）增加了成本；多绳摩擦式提升机只能适用一个生产水平，不能使用双容器提升为多水平的生产服务，也不适用凿井提升。

综上所述，多绳摩擦提升的优越性是显著的。虽然它最初是因深井的需要而诞生的，但目前许多国家在浅井提升中也优先采用。多绳摩擦提升已成为现代化提升的发展方向之一。

多绳摩擦式提升机按布置方式可分为塔式与落地式两大类。目前，我国多数矿井采用塔式，其优点是：紧凑省地；省去天轮；全部载荷垂直向下，井架稳定性好；可获得较大包角；钢丝绳不致无保护地裸露在雨雪之中，而影响摩擦系数及使用寿命。但塔式较落地式的设备费要昂贵得多。因为提升塔较普通井架更为庞大且复杂，需要更多的钢材。而落地式提升机，井架高度较低有利于地震区建设，故采用落地式的用户越来越多。

塔式多绳摩擦提升又可分为无导向轮系统和有导向轮系统。前者结构简单，后者的优点是使提升容器在井筒中的中心距不受主导轮直径的限制。减小井筒的断面，同时可以加大钢丝绳在主导轮上的围包角。缺点是使钢丝绳产生了反向弯曲，直接影响钢丝绳的使用寿命（图 2-44）。

图 2-44 HSCE3×6 塔式多绳摩擦式提升机

（2）适用范围。多绳摩擦提升机在煤矿、金属矿竖井既可作为主井提升又可作为副井提升，多绳摩擦提升机既可用于双箕斗双罐笼提升系统，也可用于带平衡锤的单容器提升系统。双容器提升系统，只适用于单水平提升，带平衡锤的单容器提升系统可用于多水平提升。

多绳摩擦提升采用带平衡锤的单容器比较好，它除了用于多水平提升外，还提高了提升设备的工作可靠性，减少了钢丝绳伸长的影响，提高了防滑安全系数，扩大了多绳摩擦提升机在浅井中的应用范围。

多绳摩擦提升机的工作范围受到几个方面的限制，一是提升钢丝绳的滑动，二是提升钢丝绳的强度，三是摩擦轮摩擦衬垫的抗压强度。

（3）发展趋势。向大型、全自动化和遥控方向发展，并发展各种新型和专用提升设备。发展落地式和斜井多绳摩擦式提升机，研究其用于浅井、盲井甚至天井的可能性，以扩大使用范围；采用新结构，以减小机器的外形尺寸和质量。

随着科学技术的飞跃发展，提升机的控制和调节系统也日趋完善。因而，使得多绳提升机能够更多地取代单绳缠绕式。根据一些统计资料表明，国外使用的多绳提升机，直径已到 9 m，钢绳有 10 根，井深可达 2000 多米，载荷可达 50 t，且已用于斜井。

我国于 1958 年由洛阳矿山机器厂设计和制造了国产第一台多绳摩擦式提升机，并于 1961 年开始运转，到目前为止，我国共制造 500 多台多绳提升机。我国多绳摩擦式提升机系列型谱演变过程是：DJ 型→DMT 型→JKM 型→JKM（A）型→JKM（B）型→JKM（K）

型→JKM（C）型→JKM（E）型。到目前生产的 JKM（E）型多绳提升机有 16 种规格。

（四）提升钢丝绳的发展

提升钢丝绳是指煤矿、黑色，有色、化工等矿山用作提升用途的钢丝绳，主要包括多股钢丝绳（包括圆股和异形股钢丝绳）、阻旋转钢丝绳（过去习惯称之为“多层股钢丝绳”或“不旋转钢丝绳”）、密封钢丝绳（包括全密封和半密封钢丝绳）、平衡用扁钢丝绳，同时还包括压实或压实股钢丝绳以及包覆和/或填充钢丝绳等。钢丝绳按产品单元划分为通用钢丝绳和专用钢丝绳。按照国家标准 CB/T 8706—2006（ISO 17893，2004，IDT）《钢丝绳术语、标记和分类》新的标记和分类方法，钢丝绳分为单层钢丝绳（包括圆股和异形股钢丝绳）、阻旋转钢丝绳（过去称之为多层股或不旋转钢丝绳）、扁钢丝绳、密封钢丝绳、平行捻密实钢丝绳（包括过去称之为“面接触钢丝绳的压实股”和“压实钢丝绳”）缆式钢丝绳和单股钢丝绳等。

提升用钢丝绳在 20 世纪 70 年代就全面推广应用线接触和面接触钢丝绳，普通点接触低强度钢丝绳已经基本退出市场。近几年密实钢丝绳、压实或压实股钢丝绳以及包覆和/或填充钢丝绳等使用性能优异的新品种的制造装备和技术日趋成熟，已经投入实际应用，极大地提高了生产效率，降低了消耗，增强了生产安全和人身财产安全。

改革开放后，特别是近 10 年来，我国一批钢丝绳制造骨干企业装备和技术水平快速提高、品种结构进一步优化、产品质量稳步改进，众多品种已全部或部分替代进口，基本满足了我国国民经济快速发展的需要。存在的主要问题是：高耗低效的点接触低强度钢丝绳产量占 80%左右，而线接触和面接触等优质高效的钢丝绳品种推广应用面临来自各方面的阻力，直接影响着我国钢丝绳的使用寿命、市场竞争力、钢丝绳行业的进一步发展和钢丝绳效能的发挥。

五、深井开采技术的发展

（一）深井开采的含义

随着浅部资源的日益枯竭，国内外陆续开始深部资源的开采。21 世纪以来，科技部、国家自然科学基金委员会、教育部等机构相继批准了众多关于深部矿床开采基础理论与应用技术的研究项目。国务院批准经费达 40 亿元的“危机矿山”项目，提出“以矿山外围和深部找矿为主”的原则，显示了对深部资源问题的重视。2009 年，中国科学院公布的中国 2050 年科技发展路线图，提出了“中国地下四千米透明计划”。深部矿床开采涉及深部的概念、关键科学理论与技术、发展趋势与远景等一系列问题。

谈到深部开采，需要明确“深部”的含义。对于深部开采的深度界限，迄今为止国内外尚没有统一的标准。矿山是否进入深部开采，有专家提议以岩爆发生频率明显增加来界定，也有专家建议以岩石应力达到某一高度值来界定，但是，在实际工程中很难明确界定，因为“深部”是综合因素影响下的特殊开采环境。到目前为止还没有一个能为大家所认同的界定“深部”的科学方法，普遍采用的还是经验认同的方法，约定开采深度大于

800~1000 m时称为深部开采。

我国对于深矿井的划分，有多种分类方案：在煤炭系统，有学者依据凿井技术与装备的难易程度将立井井筒深度分为5类，浅井小于300 m，中深矿井300~800 m，深矿井800~1200 m，超深矿井1200~1600 m，特深矿井大于1600 m；在冶金系统，1990年出版的《采矿手册》第一版将地下金属矿山的开采深度分为：小于300 m、300~600 m、600~900 m、1000 m左右四挡；小于300 m为浅部开采，1000 m左右为进入深部开采的深度。2012年9月，国家安全生产监督管理总局启动的非煤矿山安全科技“四个一批”项目，定义800~1200 m为深部开采，超过1200 m为超深开采。谢和平院士认为，深部的概念应该综合反映深部的应力水平、应力状态和围岩属性，深部不是深度，而是一种力学状态。其综合考虑应力状态、应力水平和围岩体性质三方面因素，提出深部开采的亚临界深度、临界深度和超深部临界深度三个概念，并给出了具体的计算公式。结合我国矿山开采的客观实际，多数专家认为中国深部开采的起始深度可界定为：煤矿800~1000 m，金属矿1000 m。

（二）深井开采技术的发展

我国进入深部开采的时间比较晚，2000年以前，我国只有2座地下金属矿开采深度达到或接近1000 m，即安徽冬瓜山铜矿和辽宁红透山铜矿。进入21世纪以来，金属矿山进入深部开采的发展速度很快。一大批金属矿山，经过长期大规模开发，已探明的浅部矿产逐渐枯竭，开采条件大大恶化。大型露天矿逐年减少，不少矿山已开采到临界深度，面临关闭或转向地下开采；占矿山总数90%的地下矿山，有2/5~3/5正陆续向深部开采过渡。据初步统计，目前已有16座地下金属矿山开采深度达到或超过1000 m（表2-5）。其中，河南灵宝崟鑫金矿达到1600 m，云南会泽铅锌矿、六苴铜矿和吉林夹皮沟金矿达到1500 m。

表2-5 我国采深1000 m以上地下金属矿山统计

序号	矿山名称	所在地区	开采深度/m
1	崟鑫金矿	河南省灵宝市朱阳镇	1600
2	会泽铅锌矿	云南省曲靖市会泽县	1500
3	六苴铜矿	云南省大姚县六苴镇	1500
4	夹皮沟金矿	吉林省桦甸市	1500
5	秦岭金矿	河南省灵宝市故县镇	1400
6	红透山铜矿	辽宁省抚顺市红透山镇	1300
7	文峪金矿	河南省灵宝市豫灵镇	1300
8	潼关中金	陕西省潼关县桐峪镇	1200
9	玲珑金矿	山东省烟台招远市玲珑镇	1150
10	冬瓜山铜矿	安徽省铜陵市狮子山区	1100
11	湘西金矿	湖南省怀化市沅陵县	1100
12	阿舍勒铜矿	新疆维吾尔自治区阿勒泰地区	1100

续表 2-5

序号	矿山名称	所在地区	开采深度/m
13	三山岛金矿	山东省莱州市	1050
14	金川二矿区	甘肃金昌市	1000
15	山东金洲矿业集团	山东威海乳山市	1000
16	弓长岭铁矿	辽宁省辽阳市弓长岭区	1000

近几年铁矿进入深部开采的建设力度加大，目前在建或计划建设的大型地下金属矿山，绝大多数是铁矿。目前在建的有：辽宁本溪大台沟铁矿，矿石储量 53 亿吨，矿体埋藏深度在 1057~1461 m，设计开采规模 3000 万吨/年；同处本溪地区的思山岭铁矿，矿石储量 25 亿吨，矿体埋藏深度在 404~1934 m，设计一期开采规模 1500 万吨/年，从第 8 年开始二期新增生产能力 1500 万吨/年，矿山最终生产规模 3000 万吨/年；首钢马城铁矿（位于河北滦南），矿石储量 12 亿吨，矿体埋藏深度在 180~1200 m，设计开采规模 2200 万吨/年。五矿集团矿业公司陈台沟铁矿（位于辽宁鞍山），矿石储量 12 亿吨，矿体埋藏深度在 750~1800 m，设计开采规模 2000 万吨/年；山钢集团莱芜矿业公司济宁铁矿，矿石储量 20 亿吨，矿体埋深度 1100~2000 m，设计开采规模 3000 万吨/年。这些深埋特大型矿床，规划年生产能力均大于 1000 万吨，但是深井矿床高应力、高地温、高渗透压特性，抑制了矿山生产能力和矿产资源的高效回采。可见，按照现在深部开采发展的速度，在较短时间内，我国不但有若干个超大型地下金属矿山的开采规模达到世界最高水平，而且深井矿山的数量也会达到世界第一。深部开采是我国金属矿产资源开发面临的最迫切的问题，也是今后保证我国金属矿产资源供给的最主要途径。

进入深部开采，岩体所处力学环境改变，导致工程响应也不同。深部开采与浅部开采相比，具有“三高”特性，即高地应力、高地温、高渗透压。

（1）高地应力；深部环境中的岩体，承受着上覆岩层自重产生的垂直应力，以及地质构造运动产生的构造应力，当赋存深度达到数千米时，岩体中将存在巨大的原岩应力场。据南非地应力测定，在 3500~5000 m 深度，地应力水平为 95~135 MPa，因此深部岩体具有异常高的地应力场并聚集着巨大的变形能量。这种高应力环境可能导致采掘工作面出现岩爆、冒顶等灾害，危及工人安全。岩爆是采矿开挖引起的扰动能量在岩体中聚集和突然释放的过程。地应力越大，开采扰动能量越大，岩爆发生概率和震级越大。南非由于大量金矿进入深部开采，是世界上发生岩爆最多的国家，最大岩爆震级达到 5.1 级。1984—1993 年，南非金矿 3275 名矿工在采矿事故中丧生，其根本原因是在 2000 m 以下采矿，未能研究和采用有利于控制岩爆的采矿方法。

（2）高地温；根据量测，越往地下深处地温越高。地温梯度一般为 3 ℃/100 m 左右，有些区域如断层附近或导热率高的异常局部地区，地温梯度可能高达 20 ℃/100 m。岩体内温度变化 1 ℃可产生 0.4~0.5 MPa 的地应力变化，因此深部岩体的高地温对岩体的力学特性会产生显著的影响，特别是高应力和高地温条件下深部岩体的流变和塑性失稳与普通环境下存在巨大差别。这种高井温环境将恶化工作面的作业条件，危害工人生理与心理的健康。据统计资料，开采深度超过 700 m 的矿井的岩层温度大都超过 35 ℃，有的接近

40 ℃，最高的达到近 50 ℃。例如，安徽罗河铁矿，在 700 m 的深度，东部测得的岩温值为 38 ℃，西部为 42 ℃；广西河池高峰锡矿 700 m 深度达到 40 ℃；山东三山岛金矿 825 m 深度达到 38.5 ℃；安徽庐江泥河铁矿 870 m 深度达到 40.9 ℃。这样的温度值远远超过我国《金属非金属矿山安全规程》规定的“人员连续作业场所的湿球温度不高于 27 ℃”的标准。高温导致工作面条件严重恶化，给设备的安全运行、生产效率、工人的健康和劳动生产率等带来严重影响。因为高湿的井下作业环境，使井下作业人员注意力、判断力以及协调反应能力下降，进而影响工人工作效率，严重的将导致事故的发生。据统计资料，矿内作业环境气温超标 1 ℃，工人的劳动生产率将降低 7%~10%。必须采取经济和有效的措施，解决深井的高温环境和降温问题，使深井开采工作面保持人员和设备所能承受的温度和湿度，才能保证深部地下开采的正常开展。

（3）高渗透压；进入深部开采，地应力增大，地下裂隙水压也随之升高，采深大于 100 m 时，其渗透压将高达 7 MPa。渗透压的升高，使得深部岩体结构的有效应力增大，驱动裂隙扩展，导致矿井突水等重大工程灾害。

同时，深部开采相对于浅部开采来说，高井深环境将使矿石提升和排水的技术难题增大，成本上升，增加管理困难。我国矿山普遍采用摩擦轮多绳提升机，在深度小于 1000 m 的范围内，采用这种提升技术是最经济和高效的。2000 年以前，我国地下矿的开采深度绝大多数在 800 m 之内，很多位于 500~600 m。在这个深度范围，采用传统的摩擦轮多绳提升机，提升效率、成本、可靠性、安全性都是有保证的。但是，进入深部开采后，随着提升高度的增加，钢丝绳需要不断加长，这种提升技术就会在提升能力、安全性和运行成本方面遇到许多困难。

可见，进入深部开采后，随着地应力增大、地温升高，地质结构和岩体条件将发生重大变化，浅部的硬岩到了深部可能会变成软岩，弹性体可能会变成塑性体或潜塑性体，导致开采技术条件和环境条件严重恶化、开采难度加大，以及采矿开挖、支护、提升和运输成本急剧增加，若不改变传统的采矿模式和开采方法，正常生产将难以为继。

综合文献调研结果和国内千米深井开采工程实践，深井开采存在的关键技术难题包括：

（1）高温引起工作环境的严重恶化而现有通风降温方法无法实现深部降温目的；

（2）高应力引致岩爆等地压灾害而现有控制方法及手段明显不足；

（3）浅部适用的采矿方法和开采理论在深部的不适应性；

（4）高渗透压及与温度、应力的耦合作用对采矿活动的安全威胁；

（5）提升深度的增加对提升、运输系统及效率的更高要求；

（6）强开采扰动所引起的应力重分布及岩体的变形与移动等。

（三）深井开采近年来的发展成果

针对金属矿山深井开采存在的以上关键技术问题，自“十二五”以来国家不断加大科研投入，发布了一系列国家科技支撑计划及重点研发计划专项，针对深井开采技术进行专项研究，取得了一系列重大技术成果：

通过开展2013年启动的原国家安全监管总局重大科研攻关项目“超大规模超深井金属矿山开采技术研究”，相对完整地构建了深井大规模提升、深井采矿工艺、深井地压控制、深井通风降温等整体技术体系。研究成果认为，对于超大规模深井矿山，竖井提升和胶带斜井提升是开拓方案选择需要比选的方案，国际上竖井提升机电机功率已达到10000 kW以上，胶带输送机的带强已达ST10000，为超大规模深井矿山的矿石提升创造了条件；采场结构参数、盘区结构、采矿顺序（包括上下顺序和平面上的顺序）都应该根据地质构造情况、矿岩工程地质和水文地质条件、矿体的赋存条件等综合考虑，开采越深，结构参数应越小，以利于减小采场的应力集中，减少岩爆发生的可能；充填工作重点要解决大能力和大流量尾矿浓缩及制备的技术和装备，开发和使用超大型的尾矿浓缩装置、大能力的搅拌槽是确保超大规模开采的重要保障措施。

通过开展“十二五”国家科技支撑计划项目“深贫杂铁矿资源高效开发关键技术研究与应用”，针对我国深贫杂铁矿资源开发的现状、问题开展研究，对复杂、难采、难选、低品位、底部、深部铁矿资源高效利用技术进行整体突破，通过技术研发和成果应用，开发、集成、创新了多项能够实现我国深贫杂铁矿石资源高效利用的行业共性、关键性技术体系；研究了深部贫矿床大规模上行式无废开采综合技术，形成了以诱导干扰技术实现深部上行式开采的理论体系和方法，示范矿山采充效率提高16%，综合生产成本降低15.2%。

开展“十三五”国家重点研发计划“深部岩体力学与开采理论”研究，研究内容涉及深部岩体原位力学行为与地应力环境、深部岩体应力场与能量场、深部强扰动和强时效下的多相并存多场耦合，以及深部资源低生态损害协同高效开采理论与技术，系统研究了深部与浅部岩石力学行为本质差异，提出了应力场和能量场定量的可视化分析方法，建立了深部岩体能量调控理论与动力灾害预警体系，以及深部资源开采的多相多场耦合理论，构建了深部原位应力状态和地应力环境下的岩石力学新原理、新理论、新技术。建立了金川集团股份有限公司示范研究基地；在中国锦屏地下实验室、铜陵有色金属集团安庆铜矿、云南驰宏锌锗股份有限公司会泽矿业分公司、山东黄金集团三山岛金矿等深部工程得到成功推广应用，取得了显著社会效益与经济效益。

开展“十三五”国家重点研发计划“深部金属矿建井与提升关键技术”研究，在破解深地资源规模化开采的深竖井建设和大吨位提升两大工程关键技术方面取得突破性进展，取得了多项创新性成果，尤其通过项目研究和示范工程建设，实现了1500 m以深、单井单套提升系统提升能力达到600万~750万吨/年的深竖井建设和提升运输装备能力。通过研究，在深竖井大段高爆破破岩、金属矿硬岩机械破岩以及金属矿深竖井高效掘进成井工艺及装备等方面取得了重要成果；在中国黄金集团莱州汇金纱岭金矿深井工程（最深1558 m）建设中得到成功示范应用。

开展“十三五”国家重点研发计划项目“深部金属矿集约化连续采矿理论与技术”研究，项目针对深部金属矿床开采中面临的高地应力、高井温、高井深“三高”特殊环境，通过开展大矿段连续回采系统工程布置优化与作业链协同关系、深部开采高应力演化规律等理论研究，开发高应力条件下集约化连续采矿新模式，研发高应力储能与爆炸能协同破岩、高势能充填料浆管道压力调控、大矿段采矿地压动态调控等技术，形成开采过程全流程智能管控技术体系，并在谦比希铜矿建设采矿示范工程，为深部金属矿床安全高效开采提供理论依据与技术支撑。

通过“十三五”国家重点研发计划“深部金属矿绿色开采关键技术研发与示范”项目，在解决了深部金属矿开采难度大、损害生态环境、资源损失率高等难题，开发深部金属矿低产废高效率开采技术，攻克全尾砂低能耗浓密和深井高压头输送调控技术与装备，突破全尾砂资源化利用与生态化无害化处置关键技术，构建绿色开采模式与技术构架，建设 1000 m 以深金属矿绿色开采示范矿山，为我国深部金属矿山提供绿色开发模式。研究了攻克全尾砂低能耗浓密和深井高压头输送调控技术与装备，突破全尾砂生态化处置与资源化利用关键技术，支撑了 1000 m 以深特大型绿色开采示范矿山三山岛金矿的建立。

（四）深井开采技术发展展望

进入“十四五”以来，针对金属矿山深井开采存在的关键技术问题，国家继续不断加大科研投入，继续开展国家重点研发计划专项，针对深井开采技术进行专项研究。2022 年，科技部发布了国家重点研发计划“战略性矿产开发利用”重点专项，其中“超大型深井矿山高效绿色开采技术与智能装备”项目获批立项，该项目由北京科技大学联合矿冶科技集团有限公司、中钢集团马鞍山矿山研究总院、中煤科工集团沈阳研究院、中南大学等 10 家单位共同开展研究。拟解决千米以深厚大矿体千万吨级超大规模绿色开采面临的重大理论与共性关键难题，创新形成以高效智能为核心、安全保障为前提、绿色低碳为要求的千米以深千万吨级金属矿开采新模式，创建新理论、新技术、新装备。项目预期将形成可推广的超大型深井矿山高效绿色开采技术体系，为全面提升我国深部矿产资源大规模绿色开发能力提供重要科技支撑。

第三节　露天地下联合开采技术

一、露天地下联合开采技术的发展

随着露天开采不断加深，需要剥离的废石量、资金投入也在不断增加，经济效益逐渐降低，形成露天开采经济不合理、生产安全难度增大的局面。为实现深部资源的经济安全开采，许多露天矿山企业必须由露天开采转为地下开采。在露天转到地下开采期间存在诸多困难及挑战，主要涉及三个方面：过渡方式的选择、采矿方法的确定、覆盖层形成的方式。

在露天开采转为地下开采过程中，为了使矿山产能保持合理规模，必须在露天开采能力衰减期之前，实施地下开采基建并及时投产，以在过渡期内补充露天递减的产能。一般而言，采用崩落法开采，矿山产能增加速度快；而用充填采矿法，则产能增加速度相对较小。因此，要根据露天开采产能的下降速度、地下开采技术条件确定过渡期的开拓方式和采矿方法。

（一）露天转地下过渡方式的发展

1. 境界矿柱过渡方式

露天转地下过渡期为露天地下同时开采时期，为确保露天采场生产安全，保障露天地下具备同时生产的条件，国内外常用预留境界矿柱的过渡方式，即在露天最终境界部位，预留一定厚度的隔离矿柱（简称境界矿柱），将露天生产与地下生产的空间隔离，以消除二者间的相互干扰。

境界矿柱厚度的大小对矿山生产影响较大，由于矿柱回采指标差，如果厚度过大，矿石损失增大，生产效益降低；如果厚度过小，矿柱稳定性差，容易造成矿柱突然塌冒引发安全事故。境界矿柱的合理厚度，主要取决于所用采矿方法与矿岩力学特性。

对于境界矿柱的回采，国内一般采用中深孔一次崩落法、浅孔扩大漏斗回采法和露天下降平推回采法三种预留矿柱的开采方法；国外对挂帮矿的开采，乌克兰克里沃洛格矿、加拿大艾兰铜矿、美国卡斯尔山金矿等采用露天开采方式；乌克兰的奥尔忠尼矿等采用地下开采方式。

境界矿柱过渡方式，由于简单易行、适用各类矿体条件，在国内外金属矿山得到了广泛应用。张凤鹏、刘建坡等针对传统方法处理露天坑底的矿量损失大、隔离效果差等缺陷，提出采用地下开采方法对露天坑底的矿体进行回采，铺设底部结构，使用混凝土充填采空区，构建露天转地下矿山嵌入式复合型境界矿柱的新方法，形成完整的覆盖矿体的10 m厚的人工境界矿柱。工程实践表明，嵌入式复合型人工矿柱铺设的同时对矿体进行回收，回收率可达95%，铺设的境界矿柱密闭性良好，具有隔水、防洪、承压能力，能很好地隔离露天地下相互影响。

2. 三层过渡方式

20世纪70年代，苏联采矿专家B. И. 捷林切夫教授和阿戈什科夫教授等人，提出了露天开采层、联合开采过渡层、地下开采层的三层过渡方式，即当露天采掘工程在矿床的一翼达到最终深度时，采掘工程沿水平方向向矿层中央推进，然后将露天工作帮向前推进150~200 m，在非工作帮靠近端部掘一天井，此天井将露天底与地下水平巷道连通，在此天井中扩成横贯矿体全厚的一切割槽。在过渡层，从露天底用露天穿孔机向下穿爆，用地下巷道出矿，深部用地下采矿法开采。

上、中、下三个开采层（即露天开采层、联合开采过渡层、地下开采层）的过渡方式，因对矿体条件要求比较苛刻，未得到推广应用。

一般说来，露天转地下开采的矿山，通常为开采延伸较大、覆盖层厚度不大的中厚或厚大的急倾斜矿体。这类矿床前期采用露天开采，具有投产快、初期建设投资少、总的贫损小、短期内能达到较高的技术经济指标等优点。但当露天开采不断延伸后，这些矿山就逐步由露天开采向地下开采过渡，并最终全面转向地下开采。露天转地下开采是一项复杂的系统工程，它不是一个孤立的“转”的过程中的工艺技术问题，通常需要把露天和地下作为一个整体，通过科学规划和完美衔接，实现露天转地下的平稳过渡。

国外较为系统的研究工作，主要集中于露天开采的极限深度、露天开采向地下开采过渡时期的产量衔接、露天坑底盆的顶柱与缓冲层、露天开采的开拓系统与地下开采的开拓系统衔接、露天开采的边坡管理与残柱回采、坑内通风与防排水系统等主要问题，已在多个矿山的实践中积累了较为丰富的经验。

瑞典基鲁纳铁矿具有一定的典型性，该矿为磁铁矿床，由 3 个透镜状矿体组成，长 7000 m，倾角 55°~65°，其中基鲁纳矿走向长 3000 m，平均厚度 90 m。该矿从 1952 年开始由露天向地下开采过渡，地下采用分段崩落法开采，采矿场采用快速移动式凿岩设备，用梭式矿车配套的装运机运输矿石，矿石在地下破碎，通过箕斗提升至地表。1962 年露天开采基本结束，矿石生产能力为 900 万吨/年，全部转入地下开采后，生产能力为 1200 万吨/年，到 1974 年地下生产能力达到 2430 万吨/年。

芬兰的皮哈萨尔米矿较好地解决了露天与地下开采的统筹规划问题。该矿为黄铁矿床，埋深在地表以下 500 m，走向长 650 m，中部宽 750 m，向两端变窄，矿体倾角北部 50°~70°，其余部位几乎为垂直的。地下采用分段空场嗣后充填法，用尾砂和露天废石作充填料。该矿采用露天与地下同时开拓建设，露天超前地下开采的方式，并利用统一的地下巷道，使露天转地下过渡时期拉长，确保地下开采有充分的时间进行采矿方法试验；露天与地下共同使用地下破碎站和提升系统，减少了基建投资和露天剥离量；深部露天矿石通过溜井下放到地下开采的运输系统中，采用竖井提升方式比地面汽车运输节约了生产成本；从地面由斜坡道直通地下各个工作面，提高了采掘设备的使用灵活性与工作效率。

我国露天转地下开采的矿山主要有南京凤凰山铁矿、江苏冶山铁矿、安徽铜官山铜矿、湖北红安萤石矿、白银折腰山铜矿、铜山铜矿、湖北余华寺铁矿、大广山铁矿、浙江漓渚铁矿、山东金岭铁矿、蒙阴金刚石矿、厂巧铅巧矿、通钢板石沟铁矿、首钢石人沟铁矿和大冶铁矿东露天矿区等，通过理论研究和工业试验，这些矿山在露天与地下开采过渡期产量衔接、露天与地下开采统筹规划、露天与地下联合开采的工艺技术等方面做了有益的尝试，为进一步研发适合我国露天转地下开采的方法和手段积累了宝贵的经验。

南京凤凰山铁矿是我国露天转地下开采最早的矿山之一。1960 年开始进行地下开采工程的建设，1973—1976 年由露天向地下开采过渡，原设计采用无底柱分段崩落法开采，当时考虑到覆盖缓冲层无法在回采之前形成，且不能保证露天采矿与坑内切割工作的安全，因此，地下第一中段改用自下而上的平底式块段崩落法，达到了 30 万吨/年的持续稳产过渡要求。此外，该矿露天与地下同时建设，先采露天部分，待转入地下开采时，使露天有足够的时间回采残柱，地下有充分的时间进行试采，既保证了露天残柱回采，也给过渡期的持续稳产创造了条件。

通钢板石矿业公司上青矿，适时进行统筹规划，在合理完善开拓系统的同时，采用“强掘、强采、强出”的采矿工艺回采挂帮矿，既弥补了露天最后一年的产量缺口，又为转地下开采首年达产创造了条件。该矿露天转地下开采共用 4 年的时间，借助回采挂帮矿量较好地实现了产量平稳过渡。

（二）露天转地下过渡期地下采矿方法应用的发展

露天转地下开采的金属矿山，过渡期采用的地下采矿方法，主要有空场法、崩落法、充填法及联合采矿法，每一种方法均在设计与生产实践中都得到了详细研究。

（1）空场法。露天地下同时生产时，空场法利用境界矿柱将露天与地下开采隔离开来，并经常在空场中留满矿石保证露天生产安全。如凤凰山铁矿，采用分段空场留矿法开采露天境界外矿石，在过渡期储备大量存窿矿石。待露天开采结束后，大量放出存窿矿石，同时回采境界矿柱。这一方法的主要优点是露天开采结束时的接续产量容易调节，主要缺点是过渡期留下的间柱和隔离矿柱回采比较困难，并且矿石回采率低、贫化率高。

当露天生产和地下生产在平面上相互错开时，可不留境界矿柱。如金岭铁矿，利用矿岩稳固性好的有利条件，采用穿透地表的空场法回采，矿石回采率高，贫化率低，其主要缺点是露天降雨径流通过空场直接涌入地下，并带有大量泥砂沉积在采场，使原矿含泥多而不能直接筛分，矿石不得不在露天储矿场晾干后才能加工。而对于上盘围岩很不稳固的矿山和露天边坡高、陡、稳定性不好的矿山，也不宜采用此法，以免空区冒落或露天边坡滑落，造成安全事故。若在临近边坡地段回采残矿，须注重研究临近露天边帮的间柱参数与断层接触部位的间柱尺寸，以保证露天边坡的稳定。

（2）崩落法。采用崩落采矿法进行露天转地下开采的矿山，国内有金川龙首矿、铜官山铜矿、折腰山铜矿、尖山铁矿、司家营铁矿、海城滑石矿、融冠铁锌矿、杏山铁矿和唐钢石人沟铁矿等；国外有俄罗斯列宁诺戈尔多金属矿、俄罗斯高山铁矿、加拿大 Creigmont 镍矿等。无底柱分段崩落采矿法的采准、凿岩、爆破出矿均在同一进路内进行，在覆盖岩下出矿，作业不受露天边坡破坏的影响，且无须预留矿柱，易于适应矿体的变化，具有灵活性高、开采强度大、作业效率高、采矿成本低、生产安全等优点，在地下铁矿山开采中得到广泛应用，是露天转地下开采的铁矿山过渡期采矿方法的首选。

例如，尖山铁矿属于急倾斜厚大矿体，露天采场坑底标高为+1300 m，露天境界外保有资源量上亿吨，其中上盘帮上还有大量矿石，挂帮矿主要集中于+1420～+1300 m 水平，挂帮结存矿量约 1060 万吨，含铁品位 27.18%，含钛品位 9.49%，有较大回收利用价值。尖山铁矿采用大结构参数回收+1320 m 水平以上的挂帮矿石，从 2011 年 7 月份开始投产，在挂帮矿的回收中，取得了较好效果，贫化率、回收率都达到了较高水平。

（3）充填法。对于贵重的矿石和富矿，为了提高矿石的回采率，不少矿山采用充填法过渡，如 KiddCreek 矿（加拿大）、BrokenHill 锌矿（澳大利亚）、我国的铜官山等矿。相对空场法、崩落法过渡而言，胶结充填采矿法较为安全，它不存在露天边坡塌落造成的冲击地压等安全威胁，但因其采矿成本高，一般要求原矿价值较高，才会考虑胶结充填。当开采价值不是很大的矿石时，可用干式充填法开采。

例如铜官山铜矿老庙基山矿区采到原设计境界后，不扩帮继续下采约 25 m，露天采场长 360～590 m，上盘边坡为 47°，下盘为 34°～35°。为满足产量衔接需要，在露天开采的同时，用干式充填法开采境界外矿石，用露天剥离废石作为充填料。该矿露天转地下过渡期采用充填法开采的缺点是产量急剧下降，虽然采取了 2 个中段同时生产的措施，但产量仍然不到露天开采的一半。

2013 年，中钢集团马鞍山矿山研究院有限公司王运敏、章林等通过基础性理论研究与矿山工程实践相结合，构建了以“平稳转换时空协调理论——盘区无矿柱规模化连续开采——垮塌、冒顶、突水灾害安全防控——露天坑无害化生态处置技术”为核心的露天地下“平稳、高效、安全、绿色”转换综合开采技术体系，并成功应用，解决了露天转地下开采期工程衔接紊乱、产能难以接续的技术难题和露天边坡滑塌、井下采场垮塌、突水等安全难题以及转换期间尾矿堆放、露天坑处置的环保难题。该技术已应用于昆钢、河钢等 5 个矿山，效果显著。在昆钢大红山铁矿实现了露天地下超大规模多区段立体式高效开采，年产量由 450 万吨提升至 980 万吨。在河钢石人沟铁矿应用，尾矿利用率由 40%提高至 100%，建立了全国第一座露天转地下铁矿尾矿零外排矿山，推动了矿山行业向安全、绿色的快速转型。

徐帅、李元辉等通过对露天转地下不扩帮延伸技术的研究与分析，结合归来庄露天矿具体情况，从理论上计算了该矿不扩帮延伸开采的合理深度，提出了不同区段不同深度的延伸方案。利用混凝土胶结充填，铺设形成地下开采的人工顶柱，平均厚度 12 m。对上盘遗留的三角矿柱，采用上向进路胶结充填法回采，回采完毕，采用嵌入式锚固充填，使回采矿房的充填体与人工顶柱铆合为一体，充填形成的人工假底大大提高了原有边坡的稳固性和安全性。解决了后期境界矿柱回收损失大、回采难度大的问题，能够保证露天转地下产能平稳过渡，实现安全高效开采。

（4）联合采矿法。露天-地下联合采矿法，是 20 世纪 70 年代由苏联采矿专家 B. И. 捷林切夫教授和阿戈什科夫教授等人提出的三层过渡方法，并付诸实践。该方法是将不同工艺与技术有效联合起来综合开发矿产资源的新方法，要求 3 个开采层（即露天开采层、联合开采过渡层、地下开采层）形成统一的采空区，用以排放露天剥离和废石（内排），这些内排的岩石为采空区边帮提供附加载荷，提高边帮的稳定性。工艺包括：露天开采和地下开采工艺要素的配合应用，共同使用露天和地下巷道运输矿石，利用露天和地下开采形成统一的采空区来堆置废石。用露天-地下联合采矿法开采可以实现上述三方面的有机配合。在露天转地下开采的过程中，适当加大中间过渡层，在露天不扩帮的情况下，利用地下开拓运输系统开采过渡带，在露天穿孔爆破，利用地下系统出矿，露天开采和过渡层开采形成统一采空区用以排岩（内排）。据介绍，苏联库尔斯克磁力异常矿区，应用这种方法比原来单一用露天开采，采出矿量增加 20%，剥采比下降，而且使深部开采强化发展，加速形成采空区，用来堆置废石，减少占地，提高了经济效益和环境效益。这种方法减少了外部排岩量以及露天矿境界内的剥岩量，并可增大过渡期产量，对于硬岩矿床具有良好的发展前途。

根据露天和地下开采在时间上和空间上结合方式的不同，通常把联合开采分为：1）露天与地下同时联合开采。从设计开始就安排露天和地下同时开采。2）露天转地下开采。先用露天方法开采矿床的上部，然后过渡到用地下方法开采矿床的下部。3）地下转露天开采。先用地下方法开采矿床，然后过渡到用露天方法开采矿床。

国外露天地下联合开采技术主要有以下几方面实践：联合采矿方法，露天漏斗法、充填法；联合采矿工艺，开拓运输系统，开采顺序，矿块参数；联合开采地质力学研究，采空区应力应变关系及发展变化，露天边坡稳定的力学研究；开采安全技术措施，露天边坡加载技术。

国外代表矿山有俄罗斯的盖斯克矿、特尔内奥兹矿、杰兹卡兹甘矿、克里沃罗格矿，瑞典的基鲁纳瓦拉矿等。国外露天地下联合开采技术根据地质、资源、生产、经济、环境等不同因素情况，在矿床开采过程中灵活应用，理论基础和应用技术较为成熟。

20 世纪 70 年代，国内已有凤凰山铁矿、冶山铁矿最先开始露天遗留矿体开采，80 年代以后，一些地下矿山为了满足矿石需求相继开始露天地下联合开采，在诸如产量衔接、缓冲层形成、残矿开采、采矿方法和开拓系统的合理选定等方面开展了针对性技术研究，积累了一些经验：

如铜山铜矿为了弥补矿石能力的不足，矿山在-170 m 中段向上开采隔离层，采矿方法为嗣后一次充填分段空场法。地采最高标高距露天坑底相差 40 m，由于没有技术支撑，联合开采过程中引发了一系列问题：掘进的 2 m×1. 8 m 的三心拱巷道，由于开挖后的应力变化，巷道变形成 1. 5 m×1. 2 m 的心形巷道，已无法使用；采场内耙矿巷道和溜矿井变形碎裂，严重威胁生产作业及人身安全。由于矿山充填能力不足、效率低、充填工艺缺陷等原因，造成开采充填空区和充填未接顶而遗留的采空区，容积达 8. 3 万立方米。由于未进行联合开采技术、工艺参数、充填、地质力学的研究，实施过程中无技术支持，露天矿发生了大面积塌陷，在露天边坡上形成了 2 个塌陷漏斗，影响了露天开采。

针对矿山生产现状，科研院所、高等院校探索了露天地下联合开采新技术。基本内容大致包括以下 4 个方面：

（1）用浮动圆锥法圈定不同的露天开采境界方案。编制不同境界方案的采掘进度计划，从中计算出不同方案所需的评价指标。

（2）露天与地下联合采矿方法计算机模拟系统。利用计算机模拟技术和图形处理技术，建立联合采矿法主要生产工艺环节模拟模型和图形显示模型。

（3）利用数据库技术建立联合采矿法参数数据库，具有联合采矿法参数的追加、优选等功能。

（4）建立矿床开采设计方案的多目标决策系统，选择对方案影响较大的技术、经济、生态环境共 8 个评价指标，以考虑各评价指标均衡度的综合评价方式，全面评价不同露天境界和过渡带参数条件下开发矿床的经济效果差异，确定最优的露天境界方案和过渡层开采工艺参数。

露天与地下联合开采将露天采矿技术和地下采矿技术有机结合，形成新型采矿工艺，这些工艺的完善和实施，是露天地下联合开采追求的目标，将实现真正意义上的露天地下联合开采。目前，国内有许多科研机构针对国内露天转地下开采的技术要求及今后的发展趋势，进行了一定的理论研究，研究了露天与地下联合开采的工艺技术，包括联合穿爆地下出矿采矿工艺、露天漏斗法采矿工艺、地下穿爆露天出矿工艺等；同时也研究了露天与地下联合开采的关键技术，先后对河南银洞坡金矿、新疆雅满苏铁矿、马钢南山铁矿等露天矿山进行了设计研究，取得了很好的应用效果，为国内露天转地下开采的矿山提供了理论准备和实际经验。

露天与地下联合开采对一个矿床来说，在开采范围内，将矿床垂直划分成上、中、下3层，上层用露天开采，下层用地下开采，中间层也称过渡层或过渡带，既可用露天工艺开拓回采，也可以用地下工艺开拓、采准、回采，或两者兼而有之，所以根据矿床地质条件和地质力学等因素，由露天采矿技术和地下采矿技术有机结合起来的新型采矿工艺，在联合开采过程中尤为重要。

露天地下联合开采工艺技术包括以下几类：

1. 联合穿爆、地下出矿采矿工艺

这种采矿工艺适用于矿床规模大、质量好，地表允许崩落的矿山，工艺实质是于露天坑底用一个高台阶穿爆，矿石经地下运输系统运到地表，如图2-45所示。

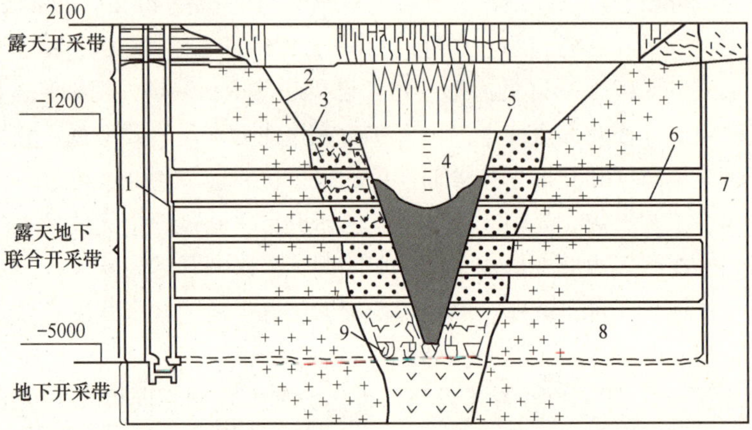

图2-45 矿床联合开采示意

1—箕斗提升井；2—露天开采带的最终境界；3—露天地下联合开采带最终边界；4—崩落矿石；5—炮孔；6—分段凿岩巷道；7—通风井；8—集矿运输水平；9—放矿巷道

将过渡层划分成若干分段，掘进分段凿岩巷道与提升井和通风井相连，从露天采场底部和分段巷道钻凿下向深孔，开采工艺为分梯段进行挤压崩矿，孔网参数综合考虑分段高度、出矿漏斗尺寸和矿石块度等因素确定，崩下的矿石从集矿平巷运出。采空区用作剥离废石场或尾矿库。

这样的采矿工艺由于只有一个高台阶开采过渡层，并且露天境界不需再扩帮，大大减少了剥离量；又由于采空区用作生产废料场，对矿区自然环境的破坏范围得以缩小，这种工艺方法的关键是准确确定上、中、下3层开采时间顺序，即过渡层开始作业时间。

2. 露天漏斗法采矿工艺

露天采掘工程在矿床的一翼达到设计深度时如图2-46所示，采掘工程继续沿水平方向向矿层中夹推进，然后将露天矿的工作帮向前推进150~200 m，在非工作帮靠近端部掘一天井，将露天坑底与地下开拓巷道连接。用成排的垂直钻孔爆破将天井扩成与矿体走向

垂直、横贯矿体全厚的一条切割槽。对过渡层从露天底向下沿全高地进行钻孔，然后随露天采掘工作线的推进而爆破，矿石从地下巷道运出。上、中、下3层形成统一的采空区。随着矿石的放出，采空区用废石堆弃，以增加采空区边帮附加荷载，提高露天边帮的稳定性。

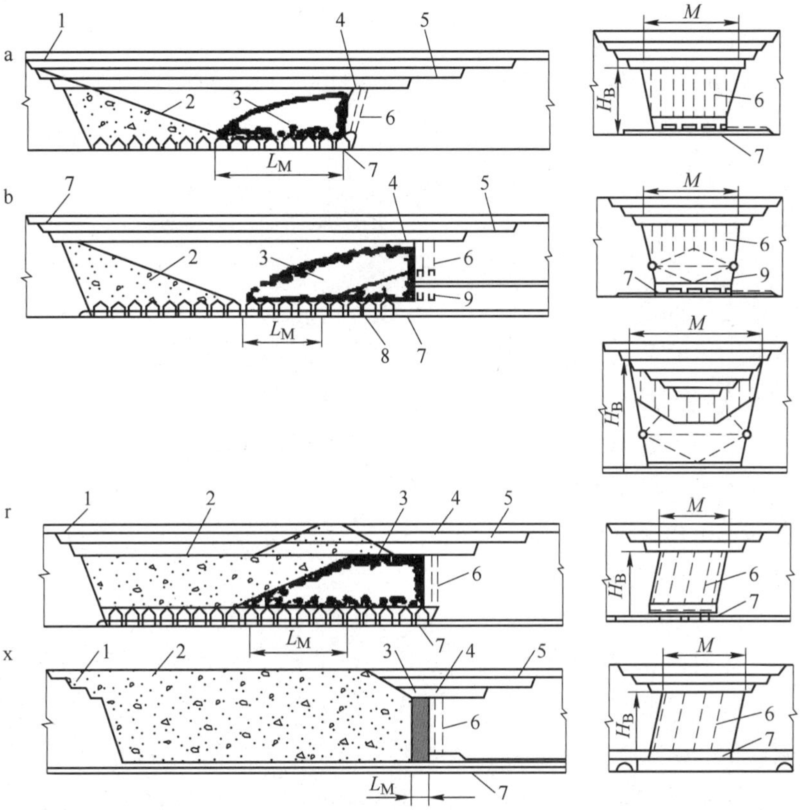

图 2-46 露天地下联合开采基本方案

(a) 边界与阶段无矿岩附加荷载；(b) 阶段用爆落矿石作局部附加荷载；

(r)、(x) 分别为底部出矿和端部出矿对采空区阶段与边界全面用附加荷载的方案

1—露天矿非工作帮；2—内部排土场；3—爆落的矿石；4—露天/地下联合开采层的阶段；5—露天矿工作带；6—下向平行钻孔；7—出矿巷道；8—阶段附加荷载；9—扇形钻孔

3. 充填法采矿工艺

由于在地下开采所形成的岩石移动带的上部长期同时进行露天开采作业，为了保证露天作业的安全，只允许缓倾斜矿体在留设境界顶柱后，用房柱法或充填法回采。对倾斜和急倾斜矿体，只能用充填法回采。矿岩稳固时，采用空场法嗣后充填，井下开采应从下向上进行；矿岩中等稳固时，可采用分段充填法或上向水平分层充填法；矿岩均不稳固时，采用下向胶结充填法。如果不采用胶结充填而用废石或尾砂充填，就要保留大量矿柱，要等到露天开采结束后才能回采这些矿柱。地下长期用空场法或不充填的崩落法开采，可能会给上方的露天生产造成危害。

充填采矿工艺对于露天转地下矿山不仅具有充填采矿工艺产生的优势，而且具有独特的优势，采用充填采矿法的优势在于：大大提高回采作业安全，提高资源回收率20%~30%；可减少和避免地面沉陷，减少或避免对土地和地面设施的破坏，保护生态环境；由于减少了对地层的扰动，减少了对地下水的扰动，地下水量将显著降低，节省排水能源消耗。充填法对露天地下联合开采还可以产生以下优点：1）地下开采首层，采用充填工艺后，可确保境界矿柱的稳定性；2）可以避免地下开采对露天开采的影响，避免边坡滑坡、地面塌陷；3）可以更多地回收露天与地下采场之间的安全矿柱，提高资源回收率。

“十一五”期间，王运敏院士带领科研团队开展了国家科技支撑计划“露天转地下开采平稳过渡关键技术研究”攻关，创造性地提出了露天转地下三阶段开采的设计理论，从而系统地解决了我国大型露天铁矿山露天转地下开采存在的一系列技术难题，形成了完全自主知识产权的露天转地下平稳过渡的系列成套技术，为我国矿山可持续发展提供了科学技术支撑。运用这项成果，可使矿山的基建投资减少25%~50%，生产成本降低20%左右，实现矿山露天转地下经济、高效、安全开采，对提高国内铁矿石自给率具有重大意义。该成果在示范矿山河北钢铁集团石人沟铁矿应用，使露天转地下以年产130万吨增产过渡，比露天开采年增加10万吨；通过灾害预警体系的运用，使部分原存在安全隐患不可采的矿体变为可采，多采出矿石达122.58万吨，近3年来为企业创造出了巨大的经济效益。该研究成果还在攀钢集团兰尖铁矿、莱钢鲁南矿业等7个矿山进行了推广应用，为企业创造经济效益近20亿元。

许洪亮等在内蒙古某铁矿受采矿权平面范围限制，圈定的终了境界最低开采标高为1500 m，露天残留矿体和深部矿体需要转入地下开采方式回收的条件下，提出无底柱分段崩落采矿法和分段充填采矿法2种适合矿山开采技术条件的采矿方法。通过对矿山生产能力、设计利用矿量、投资成本、销售收入和国家产业政策等几个方面进行对比分析，最终选定了保安矿柱压矿量少、矿石回采率高、排土场及尾矿库占地面积小、能避免地表塌陷的分段充填采矿法。对选择的采矿方法进行工艺设计，确定了采场结构参数和回采工艺。

（三）露天转地下覆盖层形成方法的发展

在露天向地下开采的过渡时期，地下采矿直接在露天坑底之下进行，地下若采用崩落法开采时，必须在露天底部形成覆盖层以确保过渡期地下开采和露天开采的安全。

露天转地下开采覆盖层的重要性，主要体现在对地下生产安全、矿石回收等方面的作用，具体如下：

（1）减少贫化，提高矿石回收效果。合理厚度的覆盖层应满足放出体形态的要求，不但能提高矿石回收效果，同时又将坑内废石与地下矿石隔离，避免废石的过多混入，从而降低贫化率。

（2）形成安全缓冲垫层，防止围岩大量塌落时对地下生产及人身安全造成威胁。

（3）防洪。雨季期间深凹露天坑内水量增多，适当厚度覆盖层的存在能够减缓雨水下渗地下的速度，避免出现短时间内雨水急剧涌入地下对地下人员、设备安全造成威胁的状况。

（4）防冻。主要在北方地区作用明显。北方冬季寒冷，覆盖层能够阻止地表冷空气进入地下，从而对地下工程及设备造成不良影响。

（5）防止地下漏风。合理厚度的覆盖层能够增加地下风流漏出的阻力，同时又能阻止露天风流的侵入，防止出现地下风流不稳及风流系统不可靠现象。

（6）防止过渡期内露天爆破有毒气体进入地下采场。

（7）减少排放地下废石占地面积。地下废石可用于露天坑内覆盖层的形成及补充，减少排土场占地面积，同时减少对环境的破坏。

露天转地下开采后覆盖层的来源有多种途径，主要是根据露天和地下现状、废石来源等情况确定，大体分为以下几种：

（1）废石回填作覆盖层。此法比较简单，同时露天回采过程中剥离大量废石，可作为回填废石的主要来源，能有效缓解排土场占地问题。

如大冶铁矿利用回填尖山露采的废石在东露天坑形成了厚的覆盖层；白银有色金属公司折腰山深凹露天矿将露天采场剥离的废石运到折腰山露天坑进行回填。司家营铁矿也利用此法作为覆盖层形成的一种方式。但随着露采的逐渐结束，回填可用废石量也随之减少，如若远距离外运废石，势必增加运输成本，采矿成本随之增高，不利于经济效益提高；同时地下开采深度不断增加，所需覆盖层废石量也随之增加，虽可利用地下生产废石作为补充，但不能完全解决覆盖层量的问题。

（2）预留矿石作覆盖层。在露天采场边坡安全需要保护而不能爆破的情况下，可采用爆破露天坑底首采分段矿石，并预留作覆盖层的方法。此法优点是保证下分段崩落矿石在上部矿石隔离层的保护下放出，阻止了废石的混入，降低矿石贫化率；缺点是回采初期积压部分矿石，损失率高；另外需要注意控制放矿量，避免破坏矿石覆盖层，导致矿石的贫化。

如通钢集团板石矿业公司北露天爆破露天开采境界底部矿石，并暂留在采场内作为地下开采的部分覆盖层。

（3）崩落边坡矿岩形成覆盖层。崩落边坡也是一种常用方法，就是采用硐室抛掷爆破或深孔爆破等方式崩落露天边坡，用崩落下来的围岩形成覆盖层。此法优点是方法简单，覆盖层形成速度快，安全可靠，成本低；缺点是在边坡较高、废石强度不高情况下，崩落的废石到达坑底时容易破碎，从而使小块废石混入地下矿石的概率增大，造成回采矿石贫化。

如白银露天矿以大爆破方式崩落南边坡和北边坡残矿和围岩，营造西部采区覆盖层大冶铁矿在露天坑回填废石不足，回填体出现陷落坑情况下，对狮子山露天边坡进行从上往下崩落，补充覆盖层。浙江漓渚铁矿采用大爆破的方式一次性将顶底板围岩崩落形成以上的废石覆盖层，作为地下开采时的覆岩层，以确保地下采矿的安全。

（4）崩落空场法顶柱形成覆盖层。即先用空场法回采，放矿末期留厚矿石作爆破垫层，再用硐室或深孔崩落顶板形成覆盖层，如松树卯矿南露天矿。这种方法最适合有数个露天台阶的高挂帮矿（即边坡上的残留矿）回采，因为在这种情况下要形成厚的覆盖层，回填工程浩大，经济上也不合理。

综上所述，覆盖层形成方法较多，但在回采过程中，开采水平不断下降，覆盖层随之不断陷落，需要及时对覆盖层进行补充，为保证覆盖层来源充足，露天转地下矿山多采用联合方法形成覆盖层，如杏山铁矿设计采用预留矿石和崩落边坡的方法，唐钢司家营铁矿采用废石回填和崩落边坡的方法，滨海采选公司东矿采用预留露天坑底崩落矿石和废石充填的方法，大冶铁矿采用废石回填和崩落边坡的方法，厂坝铅锌矿采用崩落上盘边坡围岩、回填露天剥离围岩以及预留崩落矿石分区、分期形成覆盖岩层的方法。

李海英、任凤玉等提出了一种露天转地下多分枝矿体诱导冒落形成覆盖层的方法，其特征在于，在多分枝矿体露天转地下应用分段崩落法开采中，各分枝矿体的回采进路沿走向布置，从上往下逐分段协同回采，起初留下部分崩落矿石作为安全垫层，随着回采分段下移，在矿体延伸方向形成裸露地表的条带状连续采空区，促使夹层围岩随两侧采空区表面积的增大逐渐失稳片落或塌落，片落或塌落的废石堆积于崩落矿石之上。

孙明志针对黑山铁矿挂帮矿量少，露天坑底部首采中段的主矿体尖灭再现严重，使得过渡期内产量衔接不上，垂直走向布置进路的采场结构的矿石损失贫化过大等条件限制问题，根据黑山铁矿的矿体赋存条件与矿岩稳固性特征，根据不同矿岩条件，提出了运用诱导冒落技术形成覆盖层的技术方案。对于挂帮矿，采用首采分段的连续回采面积诱导边坡围岩自然冒落形成覆盖层；对于露天坑底部多分支矿体，采用多分段控制出矿诱导围岩自然冒落形成覆盖层，由此解除了回填废石对地下生产的制约关系，有效释放了地下产能。

目前阶段在解决露天转到地下开采期间存在诸多的困难主要关注过渡方式及采矿方法的确定以及一些开采工艺技术的研究。随着科学技术的不断发展，探测、监测手段的持续进步，大数据分析技术的应用，露天转地下开采的工艺会更加细化，例如，通过先进的监测手段，同时采用大数据分析，可以更加精细地判断露天开采境界的深度，顶柱存留的厚度、开采崩落的位置等。

二、露天挂帮矿开采技术工艺的发展

（一）挂帮开采技术工艺概述

挂帮矿体是指在露天底以上，露天境界内开采矿体在境界外延伸的部分矿体。露天开采的矿山一般均存在挂帮矿体，根据其赋存部位分为端部和上下盘挂帮矿体 3 种。根据国内露天转井下开采矿山的设计、施工和生产实践，挂帮矿体具有如下特征：

（1）挂帮矿体的多样性。由于矿体赋存条件和露天开采境界的不同，导致挂帮矿体具有多样性：有的只有端部挂帮矿体，如新疆八一钢铁集团的蒙库和山西香玉铁矿等；有的只有上下盘挂帮矿体，如海南铁矿只有上盘挂帮矿体；有的既有端部、又有上下盘挂帮矿体，如鞍钢眼前山铁矿露天采场两端和上下盘均有挂帮矿体。

（2）挂帮矿体矿量不等。不同露天开采的矿山挂帮矿量的多少是不同的：蒙库铁矿有 2355 万吨，眼前山铁矿达 6332 万吨，首钢杏山铁矿则只有 400 万吨左右。各矿山挂帮矿量差别如此之大，主要与矿体的赋存状态及露天境界的圈定有直接关系。

（3）挂帮矿体开采过渡期的差异。国内外露天转井下开采的过渡期，即挂帮矿体的开采时间，主要受其赋存状况、开采方案、开拓形式、采矿方法及开采规模所决定，一般3~5年，多则8~10年。通钢上青铁矿的过渡期4年、杏山铁矿4年、眼前山铁矿设计过渡期则为8年。

（4）挂帮矿体分层矿量的递增性。露天境界外的挂帮矿体分层矿量一般是从上向下逐段递增，因为挂帮矿体呈阶梯形，从上向下各开采分层的矿体长度逐渐加大，矿量随之递增，致使各分层的生产能力也在递增。

选择适合挂帮矿体赋存和开采技术条件的开采方法，必须考虑以下几个方面：

（1）采矿强度高，以确保挂帮矿体开采年下降速度；

（2）选取的采矿方法要适应采矿设备机械化和高效化的要求，确保挂帮矿体开采规模的实现；

（3）选择的采矿方法要利于提前采准、出矿；

（4）作业安全。

（二）挂帮开采技术工艺的发展

我国的挂帮开采技术工艺起步较晚，21世纪之前，技术还不是很成熟，但中国露天开采的铁矿石产量占国内总量的87%~90%，露天矿随着开采深度的增加，剥采比超过经济极限值，经济效益明显下降，由露天开采转入地下开采的矿山将越来越多，如南京凤凰山铁矿、江苏冶山铁矿、铜官山铜矿、湖北余华寺铁矿、大广山铁矿、莱芜矿山公司赵庄矿区等。专家学者针对露天坑盆底的顶柱与缓冲垫层、合理确定露天开采极限深度、露天转入地下开采期间的产量衔接、如何选择最优的开拓系统与地下采矿方法、露天边坡管理与残柱回采、坑内通风与防排水、露天生产与地下开采同时作业的安全等问题，进行了多年的研究，探索了露天转地下开采的规律，解决了露天矿向地下开采过渡中一系列复杂的问题，逐渐形成了3类挂帮矿开采方法，根据矿体赋存条件和与其他工程的结合程度等因素的不同，可分为：

（1）外扩境界露天开采。外扩境界露天开采是根据境界剥采比不大于经济合理剥采比的原则，圈定边帮外扩境界后在现有开采系统基础上进行扩帮开采设计，以采出外扩境界内的挂帮矿。如国内的马钢凹山采场、齐大山铁矿等，国外的乌克兰的克里沃洛格矿、加拿大艾兰铜矿、美国卡斯尔山金矿均采用这种开采方法。外扩境界露天开采方法具有露天开采的优点，生产连续性好，可充分利用原露天采场生产设备及运输系统，一般不影响露天采场正常生产，可充分回收挂帮矿，并且周期短、费用低、经济效益较好。但由于此法是在永久边坡上进行的，在开采过程中需注意边坡稳定和开采安全的问题。

（2）地下开采。挂帮矿地下开采是完全采用井下开采的方式对挂帮矿进行开采和运出，通常适用于开采缓倾角、向露采边坡内延伸较大的挂帮矿，或者挂帮矿体邻近处有可利用的地下开采系统。如国内的大冶铁矿的铁门坎矿体、国外的乌克兰奥尔忠尼矿挂帮矿均采用这种开采方式。地下开采方法将挂帮矿视为深埋地下的矿石，在采出其他地下矿石的过程中顺便将其采出，既减少了井巷开拓量，又可避免露天开采的诸多问题，是一种安全易行的方法。但对临近边坡部分的挂帮矿，在开采中要特别注意安全。地下开采一般相对周期较长且费用较高。

(3) 露天和地下联合开采。露天和地下联合开采是利用露天或地下已形成的工程系统，采用地下系统对挂帮矿进行开采，露天系统运出的开采方式；或运用露天开采将挂帮矿采出，用地下运输系统将矿石运出。马钢南山矿业公司凹山采场北帮回采露天境界外的挂帮矿就是采用地下采出露天运出的联合开采方法。露天和地下联合开采综合了前2种开采方法的优点，充分利用现有露天工程，发挥了地采的优点，避免了外扩境界露天开采的边坡稳定和开采安全问题，但因为它需要开拓地下巷道，初期基建时间长、投资大、经济效益较差，并且巷道开挖会引起应力的重新分布，安全问题需特别注意。

21世纪以来，随着采矿技术的不断发展，传统的挂帮开采技术不断更新完善，同时也涌现了许多先进的新技术。

1. 采矿方法的发展

将低段高无底柱留矿嗣后充填采矿法用于开采位于露天矿最终边帮上的挂帮矿，该方法采用低段高回采，减小了围岩的暴露面积；不留底柱，采用中深孔爆破落矿，铲运机出矿，生产效率高；将矿石暂时留在采场，回采后立即充填采空区，能有效限制采空区围岩的变形；预留斜顶柱，能够有效提高采空区充填效果。

对靠近边帮的无底柱分段崩落法回采首采分段，利用崩落挂帮矿作为覆盖层的方式，以矿石充当覆盖层，既能达到无底柱崩落法开采的安全要求，又可以回收部分挂帮矿，弥补露天转井下开采过渡期矿石资源缺口。

2. 挂帮矿开采工艺的发展

针对挂帮矿回收面临边坡高陡、运输道路风险等难题，提出先治理加固边坡，后进行挂帮矿分区进路充填回收方案。在回收挂帮资源的同时，用高强度人工充填体置换运输道路下的挂帮矿，并基于数值分析方法，分析回收过程中边坡和运输道路稳定性的动、静力学，验证爆破后运输道路及边坡处最大振速和位移变形均满足安全规程要求，爆破作业不会影响边坡及运输道路的安全。分区进路充填法可以安全、高效地实现挂帮的资源回收。

在露天转地下过渡期中，可以采用诱导冒落法开采挂帮矿的新型露天转地下过渡模式。利用三维建模分析现存挂帮矿，依据过渡模式的露天地下协同开采的安全要求，选择过渡期露天地下协同开采区域，通过采用合理的回采顺序控制边坡上塌陷坑范围和塌陷坑容积，使滑移体全部滑入塌陷坑，利用露天原有运输系统迅速提高地下产能，并采用合理方式控制边坡滑移岩体，加快铁矿露天转地下进程。

3. 研究手段的发展

利用相似材料模拟试验方法建立挂帮矿相似模型，并对其进行充填采矿模拟试验，分析挂帮矿的开采对地表变形和覆岩移动变形情况。分析挂帮矿开采存在的安全隐患并确定有效的安全防治措施，保障挂帮矿生产安全。

在详细分析挂帮矿开采技术条件的基础上，开展无底柱分段崩落采矿法试验研究，采用低段高回采，以减小围岩的暴露面积；不留底柱，减少资源损失；采用中深孔爆破落矿，铲运机出矿，生产效率高、成本低。高效回收残留在露天矿最终边坡上的挂帮矿，有效保证开采过程中露天矿最终边帮的稳定和采场安全。

随着计算机软件技术的发展，越来越多专家学者利用数值软件等相关软件对挂帮矿体用不同的开采方法进行模拟开采，在保证安全开采的前提下，选取可实现开采最大化、经济最优化的开采方法，这也将是实现数字化矿山，绿色矿山的必然趋势。

参考文献

[1] 汪旭光. 我国工程爆破技术的现状与发展 [J]. 北京矿冶研究总院学报，1992（2）：1-8.

[2] 朱德达. 爆破工作三十年的回顾 [J]. 长沙矿石研究院季刊，1986，6（4）：157-160.

[3] 汪旭光，周家汉，王中黔，等. 我国爆破事业的发展和在新世纪的展望 [C] //第七届全国工程爆破学术会议论文集，2001：1-11.

[4] 宋锦泉，汪旭光，段宝福. 中国工程爆破发展现状与展望 [J]. 铜业工程，2002（3）：6-9.

[5] 汪旭光. 爆破器材与工程爆破新进展 [J]. 中国工程科学，2002，4（4）：26-30.

[6] 胡福祥，蔡鸿起. 露天矿台阶高度的优化 [J]. 金属矿山，1998（2）：1-7.

[7] 曾世奇. 18 m 高台阶爆堆破岩质量综合评价 [J]. 工程爆破，1997（4）：40-44，36.

[8] 林德余，马万昌，王明林. 露天矿高台阶爆破问题 [J]. 中国矿业，1992（2）：21-26.

[9] 刘占全，王德胜，崔凤，等. 巴润矿 24 m 高台阶爆破技术实验研究 [J]. 金属矿山，2019（6）：68-71.

[10] 朱青山，彭莉. 凹山采场稳定生产能力的技术措施 [J]. 金属矿山，1998（9）：17-19.

[11] 朱青山，彭莉，刘云，等. 凹山采场“坑小产量大、深凹愈增产”的经验 [J]. 中国矿业，1999（S1）：212-216.

[12] 杨晓山. 爆破根底产生的原因及解决途径 [J]. 矿业快报，2006（8）：41-42.

[13] 王国利. 硫化矿爆破安全技术的发展 [J]. 工程爆破，1997（2）：68-71.

[14] 陈寿如，徐国元，李夕兵. 硫化矿中炸药自爆判据的简化及应用 [J]. 中南工业大学学报，1995（2）：167-171.

[15] 张英才. 广东省云浮硫铁矿矿石自燃的原因与防治 [J]. 化工矿产地质，1996（3）：95.

[16] 郑炳旭. 中国高温介质爆破研究现状与展望 [J]. 爆破，2010，27（3）：13-17，35.

[17] 顾毅成. 从光面（预裂）爆破的应用谈爆破技术的进步与发展 [J]. 铁道工程学报，2010，27（1）：77-81.

[18] 潘井澜，梁伟东. 预裂爆破技术的发展 [J]. 金属矿山，1996（9）：12-14.

[19] 高晓初，于亚伦，孙仲等. 水厂铁矿深孔台阶 70 万吨级大区毫秒延时爆破 [C] //中国典型爆破工程与技术（1950—2006）. 北京：冶金工业出版社，2006：35-39.

[20] 吴腾芳，王凯. 微差爆破技术研究现状 [J]. 爆破，1997（1）：53-57.

[21] 王章，李国平，高元宝，等. 大孔距、小抵抗线爆破参数的探讨 [J]. 矿业快报，2006（8）：76-77，83.

[22] 郑瑞春，马柏令，高士才. 爆破参数对破岩质量的影响规律及小抵抗线大孔距爆破机理的探讨（上）[J]. 爆破，1987（2）：5-10.

[23] 王同福，陈世英，丛军功. 南芬露天矿应用火钻扩孔的试验研究 [J]. 金属矿山，1995（9）：27-29.

[24] 丛军功．采用火钻扩孔克服南芬露天矿大底盘抵抗线的探讨［J］．中国矿业，1994（1）：41-43.

[25] 金秋实．南芬露天铁矿穿爆工程的现状及发展方向［J］．北京矿业学院学报，1958（3）：244-253.

[26] 焦玉书．露天矿高台阶开采中的牙轮-火钻联合穿孔方法［J］．金属矿山，1992（8）：12-17，34.

[27] 窦金龙，汪平．药壶微差爆破技术在露天开采中的应用［J］．中国矿业，2006（12）：58-60.

[28] 张世尧．深孔扩底爆破［J］．钢铁，1964（3）：46-47.

[29] 边克信．我国工程爆破现状与展望［J］．爆破，1984（1）：3-6.

[30] 邹定祥．露天矿台阶爆破矿岩破碎过程的三维数学模型［J］．爆炸与冲击，1984，4（3）：48-59.

[31] 邹定祥．爆破块度分布的摄影—图像分析方法的研究［J］．爆破，1988（1）：5-11.

[32] 邹定祥．矿岩爆破块度分布规律及其在爆破工程中的应用［J］．爆破，1985（2）：35-41.

[33] 邹定祥．大孔距爆破改善破岩效果机理的探讨［J］．金属矿山，1983（12）：8-11.

[34] 曾世奇．露天爆堆块度分布谱［J］．金属矿山，1993（6）：17-25.

[35] 刘为洲，邢洪义，陈继强，等．台阶爆破参数的计算机模拟［J］．金属矿山，1997（12）：18-20.

[36] 周桂松，钟冬望．绿色爆破的爆炸能量转化机制［J］．金属矿山，2022（7）：35-41.

[37] 张西良，李二宝，杨海涛，等．乳化炸药毒气抑制剂在矿山爆破中的应用研究［J］．金属矿山，2021（11）：49-54.

[38] 牛京考，王运敏，刘伯华．冶金矿山科学技术的回顾与展望［M］．北京：煤炭工业出版社，2000.

[39] 汪旭光，沈立晋．工业雷管技术的现状和发展［J］．工程爆破，2003（3）：52-57.

[40] 刘自汤，蒋荣光．我国工业雷管的现状与发展［J］．爆破器材，1996（2）：22-25.

[41] 齐清，朱训强，陈金锋．火雷管电点火技术的应用［J］．矿业快报，2002（5）：20-21.

[42] 宋群．NPED-Ⅰ、Ⅱ型火雷管鉴定会［J］．金属矿山，1992（1）：61.

[43] 高毅．无起爆药瞬发、延期雷管通过鉴定［J］．爆破器材，1988（2）：16.

[44] 殷德林．K·D工业火雷管生产定型通过技术鉴定［J］．爆破器材，1986（2）：28.

[45] 昌盛禄．数码雷管的应用现状与展望［J］．低碳世界，2017（7）：287-288.

[46] 冯晓臣，霸书红．数码雷管的应用现状与展望［J］．装备制造技术，2016（7）：112-113.

[47] 张志毅，王中黔．工程爆破研究与实践［M］．北京：中国铁道出版社，2004.

[48] 查正清，李国仲．我国乳化炸药现场混装车现状与发展［C］//中国工程爆破协会成立20周年学术会议中国爆破新进展，2014：616-620.

[49] 汪旭光，闫正斌，王尹军，等．爆炸物品示踪安检技术与产品和设备的研究开发［C］//中国工程爆破协会成立20周年学术会议中国爆破新进展，2014：783-791.

[50] 谢先启，黄小武，姚颖康，等．露天深孔台阶精细爆破技术研究进展［J］．金属矿山，2022（7）：7-18.

[51] 施富强．前瞻精细爆破［J］．爆破，2021，38（2）：1-3，66.

[52] 谢先启．精细爆破发展现状及展望［J］．中国工程科学，2014，16（11）：14-19.

[53] 谢先启，卢文波．精细爆破［J］．工程爆破，2008（3）：1-7.

[54] 游慕卢，张恩举，高云．地下大孔径深孔穿孔新设备——KY-170A型地下牙轮钻机［J］．有色金属（矿山部分），1991（5）：7-10.

[55] 罗瑾珩．我国地下大孔径穿孔技术的应用与发展［J］．矿业研究与开发，1999（6）：22-24.

[56] 张谊．我国地下采场钻孔设备的现状与展望［J］．中国设备工程，2017（11）：174-175.

[57] 王毅．我国地下采场钻孔设备的现状与展望［J］．采矿技术，2001（4）：27-29.

[58] 王荣祥，任效乾，张晶晶．地下矿山无轨采矿设备的发展与创新［J］．矿业装备，2012（4）：42-47.

[59] 赵昱东. 地下矿山凿岩设备的技术进展［J］. 矿业快报，2003（7）：4-9.
[60] 伯格曼，牛京考. 凿岩爆破方法的新进展［J］. 金属矿山，1989（10）：55-56.
[61] 张明新. 矿山平巷掘进现状及改进分析［J］. 世界有色金属，2019（23）：278，280.
[62] 曾永志，祝禄发. 矿山平巷掘进现状及改进措施探讨［J］. 采矿技术，2013，13（1）：19-21.
[63] 张奇，杨永琦. 掏槽爆破理论与技术研究进展［J］. 爆破，1997（1）：88-91.
[64] 中南矿冶学院矿山系天井实验组. 盲天井深孔爆破一次成井试验成功［J］. 中南矿冶学院学报，1980（3）：133.
[65] 王广云. 中深孔法一次爆破成井在张马屯铁矿的试验［J］. 山东冶金，1997（4）：47-48.
[66] 路燕泽，李成合，许长新，等. 一次成井技术在石人沟铁矿的应用［J］. 矿业工程，2013，11（3）：19-20.
[67] 李金跃. 深孔群孔球状药包爆破一次成井技术与应用研究［D］. 长沙：中南大学，2014.
[68] 胡贵发. 会宝岭铁矿深孔爆破一次成井技术的研究与应用［D］. 赣州：江西理工大学，2018.
[69] 赵永实. 浅孔留矿法的弊处分析［J］. 科技创新导报，2008（9）：58.
[70] 于洪琦. 浅孔留矿采矿法发展途径的探索［J］. 金属矿山，1989（8）：28-30.
[71] 朱春久. 浅孔留矿法开采现状及发展趋势［J］. 有色矿山，1988（3）：10-14.
[72] 惠安社，李明楼，路增祥，等. 我国无底柱分段崩落法结构参数优化研究进展与方向［J］. 金属矿山，2020（3）：1-11.
[73] 罗根平，黄华桃，陈林. 中深孔爆破一次成井技术研究与应用［J］. 现代矿业，2020，36（11）：41-43，49.
[74] 郭金峰. 我国地下矿山采矿方法的技术现状及发展趋势［J］. 矿业快报，2001：17-23.
[75] 宋克志，张传信，李安. 无底柱高分段崩落法的深孔爆破技术［J］. 金属矿山，1996（1）：16-18.
[76] 马维清，张生良. 垂直深孔落矿阶段矿房（VCR）法在草楼铁矿的应用［J］. 现代矿业，2010，26（1）：93-96.
[77] 古德生. 地下金属矿采矿科学技术的发展趋势［J］. 黄金，2004（1）：18-22.
[78] 高静. 我国金属矿山采矿技术进展及趋势综述［J］. 中国金属通报，2020（7）：9-10.
[79] 王运敏. 现代采矿手册［M］. 北京：冶金工业出版社，2011.
[80] 战凯. 地下金属矿山无轨采矿装备发展趋势［J］. 采矿技术，2006（3）：34-38.
[81] 孙飞. 地下金属采矿技术及潜孔钻机的进展与趋势［J］. 中国金属通报，2019（3）：30-31.
[82] 李建国，战凯. 基于无人装备的地下金属矿智能开采技术［J］. Engineering，2018，4（3）：181-203.
[83] 蔡美峰，薛鼎龙，任奋华. 金属矿深部开采现状与发展战略［J］. 工程科学学报，2019，41（4）：417-426.
[84] 战凯，吕潇，金枫，等. 地下金属矿智能开采技术与装备现状及“十四五”的思考［J］. 智能矿山，2021，2（1）：11-15.
[85] 吴爱祥，王勇，张敏哲，等. 金属矿山地下开采关键技术新进展与展望［J］. 金属矿山，2021（1）：1-13.
[86] 吴平. 地下金属矿采矿科学技术的发展趋势［J］. 世界有色金属，2022（14）：48-50.
[87] 曹贞兵. 地下金属矿山采矿技术进展及研究方向［J］. 中国金属通报，2020（7）：7-8.
[88] 张四维. 我国矿山边坡工程研究现状与发展［C］//第四届全国矿山采选技术进展报告会论文集，2001.
[89] 孙玉科，姚宝魁，许兵. 矿山边坡稳定性研究的回顾与展望［J］. 工程地质学报，1998，6（4）：

305-311.

[90] 张汝晋，杨运泰，赵维翰，等. 土壩壩基下浅层处存在软弱土层时壩身稳定分析方法的商讨［J］. 中国水利，1957（6）：9-12.

[91] 李奎. 运用工程地质类比法分析评价边坡的稳定性［J］. 土工基础，2019，33（4）：479-482.

[92] 舒明充. 边坡稳定性的工程地质类比法［J］. 黑龙江交通科技，2013（6）：45.

[93] 邓东平，李亮. 基于滑动面应力假设下的三维边坡稳定性极限平衡法研究［J］. 岩土力学，2017，38（1）：189-196.

[94] 吕文斌，耿海深. 基于极限平衡法和 Midas/GTS 的张家湾滑坡稳定性［J］. 科学技术与工程，2021，21（11）：4369-4378.

[95] 唐胜传，冯登，王俊杰. 赤平极射-实体比例投影方法及其应用［J］. 重庆交通大学学报（自然科学版），2018，37（8）：63-68.

[96] 孙玉科，古迅. 实体比例投影原理与块体空间应力分解［J］. 水文地质工程地质，1979（2）：23-28.

[97] 高明，孟庆洲，董猛荣. 实体比例投影结合赤平极射投影在岩质边坡稳定性分析中的应用［J］. 工程勘察，2014，42（5）：30-34.

[98] 佴磊，徐燕，代树林. 边坡工程［M］. 北京：科学出版社，2010.

[99] 谷德振，黄鼎成. 岩体结构的分类及其质量系数的确定［J］. 水文地质工程地质，1979（2）：8-13.

[100] 姚祺昌. 露天矿边坡稳定性研究［J］. 钢铁，1964（11）：9-15.

[101] 钱向东. 复杂基岩稳定分析的弹塑性极限平衡法［J］. 河海大学学报（自然科学版），1999（6）：16-19.

[102] 孙钧，吴逸群. 岩土介质中应力波传播问题的有限元分析［J］. 岩土工程学报，1983（4）：28-42.

[103] 冯文凯，何川，石豫川，鲍立新. 复杂巨型滑坡形成机制三维离散元模拟分析［J］. 岩土力学，2009，30（4）：1122-1126

[104] 张有天，张武功. 半无限域渗流问题的边界元方法［J］. 水利学报，1981（4）：8-17.

[105] 潘家铮. 建筑物的抗滑稳定和滑坡分析［M］. 北京：中国电力出版社，1980.

[106] 潘家铮. 关于重力坝的深层抗滑稳定问题［J］. 四川水力发电，1983（1）：6-18.

[107] 何满潮，霍起元. 萨尔码方法及其应用［J］. 长春地质学院学报，1986（1）：65-72.

[108] 笪盍. 对萨尔玛法的分析与评价［J］. 有色金属，1986（1）：30-37.

[109] 蔡跃军，刘宝琛. 罗布莎铬铁矿边坡稳定性研究中的几个岩体力学问题［J］. 矿冶工程，1987（4）：1-5.

[110] 王家臣，沈长兴. 三维滑体长度的探讨［J］. 露天采矿，1989（4）：21-25.

[111] 张钦礼. 露天矿边坡稳定性的数值模拟分析［J］. 世界采矿快报，1994（24）：6-8.

[112] 董学晟. 工程岩体稳定与块体理论［J］. 长江水利水电科学研究院院报，1987（1）：1-9.

[113] 邬爱清. 岩坡关键块体稳定的概率分析［J］. 长江科学院院报，1988，5（2）：66.

[114] 张春，笪盍. 反倾断裂面在边坡稳定分析中的作用［J］. 黄金，1990，11（10）：10-15.

[115] 郭映忠. 岩质边坡设计坡角和锚固方案的确定［J］. 工程地质学报，1996（2）：1-6.

[116] 汪卫明，陈胜宏. 三维岩石块体系统的自动识别方法［J］. 武汉水利电力大学学报，1998（5）：52-56.

[117] 李爱兵. 块体理论在边坡稳定性分析中的应用［J］. 长沙矿山研究院季刊，1989（2）：41-46.

[118] 孙树林，易小兵. 块体理论在岩质边坡设计中的应用介绍［J］. 人民珠江，1999（3）：29-31.
[119] 王在泉，华安增. 确定边坡潜在滑面的块体理论方法及稳定性分析［J］. 工程地质学报，1999（1）：40-45.
[120] 王在泉. 边坡工程系统稳定性薄弱部位的预测与控制［J］. 中国矿业大学学报，1999（6）：39-42.
[121] 常全明，孔凡祉. 程家沟铁矿露天采场下盘边坡岩体稳定性研究［J］. 河北理工学院学报，1999（1）：4-8.
[122] 刘帝旭，曹平. 基于灰色系统理论的改进 SMR 法初探［J］. 岩土力学，2015，36（S1）：408-412.
[123] 刘祖强. 滑坡破坏灰色预测［J］. 水利水电技术，1991（2）：38-43.
[124] 秦四清，张倬元，王士天，等. 滑坡时间预报的突变理论及灰色突变理论方法［J］. 大自然探索，1993（4）：62-68.
[125] 陈新民，罗国煜. 基于经验的边坡稳定性灰色系统分析与评价［J］. 岩土工程学报，1999（5）：638-641.
[126] 贾立宏，贺建祥. 德兴铜矿北山露天采场运输公路路基稳定性因素的灰色关联分析［J］. 有色矿冶，1995（4）：6-9.
[127] 密云冶金矿山公司冯家峪铁矿上峪采场合理边坡角试验研究. 北京市，密云冶金矿山公司，2002-01-01.
[128] 冯夏庭，王泳嘉，卢世宗. 边坡稳定性的神经网络估计［J］. 工程地质学报，1995（4）：54-61.
[129] 夏元友，李新平，朱瑞赓. 基于人工神经网络的边坡稳定性工程地质评价方法［J］. 岩土力学，1996（3）：27-33.
[130] 夏元友，李新平，程康. 用人工神经网络估算岩质边坡的安全系数［J］. 工程地质学报，1998（2）：60-64.
[131] 夏元友. 边坡工程集成式智能决策支持系统研究［J］. 岩石力学与工程学报，1999（1）：116.
[132] 常春，周德培，王泳嘉，等. 露天矿开采深度对边坡稳定性的影响［J］. 岩石力学与工程学报，1998（3）：248-252.
[133] 常春，冯夏庭，王泳嘉，等. 露天矿边坡角的优化设计［J］. 东北大学学报，1996（5）：12-16.
[134] 邓跃进，王葆元，张正禄. 边坡变形分析与预报的模糊人工神经网络方法［J］. 武汉测绘科技大学学报，1998（1）：28-33.
[135] 徐卫亚，谢守益，等. 边坡稳定分析评价的概率神经网络方法［J］. 勘察科学技术，1999（3）：19-21.
[136] 马洪生，胡卸文. 神经网络在边坡稳定性分析中的应用［J］. 中国地质灾害与防治学报，1999（1）：50-54.
[137] 卢才金，胡厚田，徐建平，等. 改进的 BP 网络在岩质边坡稳定性评判中的应用［J］. 岩石力学与工程学报，1999（3）：303-307.
[138] 祈泽先，李坤. 模糊数学方法在边坡稳定性评价中的应用［J］. 水文地质工程地质，1987（6）：31-33，16.
[139] 贺少辉，李中林. 边坡工程模糊可靠度研究［J］. 南方冶金学院学报，1994（1）：1-9.
[140] 李文秀. 边坡稳定性分析的 Fuzzy 数学模型［J］. 化工矿山技术，1995（6）：1-3.
[141] 李文秀. 矿山高陡边坡稳定性研究的模糊数学方法［J］. 长江科学院院报，1996（S1）：35-37.
[142] 李文秀. 露天矿山采场合理境界确定及其边坡稳定性分析的模糊数学方法［J］. 中国钼业，1996

(6)：9-13.
[143] 汪益敏. 边坡岩体稳定质量的模糊评价 [J]. 华南理工大学学报（自然科学版），1997（4）：113-118.
[144] 李彰明. 模糊分析在边坡稳定性评价中的应用 [J]. 岩石力学与工程学报，1997（5）：92-97.
[145] 夏元友，朱瑞赓. 岩质边坡稳定性多人多层次模糊综合评价系统研究 [J]. 工程地质学报，1999（1）：46-53.
[146] 周维垣，杨延毅. 节理岩体的损伤断裂力学模型及其在坝基稳定分析中的应用 [J]. 水利学报，1990（11）：48-54.
[147] 盛建龙，刘智超，侯启英. 损伤力学理论在岩石边坡工程中的应用研究 [J]. 武汉钢铁学院学报，1990（3）：269-274.
[148] 孙钧. 脆弹粘性岩体高边坡稳定的损伤断裂力学机制研究 [J]. 汕头大学学报（自然科学版），1994（2）：1-9.
[149] 徐靖南，朱维申，白世伟. 压剪应力作用下多裂隙岩体的力学特性——断裂损伤演化方程及试验验证 [J]. 岩土力学，1994（2）：1-12.
[150] 朱维申，张强勇. 节理岩体脆弹性断裂损伤模型及其工程应用 [J]. 岩石力学与工程学报，1999（3）：245-249.
[151] 李胡生. 边坡稳定性有限元分析中确定潜滑面及其安全系数的方法 [J]. 武汉工业大学学报，1988（4）：491-497.
[152] 李桂荣，佘成学，陈胜宏. 层状岩体边坡的弯曲变形破坏试验及有限元分析 [J]. 岩石力学与工程学报，1997（4）：12-18.
[153] 施斌，吴智深，李琦，等. 边坡大变形弹塑性有限元分析 [Ⅰ]：理论 [J]. 水文地质工程地质，1999（2）：26-28.
[154] 刘宁. 三维可分向量随机场局部平均的三维随机有限元及可靠度计算 [J]. 水利学报，1995（6）：75-82.
[155] 张飞，杨宏伟，景宏祥. 边坡的有限元与可靠性分析 [J]. 包头钢铁学院学报，1999（1）：3-6.
[156] 薛守义，张镜剑，王思敬. 岩体边坡动态有限元与程序 [C] //水电科技论文集，1990：71-87.
[157] 高谦，牟会宠，杜永廉. 大冶铁矿东露天扩帮区边坡有限元分析及稳定性可靠度研究 [C] //岩土力学数值方法的工程应用——第二届全国岩石力学数值计算与模型实验学术研讨会论文集，1990：813-821.
[158] 刘美山. 南芬露天铁矿边坡岩体结构模拟与应用研究 [D]. 沈阳：东北大学，1999.
[159] 杨庆，廖国华. 峨口铁矿台阶边坡稳定性的离散元分析 [J]. 矿冶工程，1990（4）：13-15.
[160] 刘爱华. 节理裂隙岩体的离散元计算方法 [J]. 中南工业大学学报，1995（4）：452-456.
[161] 朱浮声，王泳嘉，O. 斯蒂芬森. 露天矿山高陡岩石边坡失稳的三维离散元分析 [J]. 东北大学学报，1997（3）：8-11.
[162] 孙广忠，王效宁，刘竹华. 边界元方法计算边坡应力和位移时计算模型研究 [C] //边坡稳定的岩石力学分析学术会议论文集（上集），1987：5-31.
[163] 张云. 露天矿边坡岩体裂隙含水介质渗流场边界元分析 [J]. 南京大学学报（自然科学版），1992（1）：119-125.
[164] 唐金荣，马博恒. 边坡渗流场边界元分析和实例 [J]. 勘察科学技术，1992（5）：33-38.
[165] 陈祖煜，弥宏亮，汪小刚. 边坡稳定三维分析的极限平衡方法 [J]. 岩土工程学报，2001（5）：525-529.

[166] 朱大勇，钱七虎. 三维边坡严格与准严格极限平衡解答及工程应用 [J]. 岩石力学与工程学报，2007 (8)：1513-1528.

[167] 郑宏. 严格三维极限平衡法 [J]. 岩石力学与工程学报，2007 (8)：1529-1537.

[168] 刘振平，杨波，刘建，等. 基于 GRASSGIS 与 TIN 滑动面的边坡三维极限平衡方法研究 [J]. 岩土力学，2017，38 (1)：221-228.

[169] 常晨莹，林川，袁占军，等. 基于 FOA 法搜索危险滑动面的三维极限平衡分析 [J]. 水资源与水工程学报，2019，30 (2)：205-211.

[170] 孙平，张强，陈祖煜，等. 拱坝坝肩多块体滑动的三维极限平衡分析方法 [J]. 岩土工程学报，2022，44 (1)：144-152.

[171] 李茂，王静. 三维极限平衡法在露天矿边坡稳定性分析中的应用 [J]. 中国矿山工程，2022，51 (4)：40-44.

[172] 刘立鹏，陈奇，张彬. 基于 FLAC 强度折减理论的边坡稳定性研究 [J]. 岩土工程技术，2008 (1)：6-10.

[173] 欧湘萍，白楷，朱云升，等. 基于 FLAC-3D 的强度折减法边坡稳定性分析 [J]. 武汉理工大学学报，2009，31 (9)：59-61.

[174] 马萃林，朱明，王建华. 基于有限差分法的边坡稳定性研究 [J]. 金属矿山，2009 (9)：173-175，191.

[175] 蓝航. 基于 $FLAC^{3D}$ 的边坡单元安全度分析及应用 [J]. 中国矿业大学学报，2008 (4)：570-574.

[176] 常来山，陈亚楠，陶东海，等. 基于 FLAC 节理化模型的层状岩体边坡数值分析 [J]. 中国矿业，2013，22 (8)：77-80.

[177] 王志伟，王庚荪. 裂隙性黏土边坡渐进性破坏的 FLAC 模拟 [J]. 岩土力学，2005 (10)：116-119.

[178] 于振，常来山，张曼，等. 基于 FLAC 平台的岩体边坡渐进破坏模拟分析 [J]. 金属矿山，2017 (4)：148-151.

[179] 周子涵，陈忠辉，张凌凡，等. 基于能量原理的露天矿边坡开挖稳定性突变研究 [J]. 岩土力学，2019，40 (12)：4881-4889.

[180] 李启航，李小双，耿加波，等. $FLAC^{3D}$ 数值模拟露天转地下边坡及采场稳定性研究 [J]. 有色金属，2021，73 (2)：5-10.

[181] 殷坤龙，姜清辉，汪洋. 新滩滑坡运动全过程的非连续变形分析与仿真模拟 [J]. 岩石力学与工程学报，2002 (7)：959-962.

[182] 张国新，武晓峰. 裂隙渗流对岩石边坡稳定的影响——渗流、变形耦合作用的 DDA 法 [J]. 岩石力学与工程学报，2003 (8)：1269-1275.

[183] 沈振中，大西有三. 基于非连续变形分析的水库岩体边坡稳定分析方法 [J]. 水利学报，2004 (3)：117-122，128.

[184] 沈振中，姜媛媛，王金男. 非稳定渗流作用的岩体边坡稳定非连续变形分析 [J]. 河海大学学报（自然科学版），2007 (1)：39-41.

[185] 邬爱清，丁秀丽，李会中，等. 非连续变形分析方法模拟千将坪滑坡启动与滑坡全过程 [J]. 岩石力学与工程学报，2006 (7)：1297-1303.

[186] 黄盛铨，刘君，孔宪京. 强度折减 DDA 法及其在边坡稳定分析中的应用 [J]. 岩石力学与工程学报，2008 (S1)：2799-2806.

[187] 孙跃. 流形元与有限元变形和渗流的非同步耦合分析方法及其应用 [J]. 岩石力学与工程学报, 2003 (6): 943-950.

[188] 张国新, 赵妍, 石根华, 等. 模拟岩石边坡倾倒破坏的数值流形法 [J]. 岩土工程学报, 2007 (6): 800-805.

[189] 张国新, 赵妍, 彭校初. 考虑岩桥断裂的岩质边坡倾倒破坏的流形元模拟 [J]. 岩石力学与工程学报, 2007 (9): 1773-1780.

[190] 刘红岩, 王新生, 秦四清, 等. 岩石边坡裂隙渗流的流形元模拟 [J]. 工程地质学报, 2008 (1): 53-58.

[191] 王述红, 高红岩, 张紫杉. 基于重度增加法的岩坡破坏过程流形元分析 [J]. 东北大学学报 (自然科学版), 2016, 37 (3): 403-407.

[192] 喻志发, 于长一, 刘丰, 等. 数值流形法在裂纹扩展中的应用 [J]. 岩土工程学报, 2020, 42 (4): 751-757.

[193] 贺续文, 刘忠, 廖彪, 等. 基于离散元法的节理岩体边坡稳定性分析 [J]. 岩土力学, 2011, 32 (7): 2199-2204.

[194] 赵凯, 曾亚武, 曾超. 基于颗粒流法含软弱结构面岩质边坡稳定性分析 [J]. 科学技术与工程, 2018, 18 (1): 97-102.

[195] 王建明, 岳星彤, 李天龙, 等. 露天矿边坡岩体裂隙测量与卸荷破坏的数值模拟研究 [J]. 中国安全生产科学技术, 2022, 18 (8): 98-105.

[196] 赵伟华, 黄润秋. 基于 SRM 的裂隙岩质边坡潜在失稳路径分析 [J]. 岩石力学与工程学报, 2018, 37 (8): 1843-1855.

[197] 张志飞, 贾洪彪, 苟青松, 等. 反倾层状岩质边坡变形破坏的颗粒流模拟研究 [J]. 科学技术与工程, 2019, 19 (13): 56-64.

[198] 金磊, 曾亚武, 程涛, 等. 土石混合体边坡稳定性的三维颗粒离散元分析 [J]. 哈尔滨工业大学学报, 2020, 52 (2): 41-50.

[199] 石崇, 王盛年, 刘琳. 地震作用下陡岩崩塌颗粒离散元数值模拟研究 [J]. 岩石力学与工程学报, 2013, 32 (S1): 2798-2805.

[200] 卞康, 刘建, 胡训健, 等. 含顺层断续节理岩质边坡地震作用下的破坏模式与动力响应研究 [J]. 岩土力学, 2018, 39 (8): 3029-3037.

[201] 岑夺丰. 岩质边坡阶梯状滑移机制颗粒流模拟及稳定性研究 [D]. 重庆: 重庆大学, 2013.

[202] Huang D, Cen D, Ma G, et al. Step-path failure of rock slopes with intermittent joints (Article) [J]. Landslides, 2015, 12 (5): 911-926.

[203] 李连崇, 唐春安, 邢军, 等. 节理岩质边坡变形破坏的 RFPA 模拟分析 [J]. 东北大学学报, 2006 (5): 559-562.

[204] 康佳辉, 刘晓辉, 张永彬, 等. 基于 $RFPA^{3D}$ 不同加载方法的边坡渐进破坏分析 [J]. 西华大学学报 (自然科学版), 2021, 40 (4): 99-107.

[205] 李斓堃, 朱万成, 代风, 等. 大孤山露天矿边坡亿级自由度建模与基于 $RFPA^{3D}$ 的数值模拟 [J]. 金属矿山, 2021 (2): 179-185.

[206] 杜时贵. 大型露天矿山边坡稳定性等精度评价方法 [J]. 岩石力学与工程学报, 2018, 37 (6): 1301-1331.

[207] 陈晓平, 孙慕群, 吴起星. 软基上复杂土坡稳定可靠度研究 [J]. 岩石力学与工程学报, 2004 (6): 925-929.

[208] 许英，高华峰，牛志国. 土体参数随机场模型下边坡稳定可靠性分析［J］. 三峡大学学报（自然科学版），2009，31（5）：37-41.

[209] 蒋水华，姚池，杨建华，等. 基于模型修正的空间变异边坡可靠度分析方法［J］. 工程力学，2018，35（8）：154-161.

[210] 高杰，马春辉，王建娥，等. 基于 RVM-AFOSM 模型的边坡可靠度分析［J］. 人民黄河，2019，41（11）：85-88.

[211] 胡长明，袁一力，梅源，等. 基于二维随机场在圆弧曲线上局部平均化的边坡可靠度分析［J］. 岩石力学与工程学报，2020，39（2）：251-261.

[212] 孙志豪，谭晓慧，孙志彬，等. 基于上限分析的空间变异土质边坡可靠度［J］. 岩土力学，2021，42（12）：3397-3406.

[213] 郑卫芳，卢军燕，李帅. 适用于边坡可靠度计算的改进二次二阶矩法［J］. 土木工程与管理学报，2021，38（2）：205-210.

[214] 傅旭东，茜平一，刘祖德. 边坡稳定可靠性的随机有限元分析［J］. 岩土力学，2001（4）：413-418.

[215] 梧松，吴玉山. 土质边坡三维可靠度分析［J］. 岩土力学，2003（2）：284-287.

[216] 杨继红，刘汉东，秦四清，等. 考虑土性参数空间变异性的边坡可靠度分析［C］//中国科学院地质与地球物理研究所 2007 学术论文汇编（第七卷），2008：359-365.

[217] 吴振君，王水林，葛修润. LHS 方法在边坡可靠度分析中的应用［J］. 岩土力学，2010，31（4）：1047-1054.

[218] 马建全，李广杰，徐佩华，等. 基于拉丁方抽样及 K-S 检验的边坡可靠性分析［J］. 岩土力学，2011（7）：2153-2156.

[219] 孙开畅，尹志伟，李权，等. 基于 LHS 抽样 RSM 数据表的边坡可靠度研究［J］. 长江科学院院报，2018，35（2）：84-88.

[220] 曹伟，李文静，易海洋，等. 基于 LHS 抽样的边坡可靠度有限元分析［J］. 华北科技学院学报，2021，18（1）：66-72.

[221] 吴振君，王水林，葛修润. 约束随机场下的边坡可靠度随机有限元分析方法［J］. 岩土力学，2009，30（10）：3086-3092.

[222] 郭重阳，李典庆，曹子君，等. 考虑空间变异性条件下的边坡稳定可靠度高效敏感性分析［J］. 岩土力学，2018，39（6）：2203-2210.

[223] 蒋水华，曾绍慧，杨建华，等. 不排水抗剪强度非平稳随机场模拟及边坡可靠度分析［J］. 岩土力学，2018，39（3）：1071-1081.

[224] 张顼顼，王来贵，张华宾，等. 弱层台阶边坡可靠度非侵入式随机分析［J］. 中国安全生产科学技术，2020，16（11）：33-39.

[225] 赵炼恒，董潇阳，胡世红，等. 考虑空间变异性的分层边坡可靠度分析［J］. 铁道科学与工程学报，2021，18（12）：3180-3187.

[226] 缑变彩，王帆. 基于稀疏混沌多项式的边坡可靠度分析方法［J］. 土木工程与管理学报，2021，38（2）：198-204，210.

[227] 李典庆，周创兵，陈益峰，等. 边坡可靠度分析的随机响应面法及程序实现［J］. 岩石力学与工程学报，2010，29（8）：1513-1523.

[228] 王宇，王春磊，汪灿，等. 边坡可靠性评价的向量投影响应面研究及应用［J］. 岩土工程学报，2011，33（9）：1434-1439.

[229] 朱彬，裴华富，杨庆．基于高斯过程回归的响应面法及边坡可靠度分析［J］．岩土工程学报，2019，41（S1）：209-212.
[230] 盛建龙，彭宗桓，叶祖洋．基于向量投影加权响应面法的边坡可靠度分析［J］．金属矿山，2020（8）：158-163.
[231] 梁斌，高乐星，何杰，等．基于帕德逼近响应面法的边坡可靠度分析［J］．湖南工业大学学报，2022，36（1）：33-38.
[232] 谭晓慧．多滑面边坡的可靠性分析［J］．岩石力学与工程学报，2001（6）：822-825.
[233] 祁小辉，李典庆，周创兵，等．考虑土体空间变异性的边坡最危险滑动面随机分析方法［J］．岩土工程学报，2013，35（4）：745-753.
[234] 成晓炜．岩质边坡锚固工程时变可靠性分析模型及可靠度计算方法［D］．长沙：湖南大学，2010.
[235] 陈昌富，成晓炜．双滑块边坡锚固系统时变可靠性分析［J］．岩土力学，2012，33（1）：197-203.
[236] 李典庆，蒋水华，张利民，等．考虑锚杆腐蚀作用的岩质边坡系统可靠度分析［J］．岩石力学与工程学报，2013，32（6）：1137-1144.
[237] 徐斌．抗滑桩加固边坡的可靠度评价与设计优化［D］．杭州：浙江大学，2019.
[238] 房光文，朱彦鹏，叶帅华，等．考虑模糊随机性的土钉加固边坡可靠度分析［J］．岩土工程学报，2021，43（S1）：122-126.
[239] 蒋水华，刘贤，黄发明，等．考虑多参数空间变异性的降雨入渗边坡失稳机理及可靠度分析［J］．岩土工程学报，2020，42（5）：900-907.
[240] 何成，唐辉明，申培武，等．应变软化边坡渐进破坏模式及稳定性可靠度［J］．地球科学，2021，46（2）：697-707.
[241] 姚云琦，曾润强，马建花，等．考虑优势流作用的降雨入渗边坡可靠度分析［J］．岩土力学，2022，43（8）：2305-2316.
[242] 谢桂华．岩土参数随机性分析与边坡稳定可靠度研究［D］．长沙：中南大学，2009.
[243] 肖特，李典庆，周创兵，等．基于有限元强度折减法的多层边坡非侵入式可靠度分析［J］．应用基础与工程科学学报，2014，22（4）：718-732.
[244] 蒋水华，刘贤，姚池，等．低概率水平岩质边坡系统可靠度分析［J］．岩土力学，2018，39（8）：2991-3000.
[245] 陈旺旺，李典庆，唐小松，等．抗剪强度参数概率分布的最大熵估计及边坡可靠度分析［J］．岩土力学，2018，39（4）：1469-1478.
[246] 王禹玺，李典庆，唐小松．边坡系统可靠度区间估计方法［J］．武汉大学学报（工学版），2019，52（11）：941-950.
[247] 张天龙，曾鹏，李天斌，等．基于主动学习径向基函数的边坡系统可靠度分析［J］．岩土力学，2020，41（9）：3098-3108.
[248] 姬建，王乐沛，廖文旺，等．基于 WUS 概率密度权重法的边坡稳定系统可靠度分析［J］．岩土工程学报，2021，43（8）：1492-1501.
[249] 方旭，冯晓波．基于 Copula 函数的边坡可靠度高效分析方法［J］．中国农村水利水电，2021（4）：201-206，211.
[250] 吴海波，刘海龙，魏丽君．基于粒子群优化 Kriging 模型的边坡可靠度分析［J］．数学的实践与认识，2021，51（2）：120-128.

[251] 张东升，舒苏荀，龚文惠．基于神经网络和 Laplace 渐近方法的边坡可靠度分析［J］．土木工程与管理学报，2022，39（4）：131-136.
[252] 吴江伟，吴鹏程．攀枝花朱矿南帮边坡稳定性的运动学分析［J］．现代矿业，2020，36（7）：82-84.
[253] 徐卫亚，周钟，孟永东，等．重大水电工程岩石高边坡安全监控分析理论及应用：50539110［Z］．2010-01-29.
[254] 王杰，胡斌，李京，等．基于未确知测度理论的矿山边坡稳定性评价方法［J］．中国有色金属学报，2021，31（5）：1388-1394.
[255] 李元松，王玉，朱冬林，等．边坡稳定性评价方法研究现状与发展趋势［J］．武汉工程大学学报，2021，43（4）：428-435.
[256] 王念秦，申辉辉，鲁兴生．边坡变形监测技术发展现状及问题对策［J］．科学技术与工程，2021，21（19）：7845-7855.
[257] 马莉，王国辉．灰色系统理论在滑坡预测中的应用［J］．工业建筑，1995（7）：14-17.
[258] 江永红．蒙特卡罗模拟法在边坡可靠性分析中的运用［J］．数理统计与管理，1998（2）：14-17.
[259] 许乃立，孙亮，赵保军．双伺服加速度计式测斜仪在计算分析中的应用［J］．水电施工技术，2011（4）：89-91.
[260] 谷志孟，白世伟，幸志坚．WRM-3 型钻孔多点位移计的结构原理与应用［J］．岩土力学，1986（2）：79-85.
[261] 方子岩．远距离地面摄影监测黏土型边坡滑动及其治理［J］．铁路航测，1991（3）：34-36.
[262] 白志勇，黄素珍．金顶集团矿区不良地质体遥感研究［J］．地质灾害与环境保护，1995（4）：52-58.
[263] 梁海林．用声发射监测与预测边坡变形可行性研究［J］．露天采煤技术，1998（3）：17-20.
[264] 严明，苗放，王士天，等．岩体声发射监测在马步坎高边坡岩体稳定研究中的应用［J］．地质灾害与环境保护，1998（1）：29-33.
[265] 王翔东．露天矿边坡无线监测系统［J］．金属矿山，1992（1）：21-27.
[266] 史永胜，许东俊，李小春，等．综合监测在边坡治理中的应用研究［C］//中国岩石力学与工程学会第三次大会论文集，1994：347-355.
[267] 张文波，寇新建，朱建军．边坡监测信息管理系统［J］．四川测绘，1996（4）：147-150.
[268] 余清仔．全自动监测系统在大型露天矿山的应用［J］．江西铜业工程，1997（3）：25-28.
[269] 刘兴权，张学庄，向南平，等．露天矿边坡稳定性监测系统的方案设计［J］．矿山测量，1997（2）：21-24，49.
[270] 李军才．鞍钢眼前山铁矿边坡无线监测系统的研究［C］//第三届全国青年采矿学术会议，1999.
[271] 李志伟，朱建军，邹峥嵘．基于 VB 的边坡变形监测信息系统的研制［J］．江苏测绘，1999（3）：14-17.
[272] 袁宝远，吕建红，刘大安，等．边坡监测信息可视化查询分析系统及其应用［J］．工程地质学报，1999（4）：355-360.
[273] 杨秀忠，李秀堃，连其良．矿区摄影测量［M］．北京：煤炭工业出版社，1989.
[274] 任伟中，寇新建，凌浩美．数字化近景摄影测量在模型试验变形测量中的应用［J］．岩石力学与工程学报，2004，23（3）：436-440.
[275] 聂小波，邢光成，陈涛，等．OpenGL 及其在 DEM 可视化中的应用［J］．地理空间信息，2009，7（3）：48-50.

[276] 李彩林，张剑清，郭宝云. 利用近景摄影测量技术的滑坡监测新方法 [J]. 计算机工程与应用，2011，47（3）：6-8.

[277] 过静珺，杨久龙，丁志刚，等. GPS 在滑坡监测中的应用研究——以四川雅安峡口滑坡为例 [J]. 地质力学学报，2004，10（1）：65-70.

[278] 苗胜军，蔡美峰，夏训清，等. 深凹露天矿 GPS 边坡变形监测 [J]. 北京科技大学学报，2006（6）：515-518.

[279] 范丽萍，李长洪，苗胜军，等. 水厂铁矿 GPS 边坡监测控制网设计优化 [J]. 中国矿业，2008（5）：79-81，88.

[280] 李艳，王润生，刘志中. 基于 GPS 和回归分析的露天铁矿边坡稳定评价 [J]. 金属矿山，2008（6）：116-118.

[281] 孙彩敏，许军. GPS 技术在露天矿边坡监测中的应用研究 [J]. 地矿测绘，2010，26（2）：6-9.

[282] 邱丹丹，卢新海，李沛. 基于 GPS 和 GIS 的大冶铁矿高陡边坡监测预警系统 [J]. 武汉工程大学学报，2010，32（1）：16-18.

[283] 林昊，范景辉，洪友堂，等. 单频静态 GPS 在滑坡监测中的高程精度分析 [J]. 国土资源遥感，2014，26（2）：74-79.

[284] 孙厚广，毛亚纯，熊宏启，等. 大型排土场位移的多源协同监测方法研究 [J]. 矿山测量，2017，45（1）：1-4，13.

[285] 谈小龙. GIS 支持下的大型高边坡安全监测预警模型研究 [J]. 水利学报，2007（S1）：701-705.

[286] 马继国. 基于 GIS 的大孤山露天矿边坡稳定性分析研究 [J]. 城市勘测，2013（3）：56-61.

[287] 吕琨. 南芬露天矿边坡地质调查及危险性分区研究 [D]. 唐山：华北理工大学，2015.

[288] 张宝才，张伟，宫长亮，等. 基于 GIS 和 AHP 的某露天铁矿边坡滑塌危险性区划 [J]. 勘察科学技术，2017（3）：40-44.

[289] 张鼎. 马坑矿区生态地质环境治理对策与措施 [D]. 武汉：中国地质大学（武汉），2011.

[290] 包一丁. 排土场边坡稳定性评价及潜在滑坡灾害范围预测 [D]. 长春：吉林大学，2020.

[291] 张琳，杨永强，汪洁，等. 基于 RS 和 GIS 的浙江省湖州市某区域矿山环境遥感监测 [J]. 矿产勘查，2021，12（12）：2447-2457.

[292] 张青，史彦新，朱汝烈. TDR 滑坡监测技术的研究 [J]. 中国地质灾害与防治学报，2001（2）：64-67.

[293] 聂春龙，傅鹤林. 边坡自动化监测研究 [J]. 南华大学学报（自然科学版），2007（4）：16-19.

[294] 闫亚景，闫永帅，赵贵章，等. 基于高密度电法的天然边坡水分运移规律研究 [J]. 岩土力学，2019，40（7）：2807-2814.

[295] 顾春生，杨伟峰，吴泽辉，等. 基于 FBG 传感器的降雨边坡模型试验 [C] //2015 年全国工程地质学术年会论文集，2015：670-677.

[296] 孙健. 光纤光栅位移传感器在边坡监测中的应用研究 [J]. 工矿自动化，2014，40（2）：95-98.

[297] 梁超. 光纤光栅边坡监测系统的设计 [D]. 济南：山东大学，2016.

[298] 景俊豪. 基于光纤和电磁传感的边坡变形监测系统研发 [D]. 大连：大连理工大学，2020.

[299] 易兴. 基于光纤光栅传感技术的边坡表层-深部变形监测及稳定性研究 [D]. 重庆：重庆大学，2021.

[300] 易武，孟召平. 岩质边坡声发射特征及失稳预报判据研究 [J]. 岩土力学，2007（12）：2529-2533，2538.

[301] 杨远清，侯克鹏. 声发射技术在某露天矿边坡稳定性监测中的运用 [J]. 矿业快报，2008（11）：

102-104.

[302] 李刚，肖繁，刘浩，等. 边坡声发射监测研究综述 [J]. 长江科学院院报，2018，35（11）：57-62.

[303] 陈杨，邓李政，黄丽达，等. 基于声发射监测的滑坡过程预警模型 [J]. 清华大学学报（自然科学版），2022，62（6）：1052-1058.

[304] 万小军. 岩体稳定性微震监测系统的构建与工程应用 [D]. 沈阳：东北大学，2011.

[305] 张院生，李振华，吴庆良，等. 白云鄂博东矿微震监测系统及应用 [J]. 长江科学院院报，2016，33（3）：42-47.

[306] 徐士申. 大红山铁矿露天地下联合开采衔接地压问题研究 [J]. 矿业研究与开发，2016，36（2）：32-38.

[307] 何亚清，彭府华，王洛锋，等. 基于高精度微震监测的露天和地下岩体灾害一体化安全预警技术 [Z]. 2020.

[308] 荣辉，胡文剑，尚立君，等. 地表位移——微震联合监测在某露天矿边坡监测的应用 [J]. 现代矿业，2021，37（9）：64-67.

[309] 杨旺，何毅，张立峰，等. 甘肃金川矿区地表三维形变 InSAR 监测 [J]. 自然资源遥感，2022，34（1）：177-188.

[310] 王桂杰，谢谟文，邱骋，等. D-INSAR 技术在大范围滑坡监测中的应用 [J]. 岩土力学，2010，31（4）：1337-1344.

[311] 马海涛，杨晓琳，于正兴，等. 边坡雷达及其滑坡预警云平台研发与应用 [Z]. 2019.

[312] 刘小阳，李峰，孙广通，等. 一种露天矿高边坡形变监测的新方法 [J]. 金属矿山，2020（11）：59-65.

[313] 王永增，屈春来，王瑞，等. 一种三维激光扫描和 GPS 相结合的边坡监测方法，中国专利：CN105526908B [P]. 2016-04-27.

[314] 赵立都，张双成，向中富，等. 地面三维激光扫描点云应用于滑坡监测中基准统一研究 [J]. 灾害学，2022，37（2）：84-88.

[315] 宋羽，王健，梁波. 基于三维激光扫描和 T-样条曲面拟合的边坡变形监测方法 [J]. 应用激光，2021，41（3）：569-574.

[316] 刘九阳，徐茂林. 三维激光扫描技术在边坡监测中的应用研究 [J]. 黑龙江科技信息，2016（36）：66.

[317] 杜江丽，岳军红，陈建平，等. 基于三维激光扫描仪的矿区边坡变形监测数据的分析处理 [J]. 矿业安全与环保，2021，48（1）：75-79.

[318] 刘斌，李树文，隋俭武，等. 基于格网点的三维激光扫描技术在边坡监测中的应用 [J]. 北京测绘，2022，36（9）：1177-1181.

[319] 徐茂林，张贺，李海铭，等. 基于测量机器人的露天矿边坡位移监测系统 [J]. 测绘科学，2015，40（1）：38-41.

[320] 刘士彪，刘昭华，程雨婷. 多源数据支持下的露天矿边坡监测 [J]. 矿山测量，2020，48（3）：86-90.

[321] 王果，蒋瑞波，肖海红，等. 基于无人机倾斜摄影的露天矿边坡三维重建 [J]. 中国矿业，2017，26（4）：158-161.

[322] 刘善军，吴立新，毛亚纯，等. 天-空-地协同的露天矿边坡智能监测技术及典型应用 [J]. 煤炭学报，2020，45（6）：2265-2276.

[323] 王念秦，张倬元．黄土滑坡灾害研究［D］．兰州：兰州大学出版社，2005：8-9.
[324] 罗兴祥，戴自然，徐再贤．重力式挡土墙加固方法应用研究［J］．建筑·建材·装饰，2019（4）：180-181.
[325] 渠风英．边坡加固方法浅析［J］．山西建筑，2011，37（22）：72-73.
[326] 武钢大冶铁，矿冶金部矿冶研究所压力室边坡组．用抗滑桩加固露天矿边坡断层破碎带［J］．金属矿山，1974（5）：19-24.
[327] 任雪玲，殷绍丰．预应力锚索加固观音山岩石边坡开裂效果分析［J］．路基工程，1991（1）：2-9.
[328] 何名任．加筋土及加筋土结构的挡土墙［J］．工程勘察，1984（6）：36-38.
[329] 周淑媛．我国喷锚技术的发展及其应用［J］．金属矿山，1988（3）：27-32.
[330] 薛韬，刘志珍，曹胜云．岩质高边坡开挖及加固中的快速锚固技术研究［J］．西北水电，1996（2）：11-16，23.
[331] 陈昌富，朱朝银．新疆雅满苏铁矿露采边坡加固治理设计与施工［J］．探矿工程（岩土钻掘工程），1999（5）：22-23，18.
[332] 陈秀厅，吴大敏．预应力锚索在第四系边坡支护工程中的应用［J］．化工矿物与加工，1999（8）：15-17.
[333] 密云冶金矿山公司．密云冶金矿山公司冯家峪铁矿上峪采场合理边坡角试验研究［Z］．1998.
[334] 李长洪，文俊，蔡美峰，等．水厂铁矿边坡加固设计及其稳定性分析［J］．北京科技大学学报，2005（2）：132-136.
[335] 孙再南，陈英放．大冶铁矿狮子山北帮西口“Ⅰ”号滑体加固工程［J］．中国矿业，2000（S2）：71-78.
[336] 吴海军．冯家峪铁矿上峪采场西南端边坡楔形体加固措施及稳定性分析［J］．中国矿业，2006（10）：75-78.
[337] 陶龙伟，高谦，马雪．白云鄂博铁矿边坡稳定性分析及加固设计研究［J］．矿业快报，2007（8）：39-41.
[338] 葛修润，陈英放，李小春，等．大冶铁矿狮子山北邦滑坡区稳定性评价监测和加固治理［Z］．2006.
[339] 金爱兵，孙金海，吴顺川．露天矿深部开采边坡稳定性分析与治理方案研究［J］．金属矿山，2005（6）：5-8，13.
[340] 张怀静．白云东矿高陡边坡滑体变形分析及治理对策研究［J］．金属矿山，2008（5）：20-23，116.
[341] 孙斌堂，孙振波，王宣青．马钢姑山矿采场东帮防渗加固方案论证［C］//第四届全国岩土钻掘工程学术会议，2002.
[342] 袁菊兴，吴福宏，陈秀厅，等．铜化集团有限公司新桥硫铁矿矶山东部露采综合治理技术与工程研究［Z］．2005.
[343] 张飞，李默然，周连春，等．白云铁矿东矿边坡稳定性研究［J］．化工矿物与加工，2010，39（11）：23-25.
[344] 王运永．临河露天矿边坡锚拉式地下连续墙加固理论及应用研究［D］．北京：北京科技大学，2010.
[345] 殷德慧．兰尖铁矿尖山北部1360~1405边坡治理方案探讨［C］//第十八届川鲁冀晋琼粤辽七省矿业学术交流会，2011.

[346] 李荣海，张玉辉，朱万刚，等．喷混植生技术在冶金矿山岩石边坡加固绿化中的应用［J］．现代矿业，2012，27（11）：17-20.
[347] 郭明，郭亚平，季志才，等．石人沟铁矿充填站边坡注浆加固［J］．现代矿业，2014，30（9）：161-162.
[348] 常来山，邓会境，陶东海．齐大山铁矿5号运矿胶带边坡治理方案研究［J］．中国矿业，2014，23（1）：92-94，114.
[349] 张树东．研山铁矿边坡稳定性影响因素分析及控制技术［J］．金属矿山，2015（6）：139-143.
[350] 杨威，张云鹏．司家营铁矿采场西帮边坡治理方案［J］．现代矿业，2016，32（6）：183-186，190.
[351] 邓敢平．首钢水厂铁矿滑坡体治理［J］．现代矿业，2016，32（9）：216-218.
[352] 王健．锚索格构梁工程对风化岩层边坡稳固的应用［J］．数字化用户，2017（51）：73.
[353] 张树东．研山铁矿风化岩体边坡稳定性分析及综合加固［J］．现代矿业，2018，34（12）：190-193，196.
[354] 候雅东，王锋，陈孝聪，等．蒙库铁矿南帮滑坡灾害治理技术研究［J］．能源与环保，2022，44（10）：31-37.
[355] 周磊，李琦，章璐玮．基于COMSOL的露天边坡流固耦合稳定性分析及加固对策［J］．中国矿山工程，2022，51（5）：20-23.
[356] 王运敏，项宏海．排土场稳定性及灾害防治［M］．北京：冶金工业出版社，2011.
[357] 古德生．采矿手册［M］．长沙：中南大学出版社，2022.
[358] 邱宇．我国冶金矿山排土场研究现状及展望［J］．金属矿山，2016.
[359] 如何推进我国露天矿运输技术发展的过渡［J］．金属矿山，1984（12）：9-11.
[360] 王臣．金属露天矿的胶带运输［J］．中国矿业，1993（1）：67-72.
[361] 周航．我国金属露天矿胶带排土工艺的开发前景［J］．金属矿山，1988.
[362] 虞捷．我国露天金属矿山运输系统发展方向［J］．世界采矿快报，2000.
[363] 王培武．露天矿排土场堆排方式探析［J］．黄金，2012.
[364] 昝世明．矿山泥石流灾害防治研究［J］．现代矿业，2013.
[365] 莫志柏．矿山泥石流形成机理及治理方法研究［D］．长沙：中南大学，2003.
[366] 徐国书．土工试验技术现状与发展趋势［J］．建材与装饰，2018.
[367] 蔡美峰．金属矿深部开采创新技术体系战略研究［M］．北京：科学出版社，2018.
[368] 刘育明．超大规模深井开采若干技术解决方案探讨［J］．中国矿山工程，2016（6）：64-69.

第三章 中国铁矿石选矿工艺技术发展历程

第一节 铁矿石选矿工艺技术的发展

选矿是实现我国铁矿资源高效利用的重要途径，是提升铁精矿产品质量的重要保障，在钢铁工业中占据着重要地位。多年来，在我国诸多选矿工作者的共同努力下，一系列新工艺、新设备、新材料、新药剂不断研制并成功应用，使得我国铁矿选矿技术得到长足进步和发展。本节回顾了我国铁矿选矿技术的发展历程，综述了单一弱磁选、单一浮选、磁化焙烧—磁选、重选—磁选—反浮选等主要选矿技术在我国铁矿选矿厂的应用，总结了我国典型多金属共生的铁矿石选矿现状，介绍了影响我国铁矿选矿技术进步的关键设备，并提出了我国铁矿选矿技术未来的发展方向。

一、单一弱磁选技术的发展

磁选是铁矿选矿最为主要的方法之一，可分为弱磁选和强磁选，弱磁选主要用来分选磁铁矿、钒钛磁铁矿等强磁性铁矿物，强磁选主要用来分选赤铁矿、菱铁矿、褐铁矿等弱磁性铁矿物。

早在公元前300年的战国时期，我国就发现了磁现象。17—18世纪，人们开始采用手提式永磁铁从锡石和其他稀有金属矿石中去除铁。直到19世纪末，美国和瑞典研制出首批干式电磁筒式磁选机，磁选法分选磁铁矿终于实现工业应用。1919年，我国建成了第一个磁选厂——南芬铁矿选矿厂。

20世纪50年代，工业上应用的磁选机主要为电磁筒式磁选机和带式磁选机。1958年，永磁筒式磁选机成功问世，并在铁矿选矿厂成功应用。60年代中、后期，随着永磁磁性材料的研制成功和投产，永磁筒式磁选机开始在我国南芬铁矿选矿厂、大孤山铁矿选矿厂、鞍钢烧结总厂等企业推广应用。70—80年代，随着筒式磁选机的永磁化和大型化，使得磁选选矿愈发成熟并快速发展。

单一弱磁选是处理磁铁矿石最有效的工艺流程，按照流程结构可划分为连续磨矿—弱磁选流程和阶段磨矿—弱磁选流程，其中连续磨矿—弱磁选流程主要适用于嵌布粒度较粗或含铁品位较高的磁铁矿石。我国磁铁矿石嵌布粒度细，需要细磨才能获得高品质铁精矿，且嵌布粒度不均匀，因此，阶段磨矿—弱磁选流程是处理我国磁铁矿石的典型工艺流程。

单一弱磁选工艺具有流程简单、设备单一、操控容易、成本较低、环境友好等优势，已经成为我国磁铁矿石最有效、最经济的选矿手段。目前，我国采用单一弱磁选流程的主要铁矿选矿厂及其技术指标见表 3-1。

表 3-1 我国主要磁铁矿石选矿厂工艺流程及技术指标

选矿厂	处理能力/(万吨·年$^{-1}$)	工艺流程	技术指标
大孤山选矿厂	1000	阶段磨矿—阶段弱磁选—细筛再磨	铁品位：67.26% 铁回收率：90.71%
南芬选矿厂	1300	阶段磨矿—弱磁选—磁选柱精选—细筛再磨	铁品位：68.36% 铁回收率：83.17%
歪头山选矿厂	500	湿式自磨—球磨—细筛再磨—弱磁选—磁选柱精选	铁品位：68.67% 铁回收率：81.24%
弓长岭一选厂	1200	阶段磨矿—阶段弱磁选—细筛再磨	铁品位：68.00% 铁回收率：81.23%
大石河选矿厂	670	阶段磨矿—阶段弱磁选—细筛再磨—闪烁磁场磁选机精选	铁品位：67.03% 铁回收率：77.78%
水厂选矿厂	780	阶段磨矿—阶段弱磁选—细筛再磨—闪烁磁场磁选机精选	铁品位：67.95% 铁回收率：82.45%
凹山选矿厂	700	高压辊磨—粗粒预选—阶段磨矿—阶段弱磁选	铁品位：64.00% 铁回收率：72.00%
峨口铁矿选矿厂	520	阶段磨矿—阶段弱磁选—细筛再磨—磁团聚重选	铁品位：66.53% 铁回收率：64.94%

二、单一浮选技术的发展

自 20 世纪初，泡沫浮选开始在澳大利亚 BrokenHill 选矿厂应用于工业生产。自 20 世纪 50 年代中期以后，浮选逐步应用于弱磁性铁矿石分选，在中国、美国、加拿大、巴西等国都先后建成了铁矿石浮选厂。

东鞍山烧结厂是我国采用单一浮选流程的典型代表，该选矿厂自 1958 年投产以来，采用阶段磨矿—单一碱性正浮选工艺流程，年处理规模为 500 万吨。针对铁品位为 32.74%的原矿，通过一段粗选、一段扫选、三段精选的单一浮选流程，获得了铁精矿品位 59.98%、铁金属回收率 72.94%、尾矿品位 14.72%的技术指标。单一碱性正浮选工艺流程相对较紧凑、易于控制，但该工艺对矿石适应性较差、选别指标不佳。2002 年，东鞍山选矿厂将单一浮选流程改造为连续磨矿—粗细分级—中矿再磨—重选—磁选—反浮选流程，在原矿铁品位 32.26%条件下，获得了铁精矿品位 64.80%、铁回收率 77.82%、尾矿品位 16.06%的技术指标。

东鞍山烧结厂二选车间始建于 1970 年，最初采用湿式自磨机—球磨—碱性正浮选工艺流程，后由于自磨机不适应矿石性质，将流程改为球磨—弱磁—强磁—正浮选流程，又因为强磁选机物料堵塞，使得流程不能顺行，将流程改为连续磨矿—单一浮选流程。2000年东鞍山烧结厂进一步对工艺流程进行改造，将二选车间流程改为阶段磨矿—中磁抛尾—细筛再磨—尾矿浮选工艺。在原矿铁品位30.50%条件下，获得了铁精矿品位66.00%、铁回收率78.60%、尾矿品位10.00%的技术指标。2007年，东鞍山烧结厂又进行了全厂大型化改造，于2008年成为年处理原矿量585万吨，年产铁精矿181万吨的大型选矿厂，该厂已经成为鞍钢主要原料供应基地。

1968年新余铁坑选矿厂建成我国第一个50万吨/年的褐铁矿反浮选选矿厂，后来由于药剂来源困难，于1969年改为正浮选工艺流程，又于1977年改为强磁选—正浮选联合流程，但投产后一直未达到设计处理能力，仅获得铁精矿品位49.67%、铁回收率56.55%技术指标。1995年由于铁精矿质量不佳，导致销路困难，因此被迫停产。2005年新余铁坑选矿厂将工艺流程改为磨矿—强磁选—再磨—强磁选—反浮选，获得了铁品位54.50%、SiO_2 含量7.50%的铁精矿产品。

单一浮选工艺流程在我国东鞍山烧结厂、新余铁坑选矿厂建成初期被应用于工业生产，但由于矿石性质多变、矿石品位较低、矿物组成复杂、浮选药剂效果差等诸多问题，导致生产出的铁精矿产品质量不佳，逐渐退出我国选矿舞台。随着我国重选、磁选等技术和设备的发展与进步，重磁浮联合选矿技术开始被我国大部分铁矿山采用。

三、磁化焙烧技术的发展

我国复杂难选铁矿资源所占比例较高，仅微细粒赤铁矿、褐铁矿、菱铁矿等典型复杂难选铁矿石储量就达200亿吨以上，部分国外权益矿山复杂难选铁矿石储量高达150亿吨以上。该类铁矿资源品位低、矿物组成复杂、嵌布粒度微细，采用常规选矿技术无法获得较好的技术经济指标，长期研究和实践表明，磁化焙烧—磁选是实现该类铁矿石高效利用的有效途径。

磁化焙烧—磁选是指将矿石在一定的气氛条件下加热进行化学反应，选择性地使其中的赤铁矿（Fe_2O_3）、菱铁矿（$FeCO_3$）、褐铁矿（$Fe_2O_3 \cdot nH_2O$）等弱磁性铁矿物转变为强磁性的磁铁矿（Fe_3O_4）或磁赤铁矿（γ-Fe_2O_3），而脉石矿物磁性几乎不变，然后再采用弱磁选实现铁矿物与脉石矿物的分离的工艺流程。通过磁化焙烧增大铁氧化物与脉石矿物的磁性差异，提高铁矿石的可选性，是难选铁矿分选的最有效方法。同时，焙烧过程还能排除矿石中的结晶水、硫、砷等有害杂质，使矿石结构疏松，有利于提高后续磨矿效率。我国早在20世纪初就已开始研发铁矿石磁化焙烧技术，根据反应器类型的不同，磁化焙烧可分为竖炉焙烧、回转窑焙烧、流态化焙烧及微波焙烧。

（一）竖炉磁化焙烧

竖炉还原焙烧过程是将原矿石在竖炉加热带加热到700~800 ℃以后，矿石自动落入还原带，在550~600 ℃温度条件下与煤气中的还原气体发生化学反应，从而将弱磁性的铁矿物还原为强磁性的磁铁矿，其工艺原理流程如图3-1所示。

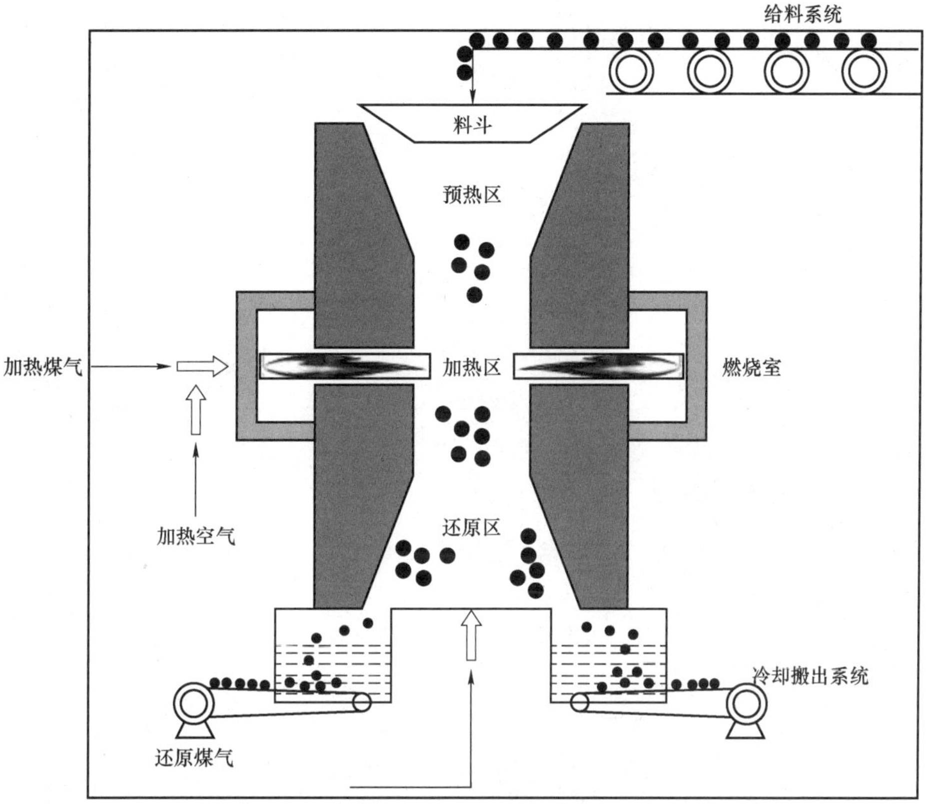

图 3-1　竖炉磁化焙烧工艺流程原理

我国早在 1926 年就在鞍山地区采用竖炉对铁矿进行工业规模的磁化焙烧生产，称之为“鞍山式竖炉”，并于 20 世纪 60—70 年代对鞍山式竖炉进行了多次技术改造，逐渐形成了单台 10 万吨/年的处理能力。竖炉磁化焙烧—磁选曾经是我国赤铁矿选别的主要流程，20 世纪 80—90 年代鞍山钢铁公司、包头钢铁公司、酒泉钢铁公司等选矿厂共建有磁化焙烧竖炉近 120 座，每年处理铁矿石 1300 多万吨。

多年的实践表明，竖炉能处理的矿石粒度为 15~75 mm，无法处理小于 15 mm 的“粉矿”，一旦矿石破碎过程中产生小于 15 mm 的“粉矿”超过 30%，就会影响竖炉中料层的透气性，导致还原气体不能透过料层，进而影响磁化焙烧效果。此外，竖炉焙烧工艺由于处理矿石粒度较大、粒级较宽，导致存在能耗高、效率低、产品质量不均匀等问题。如采用竖炉处理 15~75 mm 的赤铁矿石时，当表面的 Fe_2O_3 被还原为 Fe_3O_4 时，矿石内部尚未被还原，仍为弱磁性的 Fe_2O_3；当铁矿石内部还原至 Fe_3O_4 时，表面已过还原为 FeO，严重影响铁的回收率，白云鄂博铁矿就是因为这个原因铁回收率只能达到 70%。我国几个典型选矿厂采用竖炉磁化焙烧—磁选技术经济指标见表 3-2。铁回收率低、“粉矿”无法利用、成本较高、环境污染严重等问题严重制约了竖炉磁化焙烧的推广和应用。随着高梯度强磁选设备的成功研发，竖炉磁化焙烧—弱磁分选逐渐被弱磁—强磁—浮选工艺流程所取代。

表 3-2 竖炉磁化焙烧—磁选技术经济指标

项目	鞍钢烧结厂	鞍钢齐大山	酒钢选矿厂	包钢选矿厂
矿石种类	赤铁矿	赤铁矿/磁铁矿	镜铁矿/菱铁矿	赤铁矿/磁铁矿
原矿品位/%	31.83	30.05	39.98	31.00
精矿品位/%	65.82	60.77	56.88	58.00
尾矿品位/%	11.07	13.32	22.78	—
铁回收率/%	78.41	63.58	72.32	70.00
煤气性质	混合煤气	混合煤气	高炉煤气	高炉煤气
耗热量/GJ · t^{-1}	1.05	1.09	1.33	1.34
煤气热/MJ · m^{-3}	7.30~7.50	7.30~7.50	3.40~3.50	3.50~3.80

(二) 回转窑磁化焙烧

回转窑是国内目前难选铁矿磁化焙烧的重要设备，其工作原理如图 3-2 所示。

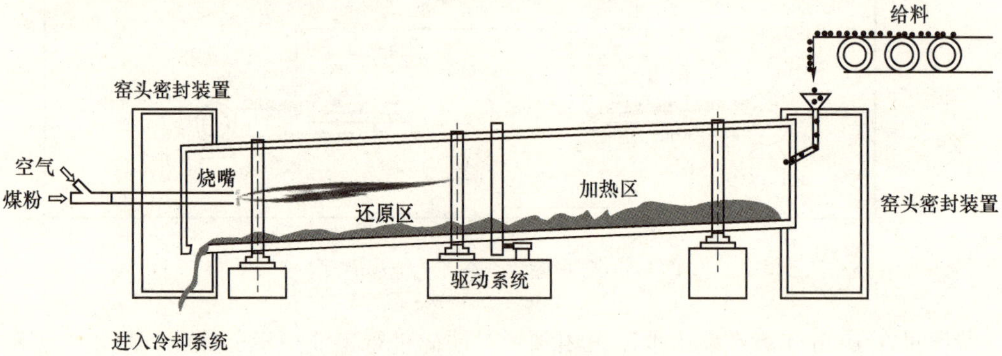

图 3-2 回转窑磁化还原过程原理

回转窑磁化焙烧一般处理的铁矿石粒度小于 30 mm，国内外科研单位针对回转窑焙烧开展了大量研究工作。我国酒泉钢铁公司曾建有 1 座 ϕ3.6 m×50 m 的回转窑，处理 10 mm 以下的铁矿石，处理能力为 32 t/h，在还原温度 700~800 ℃的条件下，获得了铁精矿品位 58.2%、回收率 84.6%的技术指标。长沙矿冶研究院针对大西沟菱铁矿开展了系统的煤基回转窑磁化焙烧—弱磁选—反浮选试验研究，并据此于 2004 年建成了年处理量 90 万吨的大西沟选矿厂，获得了铁精矿 TFe 品位 60.6%、铁回收率 75.4%的工业生产指标。目前，大西沟铁矿由于选别指标不理想、生产成本高、生产装备滞后等问题已停产。我国其他选厂采用回转窑磁化焙烧—弱磁工艺处理铁矿石的技术经济指标见表 3-3。

表 3-3 回转窑磁化焙烧—磁选工业试验指标

项目	酒泉钢铁公司	柳钢屯秋铁矿	阿图什铁矿	克里沃罗格铁矿
回转窑规格/m	ϕ3.6×50	ϕ2.3×32	ϕ3.6×50	ϕ3.6×50
入炉矿石种类	镜铁山铁矿	鲕状赤铁矿	菱铁矿/褐铁矿	赤铁矿
原矿粒度/mm	10~0	15~0	20~0	0.05（98%）

续表 3-3

项目	酒泉钢铁公司	柳钢屯秋铁矿	阿图什铁矿	克里沃罗格铁矿
原矿品位/%	31.5	40.37	40.0	39.7
精矿品位/%	58.2	51.37	62.0	69.1
尾矿品位/%	12.7	21.26	14.0	11.6
铁回收率/%	84.5	81.3	83.0	85.0
热耗/GJ·t^{-1}	1.74	2.51	2.30	1.74

相对于竖炉磁化焙烧，回转窑磁化焙烧的给矿粒度有所减小，使得其焙烧产品质量及焙烧矿分选指标均优于竖炉磁化焙烧。但是在回转窑内气体和固体接触不充分，同时焙烧能耗高；另外回转窑磁化焙烧容易出现“结圈”的问题，会对回转窑的运行产生严重的影响，降低作业率。目前，回转窑磁化焙烧最长仅能保证30~75 d不出现“结圈”问题。焙烧能耗高及易“结圈”仍是回转窑磁化焙烧推广应用亟须解决的主要问题。

（三）流态化磁化焙烧

流态化磁化焙烧是指矿石颗粒在流体介质作用下呈流体化状态进行加热还原，有利于提高焙烧矿质量。早期流态化磁化焙烧设备主要是沸腾炉，主要用来处理粒度为0~3 mm的矿石。

1958年以来，我国针对流态化磁化焙烧技术和装备开展了大量的研究，其中包括酒泉菱铁矿和镜铁矿、包头白云鄂博铁矿、河北宣化鲕状赤铁矿、南京凤凰山赤铁矿及鞍山赤铁矿等实验室试验研究和扩大试验研究。1966年，鞍山钢铁公司自行设计建成日处理量为700 t的折倒式半截流两相沸腾焙烧炉（图3-3），对鞍钢齐大山赤铁矿进行了工业试验，获得精矿铁品位57.6%~64.7%、铁回收率87.1%~96.2%的较好指标。

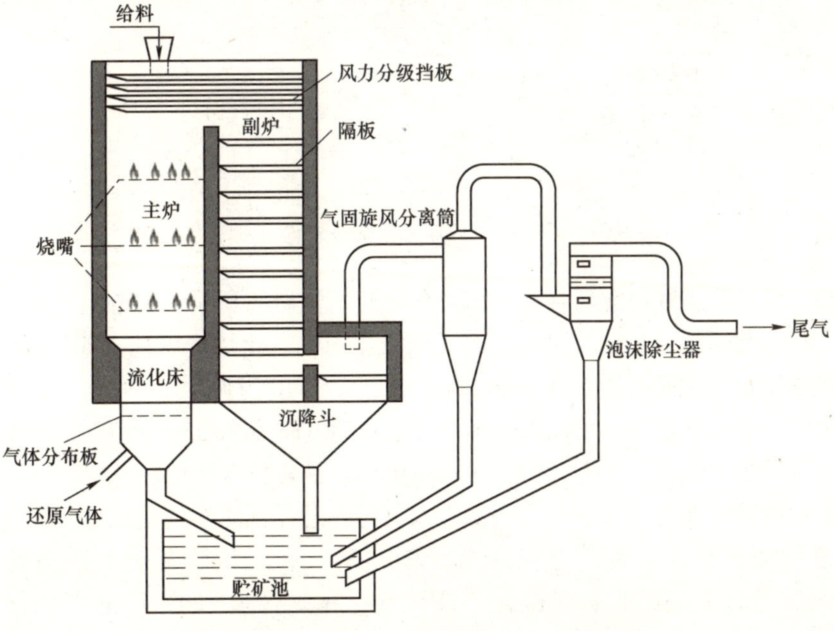

图3-3 鞍山式倒U形沸腾炉磁化焙烧装置原理

沸腾炉与竖炉、回转窑相比具有以下优点：(1) 矿石入炉粒度减小，比表面积大，气固两相接触面积大，传热传质效率提高；(2) 床层内的温度易于控制和气流分布较均匀，与前两种炉型相比焙烧矿的质量及后续磁选指标均有所提高。但是沸腾炉焙烧依然存在诸多问题，如粉矿颗粒（0~3 mm）依然较粗，焙烧反应速度不够快，且装备的磨损较为严重，焙烧成本和能耗较前两种炉型还要高；尤其是装置运行不稳定，焙烧炉的工艺技术尚未得到彻底解决。

2005 年以我国著名选矿专家余永富院士为首的科研团队首次提出“闪速磁化焙烧”技术思想，研发了循环流态化闪速磁化焙烧技术与装备（图 3-4），先后针对昆明王家滩铁矿、重钢接龙铁矿等难选铁矿石进行粉矿流态化磁化焙烧试验，均获得了良好技术指标，为我国难选铁矿石开发利用开辟了新的路径。

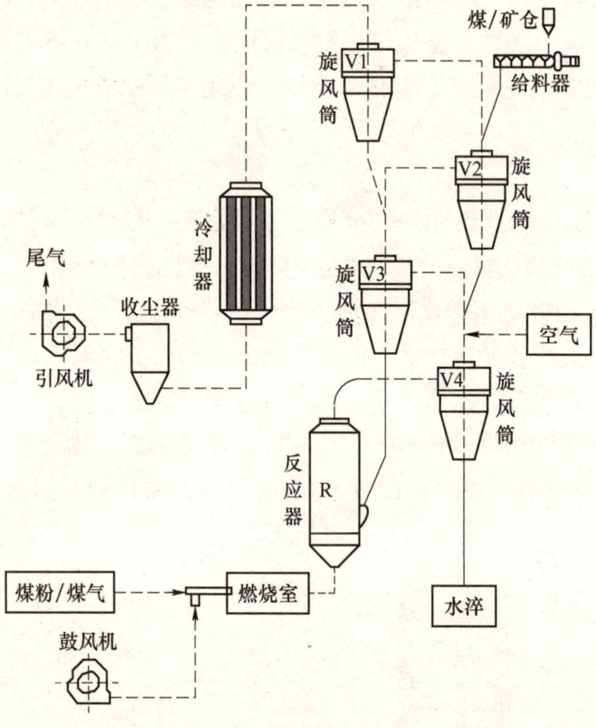

图 3-4 闪速磁化焙烧装置

中国科学院过程工程研究所在已有流态化磁化焙烧研究积累的基础上，发展了复杂难选铁矿流态化磁化焙烧成套新技术，提出了低温流态化磁化焙烧工艺，如图 3-5 所示，并与云南曲靖越钢控股集团公司合作，于 2008 年建成了 10 万吨/年产业化示范工程。工业试验结果表明，在磁化焙烧温度 450 ℃条件下，处理 TFe 品位 33%褐铁矿，经磁选后获得了铁精矿 TFe 品位 57%以上、铁回收率 93%~95%的良好技术指标。

中国工程院徐德龙院士及其研究团队在水泥行业悬浮预热器的基础上开发了铁矿高固气比预热悬浮态磁化焙烧新工艺及装备（图 3-6）。利用该装备对大西沟菱铁矿尾矿（TFe 15.1%）进行了半工业悬浮磁化焙烧试验，在氧含量为 1.0%的弱氧化气氛中于 740 ℃下悬浮磁化焙烧，可获得磁选精矿铁品位 53.3%、铁回收率 70.5%的较好指标。

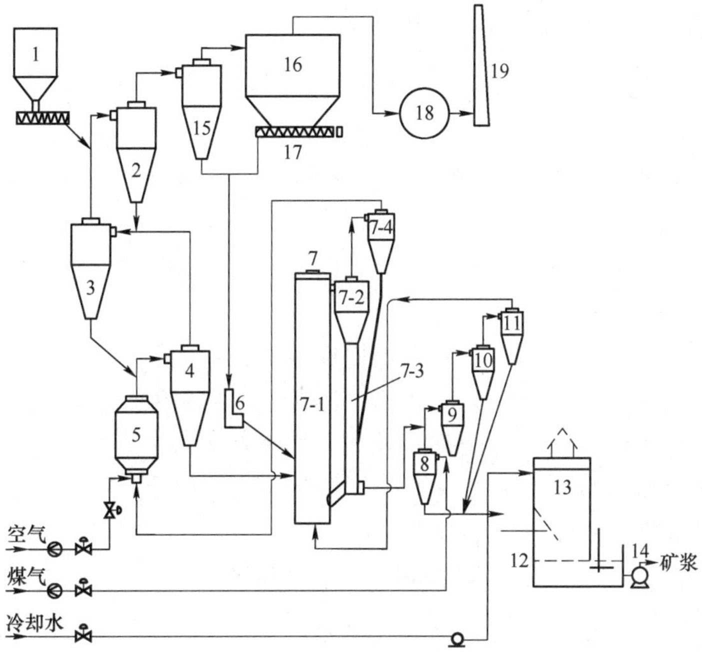

图 3-5　多级循环流化床磁化焙烧工艺装置流程

1—料仓；2~4—旋风预热器；5—燃烧室；6—加料器；7—循环流化床反应器；7-1—提升管；7-2，7-4—旋风分离器；7-3—下料腿；8~11—旋风冷却器；12—螺旋出料器；13—冷却塔；14—渣浆泵；15—旋风除尘器；16—布袋除尘器；17—螺旋输送机；18—引风机；19—烟囱

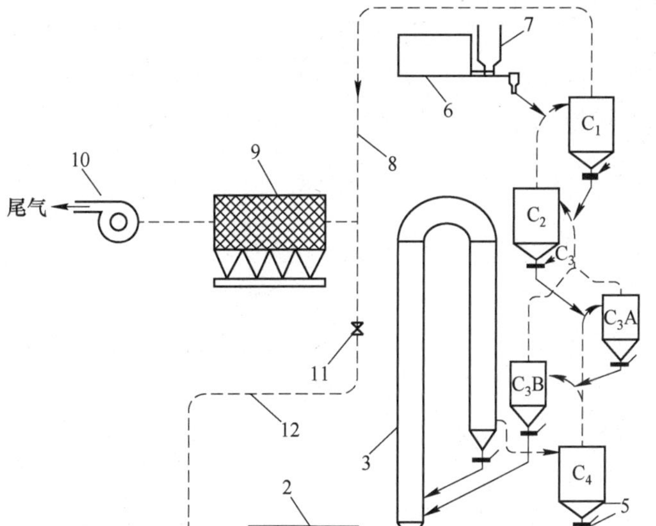

图 3-6　高固气比悬浮态快速磁化焙烧装置

1—喷煤管；2—燃煤热风炉；3—反应器；4—收料筒；5—翻板阀；6—给料电机；7—料斗；8—总风管；9—布袋收尘器；10—引风机；11—回风阀门；12—回风管；C_1 ~ C_3B—旋风预热器；C_4—旋风分离器

（四）氢基矿相转化（悬浮磁化焙烧）

东北大学韩跃新教授团队针对复杂难选铁矿石、铁锰矿石及含铁固废（赤泥等）矿物组成复杂、共生关系密切、含铁矿物种类多的特点，提出了氢基矿相转化新技术。该技术是将含铁矿粉在悬浮流态化状态下加热，通入还原气体（H_2 浓度>55%或 H_2：CO>1.5）使赤铁矿、菱铁矿和褐铁矿等弱磁性铁矿物转变为强磁性的磁铁矿或磁赤铁矿，焙烧后物料经磁选可获得高品质铁精矿。同时东北大学成功研发了复杂难选铁矿石氢基矿相转化系列化工业装备。

氢基矿相转化新技术与装备一方面可实现贫杂赤铁矿、褐铁矿、菱铁矿石以及含铁固废等资源的高效利用，另一方面可大幅提高难选铁矿石的回收率。该新技术是铁矿选矿颠覆性技术，将引领世界铁矿选矿领域的一次重大技术革命，于 2016 年入选“世界钢铁工业十大技术要闻”，是我国首个入选的选矿技术。

2018 年 3 月，基于东北大学研究成果在酒钢集团建成了全球首台 165 万吨/年的悬浮磁化焙烧工业化生产线，将酒钢粉矿铁精矿品位提高了 12 个百分点，金属回收率提高了 26 个百分点，效果十分显著。截至目前，酒钢集团 165 万吨/年氢基矿相转化项目已稳定运行 3 年，从根本上解决了镜铁山式难选氧化铁矿石资源高效利用难题，有效提升了资源的利用效率，烟气排放达到工业炉窑深度治理要求，为酒钢乃至全国同类型冶金矿山高质量、绿色、可持续发展提供了强有力支撑，中国工程院院士孙传尧等 7 位专家认为该技术指标先进，整体达到了国际领先水平。

氢基矿相转化新技术的问世是中国铁矿选矿领域，甚至世界铁矿选矿领域的一次重大技术革命。同时，氢基矿相转化技术装备面向国家重大装备，面向国民经济主要方向，面向世界前沿助力国内外难选铁矿石高效资源化利用，服务国家“一带一路”倡议，有力推动了中国铁矿选矿领域创新技术走向国际舞台。

四、磁赤混合型铁矿石选矿技术的发展

磁赤混合型铁矿石一般是指磁铁矿和弱磁性铁矿物都占有一定比例的铁矿石，通常矿石中 MFe/TFe 介于 15%~85%，即可称为磁赤混合型铁矿石。磁赤混合型铁矿石中有用矿物主要为磁铁矿、假象赤铁矿、赤铁矿等。我国磁赤混合型铁矿石资源储量较为丰富，占我国铁矿石资源总储量 20%以上。目前，处理该类型铁矿石主要采用联合选别工艺流程，例如连续磨矿—弱磁—强磁—阴离子反浮选技术、阶段磨矿—弱磁—强磁—阴离子反浮选技术、阶段磨矿—粗细分选—磁—重—阴离子反浮选技术和含碳酸盐铁矿石分步浮选技术等。自 2000 年以来，我国在磁赤混合型铁矿选矿技术上取得了显著进步，是我国铁矿选矿技术发展的重要体现。

（一）连续磨矿—弱磁—强磁—阴离子反浮选技术

鞍山式磁赤混合型铁矿石是我国混合型铁矿的典型代表，由长沙矿冶研究院研发的连续磨矿—弱磁—强磁—阴离子反浮选工艺流程成为鞍钢齐大山选矿分厂（调军台选矿厂）

的新建选矿流程。调军台选矿厂于1992年动工兴建，于1998年建成投产，是我国当时最大的磁赤混合型铁矿选矿厂，其所采用的选矿工艺流程如图3-7所示。调军台选矿厂自投产后，获得了铁精矿品位66.5%、铁回收率84%的优异技术指标。连续磨矿—弱磁—强磁—阴离子反浮选工艺流程及其综合技术在工业生产中的成功应用，使我国混合型铁矿选矿技术达到了国际领先水平。2007年，调军台选矿厂对选矿工艺流程进行改造和系统扩建，将原工艺流程改造为阶段磨矿、粗细分级、重选—磁选—阴离子反浮选工艺，年处理能力达到1440万吨，年产铁精矿480万吨，成为鞍钢铁精矿原料重要的生产基地。

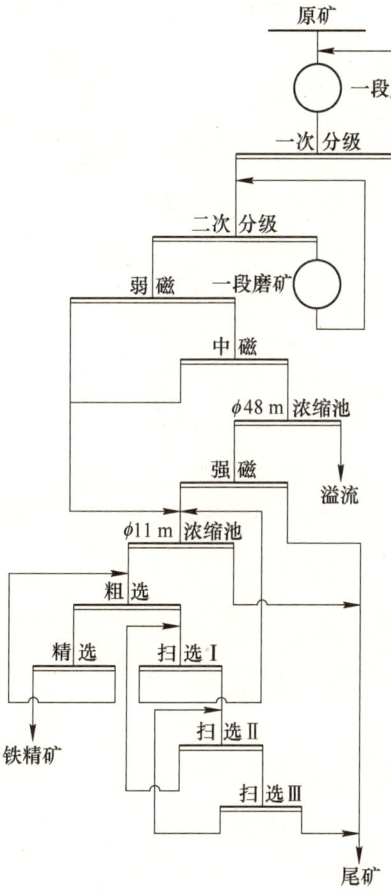

图3-7　调军台选矿厂连续磨矿—弱磁—强磁—阴离子反浮选工艺流程

（二）阶段磨矿—弱磁—强磁—阴离子反浮选技术

太钢袁家村铁矿石是我国复杂难选微细粒混合型铁矿石的典型代表，属于大型沉积变质型铁矿床，资源储量达12.6亿吨。该矿石嵌布粒度微细，铁矿物种类多达12种，矿物间镶嵌关系复杂，脉石矿物中含有大量的绿泥石等含铁硅酸盐类矿物，其可选性与铁矿物相近，分选难度极大，一直是世界性难题。

太钢与多家国内知名科研单位密切合作，通过“产、学、研”联合的方式组成项目团队，实施多专业联合攻关，终于找到了大规模工业化开发的工艺方法和路线，破解了这一世界性难题——微细粒复杂难选红磁混合铁矿的选矿技术难题。试验结果表明，在磨矿细度达-0.074 mm 占 95%时，很难通过重选、磁选或浮选工艺获得合格粗精矿，但却可以预先抛出 28%以上铁品位为 4.35%的合格尾矿。

基于以上研究成果，太钢袁家村铁矿于 2012 年建成了亚洲规模最大的年处理原矿 2200 万吨红磁混合铁矿特大型选矿厂，采用一段破碎—半自磨—阶段磨矿—弱磁—强磁—阴离子反浮选工艺流程（图 3-8），在最终磨矿粒度 $P_{80}\leqslant 28\ \mu m$ 的条件下，获得了铁精矿品位 65.16%、SiO_2 含量 3.24%、金属回收率 73.04%的技术指标。该工艺流程短、无须脱泥、操作简单、选矿成本较低。袁家村铁矿选矿厂还是较早采用大型化半自磨机（ϕ10.36 m×5.44 m）和浮选机（160 m^3）的大型企业，选矿厂自动化程度较高，是我国复杂微细难选混合型铁矿选矿领域的典范。

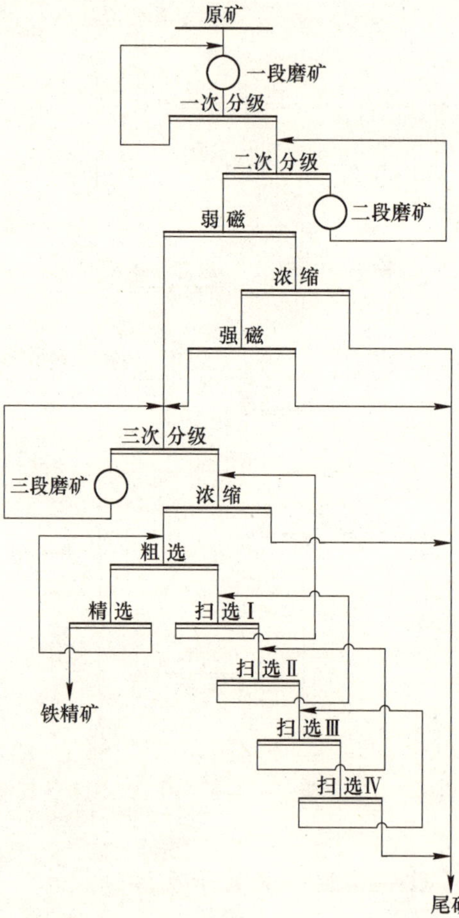

图 3-8 太钢袁家村铁矿阶段磨矿—弱磁—强磁—阴离子反浮选工艺流程

（三）阶段磨矿—粗细分选—重选—磁选—阴离子反浮选技术

我国鞍钢齐大山选矿厂是采用阶段磨矿—粗细分选—重选—磁选—阴离子反浮选联合流程的典型代表。齐大山选矿厂一选车间于 1971 年建成，最初采用干式自磨—弱磁—强磁工艺流程，但由于铁精矿产品精矿品位及铁回收率均较低，于1972年进行停产改造。1984年建成7个磨矿—磁选—浮选选矿系列，用来处理0~20 mm粉矿，年处理能力仅为260万吨，铁精矿品位只能达到58%，铁回收率仅为67%左右。1986年对一选车间进行二次工艺改造，形成了阶段磨矿、重选—弱磁选—强磁选—酸性正浮选工艺流程，获得了铁精矿品位63.5%、铁回收率70%的技术指标。2001—2002年，齐大山选矿厂针对一选和二选车间进行了新一轮的提铁降硅技术改造，最终采用了阶段磨矿、粗细分选、重选—磁选—阴离子反浮选工艺流程（图3-9），在原矿铁品位29.27%的条件下，获得了铁精矿品位67.67%、铁回收率83.32%、尾矿铁品位11.99%的优异技术指标。目前，齐大山选矿厂已经形成年处理原矿960万吨，年产铁精矿315万吨规模，成为我国特大型、节约型、环保型的选矿厂典范。

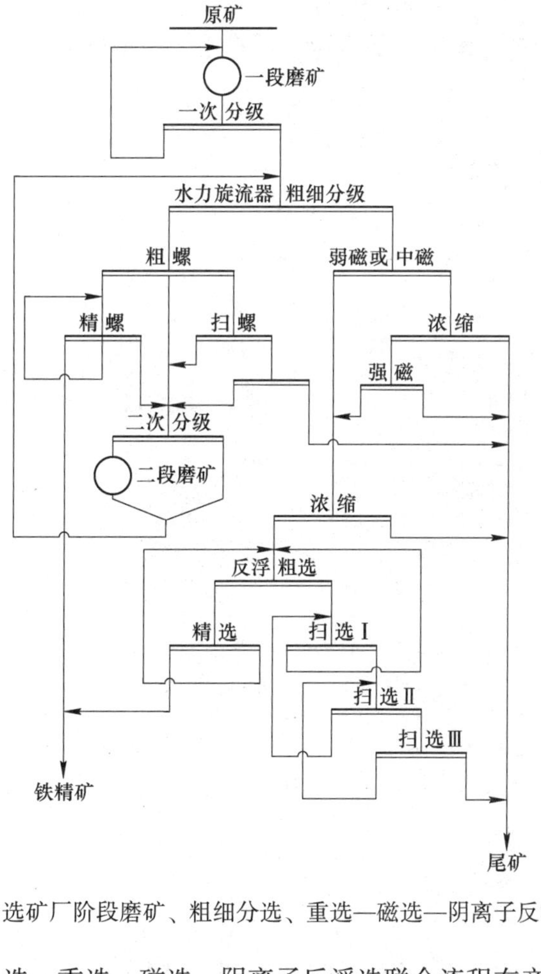

图3-9 齐大山选矿厂阶段磨矿、粗细分选、重选—磁选—阴离子反浮选工艺流程

阶段磨矿、粗细分选、重选—磁选—阴离子反浮选联合流程在齐大山选矿厂成功应用后，鞍钢调军台选矿厂、鞍千矿业有限责任公司也分别按此流程进行了改造或新建。该流程具有作业效率高、精矿产品质量佳、铁矿物回收效率高等优点，但同时也存在工艺流程长、操作控制难、选矿成本高等问题。采用高效短流程工艺及常温浮选药剂是该类选矿厂未来的发展方向。

（四）含碳酸盐铁矿石分步浮选技术

含碳酸盐铁矿石也是一种典型混合型铁矿石，通常是指含有菱铁矿等碳酸盐矿物的铁矿石。我国含碳酸盐铁矿石储量达50亿吨，其中鞍山地区储量约10亿吨。东鞍山铁矿床属于典型的沉积变质“鞍山式”铁矿，矿石种类较为繁杂，碳酸盐铁矿石有着广泛分布。生产实践表明，碳酸盐矿物具有中等可浮性，且其在磨矿过程中极易泥化，泥化后矿物吸附罩盖于赤铁矿和石英表面，造成浮选过程中“精尾不分”的现象，给含碳酸盐铁矿石选矿造成极大困难，使得该类铁矿石长期以来无法得到开发利用而大量堆存，造成了资源的严重浪费。

针对上述问题，东北大学开展了大量基础研究工作，发现菱铁矿的存在对铁矿物的浮选分离效果具有很大的影响，随着菱铁矿的比例增大，精矿品位和回收率均迅速下降（图3-10）。根据赤铁矿、菱铁矿、铁白云石、石英等矿物在不同矿浆环境下的可浮性差异（图3-11），开发了含碳酸盐铁矿石分步浮选新技术，其原则流程如图3-12所示。

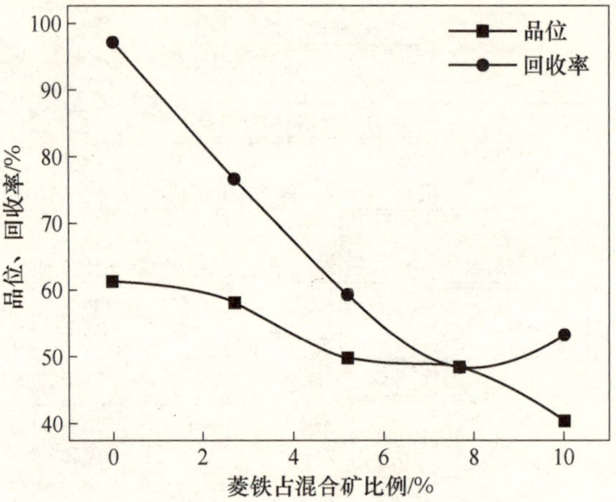

图3-10 菱铁矿在浮选体系对分选指标的影响

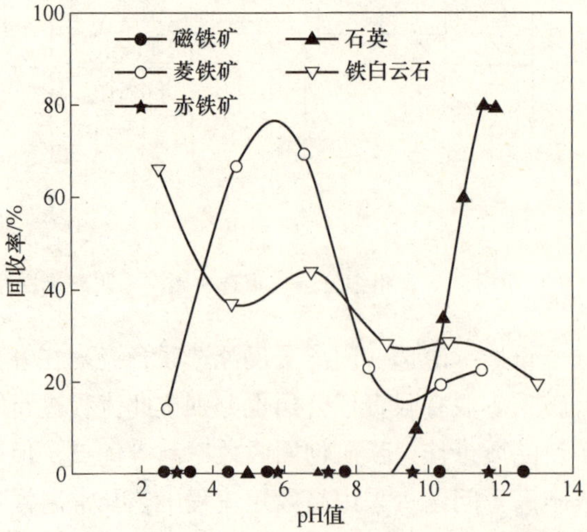

图3-11 不同矿浆pH值条件下矿物的可浮性

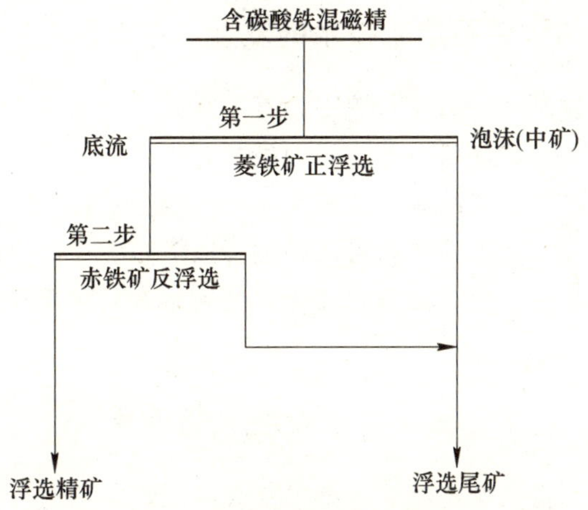

图 3-12 “分步浮选”原则流程

2010 年 5—8 月，东鞍山烧结厂开展了含碳酸盐铁矿石分步浮选工业试验，获得了铁精矿品位 66.41%、回收率 66.57%的优异技术指标，标志着含碳酸盐铁矿石由“呆矿”变为可利用资源。分步浮选第一步获得的碳酸盐中矿，其产率为 11%左右，铁品位为 40%左右，主要铁矿物有菱铁矿、赤铁矿等，仍具有很高的利用价值。如果将其抛弃，将影响最终的回收率，也是对铁矿资源的巨大浪费。因此东北大学又创新性提出采用强化分散与新型捕收剂协同处理分步浮选中矿（正浮选泡沫），使其得到有效利用，这使含碳酸盐铁矿石分步浮选工艺得到进一步完善。依托该技术，东鞍山烧结厂建成 300 万吨/年的含碳酸盐铁矿石分步浮选示范工程（原则流程如图 3-13 所示），实现了含碳酸盐赤铁矿石的开发利用，解决了困扰我国选矿界几十年的含碳酸盐赤铁矿选矿技术难题。

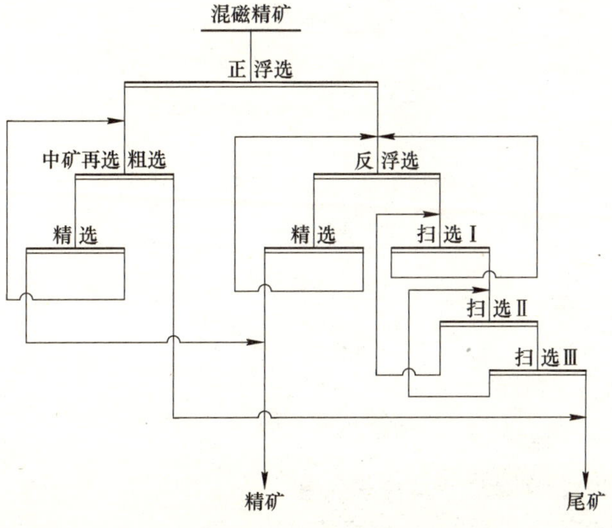

图 3-13 含碳酸盐铁矿石分步浮选工艺流程

五、多金属共生的铁矿石选矿技术的发展

目前，在我国已开发利用的铁矿资源中，有大量铁矿石中伴生多种其他有价组分，如铜、铅、锌、钛、稀土矿物、硼镁石等。我国最具有代表性的多金属共生铁矿石主要分布于白云鄂博矿区、攀西矿区、大冶矿区和宁芜矿区。根据矿石中伴生元素的赋存状态和矿物的可选性特点，多金属共生的铁矿石可以归纳为以下四类：伴生稀土、萤石等矿物的铁矿石；伴生钛铁矿的铁矿石；伴生多金属硫化物的铁矿石；伴生硼镁石、重晶石、磷等矿物的铁矿石。

（一）伴生稀土、萤石型铁矿石选矿技术的发展

内蒙古包头钢铁公司白云鄂博铁矿是世界最大的以铁、稀土、萤石为主的多金属大型共生矿床，现已探明的铁矿石储量为 14.6 亿吨，稀土资源储量 1.35 亿吨，居世界首位；铌（Nb_2O_5）储量 660 万吨，居世界第二；萤石储量 1.30 亿吨，钍、钪等资源储量丰富。白云鄂博稀土矿被誉为一座蕴含多种矿物的巨大宝藏，具有重要的综合回收利用价值。

自 1953 年开始，我国乃至国外有关科研院所针对包钢白云鄂博稀土矿分选利用开展了大量技术攻关，先后尝试采用混合浮选、优先浮选、还原焙烧—磁选、重选、强磁选、选择性絮凝脱泥及以上联合选矿工艺处理该矿石。1965 年，包钢选矿厂第一系列开始投产，后续相继建成 9 个生产系列，现已发展成为年处理白云鄂博矿石 1200 万吨、年产铁精矿 590 万吨的大型选矿厂。目前选矿工艺流程为弱磁—强磁—淘洗机精选—反浮选，其原则流程如图 3-14 所示。

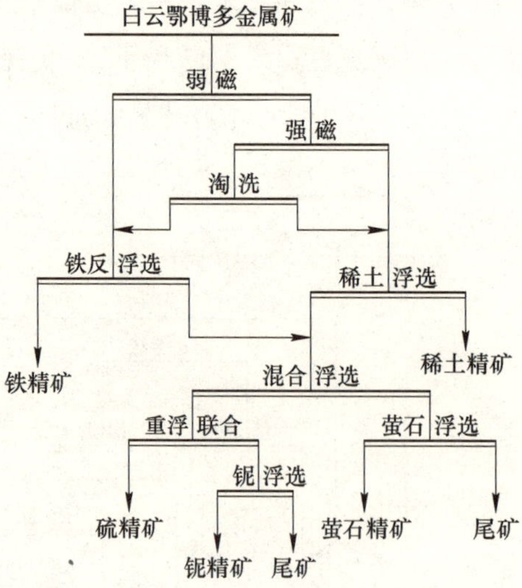

图 3-14　白云鄂博稀土矿选矿工艺原则流程

“包头白云鄂博大型多金属矿弱磁—强磁—浮选回收铁、稀土矿物选矿新工艺研究”1992 年评为全国十大科技成果之一，解决了困扰包钢钢铁生产近 30 年的氧化矿选矿技术难题，推动了包钢钢铁生产及稀土工业的技术进步。

（二）伴生钛铁矿型铁矿石选矿技术的发展

钒钛磁铁矿是一种伴生铁、钒、钛等多种有价组分的复合型矿产资源，是被世界各国公认的重要战略资源，具有极高的综合利用价值。我国钒钛磁铁矿资源储量丰富达300亿吨，位居世界第三，主要分布于四川攀西、河北承德、陕西汉中和山西代县等地区。钒钛磁铁矿石由于有价元素含量低、矿物组成复杂，致使有价金属提取难度较大，目前主要采用选矿—冶炼联合工艺实现钒钛磁铁矿资源的综合利用。常用的选矿工艺主要以重选、磁选、浮选、电选及其联合选别工艺为主，冶炼工艺主要分为高炉冶炼和非高炉冶炼工艺。钒钛磁铁矿典型的选矿工艺见表3-4。

表3-4 钒钛磁铁矿典型选矿工艺流程对比

工艺流程	优势	劣势
重选—浮选	（1）重选有利于提高选矿作业效率； （2）浮选有利于钛精矿精选和微细粒矿物的回收； （3）工艺流程简单，生产成本低	（1）重选设备适应性较低； （2）浮选药剂用量大，环境污染严重
重选—电选	（1）电选有利于提高钛精矿质量，环境友好； （2）工艺成熟，生产成本低	（1）流程适应性差； （2）电选对物料要求较高
磁选—浮选	（1）强磁选可以预先抛出大量尾矿和矿泥，提高入浮物料品位； （2）浮选药剂用量及成本低	（1）阶段磨选设备能耗高、设备作业率低； （2）工艺流程长，生产成本高
重选—磁选—电选—浮选	综合重选、磁选、电选、浮选优势，可实现有用矿物综合回收	工艺流程长，生产成本高

攀枝花钒钛磁铁矿是我国最大的钒钛磁铁矿基地，其储量占我国钒钛磁铁矿总储量的87%左右，主要有用矿物为钒钛磁铁矿和钛铁矿。其中钒钛磁铁矿主要通过弱磁选进行回收，其磁选厂于1978年建成投产。钛铁矿选矿工艺流程主要分为两个部分，一是对于粗粒级（+0.045 mm）钛铁矿，主要采用重选—强磁—脱硫浮选—电选工艺流程，可获得含TiO_2大于47%的钛铁矿，对原矿回收率为20%左右；二是对于细粒级（−0.045 mm）钛铁矿，主要采用强磁—脱硫浮选—钛铁矿浮选工艺流程，可获得含TiO_2为47.3%~48%的钛铁矿，对原矿回收率为10%左右。钛铁矿选矿厂于1979年建成投产，最初生产能力仅为年产钛精矿5万吨，现已具备年产钛精矿47万吨的生产能力，是我国最大的钛原料生产基地。攀枝花钒钛磁铁矿选钛原则工艺流程如图3-15所示。

（三）伴生多金属硫化物型铁矿石选矿技术的发展

伴生多金属硫化物型铁矿石也是我国重要的矿产资源，该矿石中除了含有磁铁矿、赤铁矿等铁矿物之外，还伴生有黄铜矿、黄铁矿、钴黄铁矿等其他硫化矿物，具有重要的综

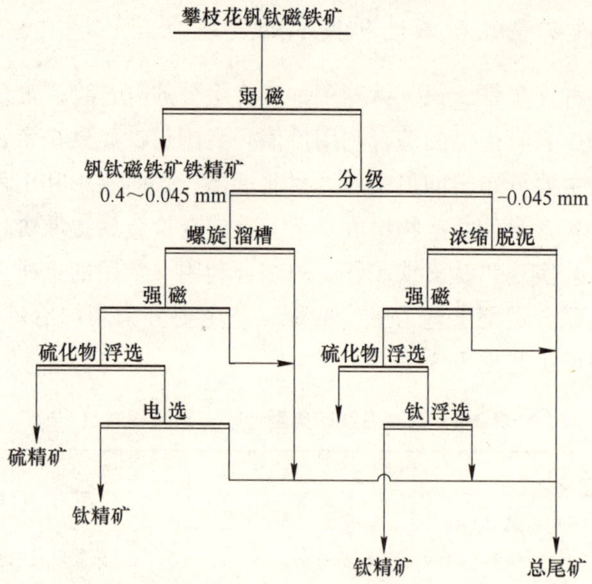

图 3-15 攀枝花钒钛磁铁矿选钛原则工艺流程

合回收利用价值。我国多金属硫化物型铁矿主要分布于湖北、福建、山东、广东、四川、河北等地，其中以湖北大冶铁矿和福建潘洛铁矿最为典型。伴生多金属硫化物型铁矿中矿物共生关系复杂，嵌布粒度粗细不均，有用矿物综合回收难度较大。

目前，伴生多金属硫化矿型铁矿的原则选矿流程主要分为先磁后浮和先浮后磁两种。采用先磁后浮流程虽然可以分选出大部分铁矿物，减少后续浮选设备数量和药剂用量，但也导致其他伴生金属在铁精矿中损失严重，铁精矿产品质量不佳等问题；采用先浮后磁流程可保证伴生金属的综合回收效率，同时提高铁精矿产品质量，该流程应用更为广泛。

中国宝武旗下的子公司大冶铁矿曾被称为国家的“钢铁粮仓”，是一个含铜、钴、硫的大型磁铁矿床，矿石根据氧化程度不同可划分为原生矿和氧化矿两大类。选矿厂于 1959 年建成投产，共 3 个系列，年处理能力为 235 万吨，1960—1974 年又增设选矿 4 系列，将年处理能力提升至 320 万吨。选矿厂自投产后，1 系列处理氧化矿石，采用一次粗选、二次精选的单一浮选流程，浮选泡沫产品为铜精矿，粗选尾矿产品为铁精矿；2、3、4 系列处理原生矿石，采用浮选—弱磁选流程，浮选获得铜精矿和硫精矿，浮选尾矿经弱磁选获得磁铁矿精矿。20 世纪 70 年代末，随着氧化矿开采结束，选矿 4 系列开始用来处理混合矿。1961 年武钢决定建设二选车间用来回收原生矿石中的硫和钴，并于 1965 年建成投产。为充分利用混合矿资源，1982 年增建强磁选作业并投产，生产综合铁精矿。随后由一选车间中的 1、2 系列处理混合矿，3、4 系列处理原生矿，由二选车间处理一选车间混合精矿分离浮选的尾矿，生产硫钴精矿。2006 年大冶铁矿选矿厂进行了升级改造，选矿技术水平显著提高。目前，大冶铁矿选矿厂采用的工艺流程如图 3-16 所示，年处理原矿 260 万吨，年产铁精矿 117 万吨、铜精矿 0.4 万吨、硫钴精矿 6 万吨。

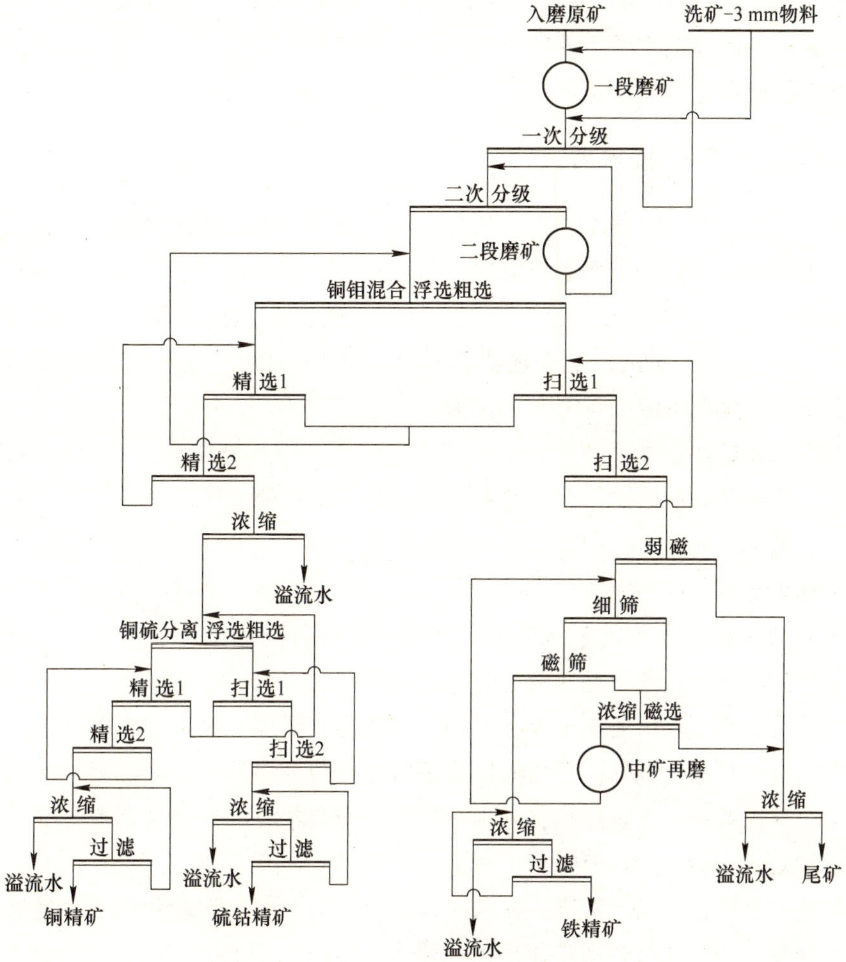

图 3-16　大冶铁矿选矿工艺流程

（四）伴生硼铁矿型铁矿石选矿技术的发展

硼矿是一种用途十分广泛的化工原料，可用于生产硼酸、硼砂和硼的多种化合物。我国硼矿资源储量丰富，居世界第五位，主要分布在辽宁、吉林、青海、西藏等地。长期以来，我国生产的硼矿主要来源于辽宁沉积变质型的硼镁矿，辽宁地区硼铁矿资源储量高达 2.8 亿吨，其中以 B_2O_3 计储量为 2184 万吨，占全国总储量的 58%。凤城硼铁矿床为典型代表，由于其矿物组成复杂，共生矿物高达 60 余种，嵌布粒度粗细不均匀，矿物共生关系紧密，为选矿带来巨大挑战，属难选硼铁矿石。

20 世纪 50 年代末，我国科研单位就开始针对硼铁矿石综合回收开展大量研究工作。通过近十年的技术攻关，形成了处理硼铁矿石的三种有效选别方案，即磁选—重选工艺、单一磁选工艺、磁选—浮选工艺。其中，磁选—重选工艺已经应用于工业生产，采用该工艺获得的铁精矿一部分可作为炼铁添加剂，另一部分可作为炼制含硼生铁的原料，并将其得到的含硼渣（即富硼渣）作为硼酸生产的二次原料；单一磁选工艺目前仅处于半工业试验规模，采用该工艺获得的硼铁混合矿可作为生产硼酸原料，其含铁尾渣经处理后可作为炼钢原料；磁选—浮选工艺已经成功应用于辽宁首钢硼铁有限责任公司，形成了年处理能力达200万吨的成熟生产线。

六、中国铁矿选矿技术展望

近年来，我国铁矿选矿技术取得了长足进步，相关技术已经达到国际领先水平。我国铁矿选矿技术的未来发展核心要坚持以“高效低耗、综合利用、节能减排、环境友好”为原则，实现生产规模与装备大型化、控制自动化、管理信息化；优化铁矿资源布局，以“优质优用、劣质能用”为战略，实现铁矿资源高效高质利用；强化综合利用与资源循环，发展共伴生组分与尾矿资源的综合利用技术。

在复杂难选铁矿选矿工艺技术方面，开发选冶联合选别新工艺，针对我国微细粒矿、极贫赤铁矿、菱铁矿、褐铁矿、多金属共伴生矿等复杂难处理铁矿资源，采用复合选矿和选冶联合工艺是重要的发展方向。

在铁矿选矿技术装备方面，研发高效化、大型化、智能化的选矿设备，在吸收引进国外先进技术的同时，结合我国矿石特点，开发大型高效的超细碎、细磨、磁化焙烧、磁选、浮选及产品浓缩、过滤、输送装备。

研制高效、低温、环保的新型浮选药剂。随着国家对环境保护力度的加大，矿石性质越来越复杂、高原高寒浮选环境恶劣等因素都对浮选药剂提出了更高的要求。因此，研制高效、低温、环保的新型浮选药剂，实现铁矿提质降杂常温浮选的大规模工业生产，对铁矿选矿降本增效、清洁生产具有重要的意义。

在铁矿选矿自动化方面，提高铁矿选矿自动化、信息化、智能化水平，发展智能优化控制软件的开发、智慧选厂和数字化矿山的建设。目前基于DCS、FCS等计算机控制系统在大型选矿厂中已经普遍采用，基于专家系统、模糊控制理论的先进控制策略也开始进入实用阶段，计算机集成制造系统（CIMS）是选矿自动化重要研究方向。

在铁矿资源综合利用方面，加强二次资源高效综合利用技术研究，针对白云鄂博矿、攀枝花钒钛磁铁矿等典型复杂共伴生矿的高效、低成本、少污染提取技术集成与创新，形成资源综合利用的优化技术及先进完备的矿山清洁生产系统是我国共伴生铁矿资源综合利用技术发展趋势；废石及尾矿等二次资源综合利用要以资源化、无害化为原则，以开发高附加值、多功能新材料为技术攻关核心。

第二节 铁矿石浮选药剂的发展

我国大部分铁矿资源都需要采用浮选工艺获得合格的铁精矿产品，浮选药剂在浮选中作用重大。我国铁矿石浮选药剂随着浮选工艺的不断成熟而得到迅速发展，铁矿石选矿药剂的研究一直是我国浮选药剂的研究重点与热点，新中国成立以来我国在铁矿选矿药剂的不断研究中已取得了举世瞩目的成绩，达到世界领先水平。

一、铁矿石浮选药剂的分类

铁矿石浮选常用药剂为捕收剂和调整剂。铁矿石浮选捕收剂的作用是能选择性地作用于矿物表面，提高矿物疏水性，使矿物颗粒牢固附着于气泡而上浮；而铁矿石浮选调整剂的作用是调节矿石中不同矿物表面性质及与捕收剂的相互作用本质，调整浮选矿浆的性质，从而提高矿物分选的选择性。

铁矿石浮选捕收剂主要为羧酸及其改性类等阴离子型捕收剂，胺类及其醚胺类等阳离子型捕收剂，分子中含有 2 个以上的 O、S、N 等具有螯合基团的捕收剂，如石油磺酸盐、羟肟酸、氨基羧酸类等。铁矿石浮选调整剂包括抑制剂、分散剂、絮凝剂、活化剂、pH 调整剂等。其中抑制剂主要有淀粉及改性淀粉、纤维素和木质素等；分散剂为水玻璃、偏磷酸盐等无机分散剂和柠檬酸、NM-3 等有机分散剂；絮凝剂主要包括聚丙烯酰胺及腐植酸盐等；活化剂主要为石灰、氯化钙等；pH 调整剂主要有碳酸钠、氢氧化钠等。

二、铁矿石浮选药剂的发展历程

我国从 20 世纪 50 年代开始进行脂肪酸阴离子捕收剂的相关研究。我国贫赤铁矿浮选在 1961 年以前工业上主要采用大豆油脂肪酸及其硫酸化皂作为捕收剂，耗费了大量的食用油。因此从 1959 年起开始实验室研制氧化石蜡皂，并于 1961 年用于工业化生产，效果良好。氧化石蜡皂主要优点是成本低、来源广，但无法在常温或 30℃以下使用。东鞍山烧结厂为我国具有代表性的采用阴离子捕收剂正浮选工艺选矿厂。东鞍山烧结厂于 1958 年投产，是当时我国第一座也是最大的铁矿石浮选厂，也是世界上最早采用浮选法处理贫赤铁矿石的选厂之一。

20 世纪 60 年代初，我国开始对赤铁矿矿石阴离子捕收剂反浮选脉石开展研究工作，浮选工艺为在强碱性介质中加入石灰活化石英，以淀粉或木素磺酸盐作为铁矿物的抑制剂，用脂肪酸类捕收剂浮选石英，代表药剂为常压三线碱渣，其主要成分为环烷酸。采用常压三线碱性渣对鞍钢东鞍山铁矿、马钢姑山铁矿的赤铁矿以及江西铁坑铁矿的褐铁矿石进行浮选试验，结果表明碱渣可以作为氧化铁矿的捕收剂。1978 年对鞍山齐大山铁矿石采用弱磁—强磁—阴离子反浮选流程，碱渣为捕收剂，获得含铁 65.00%以上的铁精矿。

20 世纪 70 年代出现了采用阳离子捕收剂反浮选工艺提高磁选铁精矿品位的研究，捕收剂主要为混合胺、十二胺、醚胺等。鞍山烧结总厂采用十二胺为捕收剂在中性介质中进行反浮选，获得精矿铁品位 67%~68%、铁回收率 97%~98%的技术指标，在此工业试验的基础上，鞍钢烧结总厂新建浮选车间，于 1979 年 10 月在常温下用合成十二胺盐酸盐进行脱硅浮选试生产，该浮选车间成为我国第一个采用磁选精矿阳离子反浮选工业生产的选矿厂。2006 年 1 月辽宁弓长岭矿业公司采用十二胺阳离子反浮选工艺，在弓长岭选厂二选车间原有工艺基础上进行“提铁降硅”工艺流程改造，得到精矿铁品位 68.85%、SiO_2 品位 3.62%，标志着我国阳离子反浮选技术水平进一步得到提高。醚胺阳离子捕收剂由北京矿冶研究总院于 1978 年开始研制，在 1985 年研制成功并在同年 11 月由冶金部组织技术鉴定。1978 年下半年鞍钢选矿厂采用醚胺对齐大山铁矿石进行阳离子反浮选工业试验，全流程选别指标为铁精矿品位 67.71%、精矿产率 31.23%、回收率 71.10%。我国阳离子反浮选工艺可有效提高铁精矿品位，但存在泡沫量大且发黏、选择性差、泡沫产品难处理等诸多不足，因此该工艺未能得到大规模推广应用。

进入 20 世纪 80 年代以后，国内众多单位围绕铁矿石的选别利用与选矿厂的生产攻关开展了大量研究工作，在浮选装备技术、工艺流程，特别是在高效低耗的新型铁矿浮选药剂的研发与应用等方面取得了突破性进展，成功研制出多种可适用于不同类型铁矿石的浮选药剂并已逐渐实现工业应用。

三、铁矿石浮选捕收剂

浮选是利用浮选药剂体系对不同矿物表面疏水性不同使得不同矿物上浮至泡沫层或者下沉到矿浆中，从而达到目的矿物与脉石有效分离的过程。无论铁矿石正浮选工艺还是反浮选工艺，浮选捕收剂汇总有以下四大类：脂肪酸及其改性类捕收剂（R-COOH）、脂肪胺及其改性类捕收剂（$R\text{-}NH_2$）、烃基磺酸或者硫酸盐类捕收剂（$R\text{-}SO_3Me$、$R\text{-}SO_4Me$）、两性螯合或者组合类捕收剂。

（一）脂肪酸及其改性类（R-COOH）捕收剂

脂肪酸是具有悠久历史的氧化矿捕收剂，其捕收力强、选择性差、容易得到、价格便宜且无毒，目前仍然是重要的氧化矿和非金属矿的捕收剂。早在 1909 年人们就发现了脂肪酸在选矿中的起泡作用。1925 年发现了脂肪酸盐可作为铁矿石的捕收剂。我国在 1957 年开始将脂肪酸及其改性类（R-COOH）捕收剂应用于赤铁矿石浮选工业。脂肪酸类捕收剂最典型的代表是油酸。为提高铁矿石浮选捕收剂的捕收性和选择性，目前铁矿石浮选捕收剂已经从单一药剂发展到组合药剂，从单元酸到高酸值的多元酸，且不断研发各种脂肪酸的衍生物并用于工业生产。下面对各种脂肪酸及其改性类捕收剂分别逐一介绍。

1. 油酸

油酸学名十八烯（9）酸，其分子简式为：$CH_3(CH_2)_7CH=CH(CH_2)_7COOH$，油酸（顺式）的分子结构示意图如图 3-17 所示。

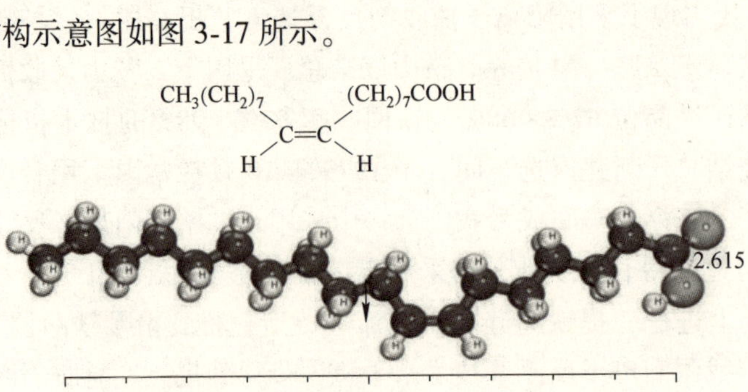

图 3-17 油酸分子（顺式）结构

工业用油酸主要来自大自然中的各种油脂。天然油脂经过化学水解后生成甘油和脂肪酸钠盐。表 3-5 为几种含油酸为主的工业混合脂肪酸的组成。

表 3-5 六种工业含油酸为主的混合脂肪酸的组成 (%)

样品编号	1	2	3	4	5	6
十二碳酸（月桂酸）	0.1	0.4	0.2	0	0.2	0
十四碳酸（豆蔻酸）	2.8	3.0	4.0	1.0	3.1	0.6
十四碳烯酸（含一个双键）	2.7	3.0	3.0	0.8	2.8	0.1
十六碳酸（软脂酸）	4.8	4.8	2.8	3.3	4.0	4.5
十六碳烯酸（含一个双键）	12.5	12.9	12.6	6.8	12.3	5.9
十七碳烯酸（含一个双键）	1.7	1.9	1.4	1.4	1.8	0.2
十八碳酸（硬脂酸）	0.4	0.4	0.8	1.0	0	0.3
油酸（含一个双键）	70.5	71.0	73.2	73.8	68.6	75.8
十八碳双烯酸（亚油酸）	2.2	2.6	1.9	8.2	4.6	12.6
十八碳三烯酸（亚麻酸）	1.2	0	0	3.4	1.8	0

采用工业油酸浮选东鞍山贫赤铁矿，以碳酸钠作为石英抑制剂，在 pH 值为 8~9 时，可从给矿铁品位 35%左右，获得铁品位 62%以上的铁精矿，铁回收率 80%以上。

2. 氧化石蜡皂

生产氧化石蜡皂的主要原料是石蜡，其来自石油工业，产量大且来源丰富。我国通常使用的氧化石蜡皂有 731 和 732 两个品种，它可用作油酸钠代用品。

氧化石蜡皂主要成分为不同长度烃链（C_{10}~C_{22}）的羧酸盐，其次为未反应的烃类和少量醇酮醛等不皂化物。浮选用的氧化石蜡皂，已将大部分未氧化的烃类及不皂化物除去，故主要成分是脂肪酸类，其中饱和脂肪酸占各种酸的 80%以上，含氧酸则主要是羟基酸（醇酸），占 5%~10%，不皂化的氧化物仅占 3%~5%。我国石油工业部还颁布了氧化石蜡皂质量标准，见表 3-6。氧化石蜡皂的选矿效果随着产品的性质不同而异：产品的酸值越高、不皂化物含量越低，选矿效果越好。氧化石蜡皂的缺点是浮选温度低时，浮选效果较差。

表 3-6 氧化石蜡皂质量标准

项目	质量指标	试验方法
颜色	淡黄到淡褐色	目测
皂化值/mg(KOH)·g^{-1}	140~160	石油 2604-66
酸值/mg(KOH)·g^{-1}	75~90	国标 264-64
灰分含量（不大于)/%	0.25	石油 2703-66
灰分中铁含量（不大于)/%	痕迹	X

X 参照国家标准 GB 534—65《工业硫酸》的规定进行，测定结果在 0.01%以下时作为痕迹。

氧化石蜡皂从 1961 年在东鞍山用作贫赤铁矿反浮选捕收剂，距今已经有 60 多年的历史。氧化石蜡皂因其捕收能力强且价格低廉，在相当长一段时期内成为我国赤铁矿浮选药剂的主要原料之一。

3. 塔尔油

塔尔油是工业用脂肪酸的第二大原料来源，在脂肪酸工业中占有重要的地位。塔尔油的主要成分是松脂酸、亚麻酸、油酸及软脂酸等，将塔尔油减压蒸馏除去松脂酸松香，得精馏塔尔油，是良好的油酸代用品。塔尔油中的脂肪酸以油酸和亚油酸为主要成分，分别占 45%及 48%左右；其次软脂酸占 7%左右，其余为少量的高级脂肪酸（C_{20} ~ C_{26}）以及己二酸、癸二酸等，表 3-7 为塔尔油的生产企业质量标准（Q/NZ0_{3-92}）。

表 3-7 塔尔油的生产企业质量标准（Q/NZ0_{3-92}）

指标名称	规格		
	B	C	D
水分/%	≤1.0	≤1.5	≤2.0
酸值/mg(KOH)·g^{-1}	≥157	≥150	≥145
脂肪酸+松脂酸/%	≥90	≥87	≥85
不皂化物/%	≤10.0	≤13.0	≤15.0

塔尔皂、塔尔油和精馏塔尔油均可代替油酸浮选赤铁矿、萤石、重晶石、白钨矿、磷灰石等氧化矿物。

4. 碱渣

碱渣是石油加工过程中的副产物；不同种类的碱渣，其组分也不同。如按石油馏分不同，可将碱渣分为汽油一线馏分碱渣、煤油二线馏分碱渣和柴油三线馏分碱渣 3 种。

我国新疆、大港油田等地得到的碱渣是富含环烷酸和少量脂肪酸的碱渣，该碱渣在 70~80 ℃下用 H_2SO_4 酸化，环烷酸析出浮在上层，环烷酸含量可达 90%以上，这种混合环烷酸的酸值为 200.27、碘值 0.328、密度 0.945 g/cm^3、折光率 1.6797（20 ℃）。该碱渣为黄褐色油膏状物，略微有臭味，其成分是环烷酸皂、游离碱及少量不皂化物，其他为水分和挥发物。该碱渣生产环烷酸皂的质量标准见表 3-8。

长沙矿冶研究院、化工矿山设计院、马鞍山矿山研究院等单位在 20 世纪 60—70 年代就对各类碱渣及其酸化产品进行选矿性能研究，认为含环烷酸的碱渣具有较强的捕收能力，但是选择性较差，如果能与油酸、氧化石蜡皂、塔尔油、石油磺酸等混合使用，可以改善或者提高铁矿石浮选指标。

表 3-8 碱渣生产环烷酸皂的质量标准

项目	质量标准			试验方法
	1 号	2 号	3 号	
环烷酸/%	≥42	≥50	≥70	石油 2911—59
不皂化物/%	≤57	≤45	≤10	
酸值/mg(KOH)·g^{-1}	≥175	≥210	≥230~270	
无机盐/%			≤0.1	
氯化物/%			≤0.3	
水分/%	≤5	≤3		国标 512—65

5. 硫酸化脂肪酸

对饱和脂肪酸进行硫酸化发生脂肪酸的 α 取代反应，生成 α-硫酸基脂肪酸；不饱和脂肪酸进行硫酸化加成反应，在双键处引入硫酸基团，生成硫酸基脂肪酸。我国使用硫酸化脂肪酸盐浮选贫赤铁矿石取得了丰富的经验与成就。早在 1956 年长沙矿冶研究院为了提高大豆油脂肪酸（主要成分为油酸）对赤铁矿的捕收性能，并使之适用于低温浮选，就研究了大豆油脂肪酸的硫酸化反应。用硫酸化大豆油脂肪酸钠盐对东鞍山贫赤铁矿进行浮选试验，得到的试验结果见表 3-9。

表 3-9 硫酸化大豆油脂肪酸钠盐与大豆油脂肪酸对东鞍山贫赤铁矿浮选性能比较

药剂名称	药剂用量/g·t^{-1}	浮选时间/min	产品名称	Fe 品位/%	铁回收率/%
大豆油脂肪酸 碳酸钙	170 2000	15	精矿	56.01	66.25
			中矿	31.66	25.31
			尾矿	6.13	8.44
			原矿	29.76	100.00
硫酸化大豆油 脂肪酸 碳酸钠	200 2000	13	精矿	58.16	71.24
			中矿	30.11	16.87
			尾矿	7.95	11.89
			原矿	30.45	10.00

从表 3-9 试验结果可以看出，使用硫酸化大豆油脂肪酸钠盐可以缩短浮选时间，提高捕收剂的选择性，并获得较好的浮选指标。

6. α-卤代脂肪酸

为了改善脂肪酸类捕收剂的选择性能差、用量大、使用温度高等缺点，提高药剂浮选活性、分散性、选择性以及耐低温等浮选性能，采取的措施之一就是在脂肪酸 α 位置上引入氯、溴等卤素，生成α-氯代或者溴代脂肪酸；或者是在不饱和脂肪酸的不饱和键中通过加成反应引入卤素。α-卤代脂肪酸还可进一步与含—NH_2、—OH、SO_3H 等基团物质发生反应，生成脂肪酸的其他衍生物。

（1）α-氯代脂肪酸。α-氯代脂肪酸的分子结构简式为：$CH_3(CH_2)_nCH(Cl)COOH$，α-氯代脂肪酸的结构示意图如图 3-18 所示。

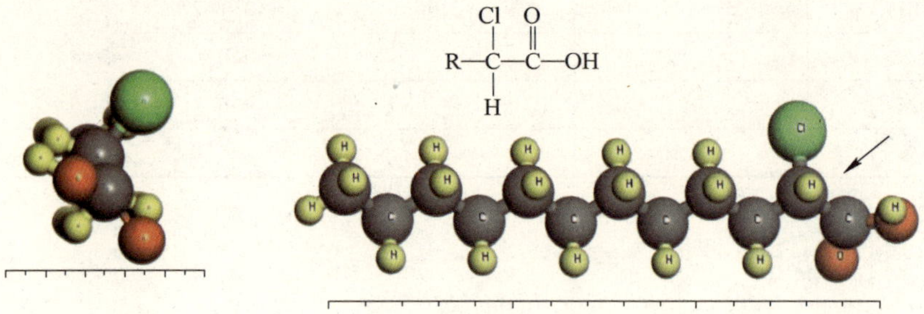

(a)　(b)

图 3-18　不同角度的α-氯代脂肪酸结构

（a）断面图；（b）侧视图

我国在 20 世纪 60—70 年代就曾研究了脂肪酸的氯化反应，制成的氯代脂肪酸试用于东鞍山赤铁矿浮选获得成功。

（2）α-溴代脂肪酸。α-溴代脂肪酸的分子结构简式为：$CH_3(CH_2)_nCH(Br)COOH$。α-溴代脂肪酸的分子结构示意图如图 3-19 所示。

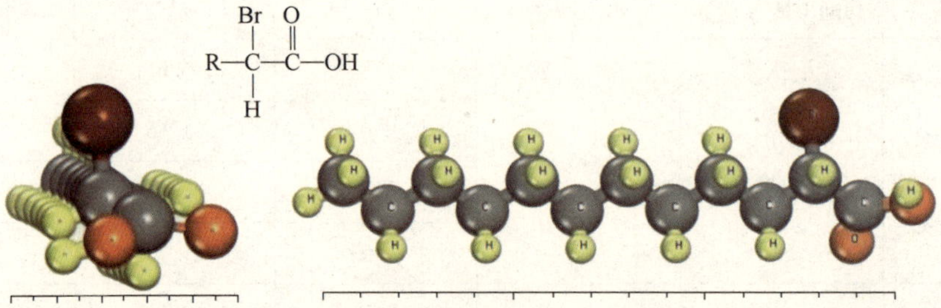

图 3-19　α-溴代脂肪酸的分子结构

α-溴代脂肪酸的性质随着捕收剂的碳链长度不同而变化非常之大。α-溴代脂肪酸不溶于水，但溶于乙醇、乙醚、氯仿等有机溶剂中，与氢氧化钠反应生成易溶于水的α-溴代月桂酸钠盐。在高热下α-溴代脂肪酸极易氧化，易与氧化剂发生反应而分解。

7. α-羟基脂肪酸

将羟基引入饱和脂肪酸或者不饱和脂肪酸，得到羟基脂肪酸，简称羟基酸。α-羟基脂肪酸分子结构示意图如图 3-20 所示。

采用羟基羧酸作为捕收剂浮选贫赤铁矿，可以提高浮选效果。例如以含蓖麻油酸为 92%的混合脂肪酸为原料，羟基化反应后的产物作为捕收剂浮选赤铁矿，结果表明羟基油

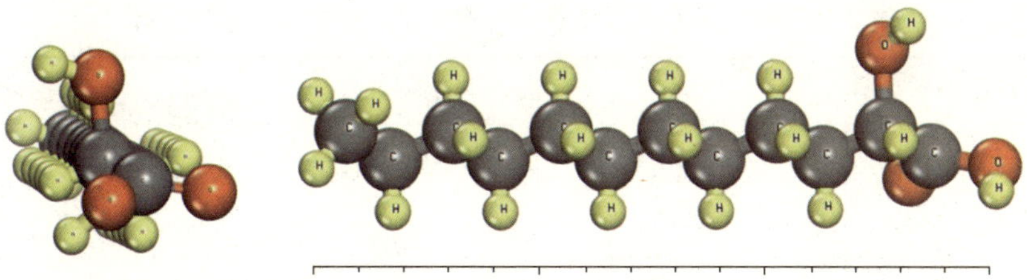

(a)　　　　　　　　　　(b)

图 3-20　不同角度下的 α-羟基脂肪酸结构

（a）9-羟基十八碳羧酸；（b）10-羟基十八碳羧酸

酸能改善浮选指标。由于引入羟基，改善了捕收剂的溶解性与分散性，增加了捕收剂的起泡性能，增加了捕收矿物的活性位点个数，有利于提高捕收性能。

8. α-磺化脂肪酸

α-磺化脂肪酸分子结构简式为 $CH_3(CH_2)_nCH(SO_3H)COOH$，其分子结构示意图如图 3-21 所示。

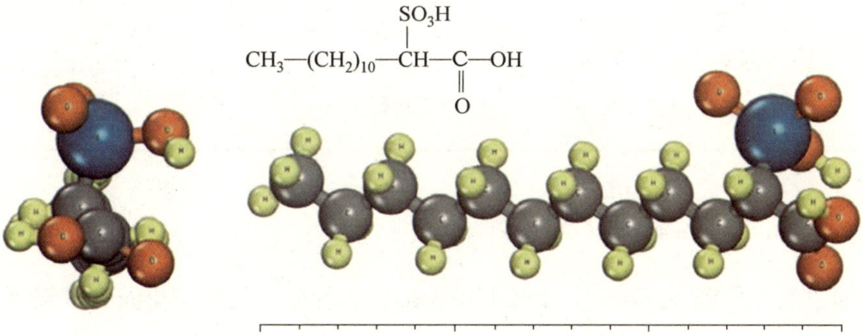

图 3-21　不同角度下的 α-磺基脂肪酸结构

采用 C_{10}～C_{13} 饱和磺化脂肪酸作为捕收剂对东鞍山赤铁矿进行了浮选试验，试验结果表明磺化脂肪酸具有较强的捕收能力，对温度适应性好。

9. 其他阴离子型脂肪酸类捕收剂

脂肪酸类捕收剂的特点是捕收性能好、选择性能差、用量大、使用温度高。但是为了提高脂肪酸的选择性，扩大目的矿物与脉石矿物的浮游差，一般还是经常采取以下两个方面的措施：（1）组合用药：加强具有不同分子结构或官能团的药剂组合使用的研究，发挥药剂的协同效应；（2）对药剂极性基进行改性：研制脂肪酸类衍生物，如卤素脂肪酸、羟基代脂肪酸的制备，以提高药剂浮选活性、分散性、选择性以及耐低温等浮选性能，由此而派生出很多以脂肪酸及其衍生物为主的组合捕收剂，大多以代号表示，这些捕收剂代号、极性基团、应用情况见表 3-10。

表 3-10 脂肪酸及其衍生物捕收剂代号、类型及其应用情况

捕收剂代号	类型及其应用情况	参考文献
RA-315、RA-515、RA-715、RA-915	长沙矿冶研究院以化工副产品为原料研制的系列阴离子型铁矿石反浮选捕收剂	[35, 52, 53]
LKY	鞍钢矿业公司研发的阴离子型铁矿石反浮选捕收剂	[54]
MZ-21	马鞍山研究院开发的阴离子型铁矿石反浮选捕收剂	[55]
KS-Ⅰ、KS-Ⅱ、KS-Ⅲ	一种阴离子螯合型捕收剂，其在东鞍山（KS-Ⅰ、KS-Ⅲ）、齐大山（KS-Ⅱ）和鞍千（KS-Ⅵ）铁矿选厂均有成功的应用	[36-38]
TD-Ⅱ、TD-Ⅴ	应用于东鞍山烧结厂的赤铁矿反浮选捕收剂	[40, 56]
CY 系列	长沙矿冶研究院研发的铁矿石反浮选捕收剂，在太钢袁家村铁矿厂和尖山铁矿厂、鞍山关宝山铁矿、山东华联矿冶铁矿、安徽李楼镜铁矿等选厂应用中表现出良好的温度适应性和较强的选择性	[41, 42]
DMP、DTX、DX 等 D 系列	东北大学研发的铁矿石低温反浮选捕收剂，对齐大山选矿厂、东鞍山烧结厂、司家营研山铁矿选矿厂的混合磁选精矿进行了反浮选试验，得到了较好的分选指标	[30, 47-51]

（二）胺及其改性类（$R-NH_2$）捕收剂

胺类捕收剂品种繁多，从结构上可归纳为伯胺、仲胺、叔胺、季胺、醚胺等多种胺类化合物。铁矿石浮选中使用的胺类捕收剂其碳原子数在 8~20 之间，在水中溶解度很小或几乎不溶，通常将醋酸或者盐酸与胺等摩尔比混合均匀，再用水稀释至适当的浓度制成溶液。

国内对阳离子捕收剂的研究还远远不够，目前铁矿石反浮选使用的胺类捕收剂主要有脂肪胺和醚胺系列等。

1. 十二胺

十二胺是阳离子反浮选工艺中常采用也是效果较好的捕收剂，其分子式为 $C_{12}H_{25}NH_2$，是一种一元胺，白色或近似白色结晶固体，熔点为 28.3 ℃，沸点为 259.1 ℃，比重为 0.8015，能与乙醇、乙醚、苯、氯仿、四氯化碳混溶，微溶于水，有腐蚀性，受热分解放出有毒的氧化氮烟气，与盐酸生成盐酸十二胺，呈中性。

在多数浮选情况下，十二胺主要以解离后带有疏水基的阳离子 RNH+起主要作用，因而被称为阳离子捕收剂。十二胺在水中溶解度很小，实践中常将其溶于盐酸或醋酸水溶液中，生成盐酸盐或醋酸盐使用。

石人沟铁矿以其铁精矿粉为原料，用十二胺为捕收剂进行了磨矿—反浮选、分级—反浮选等试验，并按磨矿—反浮选方案建成了生产超级铁精矿的选矿厂，获得了精矿产率68.2%、TFe品位72.20%、回收率72%、有害杂质SiO_2含量小于0.4%的指标。

2. 醚胺及醚多胺

用作捕收剂的醚胺类药剂，具体品种不少，都可以看作是胺的衍生物，其结构式为$R\text{-}O\text{-}(CH_2)_3\text{-}NH_2$。醚胺中的烃基是直链或支链的，含有8～14个碳原子。工业所使用的醚胺，分子量随烃基R的大小而变化。

醚胺具有与脂肪烷胺类同等的浮选分选性能和捕收性能，可反浮选赤铁矿和磷灰石中的石英，浮选氧化锌等。烃链较长的脂肪胺在常温下都是固体，在水中难溶，造成其在浮选过程中不能充分分散以发挥最大的捕收性能。在胺的烷基上引入一个醚基可以显著降低熔点，提高溶解度，固体胺变为液体的醚胺，醚胺在矿浆中易于分散，浮选效果好，具有浮选速度快、选择性好、泡沫量适中、泡沫脆性好、易于消泡、有利于泡沫再选，以及泡沫产品的输送、脱水等较易处理等优点。

醚胺作为阳离子捕收剂，很早就有人研究过，而应用于浮选生产则是在20世纪60年代末。国内在2003年以后，亦将醚胺广泛应用于铁矿反浮选除硅。北京矿冶研究总院药剂研究室采用脂肪醇和丙烯腈在强碱性催化条件下合成醚腈，醚腈在雷尼镍（RaneyNi）的催化下加氢合成醚胺的合成工艺，先后合成了不同碳链长度的脂肪基醚胺，并进行了$C_{10\sim13}$烷基丙基醚胺工业型扩大试验，其浮选效果良好。

醚多胺的化学式结构通式为：$R\text{-}O\text{-}(CH_2CH_2CH_2NH)_n(CH_2)_3\text{-}NH_2$。其中$n$的数值越大，分子中胺基个数越多，当$n=2$时，即为醚二胺。国内近几年开发的醚多胺捕收剂疏水基R的碳原子个数一般为C_8、C_{10}、C_{11}、C_{12}。醚多胺的合成方法与醚胺的合成方法类似。其中合成醚二胺就是以醚胺为原料，与丙烯腈加成，然后加氢还原所获得的。以此类推可得各种醚多胺产品。

3. 其他类型的胺类捕收剂

中南大学用甲基苯胺树脂（PCA）对细粒石英-赤铁矿泥混合矿进行了研究。结果表明，PCA的浮选效果显著好于十二胺，在中性条件下进行闭路试验，获得了铁精矿品位为61.82%，回收率为73.76%的结果，这也说明PCA是细粒铁矿泥反浮选的有效捕收剂。

刘文刚等人用正溴十二烷与乙二胺作用合成N-十二烷基乙二胺，它是一种螯合表面活性剂，对石英和赤铁矿有很好的捕收作用。用单矿物进行浮选时，石英和赤铁矿的回收率随十二烷基乙二胺的浓度增大而上升，当用量达到100.00g/t时，石英和赤铁矿回收率分别达到95.30%和87.89%；同时研究了矿浆pH值对赤铁矿和石英浮选的影响。试验结果表明，这种捕收剂对石英捕收能力比赤铁矿好，在碱性介质中回收率达到97.87%。红外光谱测定结果表明，十二烷基乙二胺在赤铁矿表面发生化学吸附，在石英与十二烷基乙二胺之间发生氢键吸附和电性吸附。

刘东斌等合成了新型含酯基阳离子表面活性剂$M\text{-}30_2B$。对酒钢选矿厂焙烧—磁选后的精矿进行浮选试验，可获得精矿铁品位 60.24%、回收率 82.19%、选矿效率 31.13%的指标。相较于十二胺，M-30_2B 捕收能力强、耐低温且产生泡沫易被消除。分析表明 M-30_2B 在石英表面的吸附机理主要为物理吸附和氢键作用。

朱晓园等合成了一种新型阳离子捕收剂 MZ-3，并以酒钢公司焙烧—弱磁选铁精矿为原料进行了浮选与消泡试验。1 次粗选后可获得铁品位 57.01%、铁回收率 74.66%的铁精矿，较好地实现了铁硅分离；与捕收剂 M-30_2B、醚胺和十二胺相比，MZ-3 不仅反浮选精矿产品指标好，而且消泡速度快。

（三）石油磺酸盐或者硫酸盐类（R-SO_3Me、R-SO_4Me）捕收剂

石油磺酸盐类捕收剂包括钠盐及钙盐。捕收剂 M_2O_3 也属于这类药剂，其是以合成磺酸钠盐和钙盐为主的磺酸复合盐型捕收剂，是由不同馏分的重质油经磺化等工艺处理的产品。由于不同长度烃链的磺酸盐，在选矿中起着不同作用，故使药剂在浮选过程中能取长补短，产生的协同效应使得浮选药剂的选择及捕收性能都得到提高。

20 世纪 70 年代马鞍山矿山研究院对石油磺酸钠作浮选药剂进行了多年研究，成功地用于齐大山赤铁矿石选矿；采用石油磺酸钠作为正浮选铁矿物的捕收剂，对齐大山红矿强磁选精矿在弱酸性介质中进行了试验室浮选试验和扩大的连续试验。试验采用一次粗选、三次精选的流程，pH 值 6.2~6.5，石油磺酸钠 800~1000 g/t、硫酸 200 g/t，磨矿粒度-0.074 mm 占 90%，得到铁精矿品位 65%、浮选作业铁收率 90%、铁总回收率 82%的指标。

石油磺酸钠的研制成功并应用推动了国内外铁矿石正浮选技术的进步，曾由马鞍山矿山研究院研制成功的石油磺酸钠捕收剂在鞍山齐大山选矿厂推广应用。但是，石油磺酸盐类捕收剂存在用量较大、药剂成本高、酸性废水难处理等不足之处，目前已没有独立用于铁矿石浮选工业中。

四、铁矿石浮选调整剂

在分选极为复杂的混合矿物时，可能要添加各种辅助的浮选药剂，以扩大目的矿物与脉石矿物的浮游差。浮选过程中除浮选捕收剂以外其他浮选药剂，按照其在浮选中的功能性，一般可分为以下几类：（1）用来提高某些矿物表面亲水性、抑制其可浮性的抑制剂，如无机抑制剂水玻璃、六偏磷酸钠，有机抑制剂玉米淀粉、聚丙烯羧酸等。（2）调整矿浆酸碱度的 pH 调整剂，主要包含各种盐酸、硫酸、硝酸、磷酸、醋酸等酸性化合物，用于调节溶液的酸性；氢氧化钠、氢氧化钾、氢氧化钙、碳酸钠、石灰等碱性化合物，用于调节溶液的碱性。（3）用来促进矿物与捕收剂相互作用的活化剂，如 $CaCl_2$ 或者 CaO。此外，铁矿石浮选调整剂还包括分散剂和絮凝剂等。

（一）抑制剂

自 1957 年我国第一个包含浮选流程的选矿厂——东鞍山烧结厂建成后，我国铁矿石浮选药剂研究的序幕也缓缓拉开。此后的一段时间我国铁矿石浮选中应用的铁矿物抑制剂均为淀粉。自 20 世纪 60 年代开始，为了节约粮食这种战略储备资源国内开始了代替淀粉

的铁矿物抑制剂的研究。

在几十年的研究中涌现出了许多铁矿物抑制剂。主要包括：非粮食类天然淀粉，如木薯淀粉等；淀粉衍生物，如糊精、羧甲基淀粉、磷酸酯淀粉等；纤维素衍生物，如羧甲基纤维素、羟乙基纤维素等；天然动植物提取的多糖，如壳聚糖、海藻酸钠；微生物多糖，如可得然胶、普鲁兰多糖等；微生物抑制剂，如 PP 菌、DY-1；木质素衍生物，如木素磺酸盐、氯化木素等；单宁及其粗提物，如落叶松栲胶、橡树栲胶、单宁等；腐植酸（钠）；其他高分子聚合物，如聚丙烯羧酸等。除了上述有机抑制剂外，无机物水玻璃也被用作铁矿物的抑制剂。此外，硫化铁矿物如黄铁矿、磁黄铁矿等抑制剂主要为水玻璃、氟硅酸盐、六偏磷酸钠和石灰等。

铁矿物抑制剂的研究主要集中在有机高分子抑制剂，而无机抑制剂以水玻璃为主，且主要应用于铁矿石脱磷时作为抑制剂使用。

1. 淀粉及其衍生物

（1）淀粉的结构。淀粉是葡萄糖分子聚合而成，其结构通式为 $(C_6H_{10}O_5)_n$。淀粉有直链淀粉和支链淀粉两类。直链淀粉含几百个葡萄糖单元，支链淀粉含几千个葡萄糖单元。在天然淀粉中直链的占 20%~26%，它是可溶性的，其余的则为支链淀粉。

（2）淀粉衍生物。可溶性淀粉：可溶于温水或者热水的淀粉称为可溶性淀粉。阳离子改性淀粉：将淀粉与环氧丙基三甲基季铵盐（盐酸盐）作用，可醚化生成氯化三甲基-羟基丙基铵淀粉是一种阳离子改性淀粉。阴离子改性淀粉：将 NaOH、氯乙酸与淀粉作用，则生成含乙酸基的阴离子变性淀粉。中性改性淀粉：将淀粉与环氧乙烷作用，可得含乙醇基的中性改性淀粉。其他改性淀粉：在淀粉分子中还可以引入其他基团，如磷酸基、磺酸基、氨基等，改性淀粉的抑制性能会有较大的变化。

糊精也是一种改性淀粉，它是淀粉水解的中间产品。将淀粉水解到中间阶段终止即可得到糊精。

（3）淀粉及其衍生物在铁矿石浮选中的应用实例。鞍钢钢铁研究院针对鞍山地区磁铁精矿以粗硫酸盐皂为捕收剂，苛性淀粉为抑制剂，石灰为石英活化剂进行研究，得到了铁精矿品位 69.5%、铁回收率 88.1%的良好指标。

武汉理工大学采用新型阳离子捕收剂 GE-601 捕收石英，以淀粉为磁铁矿抑制剂，进行了磁铁矿与石英的浮选分离试验，最终生产出品位达 69%以上的优质铁精矿，这样能大幅度降低炼铁成本，提高高炉利用系数，从而提高经济效益。

中南大学对比了酶化木薯淀粉、过硫酸钾氧化木薯淀粉、苛化木薯淀粉、苛化玉米淀粉、苛化磷酸酯淀粉、苛化羧甲基淀粉、普通淀粉等淀粉及其衍生物对铁矿物的抑制效果。研究发现几种淀粉及其衍生物对铁的抑制能力从大到小是：苛化玉米淀粉>苛化磷酸酯淀粉>苛化羧甲基淀粉>普通淀粉，但它们对脉石矿物石英抑制效果不明显，石英基本处于悬浮状态，这对铁矿石反浮选脱硅非常有利。

北京科技大学考察了木薯原淀粉、磷酸酯淀粉和羧甲基淀粉作为抑制剂时，淀粉衍生物取代基与取代度对细粒赤铁矿和石英的抑制作用与机理。十二胺捕收剂反浮选试验中，淀粉衍生物取代基的取代度增加，其对赤铁矿和石英的抑制性能均有减弱。低取代度磷酸酯淀粉保持对赤铁矿抑制作用的同时，对石英仅有微弱的抑制作用，表现出优于原淀粉的选择性抑制作用。油酸钠捕收剂反浮选试验中，淀粉衍生物取代基的取代度增加，其对赤铁矿表现出更强的抑制能力，在 $CaCl_2$ 用量过大时对石英产生抑制作用。在适宜的活化剂 $CaCl_2$ 用量条件下，淀粉衍生物作为赤铁矿阴离子反浮选抑制剂，分离效率高于原淀粉。

东北大学系统地研究了各种类型的淀粉对赤铁矿的抑制作用效果，研究表明，对比几种淀粉的抑制效果来看，普通玉米淀粉效果比较平缓，指标也比较好，对于生产应用比较方便调整；磷酸酯化淀粉是一种常见的阴离子改性淀粉，其用量对指标的变化较灵敏，可能原因是其溶解性较好，过量时，自身发生团聚会降低抑制作用，而用量不足同样也不能有效抑制赤铁矿，使用时用量控制应当严格；糊精在较高的用量下可有效凝聚赤铁矿。糯玉米淀粉的抑制效果与普通淀粉相似。复合淀粉对赤铁矿和石英的抑制作用都较强，但精矿品位偏低。

2. 纤维素衍生物

纤维素是由葡萄糖组成的大分子多糖，不溶于水及一般有机溶剂，是植物细胞壁的主要成分。纤维素是自然界中分布最广、含量最多的一种多糖，占植物界碳含量的 50%以上。

纤维素的相对分子质量由几千至几十万不等，其结构是一条螺旋状长链，再由 100~200 条彼此平行的长链通过氢键结合成纤维束。纤维素不溶于水，无法直接用作抑制剂，将其改性可得到水溶性纤维素衍生物，如羟乙基纤维素和羧甲基纤维素等。

（1）羟乙基纤维素。羟乙基纤维素（HEC），化学式（$C_2H_6O_2$）$_n$，是一种白色或淡黄色，无味、无毒的纤维状或粉末状固体，由碱性纤维素和环氧乙烷（或氯乙醇）经醚化反应制备，属非离子型可溶纤维素醚类。

碱纤维素是一种天然高分子，每一个纤维基环上含有 3 个羟基，最活泼羟基反应，生成羟乙基纤维素。

（2）羧甲基纤维素（CMC）属阴离子型纤维素醚类，外观为白色或微黄色絮状纤维粉末或白色粉末，无臭无味，无毒；易溶于冷水或热水，形成具有一定黏度的透明溶液。

（3）纤维素衍生物在铁矿石浮选中的应用实例。1964 年北京矿冶研究总院试制了羟乙基纤维素并命名为“3 号纤维素”。在浮选含钴黄铁矿的钛铁矿磁选尾矿时，使用“3 号纤维素”可显著提高硫精矿品位及回收率。

鞍钢钢铁研究院针对鞍山地区磁铁精矿以氧化石蜡皂为捕收剂，羧甲基纤维素为抑制剂，生石灰为石英活化剂，氢氧化钠为 pH 调整剂，在 pH 值为 11. 5 时得到了铁精矿品位 66. 40%、铁回收率为 88. 89%的优异指标。

中南大学以油酸钠为捕收剂研究了腐植酸钠、羧甲基纤维素和淀粉三种抑制剂为赤铁矿抑制剂时的抑制效果。发现三种抑制剂对赤铁矿的抑制顺序为：腐植酸钠>羧甲基纤维素>淀粉。

3. 天然动植物提取的多糖及微生物多糖

（1）海藻酸钠。海藻酸钠是从褐藻类的海带或马尾藻中提取碘和甘露醇之后的副产物，也叫褐藻酸钠，是一种天然多糖，具有稳定性、溶解性、黏性和安全性等优点，其结构如图 3-22 所示。

海藻酸钠为白色或淡黄色粉末，几乎无臭无味。海藻酸钠溶于水，不溶于乙醇、乙醚、氯仿等有机溶剂。

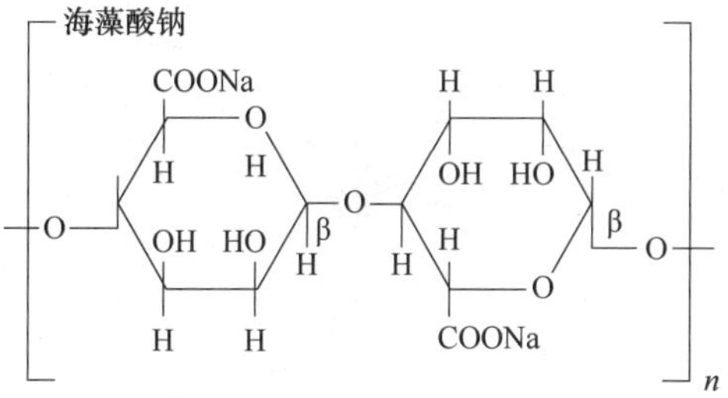

图 3-22　海藻酸钠结构

海藻酸钠含有大量的—COO—，在水溶液中可表现出聚阴离子行为，具有一定的黏附性，可吸附在金属矿物表面。

（2）壳聚糖。在虾蟹等海洋节肢动物的甲壳、昆虫的甲壳、菌类和藻类细胞膜、软体动物的壳和骨骼及高等植物的细胞壁中存在大量甲壳素。甲壳素在自然界分布广泛，储量仅居于纤维素之后，是第二大天然高分子，每年甲壳素生物合成的量约有 100 亿吨，是一种可循环的再生资源，取之不尽、用之不竭。

壳聚糖（chitosan）是甲壳素 N-脱乙酰基的产物，甲壳素（几丁质）、壳聚糖、纤维素三者具有相近的化学结构，纤维素在 C_2 位上是羟基，甲壳素、壳聚糖在 C_2 位上分别被一个乙酰氨基和氨基所代替，甲壳素和壳聚糖具有生物降解性、细胞亲和性和生物效应等许多独特的性质，尤其是含有游离氨基的壳聚糖，是天然多糖中唯一的碱性多糖，其结构如图 3-23 所示。

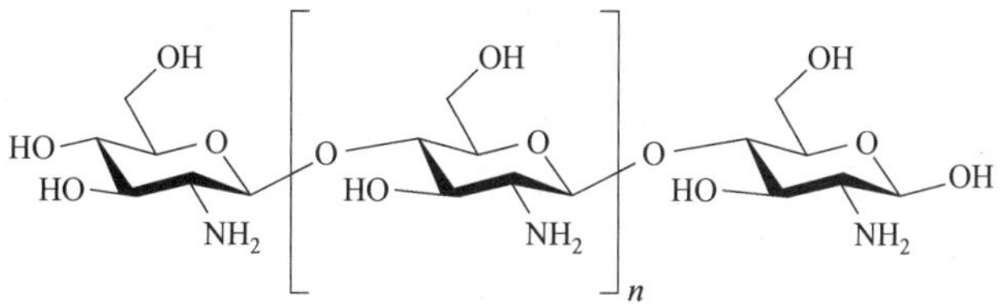

图 3-23　壳聚糖结构

（3）可得然胶。可得然胶是一种微生物多糖。它是由 400~500 个 D-葡萄糖残基通过 β-1,3-D-葡萄糖苷键构成的线性葡聚糖，完全分子式为（$C_6H_{10}O_5$）$_n$。n 通常为 250 以上，其分子量约 44000~100000，无支链结构。中国江苏省食品发酵研究所采用微生物发酵法生产凝结多糖的工艺已基本完成工业性的试验，致力于实际工业化生产的前期准备工作。

可得然胶由于分子内部的相互作用与分子间氢键的结合可形成更为复杂的三级结构。X 射线衍射分析发现，可得然胶具有 β-三股螺旋结构。凝结多糖在加热成高强度胶时，是右手 6 叠 3 股螺旋体，能形成稳定的硬棒结构。凝结多糖不溶于水及许多有机溶剂，但可溶解于碱液、蚁酸、二甲基亚砜，通常易溶于能破坏氢键的物质的水溶液中，其结构如图 3-24 所示。

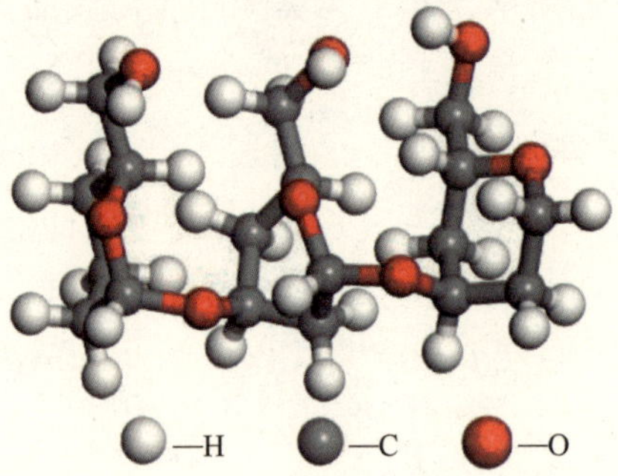

图 3-24 可得然胶结构

（4）普鲁兰多糖。普鲁兰多糖是一种由出芽短梗霉发酵所产生的类似葡聚糖、黄原胶的胞外水溶性黏质多糖，它是 1938 年由 R. Bauer 发现的一种特殊的微生物多糖。由于该多糖独特的结构（图 3-25）和性质，在医药、食品、石油、化工等行业具有广泛的应用前景。因其在自然界可被微生物降解利用，不会引起环境污染，故被誉为无公害塑料。

该多糖有两个重要的特性：结构上富有弹性，溶解度比较大。普鲁兰多糖的成膜性、阻气性、可塑性、黏性均较强，并且具有易溶于水、无毒无害、无色无味等优良特性，已广泛应用于医药、食品、轻工、化工和石油等领域。

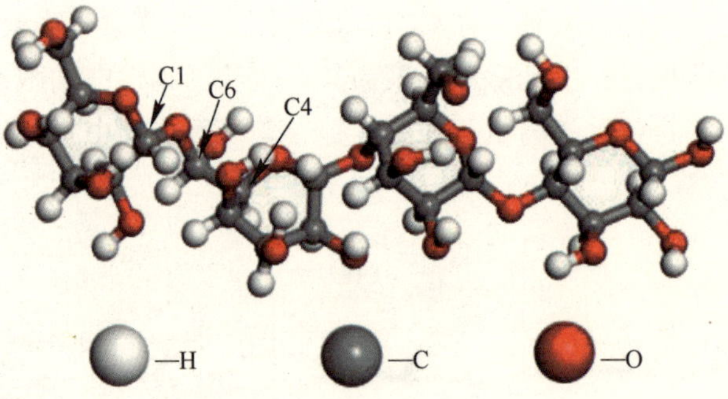

图 3-25 普鲁兰多糖结构

（5）天然动植物提取的多糖及微生物多糖在铁矿石浮选中的应用实例。鞍钢钢铁研究院针对鞍山地区磁铁精矿，以氧化石蜡皂为捕收剂，海藻酸钠为抑制剂，石灰为石英活化剂，氢氧化钠为 pH 值调整剂进行研究。在氧化石蜡皂 300 g/t、海藻酸钠 200 g/t、石灰 400 g/t、氢氧化钠 800 g/t 的条件下，得到铁精矿品位为 66.0%，铁回收率为 81.21%的优异指标。

东北大学考察了壳聚糖对磁铁矿的抑制效果，发现其对磁铁矿的抑制效果明显，可以将铁品位为61.50%的粗精矿选至铁品位为66.54%的铁精矿，并且用量只需要500 g/t，铁的回收率接近90%。

东北大学申请了可得然胶和普鲁兰多糖两种微生物多糖作为铁矿抑制剂的两个专利，其应用实例中两种微生物多糖的抑制效果优于淀粉。针对鞍山地区铁矿石以普鲁兰多糖为抑制剂得到品位为67.10%，回收率为80.24%的铁精矿。

4. 微生物抑制剂

（1）PP菌。PP菌（paenibacillus polymyxa）（多黏芽孢假单胞菌）是革兰氏阳性、嗜中性的、周边具鞭毛的异养细菌，它产在当地的几个矿床中。这种菌可分泌出外多糖、蛋白质和几种有机酸（如醋酸、蚁酸和草酸）。在特殊酶（所谓的蔗糖酶）的作用下蔗糖生物体囊将蔗糖变为果聚糖。在金属吸收过程中细胞外的多糖（ECP）有助于细菌的代谢和生长。研究表明重金属可通过ECP与细胞壁结合。

（2）DY-1。DY-1是以食品厂废弃菌体为主要成分制成的微生物抑制剂。东北大学以食品厂废弃菌体为主要成分制成了微生物抑制剂DY-1并用于赤铁矿反浮选脱硅，结果表明，对单一赤铁矿体系，油酸钠为捕收剂，在pH=9条件下，赤铁矿的上浮率随DY-1用量的增加而下降，直至被完全抑制；对赤铁矿、石英共存体系，在pH=11.88和采用活化剂氯化钙条件下，DY-1对赤铁矿有较好的抑制效果。当DY-1用量为400~500 g/t时，对原矿品位22.8%的鞍山地区铁矿石浮选，可获得精矿铁品位为65.79%，回收率达到86.55%的技术指标。

5. 木质素衍生物

（1）木质素磺酸盐。木质素磺酸钠是一种有机物，化学式为$C_{20}H_{24}Na_2O_{10}S_2$，木质素是自然界中含量仅次于纤维素与甲壳素的天然高分子聚合物，其最广泛的用途之一就是通过磺化改性转化为木质素磺酸盐，其中便包括木质素磺酸钠（sodiumligninsulfonate），图3-26所示为木质素磺酸钠的合成机理。

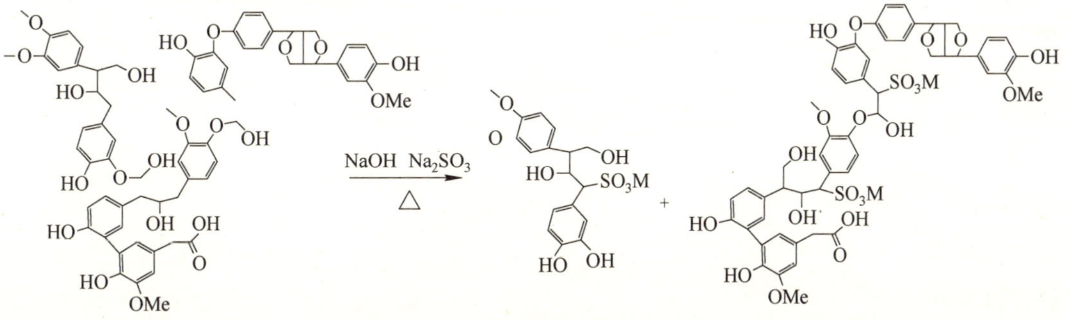

图3-26 木质素磺酸钠的合成机理

（2）氯化木质素和碱木质素。氯化木质素是由木质素经氯化反应在苯环上引入氯元素后的木质素衍生物。木质素受碱的作用，发生一定程度的碱性水解，使其溶解度增加，而被抽提出来，经沉淀分离，得到的木质素称为碱木质素。

（3）木质素衍生物在铁矿石浮选中的应用实例。鞍钢钢铁研究院针对鞍山地区磁铁精矿以氧化石蜡皂为捕收剂，木质素磺酸钠为抑制剂，石灰为石英活化剂，氢氧化钠为 pH 调整剂进行研究。在氧化石蜡皂 300 g/t、木质素磺酸钠 260 g/t、石灰 400 g/t、氢氧化钠 800 g/t 时，得到铁精矿品位为 69.6%，铁回收率为 88.5%的优异指标。

马鞍山矿山研究院以木质素磺酸盐为抑制剂，针对鞍钢某矿石以磁选—反浮选联合工艺，最终得到了总铁精矿品位 65.18%、铁回收率 80.14%的指标。东北大学针对宣龙鲕状赤铁矿经过磁化焙烧—磁选的铁精矿以木质素磺酸钠为抑制剂，在木质素磺酸钠用量 1500 g/t，CaO 用量 4000 g/t，pH = 11.5 时，可得到精矿铁品位 63.57%、作业回收率 87.92%的较好指标。

6. 栲胶及其提取物

（1）单宁，又名鞣酸，是一种有机化合物，化学式为 $C_{76}H_{52}O_{46}$，为黄色或棕黄色粉末，其水溶液与铁盐溶液相遇变蓝黑色，加亚硫酸钠可延缓变色。

（2）栲胶（tanninextract）是由富含单宁的植物原料经水浸提和浓缩等步骤加工制得的化工产品。通常为棕黄色至棕褐色，粉状或块状。主要用于鞣皮，制革业上称为植物鞣剂。此外还用作选矿抑制剂、锅炉水处理剂、钻井泥浆稀释剂和金属表面防蚀剂，凝缩类栲胶也作木工胶黏剂。

（3）单宁及其粗提物在铁矿石浮选中的应用实例。中南大学为解决鞍钢某铁矿使用常规脂肪胺类阳离子反浮选工艺存在的选择性较差、浮选泡沫黏度大，以及矿浆需要加温等实际问题，围绕开发或寻找新型高效阳离子反浮选药剂进行了系统的试验研究。发现落叶松栲胶的添加能增强镜铁矿和磁铁矿表面的亲水程度，可以显著改变两种矿物表面电性，从而实现石英和镜铁矿的反浮选分离。工业试验中，对含 TFe 63.68%的磁选粗精矿，经反浮选和磁选联合工艺，获得 TFe 68.57%、TFe 作业回收率 97.18%的优良指标。

江西理工大学发现添加落叶松栲胶能更有效地实现石英和褐铁矿人工混合矿分离。当人工混合矿 TFe 48.34%、SiO_2 22.74% 时，反浮选精矿含 TFe 59.79%，TFe 回收率 76.61%。实际矿石浮选分离小型试验结果表明，铁精矿品位由原来的 58.45%提高到 59.25%，铁的回收率由原来的 80.30%提高到 83.43%。

中国矿业大学在煤系黄铁矿脱硫中以单宁作为黄铁矿抑制剂得到了较好的指标。

7. 腐植酸（钠）

（1）腐植酸概况。腐植酸是自然界中广泛存在的大分子有机物质，广泛应用于农、林、牧、石油、化工、建材、医药卫生、环保等各个领域。尤其是现在提倡生态农业建设、无公害农业生产、绿色食品、无污染环保等，更使腐植酸备受推崇。

腐植酸是动植物遗骸（主要是植物的遗骸）经过微生物的分解和转化，以及地球化学的一系列过程造成和积累起来的一类有机物质。它的总量大得惊人，数以万亿吨计。土壤所含的腐植酸总量最大，但在其中的含量平均不足 1%，咸淡水中含有的总量也不小，但是浓度更低。最有希望加以开发利用的腐植酸资源，是一些低热值的煤炭，诸如泥炭、褐煤和风化煤。

（2）腐植酸（钠）在铁矿石浮选中的应用实例。冶金部矿冶研究所针对江西铁坑褐铁矿以石灰为活化剂，氢氧化钠为调整剂，粗硫酸盐皂为捕收剂，腐植酸钠为抑制剂通过一粗一精一扫的流程得到了铁精矿品位 52.54%、铁回收率 83.47%的指标。

东北大学以腐植酸钠为抑制剂，发现抑制效果明显，当抑制剂腐植酸钠用量 800 g/t，CaO 用量 1500 g/t，pH=11.5 时，可得到精矿铁品位为 66.91%，回收率为 87.55%的良好指标。

8. 其他高分子聚合物

（1）含有酰胺基的聚丙烯羧酸抑制剂。含有酰胺基的聚丙烯羧酸结构式如图 3-27 所示，它是以聚丙烯酰胺为原料部分水解制备而得。

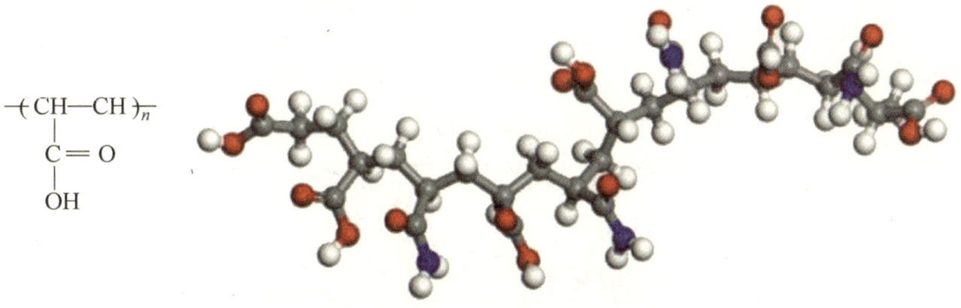

图 3-27　含有酰胺基的聚丙烯羧酸结构式

（2）含有酰胺基聚丙烯羧酸在铁矿石浮选中的应用实例。东北大学将含有酰胺基聚丙烯羧酸用于铁矿石反浮选石英工艺中抑制铁矿物。针对鞍山某铁矿石的浮选给矿，该矿石总铁含量 TFe 为 48.22%，主要含铁矿物为磁铁矿，其次为赤（褐）铁矿，碳酸铁、硫化铁和硅酸铁含量很少，其中主要待回收铁矿物为磁铁矿、赤（褐）铁矿，两者含量为 97.22%。

9. 水玻璃

（1）水玻璃的结构。水玻璃为聚合多硅酸盐，其分子式为 $Na_2O \cdot nSiO_2$ 或者 $K_2O \cdot nSiO_2$，其中 n 为水玻璃模数，是水玻璃中的氧化硅和碱金属氧化物的摩尔比。根据碱金属的种类，水玻璃分为钠水玻璃和钾水玻璃。

一般来说，水玻璃的模数越小，越易溶于水，但抑制能力差；模数越大，溶解度越低，但抑制能力越高。一般浮选工艺中使用的水玻璃模数为 2.4 左右。

（2）水玻璃在铁矿石浮选中的应用实例。北京科技大学试验研究了碳酸钠、水玻璃、捕收剂 KH 和温度对含磷弱磁性铁矿石浮选的影响。在一定的温度条件下，适量的碳酸钠、水玻璃和捕收剂 KH 能够使铁精矿含磷小于 0.2%。在温度 6~8 ℃时，磷灰石反浮选扩大试验结果表明，给矿含铁 45.43%、磷 0.416%，可获得铁精矿铁品位 47.46%、磷品位 0.184%、铁的作业回收率 93.60%。

其他无机抑制剂如六偏磷酸钠也在铁矿石正浮选中被用作脉石抑制剂，例如核工业北京化工冶金研究院针对梅山铁矿尾矿组成复杂、脉石矿物的物理性质与铁矿物相近、分选困难的问题，采用强磁选脱泥，脱泥精矿正浮选的工艺流程，以甲苯胂酸作铁矿物捕收剂，六偏磷酸钠作脉石矿物抑制剂，煤油为辅助捕收剂，通过一粗二精一扫的浮选流程，得到铁品位63.47%的合格铁精矿，回收率为24.04%。

（二）分散剂和絮凝剂

1. 分散剂

对于微细粒铁矿及矿泥含量较大的铁矿浮选，分散剂用于阻止细粒矿物聚集，使矿物保持单体解离状态，有效分散是矿物选择性絮凝的前提。国内外对铁矿石有效分散行为及机理进行了很多研究。铁矿石浮选中主要的分散剂分为无机分散剂和有机分散剂两种。无机分散剂包括磷酸盐、水玻璃等，有机分散剂包括柠檬酸、羧甲基纤维素钠（CMC）、单宁酸、草酸及 NMS-3 等。

（1）无机分散剂。磷酸盐：稳定的五价态的磷酸盐包括正磷酸盐 H_3PO_4、三聚磷酸盐 $H_5P_3O_{10}$、焦磷酸盐 $H_4P_2O_7$ 和偏磷酸盐 HPO_3；不稳定三价态的磷酸盐为亚磷酸盐 H_3PO_3。稳定的五价态的磷酸盐在浮选过程中常可以用作抑制剂、分散剂、活化剂、矿物悬浮液（矿浆）的稳定剂以及某些金属离子的沉淀剂等，如偏磷酸钠的六聚体，六偏磷酸钠 $(NaPO_3)_6$ 是方解石、石灰石的有效抑制剂；磷酸盐的二聚体（焦磷酸钠）是抑制方解石、磷灰石、重晶石的抑制剂。

武汉科技大学探究了六偏磷酸钠、硅酸钠、焦磷酸钠和三聚磷酸钠 4 种分散剂对赤铁矿分散性能的影响，发现在蒸馏水介质自然 pH 值体系中，微细粒赤铁矿的分散性能极差，增大 pH 值可提高赤铁矿的分散率，在 pH≈12 时分散率达最大值 33.21%。在自然 pH 值条件下，4 种分散剂均能使微细粒赤铁矿良好分散，分散率达 32%以上；其中三聚磷酸钠和焦磷酸钠用量为 40 mg/L 时即可达到最佳分散效果（六偏磷酸钠用量 80 mg/L、硅酸钠用量 120 mg/L）。三聚磷酸钠和焦磷酸钠对微细粒赤铁矿分散能力最佳。

河北联合大学以微细粒赤铁矿为研究对象，以六偏磷酸钠、硅酸钠、柠檬酸和多聚磷酸钠作为分散剂，对赤铁矿单矿物进行了沉降试验研究。试验结果表明，赤铁矿的沉降率随矿浆 pH 值增大而降低，pH = 10~10.5 时，沉降率达最低值。在最佳药剂制度下，六偏磷酸钠的分散性能最佳，可使赤铁矿沉降率降低 14.78%，柠檬酸的分散性能最弱，仅使赤铁矿沉降率下降 5.39%。在不考虑药剂消耗的情况下，六偏磷酸钠在 pH = 10.4 时分散性能最优。

水玻璃：水玻璃的性质及结构前文已介绍过，本节主要介绍其应用实例。

长沙矿冶研究院发现东鞍山铁矿石的矿物嵌布粒度细，易泥化的矿物多，如菱铁矿、褐铁矿、绿泥石等，矿泥量较大，因此反浮选前的脱泥必不可少。选择性絮凝脱泥与自然脱泥相比，前者可以得到品位 65%、回收率 83%的铁精矿，而后者的铁精矿品位为 63%，回收率为 75%。选择性絮凝脱泥与磁选脱泥相比，各有优点，考虑到老厂改造的厂房条件和改造资金等实际情况，采用选择性絮凝脱泥。选用 Na_2CO_3 和水玻璃作为脱泥作业的分散剂。最后得到适宜的用量是 Na_2CO 1000 g/t，水玻璃 800 g/t。

东北大学和北京科技大学针对细粒弱磁性铁矿难处理的特点，对 100~400 目的菱铁矿和褐铁矿进行了选择性絮凝—脱泥试验研究。试验中对比了模数分别为 2.2 和 3.1 的水玻璃及六偏磷酸钠三种分散剂的作用效果，最后发现模数 3.1 的水玻璃和六偏磷酸钠更有利于絮凝—脱泥过程。

（2）有机分散剂。柠檬酸（CA），又名枸橼酸，分子式为 $C_6H_8O_7$，是一种重要的有机酸，为无色晶体，无臭，有很强的酸味，易溶于水，是酸度调节剂（GB 2760—2014）和食品添加剂。从结构上讲柠檬酸是一种三羧酸类化合物，并因此而与其他羧酸有相似的物理和化学性质。柠檬酸是一种较强的有机酸，有 3 个 H+可以电离，其结构如图 3-28 所示。

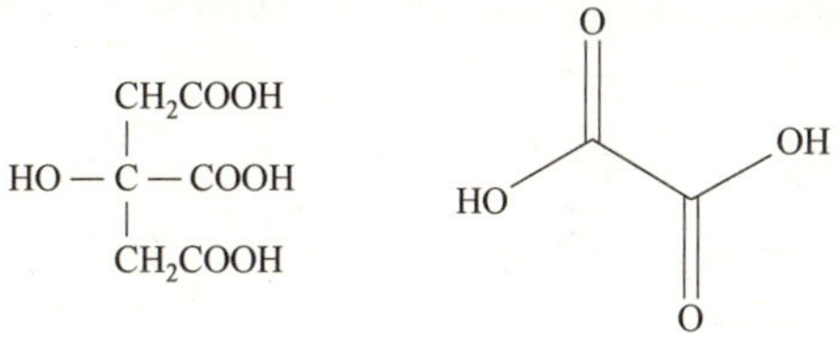

图 3-28　柠檬酸结构

草酸是一种有机物，化学式为 $H_2C_2O_4$，是生物体的一种代谢产物，二元弱酸。草酸是无色的柱状晶体，易溶于水而不溶于乙醚等有机溶剂。草酸根有很强的配合作用，是植物源食品中另一类金属螯合剂。当草酸与一些碱土金属元素结合时，其溶解性大大降低，如草酸钙几乎不溶于水。因此草酸的存在对必需矿物质的生物有效性有很大影响；当草酸与一些过渡性金属元素结合时，由于草酸的配合作用，形成了可溶性的配合物，其溶解性大大增加。

（3）有机分散剂应用实例。东北大学为了探究有机分散剂对含碳酸盐铁矿石浮选行为的影响，以含碳酸盐铁矿石为研究对象，选取了羧甲基纤维素钠（CMC）、单宁酸、草酸及 NMS-3 四种有机分散剂进行了分散—浮选条件实验。结果表明，不加分散剂时，铁精矿品位为 62.89%，回收率为 72.68%；在最佳药剂制度条件下，添加 CMC 和 NMS-3 得到的铁精矿品位较高，分别为 63.36%和 63.87%；添加 CMC 和单宁酸得到的回收率较高，分别为 74.08%和 74.66%。

常见分散剂在铁矿石浮选体系中具有分散效果差、选择性弱等缺点，因此合理选用分散剂对铁矿石后续选别流程具有重要的影响。针对不同的铁矿和不同的分选流程，应选择适宜的分散剂，或针对性开发新型铁矿石浮选分散剂，从而提高分散效果。

2. 絮凝剂

絮凝剂能够中和细粒矿物之间的表面电荷，减弱矿物表面斥力，或通过桥联作用将微细粒矿物絮凝成较大颗粒或团，从而实现固液分离。对于嵌布粒度较细、矿泥含量高的矿石，经破碎和磨矿处理后获得的产品粒度过细，在浮选过程存在夹带严重、浓缩脱水时沉降困难等问题，需向矿浆中加入絮凝剂加速细粒矿物沉降，减少固液分离时间。絮凝剂主要分为无机絮凝剂和有机絮凝剂。

无机絮凝剂具有用量少、污染小、絮凝速度快及价格低廉等特点，目前研究热点为无机高分子絮凝剂，我国已成功研制出聚合硫酸铁、聚合磷酸铝等复合型絮凝剂，广泛用于污水处理、选煤厂、选矿厂等领域，但铁矿石浮选处理中应用较少。

近年来，有机高分子絮凝剂在铁矿石絮凝浮选中应用广泛，具有用量少、污染小、絮凝速度快等特点，常用的絮凝剂有淀粉、聚丙烯酰胺、腐植酸钠壳聚糖等。而这些高分子有机絮凝剂在抑制剂章节都有过介绍，因此本节只介绍絮凝剂的应用。

长沙矿冶研究院以水玻璃为分散剂，苛化淀粉为絮凝剂，采用选择性絮凝脱泥—阳离子反浮选工艺流程对某细粒铁矿石进行了试验研究。结果表明采用选择性絮凝脱泥—阳离子反浮选流程闭路试验可获得铁精矿品位为65.50%，回收率为83.09%的较好指标。依据实验室试验参数在年处理量15万吨的小型选矿厂进行了工业生产调试。采用多段脱泥可以解决矿泥对浮选的影响。现场获得铁精矿品位64.77%、回收率78.65%的工业指标。

冶金部矿冶研究所应用腐植酸钠作为絮凝剂，通过两次磨矿、两次絮凝、一次清洗的选择性絮凝选矿流程，就能获得品位58.6%、回收率80%的铁精矿。充分地显示了用腐植酸钠作为絮凝剂进行选择性絮凝选矿的优越性。

（三）其他调整剂

1. 活化剂

活化剂主要在矿物表面生成薄膜或吸附在矿物表面，增强矿物与捕收剂的作用，改善矿物的可浮性。活化剂通常应用于铁矿石阴离子捕收剂反浮选体系中，石英及硅酸盐类矿物在脂肪酸、硫磺等阴离子捕收剂下回收率较低，此时添加活化剂，吸附在石英及硅酸盐类矿物表面，可增强脉石矿物与捕收剂作用，提高其回收率。

目前铁矿石反浮选中应用的活化剂主要为石灰和氯化钙，其有效成分均是Ca^{2+}。目前国内外最常见的铁矿石浮选有效活化剂是金属盐，由于成本限制，石灰应用范围最广，Ca^{2+}在碱性条件下水解生成$Ca(OH)^{+}$，吸附在石英表面，促进石英与阴离子捕收剂的作用，从而达到选择性浮选石英的效果。但对于硅酸盐类矿物，特别是含铁硅酸盐类矿物阴离子反浮选活化剂的研究与开发较少，目前主要也是采用Ca^{2+}活化。

2. pH调整剂

调整矿浆酸碱度的药剂统称为pH调整剂，其作用在于将矿浆调整到一个适合分选的pH值。主要分为酸性调整剂和碱性调整剂。

盐酸是较为常用的酸性调整剂，除此之外还有硫酸、硝酸和磷酸等。石灰是应用最广的碱性调整剂，但铁矿石反浮选中最常用的碱性调整剂为氢氧化钠。除此之外碳酸钠也是一种重要的碱性调整剂。脂肪酸类捕收剂在碳酸钠调整的稳定的酸碱度内最为有效。

当选别细粒级铁矿或矿泥含量较大的铁矿时，用碳酸钠作为pH调整剂，其还可以起到分散剂的效果。

第三节 尾矿处置技术

新中国成立以来我国尾矿处置技术随着经济建设的发展和科学技术的进步逐步向前推进，从最初的一边倒学习苏联技术到博采众长学习发达国家尾矿堆存技术，再根据我国经济发展、地理状况特点形成了一整套尾矿处置方法、技术规范。近十年来，我国将成熟的尾矿堆置技术、治理方法应用到欧洲的塞尔维亚、苏联的中亚、非洲、澳洲和南美洲。自1953年至今，尾矿堆置技术的发展大致分为初期发展、中期快速发展和现阶段稳步发展三个阶段，划分的依据主要按照尾矿设施技术规范、规程的发布时间。

（1）初期发展阶段（1953—1989年）。我国自1952年成立重工业部后，积极开发我国矿产资源，开始进行尾矿库建设。1956年冶金工业部成立后，由冶金工业部主导，地方冶金局分管冶金矿山建设。计划经济阶段矿山、尾矿库均属国有资产，按照计划经济运行。这阶段我国尾矿处置技术基本上参照苏联相关技术规范进行。由于尾矿库建设、管理涉及众多专业，尾矿坝的安全稳定、排洪系统的安全可靠性需要专业技术人员把控，特别是20世纪60年代初云南、江西等地发生多起尾矿库溃坝事故，所以冶金工业部在60年代招收了水利院校毕业生，充实到研究、设计单位，如清华大学水利专业代表人物田文旗、陈守仁等，河海大学（原华东水利学院）代表人物：黄焕中、崔玉云等。

我国第一代尾矿科技工作者为我国尾矿技术的发展起到奠基作用，为国家工业化发展起了重要作用。当时尾矿库的设计沿用苏联技术规范、借鉴水库建设方法的色彩较重。在筑坝方面，例如在大吉山、凡口尾矿库上应用的均质土坝，采用的上游坡比缓于下游坡比，存在严重借用水利建设方法的痕迹。20世纪70年代初，尾矿设计技术人员在铜陵凤凰山林冲尾矿库，首次采用透水堆石坝作为初期坝，排渗效果良好，变形、沉降可控。透水堆石坝模式在现在尾矿库的建设中一般作为首选。鉴于当时工业水平的限制，尾矿库的反滤层和防渗层均采用复合土、石材料建设。70年代初太钢峨口尾矿库及70年代中后期金堆城栗西尾矿库采用定向爆破筑坝方式，成功解决了一次性构筑大方量尾矿坝问题。科技工作者总结了定向爆破适用条件、爆破参数计算方法和设计方法，为科技发展积累了宝贵财富。

排水井是最常用的进水构筑物。20世纪60年代大部分采用窗口式、井圈叠装式和砌块式等形式。窗口式排水井整体性好、堵孔简单；但进水量小，未能充分发挥井筒的作用，早期应用较多。井圈叠装式和砌块式等形式排水井分别用预制拱板和预制层加高。井筒的进水砌块逐层加高，虽然能充分发挥井筒的进水作用，但加高操作要求位置准确性较高，由于整体性差，应用不多。60年代后期，普遍使用框架式排水井，框架式排水井由现浇梁柱构成框架，用预制薄拱板逐层加高，结构合理，进水量大，操作也比较简便。

1982年冶金工业部发布《冶金矿山尾矿设施管理规程》，为我国尾矿库第一部技术性规程，该规程由冶金工业部建筑研究总院编写。

1983年4月1日，国务院发布的《批转国家经委关于成立中国有色金属工业总公司报告的通知》指出，中国有色金属工业总公司要真正成为一个名副其实的产销结合、工贸一体的经济实体；原则上同意收纳一部分企业，使总公司对企业的人、财、物、产、供、销实行集中领导，统一经营管理。中国有色金属工业总公司成立后，提出“优先发展铝，积极发展铅锌，创造条件发展铜，根据市场需求发展其他有色金属”的方针，极大地促进了中国有色金属工业的发展。后又成立中国黄金管理局，几经拆并后成为中国黄金集团。从尾矿库的科研、设计角度来说，由于1982年开始冶金、有色和黄金系统的尾矿设施上级主管部门不同，导致其研究、设计存在条块分割现象，并对后期造成影响。

在此阶段由于乡镇企业的崛起，矿山开发明显加快步伐，尾矿库的数量明显增多，相关技术的研发及成果也相继涌现。

随着改革开放的深入进行，我国尾矿科技工作者已经不局限于单一参考苏联技术，并向发达国家如美国、加拿大、澳大利亚、意大利、荷兰及南非等国家考察学习，并将科学、适用的技术应用到尾矿堆存实践上来。据不完全统计，在此阶段申请专利数28项，其中发明专利15项、实用新型13项。发表论文268篇。

本阶段发明主要涉及设备、选矿方法、尾矿综合利用，具有代表性的有昆明有色冶金设计研究院发明的实用新型“潜式水采机”（CN87215341，1988-07-13），其是一种既可用于水下开采砂矿、尾矿，也可用于水库排淤的设备。科技论文方面主要介绍或翻译国外经验，也有尾矿堆存、排洪和安全技术。

（2）中期发展阶段（1990—2012年）。本阶段是我国尾矿库快速发展阶段。本阶段的标志是1990年中华人民共和国建设部《关于发布行业标准〈选矿厂尾矿设施设计规范〉的通知》（(90) 建标字第695号），根据原国家计委计标发〔1986〕28号文的通知，中国有色金属工业总公司北京有色冶金设计研究总院主编的《选矿厂尾矿设施规范》已经有关部门会审，批准为行业标准，编号为ZBJ 1—90，自1991年7月1日起施行。

1995年中国有色金属工业总公司发布关于《尾矿设施施工及验收规程》（中色投字〔1995〕0641号）的通知，由北京有色冶金设计研究总院主编的《尾矿设施施工及验收规程》（YS 5418—95）作为强制性行业标准，自1996年4月1日起施行。

为加强对尾矿库闭库的安全监督管理，根据国家有关法律法规，国家安全生产监督管理局组织制定了《尾矿库闭库安全监督管理规定》（安全监督一字〔2003〕112号）。

在中期快速发展阶段，开始15年科技论文和专利发展速度较慢，2005年以后发展速率明显加快。此阶段授权专利数2188项，其中发明专利1627项、实用新型557项、外观设计4项。

1990—2012年，据万方数据查阅国内尾矿方面论文共有12168篇，其中期刊论文8839篇，会议论文2152篇，学位论文共1177篇。在此期间科技报告共有66篇，其中国家科技支撑计划32项，国家高技术研究发展计划20项，国家重点基础研究发展计划5项，国家国际科技合作专项2项，国家科技重大专项1项，国家重大科学研究计划1项。

（3）稳步发展阶段（2013—2024年）。本阶段的标志是2013年6月中华人民共和国住房和城乡建设关于发布国家标准《尾矿设施设计规范》（GB 850863—2013）的公告，自2013年12月1日起实施。同年《尾矿设施施工及验收规范》（GB 850864—2013）公告实施。

2020 年 10 月 11 日《尾矿库安全规程》（GB 39496—2020）发布，为强制性标准，该标准规定了尾矿库在建设、生产运行、回采、闭库、安全检查、生产经营单位应急管理、安全评价等方面的安全要求。该标准适用于中华人民共和国境内尾矿库。标准于 2021 年 9 月 1 日实施。

我国现行有关尾矿堆存的技术规范有 16 部，其中强制性规范 5 部、全文强制性规范 1 部，国标推荐规范 2 部，行业标准 2 部，行业推荐标准 5 部，团体标准 2 部。

我国尾矿堆存技术的发展是由一代接一代科技工作者科学钻研、砥砺前行而搭配的。在世界范围内我国的上游式尾矿筑坝技术仍处世界前列。从技术角度，我国尾矿堆存技术精细化程度高于世界平均水平，研究的范围和深度与发达国家相近。根据中国知网数据，从 1952 年至今，可查阅与尾矿堆存及相关技术的科技成果共 528 项。

一、尾矿处置技术

（一）尾矿处置的主要途径

现阶段尾矿处置的主要途径有尾矿地表堆存、尾矿充填、采空区治理、尾矿综合利用等。

1. 尾矿地表堆存

尾矿地表堆存的主要方式是建造尾矿库，尾矿库堆存尾矿的主要途径有尾矿湿排、尾矿干堆等。

尾矿湿排是应用最多的尾矿地表堆存技术，一般由堆存系统、排洪系统、输送系统和回水系统等几部分组成。堆存系统通常由堤坝围截而成，排洪系统是将库中尾矿澄清水排出，回水系统将澄清水和雨水送回选厂再利用。尾矿库可将尾矿水回收利用，有效保护环境，节约水资源。尾矿堆存在尾矿库中，可在将来选矿技术提升后再次利用。

尾矿干堆技术是近年来国内外逐渐兴起的尾矿处理新技术，该技术是将选厂出来的尾矿浆经浓缩、压滤，使尾矿含水率在 20%左右，采用汽车或皮带输送的方式送至堆场，进行推平碾压。目前从经济角度来说，尾矿干堆不如常规尾矿排放方式有优势。现在我国仅北方少雨地区少数矿山实施尾矿干堆，但成本较高。

2. 尾矿充填

充填采矿技术通常包括充填采矿工艺、充填料制备、尾矿输送技术等；结合充填采矿技术研究实践，充填采矿方法主要有上向进路充填采矿法、上向分层充填采矿法、下向分层充填采矿法、分段矿房充填采矿法、阶段矿房充填采矿法等。

充填采矿是尾矿处置的重要途径之一，不仅可以解决尾矿排放问题，减轻企业的经济负担，还具有良好的社会和经济效益。实践证明，利用尾矿充填，无论是从经济上还是技术上的角度来说都是可行的，既可以解决矿山充填骨料来源，又能够解决或部分解决尾矿的排放问题，是解决尾矿处置的最佳途径之一。

3. 采空区治理

我国已成为世界金属矿产资源开采与利用大国，金属矿产资源的开发利用成为我国社会经济发展的重要支柱。据统计，金属矿山采选业生产总值约占全国 GDP 总值的 3.7%以上。近年来，我国矿业处在一个高速发展期，矿产资源的需求急剧增加，矿山开采的规模显著扩大，由此产生的后果是采空区规模在不断增加。地下开采留下了大量的采空区，成为影响矿山安全生产的最主要的危害源之一。由于国内众多采用空场法开采的矿山存在大量的采空区没有处理，导致矿山开采条件恶化，造成矿柱变形破坏、相邻作业区采场和巷道维护困难等地压现象；同时引发大面积顶板冒落和岩层移动，引起地表塌陷；采空区突然垮塌的高速气浪和冲击波造成人员伤亡和设备破坏；采空区老窿的积水，存在突水隐患等，给矿山生产和安全带来严重威胁。

对于存在老采空区的矿山，利用井下老采空区排放尾矿是一种处置尾矿行之有效的途径。尾矿井下排放既能消除井下采空区的安全隐患，又能减少尾矿库建设、经营、灾害治理等费用，减少地表耕地征用，改善矿山生产和生活环境，具有显著的经济效益和社会效益。事实上利用井下老采空区来排放尾矿在国内的矿山已经得到了应用。如山东金岭铁矿、南京铅锌银矿、河北西石门铁矿、铜陵冬瓜山铜矿等矿山已经利用采空区排放尾矿，且取得了令人满意的效果。

4. 尾矿综合利用

尾矿的综合开发利用是矿山可持续发展和从根本上治理矿山环境的重要途径。尾矿的综合开发利用主要有三个方面，其中包括尾矿的综合利用、尾矿的无害化处置与利用、尾矿库的闭库复垦。

（1）尾矿的综合利用：从尾矿中回收有价组分，尽管有着重要的经济效益和一定的社会和环境效益，但尾矿的数量并不能有较多的减少，仍不能从根本上解决尾矿压占土地、破坏和影响环境的问题。为此，加强尾矿整体利用的研究开发工作很有必要。而且尾矿作为一种建材、陶瓷、玻璃工业的复合矿物原料，在应用中已取得初步成效，前景广阔。

（2）尾矿的无害化处置与利用：对于无较大经济价值的尾矿或二次回收后的最终尾矿，既可用作填坑铺路，也可对尾矿库复垦造田、绿化造林、建成生态公园等。

（3）尾矿库的闭库复垦：尾矿库复垦是解决尾矿库表面沙化的重要措施。尾矿库复垦不仅可以防止扬沙，而且美化环境，减少污染，兼具经济效益、社会效益和环境效益。尾矿库闭库复垦在尾矿库生态环境治理方面也起着重要的作用，闭库复垦以安全、稳定、可持续利用和生态恢复为目标，通过复垦生态效应评价技术，经工程复垦、生物复垦和监测、管理、修复三个阶段，实现闭库复垦，彻底消除危险源，使其变成农田、林地、草场等，恢复土地的使用价值和环境生态。

（二）尾矿湿排堆置技术

尾矿库湿式堆存的筑坝方式主要分上游法、中线法、下游法和一次性筑坝等几类。上游法筑坝在我国应用最为广泛，在地震烈度较高的地区，多采用中线法或下游法筑坝，一次性筑坝是整个坝体采用当地土石材料筑成，此类坝型可一次性或分期堆筑。

1. 上游法尾矿筑坝

上游法尾矿坝是指在初期坝上游方向充填堆积尾矿的筑坝方式。由初期坝（又称基础坝）和后期坝（又称尾矿子坝）组成（图 3-29）。

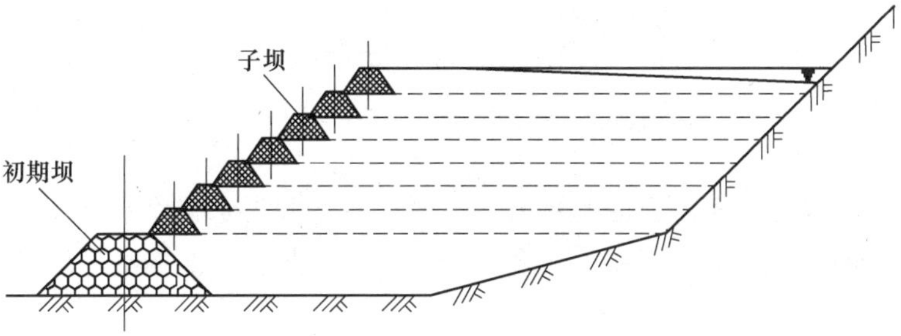

图 3-29 上游法尾矿堆积坝工艺

上游法建尾矿库是我国目前普遍采用的方法，据统计，我国有色金属矿山的尾矿库有85%左右是采用该方法筑坝，该方法筑坝工艺比较简单，一般在沉积干滩面上，采用人工或机械在坝前取尾矿或其他材料筑子坝，将放矿支管分散放置在子坝上进行分散放矿，待库内充填尾矿与子坝坝面平齐时，再在新形成的尾矿干滩面上，按设计堆坝外坡向内移一定距离再堆筑子坝；同时，又将放矿管移至新的子坝上继续放矿，如此循环，一层一层往上堆筑（图 3-29）。遇见尾矿粒度较细时，可采用水力旋流器进行分级堆坝，或用池填法、渠槽法等方法筑坝。

上游法尾矿堆积坝的稳定性，取决于尾矿沉积体的强度及地下水浸润线的埋藏深度。干滩面坡度由矿浆流量、浓度、尾矿粒度、库内水位等诸多因素决定。坡度与距离的关系一般呈指数分布规律。矿浆流量大、浓度低，尾矿粒度粗，库内水位低（干滩面长），则干滩面坡度就陡，反之干滩面坡度就缓。

上游法尾矿库的选址适用于狭长沟谷地段，需要保证调洪干滩足够长，从而确保尾矿库的安全。上游法尾矿库的地下水浸润线容易偏高，故而适用于地震烈度相对较低地区。

2. 中线法尾矿筑坝

中线法筑坝是在初期坝轴线位置上用旋流粗砂冲积尾矿的筑坝工艺。中线法筑坝时保持坝轴线位置不变，在坝轴线处用旋流器分级（图 3-30）。

中线法筑坝是在初期坝轴线处用旋流分级粗砂冲积尾矿的筑坝方式。其技术要点是在选择固定的坝轴线上，进行垂直升高尾矿分级筑坝，利用水力旋流器进行尾矿分级，溢流部分（细粒尾矿）排向初期坝上游方向沉积，底流部分（粗粒尾矿）排向初期坝下游方向沉积形成坝体。这种组合坝型结构合理，各自承担的作用分明，并且可以充分发挥粗粒尾矿和细粒尾矿各自材料的力学性能。分级的细粒尾矿排放到坝轴线的上游沉积，分级的

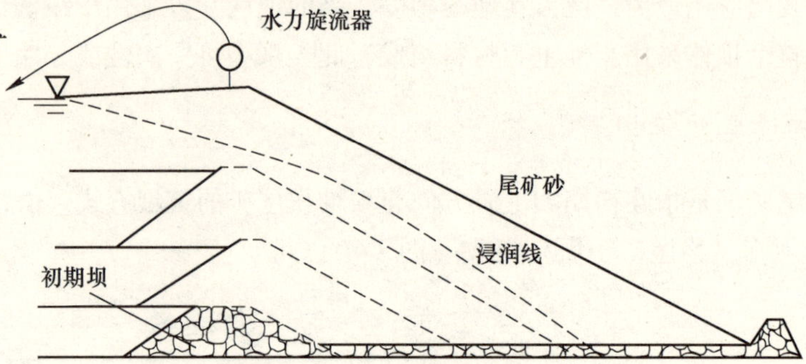

图 3-30 中线法尾矿堆积坝工艺

粗粒尾矿堆积在坝轴线的下游，因此具有坝体浸润线低和力学强度高等特点，且充分利用了尾矿库可利用的空间和分级尾矿的自身的物理力学性质，从而提高了尾矿坝的稳定性。

3. 下游法尾矿筑坝

下游法筑坝是向初期坝下游方向用旋流粗砂冲积尾矿的筑坝方法。下游法筑坝是用水力旋流器将尾矿分级，溢流部分（细粒尾矿）排向初期坝上游方向沉积，底流部分（粗粒尾矿）排向初期坝下游方向沉积形成坝体（图 3-31）。

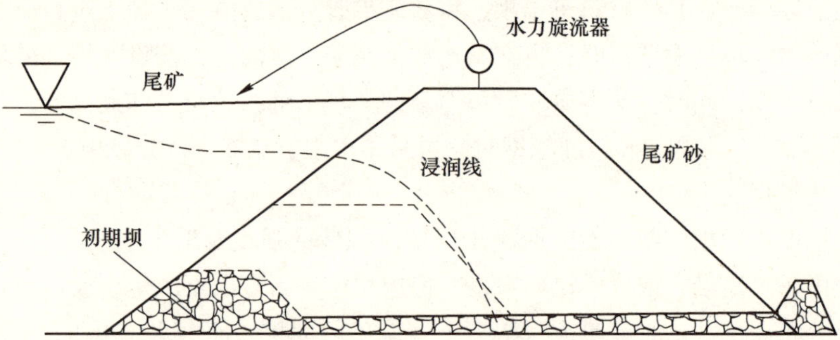

图 3-31 下游法堆积坝工艺

尾矿堆积坝在初期坝下游方向移动和升高，而不是坐落在松软细粒的尾矿沉积物上，基础较好，尾矿排放堆积易于控制。采用水力旋流器分出浓度高的粗粒尾矿堆坝，粗颗粒（$d>0.074$ mm）含量不宜小于 75%，$d\leqslant 0.02$ mm 的不宜大于 10%，否则应进行筑坝试验。坝体可以分层碾压，根据需要设置排渗，渗流控制比较容易，将饱和尾矿区限制在一定的范围。坝体稳定性较好，容易满足抗震和其他要求。

我国目前尾矿粒度大多较细，为了更好地回收资源，采用二段、三段磨矿，很难采用中线法和下游法筑坝。

4. 一次性筑坝技术

一次性筑坝是坝体用土、石材料一次性筑成或分期施工，后期不再用尾矿堆筑子坝。

筑坝材料一般从库内就近取土石或采矿废石筑坝。一次性筑坝采用碾压式土石坝技术，一次性建成或采用分期施工建成，一般采用分层碾压，分层填筑，达到规范压实度以确保工程质量。

施工时应严格控制工程质量，尤其是坝体碾压的分层厚度不能超出设计要求，筑坝材料不合格严禁上坝，碾压密实度须达到设计要求等，必要时在坝体堆筑时应预埋排渗设施。

5. 模袋法筑坝新技术

模袋法尾矿堆坝技术是指采用高强度、透水性土工织物制作大面积连续模袋，并在袋体内充灌尾砂，利用模袋体的透水不透砂及袋体的挤压脱水特性，使尾矿加速固结并形成具备一定强度和稳定成型的模袋尾砂填充体；通过模袋体的连续交错堆叠形成模袋坝体（图 3-32）。

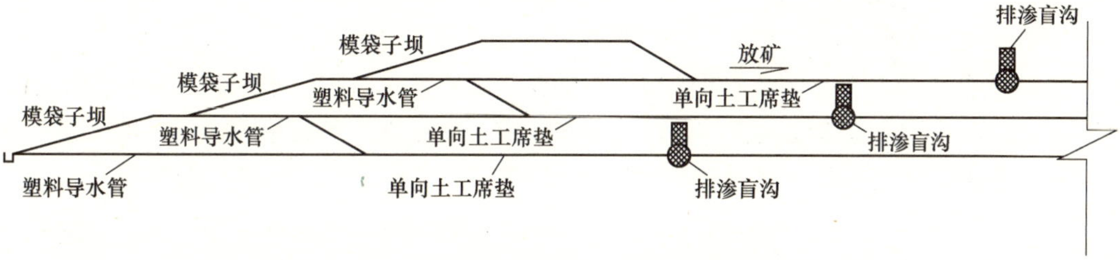

图 3-32　尾矿库模袋法堆坝设计方案示意

目前，模袋法堆坝技术在全泥尾砂等极细颗粒尾矿筑坝中应用较少。后续通过技术改进与提升，在模袋充灌筑坝过程中，同步在袋体内添加脱水药剂、增加模袋内脱水设施等，可有望解决全泥尾矿模袋法堆坝的技术问题。

6. 尾矿膏体堆存技术

20 世纪 90 年代后期，综合湿式排放和干式堆存的优缺点，逐步形成了一种半干式排放方式，即膏体排放。它是将尾矿料浆浓缩至类似“牙膏”的状态，其浓度大于湿式而小于干式，为 65%~75%。膏体排放至尾矿场后，借助阳光、风等自然条件迅速干燥，其浓度也迅速增大。此方法在节约了开支的同时，也保证了堆积体的稳定性。

膏体是一种具有流动特性和一定的屈服应力，并有足够的呈胶体状态水的不离析固液混合体。刘洪均、徐涛等认为，按质量百分数计算，膏体中固体物料小于 20 μm 颗粒占 15%以上，该级别细粒可防止水的渗流，从而可以保持膏体的水分，阻止较大颗粒产生离析，并在膏体泵送过程中起润滑作用。坡度合适的条件下膏体可以自流，膏体也可以通过管道进行压力输送。膏体堆存在学术上，过去认为属于干式排放的一种，鉴于尾矿界统一了干式排放标准，即以含水率作为统一指标，因此，膏体尾矿仍然属于湿式尾矿排放方式的一种。

（三）尾矿干式堆存技术

尾矿干堆是近年来国内外逐渐兴起的尾矿处理技术，与全尾充填采空区技术、尾矿加工建材制品等尾矿整体利用技术并称为国内大中型矿山尾矿处理和利用的三大主要途径。尾矿干堆有利于提高尾矿的回水利用率，减少尾矿坝溃坝等安全事故的发生，还可以开发原来不具备建设尾矿库条件的矿山，具有一定的应用前景。

但尾矿干堆较常规尾矿排放方式运行成本高，施工工艺复杂，管理难度大，适用范围有限，尤其南方多雨地区，无胶结时易产生过饱和，另外易产生粉尘污染。

根据矿山实践，微细粒尾矿的过滤一般宜选择深锥浓缩、压滤机或带式过滤机。尾矿经浓缩、压滤后滤饼水分满足干排要求；也有部分矿山采用陶瓷过滤机。具体采用什么样的设备以及什么样型号的设备能够既达到干排要求，又节约成本，还需根据每个矿山的尾矿情况进一步做试验方能确定。

综上所述，一般采用一段高压浓缩一段过滤，且使最终滤饼水分满足干排要求，无黏性、少黏性尾矿含水率不应大于22%，黏性尾矿含水率不应大于塑限。

尾矿干堆有尾矿压滤干堆、尾矿与废石混合干堆、土工织物滤水袋装堆存和胶结固化尾矿堆存等形式。南方多雨地区宜采用土工织物滤水袋装堆存和胶结固化尾矿堆存。

胶结固化尾矿堆存是在尾矿浆中加入尾矿固化剂，固化剂与尾矿结合发生化学反应（类似水泥与砂石水化反应）形成混凝土。尾矿固结剂是通过系统的化学反应，充分利用细粒矿物表面吸附的碱金属、碱土金属与某些外加成分发生化学反应，生成大量化学惰性大、非溶性的胶体结石成分、结石结晶水化物的结石材料。应用时可通过黏土固结剂配比试验达到最优化的固化效果，以满足各种工程目的；其反应后的强度与尾矿固结剂加入量成正比。胶结固化后的尾矿可直接堆入干堆场而无须筑坝。但胶结固化尾矿堆存技术成本非常高。

二、尾矿充填采空区技术

尾矿充填采空区技术分为分级尾矿充填采空区和全尾矿充填采空区两大类。

（1）分级尾矿充填采空区技术。分级尾矿胶结充填是将尾矿按不同粒径范围进行分级，对不同粒径范围的尾矿进行分类充填。充填时为保证充入采场后具有一定的脱水或渗透性能，充填前需利用分级脱泥工艺除去部分细粒级。不同矿山的分级尾矿，其粒级组成各不相同。

分级尾矿充填系统分为地表充填料制备系统和井下充填管路系统两大部分，而地表充填料制备系统是充填系统的主体部分。分级尾矿充填采空区分为胶结充填采空区和分级尾矿充填采空区两种形式，而胶结充填采空区的关键技术包括分级尾矿胶结充填工艺和地表充填站工艺。

（2）全尾矿充填采空区技术。全尾矿充填目前已经成为国内主要使用的充填工艺之一，全尾矿胶结充填主要用于“二步骤”回采中的矿柱充填，全尾矿充填主要用于矿房充填。

全尾矿充填的关键技术包括全尾矿胶结充填工艺和地表充填站工艺。全尾矿胶结充填工艺采用立式砂仓或卧式砂仓制备全尾矿高浓度充填材料，通过立式砂仓或卧式砂仓和控压助流风水造浆技术，将极细粒级的全尾矿直接制备成高浓度砂浆，按一定配比加入水泥和其他辅料，经搅拌槽充分搅拌混合并调节浓度后，高浓度全尾矿浆或胶结全尾矿浆自流输送到采空区，从而有效控制回采区域地压，实现矿山安全高效开采。

三、露天采坑尾矿堆存技术

目前，我国大多数大中型露天矿山相继进入末期，采场闭坑后，如何高效地利用采矿坑，使其变废为宝，是矿山急需解决的问题。采坑改建为尾矿库，作为尾矿的堆存场地，是采矿坑综合利用方法之一。

利用露天采矿堆存尾矿，主要关键技术包括采坑在蓄水情况下的边坡安全稳定技术及有防渗要求的采坑底部防渗漏技术，另外还需考虑采坑改建尾矿库后的防排洪及回水等。

四、尾矿库与排土场联合堆排技术

尾矿库与废石场联合使用适用技术是将固化尾矿与采矿废石以一定方式混合排放，既节约建设尾矿库成本，同时充分利用矿山废石的一种技术。一般有如下几种形式：

（1）筑坝式联合排放。采矿排土场作为尾矿库的一部分，即排土场与尾矿坝合而为一，节约筑坝成本；分上游筑坝、下游筑坝、包容筑坝。

（2）包容式筑坝指用三面或四面采用排土场作为围挡坝体，与尾矿库联合排放，对时空衔接要求较高。

（3）干式联合混排。浓密、干化尾矿排放到排土场，使尾矿干式堆存成为排土场的一部分。

（4）湿式联合混排。在排土场中采用围堰或中隔土坝进行湿排尾矿，在排土场中形成小型尾矿沉淀池，一般要对湿排尾矿采用固化技术，使尾矿池成为排土场的一部分。本项技术仍然处于试验阶段，受政策瓶颈的限制较大。

（5）覆盖式联合排放。尾矿库运行至闭库阶段，在尾矿库滩面或周边协同排土覆盖形成整体。

第四节　铁精矿高质利用工艺技术发展

我国铁矿资源储量丰富，但是贫矿多、富矿少、矿物组成复杂、嵌部粒度微细，整体呈现“贫、细、杂”的特点。新中国成立以来，超细磨矿、重选、磁选、浮选、细筛、浸出和联合流程等工艺的应用和改进，使得我国铁精矿品质得到了很大提高，为我国钢铁行业健康稳定发展提供了重要保障。目前，普通铁精矿主要用于生产烧结（球团）矿，作为炼铁原料；超纯铁精矿（铁品位大于71%，SiO_2 品位小于2%）可以作为粉末冶金、磁性材料、超纯铁及洁净钢基料的重要原料。随着国防、交通、石油、汽车等行业发展和技术进步，对钢材的性能要求不断提高，我国对高端钢材产品的需求与日俱增。以超纯铁精矿为原料，进行直接还原炼铁，制备洁净钢，推动我国钢铁材料产品从中低端向中高端迈进，是我国铁精矿高质化利用未来的发展方向。

一、铁精矿高质化利用发展历程

我国铁矿床类型多，赋存条件复杂，矿石类型复杂，硫、磷、SiO_2 等有害组分含量高，多组分共生铁矿石比重大，有用组分嵌布粒度细，造成采选难度大、效率低、产品质量差。20 世纪 70 年代中期，我国磁选铁精矿平均品位为 60%~63%，与当时国际先进水平还有一定差距；1979 年全国重点磁铁矿选矿厂平均铁品位达到 66.5%以上，跨入世界先进行列；1997 年，全国重点铁矿选矿厂先进的生产技术指标达到精矿品位 68.12%的选别指标，已居世界领先水平；2000 以后，我国铁矿行业兴起铁精矿“提质降杂”技改热潮，并收到初步成效。近年来，我国铁矿石精选技术取得了很大发展，部分选矿厂的生产指标已经达到国际领先水平。超细磨矿、磁选、浮选、细筛和浸出等一些技术创新和进步，使得我国铁精矿质量得到大幅度提高，为我国铁精矿高质化利用提供了技术保障。

二、铁精矿的分类和用途

（一）铁精矿的分类

依据原矿类型不同将铁精矿分四类：以磁铁矿为主的铁精矿、以赤铁矿为主的铁精矿、以钒钛磁铁矿为主的铁精矿和以多金属铁矿为主的铁精矿。根据铁精矿全铁含量及其他理化指标含量的不同分级，其结果见表 3-11~表 3-14。

表 3-11 磁铁精矿级别的划分

级别	理化指标（质量分数）/%						
	TFe	SiO_2	S	P	Al_2O_3	水分	粒度 0.075 mm
C68	≥68.0	≤6.5	≤0.08	≤0.05	≤0.6	≤10.0	≥70.0
C67	67.0~<68.0	≤6.5	≤0.10	≤0.05	≤0.6	≤10.0	≥60.0
C66	66.0~<67.0	≤7.0	≤0.15	≤0.07	≤1.0	≤10.0	≥60.0
C65	65.0~<66.0	≤7.5	≤0.15	≤0.10	≤1.0	≤11.0	≥60.0
C63	63.0~<65.0	≤8.0	≤0.20	≤0.10	≤2.0	≤11.0	≥60.0
C60	60.0~<63.0	≤9.0	≤0.50	≤0.10	≤2.0	≤11.0	≥60.0

注：水分指标供参考。

表 3-12 赤铁精矿级别的划分

级别	理化指标（质量分数）/%						
	TFe	SiO_2	S	P	Al_2O_3	水分	粒度 0.075 mm
H67	≥67.0	≤5.0	≤0.05	≤0.05	≤0.8	≤10.0	≥70.0
H66	66.0~<67.0	≤5.0	≤0.08	≤0.05	≤0.8	≤10.0	≥70.0

续表 3-12

级别	理化指标（质量分数）/%						
	TFe	SiO_2	S	P	Al_2O_3	水分	粒度 0.075 mm
H65	65.0~<66.0	≤6.5	≤0.10	≤0.05	≤1.2	≤10.0	≥70.0
H63	63.0~<65.0	≤8.0	≤0.20	≤0.10	≤1.2	≤10.0	≥70.0
H60	60.0~<63.0	≤10.0	≤0.30	≤0.10	≤1.2	≤10.0	≥70.0
H58	58.0~<60.0	≤12.0	≤0.30	≤0.10	≤1.5	≤10.0	≥70.0

注：水分指标供参考。

表 3-13　以钒钛磁铁矿为主铁精矿级别的划分

级别	理化指标（质量分数）/%								
	TFe	SiO_2	Al_2O_3	V_2O_5	TiO_2	P	S	水分	粒度 0.075 mm
P63	≥63.0	≤3.5	≤2.0	≥0.30	≤6.0	≤0.07	≤0.12	≤10.0	≥60.0
P60	60.0~<63.0	≤4.0	≤3.0	≥0.35	≤8.0	≤0.10	≤0.20	≤10.0	≥60.0
P55	55.0~<60.0	≤6.0	≤4.0	≥0.35	≤13.0	≤0.10	≤0.30	≤11.0	≥60.0
P53	53.0~<55.0	≤8.0	≤4.5	≥0.35	≤13.0	≤0.15	≤0.90	≤11.0	≥60.0

注：水分指标供参考。

表 3-14　以多金属铁矿为主铁精矿级别的划分

级别	理化指标（质量分数）/%								
	TFe	SiO_2	P	S	K_2O+Na_2O	F	REO	水分	粒度 0.075 mm
B67	≥67.0	≤4.0	≤0.10	≤0.80	≤0.30	≤0.30	≥0.10	≤12.0	≥80.0
B66	66.0~<67.0	≤4.0	≤0.10	≤0.80	≤0.40	≤0.40	≥0.10	≤12.0	≥80.0
B65	65.0~<66.0	≤4.5	≤0.10	≤1.00	≤0.50	≤0.60	≥0.10	≤12.0	≥80.0
B63	63.0~<65.0	≤5.0	≤0.15	≤1.00	≤0.60	≤0.80	≥0.10	≤12.0	≥80.0
B58	58.0~<63.0	≤7.0	≤0.15	≤1.00	≤0.60	≤0.80	≥0.10	≤12.0	≥80.0

注：水分指标供参考。

铁精矿根据铁品位和用途可以分为三类：第一类是铁品位大于 53%，SiO_2 含量小于 12.0%，其他杂质含量符合铁精矿国家标准，主要用于炼铁，生产烧结球团矿；第二类是铁品位大于 70%，SiO_2 含量小于 0.25%，其他杂质含量小于 2.00%，主要用于生产直接还原铁（DRI）；第三类称为超纯铁精矿，其 TFe 品位高于 71.50%，SiO_2 含量小于 0.25%，其他杂质含量（酸不溶物）小于 0.20%，是粉末冶金、磁性材料的重要原料。

（二）制备烧结球团矿

铁精矿在进入高炉冶炼之前需要进行造块，即需要制备成烧结矿和球团矿。在此过程中，物料的性质会发生改变，如密度、孔隙率、形状、大小和机械强度等变化。此外，物料的化学性质、还原性、膨胀性、还原软化性、熔融性等也会发生变化，改变物料的冶金性能。

（三）制备超级铁精矿

铁精矿除制备为烧结矿和球团矿外，还可以进一步加工为超级铁精矿，用于海绵铁制备、粉末冶金和磁性材料等。超级铁精矿泛指 $w(Fe)\geqslant71\%$、$w(SiO_2)\leqslant2\%$ 的铁精矿。目前国家还没有相关统一标准，因此也常被称为超纯铁精矿、高纯铁精矿、优质铁精矿。超级铁精矿含铁量高、脉石含量低，它既是选矿的深加工产品，又是一种具有发展潜力的新型功能材料。目前超级铁精矿按照铁品位和杂质含量主要分为两类：一类是指铁品位高于70%，二氧化硅含量小于0.25%，其他杂质含量小于2%的铁精矿，主要用于生产直接还原铁（DRI）；另一类是指铁品位高于71.5%，二氧化硅含量小于0.25%，其他杂质（酸不溶物）含量小于0.20%的铁精矿，主要用于粉末冶金、磁性材料等领域。表3-15为不同应用领域对铁精矿粉的质量要求。

表 3-15　不同应用领域的超级铁精矿质量标准

应用领域	Fe_3O_4/%	SiO_2/%	Al_2O_3/%	P/%	Cu、Pb、Zn 等含量
炼钢用直接还原铁	>98.00	<1~2	<0.30	<0.05	微量
永磁磁性材料	>99.50	<0.50	<0.10	<0.03	微量
软磁与特殊磁材	>99.90	<0.03	微量	微量	几乎没有
化工、环保、保鲜	>99.00	<0.50	<0.50	微量	微量
医疗	>99.90	<0.03	<0.03	微量	几乎没有

我国大约在20世纪60年代就用优质铁精矿生产磁性材料。随着对超级铁精矿需求的增大，生产超级铁精矿的厂家不断增加，规模也在不断扩大。生产能力由最初的两三千吨发展到一两万吨。南芬铁矿、保国铁矿、歪头山铁矿等已先后成功在实验室生产出合格的超级铁精矿。但由于超级铁精矿对二氧化硅含量的要求极为苛刻，且波动范围要求严格，国内生产的超级铁精矿，无论产品的质量和数量均不能满足有关行业的要求，需进一步加强对超级铁精矿的研究与开发。

（四）直接还原炼铁

我国从20世纪50年代开始对直接还原技术进行开发研究。多年来，发展直接还原铁的"热潮"持续强劲，钢铁生产形势的变化对我国直接还原铁开发研究的"热情"影响甚小。但因我国高品位铁矿和天然气资源匮乏，直接还原技术开发主要集中在煤基直接还原技术。目前，我国已建成天津钢管、富蕴金山矿业、密云、鲁中、喀左等5个回转窑直接还原厂，新疆、山西、河北、辽宁、吉林、河南、上海、内蒙古、云南、山东等十多个省、区已建成直接还原铁隧道窑数百座。但除天津钢管、富蕴金山矿业的回转窑单机生产能力达到15万吨/年外，其余生产装置单机能力均小于7.5万吨/年。自2007年世界铁矿石价格上升以来，依靠进口球团生产出现亏损，矿山企业生产铁精矿的效益大于DRI生产，造成我国所有回转窑直接还原厂停产。

2008年以来我国DRI的产量全部是隧道窑产品。我国DRI年产量从未超过60万吨，占世界 DRI 年产量不足 1.0%，且产品中约 40%的质量达不到国家标准（BY/T 4700—2007）H90 的标准（TFe<90%，体密度<2.0 g/cm^3），质量不稳定，严重影响了直接还原铁的应用和发展。

（五）制备洁净钢

一般意义上的洁净钢是指钢中五大杂质元素 S、P、H、N、O 含量很低，且对非金属夹杂物（泛指氧化物和硫化物）进行严格控制的钢种。钢中 C、P、S、N、H 等杂质元素的存在会大大影响钢材的性能，随着钢铁产品面临被新型工程材料如铝、塑料、玻璃等取代的巨大压力和挑战，提高钢的洁净度越来越成为钢铁冶金技术研究的重要课题，也可以说提高钢的洁净度已成为每一个钢铁产品的任务。生产洁净钢，一是要提高钢的洁净度，二是严格控制钢中非金属夹杂物的数量和形态。

不同钢种对洁净度的要求和对夹杂物的敏感性不同。表 3-16 是典型钢种的洁净度要求。

表 3-16　典型钢种的洁净度要求

钢种	C	S	N	H	T.O	夹杂物尺寸/μm
汽车板	$<30\times10^{-6}$		$<30\times10^{-6}$		$<30\times10^{-6}$	<100
DI 罐钢	$<30\times10^{-6}$		$<30\times10^{-6}$		$<20\times10^{-6}$	<20
管线钢		$<30\times10^{-6}$	$<35\times10^{-6}$		$<30\times10^{-6}$	<100
滚珠轴承钢					$<10\times10^{-6}$	<15
轮胎帘线钢			$<40\times10^{-6}$	$<2\times10^{-6}$	$<15\times10^{-6}$	<10
厚板钢			$(30\sim40)\times10^{-6}$	$<2\times10^{-6}$	$<20\times10^{-6}$	点簇状夹杂≤200，单个夹杂≤13
线材钢			$<60\times10^{-6}$		$<30\times10^{-6}$	<30

洁净钢生产技术主要包括铁水预处理工艺、转炉少渣冶炼工艺、炉外精炼工艺和连铸工艺。

三、超级铁精矿选别技术现状

（一）磨矿

超级铁精矿制备过程中，铁矿物与脉石矿物解离十分关键，铁矿物的过磨和欠磨都不利于超级铁精矿的制备，欠磨导致脉石和铁矿物连生体增加，过磨一方面导致物料粒度超出磁选和重选设备分选的下限，降低分选效率；另一方面会导致物料的表面积增大，团聚及细颗粒表面罩盖不利于杂质的去除。

宫贵臣等以辽宁某地 TFe 品位 67.48%的商品铁精矿为原料进行了超级铁精矿制备试验。采用搅拌磨替代球磨机作为磨矿设备解决了铁精矿细磨过程中能耗高、磨矿效率低的问题。根据原料性质，采用再磨磁选—反浮选工艺获得了 TFe 品位 72.14%、回收率 52.46%、SiO_2 含量 0.20%的超级铁精矿。李涛等对某铁精矿进行了“磨矿—磁选—反浮选”的选矿试验研究。结果表明，采用立磨机磨矿，在磨矿细度为-0.037 mm 占95%，磁场强度为 62.4 kA/m 下进行磁选，并对磁选精矿在碳酸钠用量为 2000 g/t、高温苛化淀粉用量为 200 g/t、酸化十二胺用量为 120 g/t 条件下进行浮选，最终可获得产率为 49.50%，铁品位为 72.24%，二氧化硅含量为 0.08%，其他杂质微量的高品质超级铁精矿。

（二）浮选

粗精矿中通常含有一定量的杂质，难以采用重选或磁选工艺有效去除。这主要是存在石英脉石和铁矿物的连生体，单靠多次磁选无法把连生体分出去，只有采用阳离子或阴离子反浮选法，利用连生体中石英和浮选药剂作用后石英表面疏水可以黏附在气泡上易于浮选的特点，实现连生体与铁矿物的分选，达到脱硅提高铁精矿质量的目的。根据目前国内实际生产实践情况，采用阳离子反浮选法从磁选精矿中脱硅是提高铁精矿品位的有效方法之一。脱硅浮选用阳离子捕收剂进行反浮选，可不添加铁矿物抑制剂，在中性矿浆或碱性矿浆中浮选。该工艺已先后在国内很多个选矿厂生产应用（表 3-17），并获得良好的生产制备。

表 3-17 阴（阳）离子捕收剂反浮选脱硅选矿厂生产指标

厂名	给矿/%		精矿/%		铁回收率/%	备注	
	TFe	SiO_2	TFe	SiO_2		给矿	工艺
鞍钢弓长岭	65.5	8.31	68.89	3.62	97.58	磁铁矿	阳离子反浮选
鞍钢齐大山	40.50	31.10	67.59	3.85	79.71	磁赤铁矿	阴离子反浮选
太钢尖山	65.92	8.5	69.10	3.8	98.62	磁铁矿	阴离子反浮选
莱钢鲁南	63.00	11.25	67.22	5.65	97.00	磁铁矿	阴离子反浮选
新余良山	61.57	10.61	66.77	4.50	95.18	磁铁矿	阴离子反浮选
酒钢选矿厂	55.50	11~12	62	6.2	92.00	焙烧矿	阳离子反浮选

（三）磁选

对某些磁铁矿来说，采用湿式或干式弱磁场磁选机，或者两者联合使用，就可以获得较高纯度的超级铁精矿。南芬选矿厂曾用筒式弱磁场磁选机处理富矿，用于生产海绵铁。近年来许多单位采用弱磁选在实验室中制得含 TFe71%左右的高质量精矿。本溪钢铁公司钢铁研究所对南芬磁铁矿精矿采用再磨—脱水槽—磁选工艺流程，获得了含 TFe 71.9%，SiO_2 低于 0.6%、P 和 S 含量低于 0.02%的超高纯铁精矿。近几年在本钢南芬、歪头山等十多个选矿厂生产应用良好，结果见表 3-18。

表 3-18 磁选柱提高本钢弱磁选铁精矿质量工业试验结果

指标	给矿品位/%		精矿品位/%		铁回收率/%
	TFe	SiO_2	TFe	SiO_2	
南芬选矿厂	67.5	6.5	69.31	3.3	98.5
歪头山选矿厂	65.94	8.05	69.2	3.98	98

（四）重选

超级铁精矿的品位一般接近铁矿物的理论品位，因此要想获得合格的铁精矿，使入选物料实现充分的单体解离是首要条件，鉴于我国铁矿石大部分嵌布粒度细的事实，细磨与超细磨是制取超级铁精矿的必要步骤。但由于重选法无法有效分选微细粒矿物，采用重选法制备超级铁精矿就成为技术人员面临的挑战。

李会娟、张一敏等人为防止重选矿浆中微细颗粒的相互凝聚，针对金山店磁铁精矿提出了分散—螺旋溜槽法制取超级铁精矿，具体做法是在重选矿浆中加入“S”形分散剂防止微细粒矿物的互凝，再通过螺旋溜槽分选出合格的超级精矿，可获得 TFe>71.5%，SiO_2含量低于 0.5%的产品。紫金矿业石仑雷等人采用摇床重选处理新疆某地的磁铁矿精矿，可获得 TFe 71.58%、SiO_2 含量 0.24%的超级精矿，有效实现了普通铁精矿重选提铁降硅制备超级铁精矿的工艺改造，可更好更有效地利用资源，企业经济效益也实现了成倍增加。邹玄等采用阶段磨矿—磁选—悬振锥面选矿机重选工艺处理河北某地磁铁矿石制备超纯铁精矿。弱磁选铁精矿在给矿浓度为 20%，悬振锥面选矿机分选面转动速度为 1.23 r/min，盘面振动频率为 390 次/min，给矿速度为 0.40 t/h，冲洗水流速为 1.08 m^3/h 的情况下 2 次精选，可获得全铁品位为 71.67%，SiO_2 含量为 0.19%，铁回收率为 84.8%超纯铁精矿。

（五）细筛—磁选柱

磁选所得精矿中，单体脉石比较少见，而以连生体状态存在的脉石比较多，可以认为大量连生体的存在是影响精矿质量的主要因素。因此，通常采用细筛自循环工艺可提高精矿质量，甚至直接得到超级精矿。

磁选柱是一种既能充分分散磁团聚，又能充分利用磁团聚的电磁式低弱磁场高效磁重选矿设备。在鞍山设计研究院采用磁选柱提纯超级铁精矿试验中，通过对磁选柱的上升水流、磁场强度、磁场变换周期和排矿阀大小进行合理控制有效生产出含量 72%以上的超级铁精矿。因此，磁选柱是磁铁矿提纯超级铁精矿的适宜选别设备。磁选柱具有很高的分选精度，可有效抛除磁选精矿中混杂的脉石单体和贫连生体，采用细筛—磁选柱生产超级铁精矿可避免增加磨矿和浮选作业，有效降低生产成本。

（六）浸出

对于矿石结构简单，有用矿物实现充分单体解离的铁精矿，采用磁选抛尾、浮选脱硅工艺可有效去除精矿中的单体脉石和贫连生体。但对于精矿中富连生体含量较高，或矿石中矿物组成复杂且铁矿物难以充分单体解离的物料，采用传统选矿方法难以获得合格的超级铁精矿，此时浸出工艺是一种有效提纯手段。但浸出作业中酸、碱的用量很高，会产生富含酸碱的废液，处理不善会污染环境，同时也对作业设备提出很高的要求。

四、铁精矿应用与展望

针对我国铁精矿品质较差、洁净钢基料匮乏的现状，东北大学把铁精矿深加工和洁净钢基料制备技术作为一项前瞻性、储备性和战略性的课题进行研究，并提出了基于杂质源头控制的“铁精矿深度提质—直接还原—电炉熔炼”超级铁精矿与洁净钢基料短流程绿色制备一体化技术。研究选取我国典型的铁精矿为研究对象，以原料的基本物理化学特性为基础，围绕铁精矿深度提质、高纯铁精矿选择性还原、还原铁粉熔炼过程中的关键科学问题开展研究工作，取得如下主要研究进展。

（一）铁精矿深度提质技术

（1）建立基于工艺矿物学特性的超级铁精矿制备评价体系。选取国内6种典型的普通磁铁精矿为对象，利用光学显微分析技术查明磁铁矿与脉石矿物连生的特征类型、各类连生体的含量、磁铁矿结晶粒度等矿物学基因特性；针对6种铁精矿开展分选试验，确定了获得超纯铁精矿的流程结构、参数及分选技术指标；将普通铁精矿连生体的类型、含量、磁铁矿结晶粒度等矿物学特性与超级铁精矿制备流程及技术指标有机结合进行分析，探明二者之间的内在联系和规律，建立了基于原料矿物学基因特性的超级铁精矿制备评价体系，为超级铁精矿原料的快速、便捷筛选提供了技术支撑。

（2）铁矿物与脉石矿物高效解离技术研究。超级铁精矿制备过程中，铁矿物与脉石矿物解离十分关键。依据矿物颗粒力学响应规律，团队提出采用基于以研磨作用为主的搅拌磨磨矿技术，开展了系统的普通铁精矿搅拌磨磨矿研究。利用 Fluent 软件对搅拌磨机磨腔的单相流流场运动进行仿真模拟，查明了搅拌器转速对磨腔内流场速度、湍流强度、剪切速率分布的影响规律，建立了磨矿动力学方程并明确了动力学参数对磨矿效果的影响规律，最终形成了超级铁精矿窄级别磨矿技术。

（3）新型常温高效脱硅浮选药剂的研制。超级铁精矿制备过程中二氧化硅及其他杂质（酸不溶物）含量控制极为关键。研究发现，仅通过磁选工艺难以获得高质量的超级铁精矿，需要采用浮选方法控制二氧化硅及其他杂质含量。浮选是超级铁精矿制备最为关键的环节，是超级铁精矿产品质量稳定性的可靠保证。从矿物颗粒表面性质和药剂分子作用基团入手，研究药剂分子与矿物表面的作用结合规律，设计新型药剂的分子结构，结合浮选性能对分子结构进行优化，设计合成了系列常温脱硅浮选药剂。

基于 MS 软件模拟探明磁铁矿和石英矿物表面物理化学性质的差异，据此设计合成了系列常温脱硅浮选药剂，完成了相应的纯矿物分选试验研究，优化筛选出一种综合效益最佳的新型捕收剂 DJW-1。该药剂选择性好、捕收能力强、浮选无需加温，为超纯铁精矿的绿色制备提供了药剂保障。

（二）选择性直接还原—低碳熔炼纯铁技术

直接还原炼铁具有产品杂质含量低、绿色环保等优势，是我国钢铁绿色转型的重要途径。因此，东北大学提出采用直接还原技术选择性还原超级铁精矿，获得高质量直接还原铁，之后通过电炉对直接还原铁进行熔炼，得到可作为生产洁净钢的纯铁。

东北大学对试验制备的氧化球团进行了模拟气基竖炉还原条件的还原试验，确定氧化球团在气基竖炉还原条件下的还原特性。在实验室开展选择性直接还原试验，探明了还原温度、还原时间、还原剂种类及用量等条件对还原球团金属化率、铁品位的影响规律，确定适宜的选择性还原工艺参数，获得了 TFe 品位 97.28%、金属化率 97.66%、S 含量 0.0066%、P 含量 0.0014%的球状直接还原铁。以直接还原铁为原料，采用电炉对其进行了熔炼，制备出 TFe 品位不小于99.94%，S 含量不大于0.0068%，P 含量不大于0.0006%的纯铁，该产品其他杂质含量极低，是一种优质的洁净钢基料。图 3-33 为超级铁精矿球团焙烧过程温度与时间的关系。

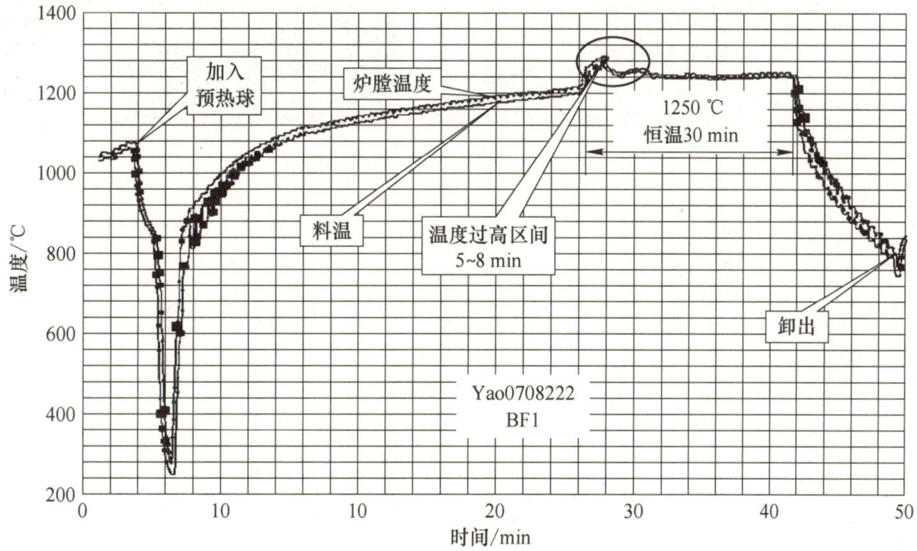

图 3-33 超级铁精矿球团焙烧过程温度与时间的关系

辽宁建平旗盛金属新材料公司建成了 10 万吨/年超级铁精矿生产线和 6 万吨/年的低碳电炉熔炼生产洁净钢基料生产线（图 3-34 和图 3-35）。生产的超级铁精矿 TFe 品位高达 72.22%、SiO_2 含量为 0.20%，酸不溶物含量为 0.18%，纯铁产品 TFe 品位大于 99.92%、P 含量不大于 0.0006%、S 含量不大于 0.0092%、C 含量不大于 0.0020%，达到优质洁净钢基料的标准。

图 3-34 10 万吨/年超级铁精矿绿色制备生产线示范工程

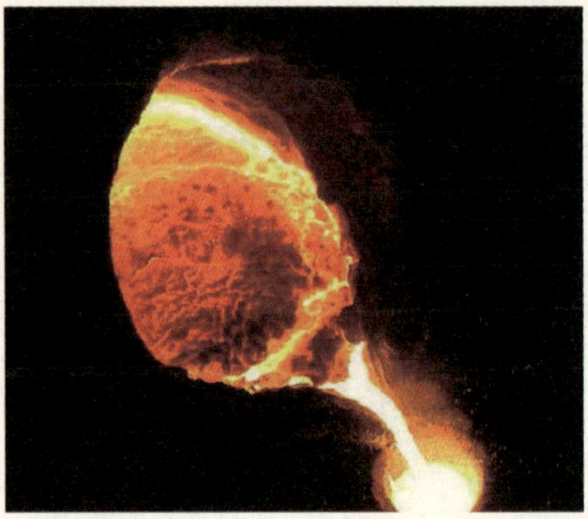

图 3-35 直接还原铁电炉熔炼

超级铁精矿与洁净钢基料短流程绿色制备工业化生产技术实现了我国铁矿石优质优用的目标，填补了国内外低品位磁铁矿至纯铁全流程绿色制备技术空白，解决了我国长期缺少高品位直接还原铁原料的难题，不仅为我国发展钢铁短流程工艺奠定了原料基础，还为我国洁净钢基料生产技术开辟了新途径。

参考文献

[1] 程少逸，高正波，曹建. 我国战略性矿产资源供应安全的挑战与应对 [J]. 矿冶，2022，31 (1)：126-130.

[2] 吴巧生，周娜，成金华. 战略性关键矿产资源供给安全研究综述与展望 [J]. 资源科学，2020，42 (8)：1439-1451.

[3] 韩跃新，孙永升，李艳军，高鹏. 我国铁矿选矿技术最新进展 [J]. 金属矿山，2015 (2)：1-11.

[4] 袁致涛，高太，印万忠，韩跃新. 我国难选铁矿石资源利用的现状及发展方向 [J]. 金属矿山，2007 (1)：1-6.

[5] 宋仁峰，李维兵，刘华艳. 我国铁矿石选矿技术发展特点及展望 [J]. 金属矿山，2009 (1)：1-8.

[6] 罗溪梅，童雄，王云帆. 我国铁矿石选矿技术的新进展 [J]. 矿山机械，2010，38 (7)：85-91.

[7] 余永富. 从炼铁工业发展现状讨论我国铁矿石选矿值得注意的若干问题 [J]. 国外金属矿山，2001 (5)：40-44.

[8] 余永富，张汉泉. 我国钢铁发展对铁矿石选矿科技发展的影响 [J]. 武汉理工大学学报，2007 (1)：1-7.

[9] 刘洪江. 铁矿选矿工艺现状与发展之我见 [J]. 世界有色金属，2017 (1)：212-214.

[10] 沈海榕，高利坤，饶兵，等. 永磁磁选设备的研究现状及发展趋势 [J]. 有色金属（选矿部分），2021 (5)：103-110.

[11] 梁治安，夏青，伍红强. 我国几种磁选设备的发展和应用 [J]. 金属矿山，2017 (2)：128-134.

[12] 杜岩. 磁选设备的发展历程 [J]. 国外金属矿山，1993 (7)：71-76.

[13] 周洪林. 德瑞克高频细筛在降硅提铁中的应用 [J]. 金属矿山，2002 (10)：35-38.

[14] 徐秀章，张锡堂. 南芬选厂细筛的应用与分析 [J]. 金属矿山，1981 (2)：34-37.

[15] 韦锦华，王洋. 细筛再磨工艺改造的试验研究与生产实践 [J]. 金属矿山，2004 (5)：33-39.

[16] 刘秉裕，赵通林，杨蓓德. 磁选柱的研制和应用 [J]. 金属矿山，1995 (7)：33-37.

[17] 周凌嘉，赵通林，陈中航，等. 磁选柱在本溪钢铁集团选矿厂的应用 [J]. 金属矿山，2008 (7)：100-102.
[18] 龚明光. 泡沫浮选 [M]. 北京：冶金工业出版社，2007.
[19] 胡龙，郑怀昌，肖刚. 铁矿浮选工艺的发展 [J]. 现代矿业，2010，26 (1)：23-27.
[20] 郭长阁，王聪敏，徐建本. 东鞍山红铁矿单一浮选流程工业试验 [J]. 矿冶工程，1986 (3)：19-22.
[21] 陈国荣. 东鞍山赤铁矿技术研究 [D]. 沈阳：东北大学，2008.
[22] 高鹏，韩跃新，李艳军，等. 我国复杂难选铁矿直接还原技术的研究现状 [C] //复杂难处理矿石选矿技术——全国选矿学术会议论文集，2009：34-38.
[23] 李根兴，孙敬锋，马卫红，等. 中国复杂难选铁矿资源及选矿技术概述 [J]. 内蒙古科技与经济，2012 (18)：29-30.
[24] 孙炳泉. 近年我国复杂难选铁矿石选矿技术进展 [J]. 金属矿山，2006 (3)：11-13，56.
[25] 袁帅，韩跃新，高鹏，等. 难选铁矿石悬浮磁化焙烧技术研究现状及进展 [J]. 金属矿山，2016 (12)：9-12.
[26] 任亚峰，余永富. 难选红铁矿磁化焙烧技术现状及发展方向 [J]. 金属矿山，2005，353：20-23.
[27] 朱庆山，李洪钟. 难选铁矿流态化磁化焙烧研究进展与发展前景 [J]. 化工学报，2014，65 (7)：2437-2442.
[28] 王成行，童雄，孙吉鹏. 某鲕状赤铁矿磁化焙烧-磁选试验研究 [J]. 金属矿山，2009，395：57-59.
[29] 罗立群，乐毅. 难选铁物料磁化焙烧技术的研究与发展 [J]. 中国矿业，2007，16 (3)：55-58.
[30] Chai T Y，Ding J L，Wu F H，Hybrid intelligent control for optimal operation of shaft furnace roasting process [J]. Control Engineering Practice，2011，19：264-275.
[31] Yan A J，Chai T Y，Wang P. Multivariable intelligent optimizing setting method for shaft furnace roasting process [J]. Journal of System Simulation，2008，20 (8)：2044-2047.
[32] Yan A J，Chai T Y，Yu W，et al. Multi-objective evaluation-based hybrid intelligent control optimization for shaft furnace roasting process [J]. Control Engineering Practice，2012，20：857-868.
[33] 卢绍文，丁进良，刘琳琳. 竖炉焙烧过程 METSIM 动态模拟 [J]. 化工学报，2015，66 (1)：244-250.
[34] 严爱军，丁进良，柴天佑. 竖炉焙烧过程综合自动化系统 [J]. 控制工程，2006，13 (2)：120-126.
[35] 朱俊士. 选矿手册 [M]. 北京：冶金工业出版社，2008.
[36] 姜华. 不断改进的酒钢选矿厂竖炉焙烧工艺 [J]. 金属矿山，2006 (7)：44-47.
[37] 余建文，韩跃新，李艳军，等. 复杂难选弱磁性铁矿石磁化焙烧技术研究现状与发展前景 [J]. 河北冶金，2018 (10)：1-6.
[38] 朱贺民，夏征宇. 球团竖炉焙烧菱铁矿工业试验 [J]. 钢铁研究，2010，38 (3)：1-3.
[39] 张晓东，柴振新. 酒钢选矿厂焙烧磁选金属回收率提高的探索与研究 [J]. 甘肃冶金，2001，(4)：3-7.
[40] 董稼祥，王云敏，田嘉印，等. 现代铁矿石选矿 [M]. 合肥：中国科学技术大学出版社，2009.
[41] 余永富，余侃萍，翁孝卿. 我国难选铁矿石选矿技术进展 [J]. 金属矿山，2011 (增刊)：1-4.
[42] 邓育民，张鉴. 宝钢选矿厂焙烧磁选工艺流程的技术经济分析与改造前景 [J]. 金属矿山，1994 (7)：35-37.

[43] 朱家骥，朱俊士. 中国铁矿选矿技术 [M]. 北京：冶金工业出版社，1994.

[44] 王筱留. 钢铁冶金学 [M]. 北京：冶金工业出版社，2011.

[45] Francais O. Improvements in methods of treating non-magnetic iron ores：GB 960725 [P]. 1961-11-13.

[46] Rausch H，Koch W，Meiler H. Magnetizing roasting of iron ore：GB 965049 [P]. 1962-09-26.

[47] 罗良飞，陈雯，严小虎，等. 大西沟菱铁矿煤基回转窑磁化焙烧半工业试验 [J]. 矿冶工程，2006 (2)：71-73.

[48] 李吉利. 大西沟菱铁矿选矿厂工艺改造实践 [J]. 矿冶工程，2009 (6)：36-38.

[49] 薛生晖，陈启平，毛拥军. 低品位菱褐铁矿回转窑磁化焙烧工业试验研究 [J]. 矿冶工程，2010，30 (增刊)：29-32.

[50] 付向辉，毛拥军，薛生晖. 大型工业磁化焙烧回转窑结圈研究及预防控制 [J]. 有色金属 (选矿部分)，2013 (S1)：236-239.

[51] 黎强，邱宽嵘，丁玉. 流态化原理及其应用 [M]. 徐州：中国矿业大学出版社，1994.

[52] Priestley R J. Magnetic conversion of iron ores [J]. Ind. Eng. Chem.，1957，49 (1)：62-64.

[53] Priestley R J. Up grading iron ore by fluidizing magnetic conversion [J]. Blast Furnace and Steel Plant，1958，46 (3)：202-307.

[54] Uwadiale G G O O. Magnetizing reduction of iron ores [J]. Mineral Processingand Extractive Metallurgy Review，1992，11：1-19.

[55] Borcraut M. Process for roasting by fluidization，more particularly for magnetizing roasting：GB 1008938 [P]. 1962-07-05.

[56] Walpole E A. Process for separating ilmenite：US 5595347 [P]. 1997-07-21.

[57] Georg W，Josep H H，Herbert W. Process for the stage wise fluidized bed roasting of sulfidic iron minerals：DE 1127925 [P]. 1960-10-22.

[58] Bost C，Jouandet C. Improvements in iron ores：FR 1437586 [P]. 1966-03-28.

[59] 柯家骏. 第一座工业规模流态化磁化焙烧铁矿石的工厂 [J]. 国外金属矿选矿，1966 (2)：31-32.

[60] 李艳军，余建文，韩跃新，等. 难选铁矿石流态化磁化焙烧研究新进展 [J]. 金属矿山，2019 (2)：2-9.

[61] 王秋林. 微细复合磁-赤铁矿选矿工艺技术研究 [J]. 矿冶工程，2012，32 (z1)：207-209.

[62] 陈雯. 贫细杂难选铁矿石选矿技术进展 [J]. 金属矿山，2010 (5)：55-59.

[63] 宋仁峰，李维兵. 鞍钢矿山浮选技术发展综合评述 [J]. 金属矿山，2008 (9)：1-6.

[64] 宋仁峰，李维兵，刘华艳，等. 我国铁矿石反浮选技术发展综合评述 [J]. 金属矿山，2009 (9)：13-18.

[65] 刘动. 反浮选应用于铁精矿提铁降硅的现状及展望 [J]. 金属矿山，2003 (2)：38-42.

[66] 罗良飞，陈雯，严小虎，等. 太钢袁家村铁矿选矿技术开发及2200万吨/年选厂工业实践 [J]. 矿冶工程，2018，38 (1)：60-63.

[67] 王秋林，张立刚，陈雯，等. 太钢袁家村铁矿选矿技术研究及工业应用 [J]. 矿冶工程，2015，35 (4)：35-39.

[68] 李维兵. 齐大山选矿厂一选车间阶段磨矿，重选—强磁选—阴离子反浮选工艺工业试验 [J]. 金属矿山，2001 (3)：24-26.

[69] 田嘉印. 鞍山式赤铁矿阶段磨矿、粗细分选、重选—磁选—阴离子反浮选工艺选别机理探讨 [C] //2006年全国金属矿节约资源及高效选矿加工利用学术研讨与技术成果交流会论文集，2006：62-66.

[70] 张明，刘明宝，印万忠，等. 东鞍山含碳酸盐难选铁矿石分步浮选工艺研究［J］. 金属矿山，2007（9）：62-64.
[71] 宋保莹，袁立宾，韦思明. 含碳酸盐赤铁矿分步浮选工艺研究及生产实践［J］. 矿冶工程，2015，35（5）：63-67.
[72] 张明. 东鞍山含碳酸盐铁矿石浮选行为研究［D］. 沈阳：东北大学，2009.
[73] 张兆元，吕振福，印万忠，等. 东鞍山铁矿石中菱铁矿对反浮选的影响［J］. 金属矿山，2008（10）：52-55.
[74] 于艳红，陈建平，田成春，等. 共伴生多元素铁矿的选矿工艺研究［J］. 矿冶工程，2009，29（5）：54-57.
[75] 邓冰. 多金属伴生铁矿石综合回收选矿试验研究［D］. 武汉：武汉科技大学，2011.
[76] 李潇雨，惠博，熊文良，等. 白云鄂博稀土资源综合利用现状概述［J］. 矿产综合利用，2021（5）：17-24.
[77] 云雨雨，李侠. 白云鄂博多金属共生铁矿石选矿工艺的研究探讨［J］. 科技信息，2010（12）：510-511.
[78] 曹永丹，曹钊，李解，等. 白云鄂博稀土浮选研究现状及进展［J］. 矿山机械，2013，41（1）：93-96.
[79] 陈正学. 我国钒钛磁铁矿选矿的进展［J］. 矿产综合利用，1987（4）：32-38.
[80] 陈超，张裕书，李潇雨，等. 钛磁铁矿选矿技术研究进展［J］. 矿产综合利用，2021（3）：99-105.
[81] 朱俊士. 钒钛磁铁矿选矿及综合利用［J］. 金属矿山，2000（1）：1-5.
[82] 王勋，韩跃新，李艳军，等. 钒钛磁铁矿综合利用研究现状［J］. 金属矿山，2019（6）：33-37.
[83] 欧杨，孙永升，余建文，等. 钒钛磁铁矿加工利用研究现状及发展趋势［J］. 钢铁研究学报，2021，33（4）：267-278.
[84] 朱福兴，焦钰，李亮，等. 攀西钒钛磁铁矿的选矿技术现状及发展趋势［J］. 矿冶，2021，30（4）：26-32.
[85] 丁大富. 攀枝花钒钛磁铁矿选矿研究和实践［J］. 金属矿山，1983（2）：43-47.
[86] 曾维龙. 攀西地区钒钛磁铁矿选矿新设备及新工艺研究［C］//2013 全国矿产资源和产业“三废”的综合利用学术研讨会论文集，2013：28-32.
[87] 李玉红，卢荣富，李宏. 大冶铁矿选矿厂技术改造［J］. 金属矿山，2009（4）：178-179，183.
[88] 周灵初. 大冶铁矿选矿现状及主要改进方向［J］. 矿业快报，2007（5）：58-60.
[89] 李治杭，韩跃新. 我国硼铁矿综合开发利用现状及其进展［J］. 矿产综合利用，2015（2）：22-25.
[90] 于长水. 硼铁矿的选矿技术［J］. 辽宁化工，2014，43（2）：193-195.
[91] 曹钊，曹永丹，桂富. 硼铁矿资源开发利用研究现状及进展［J］. 矿产综合利用，2013（2）：17-20.
[92] 李艳军，韩跃新. 辽宁凤城硼铁矿资源的开发与利用［J］. 金属矿山，2006（7）：8-11.
[93] 马立峰，吴凤彪，潘伟桥，等. 圆锥破碎机研究现状及发展趋势［J］. 重型机械，2020（5）：9-13.
[94] 郎世平. 国内圆锥破碎机的现状与发展创新［J］. 矿山机械，2011，39（6）：80-84.
[95] 魏波，张宪伟，李丽匣，等. 高压辊磨机粉碎行为研究进展［J］. 有色金属（选矿部分），2022（6）：25-34.
[96] 魏盛远，张慧，陈玉平. 高压辊磨机在国内外金属矿山的应用［J］. 现代矿业，2013，29（6）：

5-8.
[97] 李博，梁溢强，张晶，等. 高压辊磨机的研究进展及未来的发展方向 [J]. 云南冶金，2019，48 (2)：27-30.
[98] 韩明. 高压辊磨机在矿物加工工程中的应用 [J]. 世界有色金属，2018 (14)：243-244.
[99] 张国斌. 半自磨工艺在国内的应用和发展 [J]. 山东工业技术，2018 (18)：49.
[100] 马帅，肖庆飞，赵福刚，等. 半自磨流程的发展及应用 [J]. 矿产保护与利用，2020，40 (4)：167-171.
[101] 及亚娜，刘威. 自磨、半自磨设备工艺发展现状及应用实践 [J]. 现代矿业，2015，31 (1)：186-188.
[102] 熊大和. 新型 SLon 立环脉动高梯度磁选机的应用 [J]. 金属矿山，2016 (3)：133-138.
[103] 熊大和. SLon 立环脉动高梯度磁选机大型化研究与应用 [J]. 有色金属 (选矿部分)，2011 (S1)：163-167.
[104] 赵环帅，王振年. 国内外高频振动筛的现状与发展趋势 [J]. 金属矿山，2009 (11)：105-107.
[105] 赵环帅，鲍玉新，陈思元，等. 国内外高频振动筛技术与设备现状及发展趋势 [J]. 矿山机械，2011，39 (10)：83-88.
[106] 李椿楠，李国峰，刘立伟，等. 搅拌磨机的研究及应用现状 [J]. 矿产综合利用，2021 (4)：110-117.
[107] 张国旺，黄圣生，李自强，等. 超细搅拌磨机的研究现状和发展 [J]. 有色矿冶，2006 (22)：123-127.
[108] 张国旺，黄圣生. 高效超细搅拌磨机的设计和应用 [J]. 矿冶工程，2002 (3)：45-47.
[109] 刘广文. 国外涂料工业新型研磨分散设备 [J]. 涂料工业，1994 (5)：20-24.
[110]《现代铁矿石选矿》编委会. 现代铁矿石选矿 [M]. 合肥：中国科学技术大学出版社，2009.
[111] 马鞍山矿山研究院选矿研究室药剂组. 三线碱渣作氧化铁矿捕收剂的试验研究 [J]. 金属矿山，1974 (2)：35-37.
[112] 查显维. 铁矿石阴离子反浮选体系中各药剂浮选特性研究 [D]. 马鞍山：安徽工业大学，2019.
[113] 齐银山，张业清，张清河，等. 磁选粗精矿 MD-30 阴离子捕收剂的研制及应用 [J]. 金属矿山，2007 (1)：40-43，47.
[114] 何晓明，崔玉环，张纪云. 新型捕收剂 MZ-21 代替 RA315 的工业试验 [J]. 国外金属矿山，2002 (5)：48-51.
[115] 唐晓玲，陈毅琳，高泽宾，等. 酒钢选矿厂焙烧磁选铁精矿阳离子反浮选生产实践 [J]. 金属矿山，2008 (11)：43-45，70.
[116] 葛英勇，袁武谱，董世祥，等. 阴离子捕收剂 MG 常温反浮选铁矿的应用研究 [J]. 有色金属 (选矿部分)，2008 (5)：41-43，13.
[117] 张兆元，刘桂云. 阴离子捕收剂 LKY 试验室试验及工业试验研究 [J]. 中国矿业，2003 (10)：44-45.
[118] 高林章，王义达，马厚辉. 提高铁精矿铁品位降低 SiO_2 含量的研究及应用 [J]. 金属矿山，2004 (3)：17-19，29.
[119] 张丛香，周惠文，钟刚. 鞍山式贫赤铁矿新型捕收剂的研究及应用 [J]. 矿冶工程，2015，35 (5)：53-55，59.
[120] 梅建庭，曹翠，郭海英，等. 新型捕收剂 TD-Ⅱ和抑制剂 K6-1 在东鞍山赤铁矿反浮选中的应用 [J]. 现代矿业，2016，32 (7)：95-96.

[121] 梅建庭，王磊，赫荣安，等. 新型捕收剂在浮选中的试验研究 [J]. 矿业工程，2013，11 (1)：15-17.
[122] 杨艳平. 新型阳离子捕收剂对东鞍山铁矿石浮选研究 [D]. 沈阳：东北大学，2014.
[123] 任建蕾. DTX 体系下东鞍山含碳酸盐铁矿石常温浮选行为研究 [D]. 沈阳：东北大学，2013.
[124] 骆斌斌. 一种新型常温捕收剂在司家营铁矿浮选中应用的基础研究 [D]. 沈阳：东北大学，2013.
[125] 朱一民，任佳，刘宗丰，等. DKZ-1 捕收剂对调军台选厂混磁精矿的反浮选性能 [J]. 金属矿山，2011 (5)：70-74.
[126] 朱一民，乘舟越洋，骆斌斌. 一种新型阳离子捕收剂 DCZ 浮选性能研究 [J]. 矿产综合利用，2017 (1)：32-36.
[127] 郭文达，朱一民，韩跃新，等. 新型捕收剂 DWD-3 用于司家营一期混磁精反浮选脱硅 [J]. 金属矿山，2016 (12)：105-108.
[128] 朱一民，任建蕾，赵宁宁，等. 新型阴离子捕收剂 DZN-1 对齐大山选厂混磁精的反浮选试验研究 [J]. 中国矿业，2012，21 (6)：74-77.
[129] 李伟. 新型抑制剂对铁矿物的抑制性能研究 [D]. 沈阳：东北大学，2015.
[130] 王鹏. 新型羧甲基酰胺抑制剂对铁矿的抑制性能和机理研究 [D]. 沈阳：东北大学，2017.
[131] 孙长胜，朱一民，杨艳平，等. 低取代度羧甲基淀粉对齐大山铁矿抑制效果的研究 [J]. 矿产保护与利用，2015 (1)：32-36.
[132] 朱一民，贾静文，任佳，等. 高取代度羧甲基淀粉作齐大山铁矿反浮选抑制剂 [J]. 金属矿山，2013 (7)：67-70.
[133] 葛英勇，肖国光，林祥辉. 螯合捕收剂 RN-665 浮选东鞍山难选赤铁矿的研究 [J]. 矿冶工程，2001 (2)：41-42.
[134] 朱玉珍. Q-618 捕收剂浮选东鞍山铁矿石的研究 [J]. 金属矿山，1997 (10)：17-19，23.
[135] 朱玉霜，朱建光. 浮选药剂的化学原理 [M]. 长沙：中南工业大学出版社，1987.
[136] 朱一民，刘杰，李艳军. 非硫化矿浮选药剂作用原理 [J]. 矿产保护与利用，2022，42 (2)：1.
[137] 张泾生，阙煊兰. 矿用药剂 [M]. 北京：冶金工业出版社，2008.
[138] 陈念贻. 键参数函数及其应用 [M]. 北京：科学出版社，1976.
[139] 赵宁宁. 阴离子捕收剂 DZN-1 的合成及其捕收性能的研究 [D]. 沈阳：东北大学，2011.
[140] 夏夕雯，梁广泉，朱一民. 新型常温捕收剂 DX-1 对石英的浮选性能研究及机理分析 [J]. 矿产保护与利用，2018 (4)：5.
[141] 王美刚. 长链脂肪酸 α-氯代反应的工艺优化研究 [D]. 无锡：江南大学，2008.
[142] 王运敏，田嘉印，王化军，等. 中国黑色金属矿选矿实践 [M]. 中国黑色金属矿选矿实践，2008.
[143] 梅建庭，曹翠，马玉慧，等. 贫难选赤铁矿浮选药剂发展需求与对策 [J]. 矿业工程，2014 (4)：22-24.
[144] 刘保平，林祥辉. 采用磨矿—磁选—重选—(RA-715A 药剂) 反浮选工艺进行安钢舞矿难选贫红铁矿工业调试获得成功 [J]. 矿冶工程，2006，26 (2)：109-109.
[145] 梅建庭，乌兰图雅，赫荣安，等. 东鞍山难选铁矿捕收剂的合成及工业应用 [J]. 金属矿山，2009 (9)：4.
[146] 梅建庭，赫荣安，杨威. KS-Ⅱ捕收剂的设计和合成及应用 [J]. 矿业工程，2009 (5)：26-28.
[147] 梅建庭，赫荣安，杨威. KS-Ⅱ新型高效浮选药剂的研制及工业应用 [C] //2008 年全国金属矿山

难选矿及低品位矿选矿新技术学术研讨与技术成果交流暨设备展示会，2008.
[148] 王淀佐，林强，蒋玉仁. 选矿与冶金药剂分子设计 [M]. 长沙：中南大学出版社，1996.
[149] 曾永杰. 新型捕收剂 TD-Ⅴ在宝山矿业公司的应用 [J]. 冶金管理，2021，30 (1)：150-151.
[150] 陈雯，许海峰，周瑜林. 新型醚酸捕收剂 CY-1 对绿泥石的浮选作用机理及在铁矿反浮选中的应用 [J]. 中国有色金属学报，2020，30 (11)：12.
[151] 唐雪峰，李文风，陈雯，等. 新型捕收剂 CY-12#常温反浮选提铁研究与工业实践 [J]. 矿冶工程，2015，35 (5)：5.
[152] 吴文红，吴承优，王秋林，等. 高效低温捕收剂选别关宝山铁矿试验 [J]. 现代矿业，2018，34 (1)：4.
[153] 李文风，刘旭. 铁矿低温捕收剂 CY-411 的研制与应用试验研究 [J]. 金属材料与冶金工程，2014，42 (4)：4.
[154] 刘俊，刘旭. 低温阴离子捕收剂 CY-412 反浮选镜铁矿试验研究 [C] //中国矿业科技文汇—2014，2014.
[155] 唐雪峰，陈雯，李文风. 阴离子捕收剂 CY-12#反浮选弱磁精矿试验 [J]. 金属矿山，2013 (11)：4.
[156] 骆斌斌，朱一民，李艳军，等. 新型常温捕收剂 DMP-1 反浮选研山混磁精 [J]. 金属矿山，2014，43 (3)：66-70.
[157] 朱一民，李伟，赵宁宁，等. 新型阴离子捕收剂 DL-1 反浮选齐大山铁矿混磁精 [J]. 金属矿山，2014 (5)：82-86.
[158] 朱一民. 新型捕收剂 DTX-1 常温分步浮选东鞍山铁矿混磁精 [J]. 金属矿山，2014，43 (7)：61-64.
[159] 骆斌斌，朱一民，仝丽娟，等. 胺取代脂肪酸捕收剂对齐大山铁矿石浮选试验研究 [J]. 中国矿业，2014，23 (7)：4.
[160] Luo B, Zhu Y, Sun C, et al. Flotation and adsorption of a new collector α-bromodecanoic acid on quartz surface [J]. Minerals Engineering, 2015, 77: 86-92.
[161] 林祥辉. 高效新品种捕收剂 RA-315 的制取及应用研究 [J]. 矿冶工程，1993 (3)：31-35.
[162] 林祥辉，林苑，黄俊. 铁矿选矿与药剂新技术——RA 系列药剂的研制、生产及其选矿应用 [C] //中国冶金矿山产业高峰论坛，2006.
[163] 邢其毅. 基础有机化学 [M]. 北京：高等教育出版社，1983.
[164] 任建伟. 铁矿石高效反浮选药剂理论和应用研究 [D]. 长沙：中南大学，2004.
[165] 李永聪，赵振才. 用唐钢石人沟铁精矿生产超级精矿 [J]. 化工矿物与加工，1997，26 (4)：17-19.
[166] Houot R. Beneficiation of iron ore by flotation—Review of industrial and potential applications [J]. International Journal of Mineral Processing, 1983, 10 (3): 183-204.
[167] 朱鹏程. 胺系列捕收剂的合成及组合使用研究 [D]. 武汉：武汉理工大学，2009.
[168] 北京矿冶研究院药剂研究室. 醚胺的合成及浮选试验 [J]. 有色金属，1979 (1)：1-6.
[169] 葛英勇，陈达，余永富. 耐低温阳离子捕收剂 GE-601 反浮选磁铁矿的研究 [J]. 金属矿山，2004 (4)：3.
[170] 葛英勇，余永富，陈达，等. 脱硅耐低温捕收剂 GE-609 的浮选性能研究 [J]. 武汉理工大学学报，2005，27 (8)：3.
[171] 王春梅，葛英勇，王凯金，等. GE-609 捕收剂对齐大山赤铁矿反浮选的初探 [J]. 有色金属：选

矿部分，2006（4）：3.
[172] 王伟之，孟庆磊，张庆丰，等. 司家营铁矿磁选精矿阳离子反浮选试验研究［J］. 金属矿山，2015，44（2）：58-62.
[173] 钟宏. 甲基苯胺树脂浮选铁矿泥的研究［J］. 矿冶工程，1993（4）：33-36.
[174] Liu W，Liu W，Wang X，et al. Utilization of novel surfactant N-dodecyl-isopropanolamine as collector for efficient separation of quartz from hematite［J］. Separation and Purification Technology，2016，162：188-194.
[175] 刘东斌，梅光军，翁孝卿，等. 新型 Gemini 含酯基阳离子捕收剂的浮选性能［J］. 金属矿山，2017（2）：7.
[176] 朱晓园，梅光军，于明明. 新型阳离子捕收剂 MZ-3 的浮选与消泡行为研究［J］. 金属矿山，2016（1）：3.
[177] 童国光，冯德勇，程绍良. 鞍山地区贫红铁矿选矿新进展［J］. 金属矿山，1979（5）：37-45.
[178] 李志彬，马洪显. M203 捕收剂浮选东鞍山高亚铁难选贫赤铁矿工业试验［J］. 金属矿山，1994（1）：4.
[179] 孙炳泉. 铁矿石浮选技术综述［C］//2009 中国选矿技术高峰论坛暨设备展示会论文，2009.
[180] 钱汝琬，陶忠琦. 磁铁精矿的反浮选［J］. 鞍钢技术，1965（2）：1-7.
[181] 陈达. 阳离子捕收剂分离磁铁矿和石英的研究［D］. 武汉：武汉理工大学，2004.
[182] 汪桂杰. 几种改性淀粉对赤铁矿的抑制机理及其应用研究［D］. 长沙：中南大学，2013.
[183] 刘若华. 不同淀粉对赤铁矿抑制机理及工艺研究［D］. 长沙：中南大学，2012.
[184] 刘豹，刘淼，孙乾予，等. 新疆某褐铁矿石反浮选抑制剂选择与抑制机理探讨［J］. 金属矿山，2013（11）：49-52.
[185] 任爱军. 赤铁矿反浮选脱硅体系淀粉衍生物抑制性能与机理［D］. 北京：北京科技大学，2020.
[186] 吴猛. 赤铁矿与磷灰石选择性浮选分离机理与工艺研究［D］. 昆明：昆明理工大学，2017.
[187] 张春伟. 梅山铁矿尾矿铁矿物再回收技术研究［D］. 沈阳：东北大学，2014.
[188] 任佳. 不同取代度羧甲基淀粉对铁矿抑制效果的研究［D］. 沈阳：东北大学，2012.
[189] 张兆元. 赤铁矿阴离子反浮选体系药剂作用机理与抑制剂研究［D］. 沈阳：东北大学，2010.
[190] 刘能云. 赤铁矿中重晶石型含硫杂质的脱除研究［D］. 长沙：中南大学，2010.
[191] 王德志. 铁精矿反浮选高分子抑制剂研究［D］. 沈阳：东北大学，2015.
[192] 周利华. 某复杂铜硫矿浮选分离与综合回收试验研究［J］. 矿冶工程，2020，40（1）：77-80.
[193] 范培强. 有机调整剂对蛇纹石与黄铁矿浮选行为影响的研究［D］. 昆明：昆明理工大学，2019.
[194] 朱一民，韩文杰，陈培宇，等. 低温抑制剂普鲁兰多糖在铁矿反浮选中的应用及应用方法，CN115254441A［P］. 2022-11-01.
[195] 朱一民，韩文杰，李艳军. 可得然胶作为铁矿反浮选中抑制剂在矿物加工领域的应用及应用方法，CN113477408B［P］. 2022-08-02.
[196] 安徽省马鞍山矿山研究院. 利用栲胶废渣提取木素磺酸盐做铁矿反浮选的抑制剂试验简况［J］. 林业科技通讯，1977（7）：31-32.
[197] 欧阳广遵. 宣龙鲕状赤铁矿磁化焙烧—磁选铁精矿反浮选抑制剂研究［D］. 沈阳：东北大学，2013.
[198] 蔡振波. 阳离子捕收剂用于铁矿石反浮选提铁降硅的研究［D］. 赣州：江西理工大学，2010.
[199] 于进喜. 煤系黄铁矿的理化特性分析及其浮选抑制剂研究［D］. 北京：中国矿业大学（北京），2013.

[200] 冶金部矿冶研究所选矿室药剂组. 腐植酸钠——铁矿石的选择性絮凝剂及抑制剂 [J]. 金属矿山, 1977 (2): 31-33.

[201] 刘丽芳, 林祥辉, 张泾生, 等. 腐植酸盐在选矿工艺中的应用与研究 [J]. 江西腐植酸, 1982 (4): 1-9.

[202] 崔吉让, 方启学, 黄国智, 等. 高磷铁矿石脱磷工艺研究现状及发展方向 [J]. 矿产综合利用, 1998 (6): 22-26.

[203] 孙克己, 卢寿慈, 王淀佐, 等. 弱磁性铁矿石脱磷选矿试验研究 [J]. 中国矿业, 1999 (6): 64-67.

[204] 杨龙. 铁精矿选矿降磷工艺优化研究 [D]. 西安: 西安建筑科技大学, 2003.

[205] 文勤. 鲕状赤铁矿提铁降磷工艺研究 [D]. 武汉: 武汉理工大学, 2006.

[206] 李广, 王化军, 孙体昌, 等. 梅山铁矿尾矿浮选铁的试验研究 [J]. 湿法冶金, 2015, 34 (3): 173-175.

[207] 左倩. 微细粒赤铁矿分散行为及机理研究 [D]. 武汉: 武汉科技大学, 2012.

[208] 陈淼. 微细粒赤铁矿分散—絮凝行为及机理研究 [D]. 唐山: 河北联合大学, 2014.

[209] 沈慧庭. 东鞍山铁矿石脱泥—反浮选工艺流程研究 [J]. 矿冶工程, 1995 (4): 20-23.

[210] 何廷树, 松全元. 细粒弱磁性铁矿的选择性絮凝-脱泥研究 [J]. 中国矿业, 1996 (2): 39-43.

[211] 王乃玲, 卢冀伟, 印万忠, 等. 有机分散剂对含碳酸盐铁矿石浮选的影响 [J]. 矿冶, 2014, 23 (2): 23-27.

[212] Yang Y, Wu A, Klein B, et al. Effect of primary flocculant type on a two-step flocculation process on iron ore fine tailings under alkaline environment [J]. Minerals Engineering, 2019, 132: 14-21.

[213] 朱巨建, 印万忠, 侯英, 等. 东鞍山含碳酸盐中矿分散浮选试验研究 [J]. 中国矿业, 2015, 24 (7): 72-77.

[214] 周亮. 淀粉对微细粒赤铁矿絮凝行为及机理研究 [D]. 武汉: 武汉科技大学, 2015.

[215] 刘苗华, 石云良. 某铁矿石选择性絮凝脱泥—阳离子反浮选脱硅工艺研究及工业应用 [J]. 矿冶工程, 2009, 29 (2): 29-31.

[216] 胡永平, 袁怀雨, 李克庆. 采用高效选矿技术, 提高和优化铁精矿品位 [C] //2001 中国钢铁年会论文集. 北京: 冶金工业出版社, 2001.

[217] 韩跃新, 高鹏, 李艳军, 等. 我国铁矿资源"劣质能用、优质优用"发展战略研究 [J]. 金属矿山, 2016 (12): 1-8.

[218] 孙平. 鞍钢弓长岭选矿厂"提铁降硅"改造的实践 [J]. 金属矿山, 2002 (12): 41-46.

[219] 王英富. 超纯铁精矿的制取方法研究 [J]. 国外金属矿选矿, 2000.

[220] 余永富, 陈雯. 我国铁矿选矿技术进步、生产现状及发展趋势 [J]. 矿冶工程, 2008, 28: 1-6.

[221] 余永富. 我国铁矿矿冶形势及技术发展现状 [J]. 矿产保护与利用, 2005 (6): 43-46.

[222] 张锦瑞, 王伟之, 赵振才. 论超级铁精矿的研究现状与方向 [J]. 矿冶工程, 2000, 20 (4): 1-3.

[223] 张国强, 张津, 王浩明. 石人沟铁矿现场铁精矿加工超纯铁精粉工艺探索试验 [J]. 现代矿业, 2022 (4): 1-4.

[224] 盖壮, 宫贵臣, 齐双飞, 等. 辽宁某普通铁精矿深加工制备超纯铁精矿试验 [J]. 现代矿业, 2016 (11): 59-61.

[225] 吴臣星, 李耀宏, 尹兴思, 等. 四川某铜矿制备超级铁精矿的试验研究 [J]. 云南冶金, 2022, 51 (3): 56-60.

[226] 李涛，裴晓东，骆艳华，等．利用某铁精矿制备高品质超级铁精矿［J］．矿冶，2021，30（6）：37-41.

[227] 王素，唐平宇，李芬芳．河北省某铁矿石制取超级铁精矿试验研究［J］．中国矿业，2013，22（5）：96-98.

[228] 哈力甫．某铁矿石生产超级铁精矿的试验探索［J］．新疆有色金属，2011，34（6）：71，73.

[229] 刘庆华．超细赤铁精矿小球烧结试验研究［J］．矿业工程，2020，18（4）：50-54.

[230] 罗果萍．白云鄂博铁精矿预还原烧结矿制备过程中磷的脱除机理研究［D］．包头：内蒙古科技大学，2021.

[231] 张浩．烧结工艺对白云鄂博铁精矿预还原烧结矿组成结构与气化脱磷的影响［D］．包头：内蒙古科技大学，2021.

[232] 支建明，马朋飞，张治杰，等．烧结矿转鼓强度的优化研究［J］．华北理工大学学报（自然科学版），2021，43（1）：1-8.

[233] 杨开陆，王学武．碱度和配碳对烧结矿液相固结影响研究［J］．冶金管理，2019，371（9）：53-55，76.

[234] 康健，宁晓钧，张建良，等．烧结混匀料液相生成行为对烧结矿质量的影响［J］．钢铁研究学报，2020，32（10）：860-867.

[235] 陈衍彪，罗果萍，孙晨晨，等．脱磷剂对铁精矿预还原烧结过程中气化脱磷的影响［J］．烧结球团，2018，43（6）：43-48.

[236] 潘建，栾福垒，朱德庆，等．黏结剂强化高配比镜铁精矿烧结研究［J］．烧结球团，2016，41（2）：6-11.

[237] 李乾坤，杨大兵，华绪钦，等．提高烧结矿转鼓强度试验［J］．矿产综合利用，2017，204（2）：113-116.

[238] 韩闯闯，李杰，杨爱民，等．烧结矿强度-碱度低凹区及影响因素研究［J］．烧结球团，2018，43（2）：5-9，19.

[239] 何木光，蒋大军，陈许玲．提高钒钛磁铁精矿配比对烧结的影响［J］．钢铁研究，2014，42（2）：1-4.

[240] 黄伟青，胡启晨，胡宾生，等．烧结矿 FeO 含量的研究［J］．矿冶，2017，26（2）：46-51.

[241] 李红，肖志新，王素平，等．还原气氛对高炉块状带铁氧化物还原效率的影响［J］．河南冶金，2017，25（2）：1-4.

[242] 陈子罗，张建良，张亚鹏，等．烧结矿适宜的 SiO_2 质量分数和碱度［J］．钢铁，2016，51（12）：8-14，19.

[243] 潘晶，唐博，曾垚，等．强化褐铁矿型红土镍矿烧结技术研究［J］．铁合金，2022，53（6）：25-32.

[244] 赵强．锰矿选矿精矿烧结试验研究［J］．中国锰业，2020，38（5）：26-30.

[245] 潘建，马雯卓，朱德庆，等．Al_2O_3 对铁矿烧结球团及高炉冶炼的影响［J］．钢铁研究报，2021，33（10）：1095-1108.

[246] 郭小龙．Al_2O_3 对铁矿烧结质量的影响［J］．世界有色金属，2020，552（12）：266-267.

[247] 林恩玉．高配比褐铁矿烧结工艺优化试验研究［J］．烧结球团，2020，45（2）：15-20.

[248] 陈强，傅曙光，周鹏飞，等．铁矿烧结熔剂优化试验研究［J］．烧结球团，2019，44（6）：28-33.

[249] 刘燊辉，白凯凯，倪桂虎，等．燃料粒度对铁矿烧结的影响研究［J］．烧结球团，2019，44

(6)：17-22.

[250] 范建军，张文平，刘慈光，等. 磁铁矿粉粒度对球团矿预热焙烧性能的影响［J］. 钢铁，2014，49（11）：20-24.

[251] 范晓慧，刘昌，陈许玲，等. 提高赤铁精矿配比对制备铁矿氧化球团的影响［J］. 矿冶工程，2012，32（5）：94-97.

[252] 刘昌. 赤铁矿配比对氧化球团制备影响规律的研究［D］. 长沙：中南大学，2011.

[253] 张红强，张婧，罗果萍，等. 硫含量对白云鄂博铁精矿球团显微结构及抗压强度的影响［J］. 烧结球团，2018，43（3）：52-62.

[254] 张红强. 白云鄂博铁精矿球团制备过程中硫氧化行为研究［D］. 包头：内蒙古科技大学，2018.

[255] 焦国帅，巨建涛，马杰，等. 磨矿方式对赤铁矿球团预热焙烧性能的影响［J］. 钢铁钒钛，2017，38（3）：100-105.

[256] 焦国帅. 酒钢自产铁精矿制备球团实验研究［D］. 西安：西安建筑科技大学，2017.

[257] 姜涛，何国强，李光辉，等. 脉石成分对铁矿球团还原膨胀性能的影响［J］. 钢铁，2007，42（5）：7-11.

[258] 于洪军，路明，王兴锋，等. 铁矿粉粒度组成对球团矿性能影响的研究进展［J］. 冶金能源，2022，41（1）：21-27.

[259] 田仕友. 低品质含铁原料制备氧化球团试验研究［J］. 矿业工程，2022，20（5）：45-50，60.

[260] 李骞，杨永斌，姜涛. 菱铁矿和褐铁矿球团制备技术研究［J］. 矿冶工程，2009，29（2）：59-62.

[261] 宫贵臣，刘杰，韩跃新，等. 超级铁精矿高效制备试验研究［J］. 矿产综合利用，2018（4）：42-45.

[262] 刘畅，李艳军，孙镇，等. 河北某铁矿石制备超级铁精矿试验［J］. 金属矿山，2018（5）：60-63.

[263] 乔江晖，宋翔宇，周新民，等. 低品位磁铁矿制备超级铁精矿及其应用现状［J］. 资源导刊：地球科技版，2012（1）：4.

[264] 王建钢，方志刚，王文新，等. 铁矿石精选技术与经济［M］. 北京：冶金工业出版社，1992.

[265] 孙永升，曹越，韩跃新，等. 基于原料矿物学基因特性的超级铁精矿制备评价体系［J］. 金属矿山，2018（2）：76-79.

[266] 宫贵臣，韩跃新，高鹏. 超级铁精矿制备技术研究进展［J］. 矿产保护与利用，2017（1）：103-107.

[267] 关翔，李付龙，任新年. 新疆某铁矿粗精矿制取超级铁精矿的试验研究［J］. 新疆钢铁，2015（2）：54-56.

[268] 付刚华，宋晓雷，郭宇峰，等. 提高某超级铁精矿制备过程中的反浮选回收率［J］. 金属矿山，2013（2）：72-76.

[269] 杜新，石磊，余成，等. 从四川黑水铁矿中提取超级铁精矿的研究［J］. 四川地质学报，2012，32（增刊）：205-208.

[270] 陈新林. 低品位磁铁矿石制备超级铁精矿的试验研究［J］. 矿冶工程，2010，30（8）：91-93.

[271] 杜淑华，潘邦龙. 安徽某铁矿选矿工艺试验研究［J］. 有色金属（选矿部分），2008（6）：39-42.

[272] 张晋霞，牛福生，徐之帅，等. 用某铁精矿粉制取超纯铁精矿的选矿试验研究［J］. 金属矿山，2009（5）：73-74，87.

[273] 黄成森，朱进勇. 铁矿矿石生产超级铁精矿的研究［J］. 矿业快报，2008（1）：43-45.
[274] 朱超英，阳华玲，程建国，等. 用某混合铅锌铁矿生产超级铁精矿的工艺试验研究［J］. 矿冶工程，2012，32（8）：176-179.
[275] 李会娟. 超级铁精矿提纯与锶铁氧体预烧料试验研究［D］. 武汉：武汉科技大学，2005：22-38.
[276] 张一敏，白志刚，李会娟，等. 超级铁精矿提纯与锶铁氧体预烧料试验研究［J］. 中国锰业，2006，24（3）：33-35.
[277] 石仑雷，刘汉钊，胡敏，等. 从某地铁矿石中提取超纯和优质铁精矿的研究［J］. 国外金属矿选矿，2006（5）：28-31.
[278] 魏德洲. 固体物料分选学［M］. 北京：冶金工业出版社，2015：111-126.
[279] 罗世勇，宋瑞杰. 北洺河铁矿石生产超级铁精矿试验［J］. 现代矿业，2015，8（8）：252-253.
[280] 赵伟，田成春. 超级铁精矿的工艺试验与工艺改造方案［J］. 中国矿业，15（增刊）：82-83，86.
[281] 赵辉，赵通林. 磁选柱生产超纯铁精矿的工艺探讨［J］. 矿业快报，2006（6）：357-358.
[282] 廖锦，吴城材. LMC立式脉冲磁选机提取超级铁精矿的研究［J］. 金属矿山，2008（11）：403-405.
[283] 郭保万，董栋. 新疆西昆仑铁矿制备高纯铁精矿试验研究［J］. 矿产保护与利用，2016（4）：47-49.
[284] 蔡正鹏. 生产超级铁精矿试验研究及应用［C］//中国矿业科技文汇—2014. 北京：冶金工业出版社，2014：585-586.
[285] 李艳军，张兆元，袁致涛，等. 高品位铁精矿的应用现状及前景展望［J］. 金属矿山，2006（11）：5-7，16.
[286] 李桂芹. 超级铁精矿的应用与制取［J］. 国外金属矿选矿，1997（8）：12-14.
[287] 李艳军，袁致涛，韩跃新. 高品位铁精矿的制备技术及其应用［J］. 金属矿山，2006（8）：270-273.
[288] 李朝晖，郭秀平，张志强. 一种新的超级铁精矿生产工艺［J］. 国外金属矿选矿，2004（2）：39-41.

第二篇

中国铁矿石采选设备的发展

第四章　采矿装备

第一节　露天铁矿采矿装备的发展

一、穿凿设备发展情况

通用露天穿孔设备按工作方式主要分为：顶锤式的凿岩钻机、孔底冲击式的潜孔凿岩钻机、挤压破碎式的牙轮钻机。

在新中国成立初期建设的大孤山、东鞍山、南芬、白云鄂博和大冶等五大露天铁矿，穿孔采用钢绳冲击式钻机，即 BC-1 和 BY-20-2 穿孔机，其每台穿凿量约 5000 m。20 世纪 60 年代，穿孔设备的进展主要体现在采用了潜孔钻。1964 年鞍钢矿山研究所与宣化风动机械厂首先研制了 YQ-150A 潜孔钻。金岭铁矿自制了金-80 潜孔钻，大冶铁矿自制了反修-170 潜孔钻，使用效果均较好。目前，我国自行生产的潜孔钻、潜孔冲击器及钻头，主要性能与使用寿命均达到国际先进水平，如宣化采掘机械厂生产的 KQ 系列潜孔钻具，长沙矿山研究院及其他厂家生产的 J 系列潜孔冲击器和 Jw-150 型无阀潜孔冲击器，以及东北大学等单位研制的 W-150 型无阀潜孔冲击器。

20 世纪 60 年代初期，美国、加拿大、苏联等矿业较发达国家先后开始研制牙轮钻。由于牙轮钻较潜孔钻具有明显的可靠性、先进性、经济性，故被认为开创了露天矿穿孔技术的新纪元。

20 世纪 70 年代末期，我国冶金矿山引进了美国 B-E 公司生产的孔径 250 mm 的 45R、孔径 310 mm 的 60R 牙轮钻，并首次在南芬铁矿使用，取得良好效果。同时，还依靠自己的力量，成功研制和生产了高效率的穿孔设备。到 20 世纪 80 年代初期，我国露天矿几乎全部采用潜孔钻、牙轮钻更换了劳动强度大的冲击钻，使穿孔效率大大提高，一般潜孔钻效率为 10000 m/台年，牙轮钻效率为 25000～40000 m/(台・年)，而进口的牙轮钻为 50000 m/(台・年)。图 4-1 为牙轮钻机示意图。

我国自行制造的牙轮钻主要包括长沙矿山研究院与衡阳冶金机械厂合作研制生产的 YZ 系列，YZ-55 型、YZ-35 型及 YZ-12 型牙轮钻，分别用于大、中、小型露天矿穿孔作业。YZ-55 型钻机孔径为 280～380 mm，一次钻孔深度达到 16.5～18.5 m。YZ-35 型钻机孔径为 170～270 mm，钻孔深度达到 17～18.5 m。YZ-12 型钻机孔径为 70～95 mm，钻孔深度为 7.5～12.5 mm。其中 YZ-35 型和 YZ-55 型牙轮钻的结构与工作参数与美国 B-E 公司的 45R 和 60RⅢ牙轮钻相当。这两种钻机多年来在矿山的实际使用中效果良好，成为目前矿山开采的主要设备，尤其是 YZ-35 型牙轮钻的性能与使用效果，已超过了 45R 型牙轮钻水平，是国内研制最为成功的一款牙轮钻。它配置了自动化装置，可自动调节轴节、轴压、

图 4-1 牙轮钻机示意图

转速、扭矩、钻进速度及排渣风量、风压等主要参数，并达到合理的匹配。自动化系统的应用，与原手工操作相比较，钻头寿命及穿孔速度分别提高了 15%~22%，穿孔成本降低了 15%，工作条件也得到了明显改善。洛阳矿山机械厂生产的 KY 系列 KY-310 型钻机，孔径 250~300 mm，钻孔深度为 17.5 m。KY-250A 型钻机，孔径为 220~250 mm。钻孔深为 17 m。KY-200 型钻机，孔径为 150~200 mm，钻孔深度为 15~21 m。KY-150 型钻机，孔径为 120~150 mm，钻孔深度 19 m。宣化采掘机械厂制造的 KQ 潜孔钻系列，孔径为 120~170 mm，钻孔深度为 17.5~44 m。而长沙矿山研究院与兄弟单位合作生产的 WK 系列牙轮钻头、X64-250 型牙轮钻头及东方工具厂生产的 KX73-250 型牙轮钻头等，在矿山生产实践中均取得良好应用效果，部分产品的性能已达到国际先进水平。

二、电铲设备发展历史

（一）绪论

新中国成立伊始，百废待兴。1950 年 2 月 17 日，正在苏联访问的毛泽东主席在中国驻苏联大使馆接见了留学生代表，亲笔题写了“开发矿业”四个大字。

1960 年版 5 元纸币背面的图案是辽宁阜新海州露天煤矿机械式挖掘机作业场景。凸显出新中国成立初期“开发矿业”对我国经济建设和社会发展的迫切性和极端重要性。

矿用机械正铲式单斗挖掘机（以下简称“机械式挖掘机、矿用挖掘机、挖掘机、电铲或矿用电铲”）是露天矿山间断开采工艺系统和半连续开采工艺系统中不可或缺的关键、核心、龙头装备，承担矿岩的“挖掘”和“装载”两大重要职能，其综合性能直接决定着整个露天矿山开采的生产效率，是一个国家露天矿山开采行业技术水平的重要标志。

机械式挖掘机的作业原理类似于人类使用铁锹铲起物料，转身后装入车斗内的循环工作过程。机械式挖掘机的斗杆如同铁锹把儿，下端连接着铲斗，铲装时靠伸缩、推压斗杆来实现，其推压方式有齿轮-齿条刚性推压和钢丝绳柔性推压两种形式，不同的推压方式决定了不同的工作装置结构型式。

钢丝绳柔性推压方式是利用钢丝绳将推压力传给斗杆的，比较适合松软物料的挖掘。齿轮-齿条刚性推压方式是利用齿轮和齿条啮合将推压力传给斗杆的，是刚性传动，对金属露天矿和露天煤矿剥岩以及寒冷冻土地带较硬掌子面的挖掘其优点更加明显。国内露天矿山所使用的机械式挖掘机绝大多数都是采用齿轮-齿条刚性推压方式，生产效率高，生产成本低。

工程矿山机械设备的底盘主要有履带式和轮胎式两种。履带式底盘的优点是承载能力大、驱动力大、接地比压小、通过性好、越野性能好、爬坡能力大、转弯半径小、灵活性好、稳定性高、安全可靠；缺点是自身质量大、制造成本高、运行速度低、功率消耗大、零部件磨损快，不适合公路或远程行走工况。轮胎式底盘的优点是自身质量小、制造成本低、运行速度快、油耗低、运行时不会损坏路面、机动性强；缺点是承载能力小、驱动力小、接地比压大、通过性差、越野性能差、爬坡能力小。

工程矿山机械设备的驱动型式主要有柴（汽）油机驱动和电力驱动两种型式。柴（汽）油机驱动具有机动灵活的优点，但同时具有驱动力小、能耗高、运行成本高、污染环境等缺点。电力驱动具有驱动力大、能耗低、运行成本、无污染环境、适用范围广等优点，但由于需要拖拽动力电缆，故机动灵活性较差。

（二）艰苦创业，自力更生，为发展打下基础（1950—1989 年）

我国机械式挖掘机生产起步较晚。新中国成立初期，我国机械式挖掘机产品和技术主要引进自苏联。生产企业以仿制苏联 20 世纪 30—40 年代的机械式挖掘机为主。下面我们以机械式挖掘机铲斗容量从小到大的顺序，对我国机械式挖掘机的发展历程进行阐述。

1. 0.3 m^3 级机械式挖掘机

1964 年，贵州矿山机器厂仿制苏联的 E-302 型挖掘机，开始生产国产 W3-30 型 0.3 m^3 机械式挖掘机（图 4-2）。其工作装置采用无推压、铰接式双梁斗杆，单梁动臂（起重臂可变幅）；轮胎式底盘行走机构；柴油机驱动型式。该机可以配置多种工作装置，如正铲（斗容量 0.3 m^3）、反铲（斗容量 0.3 m^3）、拉铲（斗容量 0.35 m^3）、抓斗（斗容量 0.35 m^3）和起重机（最大起重量 0.2~5 t）等，为我国 20 世纪 60 年代的主要机械式挖掘机产品之一，曾广泛应用于露天矿山开采、各类土方工程施工、建筑工程、市政建设等领域。20 世纪 70 年代该产品停产。

2. 0.5 m^3 级机械式挖掘机

1955 年，抚顺重型机器厂（1960 年 7 月 15 日正式命名为“抚顺挖掘机制造厂”）按照苏联科夫罗夫挖掘机厂提供的 E-505 型机械式挖掘机设计图纸，制造出我国首台 W501/502 型 0.5 m^3 机械式挖掘机（图 4-3），也是我国自行制造的第一台机械式挖掘机。其工作

图 4-2 贵州矿山机器厂生产的 W3-30 型 0.3 m^3 机械式挖掘机

装置采用矩形单梁斗杆，双梁动臂（起重臂可变幅），钢丝绳柔性推压；双履带式底盘行走机构；有柴油机驱动（W501）和电力驱动（W502）两种驱动型式。该机同样可以配置多种工作装置，如正铲（斗容量 0.5 m^3）、反铲（斗容量 0.5 m^3）、拉铲（斗容量 0.5 m^3）、抓斗（斗容量 0.5 m^3）和起重机（最大起重量 2～10 t）等。这两种机型生产的时间很长，从 1955 年开始，直到 1986 年停产。抚顺挖掘机制造厂和天津工程机械制造厂先后参与生产。广泛应用于露天矿山开采、各类土方工程施工、建筑工程、市政建设等领域。

图 4-3 抚顺挖掘机制造厂生产的 W501/502 型 0.5 m^3 机械式挖掘机

3. 0.6 m^3 级机械式挖掘机

国产 0.6 m^3 级机械式挖掘机有 W3-60 型和 W1-60 型两种机型（图 4-4），是由合肥矿山机器厂与天津工程机械研究所合作开发、设计生产的。1961 年左右天津工程机械研究所制定的研究课题里面就有 0.6 m^3 的轮式和履带式挖掘机。

(a) (b)

图 4-4 W3-60 型和 W1-60 型 0.6 m^3 机械式挖掘机

（a）W3-60 型；（b）W1-60 型

W3-60 型 0.6 m^3 机械式挖掘机于 1962 年试制成功，1965 年通过部级鉴定开始量产，到 1985 年累计生产了 528 台。1979 年在全国挖掘机同行业质量检查评比中获得第一名，1980 年获省优质产品称号。该机工作装置采用钢丝绳柔性控制的铰接式单梁斗杆，双梁动臂（起重臂可变幅）；轮胎式底盘行走机构；柴油机驱动型式。该机可以配置多种工作装置，如正铲（斗容量 0.6 m^3）、反铲（斗容量 0.6 m^3）和起重机（最大起重量 1.3~10 t）等。

W1-60 型 0.6 m^3 机械式挖掘机于 1964 年左右研制成功并通过部级鉴定，曾经被称为“万能挖掘机”，共生产 416 台。其工作装置采用矩形单梁斗杆，双梁动臂（起重臂可变幅），钢丝绳柔性推压；双履带式底盘行走机构；柴油机驱动。该机同样可以配置多种工作装置，如正铲（斗容量 0.6 m^3）、反铲（斗容量 0.6 m^3）和起重机（最大起重量 0.5~10 t）等。

这两种机型曾广泛应用于露天矿山开采、各类土方工程施工、建筑工程、市政建设等领域。

4. 1 m^3 级机械式挖掘机

1955 年 6 月，抚顺挖掘机制造厂按照苏联沃罗涅日挖掘机厂提供的 E-1003/1004 型机械式挖掘机设计图纸，制造出我国首台 W-1001/1002 型 1 m^3 机械式挖掘机（图 4-5）。20 世纪 70 年代经过机型改进，分别定型为 W1/2-100A 型。其工作装置采用门字形双梁斗杆，单梁动臂（起重臂可变幅），齿轮-齿条刚性推压；双履带式底盘行走机构；独立司机室；W-1001（W1-100A）型为柴油机加变矩器驱动，W-1002（W2-100A）型为电力驱动。该机同样可以配置多种工作装置，如正铲（斗容量 1~1.2 m^3）、反铲（斗容量 1~1.2 m^3）、拉铲（斗容量 1~1.2 m^3）、抓斗（斗容量 1 m^3）和起重机（最大起重量 1.2~16 t）等。

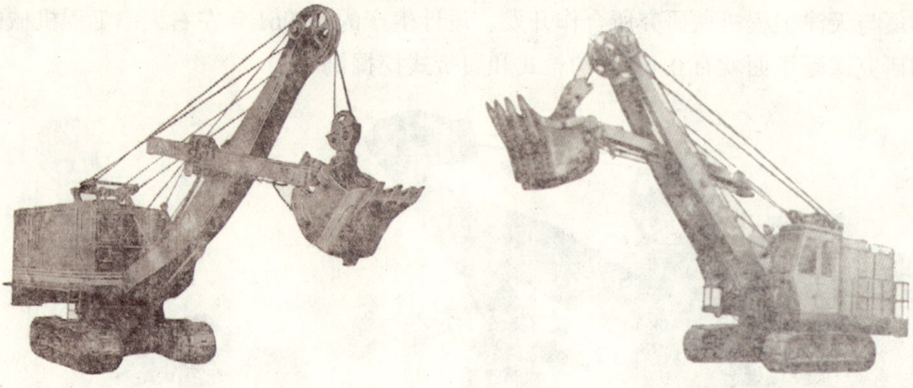

(a) (b)

图 4-5 W-1001 型和 W1-100A 型 1 m^3 机械式挖掘机

(a) W-1001 型；(b) W1-100A 型

1 m^3 挖掘机是我国生产数量最多的机械式挖掘机，鼎盛时期有 6 家工厂生产该机型，它们是抚顺挖掘机制造厂、长江挖掘机制造厂、韶关挖掘机制造厂、上海建筑机械厂、江西铸锻厂和济南重型机器厂，1987 年左右停产。1 m^3 机械式挖掘机曾广泛应用于我国露天矿山开采、各类土方工程施工、建筑工程、市政建设等领域。

5. 2 m^3 级机械式挖掘机

国产 2 m^3 级机械式挖掘机的生产厂家只有杭州重型机器厂（1966 年 12 月之前叫作半山重型机器厂）一家，产品只有 W(D)-200（也叫作 W-2001/2002）型和 WK-2 型两种（图 4-6）。

(a) (b)

图 4-6 杭州重型机器厂 W(D)-200 型和 WK-2 型 2 m^3 机械式挖掘机

(a) W(D)-200 型；(b) WK-2 型

W(D)-200（也叫作 W-2001/2002）型 2 m^3 机械式挖掘机为建筑用挖掘机。1964 年，根据第一机械工业部 1962 年 515 号文下达的任务，成立了由抚顺挖掘机制造厂、天津工程机械研究所和杭州重型机器厂组成的联合设计组，1965 年产品试制成功，投入小批量生产。其工作装置采用门字形双梁斗杆，单梁动臂（起重臂可变幅），齿轮-齿条刚性推压；双履带式底盘行走机构；有柴油机驱动（W-200）和电力驱动（W(D)-200）两种驱动型式。该机同样可以配置多种工作装置，如正铲（斗容量 2~3 m^3）、反铲（斗容量 2 m^3）、拉铲（斗容量 1~2 m^3）和起重机（最大起重量 1.5~50 t）等。

WK-2 型 2 m^3 机械式挖掘机为采矿专用挖掘机。1966 年初由杭州重型机器厂和洛阳矿山机械研究所联合开发设计，1969 年 10 月 1 日试制成功。其工作装置采用单梁圆形免扭斗杆，双梁动臂（起重臂可变幅），钢丝绳柔性推压；双履带式底盘行走机构；电力驱动型式。该机只配置了正铲（斗容量 2 m^3）工作装置。

2 m^3 级机械式挖掘机也曾广泛应用于我国露天矿山开采、各类土方工程施工、建筑工程、市政建设等领域。

6. 3 m^3 级机械式挖掘机

1957 年 12 月 21 日，抚顺挖掘机制造厂依靠引进苏联设计图纸和技术，试制成功我国第一台铲斗容量为 3 m^3 的 WK-3(D-3) 型机械式挖掘机。后来太原重型机器厂和长江挖掘机制造厂也曾生产过该种机型。该机型工作装置采用门字形双梁斗杆，单梁动臂（起重臂可变幅），齿轮-齿条刚性推压；双履带式底盘行走机构；电力驱动；配置正铲工作装置和铲斗（斗容量 3 m^3）。该机型生产数量较少，影响力较小。

7. 4 m^3 级机械式挖掘机

新中国自主研发设计、制造的第一台铲斗容量为 4 m^3 的机械式挖掘机是 1961 年 7 月由太原重型机器厂自主研制的 D-4 型 4 m^3 机械式挖掘机（图 4-7）。

图 4-7 1961 年 7 月我国第一台自主研发的 D-4 型 4 m^3 机械式挖掘机试制成功

我国自主研发的首台 D-4 型 4 m^3 机械式挖掘机于内蒙古平庄矿务局露天煤矿服役近50年。该机的主要技术特点为配置正铲工作装置和铲斗（斗容量 4 m^3），采用门字形双梁斗杆，单梁动臂（起重臂可变幅），齿轮-齿条刚性推压；双履带式底盘行走机构；电力驱动，电气传动系统由交流电动机-直流发电机-直流电动机组成，直流电动机的励磁方式为三绕组形式。D-4 型 4 m^3 机械式挖掘机开始应用于我国各类露天矿山，包括煤矿、铁矿、铜矿、铝土和石灰石矿山。

从 1970 年 5 月第 61 台产品开始，D-4 型 4 m^3 机械式挖掘机改型升级为 WK-4 型。WK-4 型 4 m^3 机械式挖掘机的主要技术特点为铲斗容量增大至 4.6 m^3，推压机构仍然采用齿轮-齿条刚性推压，电气传动系统仍由交流电动机-直流发电机-直流电动机组成，但直流电动机的励磁方式由三绕组升级为磁放大器。产品升级后生产效率提高约 15%，节约能源约 8%。

1974 年后，WK-4 型机械式挖掘机开始大规模生产并广泛应用于我国各类露天矿山和水电工程建设。经过大量实际生产建设的使用，产品陆续在各个方面暴露出了一些缺陷和不足。在此期间，广大工程技术人员针对设备在实际使用中出现的问题，进行了一系列的改进和完善。

1982 年 5 月，太重机械式挖掘机设计人员完成了对 WK-4 型机械式挖掘机的较大改进。升级内容主要包括将机棚改为密封结构，并增加了机棚增压、通风和除尘装置；司机室增设空调装置；直流电动机的励磁方式由磁放大器升级为可控硅励磁等。设备型号也相应升级为 WK-4A（图 4-8）。1983 年 10 月，WK-4A 型机械式挖掘机采用的空调，机棚增压、通风和除尘装置等改进内容在矿山现场通过了部级鉴定。

(a) (b)

图 4-8 WK-4A 型和 WK-4B 型 4 m^3 机械式挖掘机

（a）WK-4A 型；（b）WK-4B 型

1983 年 3 月，太重机械式挖掘机设计人员又将 WK-4A 升级为 WK-4B 型机械式挖掘机（图 4-9）。改进内容主要包括直流电动机采用“800”系列派生电机，增设干油集中自动润滑系统。首台 WK-4B 机械式挖掘机于 1989 年 10 月试制成功。根据现场使用情况反馈，综合产品使用过程中各个部件的不同性能优势，为简化结构，降低成本，给用户更多选择，太重又将 WK-4B 机型再次升级为 WK-4C（图 4-9）。首台 WK-4C 挖掘机于 1997 年 11 月制造完工出厂。

(a)　　　　(b)

图 4-9　WK-4C 型和 WK-4D 型 4 m^3 机械式挖掘机

（a）WK-4C 型；（b）WK-4D 型

随着电气驱动技术的飞速发展，调速性能更好、效率更高、可靠性更高的交流变频调速系统及其控制技术日趋成熟。2009 年，第一台采用交流变频调速系统的 WK-4D 型 4 m^3 机械式挖掘机制造出厂，用户为武钢金山店铁矿。

几十年来，太原重型机器厂和抚顺挖掘机制造厂共生产 4 m^3 机械式挖掘机达 1000 余台，为我国各种露天矿山开采、各类土方工程施工、建筑工程建设、市政工程建设、公路铁路工程建设、水电工程建设等领域的发展作出了巨大的贡献。

8. 12 m^3 级机械式挖掘机

（1）WK-10 型、WK-10A 型机械式挖掘机研制。1974 年，第一机械工业部制定了《1974—1975 年机械工业科学技术发展计划》，其中一项是由太重研制 WK-8 型（采矿铲斗容量为 8 m^3）挖掘机，计划要求在 1974—1976 年完成。

1974 年 6 月 5 日由第一机械工业部矿山工程机械局、冶金部科技司、燃化部煤炭勘探开发组联合下发《关于组织 8 m^3 挖掘机联合设计组的函》（〔1974〕矿技联字 61 号），决定成立三结合的 8 m^3 挖掘机联合设计组（图 4-10）。7 月 19 日联合设计组将《关于确定露天采矿及剥离用 8~12 m^3 挖掘机参数的技术任务书（草案）》上报上级机关。8 月 23 日在南芬露天矿完成了全部扩大方案设计工作。9 月 29 日除机棚和驾驶室外，WK-10 型挖掘机的施工设计完成，全部图纸及文件准时入库，具备了试制生产的条件（图 4-11）。

1977 年 10 月 13 日，南芬露天矿的一台 WK-10 型挖掘机完成厂内总装并开出室外试车。11 月进行了负荷试验（如提升力、推压力等），并按《厂内试车鉴定大纲》要求，对 18 项技术参数（如工作尺寸、外形尺寸等）进行了测定，结果全部符合设计要求。12 月 28 日由北京机械设计研究总院主持，太原重机厂与南芬露天矿和抚顺西露天矿在太原签订了试验鉴定协议。经过局部整改后，WK-10 型挖掘机于 1978 年 6 月发往南芬露天矿。

根据一机部重矿局〔1978〕矿技字 30 号文指示精神，由天津工程机械研究所主持，于 1978 年 3 月 23—28 日在抚顺制定了“WK-10、WD1200 型挖掘机样机工业性试验大纲”（草案）。一机部重矿局正式下达“WK-10 型挖掘机工业性试验大纲”，作为样机的试验考核依据。

图 4-10 太重 8 m^3 机械式挖掘机设计组正在讨论设计方案（1974 年 10 月）

图 4-11 太重 10 m^3 机械式挖掘机设计组正在讨论设计方案（1984 年 10 月）

WK-10 型挖掘机工业性试验从 1979 年 6 月 1 日正式开始至 1982 年 4 月 30 日结束。经历了电机、电控、起重臂、斗杆、履带板、支轮、拉紧轮、机棚、空压机等系统和零部件的升级改造。1982 年 2—4 月，在南芬露天矿的全力支持和配合下，WK-10 型挖掘机连续 3 个月装车产量达到了 77 万吨，超过了试验大纲规定的连续 3 个月产量达到 75 万吨的规定指标，具备了鉴定条件。此后的 6—8 月装车产量达到了 75.2 万吨，第二次完成了 75 万吨的考核指标。

1983 年 7—9 月，应上级主管部门和用户的要求，太原重机厂再次对南芬露天矿和抚顺西露天矿的两台样机进行了完善化。对机棚、机棚通风除尘装置、行走减速机、驾驶室空调、制动器、联轴器、离合器等进行了升级改造。完善后的两台样机以更加良好的状态投入生产。

1984 年 12 月 17—21 日，机械工业部在沈阳主持召开了“WK-10 型挖掘机技术鉴定会”，参加鉴定会的代表共 85 人，经过充分论证，WK-10 型挖掘机顺利通过部级鉴定。1984 年 12 月，经过改进后的 WK-10 型挖掘机正式定型为 WK-10A 型机械式矿用挖掘机（图 4-12）。

图 4-12　太重 WK-10A 挖掘机设计组在南芬铁矿

（2）“一铲四车”工业性试验、WK-10B 型机械式挖掘机研制。年产 1000 万吨级大型露天矿成套设备中的 10 m^3 挖掘机和 108 t 电动轮自卸车在不同的矿山各自完成了工业性试验后，需要进行生产能力配套工业性试验。1985 年 11 月 27 日，经国务院重大办和露天矿设备专项办协调，在首钢矿山公司的支持下，决定在迁安水厂铁矿用太原重型机器厂（现为太原重型机械集团有限公司，简称“太重”）生产的 1 台斗容为 10 m^3 的 WK-10A 型挖掘机和湘潭电机厂（现为湘电集团有限公司，简称“湘电”）生产的 4 台载重量为 108 t 的 SF3102 型电动轮自卸车，进行电铲与卡车配套工业试验，考核成套设备的匹配和效能，即“一铲四车”成套工业性试验。要求在为期 1 年的考核期内完成采装运 120 万立方米矿岩。

1986 年 8 月 14 日，“一铲四车”成套工业性运行试验正式开始。试验初期，水厂铁矿考虑到设备制造厂现场服务人员对露天矿山作业条件不熟悉，加之设备也需要运行磨合的过程，因此采取了积极稳妥、循序渐进的方法组织试验。1986 年 8 月为白班 8 小时作业，9 月为 8 点~24 点的两班 16 小时作业，10 月开始进入三班 24 小时。在提前完成原定的 120 万立方米运量目标后，为了进一步考核设备性能、技术参数和台年效率，国务院重大技术装备领导小组办公室在征求试验三方（太重、湘电、水厂铁矿）意见的基础上下发了国务院重大办〔1987〕14 号文件，要求工厂继续试验 3 个月，使 10 m^3 挖掘机的台年效率达到 500 万吨。为了实现新的试验目标，试验三方进行了认真的研究和组织。1987 年 7 月创 52. 93 万吨试验月产最高纪录，到 8 月 15 日，WK-10A 型挖掘机完成挖岩总量 504. 2 万吨，月产最高 52. 9 万吨，平均月产 42 万吨，日产最高达 3. 3 万吨。

在工业运行试验中设备运行情况良好，1987 年 8 月 15 日，历时一年的“一铲四车”成套工业性运行试验现场作业考核胜利完成。太重研制的 WK-10A 型 10 m^3 挖掘机给国家交上了一份满意的答卷。“一铲四车”也是当时国家重大技术装备科技攻关项目中唯一完成配套工业试验的成套装备。

1987 年 8 月 21 日，经过专家组测试审查结果表明：由太重研制的 10 m^3 电铲通过同时期的工业运行试验和专项测试，性能和各项指标完全达到了技术任务书的要求。

1987 年 9 月 26 日至 28 日，国务院重大技术装备领导小组、国家经委、国家机械委在首钢矿山公司召开了“一铲四车”国家鉴定会。我国自行研制的年产 1000 万吨级大型露天矿主采设备 WK-10A 型 10 m^3 挖掘机在会上通过了国家级技术鉴定，其年产量达 504 万吨，可开动率达 87%，作业率为 51%。主要设计参数合理、工作机构性能好、操作灵活、结实耐用、故障率低、噪声低、满斗系数大、铲装能力大、效率高。鉴定委员会认为，太重研制的 WK-10A 型挖掘机经过试验考核，证明是成功的，达到了国际水平，可以批量生产，希望进一步提高耐磨铸钢件及配套件质量，采用先进的干油自动润滑系统和电控系统。

1987 年，以消化吸收先进技术，争创国家优质产品，达到出口水平为目标，太原重机厂完成了第三代 10 m^3 挖掘机 WK-10B 的设计。此后，10 m^3 挖掘机均按 WK-10B 型制造。

2004 年，太重集团曾对 WK-10B 型机械式挖掘机进行了电气系统的升级，产品定型为 WK-10C 型机械式挖掘机，只有少量产品销售。

2005 年，针对前期设备运行存在的问题，结合矿用挖掘机技术发展趋势，太重集团对 WK-10B 型机械式挖掘机进行了全面的设计升级和工艺改进，产品型号最终定为 WK-12C。WK-12C 挖掘机标准铲斗容量确定为 12 m^3，底盘采用多支点支承结构形式，左右行走履带独立驱动，行走采用行星减速机，电气传动为交流变频系统。2006 年第一台 WK-12C 签订合同，用户为首钢秘鲁铁矿。2012 年，为了满足极端工况的需求，太重集团“大型矿用挖掘机创新团队”又在 WK-12C 机械式挖掘机的基础上，研发了 WK-12CG 高原型挖掘机。2013 年 9 月 10 日，首台 WK-12CG 高原型挖掘机在中十冶国际矿业有限公司西藏甲玛露天铜矿投产运行，海拔 5300 m，填补了国内空白。

另外，1988 年 3 月，太原重机厂在 WK-10B 机械式挖掘机的基础上进行变型设计，完成了 6 m^3 长臂挖掘机的研发，产品定型为 WP-6 型挖掘机。WP-6 型挖掘机主要适用于铁路运输方式的露天矿开采，供上装铁路矿车工艺使用，其主要性能、作业范围等参数均与国外同类产品基本相当，达到了当时国际先进水平。1988 年 12 月，太原重机厂完成了 WP-6 型挖掘机总装负荷试车，共为阜新海州露天煤矿供货 4 台。

截至 2023 年 6 月，WK-10 系列大型矿用挖掘机已销售 240 余台，用户遍布国内绝大部分各类露天矿山，还出口至印度、巴基斯坦、伊朗、秘鲁、蒙古国、利比里亚等国家。

该阶段机械式挖掘机主要技术特征：

（1）设计理论缺失。采用常规、经验、类比设计方法。载荷谱和挖掘阻力研究沿用苏联的实验室研究方法和研究成果，挖掘轨迹假定为理想的对数螺旋线，基于经验系数和经验公式确定设计输入载荷；力学和运动学分析采用经典的理论力学、材料力学和机器动力学基础理论，强度分析以静力学分析为主，辅以极少的传统动力学研究；常规设计方法，经验设计方法，类比设计方法。

（2）设计手段落后：

1）计算工具：计算尺，算盘，全人工手工计算，精度差、速度慢、劳动强度大、效率低，无法解决大型复杂工程计算问题；

2）绘图工具：全手工绘图，精度差、速度慢、劳动强度大、效率低，放样困难；

3）研究仪器设备缺失；

4）制造装备及工艺落后：加工机床主要来源于过去遗留的老旧设备，部分新购机床主要来源于苏联和东欧（民主德国、捷克、匈牙利等）各国；设备规格小、精度差；加工工艺落后，经验匮乏。

（3）机械式挖掘机整机结构特点。前端工作机构尺寸匹配设计不尽合理，挖掘能耗高；主要焊接结构件结构、主要传动机构、主要耐磨铸钢件和轮类铸钢件结构等设计不先进，材料选择受限制，尺寸大，质量大，易出现早期开裂或断裂现象，使用寿命短；主要轴类、辊子类、高 强度螺栓及环形锻件材料选择受限制，材料强度、硬度和冲击韧性低，制造工艺和水平落后，缺陷多，尺寸大，质量大，易出现早期磨损、断裂、压堆现象，使用寿命短；主要关键配套件如轴承、密封、钢丝绳、气路系统元器件整体技术水平低，尺寸大，质量大，寿命低，故障率高，可靠性差；电气驱动及控制系统落后，直流调速系统控制直流电机驱动，质量大，元器件质量差，系统故障率高、可靠性差，能耗高，维护工作量大，运行成本高；司机室简陋，室内隔音、隔热、保暖、密封效果差，操作环境差，未配置空调等生活辅助系统；其他辅助系统：未配置油脂自动集中润滑系统，除齿轮箱润滑外全部采用手工润滑，工人劳动强度大，且难以保证合理润滑状态；未配置机棚增压除尘通风系统，机电设备运行环境差，造成整机故障率高，可靠性差，维护工作量大，整机工作效率低，实际出动率低。

（三）引进技术，消化吸收，为发展开辟新路（1983—2003 年）

（1）国家战略规划部署。“大型露天矿成套设备研制”包括两个等级成套设备的研制。1974 年开始研制的称为“千万吨级大型露天矿成套设备研制”，采用的是自行设计研发的技术路线。20 世纪 80 年代改革开放初期，组织了“2000 万吨级大型露天矿成套设备研制”，采用的技术路线是自行开发和技术引进、消化吸收相结合的方式。

（2）引进技术，合作制造美国 P&H、B-E 公司品牌机械式挖掘机。在国家的大力支持下，太原重型机器厂、第一重型机器厂、湘潭电机厂在分析国外各家挖掘机技术特点和可转让技术内容的基础上，结合国内主流矿山企业使用的要求后，确定采用引进技术、合作制造的方式，引进美国哈尼施菲格（P&H）公司 P&H2300XP 型斗容为 16 m^3、P&H2800XP 型斗容为 23 m^3 齿轮齿条推压式矿用挖掘机生产制造技术（含电机制造技术）。衡阳冶金机械修造厂与美国比塞洛斯-伊利（B-E）公司合作生产 7.6~27 m^3 钢丝绳推压式矿用挖掘机。

根据机械工业部重型矿山局的安排，由中国机械设备进出口公司（CMEC）为对外签约单位，太重、一重、湘电共同开展了矿用挖掘机的技术引进工作，同美国 P&H 公司、MARION 公司、B-E 公司等国外厂家进行了长达 5 年的深入技术交流和艰苦的谈判。确定了引进美国 P&H 公司的 2300XP 和 2800XP 两个机型的机械式矿用挖掘机。

1983 年 10 月 8 日以中国机械设备进出口公司（CMEC）为对外签约单位，太重、一重、湘电同美国 P&H 公司正式签订了“P&H2300XP、P&H2800XP 技术引进、合作生产的技术转让合同”，入门费为 600 万美元。

为了加快引进技术的消化，机械部重矿局决定由太重负责 P&H2300XP 型 16 m^3 挖掘机的首批试制，一重负责 P&H2800XP 型 23 m^3 挖掘机的首批试制，湘电负责电机试制和可控硅变流电控柜的消化吸收。为确保首批产品质量，产品的关键零部件和原材料将由美方提供，产品完全按美国 P&H 公司的图纸和质量标准生产，由美方负责检验合格后出厂。首批 P&H2300XP 型挖掘机使用美国 P&H 公司、太重联合商标，首批 P&H2800XP 型挖掘机使用美国 P&H 公司、一重联合商标。

在技术引进合同执行过程中，共完成 4 批 61 人赴美国 P&H 公司工厂进行技术培训。中方企业技术人员、生产管理人员和一线生产工人在外国专家的严格要求和指导下，认真消化国外先进技术，虚心学习先进管理理念，苦练操作技能。在产品结构设计、材料选用、制造工艺、制造质量、技术标准、加工设备、生产组织等方面都取得了显著的提升。

1986 年 3 月 21 日，首台 P&H2300XP 型矿用挖掘机举行出厂验收仪式（图 4-13），经过中美双方的联合检查验收，该产品完全达到了 P&H 公司产品质量标准，标志着我国完全有能力为千万吨级及以上级别大型露天矿山提供成套关键设备，填补了我国的一项空白。

图 4-13　首台 P&H2300XP 型矿用挖掘机举行出厂验收仪式

在同美国 P&H 公司技术合作的 23 年中（1983 年 10 月至 2006 年 10 月），太重共进行了 5 轮合作生产，总计生产 6 台 P&H2300XP 型矿用挖掘机，1 台 P&H2300XPA 型矿用挖掘机，7 台 P&H2800XPB 型矿用挖掘机的铲斗、斗杆、起重臂组件等部件。

由中国第一重型机器厂负责生产制造的 P&H2800XP 型 23 m^3 机械式挖掘机，累计生产了 3 台，全部应用于中煤平朔安太堡露天煤矿。

同时，由衡阳冶金机械修造厂与美国比塞洛斯-伊利（B-E）公司合作生产的 7.6 m^3 钢丝绳推压式矿用挖掘机累计生产了十余台，主要应用于金堆城有色金属矿、攀钢矿业公司、鞍钢矿业公司、本钢矿业公司以及包钢白云鄂博等露天矿山。

（3）该阶段机械式挖掘机主要技术特征。整机由国外公司设计，高性能原材料由国外进口或中外合作开发替代材料，低端材料由国内提供；主要传动机构设计、制造全部依赖进口，采用硬齿面齿轮传动，零部件使用寿命较高；主要耐磨铸钢件和轮类铸钢件结构设计和制造全部采用国外公司标准执行，使用寿命较长；主要轴类、辊子类、高强度螺栓及环形锻件设计和制造全部采用国外公司标准执行，使用寿命较长；主要关键配套件和辅助系统如轴承、密封、钢丝绳、气路系统、润滑系统全部依赖进口；电气驱动及控制系统采用直流调速系统控制直流电机驱动，除驱动电机外其余全部进口；司机室隔音、隔热设计，并配置空调等生活辅助系统；配置油脂自动集中润滑系统；配置机棚增压除尘通风系统，整机故障率较低，可靠性较高，整机工作效率较高。

这段时期，由于技术引进、经济发展、市场需求、科技发展等多种原因共同影响，国产机械式挖掘机的技术进步步伐缓慢，整体技术水平基本停滞不前。

（四）自主研发，开拓创新，实现跨越式发展（2003—2023年）

进入21世纪，我国露天矿山迎来了又一个大规模、高速度发展的历史性挑战，为我国自主开发大型机械式矿用挖掘机提供了一个极佳的机遇。

1. WK-20系列20 m^3 机械式挖掘机研制

2005年3月，国内首台20 m^3 级机械式矿用挖掘机订货合同正式签订，合同要求设备必须于2006年1月1日在用户生产现场投入使用，当年完成矿山剥离量500万立方米（实方）以上。首批主要部件设计图纸于2005年5月底入库。2005年12月31日，国内首台20 m^3 机械式矿用挖掘机正式开进工作掌子面，投入剥离岩石作业。连续数月突破了月剥离量51万立方米（实方）的纪录，最高月剥离量达到61万立方米（实方），全年岩石剥离量达到了550万立方米（实方），各项技术经济指标均达到合同和设计的要求，整体技术水平达到了国际先进水平。WK-20挖掘机的研制成功，填补了国内空白，结束了国内2000万吨级以上大型露天矿矿用挖掘机长期被国外产品垄断的历史。

2010年8月，针对前期设备运行存在的问题，结合矿用挖掘机技术发展趋势，太重集团“大型矿用挖掘机创新团队”对WK-20型机械式挖掘机进行产品升级，产品定型为WK-20A，首台用户为华能伊敏煤电有限责任公司。WK-20A型挖掘机的行走机构采用了行星减速机，提高了传动可靠性。

2018年6月，太重集团“大型矿用挖掘机创新团队”将WK-20A型挖掘机升级改进为WK-20C型挖掘机，首台用户为江西铜业股份有限公司德兴铜矿。主要升级内容为铲斗额定载荷提高至45 t，加强设计的斗杆、起重臂和提升机构，回转机构采用行星减速机，电气系统采用西门子最先进的模块化S120系统变频调速系统，PLC采用西门子S7-1500。

截至2023年6月，WK-20系列（图4-14）大型矿用挖掘机已销售57台，用户包括准格尔能源有限公司、伊敏煤电、包钢、大唐锡林浩特矿业、内蒙古白音华、本钢、唐钢、太钢等国内露天矿山，还出口至俄罗斯、印度、乌兹别克斯坦、伊朗等国家。

图 4-14 WK-20、WK-20A、WK-20C 型机械式挖掘机

2. WK-27 系列 27 m^3 机械式挖掘机研制

2006 年 5 月，国内首台 27 m^3 级机械式矿用挖掘机订货合同正式签订，2006 年 12 月底设备总装试车验收出厂，2007 年 4 月正式投入生产。各项技术经济指标均达到合同和设计的要求，整体技术水平达到了国际先进水平，获得了用户的认可。

2010 年 5 月，太重集团“大型矿用挖掘机创新团队”对 WK-27 型机械式挖掘机进行产品升级，产品定型为 WK-27A（图 4-15）。主要升级内容为改进设计了全部底盘零部件，升级提升机构及其固定方式等。用户为包钢集团白云鄂博铁矿。

图 4-15 WK-27、WK-27A 型机械式挖掘机

2007 年 9 月，WK-27 型机械式矿用挖掘机曾亮相“第一届中国（太原）国际煤炭与能源新产业博览会”（图 4-16），自重近 900t 的“庞然大物”，豁然出现在城市中，创造了我国参展装备单机重量最重的纪录。

截至 2023 年 6 月，WK-27 系列大型矿用挖掘机已销售 5 台，用户为内蒙古霍林河露天煤业集团有限公司和包钢集团白云鄂博铁矿。

3. WK-35 系列 35 m^3 机械式挖掘机研制

太重集团“大型矿用挖掘机创新团队”在先后开发研制成功 WK-20、WK-27 系列机械式挖掘机后，产品设计、制造技术进一步成熟。

2006 年 6 月 27 日，太重集团和神华准能黑岱沟露天煤矿正式签订我国首台 35 m^3 矿

图 4-16　WK-27 挖掘机参加“第一届中国（太原）国际煤炭与能源新产业博览会”

用机械式挖掘机的研制合同。WK-35 大型矿用挖掘机于 2007 年 3 月正式下线（图 4-17），同年 9 月在用户现场安装投入生产。填补了国内大型矿用挖掘机该项空白。这台 WK-35 型矿用挖掘机是太重最新研制成功的大型露天矿山采装设备，在汇集了太重多年生产矿用挖掘机成功经验的同时，采用了大量先进的设计、工艺、制造和控制技术，可适用于 2000 万吨级大型露天煤矿、铁矿及有色金属矿山的剥离和采装作业，其核心技术已达到并超过国外同类产品。

图 4-17　太重大型矿用挖掘机自主创新技术研讨暨产品推介会及 WK-35 挖掘机下线仪式

截至 2023 年 6 月，WK-35 大型矿用挖掘机已出厂 82 台，用户包括准格尔、神华北电、伊敏煤电、内蒙古宝日希勒、江西铜业等国内各大型露天矿山，并出口至俄罗斯、南非等国家（图 4-18）。

4. WK-45 系列 45 m^3 机械式挖掘机研制

2012 年，为了补全大型机械式矿用挖掘机系列产品族谱，积极参与国际市场竞争，太

图 4-18 太重 WK-35 型挖掘机在准能黑岱沟和南非露天煤矿

重集团"大型矿用挖掘机创新团队"自主研发了 WK-45 型 45 m^3 机械式矿用挖掘机。2018 年 8 月，首台 WK-45 高原型机械式挖掘机在西藏巨龙铜矿海拔 5500 m 工作掌子面开始作业（图 4-19），这也是西藏巨龙铜业有限公司最大的挖掘设备。

图 4-19 太重 WK-45 型挖掘机在海拔 5500 m 西藏巨龙铜矿

截至 2023 年 6 月，WK-45 型 45 m^3 机械式矿用挖掘机只生产了 1 台。

5. WK-55 系列 55 m^3 机械式挖掘机研制

2007 年 2 月 12 日，继成功研制出了具有完全自主知识产权的 WK-20、WK-27、WK-35 系列大型矿用挖掘机后，太重集团与中煤集团签署了 WK-55 型矿用挖掘机的生产制造合同。2008 年 1 月 26 日，为中煤集团研制的 WK-55 型机械式矿用挖掘机诞生了！作为我国装备制造业消化、吸收、再创新的典范，WK-55 型大型矿用挖掘机，采用太重自主知识产权的核心技术，填补了国内大型矿用挖掘机空白。

2009 年 11 月 27 日用户签字验收。太重研制的两台 WK-55 大型矿用挖掘机（图 4-20）在中煤能源公司平朔矿区经过一年多的生产作业，各项性能指标优越，达到使用要求，

WK-55 大型矿用挖掘机在规定的生产考核期内，主要运行指标已与国际同类产品的水平相当，能够圆满完成用户计划任务。月最高完成剥离量达到 106.92 万立方米（实方），产品的运行水平得到用户的肯定。

图 4-20　太重 WK-55 型挖掘机出厂仪式及在平朔露天煤矿现场作业

至此，彻底结束了我国 2000 万吨级以上露天矿大型矿用挖掘机长期被国外企业垄断的历史，也为今后我国大型露天矿开采提供了稳定的设备来源。截至 2023 年 6 月，WK-55 大型矿用挖掘机已出厂 17 台，并出口智利、南非等国家（图 4-21）。

图 4-21　太重 WK-55 型挖掘机在智利和南非露天矿现场作业

6. WK-75 系列 75 m^3 机械式挖掘机研制

随着露天矿山设备大型化和露天采矿新工艺的发展，世界上现有最大规格的机械式矿用挖掘机的生产能力已经无法满足 9000～12000 t/h 自移式破碎站采装矿岩的要求。2010 年，太重集团与大唐锡林浩特矿业公司签订了研制 WK-75 型 75 m^3 机械式矿用挖掘机的采购合同。

2012 年 6 月 5 日，世界首台 WK-75 型矿用机械式挖掘机成功下线，WK-75 挖掘机是目前世界上技术性能参数最先进、工作尺寸最大、生产能力最高的挖掘机，占领了世界大型矿用挖掘机产品的制高点。该产品的研制成功实现了我国矿用挖掘机产品从“跟随发展”向“超越发展”转变的质的飞跃（图 4-22）。

图 4-22 太重 WK-75 型挖掘机出厂仪式及在大唐锡林浩特露天煤矿现场作业

该机单斗挖掘能力达到了世界最大的 135 t，挖掘高度、挖掘半径、卸载半径、卸载高度等主要技术参数均为世界最大，完全能够满足载重量 400～500 t 的矿用自卸卡车和 9000～12000 t/h 自移式破碎站的装车尺寸和能力的要求，大大提高了生产效率。整机自重近 2000 t，是名副其实的“庞然大物”。该产品目前只生产了 1 台。

7. 该阶段机械式挖掘机主要技术特征

整机向大型化、大工作尺寸、高性能、高效率、高可靠性、高智能化方向发展；零部件向高可靠性、长寿命方向发展。

工作装置挖掘效率更高，挖掘阻力更小，能耗更少；主要焊接结构件由高强度、高冲击韧性原材料焊接而成，焊接变形小，残余应力小，使用寿命长；主要传动机构设计合理，采用硬齿面齿轮传动和行星齿轮传动，零部件使用寿命长；主要耐磨铸钢件和轮类铸钢件结构设计合理，采用高强度、高冲击韧性材料制造，使用寿命长；主要轴类、辊子类、高强度螺栓及环形锻件设计选材合理，使用寿命长；主要关键配套件和辅助系统如轴承、密封、钢丝绳、气路系统、润滑系统全部选用高性能、高品质、高可靠性产品；电气系统为“HMI+PLC+变频传动”组成的三级控制系统。HMI 实现人机交互，PLC 实现整机逻辑控制，交流变频传动实现各机构变频电动机转矩与速度的精确控制；司机室隔音、隔热设计，并配置空调等生活辅助系统；配置油脂自动集中润滑系统；配置机棚增压除尘通风系统，整机故障率低，可靠性高，整机工作效率高。

三、矿用自卸车发展情况

（一）矿用自卸车发展历程

由于我国汽车工业发展之初，就选择以中型载货车、军用车及改装车为发展重点，矿用自卸车等重型车辆，20 世纪 60 年代仍主要靠从苏联和东欧国家进口。随着 60 年代中苏关系恶化，矿用自卸车没有了进口来源，我国被迫进入了自主研发生产矿用自卸车的历程。

20世纪60年代中后期，欧美国家的矿用自卸车载重能力已达到150 t，并开始发展电动轮技术，我国已明显落后。1964年，我国与法国正式建交。同年8月，第一机械工业部向国务院上报了《引进法国贝利埃GBU15、GLM、T25、TC0等4个车型技术的意见》。1965年6月3日，在中国重庆汽车制造厂与贝利埃签订了装配协议，允许中国组装生产55 t T25自卸车等4种车型（图4-23）。

图4-23　贝利埃T25矿用自卸车

1968年10月，应第一机械工业部要求，上海汽车制造厂开始试制大吨位自卸车。1969年9月，以上汽为主，采取全国169家工矿自卸车企业大协作方式，试制成功了SH380型32 t矿用自卸车（图4-24），并送到北京参加国庆20周年游行检阅。SH380型车以苏联Blaz-540型27 t载重车为模型，采用上海柴油机厂生产的6315-12 V柴油机、液力机械变矩器和液压空气减振器，货箱采用后倾式自卸，额定功率294 kW，最大车速50 km/h。该车1971年2月转由上海货车厂生产，直至1980年停产，累计生产637辆。1971年1月，第一机械工业部向第一汽车制造厂下达了研制CA390型60 t矿用自卸车的任务（图4-25），先后完成两轮样车试制，1973年12月31日试制成功。该车长9.2 m，

图4-24　SH380型32 t矿用自卸车

宽4.6 m，高4.3 m，自重43.5 t，由重庆新建机械厂提供发动机。后来一汽将整套图纸和全部试验资料，移交给本溪重型机械厂生产。1975年11月15日，本溪重型机械厂试制成功LN390型60 t矿用自卸车。此外，天津、常州、北京、白银等地，陆续试制成功15~42 t矿用自卸车，缓解了当时矿山、石化、水电、运输等部门急需载重车辆及配件紧缺的局面。

图4-25 CA390型60 t矿用自卸车

1974年，湘潭电机厂与鞍山冶金矿山公司、一汽、美国伟步科等企业联合协作研制108 t电动轮自卸车，1977年4月29日，我国首台百吨级电动轮矿车“韶峰”SF3100型电动轮自卸车研制成功。该车自重93 t，装载质量108 t，采用4×2后轮驱动。经过近3年工业运行试验，该车型于1980年8月通过一机部、冶金部鉴定，开始小批量生产。由于国产矿用自卸车难以满足需求，各厂矿企业开始从国外进口重载车辆。

1979年，江西德兴铜矿首次从美国引进10台装载量为154 t的电动轮自卸车，这是当时世界上最先进的矿用汽车。1983年，湘潭电机厂在引进合作基础上进一步对SF3100的动力系统、驾驶室、车斗、制动器等进行技术攻关，将其改型为SF3102。通过在首钢水厂铁矿一年的试运行，每台车平均运量达到100万吨，运行5万千米，该车型于1987年9月通过了国家级鉴定，被列为国家替代进口产品，1988年获得国优产品金质奖。20世纪80年代末90年代初，为解决进口替代问题，许多企业开始与国外厂商或研究机构合资合作，把大量先进的技术引入国内。

1985年7月29日，本溪重型汽车厂与大连电机厂、长沙矿山研究院、鞍钢等单位联合研制的LN3100型108 t电动轮自卸车，在本钢南芬露天铁矿通过鉴定。该车长11.05 m，宽6.3 m，高4.9 m，货箱堆装容积60 m^3，载重108 t，采用4×2后轮驱动，发动机为KTA-2300型四冲程增压中冷高速柴油机，功率1200 Hp(1 Hp=0.746 kW)，发电机为TQF760型8级三相交流凸级式同步电机，电动轮为ZQ-342型4级直流串励牵引电动机，由大连电机厂配套，最高车速40 km/h，最大爬坡度20%，年运量85万吨以上。该车共生产了10多台，后因各种原因停产。1990年前后，江苏常州冶金机械厂与长沙矿山研究院合作，为南芬露天铁矿生产了12台美国尤尼特瑞格公司的Mak-36型154 t电动轮自卸车，主要部件为进口，后由于矿山费用紧张而停产。此时，外资也加紧了进入中国市场的步伐，1988 年 5 月 21 日，特雷克斯设备有限公司（英国）与内蒙古第二机械厂合资，成立北方重型汽车有限责任公司，主要业务为进口散件，组装特雷克斯尤尼特瑞格品牌的矿用汽车和工程机械。1985 年湘潭电机厂引进了美国 Dresser（德莱赛）公司（现 Komatsu 公司前身）630E 型电动轮自卸车的制造技术，把它用于 SF3100（图 4-26）系列 108 t 矿用自卸车的改进设计中，以提高整车性能和工作可靠性。该厂利用自身在电动机设计、制造及车辆电气控制等方面的优势，自主研发了主发电机、电动轮总成和电控系统等关键部件，于 1992 年生产出国产率达 80%的 SF3150 型 154 t 电动轮自卸车，并投入矿山运行，在经过长达一年的实地运行试验后于 1993 年底通过国家技术鉴定。这些都大大促进了我国矿用自卸车事业的发展。20 世纪 90 年代以来，国内生产厂家也开始研制具有独立知识产权的矿用电动轮自卸车，如北京首钢重型汽车制造股份有限公司与北京科技大学合作研制的电动轮自卸车已经在矿山运行。

图 4-26 韶峰 SF3100 型电动轮自卸车

“十一五”国家科技支撑计划明确提出实施“交流电机驱动百吨级矿用自卸汽车”。2009 年湘电重装 SF33900 型 220 t 电动轮自卸车正式通过用户鉴定。2011 年 5 月 26 日，SF35100 型 300 t 电动轮自卸车在湘电集团正式下线，该车长 15 m、宽 8.8 m、高 6.8 m、自重 210 t，轮胎直径达 4 m。2011 年 8 月，徐工集团自主研发的首台 XDE170 型 170 t 电传动自卸车下线，并参加当年的北京工程机械展。

2012 年 11 月 27 日，北京二七轨道交通装备有限责任公司自主研发成功 190 t 交流传动矿用自卸车 EQ190AC，该车充分利用高速铁路变频牵引技术，采用公司自主研发的交-直-交电传动控制系统。柴油发动机功率 1492 kW，整车长 13.37 m、宽 6.95 m、高 6.46 m。2012 年，徐工集团 400 t 级矿用自卸车和 60 t 级电传动铰接式自卸车下线，并参加 2012 年上海宝马展，引起行业重点关注。

（二）矿用自卸车的主要生产厂家

1. 内蒙古北方重型汽车股份有限公司

内蒙古北方重型汽车股份有限公司（以下简称“北方股份”）于 1988 年成立，2004

年2月，北方股份与特雷克斯公司合资成立阿特拉斯工程机械有限公司，2006年3月又与特雷克斯集团合资成立特雷克斯北方采矿机械有限公司，主要生产170~300 t级MT系列电传动矿用自卸车和50~90 t级TR系列机械传动自卸车。北方股份从特雷克斯集团引进由数百台先进设备与数千套工装组成的重型矿用汽车生产线，并引进其产品技术，按照其设计图纸、工艺流程、质量标准和检验规范组织生产，目前已成为我国矿用汽车研发生产基地，已形成多系列、多品种（从23~360 t级）矿用汽车的生产能力，包括25~91 t机械传动自卸车、150~360 t电动轮自卸车和23~36 t铰接式自卸车，其矿用自卸车已占国内市场份额75%以上，并远销十几个国家。

2. 北京首钢重型汽车制造股份有限公司

北京首钢重型汽车制造股份有限公司（以下简称“首钢重汽”）的前身是北京首钢重型汽车制造厂，始建于1999年，隶属于首钢矿业公司。2000年首批载重42 t矿用自卸车在马钢姑山铁矿使用。2006年8月改制为国有相对控股的股份制公司，并与北京科技大学合作，研制了国家“十一五”重点项目、国内较大吨位的SGA170 t电动轮自卸车，同时相继研发成功SGE150型电动轮自卸车。2011年7月完成载重190 t交流电传动矿用自卸车的制造、安装和调试工作，并在首钢水厂铁矿投入生产运行。

3. 湘电重型装备股份有限公司

湘电重型装备股份有限公司前身为湘潭电机股份有限公司车辆事业部。1977年，研发出中国首台108 t电动轮自卸车，填补了国内空白。1992年推出中国首台国产化率80%以上154 t电动轮自卸车。到目前已开发出具有完全自主知识产权的载重108 t、154 t、200 t和300 t新型电动自卸车，已累计为我国大型露天矿山提供近1000台产品。2007年12月，湘电重型装备项目在湘潭九华山经济开发区落户，并于2009年建成投产，是目前国内较大的电动轮自卸车生产基地，年生产能力100辆。2010年5月研制成功中国首台载重300 t的SF35100型交流传动电动轮自卸车。2012年3月载重230 t级矿车SF33901正式下线，同年5月交付澳大利亚力拓公司。2021年6月推出载重120 t纯电动车矿用自卸车并在通辽市霍林郭勒市南露天煤矿进行工业考核。

4. 三一重型机械有限公司

三一重型机械有限公司2003年成立，是集挖掘机、矿用自卸车生产、销售和研发于一体的专业制造公司。2008年10月推出载重55 t SRT55型矿用自卸车，2009年6月又推出载重95 t SRT95型矿用自卸车，2009年12月载重33 t SRT33型矿用自卸车问世，形成了机械传动矿用自卸车生产系列，之后又开始研发电动轮自卸车，目前，开始研制SET230型电动轮自卸车。2008年，其业务发展调整，矿山机械板块产品迭代停滞。2021年推出全新载重136 t SET150S混合动力车型，并在云南锌银矿进行工业性考核。

5. 徐州徐工矿业机械有限公司

徐州徐工矿业机械有限公司（以下简称“徐工矿机”），2018年8月15日，徐工矿机从徐工挖掘机械事业部脱离，独立运营。2019 年 12 月 12 日，徐工矿业机械智能化制造基地正式投产运营。目前已形成 70～1000 t 矿用液压挖掘机、60～440 t 刚性自卸车、40～90 t 轻型矿用自卸车、30～60 t 铰接式自卸车，以及 100～1000 tph 移动式和 1000～8000 tph 固定式破碎筛分设备，成为中国唯一、全球极少数几家能够研发制造成套大型露天矿业机械的企业。

2020 年，全新升级款 230 t、300 t 电传动自卸车下线、100 t 三桥刚性矿车下线、千吨级移动颚式破碎站、国内首台全液压移动式机制砂站下线、50 t 欧 5 阶段铰接式自卸车、70 t、75 t、95 t 全新 G 系列矿用挖掘机完成研制。

2021 年，400 t 电动液压挖掘机下线，全球首款 80 t 纯电动轻型矿车、行业首台 120 t 电传动自卸车（永磁系统）、230 t 国产电驱控制系统矿车下线，41 t 铰接式自卸车下线，XPY1100RS、XPF1214RS 一体式移动破碎站、XGY1500 多缸液压圆锥破碎机下线。

2022 年，全新升级款 400 t 级电传动自卸车下线，行业首台 120 t 级纯电动+架线矿用自卸车下线，载重 136 t、180 t 级电传动自卸车下线。

（三）矿用电动轮自卸车未来的主要发展趋势

（1）大型化。大吨位自卸车的应用既能减少司机、维保人员，也能提高运输效率、管理效率和降低综合使用成本，提升矿山管理安全性。国内相关企业已突破相关关键技术，如国内海安橡胶集团已研制成功全球最大的轮胎 59/80R63，中车株洲变流中心已研发成功 400 t 级矿车变流系统、电阻栅，徐工集团已自主开发出 400 t 级矿车轮毂驱动系统，潍柴重工已研制成功 3000 Hp（1 Hp＝0. 746 kW）的大功率发动机。随着大型轮胎和大型柴油发动机的逐步应用，国产矿用自卸车的载重量已经达到 400 t。

（2）智能化。矿用自卸车的应用不仅可以提高产品的智能化水平，也可以为无人驾驶技术的应用提供平台。从早期的交-直流驱动，发展到现在交-直-交流驱动，电驱动技术已日趋成熟，在电动轮矿用自卸车大批量应用。同时分布式控制技术、防撞预警技术、智能调度技术、司机行为分析等技术及系统已在矿用自卸车上批量应用。

（3）无人化。“安全”是矿山开采永恒不变的话题，无人驾驶技术不仅可以提升矿山客户的安全管理水平，车辆运行效率，还可以大幅减少维护人员。随着国家智慧矿山建设要求的提出，无人驾驶技术率先进入了矿山应用场景，目前国内无人驾驶矿车已实现集群负载连续作业，作业效率已可以达到有人驾驶的 80%以上。慧拓智能、踏歌智行、中国中车、徐工、百度等企业纷纷入局无人驾驶技术布局，为无人驾驶矿用自卸车商业化应用奠定了很好的基础。

（4）绿色化。2020 年 9 月 22 日中国在第 75 届联合国大会上正式提出 2030 年前实现碳达峰、2060 年前实现碳中和的目标。各主机厂和露天矿山客户积极响应，加快混合动力技术、纯电动技术、氢能源技术、甲醇燃料技术等的研究和应用。我国电能、风能存储系统及配套已很完善，内蒙古、山西、新疆等部分矿山企业已在其排土场建立起光伏电厂、风电厂，为电能转换应用，制氢、储氢等技术的应用提供了有利条件。

第二节 地下铁矿采矿装备的发展

一、地下铁矿采矿装备概述

我国采矿装备一直比较落后，而地下采矿装备更是如此。即使在解放后的若干年内，井下铁矿开采作业多数是劳动强度极高的体力劳动，手持式风动凿岩机、有轨的斗式装岩机和电耙已算“机械化”了。随着技术的进步以及国内矿山机械开发和生产能力的蓬勃发展，井下采矿面貌有了很大的变化，最具代表性的是无轨采矿装备和液压凿岩机的全面推广，这一重大技术大大提高了井下作业的机械化水平，促进了劳动生产率成倍提高，也显著地降低了工人的劳动强度，改善了井下作业条件。目前我国大多数金属矿山已经大量使用无轨采矿装备，如全液压掘进台车、全液压采矿台车、油或电动铲运机、井下自卸汽车及装药、喷锚、维修等辅助车辆，已全面取代了老式的采矿装备。我国井下矿山使用的无轨设备中，有很大一部分是自主研制生产的，标志着我国矿机科研和制造水平有了很大提高。

二、凿岩机技术发展

凿岩机按其动力来源可分为气动凿岩机、内燃凿岩机、电动凿岩机和液压凿岩机等四类。其中在地下矿山中常用的凿岩机有气动凿岩机和液压凿岩机。

（一）气动凿岩机

气动凿岩机是靠压缩空气推动活塞往复运动，冲程时活塞打击钎尾，回程时活塞带动钎具回转实现岩石的破碎与钻进，又称风动凿岩机。气动凿岩机结构简单、坚固耐用、可靠性高、易于维修、价格低廉，尤其适用于地下狭窄或者比较难于进入地点的凿岩作业，质量小的气动凿岩机可以装在气腿或小型凿岩钻车（架）上。近年来，我国气动凿岩机市场已趋于饱和，生产企业众多，产品质量参差不齐，但其中不乏生产质量过硬、技术水平高的产品，目前国内产品市场占有率为98%以上，基本替代了国外品牌，并有一定批量产品出口，其整体质量已接近国际水平。

我国气动式凿岩机行业发展大体经历了四大阶段：20 世纪 50 年代初的创业形成期、20 世纪 60 年代行业发展壮大期、20 世纪 90 年代行业形成规模和技术水平提高期、21 世纪初以来行业多种经济体制的全面发展期。

我国气动凿岩机是 20 世纪 50 年代从仿苏产品逐步形成和发展起来的，当时我国凿岩机的主体设备为仿苏的 01-30 手持式凿岩机、01-45 型向上式凿岩机和 01-38 型导轨式凿岩机和 БА-100 型潜孔式凿岩机。凿岩机械与气动工具的发展是从建设沈阳风动开始的。1955 年 1 月，我国凿岩机械与气动工具的第一个专业厂家沈阳风动工具厂诞生，标志着我国凿岩机械与气动工具行业进入了发展起步的新时代。在凿岩爆破工程中的应用、产品的品种及产量上，气动凿岩机仍占主要地位。这些设备对我国的初期建设起了重要的作用，但是这些设备的技术水平还较低，设备笨重、作业效率低、操作劳动强度大。后来，我国的风动工具厂对这些凿岩机进行了改进，一批较新的凿岩机相继问世，具代表性的机型有沈阳风动工具厂和天水风动工具厂生产的 Y24、YT24、YT30、7655 等产品，这些新产品降低了操作劳动强度，提高了作业效率，后来又开发出几种外回转风动凿岩机，其代表有南京工程机械厂生产的 YGZ40、YGZ70、YGZ90 等，这些都是导轨式凿岩机，可以用来钻中深孔。

到 20 世纪 60 年代初，我国已建成 6 个凿岩机械与气动工具制造厂和 1 个行业研究所。1961 年沈阳风动工具研究所建立，负责凿岩机械与气动工具新产品设计、试验、研究以及凿岩机械与气动工具行业技术组织归口工作，1966 年由辽宁沈阳搬迁至甘肃天水，更名为天水风动工具研究所，坐落于天水风动工具厂的厂区内。

1982 年由沈阳风动工具厂有限公司（原沈阳风动工具厂）、天水风动机械有限责任公司（原天水风动工具厂）、天水凿岩机械气动工具研究所（原天水风动工具研究所）、南京工程机械厂有限公司（原南京工程机械厂）、青岛前哨精密机械有限责任公司（原青岛前哨精密机器厂）、宣化采掘机械集团有限公司（原宣化采掘机械厂）、浙江衢州煤矿机械总厂有限公司（原浙江衢州煤矿机械厂）、宜春风动工具有限公司（原宜春风动工具厂）等企业和科研院所发起，成立了中国凿岩机械风动工具公司，行业发展至 14 个生产企业和 1 个研究所。

1984 年开始，为了提高行业技术水平和管理水平，国家引进国外先进技术的扶持政策相继推出，各生产企业先后开始引进国外先进技术或合资生产。

1989—1993 年，凿岩机械气动工具行业发展出现一个新高潮，各项经济指标出现较大幅度增长，主要产品产量由 1989 年的 272880 台上升到 511020 台，增幅达 87. 27%。

2004 年之后，在国家政策的支持和市场的推动下，气动凿岩机企业引进国外技术，行业发展达到了前所未有的规模，国内先进和国际领先水平的产品不断涌现，并拥有了一定知名度的品牌，行业已基本形成了市场所需的产品体系。

当前，气动凿岩机仍然占据市场主流地位，广泛使用手持式和气腿式气动凿岩机，而导轨式气动凿岩机使用量较少。国内主要代表生产企业有天水风动机械股份有限公司（由原天水风动工具厂改制而成），其主流产品有 YT24、YT28 型气腿式气动凿岩机，Y20、Y24 手持式气动凿岩机，YG40、YG80、YGZ100 型导轨式气动凿岩机；红五环集团，其主流产品有 HY18、HY20 手持式气动凿岩机，YT27、YT28 气腿式气动凿岩机。

（二）液压凿岩机

液压凿岩机是采用高压油作为动力推动活塞冲击钎子，附有独立回转机构的一种凿岩机械，由液压阀控制（也有无阀的）活塞往复运动，油液压力比气体压力高得多，其工作压力超过 10 MPa。虽与气动凿岩机近似，但液压凿岩机的活塞直径小、长度大、波形更好。机上装有蓄能器以应对活塞运动方向改变产生的峰值压力。其优点：冲击功高、扭矩大、频率高、钻速快（比气动凿岩机高两倍以上）；具有可调性、能耗低（为风动凿岩机的 1/3 左右），效率高；便于自动化和电脑控制，卡钻事故少，钻具寿命长，工作环境大为改善。

我国液压凿岩机的研制工作起步于20世纪60年代中期，株洲东方工具厂等开始研制液压凿岩机。20世纪70年代后期至20世纪80年代末到达顶峰，1973年11月由长沙矿冶研究院、株洲东方工具厂研制出我国第一台样机，几经改进，定名为YYG-80型液压凿岩机，并于1980年9月通过部级鉴定。随后，北京钢铁学院（现北京科技大学）、中南矿冶学院（现中南大学）、中国地质大学、长沙矿冶研究院、北京建井研究所（现煤炭科学研究总院建井研究分院）、莲花山冶金机械厂（现莲花山凿岩钎具有限公司）、桂林冶金机械总厂（现桂林桂冶实业有限公司）、沈阳风动工具厂（现沈阳风动工具厂有限公司）和天水风动工具厂（现天水风动机械有限责任公司）等多家单位研制了几十种型号的液压凿岩机。1990年代逐渐沉寂，由于矿业经济不景气，国内凿岩机研制进入低谷。即便如此，至20世纪末期，除了莲花山冶金机械厂引进消化法国塞柯马公司的液压凿岩机技术，能够生产出HYD200系列液压凿岩机外，我国已拥有多个自行研制的液压凿岩机型号，包括YYG80、TYYG20、YYT30、YYG30、YYG80A、YYG90、YYG250B等。进入21世纪，国内凿岩机研制又开始逐渐兴起，2000年长沙矿冶研究院完成了气液联动凿岩机的研发工作，生产出了样机，并进行了室内试验，获得了国家实用新型专利；2001—2003年，长沙矿冶研究院和鲁中冶金矿业集团公司在“十五”国家科技攻关项目中成功研制了气液联动凿岩机（配TJ25钻架），其当量钻速（完成一排扇形孔的平均钻速）为YGZ90气动凿岩设备的1.8~2倍，已实现最大钻深27.2 m，说明气液联动凿岩机已具备高分段深孔钻进的能力。到2015年，国产液压凿岩机产品质量有所进步，但是在使用性能和工作可靠性上，与进口的先进产品仍有不小差距。大多数厂家还是仿制国外产品，而且没有达到国外产品的技术水平。早期国内研制和引进技术进行生产的液压凿岩机没有市场上公认的名牌产品，基本上不能取代进口，国内市场依然被进口产品占领。

目前，国内液压凿岩机生产厂家已经超过20家，而且还在不断增加，用于地下采矿的液压凿岩机主要生产厂家有江西沃思德凿岩液压有限公司、张家口宣化华泰矿冶机械有限公司（RD18U、RD22U、RC2000、RC2200）、普洛德（常州）液压科技有限公司（PD350、PD360、PD380、PD400）、耿力机械（GL18T）等。

三、地下凿岩设备技术发展

地下凿岩设备是一种地下矿山、工程及隧道采用钻爆法施工的凿岩设备，包括平巷掘进台车、采矿台车、地下潜孔钻机和天井钻机等；按照行走机构可分为轨轮、轮胎和履带式；平巷掘进台车按照架设凿岩机台数又可分为单臂、双臂和三臂台车。

（一）平巷掘进台车

平巷掘进凿岩台车是指装有导轨式凿岩机并以液压油作为整机动力传动介质，用于矿山巷道掘进的钻孔设备，平巷掘进凿岩台车主要用于水平巷道与倾斜巷道掘进中的钻凿炮孔作业，也可用于钻凿锚杆孔、充填法或房柱法采矿炮孔。我国液压凿岩台车的发展走的是一条自主研发与引进消化国外技术相结合的道路，经过几十年的发展与探索已经初步形成了自己的产品规格与系列，达到了一定水平。

20世纪60年代，我国各大矿山就开始自行研制气动掘进台车。1973年，原冶金部大力推广河北寿王坟铜矿的轨轮式双臂气动掘进台车，1975年8月CGJ-2型掘进台车通过原冶金部组织的技术鉴定，1976年7月CGJ-3型掘进台车通过技术鉴定，二者均为轨轮式气动台车，前者为双臂，后者为三臂。1976年在大庙铁矿试验了CTJ-3型胶轮式三臂气动掘进台车。

1980年由长沙矿冶研究院、株洲东方工具厂等单位研制成功我国第一台用于生产的液压凿岩机YYG80，装配于CGJ-2Y型全液压掘进台车上在湘东钨矿进行了工业试验并通过了部级技术鉴定。由此拉开了国内研制液压凿岩台车的序幕，相继有北京钢铁学院（现北京科技大学）、中南工业大学（现中南大学）、长沙矿冶研究院、马鞍山矿山研究院、中国矿业大学、煤炭科学院建井研究所、沈阳风动工具厂、天水风动工具厂、衢州凿岩机厂和宣化风动工具等10多个单位开发研制液压凿岩机和配套掘进台车。由中南大学研究设计，广东有色冶金机械厂制造的CGJ25-2Y型全液压掘进台车，装配两台YYG90型液压凿岩机，1988年在汝城钨矿使用时，与铲插式装岩机、搭接梭式矿车组成掘进机械化作业线，创造了在2.4 m×2.6 m断面中月进尺250 m，掘进工效稳步超过1 m/工班的好成绩，1991年在桓仁铜锌矿创造过单台单班进尺5.4~6 m的好成绩。

随着改革开放，我国陆续进口了国外先进的掘进凿岩台车，并且引进技术，在20世纪80年代中后期与90年代前期，宣化采掘机械厂和沈阳有色冶金机械总厂分别引进法国埃姆科·塞柯马（Eimco-Secoma）公司技术，前者生产CTH10-2F型履带式全液压掘进台车，后者生产水星14型双臂全液压掘进台车，南京工程机械厂也引进了瑞典阿特拉斯·科普柯（现安百拓）公司的技术，生产Boomer H174、H175、H178等型号的掘进凿岩台车。

20世纪90年代中期，南京工程机械厂又与瑞典阿特拉斯·科普柯公司合资成立了南京华瑞公司专门生产掘进凿岩台车。当时国内自行研制了多种凿岩台车，但推广使用较少。随着我国制造业整体水平的大幅提升，国产掘进凿岩台车的设计制造也进入新的阶段，产品性能和可靠性显著提高，在矿石开采、隧道施工等领域发挥着越来越重要的作用。

20世纪90年代中期以后，国内对由计算机导向和全自动控制的凿岩机器人研制取得了实质性进展。在隧道凿岩机器人研究方面，北京科技大学于1993年完成了钻孔过程计算机控制寻优的实验室研究。中南工业大学（现中南大学）于1986年开展了学习再现式凿岩机器人的实验室研究工作，随后又完成了凿岩机器人运动学及动力学模型、孔序规划、车体定位控制等一系列研究。这些成果不但在机构上有了创新，而且形成了自成体系的特色理论研究和设计方法，填补了我国全液压自动化凿岩台车研究的空白。

国内在凿岩台车控制系统方面存在不足。1998年，中南大学在863计划智能机器人主题重大研究项目支持下，开始了国内凿岩机器人的自主研发。2000年，JSZY290M型门架式两臂隧道凿岩机器人问世，成为我国第一台隧道凿岩机器人样机，标志着我国液压凿岩技术及凿岩台车的自动化控制技术向产业化迈进了一大步。在国家“十五”863计划引导项目和科技部中小企业技术创新基金的资助下，中南大学与湖南山河智能机械股份有限公司合作进一步在凿岩机器人本体结构、分布式控制、钻臂定位精度、系统网络功能等方面进行研发及产业化。

目前，国内生产的平巷掘进台车主要有中国铁建重工集团的 CYTJ45 系列、中铁工程装备集团 DJ3 系列、徐工集团的 CYTJ45 系列、宣化华泰矿冶机械公司的 CYTJ 系列、江西鑫通机械制造公司的 DW 系列、湖南五新隧装的 WD 系列等。提高全液压掘进凿岩台车、液压凿岩机产品质量和可靠性，研发具有自主知识产权的核心技术，提升国内自主品牌的影响力，是国家凿岩机械整个行业发展的必由之路，是我国凿岩机械行业未来发展的方向。

（二）采矿台车

地下采矿台车是指装有导轨式液压凿岩机、用于钻凿中深炮孔的凿岩设备，也称中深孔采矿台车，主要应用于地下矿山采矿作业。一般来说，与掘进炮孔相比，采矿炮孔的孔径更大、孔深更大，布置与排列大多为向上的扇形和平行炮孔。这就要求工作机构的强度更大、稳固性更好，要求凿岩机的功率更大、可靠性更高，要求钻具（包括钎尾、连接套、钻杆、钻头）的强度与寿命更好。

与平巷掘进台车相比，地下采矿台车工作机构的结构型式更加复杂、类型更加多种多样；采矿台车的钻孔精度要求更高，要求炮孔直线度好、方向偏移度（简称“孔偏”）小。采矿台车都是采用接杆凿岩，要求有换杆器，使接卸钻杆、存储钻杆的动作机械化和自动化，向上凿岩还需要设置集尘器（又称作导流器）。总之，采矿台车比平巷掘进台车的技术含量更高。

1976 年，北京钢铁学院（现北京科技大学）、桂林冶金机械厂和广西大厂矿务局等单位合作研制出国内第一台 YCT-1 型全液压采矿台车，于 1984 年进行工业试验，1986 年 3 月通过了省部级鉴定。

2006 年，依托“十一五”国家科技支撑计划“高效节能大型矿山成套设备研制”项目，由长沙矿山研究院承担、湖南有色重型机器有限责任公司参与的“高效凿岩设备的研制”课题中，研制了用于井下矿山的 CSY50 型全液压采矿凿岩台车。采用 PLC 程序控制方法，结合冲击破碎理论、液压凿岩理论以及矿山应用环境，攻克了根据岩石状况自动进行最优化参数调节的控制技术，依据炮孔布孔位置要求自行定位的高精度定位技术，研制出一款智能化的全液压采矿凿岩台车。其主要技术创新点：（1）首次在井下采用基于 DSP（数字信号处理）的液压凿岩智能控制技术；（2）采用软特性自动防卡钎技术；（3）采用滑移式底盘行走系统；（4）配置盘式联动钻杆库；（5）可进行 360°环形孔凿岩。该项目的产品通过了国家有色冶金机电产品质量监督检验中心检测，并在多个矿山推广应用，取得了明显的经济效益和社会效益。该项目成果于 2011 年 5 月 26 日通过了由科技部社会发展科技司组织的项目验收，并于 2011 年 9 月 25 日通过了由中国有色金属工业协会组织的科技成果鉴定。

“十二五”初期，“地下金属矿智能开采技术”项目是 863 计划优先启动的研究任务，通过五年的攻关，以长沙矿山研究院有限责任公司为第一完成单位，深圳市中金岭南有色金属股份有限公司参与的项目“智能中深孔全液压凿岩台车”，研究了凿岩台车高精度定位与作业技术，实现了地下金属矿关键装备的“智能作业”功能。研发出了以车载计算机为核心、以PLC群为控制层的智能中深孔全液压凿岩台车。该设备具有自主智能行走、自主智能定位、自主智能凿岩的无人化作业能力，主要用于地下矿山的中深孔凿岩作业。该成果具有较好的性价比，可取代进口凿岩设备，单台套可节省采购成本1/3以上。该装备可作为地下金属矿山实现智能化开采的关键装备，为矿山提质增效，矿山智能化、绿色化、规模化开采提供了重要装备保障，极大地促进了我国地下矿山的技术进步，具有较好的经济效益和社会效益。

“十三五”期间，国家重点研发计划“深地资源勘查开采”布局了“基于大数据的金属矿开采装备智能管控技术研发与示范”重点专项，突破了开采过程及装备大数据采集与融合，以及基于大数据的预测、诊断、控制与调度等技术瓶颈。随着5G技术的快速发展，采矿行业成为5G+工业互联网探索和应用的热门领域，涌现出山东黄金集团三山岛金矿“5G+凿岩台车、5G+远程破碎系统、运转系统无人化”、洛阳钼业“5G+钻、铲、装超远程精准控制和纯电动矿用卡车智能编队运行”等金属矿智能化开采应用场景。三山岛金矿凿岩台车远程遥控系统基于无线通信、视频传输、自动化控制等最新技术，将台车大臂多路阀和凿岩、快退先导阀液控改装升级为电液驱动。

目前，国内生产的地下中深孔采矿台车型号主要有铁建重工的ZY41D系列、宣化华泰的CYTC系列、江西鑫通的XTDL系列，这些产品均具备机械化操作和自动换杆功能，但仍不具备自动化作业功能。因国内用于中深孔凿岩的重型液压凿岩机的生产制造尚不过关，且地下采矿台车的技术门槛较高，故国内品牌的地下采矿台车在地下金属矿山虽有使用，但还没有得到普遍认可。

（三）地下潜孔钻机

地下潜孔钻机是指采用气动潜孔冲击器（气动潜孔锤），以冲击作用为主、回转作用为辅进行中深孔凿岩的地下采矿机械。地下潜孔钻机外形结构比较紧凑、整体尺寸较小，通常应用于地下超高分段、大孔径、深孔的凿岩作业中。

20世纪50年代末，我国从苏联引进了BA-100型地下潜孔钻机和M-1900型潜孔冲击器，于是潜孔钻机在国内凿岩领域得以推广应用。

20世纪70年代，国内以低风压潜孔钻机为主，为增大钻孔直径和钻孔深度，开始研究大直径深孔凿岩方法。

20世纪80年代，从瑞典、美国、加拿大等国家引进了多种潜孔钻机及配套设备，仿制的DQ150型钻机很大程度上满足了我国初期对大直径深孔凿岩采矿的需求。目前我国形成了自主的地下潜孔钻机品牌，主要有张家口宣化华泰矿冶机械的KQLG系列潜孔钻机、安徽铜冠机械的KQG系列潜孔钻机、浙江志高机械的ZEGAUP45潜孔钻机等。

随着科技进步，地下潜孔钻机不断向自动化和智能化发展，如配置微型计算机、实现远程遥控、实时收集显示并自动记录钻孔的参数变化等，既能解放人力，又可提高其钻孔精确度和使用寿命。

（四）天井钻机

天井钻机是指利用旋转钻进破岩成孔并能反向扩孔的井筒开挖机械，也称反井钻机。天井，一般指风井、溜井、充填井、材料井及管井等，是地下矿山基建和生产采准切割的重要井巷工程，天井通常采用由下向上的施工方法，称为反向凿井法。20 世纪 60 年代我国开始研究天井钻进法，20 世纪 70 年代后期开始应用于生产，先后研制并应用了普通型和低矮型两种天井钻机，其中低矮型应用较多，可钻凿直径为 1~2 m、深度为 100~120 m 的天井。当岩石坚固性系数为 12~14 时，导孔的钻速为 5~7 m/h，扩孔速度为 1~1.5 m/h，天井偏斜率小于 1%。自 20 世纪 80 年代初，我国天井钻机及钻井施工技术与装备的发展经历了 4 个主要阶段：

（1）矿山小型天井钻井研发阶段（1980—1988 年）：在“七五”国家科技攻关项目支持下，借鉴钻井法和国外经验基础上，煤炭科学研究总院北京建井所和南京煤研所分别研制了 LM-120 型和 ATY-1500 型天井钻机，主要用于钻进小直径（1.0~1.5 m）、深度小于 100 m 的井孔，逐渐形成了以天井钻机钻进导井，再采用钻爆法扩大井孔，并进行井壁支护的井下大直径天井工程施工工艺。

（2）天井钻机钻井技术与装备发展阶段（1989—2005 年）：通过对天井钻机材料性能和装备性能的研究，其转矩、推力、拉力等钻进技术参数得以提高，破岩滚刀适用范围从软岩扩展到中硬岩体，导孔钻进、偏斜控制、地层处理等技术也相应提高，天井钻机技术与装备得以迅速发展，应用范围逐渐扩大。

（3）天井钻机钻井技术与装备成熟阶段（2006—2019 年）：针对坚硬岩石条件下直接采用煤矿井下用天井钻机，其支撑结构受力复杂及钻机装备能力低，导致钻进参数不合理、破岩滚刀寿命低、钻进效率和经济性差等问题，北京中煤矿山工程公司有针对性地研发了新型锯齿形钻杆、丝扣连结、多油缸推进、多马达驱动等关键技术，研制了适合在更加坚硬岩石中高效率钻进的大直径 BMC 系列天井钻机，使得天井钻机能在不同类型的岩石中高效钻进，满足了地下工程建设和矿产资源开发等不同领域钻井的工程需求，达到了扩孔直径为 0.75~5.00 m、钻井深度为 90~600 m、钻进抗压强度达到 300 MPa 极硬岩石的能力，天井钻机装备性能得到大幅度提高，适用范围得到进一步拓展。

（4）天井钻机钻井技术与装备的飞跃阶段（2020 年以来）：我国深部科学探索和资源开发已全面进入千米以深，“向地球深部进军”是未来地下工程领域大势所趋，2019 年第二十一届中国科协年会发布了 20 个对科学发展具有导向作用、对技术和产业创新具有关键作用的前沿重大科学问题和工程技术难题，其中第 19 项为“千米级深竖井全断面掘进技术”，亟待攻克深部复杂岩体高效破岩、可靠性钻架稳定控制、精准钻进和智能化电控系统等一系列关键技术。2020 年 5 月北京中煤矿山工程有限公司与宁夏天地奔牛集团有限公司联合启动宁夏回族自治区重大科技项目“千米级大直径智能化反井钻机研制”，旨在研制钻井深度达千米，扩孔直径达 7.0 m 的智能化天井钻机，将实现天井钻机工作过程全自动化和远程安全操作。

目前，我国天井钻机在施工能力、机械化和自动化程度等方面达到世界先进的水平。随着大数据分析、智能化控制、物联网技术等新一代科技的快速发展与创新应用，必将推动我国天井钻井自动化、智能化水平的提高，将更有效地解决金属矿山、水利水电、铁路和公路隧道等地下工程建设中的建井难题，并在地下核原料开采、地下储气、储油硐室和军事等工程建设中发挥重要作用。目前生产的天井钻机有湖南创远高新机械有限责任公司的 CY-R 系列、北京中煤矿山工程公司的大直径 BMC 系列天井钻机等。

四、地下铲运机技术发展

地下铲运机是用于地下采矿铲装、运输和卸载作业的轮胎式车辆，是井下无轨采矿工艺的主要支撑设备，既可以用于采矿出矿、向低位的溜井卸矿，也可以向较高的运输车或者矿车卸矿，还可以用铲斗运送设备、辅助材料，修路、铺路和隧道工程等。地下铲运机又称地下装载机。以铲运机为代表的无轨采矿设备与传统设备（如电耙、风动装运机）相比，具有很多优越性：设备机动、灵活，在井下可以很便利地从这一采场调到另一采场，从这一分层调到另一分层，既可以装运矿石，也可以完成其他工作（如撬顶、起吊、搬运、平路等）；设备的生产能力高（通常是老式设备的 2~3 倍以上），可以减员增效；提高井下机械化水平，降低劳动强度。

自 20 世纪 60 年代美国瓦格纳（Wagner）公司成功试验第一台 ST5 型铲运机以来，铲运机以其高效、灵活、机动、多用和生产费用低等优点，在世界各国的地下矿山开采中广泛应用。我国井下矿山无轨装备的应用仅比国外晚了 10 年左右，我国地下铲运机的研制经历了引进、合作制造、自主开发、创新发展四个发展阶段。

1975 年，我国河北铜矿率先引进波兰 LK-1 型铲运机，该机斗容为 2 m^3，载重量 4 t，整机尺寸比较大，但便于维修，只是该机采用的柴油机并非低污染的柴油机，废气排放指标差。尽管该机的污染问题比较突出，但该机型比较结实，适合我国当时条件，加上价格低，因此很多矿山都使用该机型，其进口量在进口机中居首位。由于柴油机的污染，国外在 1972 年开发出拖拽电缆供电的电动铲运机，使空气污染得以彻底解决，我国对电动铲运机一开始就怀有浓厚的兴趣，黄金矿山首先引进了 7 台 ESTH-1A 型小型电动铲运机。

自行研制地下铲运机始于 20 世纪 70 年代中期，由长沙矿山研究院分别与厦门工程机械厂和柳州工程机械厂（现天津工程机械研究所）合作，改型研制成功了 DZL40 型和 DZL50 地下内燃铲运机。80 年代初我国着手开发电动铲运机，有马鞍山矿山研究院与扬州冶金机械厂共同研制的 WJD-1. 5 型电动铲运机和马鞍山矿山研究院与南昌通用机械厂共同开发的 WJ-76 型电动铲运机（后改型为 WJD-0. 75），这两种样机于 1984 年同时在大冶铜绿山矿完成工业试验，并通过技术鉴定，开始小批量推广使用。自此，全国几家重要的矿山研究院和几家有实力的矿山机械厂都加入这一行列，但未能在国内市场上真正站稳脚跟，主要原因是我国的基础元件（如变矩器、变速器、油泵等）质量不过关。在不断总结经验后，大都进口主要部件或与外商合作生产，使这些铲运机的可靠性得到提高。

20 世纪末，在我国矿山，更偏重使用电动铲运机，国产铲运机中电动铲运机所占比例也较大。在我国井下矿山使用的铲运机中，进口机型和国产机型各占一半左右。而电动铲运机和柴油铲运机大致各占一半，随着 LK-1 型铲运机的退役，电动铲运机所占比例正逐年提高。

目前地下铲运机已经发展到第四代，即具有自主控制功能的铲运机。第一代地下铲运机是人工操控，铲运机必须有工人在驾驶室操控，进入采场作业存在安全问题。第二代视距操控铲运机，工人可以站在作业危险区之外的视距范围内，通过无线遥控装置，操控地下铲运机，但由于地下灰尘和光线问题，工人遥控操控时视野不好，导致铲装时很难装满，同样存在着安全和效率问题。基于上述缺点出现了第三代地下铲运机，此时操控者可以在地下维修的硐室或地表等远距离操控铲运机，即操控者更加远离危险作业区，在舒适的地表或地下维修硐室远程控制铲运机的装载、运输和卸料循环，操控者工作条件大大改善，但如果操控者不专心，稍有疏忽，就会发生意外事故。为了防止类似情况的发生，第四代半自主或自主操控地下铲运机应运而生，即部分实现自动化或整个过程全部实现自动化。

进入 21 世纪以来，我国启动地下铲运机新技术的研发，实现了一项又一项的重大技术突破。“井下铲运机状态监测与故障诊断技术研究”项目是“十一五”期间我国围绕地下铲运机的监测与诊断进行的 863 计划项目，研究内容包括地下无人采矿设备导航技术研究、地下无人采矿设备定位系统研究、地下智能化无人操纵铲运机研究、铲运机智能化实现方法研究等。项目研究成果使得矿山能够改进现有的采矿方法，采用更加安全，更加经济的新方法，实现无人采矿，对于采矿设备本身的自动化水平和智能化水平有显著提高，同时可以对采矿设备的状态进行监测和诊断，实现预知维修，从而使采矿设备的管理真正走向数字化的现代化管理。

“十二五”初期，863 计划“地下金属矿智能开采技术”项目优先启动，由北京矿冶研究总院联合长沙矿山研究院、北京科技大学、中南大学、东北大学等 11 家单位共同完成，凡口铅锌矿作为项目的试验基地，有效保障了各项试验的顺利推进。项目瞄准我国地下矿山采矿生产中的“凿岩—装药—铲装—运输”这一主体作业流程，研发实用化的采矿装备，开发地下矿山的信息采集、定位导航、调度管理等系统，为攻克我国地下深部矿产资源开采作业面临的工作环境危险恶劣、生产要素调度管理复杂等突出难题提供系统化解决方案。通过 5 年攻关，项目研制出“智能中深孔全液压凿岩台车”“地下高气压智能潜孔钻机”“地下智能铲运机”“地下智能矿用汽车”和“地下智能装药车”五大智能化无轨装备。在地下铲运机方面，项目研制出“地下智能铲运机”，可在调度与控制系统的指挥下实现全无人作业和自主行走，具备自动换挡与无人驾驶、高精度自动称重、定点卸载等功能，实现了地下金属矿关键装备的“智能作业”功能。项目研究成果以系统集成方式在凡口铅锌矿、山东黄金焦家金矿进行了现场工业技术验证，达到了预期目标，具有良好的推广应用价值，如图 4-27 和图 4-28 所示。目前，地下金属矿智能装药车、三维激光扫描仪、泛在信息采集系统等成果已在国内矿山企业推广应用，创造产值超过 1600 万元，带来了良好的经济效益和社会效益。

图 4-27 “十二五”期间研制的地下智能铲运机

图 4-28 “十二五”期间研制的地下智能装药台车

“十三五”期间，国家重点研发计划“深地资源勘查开采”重点专项针对地下采矿设立了“地下金属矿规模化无人采矿关键技术研发与示范”项目，该项目由北京矿冶科技集团有限公司牵头，山东黄金集团有限公司、北京科技大学等 10 家单位通过“产学研用”深度合作模式联合攻关，以实现深部采矿过程现场全面无人化作业为核心目标，重点开发具有自主知识产权的无人采矿智能装备集群控制系统，并建成国内首个开采深度达到 1000 m 的地下金属矿山无人采矿示范工程，形成具有完全自主知识产权的无人采矿成套技术与装备，为我国深部矿产资源的安全高效开发提供战略性技术保障。围绕地下金属矿规模化无人采矿关键技术进行攻关，项目成功研制出具有自主知识产权的多种地下金属矿无轨采矿装备、有轨电机车无人驾驶系统、无人智能破碎系统、无人爆破系统、无人开采生产调度智能管控系统、装备防碰撞及故障诊断系统、无人采矿增强现实系统、多系统多装备智能控制系统和平台等系列化重大创新成果，解决了我国地下金属矿山深部开采中的关键核心技术难题。项目成果在山东黄金三山岛金矿和西藏华泰龙铜多金属矿完成工程应用示范，同时在 10 余家矿山企业进行了推广应用，大幅减少了井下生产现场作业人员，为我国深部矿产资源的绿色、低碳、智能、安全、高效和可持续开发提供技术保障。

目前，国内生产的地下铲运机主要有北京安期生技术有限公司（2017 年，安期生与国务院国资委管理的央企北京矿冶研究总院进行战略重组，成为矿冶总院下属二级子公司）生产的 ACY 和 ADCY 系列铲运机，烟台兴业机械股份有限公司生产的 XYWJ、XYDC 和 XYWJD 系列铲运机，青岛中鸿重型机械有限公司生产的 FL 系列铲运机，安徽铜冠机械股份有限公司生产的 WJ 系列和 WJD 系列铲运机，徐工集团生产的 WJ 系列铲运机。

五、地下矿用汽车技术发展

地下矿山采掘运输的关键设备就是地下矿用汽车。地下矿用汽车可在开采范围很广的矿山和有斜坡道的矿山使用，利用它可将开采的矿石从工作面运往溜矿井或直接运送到地面，具有动力性能好、通过性强、机动灵活、多功能和经济好的优势。采用地下汽车运输可以提高地下矿山的劳动生产率和产量，促进生产规模不断扩大，还改变该类矿山的回采工艺、采矿方法和掘进运输系统，促进地下矿山朝着无轨开采的综合机械化方向发展。

国内研制地下矿用汽车始于20世纪70年代中期，但由于当时基础件水平所限，研制工作没有达到预期效果。进入20世纪80年代以来，随着国内基础件研制水平的提高，中国汽车工业的发展以及国外先进技术的引进，我国地下矿用汽车的研制水平有了长足的进步和提高，当时我国地下矿用汽车的研制还处于初期阶段，无论品种还是数量、规模，远远满足不了国内地下矿山发展的需要。20世纪90年代初，我国将地下矿用汽车研制列为国家重点机械化攻关项目。许多科研单位投入了大量的人力、物力和财力，致力于地下矿用汽车的研制，取得了可喜的进展。JZC-8、JZC-10、DKC-12三种机型是北京矿冶研究总院自主开发的地下矿用汽车，由北京矿冶研究总院机械制造厂和石家庄新华矿冶机械厂制造，这三种车型设计时进行了整机动力性能匹配和计算机仿真等分析计算，整机匹配合理、结构紧凑、操纵简单灵活、使用性能好，具有较好的爬坡能力和较大的牵引力，能满足地下矿山运输要求。

金川有色金属公司和北京科技大学共同研制的JKQ25型地下矿用汽车，整体性能达到了设计要求，质量可靠、故障率低，由于技术性能达到德国进口的同类设备，被金川公司指定为主力生产设备，2000—2001年生产了10台，形成销售额2300万元人民币。同期还有长沙矿山研究院设计、南宁重型机器厂制造的DQ-18型地下矿用汽车，太原矿山机械厂、金川有色金属公司和南昌矿山机械研究院合作研制的UR-12、UK-12A型地下汽车。

“十一五”期间，北京矿冶研究总院与北京科技大学等单位共同承担了国家863计划“地下无人采矿设备高精度定位技术和智能化无人操纵铲运机技术研究”项目，在国内初步开展了地下矿用汽车自主导航与控制技术研究，试验了模型机的无人驾驶。“十二五”期间，山东黄金集团、北京科技大学等11家单位联合申请并承担了国家863计划课题“地下智能矿用汽车”，其标志性研究成果“35 t智能卡车”由北京科技大学牵头设计，山东黄金集团工程公司负责样车研制及试验，焦家金矿负责现场试验。首次将“交-直-交”轮边驱动技术应用于地下运输设备，是世界上首台双动力、四轮独立电驱动、无级变速、自动差速井下运矿卡车，填补了行业空白。

目前，国内生产的地下矿用汽车有徐工集团生产的DAM系列地下矿用汽车、烟台兴业机械股份有限公司生产的XYUK系列地下矿用汽车、北京安期生技术有限公司生产的AJK系列地下矿用汽车、金川集团股份有限公司生产的KU系列地下矿用汽车。

六、其他无轨辅助设备

为充分发挥铲运机、台车、矿用汽车等无轨采矿设备的功效，除上述主体设备外，必须组织一整套由辅助车辆组成的无轨综合服务车队。主要产品有工程维修车、运料车、润滑车、装药车、锚杆钻装车、混凝土喷浆车、二次破碎车等。为了较好地解决这些问题，原冶金部在符山铁矿组织无轨辅助设备综合机械化试点，1986年同时鉴定了6种辅助设备：马鞍山矿山研究院和苏州冶金机械厂合作生产的YCK-3型井下运料车、马鞍山矿山研究院与扬州冶金机械合作生产的MAG-1型锚杆安装车、邯邢冶金局研制的DYC-1型润滑车、长沙矿山研究院和苏州冶金机械厂共同研制的DLJ-1型井下维修车、北京科技大学和宣化风动机械厂共同研制的YS-5000型地下液压碎石机、马鞍山矿山研究院和长治机械厂研制的 BC-1 型井下装药车。根据符山铁矿的生产统计资料，综合机械化后，使铲运机的效率得到较好发挥，采区全员劳动生产率提高了 76%，出矿成本降低了 28.57%，能源消耗降低为原有值的 1/8，这为我国辅助车辆的研制和应用创造了一定的条件。进入 20 世纪 90 年代后，又有一些辅助设备先后通过鉴定，包括 WG-2 型油车、WF-2 型维修车、HPC-11 型混凝土喷浆车、DC-2 型井下装药车、UFD-2 型井下多功能服务车、CDC 型顶板作业车等，这些设备已在金川、凡口等有色矿山使用。

第五章 选矿设备

第一节 破碎设备

破碎设备是利用机械能达到挤压、折断、劈裂、剪切、冲击、研磨等作用方式实现物料破碎的设备，根据其在破磨流程中所处阶段及破碎产物粒度可分为粗碎破碎机、中碎破碎机及细碎破碎机。常用的破碎设备根据结构和工作原理可分为颚式破碎机、旋回破碎机、圆锥破碎机、辊式破碎机、辊齿破碎机、盘式破碎机、冲击式破碎机等。

在铁矿石破碎流程中，常见的破碎流程为三段一闭路破碎流程。一般粗碎采用颚式破碎机及旋回破碎机，中碎采用标准及短头圆锥破碎机，细碎采用圆锥破碎机或高压辊磨机，在采用圆锥破碎机时破碎最终产品粒度一般为8~12 mm，而采用高压辊磨机破碎时可将最终产品粒度降到3~5 mm。不同地区根据矿石的不同及工艺要求不同，破碎流程有所不同。

一、颚式破碎机

颚式破碎机是利用活动颚板周期性地接近固定颚板产生压碎、劈碎、折断和冲击等作用使物料破碎的一种最简单实用的破碎设备。目前，应用最为广泛的颚式破碎机主要是简摆颚式破碎机和复摆颚式破碎机两种，另外还有液压颚式破碎机、外动颚式破碎机、PEV颚式破碎机、振动颚式破碎机等。

（一）颚式破碎机的主要类型

1. 简摆颚式破碎机

简摆颚式破碎机基本结构如图5-1所示，主要由机架、动颚、颚板、侧面衬板、心轴、偏心轴、肘板、肘板座，动颚拉紧装置、带轮和飞轮等组成。破碎腔是由固定颚板、动颚板和侧面衬板构成。动颚悬挂在心轴上，可绕心轴做左右摆动往复运动。动颚的摆动是靠曲柄双摇杆机构实现的，曲柄双摇杆机构由偏心轴、前肘板和后肘板组成。动力经皮带传递给偏心轴，使其做旋转运动，经偏心轴将偏心运动传递给动颚，使动颚相对固定颚周期性地靠拢与分开，从而实现物料的破碎。通过调整装置可调节排料口的大小，从而控制破碎产品的粒度，靠推力肘板的断裂实现对破碎机核心部件的保护。

2. 复摆颚式破碎机

复摆与简摆颚式破碎机的不同之处是将简摆颚式破碎机动颚悬挂轴和前肘板去掉，并

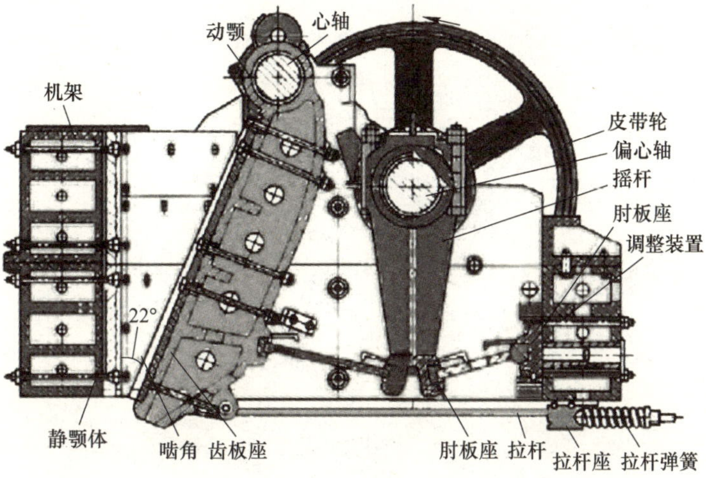

图 5-1 简摆颚式破碎机结构示意图

将动颚悬挂在偏心轴上，使连杆与动颚合二为一便构成了复摆颚式破碎机。其结构较简摆颚式破碎机简单、运动可靠、质量小，安装、调试、维修方便，生产能力比简摆颚式破碎机增大明显。其结构如图 5-2 所示。

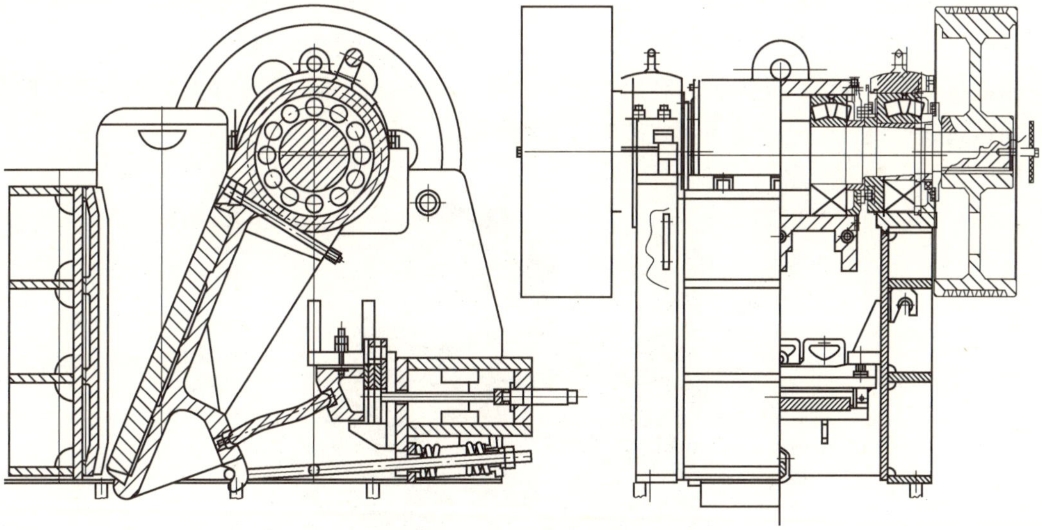

图 5-2 复摆颚式破碎机结构示意图

3. 外动颚式破碎机

外动颚式破碎机结构原理图如图 5-3 所示，它采用边板将外置动颚与传动部分连接成一体，将静颚部（可调颚部）放置在动颚与偏心轴之间，其上部安装在悬挂轴上，绕悬挂轴作往复摆动，下部通过调整部拉杆调节倾斜角度，肘板对其进行保护。外动颚式破碎机是通过边板或护板将偏心运动传到外侧的动颚上，使动颚在外部相对静颚做往复运动，实现物料的破碎。

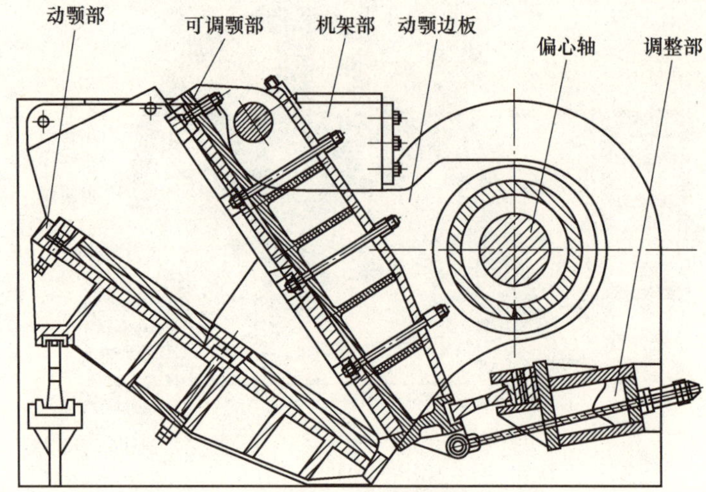

图 5-3 外动颚式破碎机结构示意图

4. PEV 颚式破碎机

PEV 颚式破碎机结构原理如图 5-4 所示，将电机座与机架一体化联结，无须电机基础，采用大离心力和陡肘板倾斜角设计，使得在破碎腔底部有效冲程更大。大冲程、合适的转速和飞轮惯性，以及大破碎利用率能保证更好的破碎性能。在小排料口下生产，PEV 系列颚式破碎机可产出比其他颚式破碎机更细的破碎产品。

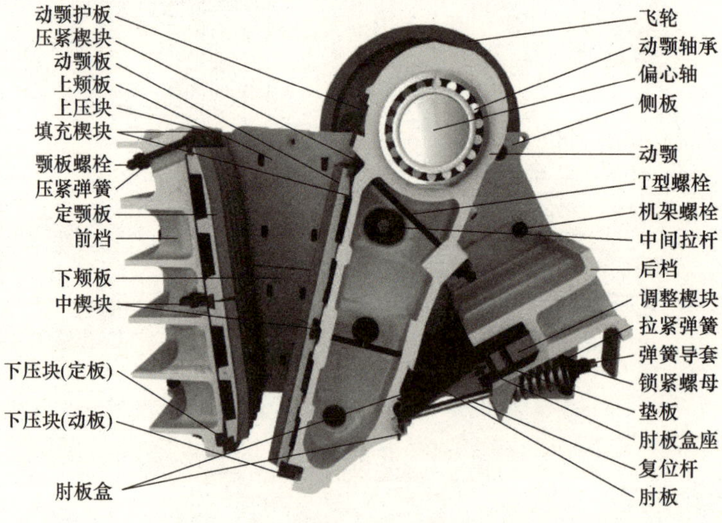

图 5-4 PEV 颚式破碎机结构示意图

（二）颚式破碎机的发展历程及在铁矿中的应用

新中国第一台颚式破碎机在沈阳重型机器厂诞生。20 世纪 80 年代，国内对中小型颚式破碎机进行了大量研究，形成了正悬挂、零悬挂、负悬挂、正支撑、负支撑、外动颚（低矮式）、深腔、振动式、回转式、液压保险、双腔和双动颚等多样化的结构型式。为满足中、小规模生产降低破碎产品粒度的要求，开发了规格齐全的细碎型颚式破碎机。为适应地下矿连续开采技术，满足“多碎少磨”和短流程破碎工艺，矿冶科技集团有限公司创新研发了外动颚式破碎机。

国外颚式破碎机在铁矿粗碎领域应用较多，使用颚式破碎机进行铁矿废石处理也有相关案例。国内颚式破碎机在粗碎应用较为普遍：PE1215 颚式破碎机在苍山铁矿用于铁矿的粗碎，程潮铁矿、金山店铁矿、八台铁矿、南芬铁矿、小官庄铁矿、西石门铁矿、弓长岭铁矿等铁矿井下破碎也采用颚式破碎机进行粗碎，鑫宇铁矿采用外动颚式破碎机进行铁矿粗碎，均取得较好的结果。

二、旋回破碎机

旋回破碎机是借助旋摆运动的动锥周期性地靠近固定锥，采用挤压、冲击等方式使破碎腔内的物料得到破碎的大型粗碎破碎机。旋回破碎机正常工作时，动锥轴跟随偏心轴套转动。当动锥靠近定锥时，物料受到动锥与定锥的挤压破碎，当动锥远离定锥时，挤压破碎后物料由于自重及物料相互间的挤压排出破碎腔。

（一）旋回破碎机的主要类型

根据调节排矿口的装置种类，旋回破碎机可分为液压旋回破碎机和机械式旋回破碎机，液压式的旋回破碎机又分为顶部单缸和底部单缸的液压旋回破碎机。现在中大型旋回破碎机一般采用液压旋回破碎机。

液压式旋回破碎机结构图如图 5-5 所示，主要包含偏心轴套、动锥、液压缸、定锥和传动轴等。液压式破碎机保险装置是液压系统中的蓄能器。机体下部的液压缸提供动锥上下运动的动力，满足排料尺寸不同的要求。当过载时，破碎力急剧上升，引起液压系统油压升高，当压力高过蓄能器里的氮气压力时，氮气被压缩液压油通过单向节流阀进入蓄能器，同时，液压缸中油量减少，活塞下落、动锥随之下落，排料口增大，排出造成过载的非破碎物。若非破碎物过大而未能排出时，则油压继续升高，蓄能器中氮气继续被压缩，动锥下降，当液压系统的压力升高到调定值时，电触点压力表作用，引起主电机跳闸停止运转。

（二）旋回破碎机的发展历程及在铁矿的工业应用

沈阳重型机器厂（现北方重工集团）在 20 世纪 80 年代引进了美国富勒（FULLER）公司 TRAYLOR 型液压旋回破碎机技术，从 1974 年开始，沈阳重型机器厂重新编制了新的底部单缸液压旋回破碎机系列型谱，增加了 1400 mm、1600 mm 和 1850 mm 等 3 种大规格。20 世纪 90 年代初德兴铜矿大山选矿厂使用了两台 54 ~ 74 英寸（1 英寸 = 25.4 mm）该型设备，给料口尺寸为 1372 mm，排料口尺寸为 150 mm。

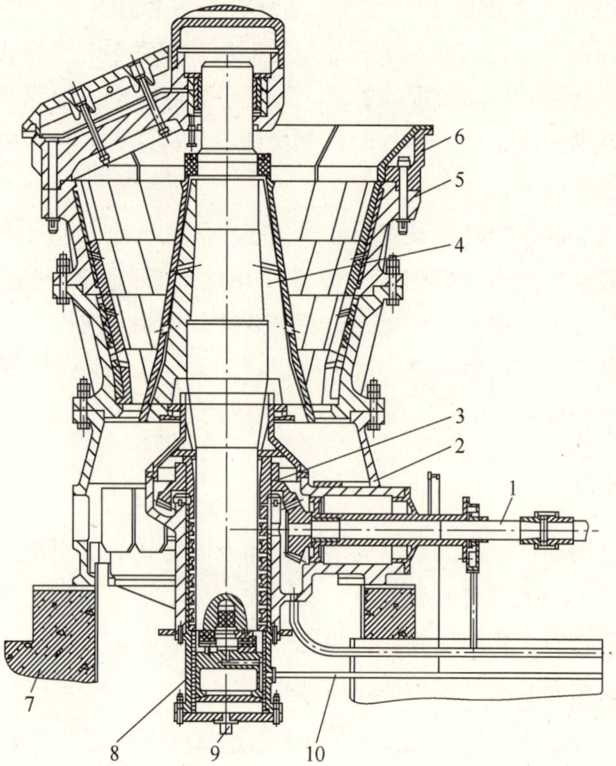

图 5-5　液压式旋回破碎机结构示意图

1—传动部；2—机座部；3—偏心轴套；4—破碎圆锥部；5—中架体部；6—横梁部；7—基础部；8—液压缸部；9—液压部；10—稀油润滑部

目前，北方重工设计制造的 PXZ1623 旋回破碎机，处理能力可达到 3050～3350 t/h。中信重工设计制造的 PXZ60-113Ⅲ型旋回破碎机，处理能力可达 5600～17000 t/h，是国内自行制造的最大规格的旋回破碎机。中信重工还将旋回破碎机技术成功融入大型半移动和移动式旋回破碎站的成套系统设计中，已成功开发出 PSZ3000-B 和 PSZ4000-B 型半移动式旋回破碎站，PXZ-160/191 和 PXZ-152/226 型旋回破碎机均为其核心破碎设备，单机处理能力达 8000 t/h 以上。太钢袁家村铁矿选矿厂粗破碎选用一座可移动式 6389 旋回破碎站，最大能力 5400 t/h。柏泉铁矿碎矿作业区采用三段两闭路碎矿工艺，粗碎采用 1 台 PXZ1216 型旋回破碎机，排矿粒度为-220 mm。

三、圆锥破碎机

圆锥破碎机作为矿山物料破碎中的关键设备，主要用于矿石的中、细碎作业，它是利用动锥相对定锥做旋摆运动，使物料受到挤压、折弯、剪切和冲击等作用而破碎的设备。主要类型有弹簧圆锥破碎机、旋盘式圆锥破碎机、单缸液压圆锥破碎机、多缸液压圆锥破碎机、惯性圆锥破碎机和复合圆锥破碎机等。每个类型和规格又可根据破碎工作的需要，设计不同的腔型，分为标准型、短头型，或分为标准型、中碎型、细碎型。

（一）圆锥破碎机的主要类型

1. 弹簧圆锥破碎机

弹簧圆锥破碎机由电机、传动部、调整套、动锥、定锥、机壳等组成，其结构图如图5-6所示。动锥整体由带有球面瓦的支撑架支撑，动锥轴与偏心套形成滑动轴承。定锥、支撑套与架体连接处靠弹簧压紧，起到保险作用。工作时，电机通过皮带轮、传动轴和锥形齿轮带动偏心套旋转，迫使动锥绕固定点作旋摆运动，从而使动锥与定锥周期性距离变大变小，使破碎壁和轧臼壁间的物料不断受到挤压、折弯和剪切等作用力而被破碎。当破碎机内落入金属块等不可破碎物体时（俗称“过铁”），弹簧即产生压缩变形，定锥、支撑套远离动锥，排料口增大排出异物，防止机器损坏。

图 5-6 弹簧圆锥破碎机结构示意图

2. 液压圆锥破碎机

（1）底部单缸液压圆锥破碎机。底部单缸液压圆锥破碎机的主要结构和破碎工作原理与弹簧圆锥式破碎机相同（图5-7），主要区别是在支撑套与架体连接处安装了1套液压装置，它们之间靠液压缸压紧。当破碎机内落入金属块等不可破碎物体时，液压缸内的油压迅速上升，当缸内油压超过一定极限时，液压缸的安全阀打开，让部分液压油排出，动锥下降，使排料口增大，让不可破碎物排出，避免设备发生损坏。液压缸还能用于排料口调整、通过反复起落排除堵矿和过载保护的作用。其主要特点：破碎比大、效率高、能耗低，产品粒度均匀，排料口调整方便，“过铁”保护性能较好。

（2）多缸液压圆锥破碎机。多缸液压圆锥破碎机的主要结构和工作原理与弹簧圆锥破碎机相同，主要区别是使用多个液压缸取代弹簧锁紧静锥、支撑套与架体，其结构图如图5-8所示。液压缸在发生“过铁”及瞬时闷车的情况下，能通过液压顶起定锥、支撑套，使不可破碎物或物料自动排出，减少了停机维护的操作过程，避免了设备损坏。多缸液压圆锥破碎机主轴固装在主机架上，偏心矩较大，偏心套转速远高于弹簧圆锥破碎机，增加了破碎锥的冲击作用和破碎次数，提高了生产能力。其主要特点：破碎比大、效率高、处理能力大、能耗低，产品粒度均匀，操作方便，“过铁”保护性能较好，可靠性更好。

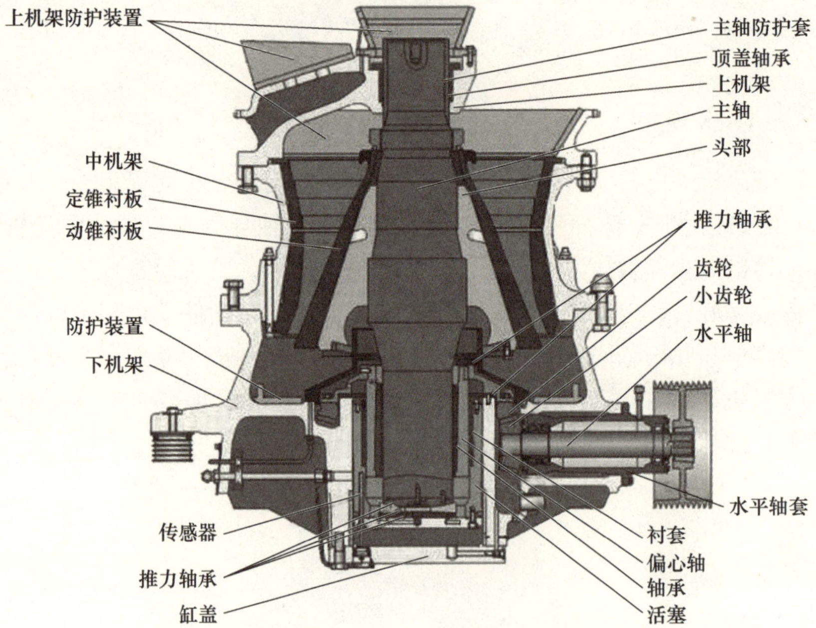

图 5-7 单缸液压圆锥破碎机结构示意图

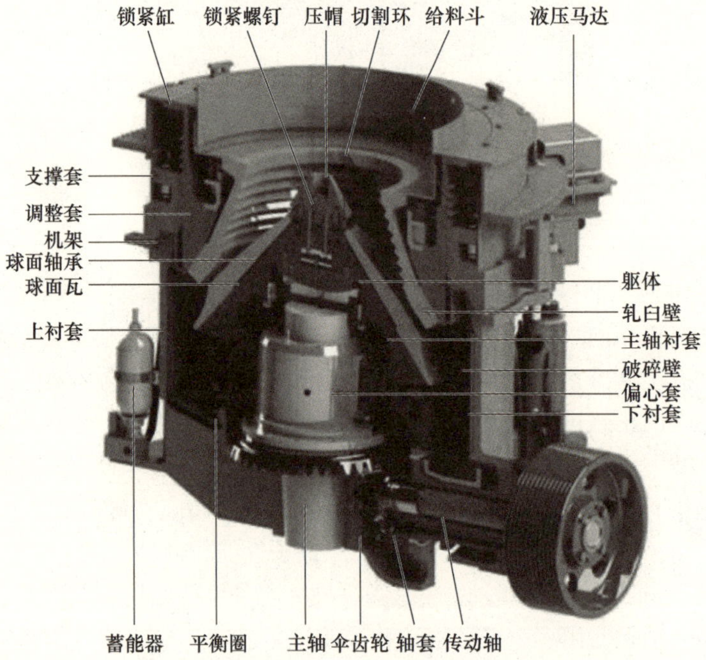

图 5-8 多缸液压圆锥破碎机结构示意图

3. 惯性圆锥破碎机

惯性圆锥破碎机结构如图 5-9 所示，主要由主电机、传动部件、激振器部件、工作机构和机壳等组成。工作机构由动锥部件和定锥部件组成，锥体上分别附有耐磨衬板，衬板之间的空间形成破碎腔。主电机带动激振器旋转产生惯性力，动锥靠近定锥时，物料受到冲击和挤压被破碎，动锥离开定锥时，破碎产品因自重由排料口排出。开路破碎毫米级产品和“过铁”能力强是惯性圆锥破碎机的突出特点。

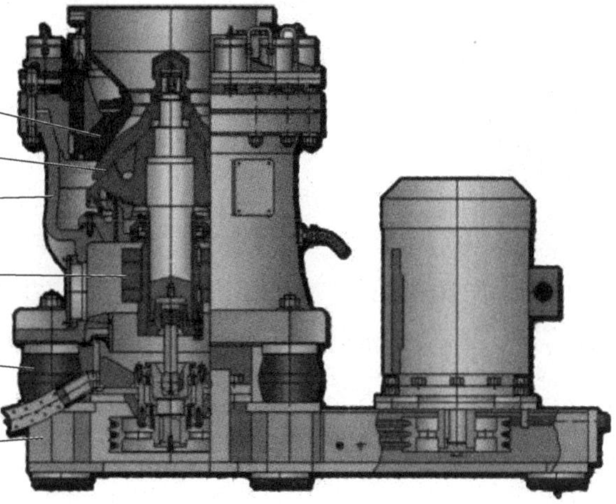

图 5-9 惯性圆锥破碎机结构示意图

（二）圆锥破碎机的发展历程及在铁矿中的应用

1954 年，我国在仿苏 2100 和 1650 弹簧圆锥破碎机基础上，自行设计生产了 1200 弹簧圆锥破碎机，1958 年又设计制造了大型 2200 弹簧圆锥破碎机。20 世纪 70 年代已研制出 1200、1650、2200 单缸液压圆锥破碎机以及 1200、1750、2200 多缸液压圆锥破碎机的系列产品。后经多年反复研制与实践，现已批量生产的新系列弹簧圆锥破碎机有 600、900、1200、1750、2200 五个规格十四种腔形；底部单缸液压圆锥破碎机有 900、1200、1650、2200 四个规格十二种腔形。惯性圆锥破碎机是苏联选矿研究设计院研制成功的一种高效、大破碎比的圆锥破碎机。20 世纪 90 年代初，惯性圆锥破碎机由北京矿冶研究总院（现矿冶科技集团有限公司）引进消化再吸收，现工业应用有 600、900、1200、1500 四种规格。

目前圆锥破碎机已达到系列化、规格化和标准化的程度。浙矿股份最大型号的 MRC66 型多缸液压圆锥破碎机，处理能力最高达 1000 t/h。大宏立最大型号的 PYYZ800 型液压圆锥破碎机，处理能力最高达 1300 t/h。南昌矿机最大型号的 MCX1300 型多缸液压圆锥破碎机，处理能力最高达 1500 t/h。埃利斯克圆锥破碎机规格为 MH900，产量达到 2000 t/h，与国际先进性能接近。美安普的 MHP 系列多缸液压圆锥破碎机有 6 种规格型号，最大型号为 MHP800，处理能力最高达 1200 t/h；CC 系列液压圆锥破碎机有 11 种规格型号，最大型号为 CC600，处理能力最高达 1700 t/h。2009 年中信重工成功研发出的 PYY-2200 大型高效新型液压圆锥破碎机，在“破碎机主轴结构”“破碎机腔形技术”“螺旋圆锥齿轮传动”等方面均实现重大突破。现在中信重工最大型号的 CCS890 型单缸液压圆锥破碎机，处理能力最高达 2600 t/h，中信重工最大型号的 CC1000M 型多缸液压圆锥破碎机，装机功率为 800kW。矿冶科技集团的 GYP 系列惯性圆锥破碎机主要有 4 种工业规格型号，最大型号的 GYP-1500 惯性圆锥破碎机，处理能力约 300 t/h。

近年来，液压圆锥破碎机作为中细碎设备在铁矿应用非常普遍。包钢公司选矿厂、鞍钢矿业公司齐大山选厂等铁矿选矿厂采用 HP 系列的多缸液压圆锥破碎机代替传统破碎机实现了多碎少磨，大幅度提高了磨矿效率和选厂生产能力，经济效益显著。鞍钢调军台选矿厂中细碎采用美卓公司的 HP700 型圆锥碎机，使最终粒度由-20 mm 降低到-12 mm 占 92%。武钢程潮铁矿选矿厂中、细碎采用进口的 HP500 型圆锥破碎机替代原有的 2100 圆锥破碎机，提高了破碎生产能力，降低了破碎生产能耗，提高球磨机台时处理量。鞍钢、太钢、包钢、武钢、马钢等企业都引进使用了该设备。鞍钢集团公司所属的齐大山、弓长岭、大孤山和胡家庙等铁矿选矿厂自 2002 年起先后引进 H8800、H6800。在齐大山选矿厂 H8800 的生产能力是原 ϕ2200 mm 圆锥破碎机的 2 倍而衬板寿命基本相同并且显著节能。太钢尖山铁矿、马鞍山、攀枝花和重钢也各使用了 H 型液压圆锥破碎机。此外，惯性圆锥破碎机在极贫磁铁矿的预选抛废流程应用，扩大了可选别的资源范围。

四、反击式破碎机

反击式破碎机是依靠高速旋转的工作部件冲击作用物料，使之实现破碎的设备。反击式破碎机主要有反击板式破碎机、反击锤式破碎机等。

（一）反击式破碎机的主要类型

1. 反击板式破碎机

反击板式破碎机利用打击板的高速冲击和反击板的回弹作用，使物料受到反复冲击而破碎的破碎设备。根据转子数量可分为单转子与双转子。双转子反击式破碎机根据其转子的转向又可分为两个转子反向、同向以及呈高差配置三种。图 5-10 为单转子反击板式破碎机结构图。

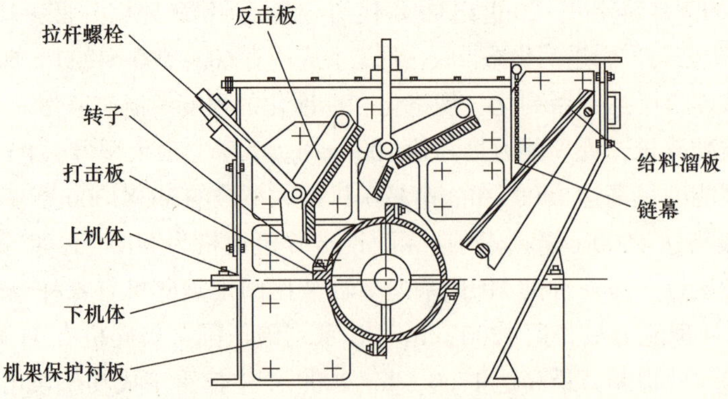

图 5-10　单转子反击板式破碎机结构示意图

反击式破碎机主要工作部件有转子、打击板、反击板、机架以及传动机构。机器工作时，转子高速旋转，安装在转子上的打击板随转子高速旋转；物料进入破碎腔受到打击板的打击，受到冲击破碎的同时，还以一定的速度向反击板撞击；物料撞向反击板会受到再次冲击破碎，并被反弹回打击板。物料经过多次这类破碎过程，直到物料块的粒度小于第一个破碎腔的排料尺寸后，进入下一个破碎腔继续破碎，物料除了受到打击板和反击板的冲击破碎作用外，物料之间也会发生冲击破碎作用。最终物料块的粒度小于最后一个破碎腔的排料粒度后排出设备，形成产品。打击板与反击板之间的间隙即为破碎腔的排料口尺寸，可通过拉杆螺母进行调节。

2. 反击锤式破碎机

反击锤式破碎机是利用其高速旋转的锤头冲击破碎物料，根据转子数目可分为单转子锤式破碎机和双转子锤式破碎机，单转子锤式破碎机又可分为可逆式与不可逆式两种；根据锤头的数量分为单排头、多排头锤式破碎机。将转子轴竖直放置的称为立轴式锤式破碎机。锤式破碎机结构简单、维护方便、处理能力大、破碎比大以及能耗低。图 5-11 为反击锤式破碎机结构图。

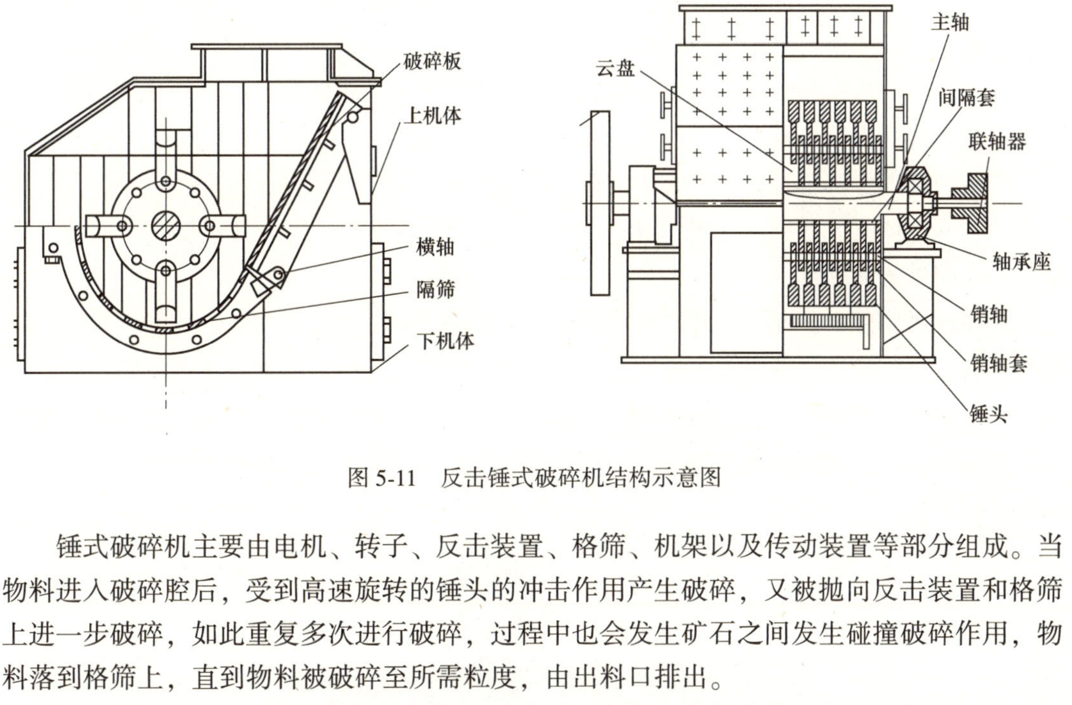

图 5-11　反击锤式破碎机结构示意图

锤式破碎机主要由电机、转子、反击装置、格筛、机架以及传动装置等部分组成。当物料进入破碎腔后，受到高速旋转的锤头的冲击作用产生破碎，又被抛向反击装置和格筛上进一步破碎，如此重复多次进行破碎，过程中也会发生矿石之间发生碰撞破碎作用，物料落到格筛上，直到物料被破碎至所需粒度，由出料口排出。

锤式破碎机锤头是最易磨损的零件，通常采用高锰钢或者其他耐磨材料制成。锤式破碎机的格筛由弧形筛架和筛板组成，设置在转子的下方。可通过调节螺栓改变锤头与筛板的相对位置，控制产品的粒度。

（二）反击式破碎机的发展历程及在铁矿中的应用

反击锤式破碎机于 19 世纪末发明，我国在 20 世纪 80 年代末由上海建设路桥公司引进 KHD 公司硬岩反击式破碎机，扩大了反击式破碎机的应用范围。目前，浙矿股份最大型号的 PFR1820 型反击式破碎机，处理能力最高达 600～700 t/h。大宏立最大型号的 PF2124 型反击式破碎机，处理能力最高达 800～1500 t/h。南昌矿机最大型号的 HS1630S 型反击式破碎机，处理能力最高达 600～800 t/h。

在铁矿应用中，南京云台山硫铁矿选厂破碎工艺配置 ϕ1000×800 反击式破碎机作为铁矿的细碎设备，金岭铁矿采用锤式破碎机进行铁矿石的中细碎。随着铁矿石硬度越来越高，反击锤式破碎机出现能耗高、故障率大、衬板磨损快的问题。

五、高压辊磨机

高压辊磨机作为一种超细碎设备具有单位破碎能耗低、单位钢耗低、单位处理能力大、破碎产品粒度均匀、占地面积少、设备作业率高等特点，受到国内外专家和学者的关注，成为多碎少磨技术的发展趋势。

（一）高压辊磨机主要工作原理

高压辊磨机是基于料床粉碎原理设计的一种新型矿岩粉碎设备，其特点是高压、慢速、满料，其工作原理图见 5-12。高压辊磨机工作时，两个辊子之间留有一定缝隙，以便使垂直于辊隙的物料靠自重的压力挤满粉碎腔，这时在两个相向旋转的辊子作用下，物料除了受到与辊面直接接触的压力外，又受到自上而下的物料自重压力。料层在高压下形成，压力导致颗粒挤压其他邻近颗粒，在辊缝逐渐减小的情况下被压实和预粉碎，当压力峰值达到一定值时，各颗粒之间产生不同程度的粉碎或变形，直至其主要部分破碎、断裂，产生裂缝或劈碎。

物料在破碎腔里受到一定的且相对均匀的准静压力而破碎，其产品的粒度分布较宽，细粒级含量高，脆性矿石用高压粉碎方式进行层压粉碎时，所需能耗远远低于传统的磅碎方式（如冲击、剪切等）。层压破碎的关键在于，在有限的空间内，压力不断增加使颗粒间间隙越来越小，直至颗粒之间可以互相传递应力，当应力强度达到颗粒压碎强度时，颗粒即开始粉碎。

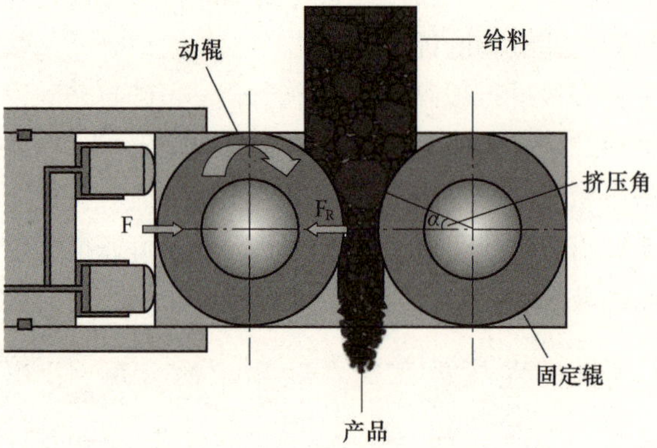

图 5-12 高压辊磨机工作原理示意图

高压辊磨机整体结构基本一致，主要由机架、压辊、轴承、驱动装置、喂料装置、液压、润滑和控制等系统组成。电机通过万向联轴器、减速机与安装在机架水平滑辊上的辊子系统（轴承和安装在轴承上的辊子）连接。挤压力的形成是通过两个直径相等、转速相同且相向旋转的辊子压力和物料自重压力构成的。两个压辊，一个为定辊，一个为可以前后小幅度水平移动的动辊。压力则通过高压油缸加载到动辊两端的轴承座上。

但不同的高压辊磨机设计制造企业对于高压辊磨机挤压辊直径与宽度都有自己的特色，如 Poly-sis 公司 $D/B>2.5$，KHD 公司 $D/B=2.5\sim1$，Fuller 公司 $D/B=1.4\sim0.8$ 等。而国内高压辊磨机挤压辊直径与宽度之比 $D/B=3.0\sim0.5$。小的宽径比可以避免给料不均或金属块的介入而使压辊偏斜到最小限度。辊径相对增大，咬合力就会增强，可以允许较大颗粒或块料的给入，同时相对大的辊径可以采用大的轴承，以保证轴承上的单位负荷尽可能地小。而大的宽径比可以减少设备的边缘效应。

（二）高压辊磨机发展历程及在铁矿的应用

高压辊磨机作为一种新型节能粉碎设备，自 20 世纪 80 年代问世以来，整体发展可分为三个阶段：

20 世纪 80 年代中期至 90 年代初期：在水泥行业和金刚石矿业得到广泛应用并成为行业标准生产流程中的配置设备；

20 世纪 90 年代中期至 21 世纪初期：在铁精矿和铁矿石加工领域的逐步推广与柱钉辊面技术研发和改进相互促进，伴随着在铜矿和黄金矿山半工业规模和工业规模的试验性应用；

2001 年以来：开始在有色和贵金属矿山的硬质矿石破碎流程中得到大规模应用。

高压辊磨机在铁矿石加工领域的应用主要包括铁精矿球团前的预处理以及矿石原料的细碎或超细碎。高压辊磨机通常用于第三段或第四段碎矿，在自磨流程中的顽石破碎，在球团矿中挤压铁精粉增加比表面积等，与传统破碎机相比能够有效地节能 20%~50%。

马钢集团南山矿业公司凹山选厂是国内首家成功地将高压辊磨机应用于铁矿石超细碎生产作业的矿山企业，超细碎系统于 2007 年 7 月起进入连续稳定的生产运行。现国内铁矿企业已经广泛应用高压辊磨机，如本钢矿业公司、攀钢矿业公司、建龙集团等，承德地区作为主要超贫磁铁矿产地，高压辊磨机的应用更是普遍。

第二节 筛分设备

筛分设备是把松散的、粒度范围较宽的物料分成若干个不同且粒度范围较窄的设备。分级设备是根据物料的粒径、密度等大小差异，在介质（水或空气）中沉降速度的不同把物料分离成两个或两个以上粒度级别的设备。随着筛分设备技术发展，新型设备不断涌现，筛分设备也可以用于分级作业中。

筛分设备按照筛面工作状态的不同，可分为固定筛和运动筛两大类。固定筛一般应用在破碎作业前，以便待碎物料中小于破碎机入料尺寸的物料进入破碎机，固定筛由筛面和筛体（或筛框）组成，常见的固定筛主要有格筛。运动筛除了筛面和筛体外，还有驱动装置，在铁矿常见的运动筛有振动筛、高频细筛等。

一、固定格筛

固定格筛一般是水平安装在粗矿仓上部，以保证粗碎机的入料块度小于粗碎机长宽尺寸，使粗碎机能正常连续工作，格筛的筛上大块需要用手锤或其他方法破碎，使其通过筛孔。

条筛主要用于粗碎和中碎前作预先筛分，一般为倾斜安装，倾角的大小应能使物料沿筛面自动地下滑。在筛分矿石时，倾角在 40°~50°之间，对于大块矿石，倾角可稍减小，对于黏性矿石，倾角应稍增加，固定条筛结构如图 5-13 所示。

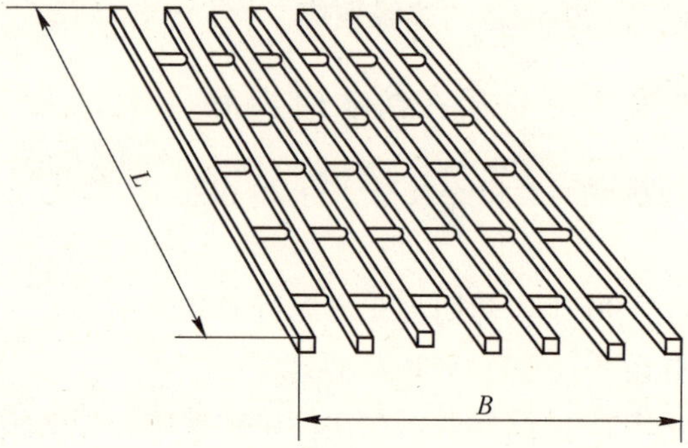

图 5-13　固定条筛的结构示意图

条筛筛孔尺寸一般不小于 50 mm，并要求筛孔尺寸应为筛下物料粒度的 1.1~1.2 倍，而条筛的宽度取决于给矿机、运输机以及碎矿机给矿口的宽度，并应大于给料中最大块粒度的 2.5 倍。

固定筛的特点是构造简单、无运动部件、无须动力，但容易堵塞、所需高差大、筛分效率低，一般仅为 50%~60%。

二、细筛

细筛是按粒度分离细粒物料的一种分级筛分设备，由于细筛在提高铁精矿品位方面的显著效果，近几十年来得到广泛应用。根据结构的不同，细筛可分为条缝细筛、MVS 电磁振动高频振网筛、GPS 型高频振动筛、复合振动高频细筛等。

（一）细筛设备的主要类型

1. 条缝细筛

美国伊利公司在 1967 年推广的一种固定式细筛，筛面呈一定角度倾斜放置，矿浆从入料端自流入筛面，筛面是一种“不锈钢穿条筛网”，筛条切割料流进行分级，并通过击打筛面来防止堵孔，筛条见图 5-14。

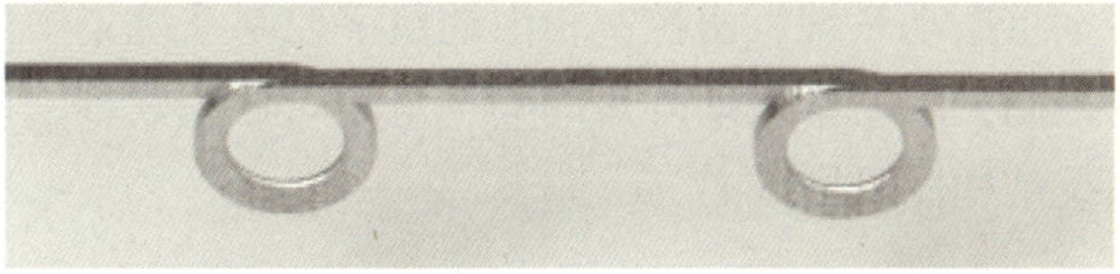

图 5-14　穿条筛网的筛条

我国自应用细筛设备开始便采用注塑成型的尼龙 1010 筛板代替不锈钢穿条筛网作为筛面，效果良好。为防止筛孔堵塞、提高筛分效率，固定尼龙细筛不断有多种改进，如从背面设置击打机构、在筛框上安装振动电机或电磁振动器等。尼龙细筛的结构见图 5-15。

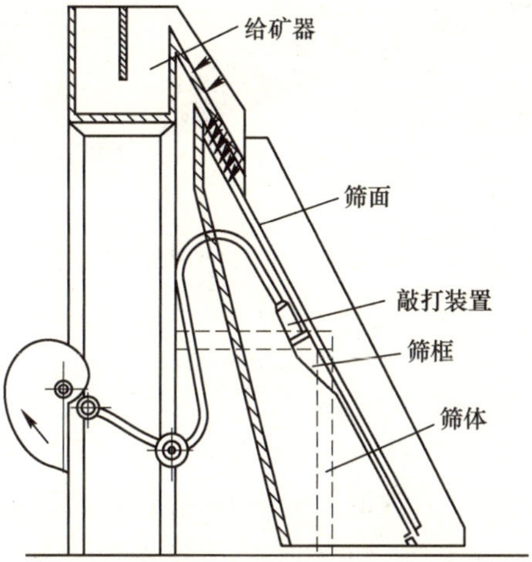

图 5-15　敲打式尼龙细筛机构示意图

2. MVS 电磁振动高频振网筛

MVS 电磁振动高频振网筛是由唐山陆凯科技有限公司研制的，筛机结构见图 5-16。

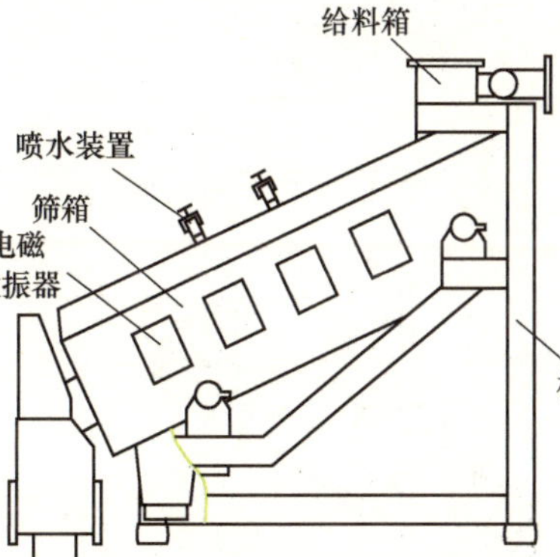

图 5-16　MVS 电磁振动高频振网筛

MVS 系列振网筛筛箱外侧的以电磁激振器为主的振动系统驱动在筛网下面的振动臂振动，振动臂上装有沿筛面全宽的聚氨酯胶帽，聚氨酯胶帽托住筛网并直接激振筛网。每台筛机沿纵向布置有若干组振动系统，由控制柜内的数字控制系统集中控制。数字控制系统对筛机运行进行程序控制，除正常振动外每间隔一定时间强振数秒，以清理筛网，防止筛孔堵塞。电磁振动系统结构图见图 5-17。

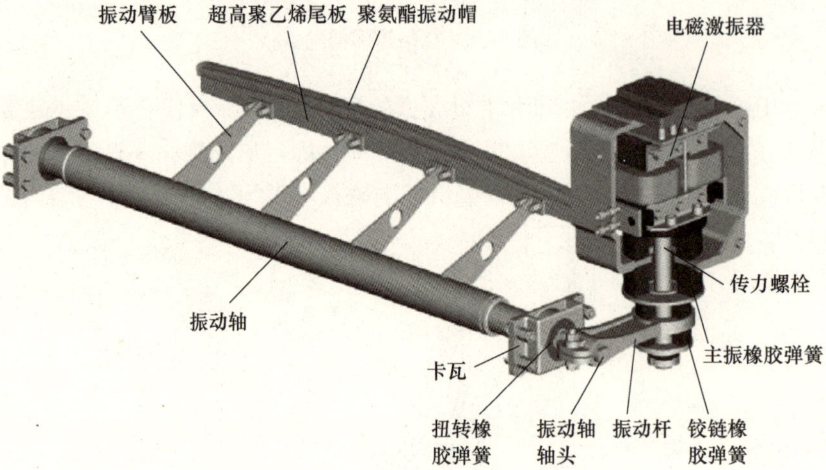

图 5-17　电磁振动系统结构图

筛网由三层组成：最下层是钢丝绳芯聚氨酯条制成的粗丝大孔的托网，直接与聚氨酯胶帽接触。托网上面安装由两层不锈钢丝编织网黏接在一起的复合网。该筛网开孔率高，筛孔尺寸为 0. 1 mm×0. 2 mm 的长孔网开孔率可达 40%。

3. GPS 型高频振动筛

GPS 高频振动筛由 20 世纪 80 年代长沙矿冶研究总院研制成功，用 2 极振动电机激振筛机做整机振动，振次 2850 次/分，振幅 0. 6～0. 8 mm。有两段入料的双层筛及三段入料的单层筛，筛网为单层的不锈钢丝编织网。该筛机的结构如图 5-18 所示。

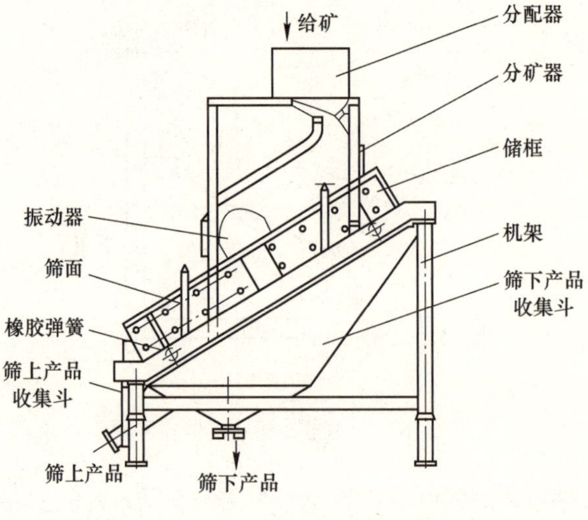

图 5-18　GPS 高频振动筛示意图

4. FMVS 复合振动高频细筛

FMVS 复合振动高频细筛是在 MVS 型振网筛基础上开发成功的。安装在筛箱上的振动电机以一定的抛射角使整机振动，筛箱两侧安装的电磁激振器直接激振筛网，筛网相对于筛箱振动。两种振动的叠加形成筛面的复合振动，筛机结构见图 5-19。

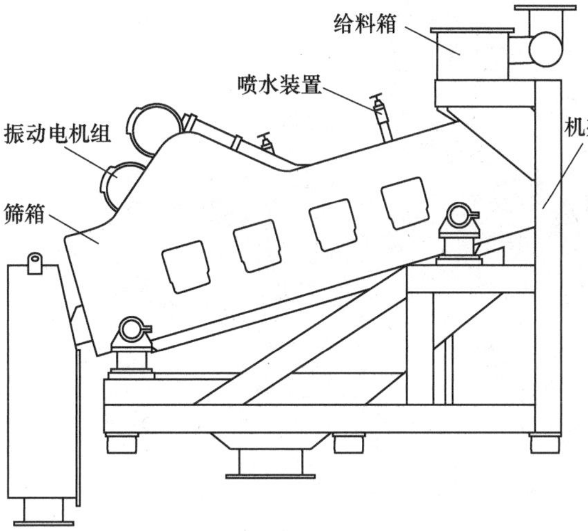

图 5-19 FMVS 复合振动筛结构图

5. Derrick 细筛

美国 Derrick 公司 1977 年生产单层多路给料高频细筛，2001 年多路给料重叠式高频细筛投入应用，德瑞克重叠式高频细筛见图 5-20。该新型筛分设备包含 5 层相互并联重叠的筛框，顶部由两个振动器驱动，并列式筛框下倾角度在 15°~25°。通过筛分设备上方的料浆分配器，物料给入筛面，每层筛面即一个独立的筛分单元。各层筛面的筛上筛下产物集中汇入统一的筛上、筛下受料斗，由两个出口分别排出。

重叠式高频细筛采用直线振动，最大的特点是多个单独的筛箱叠层布置、整体激振，每层筛箱单独给料，筛上、筛下物汇总导出。Derrick 细筛最突出的特点是聚氨酯细筛网，其制作精细、开孔率高、耐磨。

6. Kroosh 细筛

该细筛由以色列 Kroosh 公司生产。它由一台 4 极电机作为振源，安装在筛箱的底部，筛箱内放置栅状托架，托架上的两根轴横穿筛箱并弹性支撑在筛箱上，此弹性支撑装置被称为“多频发生器”。在栅状托架上铺设粗丝大孔的托网，托网也弹性支撑在筛箱上，在托网上面平铺一层工作网，工作网为金属丝编织网或柔性非金属网，其周边与筛箱固定密封。振动电机激振筛箱，栅状托架通过“多频发生器”产生的共振来激振托网和工作网。

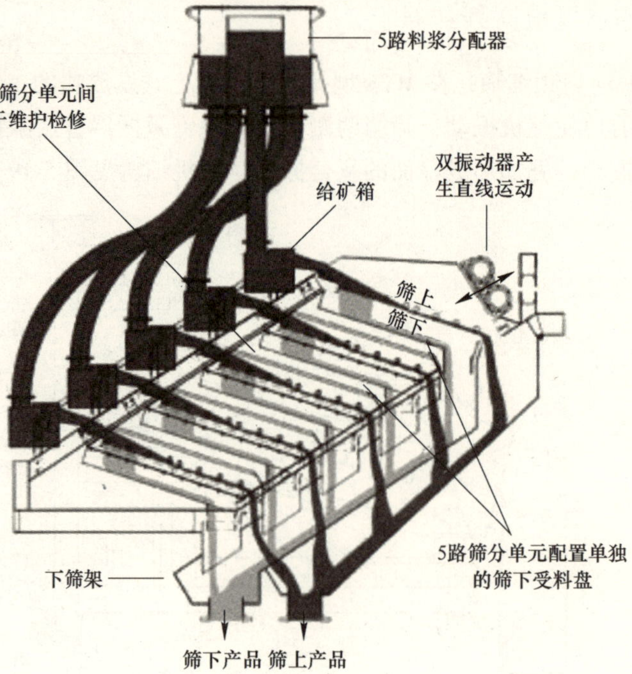

图 5-20 德瑞克重叠式高频细筛工作原理

7. 叠层共振式复合振动细筛

唐山陆凯科技有限公司利用双自由度共振原理，设计了一种单一振源（振动电机组）驱动，实现整机振动和激振排激振筛网振动的复合振动细筛。该筛机借鉴叠层布置、多路给料和排料的形式，同时充分考虑了发挥“振网”这项核心技术的作用，实现单一振源既有筛机整机直线振动、又有筛箱内振动排直接振网的共振式复合振动叠层筛。筛机结构图见图 5-21。

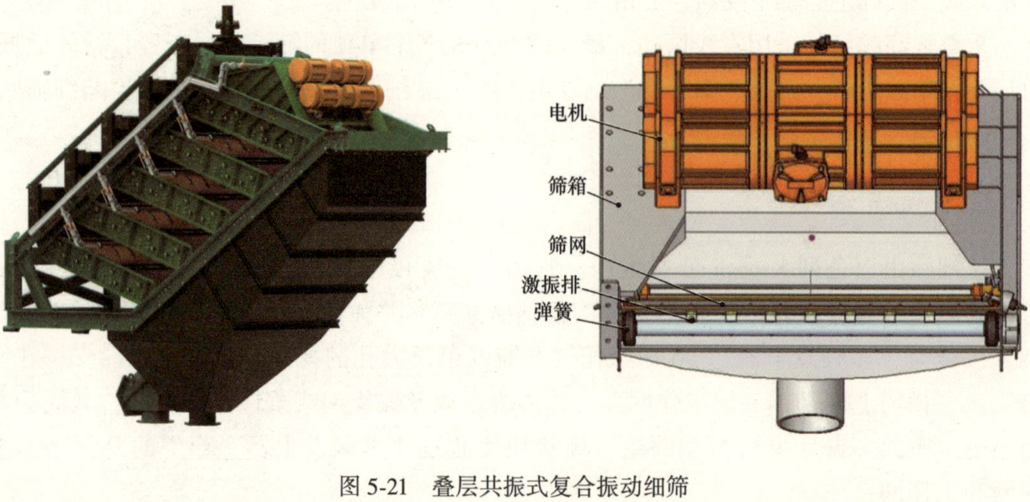

图 5-21 叠层共振式复合振动细筛

（二）细筛的发展历程及其在铁矿中的应用

美国伊利矿业公司在1961年开始细筛方面的实验研究，1967年开始推行不锈钢击打细筛。我国在1972年提出了利用细筛提高铁精矿品位的科研计划，在鞍钢大孤山选矿厂进行了长达3年多的试验，注塑成型的尼龙1010筛板研制成功并取得了较好的试验效果，并在全国范围内得到推广。

唐山陆凯科技有限公司研制的“MVS电磁振动高频振网筛”分别于1999年在首钢大石河选矿厂、2001年在鞍钢的弓长岭选矿厂、大孤山选矿厂进行工业试验。2001—2002年，鞍钢弓长岭选矿厂和唐山陆凯科技有限公司共同进行了在细筛再磨工艺中采用MVS电磁振动高频振网筛代替尼龙细筛的工业性试验，达到了提高筛分效率、减小再磨循环量并提高筛下品位的显著效果。随后鞍钢大孤山选矿厂、首钢水厂铁矿、大石河铁矿等选矿厂都进行了工业对比实验，并进行了大规模技术改造。MVS电磁振动高频振网筛由此在全国各大矿业公司选矿厂及很多地方选矿厂被大量应用，以代替原用的尼龙细筛，被业内称为“细筛技术革命”。

为降低MVS系列筛机安装倾角，增加物料在筛面上的输送速度，唐山陆凯科技有限公司开发了FMVS复合振动筛。此类型筛机已形成多种规格，其中FMV2020和FMV2030在选矿厂应用中都取得了良好效果，尤其FMV2020适用于对老厂电磁振网筛进行设备更新。

美国Derrick公司生产细筛有50年历史，1977年单层多路给料高频细筛问世，2001年多路给料重叠式高频细筛投入应用，并配备聚氨酯筛网，在巴西等南美洲国家广泛应用，在国内也有部分选矿厂应用。本着引进消化国外先进技术为我所用，国内不少厂家都开发生产了多路给料重叠式高频细筛和聚氨酯筛网，已在不少选矿厂成功应用，其中鞍山重型矿山机器股份有限公司、广州鑫鹰环保科技有限公司开发较早，应用也较多。

近些年，唐山陆凯科技有限公司利用双自由度共振原理，设计了一种单一振源（振动电机组）驱动，实现整机振动和激振排激振筛网振动的复合振动细筛。目前，该系列筛机已经在选矿、选煤等行业得到广泛应用，其设备性能优于国内外同类产品。

此外，在20世纪80年代长沙矿冶研究总院研制成功了GPS高频振动筛在有色及黑色冶金选矿厂有一定程度的应用，也一度在石英砂选矿方面有较大量的推广应用。

第三节　磨矿设备

磨矿设备指借助介质（钢球、钢棒、砾石等）和矿石本身的冲击、剪切、磨剥作用，使破碎后的矿石粒度进一步减小，变成粉状物料的设备，是选矿厂的核心装备之一。磨矿是破碎过程的继续，是将矿石粒度减小，使有用矿物颗粒产生解离的过程。碎磨产品的目标粒度，取决于选矿方法、有用矿物的嵌布粒度及用户对产品的要求等。

中国的磨矿设备研发和制造始于20世纪40年代，最初是引进消化国外设备，1958年开始自行设计制造，1966 年进行磨矿设备的系列设计。20 世纪 70 年代末以来，中国的磨矿设备开始逐步采用一系列新技术，如气动离合器、动静压轴承、先进润滑方式、顶起装置、高铬耐磨钢衬板、磁性衬板、橡胶衬板和 PLC 自动控制装置等，同时增加了规格和品种，扩大了应用范围，使中国磨矿设备制造提高到了新的水平。

磨矿设备通常按施力方式不同分为滚筒型磨机、搅拌磨机、辊磨机、振动磨机、气流磨机等几大类。其中滚筒型磨机又可根据磨矿介质不同来划分：介质采用钢球的为球磨机，采用钢棒的为棒磨机，以被磨矿石本身为介质的为自磨机，加少量钢球和被磨矿石本身为介质的为半自磨机，以矿石或砾石为介质的为砾磨机。

用于铁矿的磨机主要有半自磨机/自磨机、球磨机和立式螺旋搅拌磨机（简称“立磨机”或“塔磨机”）。

一、半自磨机/自磨机

半自磨机/自磨机是利用电机带动筒体回转将物料带至一定高度下落，使磨矿介质与矿石物料、矿石与矿石、矿石与筒体之间产生相互挤压、冲击和磨剥等力的作用而粉磨物料。相对其他磨机具有磨矿流程相对简单、占地面积小、粉尘少、投资少等优点，被广泛应用于对铁矿石的碎磨工艺。

（一）自磨机/半自磨机的主要类型

自磨机分为干式自磨机与湿式自磨机两种，其中干式自磨机工作原理如图 5-22 所示：矿石由给矿端进入后，沿 A 面均匀地落于筒体的中心，并向两侧扩散。其中较大的矿石由于动能较大，运动过程逐渐趋近较远一端，其中一部分与 A、B 处衬板相撞返回至另一侧，使矿石得以均匀分布。自排矿端沿机壁下端返回的矿粒如同新给料中的细颗粒一样均匀地落于筒体底部中心，随后向两边扩散。大块矿石和细粒在筒体底部沿着轴向运动，但大方向相反，于是两者相互间发生剥磨作用；同时矿石随筒体转动，位置迅速提高，当重力克服离心力时，矿石就脱离筒体在磨机内循环运动。粗颗粒按滑落状态运动，细粒级按抛落状态运动。粗颗粒除自转外还向磨机中心运动，对于小颗粒产生剥磨作用。

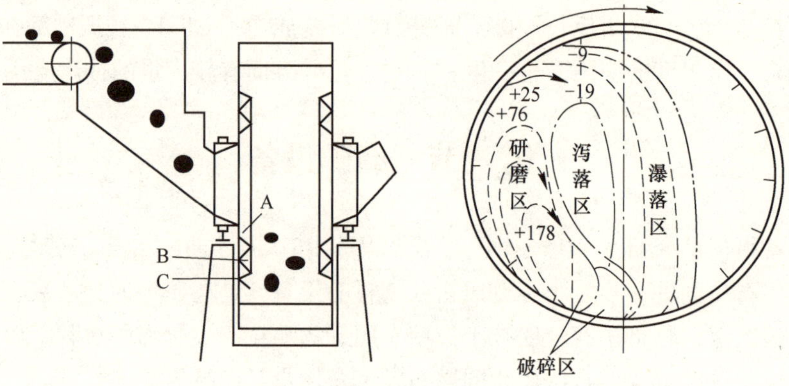

图 5-22 自磨机的工作原理图

湿式自磨机又被称为“瀑落式自磨机”，其结构如图 5-23 所示。其工作原理与干式自磨机基本相同，相比干式自磨机有以下特点：筒体直径大、长度短，但其长径比大于干式自磨机，一般为 0.3~0.5；端盖为锥体，锥角约 150°；筒体中间衬板微向内凹，这样可促使筒体内物料向中央积累，避免被磨物料产生粒度偏析而导致自磨效率降低；湿式自磨机均为格子排矿，调节格子板的高低可调节排矿速度；自磨机排矿端外装有圆筒筛和自返装置，细物料过筛后进行下步处理，粗大颗粒借自返装置返回磨机再磨。

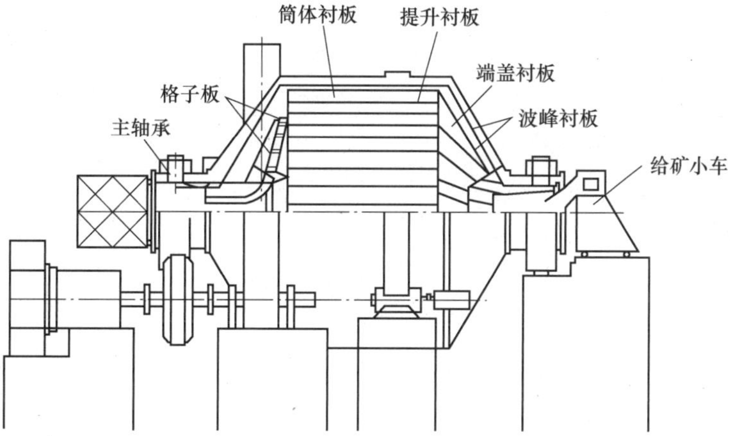

图 5-23　湿式自磨机的结构

半自磨机在磨机筒体里加入少量的钢球（一般占磨机有效容积的 2%~20%），增加了钢球给予物料的冲击与研磨作用，其工作原理与自磨机类似。

半自磨机可分为干式和湿式两种。由于干式半自磨机工作过程中粉尘污染严重，因此需要设备有极高的密封性能，且配备通风系统，一般用于水资源紧缺地区的磨矿作业。湿式半自磨机有效避免了工作时产生的粉尘污染，因此在生产中被广泛应用。

（二）自磨机/半自磨机发展历程及在铁矿的应用

1932 年美国 Harding 公司制造出世界上第一台湿式自磨机。我国于 1959 年在原沈阳重型机器厂研制出第一台 ϕ4 m×1.2 m 干式自磨机，并于 1960 年在鞍钢烧结总厂投入运行。1966 年，在原洛阳矿山机械研究所研制出 ϕ5.5 m×1.65 m 湿式自磨机，并在武钢建成了国内第一个自磨机实验厂，先后对干式和湿式自磨工艺进行了试验研究工作。

20 世纪 70 年代是我国自磨技术发展的黄金时期，自磨机规格达到 10.75 m（36 英尺）。1970 年密云铁矿首次采用我国自制的 ϕ6.0 m×3.0 m 干式自磨机，1971 年本钢歪头山铁矿首次使用我国自制的 ϕ5.5 m×1.8 m 湿式自磨机。自此之后，自磨工艺在我国多个新建矿山（如石人沟、金山店、东山、玉石洼、吉山等铁矿厂）得以广泛应用。

20 世纪 80 年代，由于环境污染严重，加上干式分级磨矿效果不佳，国内多家铁矿厂在干式自磨机上添加湿式端盖。湿式工艺投产后，也相继爆发出台时处理量低、作业率低、衬板寿命低、耗电高、磨矿成本高、维护强度高的“三低三高”现象。但湿式自磨机在处理含泥量较高的原矿时，具有洗矿、粉碎和磨矿三重优越性且单体解离度高，不产生过磨、泥化等现象，因此德兴铜矿，鲁中、西石门、云浮硫铁矿等磨矿环节采用自磨工艺。1987 年，无齿轮传动装置用的 ϕ10. 198 m×5. 118 m（36×17 英尺）半自磨机的出现，拉开了自磨机大型化发展序幕。

20 世纪 90 年代国内自磨技术日益完善，其作业率甚至超越了球磨机。其中国内直径大于 10. 97 m 自磨机的部分工程实例见表 5-1。

表 5-1　国内大型自磨机应用实例

规格（D×L）		台数	功率		电机	制造厂	安装国家	厂矿名	备注
ft	m		HP	kW					
28×14	8. 53×4. 27	1		5400	2	美卓	中国	大红山	投产
28×13	8. 53×3. 96	1		4850	2	美卓	中国	冬瓜山	投产
	8. 00×2. 80	1		3000	1	洛矿	中国	保国	投产
36×22	10. 97×6. 71	2	21500	16000	2	洛矿	中国	袁家村	设计
34×18	10. 36×5. 49	3		11000	2	洛矿	中国	袁家村	设计
30×16. 5	9. 15×5. 03	1		8400	2	洛矿	中国	白马二期	设计
24×14	7. 32×4. 27	2		3800	1	洛矿	中国	白马二期	设计

进入 21 世纪以来，随着美卓进入中国选矿市场，中信重机实现自我突破，2006 年昆钢大红山铁矿美卓半自磨机（ϕ8. 53 m×4. 27 m）投产，2007 年 5 月云南昆钢大红山铁矿引进一台半自磨机（ϕ8. 53 m×4. 42 m），2008 年鲁中矿业公司 ϕ6. 0 m×3. 0 m 半自磨机投产。

2010 年由中信重工机械股份有限公司成功研制的世界最大、最先进的 ϕ12. 2 m×10. 9 m 自磨机也已交付澳大利亚 SINO 铁矿项目，如图 5-24 所示。同年，由中信重工自行设计、完全拥有自主知识产权的目前国内最大的 ϕ10. 37 m×5. 19 m（双电机驱动）半自磨机完成了试车，该型号半自磨机是国内目前规格最大、系统配置最高、控制性能最完善的磨矿设备。同年 6 月北方重工为昆钢大红山铁矿二期制造出 ϕ8. 8 m×4. 8 m 半自磨机，并完成安装。

图 5-24　ϕ12. 2 m×10. 9 m 自磨机在澳大利亚 SINO 铁矿的工业应用

二、球磨机

（一）球磨机结构及工作原理

球磨机既可湿磨又可干磨，结构如图 5-25 所示，由给料部、出料部、回转部、传动部（减速机、小传动齿轮、电机、电控）等主要部分组成。球磨机的筒体主要为圆筒（圆锥球磨机除外），介质通常为钢球或钢段，直径一般为 25～150 mm，其尺寸可根据待磨物料的性质及产品粒度要求选择，并按照筒体有效容积的 35%～50%添加，一般磨机尺寸越大，钢球的充填率越低。

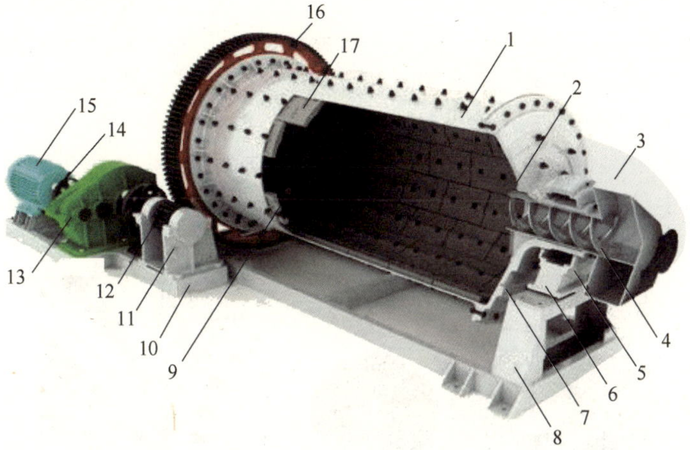

图 5-25　球磨机的结构示意图

1—筒体；2—石板；3—进料器；4—进料螺旋；5—轴承盖；6—轴承座；7—辊轮；8—支架；9—花板；10—驱动座；11—过桥轴承座；12—小齿轮；13—减速机；14—联轴器；15—电机；16—大齿圈；17—大衬板

磨机工作时，装入筒体内的钢球在筒体衬板和磨矿介质之间的摩擦力、研磨介质的重力以及由磨机旋转而产生的离心力的作用下，将随着筒体作旋转的上升运动，被提升到一定的高度，当研磨介质的重力（重力的径向分力）大于或等于离心力时，开始脱离筒体内壁，按照一定的轨迹降落，这种周而复始的运动，就产生了连续的冲击和研磨作用，从而粉碎物料。球磨机的介质运动状态如图 5-26 所示。磨矿介质尺寸可随使用场合调节，可用于粗磨、细磨和超细磨等场合。

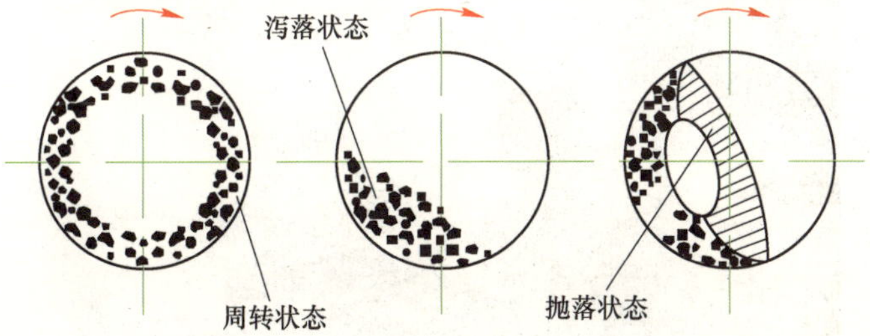

图 5-26　球磨机的介质运动状态

(二) 发展历程及在铁矿中的应用

球磨机起源可以追溯1893年意大利ICF公司制造的连续式球磨机。我国对球磨机的自行研制可追溯到1958年，1988年弓长岭选矿厂实现了一二段球磨机台数2∶1，使二段球磨机利用系数明显提高。

进入20世纪90年代，我国逐步向球磨机大型化方向上迈进，1992年，中信重工机械股份有限公司与美国福勒公司合作完成ϕ5.5 m×8.5 m溢流型球磨机，1998年4月，鞍钢调军台选矿厂引进了6台原瑞典Svedala集团由美国制造的ϕ5.4 m×8.83 m溢流型球磨机。

进入21世纪，我国球磨机发展迅速，2003年5月，石人沟铁矿选厂完成选矿改造，将原有3台ϕ5.8 m×1.8 m自磨机改成3台ϕ2.7 m×3.6 m格子型球磨机。2008年7月，中信重工研发生产的ϕ6.2 m×9.5 m溢流型球磨机在生产现场通过试车验收。2009年7月我国自主研发、完全拥有知识产权的当时世界最大、最先进的首台ϕ7.93 m×13.6 m溢流型球磨机由中信重工生产制造成功并交付澳大利亚SINO铁矿项目，如图5-27所示。2022年3月，中信重工研制的ϕ6.4 m×11.15 m球磨机应用在思山岭铁矿一期采选项目中。2023年8月，由中信重工机械股份有限公司研制ϕ8.2 m×12.7 m溢流型球磨机在河南洛阳顺利完成。如图5-28所示。

图5-27 中信重工制造的ϕ7.93 m×13.6 m溢流型球磨机

图5-28 中信重工制造的ϕ8.2 m×12.7 m溢流型球磨机

三、立式螺旋搅拌磨机

搅拌磨机主要采用研磨为主的磨矿方式，具有磨矿效率高、能量利用率高、粉磨产品粒度细等优点，现已广泛应用于矿业、冶金、非金属矿物材料、化工、新材料等领域。立式螺旋搅拌磨机又称立磨机或塔磨机，相比球磨机具有节能、环保、占地面积小等优点，且更适用于细磨作业。

（一）立式搅拌磨机结构与工作原理

立式搅拌磨机结构如图 5-29 所示，主要由电机、减速机、传动系统、搅拌装置、筒体及支架等组成，大型立磨机筒体多为敞开式，多用于细磨或再磨流程。

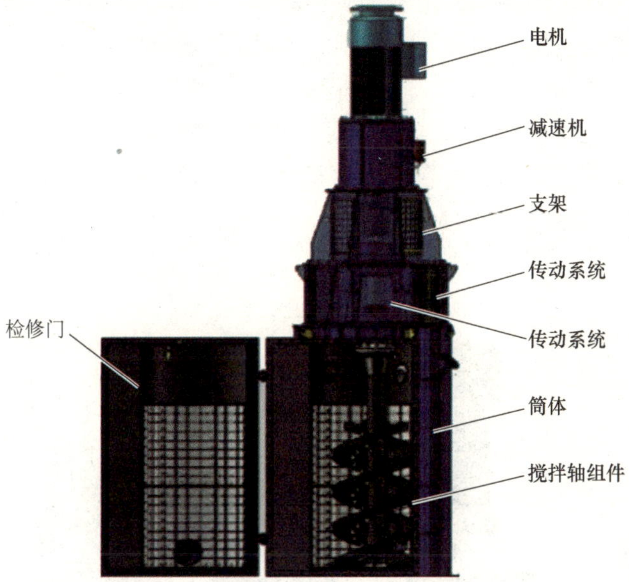

图 5-29 立式搅拌磨机结构示意图

工作时，筒体内按标准添加研磨介质，矿浆由筒体顶部或底部给矿口给入。在螺旋叶片表面，磨矿介质螺旋式上升；在筒体内衬与螺旋叶片外缘间，磨矿介质螺旋式下降。矿粒和磨矿介质受力的不均匀性形成动态的运动速差和受力变化，造成物料被强力挤压、研磨以及物料之间的受力折断、微剪切、劈碎等综合作用，从而实现矿物颗粒的高效粉磨。筒体内区域分为上下两个部分，下部区域为研磨区，上半部分则为分级区。粒度小、质量轻的颗粒在螺旋的搅拌作用下向上运动并经溢流口溢出，减少过磨；粒度大的颗粒则在重力作用下向下运动并进入搅拌研磨区，越靠近筒体底部，介质受到的压力就越大，颗粒受到的研磨作用也就越强，正是在这种细颗粒上升溢流、粗颗粒下降研磨的作用下构成了整个磨机磨矿过程的有序循环。

为了提高磨矿效率，在工艺流程中通常将立磨机与旋流器组合在一起构成闭路磨矿，立磨机的排矿与流程中的新给矿一起进入到泵池中，然后通过渣浆泵输送到旋流器进行分级，分级后溢流进入到下一个选别流程，沉砂返回到立磨机中继续研磨，从而构成整个闭路磨矿流程。通过调节旋流器的参数来改变沉砂量，进而改变整个闭路磨矿的循环负荷，实现高效磨矿。

（二）发展历程及在铁矿中的应用

1928 年，美国人 Paulklein 与 AndrewSzegvari 博士通过一台钻床、加仑桶以及鹅卵石研制成世界第一台搅拌磨机雏形。1952 年，美国 DuPount 公司将硅砂作为研磨介质，研发超细介质搅拌磨机——立式砂磨机。

国内于 20 世纪 80 年代开始立磨机的研制工作，长沙矿冶研究院和秦皇岛黑色设计院相继开发了 JM-600 型、JM-1000 型及 MQL-500 型立式螺旋搅拌磨机，20 世纪 90 年代中期中科院金属所开发成功塔浸磨机，用于金矿再磨作业。2010 年以来，矿冶科技集团有限公司、中信重工机械股份有限公司等开始研制立式螺旋搅拌磨机。

矿冶科技集团有限公司 2008 年开始进行立式螺旋搅拌磨机相关技术研究，于 2012 年成功研制了当时装机功率最大的 KLM-630 型（装机功率 630 kW）立式螺旋搅拌磨机。在此基础上成功研制了基于金属、陶瓷两种磨矿介质的系列化 KLM 立式细磨装备，打破了国外垄断封锁。图 5-30 为部分 KLM 设备三维示意图。

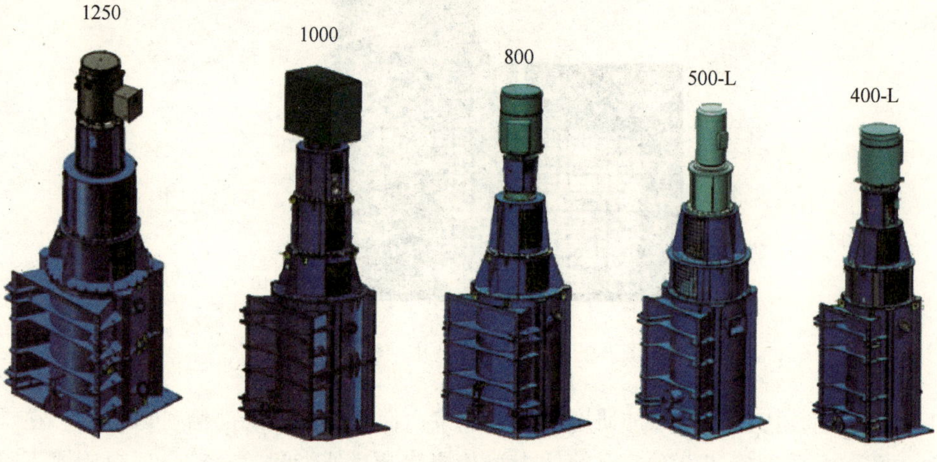

图 5-30 部分 KLM 设备三维示意图

2013 年，矿冶科技集团有限公司研制的 KLM-630 用于新疆某铁矿提质降杂项目，现场设备图见图 5-31。

2020 年研制 KLM-1250 立磨机，装机功率 1250kW，其中 2 台 KLM-1250 型立式螺旋搅拌磨机用于四川某钒钛磁铁矿“铁精矿提质增效增量技改项目”，代替现场原有球磨机用于三段磨矿，是当时国内已经实现工业应用的最大规格设备。现场设备见图 5-32。

2021 年，矿冶科技集团有限公司又研制了容积为 200 m^3 的陶瓷介质立式细磨装备，装机功率 1750 kW，在包头某萤石回收基地一次性试车成功，是国内最大的专用装备。

图 5-31 KLM-630 立磨机应用现场

图 5-32 KLM-1250 立磨机应用现场

第四节 分级设备

分级是指在流体介质液体或气体中将颗粒按其粒度大小的不同而使其分离的操作。在选矿厂，磨矿-分级作业是为选别作业准备入选物料的重要环节，对选矿回收率和精矿品位有着直接的影响。目前的分级设备主要有四大类，包括水力分级、气流分级、筛分分级和混合力场分级等。根据矿粒所受作用力的不同又分为重力分级和离心力分级两种。选矿常见的有螺旋分级机、水力旋流器、水力分级机、分泥斗、水力分级箱、角锥沉淀池等。

一、螺旋分级机

螺旋分级机是根据矿物颗粒在矿浆体系中沉降速度不同进行分级的设备。它主要由螺旋轴、叶片、槽体、提升装置及传动机构等组成。矿浆从槽体中部进料口给入螺旋分级机，矿浆受到螺旋叶片搅拌作用，沉降速度较慢的轻细颗粒随液流流到溢流边堰，作为溢流排出；沉降速度较快的粗重颗粒则沉降到槽底，由旋转的螺旋叶片输送到排料口，作为沉砂排出。螺旋分级机工作原理图见图 5-33。

（一）螺旋分级机的主要类型

螺旋分级机按其螺旋轴的数目可分为单螺旋和双螺旋分级机，单螺旋分级机实物如图 5-34 所示。按其溢流堰的高度可分为高堰式、沉没式和低堰式三种。高堰式螺旋分级

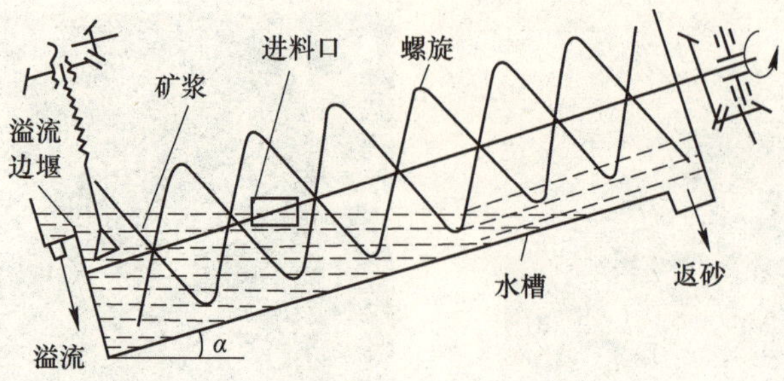

图 5-33 螺旋分级机工作原理

下端的螺旋叶片部分暴露在液面之上，分级面积要小些。螺旋的搅拌作用较强，适用于处理较粗物料或密度较大的物料；浸没式螺旋分级下端的螺旋叶片全部浸没在矿浆面之下，分级面积最大，适于处理较细的物料；低堰式螺旋分级的分级面积最小，搅拌作用强，多用于处理密度大或者分离粒度粗的物料，以及适用于洗矿。

图 5-34 螺旋分级机实物图

螺旋分级机优点是结构和操作简单、运行可靠、处理量和分级效率稳定、传动功率较小、生产成本较低、返砂含水量小、无需辅助设备、配置容易，适用于 0.4～0.15 mm 粗粒级的分离。缺点是体积大、价格高、占地面积大、分级效率不高等，处理密度大的物料时，分级机返砂易夹杂合格粒级，叶片对矿浆扰流较大，溢流容易跑粗，存在分级机溢流粒度不均匀现象。

（二）发展历程及在铁矿中的应用

20 世纪中后期，螺旋分级机在中国和苏联被不少选矿厂使用，但占地面积大，分级效率低。近几十年来，国内外为了提高螺旋分级机效率做了大量工作：如改变螺旋的转速；改等螺距为变螺距；在返砂输送段补加冲洗水，使矿浆回流。但这些措施并没有使其分级效率得到实质性的提高，正逐渐被水力旋流器或高频细筛所取代。梅山铁矿二段分级设备原采用 2FC-20 型螺旋分级机，后改造用旋流器。司家营铁矿第一段采用 MQG3650 格子型球磨机，分级设备为 3 m 双螺旋分级机，后进行了优化改造，一段磨矿分级系统采用 FX840-GX-P 旋流器替代螺旋分级机。同样，在太钢尖山铁矿、首钢水厂铁矿等矿山都采用过传统螺旋分级机，近些年改造都采用了旋流器新工艺。

此外，螺旋分级机在实验室或半工业规模选厂的生产中存在广泛应用。

二、圆锥分级机

圆锥分级机是在锥形容器中依据物料颗粒和质量大小不同，物料在水浮力、自身重力和其他力的共同作用下把轻相物料和重相物料分离的分级设备。

（一）圆锥分级机的主要类型

根据排料方式的不同，圆锥分级机可分为分泥斗、自动排料圆锥分级机、胡基圆锥分级机和虹吸排料圆锥分级机四种。

1. 分泥斗

分泥斗工作原理见图 5-35。矿浆从上部中心的给矿筒中连续给入，从上部周边溢出，锥体中存在上升和水平溢流。沉降速度大于上升液流速度的矿粒沉下后从沉砂管中排出；沉降速度小的矿粒，被上升溢流带上，从上面周边溢至溢流槽中，汇集后由溢流管排出。

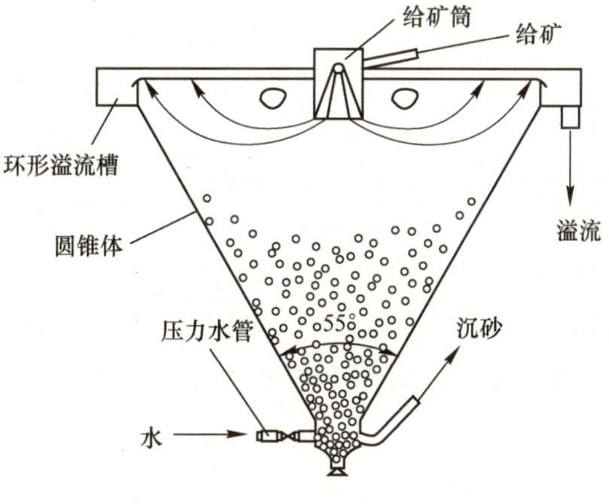

图 5-35 分泥斗工作原理图

2. 自动排料圆锥分级机

自动排料圆锥分级机利用浮漂杠杆原理，使沉砂口阀门打开增大或关闭缩小，来控制沉砂浓度和排出量的大小。

3. 胡基（Hukki）圆锥分级机

胡基（Hukki）圆锥分级机是一种装有搅拌装置和自动控制沉砂排出装置的水力分级设备。下部供入清水，清水往上部运动，物料在搅拌作用下先进行分散，然后进行沉降分离，细粒级物料随上升水排出，成为溢流产品；重粒级物料沉于底部，从锥底排出，成为沉砂产品。胡基圆锥分级机结构如图 5-36 所示。

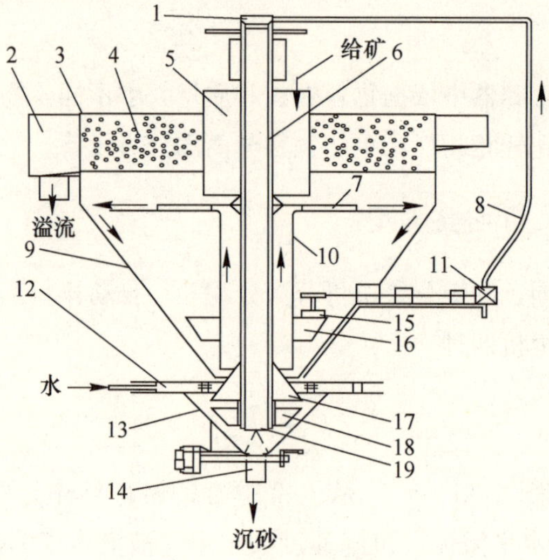

图 5-36 胡基圆锥分级机

1—给矿筒；2—放射状固定隔板；3—溢流堰；4—溢流槽；5—圆锥体；6—环形洗水管；7—收集锥；8—沉砂管；9—空心转轴；10，11—分配盘；12—中心溢流管；13—上搅拌叶片；14—锥形罩；15—下搅拌叶片；16—浓度传感器；17—阀门；18—压力水管；19—接头

（二）圆锥分级机的发展与在铁矿中的应用

北京矿冶研究总院和首钢矿山公司水厂铁矿从 1980 年 4 月开始进行圆锥水力分级机的研究，在国外胡基圆锥分级机的基础上设计、研制了 ϕ3000 mm 圆锥水力分级机，经冶金工业部和中国有色金属工业总公司共同主持鉴定认为是国内一种新型分级设备。

圆锥水力分级机与水力旋流器、螺旋分级机相比，是低电耗、轻磨损以及高效率的分级设备，常被用于处理水力旋流器底流或细筛筛上产品，也可单独作为分选前的准备作业。

三、箱（槽）式分级机

箱（槽）式分级机是一种物料在重力和水流作用下，依据沉降速度的不同分离出多个粒级的重相物料和一个轻相物料的重力沉降式分级设备。箱（槽）式分级机内部一般含有多个分级室或者由多个分级箱串联成一个分级机组，可以同时产出多个不同粒级的沉砂和一个溢流，这类设备主要用于矿物加工行业的重选设备前的多级别分级作业，具有结构简单、工作可靠、不耗动力等优点，但分级效率低。箱（槽）式分级机分为云锡式水力分级箱、机械搅拌式水力分级机、筛板式槽型水力分级机、斯托克斯水力分级机、水冲箱、倾斜板水力分级箱等。图 5-37 为筛板式槽型水力分级机。

箱（槽）式分级机在铁矿石分级中少有应用。

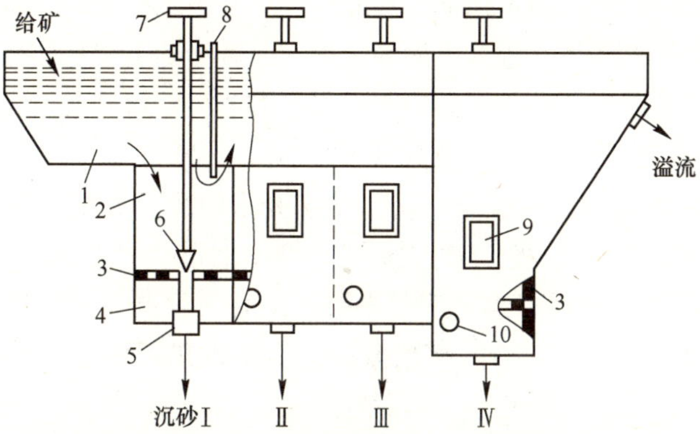

图 5-37　筛板式槽型水力分级机

1—给矿槽；2—分级室；3—筛板；4—压力水室；5—排矿口；6—调节阀；
7—手轮；8—挡板（防止粗粒越室）；9—玻璃窗；10—压力水管

四、斜板浓缩分级机

斜板浓缩分级机是一种根据物料密度和粒度的差别，在斜板沉降单元内上升水流的拖曳力和重力的作用下把物料分成粗粒级物料和细粒级物料的水力分级设备。斜板浓缩分级机大多用于物料脱泥和浓缩作业。

（一）斜板分级机的主要类型

斜板分级是利用矿物颗粒在介质内的沉降作用来实现分级的，主要分为普通倾斜板浓缩箱和萨拉型倾斜板浓缩箱。

普通倾斜板浓缩箱的结构如图 5-38 所示，分级箱为斜方形箱体，下接一角锥形漏斗，箱内装有一层或两层由许多块平行排列的光滑平板组成的板组，板间距离相同，为 15～30 mm。工作时，矿浆沿整个箱的宽度均匀地给到倾斜板的下端，或者上下两层倾斜板之

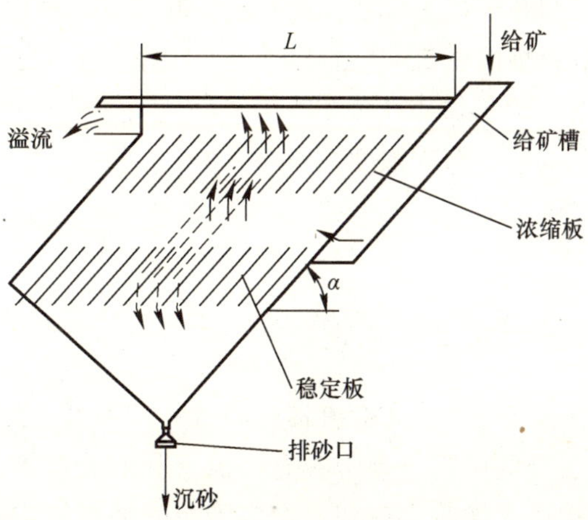

图 5-38　倾斜板双层浓缩箱示意图

间，然后沿倾斜板之间的空隙向上运动，在此过程中发生了矿粒的沉降，沉到下面倾斜板上的矿粒，靠自重沿板面滑下，进入下面漏斗中，或者滑到下层稳定板之间，进一步浓缩后进入漏斗中，最后从漏斗底部的沉砂口中排出。调节沉砂口闸阀，可控制沉砂的排出量和浓度，不能沉下的矿粒则从上部的溢流槽中排出。

萨拉型倾斜板浓缩箱的倾斜板分两排，给矿分为两股，分别给到两排倾斜板上下层之间，倾斜板上方顶部附近的板上有许多排列有序的节流孔，溢流通过节流孔均匀流出，进入溢流槽，沉砂口设在角锥箱底部中央，附有油压调节口装置，浓缩箱还装有振动器，能产生振幅为 0.3 mm 左右的高频振动，使沉积在板面上的矿泥能顺利滑下，防止堵塞。

（二）发展历程及在铁矿中的应用

20 世纪中期，斜板（斜管）浓密或脱水分级设备开始投入使用。1956 年西德 Fumboltt 公司展出倾斜式沉降槽，用于浓密与分级。日本工业技术研究院于 1959 年推出双室下降水流倾斜板式沉清槽。法国于 20 世纪 60 年代推出了斜管沉降的 Lavodume 和 Lavoflux 水力分选分级机。原东德的 Reichenbach 于 1960 年发表了“倾斜浓密器的构造与工作原理”。苏联乌拉尔选矿研究设计院于 1980 年介绍了槽式倾斜板浓密机在选矿厂的浓缩、脱泥、脱水及分级的应用。

我国对斜板（斜管）浓密机的研究和应用始于 20 世纪 60 年代。1978 年，中南矿冶学院与金堆城钼业公司设计制作了 2.5 m×2.5 m 上升水流倾斜板式分级箱，代替 ϕ250 mm 水力旋流器进行闭路磨矿分级。1983 年，西北冶金地质研究所参照国外 Lavodune 水力分级机开发了倾斜水力分选管，用于选别摇床中矿。1980 年，金堆城钼业公司应用自制的倾斜板分级箱，在浮选厂代替水力旋流器与磨机进行闭路磨矿分级。昆明冶金研究院开发的单元集成式斜窄流分级斗，三级单元集成成功地用在攀钢（集团）选钛厂 63 μm 分级兼脱水，分级质效率达 79.7%。我国原坂潭锡矿还设计制作了双层倾斜板分级箱。

老式斜板（斜管）浓密或分级设备在国内外曾一度形成推广应用高潮。但随着设备的弊端逐渐显现，到 20 世纪 80 年代中后期，这些设备的推广应用由变缓而至停顿。湖北鸿昇矿业有限公司选用高效斜板浓密机-压滤干排工艺处理，实现了高效斜板浓密机溢流水澄清，底流浓度大于 35%。金堆城钼业汝阳有限责任公司铁精矿脱水采用了斜板浓密机对超细铁精矿的过滤脱水，浓缩后精矿浓度在 66%~70%。

五、水力旋流器

（一）水力旋流器结构及工作原理

水力旋流器结构如图 5-39 所示，旋流器上部是一个中空的圆柱体，下部是一个圆锥体，圆柱形筒体上端装有给矿管，顶部装有溢流管和溢流弯管，在圆锥形筒体底部装有沉砂口。旋流器内部常衬有橡胶、陶瓷、聚氨酯等耐磨材料，以降低磨损并在磨损后更换。

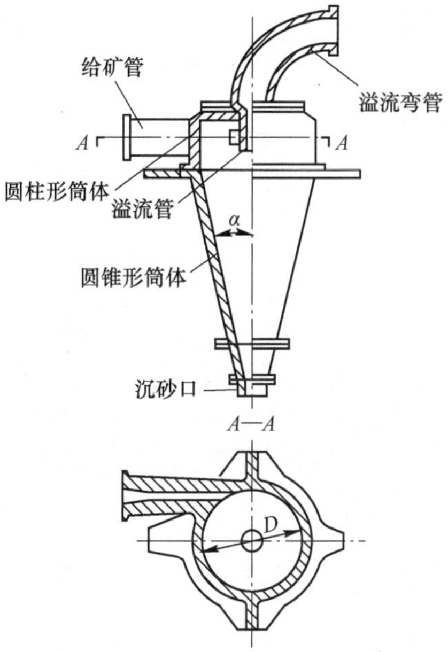

图 5-39　水力旋流器结构

水力旋流器的基本工作原理是利用不互溶介质间的粒度差（或密度差）而进行离心分离的。当含有待分离物质的多相混合液以一定的压力从水力旋流器上部周边以一定的切向速度进入旋流器内部后，产生强烈的旋转运动，由于细粒和粗粒（或轻相和重相）之间存在着粒度差（或密度差），所受的离心力、向心浮力和流体曳力的大小不同，在离心沉降运动中，大部分细粒（或轻相）向轴心运动，另一部分粗粒（或重相）向边壁移动，最终细粒（或轻相）由溢流口排出，粗粒（或重相）由沉砂口排出，从而达到分级或分选的目的。

（二）发展历程及在铁矿中的应用

水力旋流器的发展迄今已经有 100 多年的历史。1891 年 Bretney E 在美国申请了第一个旋流器专利，1914 年，水力旋流器正式应用于磷肥的工业生产。20 世纪 30 年代后期，水力旋流器主要应用于纸浆水处理。从 20 世纪 40 年代前期开始，旋流器正式投入选煤的应用。1943 年，美国原子能委员会的 Tepef 和 Woods 将水力旋流器用于乙醚水系统的分离，使得旋流技术在油水分离系统中得以应用。1953 年，VanRossum 将水力旋流器用于脱出油中的水分。20 世纪 60 年代以后，旋流器的理论研究也得到了广泛提升。1980 年 Thew M T 将发明的油水分离型水力旋流器应用于液液分离领域，为水力旋流器的应用开拓了新的空间。1980—2000 年，英国 BHRA 流体工程中心发起并先后组织 6 次水力旋流器国际学术研讨会，关于水力旋流器的最新研究成果得以交流，由此将水力旋流器的研究推上了更高的一个层次。

我国旋流器的工业发展最早 20 世纪 50 年代，1955—1956 年旋流器最早用于锡矿的脱泥工艺，当时就采用过球墨铸铁和橡胶用于加工旋流器的内衬。1959 年包钢选矿烧结厂将 ϕ500 mm 旋流器应用于磨矿分级系统。1964 年广东有色金属研究所在锡矿选矿生产工艺中探索了 ϕ610 mm 旋流器用于锡矿脱泥。1984 年德兴铜矿采用辽重生产的仿 KrebsFXK500 衬胶旋流器替换了一段磨矿分级的螺旋分级机。1989 年唐山煤研分院开发了用直径 ϕ300 mm 筛网旋流器，能够一次分级出 3 种粒级产品。1991 年威海鲸园聚氨酯厂（威海市海王旋流器有限公司前身）开发的 ϕ300 mm 聚氨酯旋流器成功应用于山东鲁中矿山公司尾矿分级筑坝。

旋流器在选别流程中能有效改善分级状况。攀钢白马选矿厂选铁二段磨矿分级采用 45°锥旋流器作为预先分级与高频细筛控制分级，二段磨矿细度-0.075 mm 占 75%，大锥角旋流器降低了旋流器底流中细粒级的含量。2015 年澳大利亚中信泰富 Sino 铁矿二段磨矿回路，使用 FX400 多锥体结构旋流器，溢流细度达到 $P_{80}=35$ μm，底流中细粒级含量更少，显著改善了铁过磨情况。酒钢粉矿磁化焙烧矿细磨分级采用 FX350 多锥体旋流器与塔磨机组成闭路磨矿分级，旋流器的溢流细度-0.048 mm 达 89%以上，分级质效率达到 63.96%。

威海市海王旋流器有限公司与四川大学合作研发的平底柱式旋流器（圆柱式结构旋流器）开发成功，最早应用于国内太钢集团矿业公司、鞍钢集团弓长岭矿业公司。由于平底旋流器底部是水平结构，内部能够形成高浓度的流化床层，粗颗粒对沉砂嘴的冲击小，沉沙嘴更不容易堵塞，因此可以与格子型磨机组成闭路磨矿分级，成为替换螺旋分级机的理想分级设备。

2013 年 FX710 平底柱式旋流器应用于首钢水厂选矿厂一段球磨分级。2015 年 FX840 平底柱式旋流器应用于澳大利亚中信泰富 Sino 铁矿自磨回路，为目前规格最大的平底柱式旋流器。2016—2018 年国内司家营铁矿、攀钢矿业白马铁矿选矿厂一段球磨分级先后应用了 FX840 平底柱式旋流器。

六、卧式离心分级机

卧式离心分级机是一种根据物料的密度和粒度差别，在水平转鼓产生的离心力场作用下，实现物料分离的分级设备。其主要由圆锥形转鼓、内转鼓、外罩、矿浆导管、堰板、溢流口和卸料口等组成。

卧式离心分级机中矿粒受到的离心力很大，一般为重力的 100~400 倍，分离粒度最小可达 5~10 μm，沉砂浓度可达到 80%以上，主要用于细粒物料的脱泥和浓缩作业。

卧式离心分级机在铁矿石分级中少有应用。

七、旋风分离器

旋风分离器（图 5-40）是一种利用风力、重力和离心力共同作用下进行分离的干式分级设备。其主体由上部的圆筒和下部的截锥组成，圆筒顶部从上到下沿中轴线插入一个芯管，截锥底部有粗产品出口。

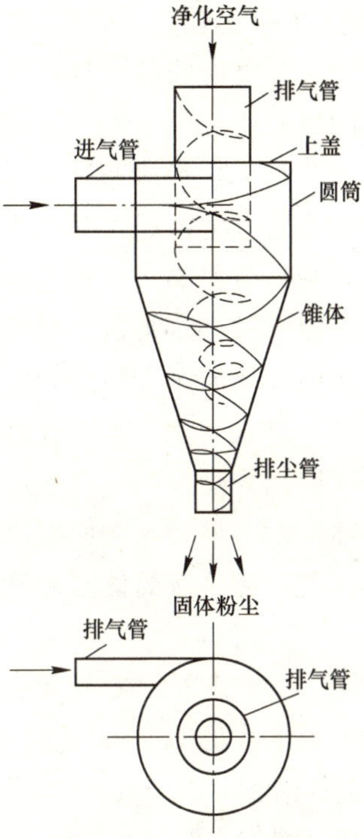

图 5-40 旋风分离器

旋风分离器的分级粒度与其规格（筒体直径）有关，规格越小，分级粒度越细。气流进入的速度是重要的影响因素，它与分离粒度、分级效率和生产率密切相关。

旋风分离器在铁矿石分级中少有应用。

八、涡流空气分级机

涡流空气分级机是目前应用最广泛的干式超细分级设备之一，具有分级效率高、节能的特点，也称为第三代分级机。图 5-41 为涡流空气分级机结构示意图。

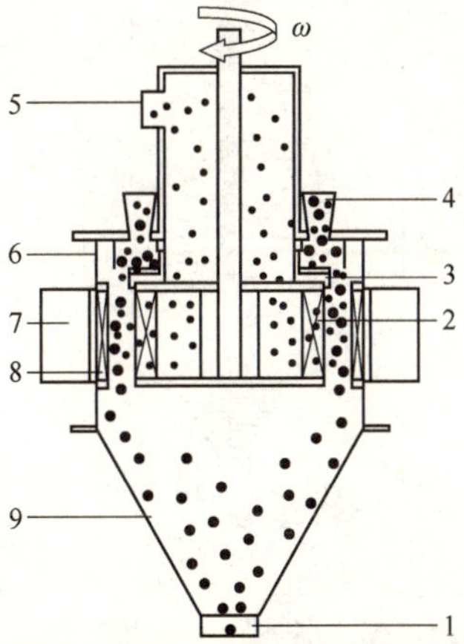

图 5-41 涡流空气分级机结构示意图

1—粗粉收集口；2—转笼；3—撒料盘；4—喂料口；5—细粉收集口；6—蜗壳；7—进风口；8—导风叶片；9—锥筒

涡流空气分级机主要包括蜗壳（图 5-42）、转笼、锥筒、导风叶片、撒料盘等。涡流空气分级机的核心部件为转笼，利用转笼高速旋转时产生的离心力和气流曳力使粗细颗粒分离。分级机的主要工作原理如下：粉体通过喂料口由螺旋加料装置进入淘洗区筒体进行预分散。预分散可以使粗大的颗粒由于重力作用落入粗粉收集漏斗收集为粗粉，较小的颗粒随着旋流上升的气流上升至环形区，粗细颗粒主要在环形区进行分级。细颗粒在环形区会因受到的空气曳力大于惯性离心力而随着气流进入转笼，再随气体从细粉出口流出；粗颗粒在环形区域因为受到的空气曳力小于惯性离心力而向筒体的内壁面运动，最后与壁面碰撞后失去动能，在重力作用下下落，经过淘洗区筒体最后到达粗粉收集漏斗收集为粗粉。

图 5-42 蜗壳预分级结构示意图

涡流空气分级机首创于 20 世纪 70 年代末、80 年代初的日本。1979 年日本的小野田公司研制出的 O-Sepa 高效分级机通过了工业实验，1980 年第二台工业用 O-Sepa 高效分级机投入运行。O-Sepa 型高效选粉机其主要特点是在分级机内部增加了笼型转子分级，分级机外增加了通过滤袋过滤方式收集细粉的袋式收尘器等细粉收集装置，完全改变了机内选粉的原理，很大程度地提高了分级机的分级能力、分级效率以及细粉收集能力（图 5-43）。

涡流空气分级机在铁矿石分级中少有应用。

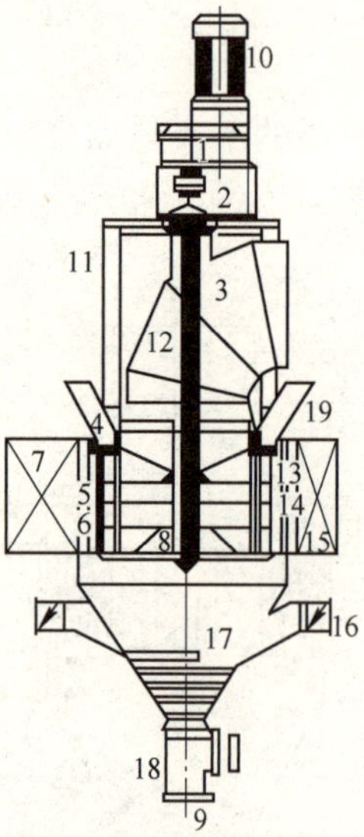

图 5-43 O-Sepa 涡流分级机结构示意图

1—减速器；2—减速器底座；3—细粉出口；4—撒料盘；5—涡流调整叶片；6—分格板；
7— 一次风管；8—转子；9—粗粉出口；10—电机；11—传动支架；12—主轴部件；
13—缓冲板；14—导流板；15—二次风管；16—三次风管；17—锥形漏斗；18—翻转阀；19—喂料口

九、射流分级机

射流分级机是利用射流技术、惯性原理和附壁效应的干式超细分级设备，是一种典型的干式惯性分级设备（图 5-44）。其工作原理是：射流给入物料和压缩空气，使给料颗粒获得必要的进口速度和使气流更好地产生附壁效应。在向前的运动过程中，受到上方依次控制气流 1、控制气流 2 的作用，粗颗粒矿物由于惯性大从排料口排出，超细产品由于惯性小，在强烈的附壁效应随气流由最近的通道排出。射流分级机主要用于超细粉体的分级过程。

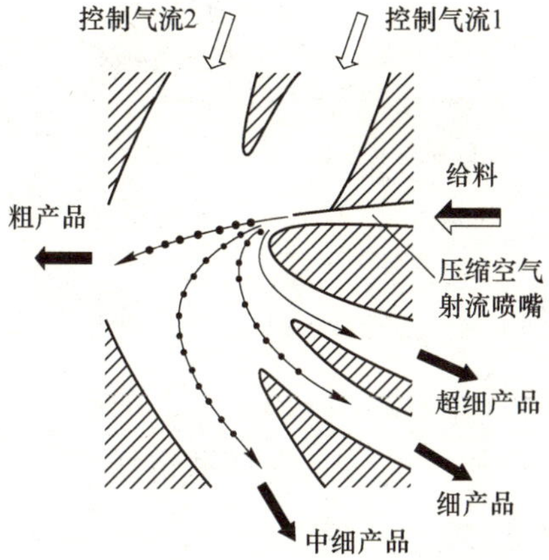

图 5-44 射流分级机

射流分级技术源自 20 世纪 70 年代，是德国 Karlsruhe 大学的 Rumpf 教授和 Clausthal 大学的 Leschonski 教授利用射流附壁原理进行颗粒粒径分级的一种新技术，并先后在美国、德国等工业发达国家申请专利。在 20 世纪 80 年代左右日本对其逐步开始进行商业化应用，并根据实际工业生产情况和使用情况进行不断地改进，开发出了各种各样的新机型。

射流分级机在铁矿石分级中少有应用。

第五节 磁选设备

磁选是利用矿物之间的磁性差异进行分选的技术。根据磁场强弱，磁选机可以分为弱磁场磁选机、中磁场磁选机、强磁场磁选机，其中弱磁场磁选机磁极表面的磁感应强度小于 0.2 T，中磁场磁选机磁极表面的磁感应强度为 0.2~0.6 T，强磁场磁选机磁极表面的磁感应强度大于 0.6 T。

一、中、低磁场磁选机

中、低磁场磁选机主要应用于磁铁矿、钛磁铁矿等强磁性矿物的分选中，主要包含了磁滚筒、湿式筒式磁选机、磁选柱等产品。

（一）磁滚筒

磁滚筒是干式预选磁选设备中最具代表性的设备，其分选示意图如图 5-45 所示。物料以皮带线速度为初始入料速度，磁性矿石受到磁力作用，从而与非磁性矿石的运动轨迹发生偏移，进而通过分矿板实现分隔。

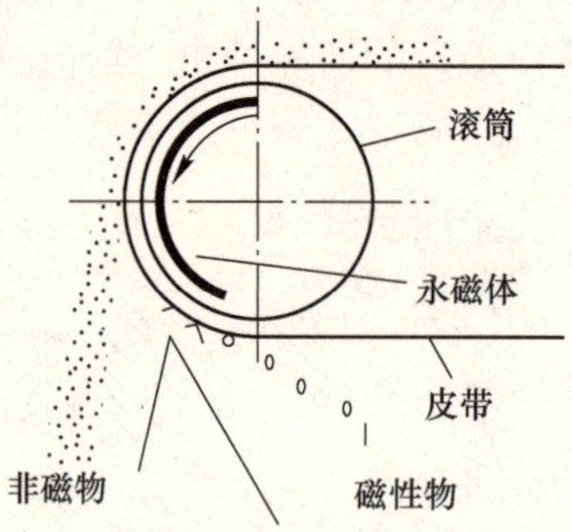

图 5-45 磁滚筒分选示意图

1965 年山东金岭铁矿使用 1 台 ϕ1030 mm×1045 mm 的电磁磁滚筒进行干式预选，开创了磁预选技术在我国成功应用的先例。1969 年武钢程潮铁矿采用电磁磁滚筒对中碎产品进行预选，将含铁品位由 26.6%提高到 48.09%，而抛弃的废石含铁仅 6.09%。

20 世纪 60 年代末至 70 年代初，由于永磁磁性材料工业化、批量生产，河北符山铁矿、邢台钢铁厂、邯郸钢铁厂等纷纷采用永磁磁滚筒进行抛尾。永磁磁滚筒尺寸也逐步由小变大，磁场强度由弱变强，分选粒度上限由 200 mm 扩大到 350 mm，以满足自磨机（半自磨机）给矿粒度的要求，甚至对粒径达 450 mm 的单一磁块都能有效分离。特别是在 20 世纪 80 年代中期，钕铁硼永磁材料的出现，更促使这一技术达到完善程度。

金岭铁矿在 1985 年利用永磁磁滚筒代替电磁磁滚筒。1989 年山东鲁中冶金公司张家洼铁矿采用了北京矿冶研究院研制的 CT-1416 永磁磁滚筒用于-300 mm 矿石预选作业。在 20 世纪 90 年代我国矿山采用的磁滚筒已基本完成永磁化。

20 世纪 80 年代中期，高性能的永磁钕铁硼磁性材料的出现，推动了永磁磁滚筒向大型化发展。我国在 20 世纪 80 年代以前，磁滚筒基本上用于胶带宽度在 1000 mm 以下，20 世纪 80 年代中期，由于新的磁性材料的诞生，国内很快涌现筒径大于 1200 mm，最大可达到 ϕ1600 mm，筒表磁场强度超过 160 kA/m，最高可到 288 kA/m 的磁滚筒。

2006 年鞍钢大孤山铁矿采用 ϕ1400 mm×2400 mm 的磁滚筒回收排岩矿石中的铁矿石。2011 年的首钢水厂铁矿采用 ϕ1600 mm×2700 mm 的磁滚筒回收围岩中的铁矿石。2022 年包钢巴润矿业采用 ϕ1500 mm×3500 mm 磁滚筒回收围岩中的矿石。

（二）湿式筒式磁选机

湿式筒式磁选机是选矿中选别或回收强磁性物料的重要设备，是目前磁选机的主流设备之一。

湿式筒式磁选机工作过程：矿浆进入槽体后，在给矿分散水作用下，矿粒呈悬浮状态进入分选区，磁性矿粒在磁场力作用下，克服作用在颗粒上的阻力（如重力、水流体动力、摩擦力及惯性力等），被吸附在圆筒的表面上，随着圆筒一起向上移动，在移动过程中，由于磁系的极性沿周向交替，使成链的磁性矿粒进行翻动（或称为磁翻滚），在翻动过程中，夹在磁性矿粒中的一部分脉石被清洗出来。磁性矿粒随着圆筒转动，离开磁场作用区域时，在自身重力及卸矿冲洗水的辅助作用下进入精矿槽；非磁性矿粒和磁性较弱的矿粒不受磁力作用或受磁力作用较小，从尾矿口进入尾矿箱。由于矿浆不断给入，精矿和尾矿不断排出，形成一个连续的分选过程（图 5-46）。

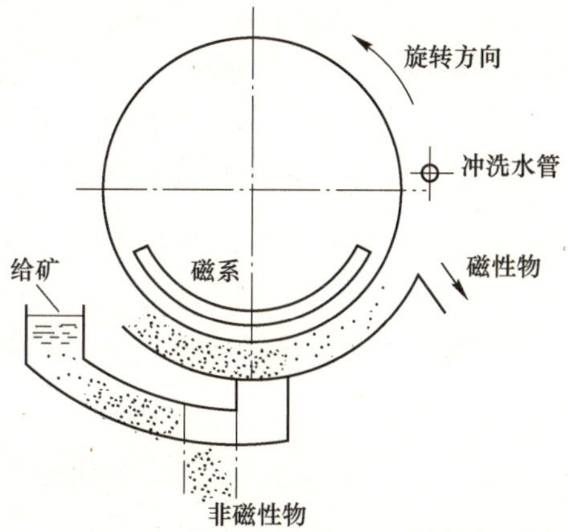

图 5-46 湿式筒式磁选机分选原理图

1963 年北京矿冶研究院设计了一种半逆流电磁筒式磁选机。1964 年 5 月到 1965 年 9 月，在本溪钢铁公司南芬选厂进行工业试验，其处理量和生产指标均超过了生产中使用的电磁带式磁选机。

1965 年，东北工学院、鞍山烧结总厂、沈阳矿山机械厂等单位组成的恒磁磁选机试验组采用钡铁氧体为永磁材料，试制成功了 ϕ770 mm×400 mm 及 ϕ770 mm×1800 mm 两台恒磁圆筒磁选机，安装在鞍钢烧结总厂分别处理焙烧和天然的磁铁矿矿石，获得较好的分选效果。

20 世纪 70 年代初期，鞍钢、本钢、包钢、沈阳矿山机械厂、北京矿冶研究院、马鞍山矿山研究院都掌握了铁氧体永磁材料包括锶铁氧体和钡铁氧体的工业生产技术，推动了永磁磁选设备的发展，永磁筒式磁选机快速取代了选厂长期使用的仿苏的电磁带式磁选机。

1976 年开始沈阳矿山机械厂在总结 ϕ600 mm，ϕ750 mm 筒径永磁筒式磁选机的基础上，设计试制了 ϕ1050 mm×2400 mm 的永磁筒式磁选机。

1977 年马鞍山矿山研究院设计试制了 1 台 ϕ1050 mm×2100 mm 工业型永磁筒式磁选

机；1979 年对马钢凹山选厂和东山选厂进行了弱磁选磁选机改造，取代 ϕ780 mm×1800 mm 永磁筒式磁选机，单位长度处理能力增加一倍以上。

1985 年北京矿冶研究院研制成功了 ϕ1200 mm×1800 mm 的锶铁氧体永磁筒式磁选机，1991 年研制成功了 ϕ1200 mm×3000 mm 的中磁场永磁筒式磁选机并进行工业试验，于 1997 年在鞍钢调军台选矿厂推广应用。

在 2007 年后，ϕ1500 mm 筒径的磁选机成为新建大型选厂的主力机型，2016 年，首钢秘鲁铁矿选用了矿冶科技集团的 ϕ1500 mm×4500 mm 型号的筒式磁选机。2023 年建成的首钢马城铁矿选厂也大量采用了 ϕ1500 mm 筒径的磁选机。

湿式筒式磁选机的发展不仅在永磁化、大型化方面发展，同时与选矿工艺结合，形成了多种类型的筒式磁选机。

1973 年北京矿冶研究院先后研制了 ϕ600 mm×320 mm 半工业型和 ϕ780 mm×1800 mm 工业型的湿式永磁旋转磁场筒式磁选机，1988 年 ϕ780 mm×1800 mm 旋转磁场磁选机在鞍钢齐大山选矿厂用在焙烧磁铁矿精选作业，精矿品位提高了 1.81%。该类型设备虽然具有分选指标优势，但运动部件多，可靠性低，影响了大规模推广应用。2017 年由北京矿冶科技集团利用新型磁性材料减轻磁系质量，采用新型非金属材料作为分选筒体，研制了 ϕ1200 mm×3000 mm 规格的永磁湿式旋转磁场磁选机，在四川攀枝花地区的钒钛磁铁矿精选作业完成工业试验并规模化工业应用。

1984 年北京矿冶研究院提出了 BK 系列筒式磁选机的研究思路，针对阶段磨矿中不同磁铁矿的粒度区别，采用不同的磁系配置和槽体形式进行适配。

20 世纪 90 年代马鞍山矿山研究院研制了 GD 型低场强脉动筒式磁选机。该磁选机设计了更大的磁系包角、更多的磁系极数；采用扫选区到精选区的磁系由高到低的不均匀分布。

2015 年山东华特公司研制了提精降渣的磁选机，该磁选机通过管式给矿装置，直接给入设备的分选区，磁性矿物被吸附在滚筒表面，被逆向带出液面。同时在输送过程中精矿物脱离液面后在滚筒表面受到内置搅动磁场的作用实现矿粒反复的团聚、分散、团聚的机械运动，并在多极漂洗水的漂洗下，使得精矿下的杂质和贫连生体有效剔除。

（三）磁重联合类选矿机

磁重联合式磁选机是一类利用磁力与重力相结合的弱磁场磁选装备，能有效解决常规磁选机的“磁性夹杂”和“非磁性夹杂”问题，是磁铁矿选矿史上的一大进步。

1985 年首钢矿业公司和中国地质科学院郑州矿产综合利用研究所联合研制的永磁磁重选矿机（磁聚机）在首钢矿山水厂和大石河选厂完成现场改造。进入 21 世纪后，首钢矿业公司在永磁磁聚机的基础上研制了复合闪烁磁场精选机，并获得了专利。

1990 年鞍山科技大学选矿教研室研制了 1 台 ϕ30 mm 电磁类的磁重选矿设备。在此基础上，又研制了 ϕ200 mm 磁选柱和 ϕ450 mm 磁选柱，分别在 1993 年和 1994 年辽阳安平乡磁铁矿选矿厂进行了工业试验，效果显著。分选原理如图 5-47 所示。

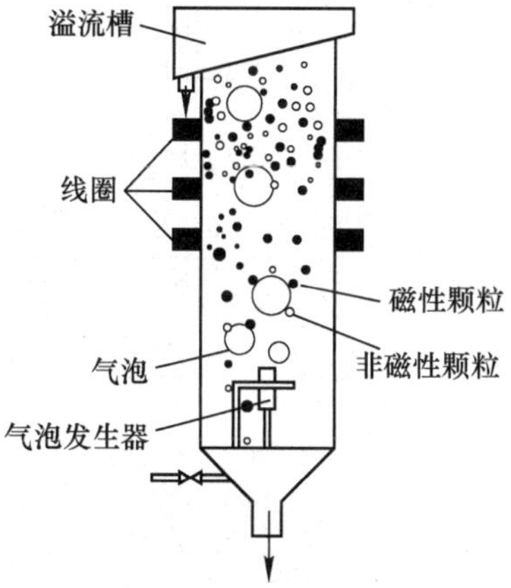

图 5-47　磁选柱分选原理图

目前工业应用磁选柱规格一般为 ϕ600 mm~ϕ2000 mm。工业应用表明，磁选柱在提高精矿品位、降低杂质含量、缩短工艺流程及节能降耗等方面取得显著的成效。

进入 21 世纪之后，石家庄金垦公司在中小型磁选柱的基础上研制，在固定磁场和循环磁场的基础上增设了补偿磁场，并针对磁场的控制逻辑设计了一套一体化自动系统，在多个选厂得到应用。

沈阳隆基公司调整了给矿形式，其通过采用沿分选筒内壁周圈给矿的方式，使矿物颗粒更贴近磁系，以提高磁系对磁性颗粒的作用效果。生产的磁选柱在朝阳、鞍山、本钢南芬选矿厂进行了工业试验和应用。

在磁选柱分选空间中增加浮选作业，被称为“磁浮选柱”。磁浮选柱设备的最初构想来自孙传尧院士一次选矿实验，随后北京矿冶研究总院开展了磁、浮复合力场分选的研究，于 2005 年获得磁浮选柱发明专利。

磁选柱是中国独有的磁选设备，目前已经成为国内磁铁矿选矿工艺中的常规主力设备，并逐步拓展至国外铁矿选厂使用。

（四）其他中、弱磁场磁选机

永磁立盘式磁选机（简称“盘式磁选机”）主要用于回收尾矿中的强磁性矿物。结构示意图如图 5-48 所示。

20 世纪 60 年代，瑞典萨拉（SALA）公司最早研制出只有 1 个工作磁盘的盘式磁选机，20 世纪 80 年代苏联研制出多工作磁盘的设备，自 20 世纪 90 年代鞍山钢铁公司仿苏联研制出我国首台盘式磁选机用于尾矿回收使用，并得到了迅速发展与工业应用。

我国盘式尾矿回收磁选机的发展主要经历三段历程：全盘裸磁系整体传动尾矿回收机阶段，改进型全盘磁系整体传动尾矿回收机阶段，自卸料盘式磁选机阶段。全盘裸磁系整

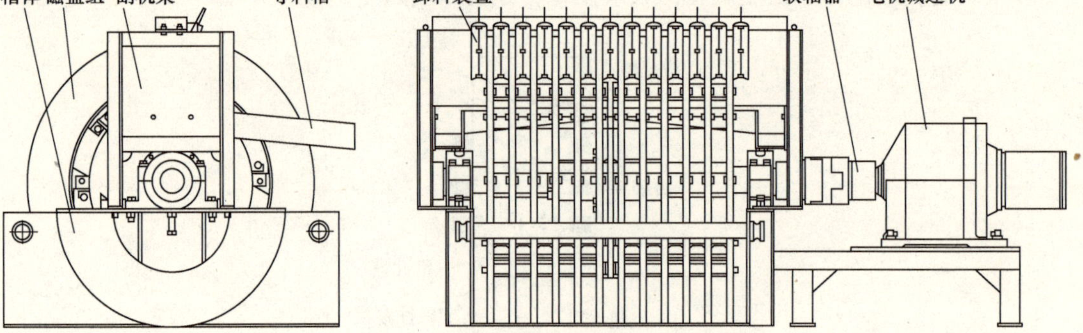

图 5-48 盘式磁选机结构图

体传动尾矿回收机由我国鞍山地区于 20 世纪 90 年代研制成功，目前仍广泛应用。进入 21 世纪后，为解决传统设备卸料不彻底难题，数家设备制造公司从不同角度提出了解决方案：磁系不动盘面旋转或磁系旋转而盘面不动，并利用磁场空区实现矿物依靠重力并辅助冲洗水卸料方式，使该类型设备回收尾矿中磁性铁的回收率可达 90%以上。

外磁内流式磁选机是在苏联哥拉尼柯的管式磁选机基础上，长沙矿冶研究院和北京矿冶研究总院于 2013 年分别研制成功。外磁内流式筒式磁选机采用端部给矿，为保证入选物料的充分分散，将给矿箱设计为均等的给矿口，同时为防止入选颗粒粗导致给料箱和排料箱内部磨损快缩短使用寿命，设计了不同类型的耐磨措施：磁性衬板自吸沉积耐磨技术，减少粗颗粒矿石在重力和矿浆流速作用下对给矿箱底板的磨损，同时设备所有过流面均采用耐磨陶瓷片保护；在分选筒轴向分选带上设置多通道给矿出口，出矿口采用二次溢流布矿，保证矿浆在整个给矿带上的均匀布矿，利于实现高精度分选。外磁内流式磁选机卸矿间隙大，采用自重卸矿；磁系分选区长度明显长于筒式磁选机的分选长度，可有效提高磁性产品的回收率。分选原理如图 5-49 所示。

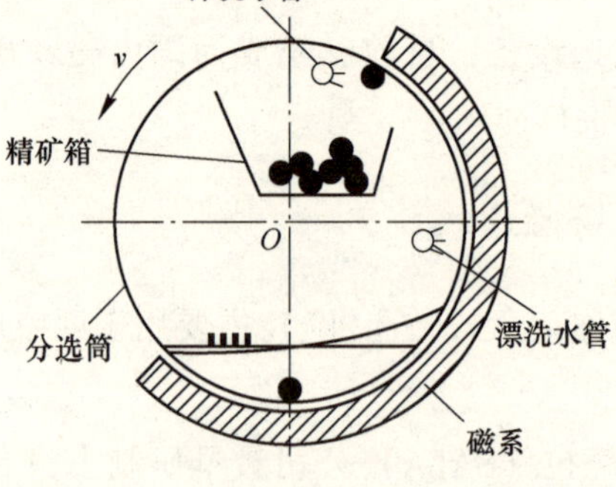

图 5-49 外磁内流筒式磁选机工作原理

外磁内流式筒式磁选机常应用于黑色金属矿尾矿再选、一段磨前湿式预选、强弱磁混合矿石强磁前的清渣等作业流程，在钒钛磁铁矿选厂入磨前的预选抛尾作业有应用。

二、强磁场磁选机

强磁场磁选机主要包括了永磁强磁类和电磁强磁类设备。其中北京矿冶研究院主要研制了永磁磁系的高梯度磁选机，形成了永磁多梯度磁选机、永磁笼式磁选机两种产品。江西冶金研究所、长沙矿冶研究所、广州有色院、沈阳选矿机械研究所等单位在电磁强磁磁选机方面进行了研究。

（一）永磁高梯度类的磁选机

永磁高梯度磁选机以棒、球、棒-球为感应介质，产生高梯度磁场用以分选弱磁性矿物。这类高梯度磁选机包括了永磁平环式强磁选机、永磁筒式多梯度磁选机、永磁笼式磁选机等。

1970 年北京矿冶研究院研制了永磁笼式强磁选机，1974 年底在马钢凹山选厂进行工业试验。笼式磁选机的选别对半假象赤铁矿、赤铁矿是有效的，对于褐铁矿基本不能回收。

1975 年北京矿冶研究院研制的 ϕ1000 mm×900 mm 筒式多梯度磁选机在邯郸午汲选矿厂成功地回收尾矿中弱磁性铁矿物，为从尾矿中回收弱磁性铁矿物找到了一种可行的办法。

随着电磁高梯度磁选机的发展，永磁磁系产生的背景磁场强度低、分选范围小等缺点逐步暴露出来，永磁高梯度磁选机只在部分矿山应用过。

（二）电磁平环式磁选机

电磁强磁选机的种类繁多，其中包括了江西有色冶金研究所联合多家单位研制的 SQC 型湿式强磁选机，长沙矿冶研究所、沈阳选矿机械研究所和有关矿厂研制 SHP 湿式强磁选机，广州有色金属研究院研制了双立环湿式强磁选机等。

SQC 型湿式强磁选机采用环式链状闭合磁路，大电流低电压激磁，水内冷散热降温，齿板作分选介质，解决了细粒弱磁性铁矿、黑钨矿及其他有色、稀有金属矿的分选问题。1973 年 9 月制成的 SQC-10-3 型磁选机在江西铁坑选厂褐铁矿选矿流程进行了单机运转及磁-浮流程的初步工业试验，取得了较好的指标。经过多年的改进，对褐铁矿类型的矿石及稀有金属矿的分选可获得较好的指标。

SHP 系列强磁选机是“琼斯”型强磁选机，该类型的强磁选机在 20 世纪 90 年代之前用于弱磁性铁矿分选的主力机型，结构示意图如图 5-50 所示。

1975 年长沙矿冶研究所研制的 SHP-100 强磁选机在广东大宝山褐铁矿洗选厂尾泥进行了分选试验，于 1978 年完成了鉴定。同年酒钢也通过了采用 SHP-100 强磁选机进行了镜铁山红矿强磁工艺技术鉴定。1980 年冶金部 SHP-2000 型湿式强磁选机技术鉴定会，认为 SHP-2000 型湿式强磁选机设计合理、整机良好。1979 年由甘肃酒泉钢铁公司和冶金部长沙矿冶院联合试制了 SHP-3200 型强磁选机样机，并于 1981 年完成了鉴定。

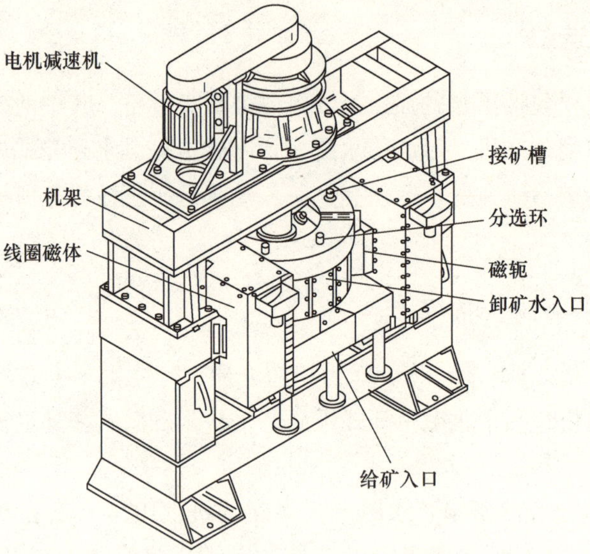

图 5-50 电磁平环磁选机结构图

（三）电磁立环式磁选机

1977 年广州有色院研制了立环式湿式强磁选机，解决了以球为介质的平环式强磁选机堵塞的难题。1978 年采用 ϕ1500 mm 双立环湿式强磁选机对褐铁矿洗矿的尾泥进行选别，获得了显著效果，其改进型高梯度磁选机具有更显著的节水、节电效果。立环的结构示意图如图 5-51 所示。

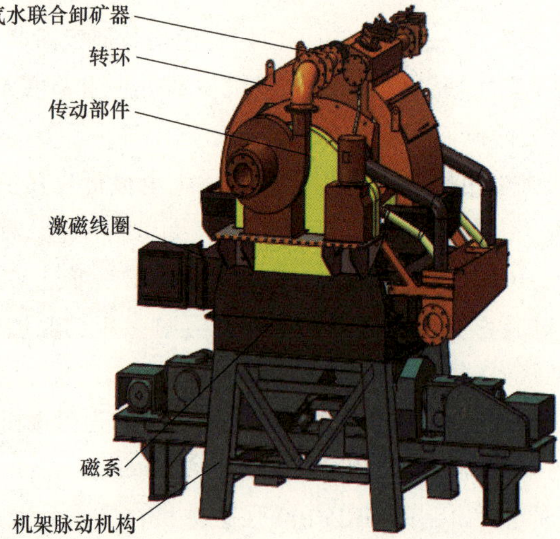

图 5-51 双脉动电磁立环高梯度磁选机结构示意图

1986—1987 年，赣州有色冶金研究所和中南工业大学联合研制世界首台电磁脉动式高梯度磁选机 SLon-1000 立环机，分选环立式旋转，反冲精矿，以利于防磁介质堵塞；在矿浆分选区增加脉动机构，使得矿浆中的颗粒处于松散状态，以提高分选效果。1987—1988年，SLon-1000立环机在姑山铁矿选厂完成工业试验，证明是一种分选细粒弱磁性矿物的新型高效设备。1990年4月，根据姑山铁矿需求，在SLon-1000立环机基础上扩大和改进研制出首台SLon-1500立环机。1994年4月，根据鞍钢弓长岭选厂需求，首台SLon-2000立环机完成出厂验收。1999年SLon-1750在姑山铁矿选厂取代粗选抛尾设备SQC型强磁选机。2004年6月，首批SLon-2250立环机在太钢袁家村铁矿选厂投产，用于降低强磁作业尾矿品位。2004年12月，SLon-2500立环机在海钢公司红旗尾矿库完成贫赤氧化铁矿的尾矿回收工业试验。2010年9月，SLon-3000立环机应用于攀枝花安宁铁钛公司分选钛铁矿获得成功。2011年底，首台SLon-4000立环机在攀钢选矿综合厂开展工业试验从总尾矿中回收钛。2015年，首台SLon-5000立环脉动高梯度磁选机研发成功。

SLon立环机成功应用于姑山、梅山宁芜式（玢岩）铁矿，随后在鞍本、冀东、霍邱等鞍山式贫赤铁矿，以及大红山式铁矿、海南石碌铁矿、云贵赣地区褐铁矿、镜铁山式铁矿、白云鄂博铁矿以及国外氧化矿全面铺开，而且延伸应用到锰矿、铬铁矿等。赣州院的熊大和博士将矿浆脉动引入了强磁分选过程，显著推动了世界范围内氧化铁矿、钛铁矿、锰矿、钨矿等弱磁性矿石综合利用技术装备水平进步，并取得显著的经济效益和社会效益。

电磁脉动立环式磁选机是目前电磁类磁选装备中应用最为广泛的一类。沈阳隆基、山东华特等磁选设备公司对于电磁脉动立环式磁选机的磁系冷却方式也进行了研究，并提出了各自的解决方案。

（四）电磁辊式强磁磁选机

感应辊式强磁选机适合弱磁性铁矿石磨矿前的粗颗粒矿石预先分选。它有CS型电磁双辊湿式强磁选机、3QCX型永磁双辊湿式强磁选机和CGD型电磁单辊干式强磁选机等，其中CS型强磁选机获得了较广的工业应用。四辊电磁强磁选机的工作原理如图5-52所示。

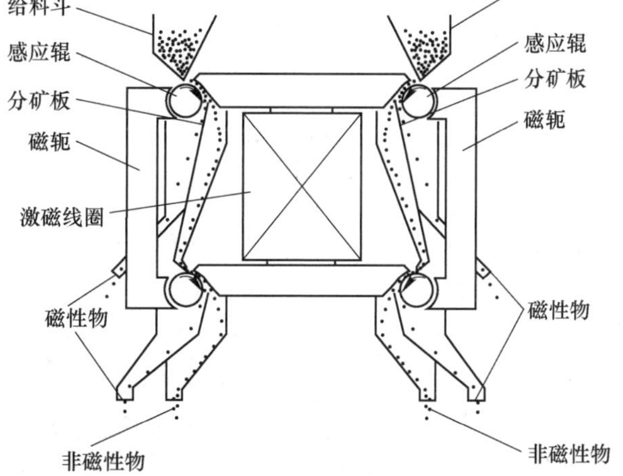

图5-52 四辊电磁强磁选机的工作原理

1982 年马鞍山矿山研究院研制的 CS-1 型电磁双辊湿式强磁选机在八一锰矿、湘潭锰矿等多家锰矿山推广应用，1984 年针对姑山铁矿的石英质赤铁矿进行了工业试验，为难磨难选的赤铁矿分选找到了一条较为合理的途径。

为了直接分选更粗粒级的弱磁性矿物，节约能源，尽早丢弃部分合格尾矿，马鞍山矿山研究院、上海梅山冶金公司铁矿于 1986 年开始研制 CS-2 型电磁感应辊强磁选机，该机给矿粒度上限可达 14 mm。

电磁感应辊具有耗电量大，纯铁易被磨损、维修费用高等缺陷，仅在少数几家矿山进行了推广应用，随着永磁挤压辊筒式强磁选机的发展，逐步被取代。

（五）永磁辊筒式磁选机

20 世纪 70 年代末，稀土永磁磁性材料的问世，推动了永磁强磁选机的发展。国外如美国 INPROSYS 公司、ERIEZ 公司，英国 BOXMAG-RAPID 公司，南非 BATEMAN 采选设备公司等在 20 世纪 80 年代初就开始研制永磁辊式强磁选机。

国内马鞍山矿山研究院、长沙矿冶研究院分别研制了永磁辊式强磁选机和永磁筒式强磁选机。分选原理如图 5-53 所示。

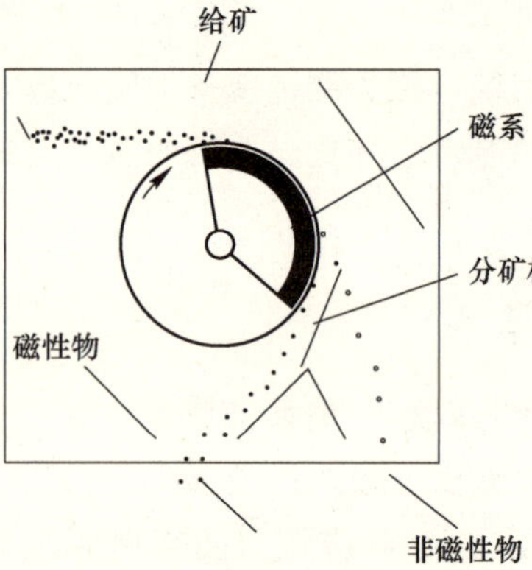

图 5-53 强磁机工作原理示意图

马鞍山矿山研究院 20 世纪 90 年代中期开始粗颗粒永磁辊式强磁选机的研究，并于 2002 年研制出工业型粗粒永磁辊式强磁选机，辊表面磁场强度可以达到 1.3 T。在梅山铁矿利用该 YCG-300 mm×1000 mm 粗粒永磁辊式磁选机替代粗粒跳汰机，使得尾矿品位降至 10%～12%，提高了金属回收率。

长沙矿冶研究院研制的稀土永磁辊式强磁选机由磁辊、高强度耐磨胶带、振动给料器等部分组成。磁系产生的磁场达到同体积电磁磁系所不能实现的磁场强度和梯度，实现了粗颗粒弱磁性矿石分离所需的强分选磁场（1.4～1.6 T），2000 年应用于云南化念铁矿。因为磁体裸露，磁辊辊径较小，不宜处理粗颗粒等缺点，在弱磁性矿的预选方面推广并不顺利。

长沙院、北京矿冶研究总院分别研制了永磁筒式强磁选机，采用挤压式磁路结构，表面磁场强度可以达到 1.0 T，既可以用于干式分选，也可用于湿式分选。北京矿冶研究总院研制的RTGX系列永磁筒式强磁选机应用于四川、云南等地多个赤铁矿、褐铁矿焙烧前的分选。

磁选机技术的发展与铁矿石选别的要求息息相关。在磁选机迭代升级中，永磁类磁选机体现了大型化、高效化的发展特点；电磁类磁选机体现了大型化、低能耗的发展特点。

第六节 重力选矿设备

重力选矿（简称“重选”）是一种利用不同矿物间的密度差异并借助重力等外力将有用矿物分离提取出来的物理选矿方法。近些年来，随着浮选、强磁选等选矿技术的发展和应用的增加，重力选矿的重要性有所下降。但是，重力选矿以其清洁、低耗的优点，仍然是我国矿物分离提取的一种重要选矿方法，在铁矿的选矿中仍占据重要地位。

重选设备根据重力场的特点可大致分为流膜类重选设备、跳汰类重选设备、离心类重选设备和重介质类重力选矿设备。

一、螺旋溜槽

（一）螺旋溜槽结构及工作原理

螺旋溜槽是流膜类重力选矿设备，是由我国北京矿冶研究总院在国外螺旋选矿机的基础上针对我国细粒赤铁矿的重选开发而成的。螺旋溜槽由矿浆分配器、螺旋槽、产品截取器、支架、接矿斗等组成（图5-54）。

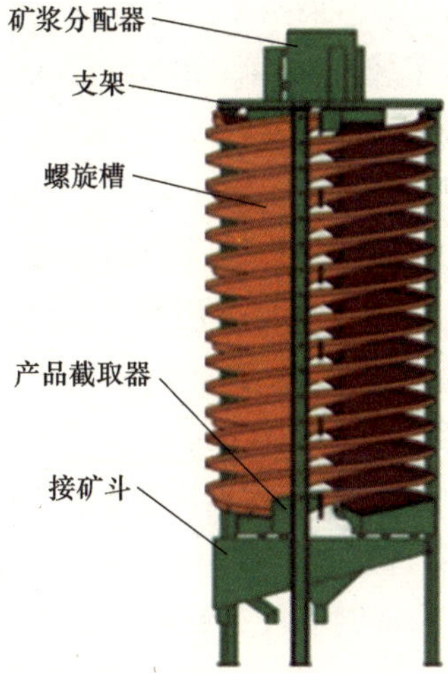

图5-54 BL1500螺旋溜槽

螺旋溜槽（螺旋选矿机）主要利用矿物之间的密度差异和重力、摩擦力、拜格诺力等外力来实现矿物富集分选的。矿浆从上方的矿浆分配器中给入，在重力的作用下沿着螺旋槽面做螺旋回转运动，由于不同矿物的密度不同，在重力、离心力和摩擦力等力的作用下，矿物颗粒逐渐分散、分层，密度大的矿物颗粒，沉降快贴近槽面运动，受槽面摩擦力的影响，运动速度更低，受到的离心惯性作用小，在槽面横向倾角和二次环流的作用下逐渐向螺旋槽内侧运动并沿着槽的内缘运动；密度小的矿物，浮在矿浆表面，受表层矿浆带动，运动速度快，离心惯性就大，逐渐移向螺旋槽外侧并沿着螺旋槽的外缘运动，这样密度不同的矿物颗粒会有不同的运动轨迹，进而在螺旋槽面上按比重逐渐形成矿带，最后通过产品截取器把不同产品截取出来从而实现矿物的分选。螺旋溜槽产品截取机构，精、中、尾矿及矿泥在螺旋槽横截面上的分布如图 5-55 所示。

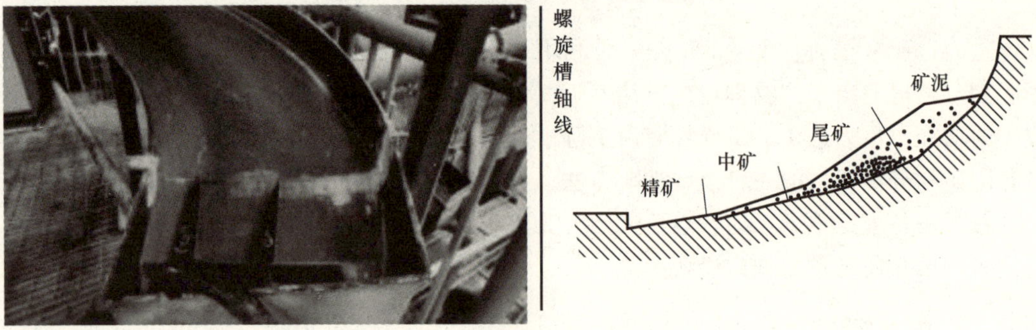

图 5-55 螺旋溜槽矿物分带

（二）发展历程及在铁矿中的应用

第一台螺旋选矿机于 20 世纪 40 年代初在美国由汉弗莱（Humphrey）研制成功，又称为汉弗莱螺旋选矿机，其结构如图 5-56 所示，采用单头配置，螺旋槽直径为 609. 6 mm，螺距为 342. 9 mm，每头配置 5~7 圈，采用铸铁衬橡胶制作而成，结构简单，诞生后在弱磁性铁矿和钛铁矿的选矿中获得了较多应用。20 世纪 50 年代，澳大利亚国家矿物公司参考汉弗莱螺旋选矿机研制出了截面为半圆形，直径为 609. 6 mm，螺距为 393. 7 mm 的螺旋选矿机，螺旋槽采用了玻璃钢材质。20 世纪 70 年代，英国的 GEC 公司研制出了断面为椭圆形、直径为 609. 6 mm、螺距为 444. 5 mm 的 GEC-Elliott 型双头螺旋选矿机，该型号由于增大了螺距，提高了螺旋选矿机的处理能力，用于细粒级铁矿石的分选取得较好效果。此外，国外还有瑞典萨拉公司开发的双头玻璃钢螺旋选矿机，芬兰 OUTOTEC 公司开发的 CARPCOCS2000 螺旋选矿机（最大直径 940 mm），澳大利亚 Roche 公司的 LD 系列螺旋选矿机和南非 MULTOTEC 公司的 SX、SC 系列螺旋选矿机等都在工业获得应用。

我国从 1955 年开始研究螺旋选矿机，1974 年北京矿冶研究总院（矿冶科技集团有限公司，以下简称“北矿院”）针对鞍钢细粒赤铁矿的重选，研制出了以立方抛物线为螺旋槽截面形状曲线、直径为 ϕ1200 mm 的 LL1200 系列螺旋选矿机。1989 年北矿院，开发了直径 ϕ2000 mm 的 DL2000 螺旋溜槽，采用了“椭圆+立方抛物线”的复合截面曲线，在锡矿用于粗颗粒的预选取得了良好的效果。1999 年北矿院开发了多螺距和横向倾角，直径 ϕ1500 mm 的 BL1500 系列螺旋溜槽，解决了螺旋溜槽大型化后对细粒级矿物的回收问题，并获得大量推广应用。

目前在我国铁矿石的选矿中 BL1500、BL1200 螺旋溜槽占据了主导地位。

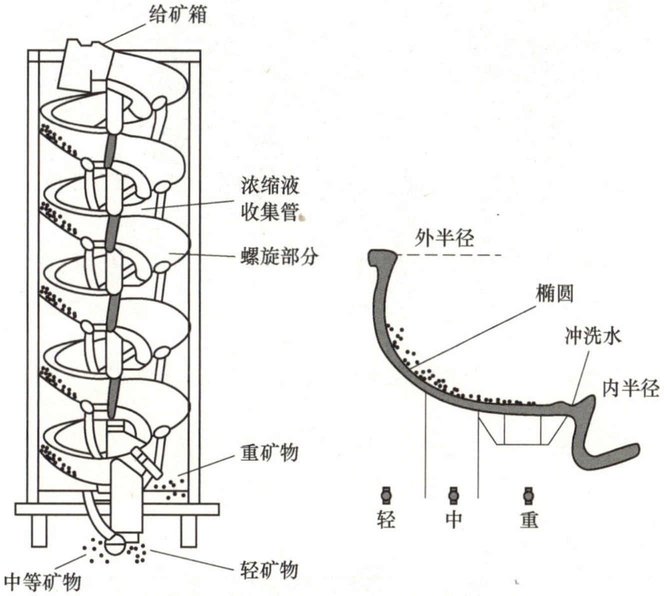

图 5-56　汉弗莱（Humphrey）螺旋选矿机

在赤铁矿、镜铁矿的选矿中，一般将螺旋溜槽配制成一粗、一精的重选流程，可直接获得部分合格铁精矿。在鞍钢齐大山选矿厂采用 BL1500 螺旋溜槽选别赤铁矿（图 5-57），在司家营铁矿采用螺旋溜槽选别赤铁矿均可直接获得品位 66.4%（TFe）以上的赤铁矿精矿。在安徽霍邱使用 BL1500 螺旋溜槽从一段强磁选的粗精矿中获得品位 65.5%的合格铁精矿，避免了有用矿的过磨和金属流失（图 5-58）。

图 5-57　BL1500 系列螺旋溜槽在鞍钢调军台选矿厂应用（日处理 3 万吨赤铁矿）

在钛铁矿的选矿中应用中，一般将螺旋溜槽配置成一粗、一扫的两段重选流程，以起到预先富集和提前抛尾的作用。如攀西某钒钛磁铁矿采用螺旋溜槽配置成一粗、一扫的重选流程处理磁选尾矿，可以获得品位 27.48%（TiO_2）、产率为 36.71%的钛粗精矿。螺旋

图 5-58 BL1500 螺旋溜槽在安徽霍邱某镜铁矿选矿的应用

溜槽在铬铁矿、红土镍矿的选矿工业生产中也获大量应用，如在津巴布韦（图 5-59），采用 BL1500 螺旋溜槽分选品位为 15%（Cr_2O_3）左右的红土镍矿原矿，可获得品位 48%（Cr_2O_3）以上的铬铁矿精矿。

图 5-59 BL1500 系列螺旋溜槽在南非地区应用（日处理 4 千吨铬铁矿）

在工业固废的综合利用中，螺旋溜槽也发挥了重要作用。湖北某化工厂采用螺旋溜槽对硫酸渣进行重选，可以从含铁 56.8%（TFe）的硫酸渣中获得品位 63.0%（TFe）以上的铁精矿，产率达 55%以上。

螺旋溜槽在铁精矿的再选中也取得了很好的效果，承德某铁矿使用螺旋溜槽分选磁选后的铁精矿，可以将铁精矿品位提高至 2%~3%，回收率为 98%。

二、选矿摇床

摇床是一种传统的流膜类重力选矿设备。摇床富集比高、运行成本低、操作维护简单、分带明显、无污染等，在选矿工业生产中获得大量应用。

（一）摇床的结构及工作原理

摇床由床面、机架、传动机构三个部分组成，如图 5-60 和图 5-61 所示。其分选原理

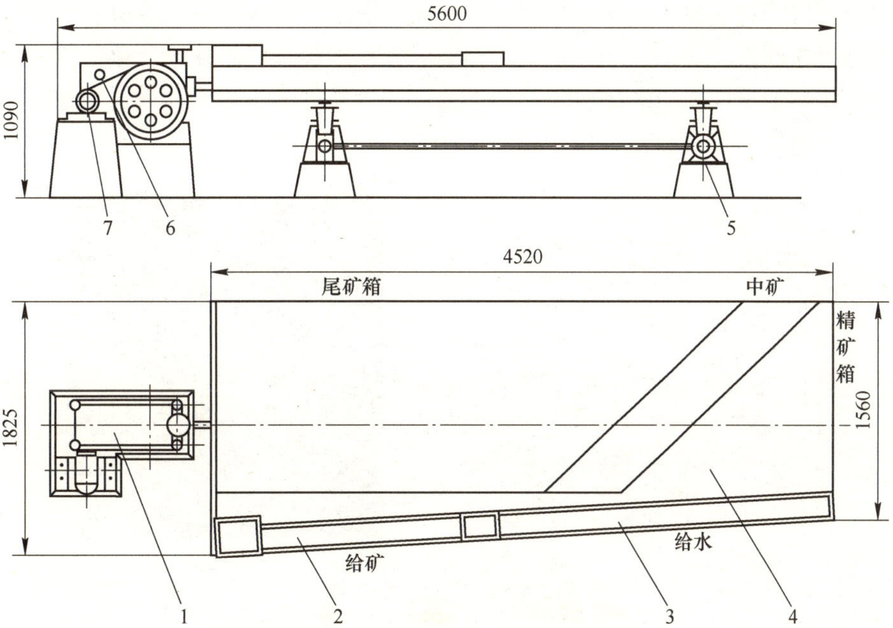

图 5-60 6-S 摇床结构示意图

1—床头；2—给矿槽；3—给水槽；4—床面；5—支架；6—润滑系统；7—电机

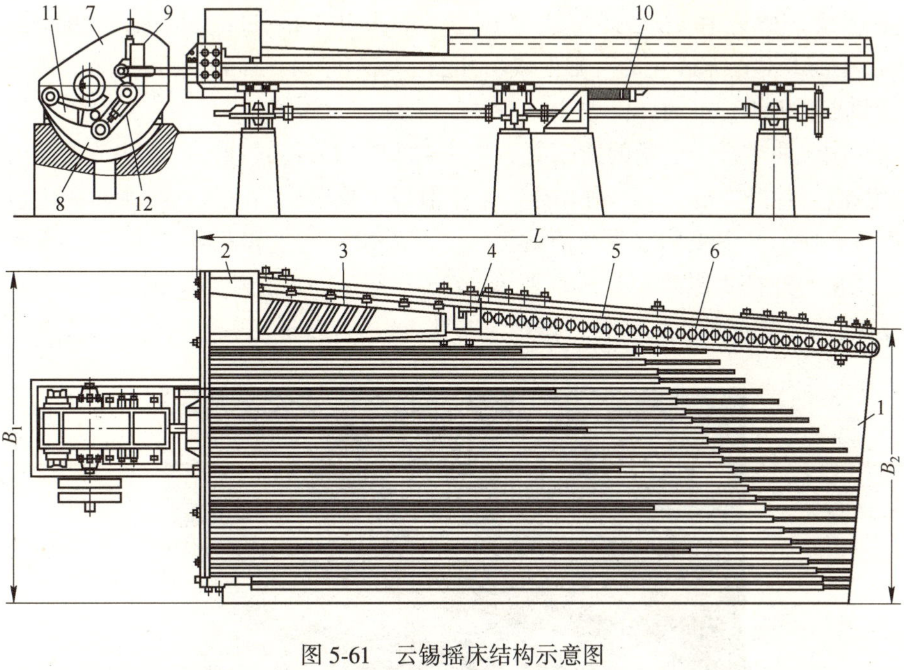

图 5-61 云锡摇床结构示意图

1—床面；2—给矿斗；3—给矿槽；4—给水斗；5—给水槽；6—菱形活瓣；7—机罩；8—机座；9—调节丝杠；10—弹簧；11—摇动支臂；12—曲拐杠杆

是：矿浆通过给矿槽给入到床面，矿浆中的矿物颗粒在重力等外力、横向冲洗水及床面的差动作用下发生松散、分层，密度大的颗粒由于沉降速度大更快地进入矿层下层，而密度小的颗粒由于沉降速度较小则相对悬浮在中上层，上层比重小的颗粒受到横向冲洗水的影响更大主要沿床面横向运动，而比重大的颗粒因其在下层且贴近床面，受床面的摩擦和往复差速运动作用下沿床面主要做纵向运动，这样不同密度大小的矿物颗粒沿床面向不同的方向运动，并沿床面形成扇形分带，如图 5-62 所示。

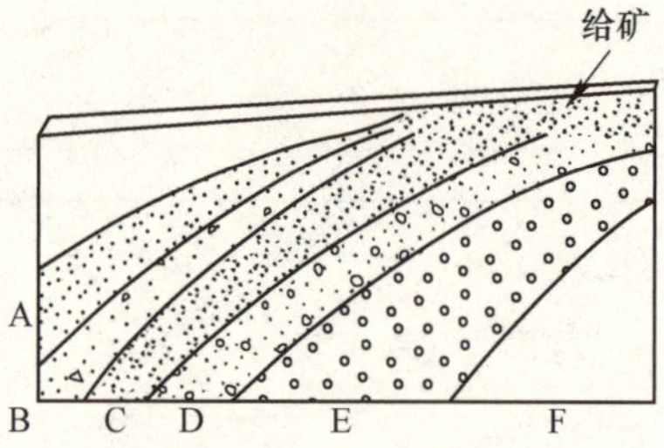

矿粒在床面上的扇形分布
A—精矿；B—中矿Ⅰ(次精矿)；C—中矿Ⅰ；
D—中矿Ⅱ；E—尾矿；F—溢流及矿泥；

图 5-62 摇床矿物分带

（二）发展历程及在铁矿中的应用

世界上第一台摇床于 19 世纪 90 年代在美国问世，由于是通过外力打击床面以产生不对称机械运动，所以称之为打击式摇床（Campbell Bumping Table）。1896 年美国的 Wilfuley A 在前人对摇床研究的基础上成功开发了威尔弗利（Wilfuley）摇床，威尔弗利摇床采用了偏心肘板机构推动床面做往复不对称运动。

目前我国工业生产中应用的摇床主要是 6-S 摇床和云锡式摇床。其中 6-S 摇床是我国于 20 世纪 50 年代开发成功的一种摇床，采用肘板支撑床面，因最初是衡阳矿山机械厂研发生产而来，所以又习惯称之为衡阳式摇床，其沿袭了威尔弗利（Wilfuley）摇床的传动方式，采用偏心连杆式传动如图 5-63 所示。6-S 摇床床面可分粗砂、细砂和矿泥床面，在选矿工业中，6-S 摇床的应用数量占据绝大多数。

图 5-63 工业应用的 6-S 摇床

云锡式摇床是我国云南锡业公司在原苏式 CC-2 型摇床上改进而成，所以称为云锡摇床。因最早是由贵阳矿山机器厂研制生产的，因此又称其为贵阳式摇床，如图 5-64 所示。云锡摇床的床面支撑采用滑动式支撑，床面的运动相对平稳，不存在垂直方向的跳动。所以，云锡式摇床分选细粒级矿物比较合适，选别的矿石的粒度范围是 0. 019~2 mm。与 6-S 摇床不同，云锡摇床采用了类似普拉特–奥（Plat-O）型摇床的凸轮杠杆式传动机构。

图 5-64 工业应用的云锡式摇床

玻璃钢床面摇床是我国北京矿冶研究总院 20 世纪 80 年代开发成功的，玻璃钢床面解决了传统木制摇床面容易变形、干裂、不耐磨、床面生漆有毒等缺点，目前我国选矿生产中使用的摇床面基本都是玻璃钢摇床面。

玻璃钢多层悬挂摇床是 20 世纪 80 年代由我国北矿院研制成功的。床面采用悬挂式安装，床头采用偏心惯性齿轮产生差动的传动方式，如图 5-65 所示。多层悬挂摇床支撑结构简单、调节安装便捷、处理量大，但由于多层悬挂摇床存在操作维护复杂等缺点，在工业中的应用数量不多。

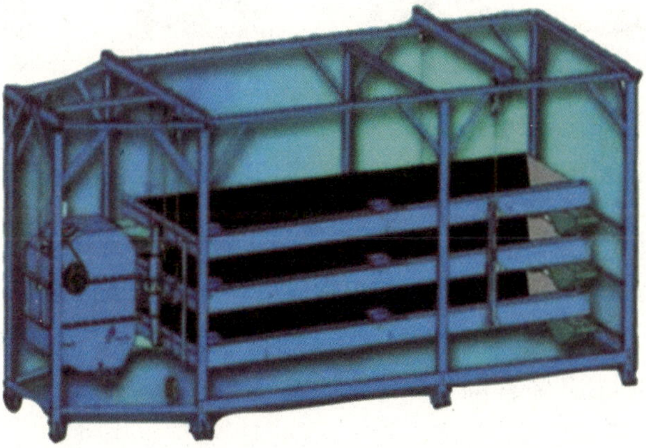

图 5-65 多层悬挂摇床

摇床单机处理量比较小，难以实现大规模生产，在赤铁、磁铁等需大规模生产的铁矿选矿中用得不多，主要在铬铁矿、钛铁矿选矿的精选作业中应用较多。

四川某选矿厂将原矿破碎磨矿后，采用强磁—摇床—中矿再磨—强磁—摇床选矿工艺流程，可直接获得含 $Cr_2O_3$40. 75%，回收率 78. 53%的铬精矿。

攀枝花某钛铁矿选矿厂将原矿破碎磨矿后，先经磁选分选出强磁性铁矿，磁选尾矿经螺旋溜槽粗选后，螺旋溜槽的精矿采用 6-S 摇床配置成“二精、二扫”的重选流程，可直接获得品位 48%的合格钛铁矿精矿，回收率达 75%。

三、跳汰机

跳汰分选是指在交变介质流中按密度差异分选固体物料的过程，跳汰机是实现跳汰分选的设备。以水作为分选介质时，称为水力跳汰；以空气作为分选介质时，称为风力跳汰。实际生产中以水力跳汰应用最多。按照推动水流在跳汰室内作交变运动的方法分为活塞跳汰机、无活塞跳汰机、隔膜跳汰机、动筛跳汰机等。活塞跳汰机基本被隔膜跳汰机取代。

（一）跳汰机的工作原理和主要类型

跳汰机分选时，矿粒给到跳汰室筛板上，形成一个比较密集的物料层，称作床层。水流上升时床层被推动松散，使矿粒获得发生相对位移的空间条件，水流下降时床层又逐渐恢复紧密。经过床层的反复松散和紧密，高密度矿粒转入下层，低密度矿粒进入上层（图 5-66）。上层的低密度矿粒被水平流动的介质流带到设备之外；下层的高密度矿粒透过筛板，或通过特殊的排料装置排出，完成分选。

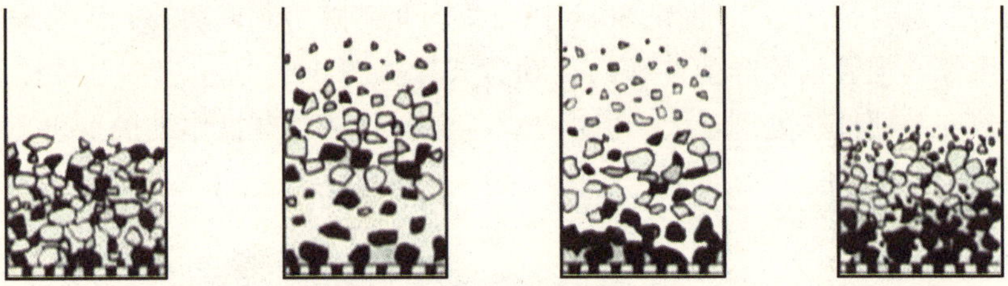

(a)　(b)　(c)　(d)

图 5-66　跳汰分层过程示意图

（a）分层前颗粒混杂堆积；（b）上升水流将床层抬起；（c）颗粒在水流中沉降分层；（d）水流下降、床层紧密、高密度产物进入下层

隔膜跳汰机主要由机体、隔膜和传动机构组成。按跳汰室的外形，隔膜跳汰机分为矩形、梯形、圆形跳汰机等；以跳汰室串联数目分为单室、双室、三室等；以跳汰室的并列数目分为单列、双列跳汰机等。隔膜跳汰机大多采用人工床层透筛排料，重产品在锥底由阀门定时排出。机体筛板下部装有进水管，由阀门控制顶水用量。

上（旁）动型隔膜跳汰机结构如图 5-67 所示，这种跳汰机隔膜位于跳汰室一旁，机内有两个串联的跳汰室，主要结构包括传动部分、电动机、分水阀、摇臂、连杆、橡胶隔膜、机架、排矿阀门、跳汰室、隔膜室、排矿活栓等。橡胶隔膜采用偏心连杆机构传动。

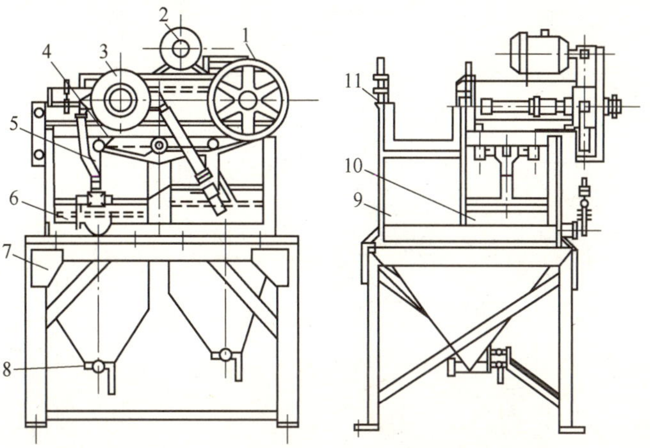

图 5-67　上（旁）动型隔膜跳汰机示意图

1—传动部分；2—电动机；3—分水阀；4—摇臂；5—连杆；6—橡胶隔膜；7—机架；8—排矿阀门；9—跳汰室；10—隔膜室；11—排矿活栓

下动型圆锥隔膜跳汰机结构如图 5-68 所示，主要包括传动部分、电动机、活动机架、机体、筛格、筛板、隔膜、可动锥底、支撑轴、弹簧板、排矿阀门、进水阀门等。可动锥底支撑于活动机架上，活动机架的一端经弹簧板与偏心头相连，偏心头转动时锥底上下振动，推动隔膜往复运动产生脉动水流。

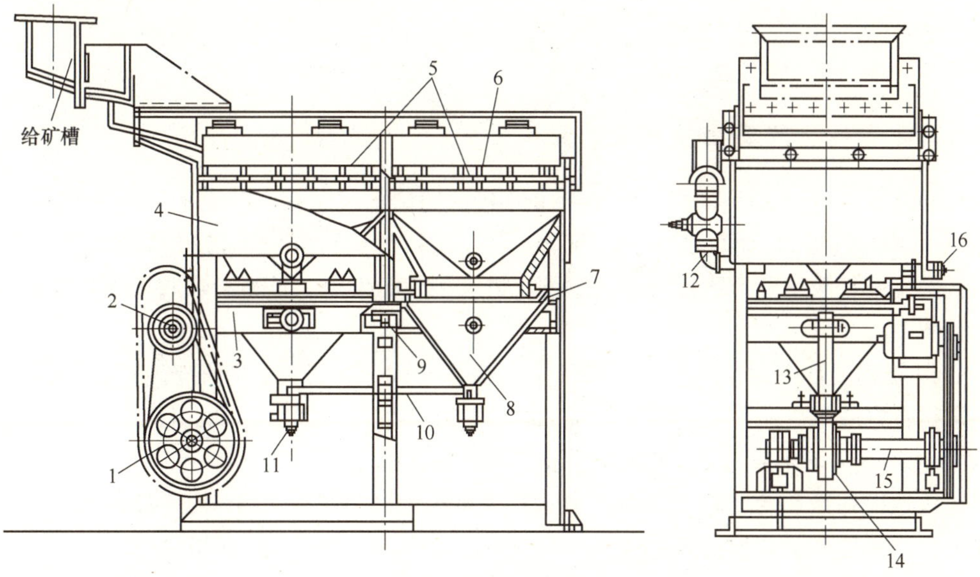

图 5-68　下动型圆锥隔膜跳汰机结构图

1—大皮带轮；2—电动机；3—活动机架；4—机体；5—筛格；6—筛板；7—隔膜；8—可动锥底；9—支撑轴；10，13—弹簧板；11—排矿阀门；12—进水阀门；14—偏心头部分；15—偏心轴；16—木塞

锯齿波跳汰机结构如图 5-69 所示，主要包括槽体、支柱、底盘、电磁调速电动机、联轴器和凸轮箱等组成。锥斗通过连接块与凸轮箱连接，凸轮箱内凸轮摆杆运动推动锥斗

隔膜位移曲线呈锯齿波形。锥斗下部有橡胶排矿管排出精矿，可进行连续选矿。

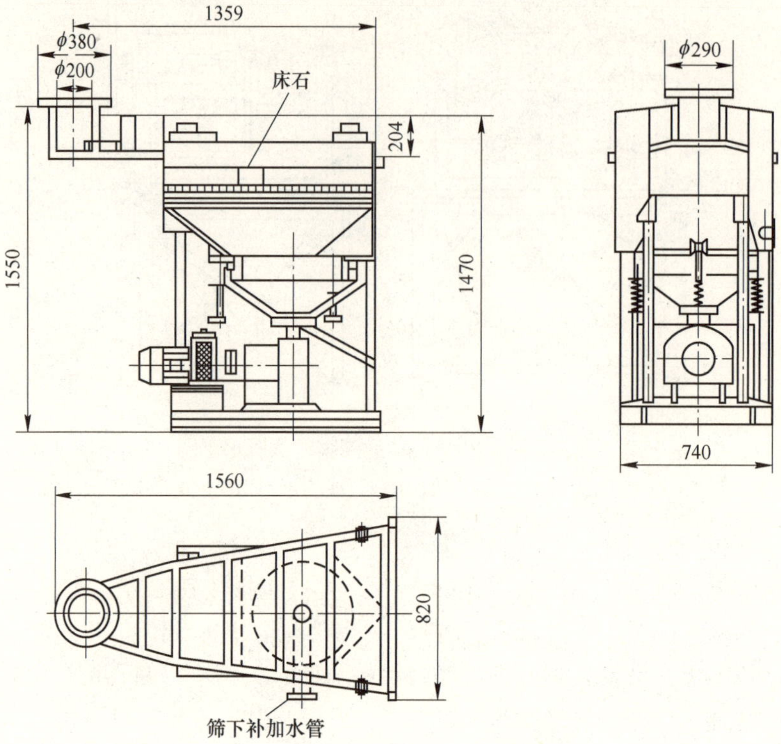

图 5-69 JT 型跳汰机结构构造示意图

（二）发展历程及在铁矿中的应用

1830 年出现了手动跳汰机，1830—1840 年，德国出现了偏心传动的固定筛网跳汰机。1892 年第一台气动无活塞跳汰机——鲍姆（Baum）跳汰机问世。1970 年由荷兰 MTE 公司研制的旋转耙液压圆形跳汰机开启了跳汰机大型化的发展，该机首次将液压传动应用于重选设备中。

1969 年我国自主设计制造工革梯形跳汰机，在大厂矿务局巴厘矿选矿厂投入生产试验，取得良好效果。北京矿冶研究总院 20 世纪 80 年代开发了 JT-5 型锯齿波梯形跳汰机，1984 年北矿院又研制成功了 YT7750 型液压圆形跳汰机。

跳汰选矿在铁矿的选矿中应用不多。云南峨山他达铁矿采用 JT 锯齿波跳汰机处理原尾矿库丢弃的尾矿，其粒度为+3～-6 mm，品位为 35%～38%，可获得品位 53%以上的铁精矿，回收率 70%以上。

四、重介质选矿机

重介质重力选矿是将配置到一定密度（大于水）的悬浮液作为分选介质的一种重力选矿方法。有锥型重介质分选机、鼓型重介质分选机和重介质旋流器等。目前，重介质选矿在铁矿的选矿中应用不多。

（一）重介质选矿机的主要类型

1. 静态型重介质选矿设备

（1）圆锥型重介质分选机。圆锥型重介质分选机结构原理如图 5-70 所示，分为内部提升式和外部提升式两种。在倒置的圆锥形分选槽内，安装有空心回转轴。中空轴外面为带扎的套管，重悬浮液给入套管内，穿过孔眼流入分选圆锥内。套管外面固定有两个三角形刮板，随空心轴旋转维持悬浮液密度均匀并防止被分选物料沉积。

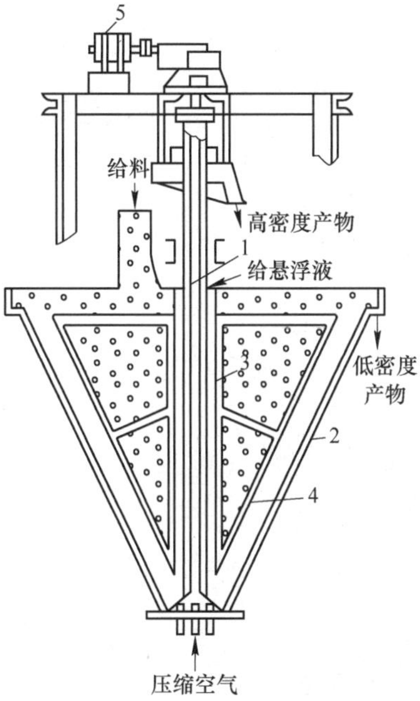

(a)

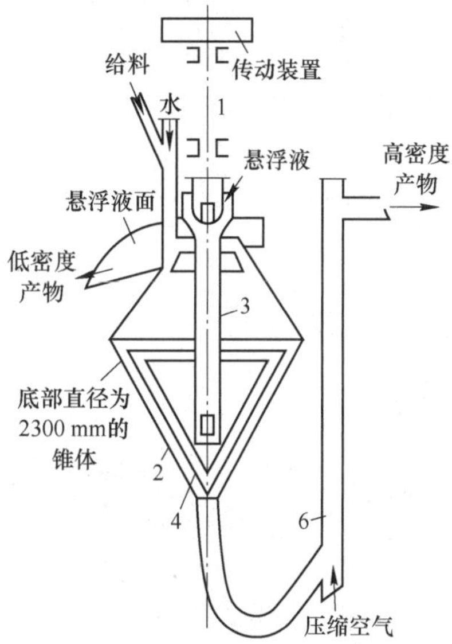

(b)

图 5-70 圆锥型重介质分选机

（a）内部提升式单锥分选机；（b）外部提升式双锥分选机

1—中空轴；2—圆锥形分选槽；3—套管；4—刮板；5—电动机；6—外部空气提升管

（2）鼓型重介质分选机。鼓形重介质分选机的构造如图 5-71 所示，外形为一横卧的鼓形圆筒，由 4 个辊轮支撑，通过设置在圆筒外壁中部的大齿轮，由传动装置带动旋转。在圆筒内壁沿纵向设有带孔的扬板。入选物料与重悬浮液一起从筒的一端给入。高密度颗粒沉到底部，由扬板提起投入排料溜槽中，低密度颗粒则随重悬浮液一起从筒的另一端排出。

2. 动态型重介质选矿设备

（1）重介质旋流器。重介质旋流器的构造如图 5-72 所示。根据机体和结构形状的不同，重介质旋流器可以分为圆锥形和圆筒形的两产品重介质旋流器以及双圆筒串联、圆筒形和圆锥形串联的三产品重介质旋流器如图 5-73 所示。

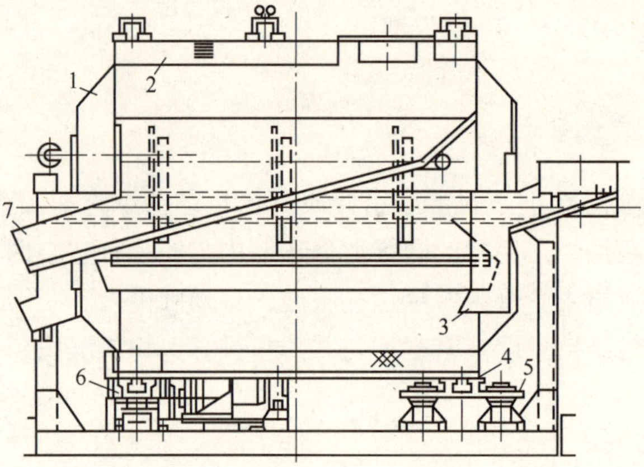

图 5-71 鼓型重介质分选机

1—转鼓；2—扬板；3—给料漏斗；4—托辊；5—挡辊；6—传动系统；7—高密度产物漏斗

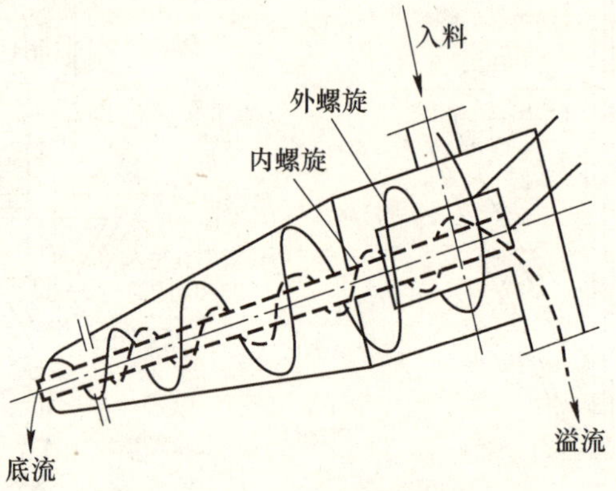

图 5-72 重介质旋流器的工作原理图

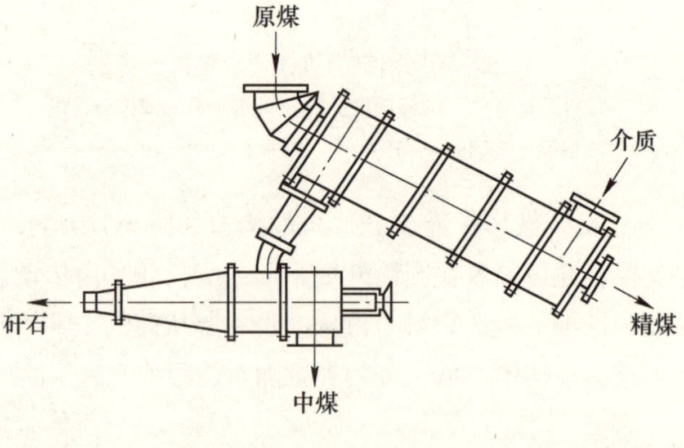

图 5-73 无压给料三产品重介质旋流器结构示意图

（2）介质震动溜槽。重介质振动溜槽又称斯特利帕（Stripa）选矿机。设备结构示意图见图 5-74，槽体支承在倾斜的弹簧板上，由曲柄连杆机构带动作往复运动，长槽底部为冲孔筛板，筛板下有水室。矿石和介质由给矿端给入，介质在槽中受到摇动和上升水流的作用形成一个高浓度的床层，它对矿石起着分选和运搬作用。分层后的重产物由槽的末端分离隔板的下方排出，轻产品则由隔板上方流出。

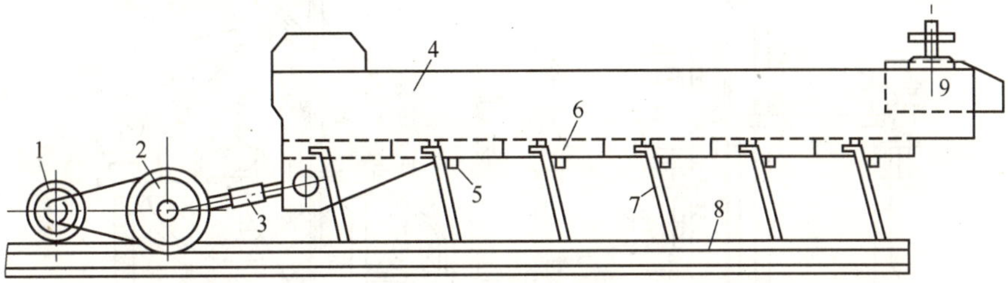

图 5-74 重介质振动溜槽结构示意图

1—电动机；2—传动装置；3—连杆；4—槽体；5—给水管；6—槽底水室；7—支承弹簧板；8—机架；9—分离隔板

3. 发展历程及在铁矿中的应用

1936 年在美国马斯考特（Mascot）矿建立第一个重介质选矿厂。我国自行设计的第一座重介质选矿车间于 1958 年在辽宁青城子铅锌矿建成投产，采用圆筒形分选器。20 世纪 60 年代，我国陆续建成重介质选矿厂，采用了不同类型的分选设备。20 世纪 70 年代以来，我国曾对龙烟庞家堡铁矿和白庙铁矿、重钢綦江铁矿、长阳火烧坪铁矿、酒钢镜铁山铁矿、梅山铁矿、南京凤凰山铁矿等矿山的铁矿石，采用重介质选矿方法进行过试验，均取得了较好的效果。川南硫铁矿将 TRI-FLO 重介质分选机应用于选别体积质量差大、嵌布不均匀的硫铁矿，获得较好指标。龙烟铁矿白庙矿区采用重介质摇动槽分选品位为 38. 94%的赤铁矿原矿，可以获得品位为 50. 76%的赤铁矿精矿。梅山铁矿采用重介质涡流分选器对矿石进行重选，得到了较好的技术指标。

五、离心选矿机

离心重力选矿是借助转筒的旋转带动矿浆呈流膜离心运动，来实现不同密度颗粒离心力差异分层和分离的设备。分选过程中，矿粒受到的离心力是重力（g）的几十倍甚至几百倍，矿粒的沉降速度和分层速度显著增大，大幅降低可分离的矿粒粒度下限。离心选矿机根据离心力的产生原理分为机体旋转和矿浆回转流动两类，前者有卧式离心选矿机、立式离心选矿机、射流离心选矿机等，后者有离心选金锥、短锥旋流器等。

（一）离心选矿机的主要类型

1. 卧式离心机

卧式离心选矿机的结构如图 5-75 所示，主要由给矿斗、给矿嘴、转鼓、底盘、接矿槽、防护罩、分矿器、机架、电动机、洗涤水嘴等部分构成。

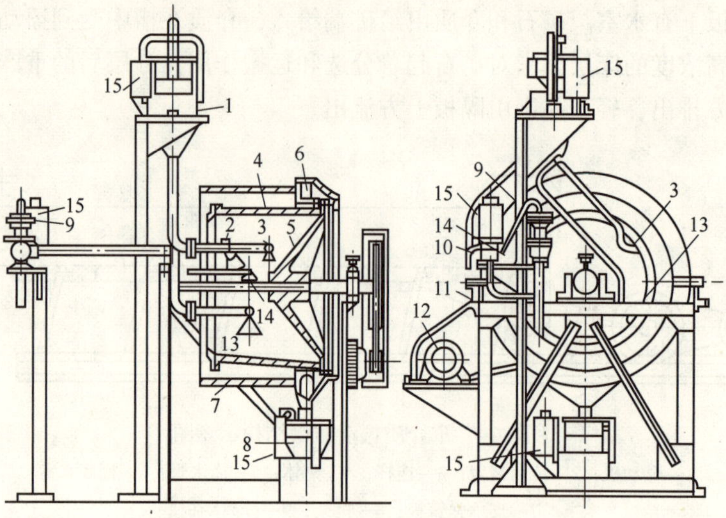

图 5-75 卧式离心选矿机结构图

1—给矿斗；2—冲矿嘴；3—上给矿嘴；4—转鼓；5—底盘；6—接矿槽；7—防护罩；8—分矿器；9—皮膜阀；10—三通阀；11—机架；12—电动机；13—下给矿嘴；14—洗涤水嘴；15—电磁铁

2. 法尔康离心选矿机

法尔康离心选矿机的核心部件是立式倒锥形转筒，转筒的下部为内壁光滑的倒置截锥，是分选过程的分层区；转筒的上部由两个来复圈槽构成，来复圈槽底均匀地分布若干个小水孔，以便反冲水进入来复圈槽内，松散或流态化高密度产物床层。法尔康离心分选机工作原理如图 5-76 所示。

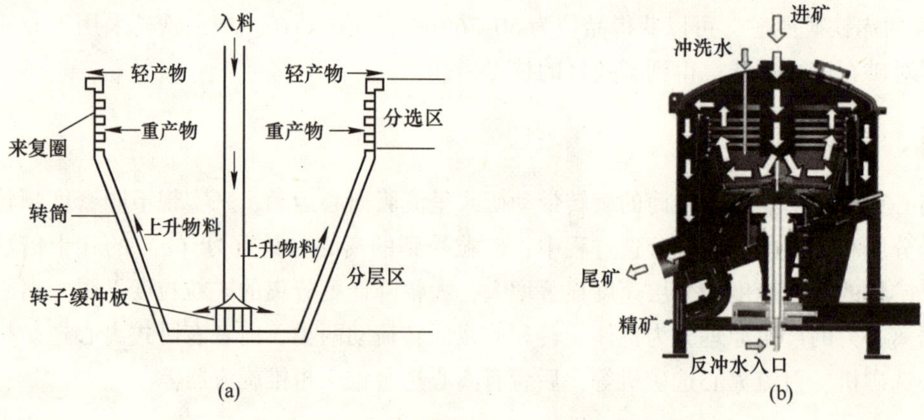

图 5-76 法尔康离心分选机工作原理

（a）法尔康离心分选机原理图；（b）法尔康离心分选机结构图

3. SL 射流离心选矿机

射流离心选矿机结构包括主电机、皮带轮、主轴、转鼓、稳压包、高压射流机构、减速电机、槽体等。射流离心选矿机的工作原理如图 5-77 所示，结构简图如图 5-78 所示。

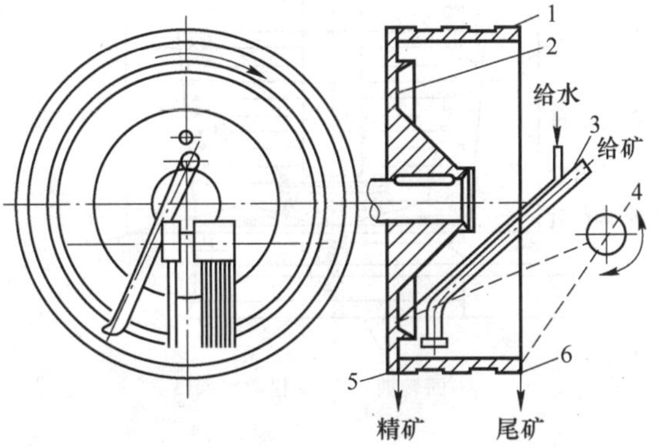

图 5-77 射流离心选矿机的工作原理

1—转鼓；2—清水分配盘；3—给矿管；4—射流水喷射器；5—精矿排出口；6—尾矿排出端

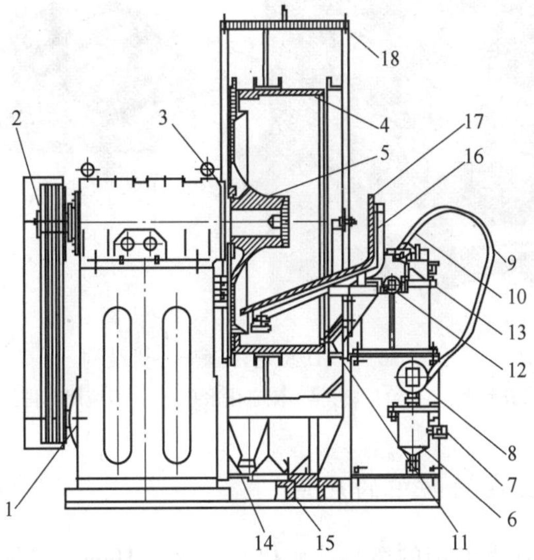

图 5-78 射流离心选矿机的结构简图

1—主电机；2—皮带轮；3—主轴；4—聚氨酯内衬；5—转鼓；6—高压水；
7—二次净化器；8—稳压包；9—高压胶管；10—喷管；11—喷嘴；12—减速电机；
13—射流结构；14—精矿；15—尾矿；16—给矿；17—低压水；18—槽体

4. 尼尔森离心选矿机

尼尔森选矿机的工作原理如图 5-79 所示，其结构主要包含分选锥、矿浆分配盘、给矿口、流态化水孔、溢流尾矿排出口、精矿排出口、传动装置等。尼尔森选矿机有间断排矿型（BKC）和连续可变排矿型（CVD）两大类。CVD 型尼尔森离心机结构如图 5-80 所示。

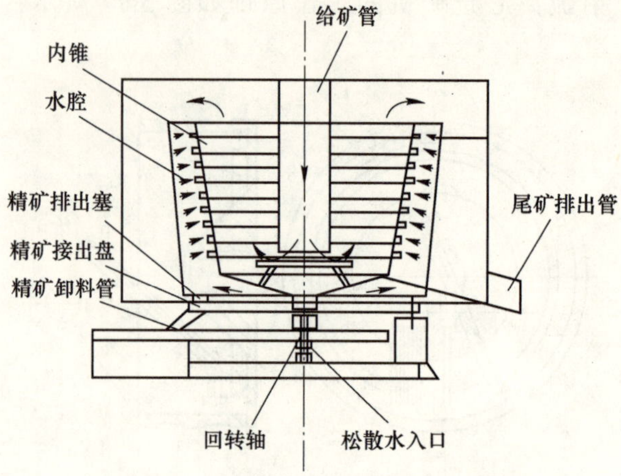

图 5-79 尼尔森选矿机的工作原理示意图

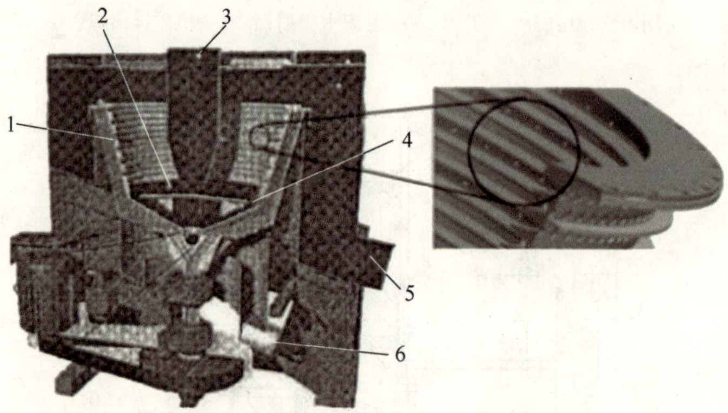

图 5-80 CVD 型尼尔森离心机结构

1—分选锥；2—矿浆分配盘；3—给矿口；4—流态化水孔；5—溢流尾矿排出口；6—精矿排出口

(二) 发展历程及在铁矿中的应用

世界上第一台在工业上使用的离心选矿机是亨蒂（Hendy）在 19 世纪 60 年代末发明的。我国对离心选矿机的研究起步较早。20 世纪 60 年代以来，我国自主研发了间排离心选矿机、逆流连续排矿离心选矿机以及 SL 射流离心机。云锡公司于 20 世纪 60 年代研制成功了世界上第一台间排离心选矿机。单层间排离心选矿机的主要型号有 ϕ800 mm×600 mm 和 ϕ1200 mm×900 mm 两种。

20 世纪 80 年代中期，北京矿冶研究总院研制成功 SL 型连续排矿射流离心选矿机。它的回收粒级下限低，可达 1~3 μm，且富集比高。1994 年云锡公司研制了一种逆流连排离心选矿机。

目前，离心选矿在铁矿的选矿中应用不多。弓长岭铁矿、齐大山铁矿以离心选矿机和其他选矿设备组成的“重-磁-重”联合工艺分选细粒红铁矿。海南钢铁公司北山贫矿原矿品位为 43. 2%，经“强磁粗选-离心精选”流程，最终铁品位为 65. 11%的铁精矿。

第七节 浮选设备

浮选是依据矿物表面物理化学性质的不同，在气-液-固三相界面上分选矿物的技术。浮选法分选铁矿石有正浮选、反浮选之分，其中正浮选主要应用于赤铁矿、菱铁矿等弱磁性矿物的回收，反浮选适用于脉石含量和种类较少的铁矿石精矿的提精降杂浮选作业。浮选设备是实现矿物浮选的关键设备，按有无搅拌方式分为两大类，即机械搅拌式浮选设备（浮选机）和无机械搅拌式浮选设备（主要为浮选柱）。

一、机械搅拌式浮选设备（浮选机）

机械搅拌式浮选机根据供气方式不同分为两类：充气机械搅拌式浮选机和自吸气机械搅拌式浮选机。中国最常用的机械搅拌式浮选机有 KYF、XCF、BF、JJF、GF、CLF、CGF 等类型，它们的功能流程配置方式及对矿石选别的适应性等都存在一定的差异。

（一）浮选机的主要类型

1. 充气机械搅拌式浮选机

充气机械搅拌式浮选机是一种气体由外力作用给入，叶轮仅起搅拌、混合作用，无须抽吸空气的浮选机。充气机械搅拌式浮选机分为直流槽和吸浆槽两种。直流槽浮选机不能抽吸矿浆，具有磨损小、电耗低的特点；吸浆槽浮选机具有抽吸矿浆的能力，可与直流槽浮选机配套使用可以实现水平配置，中矿无须泡沫泵返回，可简化工艺流程。

我国国内典型的充气机械搅拌式浮选机有 KYF 型、XCF 型和 CLF 型浮选机等。

（1）KYF 型浮选机。KYF 型浮选机结构图如图 5-81 所示，主要由叶轮、定子、空心主轴、轴承体、空气调节阀和槽体等组成，槽体结构可分为圆形槽体和 U 形槽体，传动方

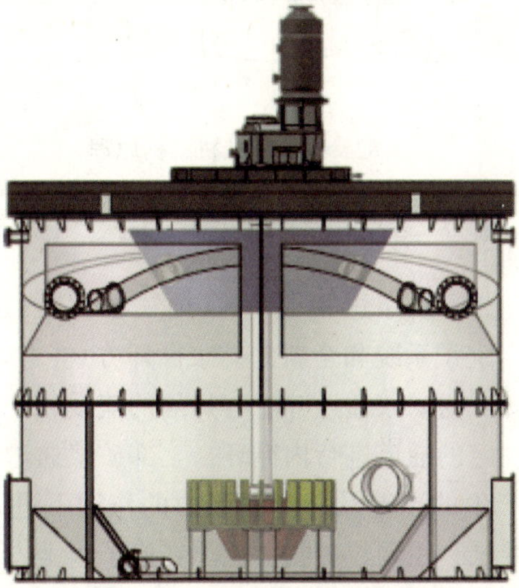

图 5-81 KYF 型浮选机结构图

式可分为皮带传动和齿轮传动。

设备主要工作原理：当叶轮旋转时，槽内矿浆从四周经槽底由叶轮下端吸入叶轮叶片间，由鼓风机给入的低压空气，经风道、空气调节阀、空心主轴进入叶轮腔的空气分配器中，通过分配器周边的孔进入叶轮叶片间，矿浆与空气在叶轮叶片间进行充分混合后，由叶轮上半部周边排出，排出的矿流由叶轮四周斜上方的定子稳定和定向后，进入到整个槽体中。矿化气泡上升到槽体表面形成泡沫，通过刮板或自流到泡沫槽中，矿浆再返回叶轮区进行再循环。

（2）XCF 充气式吸浆槽浮选机。XCF 充气式吸浆槽浮选机既有充气式浮选机充气速率方便易调的优点，又能实现矿浆自吸，解决了传统浮选机无吸浆能力、浮选作业间需阶梯配置、中矿返回必须采用泡沫泵的难题。XCF 充气式浮选机是我国独有的浮选设备类型，XCF 和 KYF 浮选机组成联合机组可实现不同浮选作业水平配置，在我国 85%以上的中小型选厂应用。

XCF 型自吸浆充气机械搅拌式浮选机结构如图 5-82 所示，由容纳矿浆的槽体、带上下叶片的大隔离盘叶轮、径向叶片的座式定子、对开式圆盘形盖板、对形式中心筒、带有排气孔的连接管、轴承体以及空心主轴和空气调节阀等组成，有开式和封闭式两种结构，轴承体有座式和侧挂式，安装在兼作给气管的横梁上。图 5-83 为 XCF 型自吸浆充气机械搅拌式浮选机与 KYF 型充气机械搅拌式浮选机形成的联合机组。

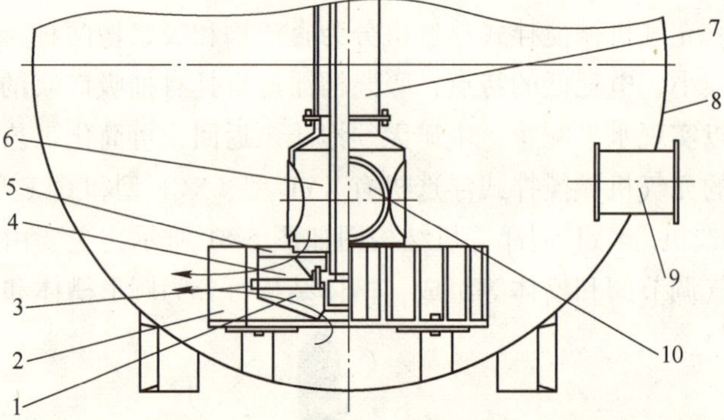

图 5-82 XCF 浮选机结构原理

1—叶轮下叶片；2—定子；3—隔离盘；4—叶轮上叶片；5—叶轮盖板；
6—中心筒；7—空心主轴；8—槽体；9—中矿管；10—给矿管

（3）CLF 型浮选机。CLF 型浮选机是一种充气型宽粒级浮选机，其结构特征见图 5-84。它采用新式叶轮、定子系统和全新的矿浆循环方式，其叶轮采用了高比转数后倾叶片叶轮，下叶片形状设计成与矿浆通过叶轮叶片间的流线相一致，搅拌力弱，在较低的叶轮转速下保证矿浆沿着规定的通道进行内循环，上部矿浆通过循环通道向下流往基底下部，在充气区与非充气区产生的压差及叶轮抽吸力的作用下进入叶轮区，然后通过格子板，在格子板上方形成悬浮层，粗颗粒矿物可悬浮在格子板上方，格子板使粗粒矿物的矿化气泡上升距离短，使粗粒矿物处在浅槽浮选状态下，并且减少了槽内上部区矿浆的紊

图 5-83 XCF/KYF 联合机组图

流，建立了一个稳定的分离区和泡沫层。这种矿浆循环方式为矿化气泡上升和输送到泡沫层创造了良好的流体动力学条件，提高了矿化气泡的负载能力和被浮矿粒的粒度，而返回到叶轮区的矿浆浓度较低、粒度细、功耗低。

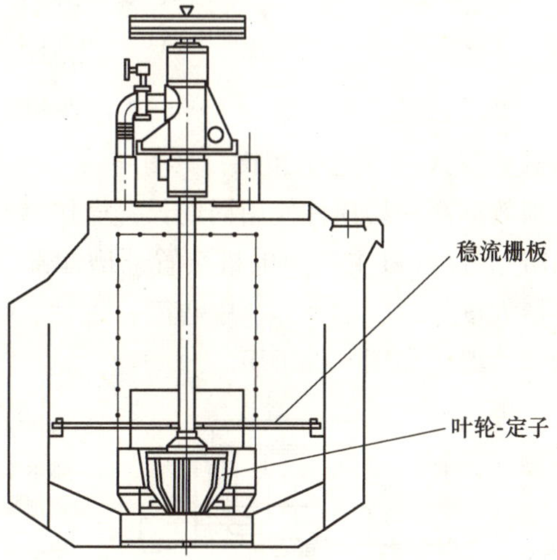

图 5-84 CLF 型浮选机结构特征

2. 自吸气机械搅拌式浮选机

自吸气浮选机可以实现空气自吸，无须配套烦琐的供气系统及流程管路，流程得以简化，操作便捷。随着资源的变化和选矿厂对设备技术要求的提高，SF、BF、GF、JJF 和 CGF 型自吸气浮选机相继得以研究开发，由于优异的分选性能应用广泛。

(1) SF 型浮选机。SF 型浮选机一般作为每个浮选作业的首槽，与 JJF 型自吸气浮选机组成联合机组，起自吸矿浆作用，解决阶梯配置带来的泵送系统问题。SF 型浮选机的结构图 5-85 所示，主要由槽体、主轴部件（含叶轮）、电动机、刮板及其传动装置等组成，容积大于 10 m^3 的有导流管和假底结构。

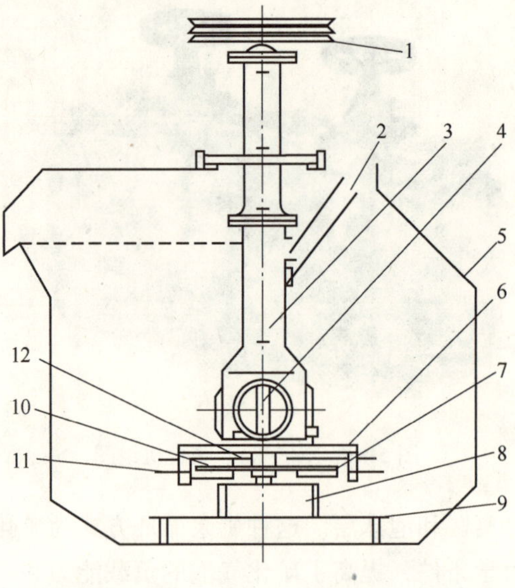

图 5-85 SF 型浮选机结构图

1—皮带轮；2—吸气管；3—中心筒；4—主轴；5—槽体；6—盖板；
7—叶轮；8—导流管；9—假底；10—上叶片；11—下叶片；12—叶轮盘

（2）BF 型浮选机。BF 型浮选机是在总结 A 型和 SF 浮选机基础上，开发的一种全新的高效自吸气自吸浆浮选机。与 A 型浮选机相比，具有单容功耗节省 15%~25%，吸气量可调，矿浆液面稳定，选别效率高，易损件使用周期长，操作维修管理方便等优点，是一种节能高效的分选设备。BF 型浮选机主要由电机装置、槽体部件、主轴机构、刮泡装置等部件组成。主轴机构包括大皮带轮、轴承体、中心筒、主轴、吸气管、叶轮、盖板等零部件，主轴机构固定在槽体主梁上如图 5-86 所示。

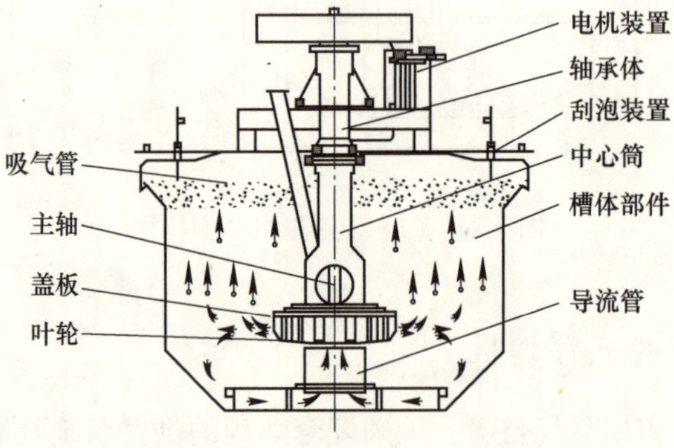

图 5-86 BF 型浮选机原理图

当电机驱动主轴带动叶轮旋转时，叶轮腔内的矿浆受离心力的作用向四周甩出，叶轮腔内产生负压，空气通过吸气管吸入。与此同时，叶轮下面的矿浆通过叶轮下锥盘中心孔吸入，在叶轮腔内与空气混合，然后通过盖板与叶轮之间的通道向四周甩出，其中的空气和一部分矿浆在离开盖板通道后，向浮选槽上部运动参与浮选过程。而另一部分矿浆向浮选槽底部运动，受叶轮的抽吸再次进入叶轮腔，形成矿浆的下循环。矿浆下循环的存在有利于粗颗粒矿物的悬浮，能最大限度地减少粗砂在浮选槽下部的沉积。

（3）GF 型浮选机。GF 型机械搅拌式浮选机是一种高效、节能、自吸空气型浮选机，该机处理物料粒度范围为 0.074 mm 占 48%~90%，矿浆浓度小于 45%。GF 型浮选机的结构如图 5-87 所示。主要由叶轮、盖板、主轴、中心筒、槽体及轴承体组成，整个叶轮机构安装在槽体机架上。当浮选机叶轮旋转时，叶轮上叶片中心区形成负压，在此负压作用下，抽吸空气、给矿和中矿，空气和矿浆同时进入上叶片间，与此同时下叶片从槽底抽吸矿浆，进入下叶片间，在叶片中部上下两股矿浆流合并，继续向叶轮周边流动，矿浆-空气混合物离开叶轮后流经盖板，并由盖板上的折角叶片稳流和定向，而后进入槽内主体矿浆中，矿化气泡上升到表面形成泡沫层，槽内矿浆一部分返回叶轮下叶片进行再循环，另一部分进入下一槽进行再选别或排走。

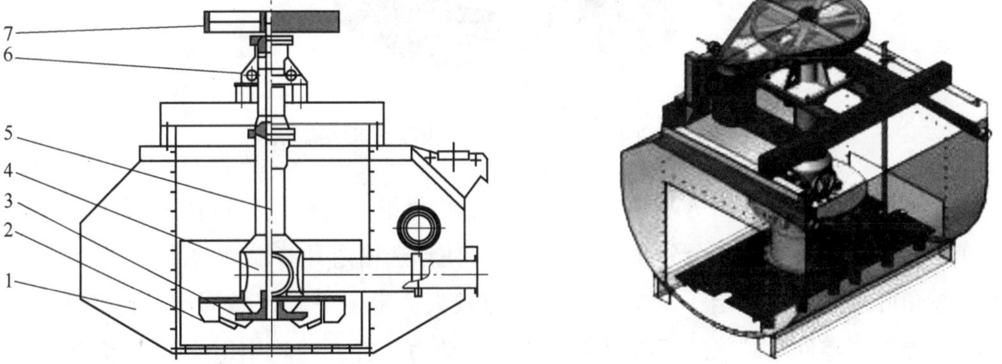

图 5-87　GF 型机械搅拌式浮选机结构简图

1—槽体；2—盖板；3—叶轮；4—中心筒；5—主轴；6—轴承体；7—皮带轮

（4）JJF 型自吸气浮选机。JJF 型浮选机单槽容积最大达 320 m^3。JJF 浮选机属于采用槽内矿浆下部大循环方式的自吸气机械搅拌式浮选机。其结构如图 5-88 所示，主要由叶轮、定子、分散罩、竖筒、主轴、轴承座和槽体等组成。

浮选机叶轮的高速旋转使叶轮附近的矿浆产生液体旋涡，这个旋涡的气液界面向上扩展到竖筒的内壁，向下穿过叶轮的中心延伸到导流管，在旋涡中心形成负压区，负压使空气吸入竖筒和叶轮中心，完成了吸气作用。与此同时，矿浆从槽子底部通过导流管向上进入叶轮叶片之间的空间，与吸入到叶轮中心的空气混合。三相混合物以较大的切向及径向动量离开径向叶轮叶片，通过定子上的通道时，切向部分转变为径向，同时产生一个局部湍流场，使空气与矿浆进一

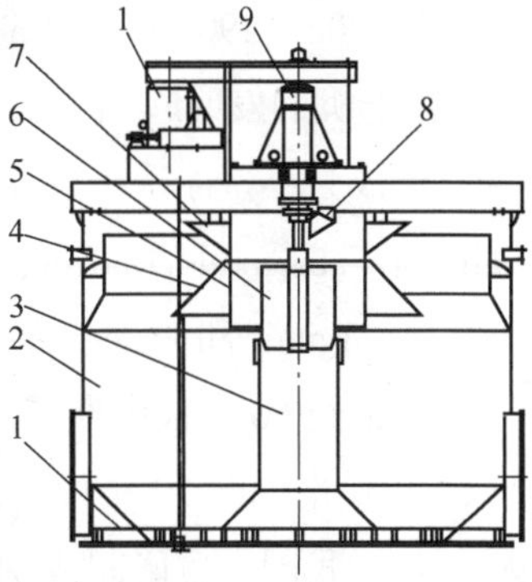

图 5-88　JJF 型机械搅拌式浮选机结构示意图

1—假底；2—槽体部件；3—导流筒；4—分散罩；5—定子；6—叶轮；7—推泡锥；8—吸气管；9—轴承体

步混合。三相混合物离开定子后进入浮选区，浮选分离过程就在该区内完成，矿化气泡上升到泡沫区，剩下的矿浆向下返回到槽底进入再循环。

（5）CGF 型自吸气型宽粒级浮选机。CGF 型自吸气式宽粒级浮选机是一种高效、节能、自吸空气型浮选机。CGF 浮选机主要由槽体、叶轮、盖板、中心筒与吸气管、阻流栅板等组成。槽体由内、外循环通道、阻流栅板和假底组成，如图 5-89 所示。

图 5-89　CGF 型自吸气型宽粒级浮选机结构简图

CGF 型浮选机，采用由分隔盘、上叶片和下叶片组成的叶轮，可在吸入空气的同时，保证矿粒充分悬浮及气泡完全分在全部矿浆中，使浮选槽内具有较高的浮选概率，同时采用具有折角叶片的定子，定子与叶轮径向间隙较大，定子下部区域周围的矿浆流通面积大，可消除下部零件对矿浆的不必要干扰，降低动力消耗，叶轮中甩出的矿浆-空气混合物可以顺利地进入矿浆中，使空气得到很好分散。

（二）浮选机的发展及其在铁矿中的应用

在 1908—1909 年间 Zinc Corporation 公司对不同浮选机械进行了试验，对自吸气机械搅拌浮选机的发明起到了决定性作用。1913 年 John Callow 发明了充气式浮选机。1910—1960 年成为小型浮选机发展的时代，当时使用最广泛的五种浮选机有 Minerals Separation、Callow、Fahrenwald Denver、Galigher Agitair 和 Fagergren WEMCO 浮选机。到了 1947 年，Denver、Agitair 和 Fagergren 这三种形式的浮选机占据主要市场。

20 世纪 60 年代中期前，我国大都使用苏米哈诺布尔型浮选机（A 型）浮选机。20 世纪 60 年代中期至 70 年代，我国先后研制成功了浮选柱、环射式浮选机等。20 世纪 80—90 年代，我国先后研制成功了 KYF、XCF、SF、BF、YX 和 CLF 型浮选机，不论在型号、规格和性能上已与世界先进水平基本接近。进入 21 世纪后，浮选设备技术已逐步实现了浮选设备的多样化、系列化、大型化和自动化，其中浮选机在大型化方面发展迅猛。KYF 型浮选机在 2000 年成功研制了单槽容积为 50 m^3 的机型，2005 年研制成功了单槽容积为 160 m^3 的机型，在中国黄金集团乌努格吐山铜钼矿 34000 t/d 项目中投入应用。2008 年初成功研制了 200 m^3 容积的机型，并在江西铜业集团公司大山选矿厂 90000 t/d 工程中使用。2008 年底，单槽容积为 320 m^3 的 KYF-320 充气机械搅拌式浮选机研发成功，是当时世界上工业应用的单槽容积最大的浮选机之一，当年中铝秘鲁 Toromoch 项目即采用了 28 台。2018 年，全球单槽容积最大的 KYF-680 超大型充气机械搅拌式浮选机在亚洲最大的露天铜矿德兴铜矿投入工业应用，其独特的结构形式能显著提高粗颗粒矿物的回收率。

我国浮选机在铁矿石浮选领域的应用和发展以 2005 年为分界点分为两个不同的阶段：2005 年以前，国内的铁矿山采用的浮选机多以中小型的 BF/JJF 浮选机为主；2005 年后，KYF/XCF-50、KYF/GF-50、CLF-40、KYF-200 等大型浮选机在铁矿山开始广泛应用。

2003 年鞍钢集团弓长岭矿业公司实施“提铁降硅”反浮选工艺技术改造，采用矿冶科技集团有限公司（原北京矿冶研究总院）研制的 BF/JJF-20 型浮选机，产品质量跻身于世界一流水平。

2003 年太原钢铁（集团）有限公司尖山铁矿采用“阶段磨矿、弱磁选、阴离子反浮选工艺”进行选矿工艺改造，反浮选作业中使用 BF/JJF-16 和 BF/JJF-10 型浮选机机组，产品指标得到较大改善。

2003 年东鞍山烧结厂进行工艺和设备改造，反浮选作业中使用 BF/JJF-16 型浮选机，改造后铁精矿品位达到 66%以上，尾矿品位降低到 19. 53%左右。

鞍钢集团齐大山选矿厂反浮选作业使用 BF/JJF-10 和 BF/JJF-6 型浮选机。2004 年 4 月以来铁精矿品位一直稳定在 67%以上，SiO_2 由原 8%降至 4%以下。

承德双滦建龙矿业有限公司罗锅子沟铁矿原有浮选设备无法将磁选尾矿中的磷、钛等有价金属实现回收，2005 年该公司采用了 14 台 CLF-40 浮选机解决了尾矿回收的技术难题。

2005 年酒钢确定采用阳离子反浮选工艺对酒钢弱磁铁精矿进行提质降杂处理，浮选作业采用 KYF/XCF-50 浮选机，配置液位自动控制系统。实现满负荷生产，处理能力、精矿产量和工艺指标基本达到建设目标及设计指标。

武钢矿业有限责任公司大冶铁矿选矿厂委托长沙矿冶研究院和武汉理工大学进行“大冶铁矿铁精矿提铁降硫选矿技术研究”，开展选矿技术改造流程，浮选设备采用 10 台 KYF/XCF-50 浮选机进行粗扫选作业，目前已得到成功应用。

KYF/GF-50 浮选机是属于 KYF/XCF 机组一种特殊机型，针对中矿返回量大和返回泡沫发黏设计。包头钢铁公司选矿厂 3 号反浮选系统采用 KYF-50 充气式浮选机作为直流槽使用，并专门针对包钢的工艺流程设计开发具有自吸气、自吸浆功能的 GF-50 机械搅拌式浮选机作为吸浆槽，充气式浮选机和自吸气浮选机联合使用，2004 年 3 号系统改造成功，工艺指标获得明显提高，经济效益显著。在此基础上，包钢公司于 2006 年又对 6 号系统改造，获得同样成功。

最近几年，我国浮选机在通用化、多样化、大型化、系列化和利用综合力场的应用研究方面又迈出了开创性步伐，其中包括高效低耗自吸式机械搅拌浮选机、KYZ型浮选柱、粗颗粒矿物浮选设备、闪速浮选设备、充气自吸浆式浮选机、充气机械搅拌式浮选机、浮选液面自动控制系统，形成了具有鲜明特点的现代浮选设备技术。

二、浮选柱

浮选柱的种类繁多，根据气泡发生方式可将浮选柱分为空气直喷式、矿浆和空气混流式、气和水混流式三种。目前在我国工业实践中使用较多有KYF-B型、KYF-E型、FCSMC型、CCF型、CPT-Slamjet和CPT-Cav型。

（一）浮选柱的主要类型

1. 空气直喷式浮选柱

空气直喷式浮选柱是应用最为广泛的浮选柱之一。国内应用较多的有CPT-Slamjet浮选柱、KYZ-B型浮选柱、CFCC浮选柱等。

CPT-Slamjet浮选柱是一种逆流浮选设备，见图5-90。其工作原理是调浆后的矿浆从距柱顶部以下1~2 m处给入柱内，气泡发生器安装在柱体下部，可在线拆装和检修，其产生的微泡在浮力作用下自由上升，而矿浆中的矿粒在重力作用下自由下降，上升的气泡与下降的矿粒在捕收区接触碰撞，疏水性矿粒则被捕获黏着在气泡上，负载有用矿粒的矿化气泡继续浮升进入泡沫区，并在柱体顶部聚集形成厚度可达1 m的矿化泡沫层，在泡沫冲洗水的作用下，被夹带而进入泡沫层的脉石颗粒从泡沫层中脱落，从而获得更高品位的精矿，尾矿矿浆从柱底部排出。

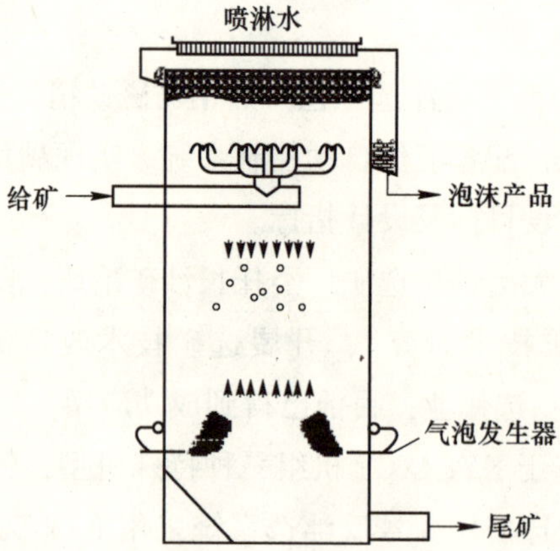

图5-90　CPT-Slamjet浮选柱结构示意图

KYZ-B型浮选柱（图5-91）是矿冶科技集团有限公司（原北京矿冶研究总院）的浮选柱系列的一种逆流型浮选柱，其工作原理与CPT-Slamjet有所相似。

KYZ-B型浮选柱的气泡发生器结构更加简洁，可以在线进行更换，见图5-92。

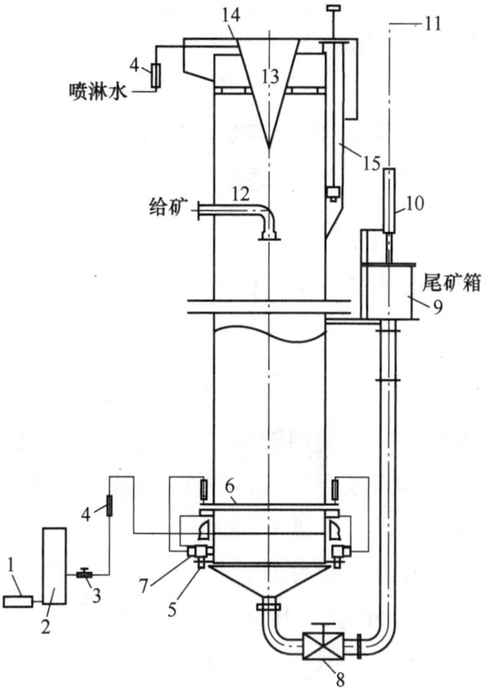

图 5-91　KYZ-B 型浮选柱结构示意图

1—风机；2—风包；3—减压阀；4—转子流量计；5—总水管；6—总风管；7—气泡发生器；8—排矿管；9—尾矿箱；10—气动调节阀；11—仪表箱；12—给矿管；13—推泡器；14—喷水管；15—测量筒

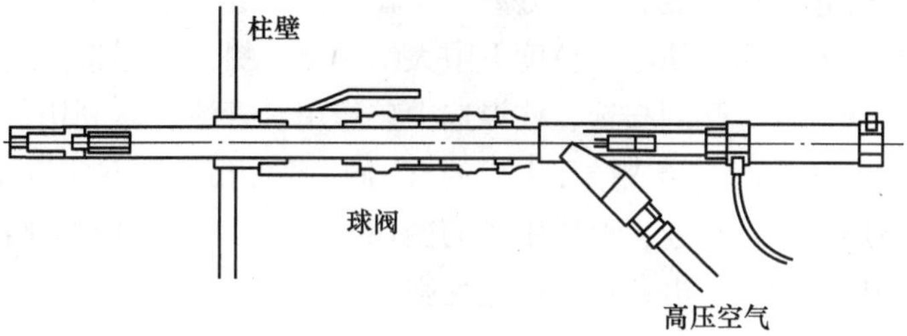

图 5-92　KYZ-B 气泡发生器结构及其安装型式

2. 水和空气混流式浮选柱

水和空气混流式浮选柱的工作原理和前述的浮选柱相似，主要的不同点是水和气在气泡发生器内预先混合，依靠水流的剪切形成微小气泡，再注入浮选柱柱体的矿浆内，达到高效选别的目的。

KYZ-F 浮选柱充气系统采用外部气泡发生器，充气器结构如图 5-93。充气器工作时，高压水对透过微孔材料的高压空气进行剪切而形成微泡，气水比高达 25 左右，气泡尺寸小于 1 mm，充气系统可底层布置，也可底层和中层两层布置。进料由柱的上部给入给料分配盘，气体从柱的底部给入，气泡与矿粒通过逆流碰撞完成矿化。泡沫产品从上部排出，尾矿从底部排出。在上部设计了冲洗水装置，在内部设计了稳流板。该型浮选柱设计了先进的液位控制系统和充气量控制系统。

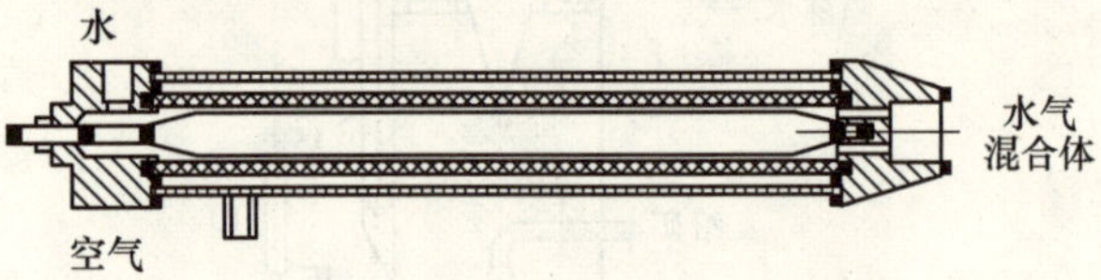

图 5-93 KYZ-F 型充气器结构简图

3. 矿浆和空气混流式浮选柱

矿浆和空气混流式浮选柱实践中使用较多，其高径比一般比空气直接式浮选柱小，按照充气方式可分为外加空气式和自吸空气两种方式。采用的气泡发生器的基本类型有文丘里管型式、静态混合器型式、渐缩管型式三种。国内应用较多的有旋流-静态微泡浮选柱（FCSMC）、CPT-Cav 浮选柱、KYZ-E 型浮选柱等。

旋流-静态微泡浮选柱（FCSMC）是由中国矿业大学开发成功的一种矿浆和空气混流式浮选柱。其主要特点是浮选柱将管流矿化、旋流力场和逆流碰撞结合在一起，增加了浮选柱的适应性能。旋流-静态微泡浮选柱的主体结构包括浮选柱分选段、旋流分离段、气泡发生与管浮选三部分，如图 5-94 所示。整个设备为柱体，柱浮选段位于柱体上部，其采用逆流碰撞矿化的浮选原理，在低紊流的静态分选环境中实现微细物料的分选，在整个柱分选方法中起到粗选与精选作用；旋流分选与柱浮选呈上、下结构连接，构成柱分选方法的主体；旋流分选包括按密度的重力分离以及在旋流力场背景下的旋流浮选。这不仅提供了一种高效矿化方式，而且使浮选粒度下限大幅降低，提高了浮选速度。旋流分选以其强回收能力在柱分选过程中起到扫选、柱浮选中矿作用。管流矿化利用射流原理，通过引入气体及粉碎成泡，在管流中形成循环中矿的气-固-液三相体系并实现了高度紊流矿化。管流矿化沿切向与旋流分选相连，形成中矿的循环分选。该设备具有运行稳定、分选选择性好、效率高、处理能力大、电耗低、适应性强等特点。

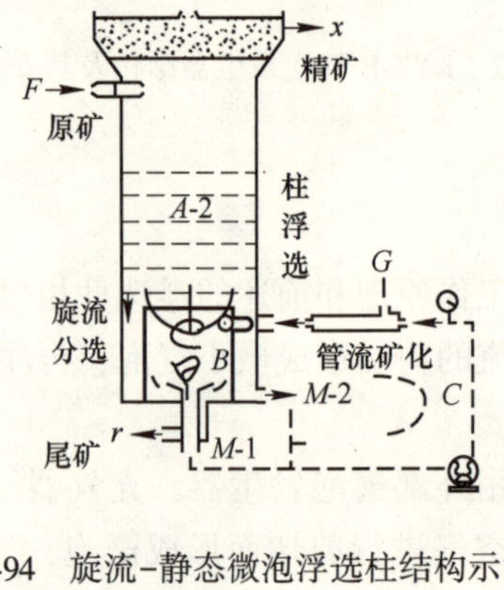

图 5-94 旋流-静态微泡浮选柱结构示意图

KYZ-E 型浮选柱是矿冶科技集团有限公司（原北京矿冶研究总院）针对微细粒矿物

高效选别开发的一种矿浆和空气混流式浮选柱，可以产生微细气泡，以紊流矿化为主，兼有逆流碰撞矿化，从柱体高度来说属于大高径比类型，底部配置有中矿循环泵，混流式充气器均布安装在浮选柱底部。KYZ-E 型浮选柱结构如图 5-95 所示，浮选柱的结构主要由柱体、气泡发生系统、液位控制系统、泡沫喷淋水系统等构成。

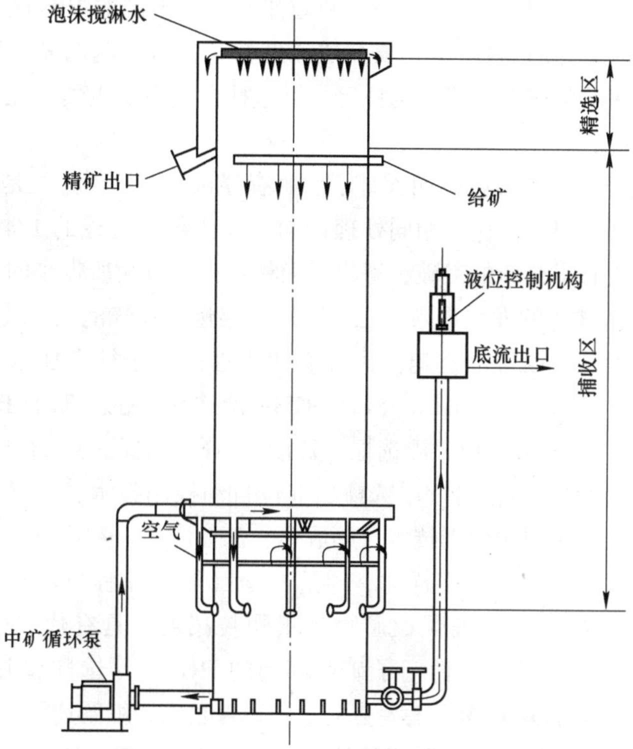

图 5-95 KYZ-E 型浮选柱

（二）浮选柱的发展及其在铁矿中的应用

1909 年，Owen T M 设计了直径为 0.3 m，高为 0.9 m 的柱形浮选设备，叶轮安装在柱体的下半部分，空气通过位于叶轮附近的小口径胶管注入，该设备被认为是浮选柱的雏形。

1914 年，Callow G M 设计了第一台从多孔假底喷射出空气的浮选柱。

1915 年，Durrell C T 开发了矿浆射流吸入空气技术，形成的气泡尺寸达到 0.1 mm。

1919 年，Town M 和 Flynn S 首次提出了气泡和矿浆逆向碰撞矿化的设计思路，矿浆从浮选柱中部给入，空气从浮选柱底部通过多孔材料给入。

浮选柱在 20 世纪二三十年代得到过工业推广应用，但是由于充气器容易堵塞、粗颗粒选别效果差、过程自动控制系统不可靠等原因，后来完全被机械搅拌式浮选机取代。

1961 年加拿大的布廷（Boutin）研制出新一代逆流浮选柱，并在加拿大的谢菲维尔铁矿选矿厂进行了工业试验。此后，中国、美国、苏联和澳大利亚等国也相继开展了浮选柱的研究和应用工作。后因气泡发生器容易堵塞和破裂以及浮选柱放大方法和技术不成熟等原因，浮选柱的发展和应用受到了限制，处于停滞不前的状态。

20 世纪 80 年代初，浮选柱在应用中重新得到重视。1980—1981 年加拿大魁北克省的加斯佩矿选矿厂用两台浮选柱代替钼精选作业中的 13 台常规浮选机，选矿效果良好。此后，世界范围内相继涌现出多种新型高效的浮选柱，比较有代表性的有美国戴斯特公司生产的 Flotaire 浮选柱、英国利兹大学研制的利兹浮选柱、美国的 VPI 微泡浮选柱、美国密歇根技术大学杨锦隆研制的 MTU 型充填介质浮选柱、苏联研制的 фП 系列浮选柱和美国犹他大学的米勒发明的旋流充气式浮选柱等。浮选柱在气泡发生器、充气性能和运行稳定性上均有了显著的进展。

1987 年澳大利亚詹姆森教授发明设计了詹姆森浮选柱，该浮选柱是浮选柱研究的分水岭，不仅柱体高度下降很大，仅为相同处理量同直径传统浮选柱的 1/4，而且在结构、给矿方式和分选机理上有了全新的突破，解决了因柱体高度过大所带来的一系列问题。

2002 年，柱浮选技术的发展进入第三个阶段。浮选柱在气泡发生技术、矿化方式的多样化及过程控制技术等方面发展迅速。国外有代表性的浮选柱有加拿大的 CPT-Cav 浮选柱、德国的 KHD 浮选柱、芬兰 Metso 公司的 CISA 浮选柱和俄罗斯的 RIVS 浮选柱等；国内有矿冶科技集团有限公司的 KYZ 浮选柱、长沙有色研究总院的 CFCC 浮选柱和中国矿业大学的 FCSMC 旋流微泡浮选柱等。浮选柱的液位自动控制技术、气量自动控制技术、冲洗水自动控制技术和泡沫图像识别技术日趋成熟，工业应用日益广泛。

2005 年后，浮选柱技术更加多样化，浮选柱全（短）流程技术得到了推广，还从精选作业向粗扫选作业推广，从细颗粒矿物到粗颗粒拓展。具有代表性的浮选柱有美国 Erize 公司的 HydroFloat 浮选柱、西门子矿业部门的 Hybrid 浮选柱和 ImflotG-cell 浮选柱。2014 年智利第二十六届国际矿物加工大会上，詹姆森教授详细阐述了流态化浮选柱技术特点，并提出了在半自磨机排矿端回收粗颗粒矿物选的柱浮选新方法。

国内浮选柱率先在铁矿石浮选领域工业应用的是中国矿业大学研发的旋流-静态浮选柱。南芬选矿厂 2009 年选矿厂建成年处理原矿 100 万吨的赤铁矿生产车间，采用弱磁-强磁-阴离子反浮选工艺，其中反浮选流程设计为 1 粗 2 扫，采用的是中国矿业大学研制的 FCSMC 高效浮选柱，粗选可直接得精矿，最终反浮精矿铁品位达到 65%~66%，浮选尾矿铁品位在 16%以下。

第八节 浓密设备

浓密设备广泛应用于各种料浆和废水的沉降分离。沉降分离是依靠重力作用实现固液分离的技术，是一个多层次、多物质的混合过程。根据作用力不同可以分为重力沉降设备和离心沉降设备。

重力沉降设备是利用固体颗粒和液体（大多数情况下为水）的密度差和固体颗粒自然沉降达到固液分离的设备，矿物加工过程中应用最多的有平流沉降槽、竖流沉降槽、圆池耙架式浓密机、斜板（斜管）浓密机、高效浓密机、深锥浓密机，其中平流沉降槽和竖流沉降槽主要应用于含固量较低的污水处理行业，在矿山领域较少应用，本文将不做介绍。

一、圆池耙架式浓密机

（一）圆池耙式浓密机主要类型

圆池耙式浓密机是在圆形的沉淀槽体内，增加了可旋转的耙架机构，利用耙架转动带动刮板将沉积于槽体底部的泥层刮到沉淀池的中心部位集中排放出去，为了便于向中心刮泥，池底做成倒锥形。圆池耙架式浓密机的外形如图 5-96 所示。

图 5-96 圆池耙架式浓密机

圆池耙式浓缩机原理图如图 5-97 所示，矿浆首先进入自由沉降区（*B* 区），矿浆中的颗粒靠自重迅速下降。当沉降至压缩区（*D* 区）时，矿浆已汇集成紧密接触的类似纤维海绵状的团块组织。继续下沉到被浓缩了的矿浆区（*E* 区）形成泥层，刮板沿锥面旋转，将锥底面的泥层刮到槽体底部中心。矿浆受刮板的推压力，使泥层进一步浓缩，并由卸料口排出。

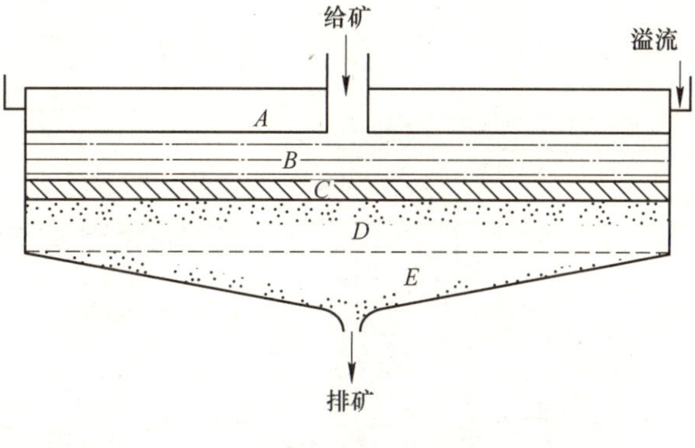

图 5-97 浓密机原理图

耙式浓缩机主要构件有槽体、耙臂、耙臂传动机构、耙臂提升装置、给料系统和卸料系统等。按照耙臂的传动方式，耙式浓密机可分为中心传动式和周边传动式两大类。

中心传动浓密机（图 5-98）的传动装置置于钢结构或钢筋混凝土结构的中心柱顶

部。传动机构采用圆锥滚子轴承或液压油膜轴承及行星齿轮系统。大直径的驱动转笼支承在中心柱上端的轴承座中，耙臂则连接在转笼上。中心支柱的底部周围有一环状沟槽，用以收集和排出底流产品。从中心柱到槽边架设有桁架，桁架用作人行道并放置有动力线和给矿管槽。大型的浓缩机的中心柱常设计成钢筋混凝土沉箱式中空柱，内置底流泵和排矿管道，底流从中空柱内扬送出槽面。该类设备直径为 30～200 m，直径小于 100 m 的设备都装有自动或手动提耙装置，大直径的浓缩机还配有自动润滑、测压、测负荷等装置。

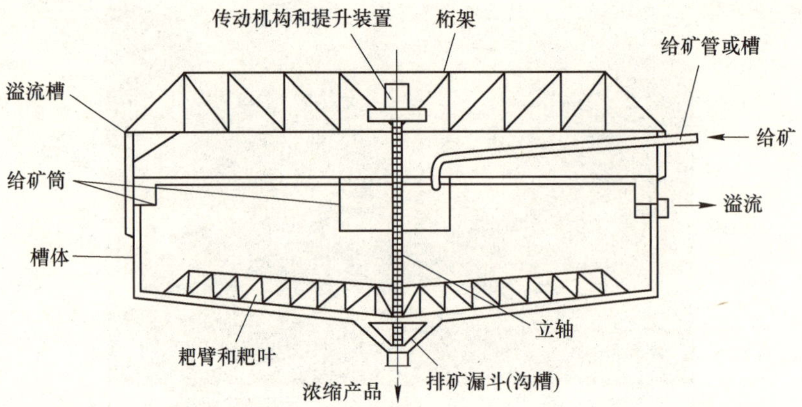

图 5-98　中心传动浓密机

周边传动耙式浓缩机与耙臂相连的桁架的一端借助于特殊的轴承置于中心柱上，另一端连接传动小车，小车的辊轮由车上的电机经减速器、齿轮装置驱动，使桁架沿轨道行走。耙臂如受阻力过大，辊轮打滑，耙臂停止。稍大型的设备与轨道并列安装有固定的齿条，传动机构的减速器上有一小齿轮与齿条啮合，带动小车运行。这种齿条传动的浓缩机要有负荷继电器来保护主体设备（图 5-99）。

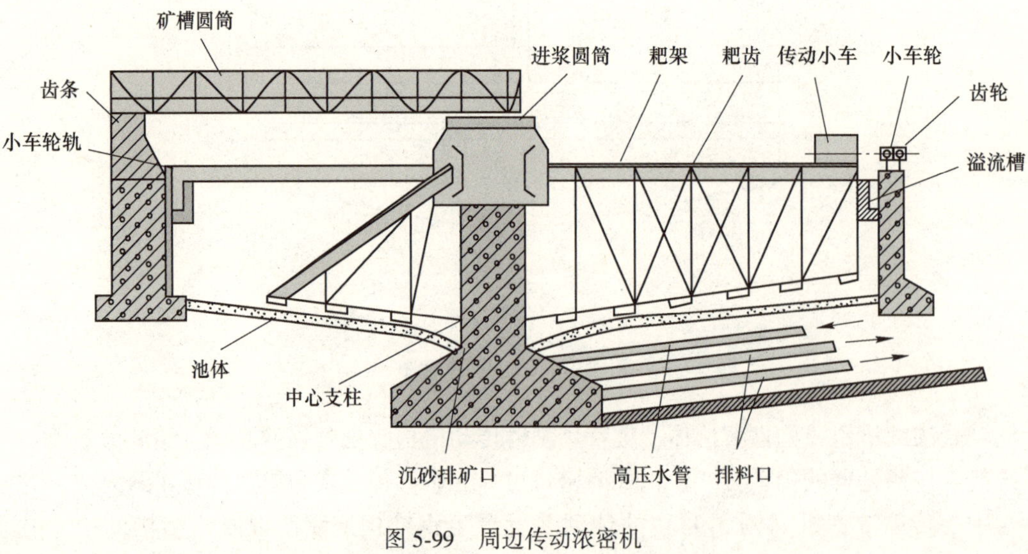

图 5-99　周边传动浓密机

圆池耙架式浓密机占地面积很大，脱水效率低，容易溢流出现“跑浑”现象；当泥床厚到一定程度时又会导致“压耙”事故的发生。

（二）发展历程及其在铁矿中的应用

1905 年，Dorr 浓缩设备研制成功，开创了现代浓缩机的新纪元。1908 年开始，Nichols、Coe Clevenger 等学者进行沉降理论的研究。1952 年，英国博明汉霖大学的数学家柯西，发表了著名的论文“沉降理论”，成为第一个真正建立沉降理论的人，理论的发展为装备的发展提供了理论支撑。20 世纪 50 年代，苏联出现了圆池耙架式浓密机，中国则吸收该机型的设计思路，经过二三十年的研究与创新，到 80 年代，形成了多种型式、多种规格、技术较为先进的国内浓密机的系列化产品，包括周边胶轮浓缩机和周边齿条传动浓缩机。

圆池耙架式浓密机属于第一代浓密机，新建选厂已经很少会采用，在圆池耙架式浓密机基础上经过改进形成的新型浓密机，已经基本上将其全部取代。据相关资料，四川某铁矿选厂使用 4 台 53 m 浓密机，底流浓度可以达到 45%以上。

二、斜板（斜管）浓密机

斜板（斜管）浓密机是利用斜板浅层沉降原理，将斜板单元经系统集成的斜板（斜管）组合结构，按一定排列方式，有序地布置于普通浓密机内，以增加有效沉降面积，改善矿浆在其中的流动和分布状态，实现高效固液沉降分离的一种重力沉降设备。图 5-100 是辐流式斜板浓密机的示意图。

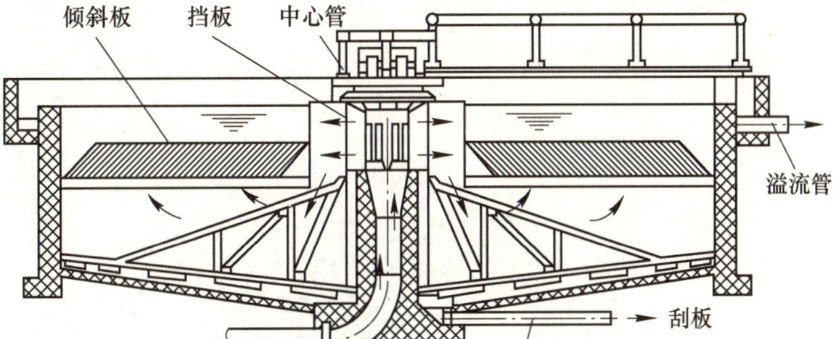

图 5-100 辐流式斜板浓密机示意图

倾斜板浓缩机工作过程：矿浆从进水管进入沉降浓缩区，矿浆中粒度较大的颗粒快速沉降进入底部排料口排出，粒度较小的颗粒随上升水流进入斜板（斜管）区进一步沉降。溢流水流沿倾斜板（管）的空间向斜上方运动，固体颗粒在两板（管）之间垂直沉降落到板上，板上积累到一定量物料后沿倾斜板（斜管）下滑至压缩区进行压缩脱水，未能在斜板（斜管）区沉降的微细粒，将随着溢流排出，从而实现了分级与沉淀的过程。此种方式，充分利用了空间高度，增加了浓密机的自然沉降面积，强化了浓缩机的工作效率。

（一）斜板（斜管）浓密机的主要类型

斜板（斜管）浓密机可以是箱式结构或辐流式结构。

辐流式斜板浓密机是在辐流式浓密机内沿中心辐射方向安装多组斜板模块，以此增加辐流浓密机的沉降面积，提高设备处理量。

箱式斜板浓密机又称为斜板浓密箱，典型的 SALA 型斜板浓密机的结构如图 5-101 所示，主要由上部箱体、下部锥斗、设备支架三大部分组成。斜板组模块安装在上部箱体内，在上部箱体内还设置给矿、溢流等设施，在下部锥斗设置底流排放设施。

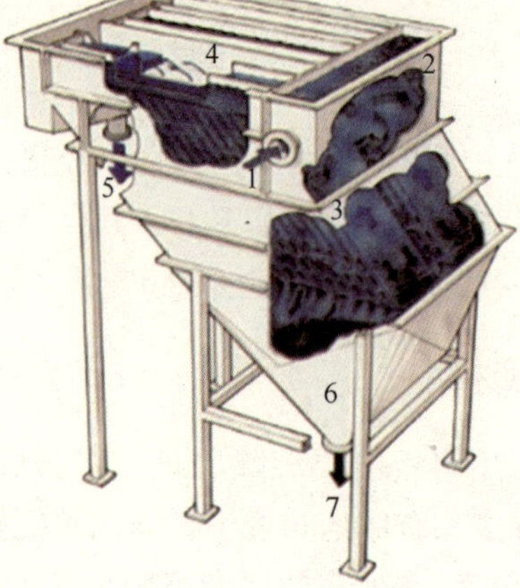

图 5-101 SALA 型斜板浓密机结构示意图

1—给料口；2—给料槽；3—斜板组；4—溢流槽；5—溢流口；6—泥浆槽；7—底流口

振动型斜板浓密机主要由 8 个部件组成，结构如图 5-102 所示。

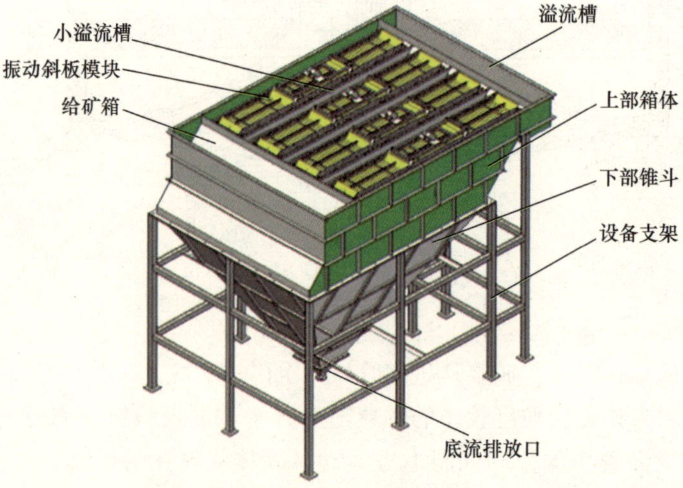

图 5-102 振动型斜板浓密机结构示意图

振动型斜板盒沉降分离器的主体结构与振动型斜板浓密机相同，用斜板盒代替斜板作为沉降单元，结构如图 5-103 所示。

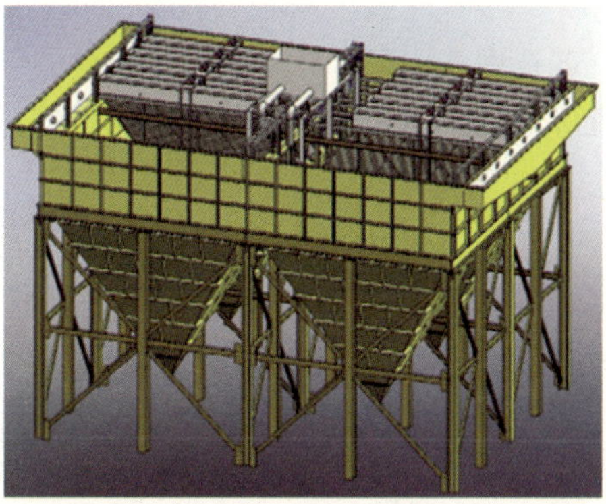

图 5-103　振动型斜板盒浓密机结构示意图

（二）发展历程及其在铁矿中的应用

斜板浓密设备的研制和应用始于 19 世纪中期，1843 年美国研究学者通过增加沉降面积的方式来提高沉降效率，发明了倾斜板沉降槽。1886 年，英国的 Howstson 提出浅层沉降理论，并开发出多层式沉降槽。1956 年，原西德洪堡特（Humbodt）公司推出了倾斜式沉降槽。1959 年，日本工业技术研究院推出双室下降水流倾斜板式沉降槽。1964 年，日本将倾斜板浓密技术和设备应用于大型浓密机内。1965 年，法国推出了倾斜管沉降的 Lavodune 和 Lavoflux 水力分选分级机。1967 年，原瑞典萨拉国际公司（SALAInternationalAB）采用 Hedstrŏm 教授提出的单元分离槽专利推出了单元集成模式的拉米拉（Lamella）型斜板浓密机，是斜板浓密机技术和设备的重大技术进步。1980 年，苏联乌拉尔选矿研究设计院开发的槽式斜板浓密机在选矿厂的浓缩、脱泥、脱水及分级作业的应用获得了较好的效果。

我国北京矿冶研究总院、长沙矿冶研究院、鞍山矿山设计院和中南大学等先后于 20 世纪 60 年代开始开发了倾斜板式浓密机。20 世纪 80 年代末至 90 年代初，昆明冶金研究院对引进的 SALA 型倾斜板式浓密机进行了消化吸收，开发出单元集成式斜窄流分级与浓缩设备，形成了 KMLY、KMLZ 型系列产品，该新型斜板浓密分级设备在国内的矿山使用效果良好。2010 年昆明理工大学周兴龙、张文彬等将斜板设备模块化，并对斜板组模块实施间歇式高频微振，对斜板板面进行定期自动清洗，保证斜板通道不堵塞，从而达到稳定运行的目的。

斜板浓密设备在铁矿中的应用实例有广东某铁矿选用 ZXN-3000 振动型斜板盒沉降分离器，占地面积仅有 508 m^2，在给矿量 1300～1500 m^3/h、给矿浓度 4%～6%条件下，底流浓度达到 30%～35%，溢流浊度不大于 500 mg/L。云南某铁矿选厂采用了一台 KMLZ500/50 型倾斜板浓密机，占地面积 120 m^2，在给料量 201 m^3/h、其单位占地面积的澄清面积比普通浓密机大 3～10 倍。云南某铁铜多金属矿采用 1 台 KMLZ-J-200/55 型搅动助排式斜窄流浓密箱，沉淀面积 200 ㎡，矿浆流量为 60～70 m^3/h，底流浓度 50%以上。

三、高效浓密机

高效浓密机是基于絮凝剂技术，用于含有微细固体颗粒的悬浮液固液分离的装备，高效浓密机不是纯粹的重力沉降设备，而是结合泥浆层过滤特性的一种新型浓缩设备。

（一）高效浓密机沉降过程及结构特点

在待浓缩的矿浆中添加一定量的絮凝剂，使矿浆中的矿粒形成絮团，加快其沉降速度，达到提高浓缩效率的目的。矿浆进入絮凝层下时能快速絮凝沉降，当矿浆上升时，上面有絮凝层作用，不断有絮凝团进行吸附黏合，长大，当絮体团长大到其重力超过絮团上升力时，絮团下降，水从絮凝层中溢出，从而达到高效快速沉降的效果。絮凝层实际上又起到了二次混合和捕集的作用，有力地防止了微细颗粒或破碎絮团通过絮凝层进入清水层。由此可见，高效浓密机实际上是一个浓缩和过滤的联合过程。高效浓密机工作原理如图 5-104 所示。

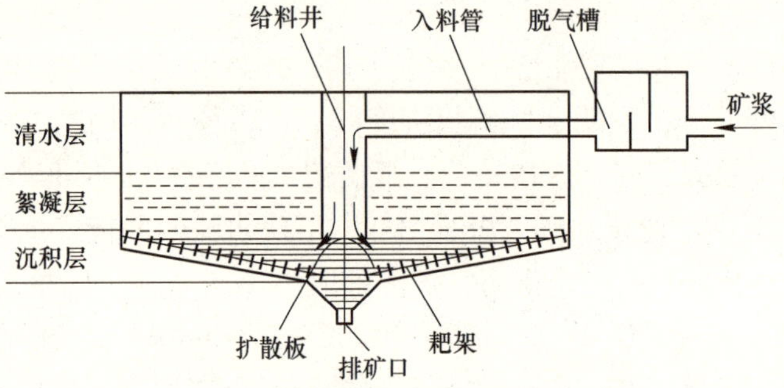

图 5-104　高效浓密机工作原理

高效浓密机结构如图 5-105 所示，高效浓密机的槽体、耙架和驱动装置等与圆池耙架式浓密机区别不大，主要区别是位于中心的给料井。

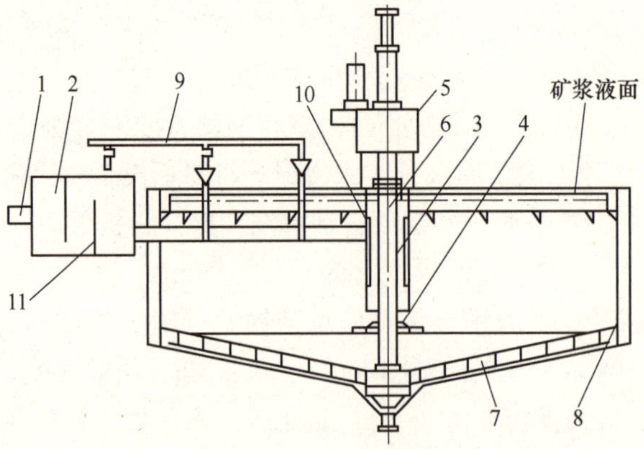

图 5-105　高效浓密机结构

1—入料管；2—脱气槽；3—给料井；4—分料盘；5—传动装置；6—传动轴；7—耙架；8—槽体；9—絮凝剂添加管；10—阻尼板；11—脱气槽溢流板

给料井是高效浓密机的核心部件，其作用主要有：（1）使矿浆和絮凝剂均匀混合；（2）稀释矿浆到合适的浓度；（3）给高流速的矿浆卸能，减少对沉积层和清水层的冲击；（4）在槽体内均匀布料。各浓密机主要厂家均在给料井方面发力，开发了多种多样的给料井。芬兰奥图泰公司的 SUPAFLO 系列浓密机给料井采用圆锥放射状结构均分矿浆，能实现矿浆的自稀释和强制稀释（图 5-106（a）（b））给料井，通过给料管高速给入的矿浆在其背部产生的负压，将槽体内清水层的清水带入给料井内，完成对矿浆的稀释；强制稀释给料井，通过在给料管添加一台泵，将清水层的清水泵入给矿管，完成对矿浆的稀释。

(a)

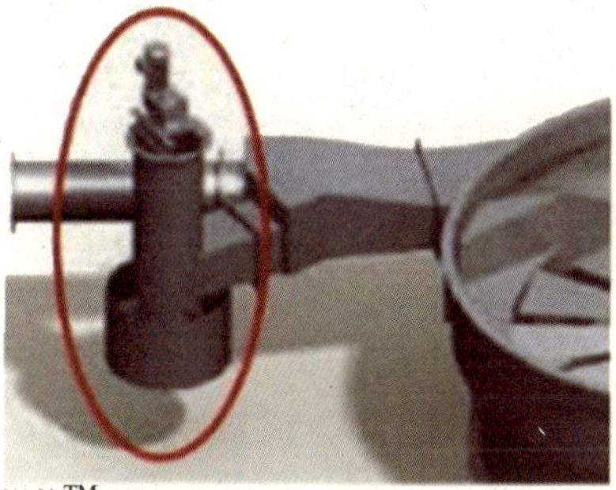

(b)

图 5-106 SUPAFLO 浓密机给料井

（a）自稀释给料井；（b）强制稀释给料井

FLSmidth 高效浓密机针对不同矿浆采用不同的给料稀释系统，如 EIMCO 的 E-Duc 稀释系统（矿浆切向给入方式——动能稀释进料系统，比一般给料节约 50% 絮凝剂）和 DynaFloc 动态絮凝（图 5-107），并配有自动监测、自动加药控制系统。FLSmidth DORR-OLIVER 高效浓密机静态混合器和切线逆向给料井，使药剂均匀地稀释到很低的浓度并在给料井中充分地与矿浆混合。

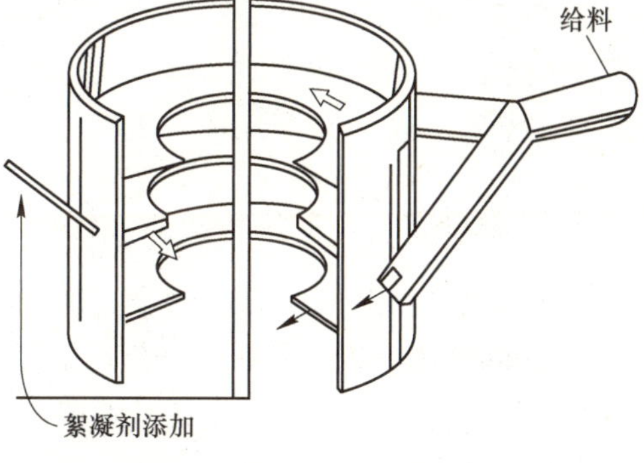

图 5-107 DynaFloc 絮凝剂添加、混合示意图

脱气槽是高效浓密机的重要组成部分，以消除矿浆内气泡对絮凝作用的影响，避免固体颗粒附着在气泡上，影响沉降效果。

添加絮凝剂是高效浓密机最重要的特征，絮凝剂作用的好坏与絮凝剂的制备和添加装置有着直接的关系。使用高分子量絮凝剂和缓慢添加有利于生成大絮团，加速沉降。

（二）发展历程及其在铁矿中的应用

20 世纪 50 年代人工合成的高分子聚电解质絮凝剂的出现，展现出对选矿上的细泥、黏土等疏水型胶体粒子有很好的絮凝作用，开启了浓密机使用的一个新时期，浓密机面积大大减小。

20 世纪 60 年代，针对底流浓度和高处理量等圆池耙架式浓密机不能解决的问题，国外成功开发了高效浓密机，在传动机构、给料方式上进行了调整和改进，更为重要的是絮凝剂的添加使用，改善了颗粒的沉降特性，提高了颗粒沉降速度，从而达到了提高浓密机效率的目的。

我国于 20 世纪 80 年代首先由马鞍山矿山研究院研制和生产高效浓密机，长沙矿冶研究院、广州有色院、唐山煤科院、沈阳矿山机器厂、淮北矿山机器厂等也先后形成了高效浓密机的一系列产品，处理能力可以比圆池耙架式浓密机大 2~9 倍，在工业应用中得到了极大推广。

河北某铁矿尾矿干矿量 886 t/h，对原有 2 台 53 m 圆池耙架式浓密机进行高效化改造后，可代替 4 台 53 m 浓密机，给料浓度 11%情况下，底流浓度由 25%提高到 45%以上。

某铁矿细度到-325 目（0.045 mm）85%~98%，处理量 3000 t/d，其生产能力可达到 600 m^3/h 以上，底流浓度稳定在 30%左右，溢流水悬浮物质量分数控制在 0.01%。不仅保证了循环水的水质，同时提高了尾矿的输送浓度（18%提高到 30%）。

2009 年某铁矿厂尾矿脱水浓密作业引进了 ϕ50 m 高效浓密机。其处理量为干矿量大于 650 t/h，可达到原有浓缩机单台处理量的 3 倍以上，底流浓度由 40%提高到 50%。

四、深锥浓密机

深锥浓密机是一种带有较深锥体的浓密机，槽体上部为圆筒形、下部为圆锥形，深锥浓密机也称深锥沉降槽。深锥浓密机不仅面积大幅度减小，底流浓度也大幅度提高，其底流浓度可以达到 70%以上，浓密机的底流可以采用皮带进行输送。

（一）深锥浓密机沉降过程及结构特点

深锥浓密机的浓缩沉降工艺过程，大体分为三个阶段，即混凝脱稳阶段、凝聚造粒阶段、过滤压缩阶段（图 5-108）。混凝脱稳阶段是矿浆与絮凝剂作用的初始阶段，矿浆中的微细颗粒与絮凝剂发生凝聚或絮凝作用，形成小絮团开始沉降。凝聚造粒阶段是微小絮团进一步凝聚成大絮团的过程，被解除排斥力的颗粒在高分子絮凝剂长分子链的作用下，它们开始相互聚集，絮团越聚越大，在缓慢的流体动力的作用下，絮团沉降速度将会以几倍甚至几十倍地增长。过滤压缩阶段是指随着大絮团越聚越多，深锥浓缩机底部形成浓相层。

深锥浓密机的结构如图 5-109 所示。与高效浓密机相比，深锥浓密机有如下特点：

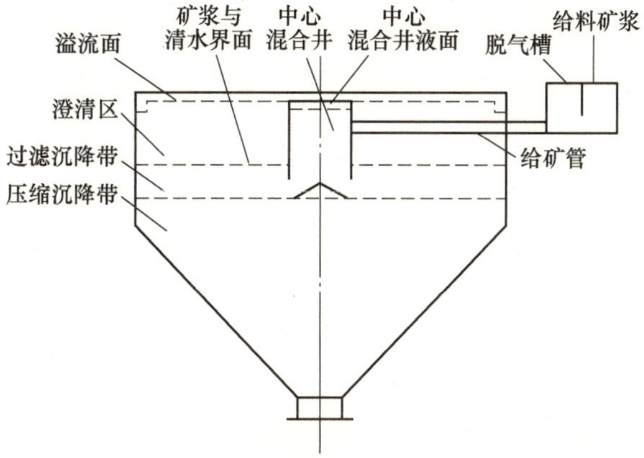

图 5-108 高效深锥浓密机原理图

(1) 高径比大，锥底的坡度较大；(2) 锥体底部有一个集料筒，用于盛放高浓度的底流；(3) 集料筒内有特殊搅拌机构，以保证其中的物料不板结；(4) 耙架上设置导水杆，可以在沉积的泥浆中划出一道道口子，作为底部包裹水的上升通道；(5) 由于耙架深埋在泥层中，提耙并不能降低深锥浓密机的运动阻力，所以深锥浓密机一般不具备提耙功能。该设备自动化程度高，可实现全过程的自动控制运行，以保证浓密机稳定正常高效运行。

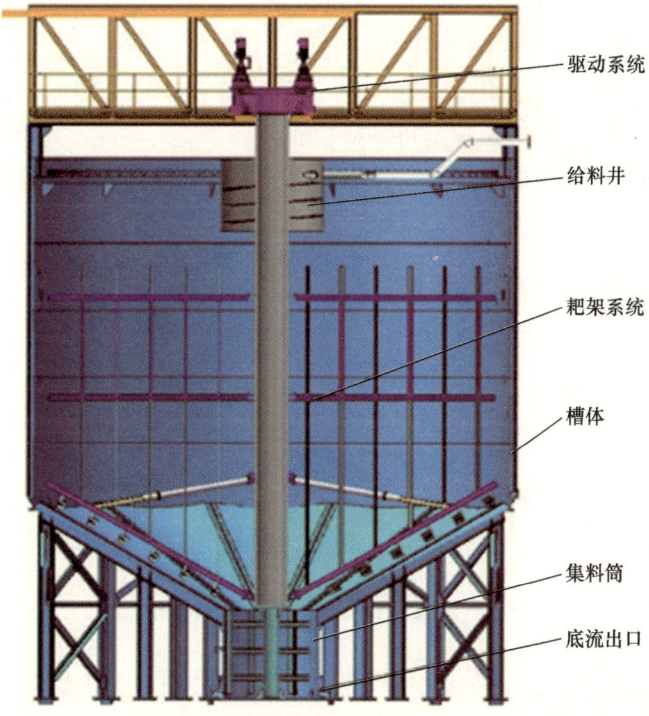

图 5-109 深锥浓密机结构示意图

（二）发展历程及其在铁矿中的应用

20 世纪 70 年代，英国煤炭局研制了深锥浓密机，可用于煤泥的处理，底流浓度可达到 65%~70%，呈牙膏状挤出，但深锥浓密机底部锥角小，设备较高，难以大型化，制约了深锥浓密机的发展。

1987 年，Buscall 和 White 在研究絮凝体的沉降和压实后提出了一个屈服应力的概念和相关理论，该理论为发展大型膏体浓密机指明了方向。

20 世纪 80 年代，Alcan 开发了膏体浓密机，用于铝土矿尾矿浓缩成膏体用于表面填充，1996 年特许给 EIMCO 后进入非铝行业。其结构特点是高径比更大，为 1~2，底面坡度 30°~45°，最大直径约 30 m，是目前底流浓度最高的浓密机。

20 世纪 90 年代，芬兰 Outotec 公司成功开发了大型膏体浓密机。

随后出现了浅锥型膏体浓密机，高径比小于 1，优点是埋入式，直径大，因而处理量大。由于其底流浓度高，因此耙架阻力大，要求驱动系统扭矩大，这种膏体浓密机最大直径达 90 m。

在我国，长沙矿冶研究院于 20 世纪 80 年代末开始研发高压浓密机，并形成了 HRC 高压浓密机系列产品，并在 21 世纪着手高效和膏体浓密机的研制，到目前为止取得了很好的效果。

目前市场上技术比较成熟的浓密机有美国 FLSmith 矿业公司研制的 Dorr-Oliver and EIMCO 深锥膏体浓密机、芬兰 Outotec 公司制造的 SUPAFLO 膏体浓密机以及 WesTech Engineering 公司的 AltaFlo 膏体浓密机。

EIMCO 深锥膏体浓密机使用了 EIMCO® E-DUC 专利技术（图 5-110），该技术采用的是无动力自稀释系统，其基本原理是将供料管插入一个喇叭口内，并将其安装于溢流面之下，利用入料浆体与溢流水的速度差，将溢流水吸入给料井内，实现料浆自稀释。

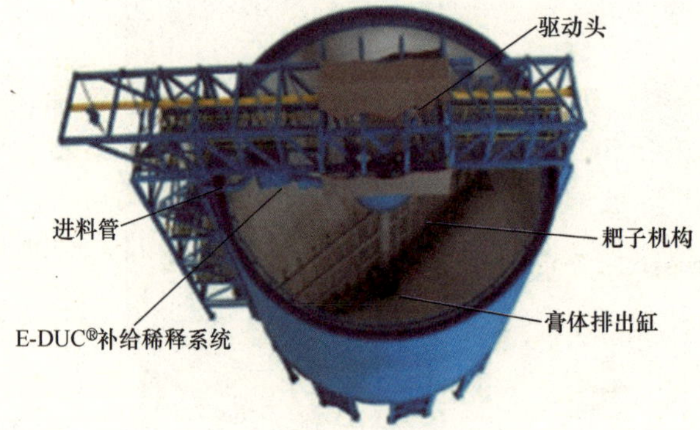

图 5-110 Dorr-Oliver and EIMCO 膏体浓密机

芬兰 Outotec 公司制造的 SUPAFLO 膏体浓密机（图 5-111）采用创新的自动稀释系统、侵入到液化层下部的叶片给料井、低阻力的耙架结构设计、高效的传动系统和精确的控制技术，解决了尾矿物料高效脱水、高浓度排放问题。其剪切稀释系统，浓缩床监测，确保了高压缩区的稳定性。

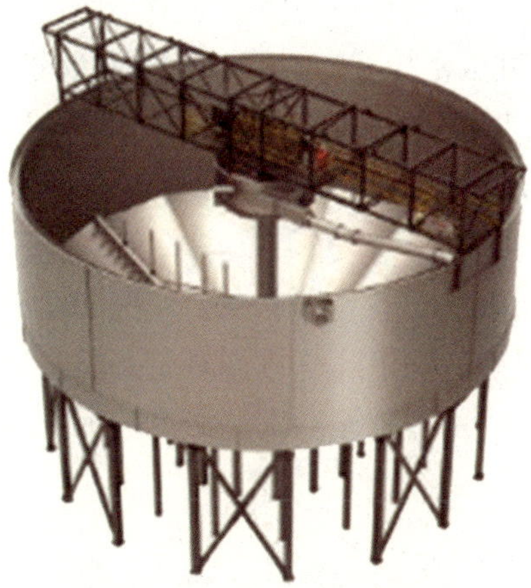

图 5-111 SUPAFLO 膏体浓密机

WesTech Engineering 公司的 AltaFlo 膏体浓密机，通过特殊的给料井设计避免了矿浆沉降短路，矿浆动能耗散率高、矿浆分布均匀，采用空气提升稀释系统，加快絮凝体沉降速度。AltaFlo 膏体浓密机自稀释系统采用了基于密度差的无动力稀释技术。AltaFlo 膏体浓密机高径比普遍较大，浓密机锥角较大。AltaFlo 膏体浓密机见图 5-112。

图 5-112 AltaFlo 膏体浓密机

高效深锥浓密机多用于坑内尾矿充填和地表尾矿管道输送、干式堆存。内蒙古某铜钼矿采用了国外直径为 40 m 深锥浓密机，尾矿经深锥浓密后，底流浓度达 65%。江苏某铁矿选矿厂将原来的三段浓缩流程改为两段流程，并增加使用了一台中心传动式的直径为 25 m 高效深锥浓密机，取得了良好的效果。在给矿浓度为 15%的情况下，底流浓度提高到 48%，为后续的尾矿输送提供了有利条件，大幅缩短隔膜泵的开车时间，降低能耗，同时减少尾矿管道的消耗量，减少溢流水对环境的污染，使环水的质量得到改善。安徽某铁矿采用1台直径为20 m的深锥浓密机，单套系统制备和输送流量为180~220 m^3/h，底流浓度达到68%~70%，充填料浆质量稳定，充填体强度完全达到了要求。南非北开普省的Khumani铁矿，采用直径为18 m膏体浓密机处理高效浓密机底流，处理能力在147~300 t/h之间，底流浓度可达到70%。

随着矿产资源开发的不断深化，贫、细、杂矿产资源给精矿和尾矿的浓密提出越来越高的要求。今后浓密技术的研究从以下几个方面进行拓展、创新：高效化、大型化、自动化及智能化、新型絮凝剂的应用及多重絮凝理论研究、无絮凝浓密技术的发展、跨行业跨领域的浓密设备交流和融合。

第九节 过滤设备

过滤设备是一种通过施加外力迫使液体通过固体支撑物或者过滤介质，把固体截留在介质表面而液相通过，从而达到固液分离的目的。

过滤设备按过滤推动力一般分为真空过滤机和压滤机两类。而真空过滤机根据结构形式又可分为带式真空过滤机、筒式真空过滤机、盘式真空过滤机等。其中筒式真空过滤机又分为外滤式筒式真空过滤机、内滤式真空过滤机、永磁筒式过滤机（磁滤机）等。盘式真空过滤机根据过滤介质又分为滤布圆盘真空过滤机和陶瓷圆盘真空过滤机。

压滤机根据脱水原理和结构又分为板框压滤机（厢式压滤机）、加压过滤机、高效自动压滤机等。其中配置了隔膜滤板的板框压滤机称为隔膜压滤机，加装多板拉开机构的板框压滤机又称为快开式压滤机，高效自动压滤机又分为卧式高效自动压滤机和立式高效自动压滤机。

一、带式真空过滤机

水平带式真空过滤机是以循环移动的环形滤带作为过滤介质，利用真空负压和重力作用使固液分离的真空过滤设备。

（一）带式真空过滤机结构和工作原理

带式真空过滤机主要由橡胶带、真空盒、进料装置、滤饼洗涤装置、滤布纠偏装置、滤布张紧装置、橡胶带驱动滚辊与张紧装置、滤布及橡胶带清洗、卸料装置及电控柜等组成，结构及工作原理见图5-113。

带式真空过滤机如图5-114所示，整体的环形橡胶带作为真空室，环形胶带由电机拖动连续运行，滤布铺敷在胶带上与之同步运行，胶带和真空滑台上的环形摩擦带接触并形成水密封。料浆由布料器均匀分布在滤布上。当真空室接通真空系统时，在胶带上形成真空过滤区，滤液穿过滤布经胶带的横沟槽汇总并由小孔进入真空室，固体颗粒被截留在滤布上形成滤饼。进入真空室的液体经汽水分离器排出，随着橡胶带的移动，已形成的滤饼依次进入洗涤区和吸干区，最后滤布和胶带分开，在卸料辊处将滤饼卸下。卸出滤饼的滤

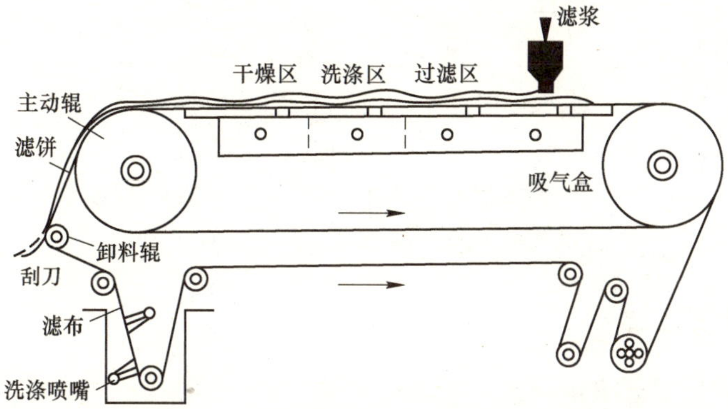

图 5-113 带式真空过滤机工作原理

布经清洗后获得再生，再经过一组支承辊和纠偏装置重新进入过滤区，开始进入新一过滤周期。

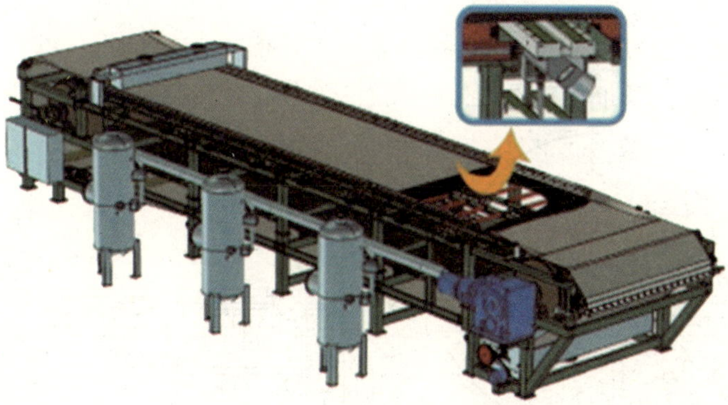

图 5-114 带式真空过滤机

（二）发展历程及在铁矿中的应用

1930 年，瑞典首次发明了第一台 5 m^2 带式过滤机，但直到 1947 年结构才趋成熟并有样机出现。最早开发这种过滤机的有瑞典的 RolfNordengren 公司和美国的 Dorr-Oliver 公司。

20 世纪 80 年代，中国核工业总公司南昌 720 厂及其过滤机构研究所，在引进消化吸收荷兰 Pannevis 公司产品的基础上，开发出真空箱移动式 DI 型水平带式真空过滤机。但由于相应增加了动力消耗，且间断过滤，不如真空箱固定式水平带式过滤机应用广泛。

北京有色冶金设计研究总院与长岭炼油化工厂开发的真空箱固定式 DZG 型水平带式真空过滤机的工作过程包括进料、过滤、洗涤、排料以及滤布和胶带的清洗，并可自动连续运行。该院与金川有色金属公司共同开发的 DU30/1800 型固定真空箱水平带式过滤机于 1998 年投入生产。

目前，我国有众多制造企业开发生产水平带式真空过滤机，具有良好过滤洗涤性能，过滤效率高，主要部件如气控快速切换阀、自动排液罐、红外线自动快速纠偏装置以及排水胶带和摩擦密封带等设计别具一格，已达到国际技术水平。

带式真空过滤机具体实例：东沟钼矿选矿厂采用水平带式真空过滤机对超细铁精矿进行脱水过滤，过滤后铁精矿的水分可达 14.8%。河南某硫铁矿石选矿厂选择带式真空过滤机对该硫铁矿精矿产品中的硫精矿和铁精矿分别进行过滤脱水，过滤后硫精矿和铁精矿含水率分别约 12%、10%。山东某铁矿采用水平带式真空过滤机对铁矿选矿后的尾矿进行脱水过滤，脱水过滤后滤饼水分小于 10%，滤液固含量小于 0.42%。

二、筒式真空过滤机

筒式真空过滤机根据滤布布置在筒外或筒内可分为外滤式、内滤式，在筒体内侧增加了永磁磁系的又称为永磁筒式真空过滤机。

（一）筒式真空过滤机的主要类型

1. 外滤式圆筒真空过滤机

外滤式圆筒真空过滤机由筒体、主轴承、矿浆槽、传动机构、搅拌器、分配头、刮板、绕线机架等组成，滤布覆盖于筒体外表面。结构如图 5-115 所示。

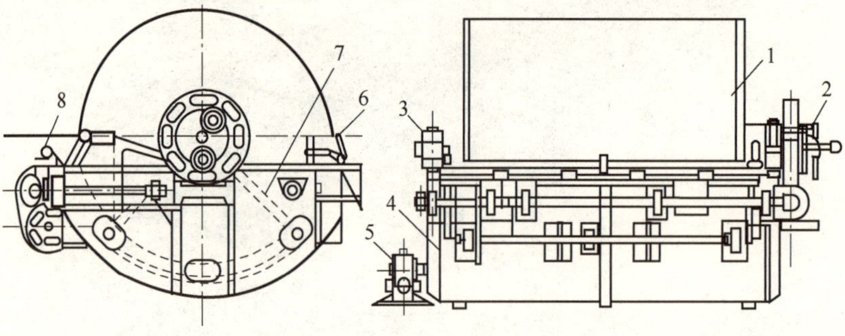

图 5-115 外滤式圆筒真空过滤机结构

1—筒体；2—分配头；3—主轴承；4—矿浆槽；5—传动机构；6—刮板；7—搅拌器；8—绕线机架

圆筒式真空过滤机的筒体用隔条沿圆周方向分成若干个过滤室（图 5-116），室与室之

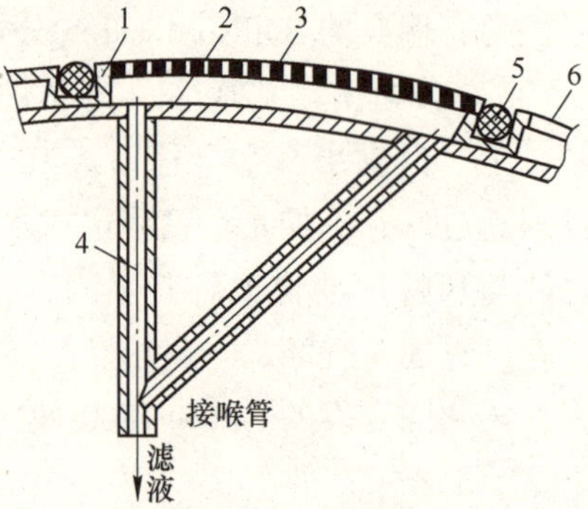

图 5-116 过滤室横截面

1—隔条；2—筒体；3—过滤板；4—滤液管；5—胶条；6—滤布

间严格密封，互不通气。过滤室上铺设过滤布，并将滤布固定在筒体上。过滤室内部接有滤液管，分别与两端的喉管连接，分配头与喉管紧密相通，并固定在筒体两端，每个分配头担负过滤室一半长度的抽气和吹风作用。

分配头是过滤机的重要部件，其位置固定不动，通过其控制过滤机各个过滤室依次进行过滤、滤饼脱水、卸料及滤布清洗。分配头的一面与喉管严密地接触并能相对滑动，另一面通过管路与真空泵、鼓风机连接。分配头内部有几个布置在同圆周上且互相隔开的空腔，形成几个区域，如图 5-117 所示。

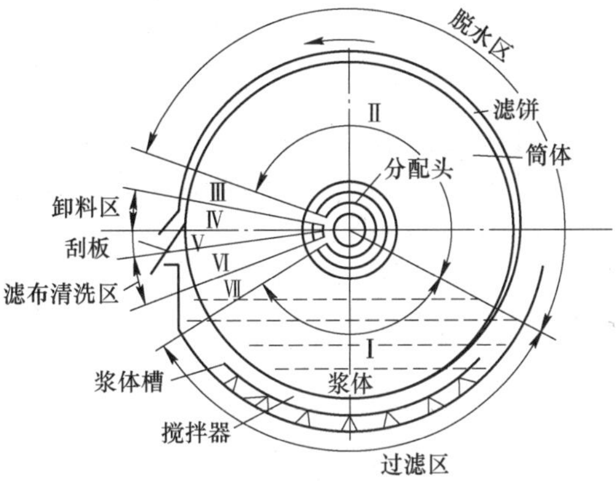

图 5-117 分配头分区及过滤机工作原理示意图

过滤机工作时，筒体在矿浆槽内旋转，处于筒体下部位置的过滤室经过管子、喉管与分配头的过滤区接通，室内为负压，滤液透过滤布进入过滤室，被真空泵抽离机体外，滤布表面形成滤饼。当过滤室旋转到脱离液面位置以后，过滤室与分配头脱水区接通，在真空抽吸作用下，滤饼水分进一步降低。当该过滤室转到与分配头卸料区接通时，鼓风机使压缩空气经分配头、喉管吹入过滤室，使该过滤室由负压变正压，滤布鼓包使脱水后的滤饼与滤布脱离，并用刮板刮下排出。过滤室继续旋转至滤布清洗区时，继续向过滤室鼓风，清洗滤布。清洗完毕后该过滤室继续旋转，又进入过滤区，开始下一次循环。

2. 内滤式圆筒真空过滤机

与外滤式圆筒真空过滤机不同，内滤式圆筒真空过滤机的滤布覆盖于筒体的内表面。内滤式圆筒真空过滤机由筒体、托辊、主轴承、传动装置、分配头、皮带运输机或溜槽等几部分组成。分配头分区与外滤式相同，不同的是分配头内抽成真空和鼓风区域的位置不一样。如图 5-118 所示。

如图 5-119 所示，给矿管将矿浆装在筒体内部，喉管与分配头的过滤区相连接，依据筒体颗粒本身重力及真空吸力，吸附在滤布上，当过滤室转出液面进入脱水区时，真空泵继续形成真空，滤饼水分进一步降低。当过滤室转入卸料区时，由于空气经过过滤室吹入滤布及滤饼本身重力作用，滤饼脱离滤布进入皮带运输机或溜槽，排出过滤机的机体外。

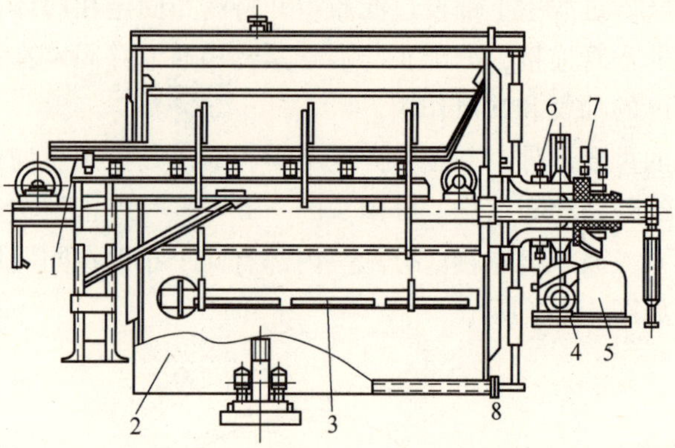

图 5-118　内滤式圆筒真空过滤机

1—皮带运输机；2—筒体；3—托辊；4—喉管；5—传动机构；6—主轴承；7—分配头；8—给矿管

当过滤室转入滤布清洗时，继续向过滤室鼓风，清洗滤布。清洗完毕的过滤室继续旋转进入过滤区，又进行新一次循环。

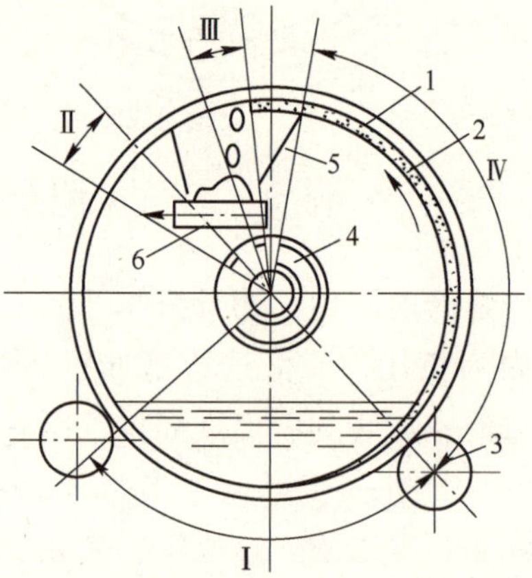

图 5-119　内滤式圆筒真空过滤机结构及原理示意图

Ⅰ—过滤区；Ⅱ—滤布清洗区；Ⅲ—卸料区；Ⅳ—脱水区；

1—筒体；2—滤饼；3—托辊；4—分配头；5—漏斗；6—皮带运输机

3. 永磁筒式真空过滤机

永磁真空过滤机类似于筒型外滤式真空过滤机，不同之处是给矿槽在筒体的上部，筒体内部配置有永磁磁系，在滤布表面产生磁场使磁性物料进入滤饼时吸附在滤布上，增大滤饼形成的作用力。工作原理如图 5-120 所示。

永磁筒式真空过滤机结构如图 5-121 所示，主要由传动装置、机体、磁系、盛料箱、溢流槽、左右分配头以及绕线装置等组成。给料槽设置在筒体表面的斜上方，由永磁块组成的磁极安设在筒体内部位于给料槽的对应处，筒体表面的磁场强度为 0.08～0.1 T。在真空抽吸力和磁力的联合作用下，滤浆中的磁性颗粒加大了形成滤饼的速率，缩短了成饼

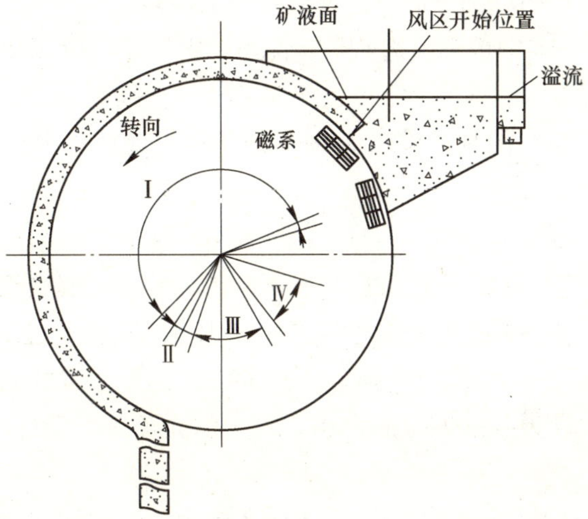

图 5-120 永磁筒式真空过滤机工作原理图

时间。从而可以提高过滤机的生产能力，此外，在磁力作用下可从给料槽溢流中脱除部分细粒非磁性颗粒，有利于滤饼铁品位的提高。

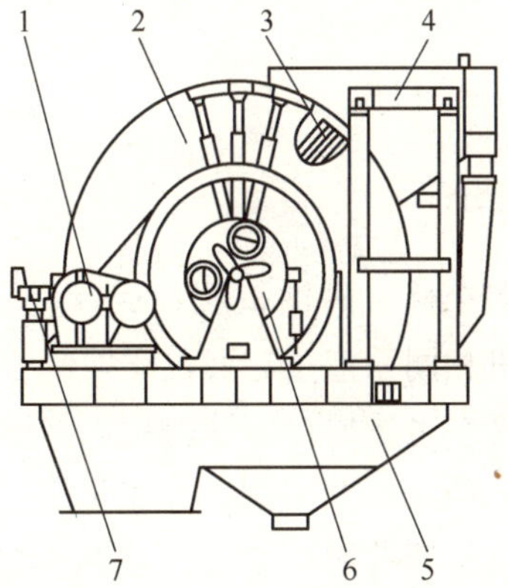

图 5-121 永磁筒式真空过滤机结构示意图

1—传动装置；2—机体；3—磁系；4—盛料箱；5—溢流槽；6—左右分配头；7—绕线装置

（二）发展历程及在铁矿中的应用

我国 20 世纪 50 年代使用的筒式真空过滤设备基本上是从苏联引进或仿制，最大过滤面积可达 32 m^2（内滤式圆筒真空过滤机）。自 20 世纪 50 年代中期，沈阳矿山机械厂开始开发内滤式、外滤式筒式真空过滤机，至 20 世纪 60 年代初形成系列，70 年代中期制定了系列标准。

20 世纪 60 年代初，瑞典 Sala 公司生产出 MTFF 型永磁真空过滤机过滤粗粒磁性物料，1966 年沈阳矿山机器厂在国外研究的基础上研制并生产了 GYW-12 型永磁真空过滤机，筒体尺寸达 ϕ2000 mm×2000 mm，过滤面积 12 m^2。在我国多个选矿厂用于铁精矿过滤，缓解了国内铁精矿过滤只有内滤圆筒真空过滤机可用的问题。

20 世纪 70 年代中，本钢歪头山选矿厂和沈阳矿山机器厂研制出一台过滤面积 18 m^2、下部进料的永磁真空过滤机，在本钢歪头山选矿厂作为过滤机使用。由于是下部进料所以有效过滤时间长，虽然该厂的精矿粒度很细，仍能得到滤饼水分低于 10%、过滤效率达 2.5~3.5 t/(m^2·h) 的好指标。

1973—1974 年间，铜官山选矿厂自制 1 台 18 m^2 的永磁圆筒真空过滤机代替原有的 32 m^2 的内滤式圆筒真空过滤机，过滤效率从 0.8 t/(m^2·h) 提高至 2.0 t/(m^2·h)。

在铁精矿的过滤中，内滤式筒式真空过滤机和永磁筒式真空过滤机应用较多。

2015 年，首钢矿业公司水厂铁矿采用 14 台 48 m^2 内滤式筒式真空过滤机对铁精矿进行过滤脱水，铁精矿粒度为-0.074 mm 占 87%时，单位面积处理能力 0.86 t/(m^2·h)，滤饼水分 8.6%。

1970 年，沈阳矿山机器厂研制的 GYW 型永磁真空过滤机，过滤面积 12 m^2，应用于攀钢密地选矿厂-0.074 mm 占 40%铁精矿过滤，滤饼水分小于 10%，处理能力 4~5 t/(m^2·h)。

2005 年攀钢集团矿业公司采用 XGYW-18 型新型永磁筒式真空过滤机过滤-0.074 mm 铁精矿，过滤后的铁精矿平均含水量为 10.27%，平均每台过滤机处理量 103.47 t/(m^2·h)，单位处理量达到 5.75 t/(m^2·h)。

三、圆盘真空过滤机

（一）圆盘真空过滤机结构

圆盘真空过滤机相当于将多个筒式外滤机压扁成盘后平行排列在一根主轴上，所以，其过滤原理与筒式外滤式过滤机相同，但过滤面位于两侧立面，与筒式外滤机比，在设备相同占地面积的情况下，圆盘真空过滤机可以获得更大的过滤面积。

圆盘真空过滤机工作过程包括“物料吸附、脱水干燥、反吹卸料”几个过程。其主要由主轴、过滤圆盘、分配头、搅拌器等部件组成，如图 5-122 所示。滤盘有多个，每个滤盘通常是由 8~12 个扇形滤叶组成，其两面均为过滤面，覆盖有滤布。

（二）发展历程及其在铁矿中的应用

1959 年我国的洛阳矿山机器厂仿苏联的盘式真空过滤机开发了 PZG 圆盘真空过滤机。1965 年又开发了 PG 圆盘真空过滤机。20 世纪 80 年代初试制成功 GPY 系列盘式过滤机，共 16 种规格。

1985 年，沈阳矿山机器厂针对包钢的铁精矿研制了 GPZ-60 型圆盘真空过滤机。1987 年又研制成 120 m^2 的盘式真空过滤机，并形成 40 m^2、60 m^2、80 m^2、100 m^2 和 120 m^2 的盘式真空过滤机系列。此外，辽源重型机器厂生产 GPL 系列盘式真空过滤机，无锡县选煤机械厂生产 PG 系列盘式真空过滤机。

1997 年马鞍山矿山研究院和无锡矿山机械厂针对酒钢铁精矿共同研制出 YPG-72 型圆盘真空过滤机。马鞍山矿山研究院针对金属矿物密度大、沉降速度快的特点开发成功 ZPG

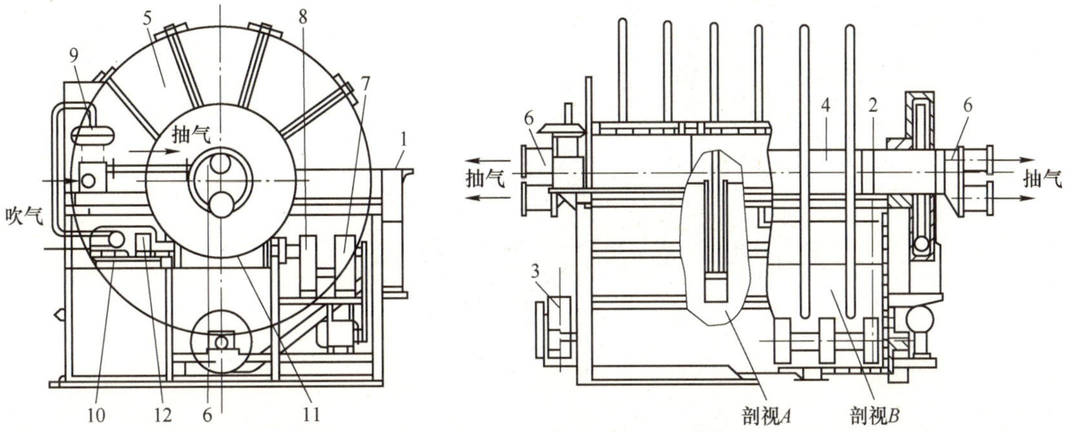

图 5-122　PG 型圆盘真空过滤机

1—槽体；2—搅拌器；3—涡轮减速器；4—主轴；5—过滤圆盘；6—分配头；
7—无级变速器；8—齿轮减速器；9—风阀；10—控制阀；11—蜗杆、涡轮；12—涡轮减速器

系列盘式真空过滤机，包括 ZPG-20、ZPG-30、ZPG-40、ZPG-60、ZPG-72、ZPG-96、ZPG-120 7 种规格。自 1999 年产品投入市场以来，已在鞍钢矿业公司、弓长岭矿业公司、武钢矿业公司、太钢矿业公司、首钢矿业公司、马钢姑山矿业公司、承钢双大矿业公司、安庆铜矿等 30 多个矿山推广使用。

盘式真空过滤机性能先进，过滤生产指标良好，技术水平已达到国外同类产品先进水平。东鞍山烧结厂利用 Ys-60 型盘式真空过滤机，适应不同入料性质，稳定的滤饼水分为 10.5%，滤液浓度为 2.66%。中国铝业公司大型氧化铝厂于 2003 年开发成功的 120 m^2 大型圆盘真空过滤机，脱水效果较好，经济效益突出。我国太钢尖山选厂和鞍钢调军台选厂从美国 EIMCO 公司引进 120 m^2 盘式真空过滤机。开滦矿务局范各庄矿选厂从德国 KHDHumboltWedag 公司引进 200 m^2 盘式真空过滤机，均取得良好的过滤脱水效果。2000 年，ZPG-30 型盘式真空过滤机用于石人构铁矿铁精矿的过滤，滤饼水分 8.5%，单位面积处理能力 0.85 $t/(m^2 \cdot h)$。ZPG 系列盘式真空过滤机用于山西五台地区超细铁精矿过滤，单位面积处理能力 0.7~0.9 $t/(m^2 \cdot h)$，滤饼水分小于 11%，滤液浓度低于 1%。梅山铁矿采用 ZPG-96 盘式真空过滤机过滤铁精矿，单位面积处理能力达到 0.8~0.9 $t/(m^2 \cdot h)$，水分为 8.5%~9.0%，比内滤式过滤机低 1%~2%。

四、陶瓷真空过滤机

（一）陶瓷过滤机结构

陶瓷圆盘真空过滤机简称陶瓷过滤机，结构及工作原理与圆盘真空过滤机相似，只是采用了陶瓷材料代替滤布作为过滤介质，借助陶瓷滤板内微孔的毛细效应和表面张力，可保证陶瓷微孔只过水不过空气，避免了真空的短路现象，可以明显降低真空泵的能耗。图 5-123 为陶瓷过滤机工作原理。

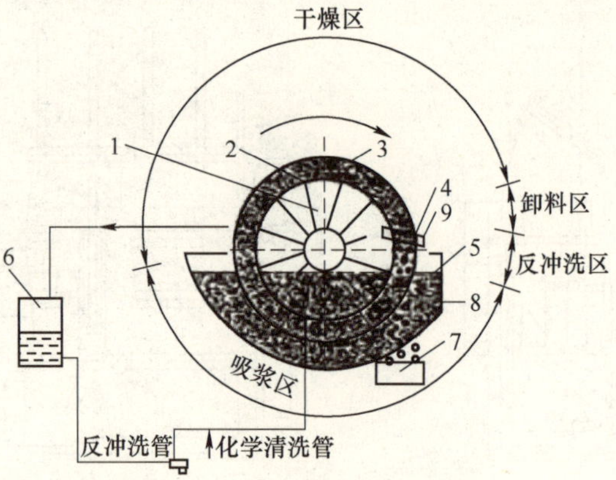

图 5-123 陶瓷过滤机工作原理

1—转子；2—滤室；3—陶瓷过滤板；4—滤饼；5—料浆槽；6—滤液桶；
7—皮带输送机；8—超声装置；9—刚玉刮刀

陶瓷过滤机结构如图 5-124 所示。陶瓷过滤机外形与盘式真空过滤机相类似，主要由转子、搅拌器、刮刀组件、料浆槽、分配器、陶瓷过滤板、水路系统、清洗设备和自动化系统等组成。

图 5-124 陶瓷过滤机结构图

（二）发展历程及在铁矿中的应用

世界第一台陶瓷过滤机于 1985 年由芬兰的 OutoKumpu Mintec 公司开发成功。我国广东凡口铅锌矿于 1997 年首先引进了一台 CC-45 陶瓷过滤机并取得了良好的效果。铜都特种环保设备股份有限责任公司于 1998 年开发出了 TT 系列陶瓷过滤机。江苏省宜兴非金属化工机械厂开发出 HTG 系列陶瓷过滤机，于 2002 年开发出 HTG-60 型过滤机，2004 年又开发出 HTG-80 型过滤机，是国内最大规格的陶瓷过滤机。迄今，我国众多选矿厂使用了陶瓷过滤机，并取得了显著的效果。

目前，我国开发的陶瓷过滤机技术、经济指标已接近国际同类产品水平。山东华联矿业股份有限公司采用了陶瓷 P60-15-C 过滤机过滤铁精矿，单位面积处理能力 905.7 kg/

$(m^2 \cdot h)$，水分平均 8.9%。2005 年 5 月东鞍山烧结厂采用陶瓷过滤机过滤铁精矿，单位面积处理能力 0.99 $t/(m^2 \cdot h)$，滤饼水分小于 10%。莱钢鲁南矿业公司铁精矿细度 -0.074 mm 占 93%以上。2003 年选用 3 台陶瓷过滤机单位面积处理量达 0.8 $t/(m^2 \cdot h)$，滤饼水分小于 9%。2004 年北京首钢铁矿采用 4 台 30 m^2 陶瓷过滤机过滤铁精矿，滤饼水分小于 9%以下。

五、板框压滤机

（一）板框压滤机的主要类型

广义来说，板框压滤机包括板框式压滤机、厢式压滤机、隔膜压滤机和快开式压滤机。板框压滤机主要用于微细粒难过滤的铁精矿或铁尾矿的过滤。

板框式压滤机的滤板是由滤板（实心板，使用时表面覆盖滤布）和滤框组成，是一板一框形式的压滤机。

厢式压滤机的滤板可以理解为是板框式的板和框的结合体，每块厢式板的两面都有下凹，压滤机压紧后相邻的下凹部分形成一个滤室，物料在滤室中累积，形成滤饼。

隔膜压滤机则是在普通厢式压滤机基础上，采用了一半数量隔膜滤板的厢式压滤机，由于采用了隔膜滤板，压滤机多了一个机械压榨的功能，可以通过隔膜滤板实现对滤饼的机械挤压，可以有效降低滤饼水分、提高过滤效率。其过滤原理与隔膜压滤机相同。设备外形如图 5-125 所示。

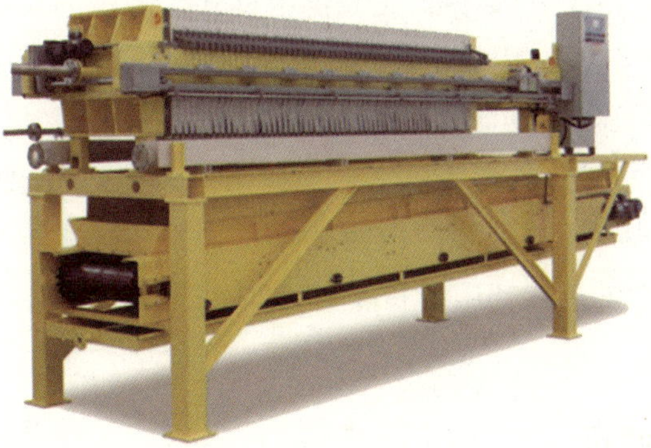

图 5-125 板框式压滤机

板框式压滤机、厢式压滤机、隔膜式压滤机、快开式压滤机的脱水过程包括“滤板合拢密封-入料压滤-隔膜压榨-拉板卸饼”。入料压滤：料浆经泵注入滤室，在压力作用下，滤液透过滤布排出而滤渣被截留在滤布上逐渐形成滤饼；隔膜压榨（可选）：在完成入料压滤后，压缩空气或高压水注入隔膜板的隔膜背面，推动隔膜挤压滤饼，以进一步降低滤饼水分；拉板卸饼：普通板框压滤机、厢式压滤机、隔膜压滤机在拉板机构的驱动下，将滤板依次一块一块拉开并将滤饼卸除，而快开式压滤机的拉板卸饼则可以依次拉开数块滤板同时卸除多块滤饼。此外，有的快开式压滤机还增加了一个吹干脱水环节，可以进一步降低滤饼水分。

如图 5-126 所示，板框（厢式）压滤机主要由固定板、滤板、压紧板、横梁、压紧装置等组成。两根横梁把固定板和压紧装置连接在一起构成机架，机架上靠近压紧装置端放置活动压紧板。压紧板和固定板之间依次交替排列着滤板，滤板间夹着滤布。

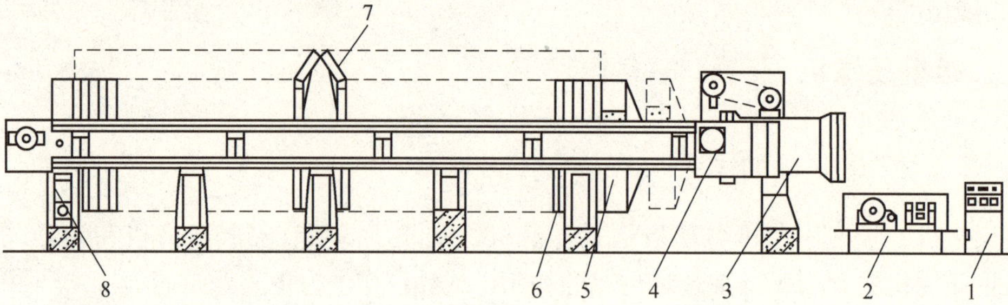

图 5-126 板框（厢式）自动压滤机（卧式）结构示意图

1—电控系统；2—液压系统；3—油缸；4—拉板机构；5—头板；6—滤板；7—卸饼机构；8—尾板

（二）发展历程及在铁矿中的应用

20 世纪 50 年代，欧洲先进国家开始开发新型的板框压滤机。80 年代，膜式板框压滤机逐渐应用。

20 世纪 50—70 年代是我国板框式压滤机发展的初始阶段。1965 年我国首次在选矿厂应用压滤机。20 世纪 80 年代至 90 年代是我国板框式压滤机的发展黄金时期。20 世纪末至 21 世纪初，制造厂家不断探索新的技术与方案，出现了多种型号的板框式压滤机。

板框压滤机主要用于微细粒难过滤的铁精矿或铁尾矿的过滤。如某铁选矿厂采用快开式压滤机用于过滤铁精矿和铁尾矿以实现尾矿干排，精矿过滤处理量 30 t/h，滤饼水分小于 9%。尾矿水分满足干排需要。山西某铁矿采用快开式压滤机处理铁尾矿，尾矿粒度为-0.074 mm 占 30%左右，压滤机平均小时处理能力 27～32 t/h，滤饼平均水分 22%左右。

六、高效自动压滤机

（一）高效自动压滤机工作过程

高效自动压滤机是在板框压滤机基础上开发的新型高效全开式自动压滤机，采用滤板一次性全部拉开的设计，具有压滤、隔膜压榨、空气干燥、振动卸饼、滤布清洗等功能，适用于选矿精矿的过滤用脱水，由于自动化程度高，一般简称为自动压滤机。

高效自动压滤机与普通板框压滤机相比，滤板采用一次全部打开设计，显著提升了卸饼速度，增加了空气干燥可以获得更低的滤饼水分，增加了滤饼自动卸饼、滤布自动清洗等功能，提高了生产效率和自动化程度。

高效自动压滤机脱水过程包括滤板合拢密封、进浆压滤、隔膜压榨、空气风干、滤板拉开、振动卸料、滤布清洗。高效自动压滤机脱水原理如图5-127所示，主要结构如图5-128所示。

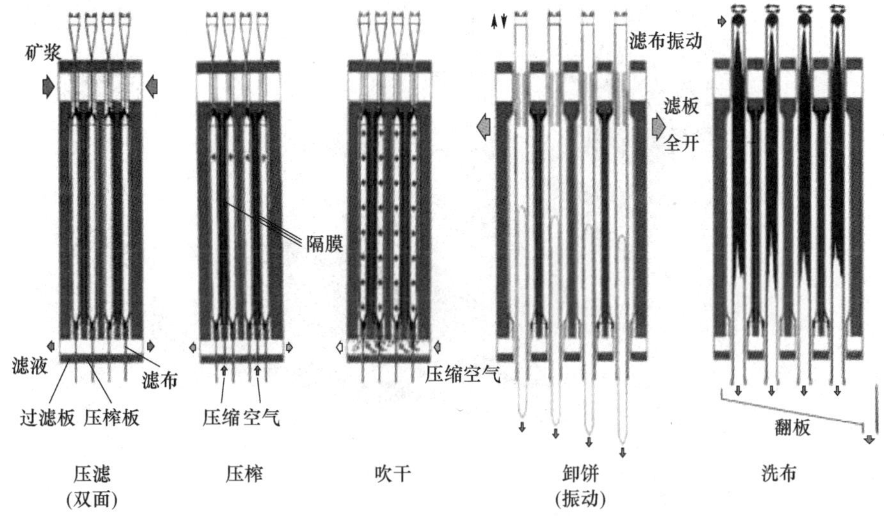

图5-127　高效自动压滤机脱水工作原理图

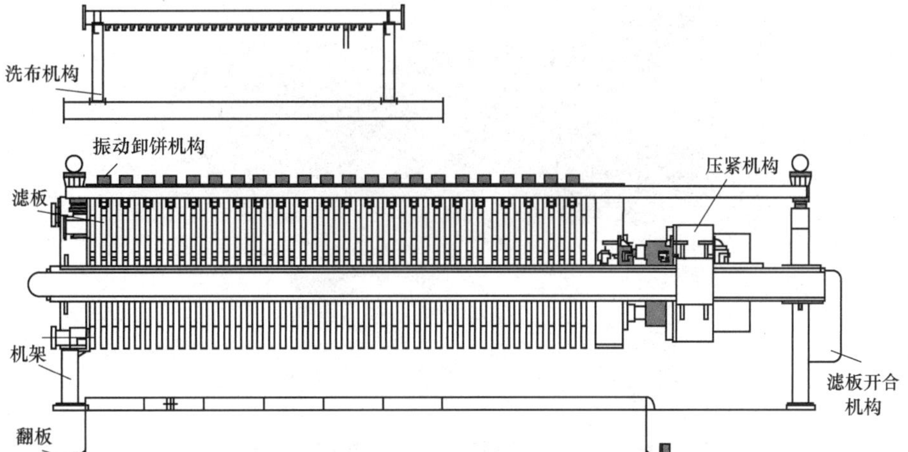

图5-128　BPF自动压滤机结构图

（二）发展历程及在铁矿中的应用

高效自动压滤机与立式压滤机在脱水原理上相类似，最早由芬兰的LAROX开发而成。后来芬兰的美卓（Metso）公司也相继开发了VPA系列高效自动压滤机，最大过滤面积515 m^2（图5-129）。近年来，美卓公司与奥图泰（OUTOTEC）公司合并，在原来LAROX4000型压滤机的基础上开发了FFP高效自动压滤机，最大过滤面积992 m^2（图5-130）。

1982 年，北京矿冶研究总院在国外技术的基础上开发了 ZYLD 型自动压滤机，最大过滤面积 40 m^2，2003 年又开发了 BPF 型自动压滤机，最大过滤面积 60 m^2，2014 年开发成功了 BPF Ⅱ型自动压滤机，最大过滤面积 160 m^2（图 5-131）。

图 5-129 VPA 高效自动压滤机（Metso）

图 5-130 FFP 高效自动压滤机（OUTOTEC）

图 5-131 BPF 高效自动压滤机（北矿院）

高效自动压滤机在铁矿中主要用于铁精矿的过滤。2013 年，太钢尖山铁矿引进了 4 台美卓的 VPA2050-50 自动高效压滤机用于铁精矿的过滤，年处理铁精矿 388 万吨，滤饼水分 9.1%~9.3%。2016 年，新疆西城铁矿选用了 1 台 BPF-120 高效自动压滤机过滤经细磨精选的铁精矿，铁精矿粒度-0.0374 mm 90%，过滤后滤饼水分 8.6%，单位面积处理能力 200 kg/(m^2·h)。

七、加压过滤机

（一）加压过滤机工作原理和结构

加压过滤机是将过滤机置于一个密封的加压仓中，过滤机下有输送机，在其机头下装有排料装置，需处理的矿浆由渣浆泵给入到过滤机中，加压仓内充入一定压力的压缩空气，在加压仓内的空气压力作用下，随着过滤机滤盘的旋转，过滤机内的液体透过浸入矿浆中的滤扇排出加压仓，而固体颗粒被过滤介质隔离收集到滤扇上形成滤饼，滤饼在压缩空气的作用下，进一步干燥降水后，在过滤机的卸料区用刮和反吹风把滤饼卸入输送机，由输送机收集到排料装置中，当排料装置中的矿物滤饼达到一定量后，通过排料装置上、下闸板的关、开动作，把滤饼排出压力罐到大气中。其系统组成简图如图 5-132 所示。

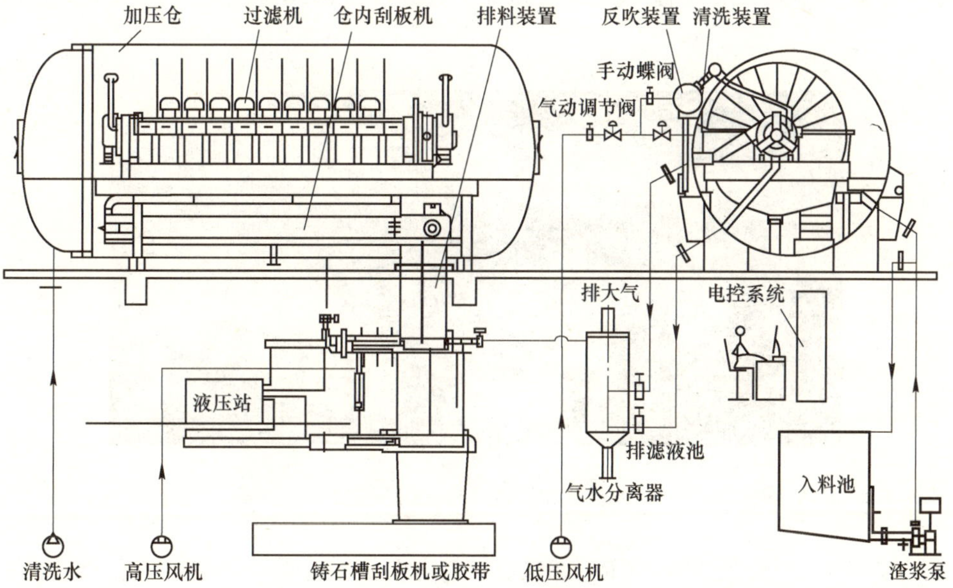

图 5-132　加压过滤机系统

（二）发展历程和在铁矿中的应用

加压过滤机最早在 20 世纪 80 年代初由德国 Karshue 大学开发研究。此后，德国的 KHD-洪堡公司、克鲁伯公司和奥地利的安德里兹公司竞相开发研究加压过滤机技术。但是，目前只有奥地利的安德里兹公司还在生产。

我国加压过滤机开发研究始于20世纪80年代末。1992年，国内首台GPJ60.3型加压过滤机由原煤科总院唐山分院和山东煤矿莱芜机械厂共同开发研制，1994年10月在枣庄矿务局八一洗煤厂开始进行样机鉴定，也使其成为国内首台加压过滤机。其后，我国在总结GPJ60.3型加压过滤机样机试制和现场使用情况的基础上，进行大量设计改进，先后开发五代加压过滤机，其性能指标达到国际先进水平。

1985年马鞍山矿山研究院开始研制加压过滤机，1987年ϕ9900圆盘气压过滤机在梅山铁矿进行试验，取得较好的结果。1995年，国内开发了YGP-18型气压压滤机，与GPJ型不同的是这种过滤机的传动结构在压力罐外边，用于过滤鞍钢东鞍山烧结厂三段浓密机底流（-10 μm 37%的微细物料）得到很好的结果。

在铁精矿的过滤脱水中加压过滤机取得了较好的效果。酒钢集团选矿厂采用了GPJ-72型盘式加压过滤机对铁精矿料浆进行过滤脱水，滤饼水分为13.5%~14.5%，过滤机单位面积处理量高达1.2 t/(m^2·h)，并获得了较高的生产能力。山西鑫鑫铁矿选矿厂采用两台GPJ-96盘式加压过滤机对铁精矿过滤脱水，铁精矿滤饼水分最低达到13%，与盘式过滤机相比，水分降低3%~4%，盘式加压过滤机单位面积处理量为1.3 t/(m^2·h)以上，单位面积处理量高、处理量大，满足了工艺及产能的需要酒钢选烧厂采用加压过滤机用于难过滤铁精矿，铁精矿水分12.66%，单位面积处理量为0.841 t/(m^2·h)，其工业应用如图5-133所示。

图5-133 GPJ-96盘式加压过滤机在山西鑫鑫铁矿选矿厂应用

在铁矿尾矿的固液分离中加压过滤机也有较好的使用效果，如桃冲矿业公司利用加压过滤机对铁矿尾矿的过滤试验，单位面积处理量为480.8 kg/(m^2·h)，滤饼水分8.18%~13.70%，滤饼呈散状，生产能力比真空过滤机大大提高。

八、立式压滤机

立式压滤机是一种高效自动压滤机，其滤板采用水平布置，采用可行走的带式滤布，立式结构设计，滤板在垂直方向开合。滤板设计了隔膜压榨功能，并设计有空气干燥功能。

（一）立式压滤机的工作原理和结构

立式压滤机的工作原理如图 5-134 所示，料浆由每块滤板侧面的入料软管进入滤室，固体颗粒被滤布阻挡在滤室内，滤液穿过滤布经过滤液软管流出；滤室内的固体颗粒越来越多，当达到一定程度后停止入料，形成滤饼；然后高压水或压缩空气进入滤板隔膜背面对滤饼进行挤压（压榨）以进一步降低滤饼水分。完成挤压后，通过进料口注入洗涤水增加滤饼洗涤环节；在洗涤完成后，再次进行挤压（压榨）；挤压完成后，再将高压风通入滤室并对滤饼进行空气干燥；完成干燥后，全部打开滤板，滤布开始行走并将滤饼带出完成卸饼。

立式自动压滤机主要由底架、集水槽、压紧机构、压板和立柱、板框组、滤布驱动装置、滤布张紧装置、管路系统、集中润滑系统、高压水站和控制柜组成，如图 5-135 所示。

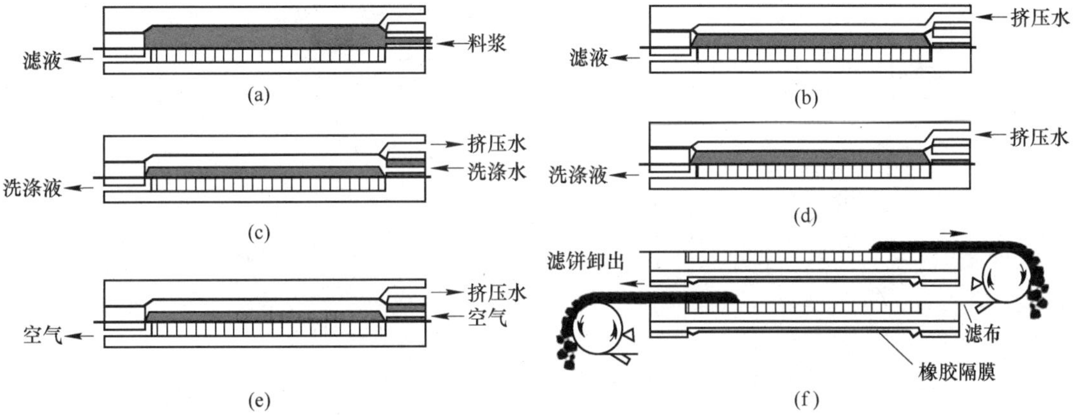

图 5-134　立式压滤机工作原理

（a）过滤；（b）挤压Ⅰ；（c）滤饼洗涤；（d）挤压Ⅱ；（e）滤饼干燥；（f）卸饼

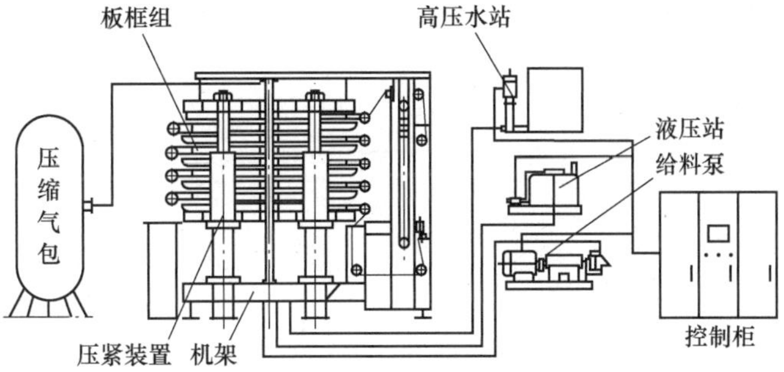

图 5-135　立式自动压滤机结构简图

（二）发展历程和在铁矿中的应用

立式压滤机在 20 世纪 60 年代出现于苏联，其后德国、芬兰、美国等国家也开始相继制造，芬兰 LAROX 公司给予了改进和完善，自 1976 年芬兰 LAROX 公司生产出第一台 PF 型压滤机后，全自动立式压滤机技术获得快速发展。

我国从 20 世纪 70 年代初由北京有色冶金设计研究院开始研制立式压滤机。2003 年，北京菲尔泰科技有限公司借鉴于国外压滤机的技术，独自开发了一套较为简单的全自动立式压滤机。

进入 21 世纪后，国内有多家公司相继研制和制造了 12 m^2、24 m^2、30 m^2、35 m^2、50 m^2、60 m^2、96 m^2、120 m^2、132 m^2、144 m^2 规格的立式压滤机，并获得工业应用，技术水平已接近国际先进水平。

立式压滤机在铁矿的应用不多。山东国大黄金股份有限公司引进立式压滤机新设备，使硫精矿滤饼含水分不大于 10%，满足硫酸生产原料含水分的要求，进而开发出高温焙烧制酸过程中直接生产铁精矿的关键技术，实现了高硫精矿中铁的综合回收。

第十节 浆体输送设备

渣浆泵，本质上是一个带叶轮的旋转机器，根据工作方式的不同分为离心式渣浆泵和容积式渣浆泵。

一、离心式渣浆泵

图 5-136 是简单的离心泵工作原理图，原动机带动叶轮旋转，叶轮中的叶片强迫液体旋转，使液体在离心力作用下向四周甩出，泵内的液体甩出去后，新的液体在大气压力下进到泵内，如此连续不断地从 A 处向 B 处供水。

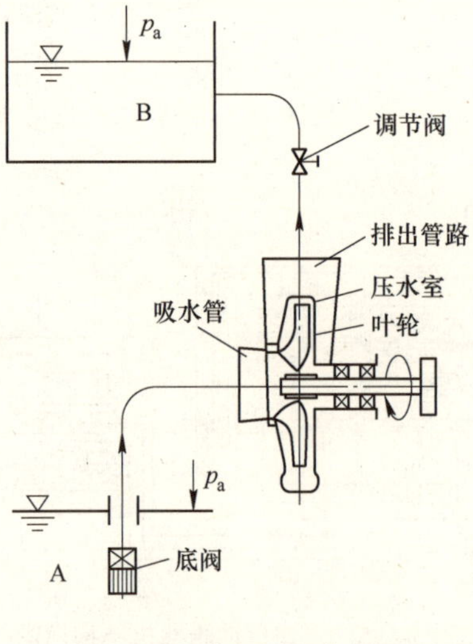

图 5-136 离心泵工作原理

渣浆泵的制造商针对铁矿选矿不同工艺开发了一些专门设计产品，如磨矿回路中的磨机排料泵、浮选系统中的泡沫输送泵、高压尾矿精矿泵、立式悬臂液下泵（无水下轴承）。

（一）磨机排料泵

20 世纪 80 年代，煤炭科学研究总院唐山分院水力研发了 ZJ 系列渣浆泵。1989 年，ZJ 系列渣浆泵技术转让给石家庄工业泵厂，目前国内一部分厂家在此基础上进行了改型，但整体水力部分无大的变化，结构如图 5-137 所示。由于磨机排料浓度高，输送粒度大，导致渣浆泵过流件磨损非常大，为保证渣浆泵的使用寿命，通常采用重型渣浆泵设计，过流件厚度过流件的耐磨层相对较厚。

20 世纪 80 年代中期，石家庄水泵厂从澳大利亚沃曼公司引进的沃曼系列渣浆泵，其中以 AH 系列作为代表，耐磨性能要优于 ZJ 系列的渣浆泵。典型的结构如下图 5-138 所示。

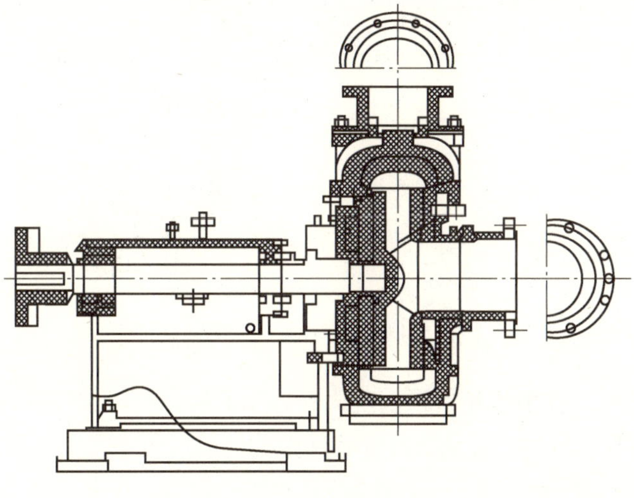

图 5-137 ZJ 系列渣浆泵

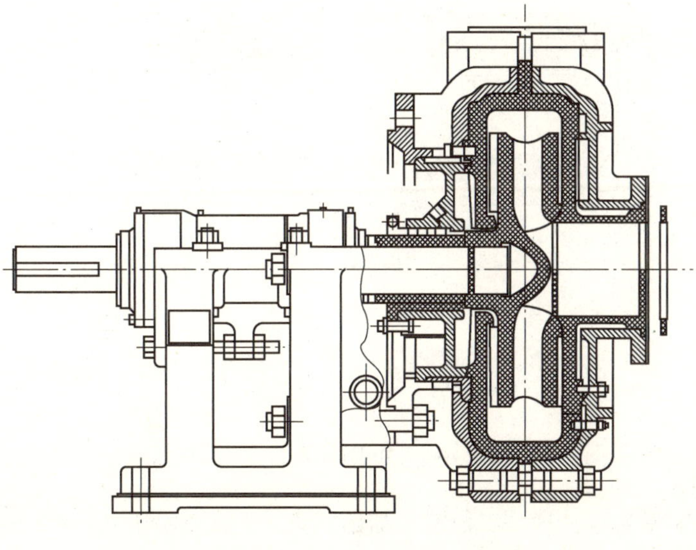

图 5-138 AH 系列橡胶渣浆泵

国际市场主流磨机排料泵市场主要以 MCR 及 MillMax 两大系列渣浆泵为主。MCR 系列渣浆泵在水力方面做了全新的设计，叶轮及护套的水力设计完全不同于 AH，最大效率值也稍高，截至目前最大型号达到 750 mm 口径。MCR 的典型结构如图 5-139 所示。

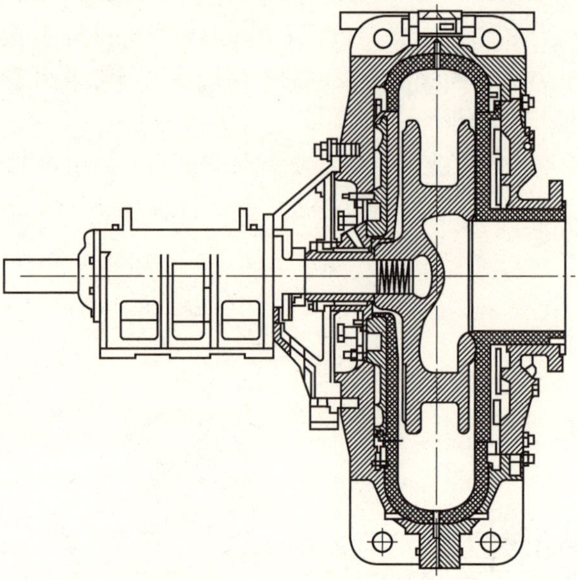

图 5-139 MCR 系列渣浆泵

MillMax 系列渣浆泵在磨机排料泵表现优秀，在前护板最易磨损的区域做了分体设计，如图 5-140 中 25 号零件所示，可调整与叶轮间隙的同时，可采用更加耐磨的材质，并发明了泵头快速拆装结构。

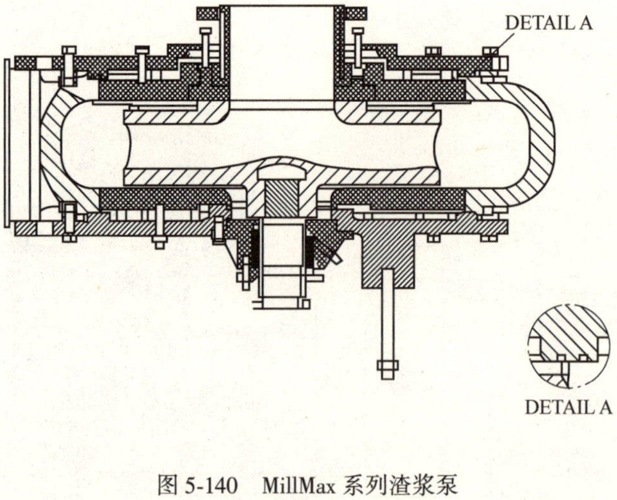

图 5-140 MillMax 系列渣浆泵

首钢秘鲁铁矿新选厂一段、二段旋流器给料泵采用了 NZJM 系列，口径为 550 mm，一段处理量为 4400 m^3/h，二段处理量为 5200 m^3/h（图 5-141）。

图 5-141 首钢秘鲁铁矿新选厂一段、二段旋流器给料泵（NZJM 系列）

（二）泡沫输送泵

泡沫输送泵主要用于输送浮选中含有大量泡沫的浆体。

1. 立式泡沫泵

AF 立式泡沫泵如图 5-142 所示，与普通离心式渣浆泵相比，立式泡沫泵具有以下优点：使用具有切向入料口的锥形给料箱，泡沫矿浆通过切向入料口进入锥形给料箱，螺旋进入锥形给料箱底部，在螺旋进入的同时，相当于加大了泡沫矿浆与空气的接触时间，有益于矿浆中气体的析出；使用半开式叶轮，加大了气泡的输送能力。

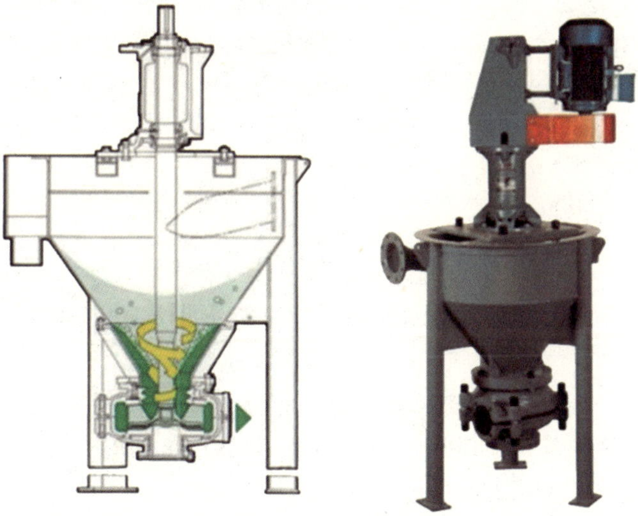

图 5-142 AF 立式泡沫泵

立式泡沫泵由于其结构上的限制，具有明显的缺点，现已逐渐被特殊设计的卧式离心式渣浆泵替代，也有部分矿山企业直接选用普通的 AH 或 ZJ 等系列卧式渣浆泵来输送泡沫。

2. 卧式泡沫泵

卧式离心式泡沫泵是在AH系列渣浆泵的基础上，在叶轮入口增加了搅拌叶片，用来消除泡沫，如图5-143所示。

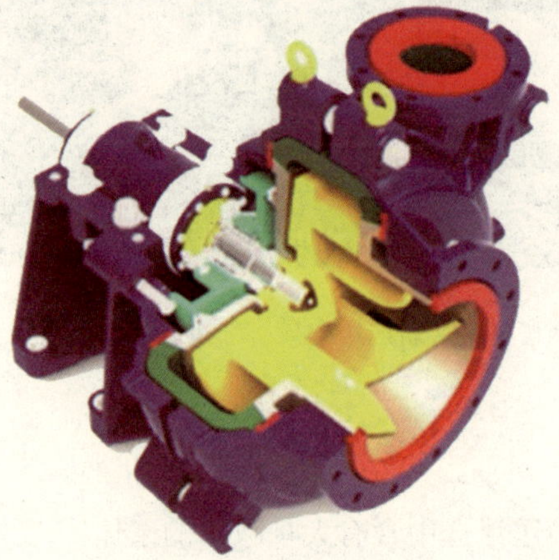

图5-143 特殊设计AHF泡沫泵（国外厂家专利产品）

卧式离心式泡沫泵具有如下优点：(1) 超大吸入尺寸，按照含气浆体流量而设计的进口尺寸；(2) 半开式带螺旋压缩功能的金属叶轮，保留了离心式叶轮的特点，具有较高的输送扬程，同时具有螺旋叶片的优点，适合输送高含气量矿浆；(3) 能够稳定输送，不会因气阻导致流量不稳定甚至断流；(4) 输送效率明显高于其他类型的渣浆泵，能耗相对较低。

从目前国外选矿厂的情况来看，专门设计的泡沫泵已成为浮选泡沫浆体输送的首选设备，但在我国还没有得到广泛应用。主要原因是特殊结构设计的泡沫泵国内只有少数厂家生产，而国外设备价格昂贵。如山西袁家村铁矿在磁铁矿浮选中，采用350ZJ泵型泵送粗选泡沫与三扫底流。精选泡沫、一扫底流、二扫底流合并采用300ZJ泵给粗选。

（三）高压尾矿精矿泵

高压尾矿精矿泵具备较高的扬程和流量能力，可以输送高浓度、高颗粒含量的细砂，实现矿浆的连续输送，其实现方式主要有容积泵（如隔膜泵、柱塞泵）的应用和离心式渣浆泵的串联应用。

离心式渣浆泵通过多级串联的方式广泛运用于长距离尾矿精矿输送，固体粒度从微米级到大至300 mm的大石块，但最大串联压力不高于8 MPa，可达到9级泵的串联。图5-144为典型的尾矿及精矿处理管线流程图。

目前多级串联渣浆泵通常采用在重型渣浆泵基础上，通过对承压部件外壳、轴封等部位进行增强，在可实现更多级数串联的同时，又保证了在高浓度的精矿尾矿输送有良好的使用寿命，典型的结构如图5-145所示，泵壳上增加了大量的加强筋同时增加了壳体的厚度。

20世纪初，人们开始使用一些常规的离心渣浆泵来处理尾矿和精矿。1985年，李珍铁矿尾矿输送系统改造中，用8/6AH渣浆泵替换了原来的8PSJ衬胶砂泵，运行稳定，实

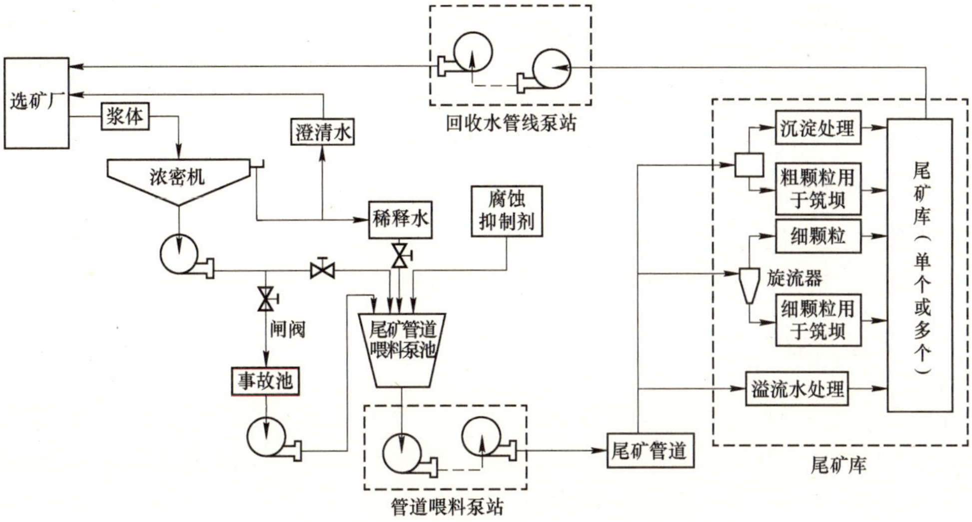

图 5-144 典型的尾矿处理管线流程图

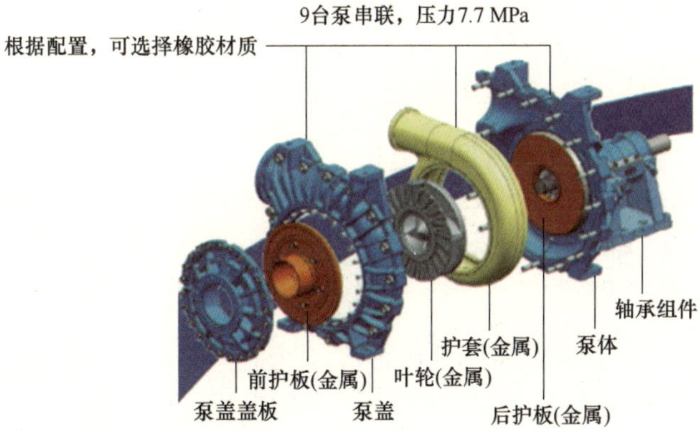

图 5-145 典型的高压输送泵结构

现了两级泵站代替了原来的五级泵站，每年可节约 1.72 MW · h 耗电。

1998 年，黑山铁矿选矿利用 150ZJ-I-A60 型渣浆泵取代一泵站和三泵站的 5PS 砂泵，一泵站和三泵站砂泵串联使用，其他三座泵站全部取消。改造后，运行稳定，磨机的作业率从 71%提高到 82%。

（四）立式悬臂液下泵

立式悬臂液下泵是一种特殊类型的离心泵。它的结构设计特点是将电机安装在泵体上方，通过一根垂直轴连接电机和泵体。这种设计使得泵体可以完全浸入液体中进行工作，无需另外设置吸入管道或进水口。立式悬臂液下泵适用于磨机出料区域的地坑排污泵、浮选系统的循环泵等。它的主要优势包括：无须进水管道、省空间、能耗低、维护便捷。

立式悬臂液下泵的发展历程可以追溯到 20 世纪初。1911 年，德国工程师 Erich Franke 首次设计并制造了一种立式悬臂泵。该泵的垂直结构使得它可以在矿井等狭小空间中使用。1927 年，美国工程师 Ralph R. Beckett 对立式悬臂泵进行了改进，开发出了一种具有更高效率和更稳定性能的立式悬臂泵。1940 年代，在军事工业中得到了广泛应用。1960 年代，泵的流道设计、材料选择和密封技术等方面都取得了重要的突破。1990 年至今，随着计算机辅助设计和数值模拟技术的应用，立式悬臂液下泵的性能和效率得到了进一步提升。同时，新材料的应用以及流体力学理论的发展也推动了该泵型的创新和优化。

立式悬臂液下泵在铁矿中有广泛的应用，用于矿浆输送、尾矿处理、沉降池清洁和冷却系统等方面，提高了生产效率和效果。

二、容积式渣浆泵

容积泵是利用泵缸内容积周期性的变化来输送液体的泵，可以分为往复泵和回转泵，往复泵是利用活塞的往复运动来输送液体的泵，靠活塞的往复运动将能量直接以静压能的形式传送液体。往复式泵可以分为活塞泵、柱塞泵和隔膜泵；回转泵可以分为齿轮泵、螺杆泵和罗茨泵等。

容积式渣浆泵相比离心式渣浆泵，由于水力效率高、无需增压泵站、供电系统成本较低等明显优势，容积式泵在长距离精矿或者尾矿管道输送中得到广泛的认可。

（一）柱塞泵

柱塞泵是通过柱塞杆在气缸内做往复运动，从而产生压力差来输入流体的。柱塞泵是单作用形式，它们使用柱塞代替活塞（图 5-146）和阀门。

20 世纪 30 年代，美国墨菲（William Lawrence Murphy）发明了柱塞泵，20 世纪 40 年代，瑞 · 托马发明了一种名为“托马泵”斜轴式柱塞泵；20 世纪 50 年代至 60 年代中期，卢卡斯公司及丹尼逊公司创新地设计了一种缸体由轴承支撑的斜盘式柱塞泵，此举引发了柱塞泵的设计革命。20 世纪 70 年代，柱塞泵的技术趋向于成熟，主要应用在液压领域。

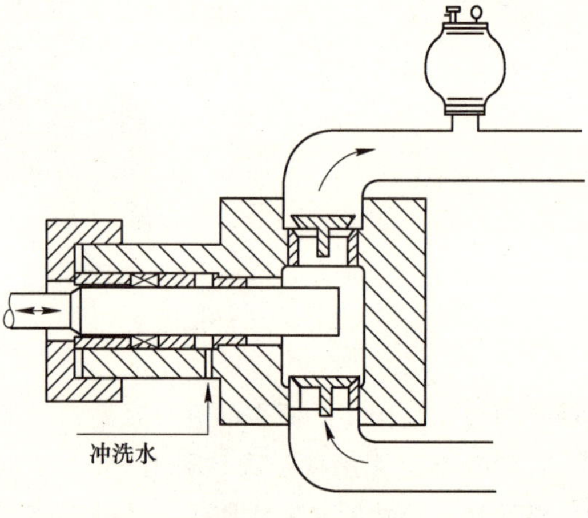

图 5-146 柱塞泵原理图

20 世纪 70 年代后期，柱塞泵的应用领域扩展到了金属矿山含有固体颗粒的浆体输送。1983 年，巴西的 SAMARCO 管线使用威尔逊-斯奈德制造三缸柱塞泵在 400 千米（250 英里）的距离上运送 1200 万吨氧化铁精矿。澳大利亚怒江选矿厂采用了长距离铁精矿输送管道，如图 5-147 所示，其泵站配有 4×450 kW 电动机驱动的柱塞泵。

（二）隔膜泵

隔膜泵是在柱塞泵原理基础上利用隔膜将柱塞与料浆分离，其动力端为电机通过减速

图 5-147 澳大利亚怒江选矿厂采用柱塞泵输送尾矿

机驱动曲柄滑块机构，带动活塞往复运动。活塞借助油介质使橡胶隔膜凹凸运动，隔膜室腔内容积周期变化，完成料浆输送。由于隔膜将料浆与油介质分割开来，活塞、缸套、活塞杆等运动部件不与料浆直接接触，避免了料浆中的固体颗粒对其的磨损，保证了这些运动部件的使用寿命，同时可以保证隔膜泵较高的连续运转率和较低的运行成本。隔膜泵设计成双缸双作用或三缸单作用形式（图 5-148 和图 5-149）。

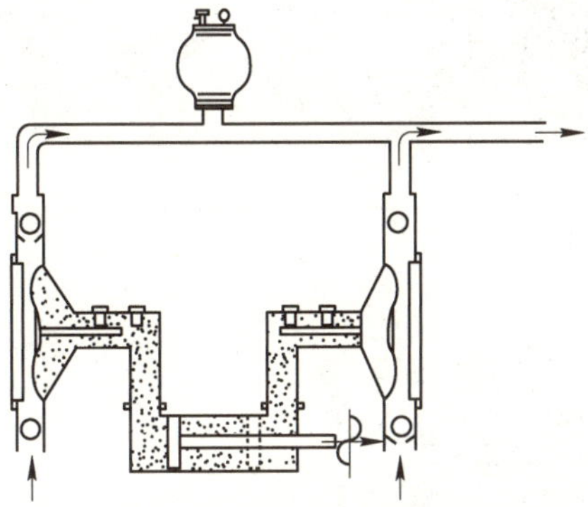

图 5-148 双缸双作用柱塞隔膜泵原理

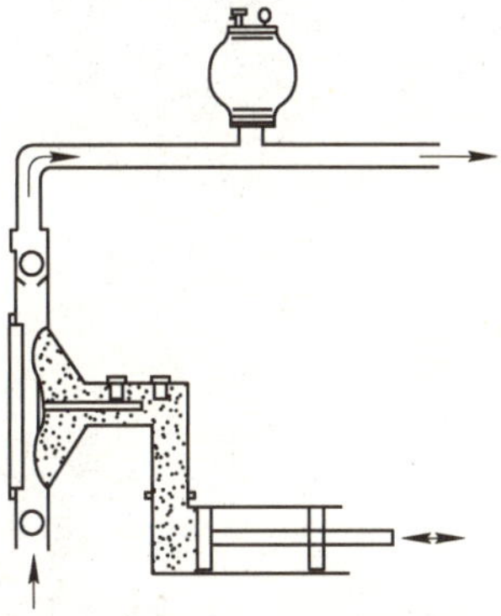

图 5-149 三缸单作用柱塞隔膜泵原理

隔膜泵可获得高达 20 MPa 以上压力，达 90% 以上的效率。适用于精矿输送、尾矿输送、原矿输送、高压釜喂料等领域。在铁矿业的典型用途包括：长距离浆体（矿物精矿）管道输送（长达 300 km），清洁和高效的尾矿处理，矿山回填，矿山排污（单级），矿石水力提升。

1958 年，法国学者 Ballu 申请了隔膜泵结构的专利，Wirth 于 1969 年制造了第一台柱塞隔膜泵。随后，欧洲发达国家相继投入大量力量进行研发，其中 HOLTHUIS 公司的 GEHO 隔膜泵，技术先进，广泛应用在铁精矿、煤炭等矿浆输送，德国 Wirth 和美国 Gorman-Rupp 也相继开发出了类似的隔膜泵。德国的 Feluwa 加了一根软管，在软管和隔膜之间有一个隔离的油浴。Geho、Wirth 和 Feluwa 的泵都采用曲轴机构来使隔膜运动，但 Gorman-Rupp 的泵则使用气缸驱动隔膜。

伟尔矿业在荷兰的工程师专家团队不断改进 GEHO 泵的设计和功能，可以很高的流量处理高达200℃（392℉）的浆体，固体浓度可高达75%。最新启用的Synertrex技术可实时收集设备的性能数据并进行风险预测，确保了GEHO产品的高效性、一致性及耐久性。

20世纪80年代，我国在氧化铝拜耳法溶出工艺系统中首先引进了荷兰的HOLTHUIS公司的GEHO隔膜泵，90年代初，国内的上海大隆机器厂、兰州石化机械总厂和中国有色（沈阳）泵业有限公司相继开发出了隔膜泵，开发了拥有自主知识产权的第三代SGMB双缸双作用系列隔膜泵和DGMB三缸单作用系列隔膜泵为核心产品。

隔膜泵在铁矿的典型用途包括：长距离浆体（矿物精矿）管道输送（长达300 km），清洁和高效的尾矿处理，矿山回填，矿山排污（单级），矿石水力提升。图5-150~图5-152为一些应用案例。

图5-150　攀钢白马GEHO隔膜泵应用现场

图5-151　太钢岚县隔膜泵应用现场

图5-152　昆钢大红山隔膜泵应用现场

参考文献

[1] 夏晓鸥，沈政昌，史帅星，等. 选矿装备［M］. 北京：冶金工业出版社，2019.

[2] 饶绮麟. 新型破碎设备——外动颚匀摆颚式破碎机［J］. 有色金属，1999，51（3）：1-11.

[3] 中国砂石协会. CAA 专访王旭——北方重工：新中国第一台颚式破碎机的生地［EB/OL］.（2020-04-26）.

[4] 吴建明. 更强、更细、更省——粉碎工程技术的新进展［J］. 有色金属（选矿部分），2021（1）：1-17.

[5] 吴志鹏. CJ815 型颚式破碎机在杏山铁矿的应用［J］. 南京工业职业技术学院学报，2013，13（2）：6-7.

[6] 周红平，罗政书. 某露天铁矿废石粗破碎站设计实践［J］. 山东工业技术，2017（1）：280-281.

[7] 刘彬. 苍山铁矿选矿厂生产流程考察及优化研究［D］. 青岛：山东科技大学，2019.

[8] 秦军. 铁矿井下破碎系统设计［J］. 矿业工程，2012，10（1）：66-68.

[9] 乔明堂，王宗崴. 外动颚破碎机在鑫宇磁铁矿的应用［C］//金属矿山（增刊），2006：310-311.

[10] 黄家禄. 液压旋回式破碎机在江西德兴铜矿投入生产［J］. 有色金属（选 矿部分），1991（5）：45.

[11] 邱静雯，郭文哲，付晓蓉. 国内外大型液压旋回破碎机的发展现状［J］. 金属矿山，2013（7）：126-134.

[12] 王星亮，魏霞，常校亮. 设备大型化在选矿工程中的应用简介［J］. 矿业工程，2022（1）：26-28.

[13] 牛成，乌兰巴特，李守棚. 柏泉铁矿破碎集中值守系统优化改造［J］. 现代矿业，2021，37（4）：237-239.

[14] 郎宝贤. 圆锥破碎机现状与发展方向［J］. 矿山机械，2001，（1）：21-22.

[15] 任其慧. 中信重工研发出大型圆锥破碎机［N］. 中国有色金属报，2009-02-28（6）.

[16] 刘全军，姜美光. 碎矿与磨矿技术发展及现状［J］. 云南冶金，2012（5）：21-28.

[17] 陈雯，余永富. 铁矿石选矿近十年来技术进步［C］//2013 中国冶金矿山科技大会，2013：237-251.

[18] 徐冬林，张纪云. H8800 型圆锥破碎机和 HP800 型圆锥破碎机在齐大山选矿厂的应用［J］. 金属矿山，2004（增刊）：260-270.

[19] Casteel K. Nordic know-how：Drillhole navigation instruments and equipment—a nordic speciality［J］. Engineering & Mining Journal，2005，206（8）：35-36，38，40，42，44-48，50.

[20] 张纪云，何晓明，刘国义. H8800 圆锥破碎机的应用［J］. 矿业工程，2005，2（2）：40-42.

[21] 李从德. 山特维克破碎机在太和铁矿扩能改造中的应用［J］. 中国矿山工程，2011，40（3）：42-44.

[22] 王旭，王晓波，刘方明，等. 惯性圆锥破碎机在极贫磁铁矿干选抛尾工艺流程中的应用［J］. 中国矿业，2015，24（S2）：209-212.

[23] 孟凡毅. 云台山硫铁矿提高破碎效率的研究和实践［J］. 化工矿物与加工，2013，42（5）：27-28.

[24] 房启家，韩西鹏，张晓煜. 金岭铁矿破碎系统改造实践［J］. 矿山机械，2013（5）：150-152.

[25] 孙传尧. 选矿工程师手册［M］. 北京：冶金工业出版社，2015.

[26] 中国冶金百科全书总编辑委员会. 中国冶金百科全书［M］. 北京：冶金工业出版社，1992.

[27] 谭兆衡. 国内筛分设备的现状和展望［J］. 矿山机械，2004，1：34-37.

[28] 赵跃民，刘初升. 干法筛分理论及应用［M］. 北京：科学出版社，1999.

[29] 刘星海．选煤机械［M］．北京：煤炭工业出版社，1994.
[30] 任德树．粉碎筛分原理及设备［M］．北京：冶金工业出版社，1984.
[31] 选矿设计手册编委会．选矿设计手册［M］．北京：冶金工业出版社，1988.
[32] 王峰．筛分机械［M］．北京：机械工业出版社，1997.
[33] 王昆．变直线轨迹等厚筛的设计与研究［D］．甘肃：兰州理工大学，2015.
[34] 陶培生，王军．采用篦条筛替代九轴辊轴筛［J］．燃料与化工，2007，38（5）：22.
[35] 李晓臣．不同筛缝弧形筛对粗精煤泥分级回收效果的试验研究［D］．合肥：安徽理工大学，2016.
[36] 刘东坡．振动筛筛分过程的 ADAMS 模拟研究［D］．广西：广西大学，2014.
[37] 杨秀秀．影响大型振动筛可靠性的制造工艺因素分析［J］．选煤技术，2018，3：47-49.
[38] Paul M. Screening solutions［J］. International Mining，2011（2）：70-79.
[39] 周靖皓．圆振动筛的结构有限元分析及优化［D］．合肥：安徽理工大学，2013.
[40] 徐文彬，杨永柱，李素妍．圆振动筛的发展及其技术分析［J］．矿山机械，2018，44（4）：47-53.
[41] 程云芬．直线振动筛的结构优化设计及模态分析［D］．太原：太原理工大学，2014.
[42] 王晓明．大型反共振振动筛的设计与研究［D］．沈阳：东北大学，2011.
[43] 朱满平，宋庆环，董瑞宝．无跑粗复频振网筛在磨料行业中的应用［J］．煤矿机械，2006，5：21-22.
[44] 康娅娟．大型概率筛筛箱动态特性分析及筛分性能评价［D］．湘潭：湘潭大学，2016.
[45] 王宏．大型变直线轨迹等厚筛的结构动力学与动态设计研究［D］．江苏：中国矿业大学，2015.
[46] 张东晨．等厚筛分原理实质的探讨［J］．矿山机械，2003，31（1）：35-36.
[47] 王帅．四轴变轨迹等厚筛噪声源识别及降噪研究［D］．徐州：中国矿业大学，2016.
[48] 徐文彬．香蕉筛的发展及其技术分析［J］．煤炭加工与综合利用，2015，9：6-11.
[49] 赵环帅，侯磊．国内外香蕉筛的研究现状及今后我国重点研究方向［J］．矿山机械，2010，38（5）：85-89.
[50] 任晓玲．弛张筛在宁东洗煤厂原煤深度筛分的应用研究［J］．煤炭与化工，2018，41（7）：115-118.
[51] 宫三朋，王新文，于驰，等．有阻尼振动弛张筛主浮筛框运动规律的研究［J］．煤炭工程，2018，50（8）：126-132.
[52] 王皓巍．张弛振动筛的振动分析及结构优化［D］．北京：北京化工大学，2013.
[53] 武继达．振动式弛张筛动力学特性及疲劳寿命分析［D］．徐州：中国矿业大学，2016.
[54] 王培路．惯性弛张筛的动力学分析［D］．太原：太原理工大学，2016.
[55] 吴建民．当前技术水平的干式分级设备［J］．有色金属（选矿部分），2010，5：25-29.
[56] 万小金，杜建明．选矿物料分级技术与设备的研究进展［J］．云南冶金，2011，40（6）：13-19.
[57] 王升贵．水力旋流器分离过程随机特性的研究［D］．成都：四川大学，2006.
[58] Bretnet E. Water Purifier. United States Patent：US453105［P］. 1891-05-26.
[59] 陶珍东，郑少华．粉体工程与设备［M］．北京：化学工业出版社，2010.
[60] 赵庆国，张明贤．水力旋流器分离技术［M］．北京：化学工业出版社，2003.
[61] 韩寿麟．二次分级和圆锥分级机性能的研究［J］．有色金属：选冶部分，1982（5）：13-16.
[62] Bhardwaj O P. 作为第二段分级设备的水力圆锥分级机性能研究［J］．国外金属矿选矿，1990：43-46.
[63] 周恩浦．矿山机械（选矿机械部分）［M］．北京：冶金工业出版社，1992.
[64] 卢寿慈．粉体技术［M］．北京：中国轻工业出版社，1998.

[65] 刘惠中，郑荣田．细粒级物料的湿式分级技术［J］．矿冶，2005，14（3）：25-29.
[66] 夏晓鸥．圆锥水力分级机的实验研究［D］．北京：北京矿冶研究总院，1988.
[67] 周兴龙，张文彬，王文潜．国内外水力重力分级设备研究应用进展［J］．矿冶工程，2005，25（1）：23-26.
[68] 曹雨平，姜临田．水力旋流器的研究现状和发展趋势［J］．工业水处理，2015，35（2）：11-14.
[69] 肖春开．新型 G-max 水力旋流器在大山选矿的应用研究［J］．金属矿山，2007（3）：66-67.
[70] 蒋明虎．旋流分离技术研究及其应用［J］．大庆石油学院学报，2010，34（5）：101-108.
[71] 孙盈．水力旋流器取代螺旋分级机的研究及其湍流流场仿真计算［D］．西安：西安建筑科技大学，2005.
[72] 张少明，马振华，吴其胜．碟式离心机湿法分级超细粉的研究［C］//中国颗粒学会第四届颗粒制备与处理学术会议，1995：154-157.
[73] 牛福生，张晋霞，刘淑贤，等．铁矿石选矿技术［M］．北京：冶金工业出版社，2012.
[74] 方志刚，宋凤岗，杨群．旋流细筛分级砂状氢氧化铝的研究与应用［J］．有色金属，1989，41（3）：22-29.
[75] 王青芬，宋凤岗，李桂鑫．应用旋流细筛改进塔拉营子洗煤厂粗煤泥回收工艺［J］．矿冶，1997，6（4）：76-77.
[76] 宋凤岗，王青芬．直径 450 mm 旋流细筛的研制［J］．有色金属，1999，1：72-80.
[77] 赵斌．涡流空气分级机转笼结构对分级性能的影响［D］．北京：北京化工大学，2015.
[78] 刘家祥，夏靖波，何廷树．涡流空气分级机分级功能区研究［J］．北京化工大学学报，2002，29（6）：50-53.
[79] 杨庆良，刘家祥．涡流空气分级机内流场分析及转笼结构改进［J］．化学工程，2010，38（1）：79-83.
[80] 黄强，于源，刘家祥．涡流空气分级机转笼结构改进及内部流场数值模拟［J］．化工学报，2011，62（5）：1264-1268.
[81] 张宇，刘家祥，杨儒．涡流空气分级机回顾与展望［J］．中国粉体技术，2003，5：37-42.
[82] 黄强．涡流空气分级机转笼及导风叶片结构改进的研究［D］．北京：北京化工大学，2011.
[83] Dong K J，Yu A B，Brake I. DEM simulation of particle flow on a multi-deck banana screen［J］. Minerals Engineering，2009，22（11）：910-920.
[84] Schubert H，Bohme S，Neesse T，et al. Classification in tubulent two phase flows［J］. Aufbereitung Technik，1986，6：295-306
[85] 蒋明虎．旋流分离技术研究及其应用［J］．大庆石油学院学报，2010，34（5）：101-105.
[86] 沈丽娟，陈建中，胡言凤．细粒矿物分级设备的研究现状及进展［J］．选煤技术，2010，3：65-68.
[87] 胡海洋．中矿选择性分级再磨新技术磨-浮新工艺［D］．武汉：武汉理工大学，2011.
[88] 武树波．涡流空气分级机颗粒分离过程数学模拟及双层撒料盘设计［D］．北京：北京化工大学，2017.
[89] 曾川．涡轮气流分级机工艺参数的优化与研究［D］．绵阳：西南科技大学，2017.
[90] 王争印．多产品旋流器分离机理及其性能研究［D］．青岛：山东科技大学，2014.
[91] Chmiehiak T A，Andrzej B A B. Method of Calculation of New Cyclone—Type Separator with Swirling Baffle and Bottom Take of Clean Gas—Part Ⅰ：Theoretical Approach［M］. J. Chem. Eng. Process，2000.
[92] 林亮．涡流空气分级机的发展与应用［J］．化学工程与装备，2014，10：164-166.

[93] 张佑林 . 粉体的流体分级技术与设备［M］. 武汉：武汉工业大学出版社，1997.
[94] 曹建华 . 金刚石微粉高精度分级技术研究［D］. 太原：华北工学院，2001.
[95] 许建蓉，王怀法 . 分级技术和设备的发展与展望［J］. 洁净煤技术，2009，16（2）：25-28.
[96] 张璐凡 . 气流分级机分级过程的数值模拟［D］. 青岛：中国海洋大学，2015.
[97] 李秋萍，邵国兴 . 气流分级技术的进展［J］. 化工装备技术，2014：10-15.
[98] 李启衡 . 碎矿与磨矿［M］. 北京：冶金工业出版社，1980.
[99] 杨忠高 . 强化选矿厂磨矿技术的发展趋向［J］. 中国矿山工程，1989（6）：32-37.
[100] 传尧 . 矿产资源高效加工与综合利用：第十一届选矿年评（上册）［M］. 北京：冶金工业出版社，2016.
[101] 卢世杰，刘佳鹏，何建成，等 . 几种典型搅拌磨机磨矿机理的研究进展［J］. 有色金属（选矿部分），2017（21）：13-21.
[102] 曾明 . 半自磨工艺在矿山选矿中的应用现状及发展趋势［J］. 矿山机械，2021，49（7）：32-36.
[103] 孙珊珊 . 基于堰流及筛分理论的自磨机格子板的设计研究［D］. 昆明：昆明理工大学，2018.
[104] 苏丽达 . 大型筒式磨机回转体设计关键技术研究［D］. 长春：吉林大学，2014.
[105] 段其福 . 中国自磨技术 50a 回顾与展望［J］. 现代矿业，2010，26（12）：1-14，39.
[106] 张光烈 . 我国自磨/半自磨技术新进展［J］. 矿业装备，2011（3）：46-53.
[107] 张国斌 . 半自磨工艺在国内的应用和发展［J］. 山东工业技术，2018（18）：49.
[108] 胡瑞彪，黄光洪，陈典助，等 . 有色金属大型高效选矿设备的发展与应用［J］. 湖南有色金属，2011，27（1）：52-56，63.
[109] 李玉英 . 阶段磨选工艺在弓长岭选矿厂的应用与发展［J］. 金属矿山，1991（7）：46-49.
[110] 张春舫 . 石人沟铁矿选厂改扩建进展［C］//全国冶金矿山信息网，《矿业快报》杂志社，国家冶金矿山装备行业生产力促进中心 . 第五届全国矿山采选技术进展报告会论文集 .《矿业快报》杂志社，2006：3.
[111] 夏晓鸥，沈政昌，史帅星，等 . 选矿装备［M］. 北京：冶金工业出版社，2019.
[112] 卢世杰，周宏喜，何建成，等 . KLM 型立式螺旋搅拌磨机的研究与应用［J］. 有色金属工程，2014，4（2）：69-72.
[113] 周宏喜，卢世杰，袁树礼，等 . KLM-630 型立磨机在铁精矿细磨中的应用［J］. 现代矿业，2016（7）：233-234.
[114] I. T. 阿萨特苏玛，王泽红 . 螺旋分级机和旋流器的分级成本比较［J］. 国外金属矿选矿，1994，31（8）：8.
[115] 胡为柏，伍敏善，张国祥 . 螺旋分级机的数学模型［J］. 有色金属，1984（2）：30-36.
[116] 周兴龙，张文彬，王文潜 . 国内外水力重力分级设备研究应用进展［J］. 矿冶工程，2005（1）：23-26，30.
[117] 王吉坤，冯桂林 . 有色金属矿产资源的开发及加工技术［M］. 昆明：云南科技出版社，2000.
[118] 王德正，李云鹏，谢坪全，等 . 常用分级机及其优化改进研究现状［J］. 现代矿业，2023，39（4）：202-205.
[119] 陈珺，吴杰 . 某锡铜矿分级筛分设备的应用实践［J］. 四川有色金属，2020（1）：4.
[120] 王祥，周兴龙，张晓明 . 螺旋分级机溢流排矿方式的改进［J］. 金属矿山，2011（4）：3.
[121] 刘军霞，阳春华，王雅琳 . 螺旋分级过程数学模型研究及应用［J］. 计算机工程与应用，2010（4）：3.
[122] 冯成建 . 新型高效率螺旋分级机的研制及生产实践［J］. 矿产综合利用，2007（5）：5.

[123] 谢登峰．水力分级旋流器在我国选煤厂的应用范围及研究方向［J］．煤炭加工与综合利用，2009（6）：3.
[124] 郭庆江．水力分级旋流器用于粗精煤泥回收工艺探讨［J］．煤炭工程，2018，50（9）：3.
[125] 冯翠花．粗煤泥回收工艺及设备对比［J］．选煤技术，2005（3）：4.
[126] 王祥．螺旋分级机结构优化及试验研究［D］．昆明：昆明理工大学，2008.
[127] 王祥，周兴龙．新型螺旋分级机的使用及研究现状［J］．现代矿业，2010（7）：3.
[128] 刘安平，衣德强，周润．梅山选矿磨浮系统 1～#系列设备升级改造实践［J］．金属矿山，2017（9）：3.
[129] 袁腾，赵礼兵．司家营铁矿磨矿分级系统优化改造实践［J］．现代矿业，2018，34（9）：241-242.
[130] 杨久流，罗家珂，姚书典，等．圆锥水力分级机数学模型的研究及其定量分析［C］//中国有色金属学会全国选矿数模及计算应用学术会议：1995，1995.
[131] 韩寿林，马重光．ϕ3000 圆锥水力分级机的工业试验及经济效果［J］．金属矿山，1984（10）：38-41，64.
[132] ϕ3000 圆锥水力分级机鉴定会［J］．金属矿山，1984（5）：58.
[133] YF 型 ϕ3000 圆锥水力分级机鉴定会［J］．有色金属（选矿部分），1984（4）：65-66.
[134] ϕ1 米圆锥水力分级机提高分级效率取得初步成果［J］．金属矿山，1982（8）：43.
[135] 韩寿麟．二次分级和圆锥水力分级机性能的研究［J］．有色金属，1982（5）：13-16.
[136] 夏晓鸥，沈政昌，史帅星，等．选矿装备［M］．北京：冶金工业出版社，2019.
[137] 魏正坤．湿法闭路磨矿斜板分级机分级选择性的生产控制方法［J］．磷肥与复肥，2006（2）：28-30.
[138] 黄云平．闭路湿磨中斜窄流分级设备研发与应用［D］．昆明：昆明理工大学，2003.
[139] 郭强，王高峰，陈家栋，等．斜板设备在尾矿干排工艺中的应用研究［J］．有色金属（选矿部分），2015（3）：83-86.
[140] 崔志翔．高频振动变形式斜板浓密分级机在超细铁精矿脱水中的生产实践［J］．有色金属（选矿部分），2013（1）：70-72.
[141] 关于水力旋流器在现场使用中的几个问题的探讨［J］．有色金属（冶炼部分），1960（3）：10-32.
[142] 选矿烧结厂．包钢选矿烧结厂的工艺流程［J］．包钢科学技术，1959（00）：10-15.
[143] 周钊德．大直径低压水力旋流器在砂锡矿选矿中的工业试验［J］．有色金属，1966（2）：33-37，40.
[144] 骆淑龄．国内水力旋流器在一段磨矿中的应用［J］．中国矿山工程，1989（2）：29-34.
[145] 杨云松．ϕ300 mm 筛网旋流器及其应用［J］．选煤技术，1989，17（2）：9-16.
[146] 刘少先．FX-300 聚氨酯水力旋流器通过鉴定［J］．有色金属，1991（5）：46.
[147] 刘培坤，王磊，王德明，等．新型离心蜗壳预分级旋流器在磨矿分级中的应用［C］//中国选矿技术高峰论坛暨设备展示会论文：2009，2009.
[148] 叶传勇，李明，赵旭龙，等．平底柱式旋流器在酒钢选矿厂磨矿分级中的应用［J］．现代矿业，2017，33（1）：2.
[149] 王书礼，崔学奇，王磊，等．新型柱式平底旋流器替代螺旋分级机的应用实践［C］//中国采选技术十年回顾与展望：2012，2012.
[150] 王书礼，马鹏飞，王磊，等．新型旋流器在某钒钛磁铁矿提质增效改造中的应用［J］．现代矿

业，2021，37（11）：264-266.
[151] 王磊，郑纪民，齐加刚，等．海王精细分级旋流器在某特大型铁矿细粒磨矿分级工艺中的应用[J]．现代矿业，2017，33（11）：3.
[152] 郑纪民，孙洪硕，邢树欣，等．精细分级旋流器在铁矿细磨分级工艺中的应用实践［J］．矿业工程，2019，17（6）：2.
[153] 李贵斗．一次磨矿应用 FX710-GT-P 旋流器试验研究［C］//中国矿业科技大会：2012，2012.
[154] 王磊，王德明，郑纪民，等．平底旋流器及其在某自磨分级系统改造中的应用［C］//中国矿业科技文汇—2016，2016.
[155] 郑纪民，张晋禄，马鹏飞，等．大直径平底旋流器在钒钛磁铁矿一段磨分工艺中的应用［J］．云南冶金，2021，50（5）：3.
[156] 王立刚，刘家祥，赵凯，等．扰流锥对立式涡流空气分级机流场和颗粒分级性能的影响［J］．北京化工大学学报（自然科学版），2021（6）：48.
[157] 刘蓉蓉．涡流空气分级机操作参数匹配和蜗壳结构改进的研究［D］．北京：北京化工大学，2015.
[158] 朱文牧．海泡石矿粉射流分级机喷嘴的模拟与实验研究［D］．湘潭：湘潭大学，2020.
[159] 袁次熙．贫磁铁矿粗粒磁选的现状及前景［J］．国外金属矿选矿，1982（3）：39-45.
[160] 林安堂．块状磁铁矿石的磁选［J］．金属矿山，1982（1）：41-44.
[161] 吴芬明．我国磁选设备及铁矿石预选技术［J］．冶金矿山与冶金设备，1996（3）：5.
[162] 雅慧．大型高效预磁选设备——CT-1416 永磁磁滚筒［J］．云南冶金，1991（4）：57.
[163] 陈雷，杨守业．预选-350 mm 磁铁矿石的大型永磁磁滚筒［J］．北京矿冶研究总院学报，1992，1（1）：7.
[164] 史佩伟．CT-1424 永磁磁滚筒研制及应用［J］．矿冶，2008，17（4）：4.
[165] 李永蔚，谭鑫培．我国选矿设备发展近况（上）［J］．金属矿山，1966（1）：52-56.
[166] 吴芬明，董振范，刘宝琼．CTB-1050×2100 永磁磁选机［Z］．冶金部马鞍山矿山研究院．
[167] 李功炜．铁氧体永磁磁选设备在铁矿选矿厂的应用［J］．金属矿山，1973（1）：38-45.
[168] 邱中珏，张振宇，郑九龄．湿式永磁旋转磁场磁选机及提高铁精矿品位的工业试验［J］．有色金属（冶炼部分），1978（1）：13-21.
[169] 北矿机电科技有限责任公司．一种高频谐波磁场精选磁选机：CN201710184087.6［P］．2019-10-29.
[170] 张振宇，谢强．多力场分选的 BK-1021 筒式磁选机［J］．金属矿山，1989（12）：3.
[171] 王顺，王兆连，刘风亮，等．JCTN 提精降渣磁选机的试验研究及应用［C］//2016 第三届全国低品位矿采选技术交流会论文集，2016：46-51.
[172] 郝树华，蒋文利．铁精矿提铁降硅的捷径——磁团聚重选新工艺的应用和效果分析［J］．金属矿山，2003（5）：18-21，32.
[173] 吴芬明，张从亚，王之平．CTB-1050×2100 永磁磁选机的研制及应用［J］．金属矿山，1979（5）：51-58.
[174] 首钢总公司．复合闪烁磁场精选机：CN200310103252.9［P］．2005-05-11.
[175] 赵辉，王玉香，刘秉裕．磁选柱的研制及应用［J］．中国矿业，1997，6（3）：2.
[176] 刘秉裕，赵通林，杨蓓德．磁选柱的研制和应用［J］．金属矿山，1995（7）：33-37.
[177] 王维民，殷平．金垦淘洗机在本溪矿业公司提质增效中的应用［J］．现代矿业，2020，36（12）：153-155.

[178] 王超，朱东方．全自动磁悬浮精选机在铁矿精选中的应用［J］．现代矿业，2012（9）：3.
[179] 冉红想，梁殿印．磁铁矿在磁浮力场中的分选试验研究［J］．矿冶，2004，13（3）：30-33.
[180] 北京矿冶研究总院．一种磁浮选机：CN200410033755. 8［P］．2005-01-12.
[181] 杨元芳，杨兵．固定磁系永磁盘式回收机［J］．矿业快报，2001（21）：19-20.
[182] 万朝晖，沈庆朋，华春文．圆盘型永磁弱磁磁选机：中国，90222084. 5［P］．1991-05-22.
[183] 永磁环式强磁选机选别凹山弱磁性铁矿石的工业试验［J］．金属矿山，1973（2）：40-44，59.
[184] ϕ1500×1000 笼式强磁选机选别凹山弱磁性铁矿石的工业试验［J］．金属矿山，1975（4）：47-53，61.
[185] 邯邢冶金矿山管理局午汲选矿厂，北京矿冶研究院，邯邢冶金矿山管理局中心试验室．从午汲选矿厂尾矿中回收铁工业试验［J］．有色金属（冶炼部分），1976（4）：2-6.
[186] 多梯度磁选机选别赤铁矿的工业试验［J］．有色金属（冶炼部分），1976（5）：2-8.
[187] 李炫振．CHDE-20 型 ϕ2000 电磁双环强磁选机选别齐大山赤-磁铁矿石的工业试验［J］．金属矿山，1980（6）：41-46，11.
[188] 江西有色冶金研究所．SQC-3 型湿式强磁场磁选机［J］．有色金属（冶炼部分），1974（12）：40-45，18.
[189] SHP-1000 湿式强磁选机鉴定会在大宝山矿召开［J］．金属矿山，1978（2）：81.
[190] 董振范．冶金部召开大冶混合矿弱磁——强磁选工艺流程及 SHP-2000 型湿式强磁选机技术鉴定会［J］．金属矿山，1980（4）：71-72.
[191] 申忠银．ShP-3200 型湿式强磁选机研制成功［J］．金属矿山，1981（12）：48.
[192] 有色金属研究院广东分院选矿室．ϕ1500 双立环湿式强磁选机的研制［J］．有色金属（选冶部分），1978（7）：11-14.
[193] 朱远标，汤玉和．SSS 型双频脉冲双立环高梯度磁选机的研制［C］//中国冶金矿山企业协会，2004.
[194] 2004 年全国选矿新技术及其发展方向学术研讨与技术交流会论文集［C］//《金属矿山》杂志社，2004：173-175.
[195] 赵明，黄雪平，王丰雨．SSS 新型高梯度磁选机的改进［J］．金属矿山，2011（5）：134-136.
[196] 邱康．SLON-1000 立环脉动高梯度磁选机及其选别姑山铁矿洗矿溢流试验鉴定会［J］．金属矿山，1988（8）：61-62.
[197] 熊大和．Slon-1500 立环脉动高梯度磁选机的研制［J］．金属矿山，1990（7）：43-46.
[198] 杨君勤．首台 Slon-2000 型立环脉动高梯度磁选机在鞍钢圆满完成工业试验［J］．江西有色金属，1995（2）：47-48.
[199] 熊大和．SLon-2500 立环脉动高梯度磁选机的研制与应用［J］．金属矿山，2010（6）：133-136.
[200] 马鞍山矿山研究院，广西八一锰矿．CS-1 型电磁感应辊式强磁选机的研制和使用［J］．金属矿山，1982（12）：33-37，47.
[201] 杨庆林，刘仲康．用 CS-1 型电磁感应辊式强磁选机分选姑山石英质赤铁矿的工业试验研究［J］．金属矿山，1985（12）：38-42.
[202] 刘仲康，汤复华．CS-2 型粗粒湿式电磁感应辊强磁选机的研制及生产使用［J］．金属矿山，1989（9）：33-40.
[203] 季中林，吴世清．YCG 粗粒永磁辊式强磁选机的研制及应用［J］．矿业快报，2006（8）：45-48.
[204] 李小静．CRIMM 型稀土永磁辊式强磁选机在化念铁矿的应用研究［J］．金属矿山，2001（8）：26-27.

[205] 冉红想，王芝伟，魏红港 . RTGX 型永磁强磁选机在弱磁性铁矿石预选中的应用 [J]. 矿冶，2015，24（S1）：23-25.
[206] 刘惠中 . 重选设备在我国金属矿选矿中的应用进展及展望 [J]. 有色金属（选矿部分），2011（S1）：18-23.
[207] 台恒心，黄超群 . 国外多头螺旋选矿机的新设计 [J]. 国外金属矿选矿，1984（4）：16-20.
[208] Nienaber E C, Auret L. Experimental modelling and plant simulation of spiral concentrators: Comparing response surface methodology and extended Holland-Batt models [J]. Minerals Engineering, 2019, 141: 105833.
[209] Christopher R, Pedro C, Angel P. X-ray-transmission based ore sorting at the San Rafael tin mine [J]. Minerals Engineering, 2020, 145: 105870.
[210] 范象波，李正骅 . 螺旋溜槽——微细级别矿石选别新设备 [J]. 有色金属（冶炼部分），1974（6）：4-11.
[211] 范象波，王家明 . 螺旋溜槽在鞍山地区铁矿选矿中的应用 [J]. 金属矿山，1988（2）：50-55.
[212] 刘惠中 . BL1500 螺旋溜槽的研制及应用 [J]. 有色金属（选矿部分），2000（3）：29-32.
[213] 刘惠中 . 重选设备在我国金属矿选矿中的应用进展及展望 [J]. 有色金属（选矿部分），2011（增刊）：18-22.
[214] 白晓鸣 . 司家营贫赤铁矿选矿试验研究 [J]. 矿业工程，2004（6）：25-28.
[215] 罗光明 . 安徽某镜铁矿选厂用螺旋溜槽优化选矿工艺 [J]. 现代矿业，2020，36（8）：157-159.
[216] 王洪彬，李金，张国华 . 攀西钒钛磁铁矿中钛铁矿高效回收工艺研究 [J]. 钢铁钒钛，2020，41（3）：23-29.
[217] 刘惠中 . 采用重选法从红土镍矿中提取铬铁矿的研究及工业应用 [J]. 矿冶（增刊），2020，9（29）：132-136.
[218] 刘惠中，郑荣田 . BL1500 螺旋溜槽选别硫酸渣的应用研究 [J]. 有色金属（选矿部分），2006（1）：26-28.
[219] 陈铁军，张一敏 . 全硫酸渣生产氧化球团试验研究及工业应用 [J]. 钢铁研究，2005（1）：1-4.
[220] 刘惠中，李华梁，格海超 . BL1500 螺旋溜槽在承德某铁矿铁精矿再选中的应用 [J]. 有色金属工程，2016，6（1）：45-48.
[221]（苏）伊萨耶夫 . 摇床 [M]. 杨钟秀，郑飞，译 . 北京：中国工业出版社，1964.
[222] 雷力，王恒峰，邱允武 . 从低品位铬矿石中回收铬铁矿的选矿工艺研究 [J]. 矿产综合利用，2010，166（6）：7-10.
[223] 傅文章，张渊 . 攀枝花细粒级钛铁矿选矿试验研究 [J]. 矿产综合利用，1999（1）：6.
[224] 工业梯形跳汰机的生产实践 [J]. 有色金属（冶炼部分），1974（1）：12-16.
[225] 刘学海 . JT-5 型锯齿波梯形跳汰机研究 [J]. 有色金属（选矿部分），1988（5）：29-33，50.
[226] 钟梓文 . 机械传动锯齿波系列跳汰机在多种金属选矿中的应用 [J]. 大科技，2018，000（32）：234-235.
[227] 刘永之，黄枢，吴亦瑞 . 三十年来我国选别设备的进展 [J]. 有色金属（选矿部分），1979（6）：15-22.
[228] 戚志正 . 我国铁矿石的预选 [J]. 金属矿山，1988（9）：47-52，41.
[229] 韩云峰 . 重介质分选机用于煤系硫铁矿选矿的可行性 [J]. 化工矿物与加工，2004（8）：28-29.
[230] 北京矿冶研究院设备研究室重选组. 用重介质摇动槽和跳汰机选别赤铁矿 [J]. 有色金属（冶炼部分），1972（2）：27-33.

[231] 梅山工程指挥部选矿筹建组．重介质涡流分选器选别铁矿石工业试验［J］．金属矿山，1977（1）：43-45.
[232] 李季．离心选矿机［J］．有色金属（冶炼部分），1974（2）：5-13.
[233] 吕永信，罗醒民，杜懋德．SL 型射流离心选矿机应用研究［J］．有色金属，1990（4）：25-31，37.
[234] 谢科元，蒙德荣，李值民，等．逆流连续排矿离心选矿机的研制与工业实践［J］．云南冶金，1996（6）：17-25.
[235] 李鼎金．离心选矿机分选弓长岭、齐大山细粒红铁矿的研究与实践［J］．金属矿山，1980（3）：19-23.
[236] 狄家莲，陈荣．强磁-离心分离工艺分选海钢贫铁矿试验研究［J］．矿冶工程，2008，119（1）：43-45.
[237] 孙传尧，冯安生，吴照洋．选矿工程师手册［M］．北京：冶金工业出版社，2015.
[238] 胡岳华，冯其明．矿物资源加工技术与设备［M］．北京：科学出版社，2006.
[239] 沈政昌．十五年来我国浮选机的进展［J］．国外金属矿选矿，1996（4）：18-19，49.
[240] 付国龙，范兆玲，李庚辉，等．FCSMC 浮选柱在南芬选矿厂赤铁矿分选工艺中的应用［J］．现代矿业，2015，31（4）：74-75，77.
[241] 刘广文．国外分离过滤设备的新进展［J］．辽宁化工，1993（6）：16，20，24-27.
[242] Mompei Shirato. Topics in Recent Solid-Liquid Separation Technologies in Japan［C］//Proceedings of the 2nd China-Japan International Conference on Filtration & Separation，1994，11：8.
[243] 刘斌．固液两相流沉降模型与数值模拟研究［D］．太原：太原科技大学，2009.
[244] 王志杰．选矿厂提高尾矿输送浓度改造及生产实践［J］．矿物加工，2001（4）：38-41
[245] 王继魁，闫恪哲，丛洪宝，等．一种倾斜板浓缩机［J］．中国矿业科技文汇，2013.
[246] 温金德，杜善国．液固分离的动态理论与新型沉降槽［C］//第十四届全国氧化铝学术会议论文集，2004：274-276.
[247] 唐艳秀，梁福珏，童张法，等．斜板沉降槽对活性白土的提纯研究［J］．硅酸盐通报，2015，34（12）：3703-3707.
[248] 谢丹丹．浓密机在选矿中的应用现状及研究进展［J］．矿产保护与利用，2015（2）：73-75.
[249] 王喜良．KMLY 型斜板浓密机的原理及应用［J］．金属矿山，1996（5）：12-15.
[250] 周兴龙，张文彬．变形式斜板浓密分级机：中国，CN201070599［P］．2008-06-11.
[251] 周兴龙，龙灵图，胡康，等．振动型斜板盒沉降分离器在某铁矿尾矿干排浓缩中的应用［J］．矿冶工程，2014（8）：331-333.
[252] 张志明，许锦康，李平．KLMZ500/50 斜板浓密机的设计和应用［J］．矿山机械，2006（1）：70-71.
[253] 许锦康，韩晓熠，陈家栋，等．KMLZ-J 型搅动助排式斜窄流浓密机研发及应用［J］．有色金属（选矿部分），2011（增）：277-279.
[254] 杨诗斌．黏稠性物料脱气装置的研究与设计［J］．粮油加工与食品机械，2002（6）：37-38.
[255] 曲景奎，隋智慧，周桂英，等．固—液分离技术的新进展及发展动向［J］．国外金属矿选矿，2001（7）：12-17.
[256] 任喜元，姜云杰．普通型浓密机高效化改造与应用［J］．黄金，1992，13（11）：61-63.
[257] 陈庆来．我国中心传动浓缩机技术现状分析［J］．煤炭工程，2007（12）：107-109.
[258] 童仁平．提高高效浓密机浓缩效果的有效途径［J］．黄金，2014，35（5）：64-67.

[259] 刘志刚．水厂铁矿高效浓缩输送系统技术改造［J］．现代矿业，2018（11）：233-234.

[260] 王永新．浓密机高效化技术在麻峪口矿的应用［J］．选矿与冶炼，2010（12）：45-46.

[261] Cho M H，Yoo B. Rheological characteristics of cold thickened beverages containing xanthan gum-based food thickeners used for dysphagia diets［J］．Journal of the Academy of Nutrition and Dietetics，2015，115（1）：106-111.

[262] 杨保东，谢纪元，李鹏．高效浓密机机理研究［J］．有色金属（选矿部分），2011（5）：38-41.

[263] 杨清平，李辉，张晋军，等．谦比希铜矿膏体充填工艺及其装备［J］．现代矿业，2015（9）：185-195.

[264] 周俊武，徐宁．选矿自动化新进展［J］．有色金属（选矿部分），2011（S1）：47-63.

[265] Farrow J B，Fawell P D，Johnston R R M，et al. Recent developments in techniques and methodologies for improving thickener performance［J］．Chemical Engineering Journal，2003（17）：149-155.

[266] 杨慧，膏体浓密机的进展及其应用［C］//中国冶金矿山产业高峰论坛论文集，2006：310-311.

[267] Serbon J C，Mac-namara L，Schoenbrunn F. Application of the FLSmidth deep cone technology to the fertilizer plants in OCP［J］. Procedia Engineering，2016，138：314-318.

[268] 谷志君．最大型深锥膏体浓密机在中国铜钼矿山的应用［J］．黄金，2010，31（11）：43-45.

[269] 勾金玲，赵福刚．高效深锥浓密机在梅山选厂的应用［J］．矿业快报，2007（3）：70-71.

[270] 余剑，熊有为，刘福春，等．超细全尾砂大流量充填系统在张庄铁矿的应用［J］．金属矿山，2020（1）：89-93.

[271] McMahon J. Optimizing tailings disposal and water recovery［J］．Pollut.，Eng.，2014，46（8）：20.

[272] Lu Q Y，Yan B，Xie L，et al. A two-step flocculation process on oil sands tailings treatment using oppositely charged polymer flocculants［J］．Sci Total Environ，2016，565：369.

[273] 杨莹．尾砂管道絮凝行为演化及其高浓度排放性能研究［D］．北京：北京科技大学，2020.

[274] Lemanowicz M，Jach Z，Kilian E，et al. Ultra-fine coal flocculation using dual-polymer systems of ultrasonically conditioned and unmodified flocculant［J］．Chem. Eng. J.，2011，168（1）：159.

[275] Lee C H，Liu J C. Enhanced sludge dewatering by dual polyelectrolytes conditioning［J］．Water Res.，2000，34（18）：4430.

[276] Fan A X，Turro N J，Somasundaran P. A study of dual polymer flocculation［J］．Colloids Surfaces A Physicochem Eng Aspects，2000，162（1/2/3）：141.

[277] Sabah E，Yüzer H，Çelik M S. Characterization and dewatering of fine coal tailings by dual-flocculant systems［J］．Int J Miner Process，2004，74（1/2/3/4）：303.

[278] ANIS12. 1-12. 6. Rotodynamic Centrifugal Slurry Pumps，2021.

[279] Abulnaga B. Slurry Systems Handbook［M］．New York：McGraw-Hill Professional，2002.

[280] Wilson K C. Slurry Transport Using Centrfugal Pump［M］．Berlin：Springer Nature，2006.

[281] 王红生．渣浆泵技术现状与发展展望［J］．选煤技术，2006（9）：60-62.

[282] 关醒凡 现代泵理论及设计［M］．北京：中国宇航出版社，2011.

[283] 董凤占，朱培凤，苗立宏，等．150ZJ-I-A60 渣浆泵在黑山铁矿尾矿输送中的应用［J］．金属矿山，2000（4）：2.

[284] 宣以刚．远距离料浆输送设备选型优化——渣浆泵替代油隔膜泵技术方案的实施［J］．中文科技期刊数据库（文摘版）工程技术，2023.

[285] 阚永明，祁成根．渣浆泵在选厂矿浆输送中的应用［C］//“豫兴热风炉杯”曹妃甸绿色钢铁高峰论坛暨冶金设备管理经验交流会，2011.

[286] 陈玉光，陈高新．8/6E-AH 沃曼渣浆泵在尾矿输送中的应用［J］．冶金能源，1987（6）：22-25.
[287] 李嵘超，王斌，沈平．袁家村铁矿精矿输送管道使用维护［J］．矿业工程，2019（1）：4.
[288] 田艳红．研山铁矿超贫赤铁矿石选矿工艺优化研究［J］．金属矿山，2019（11）：5.
[289] 董凤占，朱增凤．150ZJ-I-A60 渣浆泵在黑山铁矿尾矿输送中的应用［J］．金属矿山，2000（4）：59.
[290] 屈延明．耐纳特耐磨衬胶渣浆泵的应用［J］．唐钢科技，1998（6）：53-55.
[291] 姚伟，任晓明．新型真空带式过滤机在超细铁精矿脱水中的研究实践［J］．中国钼业，2009，33（2）：24-28.
[292] 吕纪霞．真空带式过滤机在某硫铁矿精矿脱水中的应用［J］．现代矿业，2015，31（10）：215-216，219.
[293] 赵龙录，杨玉华，贾承恩．铁矿尾矿干法排放工艺及设备［J］．金属矿山，2009（12）：148-150.
[294] 沈宝康，冯泉，张宪伟，等．XGYW-18 型新型永磁筒式真空过滤机的研制与应用［J］．矿业快报，2008（5）：67-68.
[295] 罗蒨．我国选矿过滤技术的进展［J］．金属矿山，2000（1）：6-11.
[296] 攀枝花冶金矿山公司选矿厂．12 米^2 永磁外滤式真空过滤机系统的改造［J］．金属矿山，1974（2）：44-46.
[297] 邓常烈，胡筱敏，徐继润，等．GYW 型永磁圆筒真空过滤机的性能和应用［J］．金属矿山，1993（3）：40-43.
[298] 李刚．水厂铁矿选矿过滤系统挖潜改造技术研究［J］．中国矿山工程，2016，45（5）：57-61，69.
[299] 赵昱东．高效真空过滤机技术进展及应用效果［J］．矿业快报，2005（10）：6-9.
[300] 卢颖，李维兵，解宇深，等．Ys-60 盘式真空过滤机的研制与实践［J］．矿业工程，2007（3）：38-40.
[301] 王连印．ZPG 盘式真空过滤机在石人沟铁矿的应用［J］．金属矿山，2003（3）：58-62.
[302] 祁熙谦，李书会，姜立新．ZPG 系列盘式真空过滤机的进展与应用［C］//中国冶金矿山企业协会矿山技术委员会，金属矿山杂志社．2006 年全国金属矿节约资源及高效选矿加工利用学术研讨与技术成果交流会论文集．《金属矿山》杂志社，2006：437-440，445.
[303] 吴伯明．陶瓷过滤机的研发现状及发展思路［J］．现代矿业，2010，26（2）：126-128.
[304] 王成玉，王义景，江兆峰．陶瓷过滤机在铁精粉过滤中的应用［C］//山东金属学会．鲁冀晋琼粤川辽七省金属（冶金）学会第十九届矿山学术交流会论文集（选矿技术卷），2012：51-53.
[305] 高彬，段其福．P 系列新型陶瓷过滤机在铁精矿过滤的应用实践［C］//中国冶金矿山企业协会，中钢集团马鞍山矿山研究院．2005 年全国选矿高效节能技术及设备学术研讨与成果推广交流会论文集．《金属矿山》杂志社，2005：460-462.
[306] 赵耀军，王志生．高效板框式压滤机在梅山矿尾矿综合利用中的实践［J］．中国金属通报，2020（18）：114-117，120.
[307] 梁吉军．铁尾矿处理工艺系统的设计及优化［J］．矿山机械，2010，2（38）：48-49.
[308] 刘志民．GPJ60/3 型加压过滤机的研制［J］．金属矿山，1995（12）：42-45.
[309] 郝天峰，张廷德．GPJ60·3 型加压过滤机在八一选煤厂的应用［J］．煤炭加工与综合利用，1996（2）：42-44.
[310] 杨震，郑平，郭玉华，等．GPJ 系列盘式加压过滤机的研制［Z］．山东煤矿莱芜机械厂，2005.
[311] 陈世哲，王敏．YGP-18 型盘式压滤机在东鞍山烧结厂的应用［C］//矿冶工程论文集．北京：中

国金属学会，1997：79-81.
[312] 杨猛，薛丽群，魏传树．加压过滤机对铁精矿过滤脱水的试验研究［J］．矿山机械，2012，40（4）：126-127.
[313] 梁吉军．GPJ-96 盘式加压过滤机在铁精矿脱水中的应用［J］．通用机械，2016（6）：73-74.
[314] 姚卫红，邓付古．桃冲铁矿尾矿加压过滤脱水试验研究［J］．矿产保护与利用，2003（3）：36-38.
[315] 夏祥坤，亓伟，郑平，等．立式全自动压滤机的技术发展及市场前景［J］．过滤与分离，2012（1）：4.
[316] 刘勤．全自动立式压滤机控制系统的开发［D］．沈阳：东北大学，2006.
[317] 朱正环，王磊．浙江漓铁集团尾矿综合利用［J］．现代矿业，2015（4）：170-171.
[318] 徐永祥，孙浩飞，刘占林，等．金精矿氰化尾渣浮选高硫矿焙烧制酸生产铁精矿的技术开发与应用［J］．工程科技 I 辑，2014.

第三篇

中国铁矿石产业安全和环保的发展

第六章　矿山安全发展

第一节　矿山安全发展情况

矿山行业是我国国民经济发展的基础性行业，涉及从地壳中提取各种矿产资源，包括金属矿、非金属矿、宝石以及化石燃料。这些资源是现代工业、基础设施建设、高科技产品制造和日常生活必需品生产的基石，资源的开采、加工和运输构成了复杂的供应链，并依赖于先进的技术和机械设备。

一、矿山行业的重要性

矿山行业不仅是支撑现代社会运行的物质基础，还是推动科技进步、促进经济增长、维护国家安全和提升社会福利的重要力量，主要体现在：

（1）经济贡献。矿山行业直接创造了大量的就业机会，通过产业链上下游的联动效应促进相关行业的发展。矿产资源的出口能增加外汇收入，增强国家的经济实力。

（2）科技与创新。矿山行业的进步推动采矿技术、设备和工艺的创新，这些创新可以提高生产效率和安全性，促进环境保护和可持续发展。

（3）国家安全与战略。部分矿产资源对国家安全至关重要，如铀用于核能生产利用，稀土是高科技产业和国防工业不可或缺的资源，矿山行业在确保国家资源安全、维持战略储备方面发挥着关键作用。

（4）社会发展。矿山行业的发展可以促进地方经济发展，矿山企业通过投资基础设施、教育、医疗和环境保护等项目，改善当地社区的生活条件，有助于提升社区的整体福祉。

（5）全球贸易与供应。矿山行业是全球贸易的重要组成部分，矿产资源的供需关系影响着全球市场和供应链的稳定，进而影响到世界经济的平衡与发展。

矿山行业对国家经济实力、全球经济格局和产业链有重要影响，但是矿山行业面临着严峻的安全应急问题，在矿山安全应急体系建设方面存在很多挑战。

二、矿山安全应急存在的问题

矿山安全应急是矿山生产过程中至关重要的组成部分，它涉及对矿山事故的预防、应急响应、救援以及后续的恢复工作。当前，矿山安全应急体系在建设和发展中面临诸多挑战，主要包括：

（1）安全意识淡薄。一方面，矿山生产人员的生产安全意识不强，在生产作业过程中未充分认识到工作内容的危险性，对安全风险了解不够，不能有意识地规避安全风险，这在很大程度上增加了安全事故发生的可能性；另一方面，矿山安全事故应急管理工作人员存在安全意识不强的问题，矿山安全事故的伤害较大、影响面较广，会直接影响矿山生产，给生命安全带来严重威胁。

（2）应急管理机制不健全。矿山企业缺乏完善的应急管理制度，虽然矿山企业按照国家相关规定要求设置了应急管理制度，但是大多照搬照抄其他企业，并不符合矿山实际，尤其是在应急管理流程上，没有遵照矿山实际环境、生产状况进行应急管理流程的设计，无法在发生突发安全事故时为应急救援人员提供正确的指导和提示。矿山企业缺乏健全的应急管理机构，为节约人力成本，很多矿山应急管理机构的人员均为矿山企业管理人员或现场工人兼职，其大部分精力用于日常生产和管理工作，对矿山安全事故的应急管理缺乏足够重视。

（3）信息化水平低。矿山内部的各个系统如监控系统、人员定位系统、通信系统等，往往各自独立运行，缺乏统一的平台进行数据整合与共享，形成信息孤岛，无法实现数据的互联互通和综合分析。现有系统可能受限于技术条件，数据采集能力有限，传输速度慢，实时性不高，导致在应急响应时无法迅速获取现场信息，影响决策的及时性和准确性。缺乏高效的预警系统，无法对潜在的危险因素进行实时监测和预测，导致对事故的预警能力不足，不能提前采取预防措施。

（4）应急力量分散。矿山应急救援组织缺乏统一的协调机制，各矿山企业或地方救援队伍独立运作，缺乏有效的沟通和资源共享，导致在应对大型事故时响应效率低下。在跨区域、跨行业的大规模事故中，缺乏有效的联动救援机制，不同救援队伍之间协调困难，无法形成合力，延误救援时机。应急资源如救援设备、物资、车辆等，可能在不同矿山企业之间分配不均，导致某些矿山企业在事故发生时缺乏必要的救援工具和装备。

三、矿山安全应急体系的构建与优化

矿山安全应急体系的构建和完善对于保障矿山作业人员的生命安全、减轻灾害损失、提高矿山企业的可持续发展能力具有重要意义。为了应对矿山安全应急存在的问题，国内外专家学者主要从四个方面做了研究：

（1）强化安全意识。通过综合性的安全管理措施，包括心理、行为和制度层面的改进，有效降低矿山作业人员的风险，保障从业人员的生命安全。心理因素对矿山事故防范具有重要作用，矿山行业应重视矿工的心理健康和教育。有关专家通过对矿山事故中的一些心理因素进行研究，认为必须重视矿工的心理健康，并提出评价安全生产中安全心理因素的方法。强化安全责任制，建立健全安全管理措施评价体系，可有效地减少事故。相关专业人员研究了人的不安全行为对矿井的影响，采用基于行为的安全方法进行矿山安全管理。还有专家专门研究了矿山安全管理矿长与员工的关系，对这种关系进行了静态和动态的研究，提出有利于共生关系的优化方法。相关专业人员根据中国 58 起矿山事故的统计数据，建立了采矿安全指标体系，包含 22 个多层次因素；研究表明，安全教育、安全意识、知识和技能是导致矿山事故的重要原因，提出了从情感、人性等方面加强以人为本的家庭管理，加强员工行为培训，注重行为观察和反馈。

（2）完善应急管理机制。明确应急管理机构的职责，建立科学的应急预案，加强应急演练，确保应急响应的快速与高效。科学有效的指标体系和预案是应急管理的保障，通过对我国矿山企业事故的主要致因要素进行分析，构建矿山企业应急管理能力评价指标体系，用于日常矿山应急管理水平的评估。相关专业人员对事故机制和特点进行研究，提出了矿井动态应急管理决策支持系统，包括潜在危险的矿山识别、矿井通风和防火监测、矿山安全信息、矿山救援和救援指挥、矿山应急救援决策等，可为事故预测和事故预防提供依据。对于矿山在生产管理过程中的安全管理和预防，有专家利用系统工程的方法从源头上对矿山的安全进行控制和预防，以达到矿山安全管理的目的。国内相关专业人士通过对我国矿山安全生产管理的研究与实践，首次提出关于矿山安全生产管理核心框架结构 RS 理论，认为矿山安全生产管理核心框架是建立在安全战略目标与规划基础上的。相关专业人员总结了中国尾矿安全管理的现状，分析了尾矿安全管理问题，基于“问题管理”思想，建立了适合的安全管理模式。

（3）建立信息联动系统。利用物联网、大数据、云计算等技术，建立矿山安全应急信息平台，实现信息的实时共享与联动。国外专业人士把重点放在信息和通信技术支持工具的最新发展及其在采矿业中的应用，以提高采矿作业的安全和生产率。运用地理信息系统（GIS）、全球定位系统（GPS）、卫星通信以及建模和模拟技术表征基础设施、风险区和灾区，利用自然灾害检测和减缓机制减少矿山事故的危害；新型系统的实施和矿山中临时设备可以提高矿山生产率和工人安全，地面和地下通信、机器人技术、智能传感器、跟踪系统、矿井瓦斯监测系统和地面运动等领域取得了重大进展。根据现有矿山环境监测系统，基于无线传感器网络（WSN）设计一种更加安全的应急语音通信矿山监测系统，通过引入语音模块，监视器系统的传感器节点进行重新开发。

（4）提升应急处理能力。加强应急队伍建设和装备配置，定期检查装备性能，提高安全技术人员的事故评估与处理能力。针对目前矿山应急救援组织缺乏设计方法的问题，有专家分析了矿山应急救援组织的特点，建立了相应的设计方法，对救援任务进行分解，建立矿山应急救援组织结构模型并将其转变为网络形式，通过计算整体应急救援组织的效率来获取资源。对于矿山安全管理漏洞，专家建立了矿山宏观、中观和微观安全管理体系，并包括匹配硬件设备，以实现矿山生产过程中的隐患控制和动态预警。从员工效用角度，有专家提出了矿山危机减灾能力的五个要素，包括环境准备、组织准备、人员准备、竞争准备和学习准备，得出了基于效用的矿山危机减灾能力优化策略。美国煤矿开采组织利用知识管理解决矿山的紧急情况，通过群体成员的知识共享与管理，预防危险的发生。

第二节　矿山安全应急的发展趋势

安全是矿山生产的生命线，应急是保障矿山安全生产的必要措施。新时代能源资源安全保障战略要求矿业行业高质量发展，对矿山安全应急也提出了更高的要求。得益于全球经济的持续增长、矿产品需求的增加、安全生产意识的提升以及科技的快速进步，矿山安全应急方向的发展前景广阔。矿山企业及政府部门应携手共进，通过加强政策引导和完善法规、加强人才培养和人员培训、科技创新赋能、强化安全文化建设、加强国际交流与合作等途径，为矿山安全生产和应急管理保驾护航。

一、政策引导、法规修订

随着持续推动能源资源增储上产，国家和地方政府将不断提高对矿山安全生产的重视程度，根据矿业产业发展需求和矿山生产安全形势，因地制宜地出台或修订一系列政策、法规、标准来推动矿山安全方向的发展。政府出台更多支持政策，鼓励企业加大安全投入，推动新技术的应用，提升整体安全管理水平；不断完善矿山安全相关的法律法规，明确企业的安全生产责任，加强对守法企业的表彰宣传，加大对违法行为的惩处力度；汇聚行业各方力量，修订和推广矿山安全应急标准，持续推动行业规范化发展。这些政策、法规、标准、规范将为矿山企业生产经营提供更全面的安全保障，同时也对企业的安全生产提出了更高的要求。

二、加强专业人才培养和人员培训

高水平的安全管理人才和高素质的应急救援人才是提高矿山安全应急能力的关键，企业全员的安全应急培训是安全生产的重要抓手。大力推动矿山安全职业教育的发展，培养更多高素质的矿山安全管理人员和技术人才，组建专业安全管理团队和应急救援队伍，加强专业人才和一线人员安全培训，提高各层级人员的安全意识和应急处置能力，以此不断提高企业安全应急综合管理能力和水平，持续增强从业人员安全为本的意识，不断夯实安全管理基础，提升发现问题、解决问题的能力水平，将重大风险管控、隐患排查治理和重大灾害防治落实到位，推动重大事故隐患动态清零，确保矿山企业生产安全、稳定。通过各种渠道向公众普及矿山安全知识，提高全社会的安全意识。

三、智能化发展

随着科技日新月异，积极响应发展新质生产力的要求，矿山将逐步进入数字化和智能化发展阶段，利用5G、物联网、大数据、云计算和人工智能等技术，实现矿山全生命周期、全流程生产运营的智能监控和管理，包括智能采矿设备、无人驾驶系统、安全生产"六大系统"、矿井通风智能管控系统、固定点设备设施无人值守系统、智能监测监控系统、安全生产综合信息管控平台、设备故障智能诊断系统、智慧选厂、"黑灯"工厂等，持续提升矿山安全管理的智能化水平，逐步实现矿山"少人、无人"目标。在应急领域，应加强应用基础理论和关键核心技术研究与成果转化，如重大灾害事故全过程动态预测预警、重大灾害事故灾势评估与精准评价、智能指挥调度与现场处置等技术与装备，重点研发灾害智能预警技术装备、灾害智能防控技术装备、应急救援智能指挥信息平台、高效救援装备、抢险救灾机器人、个人防护装备、应急救援医疗救护装备、仿真模拟应急救援培训系统等，不断加强应急领域与数字化、智能化技术的深度融合，加快成果转化与示范推广。根据国家法律法规要求，淘汰落后设备设施和生产工艺，引进科技先进、自动化程度高、安全环保的新技术、新设备、新材料和新工艺，通过新质生产力赋能传统矿业产业，将有效提升矿山企业的本质安全水平和应急管理能力。

四、强化安全文化建设

文化为根，企业为基，不断打造具有企业自身特点的安全文化体系和氛围，全员参与；不断完善企业员工文化手册，规范员工行为；加强安全知识科普和安全法律法规的宣贯，开展安全知识竞赛和安全技能比拼，树立安全先进榜样；开展与同类型矿山企业开展安全管理对标对表，取长补短，持续提升安全管理水平；开展业余文化、体育活动，丰富各级领导和员工的精神生活，更好地投入安全生产工作。

五、加强国际交流与合作

随着全球化进程的加速和国际市场的不断开拓，矿山安全应急领域需要加强与国际同行的交流与合作。通过开展联合研究项目，共同攻克矿山安全领域的技术难题。通过学习借鉴国际先进技术和经验，增强自身的创新能力，提升核心竞争力，不断增强矿山安全应急保障能力。同时，积极参与国际市场竞争和合作，将进一步推动我国矿山安全应急产业的国际化发展，提升国际影响力，拓展全球业务，也将为矿山安全应急相关企业创造更多的发展机遇和市场空间。

第七章 矿山环保发展

第一节 通风除尘的发展

一、矿山尘毒与噪声危害

（一）矿尘的危害

铁矿粉尘对矿山生产构成多种危害，其中最主要的危害是影响岗位人员身心健康和损害矿山机电仪表设备。

1. 粉尘对人体身心健康的危害

在各种职业病危害因素中，以粉尘对人体的危害最为广泛和最严重，尘肺病是接触粉尘工人的一种职业病。当前，国内外学者就粉尘通过人体正常呼吸而进入体内肺泡和最小气管并可能引发尘肺病或硅肺病达成了一致的共识。然而，尘肺病和硅肺病的治疗是一个盲区，无法完全治愈。生产作业人员一旦患上尘肺病或者硅肺病，将丧失劳动能力，甚至失去宝贵的生命。

2. 粉尘对矿山机电设备的损害

铁矿生产过程中产生的粉尘会给矿山机电设备、仪器仪表带来很大的损害。粉尘沉积于设备表面会加快设备的磨损，部分精密仪表会被表面的粉尘干扰而影响使用精度，缩短机电设备、仪器仪表的使用寿命。

3. 粉尘的其他危害

矿山粉尘除了以上主要危害性以外，还恶化了井下和地面的作业环境，降低了劳动生产率。若井下作业岗位矿尘浓度较大，影响了操作工人的视线，可能导致机械性人身事故的发生。

由于粉尘使大气能见度降低，直接或间接影响气候环境。大气中的粉尘会在一定程度上抑制降雨。另外，太阳光中的紫外线短波部分也会被粉尘大量吸收，对儿童的正常发育和身体健康造成严重影响。

（二）有毒有害气体的危害

铁矿生产过程中常见的有毒有害气体主要有 CO、NO_x、SO_2、H_2S 等，其中 SO_2、H_2S

主要是含硫矿岩爆破过程产生。

1. CO 的危害

CO 是无色无味的气体，不用特殊仪器不易觉察。一氧化碳呈弱酸性且微溶于水，爆炸界限为 13%~75%。CO 极毒，在空气中含有 0.4%时，很短时间内人就会死亡。日常生活中的“煤气中毒”就是 CO 中毒。我国《金属非金属地下矿山通风安全技术规范》规定，矿井通风和矿山正常空气中 CO 含量不得超过 30 mg/m^3（24 ppm）；爆破后，在通风机连续运转的条件下，CO 浓度降到 0.02%以下，才允许人员进入工作地点，但仍须继续通风，以达到正常安全含量。

2. NO_x 的危害

NO_x 主要来源于矿岩爆破和柴油机废气，NO_x 中的 NO 极不稳定，与空气中氧结合生成 NO_2。NO_2 是一种红褐色、有强烈窒息性的气体，易溶于水而生成腐蚀性很强的硝酸。所以高浓度 NO_2 对人体危害最大的是破坏肺部组织，引起肺水肿，显示嘴唇变紫，发生紫癜。吸入大量 NO_2，经过 5~10 h 甚至一天左右才会发生重症状，咳嗽吐黄痰、呼吸困难，以致意识不清，造成死亡，中毒死亡的浓度为 0.025%。我国对煤矿和金属矿都规定，NO_x 换算为 NO_2 不得浓度超过 5 mg/m^3（2.5 ppm）。

3. SO_2 的危害

SO_2 是一种无色、有强烈硫黄味的气体，易溶于水，当空气中 SO_2 浓度为 0.0005%时，就能闻到硫黄味，它对眼和呼吸器官有强烈的刺激作用。在高浓度下能引起剧烈的咳嗽，使喉咙和支气管发炎、反射性支气管狭窄，严重时会造成肺水肿、肺心病。我国规定矿井空气中 SO_2 含量不得超过 15 mg/m^3（5 ppm）。

4. H_2S 的危害

H_2S 是一种无色、有臭鸡蛋味的气体，易溶于水，有燃烧爆炸性，爆炸浓度下限是 6%。H_2S 能使血液中毒，刺激眼、鼻、喉和呼吸道的黏膜。H_2S 浓度达 0.01%时就能嗅到并使人流鼻涕。吸入高浓度时，引起头痛、头晕、步行紊乱、呼吸障碍，严重时引起意识不清、痉挛、呼吸麻痹而造成死亡。我国规定矿井空气中 H_2S 的含量不得超过 10 mg/m^3（6.6 ppm）。

（三）噪声的危害

随着矿山机械化水平提高，矿山各作业场所的噪声污染日益严重。在采矿生产过程中，穿凿、爆破、装载、运输、通风等作业均产生噪声，既有机械噪声、空气动力学噪声、电磁噪声，又有连续性噪声和间断性噪声。

1. 对人体健康的影响

影响听力，噪声会损伤人的听力，其损伤程度与噪声强度和在噪声环境中暴露的时间有关，在 85 dB 以上的噪声环境中，噪声性耳聋发病率可达到 50%。

影响神经系统，噪声作用于人的中枢神经系统，使人的基本生理过程——大脑皮层的兴奋和抑制平衡失调，导致条件反射异常。

影响心血管系统，噪声可以使交感神经紧张，从而导致心跳加剧、心律不齐、血管痉挛、血压高等。

影响消化系统，噪声作用于中枢神经系统，还会引起胃肠系统的分泌和蠕动功能改变，引起代谢失调，造成胃液分泌减少、蠕动减慢、食欲下降、恶心呕吐等症状等。

2. 对人体心理的影响

超过 50 dB，人就难以入睡；超过 70 dB，人就不能正常工作；噪声超过 90 dB，人的听力将受到损伤；达到 100~120 dB 时，可能导致暂时性听力损失，而长期暴露可能导致永久性听力损失。

二、露天矿粉尘与噪声防治技术

我国大型露天矿的建设生产开发，始于 20 世纪 50 年代第一个五年计划期间。露天开采广泛使用大型机械设备，污染源排放强度比地下开采大得多，随后深凹露天矿的数量与规模逐年增多，因此露天矿的粉尘和噪声危害逐渐暴露与扩大，引起高度关注。

（一）露天矿粉尘防治技术发展

新中国成立至 1970 年前后，我国铁矿露天开采粉尘防治工作还处于空白，1971—1978 年期间，开始开展单机除尘防护工作。1973 年 10 月，在下垅钨矿召开的全国冶金矿山安全防尘现场会上，大冶铁矿介绍了高压水与压风混合带动冲击器工作并用孔口捕尘罩控制岩浆，抑制粉尘飞扬的经验。

1978 年 8 月，第一次露天矿防尘现场经验交流会在南芬露天矿召开，南芬露天矿重点介绍了该矿的防尘经验。南芬露天矿当时年产铁矿石已超过 500 万吨，是配置全套进口大型采掘运输设备最早的矿山。当时，采场作业台阶 10 个，工作线长 8.6 km，运岩公路 6.5 km，采场大气污染也一度十分严重，该矿采取了一系列防尘措施：研制成功的潜孔钻机干式脉冲布袋除尘器，使其排风口粉尘浓度达到卫生标准；司机室内空气增压净化装置，在电铲和潜孔钻机上全面推广应用后，使司机室内粉尘浓度降到 2 mg/m^3 以下并改善了室内气候条件；每天用 4~5 台洒水车对路面循环洒水。大冶铁矿介绍了实现全矿潜孔钻机湿式作业化，使钻机司机室内外粉尘浓度达到卫生标准的成功经验，将农业喷灌技术用于采场松散爆堆人工降雨抑尘，使电铲作业区粉尘浓度降至卫生标准；大孤山铁矿与长沙矿山研究院合作，进行了牙轮钻机 4 级干式除尘装置试验，初见成效。

1980 年后，我国开始开展深凹露天矿通风技术研究。1981 年 9 月，在武钢大冶铁矿首次召开了重点冶金露天矿通风防尘座谈会，南芬矿在进口牙轮钻机上推广使用了复合顺气流脉冲袋式除尘器，除尘效率已超过原机配用的干式捕尘装置。在这个时期，深凹露天矿通风防尘的研究尚处在探索和准备阶段。到了 2000 年前后，我国在露天矿凿岩防尘和司机室降温方面都取得了一定进展，但仅在部分大型露天矿山采用。西北干寒地带和多数中小型露天矿粉尘危害仍然十分严重，尘肺发病率还有所增长。

“十三五”期间，在国家重点研发计划课题“金属非金属矿山采运过程物理化学除尘技术与装备”的支持下，北京科技大学联合中南大学开展了大型露天矿多参数条件下的粉尘运移、扩散规律，水雾捕尘优化技术与新型复合抑尘剂配方研究，开发了新型湿润型水雾抑尘剂和矿用路面黏接型抑尘剂配方，形成了基于喷雾除尘、路面抑尘相结合的露天矿粉尘防治技术，并在广西柳钢集团屯秋铁矿进行了现场应用，抑尘效果比普通水雾提高了50%以上。

（二）露天矿噪声防治技术发展

20世纪50年代，噪声控制学科应运而生；70年代，我国噪声控制研究机构和噪声治理设备厂相继成立并发展壮大；到了90年代，国家先后以法律法规的形式颁布了“国家工业企业噪声卫生标准”“工业企业噪声设计规范”等对噪声进行限制；进入21世纪，随着我国综合国力提升和国际化大接轨，噪声防治作为环境保护的内容之一提到越来越重要的高度。

露天矿噪声防治的基本方法，主要包括噪声源治理和阻断噪声传播途径。

噪声源治理：从矿山生产设备本身着手，减少噪声源、降低噪声等级、研制低噪声设备、提高机械设备加工及装配精度、改进生产工艺等技术措施减少噪声源。

阻断噪声传播途径：采取阻断、隔声、减振、振动绝缘等措施降低噪声强度。

（三）露天爆破尘毒防治技术发展

针对爆破尘毒防治，我国主要开展了表面活性剂溶液降低爆破尘毒的研究，进而研发了水炮泥。水炮泥安放位置好坏直接影响其爆破及降尘效果，分别将水炮泥放于炮眼底部、紧跟引药、炮眼口、封口泥与封头泥之间四个位置，试验结果表明，利用封头泥避开水炮泥与引药的直接接触，能够有效传递爆炸波，增强爆破效果，避开引药与水炮泥接触，可以大幅降低因使用水炮泥而造成的瞎炮、燃爆现象，具有良好的尘毒净化效果。在水炮泥降尘毒方面，自20世纪80年代起分为两个阶段，分别为普通水炮泥和新型水炮泥（一种或若干种化学试剂的混合溶液）。普通水炮泥袋质量较差，不能长期存放，承受压力不强，破损率高。在普通水炮泥加入一定数量的表面活性剂、润湿剂等化学试剂升级为新型水炮泥。受作业环境复杂性影响，水炮泥中化学试剂成分与种类呈多样化发展趋势，功能也从降尘为主向降尘消毒、增湿保湿、环境友好等多重功效发展；水炮泥的使用从浅孔、水平孔爆破拓展到中深孔、倾斜孔爆破领域。

三、地下矿通风除尘技术

（一）矿井通风理论与技术发展概况

地下矿随着矿井开采强度和开采深度的增加导致地质条件更加复杂，矿井通风系统对于井下生产的安全性作用愈加重要。国内外学者针对矿井通风理论与技术开展了大量研究工作，产生了一系列矿井通风技术。我国地下矿山通风理论与技术的发展起步较晚，直到20世纪50年代后才得到了快速的发展。

（二）多级机站通风系统发展与应用

多级机站是采用三级及三级以上风机站串联方式直接给井下各作业地点送入地表新风，并抽排出井下污风至地表。井下作业区需风量由各机站风机进行调节与控制，真正实现了按需送风。多级机站通风系统每个机站内风机采用并联方式，选用的风机风压较低、风量较小，节省了电能的消耗，同时有效提高了矿井风量利用率。因此，多级机站通风系统的优越性显著，在地下矿山中得到了广泛应用。

20世纪80年代，我国马鞍山矿山研究院联合梅山铁矿成立科研小组，在其北采区开展多级机站通风技术的初次工业应用研究，研究结果表明，梅山铁矿多级机站通风系统运行稳定，充分展示了多级机站通风技术的诸多优势，该项工业试验研究于1985年成功通过了冶金部组织的专家鉴定。

随后的3~5年，多级机站通风技术的推广应用在我国地下矿山迅速掀起了第一次高潮，几年内被数十个矿山成功应用，并开始出现了节能风机的推广应用。由于对多级机站通风技术的理论研究还不够深入、理论基础不够完善，该技术在矿山的实际应用过程中出现了一些不足之处。对此，20世纪80年代末，冶金部要求针对性开展理论研究，并在梅山铁矿这样的大型复杂矿山全面应用。到了20世纪90年代初，多级机站通风系统理论与技术已基本完善，再一次掀起了多级机站通风技术的推广应用高潮。

目前，多级机站通风模式主要有以下四种：（1）无风墙多级机站通风系统模式；（2）回风侧分区多级机站通风系统模式；（3）深井子域分区多级机站通风系统模式；（4）分区不独立多级机站通风系统模式。

（三）矿井除尘技术进展

21世纪以前，我国地下铁矿山主要依托矿井通风系统排尘；进入21世纪以后，喷雾降尘、抑尘剂降尘、除尘器捕尘等技术开始推广和应用。化学抑尘剂因成本高、副作用明显，虽然已在一些矿山进行工业性试验，但全面应用和推广十分困难。除尘器捕尘技术主要应用于矿井粗破碎硐室，刚开始主要采用的是高效湿式除尘器，除尘效率高、阻力小、节能、处理能力强，并且投资费用低、使用寿命长、布局紧凑、节约空间及便于维护；与其他除尘器相比，矿井除尘方面优势明显。近年来，在地下粉尘防治领域，国内外学者开展了全方位的攻关研究，开发了一系列适合于地下矿山粉尘治理的技术和装备，并应用于生产实践，显著降低了作业岗位的粉尘浓度和危害。我国地下矿山粉尘防治技术主要包括通风排尘、密闭控尘、喷雾除尘、抑尘剂降尘、除尘器捕尘、幕帘隔尘六方面。

（1）通风排尘。通风排尘的基本原理是将矿井作业岗位产生的粉尘通过矿井通风系统的风流排出，使得作业岗位的粉尘浓度降低。工程实践表明，通风排尘技术是采掘作业面和巷道粉尘控制最有效的措施之一。在矿井通风系统设计阶段，应综合考虑井下粉尘浓度大小，选择合理有效的通风参数，同时采取适合的风流净化技术，确保矿井作业面和巷道取得良好的除尘效果。

（2）密闭控尘。密闭控尘的基本原理是对产尘点或者设备进行有效密封，从而减少粉尘的产生量，是粉尘防治的主要环节和关键技术。在不影响操作人员生产作业和便于设备检修维护的前提下，设计合理有效的密闭结构，任何产尘点或者设备均应优先考虑密闭控尘措施。

（3）喷雾除尘。喷雾除尘的原理是向飘浮于空气中的粉尘颗粒喷射水雾，水雾与粉尘颗粒黏结，使粉尘颗粒的质量增加，从而达到降尘的目的。铁矿粉尘一般为亲水性粉尘，喷雾除尘是一种经济有效的除尘方式，矿山粉尘防治优先考虑采取喷雾除尘技术。

（4）抑尘剂降尘。抑尘剂降尘是一种新颖、有效的粉尘防治方法，抑尘剂按照抑尘机理的不同可以分为传统型（如湿润型抑尘剂、黏结型抑尘剂、凝聚型抑尘剂）和复合型两类。抑尘剂除尘主要是通过吸附、团聚、捕捉粉尘等作用达到除尘目的，特别适合于疏水性粉尘。

（5）除尘器捕尘。除尘器捕尘是通过负压抽风使作业岗位产生的粉尘气流吸入除尘器内部进行除尘，分为高效湿式除尘器和袋式除尘器。湿式除尘器对湿度大的粉尘和微细粉尘具有较高的除尘效率，在矿山的应用较早且非常广泛。袋式除尘器因其除尘效率高且处理费用较低，是矿山首选的干式除尘器，也有湿式除尘器和袋式除尘器组合应用的情况。

（6）幕帘隔尘。幕帘隔尘的原理是在井下工作面或者巷道利用喷出的气流或者水雾形成空气幕、水幕以及安装隔尘帘等隔断技术，阻止工作面或者巷道产生的粉尘向外扩散和与人体接触。在相同的排风量下，设计幕帘后，控尘净化效果得以提升。

“十三五”时期，在国家重点研发计划课题“金属非金属矿山采运过程物理化学除尘技术与装备”的支持下，中钢集团马鞍山矿山研究总院联合北京科技大学开发了矿井典型粉尘高效节能成套净化技术装备，采用优化湿润剂配方成功自制了多组分水炮泥应用于露天和地下铁矿爆破作业，该技术成果经专家组鉴定达到了国际领先水平；在中钢集团、马钢集团等所属铁矿山井下得到成功应用，从源头上实现了地下矿山污染高效控除，满足了我国地下矿山智能-绿色-安全开采对粉尘防治的迫切需求，为推动地下矿山行业粉尘治理技术进步起到了典范作用，社会效益巨大。

（1）矿井云雾降尘技术及装备。云雾降尘技术是基于气液两相流理论，将空气和水通过调节阀按一定比例压缩进云雾发生器，经过两次雾化，形成众多高速运动的微细水雾，迅速扩散到整个封闭半封闭空间，并且水滴雾化粒径大部分小于 10 μm，与微细粉尘粒径匹配效果好，二者碰撞概率高，不断发生团聚，易在重力作用下自然沉降。

（2）掘进巷道高效通风除尘系统与装备。该除尘系统装置由风机、压风筒、抽风筒、湿式除尘风机、烟尘传感器、变频调速装置等组成，矿井掘进巷道应用该除尘系统后，掘进工作面和掘进巷道粉尘浓度显著降低，除尘效率可达95%以上，极大地改善了掘进工作面的作业环境。同时，对湿式除尘风机出口的粉尘浓度进行测定后，其粉尘浓度在 2 mg/m^3 左右，说明净化后的气流完全可以进入井下通风系统循环通风，有效地提高了矿井通风系统的风流利用率。

(3) 溜井放矿粉尘两级除尘净化装置。该除尘净化装置是由喷雾器、防尘密封帘、湿式除尘风机、吸尘罩及除尘管道等构成，同时在防尘密封帘对应的顶板上安装红外传感器，在除尘管道下方设置粉尘浓度传感器。

现场试验表明：溜井卸矿口和巷道内降尘效率显著，水喷雾对溜井联巷内的冲击性粉尘有很好的沉降作用，负压抽风湿式除尘系统进一步对逸出的粉尘收集净化，有效降低了粉尘向大巷扩散及减小粉尘在巷道中弥散的时间。

(4) 多组分水炮泥应用于露天和地下铁矿爆破作业，对爆破产生的有毒有害气体具有良好的抑制效果。

通过对多种表面活性剂、降毒剂与吸湿性无机盐复配，然后经过热合成工艺获得多组分水炮泥配方，基于各配方的表面张力和润湿速度，最终选择减尘降毒性能最优的配方作为多组分水炮泥材料。采场引爆瞬间，因爆炸力而形成的粉尘与气化的多组分水炮泥雾滴相互碰撞，经过吸附、润湿、增重、沉降等一系列过程，使得粉尘颗粒长期丧失飞扬能力，从而起到润湿降尘的效果。研究过程中发现，多组分水炮泥的有效封堵作用，使得其分解产生的多种离子、矿物分子，与产生的有毒有害气体等相互发生反应，接近零氧平衡状态，从源头上减少了有毒有害气体产生。现场应用表明，与普通水炮泥相比，多组分水炮泥全尘、呼尘降尘率提高了35%左右，有毒有害气体抑制效率提高了51.9%；矿井采场爆破后安全入井时间平均缩短30 min以上，显著提升了生产效率。

四、通风除尘技术展望

通风除尘技术重点关注的尘毒源应转向井下作业面和巷道、深凹露天矿作业面。

(1) 系统深入研究高温高湿深井作业环境下的矿尘治理理论和技术。矿井粉尘在高温高湿、通风不良环境下呈现的理化特性、粉尘时空分布规律以及尘雾耦合机制可能均会发生变化。针对高温高湿和通风不良的矿井环境，还需要根据实际生产情况进行优化研究，这必将对矿山进一步实现高效控除尘具有重大意义。

(2) 建立健全通风除尘技术及装备体系。由于矿井开采地质构造复杂，开拓方式使得通风系统在安全生产、节能环保、职业健康等方面的作用越来越显著，因此需要在理论方面，研究矿山采运过程产尘量与各影响因素间的相互关系，建立产尘量预测模型，分析矿井气流形成机制及多相多场耦合下采运过程粉尘时空分布特征；在通风排尘方面，研发采掘工作面智能变频通风技术；在粉尘治理方面，研发呼吸性粉尘除尘效率高、体积小、质量轻且集干式、湿式、干湿混合式于一体的多功能除尘器，研制集风流-粉尘-汽车尾气多组分耦合条件下的协同防治技术装备体系，实现单一防尘技术手段向多样化复合技术转变。

(3) 研制矿山高效、环保、经济的水炮泥与抑尘剂。需要在微观层面进一步探索与完善水炮泥与抑尘剂的尘毒防控机理和评估机制；研发水炮泥和抑制剂的自动添加调配、溶液自动加注填塞封孔成套技术及装备；研发运输路面长效环保抑尘剂及其自动添加、喷洒流量智能调控技术与装备。

(4) 推进矿山机械化、自动化和智能化联合通风除尘体系的构建。利用大数据、人工智能、PLC 等技术手段，结合尘毒在线监测、数字化信息控制、动态数据传输系统，建立尘毒作业环境评价体系与监测、预警平台，实时监测监控工人作业过程中的尘毒浓度，实现采运过程等典型作业环节中的喷雾降尘、泡沫除尘向机械化、自动化、智能化方向发展。

第二节　尾矿处理及尾矿坝环保发展

新中国成立后，随着经济的高速发展，我国矿山行业得到迅猛发展。在矿山资源大力开发的同时，特别是贫矿的大量开发，产生了大量尾矿，产生的尾矿将储存于尾矿库。尾矿坝是尾矿库中最主要的构筑物，是为了将尾矿有效储存堆筑成的坝体，是矿山的一项重要生产设施。时至今日，关于尾矿坝的环保及相关技术举措的重要性显得尤为重要。

一、我国尾矿库现状及铁尾矿资源

尾矿是金属或非金属矿山开采出的矿石，经选矿厂选出有价值的精矿后产生的“废渣”。这些尾矿中有些含有暂时未能回收的有用成分，若随意排放会造成资源流失。2010—2019 年，我国黑色、有色、非金属矿采选业产生的一般固废综合利用率为 23%~30%。这些固废中包含大量采矿废石，如果单独计算尾矿的综合利用率，其综合利用率将更低。目前我国除井下排放和采矿充填能够消耗部分尾矿中的粗颗粒外，大量尾矿仍然堆存在修建的尾矿库中。2018 年，我国累积的尾矿库存量约 207 亿吨，其中超过一半为铁尾矿堆存，不仅占用大量土地、造成社会资源闲置浪费，也给生态经济环境带来严重污染。

随着 2020 年国家八部委印发《防范化解尾矿库安全风险工作方案》（应急〔2020〕15 号）发布，要求尾矿库“只减不增”准入管理，铁尾矿作为一种二次资源，越来越受到政府和企业的重视。10 年间我国尾矿综合利用率从个位数逐步提升，2019 年我国尾矿综合利用率达到 27%，但细分领域的尾矿利用率仍差距明显，铁尾矿利用率仍低于行业平均值。立足我国铁尾矿资源实际，大力开展铁尾矿资源研究开发，实现铁尾矿资源开发与节约并举，提高铁尾矿资源利用效率，具有重要的经济和社会意义。

（一）我国尾矿库现状及铁尾矿资源

1. 我国尾矿库现状

尾矿库是指筑坝拦截谷口或围地构成的、用以贮存金属或非金属矿山进行矿石选别后排出尾矿或其他工业废渣的场所，尾矿库一般由尾矿堆存系统、排洪系统、输送系统、回水系统等几部分组成。

根据相关部门不完全统计数据，截至 2021 年底，我国共有尾矿库 6623 座。我国尾矿库的等别分布为：一等库 10 座，占 0.15%；二等库 211 座，占 3.19%，三等库 802 座，占 12.11%，四等库 2125 座，占 32.09%，五等库 3062 座，占 46.23%；其他尾矿库约占 6.24%。

我国尾矿库分布范围很广，除天津和上海以外，各省份和直辖市都有尾矿库。根据段蔚平、郭金峰等2013年发表“我国金属矿山尾矿堆存技术及发展方向”中总结数据，2011年国家安全生产监督管理总局尾矿库专项整治行动工作进展情况第二季度汇总表，河北（2702座）、山西（1745座）、辽宁（1203座）、河南（1004座）前4位省份尾矿库数量大幅下降。2021年底前4位的省份为河北（886座）、辽宁（761座）、内蒙古（603座）、云南（489座），其中仍然以河北省为最多。

2011—2021这十年的发展过程中，随着安全、环保要求越来越高，尾矿库行业政策越来越严，五等尾矿库回采、销号等灭失约6000座；同时大库、高等别尾矿库发展迅速，一等、二等尾矿库每年按照10%以上的速率递增，四等库数目相对稳定。根据郑学鑫统计，“十三五”期间，我国大型、超大型尾矿库显著增多：从新中国成立至2014年为止，我国尾矿库库容超过1亿立方米的仅有16座，形成尾矿库总库容为33.45亿立方米。2015—2020年之间建成投入使用的就有9座，形成尾矿库总库容为26.21亿立方米。目前我国超过200 m坝高的尾矿库约16座，同时干式堆存的尾矿库发展也比较迅速，干式堆存库共约有425座。

2. 尾矿库地表堆存环境问题

金属矿山中许多尾矿库位于十分重要地理位置的上游，有的下游有大江、大湖、重要水源，有的下游有重要公共设施，有的下游有密集居民区，因此将“三边库”及“头顶库”列为安全、环保隐患治理重点。目前我国总量约130亿吨尾矿的大量堆存带来资源、环境、安全和土地等诸多问题，其突出表现在：侵占土地、植被破坏、土地退化以及粉尘污染、水体污染等。

3. 我国铁尾矿资源状况

我国铁矿石资源丰富，但资源禀赋差，铁精矿与相应的铁尾矿产出量之比约为1∶3。据中国钢铁工业协会2021年统计数据，我国铁精矿产量为2.85亿吨。“十四五”末我国铁精矿将年产3.7亿吨：据此估算，我国每年产生的铁尾矿扣除综合利用后堆存量约为6亿吨，并持续增长。长期堆存累积的铁尾矿数量更加可观，初步估算铁尾矿累积堆存预计在80亿吨左右。

中共中央、国务院2015年发布的《关于加快推进生态文明建设的意见》明确指出，要把绿色发展、循环发展、低碳发展作为生态文明建设的基本途径，推动形成节约资源和保护环境的空间格局、产业结构、生产方式。在工业固废综合利用方面，2016年，中共中央、国务院印发《国家创新驱动发展战略纲要》，提出“建立工业固体废物综合利用技术体系”；2017年国家发改委、科技部等十四部委联合印发《循环发展引领行动》，推动尾矿、煤矸石等国家发展改革委等八部门发布了《防范化解尾矿库安全风险工作方案》，提出“强化源头准入，严格控制尾矿库数量”。自2020年起，在保证紧缺和战略性矿产矿山正常建设开发的前提下，尾矿库数量原则上只减不增。

根据《中国大宗工业固体废物综合利用产业发展报告　2019—2020年度》，2019年我国尾矿总产生量约为12.72亿吨，其中，铁尾矿产生量最大，约为5.2亿吨，占尾矿总产生量的40.9%。铁尾矿资源化利用能够缓解资源供给压力、减轻生态环境污染。为深入了解目前我国铁尾矿资源化利用的标准化水平，该文整理分析了我国铁尾矿资源化利用领域的应用和标准化现状，并提出相关发展对策，近年来企业的铁尾矿资源化利用标准化水平不断提高，标准制定数量快速增长。

铁尾矿是一种复合矿物原料，是将原铁矿石破碎、筛分、研磨、分级、再经重选、浮选或氰化等选别工艺流程，选出有用铁等金属后的剩余部分，是铁矿石经过筛选过精铁矿后剩下的废渣；除了含少量金属外，其主要矿物组成是脉石矿物，主要是SiO_2、Al_2O_3、Fe_2O_3、CaO和MgO等。提高铁尾矿资源化利用率对降低现有矿产资源的使用压力、变废为宝、促进国民经济发展，保障铁资源供应和保护环境有重要的促进意义。

我国铁尾矿排放主要以赤铁尾矿和磁铁尾矿为主，按照化学成分可将铁尾矿分为五类：高硅型、高铝型、高钙镁型、低钙镁铝硅型、多金属型。一方面，铁尾矿的丢弃不仅占用大量土地而且还会对周围生态环境造成破坏和污染；另一方面，铁尾矿是一种不可再生的复合矿物原料，也是一种十分重要的矿物资源，因此铁尾矿的资源化再利用成为近几年的研究热点。现阶段我国铁尾矿资源企业加强铁尾矿资源化利用的基础研究，结合新兴行业、科研项目，研发推广高性能、低污染、绿色环保的尾矿新产品，积极推广尾矿回采提取有价组分、利用尾矿生产建筑材料、充填采空区等尾矿综合利用先进适用技术，重点关注对生态环境的保护，将技术发展的成果及时转化为生产实际应用。

（二）尾矿综合利用

近10年以来，我国把资源综合利用纳入全面加强生态文明建设“五位一体”总体布局。随着生态文明建设的深入推进和环境保护要求的不断提高，大宗工业固废综合利用作为我国构建绿色低碳循环经济体系的重要组成部分，既是资源综合利用、全面提高资源利用效率的本质要求，更是助力实现碳达峰、碳中和、建设美丽中国的重要支撑。我国大宗工业固废以尾矿、粉煤灰、煤矸石、冶炼废渣、燃煤炉渣和脱硫石膏为主，其中尾矿、粉煤灰、冶炼废渣、炉渣产生量分别占重点调查企业总产生量的30.7%、14.1%、10.9%和10.2%，主要工业固废总量高达78.3%。与国外相比，我国大宗工业固废综合利用率较低。

目前国家政策大力支持尾砂综合利用，可有效替代天然砂石，减少原生矿的开采，少占土地，减少能耗，减少日益增加的环境负荷。同时，通过尾砂资源化利用，消解尾矿库安全环境风险，实现本质安全、本质环保，节约地表土地资源，优化生态环境，也为矿山的可持续发展提供新机遇。目前国家出台了不少相关政策，提倡和鼓励尾矿综合利用。

尾矿综合利用适用技术主要针对尾矿的矿物组成、化学成分以及粒径分布范围等特点，选择最佳的应用途径。目前，国内尾矿综合利用适用技术包括提取有价金属、矿物组分（或尾矿的二次回收技术）、制备建材、制备土壤改良剂及微量元素肥料等相关技术。

1. 尾矿的二次回收

尾矿中有价金属的二次回收是尾矿综合利用的一个重要方面，采用先进生产工艺及设备从尾矿中回收有价金属和矿物，也是矿山尾矿综合利用的重要途径。由于选矿目的不同及当时选矿水平的差异，区内部分金属矿尾矿的一些有价金属元素含量仍然很高。针对这些在金属尾矿较高的有价金属元素进行再磨或增加再选设备再选，可将有价金属元素大部分回收，使得尾矿中有价金属含量降低，提高了尾矿的利用价值，同时减少了尾矿中金属元素被带出而造成环境污染的风险。

攀枝花铁矿从铁尾矿中回收了钒、钛、钴、钪等多种有色金属和稀有金属。中钢集团马鞍山矿山研究院与本钢歪头山铁矿采用 HS2160028 磁力回收机处理选矿厂尾矿，粗精矿经再磨再选后，可获得精矿产率 2.46%、铁品位 65.76%的优质铁精矿，该院还与桃冲铁矿研究成功了强磁一粗二精 2 分级摇床选别流程，选出了石榴石含量 97.39%、回收率 41%以上、磁性物含量 0.54%的石榴石精矿。包钢公司对由溜槽产出的细粒尾矿经浓缩分级，精选后得到含量不小于 65%的 ReO、回收率 70%的稀土精矿，浮选出含 6.63% Nb_2O_5、回收率 26.3%的铌精矿。中钢集团马鞍山矿山研究院等对梅山选矿厂尾矿中的复合弱磁性铁矿物、南京铅锌矿尾矿中的硫铁锰、江铜集团硫酸渣选铁等进行了前期小型回收试验研究，均取得了良好的研究成果。其中，从梅山选矿厂尾矿中回收的复合弱磁性铁矿物（赤铁矿、菱铁矿、褐铁矿）精矿品位 55%以上，碱比达到自熔性，作业回收率 20%以上；从南京铅锌矿尾矿中回收的碳酸锰精矿品位 23%以上，作业回收率 50%以上，初步技术经济分析表明经济社会效益显著。首钢矿业公司新水尾矿库堆存尾矿 1.1 亿吨，尾矿再选系统 2006 年 1 月建成投产，累计投资 7800 多万元，年处理能力 1000 万吨，到 2008 年底累计生产精矿粉 81 万吨，属国内黑色冶金矿山首创。

2. 用作建筑材料

国内外尾矿大宗利用的另一途径为制备建筑材料。金属尾矿多为方解石、石英、长石等矿物或碳酸盐岩岩石，作为生产水泥和混凝土的原料，其成本显然要比专门开采的原料低廉得多；同时尾矿的组成和物化性质与建筑材料有很多相似之处，这为尾矿在建材方面的应用创造了条件。目前，研究较多的有墙体材料（蒸养砖、烧结砖和免烧免蒸砖）、水泥、混凝土、装饰材料（玻璃、陶瓷和各种地砖、饰面砖）等；另外，还有用作路基材料、建筑用砂、混凝土骨料等。用尾矿作建筑材料无须再破碎、磨细，降低了原料加工成本、设备投资和能耗，生产大用量尾矿轻质墙体建材和高附加值的尾矿建材产品是今后尾矿资源化综合利用的主要方向。总之，目前尾矿生产建筑材料已有一些成熟技术，但主要是借鉴建材行业已有的成熟工艺，原始创新性不足，产品附加值低，销售半径小，没有显示出生产成本、运输成本和产品质量的综合优势，难以大范围推广。

3. 用作土壤改良剂及微量元素肥料

尾矿中往往含有 Zn、Mn、Cu、Mo、V、B、Fe、P 等微量元素，这些元素正是维持植物生长和发育的必需元素。用作土壤改良剂或肥料，可改善土壤的团粒结构，提高土壤的孔隙度、透气性、透水性，使农作物生长环境得到改善。中钢集团马鞍山矿山研究院在国内率先进行了利用磁化铁尾矿作为土壤改良剂的研究工作，用特定设计的磁化机对磁选厂铁尾矿进行磁化处理，生产出磁化尾矿，施入土壤。研究表明，磁化尾矿施入土壤后，可提高土壤的磁性，引起土壤中磁团粒结构的变化，尤其是导致土壤中铁磁性物质活化，使土壤的结构性、孔隙度、透气性均得到改善。田间小区试验和大田示范试验表明，土壤中施入磁化尾矿后，农作物增产效果十分显著，早稻平均增产 12.63%、中稻平均增产 11.06%、大豆增产 15.5%。“八五”期间，该院又将磁选厂铁尾矿与农用化肥按一定的比例混合，经过磁化、制粒等工序，制成了磁化复合肥，并在当涂太仓生态村建成一座年产 1 万吨的磁化复合肥厂。

4. 铁尾矿制备建筑材料现状

（1）煅烧水泥熟料。铁尾矿中铁含量较为丰富，可以替代铁粉作为生产水泥熟料的原材料，以石灰石、石英砂和铁尾矿为原材料烧制水泥熟料可以有效降低水泥的煅烧温度和成本，但是掺量受限，掺量过高会造成水泥强度显著降低。我国学者对铁尾矿烧制水泥熟料研究甚少，一方面是由于铁尾矿掺量的限制，另一方面铁尾矿替代铁粉掺量难以控制，可能会引起水泥品质显著降低，无法满足国家标准。目前铁尾矿用于煅烧水泥熟料的掺量只有 15%左右，亟须研发配套的新设备、新技术等，在提高铁尾矿掺量的同时保证水泥产品的质量。

（2）混凝土骨料。铁尾矿较高硬度主要来源于内部的石英相，其粒径接近部分天然河砂和机制砂，可以作为骨料掺入混凝土中，利用粒径小于 1 mm 的铁尾矿替代天然河砂作为细骨料可以制备出 28 d 强度达到约 40 MPa 的混凝土。基于对骨料级配的优化，铁尾矿和机制砂复合使用作骨料不但可以满足混凝土对材料的要求，而且稳定性要优于铁尾矿与天然河砂复合，更利于对混凝土质量的控制。

就目前的选矿工艺而言，为了提高金属回收率，铁尾矿颗粒越来越细，难以达到粗骨料标准应用于普通混凝土中。目前我国铁尾矿砂在高性能混凝土中替代细骨料的最佳比例为 30%~50%，无法实现大掺量应用，主要受限于铁尾矿砂掺量过高影响材料的流动性、力学性能和施工性能，通过建模结合骨料处理工序探究最优铁尾矿形态将成为铁尾矿 100%替代骨料的关键。此外，学者基于最紧密堆积理论对铁尾矿制备超高性能混凝土开展了一系列研究。铁尾矿的颗粒形态对超高性能混凝土流动性存在不利影响，主要是由于颗粒棱角较多并且易叠加产生空隙，利用铁尾矿颗粒叠加产生空隙的特点制备出性能良好的保温隔热隔声板，可以使声能转化成热能最后被消耗。

（3）混凝土矿物掺合料。矿物掺合料主要由无定形的硅质、钙质及铝质材料组成，对提高混凝土的密实度、抗渗性、耐久性具有重要作用，在减少水泥消耗的同时能够降低水化热，因此寻找新的矿物掺合料对水泥行业可持续发展具有重要意义。铁尾矿中主要矿物相通常为石英，天然状态下几乎不具有火山灰活性，如何提高铁尾矿的“火山灰活性”已经成为当前科研人员研究的主要课题。机械粉磨作为铁尾矿活化的最常用方法之一，可以降低铁尾矿的活化能，产生更多的晶格缺陷和塑性变形。机械粉磨可以激发铁尾矿中典型矿物相的“火山灰活性”，石英等随机械粉磨时间延长，矿物颗粒粒径减小，可以与水泥浆中的 $Ca(OH)_2$ 发生水化反应，生成无定形水化硅酸钙凝胶和钙矾石晶体等水化产物。

机械粉磨大于 40 min 时，铁尾矿的尖锐角明显减少，表现出更多的小球形颗粒，均匀性逐步提高。在硬石膏-铁尾矿-氧化钙体系下，机械粉磨 40 min 的硅质铁尾矿可掺入 30%制备 32.5 水泥。在低水胶比情况下，细铁尾矿粉可显著促进复合水泥浆体中的早期水化作用，使砂浆的孔结构更致密，早期强度得到提高。铁尾矿比表面积的增加对提高其活性指数效果并不明显，改变养护温度可显著提高其早期（7 d）活性指数，但对后期（28 d）活性指数提高影响不大。对于铁尾矿-矿渣复合体系，可以通过改善粉磨机制提高其活性指数，进而改善混凝土的耐久性。减水剂的合理使用可以使普通混凝土中铁尾矿掺量从 30%增加到 40%。铁尾矿梯级粉磨可以通过自身的“微磨球”效应提高粉磨效率，从而激发铁尾矿的火山灰活性。通过优化铁尾矿-矿渣-熟料-石膏复合胶凝材料的配比及梯级粉磨时间，可以制备出性能满足国家标准的超高性能混凝土。

5. 尾矿综合利用存在的问题

（1）尾矿综合利用产业开发基础薄弱，环境风险与安全风险突出。我国尾矿综合利用产业发展周期较短，统计数据不完整、方法不统一，基础数据匮乏，信息交流不畅，难以作为宏观调控的基础材料，不能针对实际情况提出有效的利用和处理方法。我国尾矿综合利用率仅为 34%左右，绝大多数尾矿尚未被综合利用。尾矿大量堆存不仅造成土地资源的巨大浪费，而且会带来严重的环境和安全问题。

（2）尾矿资源综合利用认识程度不够深刻，科技体系布局不完善。我国尾矿资源综合利用认识程度不够深刻，体现在产废企业和管理部门对尾矿综合利用的重要性和紧迫性认识不足，产废企业在尾矿综合利用技术研发方面缺乏自主性、主动性，资金和科技人才投入短缺导致科技支撑力度和规模不足，地区间、行业间、企业间的发展不平衡，经济较落后地区的企业和一些民营企业仍然存在浪费资源、污染环境的现象。另外，我国矿业长期的粗放式经营模式，导致矿山企业过分关注主矿产品的价值，忽视共伴生组分的综合利用现象十分普遍。

（3）政策措施不完善。我国尾矿管控措施基本到位，采用的是“前堵后疏”思路。目前，多地虽然出台了停止新批新建尾矿库相关管理办法，但各地区下游疏通政策措施还不完善。出台停止新批新建尾矿库相关管理办法的省份较多，如 2013 年贵州出台的《贵州省一般工业固体废物贮存、处置场污染控制标准》明确，不再批准建立中小型企业渣场或尾矿库；2018 年山西省《关于进一步加强尾矿库安全监管工作的通知》明确，暂停审批湿排尾矿库建设项目；2018 年 5 月，山东省明确不再新建一座尾矿库，还将全面完成尾矿库治理。这些倒逼机制正推动一批非煤矿山转型升级，推动企业向尾矿资源综合利用方向转型，走绿色发展模式。但对尾矿综合利用支持力度不够，缺乏配套的“疏通”手段，表现在资源性城市政府与非资源性城市政府一样，严格落实《财税［78 号］》及中央预算内的财政资金申报制度，缺乏担当精神和自主能动性，资源综合利用政策执行死板，严重制约了产业的发展。

（三）我国尾矿处置发展前景

根据郑学鑫在“第十五届全国尾矿库安全运行及综合利用高峰论坛”中对我国尾矿库

未来发展探讨中认为，我国尾矿堆置技术主要发展主要三个方面：减量化、规模化、环保化。

（1）成熟技术延展性发展。目前尾矿堆存的主流仍是湿式堆存，上游法筑坝堆存短期之内仍是矿业发展首选堆存方式。一方面，我国在上游法堆存技术方面仍然处于领先地位，技术比较成熟；另一方面，我国土地资源稀缺，地少人多，尾矿堆存只能向空间方向发展，高坝技术储备较足，政策瓶颈问题随着经济的快速发展亟待解决，否则会影响战略资源开发和关键技术难题的解决。

（2）减量化发展。提高矿山资源回收率，包括有价值成分和可利用的固体废弃物；发展尾矿综合利用，多维度开发新型材料和工业添加剂；减少尾矿排放量，因地制宜充分利用采空区、露天采坑进行充填或回填，尽量做到尾矿零排放。

（3）规模化发展。加大矿山整合力度，提高矿山及尾矿库规模，减少尾矿库数量，减少和杜绝小型库建设。

（4）环保化发展。生态环境部2022年5月20日公告第10号《尾矿库污染隐患排查治理工作指南（试行）》的公告，2021年12月29日生态环境部办公厅关于印发《尾矿库环境监管分类分级技术规程（试行）》的通知（环办固体函〔2021〕613号）；尾矿库污染环境监管的力度越来越大，技术单位和企业应进一步研发经济适用的防渗技术、地表水控制技术。

二、尾矿坝排渗技术发展

我国冶金矿山约90%的尾矿坝是采用上游式构筑的。该方法工艺简单，便于管理，运营费用低，经济合理。据有关资料分析，洪水漫坝、溃口、溃坝、排洪系统失效、边坡失稳、渗流失控、地震液化等，是上游法尾矿坝的主要致险因素，其中约有1/4的溃坝事故是由渗流控制失效引起的。因此，浸润线也称尾矿坝的生命线，浸润线的控制对尾矿库安全至关重要。为了控制尾矿坝的浸润线，新中国成立以来科研院所、设计部门、高等院校、生产企业、施工企业等一直围绕着坝体排渗进行攻关研究，取得了一系列丰硕的科技成果。

新中国成立之后至20世纪70年代普遍使用管井法降水技术，管井法降水系统是简单的由一口竖直井和抽水泵组成的降水系统。

20世纪80年代发展了水平自流排渗技术、垂直水平自流排渗技术、水平孔-碎石桩群联合排渗技术等。

20世纪90年代初发展了辐射井排渗技术，白银三冶炼厂尾矿库是国内利用辐射井排渗技术的先例，同时1991年6月由冶金部建筑设计研究总院、长沙黑色冶金矿山设计院、武钢矿山部金山店铁矿与长江地质公司，在金山店铁矿尾矿坝进行了辐射井排渗降水的施工试验并取得成功，该方法同时还减少了后期管理工作、降低了矿山生产成本。

20世纪90年代中后期，发展了水平孔-竖直袋状砂井联合自流排渗技术。

进入21世纪，发展了上向弯曲双向槽孔管排渗技术、气驱排渗技术等。

2019年西藏华泰龙矿业公司果郎沟尾矿库膏体尾矿筑坝工艺在实际应用中，存在尾矿排水固结强度低、难度大，尾矿库浸润线高，尾矿坝安全风险较高等问题。针对这些问题，华泰龙矿业公司以现代科学理论和试验研究手段为基础，提出了适合膏体尾矿筑坝技术条件的气驱竖井及飘管排渗（气驱排渗）技术，有效解决了果郎沟尾矿库浸润线高、坝体加固难的技术难题，如图 7-1 和图 7-2 所示。

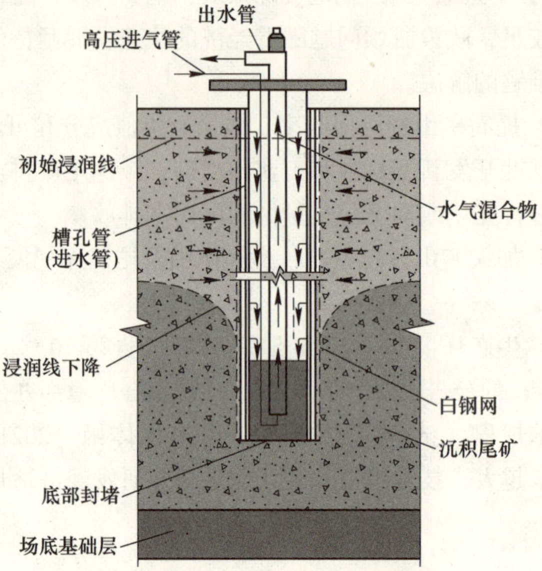

图 7-1 气驱排渗竖井原理示意图

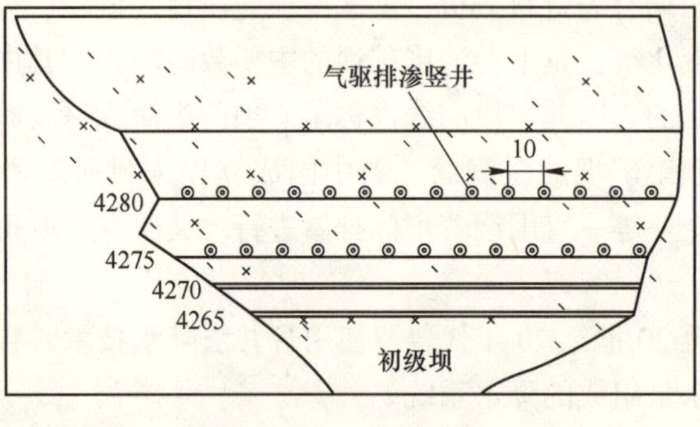

图 7-2 气驱排渗竖井施工平面图（单位：m）

三、尾矿坝防渗技术发展

（一）尾矿坝防渗工程技术发展的初级阶段

新中国成立之后至 20 世纪 80 年代，我国尾矿库防渗工程技术仅在为数不多的特殊矿山上得以应用。由于缺乏尾矿库专门的防渗技术标准，以及当时我国防渗材料的落后，那时尾矿库防渗工程技术基本沿袭水利水电系统的水库防渗标准。尾矿坝防渗技术主要参照水库的防渗技术，在大坝迎水面铺防渗黏土斜墙或大坝地基实施垂直防渗帷幕，拦截主要渗漏通道，控制外渗水量。

（二）尾矿库防渗工程技术发展的中级阶段

20 世纪 90 年代至 21 世纪初，随着社会的进步和经济的发展，人们对生活质量和人身健康日益关注，同时随着环保法规的健全和建设项目对环保要求的提高，矿山尾矿库的环保防渗问题日益突出。为了使尾矿作为固体废物的贮存、处置工作有章可循，国家陆续颁布了很多环境保护法规和标准，逐步形成较为完整的环境保护法规、标准体系，尾矿库防渗工程技术进入了一个良性发展的阶段。

这个阶段，随着国外先进土工合成材料生产工艺在中国的引进、推广和运用，国产土工合成防渗材料生产发展速度日新月异，国产防渗材料如厚度不一的 HDPE 膜、LDPE 膜、GCL 防渗毡等与国外进口的防渗材料相比，不仅工程性能稳定、敷设技术成熟可靠，价格也非常具有竞争优势，堪称“物美价廉”，客观上为尾矿库防渗工程技术的推广发展提供了物质条件。《土工合成材料应用技术规范》（GB 50290—1998）也在 1998 年颁布，为尾矿库防渗工艺的设计、施工提供了技术指南。这个阶段，相当一批尾矿库的防渗设施是严格按照环保技术标准实施的。

（三）尾矿库防渗工程技术发展的高级阶段

21 世纪初至今，尾矿库防渗工程技术高速发展并逐渐成熟，尾矿库防渗的设计建设也逐渐形成以判别固废类别为前提，依据尾矿库渗漏条件确定具体防渗方案的形式。这个阶段防渗技术理论的研究不断深入、防渗材料日益精细、施工技术不断提高，尾矿库的防渗措施主要采用单层防渗 HDPE 土工膜、黏土、膨润土防渗毯组成复合防渗衬层或改性黏土防渗系统。

四、尾矿坝监测技术发展

（一）尾矿坝监测技术发展的起步阶段

20 世纪 50—70 年代，本阶段主要以人工观测为主。采用光学测量仪器（水准仪）测坝面沉降，用视准线法测坝面水平位移，浸润线以观测管为主。

（二）尾矿坝监测技术发展的探索阶段

20 世纪 70 年代末至 90 年代初期，本阶段主要是自动化监测探索阶段，研制成功了垂直水平位移计、滑线电阻式（TS）位移计、钢弦式孔隙水压力计、电磁式测斜仪、电阻片式测斜仪等一批新型监测仪器和设备；同时，为了提高大坝安全监测自动化水平，能够接入变形、渗流和应力应变等多种监测项目的集中式数据采集系统，以及在线或离线处理的监测信息管理系统和计算分析软件成功研发。

（三）尾矿坝监测技术发展的快速发展阶段

20 世纪 90 年代中期至 21 世纪初期，本阶段是尾矿坝监测技术发展的快速发展阶段。随着计算机、通信、网络、电子技术高速发展，监测自动化进入了快速发展时期。仪器设备方面，监测自动化设备厂家如南瑞、南京水文、西安木联能等纷纷登上舞台，垂线遥测仪、静力水准仪、引张线仪等遥测仪器也相继得到应用；自动化系统架构方面，从相对简单的集中式、混合式发展到更复杂的分布式；软件方面，在常规监测数据进行自动化采集的基础上，开始引入各种模型方法对数据进行深入分析。这一时期建成的自动化系统已经具备基本的数据自动采集和分析功能，但系统可靠性和稳定性都亟待改善。

（四）尾矿坝监测技术发展的成熟应用阶段

21 世纪初期以来，随着先进而成熟的传感器技术、信号传输技术，以及网络技术和软件技术的发展，尾矿坝监测技术发展进入了成熟应用阶段。成熟的大坝安全监测技术在尾矿库中开始推广应用，按照《国务院关于进一步加强企业安全生产工作的通知》（国发〔2010〕23 号）、《国务院安委会办公室关于贯彻落实〈国务院关于进一步加强企业安全生产工作的通知〉精神进一步加强非煤矿山安全生产工作的实施意见》（安委办〔2010〕17 号）及《尾矿库安全监测技术规范》（AQ 2030—2010）等通知及规范要求，全国三等以上尾矿库必须建立在线监测系统，确保对尾矿坝的位移、渗流、干滩、库水位、降水量等数据的有效监测。2015 年 2 月 1 日，《尾矿库在线安全监测系统工程技术规范》（GB 51108—2015）实施，标志着我国的尾矿库在线监测技术进入了一个新阶段。对于尾矿库在线监测应解决的关键技术国内学者进行了大量深入研究，取得了丰硕成果。张飞燕设计了 GPRS 与 GSM 相结合的无线监测系统监控尾矿坝；李忠奎和廖国礼以浸润线、防洪能力、坝体位移和降雨量作为尾矿库安全的主要监测指标，设计了尾矿库溃坝监测预警系统；谢旭阳等在建立尾矿库区域性预警指标体系的基础上，利用支持向量机的方法，建立了尾矿库区域预警模型；曾群伟等提出将浸润线、防洪容量等作为尾矿库在线自动监测的指标；吕金辉和郭忠林设计了一种基于 B/S 模式下分布式尾矿库安全监测系统；胡军开发了基于 Internet-Intranet 的尾矿坝自动化安全监测系统；赵志军等将 ZigBee 无线传感器网络技术应用于尾矿大坝安全监测系统；汪金花和李富平以河北省唐山地区为例，开发了基于 GIS 尾矿资源管理系统；许同乐等为保证传输系统的稳定性和可靠性，提出利用光纤和 GPRS 技术传输尾矿库监测数据；罗志雄基于 GNSS 数据处理软件 AMS-V2. 1，开展了尾矿库在线监测；王建国等（2014）基于 ASP. NET 技术，进行尾矿库在线安全监测系统设计；陶华任（2017）开发了凡口铅锌矿尾矿库监测系统软件，由七大模块组成，具备信息共享功能；马国超等为提高尾矿库安全监测效率，提出高分遥感与地表三维激光扫描相结合的“天地一体化”监测模式，为安全监测提供了新思路；高永志等通过高分辨率遥感影像与 GIS 软件识别分析黑龙江省内重点矿集区尾矿库分布情况，为尾矿库普查与监管提供依据。

参考文献

[1] 李刚．金属矿矿井通风优化与局部除尘技术的研究［D］．长沙：中南大学，2016.

[2] 宋林贵．矿山噪声危害分析及防治途径［J］．有色金属（矿山部分），2006，3：41，45.

[3] 武汉冶金安全技术研究所第三研究室．露天矿的大气污染及劳动保护问题［J］．冶金劳动卫生，1978，3：23-28.

[4] 陆国荣．我国露天矿大气污染防治研究的回顾与展望［J］．金属矿山，1983，11：2-5，9.

[5] 韩家骅，靳朝阳．矿山企业的噪声源及治理措施［J］．矿业工程，2008，1：60-61.

[6] 王惠雷．冶金矿山企业的噪声现状及其治理措施［J］．工业建筑，2002，2：69-70.

[7] 李刚，吴将有，金龙哲，等．我国金属矿山粉尘防治技术研究现状及展望［J］．金属矿山，2021，1：154-167.

[8] 蒋仲安，曾发镔，王亚朋．我国金属矿山采运过程典型作业场所粉尘污染控制研究现状与展望［J］．金属矿山，2021，1：135-153.

[9] 金龙哲，郭敬中，李刚，等．金属矿山采场爆破尘毒防控技术研究进展及展望［J］．金属矿山，2021，1：120-134.

[10] 王天暘，金龙哲，郭敬中，等．铁矿采场多组份水炮泥抑制爆破烟尘试验研究［J］．金属矿山，2020，4：194-199.

[11] 龙腾，潘新宇．垂直水平联合自流排渗在银山矿业尾矿库降渗工程中的应用［J］．现代矿业，2020，36（5）：208-211.

[12] 董翠兰，季学培．尾矿坝治理技术［J］．世界地质，2003，2：172-175，180.

[13] 马元林，项宏海，李明远．铜山钼铜矿尾矿库排渗工程治理的研究［J］．金属矿山，1991，9：43-48.

[14] 段其福，毛卫东，罗德洲，等．尾矿坝浸润线降深自流排渗技术及应用［J］．金属矿山，1997，8：14-16.

[15] 马进强．气驱排渗技术及其在膏体尾矿筑坝工程的应用［J］．黄金，2021，42（3）：76-78.

[16] 沈楼燕，罗嗣海，曾宪坤，等．我国尾矿库防渗技术发展综述［C］//全国渗流力学学术大会，2011.

[17] 甘海阔，周汉民，崔旋，等．尾矿库防渗技术及防渗土工材料应用现状分析［J］．中国矿业，2019，28（12）：170-175.

第四篇

中国铁矿山数字化智能化的发展

第八章　中国铁矿山数字化智能化发展历程

1999年，在“首届国际数字地球会议”上，东北大学吴立新教授率先提出了数字矿山的概念并围绕矿山空间信息分类、矿山空间数据组织、矿山GIS等问题进行了分析和讨论。数字矿山是矿山系统的一种数字化、计算机化表征系统，包括实现矿山数字化的各种技术手段。我国铁矿山在新型科技的推动下，牢牢抓住转型机会，大力发展自身机械化和信息化，在数字矿山和智能矿山领域取得了显著成果。

第一节　地质资源三维可视化

对矿山而言，维持正常生产运营的关键因素在于拥有的资源量。由于矿产资源深埋地下，因此精确把握地质资源，并在此基础上形成开采方案、规划与设计成为矿山一切生产与经营活动的前提和基础。我国铁矿山在地质资源可视化的发展进程中，经历了由引进技术到自主研发的过程，主要经历了以下三个阶段，如图8-1所示。

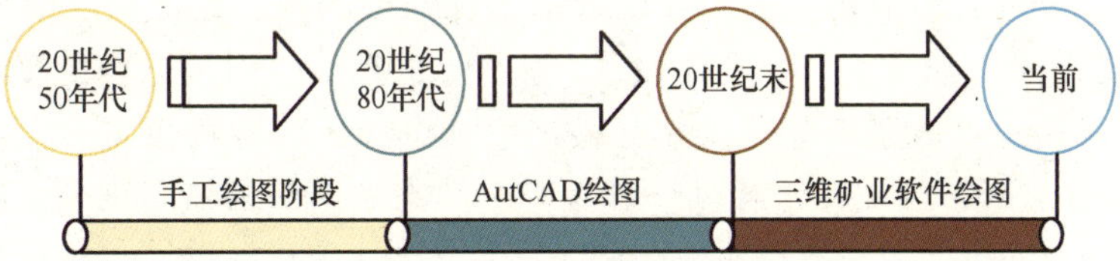

图8-1　地质资源可视化的发展历程

一、第一阶段：手工绘图阶段

该阶段（20世纪50—80年代），计算机尚未被应用到矿山地质资源管理领域。工作人员通过手工绘图的方式，在图纸上绘制二维图形用于指导采矿设计、计划排产等工作。该阶段主要依靠作业人员的经验，但对地下资源的掌握精度不高，导致井下实际生产与开采设计的偏差较大。

二、第二阶段：AutoCAD软件绘图阶段

该阶段（20世纪80年代—20世纪末），随着计算机技术的成熟和发展，特别是CAD技术的引进、发展和普及，将CAD软件应用于地质、采矿、生产的管理与设计工作中，提高了对地质资源管理的高效性和准确性。国内矿山也进入以AutoCAD作为输图和绘图辅助工具的主流时代，图8-2所示为AutoCAD绘图界面。

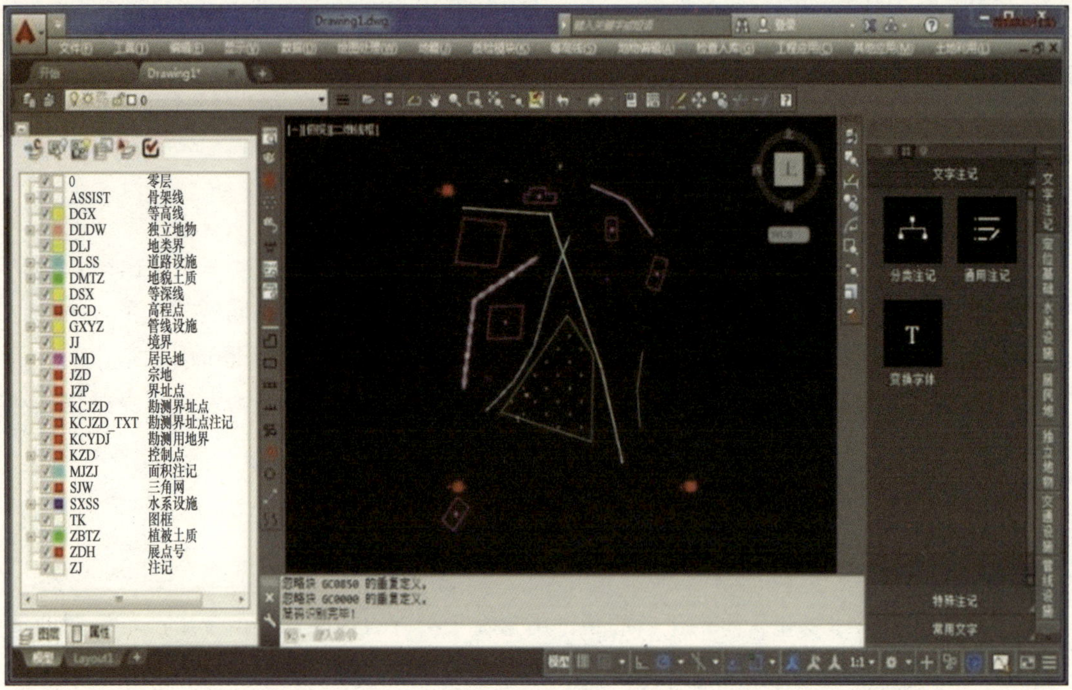

图 8-2 AutoCAD 软件界面示意图

1985 年北京华远公司率先引进了大型数字化仪和绘图仪，这是我国最早的微机 CAD 外部设备，与之配套的软件是 AutoCAD 2. 17 版本，也是最早引进国内的微机 CAD 软件，标志着我国微机 CAD 技术的开始。同年，鞍山冶金设计研究院购买了一台数字化仪和一台绘图仪，用 AT 机建立了微机工作站，并录入了一个矿山的地质地形图，绘制了计算机编制矿山采剥计划的年末图，这也是我国矿业最早的微机 CAD 工作站。“七五”期间，南芬露天矿建立了爆破 CAD 程序和爆破数据库，在此基础上提出了治理爆破根底的合理爆破参数表，建立了初具规模的露天矿计算机管理信息系统，计算储量、提供各种地测、计划图纸，实现了强有力的地测计划管理功能。

1991 年梅山铁矿投入使用了由马鞍山矿山研究院和上海梅山冶金公司铁矿合作研制的地测 CAD 管理系统，该系统实现了通过计算机管理代替或部分代替传统人工地测管理，为矿山生产设计、计划工作提供了更加详细、更加可靠的地测基础数据和各种矿图。1997 年东北大学与石人沟铁矿合作，完成了基于 AutoCAD 的地测采 CAD 系统的开发和应用，通过该系统的应用保证了地测采工作对图形管理的需要，满足了大部分业内工作需求，为进一步发展创造了有利条件。

20 世纪末，攀钢集团的兰尖铁矿和朱家包包铁矿基于 AutoCAD 图形信息系统的开发方法，将图形数据库、非图形数据库等资源有机结合起来，建立了动态矿床地质信息库，实现矿山地质、生产测量等作业的计算机化。2000 年齐大山铁矿在测绘作业环节配置了全站仪、扫描仪等先进设备，并在 CAD 的基础上开发了针对地形图、地籍图和工程施工图等方面的测绘软件，为齐大山铁矿实现数字化打下了坚实的基础。

三、第三阶段：三维矿业软件绘图阶段

该阶段（20 世纪末至今），也是数字矿山产生和快速发展时期，计算机技术的进一步发展涌现了大量的三维矿业软件。矿业软件是在地质建模的基础上实现三维可视化开采设计的软件系统，具有便捷、可视化等优点，在矿山生产中发挥了巨大作用，成为矿山空间信息智能化处理过程中必不可少的工具。它以地质统计学和采矿学为基础、以数据库为中心，以优化开采为目标，采用定量、自动化和可视化的方式对客观地质体进行解译，从而快速掌握矿体的三维空间分布形态，并为矿山的地质资源评价、开采规划、采矿设计等工作提供数字化手段。其中，较为知名的矿业软件包括澳大利亚 Surpac 和 Vulcan、美国 Minesight、英国 Datamine 等软件；国内也研发了一些适用性更强的矿业软件，比较有代表性的是 3Dmine 和 Dimine，如图 8-3 所示。

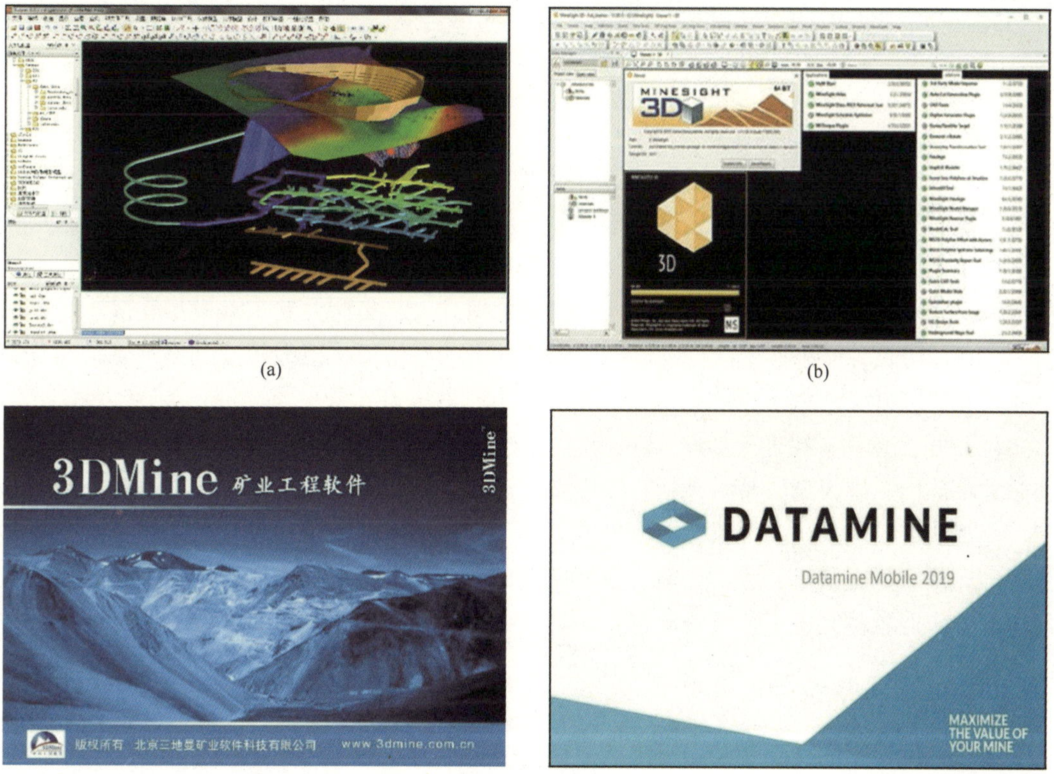

(a) (b) (c) (d)

图 8-3 不同三维矿业软件界面示意图

（a）Surpac；（b）Minesight；（c）3Dmine；（d）Datamine

（一）地质资源三维建模

地质资源三维建模技术是三维地理信息系统技术的一个重要分支，旨在利用对地质实体的三维建模实现地质资源的三维可视化，使抽象的矿体数据转化为清晰的三维模型，从而更直观地揭示矿体的形态和分布规律，更加有利于后续生产和评估，为后续模型更新、

开采设计等工作奠定基础。如图 8-4 所示，由于地质资源三维建模的重要性，以及矿业软件的普遍推广和应用，促进了我国铁矿山在该领域的投入和研究。

图 8-4 矿床与地表三维模型

（1）梅山铁矿作为我国大型地下黑色金属矿山，在 2002 年开始接触三维矿业软件，经过大量调查研究，吸取国内先进使用软件的经验，于 2005 年选择引进了三维矿业软件。经过 3 年多的开发应用，不但利用软件完成了梅山铁矿矿体实体模型和块体模型建立、地质数据库建立等基础性工作，而且实现了测量数据导入、实测井巷工程模型建立、采矿凿岩中深孔爆破设计、采矿生产计划编制和资源储量动态管理，很大程度上提升了梅山铁矿地测采专业基础管理水平。

（2）司家营铁矿投产于 2007 年，建矿之初，司家营铁矿利用 3Dmine 经过近半年的时间建立了矿山三维模型，其中包括矿床模型、开拓系统模型以及厂房设备模型等。通过模型可直观认识矿山采矿的现状、矿体形态、井下开拓系统等信息，实现了地质资源的整体把握。此外，姑山铁矿、水厂铁矿、马兰庄铁矿、大孤山铁矿等多座国内典型铁矿山陆续使用三维矿业软件完成了地质资源建模。

（二）矿床模型动态更新

矿床三维模型的建立使矿山员工对地质资源有了直观整体的把握，随着开采作业的进行，地质资源也不断被消耗，导致矿床的形态发生改变，因此地质资源模型应随勘探和生产数据的增加及变更而定期更新。为了实现地质资源的动态更新，关键环节在于借助测量工具准确采集消耗资源的空间信息，然后根据资源消耗情况通过矿业软件对三维模型进行重新建模，当前主要使用的空间信息采集设备有卫星测量仪、全站仪、三维激光扫描仪、无人机、雷达遥感测量仪等。

（1）全站仪：具备测量精度高、自动化程度高以及数据处理准确等特性，在野外测量作业中的应用十分广泛。尤其是在矿山测量作业中，全站仪发挥了突出的测量优势，全站仪及设备构成如图 8-5 所示。对于地形条件较为复杂的矿山，单纯使用全站仪测量会对测量结果的准确性造成影响。为了消除地形条件对测量精度的影响，将全站仪与 GPS 等相关技术进行综合应用，可在一定程度上提高测量结果的准确性。

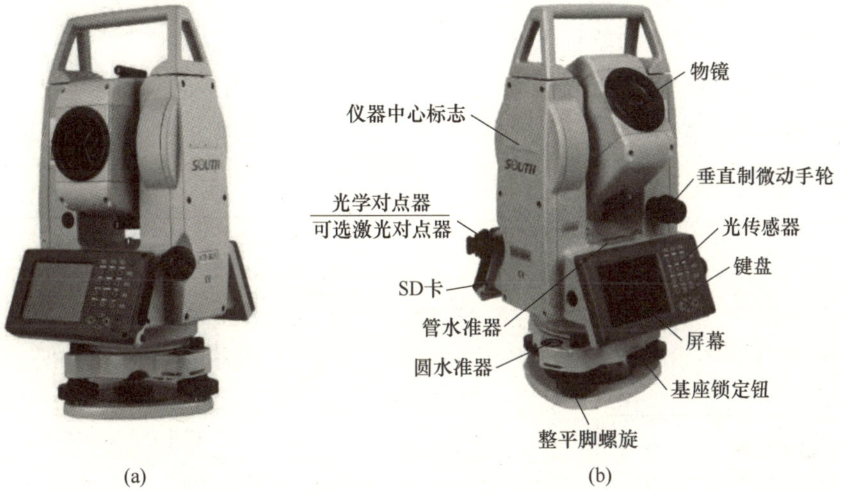

图 8-5　全站仪外观（a）及设备构成（b）

（2）卫星测量仪：主要由较高精度控制点的基准站、数据传输系统以及收集数据的流动站三部分组成。如图 8-6 所示，基准站接收卫星发送的数据后，将相关数据通过数据传输系统快速传递给流动站，流动站不仅要接收基准站数据，还要接收同一卫星发出的卫星观测数据，对观测的数据进行精细化处理后，最终根据相对定位原理，通过计算机实时计算，显示出目标物的三维坐标和测量精度。目前，在矿山测量中，卫星测量仪主要用于矿区地表移动监测、水文观测孔高程监测、矿区控制网建立或复测、改造等方面，实现对目标物的实时、动态监测。

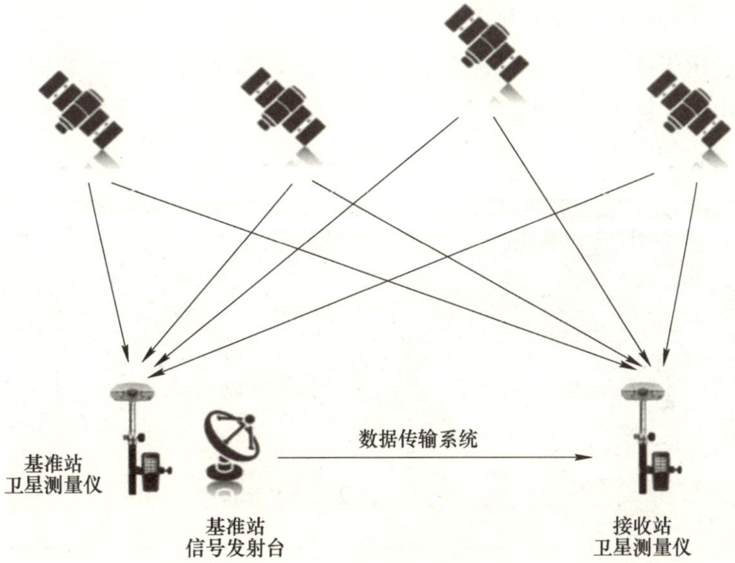

图 8-6　卫星测量系统构成

（3）雷达遥感测量仪：遥感依据不同物体的电磁波特性不同探测地表物体对电磁波的反射和发射，从而提取这些物体的信息，完成远距离物体识别，得到的遥感图像具有直观性、宏观性、综合性、真实性的特点，是一种成本低、反应灵敏且信息收集量大的信息采集方式。应用遥感测量仪可以得到瞬时的遥感成像，获取矿区实时、动态、综合的信息源，从而获得大面积矿区真实可靠的地形地貌、矿区实况以及地质构造，为区域地质分析、地质构造机理研究、矿产勘探、灾害预测等提供实时丰富的信息，如图 8-7 所示。

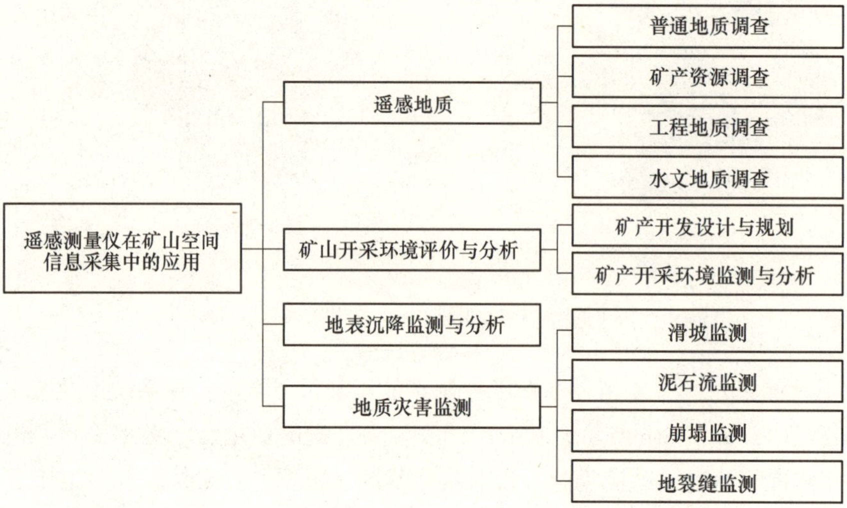

图 8-7 遥感测量仪在矿山空间信息采集中的作用

（4）三维激光扫描仪：三维激光扫描技术又被称为实景复制技术，通过高速激光扫描测量的方法，大面积高分辨率快速获取被测对象表面的三维坐标数据，大量采集空间点位信息，实现物体三维影像的快速建模，具有实时、动态、主动性、非接触性、高精度，数字化等特点，适用于矿山三维数字模型的构建、采空区的数字化验收管理、矿产资源储量动态监测、矿山露天爆破设计等方面。常用的建模有矿区地表及设施建模、巷道工程建模和采空区建模等，如图 8-8 所示。

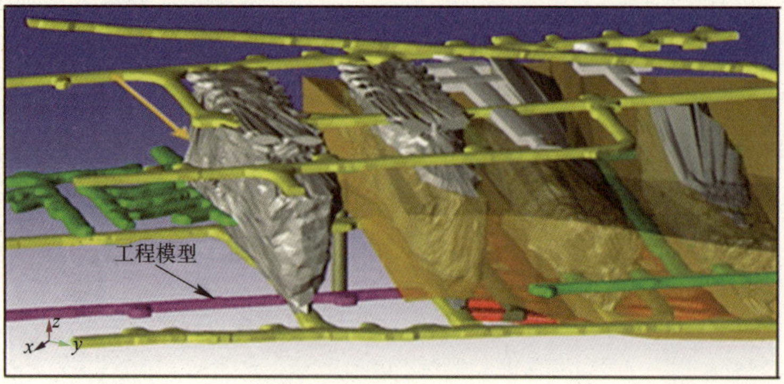

图 8-8 采空区及工程模型

梅山铁矿为了对井下实体建模提供更好的技术支撑，提高作业效率，积极引进三维激光扫描技术用于井下测量服务中；玉溪大红山矿业有限公司引入 Optech CMSV 400 三维激光扫描仪，对采空区实施了扫描测量，集中扫描数据处理，反映了采空区的真实空间现状，提高了采空区探测效率和准确性；北洺河铁矿引进并开发三维扫描技术，对矿山采矿工程、采空区、塌陷区等进行三维扫描，如图 8-9 所示。

(a)　(b)

图 8-9　北洺河铁矿地表塌陷区动态监测

（a）地表塌陷坑测量现场；（b）地表塌陷坑体积计算

（5）无人机航测技术：即无人机航空摄影测量与遥感技术，是指通过无线电遥控设备或机载计算机远程控制飞行系统，利用搭载有小型数字相机作为遥感设备，使无人机在一定的空域内飞行，获取高分辨率的数字航片的测绘技术。我国对无人机航测的研究起步较晚，随着对该技术的研发投入，先后成功研制了国产无人机和相关关键性试验。随后逐步引入到矿山的环境监测、测绘、地质地形建模、储量动态监测等工作中，能够实现矿山的地形信息提取、地理高程建模、高分辨率正摄影像获取、宏观场景查看等，如图 8-10 所示。

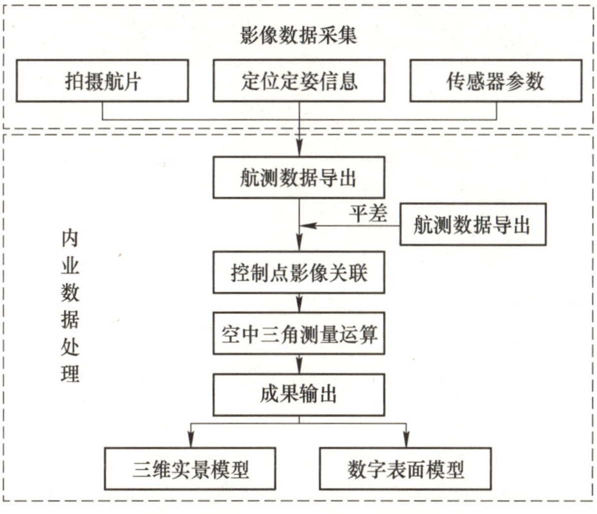

图 8-10　无人机航测工作流程

无人机航测以在云下低空飞行的能力，弥补了卫星光学遥感和普通航空摄影易受云层遮挡影响的缺点，具有体积小、成本低、机动灵活、成像分辨率高、快速响应等特点，可在恶劣环境、危险性高的矿山开采区域开展作业。

（三）面向三维矿业软件的设计优化

（1）自20世纪80年代，矿业发达国家已开始利用矿业软件进行露天境界优化。大多数矿业软件均含有基于先进的露天境界最优化设计理论、方法的功能模块，随着这些软件的开发和应用，露天矿最佳境界的圈定成为可能。工程应用实践表明，通过矿业软件可实现系列境界快速、高效生成，提高了境界优化效率，减少了境界优化工作量，使露天开采境界优化和矿床品位指标优化工作变得更为方便和科学。基于矿业软件的露天矿山开采境界优化过程主要包括矿床模型构建、边坡角等技术参数选取、价值模型构建及采用一定算法的境界优化等。

Whittle软件是目前国际上应用最广泛的矿山境界优化软件之一，进行露天矿境界优化时，以矿床矿体模型、地表模型以及价值模型为基础，输入圈定露采境界相关的技术经济参数，通过编排进度计划，计算各经济参数条件下的净现值，圈定最优露天开采境界，如图8-11所示。该软件不仅能在三维空间上进行境界优化，同时还能够考虑资金的时间价值，以最终确定的净现值最大化为判定标准，综合考虑采选成本、贫化损失率、选矿回收率、金属价格和采场边坡参数等；还能利用数学规划模型实现矿山自动快速排产，一次性排出一系列露天境界方案，方便技术人员选择净现值最大的露天矿境界。比如，鞍钢集团矿业公司齐大山铁矿采用Surpac软件建立矿山三维矿床模型，直观展示矿体赋存情况，同时与Whittle软件进行接口，利用Whittle软件分析了精矿售价改变时所圈境界的变化情况。

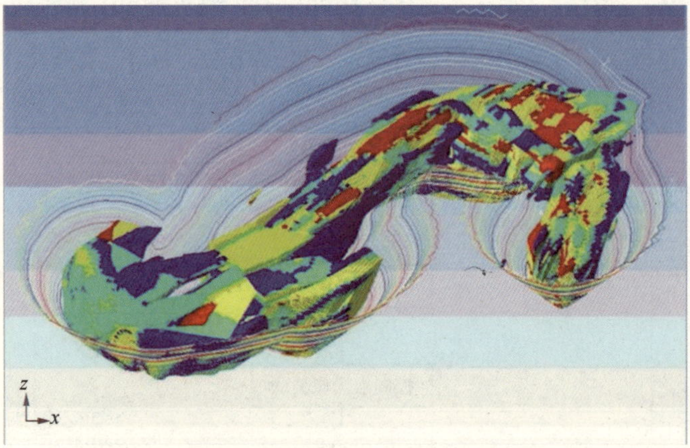

图8-11 露天境界优化结果示意图

（2）基于矿业软件的地下矿山开采设计主要是对矿床模型的应用扩展，结合矿山生产实际，实现多目标、多方案、复杂约束下的方案优化与设计，实现技术、经济、安全、全局最优、风险可控，并通过矿业软件实现采矿工程设计结果的三维显示及地下矿生产的可视化布局。

在矿业软件的基础上，基于建立的三维矿床模型完成开拓、采准、切割、回采等设计环节，实现矿块三维实体模型的自动输出、任意平剖面图纸的自动输出及相关生产报表的输出、分析与查询等功能。通过数据的实时传输实现生产成果的自动输出，为无人化生产过程控制提供基础数据；利用矿块设计中实时数据的传输完成采切工程量、资源消耗、材料动力等的计算。比如，良山铁矿利用 Dimine 三维矿业软件建立地质数据库，构建了矿山三维矿体模型，在此基础上进行了开拓设计和回采爆破设计（图 8-12），以矿体模型为依据快速切制设计所需的矿体剖面图，很大程度上节省了地质技术人员的绘图时间，提高了工作效率。

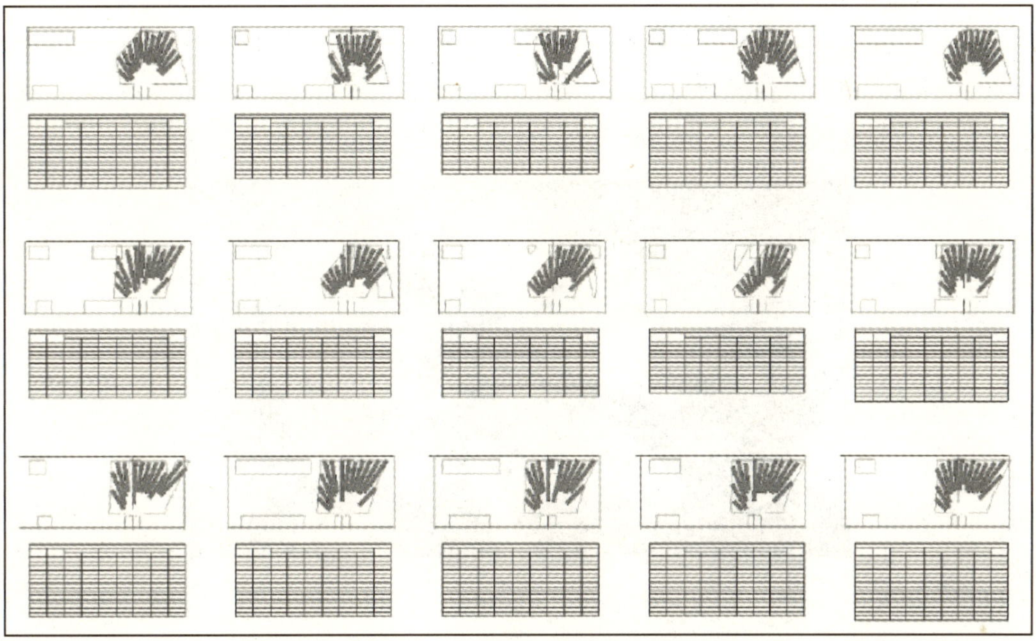

图 8-12　良山铁矿中深孔爆破设计

第二节　生产过程自动化

与其他行业不同，金属地下矿山开采作业地点分散，作业环境恶劣，“钻、爆、装、运、选”等主要生产过程的自动化与遥控化，作业地点的无人化、少人化，是实现矿山本质化安全和提高劳动生产率的主要途径。随着我国在工业信息化和设备自动化等领域加大投入，矿山行业的自动化水平也显著提升。纵观我国铁矿山生产过程的自动化水平，可以将其分为三个阶段，如图 8-13 所示。

一、第一阶段：生产过程机械化

该阶段（20 世纪 50—70 年代），我国矿山井下多以手动操作生产设备完成井下生产作业为主。新中国成立后，矿山的开发建设、相应的机械配套设施也得到很大发展。

（1）凿岩。对地下铁矿山而言，凿岩自动化发展情况相对落后，新中国成立初期大多采用人工手持 7655 型风动钻机在作业面手动凿岩（图 8-14），这种生产方式不仅生产效率

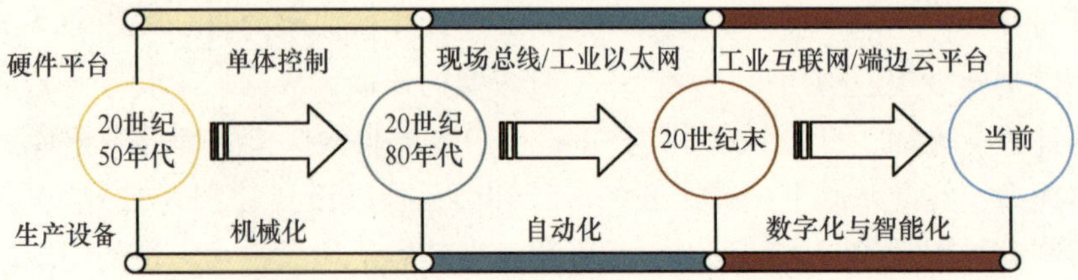

图 8-13 铁矿山生产过程自动化发展进程

低下，而且严重影响作业人员健康。20 世纪 60 年代末，我国部分铁矿山在掘进作业中使用的凿岩台车由简单的钻臂和气动凿岩机组成。操作人员凭目测对准炮孔，往往会有偏差，造成超挖量和欠挖量大，巷道断面呈锯齿形，精度很低，成本很高。

图 8-14 手动凿岩作业

露天矿穿孔作业在这一时期自动化水平同样较低，20 世纪 50 年代，我国露天铁矿的穿孔设备大多使用仿造苏联的 BC-1 型和 BY-202 型钢绳冲击式钻机，此类钻机设备相对落后，辅助作业复杂，一直是露天生产的薄弱环节。20 世纪 60 年代开始在中小型铁矿山逐渐推行 YQ-150 型潜孔钻机。

（2）装药。20 世纪中期，国外矿业发达国家开始采用初级的装药设备代替最初的人工装药，实现了装药的初级机械化。我国矿山的装药技术同样起步较晚，发展也相对缓慢，长期采用人工装药，作业人员通过手动拔输送药管完成装药作业，因此导致人员劳动繁重、影响工人健康，同时也影响装药质量和爆破效果。为了保证装药质量，梅山铁矿先后两次引进国外的装药车；云南大洪山铁矿也曾引进 3 台瑞典 GIA 公司的 GIAMEC211 型装药车，如图 8-15 所示。

（3）运输。矿石运输是井下开采过程中一个重要工序，直接关系到矿山的正常生产。矿车作为有轨运输系统的主要装备在 20 世纪 60 年代通过成型的电机车进行牵引，车辆的日常生产调度则采用电话、吹哨、信号灯等进行车辆调度，设备落后、工艺复杂、效率低、工人劳动强度大。

（4）通风。新中国成立初期，我国铁矿山井下通风系统调节控制，无论是调控方案决策，还是调节控制方法一般都是人工进行的，没有定量化风量调节装置和自动决策手段，

(a)　(b)

图 8-15　瑞典 GIA 公司 GIAMEC211 型装药车

很难及时根据现场实际情况及时调节风量。虽然部分矿井安装了遥控风门，可以远距离控制风门的开关，但其目的主要是对于行车和行人而言的，并不是根据通风控制的要求进行自动控制，而且风机和风窗的调节也主要靠人工完成。

（5）排水。井下涌水是危及矿井安全的重要因素，一旦发生井下透水事故，不仅影响井下生产，甚至会使矿井淹没，危及生产工人生命。井下水泵房排水系统担负着整个矿井积水排除的任务，其安全可靠性直接影响矿井生产的效率和安全。改革开放以前，我国大多数铁矿井下水泵房仍然普遍使用传统的人工操作排水系统，这种排水系统由于操作过程烦琐、劳动强度大、人为因素多、起泵时间长、自动化程度低、应急能力差，还做不到根据水位或其他参数自动开停水泵，严重影响井下主排水泵房的管理水平和经济效益，存在很大的安全隐患。

（6）变配电系统。传统铁矿山变配电系统往往只能保障系统的安全可靠运行，所有变配电设备通常独立运行，不具备系统远程监控的功能，无法及时获得系统预警信息和预处理故障。

二、第二阶段：生产过程自动化

该阶段（20 世纪 70 年代—20 世纪末），伴随着改革开放，我国铁矿山的生产过程自动化水平也有显著提升。此时进入到单台设备自动化阶段，凭借分类传感技术、2D-GIS、单机传动技术等技术先后在运输、凿岩、溜井监测、辅助生产等多方面推行了自动化应用，提高了井下生产效率。

（1）1980 年由长沙矿冶研究院、株洲东方工具厂等单位研制成功我国第一台液压凿岩机 YYG80，装配于 CGJ2Y 型全液压钻车上，由此拉开了国内研制液压凿岩机的序幕。相继有十多家科研院所、高校以及设备制造厂商研制出 20 余种型号液压凿岩机和凿岩台车，形成了我国液压凿岩设备产品系列和研制使用格局。

（2）20 世纪 80 年代，长治矿山机械厂在瑞典 ANOL 的基础上研制出 BQ 系列装药器，用于装填铵油炸药。在国外装药车的基础上，马鞍山矿山院研制的 DZY220 型井下装药车，配有安装工作平台，人工辅助送、退管等操作；长沙矿山院研制的 JFZ600 型井下上向中深孔铵油粉粒状装药车，克服了装药与返药控制等关键技术问题，解决了部分进口设备在国内运用不成功的技术难题。

（3）梅山铁矿的过程自动化积极开展建设，并率先通过引进瑞典的多绳摩擦式提升机实现了提升作业自动化，后续经过技术改造实现了提升机故障自动诊断，既提高了提升作业效率，又节能降耗约 20%。

（4）“七五”期间，南芬铁矿和南山铁矿分别针对汽车运输和铁路运输，建立了人-机交互式计算机辅助调度系统，随后白云鄂博、大冶铁矿、东鞍山铁矿、齐大山铁矿等也陆续开展了此方面的工作。

三、第三阶段：生产过程数字化与智能化

该阶段（20 世纪末至今），数字矿山的概念被提出后，计算机、先进的通信技术、网络技术等研究成果纷纷进入矿业领域，使矿山生产方式发生了明显变化，我国铁矿山也迈入了综合数字化阶段。通过集成平台、3D-GIS 等智能信息化技术使得孤立的设备单元彼此连接，通过系统的智能控制，完成数据采集与分析、操作控制和管理，实现了生产设备由单体控制向集成控制的转变。近年来产生的大数据、物联网等新兴技术，进一步助力我国铁矿山的技术水平，尤其是井下的生产辅助作业的智能化、无人化，主要包括通风、排水、变配电、提升、充填等生产环节。

（1）2001 年，梅山铁矿多级机站通风远程集中监控系统正式投入使用，该系统采用计算机网络与通信技术对井下多级机站风机进行远程集中控制，并对井下主要回风地点大气环境参数进行实时检测。同时，该矿山持续推进数字梅山铁矿系统技术研发，经过十年的不断探索和完善，建设了生产过程管控一体化系统，将各管理、自控、视频系统进行整合。

（2）石人沟铁矿三期主井采用提升自动控制系统，通过直流全数字调速和 PLC 核心控制、上位机在线监控的控制方案，实现提升机的全自动运行，减少了操作人员的劳动强度。2022 年，该矿山通风系统采用西门子 S7-200 系列 PLC 系统实现自动通风和无人值守，中央水泵房采用美国 OPTP 公司 DCS 控制系统实时检测并远程自动控制。

（3）首钢矿业公司推进矿山数字化、智能化建设成效显著，2004 年水厂铁矿投入使用第一代 GPS 智能调车系统，如图 8-16 所示。以全球卫星定位技术、无线网络、调度模型算法等技术手段，实现对采场矿车、电铲、牙轮钻机等生产设备的位置及工作状态实时监控、自动调度。首钢矿业自主研发的电机车无人驾驶系统在杏山铁矿投入运行，井下运输率先进入无人时代。之后，首钢矿业又提出了打造“5G+电机车无人驾驶”新技术，通过调度集中管控、道口远程控制、遥控机车等技术，推进了井下运输自动化水平。

（4）选矿自动化水平很大程度上影响了矿山企业的经营效果。自选矿自动化技术诞生以来，经过多年的发展，极大改变了传统选矿技术落后的情况，逐步实现了少人或无人的智能选矿。

梅山铁矿基于对选矿车间全生产过程状态数据自动监测搭建了数字选矿系统，通过反

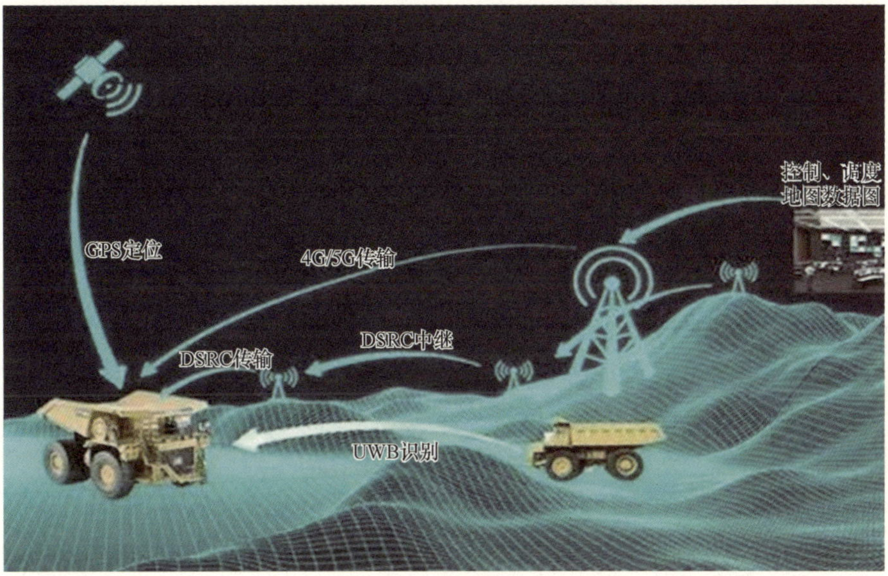

图 8-16　卡车智能调度

馈控制技术实现选矿工艺参数实时调整优化的决策支持系统，最终达到稳定精矿品位、提高金属回收率的目的。该系统可以实时显示选矿工艺中关键环节的产量、质量、消耗、设备等信息的状态，并自动进行汇总分析，指导工作人员根据数据变化和异常报警迅速调整设备运行参数。

2011 年，太原钢铁以太钢袁家村铁矿为背景研发了基于块度成像和磨机噪声分析功能模块的半自磨机专家控制系统，设计了基于容错服务器技术的组合式控制系统网络架构，并采用个性化接口设计，实现了整个矿山生产的集中控制。

2016 年，庙沟铁矿通过自动化技术在选厂调度室对车间三段磨矿分级作业实行集中控制，提高了系统台时、粒度合格率和金属回收率，降低了球耗、电耗及衬板消耗等，避免和减少了设备故障的发生；同时方便了管理，减轻了工人劳动强度，提高了劳动生产率，经济效益显著。同年，宝钢集团新疆八钢哈密磁海铁矿通过现场电气改造，把成套的重板给料机、圆锥机、颚破机全部接入 PLC 统一远程自动控制，使整个选矿工艺流程更加顺畅，实现了整个选矿工艺联锁启停。2019 年首钢矿业建立了“智能选矿”系统，实现了选矿全流程“专家”控制运行，提升了指标并稳定控制能力。

第三节　安全管控体系

铁矿石开采环境恶劣，易引发各类事故。随着国家对安全生产工作的重视，各大矿山落实安全管理责任，完善安全检查制度，完成安全生产标准化工作，建设安全避险六大系统。在数字化、信息化与传统行业结合应用的大背景下，开展了一系列机械化换人、自动化减人工程，实现了设备的远程遥控。目前，智能矿山建设如火如荼，安全管控智能化研究应用前景广阔。

一、早期监测监控系统

在新中国成立之后，矿山利用视频监控技术对主要生产环节和井下情况进行监控，记录工作现场的安全生产情况。早期主要采用本地模拟信号监控系统，利用模拟视频线将来自摄像机的视频连接到监视器上，利用视频矩阵主机，采用键盘进行切换和控制，录像采用使用磁带的长时间录像机。远距离图像传输采用模拟光纤，利用光端机进行视频的传输，信号传输对距离十分敏感，只能以点对点的方式监视现场且无法联网，布线工程量和存储介质消耗很大，其应用范围始终有限。金山店铁矿于 1976 年在矿井提升中开展工业电视的应用，使得卷扬司机通过电视可清楚看到罐笼对位情况。

第二代半数字视频监控技术是以硬盘录像机为代表的半数字化监控系统，布置在监控现场的摄像机、传感器、报警器与数据设备通过传输线路汇接到一台 PC 机上。前端采用模拟方式采集，运用光缆传输信号，改善了图像的质量。末端由多媒体控制主机或硬盘录像主机（DVR）进行数字处理与存储。1998 年，国家“八五”科技攻关某课题的子课题“梅山铁矿选厂脱水过滤监控系统”实现了对过滤过程主要设备状态和一些重要过程参数的集中监视，并通过现场控制站对浓密池的底流浓度进行控制。

随着应用系统网络技术的进一步发展，第三代视频监控系统即以前端网络视频为代表的全数字视频监控系统开始逐步应用于铁矿山中，视频从前端图像采集、传输即为数字信号，以网络为传输媒介，实现视频在网上的传输，并通过设在网上相应的功能控制主机实现对整个监控系统的浏览、控制与存储。与此同时，安全管理理论和技术的发展为矿山安全管控体系提供了丰富的形式和方法。

二、数字化安全管理系统

（一）安全隐患排查与管理系统

隐患源于生产，生产即存在隐患，如不能有效治理隐患，将无法保障铁矿安全生产。此前，矿山风险管控和隐患排查以人工巡检、纸质记录为主，效率较低，工作量大，易受人为因素影响。在数字化和传统行业融合的进程中，安全隐患排查与管理系统应运而生，使铁矿事故隐患排查工作更加快捷化、系统化、科学化、规范化，实现了对隐患处理的实时跟踪及统计分析，降低了事故发生率。西石门铁矿通过梳理隐患排查和整改思路，按照分级、闭环、重叠管理的理论建设了安全隐患排查与管理系统，形成了“横向到边、纵向到底”基础管理网络，细化分解逐级管理职责，实现了“人人有专责、件件有标准、事事有人管”的基本要求，有效提升了干部、职工安全意识，大幅减少了生产过程中的违章和隐患。

（二）安全避险六大系统

2010 年，国家安全监管总局组织制定了《金属非金属地下矿山安全避险“六大系统”安装使用和监督检查暂行规定》，提出金属非金属地下矿山安全避险“六大系统”的建设与使用要求。“六大系统”是指监测监控系统、通信联络系统、井下人员定位系统、压风自救系统、供水施救系统和紧急避险系统。

（1）监测监控系统：通常包括视频监测、环境监测和监控。矿山一般在各井口车场、火药库、变电所、提升机房、井口信号房、比较重要的生产场所和人员进出点安装摄像头及环境监测设备。白象山铁矿有毒有害气体监测系统分为离线监测和在线监测两部分，其中离线监测部分采用 M2 型二合一便携式气体检测报警器，在线监测部分主要由各类矿用井下传感器、井下监控分站及井上监控中心站组成。作业人员携带离线便携式报警器从爆破上风流方向进入采区监测，防止在井下采区正常作业的人员发生中毒事故。在线实时监测针对重点采矿巷道及回风巷和避灾硐室，集中展示环境的温度、湿度、气压、CO、CO_2、O_2、NO_2 气体浓度。

（2）通信联络系统：包括地表和井下的有线、无线通信。根据安全避险的实际需要，铁矿山应建设完善的有线通信联络系统，建设无线通信联络系统作为有线通信联络系统的补充，完成矿区网络的无盲点覆盖。某些铁矿在地表及井下主巷道安装广播系统，事故发生后可以通过调度指挥中心（广播系统控制中心）安排，由井下广播终端定点、定区域或全体广播，帮助井下生产人员及时安全撤离至指定安全地点，提高矿山生产者在应对井下突水、火灾等事故发生时的逃生能力。

（3）人员定位系统：主要起人员考勤、入门安检、人员定位查找和报警的作用。北洺河铁矿结合定位基站的参数特点，在矿内各个水平主要联巷及斜坡道建设了人员定位和无线通信二合一系统，实现了人员在主要巷道内的实时通话和无盲点定位。

（4）压风自救系统：为采掘作业的地点在灾变期间压风供气。压风系统在安装完成后，应开展系统的试运行工作，沿管道进行巡视，查找并处理漏风点。白象山铁矿将井下气动设备（风钻、凿岩机）的生产供风系统与压风自救系统有效联合运用，节省了单独设计产生的成本。其压风管道主体经回风井地表空压机房进入井下主进、回风巷道，再由各主巷向各分层的采区、盘区进行压风管路的延伸，以满足井下压风自救与井下生产供风的需要。

（5）供水施救系统：与压风自救系统类似，为采掘作业的地点在灾变期间提供有水质保障的水源。某铁矿供水施救系统与内部的生产、消防供水共用一套系统，由地表的高位水池向井下各主巷道供水，再由各主巷道向各个分层的采区、盘区供水。

（6）紧急避险系统：由避灾设备、避灾设施、避灾路线、应急预案组成。鑫斌铁矿利用旧巷道建设了 1 个可容纳 15 人的避灾硐室，该硐室采用锚杆+锚索+现浇钢筋砼(500 mm 厚)，配套有供氧系统、供电系统、安全监测监控系统、人员定位系统、压风自救系统、供水施救系统、通信联络系统，还配备有生活物资及急救箱，可以使人员在无任何外界支持情况下，额定防护时间不低于 96 h。

三、矿山安全管理智能化

随着本质安全、主动安全、全员安全理念的普及，铁矿山的安全管理呈现系统化、精细化、标准化和预控化的趋势。运用物联网技术、射频识别技术、GIS 技术以及计算机技术和云计算、人工智能多项技术，构建矿山安全管理智能管控系统，实现采矿过程优化、安全监测监控、安全预警、对危险物品的管理与控制、对技术层面的监督和管理、紧急情况下的通信与救援等功能，从技术上加强对矿山生产过程的安全管理。

铁矿山安全管控智能化主要体现在边坡稳定性监测预警与评价、地下矿山围岩稳定性预测与评价、排土场与尾矿库监测预警、水灾火灾防治、深井热害防治和通风系统优化等方面。水厂铁矿开发了专用软件，建立了尾矿库水位自动检测子系统，采用超声波液位计对尾矿库的水位进行实时在线监测，该系统于 2011 年初投入使用，使尾矿库水位检测数据更加精确、及时。大孤山铁矿废弃排土场边坡监测项目运用 GNSS（global navigation satellite system）在线监测技术（图 8-17），综合分析边坡变形监测数据，对大孤山排土场边坡的安全状态及稳定性进行评价。

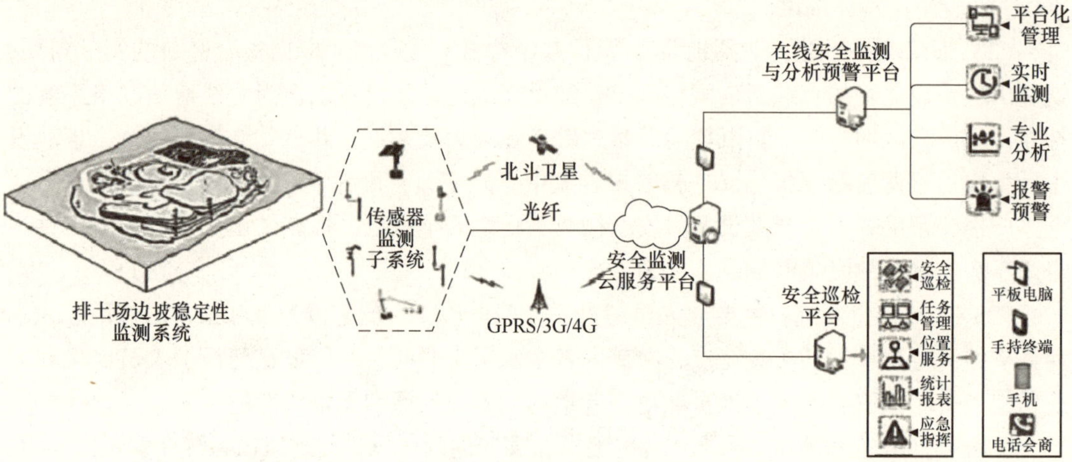

图 8-17　GNSS 监测技术

大数据分析的理论与方法可以用来实现安全隐患中的知识挖掘问题。欧阳秋梅分析了安全大数据应用原理的内涵，提炼出安全数据全样本、安全数据核心、安全数据隐含、安全科学导向、安全价值转化、安全关联交叉、安全资源整合、安全超前预测、安全容量维度等九条安全大数据应用的基础原理，建立了安全大数据应用原理的理论体系和基于安全大数据处理流程的作用框架，为大数据在安全科学领域的应用提供理论指导。中国矿业大学开展了大数据在煤矿安全生产管理中的应用研究，北京科技大学研发了矿山安全隐患辨识与预警大数据分析系统。从当前研究成果来看，铁矿安全大数据分析尚处于探索阶段，针对数据的更多维度、更多层面的挖掘应用依然有很大的探索空间。

第四节　矿山企业管理与决策优化

一、矿山生产管理系统

数字矿山建设以来，矿山计算机管理技术发展迅猛。国内铁矿山管理信息系统（Management Information Systems，MIS）的研发可追溯到“七五”期间，冶金部组织攻关，在南芬露天铁矿成功开发出第一个露天铁矿管理信息系统。该系统含有地测、年季采剥计划、月周日采剥计划、生产调度、设备管理、备件库存管理、材料库管理、成本管理、计算机网络与数据字典等九个子系统和采掘过程模拟及矿石量品位偏差预测两个子专题，改变了矿山企业的信息流落后于物质流的局面，使管理工作从定性到定量、从定时到动态，为矿山科学管理提供了重要手段。随后，歪头山铁矿、梅山铁矿、白云鄂博铁矿、兰尖等铁矿也进行了矿山 MIS 子系统的实施步骤。

矿山生产计划管理、生产调度管理和生产信息统计与查询是生产管理的主要组成部分。生产计划与调度管理是矿山生产的基础。

（1）生产计划是所有企业生产管理的核心，其管理水平直接影响企业的生产经营水平。对于地下金属矿山企业来说，生产计划的制定需要的数据和信息来源广泛，既要关注地质资源相关信息，又要关注生产能力信息。早期生产计划优化研究多采用数据接口技术集成各个管理信息系统的生产数据，进行深加工。通过集成设备和人力资源管理信息系统，对矿山实际的生产班组人员能力、设备能力进行设定，人员调动和设备调动故障等对生产能力影响因素的反馈。国内铁矿山在进行了大量的数字矿山建设工作后，完成了地质资源的三维可视化数字化、地质资源储量管理信息系统、生产调度管理信息系统、生产验收管理信息系统、人力资源和设备管理信息系统等众多的信息化管理系统，实现了数据的网络传输和共享。弓长岭铁矿通过分析、计算及采掘进度计划的重新编制，提出了高山采区矿床合理的开采顺序及适宜的生产规模。

（2）调度管理问题源于对任务的安排，即多个独立个体为了完成整体目标而进行协调安排，是运筹学的一个分支学科。生产调度是针对一项或多项可以分解的工作，在满足约束条件的前提下，不改变工艺和生产技术水平，通过调整任务的执行活动、生产的指令安排等管理手段，以期达到生产目标的过程。其中，露天铁矿的调度优化起步较早，齐大山铁矿于 20 世纪 90 年代在生产调度中应用了微型计算机，实现了生产的预测、日常生产计划的下达、综合配矿和统筹配车等功能。歪头山铁矿利用 VisualBsic3. 0 语言和计算机通信理论技术开发了调度通信系统，实现了生产现场的数据、信息和图形文件等的快速准确传输。目前，露天矿调度技术在卡车路径优化、车铲配置优化、行程时间预测、配矿优化、卡车无人驾驶等方面取得了较为成功的突破和应用，并衍生出 Dispatch、AutoMine、MineStar 等商业化软件。国内矿山也相继开展了大量的研究应用。

（3）生产信息统计分析是生产管理系统的重要模块。统计各生产采场、各班次工作量情况，生成日报、月报等统计数据，以报表和图形的方式进行展示，根据提供的查询方式对不同条件下的数据进行查询。

二、生产信息决策优化

矿山是由地质资源系统和生产系统组成的大系统。随着生产实践的推进，矿山资源数据和技术经济指标都会发生较大的变动，因此，有必要依据实践得到的新认识，对矿山进行调整。决策支持系统（Decision Support Systems，DSS）是面向特定领域，帮助用户解决半结构化或非结构化问题的一种交互式系统。DSS 由 MIS 发展而来，主要为企业高层提供决策参考，只有优化高层的决策才能取得明显的经济效果。1990 年前后 DSS 在冶金行业的应用体现在探矿系统、开采境界确定和矿山设计等过程。南芬露天铁矿研发的生产计划决策支持系统，包括知识库、数据库管理子系统、模型库管理子系统、方案输出及内部通讯子系统，用于辅助企业计划人员制订年产量计划。此外，矿业决策环节常见的专家系统有采矿设计专家系统、爆破设计专家系统、通风设计专家系统、边坡稳定专家系统、顶板维护专家系统、设备故障诊断专家系统等。

矿山企业信息技术发展迅猛，尤其是现代矿山企业直接面对信息技术发展的前沿技术和最新的管理理念，相信未来会有更多青年学者投入传统能源资源行业的智能化研究应用中。

第五篇

中国铁矿石行业典型企业的发展历程与科技创新

第九章　中国铁矿石行业典型企业的发展历程与科技创新

第一节　鞍钢集团矿业有限公司

一、基本概况

鞍钢集团矿业有限公司（以下简称“鞍钢矿业”）是我国掌控铁矿石资源最多，规模、成本、技术和管理领先的铁矿行业龙头企业。拥有勘探、采矿、选矿、民爆工程、矿山设备制造、资源综合利用、工艺研发设计、矿冶工程、生产服务为一体的完整资源产业链，是同行业综合实力最强企业之一。主要有10座铁矿山、9个选矿厂、2个球团厂。国内年生产规模：铁矿石6300万吨、铁精矿2300万吨；澳洲卡拉拉年生产规模：铁矿石2000万吨、铁精矿730万吨。

鞍钢矿业是一座矢志不渝听党话、跟党走的红色矿山。承载着民族独立和解放的红色记忆、见证了百年矿山发展历程，鞍钢矿业由党而建、跟党创业、为党奋斗，是新中国铁矿行业开始的地方，是新中国第一车铁矿石的诞生地。周恩来、朱德、李鹏、朱镕基等党和国家领导人多次到鞍钢矿业视察，给予亲切关怀和殷切期望。在党的领导下，鞍钢矿业传承红色基因，赓续红色血脉，积淀厚重的文化底蕴，实现英模精神代代辈出。伟大的共产主义战士雷锋，从矿山走进军营，“当代雷锋”郭明义从军营走进矿山，书写了“一座铁矿山，两代雷锋”的故事。思想政治工作始终走在时代前列，连续两年获评中国政研会研究成果奖一等奖、三等奖，成为辽宁省近20年来首个连续两年获得中国政研会成果奖的企业。多年来，鞍钢矿业积极践行新时代“鞍钢宪法”精神，尊重职工首创精神，充分激发蕴藏在职工群众中的创新智慧、变革潜能、创新活力，让每名职工在岗位上充分施展才能，与矿山共成长。

鞍钢矿业是一座以服务国家战略为核心使命的矿山企业。铁矿资源是钢铁工业的命脉。鞍钢矿业铁矿资源优势在国内矿钢一体企业中十分突出，可供开采百年以上。具有行业最大的产能规模，铁精矿产量占辽宁省总产量40%以上，占全国总产量8%。多年来，鞍钢矿业始终坚守“矿业报国”初心使命，为国民经济发展作出重要贡献。“十四五”以来，鞍钢矿业认真履行维护国家“五大安全”政治使命，加快国内铁矿资源开发，努力在新时代推动东北全面振兴中站排头、作表率。入选“基石计划”的12个项目中6项已开工，是国内项目最多、进展最快、成效最好的。全国最大的单体地下铁矿山——西鞍山铁矿项目已开工建设。随着重点项目陆续建成投产，鞍钢矿业铁精矿产量逆势增产，持续刷新历史纪录，2023年较2020年增幅达10.5%，对提升战略性矿产资源供应保障能力、增加铁矿石价格谈判话语权发挥了重要作用。

鞍钢矿业是一座坚持创新引领走在前的矿山企业。创新是引领发展的第一动力。鞍钢矿业坚持科技创新驱动，采矿技术与装备水平始终处于国内领先地位，选矿技术更是达到世界领先水平。特别是针对贫铁矿资源条件先天不足的问题，在国内率先进行系统研究攻关，研发了提铁降硅、协同开采、地下采选一体化等关键技术，形成一批具有世界领先水平的核心技术，以及较为完整的贫铁矿开发技术体系。牵头编制我国首个铁矿行业中长期发展规划，主导制定60余项国家和行业标准，引领行业科技进步和高质量发展。聚焦铁矿资源关键核心技术，成立矿山研究院，打造原创技术策源地，推动铁矿资源绿色高效开发。5项成果获国家科学技术进步奖二等奖。改革工作成效突出，连续两年获评优秀“双百企业”。

鞍钢矿业是一座践行“双碳”目标聚力绿色智慧转型的矿山企业。绿水青山就是金山银山。鞍钢矿业深入贯彻新发展理念，坚决落实“双碳”战略，统筹推进矿山开发和生态建设，努力打造天蓝地绿水清的生态环境。绿化复垦行业领先，所属铁矿山均被命名为国家级绿色矿山，被评为全国践行生态文明优秀企业、钢铁工业绿色低碳优秀品牌企业。矿业生态园被评为“国家绿色矿山示范基地”，鞍山市中小学研学基地。矿山生态修复成果入选国家卫星对比图，被外交部作为“中国过去10年变化”的五个典型案例之一对外发布。加快矿山数字化、智慧化转型，在国内率先实施“智慧矿山”发展战略，首创云计算应用技术，实现智能生产、智能管理和智能运维。露天、井下、选矿等智能制造试点项目成为行业标杆典范。

二、发展历程

鞍钢矿业发展历程是中国铁矿资源产业发展史中重要的组成部分，是新中国恢复建设投入生产的第一个矿山企业。在这里采出了新中国第一车铁矿石，为鞍钢的开工建设提供了坚实的资源保障。

鞍钢矿业的发展史就是一部中国矿业人的奋斗史，从日伪时期铁蹄践踏下饱受欺凌，到国民党统治时期满目疮痍、百废待兴，再到新中国成立后矿山重回人民的怀抱，一代代矿业人在创新、求实、拼争、奉献的精神指引下，用矿石般朴实坚毅、无私奉献、追求卓越的品格，实现了沧桑巨变、华丽转身。

（一）日伪时期矿工们与日寇顽强抗争的革命史（1916—1948年）

1916年的中国处于半殖民地半封建社会，国家贫弱，社会动荡，人民困苦，给了日本帝国主义可乘之机。

1916年7月22日，日本帝国主义假借中日合办的名义，在南满洲铁道株式会社的控制下成立了振兴铁矿无限公司。1931年9月18日，日本侵略者全面占领了东北。1936年

6 月 4 日，日本帝国主义为彻底攫取矿业权，由昭和制钢所社长和振兴公司总经理签订了《租矿契约书》。至此，以中日合办名义所获得的矿业权，完全为日本一方所攫取。从 1918 年到 1945 年间，日本帝国主义共掠夺鞍山和辽阳弓长岭地区的铁矿石达 3000 多万吨。

日寇侵占矿山，大肆掠夺中国丰富的铁矿资源和劳动力资源，他们强迫各地农民到矿山当苦工，残酷迫害中国矿工。在山上打小洞子掏矿石，掠夺式开采。矿工们身背肩扛，累死、饿死、冻死，甚至被打死不计其数，仅在弓长岭矿山区域内，日本侵略者掘出一个大坑，灭绝人性地把矿工的尸体扔入坑里；后来，由于坑内尸体太多，加之日寇为了消尸灭迹，又在三道沟内修了一座炼人炉，用来焚烧死难和病危的矿工，抛下了累累白骨，先后遗留下了“千人沟”“万人坑”“炼人炉”三处死难矿工的遗址，这是日本帝国主义侵略中华、残害中国矿工的历史铁证。

残酷的压迫，白色恐怖的岁月，并没有让中国人屈服惧怕，觉醒的矿工们已自发地和敌人渐渐展开了斗争。初期，运用的斗争方式都是破坏机器和消极怠工等，但也相当严重地打击了敌人的生产。1937 年全年矿石产量仅 42.3 多万吨，全矿总平均每人每年生产矿石 80 多吨，效率极低。后来，广大矿工在地下党的领导下反抗斗争的烈火越燃越旺，特别是 1940 年以后，随着日本帝国主义越来越疯狂地掠夺和镇压，矿工们的反抗斗争也越来越猛烈，已发展到“星星之火，可以燎原”之势。大罢工的浪潮冲击整个矿区，并由个人反抗逐渐地被引导到有组织、有计划的规模较大的暴动越狱。

1941 年夏天，为了反抗日本鬼子的残酷压迫，230 名矿工进行了大罢工，仇恨之火如火山般爆发，他们不畏强暴，砸烂凿岩机，掐断照明线，捣毁运输设备，使一段时期内矿山生产陷入“瘫痪”状态。当时，广大矿工们通过各种方式，积极勇敢地同日寇做着不屈不挠的斗争。终于在 1945 年 8 月日本战败投降，结束了长达 29 年的屈辱历史。

1946 年春，国民党部队进驻鞍山，宣布成立“资源委员会鞍山钢铁有限公司”，同年 10 月组织成立了修复委员会。由于国民党的腐败无能，只对轧钢厂等部分厂矿进行了简要的修复工程，对于修复时间长、投入精力大、耗费资金多的矿山、烧结、冶铁等工程却抛在一边。国民党的“资源委员会鞍山钢铁有限公司”一吨钢也没有炼出来，仅成立 22 个月就宣告垮台。荒芜的矿山，满目疮痍，给后来恢复生产造成了极大困难，鞍钢的铁矿山在这一时期经历了一段饱受风霜、刻骨铭心的辛酸史。

（二）新中国成立后矿山全面恢复生产时期的创业史（1949—1978 年）

1948 年 2 月 19 日，鞍山解放，矿山真正回到祖国和人民的怀抱，百废待兴的铁矿山终于迎来了发展建设的春天。新中国成立之初，国家百废待兴，急需钢材支撑国家建设。在党和国家的关怀下，全国选派的“500 罗汉”中有 38 人来到鞍钢矿山，投身火热的矿山建设之中，以最快的速度恢复矿山生产；同年 6 月，新中国最早恢复生产的大孤山铁矿采出共和国第一吨矿石，冶炼成为共和国第一炉钢水。

1949 年全国解放后，鞍钢矿山进入了新中国成立后的第一个计划经济发展时期。随着弓长岭、樱桃园等矿山相继恢复生产，在保证鞍钢顺利开工的同时，有力支援了全国的解放和经济恢复。

1950 年 4 月，中央人民政府政务院委派专家和鞍钢地质人一起对鞍山、弓长岭及吉林通化地区的铁矿石资源进行了全面勘察。1951 年，苏联采矿工业企业设计院向鞍钢提出矿山扩建初步设计，确定大孤山、东鞍山、弓长岭铁矿为鞍钢的冶炼原料基地，设计年产铁矿石 1030 万吨，其中贫铁矿 950 万吨、富铁矿 80 万吨。

国家第二个五年计划期间，鞍钢是苏联援建的重点工程之一。按照苏联提供的设计，鞍钢矿山展开了大规模建设，建设总投资 28391 万元。在大孤山、东鞍山、弓长岭铁矿的采矿工程和大孤山、东鞍山、弓长岭选矿厂两条战线上同时进行建设。这些工程相继投产后，提高了鞍钢矿山的综合生产能力。到 1957 年，鞍钢矿山铁矿石产量达 876 万吨，装备也达到了世界同期先进水平。新建大孤山、东鞍山、弓长岭选矿厂，设计年产铁精矿 410 万吨。从此，确定了鞍钢以贫铁矿选出的铁精矿为原料的炼铁工艺。

随着新中国掀起了社会主义工业化建设热潮，1956 年 5 月，国家重工业部正式批准建设东鞍山矿石准备厂，即东鞍山烧结厂。1958 年 9 月 13 日，历时一年半建成的东鞍山矿石准备厂选矿车间及烧结车间 3 号和 4 号烧结机正式投产。这是新中国第一个自行设计、自行施工建成的选烧联合型企业，是新中国冶金建设史上的一座里程碑。开工初期，正值国家三年困难时期。浮选一天生产消耗的药剂量相当于 2 万人一天的食用油量，项目面临下马。关键时刻，1962 年 6 月 12 日，周恩来总理来到该厂视察，作出重要指示："选矿厂不能下马，大家要好好干。我们一定要长中国人的志气，一定要把亚洲最大的铁浮选厂办好。"在周总理殷殷嘱托的激励下，全厂开展了寻找新药剂的技术攻关大会战，终于找到了新型药剂"精塔尔油"。在那个艰苦创业的年代，东烧厂攻坚克难、拼搏奉献，取得了一系列重大生产技术突破。1964 年试验成功了池填法筑坝新工艺，1966 年创造了选矿金属实收率 84.24%的新水平，夺得世界冠军。

从鞍山解放到 1978 年 12 月党的十一届三中全会召开之日起，鞍钢矿山的重心在于履行原料基地职能。经过近 30 年的努力，已经发展成为年产铁矿石 2626.02 万吨、铁精矿 1781.77 万吨、烧结矿 301.01 万吨的大型铁矿山联合企业，保证了鞍钢炼铁生产需求，为鞍钢和我国钢铁工业的发展作出了重大贡献。

（三）改革开放时期矿业公司的加速发展史（1978—2012 年）

1978 年党的十一届三中全会召开后，鞍钢矿业吹响了改革开放的号角，也迎来了真正属于它发展建设的黄金时期，从此翻开了矿山大规模技术改造、企业飞速发展的崭新一页。

在中央"经济建设必须依靠科学技术，科学技术工作必须面向经济建设"的战略方针指引下，鞍钢矿业公司坚持以提高企业经济效益为中心，切实加强对科技工作的组织领导，不断深化科技体制改革，完善科研工作运行机制。1978 年 8 月，鞍钢设计院的采矿、选矿、烧结设计室以及相应的辅助配套专业部分并入矿研所，成立了矿山研究设计院。在鞍钢公司的领导下，矿业公司实行和贯彻了一系列正确的科学技术工作方针政策，有力调动了广大科技人员的积极性和创造性，并为他们提供了充分展示聪明才智的广阔天地，以科学技术求效益、求发展，在改革开放时期为鞍钢矿业的生产和建设再立新功。

随着改革开放的不断深入，1986 年鞍钢矿业大力开展经济体制改革和科技体制改革，建立健全包括经济责任制在内的各项管理机制；公司紧紧围绕生产经营的中心工作，以提高质量、降低消耗、增加效益和安全环保为重点，不断开发新工艺、新技术、新材料，为提高经济效益、强化企业管理、促进矿业发展奠定了坚实基础。

1986 年 11 月 1 日至 2 日，时任国务院副总理李鹏来鞍山视察，先后视察了鞍钢和矿山企业。李鹏在 1 日抵达鞍山后，在时任冶金工业部部长戚元靖、时任辽宁省代省长李长春以及国务院、省直有关部门负责人的陪同下，于 2 日下午，冒雨视察了齐大山铁矿露天采场，在详细了解矿山储量、发展前景后，又视察了齐大山选矿厂。李鹏兴致勃勃地登上了 32 m 高的高空平台，察看了将对鞍钢进一步发展提供保障的重-磁-浮新工艺，对矿山的先进工艺技术和装备给予了高度评价和赞扬，鼓励大家要尽快达产达效，为改革开放和四个现代化建设作贡献。

1991 年 6 月、1997 年 7 月，时任国务院副总理朱镕基先后两次视察齐大山铁矿，20 世纪 90 年代国际铁矿石价格下跌，为降低成本，国内一些铁矿山企业实施只采优质矿的“分区开采”方案；朱总理视察齐大山矿后指出：“矿山不是没效益，看你怎么算。今后矿山产量上不去，你的全部效益都没了。不能依赖别人，鞍钢靠进口矿是没有前途的。”这次视察同时确定了国家“八五”计划重点项目之一的“总投资 41.2 亿元齐大山铁矿采选扩建工程”。

受到党和国家领导人关怀厚爱的鞍钢矿业，更加激发了广大干部职工拼争进取的干劲，增强了做强做大做优矿山的信心，加速了改革发展步伐，确立了“稳定铁矿山、改造选矿厂”“壮大铁矿山、发展选矿厂”“建设鞍钢精品原料基地、打造世界一流矿山企业”的总体发展思路，先后对齐大山选矿厂、大孤山选矿厂、东鞍山烧结厂、齐大山矿调军台选矿厂和弓长岭选矿厂进行了工艺技术改造。扩建后的齐大山铁矿以及新建调军台选矿厂于 1997 年建成投产，其所采用的具有世界先进水平的选矿工艺流程和大型化的采矿设备，使选矿生产能力实现大幅度提升，特别是铁精矿品位由 63%提高到 67%，使其当时获得了“亚洲第一矿”的美誉，连续两年入选《中国企业新纪录》。

“九五”期间，中国经济的飞速发展为我国铁矿业加快发展提供了良好宏观环境，由于受中国铁矿石资源品位低、杂质多、粒度细、难磨难选等先天不足因素影响，矿山在与国外三大巨头的竞争上还处于劣势。当时，鞍钢自产铁精矿的铁品位只有 64%左右，铁金属回收率仅达到 75%，不但浪费了铁矿石资源，而且使炼铁的焦炭消耗增加。为提高铁精矿品位，鞍钢矿业进行了“提铁降硅”技术攻关，开发出了阶段磨矿、粗细分选、重选-磁选-阴离子反浮选工艺流程。应用这一具有完全自主知识产权的新技术，在“十五”期间完成了全部老选厂改造，使铁精矿的质量显著提高。“十五”末期，鞍钢矿业综合铁精矿品位达到了 67.43%，比“九五”初期提高了 3.93 个百分点；炼铁入炉矿品位达到了 58.48%，比“九五”初期提高了 4.39 个百分点，由此促使高炉矿耗降低了 10.7%，高炉利用系数提高了 24.7%。

“十一五”期间，受国际金融危机影响，国内钢铁行业整体遭遇市场“严冬”，鞍钢矿业在钢铁行业举步维艰、鞍钢生产经营十分困难的情况下，牢固树立发展是第一要务的思想，坚持以鞍钢总体发展战略和矿业发展战略统领各项工作，坚持打造最具国际竞争力、能够引领世界冶金矿山行业发展的矿山企业为目标，以“四个转变”作为推进矿业发展的战略路径，把降低成本、扩大规模和提升管理“三大任务”作为中心任务，充分发挥资源优势、规模优势、技术优势、综合产业优势和低成本优势，提升核心竞争力和抵御市场风险的能力，加快推进“两步跨越”目标的实现。鞍钢矿业广大干部职工发扬矿业人迎难而上、勇挑重担、拼争奉献、不负使命的可贵品质，为鞍钢集团度过“严冬”作出了积极的贡献。同时，鞍钢矿业也巩固并扩大了在集团利润中心的地位和在同行业的领先优势。

（四）走进新时代鞍钢矿业的高质量发展史（2012 年至今）

党的十八大以来，鞍钢矿业认真贯彻落实鞍钢集团战略部署，高举中国特色社会主义伟大旗帜，坚持以习近平新时代中国特色社会主义思想为指导，深入贯彻落实习近平总书记关于东北全面振兴、国资国企改革发展和对鞍钢集团重要指示批示精神，以“确保我国钢铁工业原料供给的战略安全”为使命，做强做大资源产业，跨越发展成为我国首个亿吨级铁矿山企业，开创了高质量发展的崭新局面。

2014 年 10 月 11 日，鞍钢矿业集团正式揭牌成立。整合后的鞍钢矿业总资源量达到 300 亿吨以上，采掘能力和选矿处理能力分别达到 4 亿吨和 1.2 亿吨，成为我国首个亿吨级铁矿山企业。鞍钢矿业由此成为鞍钢资源板块一体化的战略执行平台、产业化发展平台和资本市场融资平台，实现鞍钢集团矿产资源集中统一管理，充分发挥鞍钢矿业的品牌、信誉、市场、资金、技术等协同优势，带动与矿业资源紧密关联业务市场化、产业化发展。同时，鞍钢矿业作为《铁矿行业中长期发展规划》编制组长单位，用世界眼光对铁矿业发展进行顶层设计，谋划新常态下铁矿业转型升级之路。

党的十九届五中全会提出了加快构建以国内大循环为主体、国内国际双循环相互促进的新发展格局。鞍钢矿业紧紧抓住这一重大战略机遇期，综合分析行业发展趋势和内部条件，进一步明确了保障鞍钢资源战略安全，保持对集团的利润贡献，助推鞍钢高端制造，推进高层次产业发展新业态，将鞍钢矿业建设成为世界一流资源开发企业的战略定位。鞍钢矿业广大干部职工牢固树立“今天干了再晚都是早，明天干了再早都是晚”的理念，加快落实“双核”战略，以打造“五个一流”为路径，搭建“159N”工作体系，着力从建立新的资源开发模式，主导区域资源开发，企业综合竞争力、控制力和影响力、稳定和提升规模能力、深化综合改革、强化创新驱动、推进幸福矿业建设上实现新突破，开启建设世界一流企业的新征程。

2021 年受疫情等多种因素影响，钢铁市场复杂多变，面对生产条件变化、原燃料价格上涨、生产限电等诸多不利因素，全体干部职工攻坚克难背水一战，全年实现降本 5.4 亿元。扩宽产品外销空间，铁精矿、球团矿、烧结矿三大产品外销收入 51.7 亿元，创效 2.27 亿元。铁精矿突破 2182 万吨，实现利润 119 亿元，公司利润首次突破 100 亿元关口，对鞍钢利润贡献排名第一，铁矿石和铁精矿产量、铁精矿外销量、收入、利润、铁精矿综合能耗六项指标创历史纪录，为建设高质量发展新鞍钢提供了强大支撑。

2022 年的金秋十月，举世瞩目的中国共产党第二十次全国代表大会胜利召开。鞍钢矿业以习近平新时代中国特色社会主义思想为指导，全面贯彻党的十九大、十九届历次全会和党的二十大精神，坚决落实党中央以及集团公司决策部署，聚焦鞍钢集团“7531”战略目标，用系统性思维谋划矿业发展，牵头编制鞍钢铁矿资源开发利用规划，规划到 2025 年铁精矿产量达 3250 万吨，到 2030 年成为铁精矿产量亿吨级企业，坚决维护我国钢铁产业链供应链的战略安全。

三、企业改革

在经历日伪统治满眼血泪史的矿石初采期，国民党统治的荒芜期和新中国成立后矿山全面建设的加速期，1978 年，党的十一届三中全会决定我国进入全面改革开放的高速发展期。40 多年的改革开放，鞍钢矿业取得了翻天覆地的变化和令人瞩目的丰硕成果。特别是进入新时代以来，鞍钢矿业坚持以习近平新时代中国特色社会主义思想和党的十八大、十九大、二十大精神为指导，肩负服务鞍钢和引领行业的责任使命，通过实施战略、提升管理、系统创新、打造文化，走出了一条具有矿业特色的全面协调发展之路，创造了公司发展史上一个黄金时期，开辟了矿业转型发展新境界。

（一）保障资源安全规模效益国内领先

鞍钢矿业作为鞍钢集团重要的原料基地，始终把为钢铁生产提供数量充足、质量优良、成本低廉的矿产品作为自己的责任和使命。在不同的年代、不同的环境、不同的挑战面前，矿业人始终以全局清晰的定位，战略统筹的思维，顽强拼搏的精神，不断将资源优势转化为产业优势、效益优势、发展优势和竞争优势，保障铁矿石资源供给战略安全。

（1）制定战略规划，增强核心竞争力。中国加入世贸组织后，如何提高国内外的市场竞争力对鞍钢矿业的生存与发展提出了更高的要求。在深刻剖析内外部环境、自身优势、责任使命的基础上，在经济全球化的大背景下，鞍钢矿业用世界眼光和系统思维来谋划发展，围绕生产经营“产业化”、资源开发利用“国际化”、发展方向“多角化”、产品输出“多元化”目标，按照“占有资源、开发资源、经营资源”的总体思路，先后制定了《铁矿山建设规划》《产业化发展规划》《科技创新中长期规划》《数字化矿山建设规划》《体制机制创新规划》《人力资源发展规划》《石灰石矿山总体规划》等一系列中长期发展规划，不断优化工艺技术，提升规模能力。2010 年 3 月，工业和信息化部正式批复了鞍钢矿业的《铁矿山建设规划》，标志着战略规划得到了国家的支持和认可，为公司充分发挥自有矿山产业优势、保持矿山产能稳定和增长、保障鞍钢铁矿石资源供给奠定了坚实的基础。通过“掌控资源、开发资源、经营资源”三个层面，充分利用国内、国际两种资源、两个市场，推进国际化经营、产业化发展、全球化布局，做强做大资源产业，已掌控资源总量达 300 亿吨，在国内外确立了独一无二的资源优势；取得了国土资源部颁发的固体矿产勘查甲级资质，形成了勘探业、采矿业、选矿业、民爆工程业、矿山设备制造业、采选工程业、资源综合利用产业、物流贸易业为一体，具有完整产业链的冶金矿山龙头企业，荣获“中国最具影响力企业”称号。

（2）落实发展规划，加速铁矿山建设。鞍钢矿业铁矿山多数始建于20世纪五六十年代，多年的持续开采和鞍钢生产能力的大幅提升，使公司铁矿山生产已经进入产能消失和衰减的高峰期。特别是由于“十五”和“十一五”期间，铁矿山规划相对滞后，导致“十二五”乃至一段时期内鞍钢矿业面临铁矿山产能下滑、供给不足的问题。为迅速扭转困局，鞍钢矿业坚持把握战略重点，严格落实战略规划，按稳定调整期、逐步发展期和快速增长期三个阶段系统推进，先后组织实施眼矿露天转井下、大矿二期、东矿二期、井下矿中央区延伸、独木采区外扩、齐矿二期和鞍千二期等老矿山延续项目，累计外扩剥岩量1.72亿吨，补充消失铁矿石产能1000万吨，有效遏制了产能快速下滑趋势；加速西大背、砬子山、张家湾、谷首峪、西鞍山、关宝山和黑石砬子新建铁矿山审批及要件办理等工作。同时，通过严格执行生产计划、优化生产组织结构和资源配置、促进生产循环调整等举措，不断提高生产经营的运行质量，稳定当期生产能力，为可持续发展提供坚实保障。鞍钢矿业铁矿山改扩建规划项目的核准工作，被商务部授予“AAA”级信用单位。

进入新时代，鞍钢矿业牢记“国之大者”，服务国家战略，牵头编制新时代鞍钢铁矿资源开发利用规划和新时代中长期发展战略规划，对企业高质量发展、建设高质量发展新鞍钢进行顶层设计，加快落实鞍钢集团“双核+第三极”发展战略，围绕实现鞍钢集团“7531”发展战略目标，推进“六化”发展，打造“五个一流”，聚焦世界级成本、世界级产品、世界级规模，建设世界一流资源开发企业，坚决维护我国钢铁产业链供应链安全。

（3）保障钢铁产业链供应链安全“压舱石”作用充分彰显。为切实保障国家资源产业安全，鞍钢矿业向国家有关部委和行业协会积极建议，推动制订“基石计划”，有效带动了国内铁矿行业固定资产投资的增长。鞍钢矿业有12个项目入选，6个项目已开工，是国内项目最多、进展最快、成效最好的，为铁矿行业高质量发展带来了更大底气和更强信心，彰显了行业龙头的责任和担当，受到中国钢铁工业协会的高度肯定。2022年11月16日，全国最大的单体地下铁矿项目在鞍钢矿业破土启动，西鞍山铁矿项目总投资229亿元，建成投产后将成为一座年产铁精矿千万吨级的技术领先、绿色、智能、无废、无扰动世界一流地下铁矿山。

西鞍山铁矿项目是鞍钢矿业贯彻落实党的二十大精神，贯彻落实习近平总书记关于辽宁振兴发展和国有企业改革发展的重要指示批示精神，落实党中央、国务院决策部署，牢记“国之大者”，加快建设世界一流企业的重大举措；是几十年来鞍钢矿业始终从战略高度谋划全局，保障钢铁产业链供应链安全，提升战略性资源供应保障能力的生动实践。西鞍山铁矿将采用目前世界上采矿领域技术先进、效率高、产能释放快、安全性强的“大直径深孔空场嗣后充填法”采矿工艺，通过采用地下废石和选矿尾砂进行充填，有效保证地下岩体稳定，确保周边环境不受破坏，实现资源开发和生态环境的和谐统一，为全球贫铁矿资源绿色高效开发提供整体解决方案。

（二）实施低成本战略强化价值创造

鞍钢矿业在实施资源发展战略，推进战略转型过程中，聚焦矿山全生命周期，围绕矿山不同发展阶段的特点“因地制宜”，制定基于价值链的战略成本管理策略，保证实现低成本运营的常态化，显著提升了企业的核心竞争力和可持续发展能力。

（1）以战略为主导，运用价值链提升管控能力。价值链分析是企业战略成本管理的最重要内容和特征，战略成本管理主要是以价值链分析为基础，使企业在成本管理中找到确定战略的方向和依据，从而建立起与企业战略相匹配的成本管控体系。鞍钢矿业基于价值链的战略成本管理，通过开展价值链分析、强化价值链管控、推进价值链优化等主要措施降低生产成本。以充实、完善价格管控系统为导向，以实时监控物资采购价格、丰富和创新价格管控方式为重点，形成了《大型铁矿山企业采购物资价格指数体系的构建与实施》创新成果，该成果荣获第六届“薛暮桥价格研究奖”。这是我国工业企业首次荣获这个领域的最高奖项，填补了我国矿山企业价格监控管理的空白。

（2）深化分析管控，全面推进网络价值链管理。推进基于价值网络的战略成本管理，首先要明确战略成本管理的目标和方向，也就是从纵向价值链、行业价值链进行分析，明确了鞍钢矿业“既要作为鞍钢的原料基地，又要成为鞍钢的利润中心”。从横向价值链分析，也称为竞争对手价值链分析，明确企业与竞争对手之间的成本地位。最后从内部价值链分析，查摆在成本管理体系、内部成本控制、结构性成本动因和执行性成本动因方面存在的问题，明确了实施战略成本管理的方向、途径和重心。鞍钢矿业通过强化价值链管控，把企业的供、产、销等价值创造的各个环节有机地整合起来，采取工序成本分析，即科学合理地核定工序标准成本、建立和运作工序标准成本分析模型、建立工序标准成本责任考评机制、推进工序标准成本分析活动的延伸等措施，优化资源配置，改善生产组织结构，细化成本预算，强化成本考核，实现整体效益最大化。

（3）科学规划投资融资，实现高质量发展。进入“十四五”以来，鞍钢矿业紧紧围绕鞍钢集团“7531”战略目标，以国际四大矿山为标杆，实施基于价值网络的“135”战略成本管理，持续提升系统降本能力。坚持试点先行带动整体降本，把资产证券化作为加快建设世界一流资源开发企业的重要前提，释放品牌价值，推进矿业做强做优做大，有力支撑新鞍钢高质量发展。以“三个一批”项目为抓手，以增强铁矿资源保障能力、提升铁精矿产量规模、促进产业调整为重点，加大自有资金投入，牢牢抓住铁矿石市场价格大幅上涨、企业效益显著增长的机遇期，充分发挥自身造血功能，加大自有资金投入，加快矿山能力建设和升级改造，充分释放资源潜力。落实国企改革三年行动方案，发挥资本市场资源配置作用，推进矿业做大做强做优。明确投资主体责任，创新投资融资模式，按照市场化机制、多渠道融资及有效风险控制的要求，鼓励以引入战略投资、合资合作、利用产业基金推进投资主体多元化等方式实施项目投资，优化资本结构，降低融资成本。2022年，鞍钢矿业首次引入外部股东，成功引进67.1亿元权益资金，顺利完成引资战略工作，为进一步提升集团资产证券化率奠定了坚实基础。

（三）打造铁矿资源原创技术策源地

鞍钢矿业的发展史，同时也是一部工艺技术不断进步的科技创新史。通过实施创新驱动发展战略，切实加强对科技工作的组织领导，不断深化科技体制改革，完善科研工作运行机制和成果转化，为鞍钢实现高质量发展目标、为我国经济建设和社会发展做出了积极的贡献。

(1) 建立科技创新体系，激发创新内生动力。长期以来，鞍钢矿业始终坚持创新驱动发展战略，以“自主创新、支撑发展、重点跨越、引领未来”的指导方针，大力推进科技兴企，着力提升自主创新能力，通过建立产学研深度融合的创新体系，巩固技术领先优势。

加快推进研发平台建设。围绕铁矿资源高效、绿色、低成本开发利用，建立铁矿资源高效开发利用工程研究中心，形成具有国际领先水平的铁矿资源开发关键技术和成套工艺装备，研发了露天井下协同开采、地下采选一体化、矿山生态修复、流态化悬浮焙烧等一系列创新技术。与东北大学合作创建“难采选铁矿资源高效开发利用工程研究中心”获国家发改委批准，建成了矿业多功能联合选矿实验室、中试基地和烧结球团实验室；参股鞍钢集团北京研究院有限公司，着力打造高端技术创新开放平台建设。由鞍钢矿业起草的《铁矿石硅含量的测定重量法》和《铁矿石硫含量的测定燃烧碘法》两项国家标准，为行业减少进出口铁矿石贸易摩擦、规范我国铁矿石市场、重塑矿石贸易国际竞争新格局发挥了重要作用。

完善科研项目管理机制。注重中长期项目的研发，形成结构合理、引领性和实用先进技术并重的项目研发体系。在重点研发项目上，探索引入竞争机制，降低研发成本，提升技术水平。积极构建产学研用深度融合的创新体系，由设计院和化工原料制备厂联合研制的《新型高效乳胶重铵油炸药复合油相材料的研究》项目，系国内外首次成功研制含极性多官能团酯类结构的新型复合油相材料，不仅填补了我国无复合油相材料的技术空白，而且每年可节省原材料采购成本 3200 万元，经济效益显著，被鞍钢集团授予重大科学技术奖。

加强知识产权管理。近年来，鞍钢矿业按层次、分阶段、循序渐进地推动知识产权工作的有效开展，构建了以战略管理、组织管理、价值管理为内容的知识产权管理体系，不断提高了知识产权创造、管理、保护、运用的综合能力和水平；制定了《鞍钢集团矿业公司专有技术管理办法》《鞍钢集团矿业公司科技成果、合理化建议、专利及专有技术奖励办法》等十多项知识产权管理制度，形成了一整套知识产权制度体系；建立了企业知识产权信息管理网络系统，实现了鞍山地区信息网络的全覆盖，依靠该网络实行一体化管理职能，使鞍钢矿业与基层实现了“一对一”的直接、集中式管理，从知识产权的“来源”一直管到“去向”，有效促进了鞍钢矿业科技创新能力的提高，为保证技术领跑奠定了基础。

(2) 加速前沿技术研发，巩固技术领先优势。结合生产实际，重点围绕制约能力提升、降本增效的关键环节和技术难题进行攻关，不断拓展前瞻性、引领性等关键技术研究方面的深度和广度。

推进国家科技项目研发。服务国家战略，聚焦国家重点工程项目，把科技创新作为加快建设世界一流资源开发企业的第一生产力、第一动力，不断塑造发展新动能新优势。加大人力资源、专项资金以及配套资金财务审计等工作，为重点工程项目的实施奠定坚实基础。近年来，鞍钢矿业率先突破了制约中国冶金矿山行业发展的技术“瓶颈”，针对贫赤铁矿资源条件先天不足的难题，研发了具有完全自主知识产权的“提铁降硅”技术，在全国掀起了一场提铁降硅（杂）的“黑色风暴”，成功获得了品位65%以上的铁精矿，从根本上解决了中国贫铁矿资源利用难的问题，形成了一批具有自主知识产权的核心技术，在全国冶金矿山掀起技术革命，中国选矿工艺技术由此达到世界领先水平。“十三五”国家重点研发项目《金属非金属矿山重大灾害致灾机理及防控技术》通过国家验收，典型难选铁矿资源清洁高效利用技术及装备研究与示范、千米竖井硬岩全断面掘进机关键技术与装备等项目入选“十四五”国家科技专项。

强化关键技术攻关。瞄准世界科技前沿，围绕深部采矿、高效选矿、绿色开发等重点研发方向，强力推进大型铁矿床自然崩落、地下矿山开采、矿山规模化无人开采关键技术的研究攻关。在高端化方面以降硅为重点，变革工艺流程，提高铁品位，探索开发超级铁精矿、洁净钢基料等优质产品，提高产品附加值，创立了大区域开采-网络化配矿-差异化选矿全过程提效技术体系。“东部尾矿预富集-悬浮磁化焙烧-磁选新工艺及关键技术”通过专家评审，实现了我国尾矿选矿技术的重大突破，对于矿山企业节能减排、降本增效、发展循环经济和保护生态环境具有重要意义。2020年《地下铁矿山低贫损绿色开采关键技术及工程应用》荣获第十届中国技术市场协会金桥奖。

（3）加快科技成果的转化与输出。在增强科研成果的针对性和实效性的同时，不断提高科研成果转化率和市场化推广应用水平，促进了企业经济效益的显著增长，打造出了鞍钢矿业的技术品牌。

2010年与北京科技大学合作，立足于破碎机的高效智能化和高性价比的发展趋势，开展相关科研与技术攻关，通过实时采集振动和温度等参数，解决破碎机主轴摩擦温度监测等技术难题，建立系统科学的故障分析模型及数据库，实现全方位网络远程监测与故障诊断。《AMC-1大型智能多缸液压破碎研制》科技成果，填补国内大型多缸液压圆锥破碎机（中细破）装备制造业的技术空白，打破国外矿业设备厂商对该装备领域技术的长期垄断，并且获得相关国家专利21项。

在提升工艺技术水平的同时，鞍钢矿业依托采选技术成果，充分发挥设计研究院的专业技术优势，积极探索对外技术输出，以延伸矿山产业链，寻求新的效益增长点，并引领行业技术发展与进步。例如，鞍钢矿业研发的“鞍山贫赤（磁）铁矿选矿新工艺、新药剂与新设备”这一技术创新项目，已被多家矿山成功应用，取得了提质增效的显著效果。设计研究院先后承揽国内外多个矿山项目，年创效十多亿元。积极推动产业链纵向延伸和横向拓展，爆破公司不断拓展服务范围，经营业绩持续提升；与中核集团签订框架协议，开展铀矿开发业务；取得机电产品国际招标代理资质，建立贸易平台，开展多种产品的营销工作；矿建公司运输物流、矿机公司机加产品、东烧厂石灰石深加工等产品和服务与市场接轨，并取得良好收益，发挥了矿业品牌效应。

2014年，鞍钢矿业及相关合作单位经数十年摸索，形成的“大型铁矿山露天井下协同开采及风险防控技术”，开创了世界同一矿体中露天井下协同开采的先例，破解了急倾斜矿体多采场同步规模开采深凹露天矿高陡边坡风险防控、采空区塌陷涌水重大安全隐患等世界共性难题。该技术的应用提高了资源的开采效率，促进了采掘业的产业转型与技术升级。通过运用该技术，鞍钢铁矿石自给率从47%提至82%。截至目前，该技术已为国内20余家矿山安全开采提供了技术支撑，并应用于世界规模最大的西鞍山铁矿的建设，为建成国内首个亿吨级铁矿山企业发挥重要作用。

（四）品牌战略助推企业高质量发展

鞍钢矿业所属矿山有着百年开采历史，前30年是日伪侵占时期，广大矿工们在党的领导下进行了艰苦卓绝的斗争；后70年是回到祖国怀抱后，伴随鞍钢的建设和发展，成为国内铁矿行业龙头企业。作为新中国第一车铁矿石的开采地，鞍钢矿业在改革发展的进程中，始终坚定不移听党话、跟党走，肩负起历史使命，勇挑改革创新重任，累计生产铁矿石17亿吨、生产铁精矿6亿吨，形成了具有矿业独特市场辨识度的品牌和良好口碑，提升了市场竞争力。21世纪新阶段，面临着新形势新任务，鞍钢矿业以习近平新时代中国特色社会主义思想为指导，全面贯彻落实党的二十大精神，以推动高质量发展为主题，实施品牌发展战略，建立完善的品牌管理体系，不断形成品牌竞争新优势，培育享誉全球的知名品牌，加快创建世界一流企业，为我国经济建设和社会发展做出了积极的贡献。

（1）传承和发扬鞍钢宪法精神，创造多项“历史上的第一”。鞍钢矿业坚持以提高企业经济效益为中心，传承和发扬“两参一改三结合”的鞍钢宪法精神，针对工作中遇到的“痛点”和“难点”问题，大力开展技术开发、技术革新、技术攻关、技术改造活动，先后取得中国冶金矿山行业历史上32项全国第一，打响了鞍钢矿业品牌。大孤山选矿厂与鞍钢矿山研究所、北京矿冶研究院组成研究小组，先后用不锈钢筛条和尼龙筛条进行自循环流程和再磨流程的连续工业试验，该项成果1975年获国家发明三等奖，1985年获国家科委技术进步二等奖。鞍钢大孤山选矿厂于1980年自行设计制造的SSB-65型水射流泵在国内黑色金属选矿厂首次应用，1984年该项目获得冶金部科技成果四等奖。1988年，由东鞍山铁矿和矿山研究所共同研究的高亚铁矿石工艺类型及经济有效利用研究成果，通过冶金工业部鉴定，填补了我国矿山采选史上的一项空白。1990年PS型铁精矿防冻剂研制成功，该成果属国内首创，防冻技术达到国际先进水平，推广后年可获益500万元。2007年鞍钢矿业齐大山选矿厂破碎车间PXZ1350/180旋回破碎机通过推行“三精”设备管理模式作业效率显著提升，年破矿量由设计的800万吨提高到1045万吨，被载入中国企业吉尼斯新纪录。

（2）创立“五品联动”矿冶系统工程理论及模式，破解了贫赤铁矿大规模工业利用的世界性难题。鞍钢矿业创立了“五品联动”矿冶工程理论体系，即地质品位、采出品位、入选品位、精矿品位和入炉品位，分别对应勘查、采矿、配矿、选矿、冶炼五大工序环节的关键指标。“五品联动”就是一种工程管理模式，要实现这五个品位与五大工序间的联动与协同，统筹考虑矿石“五品”，从而把工程的系统观、生态观、多元价值和社会观等统一起来。运用“五品联动”集成管理模式，有效解决了贫铁矿大规模、低成本、高效率开发利用的世界性难题，建成了首个世界特大型鞍山东部贫铁矿区，使采矿能力增长了2倍以上，铁精矿品位提升到67.5%，铁精矿完全成本下降20%，多达172亿吨的铁矿石资源实现了大规模开采和利用，为全国贫铁矿高效开发利用提供了工程技术示范；鞍钢矿业荣获国家管理创新成果一等奖，入选世界十大产业要闻，被誉为“中国钢铁工业的战略支点”。

（3）牵头编制我国首个铁矿行业中长期发展规划，加快构建国家资源保障体系。我国铁矿资源储量居世界第四位，随着钢铁工业迅猛发展，铁矿石需求剧增。国际矿业巨头凭借高度垄断的优质铁矿资源，借机牟取暴利，使进口矿价格暴涨暴跌，铁矿石对外依存度上升至90%左右并持续波动。作为钢铁的“粮食”，中国铁矿石供给的战略安全受到了严重威胁。鉴于鞍钢矿业在贫铁矿开发方面取得的经验和成果，工信部等部门委托鞍钢矿业作为组长单位，牵头编制《铁矿行业中长期发展规划》。通过规划，着力解决我国铁矿行业战略定位、后续资源保障、产品竞争力提升、优化产能布局等问题，为构建我国铁矿资源保障体系，维护钢铁行业战略安全提供保障。

（4）制定国家标准，规范和引领行业发展。鞍钢矿业先后制定了52项国家和行业标准，由鞍钢矿业组织起草的《冶金矿山企业成本核算实施细则》已经在全国冶金矿山行业推广应用，铁矿石回采率、选矿回收率、资源综合利用率“三率”指标作为行业标准向全国推广。《铁矿石硅含量的测定重量法》和《铁矿石硫含量的测定燃烧碘量法》两项国家标准通过了国家审定，《科学时报》《世界金属导报》评价为，此标准取代沿用26年的旧标准，在技术方法和内容上实现了与国际接轨，对于减少进出口铁矿石贸易摩擦、规范我国铁矿石市场、重塑矿石贸易国际竞争新格局具有重要意义。

（五）数智化建设引领矿业转型升级

鞍钢矿业在落实矿业发展战略过程中，高度重视信息技术在企业管理中的作用，围绕打造数字化、智慧化、数智化铁矿山目标，致力于构筑全面领先的信息化管理平台。

2007年，鞍钢矿业拉开数字矿山建设帷幕，创新性地提出并运行了战略创新管理体系，制定了《数字化矿山建设规划》，明确了信息化的使命和愿景，将信息化与管理系统有机融合。按“适时化采集、网络化传输、规范化集成、可视化展现、自动化运行、智能化服务”的要求，将AMS系统与既有的管理与固化的管理流程有机进行融合。例如，将先进的综合配矿、爆破设计、大型生产汽车调度方案、产品验收结算规则、排产方案、质量控制等融入AMS系统，并与SAP等信息系统平台蕴含的先进管理理念和流程有效整合到一起，做到基本涵盖并优化和固化企业全部核心工作流程，真正成为便捷高效的管控平台。强化基础建设完善信息采集，完善IT基础设施建设，打牢“数字化”根基，建成了双核心、双归属拓扑“五网合一”的环状万兆网络。推进劳动要素“数字化”，促进管理理念和管理手段的变革创新。通过运用三维管理系统、采矿生产智能调度系统、全流程智能管控等系统，实现了劳动对象和劳动工具数字化。推行生产执行“数字化”，提升精细化管理水平。基于国际MES建设的ISA95标准，利用施耐德澳大利亚公司AMPLA平台的管理理念组织，实现了生产信息集成化、设备管理标准化、质量控制科学化、能耗指标精细化、管理评价多维、绩效改善透明化的综合管理。推进资源配置“数字化”，依托先进管理理念提升企业核心竞争力。推进运营与决策“数字化”，向国际一流管理迈进。运用

AMS 系统，通过自动采集系统应用，实现了管理效率大幅提升。例如，三维实体建模，使采矿计划的制定、爆破设计与实施、炸药发放与控制、采场测量验收的手段发生了颠覆性的变革，既提高了效率，又规范统一了流程。通过规范统一流程，促进了管理水平提升。

2013 年，鞍钢矿业正式启动“智慧矿山”建设方案。在数字化矿山建设成果的基础上，鞍钢矿业采取多层面运用数字化，实现了整体智慧化升级。在企业管理层面，在 ERP 全面上线的基础上，对业务流程进行了重新梳理，采用螺旋上升的方法，实现了“智慧人本管理”。在企业经营层面，在原来鞍钢矿业数字智能平台（BO）项目基础上，开展了二期建设。通过采用移动应用、统一平台、重点下移等措施，实现了“智慧决策支持”。在业务管理层面，整合原有与工程相关的各应用系统，建设统一管理平台，在前期准备、项目立项、工程设计等环节全过程数据共享联动，实现了“智慧业务协同”。在生产执行层面，在丰富完善生产执行系统 MES 的基础上，完善生产过程分析环节，为经济生产提供依据。通过开展智慧物流攻关，采取实时跟踪、智能调度、推进准时化生产、精细化生产，实现了“智慧生产执行”。在设备运行层面，推进设备智慧管理工作方案，采用运行设备感知技术，对设备运行状态进行全程分析管理，实现了智慧设备管控。在“数字矿山”建设的基础上，鞍钢矿业又启动了云计算、物联网、协同管理网络等项目的建设。通过采用云资源注册管理模块、云资源评估打分模块，实现了云资源系统整合。通过云资源加速模块、云资源库管理模块、云资源灾备管理模块、云资源负载均衡模块、云资源监控模块等建立云平台，实现了软硬件资源可以随时共享及跨平台、跨地域使用。“冶金矿山企业生产调度知识自动化关键技术研究及示范应用”“张家湾铁矿地下采选一体化信息动态管理与三维模拟系统”“企业智慧运营管控平台”等一大批创新成果，以信息技术改造传统产业，跨越千里实时管控运维，实现了全程动态可控、工序精准协同、单体性能最优、全局效益最大的良好效果，云技术的应用标志着“数字矿山”向“智慧矿山”迈进。

2021 年，鞍钢矿业迈进数智矿山建设新征程。鞍钢集团深入贯彻习近平总书记“产业数字化、数字产业化”的重要指示精神，将“数字鞍钢”建设列为重点工作之一，先后制定《鞍钢集团“十四五”信息化发展规划》《“数字鞍钢”建设方案》，提出“到 2025 年智慧制造取得成效，数字产业创新突破”。鞍钢矿业紧紧围绕自动化、信息化、数字化、智慧化建设制定“四化”攻关指标，聚焦“智慧管理、智慧生产、数字产业创新发展”三条路径，全面优化升级“管控、智造、交易、金融、物流、数据、安全、技术”八大体系。

为加快推进信息化建设步伐，鞍钢矿业成立了科技创新委员会，通过实施数智矿山建设，打造一流创新管理体系。联合中科院、北京科技大学、华为、中国恩菲等 6 家国内一流的企业、院所、高校，牵头成立我国铁矿行业首个数字矿山联合创新中心。以鞍钢矿山数智矿山建设“十四五”“四化”攻关指标为目标，通过建立基于“端-边-网-云”的工业互联网支撑体系，积极应用新一代信息技术对采选产线进行数智化改造，提高了操作室集中化率、产线自控化率、生产智能化率，初步完成了采选产线智能化试点项目建设工作。通过推进数智化转型升级，打造一流智能制造，收获累累硕果，先后通过了 ISO 20000 运维管理体系、ISO 27001 安全管理体系、CMMI 软件成熟度等标准体系认证工作，取得信息化专利 32 项、软件著作权 28 项、信息化项目（获得行业）等各级奖项 14 项。鞍钢矿业智慧矿山项目列入国家《2016—2020 年钢铁工业调整升级规划》，成为“首批国家级智能制造试点示范单位”、国家“智能制造标杆企业”、国家级工业互联网试点示范单位，助力鞍钢矿业提升核心竞争力。同时，注重选树标杆试点，建设智慧矿山示范基地。根据《矿业公司“一流智能制造”指导意见》，遵循“创新引领、标准先行、统一平台、分步实施”的原则，鞍钢矿业首先选树齐大山铁矿和关宝山矿业公司两家基层单位作为打造“一流智能制造”试点单位，发挥示范引领带动作用，引领矿山行业数智化转型升级。齐大山铁矿智慧采矿项目是以工业互联网“端-边-网-云”为建设顶层设计架构，构建全采场、全方位数据采集体系，通过数字地质建模，实现科学配矿，矿石生产成本降低 30%。转变生产组织和调度指挥传统模式，构建直达岗位机台的垂直管理模式。通过建立矿山边坡在线监测系统、鹰眼监控系统等安全生产管控新模式，打造了“信息全面采集、管控高度智能、生产安全高效、生态绿色可持续”的新型绿色智慧矿山，该项目已成为鞍钢矿业采矿智能产线试点示范工程，“5G 全连接智慧采矿建设”项目入选 2022 年工业互联网试点示范名单。关宝山智能选厂建设项目是通过开发智能控制模型，强化生产设备全流程自动化控制和调整，提高生产过程检测能力、精度和效率，全面管控质计量数据、指标数据、运行数据、成本数据。2022 年关宝山公司选矿从业人员劳动生产率达到 32066 吨/(人·年)，实现产量和效益最大化，在“黑灯工厂”建设上取得突破性进展，对传统选矿管控模式实现革命性变革，该项目已成为鞍钢矿业选矿产线数字化转型的试点示范工程。

（六）深化体制机制改革增添内生动力

党的十八大以来，鞍钢矿业认真落实习近平总书记关于东北振兴和对鞍钢“凤凰涅槃、浴火重生”的重要指示精神，把党的领导贯穿改革发展始终，坚定不移走“改革+市场”发展之路，落实国企改革“3+2+N”三年行动部署，心怀“国之大者”，立足世界格局、服务国家战略，聚焦“建设世界级铁矿资源开发企业”战略目标，坚持高起点起步、高标准开局、快节奏推进，全力提质增效，加快推进“三个一批”项目，深化改革创新，助力打造高质量发展新鞍钢。

分类实施，整合资源，加速改革发展步伐。聚焦子企业条块分割、同质化经营等“散叠”问题，优化产业结构，增强产业链韧性。对矿山主业，按资源分布区域开展管理变革和流程再造，将 19 家主业单位优化整合为 13 家。大孤山区域选厂与球团厂整合，工艺链延伸拓展，工序闭环优化，产业链运营效率提升 10%。弓长岭区域两条球团矿产线整合，一线对内保供、二线对外运营，产线效益提升 15%。对非矿产业，从行业吸引力和业务竞争力两个维度建立指标体系，对涉及 25 项细分业务逐一开展前景测评，横向上同类业务向优势企业集中、纵向上进行产业链上下游业务整合，12 家业务交集或业务链条不完整企业，重组为 7 家专业化运营公司，以“一业一企、一企一业”为资源主业提供全链条增值服务。对失去竞争能力的产业，综合研判、风险评估、有序退出，累计完成锰矿类、黏土矿类及相关产业 7 家企业关闭注销。充分发挥资源优势，主动服务和融入新发展格局，推进矿产资源整合，成立鞍钢资源有限公司，把资产证券化作为建设世界级矿山的重要前提，利用资本市场推进矿业高质量发展。12 月 6 日，鞍钢矿业与建设银行、工商银行、交通银行等 8 家战略投资者签署协议，成功引入权益资金 67.1 亿元，打响了鞍钢“十四五”期间在资本市场的“第一枪”，彰显了社会各界对鞍本重组后新鞍钢发展前景充满信心、对鞍钢资源优势的高度认同。鞍钢矿业将以“引战”为契机，不断增强在资本市场的影响力，运用资本的力量跑出建设世界一流资源开发企业的“加速度”。

多措并举，创新模式，扩展高效管理模式。聚焦老矿山产能萎缩、新矿山建设周期长等发展难题，突出战略引领，编制 2030 年中长期铁矿资源开发规划，“保当前、促长远”。坚持改革创新，以投资多元、体制多元为抓手，通过实施一批、储备一批、规划一批，推进产能有序提升。对西鞍山铁矿、张家湾铁矿等新建矿山项目，通过股权多元化引入增量资本，合作开发资源，组织架构按扁平化设计，打造“部室直管班组+关键工序自营+辅助工序功能性承包”的新型高效运营模式，尽快发挥产能释放后发优势；对处于产能瓶颈期的眼前山矿、东烧厂等老企业，探索实行“F+PC+O”建设模式（融资+基建+采矿总承包），推行短流程选矿工艺改造，最大限度快速挖掘存量潜能。对岩石、尾矿等固废资源，吸聚社会资本进行深度开发，变废为宝。在采矿工序尾端进行干磨干选、在选矿工序尾端利用液态化焙烧技术实施再选，进一步提高金属实收率。近年来，运营模式变革催动产能持续攀升，铁矿石产量从 4774 万吨提高到 5554 万吨，增长 16.34%；铁精矿产量从 1600 万吨提高到 2182 万吨，增长 36.38%。坚持效率决定用工，加强劳动定员定额管理，推行以劳动合同管理为核心、岗位合同管理为基础的“双合同”用工制度。建立员工公开招聘、竞争上岗、末位淘汰机制，公开招聘比例达到 100%。2021 年以来，压减各级机构 139 个，铁精矿实物劳动生产率同比提高 21%，坚持效益决定薪酬。构建奋斗目标、挑战目标“两区间”和“跑赢自身、跑赢大盘、跑赢先进”的“三跑赢”绩效考核机制，对契约指标进行细化分解，实行月度与年度考核相结合，按 2∶8 权重计入最终结果。深化全员岗位绩效管理，创建浮动工资差异系数考核指标，合理拉开收入差距，有效打破“大锅饭”，所属负责人年度薪酬、一线同岗位职工月度薪酬最大差距均达到 1.5 倍以上，实现“干多干少不一样”。全面实行工资总额预算管理，将考核分配权逐级下放至作业区、班组，让基层单元有更大的话语权，强化工资—效益的联动，2021 年度在岗职工收入同比增长 24%。

建章立制，统筹推进，激发改革发展活力。鞍钢矿业不断健全各方面制度，完善治理体系，提升治理能力。以“3+2+N”作为改革基本路径，制定从最顶层治理结构到末梢的作业区、岗位的全方位市场化改革措施。深化公司治理结构改革，进一步理清党委会、董事会和经营层权责界面，明确党委发挥领导作用，把方向、管大局、保落实和董事会定战略、作决策、防风险的职责定位，经理层担负起谋经营、抓落实、强管理的主体责任。深化机构改革，主动找准职责定位，认真转变职能角色，增强战略经营管理和服务能力。深化经营单元改革，坚持一企一策，大力推进市场化改革、专业化改革和混合所有制改革，构建实现“三能”的体制机制。深化微观主体改革，建立完善分配、考核和定额机制，实施多维度激励和重大项目核心骨干缴纳风险抵押金制度、里程碑事件特别奖励等制度，激发全体职工干事创业的主动性、创造性。坚持业绩决定位置，按照组织结构和管理关系，打通纵向晋升、横向交流通道，实现由身份管理向岗位管理转变。全面推行经理层成员任期制和契约化管理，30 家基层单位 97 名经营班子成员全面实施“揭指标竞聘、带契约上岗”“一人一表”差异化确定年度和任期目标，明确退出底线和方式，按照契约严格兑现奖惩。2020 年以来，13 名领导人员因考核未达标，被调整为非重要岗位和非领导职务。全面推进依法治企，实现重大法律风险全过程管控，三项制度改革在鞍钢集团考核评价获评 A 档。改革经验入选国资委改革优秀案例，是唯一入选的二级企业，成为“国企改革双百优秀企业”。

（七）建设人与自然和谐共生美丽矿业

鞍钢矿业深入践行习近平生态文明思想，在全国冶金矿山行业率先将“坚持绿色发展，建设美丽矿业”作为行动指南，将生态文明建设贯穿到矿产资源开发利用的全过程，推动绿色制造，发展循环经济。

（1）践行绿色发展理念，建设美丽矿业。自“十五”以来，鞍钢矿业以“发展循环经济、建设绿色矿业”为目标，坚持“在开发中保护、在保护中开发”和“边生产、边治理”的原则，把矿区复垦和生态恢复作为促进企业可持续发展的一项重要工作，先后制定了《鞍钢集团鞍山地区生态环境保护规划》《鞍钢矿山生态修复规划》等细则，确定了“分步实施、分期治理”的工作思路，分阶段对矿区、矿区周边以及排岩场、尾矿库进行了大规模的治理。近年来，鞍钢矿业先后制定了《打造一流生态环境指导意见》《生态修复三年规划（2020—2022）》等一系列方案措施，在顶层设计、制度建设、监管督导、考核激励等方面打出一套组合拳，形成全周期全链条的生态环境建设体系。

从改善矿区环境入手，打造花园式工厂。自 2000 年开始，鞍钢矿业每年投入约 1000 万元作为绿化复垦专项资金，对各单位矿区的主干道和重点区域进行绿化。通过实施严格的生态环境保护制度，把资源消耗、环境损害、生态效益等指标纳入各单位战略绩效考核之中，实施一票否决，彻底转变各级管理者的思想。全员保护生态环境意识明显增强，矿区主干道两侧和可绿化部位实现了全覆盖，形成了软、硬覆盖结合，高、低树种搭配的立体绿化格局，职工们明显感受到矿区生态环境的日益改善。在此基础之上，鞍钢矿业开始对厂区周边复垦条件相对较好的大孤山、东鞍山、眼前山三个矿山开展了植树造林活动，在排岩场道路两侧栽植草花，消除了排岩场的二次扬尘和水土流失，有效保护了生态环境。

强化尾矿库和排岩场复垦，打造生态观光园。在打造花园式工厂取得初步成效后，2003 年，鞍钢矿业重点对废弃排岩场进行综合治理。针对铁矿尾矿库和排岩场的土源少、占地数量多、生态修复难度大的特点，对生物技术、工程技术、菌根技术加速土壤熟化及植被重建等一整套高性能、高效率且有可观经济效益的矿区综合生态修复技术开展了“鞍钢矿区生态环境修复关键技术的研究与实践”项目的研究工作。2004 年以来，鞍钢矿业先后投入 4575 万元，对大孤山东山包排岩场进行场地平整、客土回填和绿化复垦，先后在大孤山排岩场、东烧前峪尾矿库、关宝山排岩场等区域完成生态恢复面积 3174 多万平方米，回填残土 700 余万立方米，种植乔木、灌木 1410 万株，尾矿库绿化成活率达到

95%，位居全国铁矿行业之首。大孤山休闲旅游、眼前山绿色采摘、前峪尾矿库苗木培育三个生态园区，面积分别为 79 万平方米、49 万平方米、240 万平方米。鞍钢矿业先后被评为“全国冶金矿山绿化先进单位”，全国践行生态文明优秀企业、钢铁工业绿色低碳优秀品牌企业、全国绿色矿山建设示范基地等荣誉称号，所属的铁矿山均被中华人民共和国自然资源部命名为“国家级绿色矿山”。

在 2017 年第 46 个世界环境日到来之际，中央电视台专题报道组走进矿业生态园，面向全国直播鞍钢矿业建设生态文明取得的丰硕成果，引起强烈反响。2023 年 3 月 5 日，时任外交部部长助理、发言人华春莹在社交媒体上连发 5 组卫星对比图，亮出“中国过去 10 年变化”，其中就包括 2013 年 9 月和 2022 年 9 月鞍钢矿山生态园卫星对比图，为矿业绿色发展点赞。在卫星图上可以清晰地看到，鞍钢矿业通过生态修复，已经把昔日尾矿库改建成一个风光绮丽的花果园。

（2）落实“双碳”目标，打好污染防治攻坚战。鞍钢矿业深入学习习近平总书记关于碳达峰碳中和的重要论述，全面落实党中央、国务院关于碳达峰碳中和的重大战略部署，坚持系统观念，明确责任使命，以智慧赋能、低碳运行为目标，陆续实施 38 个环保治理项目，为统筹推进碳达峰碳中和、深入打好污染防治攻坚战、促进高质量发展提供了重要支撑。

集中开展扬尘治理。通过对尾矿库干滩采取水车洒水、抑尘剂、遮阳网（抑尘网）、多管放矿等多种方式，综合抑尘，创新了尾矿库干滩抑尘的方法，大幅度减少尾矿扬尘。对胶带排岩机头部引用煤码头喷淋除尘技术，攻克了作业时头部扬尘严重的难题。对采场、排岩场道路采用水车洒水降尘，坚持先洒水后作业的原则，消除了机动车道路扬尘。通过集中攻坚，多措并举，矿山扬尘的顽瘴痼疾得到有效整治。

深入践行低碳理念。近几年，鞍钢矿业开展了一系列大规模的脱硫、脱硝、降噪、废水回收利用、固废利用等减排工程，通过采取燃煤锅炉的脱硝、除尘、发电锅炉脱硝等升级改造措施，主要污染物排放量均呈现明显的下降趋势，二氧化硫、氮氧化物、烟尘（粉尘）排放浓度远低于国家排放标准。同时，在齐矿和鞍千运矿皮带、弓矿中茨倒装场、弓井下矿北桥等部位开展专项治理噪声行动，通过安装降噪声格栅和更换托辊、密闭等措施，取得初步效果，减少了噪声对环境的污染。

加速淘汰落后产能。通过制定科学合理的节能项目、简化工艺流程、改善能源结构、采用节能环保技术和产品，实现降低成本消耗，减少环境污染。例如，启动了高能耗灯具和高能耗电机更新、钻机改变频调速装置、球磨机多段泵安装变频器等措施，不仅简化了工艺流程，提高了生产效率，降低了能耗和生产成本，而且现场作业环境也得到彻底改善。

（3）发展循环经济，促进资源再生。鞍钢矿业把发展循环经济的重点放在提高资源利用效率、实施废弃排放物的回收再利用和开发节能环保产品等方面，取得了可观的经济效益和显著的社会效益。

开展废水回收利用。重点开展了尾矿库回水利用、采场大沟渗水回收利用和选厂生活水处理后回收利用等项目，大球尾矿库、齐选尾矿库、弓选尾矿库已经实现了废水零排放，大孤山矿、东鞍山矿、眼前山矿等采矿单位大沟渗水已经用作绿化复垦用水。同时，完成了齐大山矿动力工区锅炉冷却水回送至选厂 1.2 万立方米水池用于选矿生产和利用浓缩池的外排水回收工程，达到了水资源循环利用和减排的目的，因减少废水排放量而带动化学需氧量和氨氮的排放量每年以 1%的幅度递减。

开展固废资源再利用。坚持“废弃物资源化”的循环经济发展思路，采取干选和湿式预选工艺，开展岩中挑矿，贫矿富集，每年可回收矿石 580 万吨。积极开展尾矿再选研究与应用，自主创新预富集悬浮焙烧工艺技术，实现年回收铁精矿 250 万吨以上。实施尾矿制砖、煤渣制砖、废石制作建筑材料等项目，实现了固废利用资源化，固废回收利用不仅减少占用土地面积，延长了排岩场、尾矿库服务年限，同时通过拓展外销渠道，成为企业新的经济增长点，2022 年外销岩石 814 余万立方米。

（4）坚持创新理念，创造绿色效益。坚持“绿色引领，低碳运营”的促进循环经济发展，努力打造低碳环保的软实力，为企业实现生态效益、经济效益和社会效益相统一，形成全产业链协同创新发展新格局。

深化盐碱地改良攻坚。鞍钢矿业通过多年研究攻坚，在利用铁尾矿改良盐碱地方面构建了“公司+农户”管理模式和“1+1”盐碱地改良技术体系。突破了传统盐碱地改良模式，研发了盐碱地改良的关键工程技术、铁尾矿防返碱关键技术、离子置换剂洗盐关键技术、改善土壤肥力结构关键技术、田间水肥管理关键技术、铁尾矿改良剂制备关键技术、生物和物理防治病虫害关键技术，成功解决了盐碱地改良和铁尾矿资源化利用问题。在吉林、河北两个基地改良盐碱荒地成为标准农田 925 亩，年产水稻 235 t，被鉴定为国家级绿色 A 级大米。

加快清洁能源产业发展。近年来，鞍钢矿业主动适应矿山行业发展新趋势，利用云计算、人工智能、大数据、物联网、移动应用等信息技术与矿山生产过程深度融合，打造独具特色的绿色矿山。编制了《鞍钢矿业新能源“十四五”实施计划》，积极推进风光发电项目，打造绿电生产应用产业基地，增加可再生、清洁能源供给，已建成 8 座分布式风力电站，实现并网发电，年上网发电量 2.2 亿度，创效 500 万元。发行我国铁矿行业首单绿色债券，利用金融工具助力矿业绿色低碳发展，鞍钢矿业成为国内矿山行业绿色发展标杆。

四、企业文化

鞍钢矿业在弘扬鞍钢集团“创新、求实、拼争、奉献”核心价值观和传承“鞍钢宪法”等优秀企业文化资源的基础上，通过将战略意识、行为素养、管理理念与企业文化建设融为一体，打造出了独具矿业特色的企业文化。

（1）建设凝心聚力的精神文化。鞍钢矿业始终坚持从提升企业的创新力、执行力、凝聚力着眼，大力打造企业的精神文化。

明确企业使命和愿景，提升企业的创新力。在不同的时期，鞍钢矿业与时俱进，不断分析、总结、提炼适应当期企业发展需要的愿景目标。特别是党的十八大以来，随着国有企业改革的不断深入，鞍钢矿业提出“建设世界一流资源开发企业”的愿景目标，努力把企业的使命变成职工的共同责任，把企业愿景变成职工的共同愿景。通过报纸、网站、微信公众号等各种载体，广泛而深入地宣传发展战略的目的、意义，讲清实施战略目标与每名职工的切身关系，引导职工围绕矿业发展战略，加深对企业使命和愿景的理解，明确自己的使命和责任，制订自我提升的工作计划。引导职工围绕企业大愿景，制定个人小愿景，形成了个人愿景、团队愿景和组织愿景紧密融合的共同愿景，使广大职工进一步明确了自己的努力方向，成功地把职工的思想和行为凝聚到实现矿业高质量发展、做大做强矿业上来。

树立工作理念，提升企业的执行力。鞍钢矿业确立了通过推进精细化管理提升工作水平，推动创新发展思路，并把自身的工作理念概括为“精细、严格、到位”六个字。精细，就是认真探求事物本质，在每一个细节上精益求精，工作做到零缺陷、零差错；严格，就是认真掌握事物运行规律，高标准、严要求、严谨严密，勇于承担责任，不制造缺陷、不传递缺陷；到位，就是向着最高的目标努力推进，尽职尽责，积极进取，抓紧抓实，确保工作任务高效率、高质量完成。“精细、严格、到位”工作理念的提出，使员工行为有了标准，促进了精细化管理氛围在全公司的形成。

彰显人本精神，提高企业的凝聚力。始终坚持以人为本，做到尊重职工的主体地位，关心职工的基本需求。牢固树立任何原因产生的事故都是管理者责任的理念，就是把每起事故都当成管理者自身管理问题来对待和分析，每起事故中都有管理者的责任，从而以高度的责任感查找漏洞、根除隐患、严密制度、严格管理、严肃考核，为职工负责。牢固树立对事故零容忍的理念，对出现事故单位的党政主要领导，坚决彻底地实施一票否决，严肃问责，坚决维护职工生命健康的权益，维护职工生命的尊严和制度的刚性。牢固树立快乐工作、健康生活的理念，就是把握好工作和生活的关系，引导职工认识到工作不仅是谋生的手段，更是创造价值的平台，做到在快乐中创造性工作、在工作中创造快乐，从而端正人生态度，培养高尚情操，追求健康生活方式，使职工与矿山共同成长。

前仆后继，英模精神铸就铁山脊梁。鞍钢矿业自成立以来，不仅为社会主义建设做出了重要的经济贡献、社会贡献、管理贡献，还创造了丰富的精神财富。

一座矿山，培育了“两代雷锋”。雷锋从矿山走向军营；“当代雷锋”郭明义从军营走进矿山。70 年来，鞍钢矿山系统先后涌现了各级劳动模范 500 余人次。一代代矿山楷模的崇高精神挺起了铁山脊梁，形成了具有矿业特色的企业文化，深深地影响了几代矿山干部职工的价值选择和道德追求，激励着一代代矿山干部职工以特有的使命担当和家国情怀，迎难而上，创造了世界铁矿史上的奇迹。

（2）建设知行合一的制度文化。文化理念只有变成行为规范，成为统一行动的要素，即达到知行合一，才能真正凸显价值，发挥作用。为此，鞍钢矿业采取多种形式，努力实现理念的规范化、制度化。

定规范，推进行为规范的系统化建设。组织完善了职工行为守则和职业道德规范，修订和完善了职工岗位作业规范，进一步明确了工艺纪律、操作纪律和安全规程，广泛征集和总结推广了职工作业先进操作法，引导职工按标准化作业。由此形成了由日常行为规范、职业道德规范和生产操作规范组成的工作规范体系，做到了处处有规范、事事有标准，实现了全覆盖。

学规范，开展行为规范的立体化宣传。为了引导职工对执行规范予以高度重视，鞍钢矿业将其写进公司职工代表大会报告，提交职工代表大会讨论，并将讨论的成果用文本的形式确定下来。此后，按文件要求，开展了全方位、多层次、大角度的宣传教育活动。公司主要领导逢会必讲，下基层搞调研也经常了解这方面的情况。公司宣传部门利用自办报刊、开辟文化墙、在厂房悬挂条幅、在职工休息室摆设标识牌、组织专题党课、在班级学习日组织职工开展专题学习讨论活动等多种形式进行广泛而深入的宣传。同时，注重以理念指导规范执行，创新方式方法，开展理念故事化的宣传，引导职工改变心智模式，创新思维，使企业理念和规范真正融入职工心中，并转化为自觉行动。

用规范，实现行为规范的制度化执行。在理念规范化、制度化过程中，鞍钢矿业坚持“管用、有效”的原则，将行为规范融入管理流程，建立健全了各岗位的岗位规范，明确了每个岗位的工作标准、要求以及考核处罚的标准。围绕理念与规范的执行，还开展了检查、总结与评比活动。成立了公司考核指导小组，由公司党政领导亲自抓，各相关部门按职能进行分工，定期召开小组会议，进行评价和总结。建立了三级点评制度，使行为规范不是简单地停留在宣传教育和制定制度的层面上，而是紧密地结合具体工作实际，融入了生产经营管理的全过程，有力地推动了行为规范的深入践行。

（3）建设积极向上的行为文化。在实际工作中，鞍钢矿业着力在规范行为上定标准、提要求、严考核，促进文化转换为一种行为模式，在得到一致认同的前提下，将模式进行固化，最终成为一种行为习惯。

注重良好习惯的养成。把引导职工克服不良习气养成良好习惯作为行为文化建设的一个重要方面，深入开展了“告别陋习，净化矿风，做高品位矿业人”活动，着力提升职工的文明素养，并把这一活动作为一项逐年推进的常态化工作。在推进过程中，以职业道德实践为重点，深入开展了职业责任、职业道德、职业纪律、职业技能为内容的“四职”教育，引导职工进一步端正职业态度。广泛开展了对照行为规范查找各种陋习活动，并定期对各种陋习进行视频曝光，组织广大职工进行讨论。注重从小事入手，不断拓展活动层面和活动领域。比如，在日常行为上，着力破除用语不文明、办公室内吸烟、开会期间手机响铃等细节上的生活陋习。通过一系列活动的开展，有力地促进了职工综合素质的提升。

打造工作标杆。在行为文化建设上，还要坚持正面引导的原则，激励广大职工奋发向上。对此，鞍钢矿业以提升工作质量与水平为目的，将制造名优产品、打造产品品牌的理念引入、借用到具体工作之中，提出了工作品牌化的概念，即大力倡导“尽使命、争第一、创佳绩”，引导各单位和广大职工在工作中出经验、创样板，打造在鞍钢以及社会上“过得硬、叫得响”的工作品牌。

统一企业形象。以开放性思维，打造视觉识别体系，将企业的品牌理念与核心价值观通过视觉传播形式，有组织有计划地传播给企业员工和社会公众，强化企业事事讲规范、处处讲规范的形象。对职工的着装、厂区建筑物和设备的颜色、工作现场的标志牌、物品的摆放，以及公文用字等进行标准化的规范。坚持常抓不懈，久久为功，形成PDCA文化评价系统，将鞍钢矿业文化自信、文化自觉转化为行动力和企业综合竞争实力，为打造

"五个一流"，建设世界领先资源开发企业提供文化支撑。

优化企业环境。按照"内除陋习、外治环境"的思路，针对一些社会势力肆意侵占矿产资源，扰乱生产经营秩序，并影响和败坏企业风气的现象，把清理小矿点作为突破口，大力度全面整顿企业环境，使企业环境及风气得到了明显改善。通过烟气脱硫脱硝排放、除尘改造，改善生产环境；建设智慧控制中心、智能化机器人等自动化项目提高劳动效率，减轻一线职工劳动强度；发挥先进采选工艺技术优势，实施绿色开采，加大复垦力度，打造花园式工厂，企业的外在形象得到了显著提升。

建设职工家园。为了增强职工爱企敬业意识，充分发挥职工的积极性和创造性，鞍钢矿业一直以来注重从满足职工各方面需求入手，努力将矿区建设成为广大职工安居乐业的美好家园。深化"我为群众办实事"重点民生工程，鞍钢矿业坚持以"大民生"和"小民生"相结合，在通过深入调研全面梳理职工群众"急难愁盼"问题的基础上，确定具体民生实事项目清单，以清单化管理，逐级落实责任，确保各项目按规定时间节点完成，把好事、实事真正办到职工心坎上，提升职工群众获得感、幸福感、安全感。

五、企业发展展望

（一）企业发展总体思路

高举习近平新时代中国特色社会主义思想伟大旗帜，全面贯彻落实党的二十大精神，树牢"四个意识"，坚定"四个自信"，坚决做到"两个维护"，加强党的领导，践行新发展理念，立足于世界格局、国家战略，加快推动矿产资源事业高质量发展，落实国企改革三年行动方案，促进"五力"目标提升，坚决落实"双核"战略，打造"五个一流"，加快建设世界一流资源开发企业，为推动新鞍钢高质量发展、维护钢铁产业链供应链安全贡献矿业力量。保障钢铁工业产业链供应链战略安全，保持对鞍钢集团的利润贡献，为成为世界领先的绿色智慧资源开发企业努力奋斗。

（二）企业发展战略和目标

鞍钢矿业坚决贯彻落实习近平总书记重要指示批示精神和党中央、国务院决策部署，贯彻落实国家"十四五"发展规划，立足新发展阶段，完整、准确、全面贯彻新发展理念，在构建新发展格局中确保产业链供应链安全，落实"双核"战略，锚定"世界级成本、世界级产品、世界级规模"目标，加快鞍钢矿产资源事业大发展，打造高质量发展新鞍钢。聚焦"三个世界级"把产能稳定化作为建设世界级矿山的重要基础，打造规模矿山；把生产柔性化作为建设世界级矿山的关键环节，打造高效矿山；把矿山绿色化作为建设世界级矿山的必然要求，打造生态矿山；把管控智能化作为建设世界级矿山的重要抓手，打造智慧矿山；把产品市场化作为建设世界级矿山的必由之路，打造品牌矿山；把资产证券化作为建设世界级矿山的重要前提，打造上市矿山。

（三）发展原则

坚持聚焦主责主业。坚守矿产资源事业主阵地，遵循矿山特有的发展规律，加强矿山能力建设，调整优化区域产能布局，提升铁矿资源保障能力。

坚持质量效益优先。坚持成本优先，促进产业升级，加快信息技术、人工智能与传统工艺的深度融合，提升全要素生产率，提高发展质量和效益，增强企业综合竞争力。

坚持科技创新驱动。聚焦高质量发展发挥科技创新支撑作用，加快关键核心技术攻关，强化自主研发和成果转化，注重“实施一批、储备一批、规划一批”改扩建、新建和技术升级改造项目。加速科技领军人才培养，为矿产资源事业高质量发展提供不竭动力。

坚持深化改革牵引。以国企三年改革、三项制度改革、对标一流提升行动为契机，建立灵活高效的市场化、专业化机制，深化混合所有制改革，做强做优做大国有资本。

坚持绿色生态发展。践行绿色生态发展理念，加强矿山地质环境治理和生态修复，统筹大宗固废综合利用，发展绿色能源，节能降耗，减污降碳，提升资源高效利用水平。

坚持统筹规划实施。统筹区域协同与矿业发展两个大局，加强前瞻思考、全局谋划，协调推进规划执行，扬优势、补短板、强弱项、固根基、防风险，开启矿业发展新征程。

（四）企业发展路径

“五个一流”是一个相互联系的有机整体，具有内在的逻辑结构，每个“一流”都具有不同的地位和作用。一流的成本管控是核心任务，一流的体制机制是重要支撑，一流的创新能力是不竭动力，一流的生态环境是必要条件，一流的智能制造是有效途径，彼此之间相互影响、相互促进，要实现建设世界领先资源开发企业这一战略目标，需要各个要素整体联动、协调一致、形成合力。打造“五个一流”是鞍钢矿业“十四五”期间一项重要战略任务，也是建设世界一流企业重要举措。

（1）打造一流的成本管控。目前，品位62%的进口矿平均到港成本48美元/吨，其中FMG是52美元/吨。鞍钢矿业铁精矿按品位62%折算，成本是66美元/吨，比进口矿平均到港成本高18美元/吨，比FMG高14美元/吨。要瞄准国际矿业巨头的成本水平，不断拉近与进口矿的成本距离，力争到2025年降至50美元/吨，进入世界前四。一是实施低成本战略，依托绝对的资源优势，提升掌控资源和经营资源的能力，强化项目驱动，快速提升产量规模，充分发挥规模效益，构建独特的竞争壁垒；二是逐项指标对标，综合施策，系统降本，形成与进口矿的竞争优势，提升低矿价时期的盈利能力。

（2）打造一流的体制机制。鞍钢矿业在机构设置、管理人员占比、管控模式等方面还存在与企业发展不相适应的问题，责权利统一的生产关系还没有完全建立，特别是铁精矿全员劳动生产率仅为1426吨/(人·年)，而国内标杆企业是2281吨/(人·年)，还存在很大差距。必须坚持效率效益导向，加速推进各项改革，力争到2025年铁精矿全员劳动生产率超2650吨/(人·年)，进入世界级矿山行列。一是全力推进203个项目，完善公司治理，建立现代企业制度；二是实施分级分类改革，重点要做强做优做大资源主业，做精做专业化公司，做活做实产业化公司；三是深化三项制度改革，完善制度体系，构建走深走实的长效机制；四是实施合同采矿、功能性包保等柔性化生产组织模式，提高劳动效率，防范低矿价时期的经营风险，增强应对市场变化的能力。

（3）打造一流的创新能力。与世界一流矿山企业相比，鞍钢矿业人才缺乏、技术资源分散，科技资源没有积聚形成合力。必须紧紧抓住新一轮科技革命和产业变革战略机遇，实施技术、管理、模式等系统创新，尤其要把握世界科技创新发展趋势，抢占技术创新的制高点，力争到2025年采选核心技术达到世界领先水平，成为贫铁矿开发技术的策源地。一是加快创新体系建设，搭建产学研用深度融合的创新平台，加大协同创新力度，提高创新链的整体效能；二是聚焦行业重点研发方向，重点开展井下自然崩落法、深部充填协同开采、短流程选矿、流态化焙烧等技术的研究和应用，加快工艺流程改造升级，实现前沿技术的重大突破。

（4）打造一流的生态环境。对标一流企业，特别是按照国家“双碳”目标的要求，还有一定差距。比如，太阳能、风能等清洁能源的应用和节能减碳项目的推广还比较滞后，岩石、尾矿等固废资源还没有实现综合利用。鞍钢矿业要通过对标提升，力争到2025年可复垦率达到95%，低碳无碳能源占比达到10%以上，节能技术与工艺达到世界领先水平，实现资源绿色开发、能源高效转换、固废消纳处置、低碳高效生产。一是加大环境保护力度。加快实施矿山复垦三年规划，把矿山变成绿水青山；深入开展绿色开发技术研究和应用，新矿山全部采用最先进的无废、无扰动开发模式，从工艺源头推进绿色开发。二是落实“双碳”目标。合作开发清洁能源项目，实现经济效益和社会效益双提升；实施尾矿再选、岩石加工等项目，实现固废资源的综合利用。

（5）打造一流的智能制造。按照国家智能制造能力成熟度评价标准，由低到高分为一级规划级、二级规范级、三级集成级、四级优化级、五级引领级。对照这一标准，世界一流企业多为四级，鞍钢矿业目前处在二级至三级阶段，尤其个别产线的智能化程度还较低。必须坚持智慧化的发展思路，加快数字化、网络化、智能化进程，目标是到2025年突破四级，采选单位智能制造水平全面达到行业领先。一是依托齐矿和关宝山两个试点示范项目，形成一套完整的矿山产业数字化建设模式及系统平台，推动各采选单位智能化升级。二是依托数字矿山联合创新中心，打造智能生产、智能管理、智能服务新模式，为行业提供智慧矿山整体解决方案。

（五）企业发展目标

通过落实“双核+第三极”战略，打造“五个一流”，聚焦打造世界级成本、世界级产品、世界级规模，加快实现“建设世界一流资源开发企业”发展目标。

（1）打造世界级成本。世界级成本是矿业生存发展的基础，是成为一流资源开发企业的重要条件。首先在目标上，以国际四大矿山为标杆，“十四五”末降至65美元/吨以下，在东北市场的成本竞争力达到世界前三。其次在方法上，全面实施基于价值网络的“135”战略成本管控模式，强化行业价值网络、内部价值网络、外部价值网络管理，突出全产业链的“聚能力和创造力”。第三在推进上，坚持试点先行带动整体降本，以齐矿、鞍千为试点，探索压降成本实现路径，并将持续强化系统降本的理论方法指引，不断丰富完善降本举措，持续拉近与进口矿的成本距离，到“十五五”末鞍钢矿业铁精矿成本水平达到世界级。

（2）打造世界级产品。生产高质量产品，不断满足客户需求是企业生存之本、立足之基。受先天不足影响，鞍钢矿业铁精矿普遍硅含量高，如不进行产品升级，就不能更好服务客户。鞍钢矿业将以国际高端铁矿产品进行市场定位，深入践行以客户为中心的市场化理念，坚持多元化、高端化，加快产品升级换代，提高产品附加值和客户满意度。在多元化方面，为客户提供铁精矿、酸性球团矿、碱性球团矿等多种产品。在高端化方面，探索开发超级铁精矿、洁净钢基料等优质产品，推进铁矿产品品种多元化、质量均质化、制造柔性化、销售品牌化，提高国际市场竞争力，建设世界一流企业。最终把鞍钢矿业建设成为鞍钢集团的核心主业、中国钢铁工业重要的矿山基地，世界领先的绿色智慧资源开发企业。

（3）打造世界级规模。没有规模就没有产业，建设世界一流资源开发企业，必须有世界级规模。重点围绕“抓当前、促长远”，全力推动产量规模提升。在抓当前上，系统挖掘潜力，优化生产组织，保证当期产量最大化。在促长远上，坚持效率效益原则，大力发展国内铁矿业，坚持快、高、新的原则，用颠覆性技术，加快推进鞍钢入选“基石计划”的重点矿山建设。到“十四五”末，鞍钢矿业铁精矿产量比 2020 年增长 50%，2030 年实现翻一番，培育世界级铁矿资源开发企业。

第二节　宝武资源有限公司

一、基本概况

宝武资源有限公司，简称“宝武资源”。作为一家矿产资源供应链公司，通过打造“四业务板块（境内矿山板块、海外矿山板块、平台与营销板块、物流板块）+四协同功能（智慧交易功能、智慧物流功能、资金管控功能、技术创新功能）”的矩阵业态，致力于为钢铁业打造可靠、高效、绿色资源供应链。

在四大业务板块中，境内矿山板块主要开展铁精矿、球团矿、冶金熔剂矿及建材产品的生产、加工和销售，致力于构建“勘查、设计、建设、运营”于一体的冶金矿山产业体系，持续建设绿色矿山，为用户提供高品质的“低碳”原料；海外矿山板块主要从事海外优质矿产资源的投资和开发业务，一批核心项目在全球影响力大，项目综合竞争力处于行业前列；平台与营销板块主要从事矿石、煤炭、合金和有色金属等钢铁冶金主要原燃料、辅料的贸易及平台交易业务，致力于打造世界一流的大宗原燃料供应链服务平台，为用户提供集“商流、物流、资金流、信息流”于一体的综合服务；物流板块主要从事远洋、沿海、沿江运输和港口运营、船代和货代等全程物流配送服务，通过打造一流的智慧物流平台，构建“港航货”一体化智慧物流体系。截至 2022 年底，宝武资源下属公司共 144 家，其中全资控股公司 94 家、参股公司 50 家，在岗+协力员工为 30801 人；2022 年实现营业收入 1100.11 亿元，利润总额 66.8 亿元。

二、发展历程

2006 年 7 月，宝钢贸易有限公司正式成立。

2008 年 4 月，宝钢贸易有限公司更名为“宝钢资源有限公司”，主要从事矿产资源的投资、贸易及物流业务。

2010 年 7 月，宝钢资源南非有限公司注册成立，成为宝武资源在南非的资源开发平台。

2010 年 10 月，宝钢资源（国际）有限公司在香港揭牌成立。

2011 年 1 月，宝钢资源（印尼）有限公司注册成立，是宝武资源在印尼开展资源投资、贸易寻源的重要平台。

2012 年 7 月，宝钢资源新加坡有限公司成立，标志着宝武资源的国际化步伐更进一步。

2013 年 5 月，宝武资源正式启动电子商务工作。

2014 年 6 月，宝钢资源控股（上海）有限公司设立，注册资本 20 亿元。

2014 年 7 月，宝武资源联手澳大利亚 Aurizon 公司成功控股澳大利亚 Aquila 矿业公司。

2015 年 1 月，宝钢资源（国际）有限公司成功发行亚洲美元债券 5 亿美元，标志着宝武资源的国际化经营取得新提升。

2015 年 10 月，宝武资源成功在中国银行间市场发行首期 3 亿元人民币短期融资券，标志着宝武资源在境内成功进行了首次直接融资。

2018 年 7 月，宝武资源托管舟山武港。

2018 年 12 月，宝武资源托管武钢资源境外资产。

2019 年 5 月，宝武资源托管武钢资源境内资产。

2020 年 1 月，宝武资源托管马钢矿业、马钢国贸。

2020 年 4 月，宝武资源托管中联海运。

2020 年 5 月，上海矿石国际交易中心成交首单人民币铁矿石掉期经纪业务，标志着中国宝武大宗商品场外人民币掉期交易实现“零”的突破。

2020 年 11 月，宝武资源托管马迹山港区、八钢矿业、梅山矿业。

2021 年 4 月，宝武资源托管重钢矿业、昆钢矿业板块、昆钢国贸。

2021 年 12 月，宝武资源马迹山港混矿项目合资公司——宝武精成（舟山）矿业科技有限公司揭牌。

2022 年 3 月，宝武资源启动了境内矿山板块“五星矿山”创建工作。

2022 年 9 月，宝武资源与力拓集团同意就西澳大利亚皮尔巴拉地区的西坡铁矿项目成立合资企业，并签订合作协议。

2022 年 12 月，宝武资源在非洲利比里亚宝米项目首次出矿。

2022 年 12 月，宝武资源利比里亚邦矿项目现场，利比里亚邦矿 150 万吨/ 年干式磨选项目举行土建开工仪式。

2022 年 12 月，宝武资源澳大利亚西坡合资企业揭牌。

（一）深化改革与管理创新

（1）统筹推进改革三年行动工作任务。宝武资源承接中国宝武改革三年行动实施方案，梳理形成公司改革三年任务清单，包括 6 大类 79 个项目 149 个子项。宝武资源改革办先后参加十余次国资委召开的专题会议，学习宣贯落实行动，2022 年已全面完成所有子项任务。

完成国资委要求的 12 项重点改革任务。包括：完善党委前置研究事项清单；推进 21 家董事会应建尽建，全面建立董事会向经理层授权的管理制度；实现董事会配齐建强，外部董事占多数；落实董事会六项职权，依法落实董事会各项权利；对标世界一流企业，实施管理提升行动；全面实施 42 家独立法人经理成员任期制和契约化管理；全面推进用工市场化；落实党建责任制，积极推动党建责任制和生产经营责任制有效联动。

完善中国特色现代企业制度。健全宝武资源党政一体的制度体系，宝钢资源有限公司更名为宝武资源有限公司以后，根据董事会职权及经董事会审定的 24 项基本管理制度清单，形成了宝武资源管理文件修编清单，最终形成以宝武资源为主，覆盖全资、控股及托管子公司的管理文件体系。

（2）推进宝武资源“一总部、四板块、区域化、多基地”管理体系建设。宝武资源按照中国宝武专业化整合要求历经十余次整合，快速壮大，业务涵盖矿山、贸易、物流三个行业。宝武资源遵循行业特点，构建矿产资源“全供应链”管控模式。平台与贸易板块按公司化运作；物流板块按事业部运作；境内矿山板块按照纺锤体模型，构建境内矿山“总部-区域公司-矿山生产单元”三层管理关系；海外矿山板块聚焦海外矿山项目，构建项目部的管控模式，加快海外重点项目的开发和建设。通过优化和调整运营管理架构，实现“精干、高效、专业化、扁平化”，推动宝武资源治理体系和治理能力现代化。

宝武资源落实中国宝武关于管理创新的工作要求，积极组织开展管理创新成果的编制和申报工作。2021 年以来，宝武资源共有 32 项成果获得中国宝武管理创新奖，其中一等奖 2 项、二等奖 8 项、三等奖 22 项。宝武资源还组织开展管理创新奖对外申报评审工作，其中 13 项成果获中国冶金矿山企业协会“2022 年冶金矿山企业管理现代化创新成果”奖，1 项成果获 2022 年上海市企业管理现代化创新成果三等奖。

（3）宝武资源坚持“一切成本皆可降”理念，全力以赴常态化、体系化推进降本增效工作，全面对标找差，持续提升效率效益，加快推动企业高质量发展。

宝武资源各单位采取全面挖掘自有产能、全力加快在产矿山产能接续工程进度、全面开展技术改造以提高选厂作业效率等多方面重点举措促进“增产”；常态化开展“对标找差”工作，全面打开“六大账本”，以财务账本为牵引，细化分解成本指标，全力推进建设高标准的境内矿山成本管理体系；坚持专业化协同，结合业态特点，策划开展生态圈协同降本增效项目；坚持市场化拓展，加大集团外市场开拓力度；强化物流全过程精益专业管理，从协同贸易部门物流降本、提升船舶和港口运营效率等方面持续优化降本。熔剂业务整合迈出关键一步，2022 年 3 月 30 日，资源上海、武钢资源、马钢矿业、贵池国资四方法人代表同时签署安徽皖宝增资协议，标志着宝武资源熔剂业务整合工作取得阶段性重大进展，这既是公司深入贯彻落实中国宝武混改工作要求的创新举措，也是构建公司新产业发展格局的关键一环。2022 年 1 月 4 日，宝武资源召开成本管控系统（一期）上线发布会，标志着公司矿山板块成本一体化、精细化管理迈上新台阶。这是公司于 2021 年初启动的信息化项目，在整合融合的大背景下，为了改善矿山成本、提升管理效率，宝武资源基于境内矿山铁精矿、熔剂矿、球团矿和资源综合利用产品的生产工艺流程，借助信息化手段，致力于实现“统一成本管控平台、统一成本管理语言、统一成本核算规则、统一成本管理报表”的“四统一”的目标。

（二）未来发展规划

（1）致力成为矿产资源供应链的“链长”和行业引领者。宝武资源聚焦绿色低碳的铁矿石、球团矿、冶金熔剂、资源综合利用等重点产品，构建集资源获取、矿山运营、矿产加工的国内资源开发产业链体系，成为宝武产业生态圈大原料体系的重要组成部分，中国境内资源保障体系的构建者和冶金矿山行业发展的引领者。

宝武资源需要从提升资源保障能力、打通资源供应链服务环节、服务国家低碳发展战略等维度出发，按照“境内做强、境外做大、低碳布局、服务做优、创新引领、能力提升”的工作总基调，以“为钢铁业打造可靠、高效、绿色资源供应链”为使命，全力推进“以客户为中心，构建绿色低碳冶金炉料资源保障基础，为钢铁产业打造安全、可靠、绿色的供应链一体化解决方案”的商业模式。要充分发挥自身优势，牢牢把握向原料高端化延伸的机遇，乘势而上；要加快数字化改造、智能化升级，提升产量与品质，提高本质化安全水平；要统筹策划、积极推进，加快布局绿色发展，让绿色成为企业的底色；要发挥技术创新的核心驱动作用，扎实开展对标找差，锻长板、补短板，紧盯效率指标，不断推动公司高效化发展。

（2）境内矿山积极推进产能提升。境内聚焦铁矿石、球团矿、冶金熔剂、资源综合利用四大产业，形成从研发、设计、采选加工的资源全产业链体系，成为宝武钢铁生态圈全供应链大原料体系的重要组成部分，提升资源保障力度；境内矿山板块通过各区域公司的产能提升、集团内铁矿石企业的专业化整合和外部资源的并购、合作，逐步提高国内矿山板块各类产品产量；同时，充分利用“基石计划”推进增产计划。到 2025 年，境内矿山板块实现营收 537 亿元、铁矿资源控制量 70 亿吨、冶金熔剂资源量 12 亿吨、铁精矿 5000 万吨、球团矿 2000 万吨、冶金熔剂 3300 万吨、综合利用 7000 万吨，利润总额 60 亿元。

（3）境外资源布局取得积极进展。聚焦澳洲和西非两个重点区域，同时密切跟踪东南亚及中亚地区潜在资源项目。不断探索和创新海外项目合作模式，加速对境外铁矿石资源的投资开发进程，六大重点项目齐头并进，均取得实质性进展。另外，在充分总结项目成功合作模式的基础上，加大其他存量资源的盘活力度和潜在新增项目的推进力度。同时，努力打造海外矿山生产、铁路港口、过驳、远洋运输、营销等一体化高效运行的供应链体系。

（4）为提高铁矿石资源保障能力，确保资源安全，宝武资源稳步推进“大原料一体化”体系建设，逐步建立起以用户为中心，为生态圈用户提供资源保障和服务的一体化解决方案。

（三）以新安全格局保障新发展格局

（1）重构适应矿山的安全管理体系，提升安全管理能力取得显著成效。理顺总部—区域公司—基地公司三级安全管理体系，按照《中华人民共和国安全生产法》“三管三必须”原则，梳理总部—区域公司—基地公司安全管理责任，明确了各职能部门和业务中心管理定位，进一步梳理明确总部与区域公司、基地公司之间的管理分工和界面。其中，总部侧重定位于制订管理标准、管理要求，区域公司强化过程监督管理，基地公司具体实施。三级安全管理体系的建立，使安全管理基础进一步夯实，安全保障能力进一步提升，安全文化更加入脑入心。

健全完善安全责任体系，落实全员安全责任。持续深化管理者安全履职，落实责任与担当。完善本单位全员安全生产责任制，形成“横向到边、纵向到底”的网格化安全生产监管和全员安全生产责任体系。全面落实“三管三必须”要求，深入分析本单位安全生产工作面临的形势，坚持问题导向，紧盯薄弱环节。推进全方位、网格化安全检查督察，促进安全体系能力提升。强化区域管理工作机制的完善与执行，促进上下贯通安全管理体系建设。严格过程问责，督促事业部、各区域公司及子公司进一步健全全员安全生产责任制，促进安全生产主体责任全面落实。

实施安全总监制，强化安全监管效能。在矿山企业全面施行安全总监制度，强化安全监管，明确三级安全总监的职责和管控重点，发布三级安全总监责任清单。配置安全总监解决了原来由分管业务领导兼职管安全，时间、精力不够、落实安全监管不足，以及事故调查处理时，业务领导“既当裁判又当运动员”的问题，安全工作从“有人管”转变为“有专人管”，从“有专人管”提升到“专业的管”，使全员“安全第一”思想进一步夯实，安全管理体系进一步完善，重大安全风险进一步受控，重大隐患排查治理进一步强化，有力推动了各级安全生产管理人员履职履责和各项安全管理措施落实落地。

推进全方位、网格化安全督察，强化安全监管效能。将安全督察作为推动安全生产工作的重要抓手，健全安全督察机制，加强安全督察队伍建设；充分发挥安全督察作用，促进安全管理要求有效传递和安全责任逐级落实。聚焦安全体系、促进责任落实、推进两个方面协同，提升保障能力。在实现年度安全督察全覆盖的基础上，每季度组织各区域公司间围绕阶段重点工作和突出矛盾、问题开展互查，与安全督察联合开展。安全督察坚持以年度重点工作和各单位的特色为重点，找出问题采取措施。

（2）加快智慧矿山建设，打造“智慧、安全、环保”的创新型本质安全化矿山生产体系，加快实现矿山生产设备大型化机械化。通过对宝武资源矿山设备情况进行调研发现，矿山设备大型化占比较低，公司下定决心，持续推进设备大型化、机械化。2022 年开始陆续购入大型化设备，如铲运机、撬毛台车、掘进台车等，取代老旧的传统设备，不仅大大提高了劳动生产率，而且提高了员工作业过程的人身保护。根据统计，目前宝武资源共有大型化设备 240 台，无人化指数从 2021 年的 31%提高到 2022 年的 46%，基本实现了地下矿山设备机械化。

全面建设生产调度集中管控化。宝武资源基层矿山原有的生产管控模式是厂矿级调度-车间调度-班组执行等三级调度模式，这种生产管控模式存在信息流过于冗长、信息传递时间长、信息经多人传递后失真程度较大的缺点，因此到基层生产管理存在执行不到位、结果反馈往往不符合要求的情况。为提高生产效率、扭转生产管理被动局面，宝武资源推行生产调度集中管控，通过建立管控中心平台，合并集中矿山调度和车间调度，集成各基层厂矿的管控视频和远程操作。

优先发展无人化、少人化项目建设。2020 年 3 月，发改委、国家能源局等八部委联合印发了《关于加快煤矿智能化发展的指导意见》文件，首先提出要实现智能化、无人化建设的思路。2022 年，宝武资源首次提出“五星矿山”建设，从安全、绿色、智慧、高效、可持续五个维度评价矿山建设情况，安全和智慧维度同样强调无人化、少人化，从灭失现场“繁重岗位、复杂岗位、脏乱差岗位”等 3D 岗位着手，推动各基层矿山制定灭失 3D 岗位的计划，推进远程化、无人化，目前宝武资源各基层矿山 3D 岗位比例已大大降低。

顶层设计“无人采矿”“无协力矿山”规划。宝武资源在当前智慧制造的基础上，进一步提出至 2025 年实现“无人采矿”“无协力矿山”的新理念，进一步改变传统矿山高安全风险的现状，多措并举、群策群力，通过设备大型化的全面推进、无人化少人化的落实，将危险性大的采矿作业环节改造成远程操控，提高单位劳动生产率，减少协力员工聘用量，降低安全管理的难度和广度。

自主研发无人矿卡在智慧矿山场景中升级应用。宝武资源于 2020 年开始在南山矿研发矿用卡车自动运输机器人项目，在 5G 网络环境下，通过云端智能调度系统，分步实施了 10 台矿用卡车在和尚桥采场的自动运输机器人调试运行，在不需要司机和安全员的干预下，实现了矿车全天候在露天采场的“装、运、卸”全过程自主运行。该项技术具有完整的自主知识产权，将矿区卡车运输智能化技术与装备应用于全地形全气候条件下的矿区，有助于进一步提升矿山生产效率，节省采矿运输工序成本，经济效益潜力大。

（3）破解制约安全生产瓶颈难题，适应新发展格局下安全生产工作要求。发挥示范引领作用，建设本质化安全样板矿山。顶层设计智慧矿山规划，提升本质化安全水平，以基础条件好的矿山为试点，建设井下采矿全流程本质化安全的样板矿山，力争通过 3~5 年的努力，最终实现井下无协力采矿、无人采矿。推进智能安全、智能消防、智能安防在矿山、港口的持续应用，实现机械化、自动化、信息化、智能化迭代升级。推进非煤矿山凿、铲、运等工艺装备高端化、控制智能化，不断提高矿山装备水平。

优化人力资源结构，提升安全技能水平。一是加强人员技能培养。结合人员效率提升，通过人员岗位优化、重新调整，加强员工培训，提高员工多重岗位技能，优化岗位人员结构。二是提高安全意识和能力，分层分类组织开展安全生产培训。将安全生产培训纳入各单位主要负责人、安全生产管理人员、广大从业人员安全教育培训的重要内容，有计划、分层次、分类别地推动各单位主要负责人、安全生产管理人员、一线从业人员的教育培训。三是强化安全基础管理，规范安全行为养成。全面组织开展岗位操作规程和作业标准建设、梳理工作。确保岗位规程的有效性，使员工在现场的任何情况下都有章可循，有据可依；确保岗位规程的一致性，岗位规程的描述要与现场操作步骤相一致。

践行安全文化，实现可持续发展。宝武资源积极创建符合自身特点的安全文化，以习近平新时代中国特色社会主义思想为指导，秉持中国宝武“员工的生命、健康比利润更重要；安全风险可防可控、事故可以避免；全员参与、各尽其责、全过程安全管理精细化”“生命至上”“违章就是犯罪”等安全管理理念，建立一套安全价值观和行为规范，通过培养员工的安全意识和素质，建立科学、有效的安全管理体系，营造一个安全、稳定的工作环境。

（四）绿色高质量发展

（1）强化绿色管理，蹄疾步稳，构建以绿色矿山建设推进绿色发展的治理体系。

1）宝武资源积极贯彻习近平生态文明思想，坚持生态优先，绿色发展，立足新发展阶段，以实现减污降碳协同增效为总抓手，锚定“两于一入”目标，落实“三治四化”路径，强化生态环境风险管控，通过绿色矿山的创建持续推进公司绿色低碳高质量发展。围绕公司使命和绿色低碳目标，宝武资源制定并发布《宝武资源“十四五”生态环境保护规划》《宝武资源长江流域环境保护总体规划》，将绿色矿山的创建作为路径之一，不断加大研发投入，加快人才建设，持续提升创新效能，项目化推进绿色升级改造，引领绿色发展。

2）构建并实施了《中国宝武矿山企业绿色发展指数评价体系》，全面梳理了国家及地方相关法律法规、强制性环保标准、产业政策、管理体系以及所在地“三线一单”等要求，构建了《中国宝武矿山企业绿色发展指数评价体系》，旨在帮助公司旗下矿山企业了解自身绿色发展的现状、分析存在潜力、找出改进的方向和目标、有针对性地制定并实施改进措施，持续提升绿色可持续发展水平。通过评价体系的实施，宝武资源绿色发展指数持续得到提升，2020 年平均分 72 分、2021 年平均分 75.85 分、2022 年平均分 79.4 分。

3）积极研究并构建矿山企业主要工序能效对标指标和对标体系。通过推进能效达标创建及能源管理诊断项目，全面系统摸清矿山企业用能结构、耗能设备设施、能源使用效率等情况。追求极致能效，争取为钢铁行业上游产业能源转型和能效提升树立典范，加快引领行业绿色低碳发展。

（2）广泛开展生态文明宣教，政企联动，行为养成，促进全面绿色转型。宝武资源各级党委通过中心组学习强化对习近平生态文明思想的认识和理解，并策划开展了生态环境保护、风险管控、法律法规标准等一系列业务培训和技术交流研讨。各单位积极开展形式多样的宣教和劳动竞赛活动，宣传横幅、签名活动、环保知识竞赛、绿色健步走、下发环保宣传册、环境日宣誓、主题摄影展览、绿色发展献一计、节能减碳优秀案例征集评选等活动，营造了环保“知与行”的良好氛围，也提升了绿色发展意识及从业人员环保水平。

（3）提升废水废气固废及生态的治理能力，实行高水平的环境保护。

1）推进废气超低排工作。武钢资源鄂州球团矿脱硫脱硝超低排放改造项目投资 1.2 亿元，程潮矿超低排放改造项目投资 8366 万元，安徽皖宝投资 3868 万元建设石灰窑脱硫脱硝改造，马钢矿业全面实现除尘超低排放改造。

2）推进废水零排放工作。对矿山企业废水零排放工作进行深入调研和思考，开展矿山废水零排放科研攻关，形成矿山企业雨污分流和“零排放”标准和行动方案。

3）提高固废的资源综合利用水平。以“固废不出厂”为路径，提高固废资源利用能力，提升固废产品化水平，2022 年，宝武资源一般工业固废综合利用率 59.3%。其中，废石综合利用率 65%、尾矿综合利用率 55%。受区位的影响，位于东部的马钢矿业和梅山矿业固废利用率已经超过 90%。

4）加强了长江流域生态环境保护工作。长江大保护项目的推进和落地提升了长江流域企业环境保护的总体水平，2022 年和 2023 年分别立项 50 个和 56 个，共计投入达 9.77 亿元。

5）突出问题导向，持续改进，提升环境风险管控的能力。以问题为导向，自查自纠，举一反三，一系列内外部的环境风险排查整改犹如“组合拳”，有效提升了环保管理意识和能力水平，环境风险得到管控。

（4）加快能源结构升级，引领绿色低碳发展。

1）加快能源结构升级，提高绿色光伏、风能等清洁能源的利用占比，实现能源绿色低碳转型。马钢矿业张庄矿、八钢矿业敦德矿、重钢矿业西昌矿分别启动开展了光伏发电项目。大红山矿开展了井下供水管道水能发电项目，八钢矿业敦德矿配备电动卡车开展矿区运输业务，罗河矿开展陶瓷球新材料的应用，张庄矿开展智慧照明技术研究，安徽皖宝石灰分公司通过对窑炉原石灰石上料系统、配料系统、出灰系统、窑尾烟气系统进行技术改造。

2）开展非节能照明和高耗能落后机电设备（产品）淘汰。宝武资源下属各单位对生产区域内的非节能照明存留情况进行彻底摸清，对照工信部发布的第一批至第四批《高耗能落后机电设备（产品）淘汰目录》12 大类 135 项设备（产品）组织开展自查，计划 2024 年全部完成淘汰。

（5）加大生态修复与地质环境治理，高标准创建工业旅游景区，共建美丽中国。近年来宝武资源加大生态修复与地质环境治理工作力度，加快打造人与自然和谐共生的现代化矿山，打造“进矿见园、出矿穿林、楼在绿中、人在景中”的工业旅游名片。大冶矿成功打造了黄石国家矿山公园，形成了“天坑”大峡谷、“日出东方”广场、矿业博览园等诸多景点，废弃矿坑“蝶变”为国家 4A 级景区；南山矿建成了凹山地质文化公园 3A 级景区、南山景观大道等景观，成为马鞍山市新地标，“生态修复+”治理实现了生态效益、经济效益、社会效益的高度统一。宝武资源下属矿山中有 18 家矿权单位创建了绿色矿山，近 3 年来新增国家级绿色矿山 2 个、省级绿色矿山 3 个。

（五）智慧矿山建设

（1）组织编制规划，做好顶层设计。宝武资源从 2020 年 8 月启动智能矿山建设，按照中国宝武智慧制造相关的“四个一律”“三跨融合”以及“万名宝罗员工上岗”的要求，以“机械化换人、自动化减人、智能化无人”为指导思想，按照“一个目标、二大核心、三个统一、四项举措”的工作思路，稳步推进相关工作。2021 年 4 月，宝武资源发布了《智慧矿山规划指南》，2021 年底启动规划更新，2022 年 9 月完成并下发《智慧矿山规划（2022—2024）》，做好顶层设计。同时，策划构建公司管控共享系统集群项目，形成纵向统一、横向集成的信息化格局，实现跨空间互通融合。宝武资源制定了整体的数智化规划，在矿山板块构建、覆盖了管理信息化系统；建设职能一体化平台，矿业经营、成本、安全、设备、协力、科技等管理系统及矿山生产管理共享平台等。

（2）策划行动方案，促进项目化落地。为促进规划落地，宝武资源组织下属单位结合规划要求及自身现状编制行动方案，并策划支撑项目；对年度项目分类管控：普通项目按季度、重点项目按月跟踪，攻关项目明确关键节点、阶段目标，定期督促。此外，宝武资源还建立了工作例会制度，按现场会、季度推进会、专题会的形式，定期对相关工作推进情况进行检查，部署后续工作。

（3）推进管控集群项目，实现互通融合。全面推进管控共享系统集群项目建设：构建公司职能管控一体化平台，强化管理统计分析，实现总部职能穿透式管理；推进矿业经营管理系统重构升级，实现销售管理、生产管理、物流配送、业财一体的高效协同；建设安全、设备、协力系统及矿山生产管理共享平台，支撑矿山板块专业化管理提升，促进矿山生产基地生产运营精细化管理。

（4）智慧矿山建设全面铺开，相关成果实现跨基地、跨子公司应用。在采矿作业智能化方面，基本实现固定设备的现场操控无人化及溜破、运输、提升等系统远程遥控；在选矿作业智能化方面，基本实现破碎筛分、磨矿分级、选别加工、精矿处理、尾矿输送等远程操控；在加工智能化方面，基本实现精矿干燥、配矿混合、造球筛分、焙烧等远程操控；基本实现安全环保管控智能化、公辅系统无人化等，在机器人应用等方面也有长足进步。

第三节 内蒙古包钢钢联股份有限公司

一、白云鄂博铁矿

（一）基本概况

白云鄂博铁矿位于内蒙古包头市以北约 150 km 处的达茂旗大草原上，平均海拔 1605. 5 m，是举世瞩目的铁、稀土、铌、钪、萤石等多金属共生（伴）矿，是我国西北地区储量最大的铁矿，稀土储量位居世界第一、铌储量位居世界第二。矿床现已发现 210 多种矿物、71 种元素，具有综合利用价值的元素有 26 种。

（二）发展历程

1957 年 2 月 27 日包钢白云鄂博铁矿成立，本着“边建设、边生产”的方针，1959 年白云鄂博铁矿跨入了机械化开采阶段。1960 年白云鄂博铁矿粗破碎系统竣工投产，标志着白云鄂博铁矿正式建成。

1986 年，白云鄂博铁矿“七五”期间年产矿石 1200 万吨，是白云鄂博铁矿第二个建设高潮，东矿扩改工程竣工标志白云鄂博铁矿进入了生产发展振兴腾飞的时代。1987 年 WK-10A 新型电铲、新 2 号牙轮钻在白云鄂博铁矿投产，同年东矿扩建改造工程 1 号、2 号、3 号、4 号公路和 1 号、2 号矿石转载台工程动工。

2004年，白云鄂博铁矿启动了东矿深部改造工程、东矿边坡治理工程。同年，白云鄂博铁矿年产矿石1080万吨，是建矿以来首次突破年产1020万吨设计水平，5项经济技术指标跨入全国前三位。

改革开放以来，白云鄂博铁矿在生产建设上取得了巨大的成就。1980年完成矿石产量413万吨，1983年突破500万吨，1984年突破600万吨，1990年突破700万吨，1994年突破800万吨，1996年突破900万吨，2004年突破1000万吨，2006年突破1200万吨，2012年达到1286万吨的最高年产矿石量。

2016年，白云鄂博铁矿进入露天矿山后期开采阶段，矿石开采进入减产期。为保障下游选厂对铁矿石的生产需求，白云鄂博铁矿从自身出发，以提高矿产资源利用率为目的，提出了含铁岩综合利用、主胶运干选系统回收含铁岩、Ⅲ号白云岩排土场含铁有用岩干选项目、路料干选回收等资源综合利用项目，并在资源接续方面开展了开采东介勒格勒矿体、加强生产勘探水平、开展主东采场深部勘探项目等，保障白云鄂博铁矿的资源接续。同时，白云鄂博铁矿以科技创新的力量进一步加强老矿山活力焕发的潜力，以成立白云鄂博科学研究基地为契机，加强与相关科研院所的合作，进一步提高了白云鄂博铁矿的新活力。

（三）工艺简介

白云鄂博铁矿于1957年2月27日建矿，已有近68年的开采历史。从建矿初期绳拉肩扛的人工开采，到1959年电力机车驶上主矿山顶实现机械化开采，从1979年改革开放潜孔钻、牙轮钻机代替冲击式钻孔机，到1988年108 t电动轮在东矿采场投入运行，矿山实现了国产设备现代化。2019年在白云鄂博铁矿东采场打造了国家级无人驾驶露天铁矿示范样板工程，是全国乃至全球基于5G网络条件下无人驾驶矿车的首个应用。从“5G赋能、智造未来”智慧矿区单台车无人测试现场调试到多车多台电铲编组运行，以及采场钻机、电铲的远程控制、全矿供水系统智能管理、采场边坡预警管理、采场和检修场地视频监控，标志着智慧矿山建设在白云鄂博铁矿落地生根。

白云鄂博铁矿的主要生产工艺是穿孔、爆破、采装、运输、排岩。主采场矿石采用汽车—采场外转载—铁路联合运输方式，岩石采用汽车—胶运系统联合运输方式。东采场矿石采用汽车—胶运系统—采场外转载—铁路联合开拓运输方式，岩石采用汽车—胶带联合运输方式。

采场内矿岩采用16.8 m^3和10 m^3电铲采装，推土机、前装机、反铲挖掘机进行采场生产辅助作业。采场内矿岩采用172 t和260 t运矿汽车运输，矿石采场外采用振动放矿和电铲转载。采场外采用150 t电力机车牵引60 t翻斗车运输，矿石进入1500/300和900/100破碎系统破碎后分别通过铁路局龙车运往宝山山下选厂，通过皮带运往宝山山上选厂。

（四）绿色矿山

2014年8月白云鄂博铁矿正式被评为第四批国家级绿色矿山试点单位，2020年正式入选国家级绿色矿山名录。白云鄂博铁矿从依法办矿、规范管理、资源综合利用、技术创新、节能减排、环境保护、矿区生态环境治理、社区和谐、企业文化九个方面全面贯彻落实绿色矿山的建设目标。采用先进的科技手段，实施严格的科学管理，以清洁生产、节能减排、资源综合利用、循环经济等生产模式，实现资源充分合理利用、保护环境、安全生产、社区和谐和矿业经济的可持续发展。为更快更好地建设绿色矿山，围绕总体目标，统一领导，根据《包头钢铁（集团）有限责任公司白云鄂博铁矿国家级绿色矿山建设规划》定期制订详尽的建设计划，确保绿色矿山建设任务按照规划要求如期完成。为保护白云鄂博矿区的生态环境，包钢（集团）公司白云鄂博铁矿根据《内蒙古自治区矿山环境治理实施方案》实行“谁破坏，谁复垦”的原则，坚持“预防为主，全面规划，综合防治，因地制宜，加强管理，注重效益”的环境治理方针，布设各项生态环境治理措施，实现生态与生产建设双赢。

白云鄂博铁矿从 2012 年开始进行分期地质环境治理工作，目前已经开始进行第四期。

第一期治理主要围绕白云铁矿采场边坡治理、道路两旁硬化与绿化以及网围栏设置，规划期内设置网围栏 38000 m、警示牌 400 余块、道路两旁覆土 28000 m^3、种植灌木 1080 丛、乔木 4496 棵、修建空心护坡水泥砖 5300 m^2、布设监测点 47 个，治理面积 3.83 km^2，治理费用投入 6268.4 万元。

第二期治理主要围绕停用排土场以及采场危岩体。规划期内，设置标示牌 21 个，危岩体清理 8373 m^3，拆除铁路 8213 m^3，完成东、南、西机车排土场治理并通过验收，验收面积为 1.95 km^2，治理费用投入 9721 万元。

第三期治理完成了西排土场削坡整形 546000 m^3、拆除线杆 100 m^3、设置挡墙 648 m^3、整平 7500 m^2，中贫矿清运 15000 m^3、平整 40000 m^3，汽机修北部区域边坡整形 2600 m^3、设置挡墙 1194 m^3、铺设花砖 583 m^3、平整 954200 m^3、压实 2500 m^3、木栈道 2500 m^2、栏杆 2000 m、展示台 20 个、植被恢复 55 hm^2。矿山企业投入治理费用约 1399 万元，完成矿山地质环境治理总面积 1.46 km^2。

第四期治理方案已编制并评审完成，主要工作内容有排土场、边坡、厂区绿化等，目前已完成 2022、2023、2024 三个年度的治理工作，完成治理面积 8.6568 km^2，投入治理资金约 4.2 亿元。目前正在计划开展 2025 年度治理工作，计划将在采场边坡、排土场、厂区工业场地开展治理工作。

（五）资源综合利用

白云鄂博是以铁矿起家，也是以铁矿兴家。目前，白云鄂博铁矿主采场处于开采中后期，已进入减产期，资源综合利用及资源接续工作迫在眉睫。白云鄂博铁矿全面挖掘自有资源生产能力，发挥自产矿优势，满足公司当前生产需求。

（1）加大采场铁资源回收力度。通过主采场胶带运输干选系统及干选再选项目形成合力，将主采场中的白云岩提高到全铁品位 25%以上的矿石，最大程度回收采场铁资源。主胶运系统干选项目已建成投产，具备年生产铁矿石 150 万吨生产能力。

（2）重点组织排土场铁资源回收利用：

1）加快推进Ⅲ号白云岩排土场含铁有用岩干选项目建设。将排土场含铁资源进行一段破碎、一段干式磁选，获得 TFe 品位 15%以上含铁有用岩；对选出的含铁有用岩再次进行破碎-干选，获得矿石品位 24%的铁矿石。

2）重点推进干选矿石加工系统建设。2021 年 10 月份路料加工系统增设磁选系统，选矿效果理想。生产过程中将逐步对系统进行改造升级，现具备年生产铁矿石 60 万吨生产能力。

3）加快推进主、东采场深部资源勘查。本着“以全铁为主、综合评价”的原则，摸清深部铁矿体的规模及储量、质量等情况，并对共伴生稀土、铌、萤石、钍、钪、富钾板岩资源及矿床成因等进行综合评价。目前，钻孔控制的铁矿石资源量近 7000 万吨，预计新增资源储量超 2 亿吨。

4）加快推进东介勒格勒矿床开采。根据中钢集团马鞍山矿院工程勘察设计有限公司 2014 年提交的《包钢（集团）公司白云鄂博东介勒格勒铁矿采矿工程初步设计》，东介勒格勒露天采场内可采出矿石量 2275 万吨。

（六）科技创新

白云鄂博铁矿始终贯彻科学技术是第一生产力的方针，依靠自主开发和产学研合作的方式，逐年加大科技创新的资金投入力度，多措并举从科研、自主创新、标准化建设等方面，强化企业发展水平，使白云鄂博铁矿科技创新水平进一步提高。

1. 深入推进科技成果转化

为了保障国家稀土、铁、萤石等战略性矿产资源供给，深入推进科技成果转化，2019 年 7 月，包头钢铁（集团）有限责任公司与中国地质科学院矿产资源研究所在白云鄂博铁矿共同组建了白云鄂博科学研究基地。白云鄂博科学研究基地成立以来，首次在白云鄂博矿集区开展大比例尺专题地质填图-反射地震-重力-磁法-电法综合勘查技术示范研究，创新提出白云鄂博矿床是与碳酸岩岩浆作用有关的岩浆型+高温热液交代型（霓长岩型）矿床的新认识，建立了构造控制的接触交代型勘查模型，为找矿突破提供理论支撑；首次评价白云鄂博矿区共伴生萤石资源储量 3958 万吨，调查发现厚大独立萤石矿体，预测资源量 1808 万吨，夯实世界级萤石基地资源基础，该项成果成功推动包钢集团和金石资源成立合资企业，拟投入 19 亿元，打造世界级氟化工基地。

2. 加强与科研院所的科研合作力度

白云鄂博铁矿积极与中国地质科学院矿产资源研究院、北京科技大学、中国地质大学、香港中文大学、成都理工大学、内蒙古科技大学等高校均开展相关领域科学研究，目前开展的项目有《包钢白云鄂博智慧岩芯库及科学应用平台建设技术示范》《白云鄂博低品位萤石预富集技术研发及产业化示范》《包钢白云鄂博主、东矿区矿田构造的控矿规律及其对边坡特定性影响评价》等。

3. 科技创新项目硕果累累

2018 年参与研究的《基于稀土资源保护的白云鄂博东矿境界外矿体开采技术研究》项目，获得中国冶金矿山企业协会冶金矿山科学技术特等奖；2021 年《白云鄂博多金属矿床综合勘查技术示范与深部找矿突破》项目获得冶金科学技术奖二等奖、《复杂条件下找矿技术方法创新与白云鄂博矿区勘查突破》项目获得中国冶金矿山科学技术奖二等奖。2020 年度《5G 网络条件下无人驾驶及操作的智慧矿山技术开发及应用》项目获包钢（集团）科技进步奖一等奖、《白云鄂博矿集区成矿作用与深部找矿预测研究》项目获包钢（集团）科技进步奖二等奖。2021 年度《白云鄂博铁矿石划分标准研究与应用》项目获包钢（集团）科技进步奖一等奖。

二、巴润分公司

（一）基本概况

巴润分公司隶属于内蒙古包钢钢联股份有限公司（简称“包钢股份”），前身为巴润矿业有限责任公司，公司于 2004 年 8 月在达茂旗注册成立，2013 年 10 月并入包钢股份。建厂初期，巴润分公司就以早日建成装备一流、工艺一流、技术一流、管理一流的大型数字化矿山为目标，学习借鉴国内外先进的治企理念和管理模式，加强人力资源管理，本着“机构简单、功能齐全、一专多能、一人多岗”的原则，实现网络型扁平化的水平管理：经理—部室—班组。建厂初期公司拥有 8 个管理部室，6 个生产作业部室，2017 年实行“瘦身健体”，进一步优化人力资源，将原有的 14 个部室合并为 5 个管理部室和 6 个生产作业部室，精简岗位 319 个。发展至今，已经形成核心岗位使用自有员工辅助岗位以项目承揽用工方式补充，部分维检修作业及生产任务进行外包的生产运行模式。目前公司共有职工 1441 名、相关方 34 家（含项目承揽共 2200 余人），采场全员劳动生产率居行业第一，选厂全员劳动生产率位居行业第三。

现在巴润分公司矿石生产能力 1000 万吨、采剥总量超过 1 亿吨，选矿系统年处理能力 1300 万吨。尾矿处理采用高浓度排放技术，节水节地、安全环保，处于国内领先水平。双向供水、输矿管道，全长 150 km，年输水 2000 万立方米，输送矿浆 550 万吨，是国内最长的单级引水管道和输送能力最大的单级矿浆输送管道。经过 10 余年的发展，公司已成为一座集矿山开采、选矿加工、精矿管道输送于一体的新型现代化矿山，是包钢（集团）公司又一个大型原料基地。

（二）发展历程

2004 年 8 月 22 日包钢集团巴润矿业有限责任公司作为包钢集团的全资子公司在内蒙古自治区达茂旗注册成立，简称“巴润矿业公司”，内设 5 个部门，综合部、设备供应部、财务部、生产部、保卫部。

2008 年巴润矿业公司全力推进三大主体工程建设，以提高包钢（集团）公司自有精矿资源为目标的重点项目——白云西矿1500万吨采矿、300万吨选矿、矿浆输送及输水管线系列工程取得了重大进展，为完成采矿、选矿、矿浆输送一体化奠定了坚实基础。

2010年巴润矿业公司的第一批铁精矿矿浆于1月4日10点38分在包钢选矿厂二过滤车间落地。同年，巴润矿业公司选矿厂年产300万吨精矿，选矿厂四个系列同时运转，7月达产，实现从试车、消缺到顺产、达产雏鹰展翅的转变，创国内同类型等规模选达产最快的好成绩。巴润矿业公司扩大采场产能，采矿规模先后历经300万吨/年、600万吨/年、1000万吨/年，最终采场1000万吨/年。

2012年巴润矿业公司采场完成采剥总量13489.4万吨，达采场最大生产规模。

2013年9月23日包钢股份对巴润矿业有限责任公司的资产完成收购，进入包钢股份的机构名称为内蒙古包钢钢联股份有限公司巴润矿业分公司，简称“巴润分公司”。

2017年矿浆部划归巴润分公司，标志着矿浆输送系统正式运行，公司成为采、选、输一体的大型现代化矿山，系统能力的最大效益化，将成为公司快速发展的最大优势。

2018年10月30日13时35分，负责巴润分公司铁精矿代料加工的六家民营选厂铁精矿全部实现矿浆管道输送，实现了白云地区铁精粉矿浆的绿色低碳运输。

2019年11月28日12时56分，巴润分公司西采场1584段北帮8~15线牙16高台阶爆区顺利起爆，此爆区共穿孔1022个，长750 m，宽65 m，消耗炸药460 t，爆破量260万吨，再次创新了由巴润分公司创造的国内冶金矿山行业爆破规模纪录。

2020年12月12日矿浆管道全年累计输送量突破600.1万吨，首次突破600万吨大关，创历史新高。

2020年12月29日巴润分公司正式入选国家级绿色矿山企业名录。

2021年1月6日巴润分公司西采胶带运输系统建设取得全面成功。

2022年巴润分公司以矿浆泵站自动化输送为应用场景，依托先进的信息、数据集成技术、网络安全技术和远程操控技术等，使矿浆泵站远程控制中心项目在包头城区正式落地，实现了矿浆系统远程控制。

（三）科技创新成果

近年来，巴润分公司逐步加大科技投入，促进产学研平台的建设，并取得了一系列丰硕的成果（表9-1），确保了公司生产技术的不断更新与完善，使生产顺利稳定进行。

表9-1 巴润分公司近年科技成果获奖情况

序号	项目名称	获奖情况
1	高寒干旱地区大型铁矿床高效绿色开发技术集成及应用	2017年中国钢铁工业协业冶金科技进步奖一等奖
2	白云鄂博西矿含铁岩资源开发利用技术研究	2018年包钢科学技术奖三等奖
3	长距离铁精矿输送管道在线环保除垢关键技术与装备研究	2020年中国钢铁工业协业冶金科学技术奖二等奖 2020年内蒙古科学技术进步奖三等奖

续表 9-1

序号	项目名称	获奖情况
4	高寒区碎软岩提质增效控界爆破技术及应用	2021 年冶金科学技术奖三等奖
5	矿山高陡边坡安全监测预警与应用	2022 年冶金科学技术奖特等奖
6	金属矿 24 m 台阶穿孔和大密集系数爆破技术研究与应用	2022 年冶金科学技术奖三等奖
7	矿山高陡边坡安全监测预警与应用	2022 年冶金矿山科学技术奖特等奖
8	露天矿山爆破效应智能预测及协同控制技术	2022 年冶金矿山科学技术奖二等奖
9	非均质铁精矿浆体管道在线精准计量关键技术研究与应用	2022 年冶金矿山科学技术奖三等奖
10	铁精矿矿浆管道输送在线干矿量精准计量研究	2022 年包钢科技成果奖二等奖

（四）主要技改扩建项目

1. 采矿系统

巴润分公司采场所在白云鄂博西矿是白云鄂博矿床最大的矿体群，位于白云鄂博主矿以西，与主矿毗邻，矿区铁矿石保有资源储量约 5 亿吨，稀土矿保有资源储量约 13.8 亿吨（矿石量），铌矿保有资源储量约 1.8 亿吨（矿石量），是低磷、低氟、低稀土大型铁矿床，适合大型露天开采。

采矿工程在设备装备上选择了技术先进、效率高的大型设备。目前，正在运行的自有设备有利勃海尔 18 m^3 液压电铲、小松 PC-5500 型 29 m^3 液压电铲、太重 WK-20 电铲、KY-310B 型和 YZ-55B 型牙轮钻机、特雷克斯 MT-3700 电动矿用自卸车、卡特 D-10T 推土机等国内外知名大型采矿设备。

2. 选矿系统

巴润分公司选厂于 2008 年 5 月开始建设，2009 年 12 月开始生产，于 2010 年 7 月达产，并创造了国内同行业多项第一。300 万吨/年精矿选矿工程建设工期 1.5 年建成试车，在全国同规模选矿厂建设中速度最快，全国第一；选矿工程从试车到达产 6 个月时间完成并实现稳产运行，在全国同规模选矿厂建设中属最好的，全国第一；700 万吨/年尾矿高浓度堆存技术在全国首次设计建设并投入生产，全国第一，尾矿高浓缩堆存排矿浓度达 72%以上，全国第一。

生产中以“系统提升、提质增效、对标升级、经济运行”为原则，组织实施“分时入破、分仓储存、分系列选别”处理含铁岩石，严格执行混合矿与含铁岩切换标准化作业，在最大限度处理含铁岩石的同时，保证了产品质量和设备台效不受影响。选厂主要由粗破碎、储料堆、中细碎、筛分间、干选间、磨矿分级、磁选、浮选、浓缩等若干生产环节及其他公辅设施组成。根据生产工序和职能分为破碎、磨选、尾矿及中控室四个作业区域。

3. 破碎区域

破碎采用三段一闭路破碎流程，其中在细碎之后有一段干选。破碎最终产品粒度-12 mm的占80%以上。主体设备有：美卓5475旋回破碎机、山特维克CH880圆锥破碎机、北矿院CTDG1216N永磁干式大块磁选机、山特维克LF2460D双层直线振动筛等。

4. 磨选区域

磨选采用阶段磨矿、阶段选别流程，其中在一段磨矿分级后有一段弱磁选和中磁作业进行抛尾、二段磨矿分级后有一段弱磁选作业进行抛尾、三段磨矿前为控制磨矿浓度（有一段浓缩磁选作业）、三段磨矿分级后有两段精选作业，最终铁精矿达66%以上、粒度-325目的占80%以上，满足管道输送要求。主体设备包括：中信重工ϕ5.03 m×6.4 m溢流型球磨机及ϕ4.27 m×6.1 m溢流型球磨机、威海海王ϕ610 m水力旋路器及ϕ350 m水力旋路器、德瑞克五路重叠式高频细筛，以及抚顺隆基各类型号磁选机。其中ϕ5.03 m×6.4 m溢流型球磨机为国内大型磨矿设备，德瑞克五路重叠式高频细筛为国内外先进的细粒级分级设备。

5. 尾矿区域

尾矿处理工艺，采用的是高浓度堆存技术，年处理尾矿量700万吨（干矿），整个工艺分一次浓缩、二次浓缩两个阶段，最终设计排尾浓度70%以上。尾矿库面积约2.7 km^2，库容5380万立方米，其中美国西方技术设计制造的深锥浓缩机是国内大型矿山首家实现尾矿高浓度堆放技术的国际先进设备。

6. 矿浆系统

巴润分公司矿浆管道单级泵站输送能力全国最大，水浆双向管道输送技术国内领先。

主体工艺为：黄河水处理后经位于包头的高压供水泵站一次加压，经130 km越野管道（Dg920 mm）输送至白云鄂博地区。白云鄂博就地选矿后，矿浆经矿浆泵站一次加压，经145 km越野管道（Dg355.6 mm）输送至包钢厂区，再经过滤脱水后应用于后续炼铁工序。水处理能力为2000万立方米/年，铁精矿处理能力为550万吨/年。

7. 供水系统

供水系统包含2座19 m的储水罐、4台高压离心泵（Flowserve）、1座污水处理站、1座综合水泵站及各种配套设施。矿浆输送系统包括1座直径45 m的浓缩池（道尔）、1座底流泵站、2座直径16 m的搅拌槽（莱宁）、包含3台正排量隔膜泵（GEHO）及2台喂料泵的精矿泵站、2座压力检测站、消能孔板站、阀门站及各种配套设施。矿浆过滤系统包括用于过滤的14台圆盘式真空过滤机及配套真空泵、鼓风机等，用于处理滤液的一座ϕ50 m的浓缩池和一座35 m的浓缩池、平流沉淀池、过滤器等。

该工程成功地解决了白云鄂博矿区缺水、不能选矿的难题，对包钢（集团）公司降低成本、提高核心竞争力意义重大，更会在带动当地工业技术水平升级、实现科学发展方面产生长远影响。

（五）企业改革与企业文化建设

1. 企业改革

（1）企业制度。组织编制《巴润分公司制度汇编手册》《流程标准汇编手册》等相关文件，从制度上来约束行为，作为公司进行日常工作管理的依据。领导层在经营方面，公司依据集团公司制定年度经营指标和工作目标，层层签订经营业绩责任书，建立公司与各部室之间的关系，明确责、权、利；大力推行新型管理模式，从权利、义务、制度等方面规范员工行为、明确权利与义务、细化员工守则，将员工培养成有素养、高素质的职工队伍。

（2）基础设施。根据公司中长期战略发展规划，加快包钢结构调整、加强原料基地建设、降低生产成本、保护生态环境、带动地方经济发展，巴润分公司由单纯的矿山采选业务，升级为集矿山开采、选矿加工、铁精矿输送于一体的新型现代化矿山，同时结合与先进企业对标情况、市场分析及项目可行性调研，确定基础设施项目的建设。

巴润分公司基础设施拥有工业建筑物共四个区域，选矿区域、采矿公辅区域、老公辅区域、山下矿浆区域。根据生产计划需要，已建设主要生产工艺厂房及配套辅助生产设施配电室、水泵站、转运站、尾矿坝、除尘环保等设施及工业构建筑物共计169座。根据公司生产辅助人员的配置情况提供福利设施建筑物办公楼、食堂、浴池、倒班宿舍、锅炉房、廉租公寓、职工活动中心，配备了篮球场、健身器材、职工活动中心等文娱设施，配套齐全。根据生产、车辆运行需要，完善厂区道路、绿化、停车场地等基础设施；根据公司建设要求为厂区道路进行命名并设立标识牌，为厂区通行带来便利条件。根据设备运行、保养维修需要，定期维护维修设备维修保养间、车辆停放库、加油站等基础设施。

（3）信息系统的建立和运维。巴润分公司近几年的时间里，不仅在信息化方面做了很多尝试和努力，不断前进，还做过信息系统规划，在网络办公、物资、劳动人事、财务、生产等管理方面都引进了相应的软件系统，目前第一级、第二级生产系统建设（无人值守过磅系统、卡车智能GPS调度系统、选矿全流程自动控制系统、燃油监控系统等）、三级MES系统的建设（设备管理系统、物资全生命周期系统、生产管理系统等）、四级ERP系统（集团ERP系统、协同平台）的建设已经完成，无人机三维建模平台、企业决策支持系统正在逐步开展，实现为企业提供决策和支持。

（4）改进与创新。大力提倡创新，一是鼓励技术创新，坚持开展群众性的QC小组、5S自主改善成果、员工合理化建议等活动，增强职工的归属感；二是推进管理创新，纵深推进卓越绩效管理、精益化管理，创新管理模式，开展了质量月活动、精益班组创建活动。巴润分公司每年都对管理创新活动进行评比和表彰，调动了员工参与管理、提高工作质量的积极性。

加大创新力度。巴润分公司采矿系统持续推广应用24 m高台阶、爆破分离技术、数码雷管等创新成果，利用无人机航拍技术跟踪指导爆破作业，提高爆破效率；优化选矿工艺，成功运用淘洗磁选机实现了三段球磨机长时间合并，在节能降耗和提质降杂方面取得了新突破；进一步发挥新建搅拌罐缓存作用，持续推动准时化拉动生产工作再发力，不断推进智能化泵站建设，三年累计输送铁精矿 1856.1 万吨，管道输送低耗高效、安全环保的优势得到充分发挥。

2. 企业文化建设

确定巴润精神、核心价值观、使命、愿景，巴润分公司秉承集团公司确立的“企业精神”“核心价值观”，见表 9-2。

表 9-2 企业文化内涵和具体内容

内容	内涵	具体内容
巴润使命	为包钢股份持续提供稳定、优质的炉料	巴润分公司以矿产资源开采及加工为主业，致力于矿产资源的高效开发利用。在发展过程中，始终把为集团公司提供稳定、优质的炉料作为生存和发展的使命，积极利用高新技术，提升装备和工艺技术水平，提高矿产资源的综合利用率和回收率；通过高效利用资源，为社会创造更多的财富
巴润愿景	创建现代化矿山、引领行业发展	巴润分公司坚持科学发展观，客观分析内外部因素，提出创建现代化矿山、引领行业发展的愿景，着力建设设备装备大型化，生产流程自动化，工艺技术先进化，经营管理信息化的低成本、高效率的现代化矿山，引领行业发展
核心价值观	立己达人	巴润分公司秉承集团公司核心价值观，致力于培养员工自立自强，并不断挖掘潜能，使之成为有用之才；在不断强大的同时，为职工谋福祉，让职工与企业共同出彩，为客户提供优质产品，实现互利共赢
巴润精神	坚韧不拔、超越自我	巴润分公司秉承集团公司企业精神，在发展中成就社会的责任，以诚立企，提升巴润社会形象和品牌形象。巴润人在成长中为企业创造价值，追求积极乐观、昂扬奋进、德能兼备、坚韧不拔、崇尚卓越的精神
安全理念	生命高于一切	生命无价，责任重于泰山。巴润分公司认真贯彻执行国家的法律法规和规章制度，落实好各级人员安全管理责任，确保员工的职业安全和企业的财产安全
质量理念	质量否决数量	质量是一个企业发展的基石，宁要高质量的少数，不求低质量的多数，保证不了质量的数量为零
工作理念	第一次就把事情做对，每一次都把事情做好	巴润的发展基于全体员工尽职尽责地工作，巴润培养员工要具备精益求精、勤奋踏实的工作品质，爱岗敬业、严谨仔细，把错误和失误降低到最低
资源理念	珍惜资源、持续开发	巴润分公司采用规模化集约化开采，持续推进矿产资源高效利用，同时注重生态环境，促进清洁、节约、安全生产，提升矿产资源对社会经济可持续发展的保障能力

续表 9-2

内容	内涵	具体内容
团队理念	沟通协作凝聚	巴润员工的工作能力是推动巴润发展的纵向动力，团队精神则是巴润发展的横向动力。巴润公司努力营造团队合作的氛围，加强沟通协作，发挥个人专长，谋求凝聚的协同效应
管理理念	公正公平和谐	巴润的管理体现对公司员工的尊重、关爱，并给予平等的工作机会和发展机会，实现自我价值；对公司的合作者以诚相待，共创和谐
用人理念	以激情工作、靠智慧发展	巴润人职业发展需要充满激情地工作，更需要用心做事，用智慧导航的人引领巴润发展
环境理念	创造优美环境、激发员工工作热情	牢固树立“保护生态环境就是保护生产力、改善生态环境就是发展生产力”的理念
学习理念	学习能力决定巴润的成长能力	巴润员工的学习能力决定了巴润员工的成长。巴润要营造巴润员工不断学习与提高的氛围，更要创造一种机制，集合个人的学习能力转化为组织学习能力，促进巴润的持续发展

3. 企业获得的荣誉

巴润分公司连续三年荣获包钢集团“员工自主改善优秀组织单位”荣誉。

2021 年荣获中国冶金矿山协会颁发的冶金矿山“十佳厂矿”及“十佳厂矿长”称号。同时，先后荣获全国就业先进单位、全国总工会“安康杯”竞赛优胜单位、内蒙古自治区诚信企业包头市“五一劳动奖状”、全国钢铁行业“青安杯”竞赛先进集体等荣誉。

第四节　河北钢铁集团矿业有限公司

一、基本概况

河钢集团矿业公司（以下简称“河钢矿业”）是河钢集团的重要原料生产基地，总部位于河北省唐山市。自 2008 年 9 月组建成立以来，河钢矿业已发展成为以铁矿石采选加工为主业，辅以磷精粉、钢球、火工品、砂石骨料、装备制造、技术服务等相关产业的国有大型现代化矿山企业。现有的 20 多个厂矿、子公司分布于省内 6 个地市 10 个县区，在岗职工 9000 余人，总资产达 379 亿元，铁矿石资源掌控量 34.47 亿吨，具备年产 1000 万吨矿产品的生产能力。

长期以来，河钢矿业始终从大局和全局的高度出发，以“打造国内大型国有矿山先进典型”为目标，大力实施人才强企战略，坚持生态优先、绿色发展，全面推进管理创新、技术革新，积极探索矿产资源高效开发利用方式，努力构建新业态管控体系，走出一条经济效益、社会效益、环境效益和谐共赢之路，开辟了转型升级高质量发展新境界，企业综合竞争实力位居国内行业前列。河钢矿业先后获得“全国钢铁工业先进集体”“全国模范职工之家”、河北省“五一劳动奖状”“河北省明星企业”等荣誉称号；所属主体生产矿山成功入选“河北省绩效引领性企业”，全部进入“国家级绿色矿山”名录。

二、管理创新促发展

（一）优化体制机制，激发企业活力

2015年，河钢矿业推行横向扁平、纵向瘦身的集中一贯制、作业长制，组织机构横向瘦身、纵向扁平，职能专业化，流程工序一体化，生产组织重心下移，提高管控效率，降低人工成本。机关部室取消科室设置及科级编制，专业管理实行主管、主办制并直接对部长负责；推行人、财、物专业职能集中管理，实行劳动人事、资产财务和物资采供业务派驻制直接管理。生产矿山按照运营管理、生产作业、设备保障三大体系，推行集中一贯制、作业长制。原则设置“一科一室两中心”，即安全管理科、综合办公室、生产销售中心、设备保障中心；中心下设作业区，形成矿山—作业区—班组—岗位管理架构。

2016年，在生产矿山推行作业长制的基础上，进行以产线为独立市场单元的组织机构扁平化变革，着力在构建面向市场的独立产线单元、管理重心下移、专业技术人员向产线配置倾斜、经济责任制考核突出市场化要素、运营方式实行作业长制等方面进行体制机制创新。

河钢矿业成立以来，始终将经营业绩考核作为一项重要的基础性管理工作，以年度为周期，以“关键绩效指标+专业管控指标+责任事故指标”作为考核指标架构，制定经营业绩考核方案。坚持效益优先，全面对接市场，突出关键绩效指标，强化专业管理职能，全方位激发矿山增产降本、非矿增收创效潜力，确保绩效工资增长向增产高效矿山、非矿高利润单位倾斜，进一步提升精细化管理水平。

（二）创新管理方式，提高经营效能

1. 建立“5S”管理体系，纵深推进管理标准化

2022年，制定了《河钢矿业现场管理考核细则》等管理文件，以生产现场为主线，完善“大现场”观念，强化职工全员参与意识、自主改善意识、自主管理意识，将“5S”管理理念融入产线和日常作业。

在现场管理推进过程中，从厂容环境管理和“5S”管理两方面同步进行，明确“5S”管理标准，加强现场管理的精准管控，坚持“三抓、四明确、两加强、两确保”的指导方针，在现场治理零投入或少投入的基础上，持续提升现场管理水平。

2. 完善双向评价机制，促进专业管理再升级

2023年制定了《河钢集团矿业公司专业管理双向评价方案》，坚持以问题为导向和过程控制原则，开展专业管理体系双向评价。运用PDCA方法，促进管理薄弱环节的改善和

关键环节的控制，达到提升企业精细化管理水平的目的。初步建立了专业管理双向评价体系，部室评价单位有137个评价项目、371个评价指标、746个评价标准，单位评价部室有3个共性评价项目、8个评价内容以及18项评价标准，以及部室个性评价指标。

3. 清单化+项目指挥部，督导重点工作出实效

河钢矿业围绕存在的管理薄弱环节及落后技经指标，确定“清单化+项目指挥部”的重点工作督导推进模式，狠抓督导落实，压实责任主体。

加快产能释放，破解供矿不足难题。发挥现有排岩渠道作用，积极拓展铁路排岩第二通道，全面提高工序之间的协同效率。老矿山充分挖掘潜力，强化技术支撑，实现高效生产。各工序细化指标分解落实，倒排时间节点、倒排任务指标，做到工序协同、生产准时、质量稳定、数据真实，保障采选系统顺畅运行。

加强工艺技术管理，强化产线技术标准、质量标准、工艺标准等管理制度落实到班组、岗位，技管人员深入产线成为常态，及时解决生产过程中的实际问题。把技术优势体现到产量和成本等技经指标上。

4. 揭榜挂帅课题立项，化攻关难点为效益点

积极完善全员创新机制，运行以“难题征集、审核立项、张榜招标、揭榜挂帅、创新攻关、专家指导、验收评审、转化推广”为主要内容的8步闭环创新工作模式，为全员岗位创新创效提供强大制度保障。

为解决长期困扰基层一线的难题，自河钢矿业组建以来，制定了《河钢矿业管理创新工作管理办法》，坚持开展管理创新主体活动、创新攻关交流培训等业务内容，发动全员聚焦生产难题，围绕生产经营提产降本增效、加快基建工程进度、规范企业法人治理、优化投融资结构、非矿产业培育、资源合理开发利用、绿色生态发展、安全管理机制、外运市场开拓、副产品及废弃物综合开发利用、技经指标对标管理、专业基础管理提升、全面风险管控、员工激励机制建设、知识产权管理、矿山智能制造应用等方面献计献策，营造了群策群力促发展的浓厚氛围。

三、严控费用降成本

（一）筑牢管控架构基础

1. 健全预算管理制度

河钢矿业坚持以市场需求为导向，以技术创新为引领，以服务客户为中心，聚焦产品产量和质量，深入挖掘管理、技术潜力，紧密围绕公司发展战略，提高运营效率；量化年度工作任务，明确各单位主体责任，强化部室管控职责，根据河钢集团和河钢股份公司预算工作要求，坚持“量入为出，以收定支”原则，强化资金预算与成本费用预算的协同管理，确保资金收支平衡与成本费用目标可控，进一步提高预算编制的科学性与严肃性，对

重点技术经济指标按照“四个对比”原则，结合企业自身实际确定年度预算指标，用指标的提升确保成本效益目标的完成。

2. 推行管控预算执行

突出部室管控职责，发挥专业部室管控力度，全面压缩各项费用支出。各子（分）公司结合本单位装备、技术水平与管理基础，从“运营指标、技术经济指标、能源消耗、辅料备件及修理费用、物流费用、质量改善与价格提升、其他类费用指标”等方面，从多个角度分类制定具体可行的保障措施。对制定的分类保障措施，有明确的责任人、责任单位和具体时间进度表，并将完成情况纳入绩效考核范畴。

（二）狠抓关键指标管控

（1）优化成本费用管控机制。坚持“管业务必须管费用”的工作原则，明确河钢矿业机关部室归口费用管控职责、消除管理盲区，切实加强公司各项业务管理及其费用控制。

（2）加大重点费用管控力度。河钢矿业重点管控的成本费用指标，如辅料备件、电费、开拓剥离费、维修费、周边关系协调费、履职费用等，相关业务部室健全完善管理制度，规范审批流程，严格做到所有费用支出都必须有请示批准、有审核把关、有核对查验、有规范存档、有责任人签字。

（3）深入挖掘非矿创效潜力。通过采取规范业务管理，强化政策利用，提升创效能力，实现降本增效。充分利用河钢矿业自有资源优势，结合生产工艺流程，从采、碎、选等各工序环节，认真梳理非矿产品类别，有针对性地研究非矿创效项目，最大限度挖掘创效潜力。

（4）深化精准对标降低成本。根据河钢矿业自身业务特点，找准所在行业的一流企业作为对标对象，解决好“跟谁对”的问题，做到学有榜样、做有标杆。坚持科学客观，选好对标指标，核心指标要突出价值创造中体现质量效益效率的因素，结合行业实际细化“一利五率”（利润总额、资产负债率、净资产收益率、全员劳动生产率、研发投入强度、营业现金比率）等要素，找准短板、补齐弱项。健全责任体系，做到压力层层传导、责任层层落实的工作格局。

四、组织严细创高效

（一）紧密采矿流程衔接，打造智慧矿山新动能

（1）构建智能调度平台，强化生产调度指挥。针对各矿山点多、面广、区域分散的实际情况，河钢矿业通过将人工智能、数字孪生、5G 等新一代信息技术落地应用，将各个分公司安全、环保、生产情况集成统一，成功打造公司智能集控中心。该中心包括产线综合管控平台、安全生产双重预防机制平台、生态环保智能管控平台，实现运行情况实时展示、历史情况综合查询、生产经营数据综合分析。

（2）依托选厂台时曲线，细化上下工序管理。以选矿球磨台时波动曲线管控为核心，

搭建生产管控系统，实现了生产数据的集成管控；围绕磨机台时曲线，实时掌握磨矿工序的连续性；通过功率、电流曲线变化，分析磨矿工序的稳定性，为后续流程稳定运行提供保障。以曲线波动分析为切入点，每天每班次对异常指标进行分析，建立了异常指标时报、日报制度，在指标异常波动时启动生产调整应急预案，从选矿工艺参数、碎矿产品粒度、采场供配矿质量等方面联动调整，实现上下工序紧密衔接，生产组织高效运行。

（3）利用三维测绘手段，创建地质可视分布。利用剖面图和平面图建立矿体的实体模型，根据测量数据建立了采场、工业厂区、临时堆场等三维模型，彻底颠覆了传统矿山内业处理模式，图件数据的电子化作高效工作的敲门砖，为数字矿山建设奠定了基础。尤其能够快速准确地计算矿岩量，极大地提高了矿山规划、设计、编制矿山长中短采掘计划的效率。

（4）优化穿爆生产组织，实现稳定高效开采。以采剥计划为核心加强生产组织，加快推进采场布局优化调整，采取采场道路优化、靠帮靠界进度管控等系列措施，最大限度释放采场岩石剥离空间，抢抓有利时机提升岩石料创效能力。结合矿岩赋存状况，确定爆区规模、设计参数，及时布孔施工作业；结合穿孔进度，预先进行爆破设计审批；爆破作业施工前，紧密沟通炸药车出车顺序、行车路线及现场炸药密度检测，提高爆破施工效率及爆破质量。为提高生产效率，降低爆破影响，实施集中统一爆破、多炮区共同警戒的组织模式。预判爆后堵路炮区，制定通路及生产组织预案，安排铲运设备提前待命，及时清理疏通；起爆瞬时进行高压抑尘喷洒，铲装作业实时喷淋，实现高效抑尘，确保采剥作业连续高效生产。依托科技创新、智慧赋能，打造智慧矿山新动能，建立边坡在线监测系统、自动过磅系统、装运设备 GPS 高精定位、电子围栏报警、视频监控等多方位一体化的科技管理系统，进一步消除管理盲区，实现智能高效开采。

（5）组织采矿方法创新，提升矿房回采效率。研究并实施 FDQ 采矿法，较分段采矿法生产能力提升 33%，中关铁矿成为省内首家应用此项技术的地下矿山，开创了国内硅卡岩型大水破碎矿床安全高效回采的先例。针对大水破碎矿床难以安全高效回采现实的难题，研究并实施了 FDQ 采矿法，矿房顶板和侧帮防治水技术、大断面破碎凿岩硐室“条形矿柱+导硐+扩刷”一次掘进和“锚网喷+长锚索”联合支护技术、VCR 法深孔爆破一次成井技术、间隔装药微差爆破技术、边排孔控制爆破技术、空区大流量自流充填和空区高位接顶工艺等一系列关键工艺技术。针对更破碎矿体创新提出并实践 30 m 采高预控顶回采方案，研究实施锚网喷+预应力长锚索+钢带联合支护工艺，加大预控顶支护强度，采用逐排逐孔微差爆破减小爆破振动对顶帮扰动，保障了回采过程顶板稳定并顺利完成回采。

（6）精准配矿工序联动，提高矿石供应质量。以精矿产量、质量目标为导向，合理谋划采场供配矿，统筹采剥推进。从采矿源头入手，对采场矿石爆区进行取样、素描及可磨可选性试验，并利用 3DMine 软件建立矿石形态、品位、可磨可选时空耦合模型，实现矿石磨选性指标的空间精准管控。以“矿石品位、可磨可选性、有害元素含量”三要素为基准，制定月度采剥计划和供配矿计划，并细化分解供配矿周计划、日计划，在优化采剥布局的同时全方位均衡供矿质量，为选矿稳定生产创造条件。建立采、选、配矿人员沟通联络机制，工序联动，动态控制，每两小时实时反馈选矿原矿、精矿、尾矿等关键工艺指标，根据矿石品位分布图及可选性分布图等地质资料，结合现场提前布置备用供矿点，入磨品位、精矿品位、有害元素含量等指标异常时，分析现场供矿位置料源情况，必要时调整配矿方案，稳定选矿指标。为解决矿体赋存情况复杂造成矿石回采率偏低的问题，在胶带排岩环节建设了矿石回收系统，并实现了回收矿石的二次干选，在增加回采率的同时实现了入选矿石质量的提高，为稳定精矿产量和质量起到了关键作用。

（7）充填工艺应用攻关，保障安全高效回采。以大型地下冶金矿山无废开采和创新绿色矿山建设为背景，开发全新低成本绿色胶凝材料，用于中山铁矿井下空区胶结充填，有效解决了水泥胶结充填体强度低、充填料浆阻力大、充填成本高、尾砂地表堆存安全风险大等突出难题，实现了矿山全尾砂和冶金固废的高值和资源化利用，为创新绿色矿山建设带来革命性的改变，为国内外绿色矿山建设提供了示范和引领。针对破碎矿岩充填钻孔难以稳定成孔的现实难题，研究并成功实施充填孔套管联合施工工艺，保障了破碎矿体空区安全高效大流量充填；分别针对分段空场和阶段空场矿房，研究采空区钻孔充填加压接顶和硐室分段充填二次接顶方案，通过低位钻孔充填、高位钻孔返浆及硐室水平方向分段充填垂直方向二次接顶成功实现矿房充分接顶，为地下矿山安全高效充填接顶提供了“河钢方案”。

（二）挖掘碎选工艺潜能，锤炼选矿加工再提升

（1）高效节能超细磨矿，擢升能源转化效率。河钢矿业司家营铁矿碎矿采用传统的“三段一闭路”破碎流程，破碎产品粒度为12~0 mm，磨矿分级采用“阶段磨矿—粗细分级”的流程，三段磨矿最终产品-0.074 mm的占90%。能源转化效率常规破碎设备为26%、球磨机为10%，设备能源转化效率低，限制生产能力的情况日益凸显。对三段磨矿系统进行升级改造，率先通过“以爆代破、以破代磨”的方式，将处理矿石向前端转移，控制入磨矿石粒度在-12 mm的占92%以上。为进一步优化碎选工艺，提升生产台效，开展了《高压辊磨超细碎理论研究》并应用于《司家营铁矿碎选工序红转磁技术改造工程项目》中，在原有“三段一闭路”破碎流程后增加高压辊超细碎，优化碎矿破碎比，在实现碎矿产品粒度由12~0 mm变成3~0 mm的同时，将破碎系统由1050 t/(h·台)提升至1300 t/(h·台)，碎矿作业率降低7.19%，能源转化效率提升至45%以上。

（2）磨前预选流程改造，稳定入磨原矿品位。为实现节能降耗，提高磨选流程效率，研山铁矿在原设计采用干选抛尾、部分细粒级磨前湿式预选的基础上，根据“多碎少磨、能抛早抛”的原则，开展碎选技术攻关，制定了碎矿干选扩能改造和原生矿系统全粒级湿式预选技术改造方案。原生矿系统全粒级湿式预选技术改造后，通过对碎矿中碎设备进行扩能，优化工艺参数，将中碎产品粒度由50 mm降至30 mm。引进新型弛张筛，降低筛孔尺寸，提高筛分效率，实现“高压辊磨—闭路筛分”工艺产品粒度由12 mm降低至6 mm。破碎产品经过湿式造浆，全部进入磨前预磁选，进一步提高流程抛尾量，入磨品位提升5个百分点左右，年增加尾砂产量80万吨，实现非矿产品多元化创效。

（3）提质降杂技术攻关，增进产品质量升级。河钢矿业研山铁矿属于“鞍山式”沉积变质铁矿床，矿石类型主要为赤铁石英岩和磁铁石英岩两种类型，矿石全部为贫铁矿，选矿系统分三个系列生产，一、二系列生产氧化矿，工艺为“阶段磨矿—粗细分级—重选—强磁、阴离子反浮选工艺”；三系列生产原生矿，采用“阶段磨矿—阶段磁选—淘洗精选工艺”。原生矿系统精矿品位66.2%，硅含量控制在6.5%以下，根据客户对低硅粉（5%以下）的需求，开展选矿提质降杂技术攻关。为实现精矿产品质量升级，同时平衡质量与

产量矛盾，组织开展选矿工业探索试验，制定了具体的工艺调试方案，前期通过降低台时处理能力调整高频细筛筛孔尺寸，实现精矿粒度由-200目80%提高至90%。为稳定指标，减少因指标调整对产量的影响，通过开展浮选矿浆分流改造，形成浮选精矿互补、过滤浓缩调节的一体化精矿生产模式，实现氧化、原生两条产线产量与质量大平衡；通过将淘洗磁选超贫连生体引入氧化矿系统选别，进一步保证质量稳定。

（4）实施红矿磁重联选，充分释放产线潜能。近年来，司家营铁矿地表氧化矿矿石储量逐年降低，仅占总矿石储量的10%以下，通过对流程及矿石性质分析，原矿综合磁性率已经达到28%以上、赤褐铁含量下降至2.9%，与建厂初期的19.89%相比发生了本质上的变化。为进一步提升产线能力、降低选矿成本，司家营铁矿从制约生产的关键环节入手，分析制约原因，确立了重选前提前抛尾，降低流程循环负荷，调整重精、浮精占比的优化思路，并通过试验研究，创造性地提出了适用于磁性率较高的混合矿石的磁重联选局部改造方案。通过磁选提前预选重选给矿抛尾降低流程循环量，并且利用“中磁前弱磁+中磁”将抛尾前移，三段开路磨矿改为闭路，最终形成较为稳定的磁重联选工艺流程。

（5）磨矿单元多级匹配，实现产线灵活多变。球磨机的磨矿效果是决定一个选矿厂生产能力的重要因素，司家营铁矿共有5个系列、13台球磨机，采用三段磨矿—重选—强磁—阴离子反浮选选别工艺。为了挖掘产线潜能，成立选矿技术攻关组，开展了“磨矿单元多级匹配”科研项目攻关。通过开展全流程考察，对65个工艺环节进行分析，发现生产中一段磨矿分级系统磨矿两极分化严重，造成生产易受给矿粒度及硬度等方面的影响，引起生产台效生产能力波动，影响铁精矿的质量和产量。经过分析总结，寻找出适合当前矿石条件及生产模式的攻关方向，实现流程产能的提升。通过多项技术方案的落地实施，球磨机产量提升25 t/(h·台)。

（6）红转磁创新性改造，提高矿石选别效率。司家营铁矿采用“阶段磨矿、粗细分级、重选—磁选—阴离子反浮选”选别工艺的氧化矿加工流程，随着露天采场矿石性质从浅部的氧化矿逐步过渡到深部的原生矿，磁性率逐步升高，及时将高成本的氧化矿选矿工艺变为低成本的磁铁矿选矿工艺，可以有效降低生产成本，提高企业的盈利能力和市场竞争力。司家营铁矿实施红转磁技术改造工程，实现全面由高成本氧化矿加工流程向低成本原生矿加工流程的转变，其间-3 mm全粒级湿式预选技术、“旋流器+磁选机”联合浓缩技术、尾矿预处理技术、磨选流程互联互通等方面的优化，使红转磁工艺更加成熟可靠，实现了浮选系统全部停用。在现有铁精粉产能条件下，每年节约电费和药剂费用近5000万元，单系列入选矿石量由230 t/h提升至420 t/h，大幅提升选别效率、降低磨选作业成本，而且预选尾矿每年还可以筛出近140万吨的细砂作为建材产品进行销售，形成新的效益增长点。

五、技术创新增动能

（一）采矿技术新突破助力高效率开采

1. 露天矿生产布局优化技术，实现运输费用大幅降低

采取预裂爆破技术、阶梯孔爆破技术、二氧化碳胀裂碎石技术、TJ-500高频锤碎石技

术有效地减少露天采场边坡开采超挖欠挖，极大程度上减少穿孔难度，为后续爆破作业提供了便利条件，使被崩落岩体更加破碎，预留岩体更加稳定，丰富了采场边坡爆破设计方案及削坡靠界措施。开展采场内结余矿量分析、破碎站下移方案论证、破碎站下移前期采场空间布局优化、破碎站下移过程中施工技术攻关优化、破碎站下移后采场道路持续优化，通过采矿工艺技术优化，保障破碎站下移过程的生产调整应对及供配矿顺利进行。

西帮岩石破碎站下移完成后投入使用，汽车运输距离缩短 2. 1 km，节省运输费用单价为 1. 176 元/吨，2022 年岩石破碎站累计岩石破碎站入破量为 1888 万吨、节约运输成本为 2220 万元；利用采场西帮岩石胶带运输系统处理矿岩混合区域，对于混入岩石中的矿石经过两道干选进行矿石回收利用，2022 年岩石破碎站累计回收矿石量 275. 22 万吨、产出精粉 65. 68 万吨、二次干选回收矿石创造效益 14869 万元。

2. 露天矿高陡边坡稳控技术，实现采剥生产稳定顺行

边坡滑坡主要由第四系表土段失稳滑坡、岩层构造区域楔形破坏、爆破过爆损坏边坡稳定、岩层含水过饱和形成滑动面、顺倾岩层变形破坏、后缘裂缝造成岩层失稳、边坡长期暴露风化失稳等原因所致。

结合司家营矿区边坡各区域现状，有针对性地提出第四系、强风化带、顺倾岩层、褶皱、断层等各类地质构造的边坡灾害预防机制，提高边坡整体安全系数。顺倾岩层边坡角度优化，适当对边坡角度进行优化，可有效预防边坡滑坡事故发生。但是，由于司家营矿区东帮位于矿体下盘，采取放缓边坡角度的方式，在提高边坡安全系数的同时，也随着带来了压制矿体的问题。在实际开采过程中，需要不断试验研究，选择合理的边坡角度，在保证边坡稳定性的同时，最大限度减少矿体压制。第四系强渗流段加固方案，由于该类滑坡隐患出现在局部区域，因此在进行治理时，只针对局部危险区域进行加固，并在治理措施实施前，利用数值模拟手段进行计算。第四系堆积体滑坡治理，降排水措施、滑坡上部土钉墙加固、块石反压；高陡边坡强风化带滑坡治理，采用预应力锚固、边坡锚索格构梁、放水孔、砌筑截排水沟等综合治理措施。

3. 露天转地下产能衔接技术，实现矿产资源平稳接续

以露天转地下开采矿山平稳过渡，以及利用露天坑内胶结堆填和采场充填协同技术，实现大型金属矿山无尾矿外排及安全高效绿色为目标，采取多领域、多学科交叉攻关方式，解决复杂环境（采空区与高陡边坡共存、空场法与充填法共存、地下充填与尾矿内排共存）条件下，露天转地下充填开采的关键技术难题，为建设“资源节约型、环境友好型”绿色矿山做出示范。

利用协同学原理，创建地下采场充填、采空区充填与露天坑尾矿胶结堆填协同机制，提出并实施采空区治理与矿柱回收协同技术，实现露天转地下矿山安全高效开发利用资源、尾矿零排放利用和安全防灾治理的绿色矿山建设目标。利用微震监测技术、GPS 技术、测量机器人技术建立露天地下一体化监测系统和灾害联动预报。针对空场法开采遗留的人员无法进入的采空区，采用三维激光扫描仪 CMS 精密测量，利用数值模拟手段分析

采空区稳定性，提出并制定采空区充填内排技术方案；针对露天高陡边坡，综合采用 GPS 技术、测量机器人技术进行联合检测监控和预警预报，确保露天转地下开采矿山安全。通过室内试验和工业试验，研制全尾砂充填胶结材料，确定全尾矿充填配比参数；根据现场踏勘和充填倍线计算结果确定充填制备站站址方案，设计长期连续快速充填系统工艺流程，研发制定采场接顶充填和泄滤水工艺，创新铁矿山低成本连续高效充填技术。

4. 地下矿高阶段预控顶技术，实现软破矿床安全开采

河钢矿业中关铁矿属于典型的复杂破碎难采矿体，回采过程中存在垮帮、冒顶、坍塌等诸多安全隐患，无法实现安全高效开采，寻求适合地质条件的安全高效采矿工艺，合理进行采场布局及提产优化成为迫切和关键。

经过长期研究与实践，中关铁矿逐步摸索出一套复杂破碎矿体采矿方法优化及提产布局协同技术体系，在确保矿山安全高效开采的同时，实现复杂破碎矿床投产第一年即达产的历史性创举，达到了新投产矿山站稳、蓄力和突破，实现了三级矿量的优化控制与均衡持续良性循环，为实现采场中长期稳定出矿奠定坚实基础；研究成果也实现了复杂破碎矿床采矿方法优化及提产布局协同技术跨越，对于提升金属矿山生产科学技术水平具有显著效果，可为其他同类地质条件矿山大规模安全高效开采提供宝贵借鉴及经验，具有较大的推广价值。

5. 地下矿山水循环利用技术，实现矿井涌水无废排放

河钢矿业中关铁矿是国内典型的水文地质复杂的岩溶大水矿山，位于邯邢百泉泉域地下水强径流带，是典型的大水型矿山。为保护区域水资源、保证矿山的正常生产，达到矿坑涌水量零排放的目标，对矿山采取了矿坑水综合治理关键技术研究与应用工作，在大水矿山同时采用“矿体全封闭帷幕注浆技术+井巷地表预注浆+纳滤水处理技术+矿坑水回灌技术”进行矿坑涌水综合治理，采用矿山帷幕注浆技术在矿体周围建造水平和垂向上全封闭的阻水帷幕，有效降低帷幕内外含水层的水力联系，矿坑涌水量减少不小于 85%，开展了“帷幕注浆工程”“井巷地表预注浆工程”“矿坑水净化与地下回灌工程”；通过矿坑排水回灌技术，将矿坑内净化达标水回灌入帷幕外奥陶系含水层，补给地下水，实现大水矿山开采过程中地下水零排放，单组回灌井回灌量达到了 1068 m^3/h，最终实现了矿山水地表零排放目标。近两年累计直接增加经济效益 39271.7 万元，区域地下水水位恢复 35 m 以上，为实现邢台百泉复涌提供经验、为落实国家《华北地区地下水超采综合治理行动方案》战略提供支撑。

（二）选矿技术研发改善技术经济指标

1. 研究提铁降硅技术，提高铁精粉质量

河钢矿业研山铁矿属于“鞍山式”沉积变质铁矿床，矿石类型主要为赤铁石英岩和磁铁石英岩两种类型，矿石全部为贫铁矿。研山铁矿三系列为磁铁矿系列，三系列破碎系统

采用粗碎、中碎筛分闭路、干选、高压辊磨闭路筛分工艺，磨选系统采用磨前预选—单一磁选—淘洗精选工艺，三系列精矿品位可以达到66.2%以上、硅含量在6.5%以下。在不断总结其他铁矿山生产经验以及国内外提铁降硅先进技术的基础上，开展了提铁降硅工艺优化研究与实践，顺利达到了原生矿精矿硅含量降至5%以下的预期目标，并且实现了氧化矿和原生矿两个生产系统产量和质量的“大平衡”，精矿指标更加趋于稳定，为实现提质增效创造了有利条件。

2. 研发超贫选矿技术，提高金属回收率

地表赤铁矿和深部磁铁矿是冀东地区铁矿山的普遍特点，对于深部磁铁矿的处理，我国已经有较成熟的工艺流程，较普遍的流程为“三段一闭路”。对于地表红矿的处理，冀东地区和鞍山地区普遍采用“阶段磨矿—粗细分级—重选、磁选、阴离子反浮选的工艺流程”，对于红矿的选别有较强的适应性，但对于地表多泥、风化氧化严重的矿石，还需要对工艺进一步优化研究，提高金属回收率。其中，研山铁矿采场位于司家营北区，在司家营地区和马城地区这一矿脉中，地表矿石贫化最严重，原矿品位仅为16%~24%。

对于极贫多泥赤铁矿的选矿技术研究，主要从两方面入手，一方面是对工艺流程的研究。通过实验手段和对矿石物理分析，结合其他地区的经验，对设备或者工艺进行改造，使工艺设备符合此类矿石的选别要求，或者使之达到最佳的效果。其中，高压辊磨产品粒度的控制、台时量的提升、精矿指标的稳定、尾矿指标的降低等研究均采用此方法。另一方面是对成本的控制管理。通过成本对标、工艺参数对标一系列实验室实验和现场改造，在生产流程最优的情况下，对极贫多泥赤铁矿的选矿成本进行控制。球磨台时产量的提升、浮选药剂的量的降低、过滤滤布使用量的降低等，均是基于成本方面对选矿工艺进行的研究和改造应用。

通过对采场配矿的合理安排、碎矿的设备流程改造、选矿磨矿工艺的优化以降低钢球介质消耗、后续选别工艺参数的调整、循环水水质的治理以及选矿各道工序的设备和流程改造等一系列研究，探索出了一套适合冀东地区实际情况的高泥超贫铁氧化矿选矿工艺流程，提出了该矿氧化矿配矿、碎矿及选矿控制工艺参数以及浮选药剂制度，项目实施后运用效果显著，尾矿品位逐步降低，球磨机台时产量逐渐提高，钢球消耗、过滤滤布消耗、水资源消耗逐步降低。

3. 应用多碎少磨技术，提高磨选效率

河钢矿业柏泉铁矿于2014年2月正式引进2台HFKG160-140高压辊磨机，中碎筛下产品经转运站，由皮带机输送到中间贮矿仓，再输送到高压辊磨缓冲矿仓，通过高压辊磨的稳重恒流仓给入高压辊磨机内。经过一年多的实际应用，柏泉铁矿的入磨矿石粒度（−12 mm含量）由70%提高到95%，8~0 mm细粒矿石含量占85%以上，−200目含量由5%提高至15%；在原矿品位降低0.3%的前提下，保证了入磨品位达11.26%，精矿品位提高了0.6%。该项目的实施大大降低了磨矿功指数及球磨系统的能耗，实现了多碎少磨、提高了系统生产能力，优化了磨矿效果和选别指标；同时减少了扬尘，改善了除尘效果。

4. 开展磨前预选技术，提高入磨品位

河钢矿业司家营铁矿综合考虑入磨粒度组成、磁选精矿品位、产率尾矿品位及磁性铁含量等因素，采用6 mm筛孔进行分级、湿式磁选选别。通过对实际生产情况同比分析可以看出，随着采掘进度的推进，矿石贫化率逐渐增加，在地质品位整体趋势降低且选矿生产工艺无较大变化的前提下，湿式预选运转后入磨品位仍较运转前平均提高0.81%。另外，由于湿式预选的运转，提前对不合格的细泥和脉石进行了抛尾，减轻了流程循环负荷，稳定了生产流程，精矿品位平均提高了0.72%，月精矿产量平均增加8313.40吨。该项目的应用可以提高生产效率，稳定生产流程和产品质量，对同类型矿山有着重要的实际应用和推广价值，其经济效益和社会效益非常显著。

（三）资源综合利用技术提升经营效益

1. 岩石干选回收技术，突破剥离岩土再利用瓶颈

河钢矿业司家营铁矿原生矿破碎系统为传统“三段一闭路”的工艺流程。统计原生矿皮带的台时产量、运量及甩废情况，按照整个原生矿系统的生产模式，在不影响生产的情况下，利用系统日常停车时间，对原生矿系统生产工艺进行了优化，在闭路筛分工序设置磁滑轮，对0~30 mm物料实施干选抛尾。通过优化现有工艺流程，在不改变生产模式的情况下，优化了甩废工艺，整体提高了系统的台时生产能力及入磨品位，创造了非矿利润。

2. 高效选磷工艺技术，突破尾砂再磨再选壁垒

承德地区超贫钒钛磁铁矿储量大，其中含有铁、钒、钛、磷等有价值的矿物，但品位较低，存在有价伴生矿物大量浪费等问题。把承德地区打造成为我国重要的“钒钛基地”，具有十分重要的意义。

通过工艺矿物学研究查明，影响磷的金属回收率偏低且药剂单耗高的原因是磷矿物细粒级含量高和入浮粒物料级分布过粗；通过选择性磨矿实验研究，优化一段磨矿钢球尺寸和介质配比，降低磷矿物过磨，减少细粒级磷含量；通过工艺对比试验、浮选药剂机理研究、选磷及磁选条件优化、提升斜板浓密机脱泥效率、矿化泡沫有效收集等工艺改造攻关，有效减少了浮选泥含量和粗粒级含量，降低了浮选药剂消耗，延长了设备使用周期，同时增大了选矿处理能力；通过选磷浮选作业双侧刮料的实施，提高了粗选作业磷精矿的回收率。

该项目是在原有选磁铁矿工艺的基础上进行的，利用自有的产品延伸产业链条，避免了重复建厂，这样可节省额外的破碎、磨矿设备、厂房建设费用。柏泉铁矿实现了铁精矿品位在63%以上的基础上，回收率达到50%以上；磷精矿回收率达到70%，品位也保持在33%以上，实现了含磷超贫钒钛磁铁矿磷、铁的协同高效回收，成为承德地区超贫钒钛磁铁矿有价元素综合回收应用的典范。

3. 新型充填配比技术，突破胶凝材料高成本难题

针对充填矿山超细全尾砂充填存在沉降难、渗透性差、黏度大和胶结充填体强度低的问题，自主创建一套超细全尾砂胶结充填特性试验体系，自主发明一套可断续可连续微压助流超细尾砂似膏体充填工艺，研发出一套冶金固废绿色胶凝材料，创造性提出及总结一套充填站地表联动试车方案及经验；最终在河钢矿业内部建立示范基地并向国内外冶金矿山推广应用，为充填矿山企业降低生产成本、提高经济效益、减少固废排放和保护环境奠定基础，解决了细全尾砂充填沉降难、渗透性差、黏度大和胶结充填体强度低等诸多技术难题，分别在中关铁矿、石人沟铁矿建成了绿色矿山（充填）技术工程示范。

六、本质安全基石牢

（一）深化“强基固本”，提升基础管理水平

1. 深入分析典型事故，提升事故防范能力

将防范化解重大安全风险作为事故防范的首要任务，刚性落实重点部位、重点环节安全防范措施。多年来，以严格控制生产安全事故为核心，总结摸索出一套事故风险防控工作模式。针对金属非金属矿山中毒窒息、火灾、透水、爆炸、坠罐跑车、冒顶坍塌、边坡垮塌、尾矿库溃坝八类重点事故，以及动火、高处、吊装、爆破、检维修、临时用电、有限空间、构筑物拆除八类高危作业事故，广泛搜集大量事故案例，深刻剖析事故发生的原因，系统梳理影响事故发生的各类因素，提前制定、细化分解防范措施，每一条措施明确具体责任人，严格监督保障措施落实，大幅提升了公司防范化解事故风险的能力。

2. 巩固双重预防机制，树立行业示范标杆

坚持“关口前移、源头管控、预防为主、综合治理”的原则，组织各矿山全面建立了制度健全、职责明晰、运行规范、管控有效的双重预防机制。从人员、设备、环境、管理四个方面，充分考虑正常、异常和紧急三种状态，全面辨识各类安全风险。选用定性分析法和作业条件危险性评价法（LEC），将辨识出的安全风险划分为重大、较大、一般、低四个等级，从制度、技术、培训、防护等方面，建立了分级管控机制，制定了安全风险管控清单和隐患排查清单，实行矿山主要负责人每季度、分管领导和职能科室每月、安全管理部门每旬、作业区每周、班组每天、岗位每班一次隐患排查，确保各类风险管控到位、隐患动态清零。

3. 突出安全督导重点，优化安全检查机制

坚持“时时刻刻查隐患、分分秒秒抓整改”的理念，将隐患排查治理作为一项常态化的重点工作来抓，不断优化系统性安全检查机制。一是从 2016 年开始，由河钢矿业安委办组织，从公司内部抽调采选、机电、安全等专业专家组成专家组，按照“时间服从质

量”的原则，每半年对各二级单位进行一次系统隐患排查，彻查各单位存在的安全问题隐患，安全检查的质量得到显著提高。二是从 2022 年 7 月开始，全面推进从“现场查隐患”向“系统查管理转变”，逐矿开展常态化“起底式”安全生产大检查。通过对具体问题隐患进行逐项分析，深挖各单位在安全管理机制、制度和措施上的缺陷和不足，建立了《典型重复性隐患问题清单》和《典型习惯性违章行为清单》，加大了考核问责力度，进一步堵塞安全管理漏洞，以隐患分析整改促进安全管理水平提升。三是 2023 年，实行“一矿一策、三轮检查法”，形成一级对一级负责、层层监督检查的长效机制，进一步提升了各层级风险防控能力和隐患排查整改质量。四是结合季节特点，在汛期、“两节”、“两会”、二十大等重点时段，各层级加大安全检查的频次和力度，实行各部室分片包保、驻矿督导，督促落实针对性安全防范措施，保障了公司特殊敏感时期安全稳定。

（二）依托“信息化平台”，提升安全管控效能

1. 建立双重预警机制平台，实现风险精准管控

2018 年，河钢矿业下属各矿山全面推进双重预防机制信息化平台建设。2021 年 1 月，所有主体矿山全部完成了平台建设工作，平台集成了驾驶舱、风险四色分布图、综合统计等多个系统模块，具备大数据分析决策、风险动态化管控、隐患排查治理实时跟踪、安全生产状态预测预警、手机 App 移动式办公等多项功能，实现了风险管控和隐患排查的科学化、标准化、可视化管理。

2022 年 3 月 1 日，河钢矿业总部全面完成了公司级双重预防机制信息化平台建设，实现了对上与河钢股份、对下与各下属矿山风险分级管控、隐患排查治理等数据信息的互联互通，该平台具备风险分布、风险排查率和隐患整改率、类别统计及整改趋势分析等功能。河钢矿业安排专人每天对各层级排查整改信息进行网上巡查，督促各单位及时完成排查整改任务，确保总体风险排查率、重大风险排查率和隐患按期整改率均达到 100%。

2. 打造安全监测预警平台，实现远程精准预警

为全面准确掌握各矿山重点部位安全监测数据和地下矿山人员分布情况，将各矿山建立的露天采场边坡在线监测系统、尾矿库在线监测系统和地下矿山人员定位系统、监测监控系统数据整合接入，建立了公司级安全监测预警数字化平台。

该平台涵盖露天采场边坡、尾矿库和地下矿三个监测模块。露天采场和尾矿库模块可实时查看位移、干滩长度、库水位、浸润线埋深等监测数据，具有自动生成任一时间段数据曲线、与人工监测数据对比分析和自动预警等功能。地下矿监测模块可实时监测井下风压、风速、氧气、一氧化碳、二氧化碳、二氧化氮浓度等关键参数，具备统计汇总各水平作业人数、快速反馈井下人员求救信息等功能。河钢矿业总部能够实时掌握露天采场边坡、尾矿库、地下矿山的安全生产数据，为全面准确分析研判各矿山安全生产状况提供了科学的数据支撑，安全管控效能显著提升。

3. 构建AI视频监控平台，实现现场精准管理

组织各矿山在采场边坡、排土场、尾矿库、井下关键危险区域、选矿厂、中控室等位置，安装了398路高清视频监控，实现了与应急管理部门互联互通。分步推进AI视觉识别技术应用落地，2023年已在唐山地区的研山铁矿、司家营铁矿、石人沟铁矿、红山铁矿、田兴铁矿5家矿山总监控室新增了智能分析设备，实现了对总监控室值班人员脱岗、睡岗、玩手机等违章行为的实时智能识别、预警和信息推送功能。

（三）通过“内培外引”，提升职工安全素质

1. 实施安全精准培训，提升安全素质能力

一是开展“事故案例+专业知识”安全精准培训，结合季节特点和外部事故情况，每周确定培训主题，精准划定培训范围，组织各单位矿级领导、业务科长、作业长、公司安全生产专家库成员等进行专业授课，从意识和技能两个方面，不断提高管理人员的专业安全素质。二是持续强化职工风险辨识、隐患排查、安全操作、应急处置“四项能力”建设，编制“四项能力”培训教材，并作为日常安全培训的重要内容。坚持“逢查必考”，检验培训效果，量化培训考核标准，确保培训质量。三是严格执行师傅带徒弟制度，安排有经验的工人师傅与新入职的岗位操作人员签订师徒协议，建立了师傅带徒弟激励约束机制。井下作业人员和其他岗位操作人员分别执行4个月、2个月的师带徒实习教育，实习期满经考核合格后方可独立上岗作业。四是持续开展安全管理人员安全素质能力评估，建立评估档案，形成“能上能下、能进能出”的考核激励机制，不断增强安全管理人员的责任意识和履职能力。

2. 开展常态警示教育，提升自主管理水平

一是坚持每周在生产经营例会上播放一部事故案例警示教育片，形成学习分析案例、开展自查自改、完善制度措施、提升安全意识的长效机制，已累计播放278部。在微信公众平台上开设了“矿业安全”栏目，定期上传事故案例教育视频和安全生产法律法规，为职工打造了自主安全教育新平台。每周制作并发布《班组安全》内部专刊，已累计发布574期。二是组织各单位职工分时段、分批次到专业培训机构进行安全应急体感培训，通过现场实操模拟，亲身感受高处坠落、起重伤害等事故的发生过程和伤害程度，有效提升作业人员的安全风险意识。三是组织开展反习惯性违章活动，建立了习惯性违章行为清单及照片数据库，分析症结，逐条制定防范措施。四是广泛开展隐患“随手拍”活动，动员广大职工随时随地抓拍身边的安全隐患，并给予职工一定的经济奖励，充分调动了职工参与隐患排查的积极性和主动性，促进形成“主动要安全、相互保安全、监督抓安全”的良好氛围。

3. 创新教育培训方式，营造便捷学习环境

以河钢矿业研山铁矿为试点，搭建在线安全教育培训平台，实现由传统培训到线上教

育的转型，职工利用业余时间进行线上学习，起到了利用碎片化时间进行分散式培训的良好效果。

七、绿色发展新名片

（一）加强生态修复，加速推进环境保护

1. 高起点谋划矿山生态文明建设，高标准建设绿色矿山

截至 2022 年底，河钢矿业黑山铁矿、柏泉铁矿 2 家矿山纳入全国绿色矿山名录；司家营铁矿、中关铁矿、石人沟铁矿、庙沟铁矿 4 家矿山入选河北省绿色矿山储备库，并推荐到全国绿色矿山名录，其中中关铁矿、司家营铁矿在六大方面 100 项指标中评比得分名列第一、二名，绿色矿山建设水平处于行业领先。

2017 年 9 月，河钢矿业在行业内率先编制了《生态文明建设规划》，在资源节约、节能环保、生态修复、保障体系、和谐发展和生态特色六方面构建了“39+1”目标体系，实施了司家营铁矿、庙沟铁矿、黑山铁矿除尘升级改造工程，司家营铁矿、研山铁矿红改磁工程，黑山铁矿磁选改造工程，同时各单位在排土场、露天采场等区域进行矿山生态修复治理，厂区开展生态污水及生活垃圾整治工程。河钢矿业采矿回采率等 7 项资源节约指标达到国家先进指标，生活垃圾无害化处理率和生活污水集中处理率达到了 100%，关键生产工艺流程数控化率达到 70%以上，企业职工满意度和矿区群众满意度达到 80%以上。

2. 坚持“两个同步”生态环保观，激发转型发展新动能

河钢矿业深入贯彻落实习近平生态文明思想，进一步落实了“两个同步”生态环保观，从而推动矿山建设从“表绿”到“深绿”的转变。每年投资近亿元开展矿山生态修复工作，近些年累计完成矿山生态修复治理面积 611 万平方米。着重在露天采场、排土场、尾矿库等重点区域实施土地整治和植被恢复工程，重点打造了中关铁矿、红山铁矿工业场地及办公区域的绿化美化工作，矿山生态环境得到改善，主要生产矿山植被覆盖率明显提升，厂区可绿化区域实现全覆盖。

河钢矿业牢固树立和践行“绿水青山就是金山银山”理念，在排土场区域栽植经济树种，实现了生态优先、绿色发展。中关铁矿对矿区南部荒山坡进行生态修复治理，根据山坡地形地势，将山坡修筑成梯田，铺设喷淋管路，修筑防洪截排水沟，将南山坡打造成职工休闲、生态农业场所，梯田内种植苹果树、石榴树、山楂树、花椒树等经济作物 1200 余棵，每年采摘苹果、石榴、柿子等水果 5000 余斤，收获各种蔬菜 6000 余斤，全部供给职工食堂，大大改善职工生活饮食，矿山生态产业园初具规模，年产生经济效益约 5 万元。石人沟铁矿在 4 号排土场开展生态环境恢复治理项目，陆续栽植了苹果树、桃树、花椒树、杏树、山楂树等经济作物 6500 余棵。待 4 号排土场生态修复治理项目实施完成后，将全面恢复为生态果园 300 多亩，栽植经济作物 3 万余棵，排土场生态环境不仅得到明显改善，而且将产生巨大经济效益，年经济效益约 30 万元。

3. 实施矿山生态修复示范工程，打造生态文明建设样板

河钢矿业结合各矿山现场实际，在深入调研的基础上因地制宜制定出矿山年度生态修复实施方案，全面落实矿山地质环境保护与土地复垦义务。针对露天采场高陡边坡生态修复难度大、风险高的特点，在边坡角小于 65°的石质边坡，风化裂隙较多裸岩边坡，采用挂网喷播和挂网攀缘方式修复；在边坡角大于 65°的稳定性好硬岩边坡，采用孔植覆绿方式进行修复，进一步提升矿区绿化覆盖率。2023 年投资 5000 多万元开展矿山生态修复治理工作，重点实施研山铁矿、司家营铁矿、庙沟铁矿露天采场实施挂网喷播、挂网攀缘、孔植覆绿等治理工程。同时，针对露天采场边坡可能引发的地质灾害，河钢矿业在露天采场边坡建设滑坡 GNSS 监测点，实时监测露天采场边坡稳定性，为后续矿山环境治理的实施提供科学依据。

（二）持续推进环境整治，保持行业引领

1. 推进生态环保管理创新，提高基础管理水平

（1）持续完善生态环保管理机构，打造专业化管理队伍。按照“党政同责，一岗双责”要求，河钢矿业建立公司及下属各单位两级生态环保工作委员会，成立两级环保工作机构，细化完善生态环保责任制，明确各层级管理职责。在公司统一架构下逐步丰编扩员，不断增加管理人员力量，配备专兼职环保管理人员 90 余人，切实强化人员保障。同时，河钢矿业制定了《生态环境保护专家库管理办法》，充分发挥内部生态环境保护业务骨干的重要作用和专业能力，着力打造高水平专业化管理队伍。

（2）持续优化生态环保管理机制，大幅提升管理水平。近年来，河钢矿业不断推进生态环保管理机制创新，先后推行“生态环境保护清单化管理”、建设“1+1”生态环境保护管理机制、开展生态环境保护整治提升活动，构建全面化解生态风险管控体系，探索帮扶式专业管理，试行环保管家模式、生态环保“一矿一策”“网格化管理”以及当前正在推行的“生态环境保护三级标准化暨精准管控体系建设”等，不断健全完善全过程、全方位的常态化生态环境保护管理体系，形成更符合公司实际的管理框架和模板，实现了基础管理工作的规范统一。

（3）强化工作调度，建立定期反馈机制。一是建立日反馈制度。利用河钢矿业在线工作群，反馈生态环境保护重要信息，确保第一时间协调解决存在问题。二是强化周检查制度。每周安排专人对各单位环保管理重点工作开展实地检查，确保各项工作任务有序推进，环保措施落实到位。三是坚持月例会制度。对公司生态环境保护工作进行每月调度，对重点工作进行总结和部署。四是加强信息统计。建立完善各类环保工作统计表 39 个，以周保月、以月保季、以季保年，确保各项工作有序推进，落实到位。

2. 加大生态环保资金投入，迭代更新技术装备

河钢矿业严格落实各级政府监管部门的部署和安排，不断加大生态环保投入，升级改

造各类污染物治理措施，最大限度地控制和减少污染物的产生，严格控制污染物达标排放。近五年，河钢矿业环境保护累计投入资金 5.14 亿元。

（1）大气污染治理方面。完成司家营铁矿、研山铁矿破碎系统除尘改造，提高破碎系统大气污染物收集处理量和处理效率，满足有组织排放特别限值要求；完成小型燃煤锅炉淘汰或清洁能源置换 18 台，合计 152 蒸吨，主要方式为煤改电、煤改醇基燃料和煤改天然气；司曹铁矿、柏泉铁矿、黑山铁矿完成料场棚化工程，落实无组织排放管控要求；下属各矿山排土场、尾矿库、运输道路等建设喷淋系统，建设洗车平台、购置洒水车和清扫车等，进一步完善和加强扬尘污染防控措施，达到了良好的效果。严格落实柴油车辆排放治理，严格外委柴油车辆准入条件，落实厂内机动车辆尾气检测和尾气净化装置安装，确保达标。

（2）水污染防治方面。严格执行水污染防治有关规定，建设污染治理设施 11 套，对生产生活污水处理回用，实现生产矿山污水零外排。司家营铁矿南区、红山铁矿等单位矿井涌水经“沉淀+絮凝”后排放，委托有资质单位定期进行水质监测。

（3）固体废物污染防治方面。尾矿砂主要贮存于尾矿库（占比约为 93%），其余充填井下或露天采坑；废石主要通过石渣加工厂综合利用或作为路基材料等方式综合利用处置（占比约为 95.66%），其余堆存于排土场或露天采坑。河钢矿业建设标准危废间 36 个，危险废物全部交由资质单位处置。

（4）信息化设施建设方面。河钢矿业下属各单位严格按照属地监管部门要求，完善环保信息化设施建设，安装扬尘污染在线监测设施 71 台（套）、视频监控系统 70 台、治污设施分表计电系统 103 台，全部与政府监管部门联网，实现实时监控。建成并投用公司生态环保智能管控平台，对各矿山污染物排放和重点环保设施进行全过程管控，为公司日常生产经营管理提供数据支撑和专业服务，实现“从结果性监督转换为过程性监督，从现场督查转化为线上实时监管”的专业化管理方式升级，进一步提升公司智慧化管理水平和实时管控能力。

3. 完善环保综合治理体系，创建绩效引领型企业

重点行业绩效分级是重污染天气应急减排期间，实行差异化管控的重要依据。河钢矿业主动承担大型国有矿山企业的使命和担当，多次与河北省、所属市政府相关部门沟通对接，牵头制定河北省矿石采选与加工行业绩效引领性指标，积极推动河北省矿山行业绩效分级评价工作落地实施，助力行业整体污染防治水平和应急减排能力提升。

2021—2022 年，河钢矿业严格落实引领性企业指标，健全完善从穿孔爆破、产装作业、矿石运输、破碎筛分、物料存储、精粉运输等矿山生产全过程的环保管控措施，厂区现场环境整治和大气污染物超低排放改造工作走在了同类型矿山前列，公司下属研山铁矿、司家营铁矿、中关铁矿作为标杆企业通过了河北省引领性企业核查，并在行业内率先进入河北省“生态环境监管正面清单”，实现了重污染天气应急响应期间自主减排，以高水平的生态环境保护助推公司高质量发展。

八、智慧矿山走前列

（一）构建综合管控平台，以数字协同推动管理升级

1. 建立多场景应用平台，实现透明化数据管控

针对所属矿山点多、面广、区域分散的实际，河钢矿业以问题为导向，以需求为牵引，充分运用人工智能、数字孪生、5G等新一代信息技术，高品质打造公司智能集控中心。以统一数据平台为基础，通过产线综合管控平台、安全生产双重预防机制平台、生态环保智能管控平台的建设和各信息化系统高度集成，对各矿山产线、安全和环保等场景的实际运行数据进行实时监控，实现运行情况实时展示、历史情况综合查询、生产经营数据动态分析，确保各专业管理数据的准确性和实时性的同时，跨专业衔接和管理更加高效便捷。重点将生产、质量、设备、物流等方面的数据进行互联互通，实现对各矿主体设备的远程监控、生产组织集中协调、突发事件应急处理，极大提升了生产组织效率和一体化调度水平，为提产增效提供了强大的技术支撑，实现了自控全流程、数据全采集、集控一体化的目标。

2. 建立三维可视化平台，实现可视化生产管控

以河钢矿业中关铁矿为试点，建立全矿井三维可视化管控平台。通过对产线基础自动化和数据中心的全面升级，自动化系统和3D建模技术的有效融合，实现了集成化的数据采集、数据存储、数据展示和3D场景再现，采用一张图的方式，分别从生产管控、能源管理、计划跟踪、生产调度、质量检测、业务营销等六个功能模块，对全矿生产管控核心数据进行实时监测，挖掘人员、设备、产线潜能，打破信息孤岛，通过系统将海量数据进行综合分析与三维可视化展示，使数据得到更深层次的应用，为企业的智能化调度指挥提供有效依据。应用数据挖掘、可视化呈现等大数据分析技术，将实时采集到的生产数据、设备数据、能源消耗等生产作业各个环节的数据，进行数据清洗、数据融合、数据分析，做到面向生产作业过程的多维可视化展示、监控、预警、查询、统计及各类管理分析报表和生产作业各环节的可视化管理与调度，实现矿级核心生产经营数据在同一平台上展示、分析与共享，为进一步实现设备预防性维护、工艺控制全流程自动调节打下坚实基础。应用3D虚拟场景建模技术，实现了磨选系统、磁选系统、充填系统、破碎系统、水源热泵、水处理系统、压滤系统、35 kV变电所等生产场景的模拟再现，建立了井下三维可视化模型，动态追踪显示井下人员定位、环境监测、水文监测、地压监测、井下风压、风速、设备启停等参数。目前公司下属各矿山已经基本建立起三维可视化模型和大数据分析框架，未来将通过系统的深度应用及拓展实施，积累大量的专项管理基础数据，应用可视化分析及大数据挖掘技术不断完善模型和框架体系的科学性，从而实现生产过程的可视化和智能化的管控目标。

3. 建立地质孪生化模型，实现动态化资源管控

数字孪生、地质储量数字化等前沿科技的落地实施，正稳步推进资源管理模式向智能化方向的深刻变革。应用3D建模软件3Dmine，建立完整的中关铁矿三维矿体模型、地表模型以及勘探数据库，更为直观准确地反映井下生产现状，为智能化分析提供依据。通过实施地质储量管理、开采设计优化、生产计划优化、生产矿量管理等系统，有序推进地质储量数字化、智能化管理模式。以地质勘查报告为基础，结合矿山储量年报和生产实际建立三维地质孪生模型，根据生产进度实现资源精准化动态管理。利用三维激光扫描仪、无人机、全站仪、点云等技术和工具，对空间数据进行动态采集，实现地质勘探精准预测；运用数据库技术、三维实体建模技术、图形运算技术建立矿山地质数据库、矿床模型、工程模型，并基于地质统计学原理和方法，对建立的矿块段模型进行品位推估，形成三维模型及资源模型的数据仓库，实现资源管理数字化。

（二）优化生产指挥系统，以智慧排产提高生产效率

1. 建立智能管控系统，实现最大化效率提升

搭建产线智能管控平台，对各矿山实行远程集控，实现运行情况实时展示、历史情况综合查询、生产经营数据动态分析，各个工序间衔接和管理更加便捷高效。该平台通过实时采集所属8家主体矿山现场生产数据，对数据进行加工、分析、处理，自动生成生产数据报告，实现对生产运行系统远程实时监控，为生产决策提供科学依据。通过生产经营数据查询模块，可方便、快捷查询各矿的矿石产量、精粉产量、销售量等关键生产经营数据；通过磨矿系统台时曲线模块，管理人员能够根据台时曲线波动状态，实时掌握各矿山产线生产情况，及时组织进行分析和干预，提升生产管理水平；通过球磨机实时运转状态模块，及时掌握产线运行状态，状态指示灯为红色时进行字幕报警，引导人员进行及时干预，通过球磨机停机报警及停机时间查询功能，管理人员可精准管控主体设备运行情况，保证设备完好率和作业率；通过重点质量指标曲线模块，管理人员可及时掌握各矿的各产线原矿、精矿、尾矿品位信息，为生产流程调整、产品质量控制、更好服务客户提供数据支撑。通过产线智能管控平台，对球磨机台时产量、重点质量指标等关键数据进行实时掌控，及时调整生产工艺参数，优化生产效率，提升产品的产量和质量，从而实现效益最大化。

2. 建立生产管理系统，实现精细化过程管控

建设完成MES生产制造执行系统，以工艺流程为主线，以基础自动化、计量等工业实时数据为基础，贯穿生产、调度、质量、销售等专业管理业务，涵盖计划管理、产品发运、生产调度、生产控制、产品库存、物料管理、质量管理、计量管理、系统管理、报表分析等模块，通过与ERP系统的数据传递，实现计划执行与修正、资源合理利用、产量与质量统计分析、平衡工况的优化调度、异常工况的动态调度、辅助生产调度决策等功能的一体化，做到生产状态及时掌握、生产过程均衡控制、生产流程实时监控、生产指标自

动汇总、生产信息快速传递、生产异常及时发现。

3. 建立安全环保系统，实现全流程风险监控

建设完成安全生产双重预防机制平台，通过风险辨识管控、隐患排查治理和重大危险源统计分析三个模块，实时掌握各单位日常风险管控和隐患排查情况，防止风险转化为隐患、隐患演变成事故，从而实现安全生产关口前移，不断提升本质安全水平，更好地为生产经营、建设发展保驾护航。建设完成生态环保智能管控平台，通过对有组织排放数据、环保设施运行数据的过程跟踪和集中管控，对空气质量等数据的实时分析，第一时间发现问题、解决问题，弥补现场检查覆盖面不全的短板，实现生态环保领域的科学研判和远程监管，管理效能明显提升，成果转化非常显著，河钢矿业旗下多家矿山入选国家绿色矿山名录，并列入生态环境监管“正面清单”。

（三）应用远程操控系统，以人机隔离夯实本质安全

1. 推广应用智能装备，实现远程无人操控

实施井下铲运机无线遥控系统。石人沟铁矿井下已采取遥控驾驶铲运机，解决了危险环境作业人员面临的诸多安全问题。遥控驾驶系统有座舱式和手持式两种方案，可实现多种工程机械的遥控驾驶，系统由遥控器、车载智能控制器、车载通信网络及专用软件组成，通过座舱式遥控系统或手持便携式遥控器，实现了操作人员在设备本体内手动操作的全部功能。实施井下无人机车运输系统，中关铁矿在行业内率先实现井下无人机车运输系统的成熟应用，井下有轨运输采用 20 t 电机车牵引 11 节 6 m^3 底侧卸式矿车运送矿石至主溜井，经破碎机破碎后进入下部矿仓。实施无人驾驶技术后，电机车运行由井下驾驶变为地表远程操控，实现了远程装车、自动运输、自动卸矿，减少了矿石运输全过程人员相互配合环节，有效降低了由于人为操作而引发的设备故障，改善了岗位的作业环境，提高了电机车运输过程本质安全水平，实现产量 3600 吨/班。

实施皮带机智能检测系统，实现对研山铁矿皮带运输机智能检测和远程监控。通过机器视觉技术，对皮带上矿石粒度进行检测，对皮带撕裂进行监控，发现异常自动报警，实现矿石智能运输。

实施智能巡检机器人系统。研山铁矿球磨机已实现无人值守，采用智能巡检机器人，搭配 AI 图像识别引擎、边缘计算模块、自适应运动平台等核心技术于一体，实现工厂产线及配套设施环境参数、设备运行状态等无人化巡检，具备状态异常报警、故障早期诊断等功能，大幅提高产线生产效率、降低运营维护成本。

2. 夯实产线无人基建，实现设备在线监测

井下溜破系统和提升系统实现全流程自动化。中关铁矿自主研发了一套破碎提升全自动系统，并成功申请国家软件著作权。该系统实现了井下破碎、主井装矿、提升、卸矿工序全流程自动化运行，主井提升更加精准高效、安全可靠，提升效率由人工操作时 400 t/h，

提高至 510 t/h，较之前提高了 27.5%，并且将主井提升司机和装载站值守人员进行有效的岗位合并。

副井提升实现电梯式运行，出入井实现智能识别管控。副井提升实现井下人员自主要罐、信号井口集中管理、罐笼自动升降的“智能护航电梯式”运行模式，批量减少井下操作人员的同时，大大提高了人员升降井的安全感和舒适度。智能出入井管控系统，通过人脸识别和定位卡双重认定的技术手段，精准掌控入井人员情况，同时也避免无关人员误入井下无人值守区域。

排水、通风、供配电、取样、计量等工序实现无人值守。排水方面，中关铁矿借助 AI 巡检机器人、供电智能分析、视频自动识别等技术，完成跨系统融合控制，实现了井下排水系统避峰就谷间接性运行、自动应急启停的智能控制系统，现场无人值守、远程控制；主排水泵房实现了机器人自动巡检和−488 m 最低中段的水仓排水系统的无人值守、远程控制；完成智能循环地表水系统建设，实现了远程操作和无人集中值守，减少地表操作岗位定员的同时，也进一步提高了大水矿山应对水患的防控能力。通风方面，黑山铁矿完成了井下智能通风系统建设，利用互联网系统与自动控制技术、传感器技术、变频技术和在线监测监控技术对井下风机进行远程自动控制。供配电方面，石人沟铁矿 35 kV 变电站实现了高压供配电系统的无人值守和集中管控，大大提升了应急处理能力与处置效率。取样方面，中关铁矿实施了智能取制样系统，实现精粉采样、精粉集样、精粉缩分、产品打包的全流程自动化管理，无须人员操作，采样精度高，安全保障好，系统性能稳定，可全天 24 h 不间断运作。计量方面，全公司范围内实现了无人值守自动过磅、门禁监管和车辆报警等子系统并进行系统集成，实现计量场景的全流程把控。

3. 推进 5G+工业建设，助力矿山智能转型

在露天采场将 5G 应用到智能管理系统，实时掌握采场内各设备所处位置及作业状态，并根据生产任务指标合理安排设备采掘运输，达到设备合理运行最优化，全面调动指挥采矿生产，并将生产信息统计分析，自动生成报表，同时进行安全管控；率先在中关铁矿井下实现了 5G 网络全覆盖，与原有光纤网络系统互为冗余，实现了基于 5G 网络的高清视频回传，达到了井上、井下实时指挥互动，打造了“高清视频+远程开采”新生产模式，补充、拓宽了井下通信，提高了井下联络的及时性、稳定性，为采掘、运输、提升全自动运行提供了强有力的网络保障，也为井下实现低延时实时监控、运输系统自动装矿、基于 5G 的人员精确定位、巡检机器人等 5G+应用打下了坚实的基础。目前，生产全流程控制模式由传统的人员现场值守变为远程智能运行，关键设备数控化率达到 100%，关键设备联网率达到 100%，人均劳效达到 2400 吨精粉/(人·年)，达到了行业先进水平。

展望未来，河钢矿业将以习近平新时代中国特色社会主义思想为指导，深入学习宣传贯彻党的二十大精神，完整、准确、全面贯彻新发展理念，深度落实河钢集团部署要求，以“安全发展、绿色发展”为基础、以“稳产提量、降本增效”为保障，以“技术创新、管理优化”为支撑，全力加快绿色矿山、科技矿山、数字矿山建设步伐，在谱写中国式现代化建设河北篇章的河钢实践中彰显新担当、体现新作为、贡献新力量。

第五节 首钢集团有限公司矿业公司

首钢集团有限公司矿业公司（以下简称“首钢矿业公司”）始建于1959年，是首钢重要的原料基地，目前已发展成为以采矿、选矿为主业，发展资源综合利用产业、运输物流产业、矿山装备制造和技术服务等相关产业的特大型现代化矿山企业。首钢矿业公司位于河北省迁安市、迁西县境内，素有“百里矿区”之称，在岗职工近8000人，先后荣获全国冶金矿山“十佳厂矿”、国有重点企业管理标杆创建行动标杆企业、中国矿山行业绿色发展示范单位、中国砂石行业大型绿色砂石基地、全国企业文化建设示范基地等荣誉称号。

一、艰苦创业

1957年，石钢（石景山钢铁厂，首钢前身，以下简称“石钢”）铁矿石主要来自河北省宣化附近的龙烟铁矿。1958年，全国大办钢铁，龙烟铁矿就近建设了自己的炼铁厂(后扩大为“宣化钢铁公司”)。

1956年，冶金部地质局华北分局503队制定了迁安矿区勘探工作规划，揭开了迁安矿区找矿序幕。随着勘探数据逐步完善，石钢领导意识到，河北滦县、迁安一带蕴藏着巨大宝藏。勘探信息显示，当时滦县地区勘探铁矿储量6亿多吨，矿体集中。

经过对勘探资料详尽研究，石钢发现迁安矿区矿石结晶粒度比较粗，包括大石河采区和二马、柳河峪、裴庄、水厂等，90%是磁铁矿，且覆盖层薄、易采易选。石钢经慎重考虑决定，转战迁安建矿！

1959年3月24日，石景山钢铁公司筹建迁滦铁矿。1959年4月1日，石景山钢铁公司滦县铁矿更名为石景山钢铁公司迁滦铁矿，初步设计采矿能力140万吨。

建设矿山，首要任务是通路、通电、通水，通路更是关键。1959年10月9日，迁滦铁矿召开誓师大会，力争11月份把火车通到选矿厂。1959年11月23日上午10时，全长35 km的卑水铁路南段（卑家店车站至大石河选矿站）胜利通车了。

随着铁路的开通，建设矿山的设备、器材源源不断地运到施工现场，通水、通电的工程也陆续完工。1960年4月第一台电铲上山作业，5月第二台电铲也上了山。至此，老一辈矿山人征服千山万壑，为矿山建设开出了通途。

1960年9月10日，这是一个值得首钢矿山人记住的日子，大石河采场出矿了！第一批精矿粉运往北京，石钢高炉第一次吃上了自己矿山生产的“粮食”，结束了首钢有铁无矿的历史。

1961年元月，石钢迁滦铁矿分为生产、基建两个直属石钢领导的单位，生产系统改名为石钢迁安铁矿，并成立石景山钢铁公司矿山建设工程公司。

1964年12月，随着国民经济好转，国家正式批准迁安水厂铁矿建设项目。1965年9月拉开水厂铁矿建设序幕，12月杏山车间出矿。

二、砥砺崛起

1966年3月25日，石钢公司领导要求加快矿山发展建设速度，迁安矿区隆重召开誓师动员大会，打响了建设水厂铁矿的大会战。

1966年4月3日建设二马采场，6月简易出矿，采矿能力120万吨，实现当年出矿。1966年5月，“文化大革命”爆发，水厂铁矿建设工程在已经基本具备“三通”的条件下又停了下来。

1969年2月11日，迁安矿区召开会战誓师大会，沉寂多年的水厂铁矿主峰将军墓岭，水厂大会战全面打响。

按原设计运输方案，水厂铁矿北山出矿是电机车到山腰，载矿汽车上山顶，实行联合运输，但这样至少要两年多时间才能出矿。为尽快建矿，经实地勘察，建设者们提出电机车直接到山顶运输方案，很快得到了首钢批准。

电机车到山顶，必须修通北山铁路。而迎面一座高400多米的山坡挡住了去路，必须把山劈开，挖出一条长700多米的通道。1969年2月24日，组织了建矿开山第一炮。1969年9月27日，水厂北山采场通车出矿，采矿场正式投产，实现当年建设当年投产、当年投资当年见效。

1969年9月，大石河铁矿第六、七系列建成投产，年处理能力400万吨的选矿厂全部建成。此时，大石河采区又出现了资源短缺，选矿处于开不满状态。离大石河选矿厂最近的采矿点大杏山，进入决策者们的视野。

1970年10月，杏山爆破大会战开始。1969年12月，水厂选矿厂破土动工。到1971底，水厂铁矿采矿场形成采矿能力350万吨，选矿厂生产精矿粉30万吨。至此，水厂铁矿宣告建成，比计划工期提前了2年，当时被冶金系统誉为“三快”矿山。

1972年，迁安铁矿共生产成品矿657万吨、精矿粉210.3万吨，首钢基本达到原料自给。与此同时，大石河铁矿扩建工程也取得新进展，选矿到1977年11个系列全部建成，设计能力达到650万吨/年处理量；采矿到1979年，水厂南山、杨庄、裴庄、黑山、柳河峪等采矿点相继建成，特别是杨庄采场仅用28天建成，这在冶金矿山史上也是屈指可数的。

1973年4月29日，首钢矿山公司成立，基本形成了日后发展壮大的雏形。

“文化大革命”十年，首钢矿山公司破除干扰，建成水厂铁矿，拥有了大石河和水厂南北两个矿区，实现了首钢全部矿石自给，保障了首钢生产大局。以水厂铁矿建成为标志，实现了建矿后第一次大发展。虽然经历十年动荡，但是矿山发展不仅没有停滞，而且实现了跨越。

三、承包巨变

1978年，首钢矿山生产打出历史好水平，采剥总量完成4065万吨，生产铁矿石1043万吨、精矿粉303万吨，实现首钢矿石全部自给。

1979年7月，水厂新扩建三个系列投产。自此，矿区形成1100多万吨/年原矿处理能力。1979 年产精矿粉 321 万吨，首钢不仅实现了精矿粉自给，还首度外销。随着产量提升，首钢矿山公司在精料方针上不断寻求突破，把生产建设切实转到“质量第一”轨道上来。

1973 年 10 月，冶金部矿山司在首钢矿山召开冶金矿山精矿质量工作会。首钢矿山公司提出精矿品位达到 65%、金属回收率达到 82%的目标，这在与会厂矿中引起很大反响。

为进一步提高精矿品位，首钢矿山公司与马鞍山矿山研究院一道，借鉴鞍钢大孤山选矿厂细筛工艺试验和美国伊里铁矿选矿厂应用细筛的生产实践，在大石河铁矿选矿厂进行尼龙细筛自循环再磨新工艺的工业生产试验。

1975 年，首钢矿山公司率先在国内进行大石河选矿厂全厂 11 个系列细筛自循环再磨新工艺流程改造。大石河选矿厂精矿品位节节攀升，1978 年精矿品位达到 67. 26%，1979 年达到 67. 66%，1980 年达到 68. 51%。此后，到 90 年代中期，精矿品位一直保持 68%～68. 5%国内领先、国际先进水平。

1977 年，首钢矿山先后攻克细筛强化、磁选流程改造和推广全逆流磁选机三道技术难关，精矿品位最高达 67. 71%，创全国最高纪录，超出当时美国先进矿山恩派尔矿 66. 5%水平，精矿质量进入世界先进行列。公司的细筛再磨自循环技术获国家发明奖三等奖、国家科学技术进步奖二等奖，北京市经委授予首钢矿山公司“技术革新先进集体”称号。

1980 年 10 月，首钢矿山公司被北京市政府命名为质量先进单位。1981 年 9 月，冶金部召开的 23 个重点选厂专业竞赛评比中，大石河选矿厂和水厂铁矿分别以上半年精矿品位 68. 42%和 68. 34%荣获前两名，持续领跑全国同行业。此后，精矿粉质量一直稳定在 68. 5%左右，名列全国同行业前茅并保持世界先进水平。1988 年，大石河和水厂两矿的精矿粉“首钢牌磁铁精矿”再次获得国家金质奖。

1985 年 6 月开始，水厂铁矿和大石河铁矿全面推广磁团聚新工艺，到 12 月中旬全公司 22 个选矿系列全部完成改造。在主要工艺设备未增加、精矿品位与金属回收率持平情况下，球磨机台时能力提高 16%～20%，选矿能力提高 18%～20%，年增产铁精矿粉 70 万～80 万吨。此项技术工程共投资 786. 97 万元，1986 年因推广磁团聚净增产铁精矿 78. 86 万吨，折合 2572 万元。据测算，实施改造后每年效益达 2000 万元以上。

1986 年 10 月，“磁团聚重选法及其分选机”获中国发明协会金质奖牌和地矿部特设奖杯，这是当时冶金企业中唯一一枚金牌。1987 年 4 月，磁团聚重选新工艺获国家科学技术进步奖一等奖，这是建矿至今科技类表彰的最高荣誉。

以磁团聚为理论基础的分选设备引起了我国磁铁矿分选领域一次大规模工艺变革，1987 年 4 月，冶金部召开矿山技术改造经验交流会，在全行业推广磁团聚技术。1989 年 8 月，“磁团聚重选分选机”专利被评为“中国专利发明创造奖”。1989 年 12 月，“磁团聚重选分选机”研究获联合国知识产权组织、中国专利局颁发的中国专利发明创造金奖。

党的十一届三中全会后，首钢被列为第一批进行企业管理改革试点单位。

1981 年 4 月，首钢主动提出，在保证当年利润前提下，超额部分由首钢按 4∶3∶3 比例自主分配，即 40%用于生产、30%用于职工福利、30%用于增加职工收入。1981 年 6 月 25 日，首钢实行利润包干后，开始在内部层层实行首钢承包制。从此，“承包制”进入首钢矿山，实现利润连续10年平均递增20%。

1984年，首钢矿山公司年产精矿粉400.82万吨，提前实现国家制定的1985年精矿粉目标。1984年底，矿山采选工人劳动效率达到722吨/(人·月)，在全国同类型矿山居首。

1985年，首钢矿山公司30项采选技术经济指标中，22项超过1984年。

1990年6月，首钢矿山公司从北京钢铁公司划出，改为首钢矿业公司，矿山发展进入了一个新历史阶段。

为实现钢铁产能翻番，金属化球团工程被列为1985年计划项目重中之重。1985年12月6日，正式组建金属化球团厂（后更名为“首钢球团厂”）。

1986年6月14日，金属化球团一系列点火烘炉开始试生产，后于1989年转产氧化球团矿。1990年，首钢下达全年氧化球团矿产量计划25万吨目标任务。球团厂确定“夺球保铁、日产千吨氧化球”目标，狠抓工艺设备改造，生产形势喜人；全年生产氧化球团矿30.18万吨，较1989年实现产量翻番。

1991年，首钢“八五”规划确定把首钢办成国内规模最大的国际性大企业目标，到1995年钢产量要达850万吨。要实现首钢“八五”规划，关键在矿山，难度最大也是矿山。“四大工程”逐渐浮出水面，成为首钢关注重点。

1991—1992年，矿山球团厂大修改造工程（后更名“烧结厂”）、水厂选矿扩建工程、水厂铁矿维简工程、矿山自备电站等四大工程相继破土动工。

1991年5月27日，水厂铁矿采、选两厂扩能改造项目正式开始；1991年8月，球团厂大修改造工程破土动工。

球团厂大修改造工程从1991年8月15日破土动工，工程占地16.8万平方米，安装机械设备1380台、电气设备657台套。这么大的工程量，按国家设计规范规定和可比工程项目建设周期计算，按最好的施工条件标准要求，需要一年半时间，首钢矿山人却只用了8个多月。

球团工程胜利在望，选矿扩建工程也不松懈。1992年9月，水厂新选厂5~7系列投入试生产，新选厂规模当时在国内首屈一指，7个选别系列设计每年处理原矿955万吨、年精矿粉产量可达287万吨。1993年8月17日，水厂选矿扩建工程全部结束，精矿粉生产能力再次提升。

“四大工程”中，水厂铁矿采场工程由于外部条件问题，不断更改方案，为之后扩建打下基础；自备电站工程，因并网等多种原因最终未能投产。

球团厂、烧结厂、水厂扩建，使首钢矿业公司积攒了发展后劲。精矿粉年产量到1995年达700多万吨，氧化球团矿年产量到2001年突破百万吨，烧结厂烧结矿年产量到1997年突破500万吨。

一直以来，首钢对拥有原材料基地的重要性认识非常清晰。20世纪80年代起，便开始了海外寻矿之旅，考察过澳大利亚、巴西、俄罗斯等不少国家。

秘鲁铁矿占地面积670.7 km^2，位于距秘鲁首都利马530 km的马尔科纳地区，最早由美国人投资开发，1992年4月秘鲁政府决定将该公司全部资产采取国际招标方式公开拍卖。首钢凭借过硬实力，在多家知名外国公司中胜出，一举拿下秘鲁铁矿。

1992 年 11 月 5 日，秘鲁政府宣布，中国首钢总公司买下秘鲁铁矿 98.9%股权。至此，首钢成为特大型钢铁企业探索利用国际资源的少数先驱者之一。

首钢总公司决定，自 1993 年起，首钢矿业公司将代表首钢执行秘鲁铁矿接管任务，首钢矿山人开始用自己的办法重塑秘鲁铁矿，对生产进行整顿，对工艺设备进行改造，迅速把秘鲁铁矿生产恢复起来。一季度，完成矿产品总量 113.6 万吨，销售合计 71.5 万吨。融洽，融入，融合，首钢矿山人以热情、能干和真诚在秘鲁得到认可，闯出了一片天。1993 年，秘鲁铁矿产量由 1992 年的 284.8 万吨提高到 525.8 万吨，生产成品矿 512 万吨、销售 500.8 万吨、创利润 500 万美元。秘鲁铁矿的变化，打出了首钢矿山人的声威。

1994 年 3 月 24 日早 6 点 30 分，一列满载秘鲁铁矿粗精粉的列车缓缓驶进大石河选矿站，1963.9 吨粗精矿被准时投放在指定位置。首钢矿业公司从此开始加工处理秘鲁铁矿粗精矿，保证首钢炼铁生产炉料供应。

1994 年 6 月，首钢秘鲁铁矿从首钢矿业公司划出，直属总公司领导，首钢矿业公司圆满完成首钢交付任务。

四、转型发展

1995 年，首钢对矿山提出“做好 1000 万吨钢原料基地先锋官”的期望和要求。此时，首钢矿业公司资源锐减矛盾日趋突出。大石河铁矿 90 年代中期时仅剩大石河、二马、杏山三个采场，均处于闭坑边缘，作为主力矿山的水厂铁矿采场剥岩严重欠账。

首钢矿业公司党委深刻认识到，必须依靠转型，拓展资源保障和接替途径，实现矿山可持续发展。转型第一步，从“合作办矿”开始。马兰庄铁矿是唐山市属国有冶金矿山企业，1972 年投产，拥有 1.8 亿吨矿石资源，是河北省规模较大、实力较强的铁矿，曾为地方经济发展做出重要贡献。1996 年 10 月，首钢总公司与唐山市政府签署合作经营唐山市马兰庄铁矿协议书。1997 年 9 月 8 日，“唐山首钢马兰庄铁矿有限责任公司”正式揭牌。这是首钢与唐山市“联姻”，提高资本运营质量和效率做出的首次尝试。

针对马兰庄铁矿存在的经营问题，首钢矿业公司积极推进企业改革，被动局面很快扭转。1999 年，马兰庄铁矿实现“三个超千万”历史性大跨越，当年靠自有资金形成固定资产 1017 万元、实现利税 1200 万元，与 1998 年相比增加经济效益 1944 万余元，职工月人均收入比“联姻”前 1996 年提高 66.5%。

首钢矿业公司先后与迁安联合开发李家沟矿、孟家沟铁矿，逐步推进承包涞源旺儿沟矿、招兵沟磷铁矿、承德铁马沟矿等合作。2003 年，组建“北京首钢矿业投资有限责任公司”（以下简称“首矿投公司”）。2006 年，首钢总公司第一座地采矿山——杏山铁矿破土动工，该项目也是首钢矿业公司第一个露天转地下开采项目，当年 7 月杏山铁矿成立。

杏山铁矿地采历经 5 年多建设，2011 年 8 月全流程重负荷试车一次成功，矿石日产量迅速攀升至 10000 吨以上。

2002 年开始，矿业进入“黄金十年”，矿价一路飙升。此时，首钢矿业公司在加强与外部企业联合经营办矿的同时，内部挖潜实施资源回收工程，利用二次资源生产精矿粉。

2005 年 4 月，首钢矿业公司在大石河裴庄东排土场建成第一条矿石干选回收生产线，拉开固废资源化大幕。之后，相继建设 16 条干选矿石生产线，年回收矿石 200 万吨以上。大规模实施排土场资源回收，走在了国内冶金矿山行业前面。

2006 年、2007 年，在国内外尚无先例背景下，组织实施水厂西排、东排再选新工艺，直接从胶带排岩系统中回收矿石。

在“土中觅宝”的同时，首钢矿业公司决定“沙里淘金”。2005 年 12 月，建成尾砂再选综合利用工程。该工程生产七年半，累计处理尾砂量 5749 万吨，生产精矿粉 178 万吨，延长了尾矿库服务年限，被认定为国家金属尾矿综合利用先进适用技术示范工程。

在扩大资源增量的同时，首钢矿业公司从大局出发，为首钢迁安 200 万吨钢联合作项目（首钢迁钢公司）提供配套服务，该项目 2004 年竣工投产。此时，百里矿区旁，崛起一座现代化新钢厂。

首钢矿业公司先后荣获全国资源综合利用科技工作先进集体、全国资源综合利用年度影响力企业、“矿产资源节约与综合利用专项”优秀矿山企业、全国“矿产资源综合利用示范基地”等荣誉称号。

一直以来，首钢矿业公司坚持把科技创新放在提升企业核心竞争力突出位置。

“小球团烧结新技术”是国家“九五”科技推广项目，由首钢矿业公司烧结厂和北京钢铁研究总院联合开发，填补我国大型烧结机应用小球团烧结技术空白，年创经济效益 3000 万元，获北京市科学技术进步奖二等奖。冶金工业部钢铁司司长庄沂曾评价小球团烧结是“不换枪不换炮，城门楼上换鞋套”，意思是很小投入，却带来革命性改变。

“大型深凹露天矿高效运输系统及强化开采技术研究”是国家“十五”科技攻关课题，水厂铁矿汽车—破碎—胶带半连续系统是其重要组成课题。

2001 年，水厂铁矿技术改造工程被列入首钢“十五”钢铁业规划重点项目。工程历时 5 年，主体是完善西部破碎胶带系统、新建东部半移动式破碎站和胶带排岩系统、新建半移动式矿石破碎站和胶带运输系统。建成后，比汽车运输降低成本 30%以上。水厂铁矿选用半连续胶带运输系统大规模运输矿岩，属国内黑色冶金矿山第一家。以汽车—破碎站—胶带—排岩机半连续排土工艺为载体，首钢矿业公司“大型深凹露天矿安全高效开采关键技术研究”成果获国家科学技术进步奖二等奖。

在第一座地采矿山杏山铁矿建设之初，首钢矿业公司就组建地采自动化团队，向数字化地采矿山发起冲锋。

赴瑞典基律纳地下矿山实地考察后，地采自动化团队自主开发杏山铁矿十大自动化系统、六大安全系统。2011 年 9 月，“露天转地下相互协调安全高效开采关键技术研究”被评为冶金科学技术一等奖。2012 年 4 月，“六大安全系统”通过国家安监总局验收。

团队由此确定攻关课题。2013 年 11 月 7 日，−180 m 水平电机车实现远程遥控，填补国内技术空白。该系统的实施，将井下电机车装矿、司机驾驶、放矿等工作整合为一体，操作岗位由井下转移到地面，最大限度减少井下作业人员。

2014 年 5 月，杏山铁矿地下金属矿山数字化建设示范工程通过验收，是首个通过国家安全生产监督管理总局验收的“四个一批”项目，被确定为国家地下示范工程。

首钢矿山人凭借锲而不舍的追求，实现了一个个从无到有的突破。Surpac 大型矿山工程软件应用、GPS 矿车智能调度系统、牙轮钻高精度 GPS 自动定位穿孔系统、地面远程遥控井下电机车运输系统、烧结智能专家系统、球团自动配料、电动轮矿车电控系统研发等一批自主创新项目，彻底改变了几十年来传统管理模式。

1995 年 5 月，首钢矿业公司广泛开展达标升级活动，通过“单位自查、专业检查、矿业公司复查”等环节检查验收，引入检查总结分析、日常反馈、考核发布和整改全过程的标准化管理模式。实质上，这是首钢矿业公司“找差”文化的开端。如今，坚持每月一专题的“三查”工作，已成为公司主动找差的主要手段。

皮带管理创一流，是首钢矿业公司一个经典管理案例。2003 年，首钢矿业公司提出“取消皮带系统看管性岗位”构想。皮带管理创一流，一年一个主题，一年一个台阶，取消看管性岗位，推行皮带标准化整改，降低皮带消耗，开展皮带系统粉尘治理，实施皮带系统跑车无人值守，实现皮带减负经济运行。

2007 年，首钢矿业公司提出“001 质量稳定工程”，即球团矿、烧结矿月平均品位波动范围控制在目标值的±0.01%以内。实施“001 质量稳定工程”后，烧结矿、球团矿月平均品位合格率在国内同行业排名第一，产品质量稳定水平控制在目标值的±0.01%，被中国企业管理协会、中国企业家协会列为“中国企业新纪录”。2006 年 5 月 1 日 0 时，首钢矿业公司在国内冶金矿山行业率先实施的 ERP 系统成功上线，这是我国矿产资源行业，特别是冶金矿产资源行业中第一个进行全面企业信息化的突破性项目。ERP 成功上线后，实现了物资流、资金流、信息流集成共享，管理手段实现重大变革。MES 系统与 SAP 系统同步上线，也创造了矿山行业自主研发 MES 系统的历史。

首钢矿业公司先后被授予“全国企业信息化建设典型示范单位”“中国最具创新力企业”“中国制造业信息化应用领先奖”“中国企业信息化百强”等多项荣誉称号。

大石河尾矿坝于 20 世纪 60 年代建成。1988 年开始公司投入大量资金，每年出动几千人次职工在尾矿坝体上覆盖 20 cm 厚的黄土、种植以紫穗槐为主的坝面水土保持林，并设专人看护。多年悉心治理下，茂密林带成为一大景观，引来成群白天鹅悠闲地栖息在水面上。

水厂新水尾矿库 1971 年建成，1995 年 6 月“退役”，形成千亩沙滩。1996 年，首钢矿业公司把水厂尾矿库治理提上日程，探索制定了一行沙棘、一行桑条、一行紫穗槐，三种植物混种、高密度种植方案，从 1997 年开始连续 3 年，在千亩沙滩上展开造林大会战。昔日“撒哈拉”变成茂密沙棘林，不仅起到固沙防尘保护环境作用，也成为参观景点。

复垦绿化同时，首钢矿业公司一直对矿山废石、尾砂、废水等进行开发，实现资源再利用。1990 年，在水厂铁矿建成一条华北地区最大的年产 40 万立方米铁路道砟产线，产品广泛用于大秦线、京沪线等主干铁路路基铺设。同时，建设地板砖、墙体砌块等建筑材料生产线 10 余条。

首钢矿业公司注重通过科技手段，节约资源利用，积极强化用水管理，努力回收工业废水。2007 年，开发“水电平衡系统”，促进节水工作开展。同时，引进电网收费政策，实施内部电结算改革，调动各厂矿节约用电自觉性。2012 年，首钢矿业公司被评为“全国节能先进集体”。

“九五”之后，市场经济大潮涌入，创建学习型企业，增强凝聚力，成为首钢矿业公司党委的一件大事。1996 年 4 月 30 日，首届矿山文化节拉开序幕，这是首钢矿业公司党委站在建设更有活力矿山高度，做出以文化为纽带，推进“两个文明”建设决策实施的起点。到 2022 年，已连续举办二十七届。不断丰富职工文化生活同时，公司积极兴建龙山乐园、体育馆、职工活动中心等休闲娱乐场所。

2003 年 11 月 6 日，首钢矿业公司“一个创新、两个创建”（创建学习型企业、创建先进的企业文化和推进企业创新工程）工作正式起步。创建学习型企业过程中，涌现出“十小促十变”“百队千员”等优秀经验，掀起了群众性学习创新热潮。

2007 年 8 月，首钢“三创”经验交流会在矿山召开。这一时期，首钢矿业公司培育出一批以职工名字命名的品牌团队。其中，赵新民创新工作室、秦涛创新工作室、协力公司刘建军工作室先后获评北京市级工作室。

通过几代矿山人艰苦奋斗，首钢矿业公司已发展成以采矿、选矿、球团、烧结、矿山设备、矿山建筑、矿山技术等生产、科研、开发、服务为一体的现代化大型矿山企业，即将开启“继往开来，百年矿业”新征程。

五、开新图强

2015 年三件大事发生，对首钢矿业公司未来发展影响深远。一是 1 月 1 日起，按照首钢高效协同坐实股份公司、推进铁前一体化生产组织管控要求，首钢矿业公司球团厂、烧结厂划转至首钢迁钢公司延伸管理；二是 2 月 1 日起，运输部重新纳入首钢矿业公司管理。1973 年，首钢矿山公司成立运输部。2006 年，首钢矿业运输部和原首钢新钢运输部重组成“首钢总公司运输部”；三是 6 月，首钢滦南马城矿业有限责任公司成立。首钢总公司明确，马城铁矿由首钢矿业公司代管，依托首钢矿山多年生产建设经验，全面推进马城项目建设。首钢矿产资源版图上，新增储量 9.95 亿吨矿山。

产业结构和管理框架尚待理顺，新接手矿山项目亟待启动推进，转型发展关键当口，国际矿价断崖式下跌，矿山行业“寒冬”骤袭，首钢矿业公司到了为生存而战的严酷时期。

面对“新常态”，首钢矿业公司党委深刻认识到：对于严峻市场变化，公司党委以“破除惯性思维”为主题开展解放思想大讨论活动，向广大干部职工讲清形势任务，同时发动职工从身边入手，层层查找惯性思维表现和案例。大石河铁矿、水厂铁矿先后实施高成本干选点位停产，引导富余人员到其他岗位找出路，曾经的岗位工拿起扫帚，转岗干起了清扫工。

实践中感受到思想的力量，此后每年一个主题，首钢矿业公司坚持开展解放思想大讨论活动，共查找 5000 多个案例。干部职工在应变、求变、识变过程中，汇聚起推动转型升级强大合力，公司于 2017 年扭亏为盈，并保持良好经营态势。

“十三五”以来，首钢矿业公司进入资源瓶颈期，唐首马铁矿露天开采、水厂铁矿露天开采、杏山地采都面临露采转地采或深部开采问题。尤其是主力采场水厂铁矿，随着逐年高强度开采对矿量的消耗，可采矿量锐减。资源接替时间紧迫，新建马城铁矿、杏山铁矿地采扩建、唐首马铁矿露天转地采三大资源接替工程，成为资源续航的关键。其中，马城铁矿被列为“头号工程”。

马城铁矿位于河北省唐山市滦南县马城镇，矿区面积 10.08 km^2，资源储量 9.95 亿吨，设计年产铁矿石 2200 万吨、精矿粉 737.5 万吨，为国内规模最大地采充填矿山。

马城铁矿是地质条件复杂大水矿山，又是国内少见超深超大规模地采矿山。建设过程中，首钢矿业公司时刻以行业示范引领为己任，推进核心技术掌控，建设“国内领先，国际先进”智能地采矿山。这座资源储量近 10 亿吨的“富矿”，发现早、开发晚，正是受困于矿山排水难题。马城矿区 3 条主断层构造，形成多个富水区，附近铁矿多次因治水问题中断施工。面对棘手问题，干部职工与经验丰富的专业治水队伍共同研发“高承压水注浆孔口管施工装置”，防治水技术及管理水平显著提升。

马城铁矿与迁安市直线距离 50 km，设计中，生产精矿浆通过地下管道代替公路、铁路运输，一站式从滦南县输送到迁安大石河铁矿终端站。铁精矿长距离管道输送是从国外引进的高新技术，国内针对此项技术的整体研究和公开资料基本为“零”，明白此项技术的人更是“凤毛麟角”。

为打通资源输送大动脉，马城铁矿工程技术人员先后进行 30 多次全线勘探，历经 20 余次工艺调整，自主设计全长 68.4 km 地下管道。该管道途经迁安、滦州和滦南两市一县 72 个自然村，穿越 12 条高等级公路、6 条铁路、4 条河流，与 40 余条管线交叉，于 2021 年底全线贯通，创造了国内铁精矿长距离管道输送粒度最粗、单管输送规模最大、连续作业一次性贯通新案例。

与此同时，首钢矿业公司依托多年来智能矿山建设经验，在马城铁矿实现副井“电梯式自助运行”，实现乘梯人自助操作，集控中心集中监控，该技术入选“2022 年矿产资源节约和综合利用先进适用技术目录”。据统计，“十三五”以来，马城铁矿形成自有关键核心技术 19 项，1 项获中国冶金矿山科技成果一等奖。

面对重重关隘，马城铁矿项目经艰难跋涉，2022 年底井巷工程已完成总量 70.7%，地表选矿系统建设主要车间地基处理完成，其他资源接替工程也在加紧推进。截至 2022 年底，杏山铁矿扩建项目累计完成掘进 30.14 万立方米，唐首马地采工程完成井建施工转入设备安装阶段。

推进资源接替工程同时，面对露天开采接近尾声的难题，首钢矿业公司千方百计挖潜矿石资源，从“每一吨”到“每一块”，围绕资源做加法。实施采场境界优化开采，通过优化水厂铁矿南区、北区设计境界、杏山采准设计等挖潜措施，累计回收挂帮矿石 549 万吨，通过建材产线回收矿石 301 万吨。抓住市场有利时机，加工秘鲁铁矿矿石资源，对大石河铁矿选矿及尾矿流程进行改造，自 2017 年 5 月项目投入以来，加工秘鲁矿石生产精矿粉 131 万吨。多管齐下，保证了精矿粉稳定供应，守住了资源保障线。

“十三五”以来，首钢矿业公司秉承“用有限资源创造最大价值”企业核心价值观，培育资源综合利用和运输物流绿色新产业，同步开展生态恢复治理，大力推动绿色高质量发展。

2015年以来，首钢矿业公司深刻认识到，“固体废物是放错位置的资源”，废土石、尾矿砂可加工成建筑砟、建筑砂等绿色建材，这是一条矿山固废产业化新路！首钢矿业公司组建团队深度调研市场，明确了发展建材产业所面临的机遇和自身优势。外部来看，仅环渤海区域，建材年需求量就超2亿吨，并且开山炸石、河道采砂等已被限制或禁止，北京市将在环京周边打造绿色建材生产基地。从自身优势来看，拥有巨大资源存量，自有铁路217 km，产品可通过火运直达全国各地。与建材矿山相比，不用新增建设用地，生产流程短，加工成本低。

首钢矿业公司确立“发展培育资源综合利用产业”战略，明确“利用固废资源生产优质砂石骨料，协同回收铁矿石资源”产业模式。2016年以来，首钢矿业公司开始规划绿色建材产线建设，一边升级原有主流程附属产线，一边建设独立产线。2018年6月，在原大石河铁矿二马闭坑采场，新建第一条绿色建材独立产线——铁矿石磁选产线。几年来，首钢矿业公司建成7条建材产线，干部职工向一场场提效提能攻坚战持续冲锋，2022年建材产品产量超1600万吨（创新高）。新建水厂铁矿建材产线将于2023年投产，届时产能将超2000万吨。

“十三五”伊始，受矿山行业“寒冬”波及，因矿而生、因钢而兴的相关产业，所处环境极为艰难，存在依附首钢内部市场、缺少核心竞争力产品等弊端，生存发展压力空前。

首钢矿业公司坚持有进有退、适时调整，深化相关产业经营管理体制改革，实行三步走：第一步，“经营止血”，退出劣势企业，如实施重汽公司股权转让；第二步，“改革造血”，调整理顺分支机构出资关系，如设立“迁安首钢矿业化工有限公司”，依法取得认证许可资质和市场准入资格，实现市场化规范经营；第三步，“转型补血”，搞活经营管理体制，对法人子公司实施有效管控前提下，鼓励其闯市场。

2020年，首钢矿业公司制定三年行动规划，确定以无人化为主线，全面启动智能矿山建设。经过近三年探索实践，确定了“三化两图四平台”智能矿山建设整体框架。三化：现场无人化、操控集约化、管理智慧化，是总目标；两图：工控一张图和管理一张图，是主线；四平台：智能采矿、智能选矿、智能运输、智慧管理，是实践途径。

两个“一张图”，是首钢矿业公司探索智能矿山建设过程中首创理念。“工控一张图，是将产线所有设备集中到一张图上操控，实现现场无人操作，取消分散控制室，推进一键经济启停及流程自主调控。管理一张图。是实时监控分析系统，集成现场数据和专业管理平台信息，实时监控产线运行状况，并自动分析日月年的产量、设备、质量、消耗、成本等情况，形成面向产线的一体化、可视化、现场化管控平台，实现智能预警、智慧分析、辅助决策，提升产线经济运营水平。”首钢矿业公司计控检验中心主任刘兴强如是说。

如今，首钢矿业公司已在采、选、运输等主要流程，开发多个“一张图”系统，并通过应用，深层次发现生产问题。比如，发现水厂东排“逆物流启车”弊端，首创“即时启动”模式，实现设备提前物料1 min启动，生产开启向经济“顺物流启车”模式变革先河，年节电70万千瓦时。目前，“一张图”已推广应用到钢铁生产主流程。

与此同时，首钢矿业公司着力打造智能矿山四大平台，根据产业、工艺、流程特点，深入研究落地支撑项目。一是打造无人地采，构建智能采矿平台。实施电机车全自主运行、1354 台车等移动单体设备远程遥控、副井电梯式自助运行等项目，推进井下从多人变少人、少人变无人转变。二是打造无人工厂，搭建智能选矿平台。实施破碎自动监翻、尾矿无人值守、一键经济启停等项目，开发流程自主调控模型、水源控制系统，让选矿更智能。三是推进一张图智能调度，构建智能运输平台。搭建可视化、一体化实时调度平台，推进铁路道口集中操控，实现机车遥控驾驶，提升铁路运输智能化水平。四是做实协同共享，搭建智慧管理平台。开发设备健康管理系统、智能计量系统、全能源管控系统、智·首矿（手机端）等平台，实现“智慧管理”。

首钢矿业公司依托智能矿山建设，释放人力资源数百人，直接经济效益超亿元；完成创新成果百余项，获得专利及软件著作权 37 项、国家科学技术进步奖二等奖 1 项、冶金矿山科学技术一等奖 3 项。“基于智能矿山建设打造行业标杆的探索与实践”获评 2022 国企科技创新与数字化转型典范，“基于建设智能矿山打造全要素提效示范企业”入选 2022 年全国 100 家智慧企业建设创新案例。

首钢矿业公司在自身建设智能矿山的同时，致力于智能矿山理念及技术产品化，助力行业智能化水平提升。井下电机车无人驾驶技术目前国内市场占有率 90%以上，露采矿山智能调车系统在国内外 35 个矿山落地生根，MES、智能计量等信息化系统服务于国内外 30 余家矿业公司，先后为西部矿业、华夏建龙等公司提供智能矿山整体咨询服务，首钢智能矿山品牌愈加响亮。

“十三五”伊始的生存危机，让矿山行业所有地“零距离”直面市场。首钢矿业公司创新目标管理，实施“1+1+N”预算体系、“3+1”绩效管理体系、“5+4+2”法人子公司治理体系等管理举措，使逐级责任具体化、明确化，提升企业整体执行力。“1+1+N”：第一个“1”指经营计划，体现管理层经营生产“统揽全局”；第二个“1”指分项目财务预算，体现执行层战术上“管控和约束”；“N”指每年职代会后确立贯穿全年的 N 项专项方案和重点工作。通过将每一个管理的执行环节做到精确化、数据化，提高执行力和效率。

精细打开财务报表，实现全要素精细化管控。按照管业务必须管费用原则，推进核算型财务向管理型财务转变、专业工作由业务型向效益型转变。实施管理费一支笔审批，加大非生产性费用管控，明确一把手为管控直接责任人。大到差旅费、办公费、修理费、业务招待费，小到工作餐、办公用品费、印刷费，每一笔支出、每一分花销，都要经过总经理和厂长“一把手”签认。干部职工不遗余力降成本，2019 年非生产性费用较 2017 年降低 3400 余万元。压实费用管理的同时，几年来，首钢矿业公司坚持极低成本战略，实施系列降本增效专项工程。

2017 年开始，以选矿加工成本为突破口，实施“百元选厂”三年工程（利用三年时间，将大石河、水厂两矿选矿加工成本降至百元以内）。建立起指标体系，干部职工对选矿流程进行“拉网式”排查，制定错峰经济用电等百余项管理和技改措施。点滴见成本，分角算效益，到 2019 年，吨精成本冲进 100 元大关，比 2016 年降幅 18%、增效 7410 万元。持续几年成本管控，首钢矿业公司精矿粉制造成本在规模以上矿山企业排名由第九上升到第三。

借鉴“百元选厂”成功经验，2019年，启动“百厘物流”三年工程（利用三年时间，将吨公里成本降低一百厘以上）。三年来，吨公里成本降低105厘，累计见效2亿多元。2022年，制定推进“能源管控”三年方案，当年降低能源费2500余万元。

近年来，首钢矿业公司先后开展多项聚焦基层一线的专项行动，调动职工参与企业管理、投身企业发展的积极性和创造性。开展班组建设，在班组间引入经营理念，职工成为最小经营单元“经理”，推行消耗货币化，实施模拟经营，班组思维由“工厂式”向“市场化”转变。推行“成本核算”“考核分配”，强化职工“挣工资”意识。建设班组小家，职工自己动手建花园、种菜地，做手工艺品装扮班组。开展“学巴登提效降本”活动，各级专业管理深入现场调研，班组职工围绕预设指标自我定标、提标，不断打破指标“天花板”。

基于持续的管理实践，首钢矿业公司总结了一批行之有效的管理模式，涌现出多项管理创新成果。“十三五”以来，59项获首钢级以上奖励，其中“冶金矿山企业基于深度数据挖掘的同业对标管理的构建与实施”等3项成果荣获国家级管理创新成果二等奖，22项成果荣获钢铁和冶金矿山管理创新成果奖，7项获北京市管理创新成果奖。2021年，首钢矿业公司荣获国有重点企业管理标杆创建行动标杆企业。

“十三五”以来，首钢矿业公司党委始终坚守初心，坚持把方向、管大局、保落实，夯实党的建设根基，加强精神文化建设，留下一座座“精神富矿”。百里矿区，处处闪耀着动人的红色。截至2022年底，首钢矿业公司共有16个基层党委（总支）、118个党支部、380个党小组、5504名党员。

汇聚红色力量，建强发展堡垒。首钢矿业公司建立起完善的党建工作责任体系，推动考评结果与经营绩效挂钩。开展品牌党委、党支部创建，12个品牌党支部被命名为首钢品牌党支部。倡导“党建+”工作理念，推动党建与经营生产深度融合，成果入选《新时代首都基层党建创新实践案例》。开展“不忘初心、牢记使命”主题教育、党史学习教育，党员理想信念进一步坚定。提升党员教育鲜活性和实效性，8部党员电视教育片入选全国党员干部现代远程教育资源库，3个基层党支部经验和工作法纳入北京市级案例。首钢矿业公司党委连续六年被评为首钢“六好班子”，2个基层党支部获评北京市国资委先进基层党组织。

围绕全面从严治党新形势、新任务，首钢矿业公司压实管党治党政治责任，持之以恒纠治“四风”，风清气正氛围持续向好。强化权力监督和制约，组建监督工作联席会、开展专项监督，运用“制度+科技”，动态防控廉政风险。北京市纪委监委对防控学子宴、防控廉政风险等做法给予认可，进行专题报道。深化纪律教育，组织党员干部参观警示教育基地、旁听职务犯罪现场庭审等多种形式的反腐倡廉教育活动。切实加强廉洁文化建设，推动“倡廉守纪、廉洁从业”文化理念入脑入心，首钢矿业公司纪委连年被评为首钢先进纪检监察组织。

“十三五”以来，首钢矿业公司发扬“艰苦奋斗、严格管理，自强不息、服务大局”矿山传统，深耕具有矿山特色的“铁源文化”。几年来，笔耕不辍，先后出版《铁源记忆》《矿山工匠》《奠基》等发展丛书，讲述几代人开发矿业故事。建成文化馆，自编自导自演“铁源记忆”大型历史情景剧，推出企业文化手册，建成绿色建材、智能矿山实体文化阵地，使铁源文化实体化、有形化、系统化。2021 年，首钢矿业公司成为冶金矿山行业首家全国企业文化建设示范基地，行业影响力进一步提升。

首钢矿业公司树立强烈的人才观，实施人才提素工程，着力建设结构合理、素质优良的三支人才队伍。近年来，1 名职工入选国家级百千万人才工程，4 名职工被评为全国冶金建设行业高级专家，34 名职工被评为全国和钢铁矿山行业技术能手，1 名职工被评为全国百姓学习之星，6 名职工被评为首都市民学习之星，11 名职工被评为全国机械冶金建材行业工匠、唐山工匠、首钢工匠。

近年来，首钢矿业公司不断改善职工人居环境，对家属区楼体和道路、矿区公园、体育馆、活动中心等进行修缮，提高职工家属生活环境和质量。自主开发“首矿之家”服务职工 APP，建成职工心灵驿站，制定推进提升职工生活品质三年建设规划，让职工体会到“家”的温暖。

“千磨万击还坚劲，任尔东西南北风。”2015 年以来，面对严峻市场形势，首钢矿业公司积极适应新常态，破除惯性思维，坚持深化改革，围绕转型提效、产业协同、深化改革打出组合拳，历经艰辛努力，实现逆境突围，赢得发展主动权，迈上高质量发展新征程。

六、尾声

党的二十大胜利召开，开启了全面建设社会主义现代化国家新征程。“十四五”期间，首钢矿业公司确立了打造“具有较强市场竞争力和行业示范引领作用的百年绿色矿山企业”发展定位，明确了实现高质量发展清晰路线图。

征途漫漫，惟有奋斗。“开发矿业”，始终是首钢矿山人肩上的光荣使命和心底的朴素情怀。“艰苦奋斗、严格管理，自强不息、服务大局”，始终是首钢矿山人永远不变的精神信仰，也是不断迈向新征程的前行动力。

第六节　攀钢集团矿业有限公司

一、基本概况

攀钢集团矿业有限公司（简称“攀钢矿业”）始建于 20 世纪 60 年代中期的三线建设。1973 年 5 月 1 日，冶金工业部决定成立攀枝花冶金矿山公司。1993 年 6 月并入攀钢（集团）公司，1994 年更名为攀钢集团矿业公司。2008 年 4 月，改制为攀钢集团矿业有限公司。2014 年 10 月，攀钢矿业与鞍钢集团矿业公司及卡拉拉铁矿整合，组建鞍钢矿业集团。2016 年 3 月，攀钢矿业管理关系由鞍钢矿业集团划归攀钢集团有限公司（简称“攀钢”），主要经营范围为：选矿，矿物洗选加工，常用有色金属冶炼，技术服务、技术开发、技术咨询、技术交流、技术转让、技术推广，建筑用石加工，有色金属合金销售，有色金属铸造，金属矿石销售，非金属矿及制品销售，再生资源销售，土地使用权租赁，矿产资源（非煤矿山）开采，道路货物运输（不含危险货物），危险废物经营，矿产资源勘查。

作为攀钢高炉冶炼的主要原料供应基地，攀钢矿业拥有钒钛磁铁矿、白云石矿等矿山。截至2024年底，境界内可采资源量约9.35亿吨。其中，攀枝花矿区6.67亿吨（露天1.56亿吨、地下5.21亿吨）、白马矿区2.58亿吨，主要生产钒钛磁铁矿（铁精矿）、钛铁矿（钛精矿）、硫钴精矿、冶金辅料矿（石灰石粉、生石灰粉、高镁石灰粉）等矿产品。经过四十余年的发展，已形成年产铁精矿1350万~1400万吨（品位54%~57%）、钛精矿180万~190万吨（品位≥47%）、冶金辅料矿约65万吨的实际生产能力。铁精矿产量位居全国前三，钛精矿产量持续保持全国第一。2024年公司实现营业收入111.62亿元，报表利润25.45亿元，经营质效稳步提升。

攀钢矿业现内设8个职能部室、5个分公司、2个子公司和2个直属单位，在岗职工4537人。

二、发展历程

（一）重大研发

（1）狮子山万吨大爆破技术。1971年，采用三层秒差式定向爆破，装炸药10162.2 t，充填巷道3591.3 m，爆破总量达1140万立方米，是迄今为止我国矿山建设史上最大的一次爆破。

（2）平硐溜井开拓运输技术。攀枝花矿区的兰家火山和尖包包采场运用了平硐溜井开拓运输技术，并从常规的山坡露天扩大到深凹露天开采，开启了攀西资源利用的新纪元。

（3）陡坡铁路运输技术。2002年攀枝花矿区朱家包包铁矿40‰~45‰陡坡铁路运输技术试验成功，极大地缩短铁路展线，为国内露天矿铁路的继续使用起到了促进作用。

（4）采场破碎—胶带运输技术。2011年适时对朱兰采场中深部开拓运输系统升级改造，采用“采场破碎—胶带运输技术”替代了平硐溜井开拓运输技术、铁路开拓运输技术，实现了矿山运输技术自动控制水平升级。

（5）露天转地下开采技术。目前攀西地区钒钛磁铁矿床开采采用露天转地下开采技术的只有攀枝花铁矿尖山采场，在露天转地下开采实施及生产过程中攻克了露天转地下覆盖岩层形成技术、边坡破坏模式及危害性技术等一系列难题，为下一步攀西深部资源低成本高效开采积累了成功的经验。

（6）一段磨矿选铁技术。1970年建成攀西第一条钒钛磁铁矿选铁生产线，开始生产TFe品位51.5%的钒钛铁精矿、产量达430万吨/年，实现了攀西钒钛磁铁矿从呆矿到资源的历史性突破。

（7）两段阶磨阶选选铁技术。2004年，在多项单体试验成功的基础上，集成创新、自主开发形成了两段阶磨阶选选铁技术，钒钛铁精矿TFe品位从51.5%提高到54%，TiO_2控制在13%以内，产量由430万吨/年提高到500万吨/年。

（8）三段阶磨阶选选铁技术。2021 年，研发形成了三段阶磨阶选选铁技术，应用该技术，攀枝花钒钛铁精矿 TFe 品位从 54%提高到 55.5%、白马钒钛铁精矿品位从 55.5%提高到 57%以上。

（9）表外矿资源综合利用技术。2013 年，采用“破碎+大块抛尾”工艺回收利用攀枝花铁矿 TFe 品位 15%~20%的表外矿，年处理 TFe 品位 17.5%的表外矿 800 万吨以上、生产 TFe 品位 20%的规格矿 500 万吨以上，实现了表外矿资源的充分利用。

（10）铁精矿管道输送技术。2012 年，攀钢采用美国管道公司的长距离输送技术将白马矿区钒钛铁精矿输送到 97 km 外的西昌二基地。采用长距离管道输送技术将攀枝花矿区粒度-200 目含量约 60%的粗颗粒钒钛铁精矿输送至攀钢冶炼厂，实现了钒钛铁精矿的低成本环保输送。

（11）重选-电选选钛技术。以攀钢为主导，先后开展了多种选钛试验研究，形成了重选-电选选钛技术，1980 年建成国内首条 5 万吨/年岩矿型钛精矿生产线，填补从原生钒钛磁铁矿回收钛铁矿的产业空白，实现尾矿变废为宝的历史性突破。

（12）微细粒级（-0.074 mm）选钛技术。1997 年，攀钢突破微细粒级（-0.074 mm）选钛难题，形成了微细粒级钛铁矿强磁-浮选选钛技术，并分别于 2000 年、2003 年先后建成前、后 8 系列微细粒级选钛生产线，回收攀钢选矿厂前、后 8 系列选铁尾矿中的细粒钛铁矿。

（13）全粒级强磁-浮选选钛技术。2008 年，全面推广应用两段强磁-浮选选钛技术，攀钢钛精矿产能达到 50 万吨/年；2013 年，采用“两段强磁+擦磨+浮选”选钛技术建成难回收钛铁矿高效选钛生产线，实现全尾矿深度回收利用，攀钢钛精矿产量达到 80 万吨/年，钛铁矿相对选铁尾矿的回收率由 20%提高到 51%以上。

（14）橄辉岩型极低品位钛铁矿选钛技术。2015 年，攀钢白马矿区采用自主研发的“两段强磁+重选+浮选”选钛技术建成年产 17.25 万吨钛精矿的选钛生产线，成功回收了橄辉岩型极低品位钛铁矿，实现了白马矿区钛资源回收零的突破。

（15）超细粒级钛铁矿高效选钛技术。攀钢联合多家科研院所经过十年攻关，研发形成了超细粒级钛铁矿高效选钛技术。2022 年建成年产 8 万吨超细粒级钛精矿的选钛生产线，首次实现了国内超细粒级钛铁矿的产业化回收。

（16）硫钴精矿硫、钴分离技术。攀钢联合多家科研单位，经过多年攻关，研发形成了硫钴精矿硫、钴分离技术。2023 年，建成年处理量 3 万吨硫钴精矿的硫、钴分离生产线，首次实现了国内钒钛磁铁矿中钴、镍等伴生元素的综合利用。

（二）重大技改扩建工程

（1）白马铁矿一期工程于 2006 年 12 月完成热负荷试车，生产出高品位铁精矿。

（2）选钛厂扩能改造工程于 2009 年 9 月建成并投入生产运行。

（3）白马铁矿二期工程于 2011 年 9 月完成热负荷试车并投入生产运行。

（4）尖山采场露天转地下开采工程中挂帮矿体工程于 2011 年 6 月 30 日建成，于 2015

年5月起暂停实施其余工程内容。

（5）白马铁矿精矿管道输送工程于2012年3月建成并投入生产运行。

（6）密地选厂全尾矿深度回收利用工程于2013年9月建成并投入生产运行。

（7）密地选矿厂铁精矿管道输送系统工程于2015年8月建成并投入生产运行。

（8）密地选矿厂工艺设备升级改造于2016年4月建成并投入生产运行。

（9）白马铁矿选钛工程于2016年12月建成并投入生产运行。

（10）朱兰开拓运输系统改造工程于2017年9月建成并投入生产运行。

（11）马家田尾矿库接替库一期工程于2020年12月建成并投入生产运行。

（12）白马铁矿及坪采场物流优化工程于2021年12月建成并投入生产运行。

（13）白马铁矿田家村2号矿石破碎站及胶带系统于2022年10月建成并投入生产运行。

（14）兴茂公司超细粒级钛铁矿高效回收示范线建设工程于2022年11月建成并投入生产运行。

（15）新白马公司铁精矿提质改造工程于2022年12月建成投入生产运行。

（16）新白马公司Ⅰ号排土场废石胶带延伸及排土工艺优化项目一期工程于2023年2月建成投入生产运行。

（17）密地选矿厂提质改造工程于2023年2月建成投入生产运行。

（18）攀枝花铁矿铁路排土场资源综合利用项目于2023年6月建成投入生产运行。

（19）马家田尾矿库接替库——中沟湾尾矿库工程于2023年12月完成热负荷试车，2024年3月投入生产运行。

（20）白马铁矿田家村2号废石破碎站及胶带系统项目2024年4月建成投入生产运行。

（21）朱矿排土场排洪系统完善工程于2024年12月建成投入生产运行。

（三）安全环保技术发展

1. 安全方面

坚决贯彻落实习近平总书记关于安全生产的重要论述，始终坚守安全红线，围绕公司“二三三”工作主线，公司、分子公司两级党委中心组坚持开展专题学习，落实“第一议题”制度，树牢“人民至上、生命至上”安全发展理念，强化安全生产主体责任落实。

形成体制机制健全、管控有效的安全管理体系。建立了16+7安全管理制度体系，在安全生产标准化体系的基础上推行“五位一体”基层自主安全管理，确保了最小工作单元安全受控。按照“党政同责、一岗双责”和“三管三必须”要求，建立全员安全生产责任制。按照“一厂多点，一点多源，一源多险，一险多控，失控为患”的原则动态开展风险辨识，全公司550个风险点均落实了分级管控措施。

高度重视“三个矿山”建设，全面建立了尾矿库在线监测系统、高陡边坡GNSS+雷达在线监测系统、地采“六大系统”等安全监测监控技术；投入1.69亿元，拟实施20个“四化”项目，力争“十四五”末，实现资源与开采环境数字化、技术装备智能化、生产管控可视化、管理与决策科学化。

攀钢矿业现有国家注册安全工程师72人，其中40人在安全管理岗位。拥有非煤矿山安全生产专家国家级3人、省级18人、市级27人。

2. 环保方面

通过环保信息化平台的使用，完善环境预警监测体系，第一时间上传原始数据，保证数据的历史可溯性、查询的便捷性、成效的延续性，最大限度发挥出了数据在环保管理中的作用。

积极实施朱兰采场排土场面源扬尘治理、选矿噪声治理等环境保护治理项目171个，有效改善了区域环境质量。

按照“边开采、边治理、边恢复”的要求，加大矿山生态恢复投入，生态环境工作硕果累累。截至2024年，共投入资金4.25亿元，实施矿山生态环境恢复面积14000余亩，矿区绿化率达41%；全面完成石灰石矿退出苏保区以及生态修复2592亩；实施马家田尾矿库闭库工程建设，实施“阿署达花海”项目，打造市民公园、网红山谷。

（四）数字矿山与智能矿山发展

近年来，攀钢矿业贯彻落实“数字鞍钢”“数字矿山”战略，制定了“十四五”智慧矿山建设规划、数字化转型顶层规划，先后分批立项建设60多个项目，总计投入超过3亿元。其中已建设并投运的主要有5G远程智能采矿、能源智能管控系统、数字化设备管理系统、财务一级核算系统、集中值守质计量管理系统、朱兰铁矿数字化产线、密地选矿及选钛MES系统、密地选矿厂磨选工序智能控制系统改造等项目，运行效果良好，优化人力资源超过300人，年创效5000余万元，改善了职工工作环境，极大提升了公司整体自动化和生产经营管控信息化水平，智能制造成熟度从0级提升到2级。尤其是5G远程采矿智能技术研究成功并推广应用，开创国内外冶金矿山智能采矿先河，驱动采矿作业模式由离散作业向连续作业转变、采矿装备单机自动化应用向车、铲、钻全流程远程协同作业转变，为冶金露天矿山全流程智能采矿提供解决方案和借鉴，发挥行业示范引领作用。

三、企业改革与企业文化建设

（一）企业改革

2015—2019年，先根据国家“三去一降一补”政策，大力推进人力资源优化，后开展“四定”工作，重新定机构、定职责、定岗位、定人员，实现扁平化管理。处级机构编制从30个减少至21个，优化率30%；科级机构编制从198个减少至134个，优化率32%；在岗职工人数由10069人减少至6132人，人均实物劳动生产率从1224吨/(人·年)

提升到 2275 吨/(人·年)，提升 85%。

2020—2024 年，持续开展三项制度改革、深化改革提升行动、创世界一流活动，全力推进检修、机械制造、物流、公务车等业务专业化整合，进一步精简机构，优化人员，提升效率。处级机构编制从 21 个减少至 17 个，优化率 19%；科级机构编制从 134 个减少至 106 个，优化率 21%；在岗职工总人数减少至 4537 人，人均实物劳动生产率提升到 3564 吨/(人·年)，提升 57%。

（二）企业文化建设

攀钢矿业是一家集采矿、选矿一体化的大型矿山企业，秉承“采集天厚之宝，磨选矿业精英”的核心价值观，充分发挥企业文化在矿业生产经营和改革发展稳定各项工作中的导向、凝聚、激励、约束、协调等功能，将文化优势转变为竞争优势和发展优势，先后培养出全国劳模 3 人，省劳模 16 人，市劳模 22 人。

2021 年，攀钢矿业利用攀枝花城市开发建设原点旁的旧楼（原兰尖铁矿食堂），改造建成了学习教育红色阵地——攀枝花原点博物馆（攀钢矿业展厅），室内面积 300 多平方米，分为序厅、历史厅、工艺厅和发展厅 4 个展区，展现了当年建设者的三线故事。先后接待省市、社区、兄弟单位等参观 500 余场，参观人员 8800 余人。

攀钢矿业曾荣获全国思想政治工作优秀企业、全国企业文化建设先进单位、首届全国矿产资源合理开发利用先进矿山企业、全国冶金矿山“十佳厂矿”、四川省创先争优活动先进基层党组织、四川省企业文化先进单位、全国冶金绿化先进单位、钒钛磁铁矿资源综合利用示范基地、四川省名牌产品称号——攀枝花牌钛精矿等荣誉称号，企业软实力不断提升，为企业发展提供了强大的文化支撑和不竭的精神动力。

四、企业未来发展规划

高举习近平新时代中国特色社会主义思想伟大旗帜，深入贯彻落实党的二十大和二十届二中、三中全会精神，认真落实鞍钢集团第三次党员代表大会精神，按照新攀钢高质量发展部署，大力培育和发展新质生产力，坚定不移做强做优做大矿产资源产业，增强核心功能，提升核心竞争力，加快建设国内一流钒钛磁铁矿资源开发企业。

（一）远景规划目标

到 2035 年，建设成为行业话语权和竞争力更强的国内一流钒钛磁铁矿资源开发企业。

（二）五年规划目标

到 2030 年，铁精矿稳产 1300 万吨、钛精矿 170 万吨，核心功能、核心竞争力显著增强和提升，基本建成国内一流钒钛磁铁矿资源开发企业，职工的获得感幸福感安全感显著提升。

第七节 太原钢铁（集团）有限公司矿业分公司

太钢矿业分公司成立于1994年8月18日，是太钢集团重要的冶金原辅料生产基地，主要从事矿石的采掘与加工、地质勘查、金属复合材料及冶金熔剂生产等业务，产品主要包括铁精矿粉、氧化球团矿、冶金白灰、轻烧白云石、复合板、冶金粉剂等，现有3座铁矿山和3座辅料矿山，3座铁矿山分别为袁家村铁矿、尖山铁矿、峨口铁矿。公司合计铁矿石保有量12.5亿吨，潜在后备资源8亿吨。公司拥有国内先进的特大型铁矿山工艺装备和国际领先的微细粒铁矿选矿技术，经过多轮技术改造，实现了太钢本部铁矿石百分之百自给。目前，具备年产铁精矿粉1300万吨、球团矿700万吨、冶金白灰200万吨的生产能力。

一、袁家村铁矿

（一）基本概况

袁家村铁矿位于山西省吕梁市岚县梁家庄乡袁家村，是目前亚洲规模最大、工艺技术装备最先进的微细粒红磁混合采选球联合冶金铁矿山。袁家村铁矿矿床规模巨大、储量集中、构造和水文地质条件简单、剥采比小，适合露天开采，但矿石粒度微细，矿石类型复杂，曾为全国著名的呆滞矿，长年处于研究阶段，一直未能规模开采。袁家村铁矿项目于2006年立项并获得国家项目支持，2007年12月通过了专家可行性研究论证，2008年7月开工奠基，2010年8月全面开工建设，2012年8月开始负荷试车，当年年底全系列全流程投入试生产。袁家村铁矿是国内第一个一次建成的2000万吨级红磁混合采选联合矿山，该项目创造了国内规模最大、装备最先进、建设速度最快、提产效果最佳的工程业绩。袁家村铁矿设计年采剥总量8580万吨（2019年优化调整1.05亿吨），选矿年处理量2200万吨，年产铁精矿粉741.8万吨，铁精矿品位达到TFe 65%以上，矿山服务年限40年，稳产期34年；设计年产200万吨球团，设计铁路运力为1000万吨/年，经营模式采用核心业务和重要生产环节自营、非核心业务和辅助业务外包。

（二）生产工艺和技术创新

采矿系统采用露天开采、汽车一半移动破碎—胶带开拓运输工艺；选矿系统由三个系列组成，采用大型半自磨—两段连续磨矿—弱磁—强磁—反浮选流程；球团系统采用链箅机—回转窑—环冷机氧化球团生产线工艺。

技术创新方面，一次建成处理2200万吨/年铁矿石的铁矿选矿厂，同时最终磨矿产品粒度达到P80为28 μm，在国内尚属首次。太钢从企业发展和国家资源利用出发，以产、学、研联合的方式，通过对微细粒选矿综合技术进行系统研究，开发具有国际先进水平的适合微细粒红（磁）铁矿选矿的一整套技术，提高铁金属资源利用率和铁原料质量，降低选矿加工成本，满足大型高炉生产的需要，实现价值最大化，为我国冶金矿山系统选矿技术应用水平的提高起到重要推动作用。目前袁家村铁矿拥有省部级以上技术 8 项，其中“超大规模微细粒复杂难选红磁混合铁矿选矿技术开发及工业化应用”获得国家科学技术进步奖二等奖 1 项，公司级技术成果 4 项，获得授权专利 37 项，受理暂未授权专利 13 项（其中发明专利占比 50%）。

（三）设备革新和装备水平

矿石开拓采用目前先进的汽车—半移动破碎站—胶带系统，其中矿石破碎系统能力为 2200 万吨/年，现有克虏伯产半移动破碎站 KB63-89 型旋回破碎机 1 台及美卓矿机产 60-110E 型旋回破碎机 1 台，其最大给料粒度 1400 mm，排料粒度 250～0 mm（其中 $P_{80} \leqslant$ 150 mm），最大处理量 4500 t/h；岩石胶带排岩系统采用目前先进的汽车—半移动破碎站—胶带系统—排土机系统，两条系统能力分别为 3500 万吨/年，破岩系统现有美卓矿机产 60-110E 型旋回破碎机 2 台，主胶带为钢芯胶带，运输能力为 8500 t/h，带宽 1.8 m，带速 5.027 m/s；VSP1800/50+50 排土机 2 台，处理量不小于 9000 t/h。

选矿采用美卓矿机产 3 台 ϕ10.37 m×5.49 m 半自磨机，单台给矿量 926 t/h；中信重工产 3 台 ϕ7.32 m×12.5 m 和 3 台 ϕ7.32 m×11.28 m 溢流型球磨机，配套美卓矿机产 6 台 LH3073 双层振动筛、6 台伟尔沃曼产 MCR550 型渣浆泵；将半自磨产品粒度为 12.7～0 mm 的矿浆输送到分级设备克莱布斯产旋流器。

弱磁选机最大规格为新研制并经过鉴定的 CTB1540 永磁筒式磁选机，该机干矿处理能力最大 200 t/h，处理矿浆量最大 530 m^3/h。SLon-2000 立环脉动高梯度磁选机，该机处理干矿量能力为 50～80 t/(h·台)，铁金属处理量约为 10.5 t/(h·台)，处理矿浆量的能力为 150 m^3/(h·台)。浓缩设备选用艾法史密斯产的 ϕ65 m 高效浓密机 10 台及 ϕ70 m 的高效浓密机 1 台。过滤设备选用美卓矿机产 VPA2050-50 型卧式压滤机 9 台。

自主开发了一套适用于单系列年处理铁矿 700 万～800 万吨级高效的、可靠的 SAB 碎磨流程及装备集成，以及与之配套的辅助设施的选择，完全拥有自主知识产权，碎磨流程的选择突破了三段一闭路破碎筛分+三段球磨的传统模式，对同行业、同规模矿山的碎磨流程建设方案起到借鉴作用。

（四）智慧矿山建设

袁家村铁矿建立统一的智能矿山管控体系，以“提升公司人事效率、提高企业生产效益、降低工人劳动强度、杜绝安全生产隐患”为目标，推进智能矿山建设。

建设集数据采集、分析、处理和决策于一体的袁家村铁矿智慧控制中心，通过信息新技术赋能，将矿山生产计划、运营等信息与安全装备、智能监控、智能卡调等系统相融合，通过实时数据采集、传输和分析，实现对矿山生产、安全、环保等各个环节的全面感知、智能分析和精准控制，实现矿山生产过程集成化、管理智能化和运营智慧化。

在建设初期磨矿回路引进美国先进的控制系统，实行了矿山数据优化控制策略。为提升浮选精准控制的效率，引入艾法史密斯专家系统，建立适合袁家村铁矿矿石性质多变的自适应自学习系统。为克服品位在线分析检测不准的缺点，X 荧光分析仪已按标准投入使用，可满足准确检测并将相关数据传送至浮选及采矿智控中心完成精准配矿。

通过大力推广无人驾驶系统应用，同时结合矿车智能调度系统，提高矿山运输系统自动化、智能化水平，减少了现场作业人员，减轻了劳动强度，降低了事故发生概率。为了避免矿山传统爆破作业中拒爆、飞石及塌方等事故，应用数字模拟技术优化爆破设计。无人机生成可视化三维模型，开展爆破过程模拟，优化爆破方案。

为提升巡检效率和准确性，在四个 110 kV 变电站、矿岩胶带输送机、尾矿坝等重点区域建设全域机器人智能巡检系统，点检人员可在远程通过机器人回传的音视频信息快速识别风险隐患。通过大范围应用巡检机器人，有效减少了巡检人员的工作负荷，降低了危险环境下人员作业风险，提高了设备运行可靠性。

利用先进的传感器技术、图像识别技术和数据分析算法，构建矿山安全监测预警模型。在采场重点区域应用智能全景 AR 鹰眼监视器，实现全天候监控。投用全景式边坡监控雷达，采用合成孔径成像技术将边坡监测由点、线扩展至面、体，对边坡表面位移、爆破振动等实时监测，实现风险智能监测预警。

通过识别与感知、工业机器人等智能装备的应用，提升自动化、信息化、智能化能力；无人值守自动称重系统自动采集稳定重量，后台记录计量信息，整个过磅环节全部智能化信息化；球团储运区域使用的四台臂式斗轮堆取料机全部实现在智能管控中心进行远程操控，从根本上解决了单班作业时间长及劳动强度较大问题；林地防火监测预警系统实现以尾矿坝位端为圆心，覆盖尾矿区域 3 km 半径的近 20 km^2 的区域山区森林火灾监测预警。

深入开展产学研联合科技攻关，加大科技成果转化，聚焦智能安全管控技术研发，进一步完善数据协同管控平台，深化数据分析应用，打造现代化智能矿山。

（五）绿色矿山建设

袁家村铁矿认真贯彻习近平生态文明思想，高度重视生态文明建设，认真落实中国宝武“两于一入”（高于标准、优于城市、融入城市）环保要求，围绕“三治四化”目标（三治，即固废不出厂、废水零排放、废气超低排；四化，即洁化、绿化、美化、文化），加快建设“三不一合格”（即看不见污染、听不见噪声、闻不见异味、排放浓度和总量双合格）卓越环保新工厂，推动环保绩效由优秀迈向卓越。大力开展植树增绿行动，扩大矿区绿化面积，力争向园林景观生态工程过渡，着力构建“一矿一景一生态”格局，确保绿色发展指数领先。

按照相关法律法规、行业最新标准规范的要求，通过开展微细粒选矿三级水处理（浓缩—溢流澄清—超滤）、雨污分流分质处理分质利用等措施达到了废水零排放（“废水极致利用打造世界一流采选烧联合矿山企业”的技术成果被列入中国钢铁工业协会 2022 年优秀环保技术案例）；通过“三同时”建设脱硫脱硝项目，使有组织污染物达到超低排放；通过建设密闭料仓（配置洒水、遮盖和喷洒措施）、洗车房、配备足量洒水车辆及雾炮车，使得无组织污染物管控到位。通过 ISO 14000 环境管理体系审核强化了日常环保管控，形成了环保职责落实到岗位的精细化生产管理。

通过一系列行之有效的措施，袁家村铁矿各项环保工作取得长足进步，2020 年纳入中华人民共和国自然资源部绿色矿山名录，成为吕梁市第一家通过验收的钢铁企业超低排放改造企业，2021 年通过山西省绩效分级 A 级企业评定。袁家村铁矿在向宝武第一、行业第一的路上披荆斩棘，努力建设成为绿色、美丽的现代化采选烧联合矿山企业。

（六）安全发展

强化高风险区域的安全管控。根据空区跨度大小、赋存深度等条件利用超前钻、超深钻进行勘查，同时结合物探手段完善采空区勘查体系。针对采场采空区多、形态复杂、空区资料掌握程度低的特点，与长沙矿山研究院合作开展了采空区顶板安全厚度、全充水空区声呐探测技术研究，同时针对采空区的多样性与东北大学继续实施跨孔地震 CT 法、三维地震等物探试验，加快技术应用进度，提高物探勘查异常率，为综合勘查提供更加丰富的探测手段。实施采空区、危险区远控遥控无人化铲装，确保采空区铲装本质化人员安全。

在尾矿坝坝体的安全稳定性方面，与中科院武汉岩土力学研究所合作开展了尾矿坝稳定性评估及尾矿坝渗流与静动力稳定性研究工作，采用采场废石筑坝，创新性地解决了微细粒尾矿安全、经济堆存的行业难题。

在采场边坡的安全稳定性分析方面，与中科院武汉岩土力学研究所合作，开展了边坡稳定性研究及优化设计工作，按照不同工程地质条件进行了边坡分区，对不同分区的边坡角进行了优化，优化调整后的整体边坡稳定性可以保证袁家村铁矿的安全生产。

在尾矿库安全管控方面，按照国家矿山局、山西省应急管理厅《防范化解尾矿库安全风险重点工作》安排，完成了《袁家村铁矿白化宇尾矿库“一库一策”安全风险管控方案》，并严格落实各项安全管控措施。严格按照设计要求排尾和筑坝，坚持每月对尾矿坝进行人工测量，并与在线监测数据进行对比分析，严格执行尾矿库安全检查制度，发现问题及时组织处理，尾矿库实现了安全、稳定运行，确保重大危险源点安全受控。

创建标准化企业。2020 年，露天矿山、选矿、尾矿通过山西省应急管理厅二级标准化企业验收，烧结球团通过了山西省厅“二级安全生产标准化”企业复评。

（七）主要发展成就

规模效益引领行业。2021 年自产铁精矿粉 807.62 万吨，行业排名第一；球团矿产量 252.66 万吨，行业排名第四。

智慧化水平引领行业。2021 年以来采矿系统、选矿系统、球团系统、能源动力系统、热电系统陆续完成集控整合，实现了一厂一集控，改善了职工工作环境，降低了职工劳动强度；2022 年 7 月袁家村铁矿智控中心建成投用，实现全矿可集控，集中化指数达到 97.5%，无人化指数达到 60.53%。

环保管控引领行业，全部达到超低排放要求。2021 年取得重污染天气绩效分级管控 A 级企业。

绿色可持续发展引领行业。2016 年被山西省自然资源厅评为矿产资源节约集约与综合利用优秀矿山。2019 年被中华人民共和国科学技术部认定为国家高新技术企业，2022 年再次成功认定为高新技术企业。2020 年纳入全国绿色矿山名录，在 2020 年绿色矿山年会被授予绿色矿山突出贡献奖。

科技、管理创新引领行业。“微细粒复杂难选红磁混合铁矿选矿技术开发及 2200 万吨/年选矿装备集成”项目获得 2014 年冶金科学技术特等奖、2015 年山西省科学技术进步奖一等奖；“微细粒铁矿全寿命废石筑尾矿（库）坝关键技术研究与应用”获得 2015 年冶金科学技术奖三等奖；2016 年“露天铁矿大型群布叠层采空区安全探测与处理技术开发及应用”《复杂成因难焙烧赤铁矿链篦机-回转窑氧化球团制备关键技术及应用》获冶金科学技术奖三等奖；2017 年被中国冶金矿山企业协会评为“第六届十佳矿山”；2017 年《超大规模微细粒复杂难选红磁混合铁矿选矿技术开发及工业应用》获国家科学技术奖二等奖；《特大型铁矿选矿工艺自动化关键技术开发与应用》项目获得 2016 年山西省科学技术进步奖二等奖；2019 年《赤-镜铁矿粉氧化球团链篦机回转窑法制备关键技术及应用》项目获得山西省科学技术进步奖二等奖；2021 年《-19 μm 粒级铁矿选矿高效综合技术开发与应用》获冶金科学技术奖三等奖；《千万吨级铁精矿粉、球团发运质量控制及铁路快速装车系统集成创新和实践》项目获得 2016 年冶金矿山管理创新成果三等奖；2021 年《新发展理念下大型现代化露天矿山绿色发展体系的构建和实施》获得冶金矿山管理创新成果二等奖；2022 年《基于智能装备及信息融合实现智慧安全性露天采矿》获冶金矿山企业管理现代化创新成果二等奖、《以极致效益为导向建设联动、精细、协同的新时代矿山》获冶金矿山企业管理现代化创新成果三等奖。

二、尖山铁矿

（一）基本概况

尖山铁矿位于山西省太原市西北 115 km 的娄烦县境内，是国家“八五”重点建设项目。1992 年 4 月 16 日建矿，1997 年 7 月全面建成投产，属于采、选、运联合大型露天矿山企业。原矿石储量 1.58 亿吨，平均品位 TFe 34.45%，精矿品位 66%，原设计产能 161 万吨/年，矿山服务年限 40 年。

2004 年尖山铁矿与尖东资源第一次整合，累计探明并取得矿权的矿石储量增加至 2.31 亿吨。与此同时，实施大规模改扩建，采矿主体设备按千万吨级特大型矿山规模进行改造更新。2005 年 9 月建成第二条精矿管道，总输送能力达到 470 万吨。2006 年选矿扩建工程完工。平峒、破碎系统实施了提速扩能改造，磨选先后建成六个系列，精矿产能增加到 314 万吨/年，是太钢不可或缺的重要原料生产基地。

2011 年尖山铁矿获得山西省批准，启动与尖东资源第二次资源整合，2017 年全部整合完成，累计探明并取得矿权的矿石储量增加至 3.45 亿吨。2012 年完成胶带排岩系统建设，排岩能力达到2700万吨，完成精选J系列半自磨改造。2014年3月尖东井巷工程全面投入运行，经过几次大的工艺技术改造和装备升级，精矿生产能力全面提升。为了适应国家绿色发展要求，2018年底开工建设国内最大最先进全自动淘洗全磁流程改造工程，2020年建成，为矿山可持续发展奠定了坚实基础。

截至2022年底，尖山铁矿已经采剥铁矿石资源1.867亿吨，占总资源的54%，即将进入露地协同开采新发展阶段，形成了年产铁矿石1000万吨、精矿粉300万吨以上的生产能力，是太钢优质稳定的铁原料生产基地。为了进一步扩大资源保有量，提升矿山综合竞争力，尖山铁矿紧紧抓住“基石计划”的有利契机，加快推进狐姑山资源项目开发，届时，尖山铁矿将形成年产铁矿石1350万吨、精矿粉490万吨的生产能力。

建矿至今，尖山铁矿先后四次荣获全国冶金矿山“十佳厂矿”，2020年获得“国家级绿色矿山”企业，先后荣获“中国企业文化优秀单位”“改革开放40年中先进企业文化单位”“山西省优秀企业”“山西省社会主义核心价值观示范点”“山西省精神文明单位”等殊荣。

（二）生产工艺和技术创新

尖山铁矿坐落在世界上最大的黄土沉积区——黄土高原上，表面覆盖有0~135 m不等的湿陷性黄土和粉质黏土，粉土及粉质黏土盖层下赋存大量的强风化岩体，埋深5~162 m不等。地势北高南低，山梁沟谷相间排列呈东西向延伸，西部、北部山脊基岩裸露，坡陡谷深，南北西侧尤其是东部，广泛覆盖厚层黄土，坡缓谷宽，属中年期变质岩剥蚀地貌，地形切割较为严重。受黄土覆盖层、厚大强风化岩土及断层等多种复杂地质因素的综合作用，进行大规模露天开采、建设大规模排土场均存在设计及日常管控的复杂性，导致边坡病害突出，土场滑坡风险较高。

尖山铁矿采用采、选、运连续生产工艺。

采矿工艺。采用露天开采方式，主要工艺由穿孔、爆破、铲装、运输、排岩组成。采场按照“自上向下，分层开采，采剥并举，剥离先行”的原则进行开采，排土场采用自下而上、由外向里分阶段后退式覆盖排土工艺。尖山铁矿根据矿山规模和开采范围的变化分为以下三个生产阶段。

生产规模400万吨/年阶段（1994—2007年）。开采48~72 m地质勘探线间的矿体，矿区面积0.8672 km^2，生产规模为400万吨/年。1994年建成投产，采用露天开采，矿石采用汽车—溜井—破碎—平硐胶带机运输方式，岩石采用汽车直排至北排土场和南排土场。

生产规模700万吨/年（2007—2017年）。开采48~84 m地质勘探线间的矿体，矿区面积1.7799 km^2，生产规模为700万吨/年。其中，原尖山铁矿400万吨/年生产规模不变，露天采场内东部增加300万吨/年尖东资源的铁矿。原尖山铁矿资源和原尖东铁矿资源合并为尖山铁矿。矿石运输采用汽车—溜井—破碎—斜井胶带联合运输方式，岩石采用汽车—半移动破碎—胶带运输和汽车直排两种运输方式排至南排土场。

生产规模1000万吨/年（2017年至今）。开采48 m以东地质勘探线区内的矿体，矿区面积 7.40 km^2。由尖山铁矿和山西省娄烦县尖山东铁矿补充勘探（延续）项目进行开发整合，2017 年 3 月 10 日，山西省国土厅颁发采矿许可证（C1400002012112120128155），露天开采，生产规模 1000 万吨/年，开采深度 1824～927 m 标高。矿石运输采用汽车—溜井—破碎—斜井胶带联合运输方式，岩石采用汽车—半移动破碎—胶带运输和汽车直排两种运输方式排至南排土场。

选矿工艺。尖山铁矿选矿厂初始设计的选矿规模为 400 万吨/年，分为 L、M、N 系列，年产精矿 161 万吨，精矿品位 66%。2000 年 10 月，选矿厂扩增 X 系列，设计的原矿规模达到 560 万吨/年，精矿量达到 200 万吨/年，精矿品位 66%。2002 年，选矿厂对 4 个系列进行了提铁降硅改造工程，对原 4 个系列的铁精矿增设反浮选，新建一套磁选精矿阴离子反浮选工艺，精矿品位达到 69%以上、SiO_2 含量小于 4%。2006 年，尖山选矿厂新建 Y、Z 系列，采用磁重选工艺达到提铁降硅的目的，2 个系列设计的原矿规模为 340 万吨/年，精矿量达到 120 万吨/年，精矿品位 66%。2018 年，选矿厂完成全磁流程工艺改造，用磁重选—中矿再磨工艺替代反浮选工艺，2020 年建成投用，年节约成本 1200 万元。

目前，尖山选矿厂有 L、M、N、X、Y、Z 等 6 个系列，设计规模为 900 万吨/年，铁精矿产量 314 万吨/年左右。现有的选矿工艺采用三段一闭路（包括中碎后干选）破碎—三段闭路磨矿—四次磁选—磁重选—中矿再磨再选流程，四磁精矿经过淘洗机（磁重选）选别后获得淘洗精矿，淘洗中矿经再磨再选后获得品位为 60%的铁精矿，以上两种精矿混合后形成最终产品（TFe 品位 67.2%～67.8%，SiO_2 含量 5.5%～6.5%，根据客户需求调整），以 66%～68%浓度通过 102.3 km 管道输送至过滤工序，过滤脱水后皮带输送至太钢厂区，矿粉全程不落地，节能环保。尾矿经浓缩后，以 45%左右的浓度输送至尾矿库，尾矿库采用上游式筑坝。

管输工艺由主泵站制浆加压、长距离管道输送、后处理脱水三部分组成。“亚洲第一条”的长距离精矿输送管道于 1997 年建成投用，全长 102.3 km，实现了矿石从进入溜井到精矿产出全程不落地；2005 年尖山铁矿自主设计建成了第二条精矿输送管道，该工艺可有效杜绝矿粉在运输、装卸、存储、生产过程的扬尘污染，具有无污染、无损耗、无流洒、效率高、成本低的节能环保优势。

技术创新方面，尖山铁矿持续推进企业技术创新和技术进步，努力向技术要效率、要效益，通过技术创新和科技攻关解决了生产和工艺中的瓶颈问题，取得了明显效果。

尖山铁矿目前拥有省部级以上技术 12 项，其中《国产铁精矿提铁降硅（杂）的系统研究与实践》项目（作为参与单位）获得国家科学技术进步奖二等奖，《露天铁矿矿岩开拓系统的研究与实践》获得山西省科学技术奖二等奖，《黄土场地大型胶带排岩排土场稳定性研究》获得山西省科学技术奖三等奖；获得授权专利 32 项，其中发明专利 6 项。

（三）设备革新和装备水平

采矿系统主要采掘装备：KY-310A 牙轮钻机 6 台，WK-10B 型挖掘机 7 台，75131 运矿大车 18 台。

主要排岩装备：克虏伯产半移动破碎机 KB63-89 型破碎机 1 台，能力为 2700 万吨/年；胶带排岩主胶带带宽 1600 mm，输送能力 6500 t/h；SP1600/50+50（PA200）排土机 1 台，处理量 7800 t/h。

选矿系统主要由三段破碎、三段磨矿、三次分级、四次磁选加磁重选、中矿再磨再选组成。主要装备有：C200 颚式破碎机 2 台，N03 主胶带为钢芯胶带，带宽 1200 mm，带速 4.53 m/s，机长 2407 m，输送能力 1900 t/h；H8800 破碎机 3 台、CH870 破碎机 1 台、HP500 破碎机 2 台、LF2448D 双轴双层直线振动筛 7 台；MQG3.6×4.5 格子型球磨机 10 台、ϕ3.6 m×6 m 格子型球磨机 4 台、MQY3.2×4.5 溢流型球磨机 4 台、ϕ2 m 淘洗机 6 台；浓缩设备有 HRT-53 高效浓密机 1 台、NT-53 深型和浅型浓缩机各 2 台；尾矿输送设备 SGBM300/4 隔膜泵 6 台。

精矿外运采用 2 条全长 102.3 km 铁精矿浆体管道输送系统，经过滤脱水后输送给用户太钢炼铁厂。主要装备有：TZPM1600 隔膜泵 2 台、DGMB230/15.3 隔膜泵 1 台、ϕ229.7 mm 和 ϕ243 mm 精矿管各 1 条，VPA2050-50 压滤机 4 台。

（四）智慧矿山建设

尖山铁矿根据中国宝武智慧制造发展战略和太钢集团智慧矿山规划和行动方案，认真践行现场管理“四个一律”要求，加快推进智慧矿山建设工作。

地质资源数字化，可视化。利用 3DMine 矿业软件的矿床地质模型、构造模型、地质储量计算能力对尖山铁矿的矿山地质勘探的数字化管理，使用 3D 建模功能实现地质资源可视化，科学安排生产进度计划。

网络方面。建立了主干双链路网络，实现一路网络链路通讯异常时，能自动切换到另一路网络链路，提高了网络链路的稳定性和可靠性，不会因为网络链路的局部通信异常，造成网络整体中断，导致控制系统失控。

信息系统。采矿 GPS 卡车调度系统统一对采场车、铲、钻调度指挥，同时结合 3DMine 矿业软件地质资源数字化、可视化功能，指导采矿生产，保证了采矿系统高效率运行。

为提升管理效率，方便各级管理人员随时了解现场生产情况，尖山铁矿开发了生产管控手机 APP，利用边缘网关、MQ 消息服务器、JSON 通信协议、HTML5、SVG 和异步传输技术，开发了手机生产管控系统，系统实现对斜井、破碎、磨选、主泵、过滤各工序设备运行状态，水系统高位水池液位、进水出水流量、磨选用水量，精矿管道监测数据的实时监控，实现关键数据的采集及历史分析查询，主体设备状态的实时跟踪。

以一总部多基地模式进行标准化管理，集团共享项目和矿业产销系统已覆盖尖山铁矿，实现对安全生产、质量、计量、物料、能源、环保、采购、工程、设备管理、OA 等系统的同平台应用，实现统一平台、统一语言、统一规则，保证从下到上信息的统一和管理效率的提升。

工业控制。尖山铁矿对水系统实行智能化改造，对尾矿 17 台水泵进行了自动化改造，对主泵环水、底流和 2 号泵站、净化站进行远程控制优化，增设了 16 套电磁流量计、11

套超声波流量计及配套采集系统，实时对流量、压力、电流、运行状态进行远程监控。建立了数据平台，实现数据的采集、存储。通过数据平台，实现了对供水系统的智能分析和水系统的平衡。

完成了对主泵浓缩大井及底流泵站的自动化改造，把主泵区域全部设备纳入自动控制系统。实施精矿管道在线监测系统建设，102.3 km 的精矿管道上 3 个阴极保护站数据实现在线采集、远程查看，实时了解管道运行状况。

根据斜井井下通风系统运行工艺要求，利用现有西门子 S7-400 控制系统，建立远程操作监控画面系统，通过网络连接实现通风系统、排水系统、除尘系统、电气系统、生产系统五个模块无人化。2024 年实现了井下全流程、全周期生产过程无人值守，提升了生产现场智能化操作水平。

对选区除尘、选矿主控室等具备条件的控制室进行合并，培养主控操作人员熟悉更多工艺流程，为全矿统一集中控制作准备。从斜井、破碎、磨选、主泵、过滤等生产主线到尾矿、变电站、锅炉房等辅线，基本实现自动化控制，目前正在打通独立控制系统到主控制系统的通信通道，优化控制程序，减少人工操作步骤。通过这些措施无人化作业指数将提升至 40.47%，集中化指数提升至 84.21%。

安全环保方面。配备了边坡在线监测系统、排土场在线监测系统、尾矿库在线监测系统等，对全矿重大危险源点进行实时监测，有效保证了矿山安全生产。随着采场的不断推进和尾矿库的增高，为消除监测系统盲区，更好地服务生产经营，目前尾矿库、边坡排土场均实现了在线监测全覆盖。

（五）绿色矿山建设

尖山铁矿秉持“绿水青山就是金山银山”的发展理念，认真落实中国宝武“两于一入”环保要求，围绕“三治四化”目标，加快建设“三不一合格”卓越环保型矿山，不断推动环保绩效，由优秀迈向卓越。积极落实绿色矿山建设主体责任，强化机制建设，明确职责分工，加大资金投入，将高标准设计、建设，融入生产经营各个环节。积极开展环境恢复治理项目，扩大矿区绿化面积，力争向园林景观生态工程过渡，着力构建“一矿一景一生态”格局，确保绿色发展指数领先，2020 年入选“国家级绿色矿山企业”名录。

选用资源节约型绿色开发方式，做到采选工艺与环境保护、资源保护相协调。根据资源赋存情况，选择回采率和金属回收率高、贫化率低、对生态环境破坏小的采选工艺、技术与装备。(1) 开采工艺根据矿体走向，采用横向推进方式，减少损失、贫化。(2) 优化排土工艺，采用多台阶覆盖式排岩工艺，减少占地面积；废石场废石 2018 年开始全部加工利用，不新增占地。(3) 采用微差爆破、预裂爆破，降低振动，实现对露天地质环境的保护。(4) 采用胶带排岩系统，实现矿岩高效开拓。

淘洗再磨工艺采用目前国内最大最先进的全自动淘洗设备，运行后全铁品位提升 2~3 个百分点，较反浮选工艺节省成本约 1200 万元/年。淘洗再磨为国内首次使用，为磁铁矿选矿行业采用全磁流程提质降杂、绿色升级提供了可借鉴的经验，从根源上解决了原有工艺造成的环保影响。

铁精矿管输工艺绿色环保。1997 年建成了亚洲第一条长距离的精矿输送管道，全长 102.3 km，实现了矿石从进入溜井到精矿产出全程不落地。2005 年尖山铁矿自主设计建成了第二条精矿输送管道，两条精矿管道的建设投用有效杜绝了矿粉在运输、装卸、存储、生产过程的扬尘污染，具有无污染、无损耗、无流洒、效率高、成本低的节能环保优势，运输成本是汽车运输的 9.1%、火车运输的 18.3%。

生态恢复治理同步推进。成立攻坚指挥部，利用废石做基础，砌筑石笼 5 km。在高陡边坡采用削坡整形、浆体喷播、挂网植绿等技术，重建矿山生态，对采场、选矿厂主干道两侧、1585 m 排土场、1745 m 排土场等区域进行覆土绿化，累计绿化面积 2383 亩（1 亩≈666.67 m^2）。

固废处置与综合利用方面。通过岩石干选回收、尾砂捞选等方式回收提取有价元素，采矿废岩再加工成路料、建筑石料 251 万吨/年，干选废石再加工成建筑石料 141 万吨/年，尾砂 30 万吨/年深加工成为重介质粉及建筑材料，成为矿山发展新的效益增长点，也是绿色低碳高质量发展的重要成果。

工业废水循环再利用实现零排放，综合利用率 100%。生活污水净化处理后回用于生产，消纳当地娄烦污水厂污水 270 万吨/年、龙泉煤矿废水 250 万吨/年废水回用于选矿生产使用。

节能、减污、降碳方面。围绕能耗“双控”和遏制“两高”政策，强化污染防治力度，发挥减污降碳协同效应，健全能源、环保责任体系。加强习近平生态文明思想、绿色低碳政策贯彻落地，污染物达标排放改造、超低排放改造、蓝天保卫战、秋冬季大气污染防治等满足了当地环保部门的要求。

（六）改革和管理创新

以人力资源变革和效率提升为目标，实现了在宝武体系下，“同一语言、同一标准、同一平台、同一文化”的管理目标。（1）职能部门优化整合。对重点业务的流程进行重新设计，及时调整组织机构。（2）检修专业化集中管理。按照中国宝武和太钢集团的要求，实施设备运维改革，通过实施检修专业化管理，提升检修命中率和检修质量，提高设备维检修效率。（3）生活后勤打包外协。通过生活后勤打包外协，对尖山铁矿生活后勤业务分步实施整体打包外协，与第三方公司签订外协合同，实行协力援职，人员整体按自愿原则援职到第三方公司工作。（4）推进协力变革，实现专业化整合。

单体设备智能化管理创新，实现了设备运行及人力资源的高效能提升。（1）作业及检修过程的全程监控。在电铲各区域安装高清晰度实时动态监控探头，无死角、全覆盖，实现机组人员在作业过程中对设备状态的实时全面的检查，确保作业过程中设备安全受控和隐患的即时排查。同时手机安装视频匹配 App，不仅可以实时监控、任意回放，还可以对讲通话实时提醒，实现管理人员随时随地监管人员及设备状况的目的。（2）电气隐蔽部位的隐患智能化监控改造。电控柜、中央集电环内安装烟雾报警器，在发生线路老化冒烟后能第一时间向驾驶室内操作人员发出警报，以便操作人员第一时间停铲检查，杜绝故障扩大和火灾事故的发生，确保整个作业过程设备、人员安全受控。（3）提升钢丝绳松脱预警。增设 WK-10B 电铲提升钢丝绳防松脱装置，弥补原管理措施上的不足，消除长久难以解决的提升钢丝绳频繁脱槽、检修时间长等问题，降低费用和维修成本。(4）驾驶室增设 HMI 远程故障诊断在线显示。

“刚柔并济”的安全文化管理创新，实现了安全风险的有效控制、安全生产事故率的降低。丰富多彩的“周三活动”，鼓励员工动手制作事故还原模具，形象生动进行事故讲解以此触动员工麻痹的神经。严格执行员工违章记分、“三反”歼灭战，基层思想教育和家人亲情感化双管齐下安抚员工不良情绪，提升员工对安全管理认知的高度。互保联保机制的融入，从道德规范上引导员工间真诚关注本团队成员的安全，让“四不伤害”真正落地。将家庭、绿色和谐、可持续发展等宣传文化成功融入安全管理中，满足员工视野需求的同时达到安全宣讲的目的。融入双重预防机制建设，用可视化看板刺激员工对风险的敏感度，提升员工知险、避险、降险的能力。通过全员制作《尖山铁矿安全文化手册》，将安全管理理念贯穿其中，推动员工从“要我安全”向“我要安全”转变。

（七）主要发展成就

表 9-3 是尖山铁矿历年来省市及以上重要荣誉，表 9-4 是尖山铁矿 2011—2022 年国家级创新成果。

表 9-3 尖山铁矿历年来省市级及以上重要荣誉

序号	年份	级别	主要荣誉
1	2021	国家级	绿色矿山
2	2014	国家级	全国冶金矿山企业“十佳厂矿”
3	2020	国家级	全国冶金矿山企业“十佳厂矿”
4	2016	国家级	中国企业文化建设先进单位
5	2017	国家级	2017—2022 年中国企业文化建设先进单位
6	2018	国家级	中国企业文化建设先进单位
7	2018	国家级	改革开放 40 年中国企业文化优秀单位
8	2012	国家级	全国现场管理星级评价中，磨选作业区被中国质量协会评为五星级现场，浮选、水电作业区被中国质量协会评为四星级现场，穿孔、过滤作业区被中国质量协会评为三星级现场
9	2013	国家级	全国现场管理星级评价中，主泵、浮选作业区被中国质量协会评为五星级现场，运输作业区被中国质量协会评为四星级现场
10	2014	国家级	全国现场管理星级评价中，尾矿作业区被中国质量协会评为五星级现场，筑排、锅炉作业区被中国质量协会评为四星级现场
11	2015	国家级	全国现场管理星级评价中，过滤作业区被中国质量协会评为五星级现场，电铲作业区被中国质量协会评为四星级现场
12	2005	国家级	全国冶金矿山企业“十佳厂矿”

续表 9-3

序号	年份	级别	主要荣誉
13	2002	国家级	全国冶金矿山企业“十佳厂矿”
14	2020	省级	山西省社会主义核心价值观示范点
15	2020	省级	山西省精神文明单位
16	2019	省级	2018 年度山西省优秀企业
17	2020	市级	太原市模范单位

表 9-4　尖山铁矿 2011—2022 年国家级创新成果

序号	责任单位	荣获时间	成果名称	备注	颁奖单位
1	尖山铁矿党委	2011 年	家文化建塑的探索与研究	一等奖	中国冶金矿山企业文化协会
2	尖山铁矿党委	2015 年	家文化建设的创新研究与实践	一等奖	中国企业文化建设峰会
3	尖山铁矿党委	2016 年	发挥文化优势建设服务型党组织	一等奖	中国冶金矿山企业文化协会
4	尖山铁矿党委	2017 年	持续提高职工敬业度推动工匠精神和精细文化落地	一等奖	中国冶金矿山企业文化协会
5	尖山铁矿党委	2018 年	弘扬主旋律传递正能量全力建设文明和谐美丽现代化矿山	一等奖	中国企业文化建设峰会
6	尖山铁矿党委	2019 年	以文化提品质以文化促发展	一等奖	中国冶金矿山企业文化协会
7	尖山铁矿	2014 年	矿山企业管理提升路线图的构建与实施	二等奖	中国冶金矿山企业协会
8	尖山铁矿	2017 年	以信息技术为支撑以业务流程为导向的整合型管理体系的构建与实施	一等奖	中国冶金矿山企业协会
9	尖山铁矿	2019 年	新时代矿山高质量发展战略创新与实践	二等奖	中国冶金矿山企业协会
10	尖山铁矿	2021 年	矿山企业基于市场化结算机制的工序服务体系	三等奖	中国冶金矿山企业协会

三、峨口铁矿

（一）基本概况

峨口铁矿位于山西省代县，始建于 1958 年，1961 年停建，1969 年复建，1977 年正式投产，是太钢第一座铁矿山。矿区从山上到山下 30 km。采场在五台山西北侧的马鬃山上，海拔最高 2170 m，为大型沉积鞍山式磁铁石英岩贫铁矿床，地质品位全铁 30.19%，其中磁性铁品位只有19%，在国内属资源条件最差矿山。

峨口铁矿目前已形成年开采原矿750万吨、生产铁精矿粉220万吨、球团矿200万吨的能力。为保证矿山生产能力的稳定，2012年12月，峨口铁矿露天转地下工程正式启动，工程分三期建成，预计总基建期10年。一期工程已于2017年11份建成投产，二期工程于2018年7月启动建设，建成投产后产能逐步上升至750万吨/年后稳定生产，配套新尾矿库接续工程正在进行。有6 km的矿外公路与108国道相通，有22.5 km的铁路专用线与京原铁路的枣林站接轨，距太钢集团180 km。

（二）生产工艺技术创新

峨口铁矿是集采矿、选矿、球团生产为一体的大型露天矿山，已形成年开采原矿750万吨、生产铁精矿粉220万吨、球团矿200万吨的能力。

采矿工艺。露天开采已于2022年开采结束，现已全面转入地下开采，地下开采采用无底柱分段崩落法。上阶段采用胶带平硐、斜坡道联合开拓系统。胶带平硐即南西露天采场现有溜井—胶带平硐；下阶段采用胶带斜井、主斜坡道联合开拓，矿石集中运输方案。胶带斜井为矿山新建胶带斜井系统。井下矿石采用有轨电机车运输，现已实现电机车无人驾驶。

选矿工艺。生产流程分为破碎、磨选和脱水三大工序，设计精矿产能200万吨/年。破碎工序采用四段一闭路+中细碎后干选生产流程，2008年设计将采矿矿石由1000 mm破碎至16 mm，中细碎干选将采出矿石恢复到地质品位，甩尾率为20.23%水平。磨选工序采用三段阶段磨矿分级和五段阶段选别流程，设计最终磨矿细度-0.045 mm的占比不大于75%，综合球磨机利用系数可达3.40 t/(m^3·h)。精矿粉脱水采用ZGP72盘式过滤机，将质量浓度为60%的精矿浆脱水至水分不超过10%；采用浓缩池将质量浓度为10%左右的尾矿浆浓缩至质量浓度为45%的矿浆，用水隔离泵输送至尾矿库筑坝堆存。

球团工艺。球团系统于2004年底投产，由中冶北方（鞍山院）设计，设计产能200万吨/年，最高产量达到215万吨/年，生产酸性氧化球团矿，采用链篦机—回转窑—环冷机工艺，链篦机4.5 m×46 m（$B\times L$），回转窑ϕ5.9 m×38 m，环冷机中径18.5 m，有效冷却面积120 m^2。近年来，逐渐增设了脱硫、脱硝、湿电等环节，保证了各污染物的排放达到国家超低排放的要求。脱硫采用石灰—石膏工艺，脱硫剂是生石灰。脱硝采用SNCR+SCR工艺，脱硝剂是20%氨水。球团矿主要质量指标为：TFe≥63.6%，抗压强度大于2000 N/个的比例≥70%，转鼓指数≥95%，粒度8~16 mm含量≥87%，二元碱度约0.05。生产原料是磁性铁精矿，其中自产约70%，来自选矿的矿浆经过滤车间脱水后进入球团生产。外购约30%，进厂后，先在精矿回收加工车间提铁降硅，然后以矿浆形式进入过滤车间，脱水后进入球团工序。球团系统使用的主要燃料是煤和天然气，进厂原煤经过中速磨并加入热风，生产煤粉细度-200目含量的占80%~85%，水分小于2.0%，球团矿煤耗16.5 kg/t以下。球团系统使用的黏结剂是复合膨润土，单耗在16 kg/t以下。

技术创新方面。峨口铁矿抓住机遇、转变观念，紧紧围绕中国宝武“三降两增”理念，坚持有所为，有所不为，制定了多项技术创新工作思路，取得了显著的成效。

多采区复杂含硫铁矿采选球团联合控硫脱硫技术开发。峨口铁矿矿区地质构造复杂，矿区内褶皱十分发育，含铁建造因多期褶皱叠加，致使矿层的产状、形态、厚度变化异常复杂，各区矿石质量极不均匀。目前下矿部位有南西、北西露天采场及挂帮矿南翼、北翼地下采区，各出矿部位矿石硫含量不均衡，导致精矿及球团矿中硫含量不稳定，使得球团脱硫系统不能稳定运行，常常达不到环保要求的烟气排放水平。本项目提出从源头、生产过程中研究均衡控制硫含量，保障脱硫系统平稳运行，满足烟气排放标准，形成了控硫脱硫项目开发应用技术一系列的创新：(1) 摸清各采场各开采水平矿石中磁性硫含量，通过计算公式：硫含量（%）=[(66.2-14.5)/(磁性铁品位-14.5)]×磁性硫含量×97.16%，明确了采场硫含量的分布趋势；首次运用三维立体模型，开发了硫含量矿体模型，弄清原矿和精矿中硫的相关关系，确定了生产矿石中硫配矿的技术参数，使原矿硫含量控制在0.4%范围内。(2) 研究了矿石中硫的赋存状态，论证了目前选矿工艺惯用的浮选法脱硫，会导致的精矿产量大幅度降低、成本增加、资源浪费的原因，创建了552和542选矿磨矿工艺，优化了磨矿粒级组合，将含硫的黄铁矿分离出来，将铁精矿粉中硫含量降低0.04%，使其控制在球团脱硫系统能力范围内。(3) 开发了球团脱硫制浆系统的控制程序，在合理控制了浆液 Cl^- 含量情况下，实现了大量滤液水的循环利用；同时，通过优化除雾器冲洗管路系统及冲洗程序，解决了脱硫系统的技术难题。(4) 开发了特殊排灰结构的链篦机鼓干烟气除尘方式，消除了细灰对脱硫除雾器、出口旋流器设备的影响，将球团系统外排气体中的 SO_2 含量（标态）由 300 mg/m^3 左右控制在 75.9 mg/m^3 之内，达到国家的排放标准。

通过实施多采区复杂含硫铁矿采选球团联合控S硫脱S硫技术开发，从生产全过程控制、均衡了硫含量，使球团烟气达到国家排放要求。同时，稳定了球团矿质量，使球团矿产量稳步提升。

露天转地下低品质极难复杂贫铁矿资源回收技术研究与应用。本项目从源头出发，从生产工序中研究均衡控制极难复杂贫铁矿与硫配比，研究采选工序联合协同作业的极难复杂贫铁矿回收配矿技术，创造性地解决了回收系统存在的关键问题。本项目以峨口铁矿低品质极难破难磨难选复杂贫铁矿低成本高效率回收为契机，进行多年研究，形成一系列的关键技术。(1) 首次运用三维立体模型，开发了极难复杂贫铁矿矿体三维立体模型，摸清各采场各开采水平中低品质极难复杂贫铁矿与硫的分布趋势，找到了原矿和精矿中硫的相关关系，合理确定回收生产中以硫配矿的技术参数，使原矿硫含量控制在0.4%范围内。(2) 首次研发贫铁矿单体解离技术，研发强磁场大包角技术保铁回收率，高转速匀料层技术保废石甩尾率。(3) 首次研发强磁回收机和分离技术，减少磁性矿物流失，提高金属回收率，减少回收成本。(4) 研发空间分隔和永不磨损技术。首次研发空心衬板破矿技术，找到最佳破矿牙齿、破矿高度和防松等技术，提高破矿效率和降低排矿粒度等目标。(5) 国内首次研发并集成了破碎筛分效率在线监控、挤满给矿、旋转密封等关键技术，试验找到高效破矿技术，首次研发形成“挤满给矿与层压破碎”的高效回收技术，研发了防止破碎机动锥高速旋转、优化破碎电流等关键技术，提高给矿能力、破矿效率，实现挤满破矿技术。(6) 首次在国内大型低品位复杂难破难碎贫铁矿研发了高效破碎筛分等技术，试验找到最佳筛分角度、筛孔尺寸等关键参数，通过低坡度给矿、低角度筛分、高激振力振动等关键技术，延长合格粒度贫铁矿透筛时间和透筛机会，提高了筛下合格产品的产量，减少返矿量，实现了高效破碎筛分，循环负荷小等过程控制的成套模型技术。(7) 首次研发球磨机的结构，增设波形衬板，优化磨矿介质填充率和配比，改善入磨条件，采用层压破碎，增加多破少磨量。(8) 首次研发提高球磨机转速和增加磨矿浓度，延长磨矿时间，改善磨矿细度；通过实施露天转地下低品质极难破难磨难选复杂贫铁矿资源回收技术研究与应用，从生产全过程控制、均衡了极难复杂贫铁矿含硫配比，稳定了铁矿粉质量，使回收产量稳步提升。

项目研发多年来，逐步形成配矿回收低品质极难复杂贫铁矿 500 万吨/年以上，入磨产品粒度降低 4 mm，磨矿细度-325 目达到 90%以上，铁矿粉品位达到 66.5%以上，节约能耗 2189 万千瓦时，已累计创造经济效益 1879 万多元、社会效益 7.8 亿多元。该成果将进一步推广应用于太钢其他矿山低品质极难磨难选复杂贫铁矿配矿回收生产中，具有广阔的应用推广前景。

复杂多采区露天转地下开采综合技术开发与应用。峨口铁矿属大型复式向斜构造鞍山式沉积变质铁矿，露天境界外尚有地质储量 2.2 亿吨，矿石主要赋存在露天采场底部和边帮上，需进行边帮残矿回收及底部矿体地下开采。目前，首钢杏山铁矿、鞍钢眼前山铁矿等大型铁矿均为停产过渡，峨口铁矿要实现稳产过渡，须全面展开露/地多采区联合稳产开采综合技术研究，从而实现安全高效经济开采。自 2007 年启动以来，矿山联合国内外科研院所，开展了复式向斜大地压条件下安全开采技术、不良地层（绿泥岩地层）掘进与支护综合安全技术、露天采场底部转无底柱崩落法安全覆盖层形成技术、露天挂帮矿安全回采技术、露/地联合开拓及井下防治水技术、合理分区分段开采技术等一系列专项科技攻关，形成以下技术创新点：(1) 自主开发了针对横贯断层和褶皱发育地质构造露/地联合分区分段开采工艺，实现了露天转地下开采不停产、少减产的产能平稳衔接。(2) 基于露天开拓系统与高山型矿体赋存特点，首创了超高阶段平硐、斜坡道联合开拓技术，充分利用露天矿已形成的矿石开拓系统，实现了全井下自流排水、全矿床高效经济开采。(3) 针对开采高陡挂帮矿体造成的边坡失稳，建立了准确表征边坡塌落耦合模型，揭示了滚石运行轨迹，创新开发了“矿柱+防护堤”控制技术，解决了露天和挂帮矿同步开采的安全问题。(4) 基于放矿椭球体排列理论研究分段高度与进路间距的关系，开发了适应厚大贫铁矿体的大结构无底柱分段崩落开采技术，实现了采场结构参数精准匹配，回采率提高 3.2 个百分点，贫化率降低 3.5 个百分点。(5) 针对高应力区绿泥岩开挖后软弱无支撑、遇水泥化的问题，开发了超前小导管注浆与钢拱架联合预加固地层技术，实现了不良岩体掘进与支护综合安全。

上述关键技术发表 3 篇国家级期刊论文，产生了显著经济效益，新增利润 5052.55 万元。本项目的成功实施，实现了矿山不停产、少减产的产能平稳过渡和安全生产，至 2019 年矿石回采率高达 83.03%、贫化率低至 16.87%，整体技术达国内领先水平，为矿山大规模低成本开采地下贫铁矿奠定了良好的基础。同时，为国内特大型地下铁矿的建设提供了可借鉴的范例，推动了整个冶金地下采矿行业的技术进步。

粉矿干选工艺技术的突破。围绕提高入磨品位、降低选矿成本等问题，峨口铁矿成功将粉矿干选新工艺设计嵌入磨选老工艺中，并成功开发了新型的粉矿干选控制技术，使粉矿干选工艺在老矿山应用中取得了成功。其中，自行研制设计可调式布料器，研究设计了双电源自动切换供电系统，应用西门子 PLC 控制技术、变频器调速功能及 PID 控制方法，实现了根据矿石性质变化、球磨机可磨矿量大小来调节控制粉矿干选皮带机运行速度和皮带机上料层厚度，增强了选别效果。粉矿干选工艺的成功应用，使干选尾矿磁性铁品位在小于 2%提前下，实现粉矿干选甩尾率大于 4%的水平，为国内贫磁铁矿干选工艺的研究与应用提供可借鉴的成功经验，总体技术达到国内先进水平。

选矿系统提高球磨机利用系数及作业率的研究。围绕提高峨口铁矿球磨机利用系数、作业率，开展了球磨机衬板、HP500 细碎机给料装置、球磨机给料器、磨头筛工艺参数等一系列的技术研究，研制开发了 TNM360~450 耐磨破碎下料衬板，研究优化了 111 系统一段球磨机给料器、磨头筛工艺参数及一段旋流器的工艺，用 CH-CXJ24000 全自动淘洗机替代磁选柱，选别效率由 27. 11%提高到 41. 16%。通过该项目的工艺技术研究，峨口铁矿 111 系统球磨机利用系数和作业率均得到了大幅度提高，球磨机利用系数由 2. 17 t/(m^3 · h) 提高到 2. 80 t/(m^3 · h)，作业率由 90. 31%提高到 92. 25%，在行业具有推广应用价值，总体技术达到国际先进水平。

（三）设备革新和装备水平

采矿（地采）装备水平。峨口铁矿矿石运输方式为地采 1738 电机车—溜井（南溜井）—井下破碎—平峒胶带机—选厂。电机车 7 台，应用 5G 信号，实现自动驾驶功能，每台牵引矿车 10 辆（10 m^3），最大牵引力 49 kN，最大速度 23 km/h，轨距 900 mm，净重 20 t。

选矿装备水平。(1) 破碎主要设备。颚式破碎机一台；旋回破碎机一台，HP500 破碎机 7 台，进口 derric 振动筛 2LF18×42 筛分机 10 台，重型板式给矿机 2 台。(2) 磨选装备水平。1) 321 磨矿设备组成。321 系统一次球磨组成：1 台 ϕ3. 6 m×4. 0 m 格子型，2 台 ϕ3. 2 m×4. 5 m 溢流型球磨机；二次球磨机组成：ϕ3. 2 m×3. 5 m、ϕ3. 2 m×4. 5 m 溢流型球磨机各 1 台；三次球磨机组成：ϕ3. 2 m×4. 5 m 溢流型球磨机 1 台；2) 221 磨矿设备组成。221 系统一次球磨球磨机组成：1 台 ϕ3. 6 m×4. 5 m 溢流型，1 台 ϕ3. 2 m×4. 5 m 溢流型球磨机；二次球磨球磨机组成：ϕ3. 2 m×3. 5 m、ϕ3. 2 m×4. 5 m 溢流型球磨机各 1 台；三次球磨机组成：ϕ3. 2 m×4. 5 m 溢流型球磨机 1 台。3) 111 磨矿设备组成。111 系统一次球磨球磨机组成：1 台 ϕ5. 03 m×6. 4 m 溢流型；二次球磨球磨机组成：1 台 ϕ4. 27 m×6. 1 m 溢流型球磨机；三次球磨机组成：1 台 ϕ4. 27 m×6. 1 m 溢流型球磨机。

球团装备水平。(1) 干燥系统设备。主要承担精矿脱水任务，使精矿粉适于造球，处理量 380~420 t/h。来自过滤机或精矿仓的湿精矿粉和链篦机前辊式布料器的湿返料由皮带转运进入圆筒干燥机，干燥机前配置煤粉燃烧炉，燃烧后的高温烟气和湿精矿粉顺流进入干燥机，对流干燥。干燥后的含水废气经过文丘里除尘器净化，排入大气层，干燥后的精矿粉由皮带转运到配料室。(2) 造球系统装备水平。承担造球及生球筛分任务，处理量380~420 t/h。混合后的料经过皮带转运分配到10台造球机，型号ϕ6000造球机，产量45~55 t/h。(3) 链回环及成品球系统设备。主要承担生球的布料、筛分、干燥、预热、焙烧、冷却、储存、发运，球团产量250~320 t/h。造球机生球进入链篦机室后，分成四个工艺段，分别是鼓风干燥段、抽风干燥段、预热一段、预热二段，经过干燥、预热，生球变成预热干球。之后进入回转窑经过焙烧后抗压强度提高到1000 N以上，温度在1100 ℃以上；焙烧后的球团矿进入环冷机，经过环冷机冷却，温度降低到150 ℃以下，球团矿强度提高到2200 N以上。环冷机排出的球团矿经过皮带转运到高位料仓，装火车发运。

(四) 智慧矿山建设

网络建设。网络经过多次的改造升级后，现已能够实现各个作业区以及办公区的全网覆盖，并分别形成了工控网、监控网、办公网三大有线网络体系，且能够做到三网独立。工控网作为生产作业流程的核心部分，能够实现各作业系统与调度大厅之间的数据通信，已建立破碎控制系统、磨选控制系统、尾矿控制系统、过滤系统、原料系统、焙烧系统、供水工控系统。设立“地采1738”工控网络系统，通过该工控网络系统实现了井下信集闭系统、轨道衡系统、人员定位系统、视频监控系统、通信系统、环境气体监测系统、风监测系统与地表调度大厅之间的通信。

自动化建设。基础自动化系统的硬件设备主要是由S7系列的PLC组成，软件系统则采用西门子的wincc、step7等软件。破碎流程自动化系统主要包括1硐系统，颚式破碎系统，皮带运输系统，粗碎机系统，粗碎料仓料位系统，中、细碎机系统，细碎料仓料位系统，皮带运输系统。磨矿流程的基础自动化系统采用集中监测、分散控制设计思路，能够实时监测设备的运行状态，实现了球磨机给矿量自动控制、磨矿浓度自动调节、分级机溢流浓度自动控制、旋流器给矿压力自动控制、矿浆池衡液位控制、给矿机智能给矿等功能；还包含干选流程的自动化系统，有干选自动化系统、废石料仓料位系统。

由于生产组织模式的转变，峨口铁矿转入地下开采通过研发购进智能设备等，现已实现了机械化生产，部分工作实现了智能化。实现1738井底车场智能运行，利用5G技术，远程操作实现零时差，可精准控制装载量；采运系统采用有轨电机车运输矿石，已实现电机车无人驾驶。两硐流程控制、22号跑车自动控制、磨选自动化、磅站无人值守及一体化网络构建控制技术的应用，减轻了人力和解决了人工操作无法实现的工艺生产过程；两硐有毒有害气体检测系统和油库信息系统的研发为人身设备安全提供了信息保障；窑头球温红外检测的开发应用为球团矿品质的提升提供数据依据。这些技术的研发与应用提升了代县矿业公司智能化水平，为老矿山新时期的战略发展提供了借鉴。

矿山设计应用数传电台、无线通信、光缆传输等多种通讯方式联合组网的数据传输网络方案，实现了尾矿在线监测数据的实时连续稳定传输，集成应用了激光动态测距与无线传输一体化干滩监测技术、GPS水位动态监测技术，解决了特殊气候条件下的监测技术难点。

（五）绿色矿山建设

为全面贯彻党的二十大会议精神，落实习近平总书记重要讲话精神，按照统筹推进“五位一体”总体布局和协调推进“四个全面”战略布局要求，牢固树立和贯彻落实创新、协调、绿色、开放、共享的新发展理念，峨口铁矿积极响应国家号召，秉持“资源利用集约化、开发方式科学化、企业管理规范化、生产工艺环保化、矿山环境生态化”的绿色矿业理念，在依法办矿、规范管理、综合利用、技术创新、节能减排、环境保护、土地复垦、社区和谐和企业文化等方面开展了一系列创建工作，力争走出一条资源安全与生态保护相统筹、矿山建设与绿水青山相协同的绿色发展新路。峨口铁矿于2020年通过山西省绿色矿山验收，现阶段为省级绿色矿山；2022年3月通过山西省绿色矿山建设“三年回头看”省级验收，继续保留省级绿色矿山称号。

（六）安全发展

峨口铁矿深入学习贯彻落实习近平总书记关于安全生产的重要论述和重要指示精神，坚持“一高两严”总要求，认真践行“抓好安全是最基本的职业道德和做人品德”的理念，以“知责、履责”为核心，以安全标准化建设为主线，深化违章记分管理，“三反”歼灭战、视频监控回放、人员行为跟踪观察、安全专项整治、安全绩效六项工作为抓手，做实风险分级管控与隐患排查治理工作，全员参与持续提高本质安全化水平，形成具有矿山特色的安全文化建设典型。

（七）改革和管理创新

峨口铁矿秉承效率是企业发展永恒的主题理念，通过对现代生产管理的探索和研究，将精益生产和六西格玛管理等先进管理法引入生产组织过程，结合公司成熟生产管理经验的沉淀与富集，形成一套灵活、独特、高效的生产组织方式。尤其是在2016年的困难时期，面对钢铁行业产能过剩、库存居高不下、下游需求锐减、节能减排要求高等不利因素，通过生产、设备、工艺、人员之间的优化和匹配，灵活科学利用富余产能，实现富余产能的“三个转化”：一是转化为设备定检定修的停车时间，保证设备运行完好率；二是转化为产品质量的提升，实现产量任务完成和工艺指标合格的双提升；三是转化为避高峰、就低谷生产条件，降低同等能耗条件下的用电成本。

在成本及环保压力下，设备系统持续深化TPM（设备）标准化管理体系运行，全面提升设备管理精细化水平。鼓励修旧利废、扩大备件国产化开发。同时，深化对标挖潜，大力开展技术攻关，优化检修组织。能源管理突出能耗指标的合理分解，动态优化能源布局，精细过程管控。通过避峰用电和规范能源布局措施减少用电消耗；利用地采渗水增加采场道路洒水、对球团外排水进行回收再利用等多举措控制新水消耗。加快环境依法整治，依法构建并完善环保管理体系，实施逐级管理控制，不断规范强化环保专业管理。积极开展废水回收及生活污水治理等环保项目，实现全面改善达标；坚持污染治理与日常管理并重，严格环保设施运行控制，实现环保设施与生产主体设备同步运转率100%。2017

年生产一线的新建环保供暖锅炉投入运行，球团系统余热利用锅炉在合理调整供暖资源、降低能耗的状态下，实现了环境保护监测要求。

（八）主要发展成就

峨口铁矿认真贯彻落实党的二十大精神，以习近平新时代中国特色社会主义思想为指导，始终坚持走绿色高质量可持续发展之路，坚持把党的政治建设摆在首位，把“强化党员工作职责、服务基层职工群众”作为团结凝聚人心的重要抓手，充分发挥党组织战斗堡垒和共产党员的先锋模范作用，不断进行技术革新和工艺改造，生产能力持续提升，努力把党的政治优势转化为市场竞争优势，为高质量转型发展提供了坚强的政治和组织保证。

“十四五”期间，峨口铁矿将根据太钢矿业总体要求，以“建设国内一流矿山企业”为目标，提升资源利用水平和低成本运行能力。通过采选球技术的进步，稳定产能，提高产品质量，为太钢钢铁生产提供优质、稳定的铁原料。峨口铁矿将稳步推进露天转地下开采项目，继续抓好露天转地下开采的施工和露、地联采期间的生产组织工作，确保平稳过渡衔接，2022 年露天开采全部结束，2023 年露天转地下二期工程建成投产，实现 550 万吨矿石地采综合生产能力，预计 2025 年达到 750 万吨/年的规模。以地采工艺、装备及放矿技术研究为重点，打造高效、信息化地下矿山。

为保证矿山可持续发展，2022 年 7 月启动南西、北西深部开拓系统立项，即南西下阶段 1738~1504 m 和北西下阶段 1606~1462 m 基建工程。延伸工程建成后，可增加开拓矿量 7063 万吨，延长矿山服务年限近 10 年。

峨口铁矿荣获第六届冶金矿山十佳厂矿，获得全国安全生产文化建设示范企业，山西省属企业文明单位标兵，山西省钢铁行业 A 级绩效企业等荣誉。

第八节 本溪钢铁（集团）矿业有限责任公司

一、基本概况

本钢矿业公司成立于 1995 年 12 月 28 日，在企业改革过程中，于 2020 年 5 月与本钢集团机关合署办公；鞍钢重组本钢后，于 2021 年 11 月 10 日重新组建，是本钢集团的全资子公司。

公司拥有丰富的铁矿资源，实际控制资源量 14.36 亿吨，潜在后备矿山资源 95.7 亿吨，在同行业具有独一无二的资源优势，是驰名中外的“人参铁”和“人参钢”的优质原料基地。公司拥有国内先进的大型矿山生产工艺装备，历经多次改（扩）建，目前具备年产铁精矿 950 万吨、球团矿 225 万吨、生石灰 140 万吨的生产能力。预计到“十四五”规划末期，公司铁精矿产量突破 970 万吨，挑战 1000 万吨目标。

公司现管理 8 家基层厂矿、8 个机关部门、5 个后备矿山及重点工程建设项目部，下属基层厂矿主要分布在本溪市、辽阳市两个地区。公司资产总额 374.2 亿元，现有在籍职工 7878 人。2023 年实现销售收入 104.92 亿元，利润总额 30.19 亿元，销售利润率 28.77%，在全国 10 大矿山中销售收入利润率排名第 3 位、产量规模排名第 5 位。现有“国家级绿色矿山”4 座（南芬露天铁矿、歪头山铁矿、石灰石矿明山矿区、阎家沟石灰石矿），被评为“辽宁省级绿色矿山”3 座（贾家堡铁矿、闫家沟石灰石矿、北台铁矿石灰石矿），被辽宁省政府列为矿山生态修复精品工程 2 个（歪头山铁矿下盘排土场和南芬选矿厂庙儿沟尾矿库工程）。

自 2021 年 11 月重新组建以来，矿业公司按照鞍钢集团、本钢集团“努力建设世界级矿山”的工作要求，聚焦创建世界一流企业，加快落实“双核”战略，行非常之策、出非常之力，在新赛道上跑出了“加速度”、赛出了“新成绩”，铁精矿产量呈阶梯式增长。2021 年完成 819 万吨，2022 年完成 919 万吨，2023 年完成 949 万吨，实现了历史性突破。

站在新起点，本钢矿业公司将以“努力建设世界级矿山”为己任，胸怀“国之大者”，落实“基石计划”，全面建设“大美矿山”，职工的荣誉感、获得感和幸福感不断增强。

（一）南芬露天铁矿

南芬露天铁矿采场长 3550 m、宽 1700 m，采场面积 5.41 km^2，矿区总面积 20.82 km^2。截至 2021 年底，已累计采出矿石 5.522 亿吨，实际保有储量 10.38 亿吨，露天开采境界内剩余矿石 2.3 亿吨，目前生产规模为 1300 万吨/年，矿山具有较强的发展潜力。

南芬露天铁矿属大型鞍山式沉积变质铁矿床，由Ⅰ、Ⅱ、Ⅲ层铁矿体组成，工业矿段总长约 3000 m，三层铁矿体总厚度约 120 m，矿石类型主要为磁铁石英岩、赤铁石英岩、透闪石磁铁石英岩。矿石体重 3.39 t/m^3，全铁品位是 31.82%，含磷（0.06%）、含硫（0.38%）极低，易采、易选、易冶炼，用其冶炼的生铁素有“人参铁”的美誉。

（二）歪头山铁矿

歪头山铁矿（简称“歪矿”）始建于 1970 年，位于溪湖区歪头山镇，与沈阳、抚顺、辽阳接壤，为采选联合矿山，是本钢重要的铁精矿原料供应基地之一。歪矿原有主采场和马耳岭两个采场，马耳岭采场于 2016 年末按设计实现闭坑，目前只有主采场生产，生产能力 500 万吨/年；马耳岭采坑用作尾矿干排堆存场地。配套建有主选厂和马耳岭选厂两座选矿厂、上盘土场和下盘土场两个土场。主要生产工序是采场矿石经穿凿、爆破、铲装、运输到选矿破碎站后，经粗破碎、高压辊磨干选、半自球磨磨矿、三段选别、再磨深选等工艺，选出铁精矿发往球团厂或铁厂，废石、尾矿运往土场及尾矿库、马耳岭采坑。

（三）南芬选矿厂

南芬选矿厂 1915 年开始筹建，1918 年 12 月 27 日建成投产。作为本钢的主要原料生产基地，矿石来源于南芬露天铁矿，产品为高品位、低磷、低硫的铁精矿，是驰名中外的“人参铁”和“人参钢”的优质原料。南芬选矿厂处理磁铁矿石采用单一磁选选矿工艺流程，可简述为三段一闭路碎矿—二段阶段闭路磨矿—三段磁选—磁选柱精选—中矿浓缩再磨—高频振网筛自循环；红矿工艺处理赤铁矿石采用半自磨—弱磁—强磁—反浮选流程。南芬选矿厂拥有22个2736球磨系列、2个3660球磨系列、3个5518自磨系列，固定资产原值20.1亿元，固定资产净值9.9亿元，厂区占地面积728万平方千米。

多年来通过设备更新改造和扩建，使生产能力和精矿质量都有了明显的提高：铁精矿产量由1944年的年产39万吨发展到1990年的年产283.66万吨，实现了企业发展第一个跨越。2009年精矿产量达到461.10万吨，达到第二个高峰；2023年处理原矿石1431.5万吨，生产铁精矿490.5万吨。产品质量方面，铁精矿品位由1971年的62.5%提高到1990年的67.55%，曾多次被冶金工业部评为优质产品，还曾经因生产高品位铁精矿获得过两次国家质量金奖；2004年8月，完成降硅提铁技术改造后铁精矿品位由67.50%提高到68.50%、SiO_2含量由6%降低到5%以下。

（四）贾家堡铁矿

贾家堡铁矿位于本溪市平山区北台镇和辽阳市寒岭镇之间，矿区所在地为本溪市与辽阳市的交界处，行政区划隶属于辽阳市管辖。贾家堡铁矿是本钢集团“七五”期间规划的后备矿山，已探明地质储量15192万吨，平均全铁品位26.09%，该矿为大型鞍山式沉积变质铁矿床。

2008年11月20日成立贾家堡铁矿筹备组；2016年达产达效，完成精矿产量118.25万吨。贾家堡铁矿现有员工367人，下设2个作业区和3个管理室；现有主体设备124台(套)，固定资产11.8亿元。贾家堡铁矿采用合同采矿模式，委托本钢矿山实业分公司承担穿凿爆破、铲装运输、修路排土、供电排水、边坡清理等工序作业，采用单一汽车运输方式，矿石由采场运输至选厂粗碎，岩石通过汽车运输—推土机推排方式排至1号、2号、3号3个排土场，采矿主要设备为YZ-35C液压钻机、液压挖掘机及70吨级矿用自卸车等。选矿采用先进的单一弱磁选工艺流程，有效提高了微细粒复杂难选磁铁矿的回收利用率。选矿破碎筛分系统采用粗碎—干选—中碎—筛分—细碎，三段一闭路流程；磨选系统采用单一弱磁选流程，铁精矿通过管道输送至北营公司过滤间，尾矿通过管道输送排放到南芬选矿厂卧龙沟尾矿库。选矿主要设备为美卓C160颚式破碎机、美卓HP6液压圆锥破碎机、MQY5030 mm×6700 mm溢流型球磨机、旋流器、隔膜泵等。

（五）北台铁矿

北台铁矿位于本溪市南西12 km处，距北台火车站仅1 km，距本辽高速（G91）公路1.2 km，本溪至辽阳的二级公路在矿区的边缘经过，矿山地理位置和交通条件十分优越。矿石储量丰富、易选、低硫、低磷，配套选厂所产铁精矿粉直供炼铁工序，所产优质生铁在国内同类产品中无可比拟，被誉为“人参铁”。目前北台铁矿下设4个管理室，9个作业区；正式职工762人、生产协力4人、劳务用工18人。截至2022年11月，北台铁矿固定资产69080万元，净值29121万元，主要设备有四立电铲、潜孔钻、挖掘机、推土机、各种运矿车辆、液压旋回破碎机、球磨机、分级机、浓缩机、陶瓷过滤机等。

（六）辽阳马耳岭球团有限公司

辽阳马耳岭球团有限公司（简称“本钢矿业球团公司”“球团公司”）球团矿生产线，于2007年6月1日开工建设，经过两年左右的建设和调试，于2009年4月30日竣工投产，年生产能力200万吨氧化球团矿。由本钢板材股份有限公司出资建立，是本钢板材股份有限公司的全资子公司。坐落于本溪市与辽阳市交界地带，位于辽阳灯塔市柳河子镇米家沟村，并在辽阳灯塔市注册资本1000万元人民币，2022年注册资本增加到7800万元人民币，同年，本钢集团公司采取股权转让的方式，将球团公司资产由本钢板材公司转让到本钢矿业公司。

二、发展历程

（一）南芬露天铁矿

南芬露天铁矿隶属于本钢集团矿业公司，是重要的铁矿石生产基地，也是目前国内较大的黑色冶金单体大型现代化露天矿山之一。南芬露天铁矿开采历史悠久，具有一百多年开采历史，早在1755年就进行矿石开采，1911年日本资本家大仓喜八郎以中日合办为名，到庙儿沟开矿，始建“庙儿沟”铁矿。1931年日本侵占东北后，将中日合办的本溪煤铁公司改名为“株式会社”本溪煤铁有限公司，在庙儿沟进行掠夺式开采，直到1945年东北光复。解放后，南芬露天铁矿于1949年5月1日正式恢复生产，1956年全面进入机械化开采阶段。南芬铁矿于1955年由苏联列宁格勒矿山设计院做初步设计，1956年由鞍山矿山院做技术设计和施工图设计，1957年建成投产。一期境界露天底为+466 m，矿山规模为470万吨/年，年剥岩量为560万吨，生产剥采比为1. 19 t/t。1970年矿石产量达700万吨。

20世纪70年代，国家急需钢铁产品。1974年，鞍山矿山院对该矿进行了扩建设计。根据当时的勘探情况，确定二期开采露天底标高为+190 m，矿山规模为1000万吨/年，岩石量为2300万吨/年，生产剥采比为2. 3 t/t。

由于受冶金行业形势变化及其他多方面因素的影响，南芬铁矿目前生产的实际现状与2009年完成的《南芬露天矿1500万吨/年扩产工程初步设计》有很大偏差，《南芬露天矿1500万吨/年扩产工程初步设计》已经无法继续执行并指导矿山生产。根据本钢对铁矿石的需求及南芬露天铁矿长期发展需要，为解决南芬露天铁矿开采面临的困难，委托中冶北方（大连）工程技术有限公司对南芬露天铁矿进行开采设计优化工作，目前矿山开采正在执行优化后的设计。

（二）歪头山铁矿

歪头山铁矿早在清朝道光年间就进行开采，距今已有100多年的历史，当时是手工露天开采，时采时停。日本大仓财阀1911年与清政府、1912年又与奉天当局合办“本溪湖煤铁有限公司”，1915年7月13日该公司取得了歪头山铁矿的开采权。1938年本溪湖煤铁公司委托日本赤松者代为开坑采矿，采用手工坑道开采，边采边探。1948年东北解放后，歪头山铁矿回到人民的手中，1957年根据国务院的指示，歪头山铁矿开始基本建设，1958年12月停建。1959年5月歪头山矿再次开始建设，直到1961年12月歪头山铁矿再次停建；1970年4月根据国家指示，彻底改造本钢，决定再建歪头山铁矿，1970年具备采矿条件。1973年全面正式投入生产，到1983年矿石生产已达到设计能力500万吨水平。1987年本钢后备矿山—马耳岭铁矿开始大规模建设，1991年5月25日马耳岭运矿专用线竣工投入生产，全长1834 m。

针对歪头山铁矿床矿体薄、矿岩交界复杂的特点，为降低矿石损失，提高磨矿质量和磨矿能力，1990年6月5日，冶金部“七五”期间重点科研攻关项目“CTDG-1516型大块干式磁选机”首先在我矿成功应用。1991年10月30日，铁精矿质量创国优，夺得国家金牌奖。

（三）南芬选矿厂

1910年，清朝政府与日本财团联合经营本溪湖煤铁有限公司共同开发庙儿沟铁矿时，就在南芬地区兴建选矿厂。解放后，南芬选矿厂立即开始修复建设，于1950年4月一选（原一分场）全部生产，1951年2月二选（原二分场）B厂恢复生产。

1978年鞍山矿山设计研究院根据南芬铁矿采选年处理矿石1000万吨的设计和品位提高后球磨机台时处理能力大幅度下降的实际情况（南芬选矿厂从1975年开始提高铁精矿质量，由62.50%提高到63.50%、65%、66%，直至68%），对全厂19个系列的年处理能力在精矿品位达到67%的前提下进行重新核定，核定全厂处理能力为709万吨；若达到年处理1000万吨矿石的能力，尚需增加年处理能力291万吨，以此确定了新建五选ϕ2700 mm×3600 mm球磨机七个系列及其配套设施。五选一期工程三个系列于1982年安装调试完毕，第二期工程同年开工，1989年安装调试完毕正式投入运行。

2004年，开始新建一个200万吨/年磨选车间，拥有ϕ3600 mm×6000 mm球磨系列2个，2005年8月完工并投入运行。2009年9月为充分利用矿产资源，南芬选矿厂又增加了红矿工艺处理赤铁矿石生产工艺流程。红矿处理赤铁矿石采用半自磨、弱磁、强磁、反浮选流程。2015年、2016年建成三段磨选2个系列用于处理筛上产品及中矿，部分流程由振网筛自循环改造成筛上再磨。

2023年开展南芬铁矿绿色矿山选矿提效及智能化一期改造，对原工艺设备进行替代升级改造。2023年7月18日，大型化一期A段正式投产，标志着百年选矿从此迈上了绿色矿山、智能矿山的现代化发展之路。

（四）贾家堡铁矿

自1997年以来，先由辽阳县寒岭镇大南山铁矿引进开采，年产铁矿石20万吨。2004年7月13日，辽宁省国土资源厅将贾家堡铁矿采矿权“以协议价有偿出让给本钢”。2009

年 1 月注册成立本溪钢铁（集团）矿业辽阳贾家堡铁矿有限责任公司。为扩大矿山生产规模，打造采选一体化矿山企业，2009 年 9 月、2012 年 3 月，贾家堡铁矿露天采场和选厂相继开工建设，2014 年 7 月选厂投产运行。

贾家堡铁矿露天开采矿、矿岩运输系统采用公路开拓汽车运输方式，设 1 个总出入沟，位于露天采矿场西北 108 m 标高处，采出矿石经自卸汽车直接运往选矿厂，岩石经自卸汽车运往排土场。矿山采场道路系统采用螺旋布线方式直到露天底。采用自上而下的逐个水平分层开采方法，沿自由面布置采掘工作线，工作面推进方向为自南向北推进。贾家堡铁矿前期采用露天开采，后期转入地下开采，现阶段处于露天开采末期。目前正在开展露采转地采前期准备工作，2021 年 9 月 15 日取得了 400 万吨露天/地下采矿证，2022 年 3 月 22 日取得露采转地采项目核准，2022 年 9 月 29 日露采转地采项目安全设施设计取得国家矿山安全监察局批复，预计 2023 年 3 月份开始地采基建，建设期 4 年，2027 年初全面转入地下开采。

（五）北台铁矿

1964 年北台铁矿由辽宁省公安厅劳改局接管，由劳改队负责继续大规模建矿，迅速开拓大顶子、张家沟采场。先以人工和半机械化开采，以少量投资迅速建设，达到了早投产早获利的目的，并由小到大逐步实现了全部机械化生产。2008 年，大顶子、北台沟、东庙山三个采场已先后停止开采（大顶子、北台沟采场留作地下开采），铁矿石资源面临紧缺状态。

2014 年 7 月，为增强北台铁矿张家沟采场东帮边坡的稳定性，确保采场扩帮生产及运输道路安全，在适当放缓东帮的整体帮坡角的同时，将采场开拓系统由螺旋式开拓改为靠西帮的折返式开拓，并在 145 m 处往选厂受矿槽增开一条短运距固定坡道。开拓系统调整后可多圈入矿量 170 万吨，Fepp 矿量 100 万吨，多圈入岩石 1160 万吨，开拓系统调整部分 Fepp 矿量按 2∶1 折算矿量后的平均剥采比为 5.5 t/t。145 m 处往选厂受矿槽增开一条短运距固定坡道，使铁矿石汽运取代平硐溜井汽运联合运输。2018 年 7 月中旬北营钢渣处理环保改造及资源综合利用一选磁选粉水磨重选改造项目正式启动，2019 年 7 月 15 日试生产运行。项目投资 1737 万元，年可处理 TFe 28%磁选粉 37 万吨，年提纯铁精粉 12 万吨用于烧结、粒钢 6700 t 用于炼钢。

（六）辽阳球团公司

辽阳球团公司 2013 年 12 月完成高压辊磨工程；2016 年环冷机 1 号、2 号冷却风机节能变频改造项目已正常投入运行，投资 2484 万元新建球团脱硫生产线系统改造工程，并投入试运行。2017 年通过了灯塔市环保局专家会，完成了整个项目的整改，取得了环评批复；脱硫系统在线检测设备的验收，正式与灯塔市环保局联网运行。2019 年马耳岭球团厂 6 t/h 烟气余热锅炉改造。2019 年辽阳球团有限责任公司三级计量系统工程改造；搭建能源计量网，对各作业区操作室、化验室、检斤室、变电所的指标数据进行采集、统计，对原矿量、精矿量及各项指标进行采集和终端录入。2019 年 10 月马耳岭球团厂生活污水处理站升级改造。2020 年 10 月烟煤蒸汽锅炉环保提标改造，购置并安装一套 PNCR 烟气脱硝装置，满足环保验收标准至环保验收合格。2021 年年修期间将干返系统 2 条皮带改造成密封式重型刮板机。

三、企业改革

南芬露天矿随着本钢的不断发展壮大，对铁矿石的需求不断增加，本钢加大矿山投入，不断引进现代技术装备，先后引进美国生产的矿用汽车 789C、MT3600B、MT3700B、PV351 液压钻机、295B 电铲，德国利勃海尔液压电铲和北方重汽 MT4400AC 大型矿用汽车，衡阳生产的 YZ55 牙轮钻机、太重生产的 WK-20 电铲，全国最大的千万吨级矿石倒装站系统、大型移动式胶带输送机和排岩机。

1998 年，露天矿先后购进 3 台美国比塞洛斯公司生产的 295B 电铲，斗容 16.8 m^3，拉开了露天矿大型机械化开采的序幕。2003 年，382 岩石站系统投产，该系统主要由 6089 旋回破碎、重板给矿机、1 号和 2 号固定胶带机，3 号和 4 号移动胶带机、排土机等组成，投产后大大降低了车辆运距，降低了运输成本。2005—2007 年，先后投产 7 台由太原重工生产的 10 m^3 电铲 WK-10B，取代 195B 电铲和 WK-4 电铲。

2005—2010 年，先后投产特雷克斯载重量 172 t 的 MT3600B 及 186 t 的 MT3700B 电动轮汽车共计 23 台，载重量 177 t 的 CAT789C 机械轮汽车共计 9 台。2014—2015 年，又投产 4 台内蒙古北方股份载重量 220 t 的 MT4400AC 电动轮汽车，全面提升矿用汽车设备产能和技术状况。

2009—2011 年，投产太原重工生产的 20 m^3 电铲 WK-20 2 台，美国利勃海尔斗容 18 m^3 的 R9350E 液压电铲 1 台，进一步提升了岩石剥采能力。

2010 年投资 650 万元，组建露天矿 GPS 卡车调度系统，于 2011 年 1 月 1 日正式上线运行；系统实施完成后，达到了行业内先进水平，实现了矿用卡车、电铲的智能编组、优化运行和自动采矿作业，是实现矿山采运设备智能化建设的重要措施。

这些技术装备的投入，为矿山发展提供了可靠的设备保证。目前，南芬露天铁矿拥有固定资产原值 28.8 亿元、净值 8.6 亿元、矿用大汽车共计 38 台、牙轮钻机 13 台、10 m^3 以上电铲 13 台、矿用推土机 16 台，形成现代矿山穿、铲、运、排生产工艺流程，进入世界大型现代化矿山行列。

四、文化建设

南芬露天铁矿是历史文化和传统文化积淀丰厚的矿山。百年历史，沧桑巨变，一个由手工开采的矿山，发展成为中国最大的、技术装备水平最高的、铁矿石产量最高的冶金现代化大型露天矿山，年采剥总量两次突破 1 亿吨、铁矿的产量已达 1300 万吨以上。

南芬露天铁矿始终坚持先进文化的发展方向，推行企业文化建设发展战略，不断探索具有现代化矿山特色的企业文化建设实践模式，打造出具有矿山特点的企业文化，走出一条以“内化于心、固化于制、外化于行”的“一主三化”为主线的企业文化发展之路，以文化力打造矿山核心竞争力，提升矿山管理水平，促进矿山生产、安全、成本、设备、管理等全面提高；生产连年刷新历史最高纪录，各项经济技术指标连续领先全国最高水平。铁山人用智慧和创造，凭着“追求发展、众志移山”的精神和价值取向，创造了现代化矿山历史的辉煌。

在企业文化建设中，南芬露天铁矿党委服务生产、服务职工、搭建五彩缤纷的文化舞台，唱响主题旋律。以企业文化形象识别系统为主，外在形式、外化于行，着力塑造矿山整体形象。设计、改造矿山一号公路，体现绿色矿山的文化内涵，已成为矿山一道亮丽的风景线。修建九区休闲广场，为职工家属提供文化生活的活动空间。以迎接建国、建党周年为契机，举办大型歌咏比赛，举办职工才艺大奖赛，充分展示矿山职工多才多艺的风采。制作大型电视专题片《让历史告诉未来》，纪念矿山机械化开采五十周年。

以“全国工人先锋号”爆破作业区爆破班为题材，制作了《班长日记》微电影，参展全国“最”班组的评选活动，并荣获一等奖。在主题教育中，赓续红色血脉，汲取精神营养，传承红色基因，先后组织 13 批次、570 余名党员和团员青年到东北抗联史实陈列馆、本溪市烈士陵园参观学习；观看《建党伟业》等优秀党史题材影片，党员受教育率达 100%。同时，矿党委自主创作大型 MV 音乐作品《脊梁》、拍摄专题片《党旗飘扬》，弘扬铁山文化，激励当代矿山人奋勇向前、担当作为。

在“我为群众办实事”实践活动中，围绕职工“急难愁盼”问题抓落实，列出办实事项目清单 135 项，并全部完成，完结率达 100%。落实“绿水青山就是金山银山”理念，2021 年组织党员完成植树 5 万余棵、造林 150 余亩。解决偏远班组职工饮水难、洗浴难等问题；在“对标先进补短板、对话功勋促提升”主题活动中，立项 9 项，均已完成，完成率达 100%。申请国家专利 1 项，高毓山同志获得了全国冶金机械建材行业创新成果二等奖。

以“强我体魄，建设矿山”为宗旨的职工文化体育活动蓬勃开展，两年一届的矿山体育运动会成为矿山职工文化生活的一大盛事。南芬露天铁矿文化活动精彩纷呈、月月有活动、季季有竞赛，建立职工体育健身活动场所，被授予全国群众性体育活动先进单位和模范职工之家。

以矿山历史为原型，编写出版大型长篇小说《铁色庙儿沟》；以纪念矿山机械化生产五十年为契机，编辑出版大型画册《钢铁之源》，为矿山增加一层文化的光环。

南芬露天铁矿注重解决职工反映较大的突出问题，创造性开展工作。建立职工配餐中心，解决职工吃饭难的问题；修缮职工洗浴中心，解决职工洗澡难的问题；改造职工文化活动中心，解决职工娱乐难的问题。组建矿山管弦乐队、健身队、秧歌队、舞蹈队等，展示矿山职工精神文化追求载体。

每年投入大量的环境绿化资金，对矿山开发的周边、道路两侧，采场复垦，仅 2000 年以来先后建成了矿山公园、九区文化广场、矿二号门卫景点、生产指挥中心景区及二号排土场果园等绿化项目。目前，矿区平均可绿化率 98.9%，矿绿化面积达到 21 万平方米，投入绿化资金约 300 万元。

第九节 安徽马钢矿业资源集团有限公司

一、姑山矿业有限责任公司

（一）企业简介

马钢矿业资源集团姑山矿业有限责任公司（以下简称“姑山矿”）是一个有着一百多年开采历史的老矿山，是马钢重要的铁矿石开采加工基地。姑山矿区是长江中下游地区铁矿分布最集中的地区之一，在 10 km^2 范围内，已探明的较大铁矿床有六七处，总储量约 4 亿吨。

姑山矿是一个有着 110 年历史的老矿山，1954 年 2 月姑山矿在中国共产党的领导下获得重生，打响了马鞍山矿山生产的第一炮。

1957 年 4 月，姑山矿钟山矿场投产。1972 年姑山露天采场扩场，次年形成了 100 万吨的采矿能力。随着露天采场不断向深部开采，矿石资源已不能满足姑山矿发展的需要，2003 年，姑山矿第一个地下开采矿山——和睦山矿区开工建设，为姑山矿的可持续发展奠定了坚实的基础。2008 年，白象山铁矿开工建设。2020 年，备受关注的钟九铁矿 200 万吨/年采选建设工程正式开工，这是中国宝武专业化整合融合后马钢矿业首个铁矿资源开发利用项目。

姑山矿区水文地质条件极其复杂，国内外少见，在我国冶金矿山系统绝无仅有。饱受露天采场流沙及砾石层的影响、地下采场软岩及大水的困扰，一代又一代姑山人发扬“姑山风骨”精神，由原先只有一个露天采场发展为两座地下矿山、两个选矿厂和两座在建矿山，集采、选、运为一体的现代化大型矿石生产基地。

近年来，姑山矿深刻学习领会习近平总书记“两山”思想的精髓，以建设“资源节约型、环境友好型”矿山企业为己任，以安全管理规范化、资源利用高效化、生产工艺科学化、矿山环境生态化为基本要求，依托技术创新，优化资源利用，积极打造精品生产线，实施品牌发展战略。

姑山矿坚持绿色是发展底色。按照中国宝武“三治四化”“两于一入”的要求，将“绿色发展”的理念贯穿于生产全过程。通过技术创新，矿石资源得到高效利用，磁矿金属回收率达到 91%以上。钟山露天排土场、青山尾矿库生态复垦成为行业典范，先后荣获“国家级绿色矿山”“清洁矿山”等国家、省级荣誉。

姑山矿将创新作为发展动力。多年来，姑山人成功破解了姑山铁矿红矿选别、砾石层揭露两大世界难题；攻克了和睦山铁矿软岩支护、高应力地压矿体开采难关；解决了白象山铁矿极其复杂水文地质条件下的开采技术问题。姑山铁矿成为国内首家成功揭露砾石层的大水露天矿山之一的成果荣获中国冶金矿山科技进步奖一等奖，“十一五”国家科技术支撑计划项目——白象山铁矿特大型富水井下矿山防治水技术成为业界典范。近年来，姑山矿先后获得冶金行业、省市技术进步成果奖 40 余项，发明专利 28 项，实用新型专利 74

项。在创新驱动、科技兴企的道路上，姑山人敢为人先。

随着计算机技术、通信技术、信息技术在矿山行业的不断应用，姑山矿生产正在由传统的经验型向自动化、信息化、数据化方向发展。聚焦“四个一律”，姑山矿通过“自动化”“智能化”，积极创建智慧产线，将生产中的数据进行采集、存储、加工、传输，以实现矿山建设的智能化、从而提高业务管理效率、优化生产管理流程、降低生产综合成本、实现利润最大化。采矿系统将计算机的智能与人工智能相结合，在人员充分参与的情况下实现采矿设计、生产过程的优化；选矿系统以高度智能化的自动化、信息化系统为主，实现选矿全生产过程的优化控制以及优化管理。在“奉献、攀登、自主、拼搏”姑山传统文化引领下，姑山人积极探索资源安全与生态保护相统筹、矿山建设与绿水青山相协同、企业发展与职工意愿相一致的绿色矿山可持续发展新路子。

全力推进矿山建设实现矿山持续发展。姑山矿在走过的一百多年采矿历程中，特别是进入 21 世纪后，不断加大对矿山建设的投入，保证了这个百年老矿依然焕发出勃勃生机。

21 世纪初持续发力，姑山铁矿继 20 世纪 50 年代重建和 70 年代扩建，形成采运选 100 万吨综合生产能力之后，投资更多、规模也更大的矿山建设工程都发生在 20 世纪 90 年代至 21 世纪初这二十年时间里。在姑山露天采场可采资源面临枯竭的情况下投资 4995 万元扩建工程的实施，使矿山长期保持稳定的生产能力。当姑山采场生产能力行将进入衰减期的时候，投资 31364.58 万元建成投产的和睦山铁矿保证了矿山的持续发展，特别是投资 7.8 亿元于 2005 年开工建设的白象山铁矿建成后成为马钢矿山建设史上第一座建成投产的大型地下矿山。

1. 姑山采场 150 万吨规模（净增 50 万吨）扩建工程

1993 年 8 月，马鞍山钢铁公司矿山设计研究所与姑山铁矿合作完成《马鞍山钢铁公司姑山铁矿扩建 150 万吨规模可行性研究报告》，扩建工程估算投资 4995 万元。1993 年 8 月姑山矿 150 万吨/年扩建可行性研究报告通过专家评审。同年 11 月，姑山矿 150 万吨/年扩建项目获冶金工业部批准。

1994 年 3 月，姑山 150 万吨/年扩建办公室成立。

1994 年 8 月，马钢总公司规划设计研究所与姑山铁矿合作完成《马钢总公司姑山铁矿 150 万吨规模（净增 50 万吨）扩建工程初步设计》，根据设计本次圈入境界内矿量 2918.62 万吨，其中富矿 1512.94 万吨、贫矿 1203.95 万吨、表外矿 201.73 万吨。

1994 年底，150 万吨/年扩建累计完成扩建工程量约 1700 万元。

1997 年底 150 万吨/年扩建（已改为 130 万吨/年扩建）累计完成投资 3800 万元，当年投资重点在汽修厂房和设备安装。

姑山采场 150 万吨/年扩建工程以及后来两次调整，虽然因不可抗因素未能完全达到既定目标，但利用有限资金对矿山主体生产设备进行了及时的更新和补充，完成了汽车大修厂房等重要配套设施的建设，从整体上提高了矿山的装备水平，完善了生产工艺，为矿山在 1994—2012 年二十年间采剥总量连续保持在 400 万～500 万吨/年水平，矿石连续 11

年保持100万吨/年左右水平打下了基础。

2. 姑山采场西帮扩帮技术改造工程

姑山采场在进入2007年以后，因第四系含水层的制约，在连续维持了11年100万吨/年生产能力之后，将首次面临减产，当年实际出矿约80万吨。为了弥补矿山生产能力的不足，实现露天转地下开采之间的不停产过渡。2007年姑山采场西帮扩帮技术改造项目启动，当年10月由马钢集团设计研究院完成《马钢集团姑山矿业有限责任公司姑山露天采场西帮扩帮技术改造可行性研究报告》，并于2007年10月12日通过专家评审。2008年4月马钢集团设计研究院有限责任公司完成《马钢集团姑山矿业有限责任公司姑山采场西帮扩帮技术改造初步设计》，并于2008年4月18日通过了专家评审。

2008年7月18日，马钢（集团）控股有限公司马钢集〔2008〕62号文下达姑山采场西部扩帮技术改造项目建设计划，批准投资2312.6万元。

2009年马钢集〔2009〕9号文下达姑山采场西帮扩帮技术改造项目建设计划，批准投资5000万元，其中建安工程费3660万元。2011年，西扩计划范围内的建设项目（包括配套项目北帮防渗帷幕工程）全部完成。

3. 姑山采场露天转地下开采（含挂帮矿）工程

2004年9月16日，马钢两大公司党政联席会议同意姑山露天转地下开采立项。2004年10月，中国冶金矿业总公司鞍山冶金设计研究所编制完成《姑山露天转地下开采可行性研究》，2004年10月12日通过专家评审。

2004年11月16日，马钢（集团）控股有限公司以马钢集〔2004〕82号文下达姑山采场露天转地下开采建设计划，批准项目总投资8000万元。

2005年1月，由马鞍山矿山研究院完成《姑山采场露天转地下开采环境影响报告书》，马鞍山市环境保护局于2005年7月7日批复。

2006年11月2日，姑山采场挂帮矿工程开工，探矿工程同时开工。

2006年11月3日，姑山采场挂帮矿工程项目部成立。

2007年5月，姑山采场挂帮矿工程完成开拓工程，8月开始采矿。

2008年8月16—17日，姑山铁矿《姑山采场挂帮矿地下开采项目安全验收评价报告》评审，安全设施通过竣工验收。

2010年，挂帮矿工程完成投资229.29万元；2010年末，姑山挂帮矿一期工程南区基本上按计划完成其建设工作。

2011年4月25日，由中冶京城（秦皇岛）工程技术有限公司编制完成的《马钢（集团）姑山矿业姑山露天采场挂帮矿Ⅱ期开采工程可行性研究报告》通过马钢矿业公司组织的评审，Ⅱ期开采工程设计范围为露天采场东部4号勘探线至青山河堤保护界线之间的矿体。

2011年7月13日，会议决定成立挂帮矿Ⅱ期工程筹备工作领导小组，8月8日正式开始筹备工作。

2012年1月，中钢集团马鞍山矿山研究院有限公司完成了《马钢（集团）控股有限公司姑山矿业公司露天采场挂帮矿Ⅱ期开采安全预评价报告》，同年 8 月 13 日通过专家评审。2012 年 2 月中冶京城（秦皇岛）工程技术有限公司完成《姑山采场挂帮矿Ⅱ期开采工程矿产资源开发利用方案》的编制，设计开采范围内矿石资源储量 555.14 万吨，设计建设规模 50 万吨/年。

4. 和睦山铁矿建设项目

2002 年，为满足马钢的发展对铁矿石的需求，马钢以马钢集〔2002〕111 号文下达了《和睦山矿区建设一期工程项目计划的通知》，规模为 70 万吨/年。和睦山矿建设 4 条竖井，即主井、副井、回风井和设备井。

矿山采用主、副井开拓，主井和副井均为罐笼井，采用双层单罐配平衡锤提升。主井井筒净直径为 5.5 m，地表井口标高为+38.2 m。副井井筒净直径为 4.2 m，地表井口标高为+38.2 m。主井主要担负矿石提升，副井担负人员、材料和废石提升，并且也承担部分矿石提升。矿山总的生产能力为 70 万吨/年。

主井提升设备采用 JKMD3.25×4 型落地多绳提升机，副井采用 JKMD2.8×4 型落地多绳提升机，主、副井各中段马头门标高分别为-200 m、-250 m、-300 m。通风系统为主、副井进风，回风井回风的对角抽出式通风系统，回风井井筒净直径为 4.5 m，地表井口标高为+33.7 m，回风井各中段马头门标高分别为-50 m、-100 m、-150 m。设备井井筒净直径为 4.5 m，地表井口标高为+19.9 m，设备井各中段马头门标高分别为-100 m、-150 m、-200 m。

井口工业场地包括：主副缶笼井提升机房、主井窄轨铁路车场、副井窄轨铁路车场、压气站、配电室、总降压变电所、办公楼、高位水池等，选矿工业场地包括：粗破碎、中破碎、细破碎、干选厂及皮带通廊等，井下废石场选择位于井口工业场地南端废弃的露天采场。

和睦山铁矿 110 万吨/年扩能工程于 2013 年 3 月 16 日通过了安徽省安全生产协会主持的专家评审，2016 年 4 月 19 日取得采矿证，2015 年开始建设，2017 年 12 月 15 日通过验收、投产。

5. 白象山铁矿工程的建设

作为国家“十一五”科技支撑项目、安徽省“861”行动计划重点工程建设项目之一的白象山铁矿工程，是如今姑山矿业资源集团的主力生产矿山。白象山铁矿在 1991 年经规划给马钢作为后备矿山项目；1992 年安徽省主管单位以地矿〔1992〕107 号文件公告相关信息。该项目于 2003 年被马钢（集团）控股有限公司批准立项；2005 年 11 月，经省发改委核准，被列为安徽省“861”行动计划重点工程建设项目；2007 年 5 月被列为国家“十一五”科技支撑项目。

2003 年 10 月 22 日，白象山铁矿可行性研究报告通过专家评审。同年 12 月 28 日，召开了白象山铁矿建设工程安全预评估报告评审会。

2004 年，相继通过了白象山铁矿环境影响报告书评审、地下开采采矿方法及防治水方案论证评审，并办理了采矿许可。

2005年2月，白象山铁矿建设完成了初步设计书，次年1月24日成立马钢集团姑山矿业有限公司白象山矿区工程项目部，并开始前期建设。2005—2008年，先后陆续完成了风井、供电工程、前期防治水以及副井井筒地面灌浆工程。

2008年3月26日，白象山铁矿建设项目举行开工仪式，正式开工建设。同年，完成主要主副井掘进工程、风井过断层及相关附属公路、净化站等土建安装工程。

2010年11月26日，白象山选厂场平工程开工，后续湿式筛分厂房、磨选厂房及充填站土建也相继完成。直至2013年5月15日，投资7.8亿元、200万吨/年铁矿石的马钢姑山矿业公司白象山铁矿项目，经过建设者合理调度，科学创新施工，进展快速，实现了试生产。

6. 钟九铁矿建设项目

钟九铁矿隶属于姑山矿业公司，是国家计委、地矿部批准的全国十六个冶金及辅助原料国家规划矿区，并列为马钢后备矿山；位于安徽省当涂县内，现行政区划属于马鞍山市经济开发区，矿区面积2.0155 km^2。

2017年委托金建工程设计院设计，采矿能力200万吨/年，年产品位65%铁精矿77.08万吨，设计利用资源储量5430万吨，设计概算投资9.4767亿元，基建期4~5年，服务期31年。

2020年基建项目动工，矿区开采技术条件属于水文地质条件、工程地质条件复杂类型。

矿山采用竖井+斜坡道联合开拓方式，设1条主井、1条副井、1条回风井、1条地表斜坡道。

主井：井筒净直径4.5 m，井深684.5 m。采用箕斗提升，担负矿石、废石的提升任务。

副井：井筒净直径7 m，井深616 m。采用罐笼提升，担负人员、材料、设备等的提升和下放任务，并负责矿区的主进风任务。

风井：井筒净直径6 m，井深260 m。采用井筒+分段盲竖井方式回风，担负整个矿山回风任务。

斜坡道：净断面尺寸4.2 m×3.6 m，长度4430 m，承担辅助进风和材料运输功能。

采矿工艺：-380 m以上矿体采用下向进路充填采矿法进行回采，部分矿、岩稳固性较好区段采用上向进路充填采矿法进行回采。

7. 姑山露转井项目

姑山铁矿为开采多年的露天矿山，露天采场已于2016年9月开采至设计最低标高-148 m结束开采。在露天开采后期，先后实施了一期和二期挂帮矿开采，目前已经全部结束。

依据《安徽省当涂县姑山铁矿资源储量核实报告（2018年）》及《安徽省当涂县姑山

铁矿床2020年度矿山储量年报》，采矿权7线以西设计开采范围内，保有铁矿石资源储量为4797.69万吨。

姑山铁矿露天采场北部的钓鱼山厂区已建有破碎筛分车间、生产辅助设施及行政办公与生活设施，并建有铁路专线从钓鱼山厂区运输姑山铁矿石至龙山选厂的姑山铁矿石处理系统。因此，在保有资源储量和已有生产设施条件下，实施姑山铁矿露天转入地下采矿工程。

经多方论证，姑山铁矿露天转地下工程采用竖井开拓方式，设置主井、副井、充填井及回风井。主井、副井布置于钓鱼山厂区内，其中主井担负矿石提升及部分进风任务，副井担负废石、材料、设备、人员等辅助提升及部分进风任务，并兼作安全出口；充填井布置于露天坑北部作为安全出口及充填管路下井通道，并担负部分进风任务。回风井布置于露天坑南部，担负井下回风任务，并兼作安全出口。

姑山铁矿露转井工程原由桃冲矿业公司负责建设，2017年3月开工，2017年3月—2018年3月先后完成了主井掘砌、副井掘砌以及充填井招标工作。2018年3月，姑山矿业公司接管项目建设工作。

姑山矿业公司接管项目建设后，2018年3月—2019年12月，先后完成尾矿输送管线敷设、副井改绞并转平巷掘砌、充填井冻结掘砌、主井提升及地面栈桥运输系统建安工程、充填系统建安工程、-350 m中段充填井以北所有井巷工程掘砌、井下中央泵房及变电所安装等。

2019年12月，-300 m中段发生突水，项目部组织进行了“-300 m注浆堵水工程”“副井深井排水泵采购及安装工程”“抢险期间水文观测孔设计及施工”、复工方案编制及评审等工作，至2020年11月完成井下涌水疏排、井巷工程恢复治理等工作并取得主管部门的复工许可。

2020年11月—2021年6月，先后完成-350 m中段掩护注浆堵水工作、-350 m中段充填井以北铺轨架线、-350 m中段防水闸门安装、钓鱼山变电所扩容改造工程、风井冻结掘砌，-300 m中段突水段管棚施工、初步探矿工作及首段50 m长探帷幕注浆工作，-350 m水平亦同步开展了探矿及主巷迎头长探帷幕注浆工作、开掘充填井一侧潜水泵水仓，完成-350～-300 m中段间矿石溜井施工，目前正进行-300 m中段、-350 m中段的防治水与掘砌工作。

（二）精益求精勇攀高峰

1. 红矿磨前系统改造工程

为适应企业发展和产品结构调整的需要，提升企业效益，2010年龙山选厂磨前系统改造工程项目开始启动。2010年3月马钢集团设计研究院有限责任公司完成《马钢（集团）控股有限公司姑山矿业公司红矿磨前系统改造工程项目建议书》的编制，该院于同年5月完成《马钢（集团）控股有限公司姑山矿业公司红矿磨前系统改造工程初步设计》。

2010年7月完成初步设计评审，2011年集团公司批准立项，计划总投资1820万元。

红矿磨前系统改造工程 2011 年 6 月启动，2012 年 11 月底完工，2012 年 12 月底通过验收。

2. 钓鱼山富矿加工系统

钓鱼山富矿加工系统原称钓鱼山块打粉工程，系根据集团公司产品结构需求立项。

2010 年 9 月 19 日，马钢（集团）控股有限公司下达《关于姑山矿钓鱼山新建 20 万吨/年块打粉项目立项的通知》（马钢集〔2010〕44 号）。2010 年 9 月 28 日，成立钓鱼山块打粉工程项目部，由马鞍山市江东建安有限责任公司第三建安分公司承担该项工程施工建设。

2010 年 11 月 24 日，会议对钓鱼山富矿加工系统设计方案进行变更，取消粉矿生产，只保留块矿生产，调整钓鱼山富矿加工系统工艺流程，取消生产粉矿的工艺部分。

2010 年 12 月 13 日会议确定钓鱼山富矿加工生产线建成后按租赁的形式交实业公司使用，按矿部下达的生产任务组织生产。

2011 年 2 月 18 日，钓鱼山富矿加工生产线竣工，3 月底进行试生产，通过设备调试和试生产期间的考察以及生产线整改；到 2011 年 7 月中旬，已具备规模块矿生产条件。

3. 白象山 3A 级景区建设规划

为进一步响应集团“两于一入”的环保工作原则，推动企业“走生态优先，绿色发展之路”，按照集团公司的发展要求，根据白象山铁矿生态环境的现状，规划建设白象山 3A 级工业景区；以自然山水为本底，构筑以矿业文化与自然山水共生的绿色矿业之旅，将白象山生态环境更好地融入周边景区氛围，提升品质与周围环境和谐统一，同时积极探索“矿业+生态”联合发展模式，打造现代化矿山工业示范标杆。

2021 年 9 月 3 日，由中国地质下属北京岩土工程勘察院有限公司编制的《白象山铁矿 3A 级工业景区创建总体规划方案》成功通过了评审。3A 级景区的总体规划主要由井上和井下两部分组成，通过对矿山区位、矿山地质条件、开采现状的分析，将法律法规中对环境保护、水土保持、地质灾害防治等标准与促进生态矿区发展融合，既保障钢铁粮仓的地位，又适应现行社会经济发展的形势，打造太白文化+徽州文化+矿业文化为一体的徽风皖韵美丽矿山。

3A 级景区建设目前已经陆续开展“旭日白象”“青山学徒”两大分区建设，景区大门、游客中心、入口广场、青山步道和观景平台都已先后完成，后续将逐步实现“知物研修”以及“玄铁寻秘”+“穿越地心”的井下规划。

科技让姑山矿业插上腾飞的翅膀。姑山矿业有限公司是安徽马钢矿业资源集团的子公司，地处安徽省当涂县城南 11 km，距马鞍山市 25 km，距芜湖市 18 km。矿区有专用铁路线与宁芜线接轨，紧靠矿区的县级公路与 205 国道相连，长江支流青山河在矿区东侧穿过，水、陆交通十分方便。姑山矿业公司是有着百年开采历史的老矿山企业，目前生产矿山有姑山铁矿、和睦山铁矿、白象山铁矿，闭坑矿山 1 座（钟山铁矿），姑山露转井和钟九铁矿 2 个在建矿山，主要有白象山精矿、和睦山精矿、姑山精矿、姑山块矿 4 种产品。

姑山铁矿的矿石资源探明地质储量约为1.1亿吨，铁矿开采最早可追溯到民国初年，历经约110年开采的姑山铁矿已结束露天开采阶段，尚有7000万吨资源未被开采，因此实施露天转井下工程，姑山铁矿进入地下开采的新阶段。

姑山铁矿矿石性质根据形态特征、矿化程度，将矿石分为：块状、角砾状、网脉状、浸染状矿石4种，以前两种为主。矿床受燕山运动、岩浆侵入和火山活动的作用，赤铁矿主要有两个主要沉淀过程：第一阶段沉淀形成的自形晶，程度较好，颗粒较大，赤铁矿集合体呈骨架状、平行板状。其间充填硅质脉石，多数被第二阶段沉淀的赤铁矿胶结成角砾状结构矿石。第二阶段沉淀形成的以半自形细粒隐晶结构为主，与硅质脉石紧密共生呈致密块状结构。该密块状矿石占46%，多为含铁大于45%的富矿；角砾状矿石占48%，多为含铁30%~45%的贫矿；其他浸染状和网脉状矿石占6%，均为表外矿。

和睦山矿区矿石储量近3000万吨，包括后和睦山、后观音山等矿体，属于磁铁矿、赤铁矿混合矿区；后和睦山及后观音山采出矿石，以磁铁矿为主，其他铁矿物含量较低。

和睦山铁矿矿石自然类型主要有浸染状、稠密浸染状、层纹状、角砾状，脉石矿物主要为黏土类、碳酸盐（白云石、方解石）、石英、长石、透闪石、绿泥石和磷灰石等。

白象山铁矿是姑山铁矿区内一个总储量1.5亿吨的大型富水矿床，矿区位于长江下游一大型铁矿床聚集群中，主矿体赋存在闪长岩与砂页岩接触带的内带。

白象山铁矿床为一气化高温热液交代矿床，矿床的矿物成分比较复杂，主要为铁的氧化矿物、硫化矿物、硅质矿物、碳酸盐矿物、硅酸盐矿物等，还有少量磷酸矿、硫酸盐矿物和氟化物等40余种。矿床中主要的金属矿物有：磁铁矿、假象-半假象赤铁矿、赤铁矿、菱铁矿等，其次有少量的黄铁矿和极少量的磁黄铁矿、黄铜矿、伴生有钒钴等有用金属矿，脉石矿物有：金云母、石英、铁白云石、绿泥石、滑石、钠长石、磷灰石等。

21世纪开始，姑山矿围绕科技创新，不断发挥科技人员的智慧才智，结合姑山矿铁矿石难磨难选、矿山复杂富水等一系列重大难题，先后取得了国家级科研成果一项、省部级科研成果16项、省部级科研进步奖15项，为姑山矿业公司平稳有序发展奠定了坚实基础。

（三）围绕产能提升，大力开展采矿科技攻关

姑山矿业公司面对复杂的采场实际，充分发挥科技人员攻坚克难的决心，不断开展科技攻关，解决了一个又一个技术难题，为姑山矿生存发展创造了有利的条件。

1. 第四系砂砾卵石层承压水下矿体开采综合技术攻关

姑山矿姑山露天采场水文地质条件十分复杂，是国内冶金矿山系统一座典型的大水矿山。由于种种地质原因，其边坡下覆数千万吨矿石资源无法回采。针对困扰矿山多年的第四系砂砾卵石层承压水下矿体开采世界性的治水难题，姑山矿协同相关科研院所和工程单位创新提出并实施了深部嵌入式可控双液灌浆帷幕治水技术。在实施过程中，采取了分层疏干、逐步推进、控制爆破、台阶软土置换、压坡护坡、及时内排覆盖及动态监控等技术措施，形成了第四系砂砾卵石层承压水下矿体开采综合技术。2009年6月，工程开挖成

功，实现了下覆矿体开采。按照开采设计，分别在采场-70 m、-82 m、-94 m及-106 m台阶进行逐级推进，2009—2010年可回采北部帮下部铁矿石103万吨。来自中国冶金科技发展中心、东北大学、南京大学、河北理工大学、青岛理工大学、首钢矿业公司、鞍山弓长岭矿业公司等单位的专家、教授，通过听取介绍，深入采场现场考察，查看查新报告，一致认为“姑山铁矿露天采场第四系砂砾卵石层承压水下开采综合技术研究成果”达到国际领先水平，这项技术在国内外金属露天矿山属首次应用，为第四系砂砾卵石层承压水下矿体开采开辟了新的治水途径。

2. 姑山铁矿露天采场挂帮矿开采方案及其优化

姑山铁矿为20世纪中叶国家投资建设的露天开采矿山，原设计生产规模为年产矿石120万吨。经过多年的开采，姑山铁矿露天开采即将结束，露天境界外的矿石资源需采用地下方式开采。在正式转入地下开采之前，先期开采露天边坡挂帮矿，以做到尽早出矿，补充露天生产量的不足，并为后期大规模地下开采积累经验。

挂帮矿开采范围内的露天边坡需保护，地表不允许塌陷，所以开采边坡矿不能采用崩落法。由于矿山充填系统短期内不可能建成，因此开采边坡矿也不能采用充填法。依据原有地质资料，设计采用分段空场法及点柱法。根据西南挂帮矿-92 m中段探矿工程揭露情况，矿体产状、规模变化较大，最终确定采用浅孔留矿法。

矿块采准工程首先施工通风人行天井，在施工过程中发现下盘围岩稳固性差，天井施工坍塌严重，支护也非常困难；矿体下盘倾角变化大，矿岩交界线很不规则，而矿体稳固性较好。为此，对原设计方案进行了调整，将天井由下盘矿岩交界处移至矿柱中间，将斜天井改为直天井，大大降低了施工难度。同时，根据矿体稳固性较好的特点，决定将每个矿房内设置的两条拉底巷道取消1条，且不设底部桃形矿柱，不但节省了采准工程量，而且提高了矿石回收率。采掘比由6.98 m/kt降为5.71 m/kt；矿石回收率设计为65.35%，实际回收率为69.62%。

通过先期开采露天边坡挂帮矿，积累了地下开采的经验，摸索到在姑山采场特定地质条件下切合实际的采准方法，并为西南挂帮矿下部各中段回采提供了有益的借鉴。

3. 和睦山铁矿近顶柱开采进路结构参数优化

和睦山铁矿包括后和睦山矿段及后观音山矿段，采矿方法分别为无底柱分段崩落法与预控顶上向进路充填法，其中后观音山矿段当前的进路规格6.0 m×6.5 m。随着占和睦山铁矿40%左右产能的后和睦山矿段采场回采结束，以及后观音山矿段保有储量的减少和回采条件的恶化，和睦山铁矿即将进入以残矿回收为主的减产期。

随着和睦山铁矿的持续开采，后观音山矿段在开采分层接近顶柱位置时，回采进路顶板和周围矿柱（一步采的原岩矿柱或二步采的人工充填体矿柱）所受压力增大，加之下部各分层回采爆破作业振动累加作用，近顶柱、分层矿体整体性受到破坏，回采过程中易出现片帮、冒顶等突发事故，影响回采作业安全和资源回采率。亟须确定合理的进路结构参数，为后观音山矿段近顶柱矿体安全回采提供依据。

以此为基础，采用 ANSYS 对不同结构参数下的进路进行模拟，分析其应力分布特征及安全系数变化趋势，得到不同矿岩稳定性条件下的进路参数优化结果。通过实际工况的对比，最终确定宽度为 3.0 m、高度为 3.0~4.0 m 的近顶柱进路结构参数。

4. 白象山铁矿安全高效开采技术优化

白象山铁矿初步设计主体采矿方法为机械化盘区上向分层连续倾斜进路尾矿充填采矿法（简称“连续倾斜进路尾矿充填法”）和机械化盘区点柱式上向分层充填采矿法（简称“点柱充填法”）。设计采矿方法对矿体倾角、厚度等开采技术条件的适应性强，回采率高、贫化率低。由于白象山铁矿水文地质条件复杂，是典型的大（富）水矿山，地表水系纵横，地下水系复杂，而且矿岩稳固性差，矿体形态多变（夹石、复合、尖灭再现），后经矿山与中南大学进一步研究，将采矿方法变更为普通上向进路充填法、预控顶上向进路充填采矿法和小分段空场嗣后充填法。

普通进路充填法，由于采用巷道方式采矿，安全性好，布置灵活，便于探采结合，由于回采进路均为独头巷道掘进，因此生产效率低、成本高、通风困难。为提高进路回采效率，根据和睦山铁矿、白象山铁矿地下矿山开采实际情况，发明了预控顶上向进路充填法，该方法将进路规格由普通上向进路充填法的 4 m×4 m 扩大为（4~6）m×(6~8）m。

预控顶上向进路充填法的实质是将上向水平进路充填法“自下而上单分层回采”变为“自下而上双层合采”，是将空场法与充填法进行技术性融合，通过预先加固顶板，下向采矿形成较大空场，然后充填的一种采矿方法。其基本特征是：将两个分层作为一个回采单元，首先回采上分层（控顶层），采用措施加固顶板后，再回采下分层（回采层），两分层回采完毕后，进行充填。本采场所有上下两层进路回采充填完毕后，再升层至上两个分层。

预控顶上向进路充填法通过预控顶技术，将普通 4 m×4 m 进路扩大为 4 m×7 m，之后进一步优化为 6 m×(6~8）m。在此基础上，白象山铁矿根据矿岩稳固性，在部分相对稳固地段将预控顶上向进路充填法进路规格进一步扩大，形成宽 6 m、高 10.5 m 的小分段空场嗣后充填法。

5. 白象山铁矿数字化矿井通风与智能调控技术应用

白象山铁矿水文地质和工程地质条件复杂，是典型的富水破碎矿床，主体采矿方法为预控顶上向进路充填采矿法和小分段空场嗣后充填采矿法，设计生产能力 200 万吨/年。由于进路采矿能力有限，白象山铁矿必须采取多中段、多盘区、多进路，同时回采方能满足产能要求。点多面广的开采布局和用风点的频繁变动导致通风线路较为复杂，风流精准调控异常困难，高质量按需通风已经成为白象山铁矿面临的一大难题，而且随着未来扩能工程的实施，这一问题将更为突出。

白象山铁矿利用专业数字化通风软件建立矿山数字通风系统，对矿井通风系统全面实测，细致、透彻地评价整个通风系统的现状。构建白象山铁矿三维数字化通风网络模型，对矿井通风系统进行准确、专业的评估，根据实测数据和解算数据对当前通风系统存在的问题进行诊断与分析，并根据问题制定优化方案，改善井下采矿风量不足的问题；利用三维数字化通风网络模型评价分析不同时期不同方案通风效果，结合实时在线监测系统监测数据，对易发生火灾重点区域加强监控，根据发生地点模拟污风行走路径，科学快速选择避险路线，为白象山铁矿火灾事故提供应急处置预案。

数字通风模型初步构建完成后，根据实测数据修正三维数字化通风模型，以实测数据为标准数据，构建出符合白象山铁矿实际通风情况的三维数字化通风模型，并以三维数字化通风模型辅助白象山铁矿通风系统动态管理，对不同调风方案验证对比；在检验调风方案效果后再实施，更有利于科学动态管理通风系统。

通过三维数字化通风模型，可验证调风方案通风效果，合理分配风流，有利于有效减少井下风流的浪费，从而降低风机能耗；可实现多方案快速对比，从中选择最佳方案，可对未来生产变动情况下的通风系统解算验证，能够帮助矿山更准确地进行未来通风系统的基础建设，可以在生产变化时保证通风系统的承接性，避免投资浪费，辅助矿山通风系统动态管理，提高管理技术效率，同时降低通风系统管理运维成本。

（四）围绕提质增效，大力推进选矿新成果应用

1. 姑山铁矿红矿 Slon 立环脉动高梯度磁选机应用

SLon 立环脉动高梯度磁选机是针对我国量大而广的低品位氧化铁矿、钛铁矿、锰铁矿等弱磁性铁矿石选矿而发展起来的。

1989—1990 年姑山矿、中钢集团马鞍山矿山研究院、马钢集团设计院三家合作，完成阶段磨选—强磁 SQC—高梯度（SLon-1000 型）一粗一精一扫工业试验，一段磨矿-0.074 mm 占比 45%左右，二段磨矿-0.074 mm 占比 80%～85%，试验结果：中矿品位 32.48%、精矿品位 58.19%。试验中 SLon-1000 型脉动高梯度磁选试验机处理能力为 5 t/h，现场采用分流试验。该成果通过冶金部组织的技术鉴定，1992 年 SLon-1500 型脉动高梯度成功应用于扫选生产。

针对姑山选厂生产中的 SQC 湿式平环强磁选机设备老旧且分选齿板易堵塞等问题，于 1998—2001 年分阶段逐步完成了阶段磨选—高梯度（SLon）一粗一精一扫全磁选流程改造（即 SLon1750-SLon1750K-SLon1500）。生产实践表明，强磁 SLon 高梯度富集比大，分选介质不易堵塞，选矿效率高，回收细粒级赤铁矿效果好，达到提质降磷的效果（铁品位≥58.5%，P≤0.25%）。

1991 年 12 月“SLon-1500 立环脉动高梯度磁选机回收姑山细粒尾矿研究”获安徽省科学技术进步四等奖，1993 年 12 月“姑山铁矿红矿强磁高梯度阶段磨矿工艺研究”获马鞍山科学技术进步奖一等奖，1995 年 12 月“SLon 立环脉动高梯度磁选机的推广应用”获国家科学技术进步奖三等奖，2004 年 8 月“弱磁性矿石高效强磁选技术与设备”获得江西省科学技术进步一等奖。

2. 和睦山铁矿磁矿重磁拉磁选机应用

和睦山选矿系统于 2006 年建成投产，设计规模 70 万吨/年，设计精矿品位 64%，

2013 年完成了 110 万吨/年扩能改造，增加了高压辊超细碎。和睦山原矿为混合矿，采用弱磁—磁选柱—强磁高梯度—螺旋溜槽阶段磨选工艺，柱精和螺精作为最终的精矿产品，生产稳定顺行。2015 年随入选原矿磁性率不断提高，和睦山系统混合矿回收工艺改为单一磁铁矿回收工艺，降低了成本。2016—2018 年，通过重磁拉选分级磨矿联合作业及二段溢流—高频细筛—淘洗机（磁选柱）串联等新工艺的开发应用，和睦山精矿品位由 64%逐年提高至 66%。2020 年“和睦山磁铁矿提质增效选矿工艺技术集成研究”项目获得中国钢铁工业协会、中国金属学会冶金科学技术奖二等奖。

2017 年完成了重磁拉选分级磨矿联合作业新工艺的现场配置研究及设备安装和 3 个月的工业试验，并进入生产试运行。取得了把宽粒级湿式预选与磨矿分级结合，形成粗粒分选分级磨矿组合作业，提前选别、分级，减少磨矿负荷，达到降低磨矿成本的新工艺，磨前抛尾产率为 18. 38%、品位为 10. 73%粗粒尾矿，入磨量减少 20~30 t/h 等预期效果，为后期停开三段磨矿，优化和睦山选矿工艺做好准备。粗粒尾矿得到综合利用，细粒尾矿由 0. 09~0. 075 mm 提高到 0. 19~0. 17 mm，对尾矿充填体强度提高和尾矿坝安全稳定从源头得到改善。

3. 白象山铁矿磁铁矿高效磁选新技术应用

白象山选矿厂设计规模为 200 万吨/年，采用原矿—预选（包括中碎产品干式磁选和辊压产品湿式预选抛废）—阶段磨矿（一段磨矿细度为 65%，二段磨矿细度 90%）—阶段弱磁选—细筛—淘洗机的选别流程，设计年产精矿 93 万吨，精矿品位 64. 01%，2013 年建成投产。白象山选厂达产初期 TFe 回收率 88. 56%、总尾 TFe 品位 7. 80%，随着选厂所处理的矿石中西部矿石比例越来越大，生产中发现原矿中有用矿物趋细，而细粒及微细粒铁矿回收难度大；同时，普通磁选设备处理能力不足，TFe 回收率逐步降低到 85. 68%、总尾 TFe 品位逐步提高到 9. 95%，导致尾矿排放量大、精矿成本升高、竞争能力下降，有限的矿产资源得不到充分利用。

2020 年白象山选矿厂为提高选厂磨选工艺指标，保持精矿选别质量稳定，降低能耗、物耗，最终实现公司降本增效目标，开展了高效磁选新技术研究与应用工作，最终在 2021 年初完成了高效磁选新工艺的现场配置研究、设备安装和工业试验，并进入生产试运行。一段磁选 2 台 XCTB-1530 磁选机改为 2 台 CTB1545 高效磁选机，二段磁选 3 台 2CTB-1230 磁选机改为 2 台 T-GCT1545 高效磁选机，尾矿管道改为尾矿溜槽，增加尾矿矿浆通过量。

通过高效磁选新技术的应用，一段高效磁选精矿铁矿品位提高 0. 84%，尾矿中磁性铁品位降低 0. 51%；二段高效磁选精矿铁矿品位提高 1. 03%，尾矿中磁性铁含量降低 0. 24%；总精铁矿品位提高到 65. 40%，总精铁回收率提高到 86. 84%。

4. 白象山铁矿细粒级全尾砂分级胶结充填工艺优化

白象山铁矿充填系统包括地表充填搅拌站、4 座立式砂仓、1 座卧式砂仓、回水泵房等，设计年充填采空区 55. 4 万立方米，日平均充填采空区 1679 m^3。充填材料使用全尾砂作为充填骨料，充填料浆浓度在 50%左右，浓度较低，且尾矿粒径组成不理想，−0. 074 mm 粒级占比高达76.8%、-0.0374 mm占比约62.9%，粒度偏细，灰砂比采用1∶6，充填成本较高。

为了提高井下充填体强度，降低充填成本，通过全尾砂分级胶结充填新工艺研究改造，在2号立式砂仓顶部安装一组旋流器，选用FX250旋流器12台（2组），8台工作、4台备用。利用原尾砂输送管路将充填尾砂从选厂输送到2号立式砂仓顶部，进入旋流器，全尾砂经过分级后，浓度约60%的沉砂汇集流入砂仓中心筒，再利用砂仓浓缩成浓度约65%的底流用于充填井下采空区；溢流流入3号立式砂仓送给渣浆泵，同时2号立式砂仓溢流也送给渣浆泵，由渣浆泵送回选厂尾砂泵站。

分级后沉砂浓度可达65%以上，-0.074 mm细粒尾砂量减少25%，用作胶结充填骨料，可较大幅提高充填体强度，在满足井下充填体强度的前提下，可适当降低灰砂比，有效降低充填成本，保证井下采矿的安全。该工艺实施后，白象山铁矿井下充填在满足充填体强度的前提下，灰砂比可从1∶6降为1∶8，每年充填成本可降低约700万元。

5. 姑山铁矿露天坑生态复垦技术研究

姑山铁矿露天采场自1954年开始生产，累计采出矿石4000多万吨。经过六十多年的露天开采，矿山露天开采现已结束，露天采场东西长1100 m、南北宽1000 m，底最低标高为-148 m，形成的台阶13个，边坡角多为35°~55°。根据姑山矿的总体规划，姑山露天坑于2018年底实施回填复垦，该露天采场深达160 m左右，+6 m高程以下为一完整的凹坑，容积约为3150万立方米。采用尾矿作为露天采场的回填材料，不但能解决回填土料对环境的二次破坏，还能降低尾矿库威胁。尾矿作为回填材料，单位投资较低，对采坑周边环境及地区安全不良影响小，因此在2015年通过评审的《当涂县姑山铁矿土地复垦方案报告书》中采用尾矿对该采场进行回填后复垦绿化。

2018年7月露天采场坑底清淤工作完成，9月底完成管道铺设；2019年年底建成深锥浓密系统，并于11月底正式开始尾砂回填。

（五）姑山矿设备发展

作为一座有着百年开采史的矿区，姑山矿的沧桑变迁是从肩扛手拉的原始作业到机械化作业漫长过程演变而来。

1. 过去的发展状况

2006年前，全矿只有姑山铁矿一家生产单位，由于资源枯竭，从生产规模为100万吨/年（红矿）的能力下降到35万吨/年左右；当时设备生产情况主要是：姑山露天矿开采，使用的设备主要是电铲WK-4（6台）、钻机KQ-200（4台）、运输矿用车SGA3722（35台）；钓鱼山粗、中碎破碎设备负责矿石的加工，选别流程：姑山采场采出1000~0 mm原矿由矿用汽车运送至粗碎矿仓，经过1台PJ1215颚式破碎机破碎至350~0 mm，1台PYB2200圆锥破碎机与振动筛形成闭路，中碎产品粒度75~0 mm，通过高架矿仓装入自备自卸矿车，由内燃机车牵引运送到龙山选厂红矿破碎系统的洗矿厂房，有1台圆锥破碎机 PYB1650 和 1 台 HP200 进行加工后进入球磨机 MQY3236 加工产出精矿。此时，生产设备效率在同行业都是比较落后的。

2. 新矿山的发展

姑山人经多方研究论证，决定于 2008 年 3 月开工建设白象山铁矿，按照引进技术上先进可靠、经济上合理、适合本企业特点、满足当地气候特征、绿色环境的原则，决定安装国外进口（外资生产）PJ612 井下颚破和选矿 HP500 圆锥破碎机，还有国产高端设备 GM150-110 高压辊磨机以及两台高效球磨机 MQY3660、MQY1675。

由于选型科学合理，2013 年投产至今，高压辊磨机作业率每年平均都在 90%以上，其他设备平均作业率都在 66.8%以上，如今矿山发展实现 200 万吨/年左右年处理量的目标。

白象山选厂作为白象山铁矿配套选厂，因其位于大青山旅游风景区规划范围内，进行大规模改造扩建的可能性较小，该选厂原设计规模 200 万吨/年，控制性工程按 250 万吨/年设计，配合规划期白象山铁矿采矿规模提升，通过数字化改造方式将选厂能力提升到 270 万~300 万吨/年；远期若白象山铁矿+泉水湾矿段联合开采规模扩大，增加的矿量规划可运输至龙山选厂处理，同时为了加快生态矿山建设，规划期内开展地下选矿厂研究工作，条件满足时将白象山选厂转到地下。根据中国恩菲工程技术有限公司《白象山铁矿采选自动化升级改造方案设计》，通过对选厂局部改造，提高高压辊的转速，放粗排矿粒度，将闭路筛的筛孔由 5 mm 提高到 7 mm；磨前抛废系统：增加 1 台 GM120-60 高压辊磨机单独处理高压辊磨闭路筛下磁选粗精；磨选系统：一段磁选机由 2 台 XCTB1530 永磁筒式磁选机改为 2 台 CH-TNC2000 磁选机，二段磁选增加 1 台 CTB-1200×3000 永磁筒式磁选机，将现有 2 台 D5F1014d291 五叠层振动筛改为面积更大的 2 台 D5Z122402702 五叠层振动筛，增加 1 台 CH-CXJ26000 自动淘洗机。白象山选矿厂经过生产系统设备改造，高压辊磨机、塔磨机、香蕉筛、磁选机等设备投入，最终将选厂能力提升到 270 万吨/年，姑山矿的发展迈向更高的台阶。

2022 年，随着宝武资源推进智慧矿山建设，姑山矿在宝武“四个一律、三跨融合、两个中心、一个大脑”的智慧制造指导思想下，先后对各装备进行升级。实现了龙山精矿抓斗行车无人智能化改造，完成了白象山斜坡道交通指挥系统、运输车间信息系统的建设。完成了井下 5G 通信人员定位项目的建设，且该项目也是 5G 定位技术在智慧矿山领域的全国首次使用。完成了空压机自动化建设、和睦山产线自动化升级、白象山主副井集中控制、露转井主副井集中控制、白象山溜破自动化、白象山深井潜水泵一键启停、一键充填等项目，真正通过远程化、无人化等一系列智能化升级，减少下井人员，实现 3D 岗位替代，通过精准在线监测、智能分析决策、精准实时控制，进一步提升劳动生产率。

3. 致力打造绿色矿山的“姑山样本”

安徽马钢矿业资源集团姑山矿业有限公司是中国宝武钢铁集团重要的铁矿石生产供应基地，现拥有四个矿山。姑山铁矿是一座百年矿山，于 1912 年开始采矿，1954 年成立了姑山矿场，是第三批国家级绿色矿山试点矿山；和睦山铁矿2002年8月经马钢集团批准立项，2003年基建，2009年达产，是第四批国家级绿色矿山试点单位；白象山铁矿是国家重点黑色金属矿山企业之一，于2003年11月6日经马钢集团公司批准立项，2005年11月16日经安徽省发改委批准，同年被列为安徽省“861”行动计划重点工程建设项目，是国家“十一五”科技支撑计划“复杂富水矿床开采关键技术开发与研究”项目，2019年白象山铁矿通过遴选纳入“全国绿色矿山名录”；钟九铁矿现处于基建期，一直按照高于绿色矿山标准进行建设。

4. 打破固态困境，智慧创造价值

原矿在进入选厂入磨前，首先通过干式磁选抛废处理，可大幅度提高抛废率和干选精矿品位，显著提高入磨品位，减少磨矿和选别费用，从而大幅度降低选矿综合成本，抛出的粗尾作为建材石料对外销售，增加企业的经济效益。矿山采用充填法采矿，经过选别后产生的部分尾矿与胶凝剂按一定配比制作混合材料对采空区进行充填，强度满足设计要求，避免了对砂石材料的依赖，降低了生产成本和市场约束，防止了地质灾害的发生，保护了地下水环境。

剩余尾矿可用于地质环境保护和土地复垦方面，通过研究结果表明，满足固结强度、安全稳定、环保等多方面要求。姑山铁矿原是露天矿山，2018年露采方式结束，现正开展露天采坑生态修复工作，需约3300万立方米回填材料，采用尾矿和胶凝剂混合物作为回填材料，保护了边坡稳定，达到了防渗效果；对和睦山铁矿的塌陷区和历史遗留的废弃采石坑同样采取此种方式进行环境治理，而且将逐步恢复原始地形地貌。此方法在生态修复方面的成功应用，避免了对土石方资源的浪费，极大地减少了治理费用，达到了矿山固废长期零排放的目标，实现了“挖金山、还青山”的矿山企业宗旨。

5. 保护生态创造经典

为进一步响应集团公司“两于一入”的环保工作原则，加大生态修复与地质环境治理工作力度，全面提升生态环保本质化水平，推动企业“走生态优先，绿色发展之路”。针对白象山铁矿生态环境现状，规划创建白象山铁矿3A级工业景区，将白象山铁矿整体生态环境更好地融入大青山风景区氛围，提升品质与周围环境和谐统一，2021年开展了“白象山3A级工业景区创建规划”和“白象山铁矿地表升级改造建筑规划设计”。白象山铁矿3A级工业旅游景区创建工作依托白象山铁矿生产与建设发展，通过创建工作，提升白象山铁矿品质，促进矿山高质量发展，打造高于标准、优于周边、融入环境的矿地和谐发展的模式。白象山铁矿3A级景区建设源于白象山铁矿生产现状及后续规划，景区核心文化源于白象山铁矿及周边区域元素，景区用地与生产用地相隔离，空间分离，但文化密切融合，做到互不干扰，但又互相依托。铁矿生产区作为旅游线上的一处远眺工业景色，体验工业风的震撼；生产核心元素融入景区建设的每一处节点，感受铁的生命线。矿区不采用“先采后治”“边采边治”的传统模式，而是主动应对客观自然环境，创建“三期三圈”生态环境防治技术模式，构建山水林田湖草的生态空间结构，协调解决了大型钢铁基地生态环境防治的难题。

姑山矿以当涂县的历史沿革为背景，以姑山矿矿业文化历史为依托，营造徽派皖韵氛围，打造休闲、观光、游览于一体的美丽矿山生态区；形成了“一路一特色、一块一景观”的秀美画卷，营造了“进矿见园，出矿穿林，楼在绿中，人在景中”的矿区“江南美景”，通过绿色矿山建设再提升，将把白象山铁矿打造成现代化生态矿山。

6. 姑山矿智慧矿山建设历程

表 9-5 为姑山矿智慧矿山建设历程与基本情况。

表 9-5 姑山矿智慧矿山建设历程与基本情况

阶段	时间	具体内容
第一阶段 （探索试验阶段）	1985—2003 年	（1）龙山选矿厂 1 号球磨均匀给工业试验； （2）化验室数据远程传输至球滚动提示试验； （3）电信数字通信系统的接入
第二阶段 （局部建设阶段）	2003—2010 年	（1）和睦山选矿碎、磨、选建设，和睦山井下提升系统自库、姑山露天边坡、和睦山测系统建设； （2）矿山网络建设，矿山局机房建设以及宽带接入； （3）信息管理系统初步建设，系统覆盖财务、税务、物信息系统连通； （4）厂区视频监控系统建设
第三阶段 （全面建设阶段）	2010—2015 年	（1）龙山选矿厂精尾矿大井建设； （2）白象山选矿厂自动化控制； （3）和睦山、白象山、姑山挂六大系统建设； （4）姑山红矿磨前系统自动； （5）尾矿库在线系统升级； （6）生产 MES 系统建设，数据的在线实时采集、传输和处理
第四阶段 （业务完善阶段）	2015—2020 年	（1）机房安全及网络升级，实现内外网隔离； （2）白象山选矿自动控制系统自动化流程闭环管理； （3）白象山矿区地表沉降监测； （4）马钢矿业范围内办公物资系统的覆盖
第五阶段 （系统整合及两化融合阶段）	2020 年至今	（1）架构平台与数据梳理，以进行统一和重构； （2）完成白象山采选管控系统操控、统一指挥； （3）开展三维生产管控平台创新应用的研究； （4）实现全流程、全业务管理覆盖； （5）进一步开展全业务流程探索和实践

姑山矿自动化建设起步于 20 世纪 80 年代末期，开始对选矿磨矿分级进行试验研究，限于物料含粉含水率高的原因，稳定给矿没能得到较好解决，人工干预频繁，致使系统不能较好稳定作业参数，提高效率，试验研究结果不甚理想。

2000年后，随着科技的进步，各类仪器仪表的精度不断提高，和睦山铁矿选矿系统率先开始了全系统的自动化建设，2007年和睦山选矿全系统实现了自动控制。

2008年3月28日，姑山矿进行管理机构调整，增设了自动化科，加大了对自动化工作的重视，开启了一系列自动化、信息化项目的建设；先后开展了包括姑山铁矿、和睦山铁矿、白象山铁矿采选自动控制和监控系统、尾矿库、露天边坡、塌陷区的在线监测系统以及民爆器材库安防监控系统等20多个项目的实施，为生产提效、质量稳定、安全环保、管理高效提供了条件。

2010年7月开始两化融合尝试，着手生产调度自动化系统（MES）建设（一期），其内容包括：

（1）生产、质量、数据方面。选矿车间电子秤数据、质量科质量数据、地磅和轨道衡数据、姑山采矿车间的生产数据、和睦山采矿车间的生产数据、铁运车间的生产数据，以上数据均通过电脑进入数据库，自动化系统兼有设备运行状态显示功能。

（2）视频监控系统。姑山铁矿、和睦山铁矿、选矿车间、铁运车间等主要生产工序视频信号接入矿调度室显示，还为白象山预留32路视频信号。

（3）通信线路。一条24芯光纤从矿部到姑山铁矿供视频系统使用，一条12芯光纤经选厂到和睦山铁矿用于视频监控和网络通信，龙山地磅单独布置光纤，电子秤、轨道衡、铁运光纤统一规划。

一期MES系统的投用，大大提高了调度工作效率，也给生产指挥系统的运作创造了良好的条件；同时接入了马钢公司物流支撑系统，使得各部门更及时准确地掌握各种信息。

2012年调度MES系统二期工程开始建设，在一期工程基础上进行了进一步的完善。二期工程主要由三个子系统组成：铁路物流跟踪管理系统、生产一体化监控系统、视频监控系统。

二期工程的形成使MES系统功能更齐全，可实现铁运进出站列车动态管理；主体设备运行状态数据自动采集进入MES系统的功能，可对生产车间各主要工序进行监控。

近年来姑山矿围绕智能矿山建设目标，投入大量资源进行了相关建设与科研开发。

采矿装备机械化方面。由于姑山矿各井下矿山工程和水文地质条件复杂，采矿方法均为上向水平预控顶进路充填采矿法，工作面狭小且点多分散，2013年白象山铁矿井下试行了凿岩台车及4 m^3 电动铲运车等大型设备，由于采区巷道断面小、溜井距离远等问题，机械效率较难发挥，制约了采矿装备的推广使用。从2020年开始，白象山铁矿开展了采区机械化盘区优化设计，改造了作业现场，逐渐采用水平凿岩台车、锚网支护台车、撬毛台车、喷浆台车、大型4 m^3 铲运机取代原来的“小、散、老”设备，目前70%以上的作业由大型机械实现，基本达到了机械化减人、自动化换人的目标。

白象山采矿方面。在局部矿岩破碎区域开展下向水平进路充填采矿的研究，努力减少工序作业影响，提高设备作业效率；在生产计划上开展了数字地质模型的建设，提高采矿设计、生产计划的准确性和工作效率；在充填工序开展了一键充填的系统建设，提高了充填体的稳定性。

白象山选矿自动化系统主要由控制网络传输及过程软件应用层（包含服务器、工控机及监控软件、选矿自动化工业环网、环网各节点交换机），PLC 控制层（包含各工艺段 PLC），现场设备层（现场变频器、检测仪表、执行机构阀门等）构成。目前，选矿区域的自动化下设远程操作站 4 个、工业以太网交换机台、PLC 控制站点套。2020 年对辊磨 PLC 控制系统、磨选渣浆泵控制系统及工控网络、破碎给料控制系统进行了改造，在确保全流程生产稳定前提下，成功对老系统进行升级换代，同时对智能识别及数字孪生系统进行了试验探索；2020 年研发的无人值守抓斗智能装运系统，减少了操作人员，提高了现场的安全水平。

2021 年姑山矿进入智慧矿山建设快车道，成立了智慧制造工作委员会，加强了项目管理和推进工作。根据《宝武资源智慧矿山总体规划》，完成了《姑山矿业公司智能矿山设计方案》《姑山矿智慧制造行动方案（2021—2023 年）》的编制，紧扣“安全、绿色、智慧、高效、可持续”关键目标，强化智慧矿山建设过程管控，修订了《姑山矿业公司智慧制造工作管理办法 2.0》，下发了《姑山矿业有限公司智慧制造项目绩效考核方案》，重点推进地质、采矿、运输、提升、选矿、充填、公辅等智慧项目建设，开展了生产 MES 系统的再升级，对生产工艺中的生产、质量、设备运行状态、能耗、物耗、环保信息进行实时采集，并与现有系统进行对接，可为未来接入智能监管与决策系统提供支持。开展了 5G 网络建设，实现了 5G 信号覆盖井下各中段作业区，今后将加强 5G+无人驾驶、智能通风、智能监测等系统的建设。两年来共建设完成项目 18 项，推动了无人化、集中化指数的提升，白象山采选无人化指数由 28.8%升至 41.9%、集中化指数由 20.4%升至 40.0%。2023 年计划开展项目 15 项，将为姑山矿高质量发展注入新动能。

二、罗河矿业有限责任公司

（一）公司简介

安徽马钢罗河矿业有限责任公司由安徽马钢矿业资源集团有限公司（以下简称“马钢矿业”）和安徽庐江龙桥矿业股份有限公司（以下简称“龙桥矿业”）合资组建，马钢矿业持股 66.16%、龙桥矿业持股 33.84%。公司 2005 年 12 月成立，注册资本 1 亿元人民币。

公司位于安徽省合肥市庐江县境内，北濒巢湖，南近长江，水陆交通便捷，区位优势明显。矿区总面积 4.7592 km^2，拥有丰富的矿石资源，探明铁矿石资源储量 41064.96 万吨，其中铁矿 38152.26 万吨、硫铁矿 2912.70 万吨，且伴生铜、钒、硬石膏、磷、金、银等资源，铁矿石远景资源量有望突破 10 亿吨。

公司按照“总体规划、分步实施、滚动发展”思路，一期 300 万吨/年工程于 2007 年 9 月开工建设，2014 年 9 月通过安全验收，2015 年 3 月正式投产，2017 年 12 月全面达产。一期 500 万吨/年扩能工程于 2020 年 2 月取得项目核准，2020 年 12 月开工建设，预计 2024 年全面达产。目前，正在进行二期 1000 万吨/年扩建工程项目设计规划工作。

公司先后通过了“三标”体系、能源管理体系、两化融合管理体系认证，入选全国绿色矿山名录，获评国家高新技术企业、安徽省绿色示范矿山、安徽省节水型企业、冶金矿山“十佳厂矿”、安徽省企业技术中心、安徽省职工幸福家园等荣誉。

公司大力推进智慧矿山建设，围绕中国宝武“四个一律”“三跨融合”智慧制造战略目标，秉承“机械化换人、自动化减人、智能化无人”的发展理念，建成智慧指挥中心，实现智慧调度、一键充填、选矿全流程自动控制、电机车无人驾驶、主副井远程集中控制等，逐步实现“采矿少人化、选矿无人化”，全面提升采矿、选矿、管理等方面的智慧化水平，打造独具罗河特色的智慧矿山。

公司坚守“诚信、创新、绿色、共享”核心价值观，围绕亿吨宝武大资源保障体系建设，抓住铁矿石开采投资进入“加速期”的战略机遇，充分发挥在资源储量、地理位置、体制机制、人才团队等方面的优势，聚焦“安全、绿色、智慧、高效、可持续”矿山建设，做大做强铁矿石主业，深化产业链延伸，强化资源综合利用，不断提高铁矿石资源保障能力，矢志成为“国内一流、行业领先”的示范矿山，努力为地方经济和社会发展做出新的更大贡献。

（二）罗河矿工程建设发展

1. 技术攻坚克难，展现罗河精神

作为新建矿山，一期规划目标年产300万吨。2005年初，罗河矿开工建设，井下矿山不同于露天矿山，也不同于地表建设，它的特殊性体现在施工的不可预见性太大、影响因素太多，初期建设存在各类问题以及突发情况。一号主井建设时期，突遇井下涌水，涌水量超过预期的5 m^3/h。为了解决井下涌水问题，罗河矿组织人员进行考察、调研和讨论，考虑施工难度及费用，最终采用井筒壁后注浆方式进行治水，这样既解决了涌水问题，保证含水层稳定性，同时对井壁进行加固，填充裂隙。

2. 绿色矿山建设，体现罗河智慧

罗河矿建设在规划时，就特别提出绿色生态环保矿山建设的概念。由于矿山复杂的土壤环境很多植物都无法存活，前期的绿植种植都是在不停地试验中，采用多批次、少量化、分场地、多方式等模式，在罗河矿厂区内进行试种。由于土壤的特殊性，最终选择红叶石楠、红花檵木、紫薇、金森女贞以及香樟和银杏作为主要绿植品种在矿区内种植，考虑矿区地表土为黏性土质，智慧的罗河人采用添加腐殖土壤和河沙的办法，与地表土壤混拌，增加透水性和营养，以保证绿植存活并生长。罗河矿从建设伊始，对于环境建设的投入一直没有停止过，投入资金、建设规模逐年加大，种植的品种从最初的几个品种到现在的50多个品种。如今的罗河矿厂区绿化总面积24.3万平方米，绿色植被基本覆盖全矿区、物种多样化、四季有花开。

3. 安全文化投入，突出人文情怀

罗河矿在职工入职第一时间，就采用三级安全教育培训配合操作规程培训的模式。罗

河矿结合智慧矿山建设，建立了安全体验馆，主要有触电体验、高空坠落体验、物体打击体验以及火灾、急救等VR体验，让员工对各类伤害有切身体会，在遇到突发情况时能正确应对，减免二次伤害；在矿区建立安全文化主题公园，邀请职工家属参加游园活动，让员工在日常生活和游玩中，接受安全文化的熏陶，寓教于乐。

4. 环保生产同行，彰显企业使命

罗河人的环保意识已经深入骨髓，按照国家相关法律条规积极应对，对于废水、粉尘等排放一直按照高于国家标准、领先行业标准的目标前进。针对选矿需要大量用水的情况，在矿区建设有各类沉淀池，以管沟链接沉淀池；按照沉淀溢流的方式收集矿区内所有雨污水，最终将所有雨污水沉淀后循环进入生产，做生产补充用水；井下建设有水仓，通过水泵将井下水排入生产系统以供使用；在生产水补充不足的特殊情况下，利用水源泵站在取水点提取清水补充生产使用。在降尘除尘设备设施的投入上，罗河矿也是不遗余力，根据矿山粉尘实际情况采用超滤微孔滤筒除尘系统，排口浓度满足环保特别排放限值的要求（$\leq 10\ mg/m^3$），集中控制。仅2021年和2022年罗河矿地表及井下除尘总投入已超过1500万元。

一期500万吨/年扩能建设项目开工建设以来，面对地理条件复杂、施工难度大、进度慢的现状，罗河人迎难而上，科学合理划分施工标段，紧张有序地施工环节，与各方紧密联系、深入沟通。特别是在井下-620 m水平施工进入含水层阶段时，面对突遇涌水，罗河矿各部门紧密结合在一起，时刻关注现场情况，提供技术支持、人员保障，最终顺利完成治水任务。

随着宝武资源智慧矿山建设的推进，罗河矿也迈出了智慧矿山建设的步伐。根据公司发展规划，未来将建设1000万吨/年的新厂区。

（三）罗河矿设备发展

罗河矿从建矿之初，本着建设“国内先进，国际一流的现代化矿山”的目标，在设备选型上做了深入的考察和研究，主体设备均选用了进口先进设备。但是，经过近10年的发展，很多设备自动化、智能化水平已经相对比较落后，目前很多落后设备逐步被淘汰更新。

1. 采矿设备

罗河矿主井提升机主轴装置选用国内知名企业中信重工生产的设备，型号为：JKM-4×6（Ⅲ）型塔式多绳摩擦提升机，主电机、闸控及电控等控制部件均采用进口ABB国际知名品牌设备，电控系统及液压闸控由ABB厂家全套进口，具有很高的安全性和稳定性。盘型制动器采用瑞典进口ABB品牌，共设有16对制动装置，每套制动装置最大制动力可达到100 kN，正常使用14对、2对备用，总制动力1200 kN，安全系数大于2.5倍。自2012年投入使用以来，设备运行稳定可靠，设备故障率极低。主井提升系统一些附属设施前期均采用国内一些较为通用的设备，自动化、智能化程度相对较弱，在设备维护维修方面存在工作量大、关键部位检测难度大等问题，随着科技的发展、关键技术的应用，罗河矿也先后对该类设备进行了改进与创新。主井提升设备在使用过程中，增设了钢丝绳在线自动监测系统、首绳张力在线检测系统、稳绳自动拉紧装置、智能绳槽车削装置等辅助检测装置，为提升机的安全运行提供了保障。

2019 年，马钢正式加入宝武。2020—2022 年间是罗河矿高质量发展时期，为期三年的智慧制造，罗河矿借助宝武东风将主井系统改造为远程集中控制，大幅提高了生产效率。

采场生产设备方面。2012 年罗河矿引进了当时世界上最先进的由芬兰生产 SANDVILH514 柴油铲运机和 LH514E 电动铲运机，该设备采用“电控液”模式，每台设备均有多个 EPECPLC 模块相互通信并控制设备，接收车辆传感器信息数据，方便操作维护人员监测车辆各部件状态及故障判断，该铲运机具备遥控驾驶功能，在视距范围内可通过遥控器进行驾驶，保证了残矿回收驾驶员的安全。SANDVIK 铲运机变速箱、车桥、变矩器、发动机、电动机等大件使用寿命均可达 12000 h 以上，配备 6 m^3 铲斗，最高年产量可达 58 万吨以上。有了高效回采出矿设备，就必须配备高效的辅助工程机械，2019 年引入第一台多功能服务车，配置随车吊功能车厢，帮助采场设备检修人员吊装及运输重物，后续通过创新改造成采场洒水车，单次可连续进行 2.5 h 洒水作业。2022 年再次引入中外合资的诺曼尔特多功能服务车，目前适配不同的功能车厢，可实现大件运输、随车吊、柴油运输等功能，后续根据井下现场使用需要，可采购功能车厢拓展更多功能。为了降低井下辅助作业风险，2021 年、2022 年各引入一台德国 BROKK 多功能机器人，该设备可实现撬毛、破碎、铁件裁剪等功能，并由人工在视距内进行遥控操作，极大降低操作人员安全风险。

采场掘进、爆破、支护作业一直是矿山安全生产重头戏，也是矿山井下安全生产的主要风险点。巷道掘进是井下生产的第一道工序，主要面临安全风险压力大，人力成本和材料成本也逐年增加，以往采用 YT-28 气腿式凿岩机，需要多人作业，不仅生产效率低下，更重要的是存在较大的安全隐患。为了解决这一难题，2018 年开始，罗河矿全面推行机械化，逐步淘汰落后设备，采用 CYTJ76 型液压式凿岩机取代老式气腿式凿岩机。近几年，随着机械化换人、自动化减人的上级管理要求，CYTM41/2 型锚杆台车、CHARMECMC605A 挪曼尔特装药台车、XMPYT-97-700 型撬毛台车等先进设备均已投入使用，作业效率得到有效提升，极大程度降低了人力成本。

罗河矿井下矿石运输均采用 20 t 电机车作为动力设备。2012 年投产后，井下电机车采用双车头牵引 10 辆矿车，3 列机车配套 8 名岗位司机，单班出矿车数不超 260 车，作业效率相对低下。自 2017 年开始，罗河矿对井下电车进行了逐步改进，其中将 1 台电阻式电机车改造成变频式电机车，2 台使用效果不佳的电机车，通过更换变频器、改造内部结构等多种措施，使得闲置设备重新上岗，保障了井下备用车头的充足。随着罗河智慧矿山建设的推进，以建设井下电机车无人驾驶为目标，为期三年，逐步实现了井下电机车的无人驾驶、远程放矿、一控多等功能。罗河矿电机车无人驾驶系统建立了有线和无线通信网络，在主干通信平台的基础上，通过 Wi-Fi 通信基站实现无线网络通信，实时监控设备运行，信息实时上传到调度中心。实现轨道运输区间信号联锁，联锁控制转辙机、信号机等装置，集中统一调度多台电机车安全运行。通过在电机车上安装车载通信控制器，基于车地通信网络，下达电机车安全驾驶指令，实时控制电机车启停和加减速，远程控制电机车运行。在控制中心可远程监测井下运输巷道的情况，显示巷道的定点视频和机车移动视频，实时掌握电机车的运行状态和车况信息、位置变化。在放矿溜井安装远程遥控装置，在控制中心远程控制机车放矿，以电机车自动行驶一控多运行替代井下运输放矿人工作业。

智慧通风系统接入一级机站 4 个、三级机站 6 个，风机均采用西门子 MM430 变频器通过改变电机工作电源频率方式来控制风机运行。系统通过 485 总线监控技术，通过 USS 指令的控制方式直接连接变频器，现场控制主机和远程软件控制并行对变频器进行控制，默认状态下远程软件只对现场主机轮询进行监测，当现场主机出现通信或其他故障，远程软件自动接管现场控制。操作人员可在监控室、现场通过预定口令自行选择控制方式，也可由专业人员携带 BOP 控制面板进行控制。

人员定位系统与人脸识别系统融合，严格人员出入井管理是矿山安全生产的重要保障，全国井下矿山对人员定位识别卡的管理普遍缺乏有效手段，人员定位卡损坏、缺电、失效、未佩戴、张冠李戴的情况无法在下井前第一时间检查检测出来。针对下井人员和人员定位卡管理的这一难点，创新实现了人员定位系统与人脸识别系统的整合。整合两套不同的系统，关联两套数据库，搜索检测 RFID 卡的频段及通讯密钥，实现井口道闸人卡合一功能。人员定位与井口闸机人脸识别系统实现了数据同步关联，通过对人员定位和人脸识别数据库的链接，安装 RFID 卡识别基站，在井口闸机和显示大屏开发实时同步显示 App，实现下井人员与下井定位卡同步检测。

目前矿井主排水系统的运行和管理多为人工操作方式，操作过程复杂、劳动强度大、水泵运行效率低，无法满足“提高生产效率，降低劳动成本”的要求。该系统将计算机技术、自动控制技术融为一体，应用于矿井下排水的全自动化和地面远程监控，可根据矿井的实际情况，在原来的设施基础上进行自动化改造，使设备在无人干涉的情况下自动运行和自我诊断。同时，通过智能调度算法根据水仓水位、水泵运行时间、矿井电力负载等信息对泵房内的所有水泵进行集中管理和统一调度，使每台水泵都能得到均衡使用并达到最佳工作状态，在节能减排基础上有效延长机组使用寿命，在减员增效基础上进一步减轻工作人员劳动强度，在安全生产的基础上提高矿井的智能化水平和运营管理水平。

罗河矿基建时期井下生产动力用风采用移动式空气压缩机，存在设备运行故障率高、人员维修量大、能耗高、效能低等不足。2014 年，在地表建设了空压机站，安装了 3 台斯可络品牌螺杆式空压机，通过管道将压缩空气集中供风至井下工作面。随着技术进步，国家对节能降耗提出了新的要求。2020 年，罗河矿对地表空压机站进行了节能改造，将原空压机更换为更加节能的由知名品牌厂家上海优耐特斯公司生产的两级喷油螺杆空气压缩机，空压机型号为 UDT200A-8VPM。该空气压缩机采用目前较为成熟的变频控制技术，根据用风量需求，自动调节电机转速，达到按需供风效果，实现极大程度节能，从多年的运行效果看，优耐特斯两级压缩螺杆式空压机具有高效、节能、稳定性高等优势；同时，罗河矿对该空压机站进行了远程自动化、无人化升级改造，实现远程监控、远程操作、远程诊断服务等。成功实现空压机站无人化目标，减员4人，节能降耗、减员增效。2022年，罗河矿在对空压机站进行扩容时，又增加了1台优耐特斯空气压缩机，目前已经安装有4台，满足了井下500万吨/年原矿生产的供风风量。

根据宝武“四个一律”要求，2020年4月罗河矿与ABB（中国）有限公司（以下简称“ABB”）和上海华菱电站成套设备股份有限公司（以下简称“华菱”）进行技术合作，通过在原提升系统的基础上进行升级改造，利用光纤传输的远程通信性能，将实现提升系统程序优化，实现了主副井岗位人员在远程操作台操作提升机的功能。系统主要配置控制部分为AB1756系列控制器两套主从控制，传动系统为ABBDCS800全数字传动控制系统。整个提升机电控系统的三层网络分别是以太网、Controlnet网、ProfiBusDP网，上层信息用于数据采集和程序维护；中层自动化和控制层实现实时I/O的控制，控制器的互锁和报文的传送；底层设备网用于底层设备，高效率的信息集成。

2022年，随着宝武资源推进智慧矿山建设，罗河矿再次起航装备升级，目前已完成井下无人驾驶系统升级改造，实现了一控多驾驶；3条提升系统集中控制，溜破、提升系统整合，一键启停。罗河矿设备发展的脚步紧跟时代步伐，永不停歇，为打造世界一流的智慧矿山而奋勇前进。

2. 选矿设备

罗河选矿厂自2009年12月开工建设，2011年11月调试生产，设计年处理原矿300万吨，年生产品位65%的铁精矿100万吨、品位39.64%的硫精矿30万吨。选矿设备及自动化系统均按“国内领先、国际先进”的标准建设：破碎系统选用国际领先的山特维克圆锥破碎机，磨矿系统选用国内领先的中信重工产品，浮选系统选用国内领先的北矿院产品，过滤系统选用国内先进的陶瓷过滤机，尾矿浓缩采用国际领先的奥图泰高效浓密机，自动化（录像监控）系统建设由丹东测控设计施工，成功实现了点检、巡检、操作的一体化管理。

2021年罗河矿500万吨/年扩建工程开始建设，扩建后每年可获得含铜硫精矿60万吨，为了让矿产资源得到充分回收、利用好，铜硫分离系统的扩建也需要同步进行。粗选和扫选选择型号为16 m^3浮选机，在原有精选Ⅰ的南边依次增加5台16 m^3浮选机与原有的精选Ⅰ（2槽）和粗选浮选机（3槽）组合，形成粗选7槽、1次扫选3槽的配置，原来的扫选浮选机（2槽）位置不动改为2次扫选设备；另外，新增2台浮选机配置作为精选Ⅰ浮选机。设计选择BCFϕ2500×2500搅拌桶一台（利旧），有效容积11.2 m^3，电机功率18.5 kW。

为了有效开发利用红矿资源，罗河矿业公司委托长沙矿冶研究院开展了红矿高效回收技术研究。2021年8月完成连选试验，试验确定采用一段弱磁+一段强磁抛尾→搅拌磨磨矿分级→二段弱磁+二段强磁→二段强磁精矿脱硫+脱硫尾矿铁浮选的工艺流程。选用的设备在满足先进、可靠、高效、节能的条件下优先选用国产设备，以减少投资、降低成本、提高选矿厂经济效益。2022年7月该项目在罗河选厂正式落地开工建设，2022年12月完成除立磨外的设备安装，并进行了试生产，同时立磨机也开始了安装工作；该产线设备全部为国产先进的主体设备：3 台 ϕ3000 强磁为国内强磁机首创者赣州金环设备，3 台弱磁 CNT1545 为沈阳隆基产品，2 台立磨机为中信重工生产，型号 KLM-1000 kW；10 台浮选机仍选用北矿院设备；直线筛 3661 两台，为烟台陆凯产品。该产线投产后，预计每年可产出 14.40 万吨铁精矿，一方面提高了资源回收率，增加了企业经济效益；另一方面，项目对环境的尾矿排放减量化，具有较好的环境效益。

2021—2022 年度，分别对 1~4 号磨机电控系统进行了升级改造，主要目的是配合磨矿自动化，实现磨机远程启停及设备运行数据监控；实时掌握磨机运行状态，及时发现并解决设备故障。针对岗位操作人员少、维护工作量大的问题，为降低岗位工作量，2011 年通过专题调研，对 Ⅰ 系列 14 台浮选机增设了自动加油装置。经过近一年的考察试用，效果较为理想，2022 年又对另外两个系列 28 台浮选进行了扩大使用。

2021 年，为配合公司 500 万吨/年设备扩能，对部分设备提前进行了考察调研，其间就引进 2 台香蕉筛，替换了原圆振筛，使用效果较为理想，筛分效率提高了 50%，目前现场仍有 3 台圆振筛，计划近两年内逐步更换为香蕉筛；原皮带系统年产 300 万吨能力提升为 500 万吨能力，主要对驱动系统进行了改造，通过提高皮带输送速度、增大电机功率提高输送产能，减速机从原国产设备升级为国际知名品牌弗兰德，耦合器由液力耦合器升级为磁力耦合器，设备效率、稳定性都有了显著提升；同时该年份利用月度、年度检修时间，对部分渣浆泵及管道、9 台磁选机及溜槽、10 台皮带驱动装置等进行了更换升级。

2022 年是选矿扩能设备安装的关键之年，高压辊磨系统、过滤系统、尾矿输送均购置了成套设备。高压辊磨采用国内处于领先水平的利君设备，设计最大通过能力为 2000 t/h；铁过滤系统新购置了 7 台 100 m^2 陶瓷过滤机，将原 80 m^2 陶瓷过滤机 5 台更新改造，为硫过滤使用；铁过滤产能提高到了 240 t/h（四用三备）；硫过滤产能力为 150 t/h（三用两备），尾矿输送新增一台三缸隔膜泵，输送能力 460 m^3/h，与现有两台双缸隔膜泵组成两用一备，新增设备能力略大于设计产能；尾矿生产往尾矿库和充填站均有生产任务，在生产切换时，隔膜泵开停机操作较为烦琐，为此公司扩建了总尾泵房，增加了两台卧式离心渣浆泵 200ZR-HH $Q=490\ m^3/h$，$H=120\ m$，一用一备，专门承担尾矿充填任务，将来接入生产调度系统，运用现有已成熟技术，可实现无人值守。

坚持科技引领推进智慧制造，技术创新推进罗河矿高质量发展结硕果。公司强化科技兴企，不断加大研发投入力度，鼓励科技工作者们创新创造，公司技术中心成功认定为安徽省企业技术中心，授予国家高新企业，累计授权发明型和实用新型专利 32 项，发表论文一百余篇，科技攻关项目荣获国家及行业奖项 6 项。科技工作者奋发有为，立足岗位、创新创效，荣获安徽省劳动模范 1 人、合肥市“五一劳动奖章”1 个、庐江县“五一劳动奖章”3 个，科技工作硕果累累，主要表现在：

（1）安全保障更加坚固。开展井下地压显现机理与治理措施技术研究，同多所研究院和高校合作，持续开展地压显现与治理研究。与华北理工大学理工合作的《罗河铁矿高阶段采场充填体强度需求计算与稳定性分析》，确定了不同高度采空区，满足安全生产的充填体强度要求，给采空区治理提供了技术保障；与合肥工业大学合作的《罗河铁矿岩体质量动态分级与三维可视化管理研究》，对井下各区域岩石质量进行了明确的分级，并给出了对应等级下的支护形式建议，根据其研究成果，制定了《巷道锚网支护施工标准》，实现安全、精准、高效支护；正在依托武汉安环院和中钢马矿院合作的地压治理项目，揭示当前生产区域地压显现规律和深部开采地压灾害预警，提出合理的治理措施和预防手段。

开发多级机站通风技术在高温复杂大规模高强度开采矿床的优化应用技术。与中钢马矿院合作，首次将分区通风技术引入生产作业水平，建立罗河铁矿多级机站通风系统三维数字模型，通过研究建立井下通风系统远程集中监控系统实现了主要进、回风机站的风机远程控制和变频调速功能，实现井下不同生产阶段及不同作业区段按需供风。罗河铁矿井下通风系统风机平均效率提高5%，系统有效风量率提高10%，通风成本降低7%。该技术被纳入《深部矿床上行式绿色开采关键技术与示范》项目，获安徽省2021年科学技术进步奖三等奖。

（2）采选工艺更加成熟。开展复杂水患条件下厚大矿体安全高效开采技术研究，2018年与北矿院合作，围绕“复杂水患条件下厚大矿体安全高效开采”关键技术难题开展技术攻关，形成了隔水矿柱下矿体“超高度无切割井斜线对称强制拉槽切割槽施工技术”“水患工程地质条件下高溜井高耐磨支护技术”“高水压条件下充填钻孔安全施工方法”等技术，发明了集约化整体结构井下水仓系统，形成了复杂水患条件下矿体开采成套关键技术，该项目研究成果荣获2020年冶金矿山科学技术奖一等奖。

开展井下爆破孔网参数优化及扰动机理研究。2019—2021年，相继与北矿院和中南大学开展井下爆破孔网参数优化及扰动机理研究工作，主要在矿房边界采用缓冲爆破方式，使充填体受爆破扰动小，减小充填体垮落造成原矿贫化，并通过开展工业试验进行了有效验证。使二步骤阶段矿房充填体混入率从6%左右降低至3%左右，贫化降低了2%，大块率从8%降低至6%，项目获2021年度矿业公司资源集团研发项目评优三等奖。

开展磁铁精矿降硫工作。通过一系列研究，查明我矿磁铁精矿含硫高的主要原因，突破反浮选降硫的固有思维；根据铁精矿中硫存在的形式，强化浮选操作，优化磁选作业条件，创造性地提出了淘洗机提品降硫、“靶向”降硫。

项目实施后，罗河矿铁精矿品位超过67%，杂质硫含量低于0.4%，增强磁铁精矿的市场竞争能力和抵御市场风险能力，使“罗河铁精”成为业内最受欢迎产品。《高硫磁铁矿高效提铁降硫关键技术研究及示范》项目获2020年中国宝武技术创新重大成果三等奖，《共伴生复杂难选高硫铁矿高效综合利用关键技术研究及应用》项目获2021年中国有色金属工业协会一等奖。

（3）资源回收更加丰硕。进行红矿高效回收技术研究。与北矿院、长沙院、东北大学等多家科研院校合作，进行了单一磁选、强磁—重选、强磁—反浮选、强磁—正浮选、焙烧—磁选方向的小型试验研究，最终研究在强磁—正浮选方向取得突破。2021年8月完成扩大连选试验，获得了铁精矿含铁59.66%、含硫0.38%、铁回收率18.29%的指标。目前，项目正在紧锣密鼓地建设中，建成后，可年产铁品位不小于56.56%、含硫不大于0.4%的红铁精矿14.4万吨。《红矿高效回收技术研究》项目2021年获矿业公司研发项目评优一等奖。

（4）攻坚克难稳增产。一直以来，技术工作者们扎根现场，发现并解决现场实际生产难题、痛点，为公司安全生产保驾护航，为增产增效扬帆助航。

（5）设备运行日趋稳定。因地制宜，自主创新，开展主体设备科研攻关，设备保障能力稳步提升。棒条给料机改造，将每台生产能力由 500 t/h 提高至 1200 t/h，项目 2018 年获得合肥市创新项目三等奖；颚式破碎机基础彻底改造，增设基础预埋板和整体式机架，稳定运行至今；自主设计，研发一套更加合理的计量装载箕斗和分料漏斗，优化内部衬板和底部结构，解决了维修难题及结底问题，使母体更加牢固，极大程度降低维修工作量；球磨机电控升级改造，提高了磨机电控系统的稳定性并实现远程通信；双进料旋流器的升级改造，实现了旋流器的备用功能，减少了倒泵时间；低配室有源滤波无功补偿升级改造，将功率因素从 0. 75 提高至 0. 95。

（6）工艺质量得到提升。采矿方面转化爆破研究成果，多措并举控制大块率；精心设计，精益配矿，保证原矿品位稳定；进行采准掘进断面优化，提高巷道稳定性；充填系统由立式砂仓改进为深锥浓密机充填，提高充填能力和充填浓度，满足了井下安全生产要求；选矿方面，筛分系统振动筛筛网改造进一步降低了入磨粒级，实现“多碎少磨”，香蕉筛及 5 号可逆皮带的应用提高了筛分系统处理能力；新型浮选药剂的应用，提高了硫精矿回收率，也改善了现场作业环境；“提质降杂”研究成果工业化应用，稳定了产品质量。2020 年，制定《产品质量管理办法》，严格执行工艺纪律过程控制标准，强化工序指标。公司产品质量连年稳中有升，始终处于矿业公司乃至宝武资源矿山板块第一位置。2020 年，公司获评安徽省质量信用 AAA 级示范企业。

（7）智慧制造建新功。一直以来，公司在科技攻关接续投资，加大力度，尤其在近两年，2020 年公司投入 1935 万元，推进 14 项智慧制造项目；2021 年投入 2880 万元，推进 9 项智慧制造项目；2022 年投入 2790 万元，推进 14 项智慧制造项目。与此同时，公司根据发展要求与上级单位统一规划，制定《罗河矿智慧制造行动方案（2021—2022 年）》，智慧化成果层出不穷。

采矿方面：完成井下人员定位与人脸识别系统的优化整合；充填系统实现“一键充填”；完成主副井提升系统远程操控和运维监测，实现主井、副井操控室一律集中。后续将升级为“一控多”，项目获中国有色金属工业科学技术一等奖。开展智慧采矿研究，建设三维管控平台，实现了井下回采、运输、提升、通风系统等内容三维可视化。智能配矿试点应用，初步实现动态平衡配矿，稳定出矿品位；斜坡道智慧交通信号系统开始建设，最终实现车辆精准定位，智能管控。

选矿方面：破碎除尘系统、水源泵站集中控制，渣浆泵“一键倒泵”投入运行，浓密机、水泵房无人值守成功实现；破碎系统智能化改造，产能提升显著，今年一季度破碎筛分系统运行效率平均 687 t/h，同比去年提高 138 t/h，增长 25. 14%，效果明显；实施浮选自动控制，补齐选矿全流程的浓度、粒度、液位、流量数据在线采集，实现了浮选槽体、泵池液位及浮选磁选给矿浓度的自动控制；优化 DCS 控制系统，为后期建设提供基础平台，满足智慧矿山大数据量要求，提升系统安全性。选矿专家系统、智能抓斗项目开始建设，为智慧选矿赋能。

管理方面：逐步在全矿范围内引入5G网络，提高网络整体效率；应用智慧照明，节能降耗效果显著；实施智能仓库，实现出入库、盘点、查询线上实时动态管理；建设设备点检系统，实现自主维护、预防维护的先进模式；配合矿业公司持续推进MES建设，数据互联互通基本形成。

外协方面：完成14台先进机械化设备进场作业，在作业环境恶劣、安全风险高的工序，全面应用智能凿岩台车、掘进台车、装药台车等设备进行作业，灭失“3D”岗位，提升本质安全水平，促进安全生产效率稳步提升。今年，我们计划再引进14台机械化设备，在全面机械化作业的基础上，探索并建设相关设备的远程集中操控，通过总结设备的运行规律和技术发展，以点带面，研究推广部分采矿设备自动化远程操控作业。

三、南山矿业有限公司

（一）公司简介

马钢矿业资源集团南山矿业有限公司（简称“南山矿”）是马钢主要的矿石原料基地、华东地区规模最大的黑色冶金露天矿山、国内大型冶金矿山之一。矿区位于马鞍山市东南8 km的向山镇境内，地处苏、皖边界，现有在册职工人数2200余人。

南山矿成立于1954年9月，从零起步，滚动发展，经过60多年的建设，现已形成高村铁矿—凹山选矿厂与和尚桥铁矿—和尚桥选矿厂两个采选联合生产体系，具备年产1200万吨铁矿石、300万吨铁精矿的生产能力。2022年生产铁精矿320.13万吨，创造了建矿以来的历史新高，实现营业收入31.65亿元，利润总额7.93亿元，物质文明建设成果丰硕。

融入宝武大家庭以来，为切实践行中国宝武“四个一律”的总要求，打造“绿色发展，智慧制造”的矿山样板，南山矿致力于建设绿色低碳矿山，投资1.5亿元用于打造智慧矿山，坚持以“产业智慧化、智慧产业化”为目标，以“少人化”“集控化”“一键化”为手段，优化矿山管理流程，实施5G无人矿卡、智慧调度及机器人巡检等十余项智慧制造项目，高标准建设和尚桥智慧矿山示范产线，加快矿山智慧指挥中心建设，智慧矿山建成指日可待。按照中国宝武“两于一入”的目标要求，南山矿积极响应马鞍山市委市政府打响新时代“向山大会战”的号召，紧密结合向山地区生态修复与绿色转型发展规划，有针对性实施环境升级改造工程，高站位、高标准、高质量地对凹山湖、南山大道等重点区域进行生态修复和环境提升，短平快建成了凹山地质文化公园，使之成为矿山居民和马鞍山市民的网红打卡地，矿区环境面貌焕然一新，生态矿山建设迈出了坚实步伐。

（二）发展历程

1. 南山矿重大工程建设记

南山矿区大约在一亿二千万年前形成于自濮塘至黄梅山“断裂火山带”之中，其中，已探明的铁矿总储量将近7亿吨。

在经历了（1916—1937 年）私商经营时期和（1938—1945 年）日伪掠夺开采时期以及（1945—1949 年）国民党经营（停产）时期后，满目疮痍的南山矿迎来了（1954—1985 年）社会主义建设时期。

1950 年 1 月，华中工业部马鞍山矿务局成立。1953 年，马鞍山铁厂高炉点火，马鞍山铁厂决定开发南山。1954 年 11 月，成立南山矿场筹建领导小组。

2. 重启矿山，奋斗启航（1954—1984 年）

新中国成立后，各行各业对钢铁提出了紧迫的要求。1953 年，在原料基地尚未恢复的情况下，马钢一铁厂高炉首先点火生产，暂时使用日伪时期开采的堆放在江边的矿石。高炉为连续性生产，须臾不可断料，矿石成为燃眉之急，矿山必须快上。

1954 年 11 月—1955 年 6 月承包给上海华东钢铁公司基建处的南山恢复工程一期竣工，南山采场投入生产。1956 年下半年重工业部黑色金属矿山设计院提出凹山采场一期恢复工程设计，1957 年 6 月凹山采场一期恢复工程完成施工投产，同期 1957 年底完成癞痢山破碎筛分厂建成投产，用于凹山采场与南山采场矿石入炉前破碎、筛分、畜集处理。

1958 年，东山采场一期工程开工，同年 7 月 1 日投入生产。1970 年东山采场在历经停产之后，着手二期扩建工程。1971 年 2 月完成设计，1972 年 12 月竣工，1973 年采场二期投入生产。1970 年同期设计动工东山选矿厂，1972 年 12 月 6 日基本竣工，小、大东山系列于 1972 年和 1973 年先后投入生产，1985 年达成年处理量 100 万吨能力。

1958 年马鞍山钢铁公司提出凹山矿扩建工程设计方案，历经多次设计变动，两次全市性的凹山万人大会战，历时 26 年，于 1984 年达成了出矿量 500 万吨/年产量目标，凹山矿扩建工程实际完成。同期 1977 年 8 月至 1981 年 1 月完成凹山采场排水工程第一期工程包括排水、斜井、东斜井、西斜井，井下有潜没式泵房、变电所、水仓、集水平巷、疏干井巷、防水闸门及各台阶的浅水平巷。掘进总量为 38000 m^3，混凝土砌筑 10000 m^3，坑道全长 4362.364 m，其中斜巷 1245 m，安装电器设备 400 t。

1958 年凹山选厂设计方案被提出，1965 年 12 月 26 日凹山选矿厂 1~3 系列建成投产，1969 年底凹山选矿厂 4~6 系列投产，1979 年 7、8 系列投产，1984 年 7 月 9、10 系列投产。20 多年间历经 8 次重大工艺改造，凹山选矿厂已经由一个年处理能力 180 万吨原矿的小厂，发展成为年处理 500 万吨的大型选矿厂。

1985 年，经历了 30 余年风风雨雨的南山矿建设，成为拥有工业建房 14 万平方米、民用建房 18 万平方米，同时建设拥有自己的平山浴室、电影院、室内体育馆以及大型综合体育活动中心的国内优质矿山。

3. 改革春风，矿山腾飞（1984—1994 年）

1988 年，全矿通力合作仅用两个半月就完成了从凹山采场 45 m 平建设一条 600 m 长铁路和一条宽 12 m、长 1000 m 砂石公路的 43 m 水平建造岩土转运站，一年可快速运出岩土 200 万吨。经验收质量优良，年底投入生产。

1990 年，在随着凹山采场的不断深入地下，凹山采场一期排水工程排-65 m 处水平巷，已经远远满足不了采场的生产需求的背景下凹山采场二期排水工程被提出。二期排水工程底层排水平巷设计为-170 m，比采场终止标高（-165 m）低5 m。其间，克服地下涌水、主斜井和东斜井在巷道掘进多次发生碎裂岩石塌落的情况下，于1994年底竣工。凹山采场二期排水工程竣工后，为凹山采场今后的正常开拓，直到终止开采水平-165 m在水文技术方面起到了保证作用。

1990年东山的80 t汽车电子衡、供应科的50 t汽车电子衡以及运输车间的150 t动态电子轨道衡等三项计量工程相继上马，在丝毫没有影响生产过程而施工完成，投入使用后显示出电子技术的巨大优越性。

1990年初夏，凹山选矿厂中细碎改造工程开工，工程的投资近千万元。1991年10月，中细碎改造工程验收，一次验收合格，标志着凹山选矿厂600万吨/年处理量规格处理完成。

1993年，陆续建成库容2300万立方米，投资8000多万元的城门峒尾矿库主体工程；铺设铁路4.75 km，年受土量150万~200万吨的凹山南115 m排土线工程；标志着南山环境治理成就，建有治理酸水站两座的酸水治理工程；拥有一个标准草坪的足球场、一个50 m×25 m标准室外游泳池、一个儿童游泳池、一个旱冰场、一个篮球场，还有健身房的南山体育中心建设工程等。

1993年，南山矿达到了凹山采场年出矿量600万吨，凹山选矿厂年处理量600万吨的历史性突破，实现了这一阶段的战略目标。

4. 目标21世纪，整装再出发（1994—2004年）

自90年代中期始，马钢集团公司对南山矿相继实行经济责任制承包、资产授权经营和改制为全资子公司。南山矿实现了由生产型企业向生产经营型企业的转变，管理体制和运行机制随之发生了重大改变，成为自主经营、自负盈亏、自我发展、自我约束的法人实体和市场竞争主体。在这一阶段，南山矿完成了以高村铁矿建设工程为代表的一系列重点工程。

高村铁矿前期工程：1973年1月至1991年，完成高村铁矿建设项目前期报批工作。1992年3月24日，马钢公司以马钢计字〔1992〕147号文批准了《马钢矿山公司关于成立高村铁矿建设分指挥部的请示》，决定成立高村铁矿建设分指挥部，隶属公司建设指挥部领导。4月11日，高村铁矿分指挥部在矿山研究院成立并召开第一次工程例会。高村铁矿前期建设工程正式启动，一期工程设计生产规模为200万吨/年，服务年限26年，稳产21年，总占地面积3041亩，前期共征土地2042.86亩。

1993年3月31日，高村铁矿选矿厂在铁华山破土动工。1994年7月9日，成立高村铁矿建设工程指挥部，同年9月19日，南山矿会同铁道部第14工程局启动高村铁矿矿基剥离工程，投入10台贝拉斯矿用汽车，首台4 m^3电铲投入安装，经批准将原概算投资调整为4.15亿元。1994年，是高村铁矿全面开工建设的一年，高村铁矿选厂的粗碎、中碎、细碎、筛分和主厂房的基础和结构基本完工，部分进入设备安装阶段，建成高村采场至南山矿汽修车间的采1路、采场至选厂3座铁路桥涵工程、采场至排土场的采2路工程；完成了采场的三通一平，基建剥离土方近 80 万吨。1995—1999 年，高村铁矿建设工程顶着巨大的拆迁压力，砥砺前行，在市政府等多方帮助下，一直难度较大的征迁农民搬迁工作取得了一定的进展，安置 145 户、拆迁房屋 141 户，为高村铁矿续建做好了必要的准备。

高村一期：为保证高村铁矿前期建设工作成果的延续以及面临凹山采场后续产能不足的应对措施，2001 年 2 月 1 日，高村一期设计工作全面启动。5 月 29 日，高村铁矿一期工程恢复建设工程正式开工，6 月 20 日高村铺设铁轨，7 月 27 日铁运车间采场工务段打响高村铁路会战第一仗。历时 16 个月，2002 年 9 月 26 日，高村铁矿一期工程正式竣工，主体工程全部自营工程，自营率在 90%以上，先后建成铁路公路涵 7 座，铺设铁路线 4.13 km，建成铁路道口 3 座，转载台 1 座，基建剥离 275 万吨，生产矿石 30 万吨。

硫酸厂建设工程：1995 年 12 月公司委托南京化学工业集团设计院完成《南山矿四万吨/年硫酸厂可行性研究》。经过大量艰苦的准备，按建设指挥部的安排，1996 年 5 月 28 日，硫酸厂工程正式开工建设，1996 年自营完成 56000 m^3 土石方挖运，矿山工程公司完成挖孔桩 262 根；1997 年全面开工，系统所有单位工程上部结构开始建设，制酸系统的非标设备制作开工。到 1997 年底，基础建筑已告完成，全面具备了安装条件。1998 年工程进入收尾阶段，6 月底试生产条件基本具备。1998 年 7 月 28 日，公司在硫酸厂举行了试生产及产品推介会，硫酸厂正式投产。

采南供水工程：1996 年 3 月 18 日，供水工程开工建设。采南供水工程由于投资有限，为确保工程上马，节省资金，施工中，尽量利用现有库存设备或通过加工改造用于工程，凡能自制的设备、工件，进行自制；凡能自营的工程一律自营。经过参战车间和科室全力奋战，1996 年底主体工程基本结束，1997 年 7 月中旬二期收尾结束，并进行了整个工程试运行。试运行至 1997 年 12 月 28 日，供水基本正常，由指挥部正式办理了竣工移交手续。至此，采南供水工程全面投入运营。

凹山总尾矿库加高工程：1988 年至 1999 年 10 月，凹山总尾矿库加高工程的可行性进行了充分论证，1999 年 10 月工程正式启动，先后完成了基础工程、科研和安措工程。2001 年 3 月 30 日，南山矿业公司奉命组织 3000 人上坝进行了大会战，至 4 月 4 日累计堆积坝体长度 3320 m；4 月 5 日架设长 200 m、直径 560 mm 的放矿主管，并按 7~8 m 设置一根放矿支管，4 月 6 日形成放矿条件。

乳化炸药改造工程：2003 年 6 月 30 日，基建工程开工。在有关单位的通力合作下，在 2004 年 4 月前完成了联建工房、控制室、纸筒工房、破碎厂房维修等主体土建工程，隧道、防爆土堤、总图等辅助土建工程，主体设备、自控系统、电气蒸汽、物料、管线、避雷系统等安装工程。

凹山境界外矿石开采工程：2001 年，凹山境界外矿石开采工程开工，首期基建剥离工程 422 万吨，剥离部位在北帮-30~+90 m 台阶。岩石由汽车运至北 43 m 转运线，再由电机车转至凹山排土场。工程由凹山和铁运两车间自营完成。经过两年奋战，实际完成剥离 417 万吨，工程投入 1832 万元。此项工程可回收平均品位 28.63%的矿石 272 万吨，生产 64%品位铁精矿 93.77 万吨，产品销售收入 22935.9 万地，创利税 3892.6 万元。

一系列重点工程的完成，有效配合了南山矿进入 21 世纪的脚步，在夯实原本根基的情况下放眼更广阔的未来，南山矿的发展更加前进了一步。

5. 新时代，新风貌（2004—2014 年）

全面踏入 21 世纪，南山矿的开采时间年轮到了 2005 年，经过 50 余年的联合作业，华东地区最大的露天铁矿——凹山矿床的资源开采已到了矿山的衰竭期，东山采场也计划在 2010 年闭坑。此时，南山矿已到了非要开发接替矿山的地步。

高村二期工程：2006 年 5 月，高村二期项目经理部宣告成立，“举全矿之力，建后备矿山”，南山矿迈出了全力建设新矿山的脚步。

2007 年 11 月，采场系统道路改造工程的采Ⅰ路、采Ⅰ路部分、采Ⅳ路工程建设已全部完成；

2007 年 12 月底，高村二期工程完成剥岩量 2110 万吨，基建工程已提前超计划完成；

2007 年 12 月，振动放矿系统工程建成；

2007 年 12 月，高村铁路站场、铁路信号系统的工程建设陆续完成，并进入试运行阶段；

2008 年 1 月，采场外部供电工程和采场环线供电工程全部完成，投入使用；

2008 年 5 月，主工业场地内配套工程陆续交付使用，所有项目完成了形象进度；

2008 年 10 月，高村二期工程绿化工程开始启动，花山留守处在高村沿高村地界植下了杨树；

2009 年 6 月 30 日，高村二期建设的各项目标全面完成，转入试生产阶段。

在南山矿“十一五”规划中，南山要建成 1200 万吨/年规模矿山。高村二期工程就是 1200 万吨/年矿山的新篇章，是南山“做大做强矿业”发展史上第一个里程碑，也是南山矿创新矿山管理模式的一个重要里程碑。

和尚桥铁矿工程：2008 年和尚桥铁矿工程开始动工建设，2011 年和尚桥铁矿建设工程被确定为安徽省“861”计划项目、马鞍山市重点工程。和尚桥铁矿建设工程项目是马钢实施资源战略的重要举措，是集团公司南山矿“十一五”规划开发建设的大型露天矿山。在集团公司领导及和尚桥铁矿项目部的推进下，2008 年 7 月 4 日和尚桥铁矿项目正式破土动工。

2011 年 1 月 30 日，和尚桥铁矿运输通道正式试车运行，具备 500 万吨/年的运输能力；2012 年 9 月 30 日，和尚桥采场基建剥离 998 万立方米完成，采场基本建成；2013 年建成处理量 100 万吨/年的低品位矿回收系统；2014 年开始采场建设已经达到设计水平。

和尚桥铁矿的建成使南山矿铁矿石生产能力达到 1200 万吨/年，铁精矿生产能力 300 万吨/年，这是一个巨大的跨越，南山矿真正地实现了“十一五”规划的要求，完全达到了原计划目标。

和尚桥选矿厂工程：和尚桥选矿厂是和尚桥铁矿工程的重要组成单元。2012 年 2 月 9 日，和尚桥选矿厂开工建设；2013 年 3 月，中细碎厂房、筛分厂房完工；2013 年 4 月，高压辊磨机厂房完工；2013 年 5 月，粗破碎机厂房完工；2013 年 6 月，主厂房、长距离胶带机通廊完工。和尚桥选矿厂经过一年六个月建设，主体生产建筑工程、设备购置、安装工程，辅助生产工程基本施工完成，三段——闭路+高压辊磨筛分全闭路+筛下湿式磁选抛尾+_二段阶段磨矿、阶段磁选选矿工艺系统已基本形成，并作了适应性改进。2013年8月6日至9日，和尚桥选矿厂经过72 h联动负荷系统调试，基本建成试运行，实现了工程建设的既定目标。

2000年以来，随着高村采场、和尚桥采场、和尚桥选矿厂的陆续建成投产，截至2014年南山矿1200万吨/年铁矿石生产能力已经实现。

6. 融入宝武，扬帆起航

2019年，马钢公司全面融入宝武，南山矿再次迎来改革的契机。为打造六型矿山，按照宝武“两于一入”的标准，启动和选超细碎闭路适应性改造项目、凹选一二系列高效节能改造项目等；资源综合利用方面，高村450万吨围岩综合利用项目、马鞍山铁矿资源综合利用国家级示范基地——选矿试验产线项目、南山矿（和选）基材新材料综合利用项目等重点项目；环境提升方面，和尚桥选矿厂除尘改造项目、凹选超细碎环保物流提升项目；文化提升方面，完成了凹选地质文化公园项目、新建生产技术中心项目；智慧制作方面，完成了智慧物流停车场项目、南山矿智能管控中心项目等。

（1）南山矿设备的发展。1994年，经过四十年来的发展，南山矿由一个小矿山逐步向大型现代化的深凹露天矿过渡。穿孔设施从钢钎铁锤、手持凿岩机、冲击钻、潜孔钻发展到牙轮钻；挖掘机械（电铲），从1 m^3、4 m^3、10 m^3；生产汽车从1.5 t，15 t，BJ374、3307、DP366发展到DP655；电机车从80 t、100 t、150 t；选矿设备从摇床到磁选机，从磁力脱水槽到永磁机。从年生产处理能力180万吨的凹选三个系列发展到600万吨的十个系列，全矿设备从仅有的96.4 t的10台小设备发展到主要生产设备2.45万吨2075台。

原有4.2 km的钢质尾矿管两条、原爆管停产每年20多次，应用内嵌Dg535夹筋铸石管新技术改造后，运转率上升到99.5%。凹选应用ZKB型直线振动筛代替螺旋分级机筛板，应用10/8ST-AH型高效沃曼泵代替8寸胶泵，工作能力提高25%；应用橡胶衬板、磁性衬板代替原锰钢衬板，寿命可提高3~7倍。东选过滤用2台SPB-750型水力喷射代替3台低效SZ-4型真空泵，年节电38万千瓦时。运输系统，对准轨自翻车使用中腿腑掣肘及双圆弧式轴瓦，较好地解决了车辆扣车及通过小曲线半径铁路时，瓦体与轴径过磨等难题。全矿每年设备技改可节电345万千瓦时，创经济效益190万元。

推行设备点检诊断是推行现代设备管理、突出预防为主的重大措施之一，先后购置了轴承故障检测仪、测厚仪、电机故障诊断仪、远红外测温仪、电机线卷匝间试验仪等23台设备。运用诊断仪器，定期对总降压变电所、牵引变电所电气设备等进行状态监测。

加强设备资产管理，提高设备运营效率，确保国有资产保值增值。1994年以来，南山矿主要投资以提升生产能力、技术进步、发展非矿产业为主，项目重点放在三个采场的生产汽车更新换代、两选工艺改造、减缓尾矿输送压力、高村恢复生产，以及硫酸厂和新炸药生产线建设等几个方面。投资特点是前期论证、实地考察，调研工作更加扎实，项目方案选择更加优化、合理，添置的都是进口设备或位居国内领先的一流设备。

2004—2014年，随着南山矿后备矿山建设有序推进、一大批技术改造项目实施完成，使得南山矿采选联合作业生产规模和产品质量不断攀升，同时装备水平也不断提高。南山矿拥有固定资产设备总台数为5384台（套），资产原值达19.28亿元，净值4.75亿元，其中矿用汽车、电力机车、电动挖掘机、高压辊磨机、球磨机等主要生产设备为489台（套）。对于一个采运选联合作业的矿山企业，南山矿设备不仅种类繁多、价值差别巨大，而且分布面广、作业条件恶劣，既有独立单班作业设备，又有三班连续生产设备。

这十年来，南山矿设备工作始终坚持“操作是基础，点检是关键，维护是保证”的指导方针，紧密围绕当期生产经营这一中心，以保障生产稳定顺行为目标，以深入推进设备点检和持续提升设备运行效能为重点，以切实降低各类消耗指标为主线，不断强化设备管理，持续改善设备状况，致力提升设备物资保障能力，在设备基础管理、技术管理、检修管理、设备现场管理、物资管理、资产经营管理、招议标采购管理等各项具体管理方面都得到了明显加强；在制度建设、推行标准化作业、设备维护效能等级竞赛、设备点检评优等方面引入正向激励机制，有效地提升了设备管理水平。

设备稳定运行，离不开创新修理模式，通过与北方股份、太重、江西凯马等大型企业联盟，实施了矿用汽车、电铲等专业化集中整修，既缩短了修理工期、提高了修理质量，又减少了备件库存资金占用的问题，收到良好效果。2013年，铁运车间内燃机车首次进行自营大修，仅用了45天就圆满完成了首次大修任务，实现了内燃机车修理的突破。

随着南山矿后备矿山和尚桥铁矿的开采提上日程，2013年和尚桥铁矿500万吨/年规模建设项目正式启动。和尚桥产线采用高压辊磨闭路辊压—湿式抛尾—阶段磨矿—阶段选别—高频细筛闭路选矿工艺流程，关键设备有粗碎C145颚式破碎机1台、中碎CH870EC圆锥破碎机1台、细碎CH870F圆锥破碎机2台、高压辊磨机RP630/17型1台、一段磨矿MQS40×60格子型球磨机2台、二段磨矿MQY5030×6400湿式溢流型球磨机2台、尾矿高效浓缩机$D=53$ m浓缩机1台。

从2021年深度融入宝武资源起，南山矿再次站在改革前沿，围绕“五星矿山”建设，按照“四个一律”要求，加快信息化进程，继续探索5G通信在矿山的工业化应用，完善和尚桥选厂智能示范产线和集控中心建设；配合公司智慧矿山调度中心建设、凹选厂设备大型化智能化改造升级，并力争在铁路电力机车智能化、矿用大车无人驾驶、牙轮钻远程操作等项目上取得新突破。

（2）技术创新赋能高质量发展，南山矿科技创新探索之路。南山矿区域属于国家级铁矿资源基地，区域资源储量大，矿区保有资源量7.71亿吨，埋藏浅，适合大规模露天开采。马鞍山市属于国家级大宗固废利用示范基地，南山矿在开采和选矿过程产生的废石和尾矿，可实现资源化利用，其中废石可实现全资源化利用，尾矿目前可实现约40%，未来还有进一步利用价值。南山矿自1954年建矿以来，经过60多年的发展，企业具有较强露天开采和绿色矿山建设经验，技术储备和组织管理经验丰富，人力资源丰富，具有“超越自我、跑赢大盘、追求卓越”的发展潜力。

南山矿针对生产经营建设难题，积极开展科研及技术攻关工作。《高村采场信息化系统开发与应用》科技成果首次通过省科技厅专家委员会评审，《南山矿区半连续工艺应用研究》《南山矿区含铁围岩资源化利用工艺技术研究》《凹山边坡雷达瞬时监测技术研究》

等多项科研项目也已应用到实践中，为当期生产和落实矿业公司“十二五”规划提供了技术保障。

（三）生态矿山建设

2011 年 9 月，结合南山矿区发展现状、优势条件及周边发展态势，以缓解新老矿山接替矛盾、破解资源环境瓶颈、构建生态环境保障体系为根本任务，以技术创新和管理创新为根本手段，统筹兼顾，因地制宜，科学规划，整体优化，大力推行绿色开采、清洁生产和循环经济，全面推进矿区环境整治和生态修复，走出一条矿业发达、资源循环、生态宜居的近城矿山可持续发展的新路子，为我国矿山生态建设提供典型示范。

以“高效、循环、环保、发展”为矿山生态建设的核心理念，优化整合矿山生产系统及矿区空间格局，加强矿山生态环境保护，全面实施矿山清洁生产改造，大力发展循环经济。到 2020 年，采选矿工艺技术及装备水平达到国内同行业一流，矿山“三率”指标达到同类矿山先进水平，采、选矿用电单耗分别降低到 0.7 kW · h/t 采剥量、18.2 kW · h/t 原矿，选矿用水重复利用率达到 92%，主要指标全部达到国家绿色矿山标准，成为国家级极贫铁矿大规模高效利用示范基地、国家级绿色矿山，探索出以生态文明为核心的与城市和谐共存的近城生态矿山可持续发展模式的总体目标。以建设国家极贫矿示范基地、国家级绿色矿山、创建近城矿山可持续发展模式为三大目标，以两个优化（生产系统优化、空间格局及功能优化）、三个提升（生态环保水平提升、清洁生产水平提升、循环经济水平提升）为主要任务，统筹技术创新、项目推进、管理创新等各项工作，整体策划、突出重点、分步实施的总体思路以包括生产现代化、资源能源利用、废物循环利用、污染排放控制、生态环境保护、环境管理六大类 36 项具体指标等内容，初步形成了比较全面和系统的《南山矿区生态建设规划》。

凹山坑地质环境治理，为矿山持续发展提供动力。2011 年 6 月，凹山采场临近闭坑，为保证南山矿的可持续发展，以低成本再造出未来矿业发展所需的土地和地形地貌的战略举措，实施凹山坑地质环境治理。凹山坑地质环境治理的意义是彻底消除南帮地质隐患，确保凹山坑作为接替尾矿库的安全使用功能，为后续矿山生产提供可靠空间保障，充分回采边残矿，形成 200 万吨矿石产能，以提升矿产资源综合利用水平、保障新老矿山顺利接替，经济效益明显；进一步扩大凹山坑的排尾空间，将凹山大南帮总采剥量稳定于 2000 万~3000 万吨规模，维持 5~6 年时间，实现累计新增 8600 万吨尾矿堆存库容。南山矿对凹山采场边坡进行修整，2012—2017 年累计回收矿石 1050 万吨，依靠凹山地质环境治理对东帮、南帮边采矿回收，新增了“受尾”库容 700 万立方米。

高村铁矿采选工艺一体化的探索研究。围绕高村采场近矿围岩普遍含铁的特点，对近矿围岩开展资源化利用的工艺技术研究。通过近矿围岩预选抛尾系统的探索性试验，研发了近矿含铁围岩高效选矿工艺。

经高村含铁围岩综合利用生产线和中细碎—预选工艺流程的选别，最终可获得产率 51.66%、铁品位 20.61%、磁性铁品位为 16.83%、铁回收率为 72.04%、磁性铁回收率为 83.04%的粗精产品。粗精产品质量已基本达到凹山选矿厂直接入选的矿石品位（TFe 为

20.72%），满足了工业试验对最终产品质量的要求。马鞍山铁矿资源综合利用国家级示范基地马钢高村项目建设，实现了极贫矿资源回收、废石综合利用，满足了城市发展建设需要。

雷达边坡瞬时监测技术的引进和应用。为了最大化利用凹山采场铁矿石资源，先后开始了采场东南帮、西南帮残矿的回收。根据残矿回收方案，需要对东南帮、西南帮进行扩帮处理，同时委托北京岩土工程勘察院对凹山矿残矿回收方案中西南扩帮后边坡进行稳定性评估。根据回采设计方案和稳定评估报告，边坡在扩帮的工程中，受自身地质条件、爆破震动和大气降水因素影响，局部边坡较容易发生滑坡，需要对三个台阶总计 700 m 长边坡进行加固，加固到最小的边坡安全系数 1.05，支护费用大且加固时间超 1 年，边坡加固进度无法满足地质环境治理的总体要求。为解决加固时间长、扩帮投资大的问题，与沈阳研究院合作率先在露天金属矿山引进边坡雷达监测系统，发挥雷达安全预警作用的同时，充分利用雷达监测快捷瞬时的技术特点，试验分析各种作业条件下边坡位移的变化规律，进而优化爆破作业参数和卸载工艺，实现治理作业的安全高效。

（四）精益求精，不断升级选矿工艺，实现提产降本

凹山选矿厂在建厂初期就存在采选能力不匹配、磨选能耗高的问题，后来通过系列扩建、工艺升级、设备改造和发明创造等，一一解决问题，最终实现了采选能力平衡、精矿稳定生产和成本大幅降低，提高了产品市场竞争力，为矿业公司的精矿品牌推广打下了坚实基础。

坚持多碎少磨理念，率先采用辊磨技术，2004 年的凹选厂超细碎改造工程，解决了南山矿低品位矿石的选矿问题，并提高了凹选厂的矿石处理能力，在技术上实现突破。

凹山选厂原设计为处理凹山采场铁矿石的配套选厂，原矿处理规模 550 万吨/年，入选原矿品位高于 25%。凹山采场矿石中磁铁矿石属于粗中粒嵌布，磨矿细度-200 目的占 75%时，选别铁精矿品位可达 64%以上。2003 年，由于凹山采场铁矿石资源日渐枯竭，凹山选厂逐渐向处理品位低（TFe≤20%）、嵌布粒度细的高村铁矿石过渡。由于入选原矿品位低，铁精矿产量也随之快速下降，铁精矿品位呈下降趋势，同时尾矿量大幅度上升，尾矿库安全生产压力加大，危及生产安全运行。为适应极贫矿石入选，2004 年起，南山矿业公司委托德国洪堡公司对凹山矿与高村矿 1∶1 的细碎原矿产品进行辊压试验，辊压产品由马鞍山矿山研究院进行辊压后产品磨选试验，试验结果较好，确定了引进一台德国魁伯恩公司生产的型号为 RP63017-1400 的高压辊磨机。

凹山选矿厂是我国黑色金属矿山第一家运用辊磨技术的选厂。通过对原凹山采场矿源的矿石性质分析和辊磨试验，选厂大胆尝试，在超细碎工段通过辊磨技术在细碎的基础上进行工艺升级，实现闭路破碎筛分，将原细碎产品-16 mm 通过辊磨超细碎降低到-3 mm 进球磨，并增加了筛下料粗扫磁选和筛上料磁滑轮抛尾。后期在凹山采场闭坑，矿源换为极贫极难选的高村采场矿源后，为应对原矿品位低、矿石硬度大、精矿生产品质波动大、设备磨损严重和选矿成本剧增等问题，凹山选矿厂又进行了并联对辊破碎工艺升级改造。最终，凹山选矿厂超细碎工段实现了原矿品位 19%左右、原矿年处理量达 740 万吨/年，

超细碎直线筛筛分效率可达 93%，湿式预先抛尾产率可达 45%，粗精矿品位可达 28.5%以上。

积极融入宝武，紧跟时代步伐。作为一个有 57 年历史的老选厂，凹山选矿厂尽管在 20 世纪经过了多次的升级改造，但仍然存在时代固有的局限性。超细碎工段由于细碎产品运输线长、生产系列多达 9 个，湿式筛分和闭路破碎导致的矿物湿度大，因此原超细碎工段的皮带多达 48 条，矿物的干湿运输带来了粉尘、皮带下的落矿量大、皮带跑偏、设备自动化程度低和设备故障率高等问题。为落实宝武集团把“三降两增”作为实现稳增长的重点要求，提高选厂的自动化程度和优化人员结构，凹山选矿厂根据自身实际生产情况，通过皮带自动纠偏改造、改进皮带清扫器增设皮带刮板、设计皮带反冲洗水、因地制宜设计瓷砖溜槽引流、自制矿物收集器、新建集矿池和增设除尘设施等措施，将原对辊破碎系统、筛分系统、料仓布料系统和流体输送系统进行了自动化集成改造。

优化磨选，提高台时能力。选矿厂的能耗成本中，磨选能耗占总成本的 60%左右，降低磨选成本对于选厂产品的市场竞争力尤为重要。凹山选矿厂自 2018 年矿源换为嵌布粒度细、杂质多、品位低和硬度高的高村磁铁矿后，整个选矿产线的成本大幅上升，精矿成本接近 500 元/吨，这在国内的磁铁矿选厂中处于落后状态，选厂随时面临着被市场淘汰的风险。

凹山选矿厂首先分析流体输送的规律，解决了一段磨矿原有 10 个磨选系列通过泵站输送分矿不均的问题。由于原矿性质变硬且矿石性质波动大，凹山选矿厂进行了钢球配比试验，优化一段磨矿的钢球直径、配比及加球制度。由于选厂的原矿处理量增加和入磨细度降低，精矿产能上升，原有的二段螺旋分级机不再满足现有的工艺生产，通过旋流器分级改造、旋流器的给矿装置和沉砂管径等设备改造和压力等参数调整，解决了旋流器给矿管道损失、磨损严重和分级效率低的问题，大大降低了二段磨选的球耗。将原有的二段 24 台 CT1021 永磁磁选机更换为 4 组 CT1240 永磁双筒磁选机，在实际生产中发现由于环水水质含有微细泥，新磁选机的高压喷嘴卸矿方式容易堵塞，因此将其改为高势能溢流水幕卸矿方式，从而改善了磁选机的选别效果。此外，通过管理上的组织协调，利用老选厂摆式给矿和流体输送给矿的混合给矿优势，在保证原矿处理量达 740 万吨/年的基础上，实现了由 10 系列生产减少为 8 系列生产。

通过一步一步的创新积累，凹山选矿厂在 2022 年实现了一段球磨实际台时能力达到 94.38 t/h，相较于其设计台时能力 70 t/h，提高幅度达 34.83%。一段磨选球耗由 0.1858 kg/t 原矿降低到 0.1564 kg/t 原矿，降低幅度达 15.82%；二段磨选球耗由 0.1385 kg/t 原矿降低到 0.1173 kg/t 原矿，降低幅度达 15.31%；三段磨选球耗由 0.0849 kg/t 原矿降低到 0.0748 kg/t 原矿，降低幅度达 11.90%。一段分级指标稳定在溢流-200 目产率 45%，二段分级溢流-200 目产率 75%，高频细筛分级效率由 65.56%提高至 75.99%。

串联淘洗深度精选，实现精矿提质降杂。2008 年，凹山选厂已过渡到以入选低品位高村矿为主组织生产。由于高村矿属于细粒嵌布的贫磁铁矿石，磨细度须达到-200 目含量 95%时，选别精矿品位才能勉强达到 64%，日常生产中突出的表现是产品铁精矿品位波动大，难以控制，经常出现减产保质现象，精矿产量与质量的矛盾突出，成为制约产能上升的主要因素。2011年东山采场闭坑后，东选主要处理凹山和采以及高村采场的低品位、细粒嵌布的混合矿石，原矿性质复杂，致使系统原矿处理能力下降，精矿品位由64%以上下降至62%左右，且硅、铝含量高，勉强维持生产。为此，需要开发一套细磨深选的工艺提质降杂，提高产品的市场竞争力。凹山选矿厂通过淘洗机提质降杂试验，开发出了一套适合选厂精矿生产的串联淘洗深度精选工艺，实现了精矿品位可稳定在65%以上，且P、S等有害杂质含量大幅度降低。此工艺在世界范围内极贫极难选磁铁矿的选别上属于首创，并获得了一项国际发明专利。结合入磨粒度降低、阶段分级效率提高和磨矿效果改善，最终实现了选厂金属回收率由66.31%上升至72.15%，上升幅度达8.81%。

减少循环水大循环，降低流体输送成本。凹山选矿厂原设计尾矿浓缩系统有7个浓缩大井，采用周边传动浓密机，其中尾矿溜槽复杂、底流泵输送管道繁杂、浓密机浓缩效果不佳、絮凝剂加药量大、加药制度混乱、浓密机溢流水质差，实际的综合底流浓度仅在24%左右，絮凝剂干尾用药量可达46.38 g/t。为解决循环水水质差、用药成本和电力成本高、设备维护工作量大的问题，优化人员结构，凹山选矿厂新建了一套自动化ϕ63 m高效深锥浓密机，其干尾处理量可达500万吨/年，底流浓度提高至35%以上，絮凝剂干尾用量减少了26.25 g/t，降低了循环水因进尾矿库经过大循环再回选厂的运输成本，大幅度缩减了设备量和工人因保障生产和设备的劳动量；优化4号泵房的环水输送泵，使选厂循环水用量可达11000吨/h，充分保障了选厂用水，每年因絮凝剂用量、尾矿输送和循环水大循环电耗降低的成本可达340.77万元。

精矿合理配矿，降低水分，提高外售价格。凹山选矿厂的精矿外售方式为混合配矿外售，通过将南山矿业公司的三种精矿混合配矿后达到理想的品位进行外售以获得最佳的经济效益。由于三种精矿的品位不一，因此混合后需要平衡精矿品位在合理的范围。凹山选矿厂采用湍流混合和缓冲溢流的方式，经过多级分矿实现精矿的充分混合。为了控制外售精矿的水分，凹山选矿厂通过均匀分矿、脱磁器和陶瓷过滤机将水分可控制在9%以内。

空气炮料仓清堵技术解决了堵塞难题。和尚桥选厂设计产能500万吨原矿/年，于2013年7月投入试生产。初期的生产极不顺利，因原矿含有大量高岭土，这类泥化矿黏性大，导致选厂各部料仓和漏斗堵塞严重，生产流水线不畅通。球磨机因待矿经常限产和停产，选厂作业率和产能徘徊在50%无法提升。空气炮料仓清堵技术解决了主厂房粉矿仓、合格矿圆筒仓、高压辊缓冲仓、高压辊承斗的堵塞难题，产能迅速提升，2014年末选厂原矿处理能力达到450万吨/年。

中碎作业前增设预先筛分。和尚桥选厂碎矿工艺原设计为粗碎预先筛分、中碎、细碎闭路筛分流程，此流程于2013年7月投入生产，经一年多的生产运行发现，中碎给矿物料中约有30%的合格粒级也进入中碎设备进行破碎，造成中碎腔壁被矿泥黏壁堵塞导致设备能力严重不足，无法收缩排矿口尺寸。利用中碎迁移之际增设预先筛分，2015年项目实施后，将中碎排矿粒度由90~100 mm降低至75 mm，确保了中碎产品质量的同时减少了中碎腔壁堵塞情况。

增设中、细碎预先抛废作业。和尚桥选矿厂2013年7月试生产，2014年原矿品位22.22%，2018年原矿品位18.89%，原矿品位呈逐年降低态势。为降低选矿成本改善选矿指标，2019 年增设中碎预先抛废作业，项目实施后，入磨料品位提高 1.2 个百分点，每年可抛出 74 万吨废石对外销售，经济效益显著。

为进一步提高入磨料品位，2020 年增设细碎预先抛废作业，将辊磨给料皮带更换成磁滑轮干选皮带，入磨料品位提高 1.2 个百分点，每年可抛出 48 万吨废石对外销售。

加药机技术改造。由于和尚桥选厂原矿品位逐年降低，处理原矿量逐步增大，尾矿量逐年增大，导致尾矿浓密机沉降能力不足，环水经常出现浑浊现象，影响正常生产。选厂通过自制简易加药机（25 m^3/h）替代原设计（12 m^3/h）加药机，解决了尾矿浓密机溢流水浑浊无法生产的问题。2015 年联手设备制造厂研制出（26 m^3/h）大型全自动加药机 HBKJ-2000PAM 替代自制简易加药机，通过增加一个 11 m^3 熟化池并配备 4 个 15 kW 加热器，延长熟化时间和提高水温，确保药效和利用率，2020 年 9 月成功实施技改投入生产。

三磁精控制分级系统扩能。选厂三段分级高频细筛筛分效率仅为 40%左右，筛分效率较低，细筛筛上返回至二段磨矿，增加二段球磨机负荷，影响球磨机台时处理能力。通过技术改造项目，新增 2 台高频细筛、2 台磁选机以及配套设施，增大筛分面积，提高筛分效率。改造完成后，通过现场跟踪取样结果，发现高频细筛筛分效率比改造前提高 15%以上，解决了制约生产的一个瓶颈。

（五）资源回收利用，创建绿色选厂

1. 尾矿回收利用，延长尾矿库使用年限

凹山选矿厂原矿处理量达 740 万吨/年、精矿产量 160 万吨/年，因此抛尾量可达 580 万吨/年。为了减少尾矿库的排尾量，延长尾矿库使用年限以及冲减因极贫极难选矿选别导致的高成本，凹山选矿厂针对尾矿主要集中的两个工序，即产率占 45%的超细碎湿式预先抛尾和磨选尾矿进行了尾矿资源回收利用。通过充分的矿物性质分析和市场调研，了解到选厂尾矿可作为机制砂出售，考虑到超细碎湿式预先抛尾的尾矿和磨选后尾矿粒度、力学和矿物特性差异，最终凹山选矿厂建成了 2 套捞砂体系。超细碎尾矿粒度较粗且量大，通过改造高堰式双螺旋分级机的溢流面最大程度进行粗砂分级回收，粗砂产品水分在 18%以内，年产量可达 100 万吨以上。总尾矿由于粒度较细，因此采用旋流器+脱水筛的撬装一体机进行细尾捞砂，产品水分在 16%以内，年产量可达 100 万吨以上，该项目获得了中国宝武 2022 年度技术创新重大成果二等奖。

清环水平衡，节约水资源，降低运输成本。凹山选矿厂原用水有三个来源，一是浓密机溢流循环水，二是尾矿库沉淀清水，三是采石河河水。凹山选矿厂通过环水和清水水质优化后，基本不再用自然资源的河水作为生产用水；而后又通过超细碎污水回收作为双层直线筛的补水，以及磨选工段回收污水作为磨矿给矿水。通过组织协调生产停两个系列后，凹山选矿厂实现了清水和环水资源的生产平衡，且降低了清水用量至少 200 t/h。

2. 积极探索新技术，深化产学研融合

陶瓷介质搅拌磨机细磨试验。为了强化极贫磁铁矿的解离，降低细磨能耗，凹山选矿

厂与东北大学进行了极贫磁铁矿的陶瓷介质搅拌磨机细磨试验，研究了介质尺寸、搅拌强度、磨矿浓度、充填率等因素对磨矿效果和分选指标的影响。实验研究结果表明，在最优参数下陶瓷搅拌磨机细磨的单位能耗为10.16 kW·h/t，相较于经典二段或三段磨矿作业可降低能耗26.75%以上。

3. 陶瓷球磨矿降噪节能

为了降低钢球磨矿导致噪声大和成本高的问题，凹山选矿厂于2022年8月与江西理工大学进行了高充填率陶瓷球二段磨矿工业试验。试验证明陶瓷球可以实现磨矿，在现有钢球磨矿的基础上可降低噪声幅度至少9%，磨矿电耗相较于钢球可下降50%。

（六）智慧矿山建设

近年来，南山矿以科技强国、科技兴矿为导向，全面贯彻新发展理念，以“产业智慧化、智慧产业化”为目标，走出了一条矿业建矿、科技兴矿、智能强矿的高质量转型发展之路。逐步实现从“人控”到“数控”的提质升级，从“少人”到“无人”的智慧转变，为百年矿山实现二次腾飞，不断提升矿山生产的智能化水平，注入源源鲜活的智慧动力。

2019年，在推进“智慧矿山”进程中，南山矿以电力率先为突破口，层层打破技术瓶颈，大力实施电力配网信息化建设工作，将配电自动化、传感技术、电力大数据、移动通信等技术深度整合应用。通过完善现场一次高压设备过程控制改造、微机保护数据采集、轨道机器人巡检等功能，完成电力系统从变电到输电再到配电的全流程管控，实现变电站无人值守、集中管控和远程运维的管理模式，极大地提升了公司电力现代化管理水平。同时，通过对4座变配电站（所）发展为直线管理21座变配电（所），有效助推公司电力专业化整合工作。

南山矿环境相对封闭，道路及通行规则自成体系，车辆路线相对固定，无人化转型成为矿山行业的必经途径。2020年，以和尚桥铁矿为试点，先后建设完成了云端智能调度系统、矿车无人驾驶系统、挖机卡协同作业系统、远程驾驶系统、车路协同感知系统、定位基站及采场区域5G网络MEC专网建设，使无人矿卡具备单车自动行驶能力，并能够感知环境与障碍物信息，做出单车范围内的决策命令，具备自动避障及控制能力，按照规划的行驶路径自动行驶和自动作业，实现了作业生产组织自动规划，数据自动采集，完成了“一看多”和“灵活多车”切换，改变了原有安全员只能监管一辆车的情况，工作效率大幅提升。

磨矿专家，提升效率。磨矿装备是矿山选矿厂的核心设备，因此，南山矿积极大胆切入选厂最为核心的磨矿选别专家系统智能化改进，最终形成磨矿专家系统。该系统是一套为选厂定制开发的高级控制系统，利用智能优化平台通过通信实现与DCS数据的双向交换，完成数据采集、智能优化判断与计算，通过输出多重优化结果给DCS，实现专家系统优化控制。同时，系统可完整收集选厂1~3个月生产数据，采用自动化系统读取历史数据库中的数据，缺失数据可用人工化验数据补齐；数据预处理后，进行统计特征分析，寻找出选矿厂的控制规律，建立控制模型，实现各核心工艺环节的专家控制。

皮带通廊，智能检测。和尚桥选矿厂原矿由胶带机从采场运输至选厂，其中5号运输胶带机是距离最长、架空高度最高的一条，其钢构通廊长度约1600 m、宽度3 m、高度2.2 m，离地高度平均6.5 m（最高处离地42.5 m），钢构通廊内胶带机长约1560 m。为了确保人工巡检安全，降低劳动强度，南山矿引入安装智能巡检机器人。在皮带通廊内，巡检机器人通过搭载可见光、热成像视频，烟雾等多个传感器，依托电信5G通信网络传输数据，在环形轨道上连续运行，对皮带通廊内部的生产环境、设备、安全等情况，进行观察和判断，识别胶带机托辊脱落、皮带跑偏。

铁路运输，智能管控。2020年，南山矿积极探索铁路建设运营发展路径，创新铁路智能运输管理集控系统上线，加速优化设备条件，转变铁路运输发展方式，将原有四个车站的微机联锁系统全部升级为全电子计算机联锁系统，信号开放一键拖拽，自动生成调车作业计划，简单便捷，还可以进路预排与信号自动开放，替代了传统的由信号员手工点击始终端按钮的作业方式，可便捷地查询详细车辆信息，实时绘制机车运行图，方便查看并作为调运依据。其间，数字化平台通过国际独立第三方最高安全等级SIL4认证，符合中国铁路标准和欧洲铁路标准。

地测采集，实现跨越。近年来，面对露天开采环境复杂诸多不利因素，南山矿依据综合配矿系统需要，打通了地测采系统及质量系统的数据通道，建立了5G移动应用的业务协同，把勘探品位和穿孔品位信息、平面数据和剖面数据由桌面延伸到移动端，完成数据跨部门、跨系统、跨业务的共享和部门业务协同处理，实现了资源储量管理、生产计划编制、露天开采优化、工程测量验收等技术管理工作；从二维模式到三维模式的转变，达到了地质资源数字化、开采设计可视化、计划编制信息化的目标，高村矿地测采系统获得省级科技成果鉴定及中关村绿色矿山产业联盟技术研发大奖。

（七）近城矿区绿色发展之路

1. 南山矿绿色矿山创建

随着马鞍山市城市化建设的不断推进，南山矿区已经融入城市的发展之中。作为一座近城矿区，在向山地区环境向好的发展潮流中，南山矿见证了马鞍山的崛起，也在历史的车轮之中，践行着自己的诺言。

2. 初心，打造生态矿区之美

20世纪80年代，南山矿就组建了专业复垦队，开展矿区生态修复、绿色矿山建设之路，创立了“林业、建筑、养殖”三位一体综合治理的复垦模式，在大王山排土场、西井山、二号桥南北侧复垦了大片土地。

90年代与长沙黑色冶金矿山设计研究院合作，完成了具有行业示范性的《南山矿土地复垦设计规划》，先后对铁华山、小丁山、2号桥排土场、64号排土场、47 m排土场、北115 m排土场进行大规模地平整土地，恢复植被；与日本生态协会合作在东山贫矿线建设了中日合作试验林，与中科院环境所合作在北 100 m 排土场进行种植试验。花山树，绿矿山。花山留守处在公司的帮助下，从 1998 年起陆续建成了龙梅、孤山和梅山等苗圃基地。

3. 接力，创建绿色矿山

2012 年，安徽省自然资源厅以皖国土资函〔2012〕911 号转发《国土资源部办公厅关于组织申报第三批国家级绿色矿山试点单位的通知》，开展绿色矿山试点建设，南山矿以生态矿区为依托，充分挖掘矿山绿色矿山建设经验，以绿色矿山建设九大标准要求为指导，开展绿色矿山申报工作。2013 年 4 月，经国土资源部批准，高村铁矿正式成为第三批国家级绿色矿山试点单位，并实施了高村采场矿坑涌水回收利用项目、含铁围岩（极贫矿）深加工预选试验线项目、高村铁矿排土场及采场周边绿化项目、凹山总尾矿库地质环境治理工程、高村采场-30 m 泵房处边坡治理工程、凹山总尾矿库复垦工程、凹选车间除尘系统完善优化工程、高村铁矿半连续工艺研究、井巷疏干排水技术在高村铁矿的适用性研究、含铁围岩资源化利用工艺技术研究方案、南山老旧小区整治项目、南山体育中心改造项目、社区公共绿地建设工程、高村采场边坡 GPS 监测系统项目、高村排土场排水沟工程等重点项目，累计投资达 3.5 亿元，打好了高村绿色矿山建设的基础，2019 年高村铁矿、和尚桥铁矿成功入选国家绿色矿山名录。

（八）科技赋能为百年矿山插上腾飞翅膀

技术创新，保驾护航。南山矿在绿色矿山建设过程中，坚持以技术创新为引领，推动绿色发展之路。科技创新投入不断提升，科技创新投入累计占企业总产值的 0.57%～1.5%，2022 年南山矿成功入选高新企业。

建立了科技研发队伍，推广转化多项科技成果，加大技术改造力度，推动产业绿色升级。建设数字化矿山，基本实现了信息化和工业化的融合。

成立了矿山技术中心，积极推动精益工厂创建工作，近年来与科研院所、高校开展了多项产学研合作项目。

建设矿山生产自动化系统，基本实现生产、监测、监控等子系统的集中管控和信息联动。

机械化减人、自动化换人，实现矿山开采机械化、选矿工艺自动化，关键生产工艺流程数控化率不低于 70%。矿山企业每年用于科技创新的资金投入占年营业收入的比率不小于 1.5%。

2021 年高村铁矿获国家授权发明专利 1 项、实用新型专利 14 项，完成创新成果 32 项，获宝武资源“优秀岗位创新成果奖”二等奖 1 项、中国宝武“优秀岗位创新成果奖”三等奖 1 项。

数字化建设取得了以下主要成效：建设了网络及机房、办公自动化、电视会议、物资管理信息系统、财务管理信息系统、生产及安防监控、生产调度系统、地测采系统、生产计划执行系统、碎矿自动化系统、尾矿库安全监测，2021 年顺利完成了高村铁矿半连续工艺试验场地改造自动化系统、-30 m 和-102 m 泵房远程集中控制系统、高村铁矿岩石运输加工转载系统控制集成、采场出入口门禁无人值守等多项智能化系统的提升改造和技术创新。

和尚桥铁矿以“绿色发展、智慧制造”为目标，以“少人化、集控化、一键化”为手段，持续推进 5G 无人矿卡、-39 m 泵房无人值守、智慧调度系统的应用以及效率的发挥，致力于率先实现“四个一律”。5G 无人驾驶取得阶段性成果，在 5G 网络环境下，通过云端智能调度系统，实现了 10 台临工 CMT96 在和尚桥采场实际作业环境中的无人混编运行和“装、运、卸”全流程作业无人自主运行。创新能力不断增强，充分发挥“绿色矿山马守斌职工创新工作室”的作用。深化和尚桥采场科技创新和技术攻关，聚焦头顶库排岩、采场运输道路优化、精准采矿、环保绿色爆破等工作中的难点和堵点，持续开展技术攻关活动。和尚桥铁矿申报的《基于空间转换的精准采矿关键技术》成功申报“宝武资源技术创新重大成果奖”。以大师讲堂、单点课程等活动为载体，申报专利 6 项，获授权专利 6 项。

四、安徽马钢张庄矿业有限责任公司

（一）公司简介

安徽马钢张庄矿业有限责任公司（简称“张庄矿”）2010 年 6 月成立，投资金额 22 亿元，占地 1289 亩，设计开采规模 500 万吨/年，主要生产铁精粉（张庄精）、超级铁精矿，采出原生矿石为单一磁铁矿，品位 TFe 31.27%，经选矿加工年产 TFe 65%的铁精矿 170.8 万吨和三种粒级建材 200 万吨。张庄矿 500 万吨/年采选工程项目是省“861”行动计划项目，2012 年 2 月开工建设，2015 年 8 月全系统重负荷试车，2016 年 4 月进入试生产，2016 年 12 月通过安全“三同时”验收，2017 年 2 月取得安全生产许可证正式投产。

张庄矿秉持发展是第一要务、人才是第一资源、创新是第一动力，按照中国宝武安全“1000”（安全第一、违章为零、隐患为零、事故为零）、环保“二于一入”工作目标，创新驱动、精益运营，发挥装备大型化、现代化、智能化优势，实现井下电机车有轨运输无人驾驶、选矿生产智能化和充填生产智能化。精益管理水平不断提升，顺利通过质量、环境、职业健康安全“三标一体化”两化融合管理体系认证。形成了以“劳动生产率高、无废开采、无尾矿库”为主要内容的核心竞争优势，创造了以“科学化设计、精益化运营、专业化外包、资本化成长、全资源利用”为内涵的经营矿山模式。

张庄矿 2017 年荣获国家第二批“绿色工厂”示范企业、第六届冶金矿山“十佳厂矿”称号；2018 年荣获安徽省高新技术企业，张庄矿 66%铁精矿荣获六安市名牌产品；2019 年 1 月地下金属矿山绿色安全高效关键技术开发项目荣获中国冶金矿山科学技术二等奖，2019 年 12 月遴选“国家绿色矿山”，2021 年 8 月获评安徽省 AAA 信用企业，2022 年顺利获批安徽省铁矿绿色安全高效智能采选工程研究中心。进一步提升了企业品牌形象及影响力，2021 年生产铁精矿 164.92 万吨，块矿 13.42 万吨，建材 204.83 万吨，实现营业收入 22.14 亿元，利润总额 10.4 亿元，各项税费 5.25 亿元。2022 年生产铁精矿 167.35

万吨，块矿 23.77 万吨，建材 211.13 万吨，加气块 11.18 万立方米，加气混凝土板材 3770 m^3，实现营业收入 16.89 亿元，利润总额 8.17 亿元，各项税费 3.24 亿元。

（二）设备发展历程

2010 年张庄矿正式注册成立，2015 年 8 月，克服 2014 年矿石价格断崖式下跌带来的剧烈冲击，在压缩固定资产投资的情况下完成产线建设，成功重负荷试车并生产出第一批铁精粉。

为克服无尾矿库带来的尾砂排放难题，采用国内最大直径进口深锥浓密机，并于 2017 年完成充填系统建设，实现了矿山无尾矿排放，并停用二级泵站，大幅降低了产品生产能耗。

2017 年，张庄矿取得安全生产许可证，由产线调试阶段迈入正式生产阶段；调试期间，解决了无数产线试运行中出现的设备问题，实现了试产到稳产的跨越。

为提高尾砂价值，实现尾砂资源综合利用，解决充填空间不足的问题，在现有产线基础上增添新型振动筛、块矿仓、进口替代深锥浓密机、陶瓷过滤机等一系列设备，延伸出块矿产线、块尾产线、中砂产线及细砂产线，实现了全尾综合利用，同时提高了产业附加值，每年新增净利润约 8000 万元。

为改善职工现场作业环境，提高井下生产作业效率，降低作业人员安全风险，各采矿项目部采购喷浆台车、锚杆台车、凿岩台车及撬毛台车，进行机械化换人，并于 2020 年末实现了井下凿岩喷浆支护全线机械化，大幅降低了人员井下作业风险。2022 年张庄矿联合华为对井下作业全流程进行考察调研，对井下作业设备无人远程控制进行探讨，力争五年内实现井下作业无人化。

2021—2022 年开展了多项技术攻关改造，取消了 6 台 55 kW 圆筒打散机，改造除尘系统，并增设盘磁机回收尾矿磁性铁，每年可额外回收铁精粉 1 万余吨、降低电力消耗超 300 万千瓦时、新增效益 1000 余万元。

2019 年，张庄矿秉承追求卓越绩效、打造国内一流矿山的理念，在中国“智造 2025”和德国工业 4.0 的大背景下，结合中国宝武“建设世界一流钢铁企业引领者”和“四个一律”要求，在完成了全工艺装备“信息化、自动化”的情况下，启动了“智慧矿山”建设，先后完成了井下无人驾驶系统、风机远程控制系统、三井集控系统、10 kV 电力集控系统、空压机集中控制系统、井下主排水泵远程控制系统、智能充填系统、智能选矿系统及智能物流系统等系统建设，辅以智能集控中心的建设，将所有系统进行有效整合集成，取消了现场控制室，打破了“信息孤岛”，现场操作室一律集中控制，生产系统协同高效，推动了矿产资源开采、运营、管理全过程数字化、智能化的能力，实现了由自动化向智慧化的跨越。

在采用国外进口设备的同时，进口备件占用的高成本一直困扰着矿山。为降低备件价格，张庄矿调研国内各大机械加工制造企业，最终通过联合马钢重机及中信重工，开展高压辊磨机辊胎国产化试制，试制产品仅不到 600 万元，且寿命达到进口件的 90%；同时，张庄矿开展进口辊胎国产化修复，每只辊胎修复价格仅 300 万元，寿命达到进口辊胎使用寿命的 80%以上。

张庄矿开创了进口设备易耗件及大宗材料单价承包、衬板使用小时承包的新模式。在该模式下，以市场价取得了高质量的备品备件，当供应商产品质量超过合约约定基础使用寿命的 10%~50%时，每上一个台阶，张庄矿均提高一定百分比的合同结算单价，促使供应商精益求精，加大研发力度，做好国产化替代。

2023 年，张庄矿以三精理念（精细管理、精准运维、精湛技术）为抓手，依托 TnPm 管理体系及设备问诊管理方法，提升技术人员设备故障精准预判能力及职业素养，及时发现并消除设备隐患，提升设备管理效力和设备运行效率，确保设备长期安全稳定可靠运行，最终顺利实现生产经营目标，谱写了张庄矿高质量发展新篇章。

（三）科技创新，张庄矿持续发展之路

霍邱县张庄矿由马钢（集团）控股有限公司投资建设，安徽马钢张庄矿业有限责任公司负责运营管理，其企业性质为国有独资企业。

张庄矿位于霍邱县城西北约 36 km 处，北距阜阳市 45 km，地理坐标为：东经 115°57′04″~115°58′00″、北纬 32°27′58″~32°29′40″，行政区划属霍邱县周集镇和冯井镇管辖。矿山采选工业场地紧邻 105 国道，厂区主干道一直修至 105 国道，交通便利。

张庄矿采矿权人为安徽马钢张庄矿业有限责任公司，公司成立于 2010 年 6 月，注册资本 11.42 亿元。张庄矿业 500 万吨采选工程项目于 2011 年 11 月通过国家发改委发改产业〔2011〕2483 号文核准，是安徽省“861”行动计划项目。公司通过“三标一体化”体系、两化融合管理体系认证，企业先后荣获第五届安徽省属企业文明单位、安徽省高新技术企业、安徽省企业技术中心、第六届冶金行业“十佳厂矿”、工信部第二批绿色工厂等荣誉称号。

1. 大力开展技术研发持续完善科研体系建设

（1）完成省工程研究中心建设，健全科技创新工作体系。完成安徽省铁矿绿色安全高效智能采选工程研究中心项目建设，依托省工程研究中心，协同科研院所从高效回采技术、节能技术、充填技术、全资源化利用技术、智能化管控技术等方面开展科技创新活动，以此培养张庄矿科研技术团队，完成科技创新体系的建设，确定科技活动经费、活动内容及奖励机制，激励科技人员投身研发工作。

（2）规范科技工作过程管理，完善科技工作资源归集。配合宝武资源科技管理系统的建立，完善科研项目网上资料流程，实现项目立项、项目可研、项目进度等内容全部上网管控，科研项目动态管理。同时，结合知识产权管理体系建设的要求，规范研发项目的立项、过程管理，建立专门的研发项目材料档案，做好知识产权保护工作，迎接税务部门及上级公司的检查指导。

（3）提炼科技创新成果，上报优秀科技项目。组织科技人员开展技术创新材料编制培训，提炼优秀科技创新成果。根据科技创新工作计划，鼓励科技人员积极申报科技论文、技术专利等研究成果，完成年度科技指标。严格要求科技项目管理，做到重要科研项目每

项都有论文或专利成果支撑。对优秀科技项目，完善研究材料，组织专家评审，完成宝武重大成果奖登记，并申报行业和政府设立的科技奖项。

（4）严格落实科研项目管理，保障项目顺利完成。对于公司研发项目，特别是重点项目，严格把控项目工作进展，明确职责并分工到个人，根据研发项目绩效考核表，对研发进展按进度考核。同时，完善研发经费归集流程，确保项目费用能够及时合理合法地进入相应研发项目，保障高新技术企业的费用足额归集。

（5）组织开展科协工作，提升科技人员素质。组织开展各项科协活动，通过“讲理想、比贡献”比赛、PPT 技能比武，提升员工工作积极性和成果总结能力。申报开展 QC 小组活动，并组织成果评比，对优秀科研技术人员进行奖励表彰，鼓励科技人员投入技术研究。邀请科研院校专家到矿讲课，开展采、选、充专业技术讲座，拓宽技术人员思路，紧跟科技发展步伐。

2. 前沿技术探索，产业链价值延伸

超精产线建设，提升矿山科技含量。国务院发布的《中国制造 2025》重点提出：要大力发展智能制造、增材制造、新材料、生物医药等领域。粉末冶金是一项将材料和零件成型集于一体，不仅节能高效，还能减少污染，节省材料。目前，粉末冶金技术已经成为生产优质新材料的主要工艺之一。与其他工艺相比，粉末冶金的材料利用率最高达 95%，同时增材制造即 3D 打印技术已经成为粉末冶金领域最具发展潜力的工艺技术。

目前，国内多以氧化铁红为原料生产磁性材料。由于钢铁产业的变化、国家环保政策的强力推行、新基建带动磁性材料需求增长等原因，导致氧化铁红资源紧缺、价格大涨。氧化铁红作为铁氧体行业需求量最大的原材料，很可能长期不同程度地处于供应紧张状态。因此，国内亟需拓展新原料作为铁红的替代或补充。

《六安市国民经济和社会发展第十四个五年规划和 2035 年远景目标纲要》指出，霍邱经济开发区要依托铁矿资源，大力发展矿冶产业和铁基材料深加工业，着力打造铁基新材料研发生产基地、全产业链钢铁生产基地。

2020 年，张庄矿委托中钢天源以超级铁精矿为原料进行高性能永磁铁氧体试验研究，通过实验室试验和工业化验证试验均达到了技术目标及产品性能指标，证实了张庄矿超级铁精矿经细磨后，在适当的温度及气氛下，可作为原料应用于高性能铁氧体大规模生产。

3. 优质建材产线建设，增加产品价值

砂石骨料作为混凝土生产的原材料，商砼企业对其规格有较高的要求，形状规整、圆润的骨料产品得到客户的广泛认可，市场采购需求高涨。张庄矿 $\phi16\sim30$ mm 产品不规整，扁平、棱条状产品占有部分比例，因其规格不规整，客户认可度低，价格较市场同类产品偏低，且易造成混凝土输送泵送堵塞。为提高产品销售效益、规避环保等风险，树立品牌形象，增加市场占比及厂房升级改造，针对客户需求，对 $\phi16\sim30$ mm 建材进行工艺研究，以取得公司利益最大化目标。

项目实施后，装车过程中无扬尘等环保问题、人员作业环境得到改善，相关自动化、

除尘设施设计跟上，保证环保达标排放，通过汽车自动计量避免了汽车超载、人员安全隐患等问题，提高张庄矿自动化、智能化、机械化水平，相比之前更加高效、智能、安全，符合选厂建设“绿色矿山”理念。

（四）智慧矿山建设，引领行业发展

绿色发展智慧制造是一场关于生产方式、生活方式、思维方式和价值观念的变革。习近平总书记指出“加快建设制造强国，加快发展先进制造业，推动互联网、大数据、人工智能和实体经济深度融合，在中高端消费、创新引领、绿色低碳、共享经济、现代供应链、人力资本服务等领域培育新增长点、形成新动能。”

张庄矿在建设发展、生产经营持续改善的同时，深刻贯彻“绿水青山就是金山银山”的绿色生态理念，尤其融入中国宝武后，积极贯彻落实“三治四化”环保工作方法和“四个一律”智慧制造要求，持之以恒推进智慧矿山建设，推动流程再造，拥抱管理变革，逐步形成了以“AI 智慧选矿”为核心的竞争优势。

1. 磨选系统智能化创新技术应用

跳出常规磨矿分级单元回路自动控制模式，避开磨矿粒度监测误差大等难题，以精矿及尾矿品位为目标导向，根据原矿性质、设备状态、球磨机饱和度等微变信息，通过 AI 技术的应用，进行一段及二段球磨能力匹配调整，在确保二段磨矿满负荷运转情况下，实现一段磨矿产能最大化，有效提升精矿产量。在保证精矿品位的基础上，可以实现精矿产量提升约 12%。

2. 进口破碎设备双冗余智能控制系统

研发了进口圆锥破碎机的智能控制系统，破除原控制系统下的保护措施，在设备功率、压力不超高的原则下，实现圆锥机的产能释放。通过软测量检测圆锥破碎机给料情况，实现圆锥破碎机挤满给料，提高碎矿效率。建立新智能控制系统情况下，同时保留设备自带自动控制系统，实现进口圆锥破碎机软件、硬件双冗余。智能控制系统实施后，破碎产能提升约 10%。研发了进口高压辊磨机的智能控制系统，实现软件、硬件双冗余，将辊磨机配套的冷却水系统并入辊磨机控制系统，解决了辊磨机不能一键启动的缺陷。

3. 全流程高效智能选矿

将破碎、高压辊及排尾系统进行智能化改造，选矿全流程实施智能化控制，实现现场操作无人化、生产过程高效化、工艺指标可控化、生产数据在线化、管理决策智能化，提升选矿系统整体协同能力和效率，打造行业领先的全流程智能选矿生产线。在不需要增加选厂设备设施、不进行工艺流程改造的基础上，有效提高选厂产能的同时，降低选厂生产成本，改善厂区工人工作环境，为矿区的“绿色发展 · 智慧制造”助力。

4. 扁平化生产管理创新

依托智能 AI 选矿技术，进行选厂管理机构变革，积极求变，取消传统选厂工段级岗

位，如工段长、调度员、球磨工、破碎工、皮带工等工种，将人从3D岗位释放出来，充分发挥智能集控中心统一生产调度优势，实现生产指挥扁平化、产线流程再造，五大工序集中管控，促进生产、管理透明化，推动生产组织和管理扁平化，提高劳动生产率，实现了系统稳定高效运行。

5. 充分利用现有技术，开发无尾矿矿山建设

矿产资源始终是经济社会发展的重要物质基础，矿业对中国的贡献和影响巨大，长时期、高强度、大规模的矿产资源开发给生态环境带来了巨大压力。据统计，矿产资源开采产生的固体废物积存量为483.1亿吨，主要为废石（土）386.9亿吨、尾矿54.8亿吨、煤矸石40.9亿吨、尾矿综合利用率低于20%；而国外的尾矿利用率可达60%以上；相比国内其他行业，金属矿山尾矿的综合利用也大大滞后于其他大宗固体废弃物，金属矿山尾矿已成为我国工业目前产出量最大、综合利用率最低的大宗固体废弃物。尾矿堆放不仅占用土地，处置不当还易引发滑塌、泥石流灾害，少数存在水土环境污染风险。坚持绿色发展，保护生态环境，加大尾矿资源综合利用力度，是国家高质量发展的必然要求。

作为新建矿山，张庄矿坚持高起点设计，取消尾矿库，采用阶段抛废、捞砂工艺生产建材，剩余尾矿充填至井下采空区。实际实施过程中，存在诸多难点：(1）井下无备用充填采空区，由于选厂时刻排放尾矿，一旦采矿、选矿、充填斜接不当，将直接导致停产；(2）充填系统单一配置，充填系统一旦发生故障无法处理选厂尾矿时，只能停产处理，系统抗风险能力较差；(3）从破碎系统生产的粗粒尾矿粒级分布较广（为0~30 mm），不符合建材粒级要求，需要进一步加工，在当前的环保政策条件下，难以实现效益最大化。

基于上述背景，张庄矿解读国家环保政策，结合自身高质量发展需要，开展特大型地下矿山尾矿资源综合利用实践。在用好先进工艺、设备的基础上，运用精益管理等模式，实现了尾矿资源综合利用。

特大型地下矿山尾矿资源综合利用实施主要包括三个部分。第一部分是工艺管理精细化，对现有选厂抛废产品进行精加工；第二部分是对标设计，在选矿系统中增加捞砂系统；第三部分是针对捞砂系统产生的细粒尾矿进行脱水处理，增加一条选厂尾矿处理途径，增加生产系统抗风险能力。通过这三者一起发力，实现了项目的生产目标。

(1）完成粗尾矿精加工生产线。加强工艺管理，对标设计，在筛分厂房现有3套SLO2461D香蕉筛的基础上增设1台，并配备1台CTX0816磁滚筒，实现破碎筛分—细抛4个系列生产。通过开展4台筛子运行情况下的筛分效率及抛尾条件试验，确定合适的筛分给料速度、干抛磁选机运行条件等工艺参数，在保证磁性铁回收率的情况下，加大粗尾矿产率。

立足市场需求，对照建材规范，根据“分析—论证—设计—实施”思路，对粗尾矿进行精加工。根据粗尾矿粒级分布、产量以及精加工产品数量进行设计，在16号皮带头部增加1台高效多层筛，将粗尾矿0~30 mm精加工为3种不同粒级建材，分别为中四石子16~30 mm、瓜子片6~16 mm、石粉0~6 mm，然后通过3条皮带输送至建材堆场，汽车装运。粗尾矿精加工生产线运行稳定，建材产品粒级控制良好，处理能力可达100万

吨/年。

（2）建立湿尾矿捞砂生产线。充分考虑国家绿色矿山建设政策和现场存在的问题，引导公司科技创新力量对尾矿综合利用方面进行攻关。根据选矿工艺流程，结合文献资料，对湿尾矿进行分级脱水探索试验，在深锥浓密机附近架设一台（套）海王旋流器公司水力旋流器+脱水筛一体试验机，利用管路将浓缩大井底流尾矿自流进入试验机筛下矿槽，试验可获得含水率低于20%的粗粒尾矿。根据试验结果，进行了推广应用。

本着经济实用、对现场生产影响最小的原则，建立粗粒尾矿分级脱水生产线，对湿尾矿进行捞砂。利用浓缩大井底流已有的200-ZS-80渣浆泵，将浓缩大井底流矿浆输送至水力旋流器+直线脱水筛脱水系统，筛上物料采用汽车装运，筛下物料不直接返回水力旋流器分级，而是和水力旋流器溢流混合自流至浓缩大井，形成闭路。通过一系列调试，该系统生产能力达到设计水平，粗粒尾矿含水率18.5%，满足汽车装运要求，2019年上半年生产粗粒尾矿17.46万吨。该系统具有可调性好、独立性强的特点，可根据井下充填需要，快速调节产量大小，实现灵活组产。

（3）建设超细尾矿脱水生产线。为进一步加大尾矿综合利用，把矿产资源综合利用做到极致。根据粗粒尾矿分级脱水线产生的水力旋流器溢流和直线筛筛下的混合物料特点，继续开展研究。先后开展超细尾矿沉降试验、陶瓷过滤机过滤脱水试验以及压滤机过滤脱水试验，确定采用深锥浓密机浓缩+陶瓷过滤机过滤脱水工艺。

根据试验结果进行超细尾矿脱水生产线设计。通过渣浆泵将粗粒尾矿脱水线产生的水力旋流器溢流和筛下的超细尾矿矿浆输送至ϕ15 m深锥浓密机，浓缩后，底流矿浆泵送进入陶瓷过滤机进行过滤脱水，含水率低于20%的细粒尾矿经皮带输送至细粒尾矿堆场，汽车装运。

该系统处理能力可达30万吨/年。在充填系统发生故障时，选矿厂能够单系列正常运行，排放尾矿全部进入分级脱水系统，确保充填故障检修期间选矿生产不停机，增加生产系统抗风险能力。

（五）智慧矿山建设历程

近年来，张庄矿按照“总体规划、分步实施、主次有序、安全优先”的方针，以机械化换人、自动化减人、智能化无人为发展思路，全面推进工业化、信息化和智能化的深度融合与集成。结合张庄矿生产工艺流程，应用自动化控制、智能化感知、大数据、人工智能等技术对采选设备进行改造，通过生产设备的机械化、自动化、智能化逐步替换人工操作。以智慧赋能实现节能减排、降本增效，全面提升企业综合竞争力，打造国内一流的智慧制造矿山示范企业。

2012年张庄矿确定了以“安全、高效、生态、智慧”为目标建设新矿山，2019年开启了智慧矿山建设的新征程，建立了先地表后井下的战略规划方案，在宝武“四个一律”的要求下，利用三年时间（2020—2022年）对“智能选矿”“一键充填”“智能物流”“智慧照明”等地表主要工序进行了智能化改造，并取得了较为良好效果。

张庄矿井下重点围绕机械化换人、自动化减人，改善、消减井下3D岗位为目标，

2016年开始有轨无人驾驶系统建设，2018年投入使用，2019年开展无人驾驶系统端部延伸改造，2020年实现电机车无人驾驶全覆盖，开展地表操控系统升级改造，实现地表“一操二”。做到全流程无人操作，目前井下有轨运输无人驾驶系统实现了井下100%矿岩运输智能化，且实现地表一人控制两台电机车的模式的减人增效效果。

2019年开始大力推进井下采掘设备机械化，先后投入掘进凿岩台车10台，喷浆台车3台，锚杆台车5台，撬毛台车5台，掘进面装药台车4台，混装炸药车1台。张庄矿井下采矿实现了机械化作业，极大提高了作业效率，将作业人员从危险的作业环境解救出来，保障了作业人员的安全。

2019年张庄矿完成对充填系统的智能化改造，2022年对智能充填系统进行升级改造。智能充填系统依靠高精度仪表及传感器对浓密机的流量、浓度、搅拌槽料位等关键数据实时监测，实现了充填全流程智能化管控，达到一键充填效果，系统运行稳定，避免过程人为干预，保证充填体质量的要求。

2020年完成井下破碎机远程操作改造，将−540 m破碎硐室破碎机及重型板式给料机远控系统接入张庄矿2楼集控中心，具备控制站内关键设备、监视站内关键设备的状态功能，改善工人作业环境，实现本质安全。

2020年完成三井集控改造，在保持主井、2号副井操作系统、电控系统完整的基础上，在1号副井配备2号副井、主井远程操作台，增加温度、压力、振动传感器，操控台交换机通过光纤与电控系统通信，按“操作室一律集中”的要求，实现三井集中控制。三井集控改造后，实现了少人增效，减少操作工1/3。

2022年11月完成1号副井罐笼电梯式运行改造。该系统具备信号工可手持遥控器在罐笼实现操车系统（摇台、安全门、阻车器）的控制、对罐信号发送、开车信号的发送、紧急停车信号发送、罐笼停车上/下层选择、罐笼去向水平信号发送等功能，通过升级改造提高系统设备自动化水平，优化岗位工作人员12个，实现减人增效。

张庄矿2019年开始建设智能选矿系统，2020年11月建成投入使用。智能选矿系统将大数据、云计算、物联网等技术，通过迭代学习与选矿生产工艺结合，只要定时录入监测品位，各工序可设定目标品位自动调整工艺参数，实现全流程自学习、自判断、自优化、自控制，无人干预，智能化运行。通过智能选矿系统的建设取消了选矿厂现场操作人员，降低了劳动强度，提升了本质安全水平。智能选矿系统的应用提高精矿产能10%以上，产量日均5000 t。2022年11月完成智能化改造，智能抓斗行车系统通过精确定位技术、库区三维激光建模、智慧防摇控制、智慧防撞和避让、车辆自动识别、行车智慧路径规划和智慧调度，库区智慧管理实现对抓斗行车的无人驾驶和统一管理。该系统实现精矿抓斗无人远程全自动作业，作业环境和安全大幅提升；一人监护多台抓斗，集控作业，人员集中，设备集中，沟通和维护效率提升。

生产辅助工序进行智能化升级和改造，实现了压风、通风、排水、人员定位等各大系统远程可视化及集中控制，实现了全矿供电系统集中控制。

2021年张庄矿完成智能仓库改造，无人值守仓库能实现自助领料、自动统计实时库存等工作，当备品备件类消耗品达到最低库存量时，系统会进行采购提醒，同时可以通过智能终端实现对物资信息的采集和修改。

2021 年 7 月完成物流系统智慧化改造，2022 年完成绿色建材产线物流智能化改造，物流智能化系统利用信息技术、自动化技术、网络技术及视频技术等，建立起一套科学、高效的矿产品计量智能物流管理平台，实现地磅无人值守，提高计量作业的运行效率。将各地磅计量点与计量监控中心有机联合，实现数据的集中管理、自动统计，实现数据共享，提高数据发布的及时性，提高企业的管理效率和生产经营效率，提升生产、管理、决策水平。智能物流系统的应用降低人工成本，实现减人 50%；有效提升计量管理水平，规范流程；提高发运效率，过磅时间由 3 分钟/车提高至 50 秒/车。

2022 年建成选矿厂智慧照明系统，传统照明系统存在能源消耗大、灯具老旧、照明效率低、使用寿命短、亮度无法调节、更换人工成本高及更换安全风险大等问题，为保证照明条件的情况下最大程度地节约能源，降低能源消耗强度，从源头上减少高空作业，确保人员安全及节能减碳，对现有的照明系统进行智能化改造，建设智慧照明系统，从而实现智慧工厂“按需亮灯”智能生产的环境，取缔人工操作，实现照明系统数字管理功能，大幅降低照明能源消耗。

张庄矿 2020 年建设生产智能集控中心，该中心集成了井下六大系统、地压监测、地表远程遥控出矿系统、井下有轨无人驾驶系统、智能选矿系统、智能充填系统、物流智能化系统、固定场所的无人值守系统（供电、压风、通风、排水、粗碎、提升）、生产工艺流程 3D 模拟演示以及通信电话、视频监控等系统，打破“信息孤岛”，现场操作室一律集中控制，生产系统协同高效。

（六）打造无尾矿、低碳绿色矿山

张庄矿在建设发展、生产经营持续改善的同时，深刻贯穿绿水青山就是金山银山的绿色生态理念，尤其加入中国宝武后，积极贯彻落实“三治四化”环保工作方法和“四个一律”智慧制造要求，持之以恒推进生态智慧矿山建设，推动流程再造，管理变革，逐步形成了以“一高两无”为核心的竞争优势。

1. 打造“无废矿山”，助推绿色可持续发展

（1）废水零排放。张庄矿生产过程中产生的井下涌水、精矿浓密溢流水、精矿过滤水、尾矿浓密水、车间厂房冲洗废水等均被全部收集后排入浓缩池作为选矿补充水不外排。充填站尾砂浓缩溢流水自流至选矿厂万吨循环水池，作为选矿补充水、不外排。张庄铁矿在工业场地建设了一套地埋式一体化污水处理设备，处理能力均为 600 m^3/d，主要处理食堂、办公楼、公共卫生间的生活污水，生活污水处理达标后，通过管道泵入选厂循环水池进行回用、不外排。目前张庄矿生产和生活废水经处理后全部回用于生产、不外排，无废水排放口，现有井下涌水利用率达到 100%、选矿废水循环利用率达到 100%。

（2）废气超低排。为一定程度上避免原袋式除尘器使用中存在的问题，进一步降低废气排放，对现有的 12 台有组织排气筒全部采用微孔膜除尘技术，将除尘器变更为微孔膜

高效过滤除尘器。微孔膜除尘器采用了扁带振动清灰结构，在同等风量情况下，除尘器体积只有普通袋式除尘器的1/3，不仅可以在物料较大的情况下正常运行，而且滤袋使用寿命长、维护费用低，适合张庄矿粉尘湿度大的特点，有效除尘率达到99.5%、颗粒物排放浓度可以达到小于10 mg/m^{3}的特别限制要求。应用微孔膜袋式除尘器收集的粉尘可进入选矿系统回收利用，年可回收含铁粉尘18500 t、生产出精矿粉9000余吨，实现资源回收价值600余万元。

（3）固废不出厂。张庄矿充填站取消原立式砂仓设计，首次将深锥浓密技术应用到大型黑色金属矿山充填系统。充填系统主要由1台ϕ20 m深锥浓密机，配3套搅拌系统三大主要组成部分，2套工作、1套备用。实现了尾砂浆排放连续、灰砂精确配比、搅拌桶物料联动液位稳定等，该技术的应用既实现废水零排放，又能确保尾砂及时充填至采空区，保障了无尾矿库矿山连续运行，助推了无尾物、无废物全资源利用矿山的打造。

张庄矿作为处理铁矿石500万吨/年的矿山，借鉴国内外采、选、充及尾矿综合利用经验，利用原矿性质稳定较单一、二氧化硅含量高等特点，采用先进的技术、设备，走无尾矿排放的可持续发展道路。通过对中细碎筛上返回料干抛、中细碎筛下产品干抛、湿式磁选尾矿捞砂、粗粒尾砂脱水等工艺优化，分别得到块尾矿、粗尾矿、粗砂、中砂、细砂五种建材产品，剩余湿尾矿进入充填站，实现尾矿的产量与利用平衡。

为进一步提高固体废物的利用价值，实现产业链延伸，投资建设的年产60万立方米尾砂加气混凝土板材（砌块）及2.4亿块尾砂灰砂砖项目（安徽马钢矿业资源集团材料科技有限公司），现项目已经投产。

2. 强化工艺管理、实现节能减排

（1）设计高效节能工艺，科学管控能耗。张庄矿在采选过程中坚持使用高效节能的新工艺、新技术、新设备和新材料，及时淘汰高能耗、低效率的工艺和设备，并通过一系列节能措施，不断提高生产过程中的节能降耗水平

（2）设计科学工艺流程。选矿采用高压辊磨、阶段抛废工艺，实现“多碎少磨”“能抛早抛”，大幅降低了磨矿能耗，减少尾砂产量，“高压辊磨+球磨”比直接球磨单位能耗降低25%。

（3）建立能源管控分析平台。建立能源信息化大数据分析平台，利用大数据全面科学分析能源使用情况，为生产系统运行决策提供强力支撑（能源管控、管理更加科学化、规范化）。

（4）开展技术创新，降低系统能耗。为有效降低能耗，已为井下通风、主井提升及高压辊磨等高能耗设备安装使用了变频器，显著降低日常运行能耗。从近三年的单位产品能耗统计数据看，张庄矿采矿及选矿等主要工序单位产品综合能耗标准显著高于行业准入值并优于行业先进值。

结合三维系统开发、物联网、大数据、计算机技术、无线数据传输技术、传感控制、图像识别等技术，建设覆盖全矿的智慧照明系统，通过技术手段实现照明系统按需亮灯，大幅压缩照明系统能源消耗量，系统建成后每年可节约用电量约60万千瓦时。

3. 提高磨矿效率

推广 2021 年年底球磨机钢球配比工业试验技术成果，降低球磨机钢球添加量，提高磨矿效率。2022 年球磨机电耗 14.37 kW·h/吨矿，同比下降 0.5 kW·h/吨矿，年可节约用电量 145 万千瓦时。

4. 改善能源结构，加大绿电占比

2022 年 9 月 240 kW 屋顶光伏发电项目正式动工建设，10 月末完成并网发电，建成后年发电量 27 万千瓦时。2023 年启动尾矿池 15 MW 光伏发电项目，通过与第三方合作的方式开展项目建设，电站 2024 年 5 月正式动工，9 月取得国家电网并网许可，10 月 10 日正式并网发电，项目建成后预计年发电量 1500 万千瓦时，每年可节约电费 360 万元。

第十节　中钢矿业开发有限公司

一、企业概况

中钢矿业开发有限公司（简称“中钢矿业”）成立于 2007 年 2 月 14 日，是中钢集团有限公司的全资子公司，经营范围包括：资源开发投资、咨询，矿业技术服务及咨询，人员管理，铁矿、钼矿、矾矿、镍矿、锰矿、铬矿、萤石产品加工与销售，矿用设备及相关材料的销售。公司本部现有管理部门 11 个、分公司 3 家，下属中钢集团山东矿业有限公司、中钢集团赤峰金鑫矿业有限公司、中钢集团安徽刘塘坊矿业有限公司、中钢集团山东富全矿业有限公司、中钢集团湖南凤凰矿业有限公司、中钢集团锡林浩特萤石有限公司、正蓝旗民乐北山萤石矿业有限责任公司、丰宁万隆矿业发展有限公司、敖汉旗景昌萤石有限公司等 9 家国内矿山企业，其中三家铁矿企业为中钢集团山东矿业有限公司、中钢集团山东富全矿业有限公司、中钢集团安徽刘塘坊矿业有限公司，合计铁矿资源量 1.63 亿吨，设计产能铁矿原矿 450 万吨/年、铁精矿 136 万吨/年。

自成立以来，中钢矿业以市场竞购起家，遭遇过困境，经历过艰难，始终矢志不渝，通过对国内外矿产资源项目收购的经验总结，中钢矿业形成了独具特色的中钢资源收购开发程序，取得了丰硕的开发成果。目前，中钢矿业已完成国内、国外 14 个项目的开发和建设，凭借在矿产资源项目开发和矿山运营管理上的丰富经验，为中钢集团的海外矿产资源项目提供专业技术支持，包括澳大利亚恰那铁矿、澳大利亚 MIDWEST 铁矿、南非 SAMANCOR 铬矿、南非 ASA 铬矿，矿产资源种类包括铁矿、铬矿、镍矿、铀矿、钼矿、萤石矿、锰矿、钒矿。

十八年的发展之路也是十八年的创新之路。在十八年的奋斗历程中，中钢矿业发展出了成熟的资源开发模式，积累了丰富的矿山建设和工程管理经验，对外技术服务及承包经营有着一定的影响力。公司充分发挥自身在技术和管理上的优势，在管理好公司所属矿山的同时，积极开展对其他矿山的承包经营和技术服务，先后在新疆、四川、内蒙古、山东，对5家矿山提供技术服务，并逐步开展了工程预决算服务和安全管理服务。

当前，中钢矿业正身处改革发展的浪潮之中，迎来机遇的同时也面临着挑战。中钢矿业将秉承“笃信奉献、唯实求新、开拓奋进、绿色和谐”的企业精神，坚持自身发展路径自信，在立足新发展阶段、贯彻新发展理念、构建新发展格局中找准自身定位，为实现公司“多矿种、区域分布广、关键生产环节高技术、重点矿种有一定控制力、资源与科技双驱动型”的战略目标而努力奋斗，继续为中国钢铁工业高质量发展做出新的更大贡献。

二、管理模式

（一）分工明确，制以规矩

工程管理立足于从立项审批、工程设计、工程预算、招标选定、合同审签、工程开工及施工管理、工程验收到最后工程结算等各个环节入手，规范管理流程，通过制定一系列相关管理制度、健全工程预结算编制审核流程、强化合同审核双向互检等管理步骤，建立了较为完整的工程管理体系，即中钢矿业总部对工程建设全面领导，主要负责决策立项、投资管控、设计审查优化、招标、合同审查及组织竣工验收等工作；项目建设单位负责项目的施工过程管理，重点是施工组织、施工方案、工期及工程质量管理；邯郸分公司负责工程预算、合同涉价条款审核、工程结算审核，参与工程招标、工程施工组织设计及方案审查和工程竣工验收工作。公司在工程项目建设过程中严格执行分工制的工程管理模式，全面加强各所属企业建设工程质量管理，严格控制计划外工程的发生。

通过三方在项目建设过程中互相联动、在工程管理的不同环节和阶段互相配合，在工程建设项目立项、招投标、合同管理、施工建设、竣工验收、预决算等一系列的闭环管理模式中做到职责明确、责任清晰、分工清楚，取得了非常好的管理成效。

（二）高效管理，屡辟新途

经过10多年的探索和建设，中钢矿业形成了一套行之有效的经营管理模式和科技创新体系，生产成本远低于国内同类型矿山，劳动生产率远高于国内同类型矿山，主要技术经济指标在国内冶金矿山行业中名列前茅。

首先，中钢矿业积极践行新模式建矿。传统的矿山企业，普遍采用自营方式，招收管理人员、专业技术人员和操作维护类职工，组建自己的施工队伍，一个矿山企业一般都在1000人以上，多则上万人。中钢矿业在基建阶段采用工程总承包模式，在生产阶段采用自行组织和部分外包相结合模式，将采矿生产承包给专业施工单位，对选矿生产以自行组织为主，能有效控制好精矿产品的质量和产量，辅助工作完全依靠社会化，由专业公司经营。这种经营模式降低了基建投资，大幅减少职工人数，通过招投标竞争机制引入生产承包单位，通过承包合同建立承包费用和产品售价的联动机制，实行风险共担、利益共享，有效降低了矿山的经营风险。

其次，从人员配置、管理机构设置、新型车间设置三方面构建了矿山新管理架构，实现职能有机统一，极大地提高了管理效率。在人员配置上，借助矿山高效生产智能管控平台，在人员配置上，实行“精简高效、一岗多职、一专多能”，实现了固定设施的无人值守和远程集中智能控制，减员增效作用明显；在管理机构设置上，所属矿山推行两级扁平化管理模式，由传统矿山的十到二十几个科室优化为5个部室，分为综合部、财务部、安全环保部、供销部、生产技术中心；在新型车间设置方面，使用智能化管控系统，减少施工工序的车间设置，压缩层级，优化车间的功能和职责，达到高效运转的目的。

此外，中钢矿业通过科学分析地下矿山的运行特点，以信息化、自动化为基础，利用物联网技术，构建了矿山智能生产控制管理体系，由六个核心构成：地质、测量、采矿信息的数字化与可视化、生产运行智能化控制、安全生产智能化监测与预警、经营管理信息化。通过该体系实现了冶金地下矿山各类信息集成标准化、运行管理一体化、经济运行最优化、资源利用最大化、业务应用互动化、决策支持智能化，为采矿生产运行提供坚强可靠、经济高效的支撑。

（三）安全之责，重于泰山

自2007年成立以来，中钢矿业始终高度重视安全生产工作，严格遵守安全生产相关法律法规、标准规范，以安全发展、长远发展为主线，以安全风险管理为核心，以班组安全建设为基础，以提升企业本质化安全水平和全员参与、主动履责为抓手，积极推进企业安全文化建设，狠抓现场管理和员工履责考核，企业安全管理水平稳步提升，安全发展势头良好。

安全生产标准化和双重预防机制建设是企业实现安全发展、科学发展的有效手段，是全方位提升企业安全管理水平的前提。中钢矿业所属矿山企业全面开展了安全生产标准化和双重预防机制建设，目前所属生产矿山均通过安全生产标准化评审定级，双重预防机制建设全部达标，其中一级标准化生产矿山两家、二级标准化矿山两家、三级标准化生产矿山三家，中钢富全矿业被列为山东省双重预防机制建设示范单位。为克服安全生产标准化和双重预防机制建设中重复、烦琐等弊端，中钢矿业在国内率先进行两套体系的有效融合，有效避免了双重预防机制“重现场、轻管理”的弱项，安全标准化体系更趋完善、适用，该融合项目在行业内具有极大的推广意义，并喜获国家安全生产协会安全科技进步二等奖。

在做好安全生产日常管理工作的基础上，为进一步提升企业安全管理水平，中钢矿业发挥技术及管理人员的才智，鼓励全员创新。中钢矿业开创性地提出了“双标准”安全检查体系建设，即安全检查流程的标准化和安全检查内容的标准化，进一步明确了安全检查流程，细化量化了各级人员安全职责清单，完善了检查内容。通过制定各级人员的安全检查表，引入安全设施相关技术参数，使安全检查更直观更可靠，最大程度地避免了人为因素的影响，极大地提高了安全检查的效率和效果。此外，依据“管业务必须管安全、管生产必须管安全”以及“一岗双责”管理要求，在全面梳理企业专业管理现状的基础上，中钢矿业确定专业监管、业务负责的安全管控思路，建立了《专业协同管理制度》，进一步明确了各职能部门“专业化安全管理”在安全生产标准化创建过程中的地位、作用和职责清单，细化、量化了专业管理范围和标准，全面推行专业化安全管控，充分发挥各专业部门在日常安全管理培训、检查、隐患整改复查考核中的作用，解决了安全生产标准化实施过程中其他专业职能部门职责弱化、主动参与少的不良做法。

自2010年开始，中钢矿业在中钢山东矿业推行安全信息化建设，创建了安全管理信息与预警平台并成功运用，该平台曾获湖北省科技厅二等奖、中国冶金矿山企业协会冶金矿山科学技术二等奖；2018—2020年又结合安全生产标准化各要素要求及运行中的缺项，对平台进行了优化升级。在互联网+安全生产方面，中钢山东矿业、中钢富全矿业、中钢刘塘坊矿业等地下矿山均实现了4G信号井下全覆盖，所有矿山企业均建设完成并实现了现场监控检测、应急避险、信息传输等数字化、信息化网络系统和功能。

（四）绿水青山，科技驱动

中钢矿业承担着“创新绿色环保经营，助力国家经济发展”的企业使命，始终坚持以习近平新时代中国特色社会主义思想为指导，深入贯彻党的二十大精神，坚定不移贯彻创新、协调、绿色、开放、共享的新发展理念，深入推进绿色低碳发展，统筹有序推动碳达峰、碳中和工作，努力实现企业可持续健康发展。

中钢矿业为适应国家创新发展趋势，积极推进矿山智能化建设，不断增强企业竞争力，目前三家铁矿山已实现溜破系统、提升系统、有轨运输系统、供矿系统、磨选系统、充填系统、供配电系统、供排水系统、井下通风系统等的自动化建设，实现自动化控制程度已达到75%以上，铁矿自动化水平均达到国内领先水平。中钢矿业在矿山已有自动化、信息化建设基础上，加大力度推进物联网、大数据、人工智能、5G、虚拟现实等前沿技术的应用。在生产各个环节积极应用自动化、智能化设备，努力打造以数字信息技术为基础、物联网为纽带、智能化设备为终端、人工智能为控制中心的智慧矿山，促进企业转型升级和高质量发展。同时，为了继续巩固公司在萤石领域的优势，积极发展萤石基础研究工作，在萤石找矿规律、复杂萤石选矿技术等方面进行深入研究，力图通过技术创新来扩大萤石资源的开发利用。

早在成立之初，中钢矿业就确立了“关键生产环节高技术”的企业战略，创造出了“采矿方法创新是核心、选矿工艺优化是重点、充填工艺革新是支撑、智能矿山建设是依托、节能减排实现是保障”的‘五位一体’科技创新体系”。至今为止，共获得国家授权专利124项，其中发明专利8项；获得国家科技进步奖二等奖1项，省部级科技进步奖27项，中国发明协会发明创业奖项目金奖2项、银奖2项、铜奖1项。中钢矿业始终秉承着绿色发展理念，通过不断调整生产工艺，优化生产布局，开发与应用新技术、新设备、新材料，走出了一条以科技创新驱动绿色智慧矿山建设之路。

中钢矿业多年来扎实推进绿色矿山建设，做实科技创新、高效管理，基本实现了开采方式科学化、资源利用高效化、企业管理规范化、生产工艺环保化、矿山环境生态化、矿区社区和谐化，基本形成了符合生态文明建设要求的矿业发展新模式。目前，公司全系统内已有4家通过了地方政府绿色矿山达标验收，其中中钢富全矿业于2021年年初通过自然资源部2020年度绿色矿山遴选，被纳入全国绿色矿山名录；中钢凤凰矿业于2022年1月被纳入湖南省自然资源厅绿色矿山名录。此外，中钢山东矿业、中钢刘塘坊矿业均通过省级绿色矿山现场验收工作。

三、技术研发

（一）采矿技术研发

采矿方法科学、高效、低成本。绿色发展要求变革传统采矿工艺，中钢矿业积极组织企业技术力量，联合科研院所，深入分析矿体的开采条件，依据现场试验数据，确定最优采矿方法，对传统充填采矿法进行技术革新，探索出了一套低成本高效充填采矿技术方案，采矿成本大幅下降，采矿效率大幅提高，回收资源多，技术经济指标在同类矿山中位于前列。以中钢富全矿业李官集铁矿为例，通过企业自身技术力量，联合科研院所开展攻关，最终形成了一种点柱式全矿床不分中段上向高分层连续推进充填采矿新方法。

中国铁矿资源中浅部高品位、易采选储量逐渐消耗殆尽，而新增储量又大多为低品位、难采选的资源量，其中沉积变质岩低品位矿床占我国铁矿总资源的50%以上，已经成为新建矿山的主要开采矿体，同时该类矿石选矿回收率在60%~70%之间，选矿比高达3.4~4.2之间，尾矿排放量较大。过去铁矿地下开采以无底柱分段崩落法为主，处于贫化率较高、回收率较低水平。目前新建矿山和部分采用崩落法开采的铁矿山都将采用充填法开采，但是充填采矿的低效率和高成本问题一直困扰着铁矿山。国内常规上向分层充填法一般设有中段运输巷、留顶、底柱，中段内设分段，分层高度低，一般是3~5 m，分段平巷和分层联络道等采准工程量大，每层又以采、出、充形式循环作业，工艺环节多，且多数矿山采用国产设备，采充效率低，矿块生产能力不高。

将房柱式开采和上向分层充填开采的优点相融合，提出了点柱式全矿床不分中段上向高分层连续推进充填采矿方法。通过技术措施优化并创新矿块采准布置，采场结构参数，采充推进方式，减少开拓和采准工程量，缩短采充衔接时间，提高采矿强度，降低采矿、充填成本，提升采矿工艺的机械化和连续性，从而解决了分层充填采矿高成本低效率的难题，有利于在铁矿山的推广。

本技术方案主要采用盘区式开采，盘区内沿走向布置，长度可达数百米甚至可为矿脉全长，宽为矿体水平厚，采场内留点柱。脉外布置采准工程，分段平巷高度20 m，分成上坡段和下坡段，分段沿脉巷道与上盘切割巷道由出矿联络道连通，分层高度7.5~8 m，每次充填后留2 m空顶，作为下一层的作业空间。全矿床除一个主运输巷外，不设中段巷，不留顶柱，自下而上逐层连续推进采全矿床。脉内和脉外均可设置溜井，采用无轨设备，提高出矿效率。

通过增加点柱，在保证采场安全的前提下增大分层高度，减少分段平巷工程量，提高一次采矿能力，减少充填次数；合理利用盘区布置，增大矿体沿走向一次拉开面积，形成多工作面的局面，减少充填对回采的影响，提高采矿效率；取消中段平巷，采用全矿床上向连续推进充填采矿工艺，减少开拓工程量，提高采、充、出工艺连续性；研制出新型胶凝材料，在满足强度要求下，使充填料中灰砂比降到1∶12~1∶15，大幅减少水泥用量，降低充填成本。

（二）选矿技术研发

选矿工艺持续优化，实现低成本运行。中钢矿业所属三个铁矿山，均为通过市场收购取得，磁性铁品位在16%左右，矿石主要矿物以磁铁矿为主，含硅酸铁、菱铁矿、赤（黄、褐）铁矿，矿石中有害杂质硫、磷的含量较低，但硅含量较高，属酸性贫磁铁矿石。选矿厂积极开展技术创新、持续优化选矿工艺，加强选矿自动化和智能化建设，形成了工艺先进性、人员高效率、设备高效能、运行低成本的选矿系统。

选矿厂在矿石干式预选的基础上，首创磨前湿式预选技术应用，可以在入磨前甩出产率为20%~30%的废石，极大地降低了选矿成本，同时减少了尾矿库的压力，增加了副产品收入，年创效益6000余万元；采用全自动磁重淘洗机取代三次磁选和浓缩磁选的常规磁选机，在降低磨矿细度的同时保证了精矿质量，提高了磨矿能力10%以上，年降低了选矿成本近1000万元；选矿厂第一、二、三球磨机均采用磁性衬板，延长了衬板更换周期，降低了磨机衬板消耗和电力消耗；一段分级旋流器采用平底柱形旋流器，分级效率分级质效率提高10%以上，有效提高一段球磨机处理能力。

（三）智慧矿山技术研发

生产控制与安全管理智能化。数字化矿山建设是现代矿山的重要标志，是一个长期的、复杂的、多领域的系统工程，也是推动和提升生产运行迈向现代化管理进程的必经之路。早在2008年，中钢矿业就以中钢富全矿业为示范单位，以数字化为手段，在其关键生产系统进行了智能操控技术的研究与应用。2015年8月，中钢富全矿业被应急管理部（原国家安全生产监督管理总局）评为“机械化换人、自动化减人试点示范企业”，实施的“地下矿山关键生产系统智能操控技术研究与应用”项目获得2012年度中国冶金矿山企业协会冶金矿山科学技术一等奖。

智能化生产控制与管理主要基于物联网技术，以信息化、自动化为基础，使矿山在生产、管理等方面实现数字信息化、自动化、决策与预警智能化。目前，公司所属矿山企业在智能控制、信息化管理等方面已初具规模，运行效果良好。以AutoCAD和微软办公软件为基础，实现了地测采室内工作的三维数字化、信息化建设，保证了数据能及时准确地记录、更新和查询，提高技术工作效率和准确性；以自动化控制和智能决策系统为基础，实现了关键生产环节智能化运行、控制和管理，提高了劳动生产率，减少了矿山作业人员。中钢山东矿业是年产量300万吨规模的铁矿山，提升和选矿车间职工人数在100人左右。中钢富全矿业是年产量120万吨规模的铁矿山，提升和选厂职工人数在30人左右。以物联网技术为基础，实现了安全标准化管理、危险预警及事故应急措施的智能化决策，保证了矿山安全、有序地生产；以信息软件和网络技术为基础，实现矿山经营管理信息化，对成本、采购、销售、财务等经营信息进行科学化管理，保证了公司对各所属矿山企业的扁平化高效管理。

2022年山东矿业利用最先进的5G通信技术，联合研发矿山5G+运输智能化系统，有轨运输系统研发了基于5G通信的井下装—运—卸全流程无人运输关键技术，振动放矿与机车精准停靠协同控制技术，基于机器视觉的电机车车厢满载检测技术，轨道智能运输与安全行车预警技术，电机车自主运载与集群调度技术，对电机车及其控制系统进行智能化改造和变频改造。无轨运输系统开发了斜坡道矿卡无人化运输系统，智能化改造定制版无人矿卡UM-12车型，开发了基于激光雷达、毫米波雷达开发定位技术、惯导技术、可视化技术、多目标动态规划算法及针对未知环境路径优化及决策算法，完成了井下高精度地图实时构建、井下-井上高精度定位及导航、局部路径规划与决策、矿卡安全监测及防碰撞控制系统等关键技术研发，建立5G网络、云平台、大型数据库、远程遥控驾驶系统。实现有轨运输无人装-运-卸智能化，无轨运输远程1+N控制，实现安全、高效、自动化、无人化作业，实现“机械化换人、自动化减人、智能化无人”的目标，走在全国同类矿山前列。

井下电机车装运卸无人智能协同关键技术及应用。立足于国内外矿山无人运输技术应用现状，针对地下矿电机车运输的特点，综合运用井下无线通信、高精度定位、自动控制等技术，依据“安全、经济、高效、智能”的原则，采用了井下5G无线通信、多传感器数据融合、无人驾驶自动控制等关键技术，对井下无人驾驶电机车全流程装运卸智能运输关键技术进行研发和应用，实现了井下装—运—卸全流程无人化作业，全面提升了井下轨道运输系统的自动化控制水平，大幅提高了电机车运输效率，减少了井下作业人员数量，改善了作业环境，全面提升矿山的无人化、智能化开采水平，实现了矿山生产本质安全。

（1）研发了振动放矿与电机车精准停靠协同控制技术。利用红外反射对电机车装载车厢进行精准停靠判断，同时向振动放矿机发送放矿指令，以此为基础实现了所有车厢的装矿对准停车，成功解决了放矿机与电机车联动控制的难题。

（2）研发了基于机器视觉的电机车车厢满载检测技术。通过在装载车厢上方安装激光雷达和视频监控，采用机器视觉分析、激光雷达及激光测距仪三种技术手段进行融合，实现了车厢满载程度自动检测，以智能联动启停振动放矿机。

（3）研发了电机车轨道智能运输与安全行车预警技术。通过车路协同将所有无人电机车与道岔转辙机、智能信号灯、声光报警装置进行联动控制，实现了井下轨道运输的智能控制，降低了人工判断失误造成的安全事故。

（4）研发了无人驾驶电机车自主运载与集群调度技术。根据系统的调度指令为所有电机车智能规划运输路径，同时联动放矿机、信号灯、扳道岔进行协同调度，实现了井下电机车的无人智能调度。

该项目在中钢富全矿业进行了试点应用，并取得了非常显著的经济效益和社会效益。井下运输实现了整体化智能调度运行，大大提高了电机车的运行效率，降低了由于人为错误导致的运输中堵车、撞车、追尾等安全事故率。电机车的无人化运输直接减少了驾驶作业人员的数量，同时由于设备的可靠性提高、维护工作量减少、运输故障诊断准确，减少了大量的辅助作业人员，减少处理故障的时间。项目在中钢富全矿业应用后车辆运输效率大幅提升15%，大大减少司机等劳动力成本，综合运输成本降低25%以上。

项目成果也为中钢富全矿业取得了良好的社会效益，主要表现在：开创了井下一体化无人智能开采的新模式，降低了矿山安全事故率，极大地改善了工人的劳动环境，解决了劳动力成本攀升、劳动强度大、安全保障措施不足、安全事故频发等系列问题。采用有轨无人控制后，极大地改善了工人的劳动环境。由于井下人员减少，大大提高了安全生产的可能性，实现了矿山生产的本质安全。

目前，国内部分智能化水平较高的地下矿实现了电机车的无人化运输，但是针对装载-运输-卸载全流程无人化作业的矿山还比较少见。该项目建设成本低，实施灵活，可在国内外金属地下矿山推广应用，尤其是一些地下作业环境恶劣或危险性较大的矿区。随着国内矿山智能化建设的推进，该项目研究成果可推广应用到国内金属矿山生产企业，对提高我国矿山企业生产运输效率，全面提升矿山的无人化、智能化开采水平具有重要意义。该项目将为国内井下折返式无人电机车运输起到示范作用，对于解决深井矿山井下人员的高温恶劣环境和容易发生透水事故的矿山，无人驾驶电机车运输是一个最佳的解决方案。该项目为同行业矿山起到了很好的引领示范作用，将为我国矿山无人化智能开采提供重要的理论及应用依据。

（四）排土场技术研发

大型矿山排土场安全控制关键技术。全国许多大型排土场都存在严重安全隐患，主要问题是工程地质条件复杂、设计方法不能确定存在安全隐患、控制手段与防护措施不完善，一旦产生滑坡造成的社会影响巨大。如何发展和创新排土场优化设计体系和安全控制技术、拓展和深化排土场安全评价理论、提高灾害预测预警及防御能力，已成为排土场安全的紧迫任务。因此，在国家科技支撑等项目的支持下，历时十余年，对煤炭和非煤矿山不同类型排土场的安全问题进行了研究，并取得了如下成果：

（1）创建了复杂工程荷载作用下排土场智能匹配优化设计体系。以环境工程地质条件、排弃物排放方式与物理力学性质、工程荷载及安全系数为基础条件，创建了复杂工程荷载作用下边坡智能匹配优化设计体系，解决了排土场优化设计问题；同时，也解决了边坡加固设计有效性评价方法及因坡高变化引起加固措施不失效的设计方法，实现了边坡从设计理念到设计体系的创新。

（2）发展了边坡稳定评价与预测预报方法。针对排土场碎石土的多尺度特性，采用裂隙网络模型的构建方法和数字图像处理技术，建立了碎石土力学分析模型，揭示了水岩耦合效应下松散体强度变化规律及降雨诱发排土场滑坡转化为泥石流的启动条件，建立了对称破坏模式下三维滑移场评价的新方法。建立了边坡稳定性综合评价与风险评估方法，弥补了传统分析方法的不足；提出了边坡可靠性指标和安全度标准的建议值，为边坡安全评价提供了新途径。基于变形、降雨量、地震和人类工程活动等影响因素，建立了边坡失稳多因素综合预测预报系统；提出了等维信息外延模型、非线性预报法等边坡失稳定时预报的新方法。

（3）发展了排土场安全控制技术。提出了排土场基底和高速公路路基干拌水泥碎石桩非开挖快速加固新技术，显著提高了基底和路基承载力。研制了钢筋石笼与盘式锚杆复合支护技术，解决了稀湿物料排土场的排水和安全控制技术难题；综合考虑泥石流冲击力和土压力等因素，应用钢筋混凝土结构设计等集成技术，提出并设计了“秤砣型”格栅坝基础结构，克服了大基础浇筑质量难题并节省了工程造价。针对散体扬尘特性，深入研究了凝并、吸湿、保水等抑尘机理，提出了生态抑尘的理论与方法，解决了传统抑尘剂毒腐性、费水等缺点，抑制粉尘环境污染，推动了该领域的技术发展。

（4）在重大工程防灾中的应用。研究成果在煤炭、非煤矿山、水利水电和交通建设等领域的70余项重点建设工程中得到推广应用，为这些领域的工程决策、设计与安全运营提供了技术支撑，并取得了显著的经济效益。

针对煤炭与非煤不同类型矿山典型排土场工程的地质灾害防控问题，该研究成果首次提出并建立了对称破坏模式下排土场边坡岩体三维滑移场理论与分析方法；创建了复杂荷载作用下滑移场搜寻技术与安全评价方法，解决了排土场堆排过程中前期边坡加固工程适用深度，以及边坡加固设计如何兼顾后续开采中边坡安全不失效的问题；首次研发的边坡智能匹配优化设计方法，可以自动匹配出排土场边坡的优化设计方案，并评价排土场设计边坡的整体和局部稳定状态；针对矿山排土场工程地质条件，对黄土厚基底排土场的破坏机制进行了研究，揭示了黄土厚基底与排土场协同破坏机制，以及排土场滑坡转化为泥石流的条件；建立了滑坡诱发泥石流危险区划的可拓模型，确定分区量化指标体系，并进行了判别；根据泥石流冲击力、土压力类型、力矩平衡及混凝土结构的受力特点与设计要求等集成技术，提出并设计了“秤砣型”格栅坝基础设计新方案。

该研究成果已经在中钢赤峰矿业、紫金矿业、中铝广西分公司、华新水泥公司等企业成功应用。中钢赤峰矿业应用此项技术，提高了排土场边坡稳定性，增加排土场容量2110万立方米，同时减少工程治理费用9229.5万元。该研究成果成功地解决了我国若干排土场及其他重要工程防灾中的关键技术难题，不仅在理论创新上对同类矿山具有重要的推广和应用价值，同时在保障安全生产、维护矿山周边环境方面也取得了良好的社会效益。

（五）充填技术研发

1. 无砂仓短流程分级尾砂胶结充填技术

一般来说，作为充填采矿法的目的，就是使用各种适当的充填物料充填至井下采空区，避免由于采空区的存在，影响到地表塌陷，控制围岩垮落和地表下沉，同时为回采矿柱创造条件。因此，矿山充填必须保证采充平衡，即充填体的体积基本等于采出矿石形成的空区体积。

针对上述问题，要解决资源回收率和尾砂浓缩问题，需要从无砂仓短流程工艺技术功能特点和自动控制等多方面着手进行系统研究，提升其技术水准和工艺体系，以便更有效地解决刘塘坊铁矿充填工艺的关键技术问题。在考虑上述问题的基础上，结合矿山实际情况，刘塘坊铁矿充填系统设计中采用分级砂作为充填材料，尾砂经旋流器分级浓缩后添加水泥通过活化搅拌技术制备料浆。生产中充填站采用分级尾砂、水泥（或胶固粉）和水为原料进行制备，尾矿浆经泵送至搅拌塔顶部的旋流器分级后进入搅拌桶，和水泥一起搅拌后输送至井下采空区，井下-400 m以上的采空区采用泵压辅助输送充填，当井下不需要充填时尾砂输送至尾矿库。

（1）研发了无砂仓短流程分级尾砂胶结充填技术，尾砂通过旋流器分级后直接将水泥充填至井下，该技术投资小、成本低、流程短、工艺先进。

（2）研制的高效活化搅拌机，实现了尾砂料浆的均质搅拌，充分发挥了水泥的胶凝性能。

（3）研发了充填料浆满管流调控技术，实现了分级尾砂充填料浆结构流满管输送，大幅降低了离析、分层、堵管现象。

（4）研发了U形溢流管气压平衡自流技术，解决了自流管因管内残留空气不能排出而形成管内空气柱，导致料浆流动过慢或不流动问题，实现了料浆顺畅自流。

通过该研究成果，充填站减少用地1880 m^2，节省投资1800万元，灰砂比1∶4的充填成本93元/m^3，尾矿库减少征地50万平方米，1∶4灰砂比充填体28天取样强度为3.1~4.6 MPa，技术经济指标先进。由于矿山投资有限、基建周期短，不具备建砂仓的条件，采用无砂仓充填系统，在采充平衡、浓度流量控制、管内空气柱消除、分级尾砂离析分层等方面技术难度大，复杂程度高。充填系统建成投产后已经平稳运行，充填能力满足企业生产能力要求，技术成熟度好，目前已在苍山铁矿、中钢富全矿业推广使用，技术易于重现。该研究成果推动了金属矿山科技进步，具有较强的市场竞争能力。

2. 微细粒尾矿膏体浓缩及充填技术与装备研究

资源综合利用是绿色矿山建设的必由之路，是生态环境保护的必然选择。中钢矿业大力开发采用节能减排、可循环利用、副产品加工等技术工艺，将废水、废石、尾矿等变废为宝，建立良性的资源综合利用运行体系，做到全部资源价值化，保证资源综合利用真正落地生根，实现无废绿色开采。公司与山东科技大学联合开发的“微细粒尾矿膏体浓缩及充填技术与装备研究”项目，对低品位铁矿尾矿排放量大，尤其是微细粒尾矿难处置的行业共性难题，提出了尾矿“粗粒制砂-细粒充填”分级分质利用技术路线，通过粗粒尾矿分级回收、微细粒分级尾矿膏体浓缩、微细粒膏体尾矿胶结充填及其流变特性研究，实现低品位铁矿山的无尾矿排放。

（1）首次提出了尾矿“粗粒制砂-细粒充填”分质分级利用的技术路线，研发了“长锥旋流器分级-膏体浓密机浓缩”工艺及装备。针对微细粒铁尾矿，研发了高压缩层、絮凝剂多点多水平添加及底流剪切增浓技术，开发了无耙柱式膏体浓密机，设备直径12 m、容积3300 m^3、单台处理能力达到40万吨/年以上。

（2）成功制备了适用于铁矿采空区充填的微细粒尾矿充填材料。在灰砂比为1∶12的情况下，养护28天后胶结体抗压强度达到1.5~1.7 MPa，实现了微细粒尾矿在充填材料中的充分利用。

（3）阐明了微细粒尾矿膏体胶结料浆的流变特性变化规律，提出了微细粒尾矿膏体胶结料浆管道输送沿程阻力的计算方法，实现了膏体料浆的自流输送，为微细粒尾矿膏体胶结料浆输送工艺及设备的选择提供了理论依据。

首创立式无耙柱式膏体浓密机，同时配套清水回收利用、分级粗砂，超细粒级膏体压滤等子系统，全面解决了超细粒级尾矿综合利用难题，开创了“无尾矿”矿山先河。该项目通过减少尾矿外排、节省尾矿库建设投资、回收清水以及出售粗砂等项目，年增加经济效益2000万元以上，避免了尾矿外排造成的安全隐患和环境污染。该项目研究成果为我国微细粒尾矿综合利用以及大宗安全处置提供了新的技术途径，对类似矿山的尾矿利用具有示范作用，推广应用前景广阔。研发的旋流器分级-粗粒振动筛粗粒尾矿分离技术、微细粒尾矿膏体浓缩技术以及微细粒尾矿胶结技术，已经过大规模工业生产实践检验，技术成熟度高、适应性强，可根据矿山实际情况部分或全部实施，为类似矿山尾矿综合利用、采空区胶结充填等提供技术支撑，具有广泛的推广应用价值。目前，该项目相关成果已在中钢山东矿业得到了成功推广应用，实现了无尾矿排放，获得了良好的经济效益和环境效益，为企业长远发展起到了技术支撑作用。

第十一节　北京华夏建龙矿业科技有限公司

一、基本概况

北京华夏建龙矿业科技有限公司（简称“华夏建龙”）于2003年9月注册成立于北京市丰台科技园区，是北京建龙重工集团的资源板块，是一家集矿山采选技术研究、矿产资源勘查、矿山投资开发、矿产品加工、建材产品加工、销售于一体的集团化企业。公司旗下产业布局遍布国内五个省区，拥有十余家子公司，在内蒙古、河北、辽宁、湖北、新疆等地拥有铁、铜、铅、锌、钼等资源的探矿权、采矿权；拥有矿产资源储量共计68.1亿吨，铁矿资源56.65亿吨，铜铅锌矿资源（金属量）27万吨，钼矿资源（金属量）68万吨。

华夏建龙拥有1家省级重点实验室（河北省固废建材化利用科学与技术重点实验室）、1家省级企业科技创新中心、1家市级企业科技创新中心、1家市级资源综合利用研究工作室，获得省部级科技成果奖2项，授权专利及制定行业、企业标准等130余项；公司拥有员工4000人，其中各类专业技术和管理人才800余人。

华夏建龙以铁矿资源开发为主，涉足有色资源、磷矿及磷化工产业、砂石建材产业等，主要对铁矿和有色资源实施集约化、规模化开发，兼顾磷化工生产；同时，通过实施矿山自动化推进数字化矿山建设，开展矿产资源综合回收研究，推进矿山安全标准化及尾矿综合治理。

华夏建龙的铁精粉产能550万吨，钼精矿15000 t，铜金属3000 t，磷精粉80万吨，硫精粉17万吨，硫酸8.5万吨，硫酸钾4万吨，磷酸氢钙2万吨，年产各类规格砂石2000万吨。

华夏建龙自成立以来，累计实现投资142.39亿元，资产总额达107.92亿元；累计生产铁精粉5732万吨，实现销售收入711.05亿元、利润总额119.73亿元、利税总额92.85

亿元。

华夏建龙秉承“只争第一，点滴做起”的企业精神，以“诚信、规则、团队、卓越、共赢”的核心价值观为引导，坚持“利人惠己，永续经营”的经营理念，以“开发一种资源，培育一种新的资源”“综合利用资源、资源综合利用”的资源开发理念，追求开发每一种元素资源的价值，将资源用到极致。坚持“聚焦科技创新，引领品质发展，强化精细管控，加快资源布局”的发展思路，向着全球顶尖矿业公司迈进。华夏建龙 2021 年进入世界 500 强，2022 年列第 363 位，全球钢铁企业第 8 位、全国钢铁企业第 5 位、全国民营钢铁第 2 位。华夏建龙也挺进中国冶金矿山列第 5 位。

二、发展历程

（一）向风而行，破茧成羽，快速崛起的五年（2003—2007 年）

五年的华夏建龙，蹚出一条零基础崛起的快速成长之路，成为彼时民营矿业企业的佼佼者。五年，华夏建龙从托管两个矿山发展到 35 家，铁精粉产量从 20 万吨发展到 245 万吨。

2003 年 9 月 19 日，在北京丰台科技园区注册成立北京华夏建龙矿业科技有限公司，成为当时入驻总部基地的企业之一。华夏建龙正式拉开建龙资源板块的集团化发展序幕并确立了年产 300 万吨铁精粉的战略目标，这是华夏建龙第一个五年计划的初步构想。

2003 年，华夏建龙通过并购、新建等方式走向规模化发展，矿山遍布黑龙江、吉林、辽宁、河北四省。

2004 年，华夏建龙矿山数量由 15 个上升到 19 个，铁精粉产量达到 201 万吨，煤 5. 57 万吨；销售收入 9. 1 亿元，利润总额 2. 3 亿元，净利润 1. 6 亿元，纳税总额 0. 9 亿元。

2005 年，华夏建龙矿山数量由 19 个增加到 24 个，产品由单一化进一步向多元化发展，完成向有色金属领域的迈进，产品品种由 2 种增加到 5 种。其中，铁精粉 242 万吨、煤 8. 4 万吨、钼精粉 100. 1 t、重钙粉 1518 t、磷粉 1846 t；实现销售收入 19. 9 亿元、利润总额 4. 7 亿元、净利润 3. 7 亿元、纳税总额 2. 4 亿元。

2006 年，华夏建龙经过两年的潜心修炼，夯实基础，积蓄再出发的实力，向内蒙古、新疆、山东乃至海外发起新一轮的找矿征程。2006 年，矿山由 24 个升至 31 个，粗铜加入公司有色产品行列，湖北钒项目启动。其中，承德县三矿、鑫源钼矿、朱日和铜矿、承德宝通的扩建相继完成。生产铁精粉 305 万吨、煤 15 万吨、钼精粉 0. 11 万吨、磷粉 1. 75 万吨、重钙粉 0. 85 万吨、粗铜 0. 02 万吨，实现销售收入 15. 95 亿元、利润总额 3. 32 亿元、净利润 2. 26 亿元、纳税总额 2. 29 亿元。

2007 年，矿山由 31 个升至 35 个，主产品铁精粉产量以 10. 6%的速度递增，全年实现铁精粉产量 336. 13 万吨；钼精粉 0. 33 万吨（产能从日处理 6000 t 矿石增加到 15000 t）；铜精粉 723. 82 t，比 2006 年同期增长 136%，产能从日处理 500 t 矿石增加到 1200 t；磷精粉 2. 35 万吨；原煤 10. 39 万吨；方解石 1. 47 万吨，比 2006 年同期增长 59%。实现销售收入 26. 58 亿元，利润总额 9. 10 亿元，净利润 4. 62 亿元，上缴税金 4. 13 亿元，资产总额达到33.75亿元。

五年，华夏建龙的成员企业从4个发展到35个，产品从单一的铁精粉扩展到铜、钼、钒、磷、铅锌、镍镁等有色领域，企业利润从2003年的0.8亿元增加到2007年的4.62亿元。

（二）驭风而行，凤凰涅槃，强基提品的五年（2008—2012年）

2008年下半年以来，国内外矿产品价格一路暴跌，矿山企业面临巨大的冲击，矿产品需求减缓、矿业企业经营困难。华夏建龙审时度势，立足建龙集团“品种开发、资源整合、管理领先”三大战略，坚持以资源勘查和矿产品开发为主体，生产与资本运营并重，强化内部管理，专注提升企业内生力，使公司保持了平稳、快速发展势头。

2008年，华夏建龙取得北京市国土资源局颁发的“固体矿产资源勘查资质——乙级”，为公司勘查工作对外延伸奠定了基础。

2008年，以“本质安全，和谐发展”为目标，以宽城建龙为试点，实施GB/T 28001和GB/T 24001国标并建立安全环保管理体系，11月通过了北京大陆航星质量认证中心GB/T 28001和GB/T 24001现场审核，获得安全环保管理体系一体化审核认证证书。同年，开展安全工作程序（SJP）推广活动及7S现场管理。

面对金融危机的冲击，华夏建龙保持稳健前行的定力，开展与国内先进矿山对标，以技术和管理手段提升公司抗风险能力。2008年，全年完成铁精粉产量274万吨，铜精粉823.05金属吨，硫精粉35942.41 t，原煤9.38万吨；实现销售收入31.36亿元，利润总额16.70亿元，净利润11.05亿元，上缴税金6.73亿元。上缴税金4.13亿元，资产总额达到33.75亿元。

2009年，以本溪思山岭铁矿和内蒙古阿巴嘎必鲁甘干铜钼矿资源量详查为代表的资源勘查成果显著，其中本溪思山岭铁矿估算矿石量9.856亿吨，平均TFe品位32.75%；同时，新疆西凯矿业在资源储备上也取得了可喜的成果，共拥有探矿权77个、采矿权7个。2009年，完成铁精粉产量281万吨，铜精粉7266 t，硫砂92132.8 t，原煤40108.5 t；实现销售收入17.43亿元，利润总额2.48亿元，净利润1.65亿元，上缴税金5.45亿元。

2010年，华夏建龙完成年产铁精粉产量266.17万吨，铜精粉964 t金属，钼精粉829 t金属，硫精粉9.08万吨；实现销售收入24.69亿元，利润总额5.4亿元，上缴税金9.29亿元。

2011年，华夏建龙强化内部管理，全面导入中钢管理，引进设备绩效管理，完善生产技术指标信息化与对标管理，开展全员降增效活动，保持了生产经营的稳定。

2011年，完成铁精粉产量300.92万吨，实现销售收入31.8亿元，利润总额12.43亿元，净利润9.64亿元，利税6.74亿元。

2012年，完成铁精粉产量287.38万吨，磷精粉35.5万吨，硫精粉11.92万吨，钼精粉2140.3 t，铜金属1270.1 t；实现销售收入24.33亿元，利润总额4亿元，净利润2.77亿元，利税7.38亿元。

经过十年的发展，华夏建龙已成为产品多元化、投资多元化的大型矿业集团，在国内行业内知名度不断提升；迈入第三个战略发展阶段，站在第二个十年的新起点。

（三）逆风而行，蛟龙潜水，蓄势深耕的五年（2013—2017 年）

2013 年，华夏建龙围绕资源勘查与开发两条主线，加快资源综合利用和绿色矿山建设，正式提出了“开发一种资源，培育一种新的资源”理念。

2013 年，华夏建龙绿色矿山建设成效显著。公司立足现有矿山资源，开展矿区周边及深部探矿及外部资源考察工作。

2013 年，公司召开采矿、选矿技术大会，开展技术研讨，成立地质采矿技术学会、选矿设备技术学会，制定学会章程、明确学会带头人，确定技术攻关课题，科技创新管理思想，为促进公司技术进步奠定了基础。

2014 年 4 月 10 日，宽城建龙、丰宁鑫源、河北矾山磷矿被评为第四批国家级绿色矿山试点单位。

2014 年，完成铁精粉产量 342. 75 万吨，磷精粉 10. 39 万吨，硫精粉 12. 9 万吨，钼精粉 2560 t，铜金属 334 t；实现销售收入 28. 31 亿元，利润总额 14. 47 亿元，净利润 10. 53 亿元，利税 6. 31 亿元。

2015 年公司全年实现铁精粉产量 373. 57 万吨，铜金属 2129. 4 吨，钼精粉 2119 t，磷精粉 28. 17 万吨（含矾山 60. 02 万吨），硫精粉 12. 81 万吨，铅金属 23. 99 t，锌金属 173. 28 t；实现销售收入 44. 11 亿元，利润 4. 26 亿元，净利润 4. 19 亿元，利税 3. 08 万元。

2016 年公司全年实现铁精粉产量 340. 79 万吨，铜金属 2341. 8 t，钼精粉 1394 t，磷精粉 64. 63 万吨，硫精粉 12. 88 万吨，铅金属 15. 95 t，锌金属 54. 47 t；实现销售收入 41. 229 亿元，利润 14. 36 亿元，净利润 11. 89 万元，利税 2. 46 亿元。

2017 年，公司全年实现铁精粉产量 393. 52 万吨（含矾山 20. 7 万吨），铜金属 2987. 9 t（含丰宁 227. 91 t），钼精粉 12307. 35 t，磷精粉 75. 87 万吨（含矾山 28. 15 万吨），硫精粉 12. 82 万吨，铅金属 94. 38 t，锌金属 235. 14 t；实现销售收入 46. 27 亿元，利润 7. 93 亿元，净利润 7. 49 亿元，利税 3. 76 亿元。

（四）乘风而行，鹰击长空，创新突破的五年（2018—2022 年）

2018 年以来，全球经济增长进入平台期，全球矿业市场转向下行。面对错综复杂的经济形势，以及新一轮科技革命和产业变革机遇，华夏建龙以绿色发展、科技创新、稳中求进为主基调，积极寻求资本市场机遇，探索新的价值增长点，确定了“一主三辅”“五位一体”战略定位，聚焦科技创新，引领企业高质量发展。

2021 年 7 月 30 日，本溪龙新矿业思山岭铁矿 1500 万吨/年采选项目一期（750 万吨/年）采选项目开工。中国超大规模“深地 · 平安 · 绿色”数字化矿山正式进入建设期，该项目以做好“三篇大文章”为核心，以深度开发“原字号”为引导，全方位推进数字信息化赋能，加强多方协作、持续产业创新、加快融合发展，将思山岭铁矿建设成为智能、平安、绿色现代化矿山。

2018—2022 年，华夏建龙围绕建龙集团资源板块战略发展构筑核心平台，推动建龙集团形成了黑龙江建龙矿业集团、辽宁建龙矿产地质勘查和华夏建龙三大矿业资源基地，建龙矿产资源业务从北京辐射河北、东三省、内蒙古、新疆、湖北七个省区。华夏建龙自身也完成了做强做大单体矿山的目标，在区域范围收缩、铁矿山数量减少的情况下，铁精粉产量逐年提高，年产量由 300 万吨提升到 400 多万吨。

2018 年，全年生产铁精矿 338.22 万吨，钼精矿 13974 t，铜金属量 1982 t，磷精矿 78.96 万吨，硫精矿 10.38 万吨；实现销售收入 47.61 亿元，利润 3.43 亿元，净利润 2.93 亿元，利税 3.85 亿元。

2019 年，全年生产铁精矿 338.22 万吨，钼精矿 13974 t，铜金属量 1982 t，磷精矿 78.96 万吨，硫精矿 10.38 万吨；实现销售收入 78.75 亿元，利润总额 5.66 亿元，净利润 4.22 亿元，利税 4.73 亿元。

2020 年，全年生产铁精矿产量 387.39 万吨，钼精矿 14429.91 t，铜金属量 1223.2 t，磷精粉 81.47 万吨，硫精砂 22004 t，砂石骨料 1305.7 万吨；实现销售收入 107.43 亿元，利润总额 107.43 亿元，利润总额 10.6 亿元，净利润 8.44 亿元，利税 6.12 亿元。

2021 年，全年生产铁精矿产量 376 万吨，钼精矿 11360 t，铜金属量 2610 t，磷精粉 80 万吨，硫精砂 15 万吨，砂石骨料 1386 万吨；实现销售收入 65.52 亿元，利润总额 18.09 亿元，净利润 15.44 亿元，利税 8.71 亿元。

2022 年，全年生产铁精矿产量 343.54 万吨、钼精矿 2812.28 t、铜金属量 2337.53 t、磷精粉 52.61 万吨、硫精砂 15 万吨，砂石骨料 1018 万吨；实现销售收入 33.41 亿元，利润总额 7.39 亿元，净利润 6.49 亿元，利税 8.28 亿元。此时，资产总额达到 110.48 亿元。

三、技术创新

华夏建龙在科学、有序、合理地开发利用矿山资源的过程中，通过规范管理、资源综合利用、技术创新、节能减排、环境保护、土地复垦、社区和谐、企业文化等推动绿色矿山建设，以习近平总书记提出的“绿水青山就是金山银山”的理念，立足矿山实际，以“一厂一策，一厂一特色”的措施将绿色建设植入矿山设计、建设、生产全过程，绿色矿山建设在持续推进中不断改进和优化。

（一）在安全高效采矿技术方面

推进回柱放顶技术和不稳固岩体回采安全技术研究、高陡露天边坡稳定性及治理技术、露天坑景观及功能再造技术研究、爆碎筛磨系统低成本技术研究五个方面的技术课题攻关和技术创新。以承德县建龙采区和承德宝通为代表的爆碎筛磨系统成效显著，承德县建龙采区爆堆 500 mm 以下粒度从 49%提高至 89%，入磨粒度 10 mm 以下从 52%提高至 61%，碎矿成本从 3.8 元/吨降至 3.32 元/吨，磨矿成本从 9.3 元/吨减低至 9.22 元/吨；承德宝通碎矿成本从 1.58 元/吨降至 1.44 元/吨，磨矿成本从 5.49 元/吨减低至 5.41 元/吨。

（二）在技术创新方面

围绕低品位矿山开发及有价矿物综合利用、尾矿的大通量消纳、安全高效采矿等方面形成关键技术和创新突破，以资源综合利用为基础的矿山绿色生态产业链逐步形成，打造了“尾矿—复选有价元素提取—磷、铜、钛、铁、钒钛新材料高端建材产业链，选矿—尾矿—砂石骨料、中高端建材、混凝土制品”装配式建筑产业链，“尾矿（粉煤灰、钢渣、农业秸秆)—土壤调理剂”农业综合利用产业链，“矿选—尾矿—尾矿复选—高端复合肥”新型建材产业链以及“尾矿库—土地整理—林光储能+矿山生态修复”和“露天采区矿坑—矿区修复治理—抽水蓄能电站”清洁能源产业链。

（三）在矿山能源生态产业链建设方面

立足矿山自身特点，一厂一策，加速推进新能源产业布局，实现零的突破。河北恒钏1 MW 屋顶分布式光伏项目与金地矿业 5. 04 MW 屋顶分布式光伏项目于 2022 年建成并网发电；承德县建龙 100 MW“光储+矿山生态修复”项目于 2022 年 11 月开工建设，预计2023 年 6 月并网发电；承德宝通矿业 100 MW 抽水蓄能电站项目获得项目批复进入建设阶段，利用西沟采区开采的磁铁矿矿坑作为下水库，矿坑北部平顶山的山顶作为上水库建设初装机 1000 MW、调节库容 625 万立方米、年发电量为 16. 7 亿千瓦时的国内外第一家利用采矿矿坑的抽水蓄能电站；利用排岩场地规划设计建设 100 MW 风力光伏电站，未来承德宝通将成为京津冀地区重要的新能源示范基地和矿山地质公园。滦平建龙 100 MW 光伏+储能+矿山生态修复项目、柏通矿业 20 MW 自发自用矿山生态修复项目、承德县建龙 100 万千瓦时抽水蓄能项目、朱日和铜业 20 MW 分散式风电项目、金地钼矿 10 MW 分散式风电项目、丰宁鑫源 100 MW“光储+矿山综合利用及生态修复”项目组卷申报。随着矿山能源产业链建设的不断推进，未来华夏建龙将向用电自给自足，“零”外购的绿色能源管理迈进。

（四）无人机引导露天采矿新模式

工业 4. 0 时代，以企业价值为引领的数字化、智能化转型是时代发展的大趋势，将推动矿山企业向安全、高效、经济、绿色与可持续发展的终极目标前进，也为矿山数字化、智能化转型升级带来前所未有的挑战与机遇。华夏建龙经过 10 年的持续推进，完成了各子公司与总部智能数控中心建设，随着安环系统、生产协同平台、办公协同平台、财务共享平台、紫光档案系统、设备管理平台六个信息化项目实施完成，进一步明确了“3+6+X”的重点推进项目，形成“一中心九支撑数字化集团”的目标，确定“信—管—控”全面融合的集团管理模式，打造“生产全自控、双网双融合、工业数据实时在线采集、管理业务纵向贯通横向覆盖”等多元素模块，最终实现矿业特色智能化架构。

开辟无人机引导露天采矿新模式。通过对无人机培训与使用，结合制定的《无人机在生产管理中应用方案》，进一步丰富了生产管理的工具，特别是与后期软件结合，进一步开拓了露天采矿技术、道路规划、现场管理等的新模式，提升了公司的采矿智能化水平。

立足本溪龙新“思山岭铁矿”“双超”项目，创建了辽宁省深地资源绿色智能开采专业技术创新中心。同时，与东北大学合作开展“原位地应力试验、深部金属矿开采岩爆智能监测预警与动态控制技术”课题研究，创建“本溪龙新-东北大学深地资源绿色智能开采”联合创新实验室；与长沙矿冶研究院开展大直径深孔空场嗣后充填采矿法研究；与清华大学开展深部金属矿产资源开发多创新方法集成应用研究。思山岭铁矿智慧矿山规划建设标准达到行业领先示范，自然资源部已确定思山岭铁矿为《智能矿山建设规范》（DZ/T 0376—2021）国家标准贯标试点单位。同时，构建以矿山数据中台为核心的企业内部运维体系，实现集控中心至作业单元的数字化管控。充分发挥集控、协同、融合的高效作用，全面推行从采矿、选矿至物流的“一个中心管到底”全新管控模式。

四、企业安全文化

华夏建龙在20年的管理实践与积淀过程中，以“四大抓手”为核心，推动公司管理提升和企业价值升级，形成了以班组建设、绿色矿山建设、安全文化建设、数字矿山建设为四大抓手的管理模式，推动了公司管理与企业文化进步，创建了具有公司特色的基层组织建设、安全文化建设品牌。

（一）班组安全建设

班组是企业最基础的组织单位，是企业发展最重要的一环，建立了“12345”班建谱系图，形成查六源做改善、班组标准化建设、六大主题创标建模三大班组建设模块，以生产、安全、设备等核心内容推动班组建设落地。以技术标准为核心、以管理标准为手段、以作业标准为抓手，通过作业宝典编制，不断完善班组技术和管理标准，对“点检、润滑、定修、作业、故障排除”的最佳实践方法固化，实现标准化建设、团队汇智、改善创新、人才培养、提质增效“五个同步”。以“六大主题创标+经验技巧+标准化建设”主题TTT培训切入点，按照以事练人的思路搭建平台、培养人才。通过走出去、请进来方式，开展内外部对标学习，并对班组建设成果总结、提炼形成案例，进行分享与推广，不断深化班组建设内涵，以班组信息化建设实现跨班组、跨公司的班组信息交流、知识共享，推动智慧班组建设。2020年完成的《组织力六大系统在矿山班组建设中创新与实践》课题获得了全国冶金矿山企业管理现代化创新成果三等奖，也是唯一获得此殊荣的民营矿山企业。

在班组建设持续推进的同时，深化人才队伍建设，推动制定专业队伍建设3年规划，系统梳理岗位设置，形成专业人员配置计划，落实作业区“一长两师”制度，完善专业评聘，打通专业人员晋升通道。实行大学生双导师制，明确培养目标并落实培养责任。

（二）安全文化建设

双重预防体系方面，开展安全风险分级管控工作，按照“一厂多点、一点多源、一源多险”的思路，确定风险点，识别能量或危险物质，辨识危险源，识别风险类型，辨识危险有害因素等五项工作，各子公司根据双重预防体系建设实施指导意见，编制风险分级管控清单、隐患排查清单等表单，作业现场悬挂安全风险公告栏、岗位风险告知卡、告知作业安全风险等事项。在建立健全安全管理制度、强化安全保障体系方面，完善安全管理制度，重点梳理了安全目标、安全会议、安全培训、安全生产费用提取与使用、劳动保护用品发放等管理制度并开展安全隐患排查治理工作，制定生产作业现场安全标准化规章制度，强化安全监管。开展安全生产保命工程构架建设。开展重大风险安全三区与红区建设，通过对生产作业现场的风险判定识别，完成井下爆破作业、铲装作业、提升作业、吊装作业、露天爆破作业、炸药库等重大风险的安全三区与红区建设；推行公司决策层、管理层、操作层安全行为规范，层级领导"四安全"研究行为规范，领导干部"四必做"行为规范；建立安全责任区管理行为规范，各子公司按照"分区负责、分级管理、责任到人"的原则，建立安全、环境责任区管理网络体系。以安全文化项目建设，推动公司安全管理水平。

（三）环保文化建设

华夏建龙以"绿水青山就是金山银山"为引领，树牢"山水林田湖草沙"生命共同体理念，坚持"在保护中开发，在开发中保护"，始终将绿色矿山建设放在首位，把矿产开发作为生态环境再造工程，努力打造"资源节约型、环境友好型"矿山新形象。高标准打造"花园式"矿山复垦区，仅 2018—2022 年五年间，在绿色矿山投入 32600 余万元，矿山生态环境修复面积达 4112400 m^2，排土场尾矿库绿化面积 2707002 m^2，露天采坑边坡绿化面积 4429749 m^2，原料及产品棚化面积 69320 m^2，种植灌木、乔木 226150 万株。因矿施策，根据矿区地质地貌形成经济果林，乔、灌、草立体布置格局，地质景观与花卉草木点缀相得益彰，建设"花园式"观景平台，为打造"绿色矿山示范区"交出一份亮眼的"绿色答卷"。

（四）党建文化建设

党建赋能，点燃公司绿色发展新引擎。华夏建龙在绿色发展进程中，将党建、共青团、退伍军人建设活动植入绿色发展理念，总部及各子公司均设立党支部、青年先锋队、退伍军人突击队，发挥党支部、共青团先锋优势，军人执行力优势，让"复垦绿"植入"党建红""军人魂"，各矿山党员林、青年试点、军人示范区也成为矿区绿色发展一景，绿色浸染了矿山，也在每个人心里生长。

（五）企业文化建设

企业文化是企业发展的基石。华夏建龙立足"以人为本"，搭平台、挖潜能，建立健全职位管理体系，保障员工通畅的晋升渠道；打造素质提升平台、才艺展现平台、互动交流平台等三大平台，使员工的技能得到提升、才能得到展现，使员工在工作中获得满足感、荣誉感、认同感。以"关爱员工"为中心，持续改善员工的工作生活环境，自 2019 年开始推行免费就餐，免费不减质，各子公司不断推出新菜品和新花样，提升员工的生活品质；翻新的员工宿舍改善了员工的生活环境；积极构建大学生及专家公寓，筑巢引凤。

以捐资助学、对口精准扶贫、共同富裕基金，节日走访，以及通过产业链的延伸创造就业岗位解决当地就业问题等，与周边村、镇开展多样的共建活动构建和谐的地方关系。自公司成立以来，捐献财物数千万元，展现了华夏建龙的责任担当。

二十年来，华夏建龙从零开始的伟大航程，追逐着梦想，挑战不可能，坚守打造国内一流矿业企业的初心，从规模化发展到科技创新、绿色矿山到数智矿山，每走一步都是质的飞跃，尽显业界领军企业之气质。

矿业在过去几十年面临人才短缺，面对竞争日益激烈的劳动力市场，矿业和金属公司需要将自己定位为具有吸引力的行业和雇主，确保有能力应对不断变化的优先事项。通过社会目的、重新构想工作和建立具有包容性的领导文化带来的机会，企业可运用人力资本以确保其战略和可持续优势。

持续推动创新主导进程。长期以来，对创新的需求都是矿业的主要趋势，使一系列近期因素也促使业界加快推动创新进程，包括疫情下新的远程办公形式，寻找新脱碳方式的必要，以及高商品价格可能带来的自由度。矿业公司应该重组和重新思考流程，打破注重稳定的传统，以适应变化并从中受益。

以综合营运开创价值。矿业和金属公司应善用数字化转型以推动有效而综合的决策，这比以往任何时候都更重要。目前市场对ESG措施的高度关注已对公司造成压力，除了要管理其营运环境外，还需应对社会和监管挑战。数字化带来的洞察力和可见性可以辅助不同级别的员工决策，让他们能够应对模糊和复杂的情况，继而开创重大价值。

五、企业未来规划

未来中国矿山资源需求增长将达到全球的50%，中国钢铁居全球第8位，中国矿产资源居53位，中国的矿山在全球地位很弱，矿产资源需求很大，中国矿山在全球竞争处于起步阶段。基于制造业和矿产资源形势分析，立足建龙集团未来发展的总体布局，为提高矿业的保障能力和资源的自给自足能力，建龙集团将矿产资源列入集团第二主业，资源板块由钢铁资源保障提升到与钢铁并驾齐驱的地位。建龙集团铁精粉产能5000万吨，其中，华夏建龙2500万吨（含本溪龙新矿业1500万吨）、黑龙江区域和辽宁区域2500万吨。矿产资源规模争取达到全国的前二十位，力争第十位，打造全球一流的矿业公司。

未来，华夏建龙以“矿产资源、人力资源”为核心，以“一主两辅”发展战略为引领，加大资源获取力度；深化资源综合利用和深度利用资源，加快新能源、新兴建材产业布局；以“科技创新、班组建设、智能化、绿色矿山”为四大抓手，推动公司高质量发展；逐步建设成“引领行业进步、深受社会尊重、员工引以自豪”的美好企业，向全球一流矿业公司迈进。

未来五年，以矿业产业（黑色金属为主，有色属为辅，兼顾稀贵金属）为主，发展新能源和建材产业，构筑数研中心，以组织变革打造高效能企业，推动战略目标实施。

矿产品开发主业以黑色金属为主，有色属为辅，兼顾稀贵金属；其中，黑色金属规划铁精粉产量1000万吨/年（不含本溪龙新1500万吨/年）。

数智矿山规划生产以“生产控制一律集中、设备监控一律远程、采选生产一律无人、管理业务一律线上”四个一律为目标，建设生产经营管理数研中心，搭建华夏建龙综合管控平台和矿山生产技术管理协同平台，形成管理决策的“矿业数智大脑”，为智能化提质增效、增加企业总产值和智能化推动组织变革奠定基础。

人力资源管理打造管理中心、运营中心、矿业事业部、新能源事业部、建材事业部和N各子公司的“2+3+N”组织模式，以数研运营中心为管理平台，打造区域化集管模式，实现管理资源中心化、资源协同区域化、经营管理数字化、管理成本集约化。实现矿山行业人效冠军的目标，以数字化转型为手段，推动人力资源和组织变革。

为推动公司未来发展战略，着力从“做强勘探和科技创新，打造建龙集团矿业技术与人才基地和以奋斗者为本的企业文化”四方面入手，推动华夏建龙未来战略规划的落地。

技术引领，做强科技创新。立足公司自身发展优势，全面把握科学技术发展趋势，依靠科技创新，推动资源全生命周期的利用，提高资源开发、综合利用效率，实现资源价值最大化和企业效益最大化。加大科研投入和科技人才的引进，引进一流的人才，培养一流的科学家和研究级别的科技人才，科研人员达到全员的1%以上，与国内外顶尖的矿业实验室合作，打造省级、国家级重点实验室和技术创新中心，争创国内民营矿山科技创新龙头企业。

以业兴则民富为指引，持续推进绿色矿山建设，构建和谐环境。践行绿水青山就是金山银山的理念，站在人与自然和谐共生的高度谋划发展，以打造“生态环境一流”矿山为目标，承担社会责任，创新帮扶举措，打造“产业脱贫、绿色共建”示范区，支持当地政府巩固产业脱贫，以资源综合利用和科技创新推动特色产业发展，创建和谐社会关系，让矿山与乡村共生共美。

发扬“只争第一、点滴做起”的企业精神，以班组建设为抓手持续激发员工的创新热情，以自主管理、专案改善等课题活动，构建人人有改善的创新改善体系，提升本质改善和专业改善，推动创新改善文化。

弘扬华夏建龙初期的创业精神，将公司战略发展目标与员工个人价值实现融为一体，引导员工以贡献为本，勇于突破，踔厉前行，打造以奋斗者为本的企业文化，向全球一流矿业公司迈进。

第十二节　酒泉钢铁（集团）有限责任公司

一、企业概况

酒泉钢铁（集团）有限责任公司（以下简称“酒钢集团”）始建于1958年，是国家“一五”期间重点建设项目之一。随着企业发展壮大，形成“采、选、烧、铁、钢、材”完整配套的钢铁工业生产体系，并延伸兼营资源开发、电力能源、特色金属冶炼、机械制造、建筑安装、建材制品、种植养殖等多种产业，是西部具有较大影响力的钢铁联合企业之一。

1985年起进入中国500家最大工业企业行列，2000年12月“酒钢宏兴”股票上市交易，2006年完成了股权分置改革，2009年实现钢铁主业整体上市。经过多年建设、发展，特别是进入21世纪以来，酒钢集团加大淘汰落后产能、调整产品结构力度，生产规模与经济实力逐年增强，实现了快速发展，形成了以钢铁为主的多元化发展格局，技术装备水平进入国内同行业先进行列。近年来酒钢集团强力推动落实“强科技、强工业、强省会、强县域”行动，全面实施“产业转型、结构升级、要素聚集、链条锻造”发展方略，努力建设成为主业突出、治理规范、管理科学、和谐发展的现代化企业集团。酒钢集团现已形成甘肃嘉峪关本部、兰州榆中钢铁有限责任公司两个钢铁生产基地，具备年产1105万吨钢（其中不锈钢120万吨）的生产能力。

（一）镜铁山矿

镜铁山矿为酒钢集团铁矿石原料主要生产基地，矿山位于甘肃省嘉峪关市西南部祁连山腹地，有北距嘉峪关市冶金厂区78 km的铁路干线、途经玉门东138 km的公路干线与矿区相通，交通方便。

镜铁山矿由桦树沟和黑沟两矿区组成，矿物主要由镜铁矿、褐铁矿、菱铁矿、碧玉与重晶石组成，多为混合矿石，属难磨、难选矿石。桦树沟矿床为复式向斜构造，由7条主要矿体组成，探明地质储量3.97亿吨，地质品位36.33%，截至2021年末保有资源储量1.75亿吨；黑沟矿床也为复式向斜构造，矿体赋存于构造带南翼和北翼，探明地质储量1.49亿吨，地质品位34.96%，截至2021年末保有资源储量0.88亿吨。桦树沟矿区采用平硐—溜井—斜坡道联合开拓，无底柱分段崩落法采矿工艺；黑沟矿区采用公路—平硐溜井—胶带联合开拓，露天开采工艺。

镜铁山矿不仅为酒钢集团发展提供了丰富的铁矿石资源，而且培育出了冶金系统六大精神之一“艰苦创业、坚韧不拔、勇于献身、开拓前进”的企业精神“铁山精神”。20世纪70年代末至80年代初，在酒钢集团还处于艰难起步阶段，镜铁山矿一举创造了铁矿石年产量、全员劳动生产率、铁矿石单位成本等六项指标居国内同类矿山第一的骄人业绩。改革开放初期，镜铁山矿率先实行吨矿工资含量包干，打破大锅饭束缚，成为酒钢集团公司改革的先行者。随后的30多年，镜铁山矿驶入改革发展的快车道，先后完成桦树沟矿区大规模技术改造、国内首家弱磁矿预选工程建设、黑沟矿区和桦树沟矿区铁矿下盘共生铜矿开采建设，2012年又实施了以提高开采装配水平和完善开采系统为主要内容的扩能技术改造，使镜铁山矿生产规模在“十三五”期间达到了900万吨/年，其中桦树沟矿区达到450万吨/年、黑沟矿区450万吨/年，进一步释放了两个矿区的铁矿石产能，2021年原矿生产能力实际达到960万吨，创造历史最高纪录。通过创建绿色矿山和实施矿山“三化改造”（高端、智能和绿色），矿山面貌发生了巨大的变化，2015年镜铁山矿获得全国文明单位称号。

（二）选矿厂

酒钢集团选矿厂是我国目前西北地区最大的铁矿石加工基地。选矿厂拥有两座选厂，设计年处理铁矿石原矿1050万吨，其中一选厂年处理铁矿石650万吨、二选厂年处理铁矿石400万吨。

选矿工艺为块矿（15~100 mm）采用竖炉焙烧—两段磨矿分级—弱磁选—反浮选工艺，即块矿—竖炉焙烧—三段磨矿—三段脱水—三段弱磁选— 一粗一精四扫反浮选工艺。粉矿（小于15 mm）采用强磁选工艺和悬浮磁化焙烧+弱磁选两种工艺处理。强磁选工艺为粉矿—两段磨矿分级—两段细筛分级—中磁选—平环强磁选—粗粒级两次扫选—细粒级一粗一精两段扫选工艺；悬浮磁化焙烧+弱磁选为粉矿—预先筛分—粗粒级磨矿分级—细筛分级—浓缩脱水—悬浮磁化焙烧— 一段磨矿分级—四段磁选工艺。

二、矿山发展历程

（一）矿山发现过程

新中国成立初期，由于我国工业基础薄弱，为了摘除“落后就要挨打”的贫困帽子，坚持自力更生、艰苦创业。1955年12月14日，西北地质局634队在酒泉成立，对镜铁山矿进行全面勘查，桦树沟矿区提交资源储量2.74亿吨，地质品位37.86%；黑沟矿区提交资源储量1.55亿吨，地质品位36.14%。1982—1996年期间，中国冶金地质总局西北局五队对桦树沟矿区（14-2）勘探线铁矿进行补勘，提交资源储量2.16亿吨，地质品位34.64%，新增资源储量1.23亿吨；同时，提交了共生铜金属量21.73万吨，地质品位2.27%。

（二）矿山设计沿革

桦树沟矿区最早由鞍山黑色冶金矿山设计研究院于1959年进行初步设计，采用地下开采。1985年按照矿山生产能力500万吨/年，完成了技术改造初步设计、施工图设计，1992年技术改造工程按设计全部完成。2005年、2007年，为保证桦树沟矿区均衡生产，以尽早使东西区在同一开采水平组织生产和兼顾桦树沟与黑沟矿区同步开采，完成了桦树沟矿区Ⅱ、Ⅴ矿体2880~2760 m水平6~14 m线、2~6 m线开拓工程设计。2011年，为满足酒钢集团对铁矿石需求量增加的要求，完成了扩能工程改造设计。2019年，为保证桦树沟矿区中西区采掘平衡，稳定西区产能，完成了桦树沟矿区中西区2760~2640 m阶段开拓接续工程初步设计。

黑沟矿区于1966年完成初步设计，设计规模为300万吨/年，采用露天开采。1998年，为弥补桦树沟矿区产能的衰减，维持全矿区500万吨/年生产规模，鞍山黑色冶金设计研究总院完成了黑沟矿区可行性研究、初步设计、施工图设计。2011年，根据酒钢集团对铁矿石需求量增加的要求，完成了扩能改造工程设计，全矿区生产规模达到900万吨/年。

（三）矿山建设过程

镜铁山矿桦树沟矿区始建于1958年，为坑内开采，设计服务年限60年，在矿山发展历史上历经9次主要建设阶段，特别是经2011年扩能工程改造后，实际生产能力由360万吨/年提高至450万吨/年。黑沟铁矿始建于1998年，为露天开采，设计服务年限53

年，于2002年一、二期全部建成投产，后经2011年扩能工程改造后，实际生产能力由300万吨/年提高至450万吨/年。

建矿60多年来，在“铁山精神”的感召下，经几代铁山人艰苦努力，镜铁山矿不断发展壮大，矿山建设日新月异，1970年至2021年末，镜铁山矿累计生产铁矿石2.18亿吨，其中，桦树沟矿区1.59亿吨、黑沟矿区0.59亿吨。2012—2022年10年间，全矿区年平均铁矿石生产911万吨，全员劳动生产率达到14926吨/(人·年)。

选矿厂自1958年开始建设，于1972年选矿厂（一选厂）一个系列和4台竖炉投入生产，后续历经5次大的技术改造，原矿处理能力由150万吨/年提高至650万吨/年。2012年，选矿厂（二选厂）建成投产，处理能力400万吨/年。2020年，悬浮磁化焙烧（一期）生产线建成投产，年处理粉矿能力达到165万吨（含在二选厂处理粉矿能力）。

经过不断技术创新和科技攻关，形成了块矿（100~15 mm）竖炉焙烧—弱磁选—反浮选和粉矿（15~0 mm）强磁选、悬浮磁化焙烧—弱磁选工艺流程，拥有块矿焙烧竖炉、悬浮磁化焙烧炉、多型磁选机以及配套的磨矿、筛分、选别、浓缩、过滤等装备，未来将逐步淘汰块矿（100~15 mm）竖炉焙烧工艺和强磁选工艺，以实现全粒级悬浮磁化焙烧—弱磁选—反浮选工艺为主要发展方向。目前两选厂现已具备年处理原矿1050万吨、年产铁精矿500万吨的生产能力，精矿产量稳步提升，由1976年的30.30万吨提升至2022年的507.70万吨，产量增加477.38万吨。

三、发展成就和经验总结

（一）优化采选工艺技术

（1）在国内率先采用无底柱大间距高分段崩落法结构参数。为提高采矿效率、降低采矿成本，镜铁山矿从1986年就开始无底柱大间距高分段崩落法（20 m×20 m（进路间距×分段高度））采矿工艺研究。当时采用的10 m×10 m（进路间距×分段高度，下同）结构参数，存在采准工作量大、一次崩落矿石量小、备采和回采矿量准备时间长等问题，生产期掘采比、炸药单耗指标高达75.19 t/万吨和0.61 kg/t。基于此，1992年镜铁山矿联合马鞍山矿山研究院进行了为期3年的无底柱大间距高分段崩落法工业试验，取得了较好的技术经济指标。1995年，镜铁山矿高分段大间距无底柱分段崩落法和破碎矿体采矿法研究获得国家科学技术委员会三等奖。因切割工艺和装药能力受设备能力的限制，试验成果未能有效转化，根据采场条件和装备水平，当时采用了12 m×15 m结构参数，随后在桦树沟矿区东区Ⅰ-Ⅱ矿体推广使用，掘采比较前期降低34.94 t/万吨，炸药单耗较前期降低0.026 kg/t。2008年，镜铁山矿再次对无底柱分段大结构参数开展研究，并经反复论证和开展工业试验，确定将桦树沟矿区西Ⅱ矿体结构参数由12 m×15 m调整为18 m×15 m。随后在桦树沟矿区全面推广应用，掘采比较前期降低18.28 m/万吨，炸药单耗较前期降低0.15 kg/t，回采率达到84%以上，取得了较好经济效益。2021年立项在桦树沟矿区Ⅱ中矿体开展20 m×20 m结构参数的无底柱大间距高分段崩落法工业试验，目前工业试验工作正在有效推进过程中。

（2）实施井下切采一体化工艺，改善作业环境。桦树沟矿区针对人工掘凿切割天井生产效率低、劳动强度大、作业环境差、生产成本高等问题，研究切割深孔一次爆破形成切割拉槽的新工艺，用深孔凿岩爆破的方式替代人工掘凿爆破形成切割天井，回采生产时将切割部位的平行切割深孔与两帮的扇形切割深孔采用微差一次进行爆破，以形成后续落矿深孔爆破的自由面，实现切采一体化作业。

井下采切一体化工艺采用现有 Simbar1354 台车，利用配 ϕ76 mm 导向钻管的 ϕ89 mm 导向钻头施工切割深孔，中深孔偏斜率由 5.9%~6.8%降低到 1.8%，可满足切割深孔施工的需要。同时，为了满足爆破补偿系数的条件，研究采用 ϕ127 mm 扩孔钻头，将 ϕ89 mm 孔扩大至 ϕ127 mm，确保了切割深孔爆破补偿系数达到 1.215，满足了爆破技术要求。此后随 CY-R40C 切割槽天井钻机投入使用替代了中心掏槽孔，增大了中心补偿空间，爆破效果进一步得到改善。

自 2016 年采切一体化工艺技术推广应用以来，共完成了 145 套切割深孔爆破试验，爆破块度均匀，达到了预期切割效果，爆破高度达 12 m 以上，相比较人工施工，施工时间缩短 12 天。采用该工艺后，与原有切割工艺相比回采率提高 1.5%，每排切割井多回收 0.29 万吨矿石。

（3）实施粉矿强磁选工艺，选矿回收率大幅度提高。1972 年选矿厂投产以后，桦树沟铁矿的块矿采用竖炉焙烧—弱磁选的工艺流程生产，而占开采总量 45%左右的粉矿（粒径小于 15 mm），由于选矿工艺受限无法处理而堆存。

为了合理利用粉矿，1979 年 12 月底，由酒钢集团与冶金部长沙矿冶研究所联合研制的第一台 SHP-3200 型湿式强磁选机正式投入生产。SHP-3200 型湿式强磁选机是当时我国最大的强磁选设备，其设备结构合理，磁场强度较高，运转平稳可靠；在原矿品位 32%的条件下，精矿品位达到 47%、回收率达到 65%，较好解决了粉矿资源长期无法利用的难题。1990 年，对强磁选流程进行了技术改造，在二段磨矿前增加了细筛作业，预先筛出已单体解离的细粒铁矿物，过粉碎现象及选别指标有所改善，强磁选回收率仍为 64%左右。1998 年，对强磁选流程进行技术改造，强磁选增加二扫作业，形成了两段磨矿、强磁一粗二扫流程，使金属回收率得到大幅提高，金属回收率由 63%提高至 67%。2006 年，对强磁粗细分选流程进行改造，新流程应用了高压浓缩机、高梯度立环磁选机、圆筒脱渣筛、逆止阀等新设备，得到了强磁综合精矿品位 50.97%、综合尾矿品位 21%、回收率 68.54%、强磁机与高梯度磁选机尾矿比例 1∶2.8 的良好指标。

（4）实施弱磁性铁矿磁选预选工艺，大幅度降低生产成本。桦树沟铁矿矿石为弱磁性贫铁矿石，矿物组成主要为镜铁矿、菱铁矿及褐铁矿，脉石矿物主要为碧玉、铁白云石、石英及重晶石，矿物组成复杂，为国内难选的铁矿石之一。1995 年 10 月，酒钢集团同国家经贸委鉴定了国家重点科技项目《酒钢铁矿石预选研究及工业应用》，目的在于采用永磁强磁选机解决铁矿石预选问题。1996 年酒钢集团派人前往北京矿冶研究总院，完成了采用辊带式磁选机选别酒钢粉矿的实验室探索试验，1997—2001 年，酒钢集团先后完成了粉矿预选半工业试验、粉矿预选工业试验及块矿预选半工业试验，最终选用 Outokumpu 公司研制的永磁强磁选机，可获得抛尾产率 14.28%、干选精矿品位提高 3.08%的较好指标。2001 年 3 月，该项目通过了国家经贸委验收，其成果达到了国际先进水平，填补了国内大块弱磁性铁矿石磁选法预选技术的空白。通过预选在镜铁山矿提前将围岩抛除，每年可节约资源税、铁路运输费及选厂对围岩的加工费1000万元以上，提高了选厂的生产能力，降低了生产成本，进一步改善了生产技术指标。

（二）技术创新成果颇硕

（1）创新放矿管理方式。采用截止品位和放矿总量控制相结合的放矿工艺，旨在放矿过程中对截止品位和放矿总量相互比对，加以控制，以解决放矿过程中出现的“包饺子”、提前贫化、矿石回收不充分和不同的质检人员矿岩判断差异等造成矿石损失的问题。

该工艺需制订井下回采作业单步距放矿采场配矿技术标准，建立井下各矿体排孔崩落地质矿量与目标回采率出矿量信息台账。步距放矿量达到事先确定的目标回采率时终止当次放矿；步距放矿量尚未达到目标回采率，但已经达到截止品位时，应根据左右进路前后步距、上下分段对应部位回采率情况，定量放出矿岩量，实行总量控制，最大限度回收残留矿石；同时采场矿块相邻进路之间应多次搭配，循环配矿，尽可能使截止品位、放矿总量同时达到技术所要求的放矿状态。

（2）反浮选提质降杂技术达到国际领先水平。针对酒钢镜铁式铁矿石矿物含有镜铁矿、菱铁矿、褐铁矿，而且多种脉石含铁的特点，采用焙烧磁选、强矫顽力人工磁铁矿脱磁、细磨、阳离子反浮选等技术措施，集成多项先进技术，实现含铁脉石与铁矿物的分离，开创了复合、氧化、难选贫铁矿石，铁精矿提质降杂工业应用的先例。采用耐低温的绿色环保阳离子捕收剂与水质酸化处理的工艺方案，既解决了从铁矿物中脱除含铁脉石的难题，又适应了选矿环水碱度高、易结垢的特性。这一药剂组合方案既不同于国外天然磁铁矿加碱阳离子反浮选的药剂制度，也不同于国内磁铁矿中性阳离子反浮选的药剂制度，而且矿浆无须加温，实际应用最低浮选温度可达12 ℃，相对于阴离子反浮选要求在矿浆温度30 ℃以上的条件来说，具有明显的节能效果，该成果获得国家科学技术进步奖二等奖。

同时，将国内第一台大型充气式机械搅拌浮选机应用于铁精矿阳离子反浮选，既降低了能耗，又满足了阳离子反浮选的工艺要求。焙烧磁选铁精矿阳离子反浮选提质降杂工程于2007年8月投产，经过14年的稳定运行，截至2021年取得平均精矿品位达59.16%、精矿 SiO_2 为5.88%、回收率92.63%的指标。该工艺投产后，综合铁精矿 SiO_2 含量从11%下降到8.3%以下，经济效益显著。

（3）悬浮磁化焙烧工艺工业应用取得了重大突破。镜铁山矿粉矿采用传统选矿工艺金属回收率低、精矿质量差，严重影响企业经济效益，制约企业发展。酒钢集团与东北大学、沈阳鑫博工业技术有限公司合作，共同开展了难选氧化铁矿石悬浮磁化焙烧技术工业应用工作，该技术具有效率高、产能大、热能利用好、劳动生产率高、环境友好等优势。

2018年酒钢集团投资4.5亿元，建设了一条年处理原矿165万吨的悬浮磁化焙烧选矿生产线，于2020年11月21日正式投产运行，该工程大规模建设国内尚属首次，开创了悬浮磁化焙烧技术大规模工业应用的先河。与原强磁选工艺相比，该工艺的铁精矿品位提高12.48%，金属回收率提高26.03%，每年可增产铁精矿21.86万吨、创经济效益约7500万元。

（三）技改扩建成果显著

1984年7月，酒钢“七五”期间的发展规划，镜铁山生产建设翻开新篇章。1985年

7月，鞍山矿山设计研究院完成技术改造初步设计，改造对象为桦树沟矿区Ⅰ-Ⅱ、Ⅲ-Ⅳ级西Ⅱ矿体，设计规模为500万吨/年，其中Ⅰ矿体150万吨/年、Ⅱ矿体165万吨/年、Ⅲ-Ⅳ矿体150万吨/年、西Ⅱ矿体45万吨/年；采掘工程改用大型无轨设备，主要包括美国产（EST-5C）电动铲运机整机10台、组装（嘉兴厂）2台、ST-5C柴油铲运机2台，瑞典产装药车（EG33）1台、液压中深孔凿岩台车（Simbah-252）5台、工程服务车（PT-61）2台、提升机（电控部分）1台，加拿大产装药车（A64）2台、平巷掘进台车（H207L）2台；主要完成主斜坡道、采区斜坡道、9号主溜井、2640 m水平运输平巷、总回风巷、破碎厂区10个圆筒保温矿仓、信号楼一座及2640 m水平计算机集中联锁控制系统等工程的建设。通过本次技术改造，矿山定员5511人，比达产设计减少347人；矿石产量由1985年前的170万吨左右大幅增值420万吨；采准比减少43%左右，工程量每年可减少7万立方米，一次崩落量增加55%，大大提升了矿山的采矿强度。酒钢随着钢铁冶炼能力增长，“十一五”初本部自产精矿铁料占铁比55.2%，而期末本部自产精矿铁料占铁比33.7%，期末与期初相比下降21.5个百分点。面对资源保障程度及竞争优势已明显减弱这一态势，为提高铁矿自给率，2011年酒钢集团决定提升采选生产能力，通过再次技术改造将镜铁山矿原矿产能由2010年的660万吨提升至900万吨；同时在山下配套新建年处理能力400万吨选厂一座，年产精矿188.5万吨。镜铁山矿采矿技术改造工程投资4.785亿元，工程于2011年8月初开工建设，于2013年3月竣工。该项目主要建设内容包括新增14台（套）坑内、露天采掘（剥）设备，配套对通风、供电、供水、运输和破碎、原矿储存系统进行了优化改造。本次改造特别对桦树沟矿区东、中、西三个矿区的开采规模与关系、东区2640 m中段转入2520 m中段合理过渡衔接、Ⅱ矿体中西区合理过渡与衔接、Ⅴ矿体中西区合理过渡与衔接、桦树沟铁矿与2~12 m线铜矿开采合理衔接，进行方案设计和系统技术论证，并提出保证措施及合理技术经济指标；黑沟矿区对Ⅰ、Ⅱ期采场并段的可行性进行了系统研究，制定、优化采用大型设备后矿岩爆破、露天开采设计参数和境界开采设计。

酒钢本部400万吨/年铁选厂项目总投资10.82亿元，于2012年年底投运。项目主要建设内容包括在本部冶金厂区新建焙烧弱磁工艺铁选厂一座及配套建设尾矿库、铁路运输、卸车、转运和相应生活设施等。

通过本次技术扩能改造，使得镜铁山矿矿石输出从1971年的8万吨增加到2021年的960万吨，取得了巨大的成绩，镜铁山矿进入了千万吨级大型矿山行列，为集团公司的高质量发展奠定了坚实的基础。

（四）打造绿色智能矿山

镜铁山矿按照系统简单化、生产集约化、装备现代化、控制自动化、管理信息化的建设理念，设计和建设了集企业生产管理、指挥调度、生产经营管控一体化的综合信息化系统，最大限度地挖掘和发挥矿山数据的潜能，为矿山的资源管理、开采设计、生产管控和运营提供现代化的管理手段和科学的决策支持；同时，以安全为先导、以技术为依托，从自身发展做起，紧盯国内采矿技术发展前沿，以打造安全矿山、绿色矿山、集约矿山、品牌矿山、文化矿山为愿景，2013 年 4 月作为第三批国家级绿色矿山试点单位，2019 正式纳入全国绿色矿山名录。

1. 三维矿业软件系统投入使用

镜铁山矿已建设和正在使用的数字化矿山管理系统，是采用西安山璞矿业有限公司开发的矿山数字化软件，该软件分为地质系统、测量系统及采矿三个子系统。矿业数字化软件中的地质系统包含矿体形图修改、矿体采样绘制赋值及计算、矿体计算、剖面与平面的位置转换及空间关系和三维实体模型的建立等内容，测量系统包含平面测量及图形绘制、水准测量及图形绘制、成果汇总及三维模型的建立，采矿系统包含（采准、中深孔、斜坡道及断面）设计、采矿计划编制及图框绘制等内容。三维矿业软件系统的应用为矿山生产过程中的地质建模、测量与验收和采矿设计提供了支撑，也为智能矿山建设和数字化集成打下了基础。

2. 采选集中控制平台搭建完成

镜铁山矿生产指挥系统中央控制室于 2019 年 2 月建成投入使用，建设时统筹考虑国家绿色智能矿山的发展方向和井下矿山安全管理等有关规定，坚持推进“三化”（高端、绿色和智能化）技术在矿山安全管理、生产组织、经营决策等环节的深度融合。目前中控室内集成了井下人员定位、通信联络、监测监控、交通信号监控、皮带监控、露天边坡监控预警、微震监测、井下有毒有害气体报警、矿区重点部位监控、大屏幕 LED 显示及坑内开采供电、供水和通风等辅助系统远程控制子系统。

2004 年，由沈阳东大自动化有限公司完成选矿厂综合自动化系统的改造，该系统分为过程控制级、生产执行级及多媒体计算机监视系统。过程控制级包括对选矿生产过程中各工序的测量、设备监测与控制、工艺调节、优化控制、操作员界面控制及多媒体监视等。生产执行级主要包括生产物流、能源介质流、物料消耗、质量、设备、生产调度等的管理。

基于统一的数字空间，形成了可视化高度融合的生产指挥调度平台、高可靠性安全监测及设备安全运行保障平台、高效率信息化管理平台于一体的“流程贯通、业务融合、智能场景监测”智能采选操作控制系统。

3. 高海拔露天 GPS 卡车调度系统建成运行

黑沟矿区采场位于海拔 3400 m 以上，露天 GPS 卡车调度系统实现了管理的扁平化和透明化，实现个人绩效自动核算、报表自动生成，降低了管理人员的工作强度，极大地提高管理效率。

通过 GPS 卡车调度系统，管理人员能通过手机等移动终端随时随地掌握采场生产状况，实时掌握卡车、挖掘机等大型设备的位置、速度、里程、轨迹以及运行状态，自动统计设备的工作、检修及故障时长，为科学化的设备管理、设备维护提供数据支持；安全管理方面，对车辆位置实时掌控，超速自动报警，并通过智能算法实现防碰撞智能预警功能。该系统的应用，开创了高海拔露天矿矿用卡车智能化管理的先河，为黑沟矿的正常生产提供了可靠的安全保障。

4. 井下电机车无人驾驶技术投入运行

桦树沟矿区井下在2520 m运输水平建设有电机车远程操控系统，该系统通过值班人员远程操控3台ZK20-9/550型电机车，实现有轨运输远程操控平台与井下电机车的互联互通；完成了井下信集闭系统和图像监视系统建设，能够在地面操控平台实现电机车运行状态、运行参数、机车位置、动态视频、信号灯状态、道岔状态、重要地点视频、装矿机状态、调度信息等集中显示；通过远程操控平台实现井下电机车的遥控装矿、遥控卸矿等功能。电机车无人驾驶实现了放矿工人和电机车司机不进入灰尘和炮烟等有害环境中工作，有效降低职业病的发生，同时为坑内安全运输提供了可靠保证。

5. 实现准轨矿车精准装矿

桦树沟矿共有保温矿仓9个，每个矿仓下方有6个下矿漏斗，分左右两侧，每侧有3个下矿漏斗；有2条矿线，为矿1线和矿2线，每侧对应1条矿线。2014年，对原液压放矿设备设施进行自动化改造，对保温罐下矿漏斗改造，在每个矿仓的一侧，共3个下矿漏斗下方安装1条皮带，共计安装18条小皮带，每条皮带上安装高精度皮带秤；将每个保温矿仓下皮带的启停通过PLC与机车运行相结合，现场加装视频监控设施，将信号传输至生产指挥中心，使室外远程放矿时能够准确掌握放矿机及火车车厢内料位情况，实现了系统精准装矿，确保了准轨铁路矿石运输安全。

四、大型设备更新换代

（一）率先引进国外先进大型采掘设备

1984年镜铁山矿率先进行了以引进国外80年代先进大型采掘设备为主要内容的桦树沟矿区技术改造工程，采掘作业改用大型无轨设备，主要包括美国EST-5C电动铲运机、ST-5C柴油铲运机，瑞典EG-33装药车、SimbaH252液压中深孔凿岩台车，加拿大A64装药车，芬兰H207L平巷掘凿岩台车等。采掘装备水平的提高为矿山生产能力的增长创造了先决条件，技术改造后的1992年产能提升至376万吨，较技术改造前的1984年增加109万吨。2011年，随矿山扩能改造工程实施，引进了LH-409E铲运机、Simber1354、M4C等中深孔凿岩设备，D2710掘进台车等大型采掘设备，实现了采掘设备的更新换代。2012—2021年十年间桦树沟矿区平均产能保持在435万吨/年，2015年达到历史最高纪录484万吨/年。

（二）井下炸药混装车投入运行

2014年，镜铁山矿通过与北京矿冶研究院合作，引进了BCJ-41型井下现场混装炸药装药车。该设备现场混装敏化实现了乳胶基质的安全运输，自动送管和退管技术解决了上向中深孔人工送管与退管劳动强度较大的问题，使用特殊炸药配方解决了国内乳化炸药上向孔装药反流的问题，采用数字化操作可精确控制装药密度与装药长度，采用三维转动的装药机械臂能够适应不同作业环境的上向深孔装药。该设备的使用有效解决了结构参数超深上向炮孔的装药问题，改善了爆破效果，为无底柱崩落法高分段大间距结构参数的推广应用提供了先决条件。

（三）高效大型化选矿设备投入使用

1972 年投产以来，选矿厂伴随着生产工艺从单一弱磁选、弱磁选+强磁选、弱磁选后浮选+强磁选、悬浮磁化焙烧+磁选的逐步改进，装备水平逐步更新，年处理原矿能力有了质的提高。

通过 1985 年、1991 年、1996 年、1998 年 4 次扩能改造，装备 22 台竖炉和 8 个系列分二段球磨机磨矿及配套强弱磁选系统，原矿处理能力达到 500 万吨/年。2005 年，一选厂再次实施扩能改造，形成 26 台竖炉和 10 个系列二段球磨机磨矿及配套强弱磁选装备系统，原矿处理能力达到 650 万吨/年。2007 年酒钢弱磁系统阳离子反浮选工程建成投产，一选厂弱磁系统增加了三段磨矿和两个系列阳离子反浮选机，及其配套的药剂制备设备，弱磁选精矿品位达到 60. 61%、SiO_2 含量 5. 76%、回收率 94. 23%的良好指标。2012 年年底，400 万吨二选厂建成投产，增加了 18 台竖炉和 4 个系列强弱磁选+弱磁反浮选工艺装备，年处理铁矿石、铁精矿能力分别达到 400 万吨、188 万吨。2020 年 11 月，年处理原矿粉矿 165 万吨的悬浮磁化焙烧生产线建成投产并达标运行。至此，选矿厂已实现一选厂强弱磁生产工艺，二选厂强弱磁生产工序和与之配套的强磁粉矿悬浮磁化焙烧生产工艺，选矿设备的大型化对有效发挥产能起到了重要作用。

五、资源高效综合利用

（一）井下残留矿石回收

桦树沟矿区自投产以来，由于Ⅲ-Ⅳ矿体东、Ⅰ-Ⅱ矿体东部及Ⅶ矿体西部分矿体出露地表，矿体破碎，巷道掘凿难以成巷、深孔凿岩卡钎严重、工程施工困难，采用坑采方式回采矿石难以实现且损失量较大。为解决这一问题，自 1999 年以来积极研究上述矿体开采工艺，充分利用矿山业已形成的井下开拓系统，采用坑内转露天开采方式有效解决了破碎矿石的回收问题，取得了较好的经济效益。1999 年至 2011 年年底累计采出矿石 918. 21 万吨，综合回采率 85%以上。

（二）黑沟矿区表外矿得以回收利用

黑沟矿区铁质千枚岩资源量为 191 万吨、铁白云石资源量为 922 万吨，铁品位介于 25%~30%之间，但由于铁质千枚岩、铁白云石难选，对选矿的指标影响较大，前期回收利用很少，造成了矿石资源的浪费。为了充分利用宝贵的矿石资源，从 2013 年开始，镜铁山矿通过实施综合配矿等措施对黑沟矿区表外矿石进行了综合回收利用，累计回收表外矿 367 万吨，提高了资源的利用率。

（三）预选尾矿回收利用

桦树沟矿区矿石预选工序自 2003 年投入运行以来，产生的抛废尾矿达到 166 万吨，抛尾品位在 13%~14%之间，形成较大环境压力。2015 年以来，立项开展预选尾矿回收利用技术研究。2018 年，确定了预选尾矿回收工艺，通过尾矿再次破碎、筛分，利用辊带式磁选机对尾矿进行再选回收。截至 2021 年，回收 22%~23%的低品位矿石 32.25 万吨，不仅提高了矿石综合利用率，而且解决了预选尾矿堆存问题，改善了矿区环境，取得了较好的经济效益与社会效益。

（四）选矿废石综合利用

目前山下选矿废石堆存 1000 万吨以上，形成较大环境压力。为解决废石利用问题，会同建材单位共同攻关，取得较好效果。一是将废石用作建筑骨料和机制砂，用于 C35 及以下混凝土生产，每年可消化废石约 20 万吨；二是因选矿废石是水泥铁、铝、硅质原料，将其用作水泥生产原料的铁质校正剂，每年可消化废石 7 万吨左右。选矿废石的资源化利用，既解决了冶金行业固废堆存引起的安全、环保难题，又为水泥行业提供了原料，提高了企业经济效益。

六、安全环保常抓不懈

（一）矿山安全投入逐年加大

镜铁山矿自 2017 年至 2022 年 7 月，累计提取安全生产费 3.82 亿元。另外，为解决现场安全隐患，还额外累计投入 3.41 亿元，主要用于解决黑沟矿区露天矿边坡及上山公路、桦树沟矿区井下顶板等隐患治理，改造和维护安全防护设施设备，配备和更新现场作业人员安全防护用品及推广应用安全生产新技术、新标准、新工艺、新装备，矿山的本质化安全水平得到提高。

创新安全管理网格化模式，镜铁山矿经过多年不断探索，建立了三级网格化安全管理模式。结合实际，成立外包单位安全管理专业组，采用监督、指导的安全管理，进一步加强了现场安全检查和隐患排查治理工作，促进了矿山安全发展。

（二）打造智能化教育培训基地

镜铁山矿引入国内最先进的 VR 虚拟现实技术、物联网技术、3D 仿真技术、红外线感应技术、多人联动等技术手段，建成矿山智能化安全教育培训基地。基地由 VR 体验区、VR 教学区、综合用电体验区（安全标志体验区、劳动防护用品体验区、安全隐患排查体验区、安全知识抢答体验区、职业健康体验区、现场急救体验区、3D 消防灭火体验区）等 10 个区域组成，通过组合式加一体化展示的方式，改变了传统的安全教育培训模式，使员工在寓教于乐中，学习相关的安全知识，足不出户即可体验相关的安全事故案例，还原事故整个过程，创新拓展安全教育培训方式。

（三）加大矿山绿色环保投入

镜铁山矿克服高寒高海拔带来的项目施工期短、施工条件差等各种不利因素，2017—2020 年，对夹皮沟白云石矿进行矿山地质环境和生态恢复治理，累计绿化面积 59158.7 m^2；2021—2022 年，对 2640 m 硐口至火车站段进行生态恢复治理，绿化面积 46900 m^2；2017—2022 年对矿区主干道路两侧以及北大河沿岸进行植树绿化，累计绿化面积超过 12.6 万平方米；同时，对镜铁山矿黑沟矿区上山公路、柳沟泉河段、市场南岸等河堤塌陷区段进行治理。上述工程累计投入 3100 万元，实现了矿山水土保持阶段性目标。

2022 年镜铁山矿积极开展矿区地表塌陷区生态环境评估，动态进行桦树沟矿区塌陷区生态环境监测、黑沟露天矿边坡稳定性评价和不稳岩体支护。

七、节能减排成效显著

（一）实施大气污染物治理

2017 年投资 1970 万元对燃煤锅炉进行升级改造，利用 44 台空气源热泵机组替代 2 台 6 t 热水锅炉、2 台 2 t 热水锅炉、1 台 2 t 蒸汽锅炉给生活区进行供暖；对 2 台 20 t 蒸汽锅炉的除尘系统进行改造，建设 1 套脱硫脱硝系统及 1 套布袋除尘系统，彻底解决了燃煤锅炉烟尘超标排放问题，改善矿区环境质量，满足了环保政策要求。

（二）实现水污染物零排放

2019 年提资 4700 万元对给排水系统和污水处理系统进行优化改造，大幅度提升矿区中水回用率。现已实现井下生产废水全部回用、锅炉设备冷却水全部回用、矿区生活废水 4—11 月份零排放，12 月至翌年 3 月份冬季中水储存至矿区 1.2 万立方米中水池（冬储夏用），实现了污水的有组织管理。

（三）固体废物得到有效治理

镜铁山矿先后投资 8922 万元在黑沟排土场下游沟底建成不同形式的拦挡坝 11 座，投资 2250 万元在新建桦树沟排土场，对固体废物有组织排放，杜绝了排弃岩石对下游北大河造成的不利影响。投资 283 万元对黑沟矿区中段运输水平边坡滑落岩石统一进行了整治，确保了生产作业安全。

八、企业发展未雨绸缪

（一）稳定矿山生产规模，发挥低成本竞争优势

重视矿山中长期规划编制工作。稳步有序推进自有矿山升级改造工程，统筹安排镜铁山桦树沟矿区、黑沟矿区生产强度，理顺镜铁山矿桦树沟矿区东、西区采掘关系，促进

东、西区开采协调发展。

充分利用国家相关政策支持，加强重点项目管理，适时启动桦树沟矿区2线西开采项目建设，确保中西区矿体的正常开采衔接和桦树沟矿区500万吨/年产能的稳定。按时完成镜铁山矿桦树沟矿区中西区2760~2640 m转阶段接续工程，按照规划要求合理安排镜铁山矿桦树沟矿区中西区2640~2520 m转深部开拓工程。加快桦树沟矿区V矿体单独输出项目建设工作，使之尽快见效。通过该项目的建设，有效解决了V矿体经济开采、低品位矿石资源利用和中西区采掘关系不均衡的问题。

（二）持续推进绿色矿山建设，推动矿山高质量发展

落实矿山生态保护主体责任，持续开展矿山环境恢复治理工作，加强矿产资源开发过程中的生态环境保护，处理好资源保障与资源保护的关系。按照“在开发中保护，在保护中开发”的原则，最大限度避免或减少因矿产资源开发而引发的矿山生态环境问题，按照“边生产、边修复”的原则，实现矿山生态修复动态化。把握市场新变化，把资源开发工作融入钢铁发展新模式战略思考中，积极研究采选指标联动机制和探索厂际管理新模式，实现产线主要技术经济指标效益最大化、资源利用有效化；重视矿业管理的特殊性、打破专业传统思维，实施原矿深度预选，能抛则抛，尽可能将废石留在山上，同时要关注低品位矿的利用，通过采场混匀、优化配矿等综合配矿技术和经济指标的研究，提高资源的使用效果。

（三）推广新技术、新工艺，提高资源开发利用水平

根据各矿体赋存地质条件、开采技术条件，改造传统采矿工艺，推广应用机械化、自动化、信息化和智能化开采的技术装备；加快高效选矿工艺和低耗能高效设备应用，降低采选成本，提高技术经济指标。

桦树沟矿区矿石资源高效利用。通过镜铁山矿V矿体单独输出改造项目的建设，2022年底实现该矿体分采、分选（预选）；2025年完成镜铁山矿桦树沟预选系统优化升级改造，实现桦树沟矿石全部通过预选工序处理；持续开展各阶段（采场、中段运输水平、主运输水平）配矿工作，在稳定输出矿石品位的同时，加大低品位矿石的回收力度。全面推动以大结构参数应用为标志的镜铁山矿采矿工艺技术进步。对于无底柱分段崩落法来讲，分段高度和进路间距是影响采矿方法应用效果最为重要的指标，研究表明：加大结构参数不仅可以减少采切工程量、提高效率及产量，而且对降低采矿成本等创造极为有利的条件。通过对井下采矿工艺优化布置，构建适合采矿自动化的工艺系统，在I矿体中试验大结构参数，将原来的18 m×15 m采矿结构参数调整为18 m×20 m并进行采矿工业试验，在获得较好工业指标的情况全面推广应用。

（四）继续建设悬浮磁化焙烧—磁选—反浮选工程

悬浮磁化焙烧—磁选—反浮选工艺不仅可解决长期困扰采选的块矿率问题，而且可大幅提高自产精矿质量，降低生铁成本，对于提高资源综合利用率意义重大。“十四五”期间实施酒铁难选铁矿石资源高效利用技术改造项目一期工程，届时在一选形成悬浮磁化焙

烧工序处理 330 万吨/年原矿。“十五五”继续实施选矿工艺装备绿色智能化升级改造项目二期、三期工程，最终实现选矿工序原矿处理能力达到 1200 万吨/年，其中悬浮焙烧处理能力达到 1000 万吨/年、二选竖炉焙烧工序处理能力 200 万吨/年。

（五）加大镜铁山矿边深边部找矿工作力度

充分认识矿产资源勘查与开发利用是一个长周期的过程，以提高矿产资源的供给保障能力为目标，在北祁连柳沟峡—镜铁山—古浪峡成矿带上围绕北部桦树沟—黑沟矿带，充分利用省地质调查基金，与国内专业院所或勘查单位合作进行桦树沟、黑沟矿区深边部找矿工作，通过攻深找盲、探边摸底，增加资源储量；同时，加快探采一体化共同发展和成果转换，为矿山中长期发展提供资源基础。

九、文化建设与时俱进

镜铁山矿作为全国知名的大型地下坑采、露天矿山，在几十年的发展过程中，在几代人的努力下，1985 年 8 月 8 日总结并提炼了享誉冶金系统、以“艰苦创业、坚韧不拔、勇于献身、开拓前进”为核心内涵的“铁山精神”，使酒钢人矢志不渝的创业实践和创业精神永载中国冶金工业发展史册。

为了更好传承和弘扬铁山精神，加强宣传阵地建设，酒钢集团党委和镜铁山矿决定在矿山建设铁山精神展览馆。该馆始建于 1997 年，1998 年落成，2010 年铁山精神命名 25 周年之际进行重新布展。2015 年铁山精神命名 30 周年再次布展，占地 1300 m^2，内置图册 168 幅，《酒钢摇篮》宣传片 1 部。展览馆分为四个展厅，其中一展厅包括艰苦创业、建设矿山，二展厅包括坚韧不拔、奋力拼搏、党建与企业文化、荣誉区，三展厅为勇于献身、赤诚情怀，四展厅为大胆创新、开拓前进。以灯箱图片、沙盘模型、图表及文字、实物标本为主布展，风格直观、简洁、大方，真实地表现了永不服输、再创辉煌的时代主题。2010 年该馆被命名为“嘉峪关市青少年铁山精神教育基地”，也被列为嘉峪关市爱国主义教育基地。2021 年全年接待集团公司、嘉峪关市政府单位、社会团体 40 批次 900 余人，开馆至今的二十多年里共接待学习教育体验活动的观众 2.3 万人次。

第十三节　武钢资源集团有限公司

一、基本概况

武钢资源集团有限公司（简称“武钢资源”）成立于 2015 年 1 月，由武汉钢铁集团矿业有限责任公司与武汉钢铁（集团）公司海外矿产资源事业部整合重组而设立。公司总部位于武汉，下辖铁矿开采、球团加工等 4 家子公司，2019 年 6 月由武钢集团有限公司委托宝武资源有限公司进行管理。

武钢资源注册资本41.66亿元，在国内拥有大冶矿、程潮矿、金山店矿、鄂州球团等主体铁矿山和球团加工基地，下属单位中，大冶矿曾为中国十大铁矿山之一，是毛主席唯一视察过的铁矿山；程潮矿和金山店矿荣获我国冶金行业“十佳矿山”等荣誉称号；鄂州球团拥有世界上单体规模最大的链篦机-回转窑球团生产线，球团矿产能500万吨/年。武钢资源在井下开采、多金属伴生矿选别、多矿种配矿造球技术方面处于国内乃至国际先进水平。

进入新时代，面对新形势，武钢资源坚持以高质量党建引领高质量发展，坚持“四化”“四有”，深化改革攻坚，追求“五个极致”，持续提升产量，持续削减成本，提升盈利水平，在重振央企资源板块雄风、建设成为资源板块卓越企业的新征程中实现更高质量发展。

二、发展历程

1. 大冶矿

大冶矿始建于1890年，1958年重建后向武钢供应矿石原料，2016年6月13日属地化注册为武钢资源集团大冶矿有限公司，是毛泽东主席生平视察过的唯一一座铁矿山，新中国十大铁矿石生产基地之一。

大冶矿坐落在湖北省黄石市铁山区，占地面积10.28 km^2，矿床属接触交代型（矽卡岩型）铁矿床，并伴生铜、钴、金等元素，是一个经济价值较高的亿吨级多金属矿床。

1958年9月15日，毛泽东主席视察大冶矿，指示矿山要综合利用好矿产资源。此后，大冶矿不断引进新设备、新材料、新工艺、新技术，对采场、选厂进行改造。矿区有标准轨距铁路与武（昌）九（江）铁路相连，公路与106国道及武（汉）黄（石）高速公路相连，交通便利。

大冶矿产品有铁精矿、铜精矿（含金和银）、硫精矿（含钴）、建材石料等。

大冶矿自觉履行央企社会责任，积极推进“资源节约型、环境友好型”矿山建设。加强矿产资源综合利用，铁、铜金属实际回收率保持国内同行业先进水平，是武钢资源首家运用尾矿充填技术采矿的试点单位，最高年充填10.45万立方米，为宝武系矿山推行充填技术树立了典范，充填采矿回采率处于宝武系矿山领先水平；加强废水、废气、废渣、噪声的治理，SO_2、COD等污染物均达标排放；坚持30年不间断复垦造林，矿区绿化覆盖率40.5%，绿地率36.2%，形成占地397万平方米的亚洲最大硬岩复垦生态林，创造了“石头上种树”的奇迹；建成中国第一家国家矿山公园，取得4A级景区资质，带动地方经济发展，努力构建宜居兴业的生态矿山。

近年来，大冶矿将打造智慧矿山作为高质量发展重要“引擎”，坚持“One Mine”理念，以“安全、绿色、智慧、高效、可持续”为目标，围绕“1+N”智慧矿山管理体系，致力于打造集本质安全、资源集约、绿色高效为一体的智能矿山，建成一键溜破提升系统、井下远程控制水泵、无人远程变电站等多个无人化项目。

大冶矿先后获得国家安全标准化一级企业、矿产资源节约与综合利用专项优秀矿山企业、国家绿色矿山、全国绿化先进集体、全国绿化复垦先进单位、第七届中华宝钢环境生态奖、国家模范职工之家、国家第一批智能矿山建设贯标试点单位、冶金科学技术一等奖、冶金企业管理现代化创新成果一等奖、冶金企业管理现代化创新成果三等奖、《资源综合利用发展循环经济模式的构建与实施》优秀成果等国家级称号，多次被评为湖北省花园式工厂、清洁无害工厂、安全生产文明单位。

2. 程潮矿

程潮矿业有限公司（以下简称“程潮矿”）是具有采矿、选矿、球团生产综合配套能力的大型黑色冶金矿山，是中国宝武资源重要的铁矿石生产基地。

程潮矿业有限公司前身——程潮铁矿，始建于1958年，于2015年完成属地化注册，是武钢资源旗下拥有独立法人的全资子公司。程潮矿地处湖北省鄂州市泽林镇，交通便利，距武汉中心城区50 km、鄂州城区7.5 km。矿区交通便利，东距花湖机场14 km，西距316国道、沪渝和武鄂高速公路、鄂州城际高铁站3~5 km，与武九线4 km并有准轨铁路相接，北距长江码头8 km。

程潮矿主要产品有铁精矿、球团矿，副产品有硫精矿、矿山铜、脱硫石膏、建材产品等，拥有各类先进设备213台（套），主要经济技术指标处于国内先进水平，曾荣获国家安全文化建设示范企业、全国冶金矿山十佳厂矿、湖北省“健康企业”及宝武资源首届五星矿山等荣誉称号。

近年来，程潮矿切实履行资源报国使命担当，锚定安全、绿色、智慧、高效、可持续的“五星矿山”建设，朝着建成国内一流冶金矿山、采选球一体化示范企业的目标勇毅前行。

3. 金山店矿

武钢资源集团金山店矿业有限公司（简称“金山店矿”），属国有大型地下铁矿石矿山，是中国宝武资源板块重要生产基地。

金山店矿地处大冶市金山店镇，南邻黄石新港，北接鄂州临空区，周边大广高速、鄂咸高速、武阳高速相互交织，矿区专用铁路与铁贺线、武九线贯通，为矿山发展提供了广阔空间。

金山店矿始建于1958年，建矿初期主要为露天开采，先后转战太婆山、余华寺、王豹山露天采场。1986年11月开始，金山店矿采掘全部转入井下开采，具有完备的采选运一体化工业基础设施，主要产品高品位铁精矿磁性铁占比高、粒度细、杂质少，是优质造球原料和高炉炼铁原料。

金山店矿积极践行绿色发展、智慧赋能、技术变革新路径，铁精矿品位稳步提升至

64.5%以上，先后荣获全国冶金矿山十佳厂矿、国家级绿色矿山试点单位、全国“安康杯”竞赛优胜单位、全国模范职工之家、湖北省安全文化建设示范企业、湖北省文明单位、湖北省五一劳动奖状、湖北省模范职工之家；2020年成功入选国家级绿色矿山名录，2021年获评国家高新技术企业，2022年位列湖北省厂务公开民主管理十佳先进单位。

4. 鄂州球团

鄂州球团于2004年11月开工建设，2005年12月31日建成投产，设计规模为500万吨/年，采用国际先进的链篦机—回转窑生产工艺，是武钢高炉生产主要原料供应基地之一。通过技术引进、消化、吸收、创新，熟练掌握了大型链篦机—回转窑球团生产的核心技术，2009年《大型链篦机回转窑赤铁矿氧化球团生产的关键技术开发及应用》获国家科学技术进步奖二等奖，2010年实现了跨年度达产，2011年实现了自然年度达产。

按照属地化工作要求，2015年在鄂州市注册成立公司法人，企业名称由“武钢矿业公司鄂州球团厂”变更为“武钢资源集团鄂州球团有限公司”。

目前鄂州球团生产线可年产500万吨酸性球团矿，采用链篦机—回转窑—环冷机生产工艺，造球、焙烧工艺由Metso公司提供基本设计，三大主机关键部件从Metso公司引进，自动控制系统硬件从美国AB公司引进，高压辊磨、强力混合机、布料机等关键设备从国外进口，资产优良。

原料料场系统：原料成品堆场共有7个料条、7台大型DQ机，有效堆存容量101万吨，原料储存能力大。

原料预磨系统：因部分粗颗粒精矿满足不了造球工艺对精矿细度的要求，新建铁精矿预磨系统，设计采用开路磨矿，2台MQY4385溢流型球磨机。

球团生产系统：铁精矿配料后经过精矿干燥、高压辊磨，添加膨润土混合进入造球，生球筛分后干燥、预热、焙烧、冷却后得到成品球团矿。

脱硫系统：采用石灰石—石膏法脱硫工艺，主要由吸收塔、石灰石浆液池、废水处理系统、工艺水系统、烟气系统等组成，含硫较高的原料可以使用。

公司主要产品为TFe 63%和TFe 62%两种酸性球团矿，可按客户需求开展含钛、碱性球团生产。

三、科技进步成果显著

多年来，武钢资源不断加大科技创新力度，充分发挥科技创新“核心驱动”作用，切实加快转变发展方式、提高发展质量，为武钢资源高质量发展提供了有力支撑。采矿技术方面，针对无底柱分段崩落法采矿过程中存在的结构参数不合理、地压对生产影响大、支护难度大、爆破大块率高、矿柱回采难度大、通风系统运行效果不好等问题及时开展科技攻关和技术研究，既解决了现场技术难题，又培养锻炼了大批科技人才；围绕充填采矿技术应用过程中的技术难点，深入开展研究和攻关，形成了“地下铁矿山高阶段嗣后胶结充填开采工艺体系”。选矿方面，紧紧围绕提高铁金属回收率、铁精矿品位、铜硫银钴等伴生资源回收、絮凝剂对选矿工艺影响等方面开展大量的研究和技术改造工作，取得了良好的经济效益。球团方面，不仅通过研究和科技攻关，优化了链回环工艺参数，还通过开展毛粉、MUSA 矿、巴西精粉等红矿资源替代攻关及复合膨润土工业试验和生产运用，降低了原料成本，提升了整体经济效益；通过开展碱性球团、镁质球团、钛基球团等试验研究，开发球团矿新产品，为抢占市场份额、提升核心竞争力奠定了坚实的基础。资源综合利用方面，从砌块砖、建材板材、透水砖块和高品质陶粒等产品多途径多方向开展了大量的研究工作，为条件成熟时实施工业化生产提供了技术保障。

2019—2022 年，武钢资源充分利用外部资源，广泛开展科技合作，以科研项目为纽带，与国内优秀高等院校、科研院所开展合作，形成了产学研协同模式，不仅改善公司科研实力，也为企业后续人才引进提供了有效途径。开展科技创新项目 170 余项，拥有有效专利 83 件，其中发明专利 14 件、认定商业秘密 10 余项；仅 2022 年公司申报专利 33 件，其中发明专利 12 件。此外，公司专利成果先后获得了法国巴黎国际发明展铜奖一项，全国发明展金奖 2 项，银、铜奖各 1 项。发明专利主要围绕采矿方法、选矿技术、球团矿新产品开发、尾矿有价元素提取、资源综合利用、工艺设备改进等方面取得技术上的优势。研发投入率逐年上升，从 2019 年的 0.31%上升至 2022 年的 5.23%。

武钢资源在科技奖项方面，共获湖北省科技进步特等奖 1 项、二等奖 1 项、三等奖 1 项，获冶金科学技术一等奖 2 项、二等奖 1 项、三等奖 4 项，获冶金矿山科学技术二等奖 1 项，获宝武技术创新重大成果三等奖 3 项。公司企业技术中心于 2021 年被认定为湖北省企业技术中心，四家子公司分别被认定为高新技术企业。

工艺技术持续改进。在采矿、选矿、球团诸多领域工艺技术得到持续优化改进，大冶矿围绕充填采矿实施过程中的技术难点深入开展研究和攻关，形成了“地下铁矿山高阶段嗣后胶结充填开采工艺体系”，推进了科技兴矿，对百年老矿的发展起到了重要作用。金山店矿开展精选系统技术改造，3 台淘洗机运行后，输出铁精矿品位达到 65%以上。鄂州球团启动毛粉、MUSA 矿、巴西精粉等红矿资源替代攻关，开展了复合膨润土工业试验和生产运用。

新产品开发获得收益。大冶矿通过矽卡岩型含铜磁铁矿伴生低品位银和钴的回收技术、水洗筛下料处理技术、矿浆无动力深锥浓密机技术等关键技术升级，铁精矿品位提高到 65.36%，硫、磷、砷等有害元素含量显著降低。鄂州球团的镁质球团、钒钛球团、碱性球团技术研究按期完成。

“对标找差”提升技经指标水平。紧盯 12 个地下矿采矿技术经济指标、10 个选矿技术经济指标、17 个球团技术经济指标，通过推进井下作业设备大型化、回采工艺参数研究、中深孔布孔与装药方案优化、膨润土替代品研究应用等，采用新工艺、新技术，不断推进采选球工序降本。科技研发投入率、专利申报量、科技政策利用等指标不断进步，为公司科技创新发展奠定了坚实基础。

科技成果转化成效凸显。《金山店矿提高铁精矿品位的试验研究》使铁精矿铁品位得到提升、硫的含量有效降低，项目成果荣获2020年、2021年科技成果利润分享奖励，并荣获2022年宝武科技进步三等奖。《大冶铁矿地下铁矿山高阶段嗣后胶结充填理论与应用研究》成果实现了细尾砂全利用，有效降低了充填成本，创造了可观的经济效益，并得到推广应用。

“四新”引进提质增效。武钢资源重视新工艺、新技术、新材料、新装备的引进、消化、吸收，不断改进采、选、球生产工艺，提升设备水平，有效提高生产效率和经营效益。金山店矿引进先进生产设备新型淘洗机，铁精矿铁品位提升明显，提高了选矿金属回收率。程潮矿引进铁精矿品位在线分析仪，采用先进的射线在线检测技术，通过非接触式测量，实现连续实时的在线检测，实现了检测结果的精确、快速，及时指导生产。前沿技术储备有序。在深部开采及扩能领域，程潮矿、金山店矿积极开展充填采矿技术研究，为深部开采由崩落法向充填法过渡做好技术储备；在资源综合利用领域，从砌块砖、建材板材、透水砖块和高品质陶粒等产品多途径多方向开展了大量的研究工作，为条件成熟时实施工业化生产奠定了基础；在球团生产领域，进行了镁质球团、高钛球团、碱性球团等系列新品种球团生产和装备改造升级方面的技术研发和储备。

持续推进资源综合利用。为持续建设示范性绿色矿山，推广资源利用高效性、充分性，立足于新发展理念，加快高质量发展，努力提高矿山资源综合利用率。加强选矿技术改造，提升选矿回收率，充分挖掘现有的资源优势和价值，在保持合理产能及合规安全环保水平的条件下对矿石中可利用有益组分深度挖潜，对现有选厂系统改造，引进、开发适应性强的技术、装备、药剂等，提升选别效率和能力，延伸选矿加工生产链，提高铁矿石伴生硫、铜、金、钴回收利用，提高企业的经济效益。在增加伴生矿物回收的同时，扩展矿区原有低贫位矿的回收，充分开采利用保有资源矿量。进一步加强尾矿综合利用科研攻关，进行尾矿高附加值产品化利用研究。

针对不同矿山，与科研院所合作研究尾矿资源的解决方案，同时，不断探索新技术的应用，实现综合资源的高质量、高附加值开发利用。开展尾矿高附加值产品化研发，利用矿山尾矿生产建材产品联合技术攻关，统筹矿区非金属资源分布情况，结合地质环境治理、井下采矿和绿色矿山建设需要，使尾矿资源化、产品化，实现矿山无尾排放。

四、工艺设备改造提质提效

（一）全自动淘洗磁选机在金山店矿的应用

金山店矿选矿工艺为两段磨矿、阶段磨矿阶段选别，经过两段磨矿后粒度-0.075 mm含量90%以上，经过原有的选别工艺和设备可得到铁精矿品位63.5%左右，无法满足精矿质量铁品位达到65%以上的要求。经分析现有的铁精选设备永磁筒式磁选机很难避免机械夹杂和磁性夹杂，无法将磁化率仍属较强磁性矿物范畴的连生体分离出来而获得较高品位的铁精矿，无法保证精矿指标。

为了提高产品质量，适应市场需求，增加企业效益，金山店矿在实验室小型试验、现场工业试验的基础上，经过工程设计、施工，现场采用 3 台 CH-CXJ34000 淘洗磁选机替代了原有的四段湿式滚筒磁选机。质量上升效果明显，由 63.65%提高至 65.64%，铁精矿品位提高了 1.99%。金山店矿所产铁精矿铁品位由 63.60%（2017 年全年平均品位）提高到 65.89%（2018 年 8—12 月设备更新后 5 个月生产报表的平均品位），达到了预期的提铁降杂的目标。但原“四磁”作业产率 98.64%，3 台淘洗机工艺产率 96.48%，增加铁损失率 2.16%。

为此，2019 年金山店矿开始加强工艺管理，制定了“控制铁精矿品位在合理区间，降低尾矿品位”等措施，对新工艺进行了工艺参数调整，以提高铁精矿回收率。在项目开展的过程中，发现精选系统产能不足的问题，影响了铁回收率的进一步提高。2020 年 8 月增加了选别设备，弥补了不足，使铁回收率得到进一步的提高，并使精矿指标更加稳定。通过加强工艺管理，开展提高铁精矿回收率的技术攻关，能快速应对矿量、性质多变的难题，帮助岗位准确判断淘洗机运行效果并及时调整，铁精矿品位从 65.54%降低到 65.1%，综合尾矿品位从 9.16%降低到 8.72%。铁精矿回收率从 78.22%提高至 79.51%，提高 1.23 个百分点。

（二）采用新型清洗剂替代硝酸清洗陶瓷过滤机应用

程潮选矿厂采用三段一闭路破碎，再经两段磨矿三段磁选流程，阶磨阶选选别出铁精矿，作为球团生产原料。生产的铁精矿经过过滤工序脱水后用于球团生产，程潮矿过滤机设备 PC60/15 陶瓷过滤机，它的核心部件是陶瓷篦板，其性能的好坏与陶瓷过滤机的过滤效果呈正相关。在生产使用过程中，由于篦板在运行吸矿过程中会有大量的铁精矿颗粒残留在篦板中，因此必须用化学清洗剂清洗恢复其过滤功能。

过滤机卸料后，滤液泵将清洗剂打入陶瓷篦板，从内向外将残留在其表面的物料冲洗掉，保持微孔畅通。清洗剂一般采用硝酸，硝酸为危化品，有伤害操作人员的安全风险和排放后对环境造成影响的环保风险。采用 YHGR859 清洗剂替代硝酸后，消除了安全风险和环保风险。

（三）鄂州球团堆取料机智慧化改造

鄂州球团一期料场安装有 4 台堆取料机，均由堆取料岗位操作司机在现场人工操作，每班每台堆取料均需配置一名专职岗位司机。现场粉尘较大，岗位司机在操作设备时大多时候都佩戴防尘口罩，活动空间狭小，工作环境恶劣。依据鄂州球团设计的球团产能，每名堆取料司机每年人均堆取料量仅为 93.75 万吨，人员作业效率低下。堆取料机无人智能化操控技术已比较成熟，在国外矿山已得到广泛应用。在国内，尤其近 10 年内，众多钢铁、煤炭、水泥企业及港口码头原料堆场的堆取料机均进行了无人化、智能化改造。无人化操控技术的推广，进一步促进了该技术的完善。鄂州球团通过对原有设备进行技术升级，使其满足现场无人化，操作中控集中，运行智慧化，提高了提升堆取料机岗位人员作业效率，改善了职工作业环境，保障设备可靠运行。

（四）在线油液监测仪（GTI-VWP-B01）应用

在线油液监测仪在程潮矿球磨机及鄂州球团回转窑的液压站成功应用，主要由油液传感器模块、自动循环采集模块、油液特征信息收集模块，信号解码及调制模块等组成。该设备集油液黏度、水分、污染度及油温等多参数传感器监测于一体，根据机械设备使用不同润滑油特性，实现不同参数匹配分组集成。仪器采用当前先进的传感器技术，通过内部系统集成、数据标定、可靠性测试等实现现场数据采集的稳定性；配合广研检测多年的设备润滑监测经验开发出的一套先进监测系统，可实现对用户关切的重要机组油液多指标的在线监测与故障预警功能。

（五）矿用智能掘进钻车在武钢资源大冶矿的应用

随着矿业国际竞争压力的持续攀升，国内安全环保要求的不断加码，以及金属矿山企业生产难度和运营成本的持续提高，传统的产业技术与装备水平无法满足高质量发展要求，亟须使用新一代地下金属矿山开采的装备，适应开采新模式的工艺变革，提高金属矿山智能化作业水平。武钢资源响应国家“智慧矿山”号召，积极推动矿山数字化转型与高质量发展，引进铁建重工 CYTJ45（Z）矿用智能掘进钻车，以机械化、自动化、智能化的智能掘进钻车取代人工凿岩和传统液压掘进钻车，自动化程度高，人员配置少，劳动强度低，工作的安全性和舒适性得到了极大改善。

1. 国内外发展现状

智能凿岩台车具备掘进数字设计、整机智能定位、自动钻孔等功能，作业效率高，可极大地加快生产作业进度，同时较大程度避免了人工因素的干扰。因此，国内外矿山以机械化施工替代人力，以自动化、智能化程度高的凿岩台车替代传统凿岩已是大势所趋。

2. 工程概况

近年来，武钢资源积极响应国家“智慧矿山”号召，建设大冶矿智能管控中心，已成为武钢资源打造的一个“少人化、一键化、集控化”智能化示范基地。为进一步提高矿山智能化水平，大冶矿引进铁建重工智能掘进钻车 CYTJ45（Z），并进行了工程应用。

3. 铁建重工智能掘进钻车 CYTJ45（Z）

铁建重工智能掘进钻车 CYTJ45（Z）是一款高自动化和智能化单臂掘进钻车，具备掘进数字设计、整机智能定位、自动钻孔、电子作业日志生成、施工在线监测等功能。

（1）掘进数字化设计。通过铁建重工自研矿山设计软件，实现掘进孔的参数化设计，设计过程可视化，可自动生成项目结构化文本，设计数据可通过本地/远程多途径导入台车、一键上车应用。

（2）自动定位。通过激光定位、钻头定位等多种定位方式，快速确定台车与巷道、台车与工作面的相对位置关系，定位精准，精度偏差小于15cm。

（3）自动钻孔。在适合的断面区域可按既定的钻孔路径，融合基于臂架高精控制、运动轨迹规划等技术，实现炮孔的自动钻孔；同时，通过凿岩自适应控制策略，根据不同岩石条件自动调整凿岩参数功能，保证了凿岩效率和效果。

（4）施工日志自动生成。可实时采集台车作业过程关键参数，分类汇总形成可追溯的作业电子日志报表，支持在线查看和导出分析。

（5）在线监测。可实现现场施工影像监控和对机、电、液关键系统状态信息在线监测，故障诊断与报警。

铁建重工智能掘进钻车CYTJ45（Z）钻孔效率高，炮孔定向、定深，定位准确率得到了极大的提高，断面成型良好，作业面平整，炮孔偏斜率得到了很好的控制，为后续作业提供便利条件。操作人员培训周期可大大缩短，能快速达到熟练工的施工效果，从而提高矿山生产效率，节约成本。

4. 矿用智能掘进钻车应用前景

随着浅部及易采矿产资源的日益减少，我国金属矿山响应“向地球深部进军”的国家号召，开采深度不断增加，矿山现场工况条件进一步恶劣，对各种矿山智能化装备与智能化开采技术的需求也更加迫切。我国地下金属矿山正在向信息化、自动化、智能化方向快速发展，智能化作业已经成为矿山行业未来发展方向。

智能掘进钻车具备掘进数字设计、整机智能定位、自动钻孔等功能，必将成为未来发展趋势，将推动爆破技术从定性经验向精准控制的跨越式发展，从根本上改变爆破掘进技术的现场管理模式，推动凿岩爆破从机械化向自动化、智能化的转变，促进矿山科技水平的提升。大冶矿将继续与铁建重工深度合作，进一步提高矿山设备智能化水平，推动“智慧矿山”高质量发展。

（六）金山店矿选厂应用香蕉筛

金山店矿选矿车间预选流程中，细碎作业采用的预先检查筛分，原用于筛分作业的是2USK3060圆振筛配合国产聚氨酯筛网。原矿（特别是东区）含泥量大，预选圆振筛（共两台，3号、4号圆振筛）筛分效率低，闭路循环量大，筛体超负荷运行故障多，并且两台筛长期同时运行，电耗高且无定修时间，任意一台故障需减量生产。为提高全流程设备作业率，减少筛子故障影响时间，降低电耗，2022年10月利用停车检修，对原3号筛进行改造，将圆振筛（聚氨酯筛网）改成进口香蕉筛（橡胶筛网）。经过对比，香蕉筛处理量大、噪声小、筛分效率高，有效地解决了现场的问题。

香蕉筛与普通的振动筛不一样，在设计中是坡度递减的模式，使得物料在筛网的不同阶段筛分速度不一样。入料端倾斜角度大，物料的流动速度大，大块物料可以快速通过，使细粒物料可以更早地靠近筛面，通过筛孔。这样设计的好处就是香蕉形振动筛的筛分效率相比传统分级筛提高了 50%~100%的同时，还控制了占地面积。物料层高呈现均衡或渐增状态，因此又为等厚筛。

香蕉筛具备普通振动筛与脱水筛的集中优势，筛分粒度分级时产量大、精度高，筛分含水物料时去泥脱水干净利索，既可以用于干法筛分也可以用于湿法筛分，既可以用于粒度分级也可以用于脱泥、脱水、脱介，与传统筛分设备相比，筛分量提升而占地面积没有提升。香蕉筛适用于金属矿山、煤炭等高负荷、高强度的工况，根据等厚筛分原理，筛面采用五段或六段不同倾角布置，特有的结构使其更加适合于物料中含有大量细小颗粒的工况，对中细粒矿物质分级效果更为显著。香蕉筛生产运行过程中，应根据物料层厚度、桶位情况，适当调节喷水量，以保证筛分、脱介、脱水及脱泥效果。

（七）全力推进智慧矿山建设

武钢资源将打造智慧矿山作为高质量发展的重要引擎，坚持“One Mine”理念，以“安全、绿色、智慧、高效”为目标，积极构建绿色、智慧矿山体系，加速推进传统矿山向数字化、智能化转型。聚焦“四个一律”，围绕“1+N”智慧矿山体系，创办智慧制造实验室，武钢资源大力推进“采矿技术数字化、采矿装备智能化、选矿装备智能化、加工装备智能化、公辅设备智能化、装备故障诊断智能化、安全管控智慧化、管控中心及运营管理智慧化”八大建设模块，实现智能化、可视化、全流程统一协调组织生产。利用机器人、工业视觉、AI智能等技术对产线进行改造升级，先后完成了大冶矿、程潮矿、金山店矿智能管控中心、一键溜破提升系统、井下抽排水远程操控系统等无人化、集控化项目，基本实现了地面生产工序操作远程化全覆盖。

2021 年第二季度，武钢资源承办了宝武资源智慧矿山现场会，在现场会上完成了《武钢资源智能矿山规划和三年行动方案》发布，展示了“一键造球”“一键溜破提升”技术，全面展示了公司在智慧矿山建设方面的成就，也为宝武资源下属矿山互相交流搭建了一个良好的平台。

（1）形成多个自主知识产权，部分环节实现技术突破。通过电机车无人驾驶、设备智能运维管家系统（球磨）等一系列项目的实施，形成了 10 余项自主知识产权，其中仅电机车无人驾驶就获得鉴定科学技术成果 1 项、专利 4 项、软著 2 项。

在部分环节实现技术突破，如：金山店矿通过机器视觉、智能 AI 技术实现皮带运输环节杂物识别技术突破，表面异物识别率达到 95%以上，保障了皮带系统的安全稳定运行，入选中国钢铁工业协会年度钢铁行业智能制造解决方案—智能装备类项目推荐目录。

（2）“四个一律”指数大幅提升，管理、生产效率得到提升。公司建成了管控中心、选厂自动化、采矿公辅设备自动化、无人抓斗等一批无人化、集控化项目。智慧制造“四个一律”指数有了大幅度提升。

管理效率得到提升。管控中心跨界面融合了多个子系统，实现了生产、安全、设备、能源等数据互通，信息直观呈现，报表自动生成，各工序生产信息、指令传递、组织协调更直观、透明、高效，管理效率显著提升。

生产效率显著提高。程潮矿新选厂实现了人均产能提升 70%，溢流粒度合格率由 55%提高到 60%，整体产品质量提高 5 个百分点，系统启车时间由 2 h 减少到 0.5 h，生产设备故障率明显降低；程潮矿智能造球系统利用高速视觉识别、AI 智能等技术对生球粒径在线检测、分析，智能控制水和给矿量，生球合格率从不到 80%提高到 90%以上；鄂州球团平车装备改造取得显著成效，人工效率提升 86%，作业时间从 40 min/节减少为 2 min/节。

（3）提升安全本质化水平。公司聚焦“3D”，通过现场无人化项目的建设（如溜破无人化系统、远程放矿系统、智能造球系统、井下排水远程控制系统等），已经实现井下破碎、放矿（风险大）、造球（重复劳动）、井下水泵（环境脏）等“3D”岗位的灭失。

大冶矿于 2022 年 9 月入选自然资源部《智能矿山建设规范》贯标试点单位，目前正在进行程潮矿试点单位申报工作。

2023 年，湖北省应急管理厅将程潮矿、大冶矿、金山店矿确定为第一批省级智能化矿山建设试点单位。程潮矿“工业 5G 专网在井下无人驾驶中的应用”项目入选湖北省经济和信息化厅 2023 年第一批 31 家“5G 全连接工厂”名单，是鄂州市唯一一家入选企业。

第十四节　南京宝地梅山产城发展有限公司矿业分公司

一、基本概况

南京宝地梅山产城发展有限公司矿业分公司（简称“梅山矿”），地处江苏省南京市雨花台区西善桥镇，距南京市中心 13 km，矿区占地面积 333.34 万平方米，是我国自行设计、建设的大型黑色金属重点地下矿山，是中国宝武重要的铁矿石生产基地，是国内唯一特大城市中的矿山，也是全国冶金矿山行业唯一一家连续 18 年蝉联七届“十佳厂矿”的企业。

1961 年 12 月，江苏省冶金工业局批准成立梅山矿。1971 年 8 月，经国家计划委员会批准，梅山矿工程建设指挥部与九四二四工程指挥部合并，归属九四二四工程指挥部领导，行政关系由江苏省划归上海市。1972 年 8 月，梅山矿更名为“梅山工程指挥部铁矿”。1995 年 8 月，以梅山矿为班底，组建上海梅山集团（南京）矿业有限公司，成为全国冶金联合企业第一家按照现代企业制度组建的具有独立法人地位的全资子公司。1998 年 11 月，上海地区三钢联合，梅山矿随上海梅山（集团）有限公司加入上海宝钢集团有限公司。2010 年 4 月按分公司模式运作，更名为“南京梅山冶金发展有限公司矿业分公司”。2019 年 8 月更名为“南京宝地梅山产城发展有限公司矿业分公司”。2020 年 12 月加入宝武资源有限公司。

梅山矿资源条件好。矿床为陆相火山岩型富铁矿，属大型盲矿体，类型为磁铁矿-假象赤铁矿-菱铁矿，埋藏于海拔 -36 ~ -489 m 水平之间。矿体长 1370 m、宽 824 m、厚 2.56~242.5 m，水平投影面积 0.8 km^2，储量 2.6 亿吨，具有矿体集中、形态规整、储藏量大、品位较高、易于开采等独特的赋存条件。采矿生产采用竖井与斜坡道联合开拓、无底柱分段崩落法采矿，选矿生产采用重选、磁选、浮选的联合工艺。建矿至今，已开采铁矿石 1.7 亿吨，拥有铁精矿、硫精矿、尾矿砂、机电加工四类产品。

梅山矿经济指标优。历经一期工程、一期延伸工程、二期扩建工程和二期延伸工程建设，具有年采选综合生产能力 400 万吨规模。1982 年，铁矿石年产量达到 100.8 万吨，成为国内黑色冶金矿山第二个突破百万吨大关的地下矿山；1987 年，铁矿石年产量达到 150 万吨，成为我国竖井提升年产量最大的矿山；1998 年，一期延伸工程建设规模达产，原矿产量达到 251 万吨，成为国际同类型单口竖井提升年产量最大的矿业企业；2004 年，二期扩建工程建设规模达产，采选综合生产能力达到 400 万吨，全年销售收入突破 10 亿元，规模效益在全国地下矿山中位居第一。

梅山矿致力于科技创新。科技赋能，自主创新了井下信息调度指挥、井下多级机站通风、选矿降磷工艺、选矿自动化监控等一批具有自主知识产权的专有技术，30 多项科研技术成果荣获国家、省市、行业科技进步奖。其中，“梅山无底柱分段崩落法加大结构参数研究”荣获国家科学技术进步二等奖。原始创新的“大间距集中化无底柱采矿新工艺”，开创了我国无底柱采矿技术发展的先河，在众多冶金矿山中推广应用。智创发展，基于采矿全流程机械化、大型化生产，运用 5G、大数据、人工智能等技术，构建了“作业智能化、管控智慧化、运营数字化、设施标准化”的智能平台。推行采矿环节“数字矿体—远程操控采矿设备—智能放矿与无人运输—提升系统一键操控”和选矿环节“复杂工艺智能选矿—全自动无人发货—无尾化处理”全流程的数字化和智能化，实现技术装备智能、生产过程智能、运营管控智能，成为国内“城市智慧矿山”的样板。

梅山矿致力于管理创效。以“不留缺陷，追求卓越”为核心理念，以“决策无失误”“安全无事故”“生产无故障”“现场无泄漏”“人力无浪费”“财务无偏差”“营销无差错”“质量无次品”“服务无投诉”“成本无虚耗”为专业管理平台，以“低成本战略运行体系”“全面预算管理考核体系”“领导干部业绩考核体系”“市场供应链体系”为支撑，集成创新了“零缺陷管理”模式，在我国冶金矿山企业中作为典型经验进行推广。聚焦成本领先，市场倒逼现场、现场倒逼成本，实行大型地下矿山“五步三化”低成本管理，实现了“精准生产、极致成本、跑赢大盘、行业领先”的目标。按照“倒逼机制、问题导向、变革驱动”的要求，实行一级机关组织架构，推进作业长制，实现了管理流程的扁平化和专业管理的集中一贯。推进标准化作业，成为我国黑色冶金矿山首家通过质量管理体系、环境管理体系和职业健康安全管理体系“三标认证”的企业。

梅山矿践行“两山”理念。坚持“高于标准、优于城区、融入城市”的环保理念，锚定“双碳”，构建符合美丽中国要求的“洁化、绿化、美化、文化”发展新模式。在全国冶金矿山中率先推行无尾化绿色开采，实行尾矿资源化生产，实现废石零堆存、尾矿全利用；优化工艺，充分利用尾矿回水和井下水资源，减少源水补充量，实现工业废水零排放；严格控制生产能耗，固体废弃物处置率100%，污染物综合排放合格率100%；每年对绿化提档升级，矿区绿化覆盖率达到可绿化面积的100%，形成了以秦淮新河风光带为轴心、社区与厂区相联结的“园林化、林荫化、幽静化”环境。

梅山矿与员工共同发展。实施管理人员、技术业务、现场骨干三支队伍“领航”计划，管理人员采取“现场+实务+课题研修”方式开展配套训练，推进跨区域、跨专业、多岗位交流任职，打造引领高质量发展的管理团队，研究生以上学历人员65人；技术业务人员推行“一人一表”能力提升，加强采选工艺技术、设备检修与管理领域的技术骨干培养，打造匹配高质量发展的专业人才队伍，以首席工程师领衔的采矿、选矿和提升电气专家团队担纲承梁，为企业发展贡献才智；现场骨干实行岗位接替计划，实施“岗位任务一张表”，推进全流程、全工序操控人员的培养，设立员工创新工作室，打造担当现场改善重任的骨干力量，高级工以上技能人才达71.16%，产生专利总量400多件，先后涌现出全国劳动模范、省市级各类先进人物100多人、先进集体80多个。

二、科技赋能发展

梅山矿采矿生产形成了以无底柱分段崩落法大间距结构采矿为核心的专有技术，选矿生产形成了混合铁矿梯级回收技术，尾矿开发形成了资源化梯级利用技术，先后完成32项省（部）级以上科研成果，荣获省（部）级以上科学技术进步奖23项。

（一）打造采矿核心技术，原矿生产采出加速度

梅山矿采用竖井与斜坡道联合开拓、无底柱分段崩落法采矿，主要工艺流程有采准掘进、采矿凿岩、回采爆破、回采出矿、阶段运输、竖井提升及井巷支护、矿井通风等。

1. 结构参数持续加大，提供业界解决方案

无底柱分段崩落采矿法是机械化程度高、劳动强度低、国内冶金地下矿山应用最多的一种高效采矿方法，但普遍存在结构参数小、投入大、产出低等问题。

1972年，根据冶金工业部有关文件精神，梅山矿与马鞍山矿山研究院合作开展了“梅山铁矿无底柱崩落生产工艺技术攻关”，先后完成了顶板强制崩落与观测工作、放矿和采矿凿岩爆破出矿工艺研究，建立完善了一期采矿通风系统，实行分区开采，采矿结构参数由10 m×10 m优化调整为12 m×10 m，万吨掘采比由40 m降低到35 m。通过技术攻关和工艺完善，原矿产量不断提高，1982年达到102.9万吨，1987年达到一期核定生产能力150万吨。

1987年，梅山矿着手开展“加大分段高度和进路间距研究”。1991年，冶金工业部将

《梅山无底柱分段崩落法加大结构参数的研究》列为“八五”重点科技攻关项目，由梅山矿为技术负责单位，马鞍山矿山研究院、青岛建工学院、鞍山冶金设计研究院共同参与。科研组成功进行了放出体工业试验、凿岩爆破参数及崩矿步距的优化、不同结构参数分段间的过渡技术研究、大型高效采掘设备合理配套与应用研究等，在国内冶金地下矿山首开先河地将采矿分段高度和进路间距由 10 m×10 m 提高到 15 m×15 m。1998 年，梅山矿完成了新旧参数的过渡，-198 m 水平以下全面采用 15 m×15 m 的结构参数，大幅度提高了采矿强度和生产效率，单口竖井年生产原矿 251.42 万吨，实现了年产原矿 250 万吨的设计规模。主要经济技术指标全面刷新，回采率、贫化率、采掘比、采矿强度、全员劳动生产率等位居全国同行业首位，每年减少采准巷道 4000 m，为企业创效 5 亿多元。研究成果通过了冶金工业局组织的专家鉴定，项目整体达到国际先进水平。2001 年，《梅山无底柱分段崩落法加大结构参数的研究》荣获国家科学技术进步奖二等奖。

为稳步提高采矿生产的综合效益，2001 年梅山矿开展了《大间距集中化无底柱采矿新工艺研究》，将采矿结构参数进一步优化为 15 m×20 m。2003 年该项目通过科技部评审验收，课题研究期间创造经济效益 1.47 亿元，产生了《无底柱分段崩落法不同结构参数过渡时的放矿方法》《无底柱分段崩落采矿法中确定崩矿步距的方法》《进路间路大于分段高度的无底柱分段崩落采矿法》《一种高分段无底柱分段崩落采矿模型》等 9 项发明专利。《大间距集中化无底柱采矿新工艺研究》分别荣获中国冶金矿山科学技术一等奖、上海市科技进步奖二等奖，研究成果先后在福建省马坑铁矿、河北省北铭河铁矿、云南省大红山铁矿、安徽省桃冲铁矿、陕西省杨家坝铁矿、黑龙江省翠宏山铁矿、北京市沙场铁矿等 11 家矿山推广应用。

随着二期延伸采矿水平下移至-303 m，为继续提高采矿生产效率、降低采矿成本、发挥设备大型化的作业效率，2015 年梅山矿与东北大学合作，开展了《18 m×20 m 采矿结构现场放出体测试与参数优化研究》。基于随机介质放矿理论、散体力学、无线通信技术等多学科交叉理论，采用实验室放矿模拟试验、现场工业试验和理论研究相结合的手段，运用无线通信射频识别 RFID 等技术，进行标志物的制作安设和现场出矿过程跟班标定，获得准确可靠的标定数据。依据标定数据，确定放出体的形态，奠定了落矿参数优化的技术基础，将我国无底柱分段崩落法大间距结构采矿研究与应用又提升至一个新的水平。梅山矿在-348 m 水平全面应用 18 m×20 m 采矿结构参数后，一次崩矿量增加 15%，回收率达到 89.09%，贫化率 9.79%，采矿效率提高 20%。

2. 采用光面爆破技术，提升巷道成型质量

随着开采水平下移，矿体地质条件逐步变差，加之矿石自然结构类型复杂，各种类型矿石的可爆性差异较大。进入-303 m 以下采矿水平后，为满足回采迎头放矿、大型设备出矿需要，梅山矿将采准巷道进路断面由 5.0 m×3.8 m 扩大到 5.5 m×4.0 m，再扩大到 6.0 m×4.1 m；炮眼深度从 2.7 m 延伸到 3.0 m，再延伸到 3.2 m。但是，这期间均采用单一的全断面凿岩爆破参数，未根据不同类型矿石爆破特性做相应调整，致使掘进炮效仅为

82%，巷道成型质量差，超挖、欠挖现象严重。

2014 年，为改善掘进爆破效果，梅山矿组织技术攻关。根据光面爆破原理，结合矿石可爆性分级，通过不断地理论研究、现场试验，找到了光爆层厚度、周边孔孔间距、装药系数及装药耦合系数等适合梅山矿的光面爆破参数。2020 年，采准掘进炮效从 2. 26 m 提高到 3. 05 m，炮孔利用率由 75%提高到 86%，采准成巷质量由 82%提高到 85%。

3. 优化炮孔空间分布，提高凿岩出矿效率

中深孔爆破是无底柱分段崩落法主要的落矿方式，它具有崩矿效率高、强度大、凿岩作业安全、采准工程量小、炮孔布置灵活且凿岩设备移动次数少等优点，在国内冶金地下矿山开采中得到广泛应用。井下凿岩工艺一般为单中心凿岩，炮孔呈扇形布置。但是，单中心扇形布孔易导致炸药分布不均，特别是对于采用大结构参数的矿山，由于炮孔深度加大及数量增多，凿孔精确度偏差加大，大块率增高，悬顶、隔墙等爆破故障频发，严重影响出矿效率和回采安全。

为适应 18 m×20 m 的结构参数，解决原凿岩参数与采场结构不相匹配而产生的问题，2015 年梅山矿开展了《大结构参数下凿岩爆破参数优化研究》。通过采区矿岩可爆性分级研究和不同步距、不同排距、不同孔径及凿岩方式下的凿岩、爆破、放矿试验研究，确定了 18 m×20 m 结构参数下合理的崩矿步距、凿岩孔径、中心距、边孔角等关键参数，将原先单中心凿岩升级为多中心凿岩，解决了炸药在空间上均衡分布的问题，保证了菱形块体破碎充分，使块体边角部分得到良好控制，降低了大块产出的可能性。同时，由于孔口炮孔密度减小，便于后排炮孔眉线的保护，也减少了后排炮孔装药时的安全隐患。

4. 城市矿山爆破减震，助力典范城市创建

梅山矿年采矿生产规模已达 400 万吨，由于采场结构参数的加大，使一次爆破的中深孔延米数和装药量增大，爆破产生的震感明显。2014 年，南京市启动“两桥区域”城市建设，作为区域内的梅山矿已经成为“城市矿山”。矿区周边高楼林立，即使轻微的震动也有可能对高层建筑产生影响，引发居民投诉而影响企业生产。

2018 年，梅山矿积极响应南京市创建国家典范城市的号召，与中南大学合作，进行爆破地震波在岩石中传播规律、衰减规律的研究，以及计算机智能反演、降低爆破段别间微差震动干扰、逐孔微差爆破技术、取消导爆索技术、矿岩可爆性分级、孔底起爆技术等研究。课题组建立了爆破震动监控系统，实现了爆破震动的实时监测，同时，通过实时数据的分析研究，寻找微差爆破震动波干扰点，实现爆破减震。

5. 采用多级机站技术，构建通风“梅山模式”

梅山矿矿体厚大集中、井多、工作水平多，各种井巷纵横交错，通风网络极为复杂。通风系统建设与一期工程、一期延伸工程、二期扩建工程以及二期延伸工程开拓相适应，进行了分期建设。

梅山矿一期工程为两翼对角式大主扇通风系统，虽有入排风集中、使用设备少、管理方便等优点，但主要通风机对系统的控制能力弱，不能按需分配风量、漏风大，有效风量仅为40%，风机效率低于50%，通风能耗偏高，井下作业环境恶劣。

1984年，梅山矿与马鞍山矿山研究院联合，在国内首次进行了多级机站通风工业试验并取得成功。1985年通过了冶金工业部主持的成果鉴定，认为该项新技术具有国内先进水平，建议在有条件的地下矿山逐步推广。1994年梅山矿在一期延伸工程中全面采用多级机站通风技术，替代原来的大主扇通风系统，有效风量达70.86%，风机平均效率69.12%，通风系统节能30%以上，井下作业环境大为改善，成为国内冶金地下矿山首家全面采用多级机站通风新技术的大型矿山。1995年，该科研成果荣获上海市优秀节能技改项目一等奖。1996年，《梅山铁矿多级机站通风系统的建立与完善》项目通过冶金工业部鉴定，综合技术达国际先进水平，荣获冶金工业部科技进步奖二等奖。2001年、2014年，梅山矿二期扩建和二期延伸通风系统分别建成运行，2012年《梅山铁矿复杂通风系统节能降耗综合技术研究》项目荣获中国冶金矿山企业协会科技进步三等奖。

2015年，梅山矿与马鞍山矿山研究院、鞍山设计院等共同开展了多级机站通风系统的研究，建立了“梅山模式”通风系统：Ⅰ、Ⅳ级机站采用有风墙机站，配备大风机，克服矿井总阻力，提供全矿总风量；Ⅱ、Ⅲ级机站采用无风墙机站，泄放采场的爆破冲击，配备小风机，起采场风量的分配与导向作用。该项研究首创了无风墙机站理论，在国内外矿山首次大批量采用无风墙机站，成功应用了低压大流量轴流风机，取得了《台阶式布置的井下并联风机站》《风门自动开启的并联风机站》等发明专利，实行机站的远程集中监控，使通风系统更加高效、节能。

“梅山模式”多级机站通风系统的创新与运用，使采矿更加绿色低碳。一期工程采用大主扇通风系统时，吨矿通风电耗7.56千瓦时；一期延伸工程改用多级机站通风系统，吨矿通风电耗仅为2.75千瓦时，后又逐步下降至2.01千瓦时，年节电量2000多万千瓦时。目前，国内采用“梅山模式”通风系统的地下矿山已达六成以上。

（二）创建梯级回收技术，精矿生产选出高质量

梅山矿原矿为复杂混合铁矿，1969年选矿生产仅有破碎工艺，后经数次扩建和工艺优化，达到年处理原矿500万吨能力。主要工艺流程为：中碎—分级预选—细碎—阶磨阶选—浮选—降磷—浓缩脱水，产品包括：铁精矿、硫精矿及废石、机制砂等，形成了“分级预选抛尾”“反浮选脱硫”和“磁选降磷脱硅”等为核心的梯级回收技术。

1. 阶磨阶选精确磨矿，提高系统台时效率

梅山矿入磨矿品位高，矿物种类多，矿石硬度差别大，磨矿产品粗细极不均匀，菱铁矿等碳酸盐类矿物过磨严重，磨矿产品两端粒级含量高、中间粒级含量低，呈哑铃形分布，造成精矿过滤难、金属回收难等问题。

为解决磨矿产品细度不均匀问题，控制产品过粉碎现象，2004年梅山矿对二段分级设

备进行升级改造。采用旋流器替代螺旋分级机分级，系统分级效率提高 15%以上，磨矿产品过粉碎得到有效控制。2008 年，梅山矿与江西理工大学合作，根据入磨矿硬度差别大的特性，开展了《梅山铁矿精确化磨矿技术研究》。通过计算磨机破碎矿石所需的最佳球径，对待磨矿石实施精确的钢球破碎力，对粗粒级矿石实施精准破碎，提高了中间易选粒级产品含量；开展钢球磨损规律的分析，实施球磨机“三测两表两平衡”精确装补球法，实现了磨机钢球充填率的动态平衡。研究技术推广应用后，系统磨矿总功耗下降 32%，钢球单耗下降 10. 53%，最终磨矿产品（−10 μm）过粉碎减轻 6. 91%，分级质效率提高 17. 63%。

为提升磨矿系统台时效率，降低磨矿成本，2003 年梅山矿先后通过棒磨机改造、磨浮大型化升级改造，将球磨系统处理能力由 410 t/h 提高到 530 t/h，台时能力提高 29. 27%。2021 年，为进一步优化磨矿工艺，开展了《阶磨阶选制砂改造项目》。在原两段两闭路磨矿分级流程的基础上，新增一段磨矿后磁选抛尾工艺，形成阶磨阶选流程，提前抛出产率约 20%的粗粒尾矿，磨矿系统处理能力提高到 630 t/h，系统磨矿效率提高 18. 87%，抛尾产品中+0. 3 mm 以上粗砂产率达到 8%以上，每年直接创效 6500 万元。

2. 驰而不息降磷技改，梯级回收提质降杂

随着开采深度的增加，1996 年梅山矿原矿生产进入高磷区，铁精矿磷含量高达 0. 43%，销售受阻，被迫停产 6 次总计 33 天。受形势所迫，1996 年 6 月，梅山矿结合前期降磷工业试验研究成果，实施“降磷应急工程”，采用弱磁—强磁降磷工艺，将铁精矿综合磷含量降到 0. 36%，扭转了涨仓限产的被动局面。

1997 年 8 月，在“降磷应急工程”的基础上，梅山矿又完成了“降磷系统改造工程”建设。铁精矿磷含量从 0. 36%降至 0. 25%以下，铁精矿品位由 53. 5%提高到 59%，满足了市场需求。1999 年，梅山矿铁精矿产量首次达到 160 万吨，创历史最高水平。《梅山铁精矿选矿降磷工艺研究及应用》分别荣获 2001 年度冶金矿山科学技术二等奖、2002 年度冶金科学二等奖、2003 年度上海市科学技术进步二等奖。

为进一步提质降杂，提高铁精矿品质，2012 年梅山矿开展了《复杂混合铁矿石生产高品质精矿技术研究与梯级回收利用实践》项目研究，2013 年实施弱磁选别设备大型化升级改造，2014 年推进强磁选别工序设备大型化改造。在国内冶金矿山中首家开发并应用“弱磁—浓缩—集中隔渣—水平磁场脉动高梯度强磁粗选—垂直磁场脉动高梯度强磁扫选的高效梯级铁矿物回收”工艺，首家将高频细筛作为除渣设备应用于强磁隔渣工序，实现了集中隔渣，开发了适合粗选、扫选强磁的介质棒排列形式。降磷系统优化升级改造后，系统生产能力达到 500 t/h，金属回收率提高 1. 68 个百分点，铁精矿磷含量由 0. 25%下降至 0. 15%以下，在原矿品位下降、杂质含量上升、矿石嵌布粒度变细的生产条件下，铁精矿品位仍保持在 57%以上。同时，梅山矿还利用降磷系统开发出 62%高品位的铁精矿产品，进一步拓展了销售市场。

《复杂混合铁矿石生产高品质精矿技术研究与梯级回收利用实践》荣获 2020 年度冶金矿山科学技术一等奖，《混合铁矿石精确化磨矿与高效梯级回收技术》入选自然资源部

2022 年度矿产资源节约和综合利用先进适用技术目录。

3. 高浓度高压力输送，降低尾矿输送成本

梅山矿第一座尾矿库建成后，与国内大多数冶金矿山一样，采用多级接力方式输送尾矿。输送距离 6.5 km，共设立 5 级输送泵站，输送段数多，沿途泵站人员多，设备故障率高，而且尾矿输送浓度只有 20%，其余 80%环水被做无用功输送至尾矿库，环水利用率低、尾矿输送效率低、输送成本高。

梅山矿持续开展尾矿浓缩和远距离输送技术研究。1999 年，第二座尾矿库建设时，将尾矿浓缩工艺由一段浓缩优化为两段浓缩，输送浓度由 20%提高到 35%，并在国内冶金矿山中首家采用最大压力为 7.6 MPa 的 SGMB140/7 高压隔膜泵输送设备，实现了尾矿 12.5 km 一段输送。

2005 年，梅山矿与长沙矿冶研究院合作开展《梅山矿业选矿厂高密度尾砂浆膏体制备系统研究》，完成国内第 1 台 HRC25m 高效深锥浓密机建造，输送浓度由 35%提高到 53%~55%，输送效率提高 50%，输送隔膜泵由 3 台减少到 1 台，输送成本降低 60%。2009 年该项研究成果荣获中国钢铁工业协会、中国金属学会冶金科学三等奖。

2012 年，梅山矿第三座尾矿库建成使用，采用最大压力为 13 MPa 的 DGMB210/15A 高压隔膜泵，实现了 38 km 超远距离一段输送。2014 年，《梅山湿尾矿输送工艺研究与应用》荣获中国冶金矿山科学技术三等奖。

4. 采用细粒尾矿筑坝，成功实践首开先河

国内尾矿库大多采用废石或粗尾砂筑坝，筑坝成本高、工期长且占用尾矿库库容，梅山矿在建设第一、第二座尾矿库时，也采用此法。2015 年前，国内尚无用细粒级尾矿筑坝的成功案例。

2015 年，梅山矿与马鞍山矿山研究院合作开展《再选后尾砂筑坝试验研究》，全部采用自产的微细粒尾矿筑坝，在国内首创“干滩筑坝区+干滩放矿区+细泥堆存区”上游法筑坝三区堆存工法，并采用“旋流器分级+水力冲积+宽顶子坝”组合放矿工艺，实现了粗粒尾矿存于坝前干滩、细粒尾矿存于库尾调洪区的分区堆存，成功解决了混合存放致使坝体不稳定、不利排洪的安全难题，成为国内外首例成功实现细粒含泥尾矿上游法尾砂筑坝堆存的工程案例，节约筑坝总成本 1.4 亿元。

《梅山微细粒高浓度尾矿堆存与筑坝关键技术研究及生产实践》荣获 2018 年度冶金科学三等奖，《微细粒尾矿堆存与筑坝技术》入围自然资源部第七批矿产资源节约与综合利用先进适用技术目录。

（三）尾矿资源利用技术，无尾矿山跑出新赛道

梅山矿每年产生尾矿 230 万吨，其中矸尾 50 万吨、湿尾 180 万吨。20 世纪 80 年代，梅山矿开展了尾矿资源化利用的研究与探索，先后对尾矿中铁元素进行回收，利用尾矿进

行固化充填塌陷区、生产微晶玻璃花岗岩、开发草坪砖和广场砖等，因技术、市场等因素受限，未形成批量化、规模化的生产。

作为城市中的矿山企业，城市发展倒逼企业技术创新、产品创新、市场创新。2019年以来，梅山矿践行“两山”理念，按照“高于标准、优于城区、融入城市”的要求，投资1741.74万元，开发出具有自主知识产权的“旋流器+负倾角高频细筛提取机制细砂—超长变锥旋流器分级+细粒陶瓷过滤铁尾砂—微细粒挤压双电层絮凝高压浓缩+高压隔膜压滤脱水”尾矿资源化梯级利用技术，生产建筑砂石、机制砂、水泥铁质校正剂等产品，分别用于建筑行业和水泥行业，开创了国内无底柱崩落法采矿企业无尾矿山建设的新赛道。

（1）梅山矿通过选矿预选，每年产生约50万吨粒度为50~0.5 mm的粗粒级矸尾，混合堆存在矸尾料仓，再加工处理。此方法无法满足建筑行业对建筑材料规格的要求，不能作为市场化产品进行销售。对此，梅山矿按照矸尾“粗细先分开、粗粒再破碎、产品全分级”产品制造线路进行技术创新。

“粗细先分开”，针对粗粒级矸尾混合堆存的问题，新建一个专门存放2~0.5 mm矸尾的料仓，采用“磁选机选别—螺旋分级机脱水—高频细筛筛分”工艺技术，生产2~0.5 mm建筑机制砂。

“粗粒再破碎”，针对50~20 mm粒级矿石粒级较宽的问题，开展《辊压破碎对矿石可选性影响研究》，采用“破碎机破碎—共振筛筛分分级—磁选机选别”工艺技术，生产30~2 mm建筑材料。

“产品全分级”，针对市场需求，遵循价值最大化原则，开展《矸尾石料分级改造技术项目》，采用“共振筛筛分分级”工艺技术，将30~2 mm建筑矸石分别加工成粒度为30~16 mm建筑中碎产品和16~2 mm建筑瓜子片。

（2）梅山矿每年约180万吨、粒级小于0.5 mm的湿尾堆存于尾矿库。湿尾具有粒度细、脱水困难、分散性差的特性，不能满足水泥厂对产品水分、分散性的品质要求。对此，梅山矿按照湿尾“粗细分离、分级脱水、组合销售”的技术研发和市场开拓线路进行技术创新。

“粗细分离”，采用“旋流器+高频细筛”和“负倾角高频细筛筛分选别”工艺技术，在保证筛分选别效率的前提下，将大于0.3 mm粒级的湿尾分离出来，加工生产机制砂。

“分级脱水”，采用“旋流器分级+陶瓷机过滤脱水+高压压滤脱水”工艺技术，将小于0.3 mm粒级的湿尾进行脱水；对旋流器溢流小于38 μm含量接近100%的超细粒级，采用“高压压滤脱水”工艺技术进行脱水。2019年，实施“细粒级铁矿石伴生资源综合利用技术改造”，采用“负倾角高频细筛筛分分级—超长变锥旋流器分级浓缩—陶瓷过滤机过滤—高效深锥絮凝浓缩—压滤机压滤脱水”工艺技术，解决了细粒级湿尾全粒级脱水的难题。2020年1月，梅山矿投资兴建了150万吨/年磨选后湿尾资源化利用生产线，当年达产。

“组合销售”，将湿尾资源生产的陶瓷机产品作为水泥铁介质校正剂销售，压滤产品作为水泥铁质校正剂、陶粒和制砖原料销售。其中，陶瓷机产品指标稳定、粉状分散性好，市场认可度高；压滤产品虽然指标稳定，但块状分散性差，易造成水泥厂进料困难。梅山矿以客户需求为导向，创新湿尾资源作为水泥铁质校正剂粉状和块状“组合销售”模式，探索水泥铁质校正剂粉状和块状最佳搭配比例，从源头上解决了水泥厂进料难问题，拓展了市场应用途径，实现了湿尾资源价值最大化。

（3）梅山矿通过建立产品标准体系、工艺标准体系和操作改善体系，确保尾矿全资源化生产的顺行。

建立产品标准体系，结合尾矿全资源化产品生产与市场应用，2018 年编制了《水泥铁质校正原料用铁尾砂》《建筑砂石细骨料用尾矿砂》《建筑砂石粗骨料用尾矿砂》三个企业标准；2022 年完成了《水泥铁质校正原料用铁尾砂》行业标准的编制，并通过审核认证及公示，2023 年 4 月 1 日颁布实施。

建立工艺标准体系，制定了《工艺技术管理办法》《采矿生产工艺规程》《选矿生产工艺规程》和《岗位规程》。

建立操作改善体系，依托数字矿体、数字采矿、数字选矿以及产品销售管理，构建全过程控制信息化生产管理体系，以“工艺节点”为主线，对数据进行组织、整合、调用；制定《工序质量检查办法》，将工序质量检查内容和检查频次编制成《梅山矿业工序质量检查表》《采矿工序质量检查表》《选矿工序质量检查表》，实行持表检查与改善。

梅山矿尾矿资源化梯级利用技术荣获中国冶金矿山企业协会科学技术进步奖一等奖 1 项、三等奖 1 项，并获江苏省科学技术进步奖三等奖、中国钢铁工业协会中国金属学会冶金科学技术奖二等奖、中国宝武年度重大创新成果奖二等奖；申请专项资金（矿产资源保护与利用类）项目补助 50 万元，申报受理专利 15 项、其中发明专利 13 项；仅 2019—2021 年，累计降本增效 13806. 71 万元。

（四）科技创新成果

（1）《梅山无底柱分段崩落法加大结构参数的研究》获得国家科学技术进步奖二等奖；

（2）《大间距集中化无底柱采矿新工艺研究及应用》获得上海市科学技术奖二等奖、冶金矿山科学技术一等奖；

（3）《梅山铁精矿选矿降磷工艺研究及应用》获得上海市科学技术进步奖二等奖、冶金矿山科学技术二等奖；

（4）《面向节能减排的典型冶金过程先进控制与优化》获得江苏省科学技术奖二等奖；

（5）《复杂混合铁矿石生产高品质精矿技术研究与梯级回收利用实践》获得冶金矿山科学技术奖一等奖；

（6）《多级机站通风系统建立与完善》获得冶金工业部科学技术进步奖二等奖；

(7)《数字梅山管控一体化系统》获得冶金矿山科学技术进步奖二等奖；

(8)《新型高效水平磁系高梯度磁选机的开发及工业应用》获得冶金矿山科学技术二等奖、有色金属工业科学技术奖二等奖；

(9)《巷道式废旧爆炸物销毁场设计关键技术及应用》获得中国爆破行业协会科学技术进步奖二等奖。

(五) 攀登"智"的高点

梅山矿运用云计算与大数据、人工智能、自动控制、工业互联网、机器人智能化装备等核心技术，与现代开采技术和经营管理深度融合，构建全面感知、自主学习、动态预测、实时互联、分析决策、协同控制的智慧大脑，实现地质测量、资源管理、采矿生产、选矿加工、仓储发运的全流程管控，安全生态全方位保障，经营管理全过程精益，实现了跨产业、跨空间和跨人机界面的互通融合，使企业成为操作智能化、业务数字化、管理平台化的现代化大型矿业企业。

1. 采矿作业流程的机械化，奠定数智基础

从机械化到大型化再到自动化，梅山矿在国内冶金地下矿山中首家全流程进口机械化设备进行采矿作业，为掘进、凿岩、回采、喷锚支护、撬毛、物料运输、装药、混凝土搅拌、车辆加油与轮胎更换等采矿各工序提供全面支撑。

(1) 以自动化为目标，构建一流采矿装备。1993 年，梅山矿首次引进当时世界上出矿效率最高的设备 TAMROCK400E 电动铲运机，使铁矿石年产量突破 50 万吨，实现了国外先进采矿设备在国内地下矿山的成功应用。之后至 2000 年的七年间，又先后引进 4 台 Toro400E 铲运机，8 台 Toro301D 铲运机，4 台 Boomer281 掘进台车，7 台 Simba H254、H252、H1354 凿岩台车。自 2001 年开始，在兼顾效益与效率的前提下，在引进世界先进设备时更加注重人性化、系统化和安全本质化。引进了国内首家带有空调和密闭驾驶室的 Boomer282S 双臂掘进台车，作业效率较单臂台车提高 25%；引进了模块化、智能化的 6 m^3 LH514 铲运机和 Simba M4C 电脑台车，2021 年铲运机月台时效率超过 6 万吨，行业排名第一；引进了 2 台 1050WP 喷浆台车、2 台 Boltec 235H 锚杆台车，实现了喷浆支护全机械化，锚杆台车年挂网量达到 4800 张，行业排名第一；引进了 4 台 Multimec 6600 多功能运输车、4 台 WCB-1.5 爆破器材运输车、4 台 Charmec 605 DA/6605 B 装药台车，分别用于装药运输与爆破，开创了国内地下矿山爆破作业全机械化时代；引进了 2 台 Scamec2000 撬毛台车，保障了区域作业安全。至 2022 年，梅山矿拥有采矿生产设备共计 70 多台（套），其中大型无轨进口设备 58 台（套）。

(2) 实施国产化改造，发挥设备极致效率。开展降成本改造：井下工作环境恶劣、采掘设备故障率高，但进口设备厂家在备件上的高垄断使备件价格昂贵。为降低设备维护成本，自 2000 年开始，梅山矿在消化吸收进口设备技术、掌握进口备件性能的基础上，对易损消耗件和结构件进行国产化研发替代。从油管、滤芯、销轴套、油缸、电气元件、随

机电缆和结构件入手，根据日常使用量，由易到难，先后对23类设备1000多种型号的备件实施国产化改造。进行功能性改造：Simba H1354凿岩台车虽然配备自动钻管库和接、卸钎杆功能，但现场作业噪声大，驾驶人员在操作室内操作存在视觉盲区。梅山矿通过自主研发，首创远距离遥控无线操作，提高了作业舒适性和台车效率，单台设备年作业量达到6万米，达到国内冶金地下矿山领先水平。实施安全性改造：Normet公司生产的多功能运输车和水泥罐车采用液压制动，无制动冷却循环的前后车桥，在3750 m的斜坡道行驶过程中，车辆摩擦片因频繁制动产生高温，导致烧坏，给行车安全带来极大隐患。梅山矿通过对比试验，用弹力制动车桥替代原车桥，增加制动摩擦片的冷却循环系统，使设备达到了本质安全化的目的。20多年来，梅山矿通过对进口设备备件国产化改造，累计降低成本6000多万元，申请专利183件，认定技术秘密145件，荣获国家发明展金奖3项、银奖11项、铜奖6项。

2. 关键生产环节的自动化，驱动数智前行

梅山矿采用自动控制技术、数据通信技术、视频监控技术为一体的综合性系统，结合物联网技术，对采、选生产关键环节进行自动化研发与应用，驱动数智化前行。

（1）构建安全智保系统，保障员工健康安全，实施通风系统一键操控：1995年，梅山矿与马鞍山冶金设计研究院合作，开展了多级机站通风计算机集中监控系统建设，实现了井下Ⅰ、Ⅳ机站风机总调度室的地面集中控制。2007年，对多级机站通风远程集中监控系统进行升级研究，实现了通风巷道风流参数、井下大气环境的动态监测和地面一键操作。开展智能安全设施建设：2011年，梅山矿与中冶北方工程技术有限公司、大唐电信科技股份有限公司合作，建成了井下人员定位、监测监控、紧急避险、压风自救、供水施救、通信联络“六大安全系统”。构建人员保障智能系统：2013年，梅山矿对人员下井、井下操作、能源供应多个重要生产环节进行了自动化、可视化改进；2021年，根据江苏省应急管理要求，推广运用了UWB厘米级精准车辆定位、人员虹膜唯一性识别、井下5G移动通信、高清防爆智能探头等新技术，安全生产保障不断提高。

（2）自动化的无人值守，实现选矿高效生产。“七五”期间，梅山矿与马鞍山矿山研究院合作进行了《磨矿过程自动控制》的研究；“八五”期间，与马鞍山矿山研究院、长沙矿冶研究院、东北大学联合承担了国家“八五”重点科技攻关项目《250万吨级铁选矿厂生产过程自动控制系统优化的研究》，以微机局域网为主通信干线，以工业控制机为操作站，在国内冶金矿山第一家构建了基础控制级、车间监控级、全厂管理级的三级集散控制与管理系统，该项目荣获2005年中国冶金矿山协会科技进步奖三等奖。在磨矿分级及浓缩机底流浓度实行自动控制后，年经济效益达到720万元。2007年，梅山矿在设备数据自动采集的基础上，建立了由计算机、Web服务器支撑的集控室，构建无线对讲生产调度系统和水计量矿物计量系统，增加设备远程控制功能，实现了集视频监视、远程操控、区域巡检为一体的生产过程自动化管控。中碎、细碎、重选三个生产车间235名员工由原先8小时的岗位值守，转变为2小时一次的区域巡检。

3. “四个一律”建设的智能化，统领数智发展

按照中国宝武“操作室一律集中、操作岗位一律机器人、运维一律远程、服务一律上线”的目标要求，梅山矿依托工业互联网平台 xIn3Plat，打造数字新基建；围绕矿产资源全生命周期的开采和选矿全过程生产作业智能化，构建人机画面，实现“机械化换人、自动化减人、智能化无人”；应用自动控制、智能感知等技术，对采、选、加工设备及其他基础设施进行数字化再造。

（1）操作室一律集中，打造智慧大脑。2021 年 11 月，梅山矿集控智慧中心投入运行。以“构建生产集中操控为基础的数字矿山”为目标，通过多个生产工控网、信息网、视频网的互联互通，万兆按需切片式核心网络升级，操作岗位梳理、重构、系统操作画面整合，实现了集约化生产、远程化集控；运用可视化、移动化技术，集成采矿、选矿、能源、环保、安全五个维度的设备运行状态、人员行为安全、生产运行数据 6 万余条，生成一级生产智慧大脑，协同管控生产运营，解决了原有集控室分散、信息协同差等问题，促进了生产、技术、调度、人力资源管理的扁平化，岗位劳动效率提升 20%。

（2）操作岗位一律机器人，探索人机共舞。围绕中国宝武万名“宝罗”机器人上岗计划，梅山矿与科研院所共同研发矿山机器人及装备 11 台（套）。其中，操作巡检类工业机器人 9 套：智能布料机器人实现了均匀布料，消除漫料、空仓等事故，提高产能 30%，设备维护费用降低 50%；轨道式、轮式、无人飞机式巡检机器人，替代了危险恶劣环境下岗位巡检工作，劳动效率提高 30%。采掘类、安控类、救援类矿山特种机器人 2 台：通过对井下骨干环网、采区 5G 无线网络、装备的智能化改造，成功实现了在地面同时对井下 2 台电脑凿岩台车的远程遥控；通过产学研一体化联合攻关，具有完全自主知识产权、国产化率达到 90% 的无人智能抓斗机器人，实现了高粉尘、高噪声、高震动环境下的铁精矿精准布料、装矿，该项目入选 2022 年中国钢铁工业协会《钢铁行业智能制造解决方案推荐目录》，2023 年入围工业和信息化部“第五届中国先进技术转化应用大赛”半决赛。

（3）运维监测一律远程，炼就火眼金睛。采用 IT 信息技术、OT 运营技术和 CT 通信技术，联接设备检修业务，实现设备状态实时监测、设备故障远程诊断、运行数据智能分析、检修方案智能推送、知识经验归集积累的全流程信息化、数字化管理。1998 年，梅山矿 2 号主井提升机采用世界先进 ABB 交变频电控系统和 MP200+AS20 操作站，实现了系统自动运行和监控、自动记录故障、自动传递信息。2004 年，梅山矿对 1 号主井提升系统电控进行改造升级，实现两套提升控制系统一体化。2007 年，首次实现 1 号、2 号主井提升的集中监控和远程操作，成为国内冶金地下矿山第一家多主井提升系统控制集中应用的典范。2021 年，开发再升级，通过优化提升机专家模型，具备了及时发现异常工况、分析并预警检修、寿命预测、设备过热使用警告停机等功能，实现了关键设备通过远程技术支持运维。

（4）服务环节一律上线，收发资源有序。对产品销售和物资采购实行全流程规范化、智慧化管控。2004 年，梅山矿结合风险管控要求和矿山物资采购领用的特点，先后开发了物资采购、产品发货销售管理系统，实现了物资计划、申领、审批、采购、销售流程规范

化，成为国内冶金矿山最早投用的企业。在物资销售方面，2021 年，基于云边协同计算前沿技术，与金陵科技学院联合研发，将销售、发货、计量、物流、结算进行全流程智能化一体化改造，实现了全物料无人发货，发货岗位劳动效率提高 80%。在物资采购方面，2022 年，借力“宝武云”，对物资采购系统迭代升级，将资材、备件、原燃料、办公用品、零星固定资产等采购供应业务进行整合，与宝武资源单元平台进行对接互通，共享全生态服务资源。

4. 网图云一体化场景应用，铸就数智管控

梅山矿依托宝武工业互联“网”，实现一网承载、多网合一的矿山端感知与管控；构建地质数字化底“图”三维生产管控平台，推进图数一体化管理；加快融合宝武“云”，跨空间交融互通，数智管控不断迭代升级。

（1）一张“网”，信息万物互联。2004 年，梅山矿主干网络已覆盖公司各主要部门，成为国内冶金矿山最早采用 ATM 技术将千兆网络车间级覆盖 100%应用的企业。2009 年，形成了以生产管控为中心的网络融合基础架构，实现了设备人员、生产过程和井下地面场景环境的智能感知，“金属矿山智能生产管控物联网应用示范工程”的开发运用，荣获江苏省物联网应用示范项目。2021 年，多网合一，实行经营管理数据、生产工控指令与设备状态、监控视频流数据分片安全隔离，实现网络动态高效承载。

（2）一张“图”，生产管控高效。2004 年、2006 年，梅山矿先后引进 MAPGIS 信息管理软件和 Surpac 大型矿山地质专业软件，建立了集地、测、采于一体的数字化采矿管理软件系统。2007 年，打造以数字矿体、数字采矿、数字选矿为闭环体系的生产数据管控一体化平台，形成了公司、厂、车间级三级管控体系。2021 年，建成包括生产计划、过程管理、生产实绩、综合管理、支撑系统及配套数据接口构成的生产管控一体化平台，数据采集覆盖工艺、设备、安全环保等 4 万多个实物量指标，原先需要统计人员近一周才能完成的报表数据在 5 分钟内自动生成。

（3）一朵“云”，经营管理精细。20 世纪 90 年代，梅山矿开始内部计算机网络的建设与系统运用，建立了物资备件、人力资源、财务管理、设备管理、办公自动化系统的网络客户端版。2004 年集成各子系统，形成劳动人事、物资备件、生产管理、财务四大模块的网络浏览器版，实现了财务与业务资源的整合。2021 年，梅山矿与宝武集团单元平台对接互通，共享全生态服务资源，实施跨空间的互通融合、跨产业和跨空间的专业数据领域建设，实现了与宝武资源总部的高效化协同、平台化运营、生态化汇聚。

三、企业荣誉

1987 年冶金部井下安全文明优胜单位

1988 年全国铁矿山设备管理优秀单位

1991 年冶金工业部清洁矿山

1995 年全国环境保护先进企业

2002 年全国重点冶金矿山行业对标挖潜优胜单位

2004 年全国冶金绿化先进单位
2008—2009 年度全国冶金矿山对标挖潜十佳企业
2010 年全国冶金矿山绿化先进单位
2012 年国家级绿色矿山试点单位
2012 年国土资源部矿产资源节约与综合利用专项“优秀矿山企业”
2013 年非煤矿山安全生产标准化一级企业
2002—2021 年连续七届全国冶金矿山“十佳厂矿”
2000 年上海市建设工业新高地争先创优活动优秀企业
2009 年江苏省安全生产诚信企业
2011 年江苏省物联网应用示范工程建设单位
2005—2006 年度江苏省精神文明建设工作先进单位
2022 年江苏省健康企业
2005 年南京市“重合同、守信用”文明单位
2010 年南京市安全生产先进单位
2003—2006 年度南京市文明单位
2013—2015 年度南京市文明单位

第十五节　玉溪大红山矿业有限公司

一、基本概况

玉溪大红山矿业有限公司（简称“大红山铁矿”）成立于 2004 年 1 月 6 日，公司地址在云南省玉溪市新平彝族傣族自治县戛洒镇小红山，主要产品为铁精矿和铜精矿，属国民经济第一类产业，已探明铁矿石储量 4.58 亿吨、铜矿石储量 0.81 亿吨，目前生产规模已经达到 1100 万吨/年，原矿生产量居国内地下金属矿第一位，是集采、选、管道输送于一体的现代化矿山。

大红山铁矿多年来一直以绿色矿山规划科技创新要求为重点，围绕尾矿再选利用及综合利用先进工艺技术，贫矿、共（伴）生矿综合利用先进工艺技术，黑色金属矿山接替资源勘探及关键勘探技术开发等全面实施行业性和领域性重大综合研究项目以及新技术转移、成果转化和引进消化吸收再创新项目，形成了一批既独具特色又具有自主知识产权的新技术。

大红山铁矿在产能快速提高的同时，还建立了清洁化生产的技术体系，生产过程的“三废”排放量大幅降低，多项生产指标达到国内领先水平，环境治理效果明显，产生了良好的社会效益和环境效益。公司于 2013 年被国土资源部授予“矿产资源节约与综合利用示范矿山”，并获得 2013 年“国家级绿色矿山试点单位”称号，2018 年获得绿色矿山标准化建设示范基地，2019 年成为云南第四批绿色工厂，2019 年进入国家级“绿色矿山

名录库”，2021 年被中关村绿色矿山产业联盟授予“全国绿色高质量发展二十佳矿山”，2022 年被评为“AAAAA 级绿色矿山”。

二、发展历程

昆钢自 20 世纪 80 年代初期就着手大红山铁矿的开发利用研究，做了大量有益的前期工作，为大红山铁矿的开发打下了良好基础。

1990 年 10 月成立大红山铁矿筹建组。1993 年成立大红山铁矿工程指挥部，3 月依据国家计委计原材（1993）550 号按采选 250 万吨/年规模原矿方案开展三通一平工作。

1997 年，云南省计委按自筹资金建设大红山铁矿的方案上报国家计委可行性研究报告，同时获得了国家环保局的环境影响报告书批复意见和冶金部的预审，肯定了地下 400 万吨/年规模采选方案。1998 年中国国际咨询公司对该方案进行了评估，通过了可研报告。

1997 年 10 月，根据可研方案，重新开始地面的三通一平和井下主控工程的建设施工。1998 年由武钢矿山所进行了矿石的自磨性能试验研究，结论是该矿石适用（半）自磨工艺生产。

2002 年，为了大红山铁矿 400 万吨/年采、选、管道工程大规模建设收集采、选技术参数，达到培养和锻炼队伍的目的，在充分结合 400 万吨/年规模采选工艺的基础上，于 2002 年 3 月 16 日至 12 月 31 日先期投资 1.17 亿元建成大红山铁矿 50 万吨/年采、选试验性工程，对今后 400 万吨/年规模的设计和建设具有重要的指导意义和现实意义。

2004 年 1 月 7 日，昆钢集团和红塔集团共同投资组建玉溪大红山矿业有限公司，公司注册资本金 5.55 亿元，其中昆钢出资 51000 万元，占股份的 91.89%，红塔出资 4500 万元，占股份的 8.11%，公司完全按照现代公司制度模式运作。

2009 年，大红山铁矿扩产 700 万吨三选厂工程正式启动，该项目位于云南省玉溪市新平县戛洒镇曼岗河北岸，是大红山铁矿年产 800 万吨扩产工程的主体选矿工程。分设三个选矿系列，于 2010 年 12 月率先建成年产 380 万吨熔岩选矿系列，2011 年 3 月建成年产 150 万铜选矿系列。

目前，大红山铁矿有 3 个选矿厂、4 个系列，分别为 500 kt/a 选矿厂（一选厂）、4000 kt/a 选矿厂（二选厂）和 7000 kt/年选矿厂（三选厂，包括熔岩铁系列、深部铜系列）。选矿试验推荐采用弱磁选—强磁选—正浮选工艺流程作为设计流程。通过生产实践、技术改造，将生产流程改造为弱磁—强磁—离心机+摇床的“磁重”联合流程，取代了反浮选工艺，产出 62%品级的磁赤混合铁精矿。选矿厂设计总规模为年产原矿 1150 万吨，年产铁精矿 400 万吨以上、铜精矿 2.5 万吨以上。经改造，现在大红山铁矿选矿厂已具有 12500 kt/a 的实际处理能力，大于采矿能力。

大红山铁矿紧紧围绕国家安全和绿色发展战略，以“矿业开发、产业报国”的家国情怀，确立了“绿色、深地、智能化”发展目标，致力于源头管控和本质安全打造，稳步推进矿山“智能化、数字化、信息化”建设。经过多年探索和实践，大红山铁矿逐渐构建形成“理风治压、填塌充空”宏观安全管控体系和“11538”微观安全管理体系，通过全员安全标准化四定（人员定位、管理定向、现场定置管理以及员工精神风貌定礼仪）、井下冒顶片帮危险源显像化与环境再造、自主设计施工建成露天运输道路及井下斜坡道自动喷淋系统、提升机控制自动化升级改造、国内首个 6 m^3 铲运机无人驾驶系统、深井矿山自动取样机器人、智能化有轨运输系统等工作和项目的实施，大红山铁矿正逐步实现“平安、绿色、深地、智能化”多元化新型矿山。

（一）选矿工艺发展历程

大红山铁矿选矿厂形成了一系列具有自身特色的选矿特点和亮点，例如，大型半自磨工艺的应用、阶段磨矿阶段选别预先抛尾磨选工艺的应用、离心机回收微细粒赤铁矿的大规模工业应用、磁重联合流程降低尾矿品位、阳离子反浮选处理次级精矿、原矿中极低品位金资源的回收等。正是由于这些选矿新方法、新技术的熟练运用，大红山铁矿年生产规模达到原矿处理量 1000 万吨以上、可生产铁成品矿 400 万吨以上、铜精矿 2. 5 万吨、金精矿 100 t 以上。

大红山铁矿矿石为磁赤混合铁矿，主要金属矿物有磁铁矿、赤铁矿等，脉石矿物主要为石英，其次为斜长石、白云母。磁铁矿结晶粒度较粗，而赤铁矿嵌布粒度较细，目前主要采用球磨—球磨工艺，阶段磨矿、阶段选别、弱磁—强磁—重选工艺。

一选厂：作为大规模选厂建设之前的试验性选厂，设计原矿处理能力 500 kt/a，2002 年 12 月 31 日建成投产，设计处理能力 67. 2 t/h，现处理能力达 800 kt/a 以上。

一选厂原工艺按照阶段磨矿、阶段选别、预先抛尾的总原则，采用粗碎—半自磨—二段球磨—二段弱磁—二段强磁工艺。经改造，现为一段半自磨—球磨—弱磁—强磁抛尾流程，二段为球磨—弱磁—淘洗机的精选流程。一段强磁尾矿经摇床选别，精矿与淘洗机精矿合并品位为 65%铁精矿，摇床尾矿及二段弱磁尾矿、淘洗机尾矿合并后经强磁选别，得到品位 35%的次级铁精矿。

二选厂：设计原矿处理能力 4000 kt/a，处理井下 4000 kt/a 二期工程采出的铁矿石，2006 年 12 月 31 日建成投产，设计处理能力 4000 kt/a，现经过改造处理能力提升到 4800 kt/a 以上。

选矿工艺流程为阶段磨矿—阶段选别，磨矿段数为三段，其中一段为半自磨，二、三段为球磨，一、二段为连续磨矿。一段自磨和一段球磨产品经第一次弱磁+第一次强磁选别，粗精矿进入二段球磨。二段球磨的产品经第二、第三次弱磁+第二次强磁选别。第三次弱磁选选别的精矿进入总精矿，二段强磁的精矿进入一期离心机进行提铁降杂处理。一期离心机的精矿并入总精矿，其尾矿和第二次强磁的尾矿合并进入“降尾系统强磁—二期离心机”流程选别得到品位 50%的精矿，并入总精矿，弱磁精矿、一期离心机精矿、二期离心机精矿合并为品位 63. 5%的铁精矿。一段强磁尾矿经强磁扫选+摇床精选，得到品位 35%的次级铁精矿，二期离心机尾矿经强磁+摇床扫选得到品位 35%的精矿。

三选厂：三选厂由 150 万吨/年深部铜系列、380 万吨/年浅部熔岩铁两个系列组成，选矿遵循“阶段磨矿+阶段选别”的原则流程，其中铜系列采用“半自磨+两段球磨+浮选铜+弱磁选铁”的选别工艺，铁系列采用“半自磨+球磨+塔磨+弱磁+强磁+重选”的联合选别工艺。

铁系列建设之初，主要是用于处理露天熔岩铁矿，后期通过一系列的工艺流程完善，具备处理井下铁矿的工艺流程，入选原矿品位逐步由18.5%提高至22.5%。

2012年7月铁系列降尾工程投产，采用弱磁选—强磁选联合选别工艺，对弱磁性矿物进行回收利用。

2013年7月1铁系列工艺完善技术改造工程项目投产，采用3台塔磨机代替5083球磨机用于三段细磨，增加强磁精选对弱磁性矿物进行提质，使得铁系列具备处理井下高品位矿石的条件。

2018年6月铁系列完成了磁、赤粗精矿分磨分选改造，以2台塔磨机磨磁铁矿，1台磨赤铁矿，使得具有不同硬度的磁铁矿（488~519）、赤铁矿（847~900）两种矿物有了按需磨矿的条件，减少了磁铁矿、赤铁矿两种矿物的相互夹杂，同时也缓解了混合磨矿导致的过磨和解离不足的矛盾。

2019年8月铁系列磁铁矿淘洗机提质改造工程投产，利用7台淘洗机选别磁铁矿。2020年10月铁系列赤铁矿提质工程投产，利用30台双层摇床选别赤铁矿。

通过系列改造，铁系列由单一弱磁选工艺逐步升级为磁重选联合选别工艺。

1. 一选厂的选矿工艺流程及演变

一选厂原设计为一试验选厂，设计采用粗碎+半自磨+阶段磨矿—阶段选别的弱磁+强磁的磁选流程。一段磨矿采用ϕ5.5 m×1.8 m半自磨机一台，与直线振动筛形成闭路。磨矿产品进入到弱磁选+高梯度强磁选机进行选别抛尾。粗精矿进入ϕ2.7 m×3.6 m溢流型球磨机与ϕ350 mm水力旋流器组成闭路的二段磨矿，成品直接进入二段弱磁选别出最终精矿，尾矿进入ϕ24 m浓密机中浓缩后进入二段强磁选。设计指标：原矿铁品位40.0%，精矿铁品位64%，回收率82.8%，尾矿铁品位14.91%，一段半自磨磨矿细度-0.074 mm占55%，二段磨矿细度-0.074 mm占85%，小时处理量67.15 t，年产铁精矿264.3 kt。

500 kt/a选厂投产后发现强磁选精矿中含有大量的贫连生体，使强磁选精矿铁品位难以提高，影响到总精矿品位。其贫连生体的脉石中主要含有钠长石、石英、绿泥石等，与铁矿物密度差较大。因此进行了重选技改，将强磁选精矿给入到螺旋溜槽中，精矿并入总精矿，尾矿上摇床，摇床精矿并入总精矿，摇床尾矿抛尾，形成了弱磁—强磁—螺旋溜槽重选、摇床重选的磁重联合流程。后因螺旋溜槽不能有效地回收细粒级的铁矿物，经过多次技改，包括为了改善入选粒度将两段磨矿改为三段磨矿等，形成了现在的粗碎—半自磨—一段球磨—弱磁—强磁粗选+二段球磨—弱磁—淘洗机+强磁选—摇床重选—强磁扫选的磁重联合流程。

（1）原矿破碎。井下采出的矿石用汽车送至现有破碎站进行破碎，破碎机为1200 mm×900 mm复摆式颚式破碎机，破碎后矿石粒度为250~0 mm，破碎产品用带式输送机送至地面矿仓。

（2）磨选流程。矿石在地面矿仓底部用槽式给矿机和带式输送机给入一台ϕ5.5 m×

1.8 m半自磨机进行一段磨矿，半自磨机与ZKX2460型振动筛组成闭路磨矿系统，半自磨与二段磨矿（一台ϕ3.2 m×5.4 m球磨机）构成连续磨矿，与ϕ350 mm×8 mm水力旋流器形成闭路磨矿，形成一、二段连磨，磁、赤铁矿实行混磨混选，提前抛尾；三段磨矿采用ϕ2.7 m×3.6 m球磨机与水力旋流器组成闭路磨矿系统，对一段弱磁精矿进行细磨，实现磁、赤铁矿分磨分选。选别工艺为一、二段磨矿连磨，经一段弱磁—一段强磁选别后，一段弱磁精矿进入三段磨矿，细磨至-0.045 mm占75%，经二段弱磁+淘洗机选别，得到品位68%的磁精矿；一段弱磁尾矿经一段强磁选别后，抛弃20%左右的合格尾矿，强磁精矿经摇床选别后，得到品位55%以上的铁精矿，摇床精矿与淘洗机精矿合并，得到品位65%的最终精矿；摇床尾矿与淘洗机尾矿合并浓缩后，经强磁粗选、精选，得到品位35%的次级铁精矿。弱磁选采用CTB1224型弱磁选机，强磁选分别采用SLon-1500型、SLon-2000型高梯度强磁选机。

（3）精矿、尾矿的输送。球团精矿经过ϕ22 m高效浓缩机浓缩后，采用管道输送至昆钢；其他品位的精矿就地浓缩过滤后汽车外运或进行提质后并入总精矿。尾矿与二选厂尾矿合并经ϕ53 m浓缩机浓缩后，采用先扬送后自流的输送方式，送入龙都尾矿库或送井下充填。

2. 二选厂的选矿工艺设计流程及演变

二选厂在设计过程中按矿石性质及其特点，对工艺流程的确定进行过详细的比较。

（1）阶段磨矿阶段选别流程的确定。磨矿工段的能源消耗历来是选矿厂能源消耗的大户，磨矿选别流程方案的确定对于选矿厂投资以及经营效果举足轻重。大红山铁矿矿石的选矿试验结果表明，连磨流程与阶磨流程的选别指标接近。考虑到一段磨矿细度为-0.074 mm占55%时，阶磨流程可在一段磨矿选别后弃除占原矿产率约25%的合格尾矿，研究单位推荐阶磨流程。大红山铁矿地下400万吨/年规模可行性研究报告中，亦对常规碎磨条件下的阶磨、连磨流程进行了方案比较，推荐阶磨流程。

（2）选矿工艺流程的演变。2006年12月二选厂按设计流程建成投产。由于各方面原因，浮选作业一直未能顺利用于生产，第二段强磁选的精矿直接并入总精矿，影响了最终精矿的质量。另外，随着开采深度的逐渐加深，矿石中赤铁矿的比例逐渐增加，尾矿品位提高、铁回收率降低的趋势逐渐显现。

经技术经济指标对比，磨矿工艺采用半自磨-球磨工艺。一段磨矿采用进口的一台ϕ8.53 m×4.27 m半自磨机，与2台TM-ARC3070双质体直线振动筛构成闭路；二段采用2台ϕ4.8 m×7 m溢流型球磨机与ϕ660 mm旋流器组形成闭路磨矿系统，三段采用5台ETM-1500立式搅拌磨与ϕ660 mm旋流器组形成闭路磨矿系统。选别的工艺流程为阶段磨矿-阶段选别。磨矿段数为三段，其中一段为半自磨、二段为球磨、三段为立磨，一、二段为连续磨矿。一段自磨和一段球磨产品经第一次弱磁+第一次强磁选别，它们的精矿进入二段球磨。二段球磨的产品经第二、三次弱磁+第二次强磁选别。第三次弱磁选别的精矿为最终精矿，第二次强磁的精矿进入一期离心机进行提铁降杂处理。一期离心机的精矿并入最终精矿，其尾矿和第二次强磁的尾矿合并进入第一次降尾流程处理。首先，用降尾一次强磁选别、降尾一次强磁的精矿进入二期离心机精选得到品位50%的精矿，并入最终精矿，其尾矿进入降尾二次强磁选别，得到品位35%的精矿，降尾二次强磁的尾矿上摇床扫选，摇床精矿并入品位35%的精矿，尾矿为最终尾矿。第一次强磁的尾矿进入第二次降尾流程处理，经一次强磁扫选、一次强磁精选得到品位35%的精矿，精选强磁的尾矿上摇床再次回收铁矿物，摇床精矿并入品位35%的精矿，摇床尾矿与强磁扫选尾矿合并入最终尾矿。弱磁使用XCTB1224型永磁筒式磁选机和CTB1224型永磁筒式磁选机，强磁使用SLon-2000型高梯度磁选机，离心机使用ϕ2400 mm×1300 mm连续型离心机。

（3）磨选流程的演变。经技术经济指标对比，磨矿工艺采用半自磨-球磨工艺。一段磨矿采用进口的一台ϕ8.53 m×4.27 m半自磨机，与2台TM-ARC3070双质体直线振动筛构成闭路；二段采用2台ϕ4.8 m×7 m溢流型球磨机与ϕ660 mm旋流器组形成闭路磨矿系统，三段采用5台ETM-1500立式搅拌磨与ϕ660 mm旋流器组形成闭路磨矿系统。选别的工艺流程为阶段磨矿-阶段选别。磨矿段数为三段，其中一段为半自磨、二段为球磨、三段为立磨，一、二段为连续磨矿。一段自磨和一段球磨产品经第一次弱磁+第一次强磁选别，它们的精矿进入二段球磨。二段球磨的产品经第二、三次弱磁+第二次强磁选别。第三次弱磁选别的精矿为最终精矿，第二次强磁的精矿进入一期离心机进行提铁降杂处理。一期离心机的精矿并入最终精矿，其尾矿和第二次强磁的尾矿合并进入第一次降尾流程处理。首先用降尾一次强磁选别、降尾一次强磁的精矿进入二期离心机精选得到50%品级的精矿，并入最终精矿，其尾矿进入降尾二次强磁选别，得到35%品级的精矿，降尾二次强磁的尾矿上摇床扫选，摇床精矿并入35%品级的精矿，尾矿为最终尾矿。第一次强磁的尾矿进入第二次降尾流程处理，经一次强磁扫选、一次强磁精选得到35%品级的精矿，精选强磁的尾矿上摇床再次回收铁矿物，摇床精矿并入35%品级精矿，摇床尾矿与强磁扫选尾矿合并入最终尾矿。弱磁使用XCTB1224型永磁筒式磁选机和CTB1224型永磁筒式磁选机；强磁使用SLon-2000型高梯度磁选机；离心机使用ϕ2400 mm×1300 mm连续型离心机。

（4）精矿、尾矿的输送。精矿经过一台ϕ22 m高效浓缩机浓缩后，经管道输送至昆钢；其他品位的精矿就地浓缩过滤后用汽车外运。尾矿经2台ϕ53 m浓缩机浓缩后，采用先扬送后自流的输送方式，送入龙都尾矿库或送井下充填。

3. 三选厂的选矿工艺流程及演变

原矿破碎：熔岩系列矿石主要来自露天及井下，采出的矿石经卡车运输至三选厂粗碎站破碎，矿石破碎至160 mm以下，经熔-1号~3号带式输送机号送磨矿仓。磨选流程：磨矿仓为2个ϕ18 m圆筒仓，底部共设有8台振动给料机，矿仓内矿石由振动给料机给入熔-4号带式输送机、再经熔-5号、熔-6号带式输送机进入ϕ8.8 m×4.8 m半自磨机。半自磨机与1台ϕ3.0 m×7.3 m直线振动筛构成闭路磨矿系统，半自磨机排矿经直线振动筛分级。

筛上矿石先进入半自磨机筛上物抛废系统，抛废废石通过抛-1号皮带运输至抛废矿仓，矿仓废石储存满后经抛-2号皮带及放矿机构直接汽车运输销售。未抛除的顽石依次经熔-7号~熔-9号带式输送机到熔-5号m、熔-6号带式输送机返回半自磨机。筛下为合格的半自磨产品，矿浆经渣浆泵送至ϕ660 mm×12旋流器，进入二段球磨分级作业。

二段球磨 1 台 ϕ6. 0 m×9. 5 m 溢流型球磨机与 1 组 ϕ660 mm×12 旋流器构成一段球闭路球磨系统。旋流器沉砂自流返回球磨机，球磨机排矿自流至直线振动筛筛下泵池。旋流器溢流为二段球磨产品。当入选熔岩铁矿和井下铁矿时二段球磨磨矿产品泵送到降尾磁选间。给入一段弱磁选机和一段强磁选机选别，抛除产率 60%合格尾矿后，粗精矿进入三段磨矿分级作业。粗精矿中的磁铁矿（一段弱磁精矿）进入 1 号、2 号 ETM-1500 磨机磨矿，塔磨机排矿由渣浆泵给入 1 组 ϕ350 mm×12 旋流器分级，旋流器溢流为三段磨矿产品，依次进入二、三段弱磁选机、淘洗机精选，得到品位 65. 0%的铁精矿，三段弱磁尾矿及淘洗机尾矿（经打捞机扫选后）返回塔磨机磨矿，二段弱磁尾矿进入 6400 斜板浓缩。粗精矿中的赤铁矿（一段强磁精矿）进入 3 号 ETM-1500 磨机磨矿，塔磨机排矿由渣浆泵给入 1 组 ϕ350 mm×12 旋流器分级，旋流器沉砂少部分进入摇床选别，产出品位 58%的铁精矿并入总精矿，另外大部分返回塔磨机再磨，旋流器溢流为三段磨矿产品，进入 6400 斜板浓缩。

二段弱磁尾矿、3 号塔磨机旋流器溢流合并，经 6400 斜板浓缩后，进入二、三强磁精选，产出品位 37%左右的次精矿并入总精矿。精矿、尾矿输送：品位 65. 0%、58%、37%的铁精矿合并进入熔-15 号泵池，泵送后经 4 台安全筛分级后筛下进入 ϕ32 m 高效浓密机浓缩后精矿进入搅拌槽，再进入 1 号加压泵站输送至昆钢。

选别尾矿自流至 4 台直线振动筛，筛下进入 ϕ53 m 高效浓密机浓缩后底流（尾矿）经隔膜泵提升后送至 865 m 尾矿结合池，溢流水回用于生产。

4. 磨矿设备

半自磨机的应用：2010 年 12 月三选厂 8. 8×4. 8 半自磨机投入生产，主要用于处理熔岩铁矿，设计处理能力为 510. 75 t/h，目前实际处理能力达到 580 t/h。该设备由北方重工生产，由于该设备在制造过程中存在缺陷，影响了设备的正常运行，设备运行负荷按照 75%~80%组织。2011 年 3 月三选厂 8. 0×3. 2 半自磨机投入生产，主要用于处理含铜铁矿石，设计处理能力为 201. 61 t/h，目前实际处理能力达到 340 t/h。

球磨设备：三选厂铜、铁系列共使用不同规格球磨机 3 台、塔磨机 3 台，其中 2 台球磨用粗磨、1 台球磨和 3 台塔磨用于细磨。所有磨机都选用溢流型结构，采用闭路配置。其中，铜系列由一台 5. 5×8. 5 溢流型球磨机（一段）、一台 3. 2×6. 4 溢流型球磨机（二段）组成，铁系列由一台 6. 0×9. 5 溢流型球磨机（一段）、3 台 ETM-1500 塔磨机（二段）组成。

塔磨设备：三选厂铁系列工艺完善项目中，塔磨机技术改造作为公司引进高效节能设备的重点项目，总投资 6462. 6 万元，项目于 2012 年 11 月 21 日开工建设，于 2013 年 7 月 20 日投入试生产，利用 3 台 ETM-1500 塔磨机替代 2 台 MQY5083 球磨机。

塔磨机投产以后，磨机钢耗由原来的 0. 32 kg/t 原矿下降到目前的 0. 17 kg/t 原矿，磨机电耗由原来的 8. 61 kW · h/t 下降到目前的 4. 84 kW · h/t，塔磨机比球磨机年省电费 781 万元、年省磨矿介质费 528 万元。

5. 筛分设备

直线振动筛：直线振动筛的特点是振动力大、振幅大、振动强烈、筛分效率高、生产率高，可筛分粗块物料，应用广泛。大红山矿三选厂目前直线筛主要有两种用途，一是用于半自磨机闭式磨矿工艺，二是用于尾矿浓缩前隔渣。

高频细筛：大红山矿精矿通过管道输送至昆钢，其对于管道精矿细度要求是，-325目达到60%以上，才能确保铁精矿管道输送的安全；同时粗粒级的铁精矿因细度较差，未能完全单体解离，精矿品位较低，也需要通过筛分返回流程再磨再选。

三选厂安全筛筛上物品位58%~60%，该部分精矿若直接并入总精矿，将大幅降低总精矿品位，通过隔粗后进入再磨再选流程，将品位提高至63.5%以上，大幅度改善精矿品质。

6. 水力分级设备

大红山矿选矿系统分级设备选用水力旋流器，该设备具有高效率的分级、脱泥作用由于结构简单、操作方便、占地面积小、便于制造、处理量大等特点广泛用于各生产领域。

7. 脱水过滤设备

KMLZ型斜板浓密箱：大红山矿使用阶段磨矿阶段选别的流程，因为保障一段选别效果，一段选别补加水量较大，造成后续磨选浓度较低。为了提高设备处理能力、满足设备对矿浆浓度的要求，对一段选别后低浓度的矿浆浓缩，三选厂铁系列采用KMLZ-6400 m^2型的斜板浓密箱浓缩矿浆，技术要求溢流含固体小于200 mg/L。经过浓缩后，底流浓度达到25.3%，浓度提升保障了下一段高梯度磁选机入料浓度，减少高梯度设备需求数量，节省建设投资和生产运行成本。

陶瓷过滤机：陶瓷过滤机经过二十多年不断改进和发展，已经发展成为集微孔陶瓷、机械、超声技术、自动控制于一体的全自动设备，属于比较成熟的、可靠的过滤设备。陶瓷过滤机广泛应用于锌精矿、铜精矿、硫精矿、铅精矿等精矿和化工、煤炭、制药、环保等行业的固液分离。大红山矿三选厂深部铜系列铜精矿采用陶瓷过滤机进行过滤后外运销售，精矿产品粒度较细，-325目含量达到了70.98%。

高效浓缩机：高效浓缩机占地面积小，底流浓度高，溢流水质好，正常情况下底流浓度可以达到60%以上，溢流水质含固体小于500 mg/L。大红山矿三选厂使用一台GZN-53 m高效浓缩机浓缩尾矿，设备自动化程度较高，设备稳定性好，处理能力大，成功地解决了选厂高含泥、高细度的尾矿输送难题。

8. 选别设备

浮选设备：大红山矿三选厂主要产品以铁矿石为主，铜矿为辅，其中铜系列入选含铜铁矿石。铜矿石主要靠浮选法回收，铜浮选生产工艺采用一粗一扫三精，其中KYFⅡ-200型大型浮选机在国内属于较先的应用。

KYFⅡ-200型浮选机是KYF浮选机的改进型。基于浮选动力学的最新发展，KYF型浮选机的长期工业实践并结合工业生产对浮选设备提出的改进型，特别对叶轮-定子系统的结构参数进行了改进，使得KYFⅡ-200型浮选机的各项浮选性能指标均有提高，在品位和回收率略提高的基础上，能耗比原来降低5%~10%。

磁选设备：大红山矿三选厂主要磁选设备包括弱磁选机、高梯度磁选机以及电磁淘洗机。

弱磁选机作为处理磁铁矿的最有效设备，新型高效的大型或超大型永磁筒式磁选机已在全国广泛使用；弱磁选机目前应用最大已达 CTB-1850，大红山矿三选厂铁系列应用最大弱磁选机型号为 CTB-1245。

大红山矿三选厂主要采用 SLon 立环脉动高梯度磁选机和 LGS-3000 立式感应湿式强磁选机回收弱磁性矿物，属于国内较先使用的 3 m 大型化的高梯度磁选机，具有处理量大、选矿效率高、设备可靠性高、电耗低和生产成本低的优点。

淘洗磁选机：随着“提质降硅”要求的不断提高，淘洗磁选机因其对铁精矿较好的提质效果在三选厂铁系列大规模应用。该设备通过特殊的磁系设计，形成均匀的水平方向磁场以及垂直方向向下连续的复合磁场。矿物进入选别桶后，磁性颗粒在磁力、重力、上升水冲力联合作用下，结成“磁链”悬浮下行。脉石分布在磁链周围，在上升水的作用下溢流形成尾矿；贫连生体开始时包含在“磁链”中，因磁性较弱，加上磁链不能左右运动，在上升水的冲力横向切割作用下，“磁链”在这个位置易被折断，折断后，贫连生体颗粒被强迫分离溢出形成尾矿；“磁链”继续下行结成更长的磁链，在底部形成精矿。

大红山矿 2016 年与石家庄金垦科技有限公司协商，提供设备参铁系列铁精矿提质降硅工业试验，实验期间提质效果较好，并于 2019 年逐步开展铁系列提质降硅一期、二期、三期工程，安装共计 7 台 CH-CXJ26000 淘洗机，将其作为三段弱磁选提质设备。

9. 矿浆输送设备

尾矿输送设备：大红山矿三选厂尾矿输送由美国管道系统工程（包头）有限公司设计，分为两个部分。

前期部分：尾矿经过 ϕ53 m 中心传动浓缩机浓缩后通过 4 台（3 用 1 备）3D11MF400/5-BY-ⅠA 型往复式液压隔膜泵扬送到高差约 200 m 的 865 m 结合池自流到龙都尾矿库。

二期部分：通过 2 台 3D13M500/5. 0-ⅠA 型往复式液压隔膜（1 用 1 备）将尾矿输送至充填制备站，用于Ⅰ号铜矿带 150 万吨/年工程井下充填。

输送介质性质如下：大红山矿三选厂尾矿进入 ϕ53 m 中心传动浓缩机浓缩，浓缩后质量浓度为 50%~60%，pH 值为 7. 9~8. 0，固体颗粒密度为 2. 92 t/m^3，矿浆密度 1. 367 t/m^3，最大混入颗粒粒径小于 3. 0 mm。

10. 选矿设备大型化，高效节能磨矿技术

选矿设备大型化：400 万吨/年选厂主要设备选型按照大型化的原则配置，设备大型化有效降低基建投资、生产费用和提高劳动生产率，投入生产应用的主要有大型设备。

高效节能磨矿技术：从大红山矿石的成矿特点、空间分布及工艺矿物学分析，随着二期矿供矿比例的不断提高，二选厂处理的矿石由原磁铁矿为主将逐步转为赤铁矿为主，而赤铁矿 60%以上分布于-0. 05 mm，现阶段三段磨矿细度-0. 045 mm 仅达到 70%左右，赤

铁矿的解离度达不到选矿需要的粒级要求，造成综合选矿指标偏低。结合大红山矿三选厂塔磨机成功投入生产经验及生产指标情况，通过二选厂立磨机磨矿细度研究，三段磨矿细度从-0.045 mm 70%提高到80%以上，同时利用立磨机替代球磨机达到节能降耗的优势。

立磨机的应用：利用5台VTM-1500立磨机作为三段磨矿设备替代二选厂原有 ϕ4.8 m×7.0 m球磨机，其中4台立磨机投入使用、1台立磨机作为备用设备。该项目投产后，实现了三段磨矿细度-325目含量从70.53%提高至82.11%；三段磨矿钢耗下降了0.13 kg/t原矿，降低了24.07%；三段磨矿电耗降低了1.69 kW·h/t原矿，降低了17.21%；三段弱磁精矿品位从65.39%提高至66.55%；生产各项指标达到预期。

11. 磨矿分级专家控制系统关键技术

2016年4月19日，云南省科学技术奖励办公室组织相关专家对该技术依托的“磨矿分级控制专家系统新技术与生产应用”项目进行科技成果鉴定，该技术成果已在玉溪大红山矿三个选矿厂的磨矿分级生产过程获得了成功的应用，磨矿分级控制专家系统属于国内首套，整体技术达到了国际先进水平，其中磨矿分级分布式协同控制技术居国际领先水平。

12. 高梯度磁选技术

自大红山铁矿建厂以来，从500 kt/a选厂的降尾流程改造到2012年对3个选厂降尾工程的总体规划改造，立环脉动高梯度磁选机均得到了成功的应用。

（1）立环脉动高梯度磁选机在一选矿厂的应用。1）工业试验。2003年4月1日，500 kt/a选矿厂正式投产后，对SLon-1500 mm立环脉动高梯度磁选机进行了单机及全流程的工业试验。高梯度磁选机应用后，500 kt/a选矿厂的最终铁精矿铁品位达到64.0%、回收率达到80.0%以上。2）二段弱磁降尾的技术改造。为进一步降低500 kt/a选矿厂的尾矿铁品位，对二段弱磁工艺流程也进行了改造，增加了2台高梯度强磁机，对二段弱磁选尾矿（ϕ24 m浓缩机底流）进行再选，形成了“强磁粗洗+强磁精选+摇床重选+强磁扫选”的磁重联合流程。

（2）立环脉动高梯度磁选机在二选矿厂的应用。4000 kt/a选厂设计初期，将“半自磨+阶段磨选+强磁抛尾+强磁精选”作为原则流程；在选厂达产、稳产后，在原矿铁品位为36.26%的条件下，取得了精矿铁品位为62.32%、回收率为75.16%、尾矿铁品位为16.01%的生产指标。

（3）立环脉动高梯度磁选机在三选矿厂的应用。7000 kVA选厂于2011年年初正式投产，由于已经投入开采的露天熔岩铁矿的矿石性质发生变化，弱磁性矿物的比例增加，现生产流程缺乏相应的弱磁性矿物回收的有效方法，导致尾矿铁品位偏高。通过立环脉动高梯度磁选机对弱磁性矿物的回收，对一段弱磁选抛尾的尾矿进行再选；同时，增加强磁扫选，实现了对有价金属的有效回收。

（4）“分类逐级降尾、同步提质降硅”尾矿降尾技术。为进一步将500 kt/a选厂的尾矿铁品位降到8%以下，2012年大红山矿再次对一选厂二段弱磁选尾矿 ϕ24 m浓缩机底流再选流程进行改进，增加了2台高梯度强磁选机，形成“强磁粗选—强磁精选—摇床重选

—强磁扫选”的磁重联合流程。改造后的流程：ϕ24 m 浓缩机底流由泵池打入新增的 1 台高梯度强磁机进行强磁粗选，粗选精矿进入现有强磁机进行精选，强磁精选精矿作为 50%品位精矿，输送至 4000 kt/a 选厂进行脱水作业。强磁粗选和强磁精选尾矿进入摇床重选，摇床尾矿进入新增的 1 台高梯度磁选机进行扫选，摇床精矿和强磁扫选精矿作为 37%品位烧结精矿。

经过持续攻关，采用淘洗机（CH-CXJ2400）对弱磁选机精矿进行精选，随着半自磨机处理量的提升，淘洗机更换为 CH-CXJ3200，淘洗机铁精矿品位提升至 66.5%以上。同时，将一段强磁精矿改造至摇床精选，摇床精选以后可产出铁精矿品位 58%以上的赤铁精矿，最终摇床精矿与淘洗机精矿合并为最终总精矿（精矿品位 65.5%，精矿硅含量 5.5%以下）；摇床精选尾矿+淘洗机尾矿再次经过高梯度强磁选机，生产次级精矿，尾矿抛尾。至此，500 kt/a 选厂尾矿品位降低至 7%左右，综合铁精矿品位 65.5%以上，精矿硅含量 5.5%以下。

4000 kt/a 选厂磁重联合提质降硅技术运用：为了提高二段强磁精矿的品位，使其达到 60%左右，确保球团精矿品位在 64%以上，对生产工艺流程进行了改造。增加了 44 台离心机，将二段强磁精矿先经过离心机选别后，离心机精矿再并入球团精矿中，离心机尾矿经浓缩后，再进入离心机降尾再选工程，这一改造工程称为提质降硅工程，或称为一期离心机工程。改造工程于 2010 年 8 月 16 日建成，为进一步降低尾矿品位，增加 28 台离心机，对 44 台精选离心机的尾矿及二段强磁尾矿进行扫选，即二段强磁的尾矿、离心机一期工程的尾矿，经降尾一段强磁粗选后，降尾一段强磁粗选精矿进入 28 台离心机精选，可得到品位为 50%以上的烧结精矿，离心机尾矿直接进入下一级降尾工程，这一技改工程称离心机降尾再选工程或称离心机二期工程。2011 年 6 月正式投产以来，增加了可销售的品位 50%精矿量，减少了品位 40%烧结精矿的堆存风险，同时尾矿品位由改造前的 11.55%降到 9.17%，降低了 2.38 个百分点。

自 2019 年 6 月采用 5 台 VTM-1500 立式磨替代三段 2 台 ϕ4.8 m×7 m 溢流型球磨机，三段磨矿细度-0.043 mm 从 70%提高到 80%以上之后，三段弱磁选精矿品位从 65%提高到 66%以上，为二期离心机精矿并入总精矿提供了条件；原综合精矿由三段弱磁选精矿+一期离心机精矿组成，现综合精矿由三段弱磁选精矿+一期离心机精矿+二期离心机精矿组成，综合精矿品位 63.5%，硅含量 7%以下。

（5）复杂铁矿同步提质、降尾与降硅技术。磁铁矿-赤铁矿型酸性混合矿的分类分选方法和混合型贫铁矿尾矿提质降硅技术，解决了复杂铁矿同步提质、降尾与降硅的难题，选冶综合效应十分明显；发明了半自磨机新型格子板，解决了大型半自磨机效率低、衬板消耗大的难题。独特设计的“小闭路大开路”的互补工艺，研发的梯级场强磁选机与离心机、摇床重选的设备协同模式，首次同步实现了提质、降尾与增量，选矿处理能力增加 47.06 个百分点，60%和 53%的铁精矿品位提高到 64%以上、SiO_2 含量降低 2 个百分点，35%的中矿品位提高到 51%；入选铁品位由 35%降至 16%，释放了品位 16%的铁矿资源 1 亿吨。

（6）“粗细分选、磁重联合”提质赤铁精矿。2020 年 9 月，三选厂铁系列实施了铁系列赤铁精矿提质改造工程，在旋流器反富集规律应用研究的基础上，实现了“该收早收，应拿早拿”，旋流器沉砂（粗粒）先采用粗砂双层摇床选别，提前回收密度较大及粒级较大的颗粒，双层摇床产出50%以上赤铁矿精矿，规避矿石在流程中因过磨泥化难以回收，减少塔磨机循环负荷量；溢流（细粒）通过强磁+矿泥摇床或离心机，产出品位48%以上赤铁矿精矿，最终实现增量。

（二）采矿技术发展历程

1. 基本情况概述

露天矿石基本情况：大红山铁矿浅部熔岩铁矿是指位于曼岗河以南、F2断层以北，出露地表埋藏较浅的矿体，主要有Ⅴ2、Ⅵ2、Ⅲ2、Ⅱ5、Ⅱ3等矿组矿体。云南省地矿局第一地质大队于1983年11月提交《云南省新平县大红山矿区东段铁矿详细勘探和铜矿初步勘探报告》，其中浅部铁矿按TFe边界品位不小于20%、工业品位不小于25%指标进行了矿体圈定及储量计算，提交浅部铁矿储量铁矿石量表内外3735. 68万吨；铜矿石量表内外338. 45万吨，金属量2. 1978万吨。

由于Ⅱ5矿组矿体主要产出于大红山组下段（Ptdh1）含铁变钠质熔岩中，含铁熔岩平均含铁10%~20%，为了充分评价含铁熔岩的工业利用价值，第一地质大队1987年3月开始，在“详勘报告”的基础上补充了部分野外地质工作，将浅部铁矿700 m标高以上A28~A38线之间Ⅲ2、Ⅱ5两矿组（计6个矿体）按TFe边界品位不小于13%、工业品位不小于18%进行重新圈定计算（命名为“浅部熔岩铁矿”），于1988年9月提交了《云南省新平县大红山铁铜矿区浅部熔岩铁矿详细勘探地质报告》。该报告中，除Ⅱ5矿组各矿体维持“详勘报告”中的编号外，原Ⅲ2-1、Ⅲ2-2、Ⅲ2-3三个矿体统一归并为一个矿体，并编号为Ⅲ2a，Ⅲ2-4矿体编号为Ⅲ2b。熔岩铁矿报告提交表内铁矿石量5787. 17万吨、表外1713. 40万吨，伴生铜金属量3. 1333万吨。按熔岩报告勘探区范围统计，原“详勘报告”提交的Ⅱ5-1、Ⅱ5-2、Ⅱ5-3、Ⅱ5-4、Ⅲ2-3等铁矿体的表内表外铁矿石量2120. 80万吨，熔岩铁矿报告新增铁矿石5379. 77万吨。该报告于1988年11月经云南省矿产储量委员会以云储决字（1988）第7号（总194号）决议书批准。20世纪90年代初中期“民采”盛行，对矿区资源造成了破坏。2002年昆明钢铁集团有限责任公司在办理矿权工作中，为核实矿区保有资源储量，编制了《云南省新平县大红山铁铜矿区东段东部储量核实报告》，并经云南省国土资源厅进行了评审认定（云国土资认储字〔2002〕2号）。通过核实，矿区浅部熔岩铁矿注销储量表内1639. 48万吨，保有表内储量为4007. 41万吨，TFe 21. 45%；表外储量1851. 74万吨，平均品位TFe 16. 87%。露天浅部熔岩铁矿由红山组第二岩性段中的Ⅲ2a、Ⅲ2b两个含铜铁矿体及红山组第一岩性段中的Ⅱ5-4、Ⅱ5-3、Ⅱ5-2、Ⅱ5-1四个铁矿体构成，其中Ⅲ2矿组铁铜矿属火山喷发—沉积变质矿床，Ⅲ2矿组铁矿属受变质的火山喷溢熔浆铁矿床。矿石分布于A28~A29号勘探线间，赋存标高1012~680 m，产状平缓，北西部分埋藏较浅，南东部分埋藏较深。

2. 铁矿石采矿方法及工艺流程

Ⅱ1主矿体主要采用无底柱分段崩落法回采，矿块依据矿体产状要素进行划分，80~

100 m 划分一个矿块，阶段高度 100 m，采场结构参数（分段高度×进路间距）为 20 m×20 m、30 m×20 m（回采分段）、30 m×40 m（落顶分段），结构参数国内第一。主矿体整体回采顺序自上而下开采，其中主采区和采部分矿体较为厚大，从矿体中部朝南北向拉槽，边角部分辅助拉槽形成补偿空间，矿块回采时整体向切割槽两翼及侧翼后退式回采，多分段梯段式同时出矿，上分段回采工作面超前下分段回采工作面大于一个分段的距离。分采部分多从矿体上盘拉槽形成补偿空间，矿块回采时从切割槽位置后退式回采。

Ⅳ矿体主要采用分段空场法回采，矿体沿倾斜方向划分为阶段自上而下开采，阶段高度 40~80 m，分段高度 10~30 m，盘区沿走向布置，长 100~200 m，沿倾向水平宽度 40~45 m（含矿柱），盘区内按沿走向长 50~80 m 划分矿块，矿块宽度 40~45 m（含矿柱）矿块及盘区间沿倾向留沿倾向矿柱，盘区间沿走向留沿走向矿柱，矿柱宽度 6~8 m（矿体较厚时取大值，矿体较薄时取小值）。在矿体下盘沿走向布置分段沿脉干线，在矿体下盘距离矿体适当位置布置凿岩平巷（堑沟平巷），在沿脉干线和堑沟平巷之间垂直（或按一定夹角）布置出矿进路，进路间距 10~14 m，矿体较厚时大致在矿体中部增加一个凿岩分段（即双分段凿岩）；在盘区中部位置布置通中段运输穿脉的分段矿石溜井和通下分段（或中段运输穿脉）的废石溜井；每个矿块均匀布置一个切割槽，相应在切割槽内布置切割平巷、切割天井，需要嗣后充填的还需布置充填井，并在矿体上盘距矿体顶板 12~15 m、沿走向矿柱布置充填平巷。

盘区或矿块拉槽爆破后展开回采作业，回采时从切割槽位置后退式进行回采。采用上向扇形中深孔落矿，垂直平行中深孔拉槽。凿岩设备主要为 Atlas Copco Simba H1354 中深孔凿岩台车，凿岩 ϕ76 mm，孔深一般小于 35 m，单机芯凿岩。

3. 铁矿石采矿关键装备

（1）掘进设备。RB281 火箭式液压凿岩台车通过 1 kV/400V 电驱动电机带动液压系统作业，可进行 3~4 m 深度的平巷钻孔施工。凿岩机冲击功率 20 kW，液压双缓冲减振。压力油膜保护和润滑各接触界面，钻孔速度快、钻具寿命长、钻孔直，效率高、成本低。

防护顶棚具有 FOPS 防落物冲击认证，安全性能高。推进梁可 360°翻转，举升角度 +65°~−30°，左右摆动角度±35°。

（2）钻孔设备。回采设备–DL421-15C 中深孔凿岩台车，目前中深孔参数为孔径 102 mm、最大钻孔孔深近 40 m，每台每年钻孔约 5 万米（直径 102 mm），可实现单孔、全扇自动化作业。通过车载 MSE 系统高精度控制，确保钻孔精度和成孔质量，是目前全球最先进的中深孔台车之一；可用于垂直和倾斜排面的环形和扇形孔，采矿爆破平行深孔，以及单个深孔的凿岩钻孔作业，钻孔机构可 360°回转，使台车能够适用于各种类型的钻孔作业。

（3）采掘设备。LH514E 油铲设计单台出矿效率大于 70 万吨/年，在大红山铁矿使用效率已超过 90 万吨/年，为井下主力出矿设备；同时，作为 LH514E 电铲转场牵引车，它的结构紧凑、操作方便、机动性强、满足 TIER3 排放标准、生产效率高。

LH409E 电铲：结构紧凑、操作方便、能耗低、噪声低、作业成本低、生产效率高。

LH410 柴油铲运机：结构紧凑、操作方便、机动性强、满足 TIER3 排放标准、生产效率高。设计单台出矿效率大于50万吨/年，主要作为LH409E转场牵引。

MC605DA型中深孔装药台车：目前中深孔参数为孔径102 mm、最大钻孔孔深近40 m，每台每年钻孔约5万米（直径102 mm），可实现单孔、全扇自动化作业。通过车载MSE系统高精度控制，确保钻孔精度和成孔质量，是目前全球最先进的中深孔台车之一，可用于垂直和倾斜排面的环形和扇形孔，采矿爆破平行深孔，以及单个深孔的凿岩钻孔作业，钻孔机构可360°回转，使台车能够适用于各种类型的钻孔作业。

（4）运输设备。井下矿石经爆破铲装进入溜井，通过有轨运输设备运入碎前仓溜井；破碎提升（双箕斗、胶带输送机接力）运输系统负责将破碎（旋回破碎机、颚式破碎机）后的矿石采用箕斗提升或胶带输送机接力运输至地表矿石储存仓，以便进入后道磨选工艺环节。

共有400万吨/年一期铁矿石破碎胶带运输系统、400万吨/年二期铁矿石破碎胶带运输系统、150万吨/年铜矿石破碎箕斗提升系统、100万吨/年铁矿石破碎胶带运输系统、70万吨/年废石破碎箕斗提升系统五大破碎提升系统为井下820万吨/年的采矿生产系统提供服务。

42-65旋回破碎机动定锥衬板优化：在38 mm偏心距、178 mm排矿口的标准腔型下能实现2650 t/h的破碎能力，而胶带运输系统仅有1200 t/h的运输能力，造成了旋回破碎机能力的浪费且大颗粒的矿石对多段胶带接力运输高大的转载漏斗衬板、输送带带面的冲击磨损严重，故提出了对旋回破碎机的腔型排矿口进行重新优化设计，仅需要满足1500 t/h的破碎量即可。

最终排矿口优化到125 mm即可满足胶带的运输量，在此条件下优化衬板组合形成的腔型已实现最优的破碎带提高破碎效率，采取高耐磨合金化白口铸铁衬板代替传统高锰钢衬板，延长使用寿命；同时，实现了多碎少磨的理念，大大降低了磨矿环节的工序成本。

旋回破碎机作业率由42%提高至75%；小时破碎量通过主轴位置跟踪系统锁定125 mm排矿口下，实现1500 t/h的破碎量；定锥衬板使用寿命由6个月延长至11.5个月，破碎量达590万吨/套；动锥衬板由3个月/件到4个月/件，实现一套定锥衬板对应4件动锥衬板。

旋回破碎机能实现挤满给料破碎效率最高、粒度均匀、衬板磨损量小且均匀、主轴冲击符合较均匀且小的条件。原设计为双边同时给料1350 t/(h·边)实现挤满破碎，由于生产组织的调整实现原矿产品的分装分运，破碎给料只能实现单边不能挤满破碎，给旋回破碎机造成了极大的挑战。为了解决此问题，通过现有振动放矿机的安装倾角和振动偏心块调至最大振幅位置均不能实现挤满给料，故联合厂家在现有的安装空间内重新设计优化，实现了单边2000 t/h的振动放矿机进行给料。

长距离大倾角胶带输送机安全高效尾部平段换带法的研究与应用：公司有10°41′52″各长1050 m、1290 m的DTII（A）ST2500钢丝胶带两条，通过研究利用尾部90 m的平段及胶带上行带和回程带长度自身质量在驱动滚筒上产生的摩擦力足以满足在低速0.5 m/s不打滑胶的条件。利用备用减速机及电机、共用变频器的原理，在尾部创新制作了两个卡销自卸半联轴节及方钢制作的收卷滚筒作为旧胶带的收卷装置；利用头部变频驱动的一台电机驱动滚筒，实现同步按 0.5 m/s 的放带、收带安全高效同步换带硫化工作方法。

实施效果：更换 ST2500 钢丝绳芯胶带 256 m 仅需要 26 h，同时也可以实现多段胶带连续更换，4 段胶带 1024 m 仅需要 80 h 的安全高效换带成绩，解决了头部换带一次仅能换一段、反复夹带、夹带跑带、收旧带跑带、放新带跑带的高安全风险。

长距离大倾角胶带输送机换带头部收带、放带、同步硫化研究与应用：公司拥有的 DTII 采 2 号胶带输送机倾角为 0°-14°-7°，水平投影长度 1926 m、钢丝绳芯胶带 ST4000（8+8.9+10），54 kg/m、330 m/卷、17.8 t/卷（头部配置行车 20 t/5 t）。

虽然尾部也有 100 m 平段运输，但由于质量及直径超限巷道尺寸无法运输至井下，且该输送机采用了 CST 减速软启动控制，低带速转动不稳定，故只能选择研究头部换带法换带。

（5）支护设备。

DS2710 锚杆台车：单人操作的电动—液压锚杆台车，具有 FOPS 防落认证安全顶棚。设备核心为 Hydrastar200 凿岩机，通过 1 kV 电驱动凿岩机钻孔，总安装功率 70 kW，冲击功率 10 kW，能安装 1.5～2.4 m 的管缝式和机械式锚杆，孔径 33～41 mm，旋转油缸 360°。

DS311 锚杆台车：设备核心是 Hydrastar200 凿岩机，多功能是 DS311 锚杆台车一个主要特点，能够安装 1.5～3 m 的所有常用锚杆，冲击功率 10 kW、冲击频率 40～65 Hz。

RSM-1010 喷浆台车：配置了两套独立的动力模式，分别是外电源供电模式和内燃机模式，可以相互切换（SA1）。机组底盘采用两套 12VDC120Ah 蓄电池进行供电，采用铰接车架、四轮液力驱动底盘，装备国内外独创的转子活塞式混凝土喷射机和全新研制的臂架系统（具有移动回转支柱）。

HPSJ2008 喷浆台车：正常施喷时采用无线遥控，应急情况下可采用控制机构操作，有效降低作业风险。喷射面均匀牢固，达到节约材料的效能。三段式伸缩臂架，水平回转 180°，喷头可轴向回转 360°，水平方向回转 240°。

Scamec2000M 撬毛台车：Scamec 撬毛台车采用 Normet 的 NC200 底盘、NSB1000 工作臂、撬毛锤，动力强劲的水冷式涡轮增压 155 kW Deutz 柴油发动机，满足欧洲 TIER3 排放标准，排放低、污染小、效率高。

4. 井下尾矿充填技术

大红山铁矿积极探索减少尾矿量的途径，对井下 1 号铜深部、Ⅲ-Ⅳ矿体及未来的二道河铁矿都规划采用充填采矿法开采。按照规划，此工程年尾砂充填利用量为 162 万吨。目前，Ⅰ号铜深部、Ⅲ-Ⅳ矿体充填工艺已建成投产。

5. 井下支护技术

大红山铁矿坚持以“采支完善”为中心，以机械化、集约化支护为基本点，着力构建“数字化支护”管理体系。按照“不过支、不欠支、依标而支”原则，纵深推进支护安全、质量、进度、费用四个环节全过程精益管理。

按照采矿方法制定各采区支护标准，采区内综合支护区域顶板分级情况、服务年限及功能、围岩扰动因素（爆破方式）、周边空间关系（与采场、空区距离）四个维度，按支护形式划分为超前支护、临时支护、永久支护三种类别。目前，井下已基本实现机械化支护。Normet Spraymec MF050VC、铁建重工 HPSJ2008 混凝土湿喷台车、SandvikDS311、华泰矿冶 CYTM41、开山重工 KM311 锚杆台车、混凝土输送泵、混凝土搅拌站及搅拌车等系列设备设施的配套使用，确保制料—运输—喷射等工序顺畅高效衔接，切实提升支护效率及安全。

6. 露天地下时空同步开采技术

多矿体露天地下时空同步高效绿色开采技术，创建了多矿段协调同步开采系统，研发了基于强制放顶、微震监测的综合技术方法，主动消除了矿震、空区塌陷冲击波等地质灾害，解决了井下崩落法和充填法开采后造成地表塌陷或岩移对露天开采的影响。

7. 采选一体化技术

创建了采选一体化循环系统，露天地下时空同步开采技术与高分段、大间距无底柱分段崩落法相结合，大幅度提升采矿生产能力，解决了采选产量衔接失衡问题；同时，矿石贫化率的降低、多矿体自然配矿、提质和降尾及降硅、尾矿回填的同步实施，形成了采选一体、环境协调的资源高效利用循环系统。

8. 地下矿山冒顶片帮危险源显像化与环境再造关键技术

该技术依托的大红山铁矿主斜坡道巷道环境美化改善研究项目，包括巷道内水电管线安全快速的覆盖保护方法、巷道壁灰尘快速冲洗方法、装饰随耐水耐碱涂料配制方法与巷道装饰美化施工方法，相关研究成果已在玉溪大红山矿业有限公司井下建设、生产区域推广使用。

（三）数字化、智能化矿山建设

1. 基本情况概述

2018 年 10 月，矿业公司完成智能化矿山关键技术研究项目科研立项，包括：智能采矿系统建设项目共 4 个类别 24 个子项目。按照“总体规划、分步实施”的原则，目前已完成巷道安全系统、竖向工程机械化及井下二次破碎机械子项目建设，实现掘进、中深孔、竖向施工、撬毛支护等流程全部机械化作业；完成智能化矿山管控大厅、智能化有轨运输系统、铲运机无人驾驶系统、露天采矿管控系统等子项目建设，搭建顶层架构、整合二级调度、集成 30 余个子系统，初步实现安全生产管理的全流程控制；建成国内首台（套）6 m^3 电动铲运机无人驾驶系统、智能化有轨运输系统、人员提升机控制系统，实现无人值守；建立“六环六控”数据报表系统管控平台，实现精细化成本管理。

2. 智能采矿系统

根据中国宝武智慧矿山的建设初心，通过智慧制造追求本质安全，实现 3D 岗位替代，共计投入 85 台机械化设备，实现掘进、中深孔、竖向施工、撬毛支护等流程全部实现机械化作业。

矿业公司在斜坡道及人员密集区域实现了联通 4G 及 Wi-Fi 信号覆盖，在井下安装无人售货机。另外，在井下主要采矿作业面投放 200 余辆共享单车，井下作业环境真正达到“顶牢帮固、宽敞明亮、风清气爽”，建成包含机械化设备、铲运机无人驾驶、智能有轨运输、破碎胶带运输、井下联通 4G 通信等系统，现已实现 1 台 6 m^3 电动铲运机、5 台 10 m^3 电机车、2 台旋回破碎机及 4800 m 胶带系统的远程实时管控。

建成铲运机无人驾驶系统。它是国内首个 6 m^3 电动铲运机无人驾驶系统，具备自动装载、运输和卸载矿石能力。铲运机在首次进入巷道时，无人驾驶系统能够通过传感器的引导自动绘制铲装运输作业区域行走地图，系统可以计算出最安全、最高效的路径。通过机载的激光雷达扫描仪和陀螺仪配置获取巷道环境和铲运机姿态等信息，结合专业的井下导航算法，使铲运机能在没有 GPS 导航和无人驾驶时安全行进，自动完成出矿任务。

建成智能化有轨运输系统。矿业公司自主研发的 180 m 智能有轨运输系统根据作业计划自主运行、远程放矿、自动配矿。目前矿业公司有 5 台电机车，通常是开 3 备 2，操作人员在距离作业面垂直高度 530 m 的操作台就可以进行远程操作和视频监控，运行效率较人工驾驶提升了 10%，每天运输矿石量达 1.8 万吨。

建成井下破碎提升运输系统。对旋回破碎机、胶带系统、驱动电机等设备运行参数、皮带带速、全系统进行远程控制与视频监控，配备液压制动自动纠偏系统、钢丝绳芯在线检测仪、断带异常抓捕监测、胶带自动除铁系统。提升总高度 783 m 的胶带速度由 4 m/s 提升到 4.5 m/s，年提运矿量由 500 万吨增加至 700 万吨。

3. 智能选矿系统

通过对粗破碎、半自磨机、球磨机、立磨机、离心机等选别设备及尾矿充填的过程控制，实现选矿工艺流程实时管控。三个选厂四个系列生产设备的远程操控已全部集中在管控中心，实现选矿工艺生产过程设备的远程启停控制、设备运行时间统计，调度指令由管控中心发至各操作岗位，取消了原有二级调度，选矿各系列开机时间缩短了 18%以上。应用磨矿专家系统动态调整半自磨机给矿、给水量，合理控制磨机负荷量，提高磨矿分级的稳定性、关键参数检测精度。

4. 智能化矿山综合管控系统

将原采矿、选矿、提升运输、集中计量调度系统全部整合到综合管控大厅协同作业，拆除分布的调度点和计量点值守，完成综合管控大厅的建设。现已集成 30 个子系统，初步实现安全生产管理的全流程控制。实现所有控制系统 100%上墙，选矿厂各流程控制系统、供水系统、井下风机控制系统全部集成上墙显示，实现远程控制；采矿破碎提升运输系统、井下人员车辆定位系统、电力集中监控系统、井下有轨运输系统监控画面全部上墙显示，实现远程监控；集中计量全部整合到大厅功能中，显示系统预留了足够的接入冗余，为后续智能化矿山系统建设项目提供基础平台。

5. 智能化矿山大数据系统

矿业公司紧紧围绕“一个中心，两条路线，三个着力点”的工作路径，创新建立“对标找差”工作体系，在深化对标过程中，建成以采矿“掘、爆、铲、运、溜、提”、选矿“碎、磨、选、检、排、堆”为主要路径的“六环六控”系统。通过对数据的抓取和整理，对数据进行深度挖掘重点指标分析，形成可视化的数据管理平台，提升业务数据应用效率，促进高效决策分析。针对生产各环节中产生消耗的数据，利用统一的数据采集平台进行在线填报，应用“智慧昆钢”APP 搭建对标数据可视化平台，建设丰富的图形展现界面，方便直观地查看生产各环节成本和差异化分析结果。

第十六节　新疆八钢矿业资源有限公司

一、基本概况

根据中国宝武集团专业化整合发展战略和宝武资源“一总部、四板块、区域化、多基地”的运营新模式。2021 年 1 月 4 日，宝钢资源正式托管宝钢集团新疆八一钢铁有限公司（以下简称“八钢”）下属非煤矿山，并成立了新疆八钢矿业资源有限公司（以下简称“八钢矿业”），注册资本 500 万元。实施专业化整合后，八钢矿业管辖 12 家公司，其中：全资子公司 6 家、控股公司 3 家、参股公司 3 家。

八钢矿业主营业务为矿山采掘、矿产品加工、销售、物流运输，主要产品包括铁矿石、铁精矿、球团矿、石灰石、锌精矿等，现有资产总计 52 亿元。

2022 年累计销售铁精矿 190.6 万吨、球团矿 132.6 万吨、锌精矿 3.3 万吨、入炉矿 3.3 万吨，实现营业总收入 25.1 亿元，利润总额 7.17 亿元。

截至 2022 年底，八钢矿业在册职工 942 人、在岗自有职工 701 人、效率口径协力人员 1397 人。

（一）主要矿山企业简介

1. 新疆钢铁雅满苏矿业有限责任公司

新疆钢铁雅满苏矿业有限责任公司（以下简称“雅满苏矿业”），是以始建于 1958 年的新疆雅满苏铁矿为主体，依照《公司法》改制组建的国有独资公司，1999 年 7 月 1 日挂牌，公司总部位于新疆维吾尔自治区哈密市八一路，企业注册资金 5.79 亿元；主营业务为铁矿石开采及加工、石灰石生产，是集矿山采选为一体的矿业企业，属国家大型企业。

雅满苏矿业井下矿设计生产规模 30 万吨/年，磁海铁矿露天设计生产规模 200 万吨/年，选矿生产线具备处理原矿 280 万吨/年矿石生产能力。

截至 2022 年底，公司总资产 4.92 亿元，2022 年雅满苏矿业生产铁精粉 53.59 万吨

（因2017年磁海铁矿关停，选矿厂矿石供应不足），石灰石原矿开采量84万吨。

公司下设综合管理部、设备工程部、生产技术部、安全环保部、财务部5个部门，所属井下矿、石灰石矿、选矿厂、运输部、检修服务中心、保安公司6个分厂单位。截至2022年12月公司现有在岗职工644人（其中，女职工166人、少数民族职工162人），平均年龄48.63岁。雅满苏矿业党委下设7个党支部，共有党员183名。

2. 富蕴蒙库铁矿有限责任公司

富蕴蒙库铁矿有限责任公司（以下简称“蒙库矿业”），始建于1997年，主营业务为铁矿石开采、铁精矿、球团矿生产，是一家以铁矿石开采和铁矿石深加工为一体的国有大型矿山企业。

蒙库铁矿井下矿于2015年投入生产，目前已形成300万吨/年矿石生产能力，正在进行400万吨/年扩建及接续工程建设。选矿厂现有2条生产线，具备年产铁精粉175万吨生产能力。球团厂现有两条60万吨酸性球团矿生产线，具备年产130万吨球团矿生产能力。

截至2022年底，公司资产总计26.65亿元。2022年生产铁精矿188.88万吨、球团矿136.74万吨，实现营业收入13.92亿元，上缴税金3.02亿元。

企业下设五个职能部门及三个生产单元；公司现有员工1135人，其中：自有员工203人、协力员工801人、自有职工平均年龄41.03岁，公司少数民族职工占11.33%。

3. 巴州敦德矿业有限责任公司

巴州敦德矿业有限责任公司（以下简称“敦德矿业”），于2008年注册成立，注册资本35000万元，注册地在新疆巴音郭楞自治州和静县；公司主营业务为铁矿开采及加工、锌精矿生产，是以矿石开采与加工为一体的大型矿山企业。

井下矿一期设计原矿生产能力150万吨/年，配套选矿厂设计产铁精矿61.98万吨/年、锌精矿1.8万吨/年。目前正在进行二期450万吨/年绿色智慧采选技术改造项目的前期手续办理和建设准备工作。

截至2022年公司资产总计20.51亿元。2022年生产铁精矿98.06万吨、锌精矿4.15万吨。敦德矿业下设综合管理部、设备工程部、生产技术部、安全环保部、财务部5个业务职能部门及采矿厂、选矿厂等生产单元，目前敦德矿业从业人员总数接近800人左右（含协办单位），由汉族、蒙古族、回族、维吾尔族、藏族等多民族组成。

4. 新疆叶尔羌矿业有限公司

新疆叶尔羌矿业有限公司（以下简称“叶尔羌矿业”）2008年注册成立，企业注册资本3000万元，注册地新疆维吾尔自治区巴楚县工业园区，公司主营业务为钒钛铁矿石开采、选矿及钛精粉、钒钛铁精粉加工。

2009年瓦吉里塔格钒钛磁铁矿建成80万吨/年采矿工程及配套选矿厂，2014年停产至今。2021年八钢矿业启动瓦吉里塔格钒钛磁铁矿扩建工作，露天开采原矿规模600万吨/

年，并建设配套选矿厂，生产钒钛磁铁精矿 100 万吨/年、钛精矿 25 万吨/年，计划 2025 年建成投产。

5. 新疆和合矿业有限责任公司

新疆和合矿业有限责任公司（以下简称“和合矿业”）由新疆八一钢铁有限公司、新疆华兴矿业有限责任公司及新疆金特钢铁股份有限公司共同出资组建，为八钢公司参股企业，公司于 2006 年 6 月在和静县注册成立，注册资本 3 亿元，主营业务为铁矿石开采及加工。

查岗诺尔铁矿为井下开采，一期设计原矿产能 240 万吨/年，生产铁精矿 80 万吨/年；二期设计采矿生产规模 480 万吨/年，生产铁精粉 160 万吨。

查岗诺尔铁矿一期工程自 2006 年开始建设，2013 年 8 月投入生产，因市场等原因，2014 年底矿山停产，共生产铁矿石 233 万吨、铁精粉 67 万吨。

2020 年下半年八钢公司开始启动复工复产工作，该项目已被列入“基石计划”，正在办理新建尾矿库手续和复工复产，计划 2023 年矿山投入生产。

6. 伊犁八钢矿业有限公司

2022 年末新疆伊犁钢铁有限责任公司成立伊犁八钢矿业有限公司，并委托八钢矿业托管，公司下属铁矿有式可布台铁矿、阿克萨依铁矿；主营业务为地质勘查、矿山采掘、矿产品加工、销售、物流运输、劳务派遣；式可布台铁矿由露天开采转入地下开采，设计矿石开采规模 60 万吨/年。计划 2023 年复建，2025 年建成投产。

二、发展历程

（一）起步阶段

1951 年 9 月，驻疆解放军指战员和新疆各族群众创建新疆八一钢铁总厂，同年在距厂区 15 km 的昌吉县硫磺沟发现可供开采的菱铁矿，9 月在硫磺村设立铁炭厂，进行采矿、挖煤。从此，八钢矿业人开始了矿业开发的创业历程。

1952 年，在乌鲁木齐县小泉沟、和静县西沟（哈尔尕提沟）、鄯善县乾沟（库米什）、库尔勒市铁门关等地组织当地劳力，开采磁铁矿、赤铁矿、铁锰矿等矿石，定价收购，供八钢使用。1957 年组织开采距八钢 206 km 的和静县夏尔采克磁铁矿。

1958—1960 年，“大办钢铁”时，由两个矿山增到十几个矿队，开采磁铁矿等。1962—1963 年，天湖、柳树沟、哈萨坟 3 座矿山，生产铁矿石。

1963 年，雅满苏铁矿移交给八钢。1964 年 4 月，天湖铁矿停采，迁往雅满苏铁矿。7 月，雅满苏铁矿开始采矿。

1965 年，雅满苏铁矿建设列入国家重点工程“三九”工程项目，鞍山黑色技术矿山设计院根据新疆重工业局的要求，编制了开采规模为年产 60 万吨铁矿石的露天开采方案设计，成为八钢唯一的铁矿石基地。

1966年3月，冶金工业部西北建设指挥部决定把雅满苏矿开采规模扩大到100万吨/年，除供应新疆八一钢铁厂外，还供应酒泉钢铁公司。同年，新疆重工业局成立新疆雅满苏矿区工程建设指挥部，开始基建。10月7日，山口至雅满苏铁路自备线通车。

1968年初，雅满苏矿从八一钢铁厂分出，成立独立建制机构，单位名称为“新疆雅满苏矿”，领导机构为新疆雅满苏矿革委会，行政隶属受哈密地区和新疆重工业局双重领导。

1973年5月30日—6月2日，中国共产党新疆雅满苏矿第一次代表大会召开。6月，经中共哈密地委批复同意，新疆雅满苏矿第一届党委成立。同年7月，首届工会代表大会、共青团雅满苏矿首次团代会相继召开。8月，雅满苏矿首届工会委员会、共青团雅满苏矿第一届委员会成立。

1975年，企业更名为“新疆冶金局雅满苏矿”。

1978年，企业更名为“新疆雅满苏矿”。

1979年，新疆钢铁公司成立后，新疆雅满苏矿归属新疆钢铁公司管理。

（二）资源拓展阶段

1987年新疆钢铁公司成立矿山处，开展了哈密天湖铁矿、磁海铁矿、鄯善红云滩铁矿、雅满苏铁矿等资源深部找矿勘探，寻求雅满苏接替矿山及八钢公司发展所需资源。

1987年，雅满苏矿建成山口至雅矿90 km输水管线，结束了建矿30年靠汽车、火车拉水的历史。

1991年新疆钢铁公司成立新疆黑色冶金矿产公司，主要负责组织八钢矿石供应。1992年，新疆黑色冶金矿产公司牵头组建鄯善冶金矿业有限责任公司，稳定八钢供矿。

1995年，新疆黑色冶金矿产公司代表新疆钢铁公司与新疆地矿局第一地质大队联营开发鄯善县红云滩铁矿。

1997年，烟雅公路62.58 km柏油路全线贯通，彻底结束了雅满苏矿40年来走河床路的历史，促进了雅满苏矿的扩建，也带动了雅满苏镇周边矿产资源的开发。

1997年新疆黑色冶金矿产公司代表新疆钢铁公司与富蕴县共同组建富蕴县蒙库铁矿有限责任公司，开发蒙库铁矿资源。同年，富蕴至蒙库矿山90 km矿山道路建设通车，为蒙库铁矿开发打下了基础，也带动了蒙库铁矿周围矿山的开发。

1997年，雅满苏矿以860万元的价格买断哈密地区众鑫水泥有限责任公司，进行了资产重组，更名为“新疆钢铁雅满苏众鑫水泥有限责任公司”。

1998年，雅满苏矿与哈密市金矿联合组建了“哈密市天宝选烧有限责任公司”（简称“天宝公司”），并在雅满苏矿戈壁滩上建设了选矿厂和球团厂，配套铺设了骆驼圈子至雅满苏镇第二条水管线，结束了雅矿40年输出原矿的局面。

1999年1月，新疆雅满苏矿改制成立新疆钢铁雅满苏矿业有限责任公司并挂牌运营。

2000年新疆钢铁公司撤销矿山处，将新疆黑色冶金矿产公司划归雅满苏矿业管理，其所辖原富蕴蒙库铁矿、蒙库铁矿富钢选冶有限责任公司及鄯善红云滩铁矿等单位一并纳入雅满苏矿业管理。同年，雅满苏矿业开工建设磁海铁矿，2002 年开工建设雅满苏铁矿井下矿，并组织开展蒙库铁矿的扩建工作。

2002 年雅满苏矿接替矿山磁海铁矿开工建设，同年架设了 110 km 35 kV 供电线路，2005 年磁海建成投产，保证了老矿山的接续发展。

2005 年八钢公司成立矿山部，拓展发展所需资源，相继取得巴楚县瓦吉里塔格钒钛磁铁矿、哈密沙垄铁矿、库姆塔格铁矿、鄯善县帕尔岗铁矿、皮山县布琼铁矿等矿业权。2007 年，新疆八一钢铁公司并入宝钢集团，随着钢铁产能的快速提升，八钢加快了铁矿资源开发建设的步伐。

2007 年雅矿至磁海 110 km 公路开工建设，2010 年正式竣工通车，为磁海铁矿扩建工程打下基础，也带动了磁海周边矿山的开发。

2008 年八钢公司注册成立新疆叶尔羌矿业有限公司，开发建设巴楚县瓦吉里塔格钒钛磁铁矿。

2008 年八钢公司与新疆地质矿产开发局合作成立新疆金昆仑矿业有限公司，勘探开发且末县迪木那里克铁矿。

2008 年八钢公司参股新疆和合矿业公司，勘探开发建设和静县查岗诺尔铁矿。

2008 年新疆八钢国贸金属材料有限公司注册成立和静八钢国贸矿业有限责任公司，勘探开发和静县敦德铁矿。2011 年和静八钢国贸矿业有限责任公司名称变更为巴州敦德矿业有限责任公司。

（三）转型发展阶段

2013 年 1 月，八钢公司成立矿山管理（事业）部，对八钢公司非煤矿山生产经营进行专业化集中管理。

2013 年八钢公司将敦德矿业划归矿山事业部管理，2014 年矿山全面开工建设，2016 年敦德选矿厂全面投入生产。

2015 年蒙库铁矿露天转井下工程，经过精心组织和策划，历时 5 年时间，实现露天转井下的平稳过渡。

2016 年八钢公司将新疆八钢国贸金属有限责任公司划为矿山事业部管理。

2020 年八钢公司开始启动查岗诺尔铁矿复工复产工作。

2021 年 1 月 4 日新疆八钢矿业资源有限公司注册成立，并于 2021 年 4 月 29 日揭牌运行。

2021 年八钢矿业启动和合矿业查岗诺尔铁矿复产复工工作。

2021 年八钢矿业启动叶尔羌公司瓦吉里塔格钒钛磁铁矿建设工作。

2021 年八钢矿业启动敦德矿业 450 万吨/年绿色智慧采选技术改造项目的前期手续办理和建设准备工作。

2021 年八钢矿业开展蒙库井下矿 400 万吨/年改扩建接续工程的建设工作，计划 2023 年将具备 400 万吨回采的条件。

2022 年末八钢矿业托管伊犁八钢矿业有限公司式可布台铁矿、阿克萨依铁矿。

三、重大研发

（一）钒钛磁铁矿资源综合利用研究

新疆巴楚县瓦吉里塔格钒钛磁铁矿估算铁矿体资源量 39163.97 万吨，全铁平均品位 16.98%；伴生 TiO_2 金属量 2240.41 万吨，平均品位 6.99%。2008 年叶尔羌矿业与中国地质科学院矿产综合利用研究所合作开展了针对瓦吉里塔格钒钛磁铁矿的选矿试验研究，先后完成了《新疆巴楚县钒钛磁铁矿实验室选铁、选钛小型试验研究报告》及《新疆巴楚钒钛磁铁矿选矿试验研究报告》，为瓦吉里塔格钒钛磁铁矿的综合开发利用提供了技术保障。

（二）露天矿高陡边坡稳定性分析与安全控制研究

2012 年蒙库、磁海铁矿露天矿山与中国地质大学（武汉）工程学院开展了《蒙库铁矿高陡边坡稳定性分析与安全控制研究》《磁海冻融循环作用下矿山高陡边坡稳定性分析与安全控制》项目研究，根据研究成果，蒙库、磁海铁矿对露天采场永久边坡采取了喷锚网防护及局部加固和保护，边坡治理投入资金约 1600 万元，保证了蒙库、磁海铁矿露天采场的正常生产。其中，《磁海冻融循环作用下矿山高陡边坡稳定性分析与安全控制》研究项目荣获国土资源部 2014 年度国土资源科学技术奖二等奖。

（三）难磨难选铁矿选矿技术研究

（1）新疆鄯善县帕尔岗铁矿矿石资源量 13976.11 万吨，全铁平均品位 30.74%；该矿有用矿物嵌布粒度极为微细，属低品位难磨难选铁矿，是铁矿资源领域内重点、难点问题。为有效开发利用帕尔岗铁矿资源，八钢矿业善开公司与中冶北方工程技术公司、北京科技大学等单位合作开展研究工作，提交了《新疆帕尔岗铁矿中段矿样实验室选矿流程试验报告》及《新疆帕尔岗铁矿选矿条件试验及流程验证试验研究报告》，为帕尔岗铁矿的大规模开发利用提供了依据。

（2）新疆且末县迪木那里克铁矿石资源量 5159.35 万吨，全铁平均品位 29.11%；该铁矿石铁矿物嵌布粒度细，较难选，可回收利用的有用矿物只有磁铁矿。为合理有效利用该铁矿资源，八钢矿业金昆仑公司与中钢集团马鞍山矿山研究院有限公司、中南工业大学共同开展相关工作并完成《且末铁矿石工艺矿物学及选矿工艺研究报告》《且末铁矿石扩大连选工艺研究报告》，为开发利用该铁矿资源提供依据。

（四）敦德铁锌金多金属矿石选矿技术研究

敦德铁锌矿矿石资源量 14340.25 万吨，全铁平均品位 34.90%，锌平均品位为 0.96%，伴生金平均品位 0.14×10^{-6}。为综合开发利用敦德含铁、锌、金多金属矿，2019 年八钢矿山事业部与北京矿冶科技集团有限公司、西安建筑科技大学合作开展了针对敦德含金、锌、铁多金属矿的有用矿物分离回收研究工作，完成了《敦德含金锌铁多金属矿矿物加工试验研究报告》成果报告。

（五）高原高寒地区厂区地基处理及大型重载设备基础纠偏技术研究

敦德公司选矿厂2014年7月投入试生产运行时，因地基发生沉降，主厂房内主要设备出现大范围沉降和位移，导致设备严重变形受损，生产线停机。为尽快恢复生产，八钢矿山事业部与新疆建科院、中冶武勘、中冶北方设计院、新疆岩土工程设计院、西安长安大学等专业单位合作制定出选矿厂地基加固治理方案，2015年9月完成主厂房内地基治理及球磨机基础纠偏等全部工作，10月5日选矿厂全部恢复开机生产。敦德公司《高原高寒地区地基治理及大型重载设备基础纠偏技术研究》项目于2018年度荣获宝钢集团新疆八一钢铁有限公司技术创新一等奖，2019年荣获中国宝武技术创新重大成果三等奖，《山前坡洪积粗粒混合土既有建筑地基处理及大型重载设备顶升纠偏技术研究》项目于2020年荣获新疆维吾尔自治区科技进步奖三等奖。

（六）极寒天气下大型尾矿库安全监测管理系统及其应用研究

2020年八钢矿业蒙库铁矿与青岛理工大学、新疆大学一起研究历时十余年完成了《极端气候条件下基于物联网技术大型尾矿库安全监测管理系统及其应用项目》，2021年8月该项目已通过国家级评价专家组的验收。

（七）采空区安全协同预警防控技术与综合应用研究

2021—2022年，敦德公司与北京科技大学合作进行基于多源监测数据的采空区安全协同预警防控技术与综合应用研究，通过建立井下回采三维模型对采空区冒落范围及规律进行了预测，采用地表无人机巡航拍摄、井下上向孔钻探、地表高密度电法探测、地表钻孔三维激光扫描等方法探明了隐伏采空区的赋存情况，揭示了高寒高海拔下采空区围岩冒落机理，制定了采空区治理措施。

四、技改扩建及应用的新设备

（一）矿山

1. 雅满苏露天矿

1958—1965年人工开采浅部露天矿石，主要采矿设备是铁锤、钢钎穿孔，2 m^3 V形矿斗人力或畜力运输，人工装车运输到哈密钢铁厂。1966年，鞍山黑色冶金矿山设计院编制了露天开采设计，同年矿山开始基建，由人工进入了机械化生产，露天主要设备采用KQ-150型潜孔钻机3台、W-1型电铲5台、解放5 t运输车约15台，后又增加太脱拉25 t运输车10辆。1971年3月正式投产。1976—1982年先后更新引进设备，KQ-200型潜孔钻机2台，WK-4型挖掘机3台，苏联产32吨运输车20台，因故障率高于1983年更新为北京374大型运输车20台。1985年10月，新疆钢铁设计院编制了露天采场扩境延伸设计，设计生产能力原矿 72 万吨/年、成品矿 65 万吨/年，服务年限 21 年（1985—2005 年）。

2005 年底雅满苏铁矿露天开采正式闭坑，共采出矿石量 1569. 21 万吨。

2. 雅满苏井下矿

2001 年鞍山冶金设计研究院编制了雅满苏铁矿露天转地下开采设计，生产矿石能力 30 万吨/年。2002 年底开工建设，2006 年正式投入生产。

开拓系统：下盘竖井开拓，斜井回风兼做安全出口。

采矿方法：根据矿体地质特征及开采技术条件，厚度大于 8 m 的矿体采用分段空场采矿法，厚度小于 8 m 的矿体采用浅孔留矿采矿法。

设备更新：2020 年引进 WJ-1 铲运机 3 台代替了原扒渣机和翻斗机出矿。2021 年引进阿特拉斯凿岩台车代替 YT-28 气腿式凿岩机，极大地加快了巷道掘进速度。2022 年引进 CYTC115（A）中深孔台车和撬毛台车等设备，井下矿首次开始采用分段空场法回采出矿，并且首次达产。

3. 磁海露天铁矿

磁海铁矿为雅满苏铁矿接替矿山，2001 年 4 月开始动工建设，露天开采设计生产能力 80 万吨/年，2005 年建成投产。2009 年露天矿生产规模扩大到 150 万吨/年。2014 年露天矿生产规模提高到 200 万吨/年，成为东疆地区最大的露天铁矿山。

2004 年从雅矿采剥车间调拨 2 台 WK-4 型挖掘机，作为磁海铁矿的挖掘设备，同时调拨 1 台 KQ-150 型潜孔钻机、KQ-200 型潜孔钻机 1 台作为穿孔设备，汽车运输设备采用外委形式。

2009 年 11 月磁海铁矿新建了 150 万吨/年破碎干磁选生产线，主要设备采用 ZBG1600×8000 重型板式给料机 1 台、CJ612 颚式破碎机 1 台、HP300 中碎圆锥破碎机 1 台、HP300 细碎式破碎机 2 台、圆振筛 2400×1600 2 台、除尘设施是 120 m^2 电除尘器 1 套，2010 年 7 月投料进行生产。2015 年新增加 CH460 山特圆锥破碎机 1 台。

由于矿山位于罗布泊野骆驼国家级自然保护区，2017 年 8 月矿山停产，矿山累计开采铁矿石 1700 多万吨。

4. 蒙库露天铁矿

1997 露天矿开工建设，2000 年小规模出矿。2005 年中冶北方工程技术有限公司编制了蒙库铁矿露天开采初步设计，设计规模一期为 140 万吨/年、二期为 200 万吨/年，矿山 2006 年达产。主要设备：采用 KQ-150 型潜孔钻机 4 台，CM351 风动凿岩机 4 台用于边坡孔穿孔，日立、斗山、现代 500 型、450 型、385 型等，运输车辆北方奔驰（载重 20 t）。

设备更新：2017 年引进三一重工 385 型、365 型挖掘机 8 台、同力重工重型卡车（载重 55 t）。2019 年蒙库铁矿露天开采闭坑，共采出矿石量 3460. 9 吨。

5. 蒙库井下矿

2007 年中冶北方工程技术有限公司编制了蒙库铁矿井下开采工程初步设计，一期设计矿石开采规模为150万吨/年，2009年开工建设，2014年正式投入生产，现井下矿已形成300万吨/年矿石生产能力，正在开展400万吨/年的扩建工作。

开拓系统：采用竖井—平硐—斜坡道联合开拓。

采矿方法：无底柱分段崩落法。

主要设备：井下矿生产初期采用YT-28气腿式凿岩机掘进凿岩，扒渣机、坑道车配合出渣作业，WJ-1铲运机2 m^3 出矿作业。

设备更新：2017年引进阿特拉斯凿岩台车281，逐步淘汰YT-28气腿式凿岩机，2019年引进撬毛台车，2020引进破碎台车，2021引进喷浆台车和锚杆台车，2021年底试验爆破装药台车，采矿实现全工序机械化作业。

2022年全国首台ME7中深孔凿岩台车远程操作自动台车试用完成，铲运机半自主远程操作，无人放矿、无人驾驶、无人卸矿铁路运输工序全套远程无人架设步入调整验收阶段。

6. 敦德井下铁矿

敦德井下矿开采分两期，一期设计能力150万吨/年、二期设计能力450万吨/年，井下矿采用平硐、溜井+斜坡道开拓，无底柱分段崩落采矿法。

主要设备：Simba1354凿岩台车、LH409电动铲运机、LH410柴油铲运机设备更新，自2016年开始井下矿全面推广“机械化换人、自动化减人”，先后引入3台1354中深孔凿岩台车、3台4 m^3 电铲、3台B281自推进式单臂全液压地下钻机、2台撬毛台车等替代人工作业。

2022年引入溜井刷扩T150潜孔钻机、锚杆台车、喷浆台车，采矿实现全工序机械化作业。

（二）选矿厂

1. 雅满苏矿老选矿厂（原“天宝选矿厂”）

老选矿厂一系列1998年开工建设，选矿厂设计规模为年处理原矿60万吨、产铁精矿36万吨。生产工艺：采用三段破碎、闭路筛分加磁滑轮干式磁选和阶段磨矿、先浮后磁的联合选矿流程。

主要设备：PEF900×1200颚式破碎机1台、PYB1750标准圆锥破碎机1台、PYD1750短头圆锥破碎机2台、湿式格子型球磨机1台、MQG2700×3600湿式格子型球磨机1台、2FG-24型双螺旋分级机1台，2016年工艺改造后拆除。30 m浓缩池1套、45 m浓缩池1套、XCTB-1021永磁筒式磁选机3台、CTB-1021永磁筒式磁选机4台，JJF-8浮选机8台，SF-8~2.5 m搅拌1台。

设备改造：2006年投入P80/16-C陶瓷过滤机2台。2016年投入FX610-GT-P旋流器组1套，P80/16-C陶瓷过滤机1台，FX350-GX-N×3×2旋流器组1套，XJ-72脱杂机3组，CTB-1230双联磁选机2组。

老选矿厂 2 系列 2005 年投入运行，设计能力 30 万吨/年。主要设备：ϕ2700×3600 湿式格子型球磨机 1 台、ϕ2700×3600 湿式溢流型球磨机 1 台，2FG-24 型双螺旋分级机 1 台，SLon-1750 强磁机 2 台，SL-ϕ1420×1500 圆筒筛 2 台。

设备改造：2016 年拆除双螺旋分级机，增加 FX350-GX-N×3×2 旋流器组 1 套，同年增加 CTB-1021 双联磁选机 2 台。

2. 雅满苏矿 180 选矿厂

180 选矿厂 2009 年开工建设，设计规模为年处理原矿 180 万吨、产铁精矿 92 万吨。2010 年建成投产，截至 2022 年累计生产铁精矿 598.53 万吨。生产工艺：采用磨矿—螺旋分级机分级—粗磁选—再磨—旋流器分级—浮选脱硫—二三段精磁选—精矿浓缩—过滤—尾矿浓缩—过滤的工艺流程。

主要设备：MQG3600×6000 湿式格子型球磨机 2 台、MQY3600×6000 湿式溢流型球磨机 2 台、2FG-30 高堰式双螺旋分级机 2 台，配套设备有 XJQ-80 浮选机 12 台、XB-2500 m 搅拌 2 台、2CTB-1030 双联磁选机 4 台、CTB-1230 单联磁选机 4 台、P80/16-C 陶瓷过滤机 5 台、SK-42-1BV3 真空泵 2 台、ZJ150-50 渣浆泵 12 台。

技改及新设备应用以下：

2011 年对尾矿过滤系统进行技术改造，新增尾矿旋流器分级系统，通过改造，尾矿浓缩过滤系统流程存在的问题全部解决，工艺流程彻底打通。

2012 年对选矿厂二段分级系统进行改造，采用旋流器替代原高频细筛。项目实施后，筛分效果明显改善，磨机处理能力大幅提高。

2014 年增加 2 组 FX350-PU×8 旋流器。2016 年工艺改造后投入 2 台 YCW-15-8 盘式尾矿回收机。采用盘式铁尾矿回收机更新原磁选回收设备，项目实施后系统运行正常，尾矿磁性铁含量大幅下降，企业效益大幅增加。

2021 年新建干排尾矿库，投入 1 台 XMZG3001/1600-U 压滤机；2022 年投入 1 台 XMZG3001/1600-U 压滤机，以满足尾矿干排的要求。

3. 蒙库矿业选矿厂

选矿分厂一期工程于 2002 年投产，设计原矿处理能力 40 万吨/年；二期工程于 2006 年 7 月投产，设计处理能力 80.0 万吨/年；三期工程于 2009 年 4 月投产，设计处理能力 150.0 万吨/年；四期破碎工程于 2012 年 10 月投产，设计处理能力 300 万吨/年。现有三期破碎系统与四期的破碎系统共同完成 400 万吨/年的破碎能力，对应的二线磨选和三线磨选生产铁精粉 175 万吨/年。

（1）一期工程破碎工艺：二段破碎一段闭路筛分。

1）破碎设备：采用 PEF600×900 颚式破碎机 1 台，细碎设备采用 PYB1200 圆锥破碎机 1 台，PEF400×600 破碎机 1 台。

2）磨选设备：一段 MQG27×27 格子型球磨机 2 台、ϕ2400 单螺旋分级机 2 台，二段 MQY27×27 溢流型球磨机 1 台、FX350 旋流器 2 组（每组 2 个）；CTB1021 单筒磁选机 2

台、2CTB1021 双筒磁选机 2 台；GN40 筒式真空内滤式过滤机 2 台及配套真空泵 2 台；NT53 浓密机 1 台；32/5 吨吊钩桥式起重机 1 台，10 吨单梁起重机 1 台；150ZGB-740 渣浆泵 2 台。

（2）二期技改扩建工程破碎工艺：三段破碎一段闭路筛分。

1）破碎设备：采用 PJ1215 颚式破碎机作为粗碎设备，中碎设备采用 2 台 PEF600×900 颚式破碎机，细碎设备采用 4 台 PCK1300×1600 锤式破碎机。

2）磨选设备：一段 MQG27×36 格子型球磨机 2 台、ϕ2400 双螺旋分级机 2 台，二段 MQY27×40 溢流型球磨机 1 台、FX350 旋流器 2 组（每组 2 个）、32 t/5 t 双钩桥式起重机一台；CTB1021 单筒磁选机 3 台，2CTB1021 双筒磁选机 3 台；GN40 筒式真空内滤式过滤机 3 台及配套真空泵 3 台；NT53 浓密机 1 台；32/5 吨吊钩桥式起重机 1 台，10 吨单梁起重机 1 台；150ZGB-740 渣浆泵 2 台。

（3）三期技改扩建工程

1）破碎设备：粗碎采用 PJ1200×1500 颚破 1 台、GBZ-1800-8 重型板式给矿机 1 台，中碎采用 PYBϕ2200 标准圆锥破碎机 1 台、细碎采用 PYDϕ2200 短头圆锥破碎机 3 台、筛分采用 2YA2400×6000 圆振筛 3 台。

2）磨选设备：磨矿仓 2 座；一段 MQG36×50 球磨机 2 台、ϕ3000 双螺旋分级机 2 台，二段 MQY36×60 球磨机 2 台、FX350 旋流器 2 组（每组 8 个）、32 t/5 t 双钩桥式起重机 1 台；CTB1021 单筒磁选机 6 台，2CTB1021 双筒磁选机 6 台，GN40 筒式真空内滤式过滤机 7 台及配套真空泵 7 台，NT53 浓密机 1 台。

（4）四期破碎系统技改扩建。

1）粗碎设备：原矿料仓，固定格筛，GBZ2. 4～12 m 重板给料机，CJ615 颚式破碎机，1 号皮带，32/5 t 行车，3 t 电动单梁起重机，GC18 除尘器。

2）中细碎设备：3 台 CH870 圆锥破碎机，2 号皮带、2-1 皮带、2-2 皮带、2-3 皮带、4 号皮带、5 号皮带、6 号皮带、3 台轨道式皮带输送机，20/5 t 行车 1 台，电动葫芦 5 台，除尘器 2 台。

3）筛分设备：3 号皮带，3 台 2YAH3073 圆振筛，缓冲仓。

4）干磁选设备：缓冲仓，7 号、8 号皮带，LCG1021 干式磁选机 8 台，9 号皮带，10 号、11 号皮带设备及废石仓。

（5）技改及新设备应用。蒙库四期大破碎山特维特颚式破碎机、圆锥机的投产使用，破矿能力富余 300～500 t/h，通过工艺优化改造从三线磨选 9 号料仓顶部接一条皮带到二线 7 号皮带，四线破碎同时向三线磨选和二线磨选供料，改造后二线磨选产能提升，三线破碎基本停产，年节约运行费用 320 万元。

球磨机给料技术的研究与成功应用。通过对球磨机各种结构形式给料装置的研究，设计了一种改进的格子型球磨机给料装置，能够解决球磨机联合给料器实际使用中球磨机负荷增大、电耗升高、法兰连接螺栓极易断裂、瓦勺寿命短、维修费用高的问题。

2017 年采用 4 台 PGT-96-8 盘式真空过滤机替代 7 台 GN40 筒式真空内滤机，精粉水分指标（<9%）。按照精粉水分由 10. 32%降到 9. 0%。拉运费用每年按照干基 165 万吨拉

运，水分降低 1.22%，减少拉运水分 2.47 万吨，拉运费降低 111.15 万元。

4. 敦德矿业选矿厂

2014 年开工建设，设计规模为年处理原矿 150 万吨，年产铁精矿 62 万吨。2016 年全面建成投产。

破碎设备：破碎系统为三段一闭路破碎、筛分干选流程。PA100120 颚式破碎机 1 台，GP300S 圆锥破碎机 1 台，HP500 圆锥破碎机 1 台，LF3073DD 振动筛 1 台，CT1218 干式磁选机 1 台。

磨选设备：工艺流程为一段闭路磨矿、先浮后磁、锌精矿再磨、锌精选、铁精矿再磨、阶段磁选流程。一段球磨选用 ϕ4572 mm×6100 mm 湿式溢流型球磨机 1 台、铁再磨选用 ϕ3200 mm×4500 mm 湿式溢流型球磨机 1 台，锌再磨设计选用 ϕ1800 mm×4500 mm 湿式溢流型球磨机 1 台；旋流器设备选用 ϕ660 mm×6 旋流器组 1 组、ϕ350 mm×10 旋流器组 1 组、ϕ150 mm×12 旋流器组 1 组。浮选设备选用 ϕ4.5 m×4.5 m 搅拌槽 1 台、ϕ3.0 m×3.0 m 搅拌槽 1 台、XJF/KYF-20 m^3 浮选机 12 台、XJF/KYF-20 m^3 浮选机 20 台。磁选设备选用 1230 型永磁筒式磁选机 2 台，选用 2-CCTJ-1030 永磁筒式磁选机（双连筒）2 台。锌浓缩设备选用 ϕ9.0 m 浓缩机 1 台。

过滤设备：铁精矿过滤设备选用 80 m^2 陶瓷过滤机 4 台。锌精矿过滤设备 30 m^2 陶瓷过滤机 3 台。浮选药剂制备设备选用 ϕ4.5 m×4.5 m 搅拌槽 1 台、ϕ3.0 m×3.0 m 搅拌槽 1 台、ϕ2.0 m×2.0 m 搅拌槽 1 台。

技改及应用的新设备：

（1）增加一段、二段磁选处理能力，稳定铁金属回收率。一段磨机设计台时处理能力为 164.77 t/h，由于当台时量达到 185 t/h 时处理能力不足，造成铁精矿品位下降，当一段或二段磁选机单台出现异常时造成大量翻矿减产。为满足产能提升需求，2017 年 1 月分别增加一段 1230 型永磁筒式磁选机和二段 2-CCTJ-1030 永磁筒式磁选机（双滚筒）各一台，增大了磁选机处理能力，改善磁选时间和磁选效果，稳定铁金属回收率。

（2）增加尾矿 24 m 浓缩机，改善循环水质。2016 年选矿生产过程中 ϕ16 m 浓缩机循环水长期跑浑，循环水质较差，导致铁精矿品位波动较大。2017 年 10 月份在 ϕ16 m 浓缩机旁再增加 24 m 浓缩机 1 台并投入使用，改善了尾矿沉降效果，提高循环水质量，降低循环水中杂质从而提高铁精矿质量。

（3）前置筛分优化改造。将 1024 型磁选机替换原干磁选，新增干磁选抛废皮带和成品矿皮带，实现粗碎后较细粒度矿石提前进入筛分，通过干磁选选别后成为合格的成品矿，减少了破碎作业区中碎和细碎负荷，提高破碎生产线工作效率和破碎成品矿入破量。改造前破碎入破量平均约 7100 t/d，改造后前置筛分平均日增产 642.65 t/d，合计破碎日入破量平均值为 7122.77 t/d，较改造前提高了 22 t/d。

（4）增加 HP300 细碎圆锥破碎机，降低细碎负荷。破碎振动筛下层筛网由 14 mm×40 mm 更换为 10 mm×40 mm，破碎筛分合格率由 −12 mm 占 85%调整为 −10 mm 占 85%，形成多破少磨，但导致筛上物返料增加，现有细碎圆锥机台时处理能力不足，细碎缓冲料仓经常满仓迫使粗碎和细碎停料影响破碎产量。2021 年 8 月安装 1 台 HP300 细碎圆锥破碎机及配套设备，解决了细碎圆锥机产能不足问题，实现一段磨机台时入磨量提升 10%。

（5）铁过滤采用 2 台盘式过滤机替换陶瓷过滤机。根据改造前后工艺数质量流程计算，提产到入磨量 250 t/h 条件下、铁过滤干量为 119.6 t/h、过滤矿浆量为 154.4 m^3/h；选用 GP-96-8 型盘式过滤机，单台过滤机过滤能力 67~115 t/h，更换 2 台后可有效满足提产后现场作业需求，同时更换的铁陶瓷过滤机可用于锌过滤，将提升锌过滤的能力。铁过滤机平台承受载荷满足安装需求。GP-96-8 盘式真空过滤机设备走向按照原 TG-80 陶瓷过滤机南北走向，主机仍然架设在原设备承重钢架上，放置于输料皮带之上；输料皮带不做改动，仅对卸矿下料箱作小量改动；自动排液罐、真空泵及储气罐放置于下部平台位置，汽水管线穿过过滤机平台与主机连接。采用分区真空抽吸方式，即吸附区与脱水区隔离，可实现脱水区单独抽吸，从而降低滤饼含水率。

（6）增设超细碎（立轴破）工艺改造。在选矿上料系统增设超细碎工序，采用 2 台 4500H 立轴破及筛分设备，布置于现在受矿槽及上料皮带北侧，对拉运到场的成品矿进行闭路破碎筛分，达到入磨矿粒度 10 mm（或者 8 mm）以下。筛下合格矿料传入选厂受料系统，筛上物返回立轴破进行二次破碎，闭路循环，确保入磨粒度不大于 10 mm。选矿入磨矿量由 200 t/h 提升至 230 t/h，磨矿能效明显提升。

（7）一段、二段 2 台旋流器组改造。采用改进型渐开线结构旋流器，放大进料口尺寸，提高旋流器的处理能力；采用变锥形锥体结构，对锥体角度进行调整，降低沉砂夹细量，降低磨机的循环负荷。一段旋流器改型后，选择 FX660-GT×8（双进料）旋流器组、二段旋流器改型后，选择 FX400-GX×12（双进料）旋流器组，6 用 6 备，单台旋流器处理量 110~150 m^3/h，满足扩能要求。

（三）球团厂技改扩建

1. 雅矿竖炉球团厂

1998 年开工建设竖炉球团厂，设计年生产球团矿 30 万吨，为 10 m^2 竖炉。主要设备：主机设备 ϕ1.8 m×18 m 干燥筒 1 台、ϕ5.5 m 造球盘 3 台，除尘设施是 120 m^2 电除尘器一套。

2014 年 11 月，因国家淘汰落后产能关停，累计生产球团矿 526.97 万吨。

2. 哈密球团厂

2004 年雅矿公司在新疆哈密市开工建设 2×60 万吨/年链篦机—回转窑—环冷机球团生产线，分别于 2005 年、2008 年投产。

主要设备：回转窑 ϕ4 m×30 m，链篦机 B2.8 m×36 m，环冷机 40 m^2，原料烘干机 ϕ3 m×20 m，3 台 ϕ6 m 造球盘，煤粉制备采用 ϕ1.7 m×2.5 m 钢球磨，除尘器采用 760 多管除尘器。

设备更新：由于第一条生产线 760 多管除尘器除尘效果较差，2008 年增加 130 m^2 电除尘器。第二条生产线环冷机增加为 50 m^2，使球团整条产线具有较高的产能和装备水平。

因球团生产线在哈密市城市建成区内，根据环保要求两条产线 2015 年 8 月、2016 年

2月相继停产，两条生产线生产期间累计生产球团矿1121.53万吨。

3. 蒙库球团厂

蒙库铁矿球团厂设计规模为2条年产60万吨的酸性氧化球团矿生产线，分别于2005年7月及2007年12月建成并投产。

主要设备：圆筒干燥机规格为ϕ3 m×20 m，正常工作处理能力为80 t/h，手烧炉为烘干机提供300~600 ℃的烟气，干燥后的铁精粉水分含量为7.0%左右，尾部烟气温度30~60 ℃，经过高烟囱排放。润磨配置1台ϕ3.5 m×6.2 m润磨机，处理量为80 t/h。润磨后的混合料成分中-200目提高5%~10%以上。造球6.0 m圆盘造球机为ϕ6000 mm，单机生产能力为50 t/h。链篦机有效面积为2.8×36，有效冷却面积100.8 m^2。采用3 m风箱，共12个。链篦机布料厚度为130~150 mm。链篦机分3段，抽风干燥Ⅰ段12 m、抽风干燥Ⅱ段9 m、预热段15 m。物料停留时间24~30 min，额定运行速度1.5 m/min，可调速范围0.57~2.9 m/min，正常工作时1.5~2.0 m/min，采用变频调速电机，单台生产能力为90 t/h（额定速度下）。回转窑规格为ϕ4 m×30 m，斜度为3.5%，工作转速0.47~1.4 r/min，两挡支承。环冷机有效冷却面积为40 m^2，中径12.5 m，台车宽1.5 m。正常处理能力80 t/h。正常冷却时间为45 min，料层厚750 mm，环冷机由回转部分、风箱、传动装置、机架和上罩组成。

技改改造：

（1）球团厂新建脱硫系统。2015年3月投资约3200万元新建脱硫系统，于当年10月投产试运行。脱硫系统采用LJS-FGD球团新型高效干法脱硫除尘一体化的半干法脱硫工艺，投入使用后使得烟气粉尘排放浓度（标态）小于30 mg/m^3，SO_2排放浓度小于200 mg/m^3，满足环保要求。

（2）新建空压机房、制氮机房。2012年9月，新增一台空压机、制氮机，并加盖空压机房和制氮机房。氮气主要供给煤粉制备系统惰性气体保护作用。

（3）链篦机自动布料。当造球机生产的球团矿经过大小球辊筛进行筛选后，进入链篦机蓖床前，安装一块下料溜槽，在溜槽两侧安装拉压力传感器，设定链篦机蓖床布料厚度，由称重系统（溜槽内的球团矿）进行称重，称重系统反馈给PLC系统，在PLC系统内部根据设定的蓖床布料厚度计算出链篦机转速，输出信号控制链篦机主电机的变频器频率输出，从而实现由造球机系统—球团矿输送—进入链篦机系统自动控制。

（4）一线链篦机热风系统改造。一线链篦机机头处增加一段烟罩风箱，增加一段链篦机有效长度，改造后链篦机为13个风箱，增加链篦机的有效长度，链篦机干燥段干燥有效面积增加，风箱温度达到35 ℃以上，提高链篦机干燥预热效果、降低爆球率、回转窑粉末率，减缓窑皮生长速度，有利于厂区粉尘治理。

（5）除尘灰气力输送。采用全封闭式刮板机加仓泵的方式，进行除尘灰气力输送改造。提高原有刮板机角度，刮板机末端与干返料皮带脱离，7台末端刮板机底部各设置一台气力输灰泵，在两条链篦机之间空地新建一座60 m^3的储灰仓，作为输灰中间储灰仓（储灰仓配MC80仓顶除尘器）。中间输灰仓通过底部的气力输送泵将除尘灰输送到原料库配料料仓（配料仓配 MC120 仓顶除尘器），配料仓底部通过皮带秤将所收集到的除尘灰与铁精矿定量配比。项目改造后，除尘灰集中到原料库配料使用，无组织排放粉尘值可达到 5 mg/m^3，达到国家标准要求，除尘灰每日循环利用 40 t。工艺全程集中控制，为职工提供良好的工作环境，实现宝武绿色低碳的高质量发展要求。

（6）环冷机自动放灰。通过在环冷机 9 个灰斗正下方铺设标准轨距轨道，安装灰斗定位仪器、动力供应线路、电动防灰阀、卸载曲轨、提升机等，实现灰斗内散料自动收集、卸载，完成灰斗放灰作业。小车自主开发，利用 1.2 m^3 矿车改造，环形轨道用 43 kg/m 重轨进行制作安装，封闭式滑触线、控制系统及元件通过物资采购。动力供应线路采用环形封闭式滑触线作为动力传导，灰斗定位仪器使用轨道计轴器进行辅助定位等。另外，在环冷卸料口增加除尘设施，收集卸料口处扬散的灰尘，并将灰尘导入窑皮池内。减小环冷机内环恶劣环境，降低粉尘影响的设备异常状况，提高设备运行效率。

（7）回转窑窑尾护板改造。为了克服现有护板在尺寸形状、结构形式和数量等因素而设计的一种质量轻、结构简单、故障率低的回转窑窑尾护板。改进的窑尾护板外侧设置有搭接安装槽，护板底部设置有固定螺栓孔，护板通过螺栓固定在回转窑筒体上。窑尾护板的弧度和高度以具体使用的回转窑内径尺寸为准，护板数量为均等分布，单块护板质量不高于 110 kg，材质选用 1Gr24Ni30 铸造而成。铸造完成后，需要对铸件进行退火处理，以消除内部应力，铸件表面粗糙度不得高于 12.5。通过对护板形状进行改变、数量增加的方式，降低因护板尺寸大而出现膨胀量多的弊端，对回转窑窑尾的保护效果更好，降低安装难度和整体安装时间。

（四）新工艺推动生产能力、生产效率提升

1. 矿山

（1）切割天井一次成井技术与应用。井下矿切割天井人工凿岩工艺已全部淘汰，中深孔凿岩一次成井技术得到推广应用，彻底简化了切割井施工工艺。爆下的矿岩借助重力下落，炮烟等有毒有害气体从水平巷道排出，通风时间减少；凿岩、装药、连线、起爆等作业全部在水平巷道中进行，解决了工序烦琐，降低了材料消耗成本和安全风险，形成了一条完整的机械化作业线。

（2）大段高宽间距采矿参数研究与应用。蒙库井下矿 938 m 水平以上分段高度 15~17 m，在南北挂帮区域首分层超高中深孔及 911 m 分层试验区域对 18~27 m 不同段高中深孔参数进行理论研究分析，针对单排崩落量、最深孔进尺、单排孔进尺、钻孔密度、孔底距等参数进行对比分析，找出适合蒙库铁矿采矿厂地下矿山最佳回采段高，有效降低铁矿石回采成本。敦德井下矿 3850 m 水平以上采用分段高度 15.5 m，进路间距 18 m；设计 3850 m 以下分段高度 20 m，进路间距 18 m。

（3）导硐法技术。通过施工工艺改进，优化掏槽孔，重新设计孔网参数，先小断面掘进，为爆破提供更多的自由面，在施工光面孔分两次控制爆破成型，半壁孔从 40%提升至 80%，炸药单耗由以往的 3.2 kg/m^3 降至 2.3 kg/m^3。降低巷道掘进炸药单耗，提高巷道

质量。

（4）覆盖层矿石回收。矿体尖灭，下部无采矿工程布置区域，上部预留的覆盖层回收，为降低矿石覆盖层传统的永久损失提供了保障。通过研究下沉或者抬高的平底式和堑沟式底部结构与无底柱分段崩落法巷道工程的布置形式相结合，根据现场凿岩、铲运设备外形尺寸，铲运出矿方式等确定合理的、适用的出矿底部结构，提高矿石回收率，减少矿石资源浪费，可以缓解矿山生产压力，减缓下降速度，同时为类似矿山资源的回收提供可借鉴的方法和经验。

（5）井下掘进开采全面实现机械化。应用掘进凿岩台车、撬毛台车、喷浆台车、锚杆台车、中深孔凿岩台车及溜井刷扩 T150 潜孔钻机，井下采矿作业实现机械化开采，使得作业环境更加安全。

（6）敦德公司使用重铵油代替乳化炸药进行掘进，降低炸药单耗，提高装药效率，改善现场作业环境，减少工人劳动强度，降低安全风险。蒙库公司开展井下矿上向中深孔爆破采用装药台车装药，爆破器材采用安全环保的混装乳化炸药试验，目前试验工作正常推进。

2. 选矿厂

（1）贯彻“多碎少磨”的节能理念。2013 年蒙库选矿厂开展降低破碎粒度进行攻关，随着四期大破碎的投产使用，破碎全部使用山特维特颚式破碎机、圆锥机，对粗碎、中碎、细碎出料粒度严格按标准破碎比和工艺参数进行控制，实现破碎年生产能力达到 300 万～400 万吨，破碎工序开路处理量为 700～1000 t/h，破矿能力大、破矿粒度小、最终产品筛下物粒度不大于 12 mm。

（2）2016 年蒙库选矿厂完成旋流器替代螺旋分级机项目新增的旋流器比分级机溢流细度提高了 5%以上，分级质效率提高 6%以上，球磨机处理能力提高 2%以上，满足了产能的提升，降低了维修工作量以及成本费用，提高了作业率；同时，一段磁选精矿品位达到 60%～61%，最终精粉品位达到 67.1%。全年 9 号磨机处理量可达到 139.32 万吨，提升产量 10.8 万吨，产生经济效益 4644 万元。

（3）蒙库选矿厂相同生产线联合生产不同指标产品的研究和应用。因生产球团矿和烧结矿对原料细度的不同要求，通过两条生产线工艺流程互补方法研究，联合生产不同指标铁精矿，提硅降硫。按此方法生产，两条生产线精矿产量未发生变化，三线精矿指标品位 67.5%、细度（-200 目）74%～75%，二线精矿指标品位 65%、细度（-200 目）48%～50%，产量正好可满足两种不同指标产品要求。

（4）蒙库铁矿选矿厂效能提升项目。实现选矿全流程自动化控制系统，操作、管理及维护岗位人员优化 109 人，人员效率提升了 29.70%；台时处理量提高 1%～3%，铁精矿处理量提高了 2%，铁精矿回收率提高了 0.2%，人员效率提升和指标提升，实现经济效益约 1128 万元/年。

（5）蒙库铁矿选矿智慧管控专家系统。实现了磨矿系统操作指标的协同优化调整，能够保证整个生产过程在品位波动的情况下仍处于整体优化运行的状态，最终实现了磨矿流程无人干预自动调整目标。

（6）敦德选矿厂优化浮选工艺，双刮板实施提高锌金属产率。2017 年 5 月对锌浮选流程进行了改造，将设计四段锌精选为三段锌精选，锌精三泡沫槽由 2 个增加为 4 个。为了加大精矿的处理能力，把精扫选中残留的锌金属有效地选别出来，现场把原有精扫选单一刮板改为双刮板，使锌扫选充分选别处理，降低了尾矿中锌金属的流失；精 1 到精 2 的 KYF 型充气式吸浆浮选机改为 ZF 自吸式浮选机，锌精矿产量大幅提升。

（7）敦德造矿厂优化锌过滤系统。对锌过滤机过滤时产生的溢流锌精矿、清洗放矿时所产生的槽体锌精矿由输送至一段旋流器溢流泵池进行再次选别工艺，改为输送至 9 m 浓缩机内，通过沉淀和浓缩后再次返回锌过滤进行脱水作业，减少锌精矿返回原系统造成锌浮选系统生产紊乱，同时，避免酸洗液进入浮选系统达到酸碱分离的作用，最终将锌过滤排出的锌精矿通过二次回收脱水过滤，使这部分锌精矿提前达到销售的要求，提高锌金属回收率。

（8）敦德选矿厂铁精矿反浮选工艺改造。2020 年 3 月选矿厂通过改造，将 2 号旋流器溢流矿浆由直接进入二段磁选机选别，改为利用 2 号旋流器高差将溢流矿浆通过 DN400 陶瓷复合管引入金浮选车间 9～16 号浮选机内，通过添加硫酸铜、异戊基黄药、2 号油进行浮选，将矿浆中硫化物通过浮选刮出，进入 2 号泵池再进行选别利用；浮选机底流中矿则进入金浮选原事故泵池，通过渣浆泵输送回二段磁选机分矿箱，由 3 号、4 号、7 号双联筒磁选机再次进行选别，降低铁精矿中硫化物的含量。

（9）敦德选矿厂铁精矿进行全部反浮选脱硫降锌改造。由于原矿硫品位升高，造成铁精矿硫品位升高，最高时达到 0.9%。为降低铁精矿硫品位，选矿厂进行铁精矿部分反浮选的工业试验，在过滤铁精矿给矿泵池安装渣浆泵及管路将矿浆给入到金浮选 9 号浮选机分矿箱内，利用金浮选 9～12 号浮选槽对三段磁选铁精矿进行反浮选脱硫降锌。2021 年 1 月通过改造将 2 号旋流器溢流进入 12 号浮选机分矿箱内，利用 13～16 号浮选机槽进行浮选，最终两种浮选泡沫返回至锌粗浮选系统，底流统一进入到金浮选事故泵池，给入到磁选二段分矿箱内对金浮选 12 号底流（反浮选后底流）取样数据统计分析后，三段磁精矿部分给入金浮选 9～12 号浮选槽内，即铁精矿经过反浮选后，金浮选 12 号底流（反浮选后底流）硫品位数据保持在 0.35%以下。

（10）选矿厂一段旋流器溢流矿浆分流改造项目实施。2021 年 3 月通过利用未投入使用的选金设备对锌粗选、精选进行分流改造，可以有效地降低锌粗选、精选负荷，台时给矿量由 205 t/h 提高到 235 t/h，每月可增产约 10000 t 铁精矿。

（11）敦德选矿厂 2022 年完成 150 万吨/年智慧制造技术改造项目，实现选矿生产调度指挥管控一体化，提升“四个一律”指数，优化人员，解放双手，提高劳动生产率。目前，供水自动化改造项目、皮带通廊巡检机器人项目已完成。

（12）因原料不足雅矿公司选矿产线停产，2021 年选矿厂将两段磨选改造为三段磨选，处理周边矿山难磨难选矿石，为选矿厂持续生产打下了基础。

3. 球团厂

（1）球团一线主抽风机叶片改造。2010 年，一线主抽风机叶轮叶片通过改变倒角角度改造以达到增大抽风风量的作用。通过改造，一线主抽风机风量增加约 60000 m^3/h。

（2）复合膨润土投入使用。为提高球团矿品位、降低黏结剂膨润土用量，2015 年 1 月球团厂试验使用富蕴美华矿业有限公司生产的复合膨润土，于 3 月二线正式投入生产、6 月一线正式投入生产，膨润土单耗有所降低、球团矿品位升高。

（3）润磨自动添加钢球。2015 年 2 月通过改造实现润磨机自动添加钢球并计数的功能，有助于改善润磨机作业效率，减少操作人员手动添加钢球的劳动强度，使用效果较好。

（4）二线链篦机自动布料。一、二线链篦机设计时为手动布料，需要操作人员在布料口时关注布料辊筛通过操作链篦机变频调速达到均匀布料效果。2016 年 2 月，通过对布料辊筛下料处接料板两侧加装重力传感器称重的方式，通过重力信号与链篦机转速变频连锁实现自动造球。链篦机自动布料实现链篦机篦床料厚均匀，减少人员操作误差，提高产品质量，降低操作人员劳动强度。

（5）自动造球项目建设。2018 年 9 月自动造球改造首先在二线建设投入调试及试运行阶段，自动造球项目的投入使用，提高了生球粒度的稳定性，也提高了生球的强度及合格率，降低操作人员劳动强度，减少造球岗位人员配置。

（6）蒙库铁矿球团厂效率提升。实现工艺流程远程控制，操作、管理及维护岗位人员优化 100 人，人员效率提升了 30.3%；台时处理量提高了 1.5%，人员效率和指标都有所提升，实现经济效益约 1321 万元/年。

（五）生产效率提升

经过多年开展对标找差工作，矿山、选矿和球团等产线通过不断工艺技术改造，各工序产量、效率得到提升。

人事效率提升，八钢矿业 2022 年度全口径员工（自有在岗+效率口径协力）人均精矿产能 1874.27 吨/人（产量 346.74 万吨，人员 1850 人），相比 2021 年（1559.23 吨/人）提升 20.2%。按照宝武资源下达的人事效率提升目标，2023 年达到 2038.22 吨/人。2025 年八钢矿业全口径（在岗+协力效率口径）人员预计达到 1766 人，人均铁精矿产能由 2022 年的 1874.27 吨/人提升至 3001.13 吨/人。

（六）绿色矿山建设

2010 年按照国土资源部绿色矿山建设规划总体要求，以“坚持科学发展、建设绿色矿山、营造和谐企业”为目标，制定了八钢矿业绿色矿山建设规划。2013 年 10 月 20—21 日，雅矿磁海铁矿获批国家级绿色矿山试点单位。

2014 年 7 月份富蕴蒙库铁矿有限责任公司蒙库铁矿成功申报第四批国家绿色矿山试点单位，9 月份加入中国矿业联合会，10 月份《蒙库铁矿国家绿色矿山建设规划》通过评审，并在国土资源部绿色矿山委员会备案，2017 年 8 月份经过新疆维吾尔自治区绿色矿山现场验收，2019 年通过遴选，2020 年 1 月 8 日公示。

2020 年敦德矿业开展了国家级绿色矿山申报工作。2022 年编制了《巴州敦德矿业有限责任公司新疆和静县敦德锌铁矿矿山生态环境保护与修复治理方案》，实施期为2022—2026年。

“十四五”期间八钢矿业将持续加大绿色矿山建设力度，进一步完善绿色发展指数评价体系，通过绿色发展指数提升来推进绿色矿山建设，力争矿山在“十四五”期间全部进入国家绿色矿山名录，让绿色成为矿山高质量发展的最美底色。

（七）智慧矿山建设

2018年中国宝武全面启动智慧制造行动，按照中国宝武智慧制造“四个一律”与“三跨融合”的工作要求，依据《宝武资源智慧矿山建设规划》要求，2019年八钢矿业开展智慧矿山建设。

（1）2019年蒙库矿业选矿厂从基础自动化开始，进行智能化的升级工作。2022年完成磨选专家系统建设，范围涵盖了破碎、磨矿分级磁选、精矿浓密、尾矿输送泵房等全流程，通过精粉品位、粒度检测及磨选产线专家系统模型的建立，已实现磨选工序智能化控制。

（2）2019年蒙库矿业对球团生产线部分影响产线自动的设备，进行了自动化改造升级。新增链篦机球团优化控制软件，建成自动配料、自动造球、矿槽自动灌仓、链篦机自动布料、环冷机自动布料、风流热工系统自动化调节等功能。

（3）2019年蒙库铁矿厂内物流信息化建设，通过对6台司磅配套设备智能化升级改造，对厂内物流车号自动抓拍，微信小程序无纸过磅，统计数据信息智能化分析，实现了原料进出厂计量管理网络信息化，提升了物流效率。

（4）2019年蒙库尾矿坝在线监测系统和球团厂污染源智能视频监控系统，将尾矿坝水文地质情况，球团脱硫脱硝运行指标情况，通过网络系统智慧化，上传至阿勒泰地区和自治区相关政府环保部门，实时监管，保障安全生产。

（5）2020蒙库铁矿井下矿六大系统一、二期建设，实现了六大系统井下巷道全覆盖，为安全生产提供了保障。蒙库铁矿地下压气站远程集中控制，实现了压气站无人值守，达到远程控制功能和实现减员3人的目标。

（6）2021年蒙库选矿厂皮带机巡检机械人、渣浆泵移动视频监控系统的建立，实现了现场实时监控，能及时发现设备运行中存在的隐患，将故障消灭在萌芽状态，也实现了现场无人化，大大降低了人员安全隐患，防止职业病的发生。

（7）2021年蒙库矿业开发了针对铁矿石体积精准测量系统，通过建立铁矿石品位与比重模型，实现了出矿品位快速识别，构建了智能化的采矿选矿矿石品位自动检测系统。

（8）2022年蒙库实现了井下全国首例最先进的智能凿岩台车在井下作业，引进了SimbaME7的智能凿岩台车进行远程操控，实现了工作人员完成首孔定位后，设备可自动完成1~2排扇形炮孔，并形成炮孔施工后的成果图；实现生产数据、运行数据、报警数据、信号数据的实时上传，以及设备利用率分析、能耗分析和报警分析。搭载井下覆盖的5G网络，在环境更加友好的百千米外的智能管控中心进行监控操作。

（9）2022年蒙库建成全国先进全疆领先的全功能智能管控中心，统一iPlat平台可以进行数据采集与操作画面整合，实现整个矿山采、选、球各工序一体化集中管控、实时监控，规划建设办公网、监控网、延伸控制网以及互联网出口等，支持数据采集、信息管理、视频监控、安全监测等信息化应用，保障数据安全可靠传输，实现智能装备、物联网、大数据、人工智能、5G、边缘计算、虚拟现实等前沿技术在冶金矿山的融合应用。

（10）2022年，蒙库铁矿构建面向地质建模—采掘计划—采矿设计—采矿作业（落矿—出矿—运输）品位自动检测为主线集成化、智能化的矿山生产作业管理模式。

1）地测采生产执行系统。地质测量建模、资源储量估算、采矿设计和计划编制等，实现业务功能联动，使地质工程师、测量工程师、采矿工程师等矿山技术人员的业务操作和管理更加便捷化、高效化和智能化。

2）生产管控系统。结合采集的数据，生成作业计划及任务，科学合理指挥调度生产，同时根据生产管理人员、调度人员、各部门业务人员不同的生产需求，提供以表格、图形、动态视频和三维模型等多种展示方式供其查看、调度以及分析决策的应用系统。

3）三维可视化管控系统。实时展现井下生产状态，解决生产与管理各子系统同一时空虚拟环境下的仿真展示、可视化管理、辅助生产以及综合分析与决策等关键问题的应用系统。

地磅计量系统远程控制、地测采执行系统和生产执行系统已投入使用，采矿生产智慧协同APP部分功能正在测试使用，三维可视化系统正处于数据信息整合阶段。

（11）2022年敦德矿完成150万吨/年选矿厂智慧化改造、供水自动化改造项目、皮带通廊巡检机器人项目。选矿全流程仪表系统、控制系统、预测性维护、三维可视化平台的建设，以及外围3D、水系统改造项目与主系统的融合，第三方系统（如变电站、锅炉房）纳入自动化系统中实现集中控制，集中管理。计划2023—2025年完成井下基础自动化系统建设，包括主干网络、网络安全系统、井下“环网+5G+4G”组网；远程控制凿岩台车系统、无人铲运机系统、电机车无人驾驶系统等建设，实现地表远程操控。

2019年八钢矿业开展智慧矿山建设以来，“四个一律”整体指数明显提升，智慧工作平台4.0、BWHR、标准财务、宝武党建云、非贸合同管理平台等相继上线，矿山智能管理平台、成本管控系统、物资采购系统（pscs）资源、设备管理系统、自产矿一体化销售平台、协力管理系统、安全管理系统、生产智能管控系统等信息化系统建设已挂图实施，标志着八钢矿业智慧矿山决策架构体系逐渐完善。

第十七节　山东金岭铁矿有限公司

一、基本概况

山东金岭铁矿有限公司（以下简称“金岭铁矿”），总占地面积3870亩，总资产50亿元，是一家集采矿、选矿、球团加工、机械制造于一体的国有大型企业。1948年8月金岭铁矿恢复建设，2008年3月整体划转至成立的山东钢铁集团，2017年3月完成“公司制”

改制，整体划转至山东钢铁集团矿业有限公司。

金岭铁矿拥有上市公司山东金岭矿业股份有限公司（简称“金岭矿业”，股票代码000655，控股58.41%）、全资子公司淄博铁鹰球团制造有限公司，并持有莱芜钢铁集团莱芜矿业有限公司35%股权和莱芜钢铁集团鲁南矿业有限公司34%股权。其中，金岭矿业是中国第一家铁矿石资源类上市公司，拥有选矿厂、机械厂、侯庄矿等生产单位和全资子公司山东金召矿业有限公司、金钢矿业有限公司，另控股喀什金岭球团有限公司（70%），参股山东金鼎矿业有限责任公司（40%）、山东钢铁集团财务有限公司（6%）。公司下设11个单位和11个机关部室，在册职工2600余人，具有年生产铁精粉120万吨、球团矿110万吨的能力，主要产品“铁鹰牌”铁精粉曾获“国家金质奖章”。

二、发展历程

山东金岭铁矿位于山东省淄博市高新区中埠镇铁冶村西北，海拔254.6 m，铁矿资源丰富，其铁矿石铁含量较高。1949年1月正式生产，282人露天年产矿石2.8万吨，坑内年产矿石7.6万吨。1959年，铁山矿区露天年产铁矿石88.7万吨。1972年，召口矿区试生产，井下年产铁矿石4.8万吨。1973年铁山矿区实现了由露天采矿向井下采矿的转移，井下年产铁矿石45万吨。1977年，铁山矿区井下年产矿石64万吨。1980年，召口矿区井下年产铁矿石29万吨。1985年，铁山矿区井下年产矿石33.2万吨。1987年，金岭铁矿被山东省人民政府命名为“省级先进企业”。1993年7月，侯庄矿区投产，井下年产铁矿石8.5万吨。1996年，铁山矿区井下年产矿石16.2万吨。2000年，召口矿区井下年产铁矿石51万吨。2000年，侯庄矿区井下年产矿石28.9万吨。2007年，侯庄矿区井下年产矿石66万吨。2001年，金岭铁矿发起并参股成立了金鼎矿业有限公司，扩大了矿山生产规模；2007年正式投产，金鼎公司井下当年出矿38万吨。2006年，金岭铁矿通过实施“重组+股改+定向增发”的“三合一”创新型股改方案，成立了山东金岭矿业股份有限公司，成为中国第一家铁矿石资源类上市公司。

2008年3月，山东钢铁集团有限公司注册成立，山东金岭铁矿整体划归山东钢铁集团有限公司。2009年，召口矿区井下年产矿石92万吨。2013年，召口矿区井下年产矿石82.8万吨。2011年，金鼎公司实施扩产改造工程；2015年，金鼎公司井下矿石产量达到200万吨。2021年，金鼎公司井下年产矿石200万吨，归属金岭铁矿80万吨。2021年，金岭铁矿外购正元矿石37.3万吨。

2021年，金岭铁矿聚焦运营安全和效益稳定，扎实推进“双降双提”工作，开展“六大存量攻坚战”，突出“四金占用”压减管控，资产结构和质量进一步优化。落实改革攻坚举措，强化市场化思维，考核更加精准有效。全员劳动生产率同比分别提高，绿色发展持续改善，营业收入、利润总额、净利润、归母净利润四项指标相互协调、改善显著，2021年创金岭铁矿近10年来生产经营最高水平。

（一）矿山生产发展

1. 矿山建设

1948 年铁山解放，同年 8 月山东省人民政府派张静等 7 名同志来矿恢复工作。1949 年 1 月正式生产，全部为手工开采，此期间日本人开采过的 4 个露天采场，期末生产能力 20 万吨/年。

第一个五年计划期间（1953—1956 年）进行第一次基建，用中段法采矿，实现部分机械化作业。一五末和二五期间进行二期基建。

1965—1976 年进行第三次基建，1966 年召口矿开始基建，选矿厂投资兴建；1967 年召口矿投产，生产能力 24 万吨/年，选厂建成，处理量 40 万吨/年。

1971 年铁山采场深部扩建，1973 年露天开采全部结束，全部转为地下。

1970 年 11 月对侯家庄矿区进行基建。1977 年进行第四期基建，期间东召口一矿体基建，1989 年投产。

2. 开拓设计

山东矿冶办事处金岭铁矿设计组根据重工业部钢铁工业局一 1953 年 2 月 13 日钢设字（53）88 号文通知，于 1953 年 4 月 25 日完成了“金岭铁矿恢复四平巷开采工程扩大初步设计”。重工业部黑色金属矿山设计院根据 1956 年 4 月 5 日重工业部（56）22117 号文批准的“金岭铁矿扩建工程设计任务书及批准的审核意见书”，于 1956 年 8 月完成了金岭铁矿扩建工程初步设计，1984 年 5 月金岭铁矿完成了“金岭铁矿铁山矿床七矿体开采方案设计”。

1966 年金岭铁矿根据山东冶金工业公司（66）鲁冶计字 158 号文所报的设计任务书，于同年 9 月完成了“召口矿区金召矿床初步设计”，设计年产量 50 万吨，服务年限 23 年，采用下盘竖井开拓。

1967 年金岭铁矿根据冶金工业部（66）冶矿建字 5 号文批示进行设计修改，同年 1 月完成了召口矿区初步设计（修改），建设规模由 50 万吨/年改为 80 万吨/年。

1972 年金岭铁矿根据地质补充勘探所获得的地质资料与勘探期间矿体的变化情况，向山东省冶金工业局进行了汇报。根据山东省冶金工业局领导指示精神，金岭铁矿召口矿区进行二期基建。同年 1 月进行了设计修改，完成了“召口矿区（深部）初步设计”，设计年产量 50 万吨。

1976 年 6 月金岭铁矿完成了“召口矿区东召口矿体初步设计”，确定东召口矿床与北金召北矿床联合开拓，设计年产量 15 万吨。

1983 年 2 月金岭铁矿完成了“金岭铁矿胶结充填回采矿柱试验方案”，确定第一步骤采用阶段矿房法回采矿房，嗣后一次尾砂胶结充填采空区；第二步骤采用上向水平分层尾砂充填法回采间柱。

1984 年 10 月金岭铁矿完成了“金岭铁矿北金召北矿床延伸方案设计”，设计采用下盘混合井主斜井箕斗提升，盲副斜井提升；开拓-350 m，-390 m（辅段），-430 m 三个水平，年生产能力 15 万吨。

1969 年 8 月金岭铁矿完成了“金岭铁矿侯家庄矿区方案设计”，设计年产量 60 万吨，服务年限 23 年，下盘对角式竖井开拓。

1976 年 10 月金岭铁矿对侯家庄矿区方案设计进行了修改，完成了“金岭铁矿侯家庄矿床开采方案（修改）说明”，设计年产量 50 万吨，服务年限 24 年。

1981 年山东省冶金设计院根据山东省冶金工业厅的指示，完成了“金岭铁矿侯家庄矿区可行性研究”。1982 年 5 月山东省冶金工业厅在金岭铁矿主持召开了“金岭铁矿侯家庄矿区可行性研究座谈会”，对可行性研究进行了审查。同年 7 月山东省冶金工业厅上报了“金岭铁矿侯家庄矿区设计任务书”，1983 年 2 月山东省计划委员会对设计任务书进行了批复。据此，1983 年 8 月山东省冶金设计院完成了“金岭铁矿侯家庄矿区初步设计”，设计年产量 50 万吨，服务年限 29 年，总投资 5082 万元。

3. 分期基建

1953 年 6 月，金岭铁矿根据重工业部钢铁工业局 1953 年 2 月 13 日钢设字（53）88 号文通知，开始对铁山矿区四平巷进行恢复。工程于 1953 年 12 月竣工，形成生产能力 10 万吨/年。

1966 年 10 月，金岭铁矿根据冶金工业部（66）冶矿建字 5 号文开始对召口矿区北金召北矿床进行基建，1972 年 5 月一期工程竣工，形成生产能力 24 万吨/年。由于设计开拓水平地质储量减少形成年产 50 万吨的生产能力，根据山东省冶金工业局（72）鲁冶基供字 376 号文，于 1973 年开始进行二期基建，工程于 1977 年 6 月竣工，形成生产能力 30 万吨/年。

1970 年 11 月金岭铁矿对侯家庄矿区进行基建。工程于 1971 年 12 月停止建设，进行地质、水文地质补充勘探，此期间进行了主、副井地质钻探，确定了井位；征用了主、副井场和部分公路土地，完成了主、副井锁口，安装了掘进井架和提升设备。

（二）金岭铁矿地质构造及开采矿床

金岭铁矿矿区位于鲁西地块（Ⅱ）东北部，鲁中隆块（Ⅲ）北部，泰山—沂山隆起（Ⅳ）北东，邹平—周村凹陷（Ⅴ）北缘。东邻北东向的淄河断裂带，北靠齐河—广饶大断裂。近东西向、北东向和北西向三组断裂构成本区构造主要格架，并控制着金岭闪长杂岩体的产出形态和矿床展布空间。

环绕金岭杂岩体分布的地层由老至新，分别为下古生代中奥陶系、古生代石炭-二叠系、中生代侏罗系和白垩系、新生代第四系。其中下古生代中奥陶纪马家沟组土峪—五阳山段（OMt+w）为主要成矿围岩。

矿区内主要为褶皱构造和断裂构造。金岭短轴背斜位于矿区中心部位由南西向北东倾伏，轴向为北东 45°，控制了金岭岩体的产状、形态及展布方向。核部为中生代燕山晚期侵入的闪长岩体所占据，是重要的成矿构造之一。断裂构造主要有岩体东侧金岭断层、西侧张店断层和中部穿插岩体的玉皇山断层。

矿区岩浆岩主要是金岭闪长杂岩体，属于沂南超单元，铜井亚超单元、上水河单元。据同位素年龄测定，侵入时代应为中生代燕山晚期艾山阶段。岩体产状为一复杂的岩盖，面积约 60 km^2，岩相特征为中偏基—中性—中偏碱性。碱性岩脉及后期有碱质交代岩性较复杂的杂岩体分为辉长闪长岩、黑云母闪长岩（包括角闪闪长岩）、闪长岩（包括正长闪长岩、三英闪长岩）、偏碱性脉岩类等四个成岩阶段，其中黑云母闪长岩与角闪闪长岩为本区主要成矿母岩。

金岭铁矿开采矿床有北金召矿床、北金召北矿床、东召口一矿床、侯家庄矿床和辛庄矿床。参股公司金鼎矿业公司开采王旺庄矿床。矿床类型主要为热液交代作用形成的矽卡岩型磁铁矿床。

（三）历次重点工程项目

1. 铁鹰公司球团焙烧增设脱硝装置项目

铁鹰公司球团焙烧增设脱硝装置项目于 2020 年 6 月 26 日开展工程招标工作，7 月 17 日签订合同，合同金额 1330 万元，合同工期 90 天。脱硝项目主体工程在原定工期内完成，球团生产线于 10 月 15 日准时点火启动，同步开展系统调试工作，并于 10 月 31 日开始 168 h 试运行，已完成投资 1330 万元。项目执行过程中，计划、设计、生产、采购、运输、安装等环节按合同约定工期进行，未影响工程整体进展，安全风险控制工作做得较好，未发生一般及以上安全事故。铁鹰公司球团生产线增设烟气脱硝设施项目投入生产以来，设备运行比较稳定，通过 168 h 调试运行及之后的生产运行效果来看，脱硝项目实现了氮氧化物稳定达标排放，确保了球团生产线的连续生产。

2. 山东金召矿业有限公司北金召矿床延伸开拓工程

竖井改造工程和北金召矿床-570～-750 m 开拓工程。开拓工程主要是北金召 3 号盲斜井、-310 m 爆破器材分库、-700 m 中段运输巷、-750 mm 中段运输巷、回风天井、避灾硐室、-750 m 中段泵房和水仓等；主井提升系统改造主要为选用落地式多绳摩擦式提升机、采用罐笼—箕斗互为平衡提升方式，主要改造内容有：现有井架拆除、新井架基础、新井架安装、卸载装置改造、提升机房建设、提升机购置及安装、提升容器安装及电控安装调试等。项目计划总投资 3510 万元，项目建设期为 2021 年 1 月—2023 年 6 月。

3. 铁山矿区 5 号、6 号露天坑改建尾矿库

铁山矿 5 号、6 号露天坑改建尾矿库工程可以更好地解决矿山运营过程中产生的尾矿堆存问题，实现矿山可持续发展，节约运营成本，工程于 12 月基本完成建设，投资 328 万元。本项目的实施能有效解决我公司尾矿堆存的现实紧迫性问题，同时也为我公司带来了巨大的经济效益和社会效益，具有重大的环保意义。

4. 傍山型尾矿库干式回采方法的研究与应用

山东金岭铁矿 1 号尾矿库于 2009 年 11 月投入使用，为五等库，从地貌上看场地属于低山丘陵地形，属傍山型尾矿库。1 号尾矿库初期坝一次性建设，最大坝高为 21 m，库容约 55 万立方米，现尾矿堆存量约为 43 万立方米。采用干式尾矿回采法，现场回采顺序按尾矿坝轴线垂直方向分层布置，采用自上而下分层回采。每层尾矿采用后退式纵向回采，工作面平行布置，每回采完成一层后再进行下一层回采。该研发成果为新方法的研发，用于生产后，能够实现高效、方便地回采傍山型尾矿库中的尾矿，尾矿库的尾矿回采后，直接进行销售。山东金岭矿业股份有限公司铁山 1 号尾矿库目前共计存有尾矿 43 万立方米，折合尾矿 70 万吨，存在尾矿大量堆积占据土地资源的问题。通过傍山型尾矿库干式取尾的研究与应用，顺利完成铁山 1 号尾矿库的取尾工作。同时，所取的尾矿进行井下充填，实现采空区的治理。

5. 浮选自动加药系统的研究与应用

浮选系统是选矿生产工艺过程中的一个重要环节，而浮选加药量大小和稳定性，又是影响浮选质量的一个至关重要的因素。为优化药剂添加的准确性和稳定性，经过外出考察、分析、论证，对选矿厂浮选自动加药进行技术革新改造。在加药室安装西门子 S7 系列的 CPU 为控制器的 PLC 柜，进行数据采集和处理，并控制输出加药电磁阀的开关；在浮选车间安装触摸屏作为人机交互操作界面，在主控室单独配置一台上位机，可以对各个电磁阀的流量进行设定。改造完成后，可在现场和主控室远距离同时控制、调节多个加药点的给药量，给药量可根据需要设定，从每分钟数十升到零点几毫升，调节范围广，操作方便，实现了准确稳定加药。不仅减轻了工人劳动强度，改善作业环境，而且能稳定并提高浮选指标，降低药耗，为企业发展带来长远经济效益。

6. 选矿厂布袋式除尘系统

按照《山东省区域性大气污染物综合排放标准》要求，需要对现有的除尘系统进行提标改造，提高除尘系统的排放标准。根据选矿厂破碎系统现有除尘系统收尘点和岗位布置情况，本着提高排放标准，提高现场岗位作业环境，减少除尘器数量的原则，将原来的 5 个除尘点合并为 3 个除尘点。2019 年 12 月 9 日委托第三方检测机构对除尘系统进行了固定污染源检测，颗粒物排放浓度在 2.1～3.4 mg/m^3 之间，符合设备运行和改造要求。另外由于增大了除尘器的风量，工作现场的粉尘量明显减少，提高了作业环境。

7. 选矿厂粗碎系统改造研究与应用

选矿厂原粗碎系统破碎量不能满足现有生产需求，并且粗碎系统工艺流程复杂，矿仓容积小、倒矿频繁，严重制约生产，为进一步简化流程，降低成本，提高劳动生产率，达到降本增效、节能降耗的目的，通过矿仓扩容，缩短工艺流程，提高系统破碎效率等一系列改造。项目自 2016 年试运行以来，运行效果良好，达到了预期目的。项目实施后，进一步降低了生产成本，提高了企业技术实力，为企业创造了可观的经济效益，同时碎矿生产工艺得到进一步优化，流程更加精简，岗位布局更加合理，职工工作环境大大改善，劳动强度进一步降低。

8. 低成本高质量充填技术的研究

为解决胶充系统存在的问题，开展了“低成本高质量充填技术的研究”项目。历时 18 个月，充填系统于 2019 年 12 月达到预定充填技术指标。通过低成本高质量充填技术应用，金召矿业充填质量得到显著改善，能够做到配比精准控制、质量均衡稳定；截至 2022 年 6 月，改造后的系统已经完成胶结充填 45 万立方米，累计产生经济效益 5043 万元。

三、文化建设

金岭铁矿本着“以文强企、以文聚力”的理念，围绕“艰苦奋斗，争创一流”的企业精神，将“以人为本，全员参与，服务至上”的宗旨落到实处，在矿山上下形成了推进创新、提升管理、加快发展的浓厚文化氛围。

2008 年开始，金岭铁矿积极融合山钢文化，展示山钢集团理念识别和视觉识别系统，让广大职工在耳濡目染中感悟山钢文化的内涵。“共创共进共赢”的山钢核心价值观深入人心，增强了广大职工“我是山钢人”的意识。

金岭铁矿先后荣获全国五一劳动奖状、全国钢铁工业企业先进集体、全国冶金十佳厂矿、全国厂务公开民主管理先进单位、全国设备管理优秀单位、全国安康杯竞赛优胜企业、山东省思想政治工作优秀企业等荣誉。

四、企业未来发展规划

（一）企业发展战略

（1）聚焦做大做强矿山主业，首先充分利用公司现有的技术和人才储备，重点关注已建矿山（在产或停产），实施并购，快速实现生产，规避开发新矿山的各种政策、批复、技术、建设及周边环境的完善构建工作；其次是加强调研，实现资源储备，开发新矿山，积极参与论证推进彭集铁矿项目的建设。

（2）坚持心无旁骛做主业，突出做强矿业，在熟悉的行业内实施产品多元化，规避投资风险，降低产品单一风险，加强矿山行业内其他类型矿产品的调研、论证，积极向有色金属类、稀有金属类矿山寻求发展机会，拓宽公司产品种类。

（3）充分利用上市公司平台，做大做强矿业。一是充分利用上市公司的信息渠道，拓宽信息来源，为寻求优质资源做好基础；二是拓宽融资渠道、融资种类，降低融资成本，为企业的可持续发展提供更加广阔的资本平台；三是提升企业的品牌价值和市场影响力，提升公司在客户、供货商和金融行业的地位及信誉；四是增强公司竞争优势，通过资本平台的并购重组等，进一步培育和发展公司的竞争优势和竞争实力，增强公司的发展潜力和发展后劲，做大做强矿业。

(4) 继续拓展外部工程承包。在本部相关矿山结束开采后，应继续组织开展采选业务对外承包工作，参与相关项目的工程承包和合作。随着对外工程承包业务的开展，也会使采选主业在多方面展开合作，如参与矿山股份合作、探矿工程、独资承包矿山等。

(二) 企业发展规划目标

(1) 远景规划目标。金岭铁矿将充分利用对矿山行业的技术、人才、市场、管理优势，聚焦做大做强矿山主业，做强做精铁矿石生产、加工、销售及相关业务，积极有序地推进国内外优质增量矿产资源的开发，打造具有区域竞争力和国内影响力的绿色矿业基地，成为国内可靠的资源基地。

(2) 五年发展目标。“十四五”期间，金岭铁矿的发展重点是：一是深挖现有矿山的生产潜力，为后续发展提供经济基础；二是全力以赴推进新项目建设，实现资源储备；三是深入推进企业改革，筑牢企业发展的根基。

第十八节 内蒙古大中矿业股份有限公司

一、基本概述

内蒙古大中矿业股份有限公司（简称“大中矿业”）成立于1999年10月，主要从事铁矿石采选和铁精粉、球团、机制砂石的生产和销售，目前企业在内蒙古巴彦淖尔市、安徽省六安市拥有两大矿山基地，铁矿石储量高达5.2亿吨，现有矿山扩建投产后公司年矿石开采能力将达到年1500万吨，可持续开采超过30年，在当地工业经济中有着举足轻重的地位，是全国民营企业铁矿石采选加工行业的龙头企业。

2020年1月公司书记沟铁矿和东五份子铁矿同时评为国家级绿色矿山。2021年被内蒙古工商业联合会、内蒙古发展和改革委员会评为“内蒙古科技创新民营企业30强”第20名，2022年公司被中国冶金矿山企业协会评定为“中国冶金矿山企业50强企业”第13位。子公司安徽金日晟矿业有限责任公司2020年12月被中华人民共和国自然资源部授予“国家级绿色矿山”，2023年1月中共安徽省委、安徽省人民政府授予“安徽省民营企业税收贡献50强”。

2021年5月在深圳证券交易所挂牌上市，大中矿业上市后实施“实业+资本”双轮驱动的战略，大中矿业深耕矿山采掘和选矿行业多年，在矿业投资、矿山开发、建设管理、采选技术方面培养了一支经验丰富的技术团队和管理团队。基于公司全资子公司安徽金日晟矿业有限责任公司周油坊矿从铁矿尾矿中选取合格云母的能力及技术储备，以及公司现有球团回转窑工艺，公司从2022年开始进军湖南临武云母锂矿。

二、发展历程

母公司众兴集团自1995年10月24日创立至今，从一家名不见经传的小企业，历经

20 多年的风风雨雨，经过几代人的艰辛努力，通过多次的改革、创新、转型、升级，逐步发展壮大，分别在海南、天津、香港、内蒙古的包头市、巴彦淖尔市、阿拉善盟、呼伦贝尔市，以及安徽的六安市设立分支机构，拥有铁矿、金矿、油页岩、煤炭、硫铁矿、膨润土、石灰石、电气石、蓝晶石、玉石、湖盐和芒硝等数十种矿产资源探矿权或采矿权，确立了以铁产业为主导，涉足铁矿、黄金、有色金属与新能源、循环经济、新材料等领域的生产经营格局，目前众兴集团已发展成为资产超百亿元、主营业务收入近 30 亿元、员工超过 4000 名的跨省区大型矿业集团。

公司创立。1995 年 10 月 24 日，乌海市众兴煤炭有限责任公司（众兴集团前身）在内蒙古改革试验区乌海市乌达区三道坎正式依法设立。

控股发展。2003 年 5 月 23 日，内蒙古众兴煤炭集团有限责任公司依法注册在乌海市乌达区，集团控股 10 多家子公司。子公司分布在内蒙古包头、乌海、阿拉善、巴彦淖尔市 7 个旗县区，主要产业是煤炭开采、洗选加工及煤焦化、余热发电、铁矿开采、选矿公路开发运营等。

转型发展。2004 年 1 月至 2009 年 4 月，众兴集团由煤炭为主营业务，逐步转型为铁矿开采、选矿为主业。

扩张发展。2003 年矿业发展迎来了千载难逢的发展机遇，铁精粉市场持续向好，经济效益大幅提升。这期间，集团利用创造的效益开始扩张发展。2004 年收购东五份子和黑脑包铁矿；2005 年收购固阳和高腰海铁矿。2008 年 6 月，众兴集团南下创业，斥资 27 亿元，从安徽市场拍卖中竞买了两宗大型铁矿探矿权——周油坊铁矿和重新集铁矿，设立了安徽金日盛（2019 年更名为“金日晟”）矿业有限公司，通过投资勘探将探矿权转为了采矿权。2013 年，众兴集团旗下安徽金日晟矿业有限责任公司周油坊铁矿基本达产，年产铁矿石 400 万吨，生产铁精粉 100 多万吨，成为安徽省 20 强企业，也是安徽省六安市的纳税大户。

股份制改造。2006—2009 年，利用三年时间完成了股份制改造，将众兴集团核心企业内蒙古大中矿业有限责任公司正式挂牌内蒙古大中矿业股份有限公司。为了延伸铁矿产业链条，集团斥资上亿元，上马年产 120 万吨球团生产线，提升了企业的市场竞争能力，公司成为前旗纳税大户之一。

采取措施渡难关。2016 年 1 月安徽公司也被迫停产，4 月份恢复生产。首先，全面推行“降本增效”，通过库存物资清理再用，各生产环节修旧利废，积极进行技术改造等措施，使铁精粉成本大幅降低；其次，采取全集团一盘棋的债务处置机制。化解各类债务 2. 68 亿元；加大闲置资产盘活，实现资产资金化。

恢复建设。2017 年 10 月，安徽公司重新集铁矿正式恢复建设。

经营绩效。2018 年，众兴集团旗下大中矿业内蒙古公司、安徽公司双双跃居中国冶金矿山企业 50 强。2018 年开始建设 150 万吨/年氧化球团。集团初步形成了年产千万吨铁矿、300 万吨球团/年、500 万吨/年铁精矿的经营框架。

战略规划。2020 年，提出新的战略构想，到 2022 年达到“3588”战略规划目标，即全集团实现年产300万吨球团、500万吨铁精粉、800万吨砂石骨料、80亿元销售收入，成功实现进入国内矿业领域前十名。2021年5月10日，大中矿业股份公司A股上市在深圳证券交易所股票正式挂牌交易，开启了企业发展的新纪元。

三、大中内蒙古公司

（一）技术创新

公司高度重视技术研发，成立大中矿业研发中心并获得内蒙古自治区认证，拥有授权专利85件，其中发明专利2件、实用新型专利22件。通过不断探索与实践，大中矿业以机械化、自动化、信息化为着力点推进智慧矿山建设，生产安全得到全面保障，生产效率得到大幅提高，以互联网思维推动传统产业转型升级，产能得到快速提升，铁矿石深加工产业链有效延长，经营效益实现高速增长。

1. 爆破技术

（1）大直径深孔聚能爆破。书记沟4号矿大孔规格为ϕ165 mm，采用ϕ140 mm乳化炸药，间隔不耦合装药结构。为改进爆破效果，引进聚能爆破技术，采用八方聚能管，在炸药爆炸后，靠近聚能穴的爆炸能量会朝向穴的轴线方向汇聚，形成8个方向高密度、高速度、高压力的气体射流。在第一层放置连接雷管的半卷乳化ϕ130 mm或ϕ140 mm炸药作为起爆药包，然后间隔装药，装入装满铵油的八方向深孔聚能管，利用逐排多孔分段起爆方式起爆。大孔聚能爆破已实现炸药单耗的降低，并减少矿柱二次破坏，提高矿石的回收率。在炸药使用方面利用铵油炸药替代乳化炸药，降低爆破成本。降低采场大块产生率，生产效率方面提高了铲运机效率，实现高效生产。

（2）VCR拉槽爆破优化。书记沟4号矿矿体回采采用VCR法拉槽法，槽区范围6.0 m×6.0 m，拉槽共计布置孔数为13个，拉槽孔装药结构为连续装药，单次爆破高度为2.5 m，单个采场拉槽爆破次数约16次。为缩短矿房回采周期，降低火工品单耗，提高爆破效率，书记沟4号矿优化炮孔布置，调整装药爆破参数，不断实验研究，实现单次爆破提高至5 m，缩短矿房回采周期，减少爆破次数，提高了工作效率，降低成本。

（3）深孔爆破成井。书记沟4号矿采用大直径深孔采矿，通过总结VCR拉槽爆破法的施工经验，调整其布孔参数及装药结构，将此技术经验法进行改进，并应用到爆破成天、溜井施工中。主要设备为CS150D环形潜孔钻机在上中段施工下向深孔（通孔），布置平行炮孔，利用平行深孔掏槽法，采用深孔作为自由面和补偿空间，减少辅助孔数量，增加分段爆破高度，实行分段分层爆破，经多次爆破后最终形成溜井。

钻机施工成孔孔径为165 mm，成井直径3.5 m，拉槽孔装药结构为连续装药，周边孔装药结构为间隔装药。深孔爆破成井技术在书记沟4号矿的成功应用，在降低成本及安全生产等方面取得了显著的成效，证实了深孔爆破成井的实用性，从安全、成本等各方面与一般法对比，其具有低成本，安全性高，施工方便等优点，优于一般法，在技术创新方面取得了新的突破。

（4）引进聚能水压光面爆破技术。秉承着引进新技术工艺，提升工程安全质量的理念，2020 年引进聚能管水压光面爆破技术替代普通光面爆破，通过改善爆破参数，提升巷道成型质量。

原施工过程中，周边眼距为 400 mm、眼深 3 m，采用连续装药，孔底反向起爆方式进行爆破。通过引进聚能管水压光面爆破技术，将双向聚能管装药装置替代常规光面爆破装药方法在周边光面孔中装药，周边眼距数增加至 700～1000 mm，眼深不变，周边眼减少33%，单孔装药量减少为 20%，且在炮孔的最底部和上部安装水袋，采用专用的水砂混合袋（非牛顿流体材料）进行回填堵塞，采用孔口正向起爆方式进行爆破。爆破时由于聚能爆破线性聚能装药的射流作用，将在带有大量能量的水介质作用前提下成缝，射流成缝后，带有大量能量的水楔对孔进行定向劈裂，因爆破能量的指向作用，爆破时对预留原岩的扰动及损伤较小，进一步降低了爆破振动，水袋爆破后又减少了粉尘等有害效应，达到良好的爆破效果。

聚能水压光面爆破与常规爆破相比降低费用 10%，工效提高约 30%，且在爆破施工工程中炮孔眼痕率能够达到 85%以上，巷道断面成型规整，能够保证围岩的完整性和稳定性。

2. 深挖技术潜力，提高巷道掘进单循环效率

在巷道掘进施工过程中，单循环进尺直接影响到巷道施工效率，而掏槽孔爆破的效果可以直接影响到炮孔的有效进尺。为了提升掘进爆破循环进尺，进行多次试验，优化炮孔参数，提升循环进尺。

在原施工过程中，巷道断面为 10.36 m^2，炮孔深度为 3.2 m，炮孔有效进尺为 2.7 m，炮孔利用率约为 84%，掏槽呈菱形布置，装药孔布置在掏槽中心位置，采用反向起爆的方式起爆。

通过不断地理论研究、现场试验，通过改造增加掘进台车推进梁长度，将炮孔深度增加至 4.4 m，掏槽孔空孔数从原来的 6 增加至 7 个、装药孔从 1 个增加至 2 个，且空孔直径由原来的 45 mm 增加至 89 mm，通过扩大有效补偿空间体积（由 0.051 m^3 增加至 0.163 m^3），增大爆破补偿系数以及掏槽区域装药量，达到将掏槽区域内的岩石破碎和抛渣的目的，来实现掏槽爆破效率的提升。优化后的掏槽区域可以为辅助眼提供更大的自由面为补偿空间，使辅助眼以及周边眼能够达到更好的爆破效果，从而增加掘进单循环爆破进尺。

在进行多次试验后，炮孔深度由原来的 3.2 m 增加至 4.4 m，增加 1.37 倍，炮孔利用率由 84%提升至 91%，炮孔有效进尺从 2.7 m 增加至 4 m，循环进尺提升 33%，极大地提高了掘进巷道施工效率。

3. 参数优化

（1）底部控制高度调整。书记沟 4 号矿采场底部“V”形拉底控制高度为 12 m，大孔控制高度为 43 m。存在大孔控制深度较大、偏斜难以控制；底部中深孔采矿不能够提高采

矿效率，且孔间排距小，爆破炸药单耗较大；地压控制程度相对较低，不够较好地控制地压变化，生产安全性较差。在2020年，通过对矿体及围岩的结构组成、质量级别制约采矿开采岩体稳定性和采场结构尺寸的研究确定，按岩体结构的分类可以评价岩体变形、强度、时间效应和动力破坏特征，并可在此基础上评价岩体的稳定性。分析研究中主要考虑两种岩体分级体系，即Q分类体系、CSIR分类体系，使其岩体分级参数更为全面地用于地下采矿采场结构尺寸的估计。将阶段空场嗣后充填采矿法拉底的中深孔控制高度进行研究，提高控制高度，实现两侧矿柱的稳固性，控制高度提高70%，减少大孔深度；同时研究中深孔参的布置，结合爆破工艺，实现高分段爆破。

（2）二步骤矿柱回采优化。一步骤矿房回采结束后，利用尾砂胶结充填采空区，待养护期达到后，开始回采二步骤矿柱，即两侧充填体作为支撑回采矿体，回采时多数采场出现矿房超挖，采切工程难以布置、施工。针对矿柱采切工程布置、大、中孔布置、爆破等问题进行研究解决。对底部出矿结构、出矿形式进行优化，集矿巷提高标高，出矿穿脉单侧布置且集矿巷、穿脉全部布置在充填体上方，解决布置及收购困难；将爆破优化为分层爆破，调整装药间隔，降低爆破对两侧充填体的破坏，提高矿柱回采率，降低充填体混入率。

（3）中深孔采矿结构参数优化。增大结构参数是现代无底柱分段崩落法的发展方向，高分段大间距是目前世界各国在无底柱分段崩落采矿技术领域的发展主流，不断改进与实际应用这种采矿技术，可以有效地提升矿物采量和采矿效率。

无底柱开采的装备主要体现在凿岩和出矿方面。影响无底柱开采采场参数最主要因素是凿岩设备的凿岩深度，2019年随着采矿台车引进，大大增加了炮孔深度和精度，为高分段大间距采场参数提供了重要基础。

结合矿体及矿山自身条件进行多次试验，通过不同结构参数（16 m×16 m、18 m×18 m、18 m×20 m），不同排距（1.5 m、1.8 m）以及爆破、放矿实验研究，最终确定18 m×20 m为书记沟2号矿采场参数以及参数下合理的崩矿步距3.6 m、凿岩孔径70 mm、孔底距2.3 m、边孔角45°等关键参数。

采用高分段大间距的采场参数，将采场一次崩矿量由1400 t（2排）提高至3500 t（2排），增加2.3倍，提高出矿设备效率，减少矿山出矿循环，且千吨采掘比由4.1减少至2.9，降低30%，采场掘进成本大大降低。

目前采用低贫化放矿工艺，即在上部各分层放矿过程中，每个步距放出纯矿石后基本上不再放矿，将该部分矿石残留在采场内即时进行下一步距放矿，如此进行几个分层后，在最下一个分层采取截止品位放矿，将上部残留矿石一次性回收的一种工艺。这种工艺采取了多分层组合放矿的原理，在生产应用中可以采取不同的放矿组合，给矿山在生产应用中提供了可以选择的多种方案；其在实施时不需要矿山在应用之前准备大量的三级矿量，实施投资较小；由于该工艺打破了以单个步距为矿石回收指标的考核单元，允许在上部分层放矿时可以残留部分矿石在采场内，从而减少了采出矿石中的岩石混入量，降低了矿石总体贫化率。

通过采用低贫化放矿方式配合18 m×20 m的高分段大间距采场参数，将原采场放矿贫化率18.48%降低为11.26%，回采率由80.13%提高至81.44%。

（二）引进先进工艺

1. 充填管路监测自动化

书记沟 4 号矿在充填生产过程中，井下作业人员人工倒管，需要每班停机作业，影响生产的正常运行，为实现充填管路压力自动检测，杜绝投入大量人工 24 h 流动巡视，进一步提高充填效率和大幅降低人员作业带来的安全风险。2020 年开始对井下充填管路实施监控自动化改造。主要投入设备为电动阀门、管道首末端压力检测仪；通过对充填管道内的料浆压力的全过程检测，数据实时传回 PLC 集成系统，如有异常立即自动报警。为进一步强化监控，另在关键部位安设监控设施，实现在地表辅助查看管路状况。

改造后实现了自动及智能化管控，实现充填远程指令倒管、巡管失压自动报警，第一时间停机，避免人为巡查不到位产生跑冒滴漏，进一步降低用人安全风险，同时提高生产效率。

2. 引进高端仪器，精确指导生产

测量技术发展以来，三维激光扫描技术已在矿山领域得到了应用，通过三维激光扫描，可高效、准确地获取空区表面的点云数据，从而构建测物的自动化真实三维形貌。

书记沟 4 号矿引进三维激光扫描仪对井下采空区、溜井、巷道进行精准扫描，由于空场嗣后充填法开采的地下金属矿山，广泛分布着形态各异且空间规模不等的采空区。采空区的存在极易引发大规模透水、坍塌、冒落等灾害，致使矿山开采条件恶化，因此采空区是矿山亟须治理的危险源之一。由于地下采空区的位置、空间形态、规模往往异常复杂，在采空区处理过程中，实现空区三维形态的精准探测，可为制定安全、有效的采空区治理方案提供可靠依据。

溜井为井下主要集、卸矿工程，部分溜井由于岩层稳定性差，高负荷受矿，导致井筒垮塌，变形，形成重大安全隐患，传统方法几乎无法准确测量，且危险系数较大，利用三维激光扫描仪搭配专业溜井测量保护罩，下放到溜井进行精准测量，为治理、修补溜井工程提供了准确依据。

3. 无人机遥感测绘技术在矿山中的应用

在新时期的矿山背景下，智慧矿山的发展是必要趋势，智慧矿山是以矿山数字化、信息化为前提和基础，而无人机技术在矿山测绘作业中发挥着重要作用。

无人机可以通过搭载激光雷达、高精度相机等设备，实现对矿山地形全面快速地测绘。在矿山勘探阶段，可以通过无人机在矿区地形、地貌进行快速准确地掌握及详细展示，对矿山周边的环境，生态影响进行评估，制定适当的保护政策和开采计划，为矿区的规划、设计，开发提供科学依据。无人机可测绘各种比例尺地形图，不受地面障碍物的影响，可以在短时内完成大面积地形测绘任务，大大提高了工作效率。

(三) 选矿技术、工艺技改获得多项成果

大中矿业书记沟选厂由秦皇岛设计院设计，于2005年建成投产，初始设计3个系列原矿处理能力为150万吨/年，2014年增加1个系列，生产能力增至200万吨/年，2022年秉持多破少磨、小块干抛、石料加工形成一条生产工序的原则，最大限度回收有价资源。通过筛分技改提高筛分效率，增加高压辊磨系统，降低入磨粒度，磨前预选二次抛废，提高入磨原矿品位，实现增产增效，磨选工序淘汰老旧的分级设备，各工序设备大型化技改升级改造，将原有的4个系列技改为1个系列，原矿处理能力提升至450万吨/年，打破传统选别工艺方法，通过新技术、新工艺形成同时生产普通和超纯铁精粉工艺流程，同步进行自动化全面升级技改，全面实现调度中控平台统一操作、控制、指挥生产，配套智能化机器人巡检，实现生产现场各工序无人值守工厂。

1. 原矿小块多级干选，充分回收资源

大中矿业书记沟选厂2022年12月前破碎抛废为160~200 mm原矿进行大块抛废，抛废率达到19.4%，废石中磁性铁含1.1%，废石中磁选铁偏高，废石另在碎石线加工生产砂石骨料，增加砂石骨料倒运成本。2022年12月对破碎系统进行技改，原矿经中细碎—筛分粒度控制在-30 mm，在破碎生产线增加干选系统，采用一段磁滑轮干选抛废，抛出废料再经过干选机再次抛废回收，抛废率降至10%左右，干选机抛出废料经过筛分生产三种粒型砂石骨料，三种砂石输送经磁滑轮回收磁性矿物，三种砂石料中的磁性铁降到0.42%，从砂石料中回收的物料磁性铁含12%左右，现年可回收1.5万吨、创收利润达200万元，一条生产线实现矿废分离，每年可节约选矿加工成本约1000万元，抛出的废石直接作为砂石骨料销售，实现了小块抛废多级回收，充分保障资源利用。

2. 提升磨矿系统台率，降低磨矿成本

2016年通过对入磨前采用湿式预选，将原来直接磨矿改为一段磨矿前磁选抛尾工艺，抛废率增加20%，MQY2736球磨机台效由原来55 t/h提高到68 t/h。2020年通过筛分改造，将原入磨粒度由12 mm降到10 mm继续提高球磨台效，2023年1月份破碎系统增加高压辊磨研磨系统，球磨机入料粒度由10 mm降到3 mm以下，大型MQY5064球磨机台时提高到320 t/h，体现出多碎少磨，降低能耗。2023年7月份将旋流器沉砂并入湿式预选，湿式预选抛废率增加到25%，球磨机台效增加了3%，提高到335 t/h。每年可节约选矿成本350万元，电耗由原来28.5 kW·h/t降到23.4 kW·h/t，年节约用电量1000多万千瓦时，可节约电费510万元。抛尾产品中+0.3 mm以上粗砂产率达到6%以上，每年直接创效500万元。

3. 新技术新工艺，生产高附加铁粉

随着科学技术的发展，各领域对于磁性材料的需求逐年增长，国内生产的磁性材料常见的是永磁铁氧体，生产永磁铁氧体的原料主要是氧化铁红、铁磷和铁精矿，但是氧化铁

红价格较高，铁鳞因近年来电炉炼钢需回收铁磷，造成铁磷原材料受限制。因此，用超纯磁铁精矿生产氧化铁红，继而制备高性能永磁锶铁氧体预烧料，附加值高效益好，同时在电子元器件、医疗设备等领域也有广泛应用，其特点寿命长、安全性、稳定性好，超纯铁精粉是一种高端材料。

大中矿业书记沟矿石主要为石英岩型、闪石石英型矿物，粒度分布极不均匀，现有精矿产品粗细粒级含量高，中间粒级含量低，呈哑铃型分布，造成高纯铁粉生产难大。

大中矿业书记沟选厂打破传统采用浮选法工艺，不断探索、反复实验，终于有了突破和结果，2023 年通过镜下分析，摸清精矿粒度组成，脉石的嵌入粒度，单体解离粒度，最后确定工艺流程。书记沟选厂对现有品位 65%精矿分级进行升级改造，采用增加控制分级系统，精准控制每个工序所需品位指标，同时避免过磨泥化，再经过先进设备精选，辅助配以助磨剂，实现硅铁分离。2023 年 7 月现场生产由 65%铁精粉通过新工艺、新设备，生产出铁品位 71.5%、硅小于 0.4%超纯铁精粉，其附加增值 500 元/吨，年生产 10 万直接增加收入 5000 万元。

4. 引进智能控制技术，实现智能化无人工厂

通过先后与马鞍山矿山研究院、丹东东方测控技术有限公司、北京创诺威科技公司开展合作，采用先进的过程检测分析仪表，实现全过程参数的实时在线检测和超限报警，为流程控制和安全生产提供可靠数据；组建集控平台，通过对工艺流程的过程控制，使生产工艺过程在连续、平稳的基础上，充分挖掘和发挥生产设备的潜能，使之高效运行，达到降低生产成本的目的；通过对生产流程中运行设备的实时监控，保障运行设备的安全，有效杜绝设备事故的发生，从而减少故障停机时间；引入智能机器狗，实现智能巡检，在磨选车间配置了多台智能巡检机器狗，机器狗可以按设定路线及巡检时间自主开展巡检，通过可见光摄像头拍摄指针式仪表、地脚螺栓等画面，通过人工智能算法分析，能够自动识别仪表读数、判断设备地脚螺栓是否松动；通过搭载的红外热成像摄像机自动对球磨机轴瓦及电机轴承测温，实现磨选车间关键设施设备的自动化、智能化巡检，避免岗位员工职业病危害。

随着选矿全流程自动化、智能化控制系统的实现，极大提高了选矿工艺、生产、管理水平，使选矿生产更加稳定顺行，提高生产指标稳定性、可靠性和安全性，实现无人值守设备作业率提高 8%，劳动生产率提高了 30%，生产成本降低 3.5%，同时能显著提高选矿回收率等生产指标。

（四）资源综合利用

（1）废石加工铁回收有效资源再利用市场是无限的，资源是有限的。随着国家加大西部开发发展规划，大中矿业书记沟选矿厂结合市场需求，2019 年建成砂石骨料加工生产线，利用干选抛废后的废石，加工成市场需求的各种粒型建筑砂石骨料，变废为宝增收创效，同时在加工各种粒型砂石骨料过程中，对砂石骨料中的磁性铁进行再回收，充分利用有效资源，最大限度提升选矿金属回收率。

(2) 尾矿资源利用，降低安全风险，实现绿色矿山。大中矿业开展了尾矿资源化利用的研究与探索，2012年建成尾砂充填站，利用选矿尾矿进行采空充填，合理利用有效资源，实现尾矿库零排放（降低尾矿排放量，延长尾矿库服务年限），减少了尾矿库安全风险。大中矿业书记沟选厂2022年技改后，按照技术创新、产品创新、市场创新规划，对各工序尾矿中的磁性铁进行再回收，同时对湿式预选尾矿进行分级，分级后可产生1.0~3.0 mm的尾砂11万吨/年，用于井下喷浆、生产建筑用沙，降低采购成本825万元/年，实现绿色矿山目标。

四、打造智能矿山，推动高质量发展

大中矿业紧紧围绕机械化、自动化、信息化、智能化发展目标，以互联网思维进行产业升级转型，推动传感技术、自动控制、工业互联网、大数据、人工智能、机器人等和产业深度融合，通过融合发展引入新技术、新模式，构建全面感知、自动上传、实时监控、分析决策、协同控制的智慧大脑，将“数智”矿山发展理念贯穿于矿产资源开发利用全过程的同时，着力打造建设富有大中特色的“四化”智慧矿山，开创安全、高效、绿色和可持续的矿业发展新模式，引领企业高质量发展。

（一）采矿作业流程的机械化，奠定数智基础

从机械化到大型化再到自动化，大中矿业在国内冶金地下矿山中首家全流程进口机械化设备进行采矿作业，为掘进、凿岩、回采、喷锚支护、撬毛、物料运输、装药、车辆加油等采矿各工序提供全面支撑。

1. 以自动化为目标，构建一流采矿装备

自2013年，大中矿业矿首次引进当时世界上出矿效率最高的设备ST1030柴油铲运机，实现了国外先进采矿设备在国内地下矿山的成功应用。之后至2020年的7年间，又先后引进3台XMPYT-45/450撬毛台车、1台Simba1254中孔台车、2台DJ580装药台车、2台BoomerK111掘进凿岩台车以及2台CYTC-70B采矿凿岩台车。自2020年开始，在兼顾效益与效率的前提下，在引进世界先进设备时更加注重人性化、系统化和安全本质化；提升系统方面，大中矿业目前所有提升机全部更换为变频控制，淘汰落后的串电阻控制方式，有效提高提升系统的稳定性，其次逐步向智能化方向发展，如主要提升井已实现无人值守控制，在降本的基础上避免了人为事故从而提高了设备运行的安全性。

2. 实施国产化改造，发挥设备极致效率

开展降成本改造。为降低设备维护成本，自2016年开始，大中矿业在消化吸收进口设备技术、掌握进口备件性能的基础上，对易损消耗件和结构件进行国产化研发替代。从发动机、油管、滤芯、销轴套、油缸、电气元件、随机电缆和结构件入手，根据日常使用量，由易到难，先后对铲运机设备30多种型号的备件实施国产化改造。

进行功能性改造。ST1030地下柴油铲运机操作过程中现场作业噪声大，驾驶人员在

操作室内操作存在视觉盲区且采掘作业面存在较大安全风险。针对这一问题，大中矿业通过引进远距离遥控无线操作，实现 ST1030 地下柴油铲运机无人驾驶，有效降低安全风险及自动化水平，达到国内冶金地下矿山领先水平，主要生产环节全部自动化，打造“无人值守”矿山。

大中矿业充分利用先进的传感技术、物联网技术、信息传输技术、自动控制技术及视频监控技术，在主要生产环节全部构建自动化监测及控制系统，实现从采矿、选矿、尾矿及辅助系统的全流程自动化控制，推动无人值守矿山建设步伐，用“数智化”驱动企业高质量发展。

（二）安全管理信息化自动化，保障作业现场安全

实施安全设施信息化监控。2011 年，大中矿业建成了井下人员定位、监测监控、紧急避险、压风自救、供水施救、通信联络“六大安全系统”，后期又进行多次升级改造，实现用信息化手段管理井下作业安全，2022 年在各井口安装人脸识别唯一性监测系统，实现对下井人员身份认证的信息化监管；2013 年建成了尾矿库在线监测系统，监测数据实时上传自治区应急管理平台；2020 年，大中矿业与中国安全生产科学研究院合作，实施了三维预防安全生产管理体系及信息化系统建设，通过安全信息化平台应用，使安全管理真正落实到岗位操作及现场检修作业中，达到超前预控风险的目的，有效保障现场作业安全。

实施井下排水、通风及压风系统自动化。2019 年，大中矿业实施了井下通风机、排水泵及地表空压机系统的远程集中自动化控制，风机、水泵及空压机的运行状态、通风风速风压、排水液位压力、压风系统供风压力等参数实现远程实时集中监控，设备启停控制实现远程一键启停控制，控制方式由传统的人工就地操作升级为地表集控室远程集中控制，实现本质化安全管理。

（三）主要生产环节自动化，打造“无人值守”矿山

2004—2023 年期间，大中矿业先后与马鞍山矿山研究院、丹东东方测控技术有限公司、北京创诺威科技公司开展合作，研究实施选矿自动化系统，实现从破碎筛分、磨矿选别、过滤脱水、尾矿输送全流程自动化控制的目标，流程内设备启停控制及参数调整全部在中控室内完成，取消现场看护型岗位，只保留部分巡检工及运维工，实现现场无人值守运行；2009 年开始与北京力控科技股份有限公司合作，实施地表智能化供水系统，经过几次升级改造，已实现各泵站的无人值守运行及智能化调配水控制；2019 年开始先后与西安利雅得电气股份有限公司、洛阳源创电气股份有限公司合作，开展主井提升机自动化控制，实现了主井提升机从装矿、提升、加减速、卸矿的全流程自动化无人值守运行；2021 年与长沙矿冶研究院合作，开展充填站自动化研究实施，实现放砂流量、充填浓度、絮凝剂供给等自动调节，代替现场操作控制，减少岗位人员配置；2021 年与滁州安瑞电力自动化公司合作，开展 35 kV 变电站自动化改造，实现远程集中监控，现场无人值守；主要生产环节实施自动化后，累计节约用工 100 余人，年节省人工开支 1100 余万元。

（四）建设智能调度指挥中心，打造智慧大脑

按照大中矿业建设集中智能调度指挥中心的目标要求，依托已建成的自动化、信息化、视频监控及环网系统，将各系统与采选作业业务进一步深度融合、数据共享，利用AR增强现实技术及AI人工智能等技术，搭建智能调度管控平台，最终形成集中智能调度指挥中心，调度指挥中心作为全公司安全生产的集中调度指挥场所及智慧控制大脑，围绕矿产资源全生命周期的开采和选矿全过程生产作业智能化指挥控制，通过人机画面及实景视频指挥控制，协同管控生产运营，解决了原有集控室分散、信息协同差等问题，促进了生产、技术、调度、人力资源管理的扁平化，岗位劳动效率提升20%。

1. 构建实景全息“一张图”，实现可视化管控

基于调度平台既有的硬件环境以及操作软件的基础上深化场景应用，充分发挥智能调度管控平台实景地图、可视化的特点，提升视频应用、数据资源监管调度、资源定位、辅助决策、应急指挥等方面的应用效能，提高数字化、可视化、智能化水平，开展AR增强现实、VGis实景视频技术、视频智能分析与业务场景深度应用的孵化池。调度管控平台利用AR增强现实技术，在各厂区内制高点安装超高清云眼摄像机，调度平台以云眼摄像机拍摄的实景画面为底图，底图上通过标签方式添加厂区内原有低点摄像头，将高低点视频监控统一融入集中调度平台中，构建立体化视频监控体系，大场景实景视频“一张图”，实现现场场景的集中化及可视化管理，提升矿区全局立体化管控能力和调度指挥职能，提供实时审视的上帝视角，既能宏观掌握全局又能通过微观摄像头查看具体细节画面，将视野范围内安全、生产等重点关注元素进行实景化、可视化管理。

2. 搭建集中调度平台，实现集中化控制

集中调度管控平台按照感知层、接入层、服务层、应用层五层架构模型搭建，以“构建生产集中操控为基础的智能矿山”为目标，以实景视频为底图，将生产工控网、信息网、视频网的互联互通，融合厂区内各类自动化及信息化系统，实现各信息化自动化系统的集中监控，调度平台与矿区内原有的井下人员定位、监测监控、尾矿库在线监测等信息化系统进行对接，直接自动采集相关数据及报警信息到调度平台，对矿山安全信息化系统实现集中监控，出现报警时在调度平台弹窗预警。将矿区内原有的选矿、提升、井下排水、通风、充填、供水及供电等自动化系统监控画面进行整合，并融合到调度平台中，实现在调度平台中集中监控各自动化系统的功能，采、选及辅助系统内主要设备均能在统一调度平台中实现启停控制及运行状态、运行参数监控，实现集中化控制，发挥集中一贯式管理模式，提高安全生产综合调度指挥职能。打通各系统接口，实现数据共享，消除信息孤岛，为管理决策提供可靠支撑。

3. 引进“四足机器狗”，探索无人化巡检

充分利用自主导航、动态监测、智能分析等技术，在磨选车间配置了一台四足智能巡

检机器狗，机器狗可以按设定路线及巡检时间自主开展巡检。

机器狗通过可见光摄像头拍摄指针式仪表、地脚螺栓等画面，通过人工智能算法分析，能够自动识别仪表读数、判断设备地脚螺栓是否松动；通过搭载的红外热成像摄像机自动对球磨机轴瓦及电机轴承测温，实现磨选车间关键设施设备的自动化、智能化巡检，巡检过程中发现的异常情况自动传送至调度管控平台。

4. 推行人工智能算法，实现智能化分析

采用先进的视频技术、大数据分析技术及人工智能算法技术，通过在特定区域安装可见光摄像机及红外测温摄像机，对人员违规、设备超温等异常进行自动识别，出现异常时在调度平台自动预警，利用人工智能算法实现人员行为安全及设备运行安全监控。利用成熟稳定的技术加强人员不安全行为管控，在保证较高识别率和较低误报率前提下，对厂区内重点管控区域的人员不安全行为（未佩戴安全帽、跨越围栏）进行实时监测、识别、预警、取证，提高生产环节监管效率和智能化水平。在变电站及配电室等重点区域，利用红外热成像摄像机对重点区域进行全方位管控，实时上传数据，对可能出现的温度过高等情况进行预警，并提供现场视频、图片调用，一旦出现超温、雷击等情况引起设备起火能及时报警，并与平台联动，远程确认现场情况。

五、金日晟公司

（一）采选基建拔地起

1. 采矿部分

周油坊铁矿采用主竖井+副竖井+措施井+采区斜坡道开拓方式。1 号主井、2 号主井和 3 号措施井并承担全矿矿石的提升任务，1 号主井服务至-560 m 中段，2 号主井设计服务至-440 m 中段，现状矿山 2 号主井服务-290 m 以上南部系统；1 号副井和 2 号副井承担全矿人员和部分材料、设备的提升和下放任务，并承担进风功能，3 号措施井和南北回风井承担回风任务；井下采用大量无轨采矿设备，通过采区斜坡道上下，铁矿石设计生产能力 450 万吨/年。

周油坊铁矿采矿工程于 2008 年 10 月开始进行基本建设，2013 年 6 月主体工程开始进行试生产，2014 年 1 月 16 日通过国家安全监督管理总局组织的安全设施验收，2014 年 6 月取得安全生产许可证正式生产，现阶段铁矿石实际生产能力 350 万吨/年。

2. 选矿部分

周油坊选矿厂按照“国内一流、自动化、大型化”的标准进行设计和建设，贯彻“早出矿、滚动发展、以矿养矿”的指导思想，由中冶京诚（秦皇岛）工程技术有限公司进行设计，2008 年 6 月开始基建，2010 年 11 月份建成投产，破碎采用“三段一闭路”流程，磨选采用“阶段磨矿—阶段选别”流程，共建成四个磨选生产系列，三个系列生产。

2019年进行高压辊磨湿式预选改造，从磨矿仓开始，在筛分车间空闲场地建设高压辊磨系统，在选矿主厂房空闲场地建设湿式预选系统。

2022年为完善周油坊选矿工艺路线，对高压辊磨-筛分系统和磨选工艺布置进行优化改造，项目从工艺设计、电气设计、土建钢构、设备安装等全部自主完成；2022年9月底正式开工建设，到1月18日成功剪彩投入试运行，前后仅用了三个半月的时间，较立项工期提前72天完成项目建设。

2017年4月，重新集选矿厂开始改扩建工程，一期建设中，生产投资4000万元。2019年，二期建设中将LM17040高压辊磨机更换为CLM200120高压辊磨机，新增SELM49120微粉筛配套使用，将处理量从250万吨/年提升到了380万吨/年。2023年，三期450万吨/年技改建设中增设塔磨机、强磁机、螺旋溜槽等设备，将强磁—弱磁—重选工艺相结合，实现了磁镜分选。

（二）采选冶一体化攀高峰

1. 高压辊磨湿式预选

周油坊矿石为低品位复杂难选磁铁矿与镜铁矿混合矿，受矿石性质及品位制约，铁精粉生产成本及尾砂排放量远高于周边矿山，市场竞争力较差。为降低生产成本，实现能抛早抛，减少入磨矿量及尾砂排放量，周油坊选厂于2014年9月开始进行磨前预选项目研究攻关，共历时4年10个月，历经两次工业实验失败，终于在2020年7月取得重大技术突破，2020年10月1日建成转入生产。

周油坊选厂高压辊磨—湿式预选项目采用高压辊磨将磁镜混合矿细碎至-3 mm，再用弱磁+强磁在矿石进入球磨机前提前抛废，大幅减少了入磨矿石量，提高了入磨矿石品位，提前抛废的副产品机制砂可直接销售，增加效益并同步减少了尾矿排放量，延长尾矿库的服务年限。此工艺的成功应用能够改变国内低品位镜铁矿的传统选别工艺，预选抛尾结合井下充填，减少尾矿排放，经济效益与社会效益巨大。

2. 尾砂综合利用

大桥湾尾矿库占地84.7万平方米，约1270亩，有效库容887.4万立方米，尾砂中全铁含量9.3%，其中磁铁矿含量0.5%、镜铁矿含量5.8%、云母含量10.4%，+0.15 mm尾砂含量28.6%，具有回收价值。采用湿式采砂船泵送回采方式，由内向外将库内尾砂输送至库外ϕ20 m高效浓缩池，经浓缩后利用原尾矿管道输送回周油坊选选厂，利用闲置的再选铁厂房及设备，改造一条生产线，用于回收尾矿库中铁、粗砂。先采用“再选—强磁”工艺，生产60%品位的铁精矿；再采用“旋流器—直线筛”工艺回收+0.15 mm粗砂；剩余尾矿输送至充填砂仓浓缩后，进入尾矿输送系统。预计每年可生产品位60%铁精矿3.3万吨，生产成本195.24元/吨，按不含税售价442元/吨测算，年销售收入815万元；预计+0.15 mm砂石料产率35.3%，每年可生产55.4万吨，生产成本9.67元/吨，按不含税售价33.2元/吨，年销售收入1300万元。

3. 选矿质量提升

2020年，面对铁精粉“脱水困难、运输困难、销售困难”这三大难题，引进了磁选柱选别设备，进行现场工业试验，经与原选别工艺比较，现选别工艺运行成本低，铁精粉质量稳定。

2021年二期建设结束后，产能提升了30%的同时，面临着新问题：尾矿指标高，砂石加工场地有限，尾矿泵池地势低。采取提高中磁机平台高度，经溜槽和造浆箱均匀布料，同时减少给料管道落差，提高中磁机效率，有效解决金属量流失问题。2021年下半年，进行一段球磨机排矿湿抛取砂的技术改造，通过增加一段磁选作业，提前将球排中粗颗粒尾砂抛出，用于生产机制砂浆，降低了磨矿循环负荷，提高球磨机台时处理能力，降低了生产成本。

2022年，历经数次技改，生产趋于平稳。为节省运输成本，建设一套精矿隔膜泵管道输送系统，通过管道将铁精粉输送至周油坊加工。

2023年7月，重新集选矿厂三期技改正在进行，将原精矿过滤系统整体搬迁至精粉仓附近新建厂房，不仅是为了产出铁精粉更加方便进入精粉仓，更是为了后续750万吨/年改扩建预留主要设备位置布局。

4. 产业链延伸

金日晟矿业有限公司充分发挥母公司铁矿资源优势，做精做大铁矿产业，于2019年12月成立安徽中晟金属球团有限责任公司，投资5.3亿元，建设120万吨/年球团生产线。该生产线于2019年8月动工建设，2021年1月31日点火生产，连续稳定生产至5月份即完成月度10.87万吨的产量并超出设计产能，从而真正实现了完工即投产，投产即达产的目标。

中晟球团厂累计完成重点技改项目24项，达到降本增效目标，实现创收111.2万元；同时，环冷机三冷段热风改造项目于2021年9月底项目施工完成，并于10月中旬投入使用，达到月节省烟煤60吨目标，每年可节约100万元；目前已获得实用新型专利授权20项，1项发明专利、7项实用新型专利，正在申报高新技术企业。

（三）笃行致远勇向前

为提高矿山经济效益，同时积极响应“基石计划”，结合矿山生产现状，扩大矿山产能，规划两矿改扩建后采选工程规模达到1400万吨/年，技改完成后可实现铁精粉年增产180万吨。

1. 周油坊铁矿650万吨/年采选改扩建工程概况

周油坊铁矿设计采用主、副竖井、采区斜坡道开拓运输方案，生产规模为450万吨/年，采用地下开采，开采范围-530 m中段以上矿体，设计开采范围内地质储量13364.58万吨，采矿权范围内剩余保有资源量8487.42万吨。周油坊铁矿评审备案深部详查报告新增矿石量10039.8万吨，TFe平均品位29.64%。

2022年，金日晟矿委托安徽省地质矿产勘查局327地质队对周油坊深部矿体进行勘探，新增矿石总量12915.68万吨，TFe平均品位29.92%。为提高矿山经济效益，同时积极响应“基石计划”，结合矿山生产现状，扩大矿山产能，规划结合开采现状，对深部新增资源进行开发利用，改扩建建设规模达到650万吨/年。

根据周油坊铁矿生产现状分析，利用现450万吨/年上采区生产系统，改造工程量小和不影响生产为原则，设计利用现有1号主井提升系统，负责225万吨/年矿石提升任务，同时对2号主井进行延伸，延伸后负责425万吨/年的矿石提升任务，合计生产能力650万吨/年；对1号副井进行延伸，延伸后和-800 m中段和破碎水平相连接，负责人员、材料的提升和进风任务；将现有2号副井改造为专用进风井，取消其提升功能，主要负责矿山的进风任务；将现有2号措施井改造为盲回风井，取消提升功能，将井口予以封闭，改造后2号措施井负责下采区的倒段回风任务；为满足井下通风要求，在南北两端增设盲风井。改造后的开拓系统采用竖井、辅助斜坡道开拓，开拓系统主要由1号、2号主井、副井（1号副井）、专用进风井（2号副井）、盲进风井、南、北盲回风井、倒段南、北盲回风井、1号、2号主井破碎系统、南、北回风井及辅助斜坡道组成。

破碎采用三段一闭路工艺流程，粗碎设置在井下，中细碎设置在地表。磨选采用高压辊磨-弱磁-强磁湿式预选工艺流程。选矿厂中细碎设备均选用HP500型液压圆锥破碎机，筛分设备选用2YKR2460H圆振动筛，选用1台CLM200120T高压辊磨机，湿式预选采用CTY1850湿式永磁预选机，其他磨矿、浓缩、浮选等设备均利旧。选厂产生的尾砂浓缩后主要作为充填骨料（227.94万吨/年）用于井下充填作业，剩余尾矿（109.04万吨/年）由现有尾矿输送泵站输送至技改选厂（西山口矿区生态修复区）。

周油坊铁矿改扩建采矿工程建设期为5年，自2028年开始矿山改扩建工程投产，2029年达产，生产规模为650万吨/年，稳产至2042年，稳产14年。年产铁矿石650万吨，选厂年处理铁矿石650万吨，年产TFe65%品位铁精粉193万吨，可实现年销售收入16.77亿元，年利润总额为5.05亿元，年净利润3.79亿元，项目投资回收期7.16年。

2. 重新集铁矿750万吨/年采选改扩建工程概况

重新集铁矿设计采用主、副竖井、专用进风井、采区斜坡道开拓运输方案，生产规模为450万吨/年，采用地下开采，开采范围为-200～-500 m之间的矿体，设计开采范围内地质储量9010.64万吨。经过组织生产，无法将矿石中含镜铁矿资源进行有效回收，导致选矿回收率降低，且矿权范围内保有资源量为14281.47万吨，而设计开采地质储量为9010.64万吨，未能实现资源利用最大化。本次扩建项目计划将《安徽省霍邱县重新集铁矿勘探地质报告》中描述的5200万吨镜铁矿资源进行回收，同时结合目前生产现状，在现有450万吨/年生产规模基础上，进行扩产施工，对现有主要井筒、斜坡道、平巷、硐室均利旧使用，扩建规模至750万吨/年。

本次扩建项目利用现有专用回风井，井筒净直径为6 m，通过装备提升设施改造，将在专用回风井安装26 m^3底卸式双箕斗提升方式，并在-350 m水平、-630 m水平、-690 m水平新建运输、破碎系统工程，与现有工程不产生交叉作业，能够满足750万吨/年矿石提升任务。同时，为了满足进风量要求，将现有1号主井、2号主井改造为专用进风井。为减少基建施工与生产相互影响，设计方案提出如下保障措施：（1）根据设计确定的开拓方案，为满足上采区进风要求，不影响2号进风井现有生产提升任务，设计由-350 m中段利用辅助斜坡道向井筒方向施工；（2）为了不影响主井改造期间满足现有生产进风要求，井筒延伸采用反掘施工，待新增溜破系统、井筒延伸施工完毕后，最后与现有井筒贯通；（3）-530 m新施工主井卸矿线路时，合理安排施工顺序，减少对-530 m中段有轨运输正常生产的影响；（4）上采区-260 m、-320 m、-350 m等中段独头巷道施工时，利用局扇进行通风作业；（5）基建期掘进废石，利用井下卡车通过采区斜坡道运输至-440 m中段，再通过现有1号主井、2号主井提升至地表。

根据选矿试验结果及类似选矿厂生产实践，本次扩建采用中磁预选后镜铁矿和磁铁矿分开选别工艺，其中磁铁矿采用两段阶段磨矿—阶段弱磁选—过滤工艺流程，镜铁矿采用强磁预选—重选—两段阶段磨矿—阶段强磁选—浮选工艺流程。在现有磨选流程设备的基础上增加3台MLL1300塔磨机、5台CTY(B)1550磁选机、4台SLon-4000和SLon-3000高梯度立环磁选机以及旋流器、螺旋溜槽和浮选等主要设备后可达到750万吨处理能力，将磁铁矿和镜铁矿分开选别，可提高选矿回收率，实现经济效益最大化。

重新集铁矿改扩建采矿工程基建期为3年，自2027年开始矿山改扩建工程投产，生产规模为750万吨/年，稳产至2035年，稳产9年。年产铁矿石750万吨，选厂年处理铁矿石750万吨，年产TFe 65%品位铁精矿205万吨，可实现年销售收入17.83亿元，年利润总额为4.3亿元，年净利润2.12亿元，项目投资回收期7.52年。

3. 中晟球团二期150万吨/年工程概况

2022年4月中晟球团二期项目部成立，建设地点位于金日晟矿周油坊铁矿，总占地面积165亩，项目总投资5.028亿元，其中固定资产投资5.02亿元。采用链篦机—回转窑工艺，能源使用天然气，主要建设包括；配混系统配料室混合室、造球系统、焙烧冷却系统（链篦机室、回转窑区、环冷机区）、回热风系统（含烟气脱的入主引风系统，成品系统（成品仓、成品装车仓））、烟气脱硫系统及供电、自动化、通讯、热燃气等辅助生产设施。项目于2022年11月18日签约，于2023年4月开工建设。目前，该项目已完成脱硫脱硝系统、成品储仓建设，主体工程造球室、链篦机室、环冷机已完成地基浇筑。投产后达到球团年产300万吨能力，预计实现销售收入36亿元。

4. 采选技改实现综合规模效益

（1）加大新设备投入，提高凿岩质量和效率。随着技术的发展，凿岩爆破技术正逐渐从机械化向自动化、智能化、环保化方向发展。目前两矿井下现有掘进台车15台、锚杆台车6台、电脑中深孔台车3台、1354深孔台车2台，C40切割井钻机2台、装药台车6台，机械化、大型化设备的投用，提高凿岩质量和效率，降低劳动强度和作业风险。

（2）打造采矿核心技术，原矿生产采出加速度。目前，国内巷道所进行的光面爆破多为常规光面爆破，存在的主要问题是布眼过密、打眼作业占用时间长，且使用数码雷管以后施工成本增加；普通爆破易出现过多超挖，岩石工程地质条件不良时施工危险大，工程质量往往达不到验收要求。目前公司已全面使用聚能管水压光面爆破技术，该技术既利用聚能爆破的聚能机理，也利用水压爆破的缓能机理。

爆破的聚能效应指利用药包空穴（聚能穴）使炸药爆轰所产生的巨大能量作用在聚能穴轴线方向上，以提高炸药的局部指向破坏作用。普通药包爆炸后，爆轰产物沿近似垂直于药包表面的方向向四周飞散，在相同的球半径下，作用在介质上的能量各方向大致相同，但采用聚能装药结构时，爆轰产物向聚能穴方向聚集，形成一股高温、高压、高速、高能量密度的爆轰产物，聚能穴方向的有效做功能力远大于普通装药结构。

聚能水压光面爆破技术减少了对围岩的扰动，保证了围岩的完整性和稳定性，爆破后成型规整，符合设计断面轮廓要求，壁面炮孔痕迹保存率达到 80%以上，超挖量大为减少，爆破后不产生或很少产生爆震裂隙，原有的构造裂隙不因爆破震动再次扩展，增强了围岩自身的承载力，大大减少支护量，为快速施工创造了有利条件。聚能水压光面爆破技术可以减少爆炸后的灰尘和烟雾，减少了对环境的污染，同时也减少了对工人的健康影响。

井下切割槽的目的是为大规模采矿创造自由面和提供自由空间，切割槽的掘进直接影响地下矿山持续均衡生产。目前我国切割槽施工普遍采用人工掘进，安全系数、工效和环境指标均不能满足现代大中型矿山生产要求。公司于 2023 年初引进 CY-R40C 切割槽天井钻机，该钻机专门用于各类切割槽掘进施工，它可自行下井和转场，不需浇注混凝土基础，转场安装快捷，作业安全高效，上向正扩 ϕ670 mm，可钻孔深度 60 m，其各项技术指标居国际领先水平。

目前公司已全面使用其替代普通法施工天井，40C 切割井钻机施工方便、作业安全高效，使用其替代普通法施工天井完全能够满足我矿切割槽施工工艺需求，同时极大降低了施工的安全风险，可提高施工效率 2~3 倍，提高了采场的回采衔接周期。对矿山有序地生产有重要意义。

（四）持续选矿技改优化，精矿生产选出高质量

（1）磁镜混合选矿，解决业内难题。磁铁矿与镜铁矿混合选矿的成功开发利用，给国内同类矿山开发带来巨大的示范和借鉴作用，周油坊铁矿“磁铁矿与镜铁矿混合矿选矿工艺”的研制成功及成功的开发利用，将对此类矿山的开发利用起到十分积极的示范和借鉴作用，发展前景和社会效益巨大。

（2）提质增效技改，提高生产效率。周油坊选厂皮带数量多、距离长，物料输送成本高，磨选工段综合台时低等问题突出，为简化生产工艺流程、提高磨选系统处理量、增加机制砂产量，降低生产成本，提高经济效益，对周油坊选矿车间进行提质增效技改。

释放产能，降低能耗。将预选湿筛改为干筛，将筛上料直接返回辊前仓，共减少皮带 13 条 707 m，减少装机功率 655 kW，腾出粉矿仓 9 个；停用磨前 60 m 浓缩池（30 kW）、2 台磨前溢流输送泵（160 kW）、2 台浓缩池底流渣浆泵（220 kW）、2 台一段弱磁给矿泵（160 kW）。

节约成本，经营创收。技改后湿式预选综合台时较技改前提高 21.9 t/h。直接加工成

本节约 3.48 元/吨，按年计划原矿处理量 362 万吨原矿核算，合计节约成本 1261 万元/年。砂石料产率 21.49%，较技改前提高 1.56%，按年计划原矿处理量 362 万吨核算，增加砂石料产量 5.65 万吨，按售价 50 元/吨计算，增加销售收入 282.5 万元/年。

（3）选矿自动化，实现高效生产。周油坊选矿厂自动化项目利用 PLC 控制系统、自动化检测技术、过程控制技术、网络技术以及计算机技术等，为破碎车间、辊磨车间、预选车间实现一套运行可靠，功能齐全，操作、维护方便的自动化控制系统。厂区构建统一工业以太网，实现自动化系统无缝衔接，在调度指挥中心实现对厂区综合自动化系统的集中监控。可以实现通过中控远程集控设备顺序启、停，根据选矿厂生产状况及工艺要求对生产流程及设备运行状态实现工艺参数的检测和电气设备联锁控制，通过先进的传感器实现了对设备、皮带的启动联锁功能及跑偏、打滑、堵料等皮带设备保护功能，降低生产安全事故，保证生产过程的稳定运行，对矿仓料位的实时检测和控制；实现破碎机挤满给料、高压辊磨系统、预选系统全自动给料，稳定给料生产流程、提高处理量及设备台效；自动化控制将实现球磨机给料控制、自动加球机连锁控制、旋流器自动控制、高频筛振幅调节控制、渣浆泵连锁启停控制、反浮选工艺设备启停控制、自动加药远程控制、精矿过滤机远程控制、强磁机自动化控制、浓密机自动化控制、循环水泵房恒压供水自动化控制、尾矿输送系统自动化控制等。

在破碎、磨选、过滤、综合供水泵站等关键区域安装数字高清工业摄像机，由调度指挥中心对生产作业现场重要部位实时进行视频监控，通过对生产设备远程监测、操控，不仅加强生产总体协调调度能力，而且可以挖掘管理效益，提高生产效率和资源利用率。

（五）尾矿资源综合利用

周油坊选厂设计年处理原矿 450 万吨，生产铁精粉产率为 28%，生产砂石料产率为 18%，剩余 54%为细粒级尾矿，扣除用于井下充填尾矿，尾矿库排尾 81 万吨/年，大量尾矿堆存占有了国家有限的土地资源。为充分利用有限的矿产资源，争取“吃干榨净”政策，2023 年 1 月周油坊选矿厂提质增效技改后砂石料产率提升至 21.49%，6 月份尾矿综合利用项目投入生产，回收其中的铁、粗砂、云母，清空库容，多余尾砂输送至金巢公司进行生态修复。

（六）综合管理实现安全高效

公司建立了完整的、可操作的经营预算管控制度，实行目标倒逼管理，最大限度地挖掘管控潜力，纵向上内部挖潜，全流程要效益，横向上行业对标，同行业促发展，形成自上而下、自下而上、分级编制、逐级汇总预算编制体系；经营目标确定后，进行有效分解层层转化，使总目标转变成“两矿”“三厂”“三部门”的责任目标以及每位员工的分目标，同时匹配“量化考核管理办法”，根据月度目标的完成情况对责任主体进行考核、评价、奖罚，形成全公司上下协调统一的目标实现体系；及时组织月度、季度经营分析会，对执行过程中出现的问题，及时反馈、及时分析、及时纠偏，对经营管控中的强项和弱项进行总结，找出偏离目标方向的差距，分析变动原因、分析作业过程、作业环节，提出改进建议、措施，为下期目标的实现及未来目标的达成奠定基础。

2022 年 7 月 20 日、21 日，大中矿业公司对 TnPM 工作完成情况进行验收，通过对该项目实地察看各模块的实际运行情况和应用情况，对照合同、技术协议的预设指标对所有系统功能进行了验收。验收时系统数据应用方面完成 AB 类设备台账导入 2049 台，BOM 分解 698 台；自主维护标准 612 条，自主维护计划 230 条，自主维护执行完成记录 14506 条。完成 AB 类设备专业点巡检标准 375 条，完成点巡检路线 111 条，点巡检计划 107 条，巡检执行完成工单 16834 条；完成 AB 类设备全优润滑标准 114 条，润滑路线 70 条，润滑计划 78 条，全优润滑完成工单 1455 条；异常提报处理 87 条，故障提报处理 66 条，维修事项申请 16 条。现场管理方面，金日晟六源参与率为 85.01%，人均件数为 12.32 件，采用率为 95.22%，实施率为 90.37%，六源改善完成率为 94.71%。

六、攀登“智”的高点

周油坊铁矿 650 万吨改建完成后，平巷掘进采用安柏拓 K111 型掘进台车，锚杆施工采用 Boltec235 锚杆台车，立井施工采用 AT2000 型天井钻机，掘进出碴采用 3 m^3 柴油铲运机，并用 UK-10 型井下卡车运输；下向垂直深孔凿岩采用 T-150 型潜孔钻机，中深孔凿岩采用 Simba1354 或 Simba1254 型液压采矿凿岩台车；装药设备采用诺曼尔特 Charmec MC605DA 装药台车；切割天井施工采用 R40C 切割槽天井钻机；出矿设备选用 ST1030 型 4 m^3 铲运机。

车辆采用辅助斜坡道在不同水平间转场，斜坡道断面净宽 4 m，直墙高不小于 2 m，净断面积为 14.28 m^2。主要运行 4 m^3 铲运机、凿岩台车、油料运输车等无轨设备，斜坡道按照直线段最大坡度为 15%，弯道坡度为 3%～10%，平均坡度为 12%，每隔 300～400 m 设一段长度不小于 20 m 的、坡度为 3%的缓坡段，并设置错车道，满足设备错车要求。

井下掘进岩石通过井下卡车运至上部中段充填至二步采矿块采空区，井下矿石运输采用有轨运输系统，上采区有轨运输水平利旧现有−560 m 有轨运输水平，沿用下盘双巷单轨沿脉布置，采用折返式布置，沿脉装车，下采区有轨运输水平标高为−800 m，采用环形布置形式，穿脉装车，穿脉运输巷道间距 180 m。

有轨运输设备采用矿山现有的 ZK14-9/550 型 14 t 电机车双机牵引 9 辆 YDCC6-9 型 6 m^3 底侧卸式矿车运输，采用振动放矿机侧向装矿。

有轨运输线路轨距为 900 mm，采用 38 kg/m 钢轨，采用混凝土轨枕，主要运输线路最小转弯半径为 50 m。

上采区生产规模为 350 万吨/年，中段有轨运输能力为 350 万吨/年，受 1 号主井现有提升能力限制，其中 225 万吨/年运往 1 号主井附近卸载站；卸入主溜井后，由 1 号主井提升至地表，剩余 125 万吨/年矿石运往 N72 号附近新增卸载线溜至下采区运输。

下采区生产规模为 300 万吨/年，考虑上采区富余的 125 万吨/年矿石，下采区中段有轨运输能力为 425 万吨/年，矿石由电机车运输至 2 号主井附近卸载站，卸入主溜井后，由 2 号主井提升至地表。

-560 m 有轨运输系统人工操控，-800 m 井下有轨运输采用无人驾驶系统，实现智能化运输。

（1）1 号主井井下破碎系统。布置在 1 号主井-560 m 中段以下，主要由破碎硐室、皮带道、粉矿回收水平组成。破碎硐室设在-600 m 水平，皮带道设在-630 m 水平，粉矿回收设在-680 m 水平。破碎硐室内设 1 台 C140 颚式破碎机，负责完成上采区 225 万吨/年的矿石破碎任务，皮带与主井提升已形成联动，溜破系统集中控制。

（2）2 号主井井下破碎系统。布置在 2 号主井-800 m 中段以下，主要由破碎硐室、皮带道、粉矿回收水平组成。破碎硐室设在-860 m 水平，皮带道设在-910 m 水平，粉矿回收设在-960 m 水平。破碎硐室内设 1 台 C160 颚式破碎机。2 号主井井下破碎系统负责完成 425 万吨/年的矿石破碎任务。

上采区采用一段直排方式，矿山目前在-560 m 中段副井附近设有水仓和水泵房，坑内涌水、充填渗水、采矿废水等通过水沟和泄水井自流至进水巷道，然后进入水仓。汇入水仓中的水用水泵经副井内管道一段排至地表。

矿山排水采用中心调度室远程控制。下采区采用接力排水方式，在-800 m 中段副井附近重新布置水仓和水泵房，坑内涌水、充填渗水、采矿废水等通过水沟和泄水井自流至进水巷道，然后进入-800 m 中段水仓。汇入水仓中的水用水泵经副井内管道排至-560 m 水仓内，再经水泵经副井内管道排至地表。

-800 m 中段水泵房内设置 4 台 MD120-50×6 型耐磨多级离心泵，正常及最大涌水时均 2 台工作，1 台备用、1 台检修。排水管路选用 2 条 ϕ219×6 无缝钢管，沿副井敷设至-560 m 中段，1 条工作、1 条备用。

充填系统采用深锥浓密机连续充填。矿山改扩建后生产规模 650 万吨/年，充填制备系统设计规模为 400 m^3/h。

矿山现有 1 座立式砂仓+搅拌桶工艺的充填站，设有 6 套料浆制备系统，每套系统充填料浆制备能力 80~100 m^3/h。改扩建完成后采用深锥浓密机替代原有 6 座立式砂仓，充填站其他设施利旧使用。搅拌系统实现 4 用 2 备，满足 650 万吨/年规模时充填制备要求。选用的充填骨料为选厂排出的尾砂，充填胶凝材料选用胶固粉。

第十九节　重钢西昌矿业有限公司

一、基本概况

重钢西昌矿业有限公司坐落于四川省凉山州西昌市太和镇，隶属重庆钢铁集团矿业有限公司，是凉山州、西昌市重点工业企业，主要从事钒钛资源开发与综合利用，主营铁矿、钛矿露天开采，矿产品加工、销售业务，所在的太和矿区与攀枝花、红格、白马矿区并称“攀西四大钒钛磁铁矿床”，已探明钒钛磁铁矿储量 2. 93 亿吨，资源量 38 亿吨，矿床富含铁、钛、钒、硫、铜、钴、镍等多种有用元素。

二、发展历程

（1）1972年冶金工业部设立“太和铁矿指挥部”；

（2）1978年太和铁矿移交重钢建设设立“重钢太和铁矿指挥部”；

（3）1986年“重钢太和铁矿指挥部”变更为“重钢太和铁矿”；

（4）2010年“重钢太和铁矿”改制为“重钢西昌矿业有限公司”；

（5）2017年重钢西昌矿业有限公司引进战略投资者；

（6）2020年12月在重钢集团整体被重组下加入中国宝武集团，2021年4月在专业化整合下，随重钢矿业加入宝武资源。

（一）矿山建设

1956年，发现太和矿区，后历经“三次上马、三次下马”。

第一次上马：太和矿区，自1956年被发现以来，国家就一直在进行勘探、规划、设计，准备开发。1958年，成立了西昌钢铁公司，1962年国民经济第一次调整中下马。

第二次上马：1964年5月，西昌钢铁公司更名为四〇公司重新上马。太和矿区作为四〇公司下属矿山被命名为四〇三矿开始筹建。1966年，国家决定不在西昌建厂，太和矿区再次停建。

第三次上马：1970年，冶金工业部决定把太和矿区作为重钢基地进行建设。1971年，又再次组建了太和矿区筹备组，各单位建设队伍陆续进入现场；到1979年，矿区已基本达到了“三通一平”，并修建了部分生产、生活设施，太和矿区于1979年4月停产缓建。

1988年，建成70万吨/年原矿处理能力生产线。

2005年，建成220万吨/年钒钛磁铁矿采选生产线。

2012年，建成300万吨/年钒钛磁铁矿采选生产线。

2014年，建成200万吨/年废石综合利用生产线。

2015年，启动1000万吨/年钒钛磁铁矿采选扩建工程同时开展现代企业制度改革，积极引进战略投资者。

2020年12月在重钢集团整体被重组下加入中国宝武集团。

2021年4月经专业化整合，加入宝武资源。

（二）先进工艺技术

重钢西昌矿业有限公司是攀西试验区首家矿山高新技术企业国家级绿色矿山，四川省“创新型企业”，拥有省级技术中心，先后取得发明专利与实用新型专利52项。公司现有300万吨/年钒钛磁铁矿采选生产线，主要包括露天采矿、矿石破碎、选矿以及选钛等工艺技术流程，露天开采已实现机械化、大型化，选矿工艺实现自动化、集中化和远程控制。公司黑色金属矿山高压辊磨超细碎技术和低品位钒钛磁铁矿预抛尾综合利用技术被国土资源部收录为矿产资源节约与综合利用先进适用技术，目前正在开展铁精矿细磨提质、微细粒选钛等技术开发研究工作。

按照中国宝武全面提升全员劳动生产率与“四个一律”总要求，公司将逐步建设成为集地质资源数字化管理、面向业务驱动的智能化生产管控、全流程的现场无人化生产，集成基于工业大数据的智能决策于一体的安全、绿色、智慧、高效、可持续的科技型露天矿山企业。

（三）采矿工艺

重钢西昌矿业所在的太和矿区为大型露天矿，是攀西地区四大钒钛磁铁矿床之一，已探明的工业储量2.93亿吨，资源量38亿吨。钒钛磁铁矿储量丰富，有用矿物综合利用价值高，有害杂质含量低，矿石易采易选，资源条件和内外部建设条件优越。

重钢西昌矿业三个阶段的发展，其采矿流程变化不大，但工艺技术大幅提高，现生产阶段和扩建原矿规模1000万吨/年阶段采矿工艺为：矿岩中深孔作业采用KY-250D牙轮钻机，混装乳化炸药爆破，2.0 m^3、4.0 m^3 液压挖掘机或10.0 m^3 电铲装车；二次破碎采用沃尔沃EC460全液压挖掘机配HB3600型破碎锤。

爆破方法：中深孔爆破采用混装乳化炸药，数码电子起爆，多排孔微差挤压爆破；大块采用机械破碎。

剥离方法：穿孔爆破—电铲装车—汽车运输+胶带联合运输。

开拓运输：矿石采用汽车运输，剥离的岩土采场内采用汽车运输、采场外采用胶带运输和公路汽车联合运输。

（四）选矿工艺

第一阶段（初始阶段）：太和铁矿1988年9月建成投产，原矿规模为70万吨/年，铁精矿规模为35万吨/年，其选铁流程为三段一闭路破碎——一段闭路磨矿分级—磁选（一粗、一精、一扫）。

第二阶段（现生产阶段）：在第一阶段生产流程的基础上结合最近的选矿试验及生产中存在的问题对原有选矿流程进行了结构优化，2012年建成投产300万吨/年原矿采选能力，年产TFe品位55%钒钛磁铁精矿110万吨、TiO_2 品位47%的钛精矿15.8万吨。

选铁工艺流程为：三段一闭路破碎、洗矿— 一段磨矿、分级— 一段磁选（一粗、一扫）—二段分级、磨矿—二段磁选（一粗、一精、中磁扫铁）—浓缩、过滤。

第三阶段（扩建阶段）：在第二阶段生产流程的基础上结合最近的选矿试验及生产中存在的问题对原有选矿流程进行了结构优化、扩建，重钢西昌矿业有限公司1000万吨/年采选扩建工程达产后，每年可生产TFe品位55%钒钛磁铁精矿260万吨、TiO_2 47.0%钛精矿60万吨。

选铁工艺流程为：四段二闭路破碎、洗矿（四段破碎为高压辊磨工艺）— 一段磨矿、分级（一段分级直线筛代替旋流器工艺）— 一段磁选（一粗、一扫）—二段分级、磨矿（二段分级增加高频细筛工艺）—二段磁选（一粗、一精、中磁扫铁）—浓缩、过滤。

（五）高压辊磨超细碎技术改进与应用实践

（1）高压辊磨超细碎技术引进及应用。高压辊磨超细碎技术核心设备是高压辊磨机，高压辊磨超细碎技术能替代矿物破碎过程中细碎和球磨机工序，能有效体现多碎少磨节能技术理念，能促成选别下一道磨选工序球磨机效能释放，更能有效解理矿物晶粒，快速提升金属选别回收率（或金属综合利用率）和节能降耗。

（2）高压辊磨超细碎技术推广应用及问题。为进一步提升西昌矿钒钛资源创新开发利用的技术能力，2013 年西昌矿与安徽天源科技股份公司再次合作成功将 GM170/150 型大型高压辊磨机运用于超细碎作业。

2014 年 6 月西昌矿完成大型高压辊磨机在新选矿系统的安装并投入试运行。试运行期间发现：新研制大型高压辊磨机设备处理能力低；设备运行可靠性差，常被迫停机检修，造成矿石破碎只能返回常规破碎流程处理，高压辊磨超细碎技术流程无法畅通。

（3）高压辊磨超细碎技术改进及效果。在现有的工艺流程上实施改进，并且改造简单易行，改进实施内容以满足高压辊磨机设计入料技术指标为准，不对原有的设备主体产生影响，如筛分设备只调整筛网规格；对高压辊磨机液压系统、给料系统、冷却系统、电控系统等辅助系统进行技改。

改进方案实施后，大型高压辊磨机与破碎系统同步运行作业率应稳定在 85%以上，运行技术指标达到并超越设计指标。应用实践表明：经技改创新后的高压辊磨超细碎技术流程能有效实现节能降本增效目的，也能稳固钒钛资源创新开发利用技术经济指标。

高压辊磨超细碎新技术不断优化，使球磨工序磨矿能力充分释放，缓解传统破碎流程循环处理负荷，为西昌矿 1000 万吨/年采选扩建工程矿石破碎、选别流程优化建设奠定了技术基础。

（4）高压辊磨超细碎技术专利申请及获奖情况。鉴于高压辊磨超细碎技术具有显著增效节能功效，2009 年西昌矿依法申请并于 2011 年获批两项专利技术，一是《铁矿石破碎方法》（ZL201110028290. 7）；二是《铁矿石破碎系统》（ZL201120061697. 5）。与此同时，西昌矿高压辊磨超细碎技术被国土资源部收录为矿产资源节约与综合利用先进适用技术（第二批）。

三、绿色矿山建设

重钢西昌矿业践行习近平总书记“绿水青山就是金山银山”的重要思想，实现资源开发与环境保护相协调，走上经济效益与社会效益、资源效益与生态效益、保障资源安全与保护生态环境、矿业企业发展与矿区群众意愿统筹协调的长效发展道路，促进矿山企业的可持续发展。

西昌矿一直致力于绿色矿山建设，2012 年就曾申报国家级绿化矿山试点单位。在对采场、排土场、尾矿坝、选矿厂、办公区、生活区进行绿化的同时，完善各项基础设施建设，对矿区的道路进行改造升级，划分区域进行物理隔断，在绿化的同时进行美化，亮化美化生产生活区。与科研院所合作研究并试验适宜 1500 m 海拔以上耐旱耐寒的植物，极大地改善了矿区生产、生活环境。

西昌矿在提升企业经济效益的同时，注重企业社会效益的发挥，支持和带动地方经济的发展，构建和谐地企关系，如出资修建安宁河堤、村民集中安置点、彝族新村，定点扶贫等。

西昌矿在生态文明建设大背景下，2019 年加快推进绿色矿山建设，强力推进矿山绿色发展，落实绿色矿山建设各项要求，开展绿色矿山建设自评，为建设成为符合规范要求的绿色矿山提供指导。矿区各功能区绿化责任明确到人，绿化区域日常养护责任明确到人，进一步优化绿化方案，对绿化区域内景观植物进行合理搭配，绿化保障效果明显。

矿山持续开展生态环境治理恢复工程，特别是近年来，主动承担了周边地区的环境治理工作，对终了边坡、运矿道路两侧、矿山员工生活、工作区等区域开展了绿化美化工作。使矿业开发与自然环境完美结合。

2018—2020 年西昌矿对绿色矿山相关内容进行了研究，确定了绿色矿山建设与实施、应用乡土植物进行尾矿库土壤生态修复的研究等可研项目，助推绿色矿山建设工作。

西昌矿贯彻创新、协调、绿色、开放、共享的新发展理念，遵循因地制宜、因矿制宜的原则，对矿产资源开发全过程的资源综合利用、节能减排、环境保护、土地复垦、企业文化和企地和谐等统筹兼顾和全面发展，各种规章制度完整，培训体系健全，生产管理和安全管理卓有成效。

随着一系列活动的开展，西昌矿矿山达到绿色矿山建设基本条件标准，资源集约节约利用水平显著提高，于 2021 年 1 月 11 日正式被中华人民共和国自然资源部纳入绿色矿山国家名录。

四、资源综合利用

（一）低品位矿资源综合利用

我国铁矿资源丰富，但赋存条件差，铁矿品位低。随着矿山采选技术水平快速提升和采选设备升级换代，越来越多的矿山企业均把低品质矿产资源化综合利用研究作为矿山增加资源保障和发展循环经济发展的重要课题，资源化综合利用技术研究与产业化推广已成为矿山企业可持续发展、资源节约利用、高效利用、综合利用的必然发展趋势。

四川攀西地区是我国重要的战略资源富集区，钒钛磁铁矿储量巨大，资源保有储量超过 90 亿吨，其中钛资源占全国储量的 90%，钒资源占全国储量的 52%。但攀西钒钛资源分布较为集中，主要分布在太和、白马、红格和攀枝花矿区，并且品质低、共伴生元素多。西昌矿所在的太和钒钛磁铁矿区矿权范围内需采掘的资源中，全铁品位 9%～17% 的资源量占比达 56%，若将其中 50% 予以综合利用，可增加资源保障量，经精选加工后可向钒钛钢铁产业链供给原料保障。

西昌矿为了加强难选低品位和极贫钒钛磁铁矿回收利用，公司自 2005 年以来致力于低品位矿、极贫矿综合利用技术的研发，2006 年建成试验生产线，自主研发了一种既能回收铁、钛、钒等有价资源，又能制取建筑材料，适用于低品位钒钛磁铁矿资源化综合利用的实用技术，2014 年投资 1.5 亿元建成 200 万吨/年表外矿、废石综合回收利用工程（一期）。

通过十年多的生产实践，该工艺对钛磁铁矿回收效果较好，铁金属回收率达到 50% 以上，高效回收入选矿石，制取建设用砂石料，对表外矿、极贫矿等固体废弃物进行综合利用，具有重大的经济、社会及环境效益。

至2019年累计综合利用废石、低品位钒钛磁铁矿1300多万吨，回收工业入选矿石460多万吨（经选矿精选后生产优质钒钛铁精矿150万吨、钛精矿30万吨），生产的建设砂石料570万吨，实现减排量936万吨。2021年西昌矿开始500万吨/年极贫矿回收项目研究与实施，并对原有的工艺持续优化提升，新增粗粒精矿回收系统，钛精矿综合利用率进一步提升。

西昌矿在低品位矿研究利用中取得了较多成绩，拥有多项专利技术，并获得专项资金支持等。西昌矿拥有钒钛磁铁矿低品位表外矿磁化抛尾预选装置（ZL201020100465.1）、一种低品位钒钛磁铁矿的选别方法（ZL201010118607.1）、极贫钒钛磁铁矿综合回收利用方法（ZL201410072165.X）、极贫钒钛磁铁矿的选矿系统（ZL201420091948.8）、一种提高极贫矿产量的方法（ZL20191013517.9）；一种低品位铁矿预选系统（ZL201920282044.6）6项专利技术，本技术产业化推广项目2014年度获得攀西创新开发试验区重大产业化项目专项建设资金支持（《关于下达2014年攀西战略资源创新开发专项资金投资计划的通知》（川发改产业〔2014〕965号文）），低品位和极贫钒钛磁铁矿综合利用技术被原国土资源部收录为第一批矿产资源节约与综合利用先进适用技术。

（二）尾矿渣综合利用

国民经济和社会发展"十三五"规划纲要中指出支持资源开采企业绿色清洁生产，推进绿色改造，推动构建绿色低碳循环发展产业体系。国家有关的钒钛资源综合利用和产业发展规划中更鼓励攀西钒钛企业强化钒钛资源创新开发利用，快速提高资源综合利用水平；切实做好资源和生态环境保护，大力推进节能减排，发展循环经济，节约集约利用资源，实现可持续发展；坚持自主创新、集成创新、消化吸收再创新相结合，推进企业创新能力建设，实现资源高效利用；发展循环经济要以提高资源产出效率为目标，开发应用源头减量、循环利用、再利用、废物交换利用和产业链接技术，推广循环经济典型模式，促进清洁生产、土地节约集约利用等。

西昌矿作为攀西钒钛磁铁矿山重要企业，属于露天矿山，为了减少尾矿库堆存，强化资源最大化利用水平，大力推进节能减排，发展循环经济模式，持续对尾矿综合利用途径进行应用研究，在选铁尾矿回收钛铁矿技术研发与应用、尾矿制砂综合利用研究中都取得了一定成绩并广泛使用，并获得国家发改委资源综合利用认定证书。

1. 选铁尾矿回收钛铁矿技术研发与应用

在攀西地区，钒钛磁铁矿选铁尾矿是回收钛铁矿的主要原料之一，过去多年里，钛铁矿的回收一般借鉴的"粗粒级重选、细粒级浮选"选别工艺，该流程工艺复杂，二氧化钛回收率相对偏低。2006年西昌矿自主创新并获得了"全粒级浮选钛铁矿浮选方法"技术专利（全粒级浮选钛铁矿浮选方法发明专利：ZL200510057331.X、全粒级浮选钛铁矿浮选装置实用新型专利：ZL200820098434. X），该创新技术克服了“重—浮洗流程”工艺复杂、二氧化钛回收率低的固有特点。与此同时西昌矿将独创的“全粒级钛铁矿浮选工艺”率先成功应用并实现产业化。

“全粒级钛铁矿浮选方法”是一种全新的从钒钛磁铁矿中选别钛铁矿的工艺流程，该流程采用强磁—浮选工艺，可将钛金属的综合回收率提高至34%以上，处于国内领先水平。

攀西地区钒钛磁铁矿资源丰富，已探明的钛资源储量占全国总储量的90%以上，占世界储量的35%。“全粒级钛铁矿浮选方法”创新技术产业化为攀西地区钛资源的回收起到了良好的示范引导作用。“全粒级钛铁矿浮选方法”创新工艺技术不仅能简化选别工艺流程，实现钛铁矿全粒级浮选回收，而且钛金属回收率高，设备运行稳定可靠，操作简便，对矿浆粒度、浓度有极强的适应性，生产制造成本低。

钒钛磁铁矿选铁尾矿回收钛铁技术荣获国家金属尾矿综合利用先进适用技术示范工程。

2. 尾矿制砂综合利用

2013年西昌矿委托四川省建筑材料研究院开展尾矿砂综合利用试验（尾砂制取建材）研究，尾矿可采用“分级或洗砂”处理后可制取优质建设用砂；生产建设用砂满足《建设用砂标准》（GB/T 14684—2011）国家标准要求。根据研究结果，西昌矿业于2016年投资985万元建成一段强磁尾矿制取建设用砂项目，每年可综合利用尾矿35万吨。

（三）剥离弃岩渣利用

长期以来，西昌矿一直把开发综合利用固体废弃物作为企业生存发展的重要措施。从2008年开始，通过借鉴兄弟单位的经验以及与科研部门合作，探索开发建筑砂石料、混凝土免烧砖、混凝土路面砖、彩色地砖、墙体板等多种产品，目前只有建筑砂石料形成了产业化应用。由于产品附加值不高和用户对钒钛磁铁矿废渣开发的砂石料产品在观念上的限制，虽然产品技术质量可行，但产品销售不畅，利用率不高，影响了综合利用开发的进程。总体来看，综合利用量占全部固体废弃物的总排放量的15%左右。

采选废渣是矿山综合利用价值最高的一种资源。将废石和尾矿丢弃不仅需要占用大量土地，给周围的生态环境造成很大的破坏，还要投入处理和维护费用。而进行废渣资源的综合回收与利用，不仅可以充分利用矿产资源，扩大矿产资源利用范围，延长矿山服务年限，也是治理污染、保护生态的重要手段，还可以节省大量的土地和资金，解决就业问题，造福于人类社会，实现资源效益、经济效益、社会效益和环境效益的有效统一。所以，在全球矿产资源供应紧张的形势下，开发利用好长期累积的大量废石和尾矿，是我国矿业可持续发展的必然选择。

西昌矿所在的太和矿区为露天开采，开采过程中需要剥离大量的岩石和低品位表外矿，因而采用废渣、低品位表外矿综合利用工艺。

太和矿区为钒钛磁铁矿，其岩体为基性岩（辉长岩），辉长岩密度一般在2.8~3.1 g/cm^3

范围内，孔隙度很小，压缩强度一般 200~280 MPa，耐久性高，结构构造均匀，岩体组成较稳定，废渣集料的来源和质量均有保障。

通过对物料的来源和物理性能多年研究：西昌矿采选废石、尾砂可以用作建设工程普通混凝土的粗细集料。

西昌矿采选废石、尾砂的性能达到对Ⅰ类建设用砂石的质量要求，废石、尾砂表观密度比普通集料高 10%左右；废石集料堆积密度比普通集料高 3%~7%。

西昌矿钒钛磁铁矿采选废石集料混凝土配合比可按《普通混凝土配合比设计规程》（JGJ 55—2011）规定进行，攀西钒钛磁铁矿采选废石集料混凝土具有良好的力学性能和耐久性。

研究表明不采取特殊技术措施，采用废石集料可以配制出强度等级为 C60 的混凝土，废石集料混凝土的性能具有良好的抗氯离子渗透性、抗冻性、抗腐蚀性，废石集料混凝土耐久性不会低于普通集料混凝土，废石集料混凝土收缩率比普通集料混凝土低 30%左右，全废石集料泵送混凝土的密度比普通集料混凝土高 10%左右，同时满足普通混凝土表观密度的要求。

该项目研究使用首次提出攀西钒钛磁铁矿采选废（弃）石集料混凝土配合比设计、配制及应用技术路线；配制的混凝土具有良好的长期性和耐久性，其收缩性能指标优于普通集料混凝土，利用该采矿弃石及选矿尾砂作砂石集料，无须采取特殊技术措施，可按《普通混凝土配合比设计规程》（JGJ 55）配制出 C10~C60 的普通混凝土，钒钛磁铁矿采选废渣集料混凝土及其制品可用于一般建设工程，西昌矿作为金属矿山行业，在长期开采生产过程中，矿山产生大量的废石、尾矿，利用这些废渣资源完全可替代天然砂石骨料。

西昌矿对剥离弃岩渣的研究和使用途径还有筑坝和替代部分毛石效用，利用采矿剥离弃岩渣建造的小麻柳尾矿库工程，研究发现合理使用剥离弃岩渣，可在昔格达地质条件下建造稳定可靠的中大型尾矿库。

（四）钒钛资源深加工综合利用

西昌矿针对传统高炉冶炼钒钛铁精矿流程长、能耗高、污染大、无法全钒钛磁铁矿

冶炼，不能经济有效回收钛资源的缺点，2010 年开始先后与钢铁研究总院、中南大学、中冶长天国际工程公司、北京矿冶研究总院、北京科技大学、意大利达涅利公司等科研院校与企业合作，引进直接还原铁技术，在有效突破全钒钛矿冶炼低温还原粉化控制、钒钛走向控制、废酸闭路循环预浸钛渣等技术瓶颈后，能高效实现钛资源综合回收利用和拓展钒钛战略性新兴产品的新技术。该新技术畅通了“钒钛磁铁矿开采—非高炉清洁冶炼（气基竖还原电炉熔分）—含钛炉渣深加工”的全钒钛磁铁矿冶炼技术，为全钒钛磁铁矿资源创新开发利用新技术路线。

钒钛资源综合利用项目自 2010 年重钢矿业公司正式提出开展相关技术研究以来，开展了钒钛氧化性球团是否能够使用 Energiron 直接还原铁技术的研究、竖炉处理全钒钛球团矿试验研究、太和钒钛磁铁精矿金属化球团电炉熔炼方案研究、抑制太和钒钛磁铁精矿球团低温还原粉化研究、熔炼含二氧化钛直接还原铁所生成渣的电导率研究、DRI 熔分钛

渣深加工利用试验研究、熔分钛渣酸法钛白工艺技术流程实验研究等相关研究，项目共获得三项国家发明专利。该项目获得国家发明专利情况：

（1）气基竖炉直接还原钒钛磁铁矿非高炉炼铁工艺，发明专利号：ZL2011104413193.4；

（2）钒钛矿竖炉还原—电炉熔分深还原回收铁、钒、钛的方法，发明专利号：ZL201310372684.3；

（3）一种废酸自循环的非高炉钛渣硫酸法生产钛白的方法，发明专利号：ZL201510938229.4。

五、其他资源综合利用

西昌矿所在的太和矿区钒钛磁铁矿富含铁、钒、钛、钴、镍、硫、磷等多种资源，为实现矿山资源综合利用，西昌矿对伴生硫（铜）钴镍工艺矿物学研究，获得硫（铜）钴镍再选回收矿产品的实用技术成果。西昌矿建成硫钴精矿回收生产线和深加工生产线后，每年可生产硫钴精矿 3 万吨，深加工生产线每年可产氯化钴（$CoCl_2 \cdot 6H_2O$）380 t、碳酸镍（$NiCO_3$）120 t、电解铜 100 t、98%硫酸 20 万吨，实现资源中稀有金属的综合利用。

硫钴精矿回收工艺为将选钛尾矿采用“一粗一扫+两精选”主工艺流程，生产的钴硫精矿（其中含硫>28%、钴>0.5%、铜>0.8%、镍>0.45%）。

（一）表层土（冰碛土）资源化利用方向

西昌矿现有的 1 号排土场占地达 3670 余亩，是规划发展新时代新型农业现代化项目的理想资源。据相关研究资料，要形成超过 30 cm 厚适宜耕作层需要长达百年甚至上千年时间，当前仅依靠绿化或种植豆类植物促成土壤快速熟化不现实，简单熟化即开始农业化耕作极有可能产生更大的区域生态污染。江苏仪征市矿山排土场复垦之所以快速形成效益，主要是采用“借土”方案（覆土 1.2 m 厚、再覆耕作层土壤 30 cm），区域特点决定无法借土耕作层，但丰富的剥离表层土可完全作为覆盖土资源，如平均堆厚按 1 m 计算，1 号排土场还可以覆盖表土近 250 万立方米。表土覆盖完成后不但可以缩短熟土期，而且还可以同期利用自产的砂石料修建完善沟渠（生态沟渠，内种浮水或沉水植物），修建完善道路（道路两边种成排绿树或果树），促成排土场“田成方、林成行、路相通、渠相连”。划成方块的田地内以种植生态景观修复的多样性植物为主，如密植草坪或种黄花菜、芝麻、黄豆等植物，在 3~4 年后就可以为创建新价值链的新型现代化农业奠定基础。

基建期规划剥离表层土量，除覆盖排土场外，先期剥离的表层土可用于覆盖安宁河东岸河滩地、矿区内其他绿化区域覆土，为绿色生态矿山建设创造条件。

（二）废水利用

西昌矿所产生的废水主要为工业场地产生污水，包括雨季时排土场的淋溶水、尾矿库渗水。

对于生活污水，经专用管路排入化粪池及调节池，再经污水处理站处理达标后用于绿化灌溉使用。

对于选矿产生的尾矿及循环水，矿山采用专用管路输送，收集池汇集，且收集池全部做了防渗处理，尾矿库内矿浆水经澄清处理后，由泵船经专用管路输送回选厂循环利用，选矿工业循环水利用率为100%。同时，修建截排水系统防止上游沟内水流入尾矿库，为防止尾矿库两岸雨水汇入库区，矿山在左右两岸修筑明渠，两岸山坡的雨水在明渠汇集后，顺明渠排入尾矿库下游，达到了雨污分流的效果。生产废水处置率100%，选矿循环用水利用率达100%。

护炉钒钛磁铁矿氧化球团技术。钒钛磁铁矿不同于普通的铁矿石，其性质特殊，除含有铁金属外，还有钛金属，铁品位相对较低且在高炉冶炼过程中由于形成的TiC附着于高炉内壁，对设备造成影响，降低钢铁冶炼效率。早期的钒钛磁铁矿生产量较低，实际使用量更低。

随着国内球团技术的发展和成熟，为钒钛磁铁矿的使用途径提供了新的思路，但鉴于钒钛磁铁矿的特殊性，在尝试制造氧化球团过程中的爆裂、氧化膨胀等不良反应，国内普遍不看好钒钛磁铁矿能够生产氧化球团。

早期西昌矿重点以钒钛磁铁矿单一产品为主，在钒钛磁铁矿市场遇冷，销售困难的情况下，为更好扩展钒钛磁铁矿使用途径，保障西昌矿生存发展，1996年开始钒钛磁铁矿氧化球团研究，项目研究组先后拜访清华大学、中南大学等国内顶尖研究机构，与中南大学一起进行了实验研究和扩大实验解决了氧化球团黏结剂问题，用膨润土替代传统的有机黏结剂，西昌矿经过三年的工业实验研究和实践，掌握了钒钛磁铁矿护炉氧化球团技术及相关参数，申报了发明专利。经过充分的论证和市场调研，1999年开始建造国内首家钒钛磁铁矿护炉氧化球团厂，球团厂建成后成功地生产出了市场所需的护炉氧化球团矿，为钒钛磁铁精矿深加工开辟了一条新道路。

使用含钛物料护炉是一项工艺简单、操作轻便、使用灵活、见效快的护炉工艺、是高强度冶炼高炉长期护炉的常规炉料，对于延长高炉一代炉龄，提高高炉综合效益具有重要作用。

六、节能减排

重钢西昌矿业是中国环境报理事会会员单位，不断强化能源管理。一是建立健全能源管理网络与制度；二是积极采用新技术、新工艺降低产品能耗；三是强制淘汰国家规定的高能耗产品；四是优化选矿工艺，降低系统能耗；五是加强高耗能系统能耗的监控和管理；六是推广新技术、新工艺，搞好节能工作。

（一）1988—2008年能源工作

1. 建立健全能源管理网络与制度

西昌矿领导班子在组织架构上成立了以总经理为第一负责人的能源管理网络机构，由职能部门机动科负责具体的管理工作；各生产单位也组建了自己的能源管理网络，使能源管理工作做到了横向到边、纵向到底。在制度建设上，制定了《重钢西昌矿业有限公司水电管理办法》；各主要生产单位、公司也根据自己的特点制定了相应的能源管理办法，把能源消耗指标落实到班组、机台，与职工的收入挂钩，调动了全体员工的节能积极性。

2. 积极采用新技术、新工艺降低产品能耗

在节能降耗上，治理“跑、冒、滴、漏”只能见精神；采用新技术、新工艺才能抱西瓜。从2000年开始，太和铁矿先后投入上亿元的资金对选钛系统进行强磁、浮选流程改造；选铁磨选系统进行自动化改造；破碎系统采用高效率的圆锥破碎机，使“多破少磨”的原则得以真正实现；在球磨机上，进行了用滚动轴承代替滑动轴承试验，取得了好的效果，经测算其节电率达5%~8%。通过以上改造，极大地提高了钛金属回收率和球磨机的台时处理量，使钛精矿产品电单耗及原矿电单耗得到极大的改善。

针对采场某主要运输设备故障多、燃油消耗高的特点。西昌矿及时派人去兄弟矿山考察，先后引进了3307A型矿车和世界上目前最先进矿车之一的沃尔沃A40D和A40E型汽车。使采剥产品的油耗下降了32.91 kg/(万吨·km)，燃料节省效果明显。同时由于运输设备出勤率的提高，减少了挖掘设备的空运转时间，使采剥产品的电单耗下降了0.0154 kW·h/t。

在抱西瓜的同时也不忘捡芝麻，西昌矿始终把治理“跑、冒、滴、漏”作为节能减排的重点工作，对长流水、长明灯现象进行了认真的治理和严厉的处罚。

3. 强制淘汰国家规定的高能耗产品

对5台共2590KVAS7系列以前的变压器进行了强制淘汰；同时对线径偏小的联络一、联络二、精矿仓线路进行了改造，减少线路损失，据统计改造后联络一、二的线路损失下降了1%~2%，一年可节电20万千瓦时左右。

（二）2009年至今能源工作

（1）优化选矿工艺，降低系统能耗。提高球磨机的台时处理量，实施磨矿自动化控制系统，使磨机的给矿量稳定，提高磨机矿浓度。较好地发挥球磨机的磨矿效率以达到提高产量增加经济效益的目的。采用新工艺及新技术对尾矿一段进行再回收，提高钛精矿、铁精矿的产量，降低能耗增加经济效益。对选铁破碎系统破碎及筛分设备进行换型改造，使之与中、细碎设备相匹配，提高筛分设备的筛分效率；降低中、细碎设备的循环负荷，提高设备的利用率，降低破碎的电单耗。

（2）加强高耗能系统能耗的监控和管理。建立健全高耗能系统的消耗台账，实行全员参与，将能耗指标分解落实到班组、岗位。对高耗能系统中的高耗能设备进行重点监控，根据生产需求制定出设备的耗电指标，定期对能源指标差进行分析和查找原因，让设备在正常、经济的状态下运行。

（3）加强对高耗能系统设备的维护和检修，提高设备的利用系数和同步作业率。

（4）对选矿生产用水系统进行严密的监察监控和严格的管理。在工业用水上采用就地用水就地回收，就地使用的措施，提高水循环率。在生产用水的调节分配上采用自然水—

环水—尾矿回水—精矿仓废水—清水的调配原则，最大限度地降低大功率泵抽水时间，以此降低产品电单耗。

（5）加强选矿系统浓缩、分级、泵类设备的管理，提高设备效率；对尾矿、精矿实行高浓度输送，减少选矿工艺用水的循环。

（三）加大新技术、新工艺推广，搞好节能工作

（1）坚持高耗能落后电机的更新换代工作。电力配电变压器是换能效能较高的设备，因此更换配电网中高损耗的变压器将有效降低配电网网损。近几年公司在新建或改扩建中绝大部分使用了一些S11系列或非晶合金配电变压器等，这类变压器空载损耗非常低。此外，合理的配电经济运行方式，更是发挥管理的能动作用，优化运营，避免浪费的有效措施。

（2）选矿系统推进选铁一段预先筛分、二段高频筛项目。提高磨选系统生产效率，降低选铁系统生产能耗及成本指标；开展球磨磨矿介质优化工作，提高球磨生产效率，降低系统生产能耗及成本；推进抛尾系统强磁回收钛金属工作，提高资源利用效率。

（3）选钛系统推进强磁技改、磨矿分级技改、大型浮选机研究与应用等技术工作，进一步提高选钛经济技术指标。

（4）新建项目应使用低能耗、高效率的节能设备和工艺。在此期间，于2016年省级淘汰落后产能时：重钢西昌矿业有限5 m^2 竖炉球团淘汰，获政府支持资金25万元，并且还开展了能源审计、节能减排项目梳理以及和攀钢矿业能耗对标等工作。

第二十节 陕西大西沟矿业有限公司

一、基本概况

陕西大西沟矿业有限公司于2004年9月8日成立，隶属于陕钢集团（龙钢集团）国有独资子公司。公司拥有的陕西省大西沟铁矿床采矿权面积4.2863 km^2，已探明铁矿石总储量3.02亿吨，全铁平均品位28.01%，占陕西省铁矿石总储量的47.6%，属全国特大型菱铁矿床之一。公司目前总资产17.9亿元，2021年实现营业收入13.7亿元，已发展成为商洛市骨干工矿企业之一。

公司坚持“以矿为主，多元发展”战略，经过多年来发展，已形成小岭生产区域和下梁办公总部两个主功能区，构建起以矿山开发为主体，酒店服务、铁矿石贸易等为补充的多元产业格局。公司现有员工420人，下设6个生产车间、11个职能科室、2个生产辅助单位。主要产品铁精粉全部供应陕钢集团所属龙钢公司、汉钢公司作为炼铁原料使用。公司先后荣获“全国钢铁行业先进集体”，“陕西省五一劳动奖状先进集体”“陕西省A+纳税人”“陕西省名优诚信先进企业”“陕西省重合同守信用企业”，商洛市工业经济发展“突出贡献企业”“文明单位”，柞水县“突出贡献企业”“重点诚信纳税大户”以及陕煤

集团、陕钢集团和龙钢集团多项荣誉称号。

（一）矿产资源情况

大西沟矿业公司铁矿床位于秦岭南麓柞水县的东南部，直距 16 km，行政区划属陕西省商洛地区柞水县小岭镇罗庄社区所辖，矿区范围东西长约 2.6 km，南北宽约 2.0 km，面积约 4.5 km^2。

矿区位于秦岭南麓，属高中山地区，主要山脉走向近东西向，与区域地质构造线基本一致。本矿床在大地构造上位于秦岭地槽北部的华力西褶皱带，属秦岭纬向构造带南亚带的北侧。矿区范围内一般海拔标高 1000～1600 m，最高峰为孟家寨，位于矿区西北，标高为 1857.5 m，车房沟与大西沟汇合处标高约为 1050 m（视作区内浸蚀基准面）。

1986 年由柞水县政府组建，属县办国有企业，1988 年投产，年采选磁铁矿 5 万吨，铁精矿 1.5 万吨。1998 年改制为柞水县大西沟矿业有限责任公司，年采选磁铁矿 10 万吨、铁精矿 3 万吨。2004 年 9 月 8 日，龙钢集团控股在柞水县挂牌成立了具有独立法人资格的陕西大西沟矿业有限公司。

2005 年 6 月 28 日大西沟铁矿成功地实施了东部矿体开采基建剥离硐室大爆破。爆破总装药量 963 吨，爆破方量 122 万立方米，从此沉睡的菱铁矿大规模开采拉开了序幕。设计开采范围为 46 m 线以东矿体，开采标高为 1560～1260 m。圈定境界内矿量为 2616.04 万吨，岩石量为 2914.33 万吨，矿岩合计 5530.37 万吨，平均剥采比 1.11。采用汽车—平硐溜井—窄轨铁路开拓方式，水平分层缓帮开采。采矿设备主要采用 4 台潜孔钻和 1 台牙轮钻进行穿孔，4 台 LU300D 空压机供风，用 7 台挖掘机配合 3 台电铲进行装车，12 台奥龙 290 汽车运输。截至 2009 年 3 月，矿山 180 万吨/年菱铁露天采场基建剥离全部结束，年采菱铁原矿 160 余万吨、铁精矿 40 余万吨。

大西沟铁矿床已探明铁矿石资源储量 3.02 亿吨。经过 30 多年的开采生产及 1500 m 标高以上矿权退出，大西沟矿业公司矿权范围内保有工业品位铁矿石量为 2.33 亿吨，主要以菱铁矿为主，平均品位 TFe 28.10%。

大西沟矿区 1488 m 以上已完成地质环境治理及土地复垦复绿，效果良好。目前，主要对 6 号、7 号矿体进行露天开采活动，最高开采高度 1488 m，主要露天开采磁铁矿。

（二）生产经营情况

2007 年，公司全年生产磁铁精矿 23.85 万吨，同期增长 19%，菱铁精矿 8.1 万吨，球团矿 10.6 万吨，实现工业产值 18282 万元，同比增长 44%；销售收入 19921 万元，同比增长 189%；实现利润 1532 万元，同比增长 19%；实现税金 1501 万元，同比增长 33%；上缴税金 1262 万元，同比增长 63%。磁铁原矿入选品位 18.96%，精矿品位 62.9%，选矿回收率 96.03%，选矿比 3.82∶1。菱铁原矿品位 24.55%，焙烧矿磁性铁品位达到 17.73%，精矿品位 53.97%，回收率 70.85%。球团矿品位 60.53%，强度合格率 65.91%。

2009 年，全年完成铁精矿 83 万吨，球团矿 22.5 万吨，分别占年计划的 125.5%和

125%，同比增长12.3%和24.9%，利税8900万元。

2010年，全年开采原矿石400万吨；生产铁精粉101.9万吨，比上年同期增长22.8%；生产球团矿21万吨，比上年同期增长16.7%；实现工业总产值8.05亿元，销售收入8.16亿元，税金10394万元，利润4519万元，分别比去年同期增长30%、39%、39%和123%。百万吨产量大关的突破，实现了大西沟矿业公司的历史性跨越，创造了矿山发展的奇迹，跃居为全省第一、西北第二大冶金矿山。

2011年生产铁精矿102.24万吨，球团矿19.36万吨，实现销售收入10.35亿元、税费1.43亿元、利润6016万元。

2012年生产铁精矿107.8万吨，实现销售收入11.46亿元、税费1.56亿元、利润6260万元。

2013年生产铁精粉117.8万吨，较去年增长10万吨；完成工业总产值13.59亿元，同比增长30%；实现销售收入13.62亿元，同比增长23%；实现利润5246万元，上缴税费2.04亿元。

2020年全年自产铁精粉45.54万吨，采供国内矿255.74万吨，实现营业收入18.57亿元，同比增长10.19%；实现利润6515.8万元，税金9546.68万元。

2022年全年完成自产矿52.57万吨，完成国内矿贸易480.05万吨，实现营业收入31.14亿元、税金1.03亿元。

二、菱铁焙烧选矿技术探索历程及成果

陕西大西沟矿业有限公司拥有铁矿石储量3.02亿吨，远景储量超过5亿吨，矿石以菱铁矿石为主占总储量的97%，平均地质品位28.01%，属全国特大型菱铁矿床之一，陕西省铁矿石总储量的47.6%。

（一）菱铁矿室内试验情况

1988年陕西省冶金工业厅委托西北地研所和长沙矿冶研究院完成菱铁矿工艺矿物学研究工作，西北有色地质勘探公司采取了60吨矿样，1988年8月至12月完成了选矿试验所需的数据和结果。与此同时，西北有色金属地质研究所和冶金部长沙矿冶研究院联合提交了《陕西大西沟菱铁矿弱磁—强磁选矿工艺流程试验报告》，通过小型试验室的试验，达到了与陕西省科技厅签订的攻关合同指标，为扩大连续试验提供了可靠依据。

1989年3月28日至4月9日，冶金工业部长沙矿冶研究院、西北有色金属地质研究所提交了《陕西大西沟菱铁矿弱磁—强磁选矿工艺流程扩大连续实验报告》，报告认为：通过连续实验结果，可作为可行性设计、工业试验和工业生产的依据。

1988年初，陕西省科委将柞水县大西沟细粒镁菱—磁铁精矿粉造块与冶金性能的实验室试验研究任务，委托西安冶金建筑学院完成，由钢铁冶金教研室与试验室承担。1989年6月至1991年8月，该院完成了“大西沟镁菱磁铁精矿粉、烧结与冶金性能试验室试验研究”“大西沟菱精矿粉生产球团矿试验室试验”“大西沟菱铁精矿添加氯化钙烧结脱碱试验”。

1993年12月，武汉钢铁公司为扩大生产能力，保证资源，计划与陕西省联合开发大西沟菱铁矿资源，他们委托长沙矿冶研究院，用弱磁—强磁选别流程生产的强磁精矿进行造球试验。长沙院提交了《陕西大西沟菱铁矿强磁精矿造球小型试验报告》，通过试验指标令人满意。

1993年8月至1994年元月，武钢委托长沙矿冶研究院对大西沟铁矿进行工艺矿物学研究和矿样性质查定，获得了较好的试验结果，1994年7月提交了《陕西大西沟菱铁矿焙烧磁选试验工艺矿物研究报告》。1993年9月至11月，武钢（集团）公司和陕西省冶金厅委托长沙矿冶研究院与武钢矿业公司合作，对大西沟铁矿进行焙烧磁选工艺的研究。要求扩大连续试验指标为铁精矿品位TFe大于60%，回收率力争80%，研究成果能够为矿山建设时选厂设计方案提供比较可靠的依据。1994年7月两个单位联合提交了《陕西大西沟菱铁矿焙烧磁选工艺研究报告》。长沙矿冶研究院和武钢矿业公司联合在已完成的弱磁—强磁选矿工艺流程试验的基础上对矿石进行焙烧磁选试验。1993年8月至1994年元月完成了试验室小型试验及生产强磁粗精矿扩大连续试验；1994年2—7月完成了各个方案的焙烧工艺及焙烧矿的选别流程扩大连续试验。1994年7月提交了《陕西大西沟菱铁矿回转窑焙烧磁选扩大连续试验报告》。冶金工业部1995年6月20日组织了37名专家代表对《陕西大西沟铁矿合理焙烧磁选工艺流程的研究》成果进行鉴定，颁发了科学技术成果鉴定证书（冶科成鉴字〔1995〕第013号）；鉴定认为：选矿工艺研究系统，全面查清了焙烧入料的焙烧特性，确定了适合的焙烧条件和选矿工艺参数，该研究成果可作为大西沟铁矿开发的可行性研究的依据。鉴定结论认为该矿具有焙烧性能良好，温度范围宽，炉况顺利，热工制度稳定，无论原矿焙烧，强磁精球团矿焙烧或预尾焙烧均很容易保证焙烧矿的质量。因此该矿采用焙烧—磁选工艺处理，在技术上是可行的。

（二）菱铁矿焙烧、磁选和反浮选试验情况

从20世纪70年代，长沙矿冶研究院等研究单位就开始对大西沟菱铁矿进行焙烧、磁选等研究工作，尤其是1993年长沙矿冶研究院对1988年所取得的60 t大样进行了详细的中性焙烧（使菱铁矿转变为磁铁矿）、弱磁、强磁等试验，均取得了很好的结果。大西沟矿产资源归属龙门钢铁集团公司后，开发条件逐渐成熟。

2002年12月，矿业公司委托长沙矿冶研究院，对低品位菱铁矿（磁性率小于2%）进行了不同焙烧方式和不同出炉方式的试验、焙烧矿磁选试验及磁选精矿浮选提质降杂试验。矿冶研究院进行了中性焙烧水冷出炉、中性焙烧空冷出炉和氧化焙烧三种焙烧方案的焙烧试验及其焙烧选矿试验。经过反复试验，理论结果表明：低品位菱铁矿矿样焙烧磁化率可达到85%左右，理论可取得精矿品位TFe 60. 73%、回收率79. 82%的指标；进一步采用反浮选提高品位，可取得精矿品位TFe 64. 17%、作业回收率84. 69%的指标，这一理论研究结果为大西沟菱铁矿选矿提供了可靠依据。

2004年2月28日至2004年8月14日，长沙矿冶研究院试验小组与矿业公司进行了半工业试验。10月份提交了“大西沟低品位菱铁矿焙烧—磁选—反浮选试验研究报告”，取得了非常可靠的试验结果，原矿品位25. 13%，经焙烧后原矿品位30. 08%，经磁选—反

浮选，精矿品位达到61.48%、回收率83.8%，这一实验结果为大规模开发菱铁矿打下了坚实的基础。

2006年元月8日，公司遵循“整体规划、分步实施”的建设原则，实施了菱铁矿一期建设工程，按照“超常、快速、高水平”的建设方针，6个月内完成了一年半工期的建设任务。第一条生产线2006年8月投运，第二条生产线2007年8月投运。形成了年菱铁采选180万吨生产能力。2009年，新建成的生产线凸显出了卓越的经济优势，全年生产完成铁精矿83万吨，实现利税8900万元，较2007年分别增长261%和197%，资源优势充分转化成经济优势。菱铁选矿这一世界性选矿技术难题，被艰苦创业的大西沟人攻克了。

经陕西省科技厅组织专家鉴定，大西沟矿业公司“低品位难处理菱褐铁矿选矿技术研究”被评定为：“该技术研究攻克了回转窑焙烧菱铁矿的世界性技术难题，突破了菱铁矿工业利用的技术“瓶颈”，综合技术水平处于国内首创，国际领先”。该项技术被陕西省政府评为2008年度“科技进步奖一等奖”，中国钢铁协会和中国冶金学会把该项目技术研究成果评为2009年度“冶金科学技术奖一等奖”，同时该技术也于2009年荣获了国家发明专利权。

矿业公司走出了一条循环、可持续的科学发展道路，该项选矿技术为菱铁矿产资源的大规模开发、变资源优势为经济优势提供了坚实的技术支撑，一举突破了磁铁矿资源储量不足的瓶颈制约，开创了国内菱铁选矿的先河，建设龙钢“百年粮仓”指日可待。

（三）2015年之后开展菱铁矿试验情况

近年来，大西沟矿业公司联合长沙矿冶研究院、陕煤技术研究院、西安建筑科技大学、中国地质科学院郑州所等多家国内知名矿业科研机构持续对菱铁矿选矿技术进行攻关，在菱铁矿低成本、低能耗开发利用方面取得实质性突破。

其中，长沙矿冶研究院的闪速磁化焙烧技术工业应用效果优异：

（1）2016年，长沙矿冶研究院在国家科技攻关课题“难选铁矿高效选冶技术和装备研发及示范（2015BAB03B01）”支持下，于湖北黄梅铁矿建成60万吨/年悬浮闪速焙烧—磁选产业化工程并成功投入工业生产，取得铁回收率90.24%的工业生产优异指标。近年，同类技术先后在酒钢建成165万吨/年悬浮磁化焙烧选矿生产线、在海南矿业石碌铁矿启动了200万吨/年悬浮磁化焙烧项目，取得了技术成功。

（2）黄梅60万吨/年闪速磁化焙烧产业化工程与酒钢悬浮磁化焙烧-磁选项目相比指标更优、原矿焙烧能耗更低，是目前最先进的磁化焙烧工业生产方法。

2017年，长沙矿冶研究院的“难选弱磁性铁矿石闪速（流态化）磁化焙烧成套技术开发与应用”项目荣获中国钢铁工业协会、中国金属协会冶金科学技术一等奖。

2021年，长沙矿冶研究院对大西沟菱铁矿样品在长沙闪速焙烧中试基地进行了闪速磁化焙烧中试试验，在气速0.3 m/s、焙烧温度750 ℃、焙烧时间60 s的较优条件下，采用闪速磁化焙烧—磨矿—弱磁选工艺，获得铁精粉品位TFe 60.78%、回收率83.58%的良好试验指标。

2021年，陕煤技术研究院和西安建筑科技大学联合体采用悬浮磁化焙烧-磁选新工艺对大西沟菱铁矿进行输送床磁化焙烧验证性试验，系统运行稳定，实现铁精矿铁品位大于60%、铁回收率大于80%。

目前，新技术、新工艺已经成熟，可以实现对菱铁矿的高效、绿色、低成本开发利用目标。

三、绿色矿山建设

全面贯彻习近平总书记系列重要讲话精神，牢固树立和贯彻落实创新、协调、绿色、开放、共享的新发展理念，围绕绿色矿山建设的基本原则和要求，以合法、安全生产为主线，以保护生态环境、优化资源开发、降低资源消耗、改善和谐矿区为目标，以科技创新、人文关怀为保障，将矿山的人文环境、生态环境、资源环境、科技环境和经济环境与采矿活动有机地结合起来。通过绿色矿山建设，因地制宜，实现矿山发展的资源、环境和社会效益的协调统一，保证矿山的可持续发展。

绿色矿山建设工作主要针对绿色矿山建设的6个方面：矿区环境、资源开发方式、资源综合利用、节能减排、科技创新和数字化矿山、企业管理和企业形象等分别进行改善。

（一）矿容矿貌

（1）矿区按照生产区、管理区、生活区和生态区等功能分区，生产、生活、管理等功能区有相应的管理机构和管理制度，运行有序、管理规范。

（2）矿区地面运输、供水、供电、卫生、环保等配套设施齐全，在生产区设置操作提示牌、说明牌、路线示意图牌等标牌，在道路交叉口、露天矿坑、生产车间等需警示安全的区域设置安全标志。

（3）在矿山生产、运输、储存过程中采取防尘保洁措施。在储矿仓、破碎机、振动筛、带式输送机的受料点、卸料点等产生粉尘的部位，采取全封闭措施或采取机械除尘、喷雾降尘及生物纳膜抑尘；道路、采区作业面、排土场等采用洒水或喷雾降尘。工作场所粉尘浓度达到粉尘浓度容许要求。

（4）矿区生活污水与生产废水分开收集、处理，污水100%达标排放。

（5）采用合理有效的技术措施对高噪声设备进行降噪处理，工作场所噪声接触限值、工业企业厂界噪声排放限值、建筑施工场界噪声排放限值规定。

（二）矿区绿化

为保证矿区绿化面积，矿山在规划期内实施矿区绿化布置，本着结合当地环境和自然条件，因地制宜，采用点、线、面结合的处理方法，合理安排绿化。

对矿区上山道路未硬化路段进行整修，平整道路、清理水沟，在道路外侧植树美化道路环境。对矿区内破碎站等生产区域工业场地进行废渣清理、场地平整，完善厂区内排水沟，规划功能区域，对厂区周边进行植树绿化，美化生产环境。

对矿区内无序堆放的废渣进行清理，在场区的裸露地面上种植草坪和绿植树，对矿区内的道路护坡、废石边坡均进行植树绿化。对废石堆的覆土绿化治理，考虑到地形、地貌及土质等因素，植物选择耐旱、成活率高的树种，主要以刺槐为主，并采取黄土覆盖、深挖树坑、掩埋水管浇灌的方法，确保树木成活率。

根据要求，对已闭库的尾矿库、露天开采矿山的排土场进行复垦及绿化，矿区专用道路两侧因地制宜设置隔离绿化带。对现运行尾矿库堆积坝面的马道、子坝全部进行覆土绿化，覆土厚度 0.50 m，分带种植三叶草、苜蓿、格桑花等植物，着力打造“花园式”尾矿库，使尾矿库成为职工锻炼、休闲的去处。矿区绿化覆盖率达到可绿化面积的 100%。

（三）资源开发及综合利用

1. 资源开发方式

（1）加强采场管理，合理开发矿产资源。根据矿区矿产资源赋存情况和公司发展战略，规划期内合理布置生产区域，对菱铁矿生产和二期基建剥离进行合理布局，加强对回采和剥离区域的生产管理，确保矿山开采可持续性，并保证矿山 90 万吨/年的生产能力。同时，加强安全管理，对露天边坡进行监测，确保安全生产。在通过地下采空区道路两端设立警示牌，在露天采场周边设立铁丝拦网和警示牌，在露天采场上游及已有的清扫平台上，修建截排水沟，在南采场边坡打排水孔疏排地下水，并对疏排的地下水进行资源化处理。对开采范围内的地下采空区进行勘查和提前处理，根据监测对采场内的危岩浮石进行清理，对不稳定区域进行削坡或加固处理。

加强对开采终了台阶矿山环境治理和土地复垦复绿工作，消除矿山环境隐患点，确保生产作业安全。通过放坡、清坡卸渣等工作维护坡体稳定，对仍不能完全稳定的坡体，结合受力状况，布置坡脚抗滑桩、预应力锚索、锚杆、混凝土框格等工程保证坡体稳定。

（2）加大技术改造力度，引进先进生产工艺，推行资源科学化开采，大力提高资源利用水平。大西沟铁矿（东部露天采场）目前生产规模为 90 万吨/年，露天开采方式，露天铁矿中属于小型矿山，矿山目前的开采回采率为 97%，低品位磁铁矿采用磁选工艺选矿回收率均大于 95%，各项技术指标均达到了“三率”指标要求。

进一步完善矿山资源管理制度，健全矿山矿产开采和综合利用管理机构，对矿山动态开采实行实时监管，保证各项制度的贯彻落实，有效控制并降低开采损失率，实现矿产资源节约和综合利用制度化、规范化、常态化。

（3）加强生产组织管理，节能减排建设绿色矿山。积极加强节能减排工作，对能耗高的设备进行更新改造，降低矿山开采吨矿能耗指标。加强对固废的综合利用，对剥离围岩中低品位磁铁矿进行回收利用，对可以用作建筑石料的剥离围岩进行加工利用，减少固废堆存对土地的占用，固体废物妥善处置率达到 100%。

采取喷雾、洒水、湿式凿岩、加设除尘器等措施处置开采过程中产生的粉尘。对凿岩、破碎、空压等设备，通过消声、减振、隔振等措施降低噪声。

2. 资源综合利用

（1）坚持“三废”治用兼顾，加大资源的循环利用。转变传统废弃物处置模式，变

“治”为“用”，变“废”为“宝”。继续开展生产用水循环利用项目，计划在规划期内，实现生产用水全部循环利用，实现生产用水“闭路循环”。

（2）积极采用新技术，对低品位矿、共伴生有价元素进行回收利用。根据矿山实际情况，对生产工艺进行合理调整，对低品位磁铁矿进行回收利用。矿山剥离围岩中磁铁矿品位6%~8%，品位低但赋存量大，矿山通过对围岩的破碎筛分初选，可以将磁铁矿进行富集，进行回收。同时矿石中伴生的铜、硫等有价元素，通过跟园区内相关企业合作，也可进行回收利用。

因此，对低品位矿、共伴生有价元素进行回收利用不仅充分利用了矿产资源，同时也提高企业的金属产品生产能力，增加了企业效益。

（四）矿区生态环境保护

1. 地质环境保护与恢复治理

2018年4月，陕西大西沟矿业有限公司委托北京通拓工程科技有限公司编制了《矿山地质环境保护与土地复垦方案》，目前已经通过评审。公司十分注重环保要求，按照该方案要求严格落实各项措施。

在矿山企业已经采取治理恢复措施和防护措施的基础上，对矿区范围内，现存的及可能引发及加剧的地质灾害进行治理，消除地质灾害威胁，确保矿山生产和周边居民生命财产安全。主要任务为：

（1）排土场滑坡、泥石流地质灾害治理。田家沟排土场排土过程中，在排土工艺管理和稳定性监测的基础上，上部台阶达到设计境界时，对排弃过程中形成的较大边坡，按照设计边坡角进行刷坡处理，以保持边坡的稳定。

矿山闭坑时，根据小东沟排土场和吊庄沟排土场的治理经验和工艺对田家沟排土场进行集中治理，具体治理工程措施包括分级削坡、马道铅丝笼挡墙、坡面排水。

（2）露天采场地下硐口封堵。露天采场闭坑后，对采场内溜井、平硐和风井硐口进行封堵。平硐内靠近溜井下口修建0.5 m厚浆砌石挡墙，然后用废石充填溜井，压实。平硐和风井用废石充填50 m后，用0.5 m厚浆砌块石挡墙封堵硐口。

2. 土地复垦各项措施

随着矿山资源开采和塌陷区域范围、深度的延伸，矿山将按照“边生产、边治理”，具备复垦条件的区域及时进行复垦，持续、有步骤、有计划地开展土地复垦和生态恢复，使土地复垦率达到100%。

（1）前期剥离损毁土地复垦措施。前期剥离损毁土地地表进行了剥离，但地表风化层未剥离完全，多为风化碎石，可以满足开挖种植穴的条件。方案设计复垦为灌木林地，栽植刺槐。

（2）露天采场复垦措施。露天采场划分为露天采场台阶平台、露天采场台阶边坡两个复垦单元。由于采场台阶边坡坡度较大，无覆土条件，采场边坡复垦为其他草地，种植，

将开采边坡营造成绿墙；边坡平台复垦为灌木林地，覆土 0.3 m，种植灌木。藤本植物

（3）排土场复垦措施。矿山共有 6 处排土场。目前头道沟、小东沟的 4 处均进行了全面的综合治理。根据矿山提供的资料，上述三个排土场实施了矿山地质环境治理的相关工程，包括升级削坡、修筑截水沟、拦渣坝、设置被动防护网以及植被恢复等措施。目前堆积体稳定性较好、坡面平整，除头道沟排土场外，其余排土场植被恢复效果不佳，尚需进一步管护抚育。

（4）尾矿库复垦措施。矿山现有木梓沟、茨沟两座尾矿库，茨沟尾矿库正在开展闭库治理，尾矿库库面设计复垦为灌木林地，坝体边坡复垦为其他草地。根据尾矿库主体工程设计，两个尾矿库均具有完备的排洪泄洪设施。复垦工程措施设计如下：

尾矿库库面复垦措施：尾矿库库面面积 45.05 hm^2，设计复垦为灌木林地，主要土地复垦工程包括平整滩面、覆土及种植树木。

坝体边坡复垦措施：坝体边坡由于坡度较大，无法有效覆土，设计复垦为草地。设计撒播草籽，草籽撒播标准为 15 kg/hm^2，主要选用狗牙根，撒播草后及时洒水养护，以提高出苗率及成活率。

3. 加强矿山环境风险监测，加大环境灾害应急预警机制建设

针对矿区矿山地质环境问题，建立矿山地质环境监测网络，开展矿山地质环境监测工作。掌握矿山地质环境动态变化，预测矿山地质环境发展趋势，为合理开发矿产资源、保护矿山地质环境、开展矿山地质环境恢复治理提供基础资料和依据。主要对采空地面塌陷、地面裂缝地质灾害及含水层、地形地貌景观与土地资源进行监测，并预测其发展趋势。

（1）节能减排，建立矿山能耗核算体系，优化工艺设备、更新换代低能耗设备。发展节能减排，构建完整的矿山循环经济产业链，努力促进“资源—产品—污染排放”的传统生产方式向“资源—产品—再生资源”的循环经济模式转变。淘汰落后机电设备，更新换代低耗能设备，推广机电新技术、新工艺的使用，根据矿井情况逐步实施，规划期末实现采矿综合能耗降至 0.36 kgce/t，菱铁矿选矿综合能耗降至 41.2 kgce/t，磁铁矿选矿综合能耗降至 1.75 kgce/t 的目标。

（2）废弃物减排与综合利用：

1）控制污水排放。焙烧厂建设有地埋式化粪池，池体为钢筋混凝土结构，生活污水经化粪池处理后，通过尾矿输送管道进入尾矿库，沉淀后回用。尾矿库、排土场设置雨水截排水沟，淋溶水经处理后回用或达标排放。

2）减少固体废弃物排放。对没有回收价值的废渣通过简单的破碎加工，生产为建筑石料，用于基础设施建设（高速公路路基工程），既提高了废渣的深度利用，又避免地质灾害的发生，减少了固废堆存的占地和治理工作。

四、现代化矿山建设

（一）科技创新

贯彻“以科技促生产、以科技保安全、以科技增效益”的工作宗旨，提高企业科技创

新水平，不断加大自主创新和科技攻关力度，推广应用“四新”技术，积极开展各类创新创效活动，经过多年的不断积累，取得了显著的科研成果。加大研究开发资金投入力度，每年投入资金不低于上年度主营业务收入的1.5%。

（二）建立产学研用科技创新平台，培育创新团队

针对矿山的实际问题，与高校、研究院联合攻关和技术开发，引进、消化和吸收各种理论和技术为矿所用，为矿山绿色矿山建设所用。以科技促发展，以科技促管理，提高资源综合利用水平，充分发挥科技创新对绿色矿山发展的引领作用，实现矿产资源的科学化利用。

（三）数字化矿山

积极探索采用信息技术、网络技术、控制技术、智能技术，使各系统得以有效融合，适时引进先进的集中管控和信息联动平台，实现矿山企业经营、生产决策、安全生产管理和设备控制的信息化。

第二十一节　龙佰四川矿冶有限公司

一、基本概况

龙佰四川矿冶有限公司（以下简称“龙佰矿冶公司”）成立于2002年3月，主要经营范围：铁矿洗选；矿产品冶炼与深加工；普通货运。购销：铁矿石、铁精矿、钛精矿、硫钴精矿、含钒生铁、钛渣、钒制品、尾渣、废石；进出口贸易（国家限制经营或者禁止进出口的商品及技术除外）。

作为龙佰集团钛原料的供应基地，龙佰矿冶公司拥有红格铁矿、庙子沟铁矿等矿山。截至2023年年底，可开采资源量1.61亿吨。其中：红格矿区6312万吨，庙子沟矿区9811万吨。主要生产钒钛磁铁矿（铁精矿）、钛铁矿（钛精矿）、硫钴精矿、氯化钛渣、生铁等产品。经过二十多年的发展，已形成年产原矿800万吨、综合利用低品位矿700万吨、铁精矿400万吨、钛精矿150万吨、硫钴精矿3万吨、氯化钛渣30万吨、含钒生铁17万吨的生产能力。2024年，公司实现营业收入61.81亿元，纳税11.11亿元。

龙佰矿冶公司内设19个职能部室、一个子公司和三个直属单位，在岗职工2600余人。

二、发展历程

（一）重大研发

1. 旋回破破碎+胶带联合运输技术

2011年6月、11月完成红格铁矿场外运输系统升级改造，采用“旋回破破碎+胶带联

合运输技术”替代汽车运输，降低生产成本的同时，实现运输效率的大幅提升。

2. 矿石预选技术

红格铁矿原矿品位低、矿岩混杂，于 2011 年 12 月建成预分选厂，通过预选抛废技术的运用，在供矿端即可将原矿品位提升 2~3 个百分点，节省矿岩运费、提高了矿石品位，还能起到均化配矿的作用，矿石可选性得到有效改善。

3. 移置胶带机+排土机连续排土工艺

原单一汽车排土工艺存在二次转运及排土安全问题，于 2013 年将原旋回破+挖机+汽车+推土机的排土工艺改为旋回破+固定式胶带机+移置胶带机+排土机连续排土工艺，实现了连续排土。

4. 废石中回收矿石技术

废石经破碎站破碎后，废石中仍夹杂部分矿石，分别于 2013 年 12 月、2021 年 1 月建成 2 套废石胶带回收矿石装置，每年多回收矿石 400 万吨。

5. 矿石抛废技术

为提高原矿供矿品位，2017 年 3 月建成矿石抛废系统，每年抛出废石 160 万吨，原矿品位提升 1~2 个百分点。

6. 湿式预分选技术

2014 年与矿冶科技集团有限公司、长沙矿冶研究院合作研发新型外磁式磁选机，将磨前湿式预选设备由筒式永磁磁选机改为新型外磁式磁选机，新技术成功应用后，精矿产率提升 11.24%，精矿收率提升 5.22%，尾矿 TiO_2 品位下降 0.94%。

7. 全粒级强磁—浮选选钛技术

2003 年，矿冶公司一选厂全面推广应用一段强磁—浮选选钛技术，2008 年实施了一段磁选尾矿强磁技改，形成两段强磁—浮选选钛技术。2012 年矿冶公司二选厂选钛生产线，采用“一粗+一扫+四精”的工艺流程，经过工艺技术创新，目前钛精矿产能达到 65 万吨/年，钛铁矿相对选铁尾矿回收率提高到 56%。

8. 选铁尾矿综合回收利用技术

2014 年，在实验室选铁尾矿回收试验成功的基础上，采用“磨矿+磁选+筛分+强磁”选钛技术，建成钛铁矿高效回收生产线，形成一套尾矿综合回收利用技术，每年可新增钛精矿产量 5 万吨。

9. 硫钴镍稀贵金属回收利用技术

2015 年 3 月在实验室完成入浮矿中硫回收试验，2015 年 12 月建成硫钴精矿浮选生产线，增加钒钛磁铁矿伴生 Co、Ni、Cu 等稀贵金属的回收利用，现已形成年产 3 万吨硫钴精矿生产能力。

10. 钛精矿提质降杂新技术

2019 年，龙佰矿冶公司通过自主研发，建立首条红格钛精矿提质降钙工业生产线，产出钛精矿中 $TiO_2 \geqslant 49.5\%$，CaO 由 1.2%降至 0.35%以下。2023 年，完成 60 万吨/年攀西钛精矿提质降钙创新示范工程建设，可利用攀枝花钛精矿生产出 $TiO_2 \geqslant 50.0\%$、$CaO \leqslant 0.1\%$低钙高品质钛精矿。该创新研究成果成功解决攀西红格矿区钛铁矿提钛降钙难题，为攀西钛精矿升级氯化钛渣提供优质原料支撑，解决高品质钛精矿进口关键技术问题，实现了氯化钛渣所需矿物原料的国产化。

11. 三段阶磨阶选选铁技术

2003 年，实验室先后开展了多项钒钛磁铁矿选铁试验研究，形成了三段阶磨阶选选铁生产技术。采用该技术，2005 年建成龙佰矿冶公司一选厂选铁生产线，2012 年建成龙佰矿冶公司二选厂选铁生产线，开始生产 TFe 品位 56.0%的钒钛铁精矿。

12. 四段阶磨阶选选铁技术

2020 年，在实验室、工业实验成功的基础上，研发形成了四段磨矿选铁技术，2021 年 12 月底建成投运，钒钛铁精矿 TFe 品位由 56%提升至 59%以上，同时对提质尾矿中微细粒钛铁矿进行高效回收，年新增钛精矿产量 5 万吨。

13. 表外矿资源综合利用技术

2023 年，采用“破碎+大块抛废+干式抛废”工艺回收利用 TFe 品位 13%～15%的表外矿，年处理表外矿量 700 万吨，实现了表外矿资源综合利用。

14. 超微细粒级钛铁矿全流程源头高效回收关键技术

龙佰矿冶联合多家科研院所经过近 7 年研究，研发形成了超微细粒级钛铁矿全流程源头高效回收关键技术。2023 年 7 月建成投产，主要从钒钛磁铁矿磁选尾矿、铁精矿提质降杂尾矿、二段斜板溢流中回收微细粒钛铁矿，TiO_2 回收率提升 8%～10%，综合回收率提升至 45%，年新增超微细粒级钛精矿 22 万吨。

15. M 烟道降尘技术

2019 年项目建设初期，为解决攀枝花矿粒度较细导致原材料收率下降且烟气排出温度较高问题，通过增加改变烟气流动方向、撞击拦截和旋风分离等技术原理，可将烟气中夹杂的残余钛精矿完全收集，一来降低过滤负载压力，二来最大程度地提高烟气净化效果，实现电炉微正压操作。

16. 多环多点布料技术

2019年，为解决攀枝花地区矿属于致密型共生岩矿，难还原、粒度细，电炉冶炼困难且能耗高问题，采用独特的多环多点布料技术根据电炉运行温度场梯度布置环型多点位料管，从而来控制原料添加量，添加速度，料量随温度场的高低而变化，温度高的区域下料量大，对冶炼高杂质钛原料具有很大促进作用，实现电炉安全、精准操作，提高产量，同时也实现了攀枝花钛资源高效、低成本利用。

17. 全密闭多级循环破碎技术

2019年，开发全密闭多级循环破碎技术，采用分流分级系统、高效选粉系统和高压辊磨系统的综合利用，高钛渣回收率高、生产成本低、适应性强且对环境污染小的特点，可有效避免合格高钛渣过粉碎及反复破碎，提高了高钛渣的成品率，满足后续氯化沸腾工艺对钛渣粒度的要求。减少了资源的浪费，具有很好的实用性和应用前景。

18. 炉气灰及细粒级钛精矿压球焙烧技术

攀枝花自产钛精矿粒度较细导致输送过程粉尘量大，抛洒较多，影响环境；同时细粒级钛精矿入炉造成炉气灰量增大，每天生产约有20~25 t的炉气灰产生（TiO_2=42%），未能实现有效利用。2023年11月，为实现将冶炼过程中烟气产生的炉气灰回收及解决国产矿粒度较细问题，采用压球及焙烧工艺将炉气灰进行回收，同时细粒级钛精矿压球焙烧后氧化率可达60%以上，有效降低冶炼电耗，实现资源的100%利用，降低生产成本，对产品市场竞争具有巨大优势。

19. 富余煤气综合利用技术

在大型钛渣电炉实现连续加料的情况下，回收的煤气热值相对较高，具有较高的经济价值。煤气直接外排不但对大气造成污染，而且是一种资源的浪费，与低碳环保、可持续发展理念相悖。煤气回收利用就显得尤为重要，回收利用就必须要向多元化方向发展，2024年钛渣厂采用独特的微燃发电技术，配备高效低氮燃烧器，可实现年发电1800万度的规模，促进企业的清洁生产、实现循环经济，充分回收利用钛渣生产过程产生的尾气用于发电，从而减少了钛渣厂外排废气对环境的污染，实现清洁生产，使生产成本大大降低。

20. 钛渣炉系统升级改造技术

2024年，针对电炉满负荷生产，电炉负荷及能量增大，对中控下料及OPR控制提出极大的要求，下料不均或OPR控制波动较大会导致炉况波动较大，导致实际下料困难，产量难以实现预定目标，电耗、电极耗等各项指标升高，开展了钛渣炉控制系统升级改造，实现依据规定的OPR和碳矿比通过实时电耗自动计算总加料量并按设定条件分配到各个给料管，可实现OPR和碳矿比精准稳定控制，均匀布料，解决炉况波动较大的问题，提高电炉运行 OPR，增加投料量，提高产量。

（二）重大技改扩建工程

（1）2003 年，实施年处理 150 万吨红格钒钛磁铁矿选矿厂工程项目开发与设计，分两期开发建设，龙佰矿冶公司一选厂一期工程于 2005 年 6 月完成试车并投入生产运行。

（2）龙佰矿冶公司一选厂二期工程于 2006 年 5 月完成试车并投入生产运行。

（3）荞地箐尾矿库于 2005 年 5 月建成并投入生产运行。

（4）牛望田尾矿库于 2011 年 2 月建成并投入生产运行。

（5）破石 1 号站、矿山废石输送系统于 2011 年 6 月建成并投入生产运行。

（6）破矿 1 号站、矿山矿石输送胶带井巷工程于 2011 年 11 月建成并投入生产运行。

（7）预分选厂于 2011 年 12 月建成并投入生产运行。

（8）热水塘排土场排土机、移置胶带于 2013 年组装完毕并投入生产运行。

（9）朱家垭口 3 号沟排土场于 2013 年 9 月完成扩容设计并投入生产运行。

（10）龙佰矿冶公司二选厂于 2012 年 3 月建成并投入生产运行。

（11）破矿 2 号站于 2013 年 10 月建成并投入生产运行。

（12）废石中回收矿石系统于 2013 年 12 月建成并投入生产运行。

（13）矿石抛废系统于 2017 年 3 月建成并投入生产运行。

（14）破石 2 号站、6~8 号胶带机以及 7 号胶带废石中回收矿石装置建设于 2021 年 1 月建成并投入生产运行。

（15）50 万吨攀西钛精矿升级转化氯化钛渣创新工程一期工程于 2021 年 5 月完成热负荷试车，生产出高品质氯化钛渣。

（16）240 万吨铁精矿提质降杂生产线于 2021 年 12 月建成并投入生产运行。

（17）超微细粒级钛铁矿强化回收创新示范工程于 2023 年 7 月建成并投入生产运行。

（18）高温熔融钛渣水淬工程于 2021 年 6 月建成，2023 年 2 月成功稳定运行，实现钛渣冶炼行业重大突破。

（19）60 万吨/年钛（中）精矿提质降杂示范工程于 2023 年 8 月建成并投入生产运行。

（20）新型干式预选工艺及装备技改工程于 2023 年 10 月建成并投入生产运行。

（21）细粒级钛精矿压球焙烧工程于 2024 年 5 月建成，6 月完成带料试运行，实现细粒级钛精矿入炉级及炉气灰综合利用。

（22）富余煤气综合利用工程于 2024 年 6 月完成建设，7 月实现并网发电，实现资源综合利用。

（23）50 万吨攀西钛精矿升级转化氯化钛渣创新工程-CXTZ 升级改造工程于 2024 年 11 月建设完成，实现产能翻倍。

（24）钛渣炉系统升级改造工程于 2024 年 11 月完成系统调试及试运行，实现钛渣电炉进一步稳定运行。

（25）水淬渣烘干工程于 2024 年 12 月建成并投入生产运行，提高产品品质及氯渣收率。

（三）采选装备发展

1. 矿用汽车更新情况

（1）2003 年 6 月，5 台 5 t 级东风 153 汽车、8 台 5 t 级重发汽车投入生产运行。

（2）2006 年 8 月，20 台 20 t 级北方奔驰汽车投入生产运行，东风 153 汽车、重发汽车逐步淘汰。

（3）2013 年 12 月，32 台 40 t 级同力 855 矿用宽体车投入生产运行，北方奔驰汽车逐步淘汰。

（4）2016 年 3 月，37 台 50 t 级临工 MT76 矿用宽体车投入生产运行。

（5）2018 年 7 月，16 台 60 t 级同力 875D 矿用宽体车投入生产运行。

（6）2024 年 6 月，29 台 70 t 级临工 MT96L 矿用宽体车投入生产运行，运输车辆逐步大型化。

2. 挖掘机更新情况

（1）2003 年 6 月，2 台 2 m^3 邦力 CED460-5 投入生产运行。

（2）2009 年 8 月，3 台 2.1 m^3 沃尔沃 460 投入生产运行，邦力 CED460-5 逐步淘汰。

（3）2016 年 4 月，2 台 2.6 m^3 沃尔沃 480 投入生产运行，沃尔沃 460 逐步淘汰。

（4）2022 年 7—8 月，1 台 3.2 m^3 临工 E6550、6 台 3.4 m^3 卡特 352F 投入生产运行。

（5）2024 年 4 月，3 台 4.2 m^3 临工 E6650H 投入生产运行，铲装设备逐步实现大型化。

3. 排土设备更新情况

2011 年前排土采用汽车+推土机的方式进行排土；2011—2013 年采用汽车+旋回破（PXZ1417 型旋回破碎机）+胶带输送机+挖机+汽车+推土机的方式进行排土；2013 年后采用汽车+旋回破（1 台 PXZ1417 型旋回破碎机和 1 台 PXZ6275 型旋回破碎机）+胶带输送机+排土机（1 台 PLK1800·50+50 排土机和 1 台 PLK2400·50+50 排土机）的方式进行排土。

4. 选矿设备

（1）2009 年 4 台美卓 HP500 圆锥破碎机在一选厂预分选车间在细碎投入使用；2012 年 7 台美卓 HP500 圆锥破碎机在二选厂破碎车间投入使用；2013 年 2 台杰弗朗 TC84 圆锥破在一选厂预分选车间投入使用。

（2）2010 年沈阳重型机械集团有限公司 1 台 MQY3660 溢流型球磨机在一选厂投入使用，2012 年北方重工沈重矿山冶金设备分公司 2 台 $\phi5.5$ m×7.0 m 球磨机在二选厂投入使用。

（3）2012 年矿冶科技集团有限公司 32 台 24 m^3 充气式搅拌浮选机在二选厂投入使用，2018 年矿冶科技集团有限公司 30 m^3 充气式搅拌浮选机二选厂投入使用。

（4）2022 年赣州金环磁选设备有限公司 1 台立环脉动高梯度磁选机 4000（1.0 T）在一选厂投入使用，2 台立环脉动高梯度磁选机 4000（1.3 T）在二选厂投入使用。

（5）2022 年中信重工 4 台 1120 kW 立式搅拌磨在二选厂投入使用，年处理铁精矿能力 240 万吨。

（6）2024 年中铝郑州有色金属研究院有限公司 7 台 ϕ4.5 m 无传动式浮选柱在二选厂投入使用，年处理超微细粒级钛精矿 22 万吨。

（四）安全环保技术发展

龙佰四川矿冶有限公司通过二十多年的发展，持续提升安全环保管理水平，已形成具有公司特色的安全环保管理体系，在安全生产责任、安全管理基础、环境污染防治、矿山生态修复等方面取得显著成果，近年来未发生亡人事故和环保事故。

1. 建立完善的安全环保管理体系

（1）龙佰矿冶公司自 2017 开始，持续加强安全生产标准化建设，在 2017 年、2020 年、2023 年均创建为安全生产标准化二级企业。

（2）成立以总经理为主任的职业健康安全和环境委员会，下设安全环保部、安全环保科，配备专职安全管理人员 33 名、专职环保管理人员 5 名，聘用注册安全工程师 8 名。

（3）建立全员安全生产责任制，明确各岗位的责任人员、责任范围和考核标准，每月按照考核清单由上级对下级进行考核，考核成绩不足 80 分的，在当月的安全环保奖中进行考核，确保全体员工“照单履职、按单办事”，扎实落实岗位安全生产责任制。

（4）龙佰矿冶公司根据国家法律法规规定和日常工作发现的问题，修改或建立了《三级安全员制度》《全员参与事故隐患排查与治理制度》《重大事故隐患包保责任制度》等 50 余项管理制度，持续完善安全环保管理制度体系，确保工作有章可依，有规可循，行为标准一致。

2. 强基固本，夯实安全管理基础

（1）构建双重预防机制，落实安全风险分级管控，强化事故隐患排查治理力度。每月组织开展风险辨识，制定各项风险管控措施和分级管控责任人，并根据内外部环境变化，持续更新风险分级管控清单。同时，每年制定隐患排查计划，按照每天、每周、每月、每季度的频次开展隐患排查。另外，充分运用已建立的“双预控”信息化平台，将设备设施清单、作业活动清单及检查表导入安全信息系统，制定全员覆盖的检查清单和检查频次，员工仅需使用手机扫描二维码便可开展安全检查活动；同时检查发现问题，也可以通过系

统推送至相关责任人落实整改，确保隐患整改做到闭环管理。

（2）划分重大事故隐患排查包保责任，做实做细重大事故隐患自查自改。制定《重大事故隐患包保责任管理制度》，明确主要负责人、技术负责人、现场负责人包保的重大事故隐患和职责，确定排查周期和管理要求，建立排查台账，作为履行安全生产责任制的依据，切实提高风险隐患排查的质量和深度，提升员工发现隐患和整改隐患的意愿。

（3）建立安全放不放心人员名单，构建班组安全“家企共建”。为牢牢抓住人的不安全因素，盯紧安全管理薄弱点，公司专门针对班组患有心脑血管疾病、习惯性违章、安全意识淡薄、新入职的员工建立“安全不放心人员”名单，按照厂级、车间级、班组的层级对“安全不放心人员”开展岗位风险因素、操作规程、一对一帮扶等活动，持续将“安全不放心人员”培养成“安全放心人员”。同时，积极构建“家企共建”安全管理新模式，让员工家属参与公司安全管理，让员工家属深入了解公司的安全文化，支持、理解、配合公司做好安全工作，当好安全“贤内助”，常吹安全“枕边风”，多叮咛、常嘱咐，提升员工安全意识和家庭责任感，把家庭融入安全生产管理工作中，进一步筑牢安全防线。通过开展班前会安全宣誓、“家企共建”群、设置亲情墙、家属座谈会、家属开放日等活动，及时聆听员工家属的意见，持续优化安全管理，增强安全人文关怀，提高员工安全责任意识，为员工生命安全和公司高质量发展提供有力的安全保障。

（4）持续加强外包单位全过程管理，提升外包单位安全管理水平。建立从承包商资质认证、招投标、合同及安全协议签订、入场培训、安责险购买、施工人员体检、安全技术交底、现场隐患排查、定期评估考核等全过程管理规定，切实把好外包单位入场关口，压实外包单位管理各项职责，严格外包单位施工期间隐患排查和考核，切实将“五统一”落实到位。

（5）树立安全生产高压线，创建员工“保命条款”。公司结合非煤矿山的行业特点和各类事故警示，总结出员工一旦违反规定将会造成伤亡的要点，制定了涵盖消防、特殊作业、能量隔离、压力设备、运转设备、车辆机具的6项（18条）保命条款管理制度，“保命条款”是抓安全、保安全的重要举措，是保障员工生命安全的底线，是员工不可逾越的触碰的红线和禁区，员工（含外包单位员工）一旦违反“保命条款”将会受到严肃考核，公司对员工违反“保命条款”实施“零容忍”，以高压态势维护“保命条款”的权威性和严肃性。

（6）强化检维修作业风险管理，划分区域网格化安全监督员。设备检维修作业是易发、高发生产安全事故的活动，班组在每次检修作业前召开JSA（工作安全分析）活动，对检维修作业中的风险进行辨识，制定风险管控措施和责任人，同时及时办理特殊作业审批；作业期间现场设置安全监护人，监督各项措施落实，及时纠正作业过程中三违行为，确保检维修作业安全开展；同时，针对年度大型检修作业，班组根据检维修作业分布情况，划分区域安全监督员，形成网格化安全监督，覆盖整个检维修作业区域，同时大型检修期间，每天召开安全例会，通报违章违纪行为，提出安全注意事项，从严、从实抓好检维修安全管理。

(7) 加强科技赋能，丰富安全管理手段。为加强矿山、尾矿库全库区的安全巡查力度和深度，班组充分利用无人机对矿山、尾矿库区域定期开展安全巡查，重点库区边坡、溢洪塔、坝体、周边山体、电力线路等开展巡查；同时充分利用建立的在线安全监测系统，对位移、库区环境、降雨量等进行 24 小时监测，同时安排人员 24 小时值班值守，确保矿山、尾矿库各项关键数据均有监测、有盯守。

3. 试点先行，打造尾矿库环境污染防治正面典型案例

龙佰矿冶公司尾矿库环境污染防治工作入选生态环境部尾矿库污染防治优秀典型案例，示范引领尾矿库污染防治工作。一是完善渗滤液回收系统，彻底实现渗滤液与雨水分流。布置 3 根 DN350 总长 2750 m 的 PE 管和 188 根 DN100 总长 6885 m 的小导管，将渗滤液全部倒流至收集池，收集池满足尾矿库最大渗滤液 543. 3 m^3/h 不外排的需要，并实现库周两侧山脊雨水与库内水的彻底分流。二是强化应急管理，管控环境风险。修订完善突发环境事件应急预案，定期开展应急演练。安装应急监控设备，确保排放水质实现动态监测。增加建设渗滤液应急池，在极端状态下可以达到渗滤液 10. 3h 不外排。三是夯实管理基础，持续提升环境管理水平。每年汛期前开展尾矿库污染隐患排查整治工作，完善防扬散、防渗漏工程建设。开展稳定性分析论证，增强坝体稳定性，并按照半月一次频率开展人工与在线监测比对，确保尾矿库安全平稳运行。

4. 持续做好矿山生态修复，打造花园式厂矿

(1) 建设育苗基地、保障苗木供应。为提升生态修复速度和生态修复质量，保证幼苗供应，降低幼苗采购成本，提供粗壮的幼苗，公司投资 36 万元修建 1200 m^2 的苗圃基地，每年可培育 6 万余株台湾相思树、爬山虎、三角梅等幼苗，苗圃培育幼苗成活率为 95%，大幅缩短幼苗出棚到移栽的时间，为矿山生态修复奠定坚实基础。

(2) 能复尽复，能绿则绿，扎实推进矿区复垦复绿工作。矿山采场和排土场区域按照“二合一”方案要求，对可治理、可复垦区域及时进行治理、复垦。公司累计投入 3568. 79 万元，堆存表土 261. 55 万立方米，完成覆土 130. 82 万立方米，移栽苗木 25. 12 万株，点种、撒播种子 22. 25 t，铺设灌溉管网 10. 71 万米，安装荷兰网 8700 m，配套建设 4 个蓄水池为绿化供水，完成矿山、排土场终了平台生态修复 3285. 14 亩。

(3) 持续美化环境，打造花园式厂矿。累计投资 2500 余万元对厂区和主运输道路进行绿化，厂区可绿化面积实现 100%绿化，道路两侧栽种行道树 1200 余株、栽种虎刺梅、黄连翘 14943 m^2，建成了花园式厂区。同时，制定绿化考核标准，避免植被出现严重枯枝黄叶现象，保证矿区植被成活率，有效美化矿区环境。同时还投资 250 万元将已闭场的朱家垭口一号沟排土场打造成攀西地区首个工业废弃地生态农业种养示范基地，栽种适应性强且生长迅速的早、中、晚熟芒果 7665 株，观赏三角梅 8500 株，种植面积共计 225 亩，每年可采摘芒果上万斤。

第二十二节 新疆大明矿业集团股份有限公司

一、基本概况

新疆大明矿业集团股份有限公司（以下简称“大明矿业”）成立于1997年，法人代表：许明。隶属于哈密市伊州区星星峡行政管辖范围，邻接新疆与甘肃省界。公司主要从事黑色金属矿产资源的采选业务，是哈密地区铁资源储量第一的大中型铁矿。公司天湖铁矿Ⅰ号矿体是新疆重要铁矿资源基地之一，远景储量1.07亿吨的大型单体磁铁矿资源。是新疆目前机械化程度最高的地下矿山，全员劳动生产率达到1万吨位居行业前列。图9-1为矿区全貌。

图9-1 矿区全貌

二、发展理念

大明矿业始终坚持“以客户为核心的价值链增值”为基本发展理念，以“下一代地下矿山效率、安全、投资的革命者”为使命坚持学习国际先进的生产理论与技术，为尽快全面实现数字化矿山建设的目标而持续努力，并致力于将企业建成新疆矿业领域受瞩目的“标杆与示范”企业，成为今后中国采掘行业转型升级的引领者。同时被自然资源部评定为“国家级绿色矿山试点单位”、新疆首家获应急管理部评定的“非煤矿山安全生产标准化一级企业（矿山）”、国际“碳金奖”获得企业、新疆唯一一家矿业行业的“高新技术企业”、专精特新企业，连续两年获得自治区科学技术奖，新疆采掘业自治区级安全生产示范企业、党委新型工业化宣传示范企业、新疆唯一一家矿业行业自治区级采掘研发中心获批组建挂牌单位。截至目前，公司获得软件著作权16项、实用新型专利23项、发明专利2项、自治区科技进步奖2项。

大明矿业始终以“节能减碳、环保减排、绿色低碳，与环境和谐发展”为宗旨，以建设电气化矿山为目标，在矿山生产中积极展开绿色发展行动。如今大明矿业的能源主要消耗和排放指标达到或低于国家清洁生产一级指标标准，工业污水排放量达到“零”排放。同时，大明矿业以每万元产值能耗折合标准煤 0.3 t，低于第三产业能耗指标的改革成果获得了“国际碳金奖”。2017 年在区域率先完成了矿山锅炉煤改电的技术改造工作，积极响应大气治理的方针政策，获得了环保协会及专家的一致好评，为区域内的大气治理工作极好地起到了示范引领作用。

大明矿业致力于用科技改变矿业行业，通过打造智慧矿山引领行业升级，多年来不断研究 ERP 系统如何管理矿山行业各业务功能区域，以及如何满足矿业价值链的 IT 需求，2018 年通过帛丝云商江苏科技有限公司实施，引入德国 SAP S/4HANA® Cloud 中的标准管理模块，建立以 SAP ERP 为核心的企业信息化管理构架，为持续的信息化建设搭建起完善的平台基础。完成 ERP 和数字化矿山综合调度管理系统集成，横向贯通了采购供应链、生产计划、生产进度流程、质量管控等流程，真正实现了财务与业务的有效集成和管理。实现精益化的管理方式，管理人员可以在电子看板上及时、清晰了解各种生产信息、设备信息、安全信息，从而进行高效决策。SAP S/4HANA® Cloud 蕴含先进的管理理念，可以在业务上最大程度地满足生产个性化的定制需求。利用它强大的 ERP 功能，大明矿业能够更好地实现业务财务一体化，成功向数字矿山转型。

三、公益事业建设

大明矿业在发展的同时积极从事公益事业回馈社会，2018 年至今大明矿业全力支持新疆足球事业发展，累计无偿提供近两亿元人民币资金支持，建设新疆足球青训及联赛体系；新疆 U20 梯队在 2021 年全国运动会取得亚军，创造了新疆足球最好成绩。同时新疆斯巴达足球俱乐部在 2021 中国足球协会五人制足球甲级联赛获得冠军。公司董事长荣获全国群众体育先进个人称号，并在陕西大会堂接受习近平总书记亲切会见。

同时大明矿业在摩托车运动安全及专业培训等多个方面开展工作，是达喀尔赛史上唯一的全中国籍车手摩托车队五堡大海道车队的创立者与支持者。已将五堡大海道车队推向世界舞台，2020 年五堡大海道车队车手扎克尔·牙克甫是首例新疆本土车手参加该项赛事并取得了总第 42 名的成绩，创造了中国摩托车运动参加达喀尔拉力赛的历史最好成绩。2021 年达喀尔拉力赛中再次刷新由自己保持的中国摩托车手在达喀尔拉力赛最佳成绩，取得了总第 33 名的成绩；晋身世界一流车手名单，在国际舞台上展现了新疆各民族团结、进步，社会和谐、稳定，人民安居乐业的美好形象。目前，此名单里亚洲车手只有中国的扎克尔一人。

公司成立至今多次为哈密地区扶贫、残疾学校、慈善总会、自治区乒乓球协会、赈灾、捐赠等社会公益性支出累计捐款千万余元，其中包括：赞助新疆维吾尔自治区乒乓球协会共计 400 余万元，哈密地区体育馆建设 100 万元，灾区捐款累计 300 余万元，残疾学校捐款 25 万元，2016 年响应自治区民营企业“千企帮千村”精准扶贫“民族团结一家亲”和田地区洛浦县对口帮扶50万元，其他各类捐款捐物超500余万元。2017年参与哈密市商业银行“民族团结一家亲”贫困学生帮扶等公益事业活动。同年加入萨马兰奇体育发展基金会，成立大明体育教育专项基金，专项基金成立至今为新疆乒乓球运动，哈密五堡摩托车运动，伊犁州、喀什巴楚县足球运动捐款捐物累计700余万元。

大明矿业从足球、乒乓球、摩托车运动安全及专业培训等多个方面开展了大量工作，切实推动新疆体育的发展，为新疆“社会稳定、长治久安”总目标的实现贡献企业的力量。

四、未来发展规划

面向未来，大明矿业作为高新技术企业坐标“一带一路”重镇，坚持高质量发展，以科技创新为核心竞争力，成立了金属矿山行业内首家采掘工程技术研发中心，坚定不移地以中央经济工作会议八项重点任务中“强化国家战略科技力量”“增强产业链供应链自主可控能力”为目标，以科技创新为驱动，以信息网络为基础，面向高质量发展需要，提供产业数字转型、智能升级、融合创新等具有平台价值的基础设施体系。基于此愿景，大明矿业愿意与矿业人共享所有发展成果，帮助有共同追求的同仁一起进步，充分发挥新疆矿产资源优势，更高效地将其转化为经济发展优势，推动行业发展，为中国冶金行业供应链自主控制能力做出贡献，通过示范为我国矿业转型发展、走新型工业化道路提供技术支撑。

第二十三节 鞍钢集团北京研究院矿山研究院分院

一、基本概况

鞍钢集团北京研究院有限公司（以下简称“鞍钢北京研究院”）坐落于北京未来科学城，于2019年8月由鞍钢集团、鞍山钢铁、攀钢、鞍钢资源共同出资组建，是鞍钢集团为统筹科技创新力量，汇聚全球顶级科技资源，推动科技创新迈向新高度，驱动高质量发展而成立的集团级研发机构。下设4大研发单元，拥有2个国家重点实验室，建有3个基础实验平台和8个专业实验平台，搭载120余台套设备。鞍钢北京研究院面向世界科技前沿、面向国家重大需求、面向国民经济主战场，以国家重大工程和战略性新兴产业发展需求为牵引，重点开展基础、前沿、关键共性、颠覆性技术研究，突破关键领域技术，着力打造关键共性、前瞻性技术研发平台、技术成果转移转化产业化平台、国家科技创新先行先试激励政策应用示范平台。图9-2为鞍钢集团北京研究院有限公司院址。

2019年以来承担“十三五”国家项目6项，“十四五”国家项目3项，国家战略咨询项目1项，国家自然基金项目2项，鞍钢集团重大科研项目13项，累计承担科研项目200余项。获得冶金科技奖9项，冶金矿山科技奖一等奖1项，机械科技奖2项，鞍钢科技奖15项，全国设备管理与技术创新奖一等奖1项。授权发明专利84项，获全国发明展览会

图 9-2 鞍钢集团北京研究院有限公司院址

金奖 5 项。发表高水平论文 236 篇（SCI/EI 61 篇）。认定专有技术 292 项。发布国家/行业标准 9 项，企业标准 20 项，在研国际标准 2 项。发表专著 3 部，获得软件著作权 93 项。

鞍钢集团北京研究院矿山研究院分院（以下简称“矿山研究院分院”）是鞍钢北京研究院四分院之一，专注于矿产资源产业的工艺装备技术系统集成研究和矿石采选新技术的前沿探索，打造先进的技术输出平台。遵循北京研究院扩大开放合作、加强内部协同、加速引才引智、培养锻炼队伍、积蓄科研力量、搭建特色平台、营造良好生态的指导思想，矿山研究院分院围绕人才队伍、研发能力、平台手段三种能力加速建设，取得显著成效。

二、主要发展成就

（一）人才队伍建设

在人才队伍建设方面，积极引进高水平人才，研究生及以上学历占比 93%，高素质人才聚集优势明显。35 岁以下青年研究人员占比 80%，中青年骨干力量强大。成员中有 40%毕业于 985 高校，33%毕业于 211 高校，7%毕业于双一流高校，7%毕业于海外名校，高质量教育资源吸纳能力突出。先进选矿技术和智能采矿技术两个研究团队成绩斐然，多人荣获国务院国资委颁发的中央企业青年岗位能手、中国钢铁工业协会第四届“最闪耀的星”、鞍钢青年“五四奖章”荣誉称号，入选“鞍钢英才计划”技术骨干人才，为科研创新提供了坚实的人才保障。

（二）研发能力建设

在研发能力建设方面，积极推进科技成果高质量转化。先后荣获冶金科学技术一等奖 1 项，中国有色金属工业科学技术奖一等奖 1 项，冶金矿山科学技术奖一等奖 2 项，全国发明展览会金奖 2 项、银奖 1 项，绿色矿山科学技术奖一等奖 1 项、二等奖 1 项等多项殊荣。累计发表了 48 篇具有影响力的高水平论文，其中 SCI 15 篇，EI 4 篇，中文核心 21 篇；专利授权 15 项，受理 12 项；认定专有技术 17 项；在研国际标准 1 项、团体标准标 1 项，完成行业标准制定 3 项、团体标准制定 1 项，为矿山行业的发展和技术进步贡献了重要的智力资产（图 9-3）。

图 9-3 科技成果

（三）平台手段建设

在平台手段建设方面，打造了智慧矿山、岩石力学、矿物浮选与浸出、矿物加工与处理，以及矿物分析与检测共五个专业实验室，夯实了创新基础。搭载了如聚焦离子束显微镜、透射电镜、三维激光扫描仪、虚拟/增强现实技术平台、常规三轴试验机、声发射检测系统、Zeta 电位分析仪、接触角分析仪、激光粒度仪等 40 余台套高精尖设备。具备岩石力学特性的综合测试与分析、采矿工程的安全与稳定性评价、现场浮选过程中流场特性模拟、矿物表面的理化性质检测等多项分析研究能力，大幅提升了科研能力和技术水平（图 9-4）。

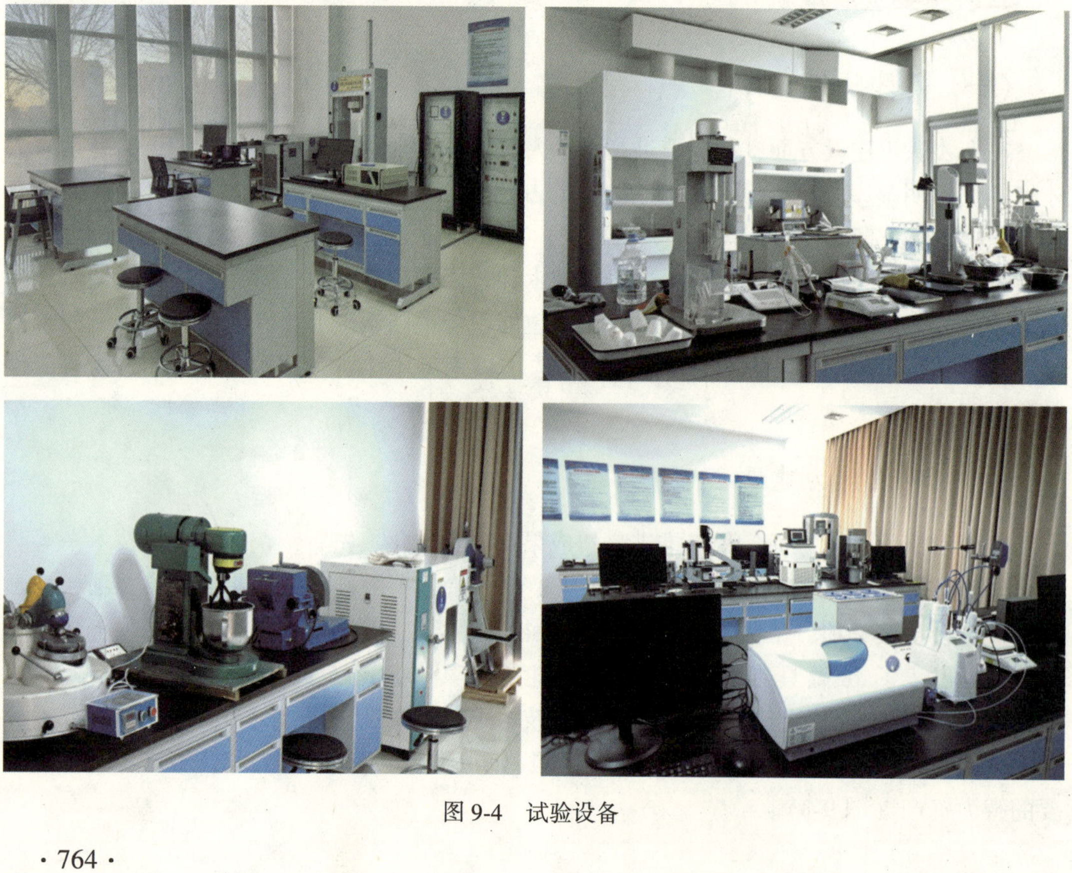

图 9-4 试验设备

（四）工艺及技术突破

矿山研究院分院是鞍钢集团矿产资源领域协同研发体系的重要一级，秉持协同发展优势互补的战略指示精神，充分发挥区位和技术优势，释放“人才飞地”创新活力，自成立以来，先后承担了33项科研项目，在攻关现场难题、聚焦基础研究、攻克核心技术、突破颠覆技术等方面积累了丰富的科研经验与显著的技术成果。针对齐大山选矿厂选矿工艺改造重大变革，矿山研究院分院先进选矿技术团队的成员深入一线开展新工艺技术问题分析及参数优化研究，明确各作业环节工艺参数及药剂制度，制定新的选厂工艺技术规程，帮助企业尽快达产达设计、创造效益。此外，制定高压辊磨—湿式预选工艺企业标准，对高压辊磨—湿式预选工艺在矿业公司的应用和赤铁矿选矿工艺的技术升级具有示范和指导作用。

智能采矿技术团队集聚创新要素，强化央企协同，紧密联合国内外高校及研究机构推动关键技术攻关，共同取得了卓越的研究成果，大幅提升了矿山开采技术和生产效率。

在露天矿智能开采方面，着力研发了大型金属露天矿全流程智能安全开采关键技术。（1）创立了大型金属露天矿全流程智能安全开采体系。提出了高效智能开采全流程工艺，设计了智能露天矿总体架构，实现了全系统要素协同和全流程安全生产，成果达到国际先进水平。（2）破解了大型金属露天矿多工序智能化瓶颈技术。研发了多环节智能开采感知-决策-控制一体化技术，制定一系列复杂环境系统化感知策略，形成完善的全流程开采智能规划方法，开发了典型装备智能控制技术，实现了矿山开采工艺与装备智能化升级，综合生产效率提高12.05%。该成果填补了露天矿全流程智能开采技术空白。（3）攻克了多场景协同联动智能化开采实践难题。集成建构穿孔、爆破、铲装、运排全流程系统，研发了露天矿智能开采系列技术，开发了多场景协同联动智能化开采应用，实现了露天矿多环节、多场景的智能安全生产，综合优化人力资源，大幅提高了矿山安全生产水平。研究成果成功应用于亚洲最大的智能安全开采露天铁矿山示范基地——齐大山铁矿示范基地的智慧化建设当中。图9-5为大型金属露天矿全流程智能安全开采框架。

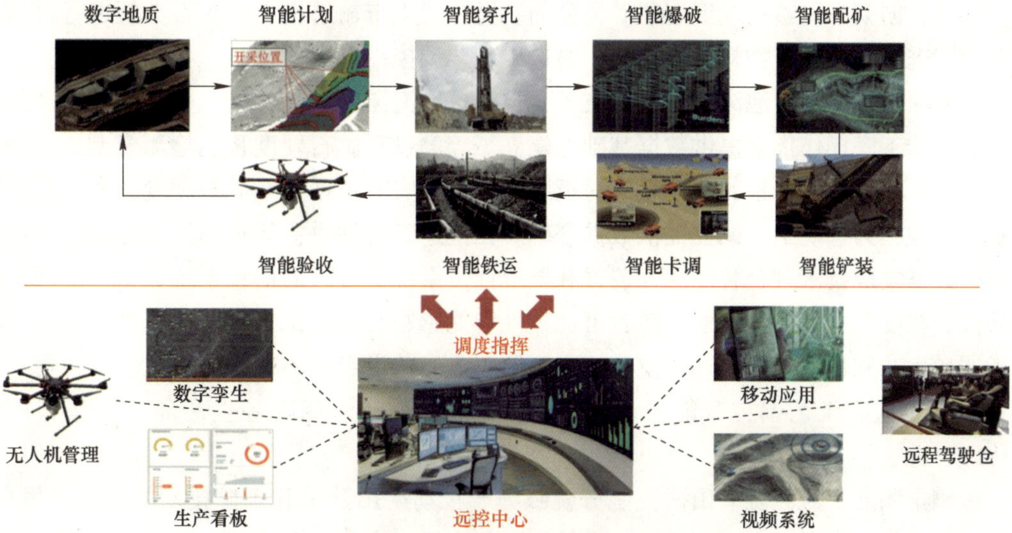

图9-5　大型金属露天矿全流程智能安全开采框架

在地下矿智能爆破方面，围绕复杂工况条件下地下矿智能爆破参数动态优化与炮孔稳定性控制开展研究。(1) 针对爆破参数无法适应性变化的问题，基于人工智能、数学建模、软件开发等技术，突破了矿岩性质识别、爆破效果预测评价、参数动态优化关键技术，开发了地下矿爆破参数动态优化系统，实现了矿岩体性质智能识别，依据矿岩性质变化动态调整爆破参数，在保证爆破效果的同时，降低爆破成本约13.5%。(2) 围绕炮孔频繁失稳难题，基于数值模拟、微观表征、传感器等技术，揭示了炮孔失稳机理，研发了炮孔稳定性控制与炮孔多角度快速验收技术，构建了炮孔空置期稳定性控制—验收技术体系，提高了成孔率，炮孔验收效率提升75%。

先进选矿技术团队深化国内产学研用协同，促进科技成果转化，携手国内外多家研究院及高校，积极探索构建产、学、研、用一体化创新体系，显著提升了矿石处理工艺和生产效率。

在高效选矿工艺技术方面，研发了高压辊磨、预选工艺选别赤铁矿石高效节能新技术，成功开发了适合齐选厂入选矿石性质的“高压辊磨—弱磁强磁预选分选工艺”，确定了合理工艺参数，研究采用“高压辊磨—预选—粗细分级—重选—浮选”工艺，通过预选提前抛尾，入磨矿量减少约22个百分点，入选品位提高约6个百分点，为鞍山式贫赤铁矿分选工艺技术升级提供支撑。

在先进选矿技术方面，研发了鞍山式高碳酸盐难选铁矿石X射线透射预选技术，针对高碳酸盐赤铁矿石，系统研究了矿石经破碎作业后通过X射线透射预选技术实现矿石中碳酸铁与赤铁矿的预先分离，并对预选后的赤铁矿石通过磁选和“分散阴离子反浮选”工艺进行处理，有效回收利用高碳酸盐难选铁矿石资源的同时，降低了该类型矿石选别工艺的能源消耗，有效提高了鞍钢集团铁矿资源的综合利用率。

在智能选矿技术方面，研发了多品种混合矿石可加工性感知与智能选矿技术。通过开发嵌入式智能图像处理装置，同步部署破碎过程矿石粒度检测算法，有效检测了矿石粒度信息并降低设备成本，对矿石边缘进行准确分割，自动统计矿石粒度，辅助磨机生产操作。同时，创新了能够在线识别原矿类型的装置，对皮带输送机上的矿石类型进行自动检测识别，进而补全矿石物料基因结构，为选矿工艺调控提供数据基础。在浮选方面，开发了基于视频影像的浮选泡沫图像分析技术，自动提取泡沫的颜色、尺寸、形状和纹理等特征，为浮选工序操作指导提供数据基础。建立了碎磨过程矿石硬度智能检测模型，根据破碎机电流、功率、入矿量、加水量、衬板厚度磨损等实时数据测量矿石硬度，补全矿石物料基因结构，为选矿工艺调控提供数据基础。在上述矿石性质智能感知技术基础上应用多源异构数据集成技术融合智能感知装置和质量计量系统等接入的信息系统数据，实现了矿石品位、粒度、硬度、可选性等矿石可加工性智能感知和测量，完善了矿石物料基因，构建了选矿生产知识库，形成选矿重要工序环节工艺参数设定、岗位操作模式、降低药剂消耗和能耗的选矿工艺调控智能技术，实现了配矿、破碎、球磨等生产环节操作和决策优化。

鞍钢集团北京研究院矿山研究院分院致力于推动矿山开采和选矿技术的创新与发展。在过去的几年中，通过一系列关键技术的突破与应用，为提升矿山开采效率、优化选矿工艺、降低生产成本、提高资源利用率做出了重要贡献。未来，矿山研究院分院将继续秉持创新驱动发展战略，深化产学研用一体化合作模式，不断攻克行业难题，推动矿山行业的智能化、绿色化转型，助力鞍钢集团实现高质量发展，为国家资源安全和可持续发展贡献力量。

第二十四节　包钢集团矿山研究院（有限责任公司）

一、基本概况

包钢集团矿山研究院（有限责任公司）（以下简称“矿研院”）成立于1963年，是集地质、采矿、选矿、冶金、检验检测、环境保护等专业为一体专业从事矿产资源开发和白云鄂博资源综合利用新技术、新工艺、新设备研发及产业化转化与生产的综合型机构。2001年，经包钢集团公司出资成立包钢集团矿山研究院（有限责任公司），成为独立法人单位。图9-6为矿研院外景。

图9-6　矿研院外景

矿研院下设综合部（工会）、科研开发部、财务部、条件保障部以及安全管理部共5个管理部门；地质研究室、采矿研究室、选矿研究室、药剂研究室、理化研究室、湿法冶金研究室、火法冶金研究室、矿产资源战略研究所共8个研究室；拥有干选项目部、固废综合利用中试基地（年产5万吨硫酸钙晶须中试试验线）、氧化钪中试基地以及铌钛合金冶炼中试基地等4个产业化转化项目，拥有1家全资子公司“内蒙古博研智成金属矿产资源综合利用工程研究有限公司”。

二、主要发展成就

矿研院通过了ISO 9000质量、ISO 14000环境、ISO 45000职业健康安全管理、GB/T

29490—2023 知识产权合规管理体系认证，取得了检验检测资质认定证书（CMA 认证）。矿研院是国家认定的高新技术企业，自治区级创新型中小企业，获批设立博士后科研工作站。现有科技平台 17 个，国家级 4 个，自治区级 11 个，市级 2 个。包括国家级工程研究中心（西北金属矿产资源综合利用国家地方联合工程研究中心）、国家级示范基地（内蒙古白云鄂博稀土、铁及铌矿资源综合利用示范基地）、自治区级重点实验室（矿山和冶金固废资源化绿色化综合利用重点实验室）、自治区级企业技术中心、自治区级产业知识产权运营中心（矿产及冶金固废资源综合利用产业知识产权运营中心）、自治区级知识产权优势企业、自治区级创新企业平台、自治区级创新联合体（矿产资源绿色高效开发利用创新联合体）、自治区级新型研发机构、自治区级企业研发中心（包钢集团矿山研究院矿产资源综合利用研究开发中心）、自治区级专家服务基地（矿山及冶金固废综合利用专家服务基地）、自治区级自然科学基金依托单位、自治区级大型仪器共享平台，包头市企业科技特派员工作站等平台和机构、包头稀土高新区科技“小巨人”企业。

矿研院以项目攻关为目标，与东北大学、中钢集团马鞍山矿山研究总院股份有限公司、长沙矿冶研究院有限责任公司、成都理工大学建立“矿产资源绿色高效开发利用”创新联合体；以内蒙古白云鄂博稀土、铁及铌矿资源综合利用示范基地为平台，同东北大学、中国地质大学（北京）分别建立了白云鄂博资源综合利用联合实验室；与中钢集团马鞍山矿山研究院共建“金属矿山低碳开发与安全健康国家重点实验室包钢分中心”；与中国冶金矿山企业协会、中国稀土学会、国家绿色矿山推进委员会、北京国实检测技术研究院、南京理工大学等开展深化合作。

矿研院主营业务包括稀土精矿、化工产品及选矿药剂、矿产品及材料的物理、化学检验检测服务及鉴定；爆破技术研究；矿产资源综合利用的地质、采矿、选矿、冶金相关工艺技术的开发、咨询和产业化应用及转化；地质实验测试（选冶试验、岩矿鉴定、岩矿测试）；岩石力学检测；资源循环利用、绿色矿山建设相关工艺技术的开发、咨询和产业化应用及转化；硫酸钙晶须、高强石膏的生产；地质灾害治理工程监理。

矿研院试验设备装备水平达到国内先进，拥有扫描电镜（SUPRA55）、扫描电镜（TIMA）、电子探针、电感耦合等离子体质谱仪、X 射线衍射仪、全谱直读直流电弧发射光谱仪、电感耦合等离子体发射光谱仪、离子色谱仪、原子吸收光谱仪、矿物采集仪、元素采集仪、双炉红外碳硫分析仪、荧光光谱仪、元素分析仪、数字透反射偏光显微镜等先进精密仪器设备，具备铁矿石、稀土矿、萤石矿、煤等多种类、多范围的检验检测能力，在矿石矿物的理化检测和工艺矿物学领域具有良好的口碑和较强的影响力。图 9-7 为矿研院试验设备。

建院以来，共取得科研成果 400 多项，其中获得冶金部以上奖励 30 余项，国家发明奖 2 项，地市级及公司级奖项若干。经过多年的发展，矿研院在矿业产业科技创新领域已达到国内一流水平，可以为包钢集团、内蒙古自治区乃至西北地区矿业产业的发展提供强有力的技术支撑。逐步发展成为矿产资源综合利用方面“专业齐全、实力雄厚、装备完善、成果累累”的专业型研究开发机构。

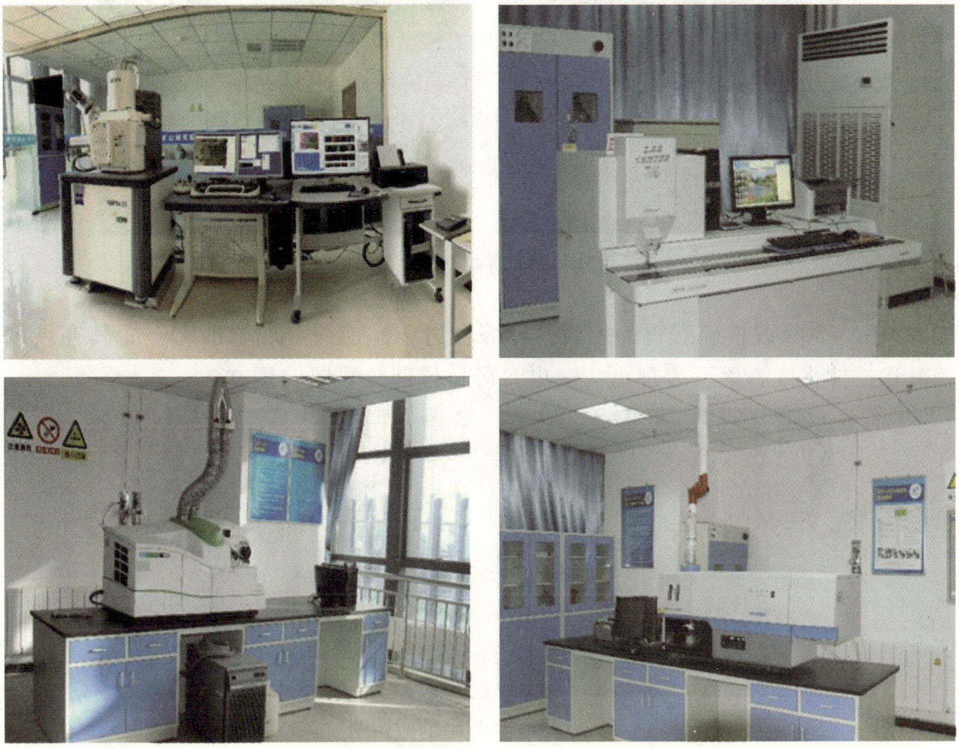

图 9-7　矿研院试验设备

三、产品简介

（一）博研宝晶硫酸钙晶须产品简介

博研宝晶硫酸钙晶须可应用于沥青、橡胶、造纸、高分子材料及摩擦材料等领域，在产品中添加硫酸钙晶须材料可达到增加产品韧性、提升产品性能、延长产品使用寿命等效果，具有低碳、环保优势，符合国家政策要求，对下游企业降本增效和提升竞争力有重要作用。

1. 在沥青中的应用

硫酸钙晶须可作为沥青改质剂，具有提升沥青综合性能的作用。当硫酸钙晶须的加入量为沥青或乳化沥青总量的 5%～15%时，不仅可减少沥青和无机超细微粉的使用量，还可降低沥青的生产成本，尤其在不影响沥青施工性能的前提下，可提高沥青的软化点温度、抗裂性能和黏附性能，从而有助于解决沥青因季节性变化所带来一系列问题，在季节性温差较大的地区，硫酸钙晶须的作用也愈加明显（图 9-8）。

2. 在橡胶中的应用

硫酸钙晶须可以作为橡胶的填料和补强剂，能够提升橡胶制品的综合性能。在橡胶制

图 9-8 在沥青中的应用图

品中加入 10%~30%改性硫酸钙晶须后，其综合力学性能得到明显改善，尤其在硬度、拉断伸长率和拉伸强度方面，表现更为突出，可替代部分炭黑（图 9-9）。

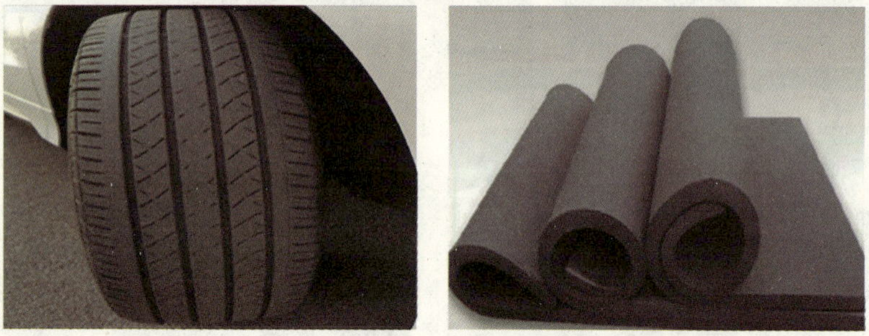

图 9-9 在橡胶中的应用图

3. 在超高分子管材中的应用

超高分子管材中加入硫酸钙晶须起到抗收缩变形作用，降低摩擦阻力，提高使用寿命，提高产品竞争力。在直径 110 mm 的管材中加入 10%的硫酸钙晶须，在经产品对比及第三方检测机构性能检测后，加入硫酸钙晶须的管材关键性能均有所提高。在注水打压的破坏性实验中，加入硫酸钙晶须的管材不仅耐压强度大幅提升，而且裂纹形式都发生了根本性的改变，从纵裂纹改变为横裂纹，抑制了纵向撕裂现象，管材的表面变得非常光滑、平整，有利于降低输送介质的摩擦阻力，提高管材的耐磨性（图 9-10）。

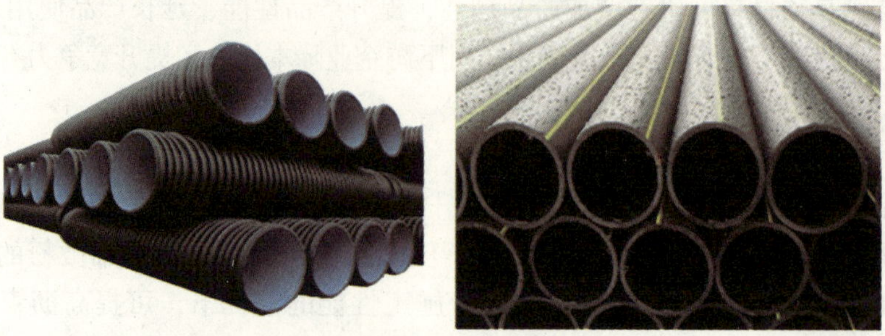

图 9-10 在超高分子管材中的应用图

4. 在砂轮片中的应用

硫酸钙晶须可作为切割用砂轮片的增强补韧助剂，在不降低其使用性能的前提下可增强树脂性能，降低生产成本，提升切割片耐磨性，在切割用砂轮片配料中添加5%硫酸钙晶须外观无差异，其性能优于未添加晶须的原片（图9-11）。

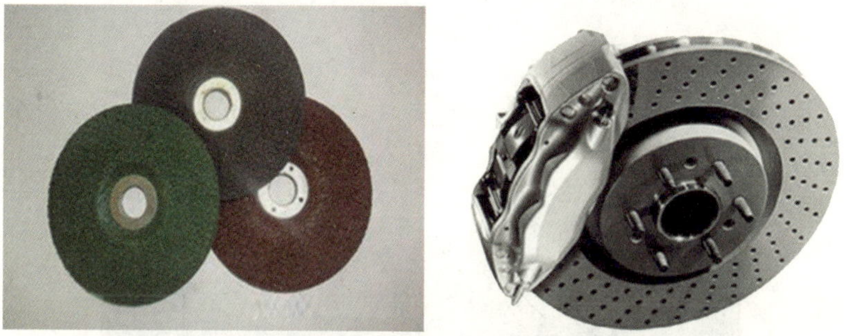

图9-11　在砂轮片中的应用图

5. 在瓦楞纸中的应用

硫酸钙晶须在助剂中以胶体状态存在时，有很强的吸附性，能和植物纤维（木浆、草浆）很好地结合在一起，可造出性能优良的纸张。纸浆通常加入40%~50%纤维材料，提高瓦楞纸的耐磨、抗震和强度性能。硫酸钙晶须可以替代部分纸浆使用，在纸浆中加入30%的硫酸钙晶须后，显著提升瓦楞纸的耐折度和耐破度，具有降低生产成本的作用（图9-12）。

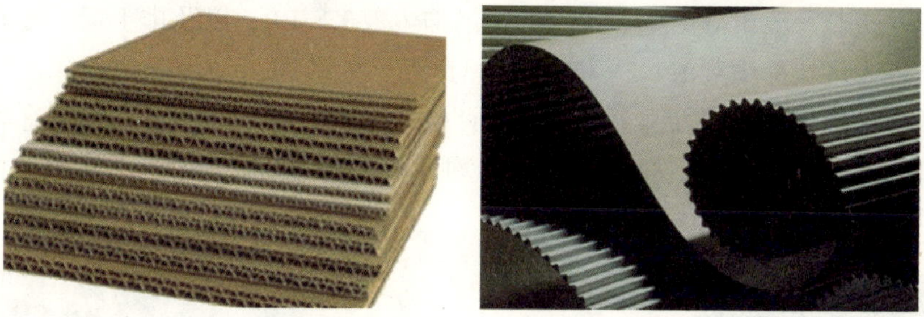

图9-12　在瓦楞纸中的应用图

（二）博研康馨系列抑尘剂产品简介

博研康馨系列抑尘剂是一种广泛适用于各类矿山及城区产尘点生产过程的能够有效抑制粉尘污染、净化空气质量、改善生产、生活环境的新型高效复合型化学抑尘类药剂。目前包括矿运公路抑尘的干式抑尘剂KY-1、矿运公路抑尘的水溶性抑尘剂KY-2、矿石卸车、破碎、筛分、转载及输出等产尘点抑尘的喷淋抑尘液KY-PL，以及排土场、尾矿库等无扰动区域或难进入区域抑尘剂KY-3等4种成熟产品（图9-13）。博研康馨抑尘药剂，绿色环保抑尘效果显著，质优价廉，可推广性强，综合性能评价优秀，拥有广阔的市场应用前景。

图 9-13 博研康馨系列抑尘剂

1. 矿运公路抑尘剂 KY-1、KY-2

研康馨系列抑尘剂是一种广泛适用于各类矿山及城区产尘点生产过程的能够有效抑制粉尘污染、净化空气质量、改善生产、生活环境的新型高效复合型化学抑尘类药剂。目前包括矿运公路抑尘的干式抑尘剂 KY-1、矿运公路抑尘的水溶性抑尘剂 KY-2、矿石卸车、破碎、筛分、转载及输出等产尘点抑尘的喷淋抑尘液 KY-PL，以及排土场、尾矿库等无扰动区域或难进入区域抑尘剂 KY-3 等 4 种成熟产品。博研康馨抑尘药剂，绿色环保抑尘效果显著，质优价廉，可推广性强，综合性能评价优秀，拥有广阔的市场应用前景。

干式抑尘剂 KY-1 和水溶性抑尘剂 KY-2 均可通过组分调配和改性，应用于各类矿山的矿运公路抑尘工作中（图 9-14）。

使用前　　　　使用后

图 9-14 抑尘剂使用前后对比效果

KY-1 抑尘周期可达 30 天以上，KY-2 抑尘周期可达 5～7 天。抑尘周期内空气中粉尘浓度均低于国家安全环保标准规定的 9. 8 mg/m^3。

两种药剂均具有良好的保水性、吸湿性、硬化平整性；两种药剂均无腐蚀性，无毒性，使用过程对土壤、水体、空气及植物无二次污染（图 9-15）。

图 9-15　使用后路面结壳情况

两种药剂不仅能在-30 ℃甚至以下的低温情况下正常发挥抑尘作用，还起到了道路融雪效果，可彻底解决矿运公路冬季洒水抑尘导致路面结冰造成的安全问题，保证了企业生产效率，适用于矿山冬季抑尘工作（图 9-16）。

图 9-16　使用后雪期路面情况

2. 喷淋抑尘液 KY-PL

喷淋抑尘液 KY-PL 可通过组分调配和改性，应用于各类矿山的爆堆、破碎车间、皮带通廊等产尘区域的抑尘工作中（图 9-17）。

图 9-17　KY-PL 喷淋抑尘液

KY-PL 喷淋过程中不会对矿石的元素指标产生影响，不会发生矿石与皮带的粘连现象；该药剂无腐蚀性、无毒性，使用过程无二次污染；该药剂可抵抗-30℃甚至以下的低温极寒天气，彻底解决冬季洒水结冰造成的安全问题，发挥净化空气质量、改善生产环境功能的同时，减少机械磨耗，延长设备使用寿命，为企业带来经济效益、环境效益。图9-18 为现场喷淋使用情况。

图 9-18 现场喷淋使用情况

3. 无扰动区抑尘剂 KY-3

无扰动区抑尘剂 KY-3 可通过组分调配和改性，应用于各类矿山的排土场、尾矿库、废料堆场等无扰动、易扬尘区域的抑尘工作中（图 9-19）。

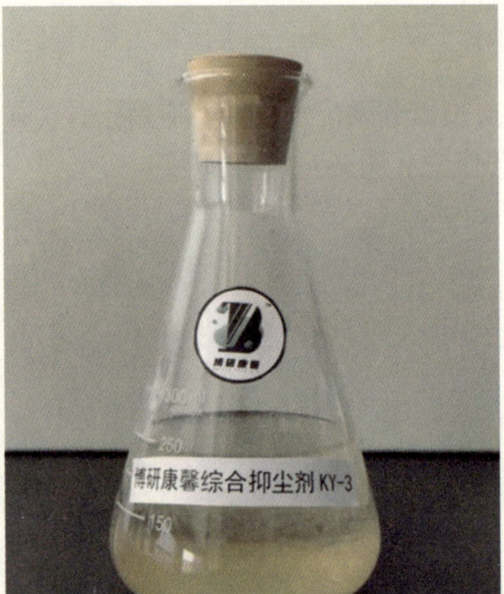

图 9-19 无扰动区抑尘剂 KY-3

KY-3 与表层干矿或尾砂凝聚、固化、结壳、结膜，形成强度较大的保护壳和致密的黏性保护膜，大幅减少粉尘单体，抑制粉尘扬起；KY-3 的组分均为有机高分子物质，可以与水以任意比例互溶，且易降解，不会对水域及土壤产生二次污染，抑尘周期可达 1～2 个月；KY-3 还具有一定的肥效，能够防止水土流失，为绿色植物的生长提供养分，促进尾砂逐渐土壤化，实现防风固沙；抑尘剂 KY-3 为具有一定黏性的液态抑尘类药剂，可使用大型农用无人机或类似专业机械设备经稀释后实现均匀高效喷洒。图 9-20 为 KY-3 使用后效果。

固化层

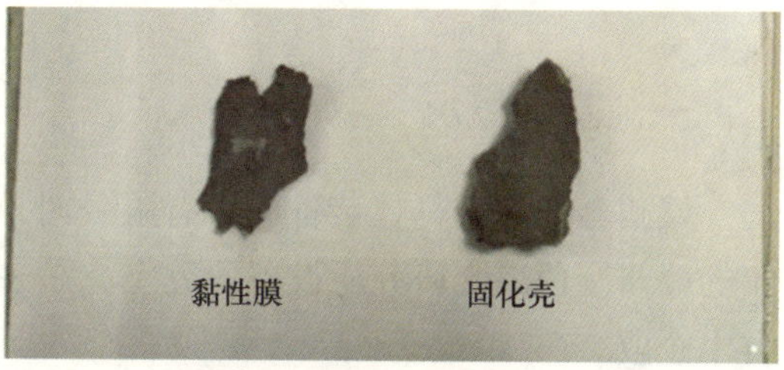

固化壳、黏性膜

图 9-20　KY-3 使用后效果

2020—2024 年间，博研康馨牌各类抑尘剂先后应用于包钢乌海矿业公司、白云铁矿干选作业部、排土场、包钢绿化公司、宝山矿业尾矿库、矿研院固废综合利用中试基地、包钢炼铁厂 6 号高炉渣山、包钢北方稀土冶炼分公司、鄂尔多斯中天合创集团公司等地的多场景抑尘工作中，均展现出了良好的抑尘功效和性能，得到了应用单位的一致好评。从前端防尘到后端抑尘，从优化应用方式到抑尘效果的综合评价，真正从用户角度出发，为矿山、工厂及其他城区内的各类产尘点的粉尘污染治理工作提供了一套完整的、高效的无害化解决方案，同时也为这些区域的生态环境的改善和修复问题提供了更加多样化的解决思路。

（三）博研智耀选矿药剂产品简介

图 9-21 为博研智耀选矿药剂产品。

图 9-21　博研智耀选矿药剂产品

针对白云鄂博矿产品特性，经过多年的选矿药剂研究积累，矿研院自主研发稀土捕收剂、独居石捕收剂、氟碳铈矿捕收剂、选铌捕收剂、选铁抑制剂、浮选调整剂等系列产品，可通过选别提高产品品位和作业回收率。

第二十五节 赣州金环磁选科技装备股份有限公司

一、基本概况

赣州金环磁选科技装备股份有限公司，隶属于江西钨业控股集团，前身是始建于1952年的赣州有色冶金研究所设备研究室，是一家集磁选装备研发、生产、销售于一体的高新技术企业。

公司设有国家级、省级技术中心及江西省磁选设备重点实验室，拥有一支专业的研发团队，致力于磁选装备的研发与创新。其业务范围广泛，涵盖金属矿物选别与非金属矿物除铁提纯的试验与流程设计，以及矿山 EPC 总包服务。目前，公司已推出电磁、永磁和离心重选等三大系列、超过300种规格的各类选矿装备。

作为立环脉动高梯度磁选机的发明者与工业应用先驱，赣州金环磁选在行业内具有重要地位。公司已主持起草多项行业标准，荣获多项国家级、省部级奖励，并拥有大量专利和软件著作权。SLon 磁选设备性能卓越，广泛应用于国内外弱磁性金属矿物的分选和非金属矿物的除铁提纯，市场保有量超过5000台(套)，远销30多个国家和地区，为全球近3000家客户提供优质服务。赣州金环磁选科技装备股份有限公司已成为磁选装备行业的领先供应商。

二、主要设备

（一）SLon 立环脉动高梯度磁选机

1. 设备结构和工作原理

SLon 立环脉动高梯度磁选机是根据各种矿物不同的比磁化系数，利用磁力进行矿物分选（图9-22）。激磁线圈通过直流电，在分选区产生感应磁场，位于分选区的磁介质表面产生非均匀磁场即高梯度磁场；转环作顺时针旋转，将磁介质不断送入和运出分选区；矿浆从给矿斗给入，沿上铁轭缝隙流经转环。矿浆中的磁性颗粒吸附在磁介质表面上，被转环带至顶部无磁场区，被冲洗水冲入磁性产品矿斗，非磁性颗粒在重力、脉动流体力的作用下穿过磁介质堆，与磁性颗粒分离，沿下铁轭缝隙流入非磁性产品矿斗排走。

2. 设备特点

（1）采用低电压、大电流、低电流密度的激磁方式，同时采用水内冷、双循环的冷却

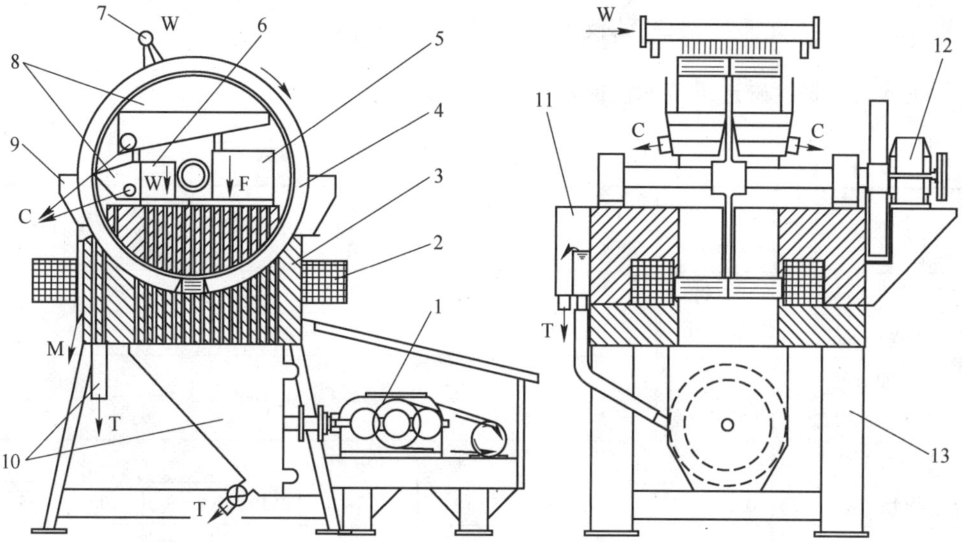

图 9-22 SLon 立环脉动高梯度磁选机结构图

1—脉动机构；2—激磁线圈；3—铁轭；4—转环；5—给矿斗；6—漂洗水斗；
7—磁性产品冲洗装置；8—磁性产品矿斗；9—中矿斗；10—非磁性产品矿斗；11—液位斗；
12—转环驱动机构；13—机架；F—给矿；W—清水；C—磁性产品；M—中矿；T—非磁性产品

方式，使线圈工作温度低，从而提供稳定的磁场，作业率高达98%以上；

（2）采用最优的磁路设计和最佳的磁介质排列组合技术，背景场强可高达 1.8 T，能为矿物分选提供持续的高梯度磁场，矿石分选效率高；

（3）转环立式旋转、反向冲洗磁性物，粗颗粒矿石不必穿过磁介质堆便可冲洗出来，磁介质不易堵塞；

（4）采用矿浆脉动设计，矿物颗粒在流体力、脉动力、重力等综合力场下能充分松散分层，得到有效分选；

（5）矿石分选粒度宽，上限可达 6 mm、下限低至 2~10 μm；

（6）拥有 20 个系列 100 多种规格型号产品，单台设备金属矿处理量覆盖 0.01~1500 t/h；

（7）配备线圈管路清洗系统，便于线圈日常维护，线圈设计使用寿命可达 10 年以上。

3. 应用范围

赤铁矿、褐铁矿、菱铁矿、钛铁矿、铬铁矿、锰矿、黑钨矿、稀土矿、钽铌矿等弱磁性矿物的选矿。

长石、石英砂、高岭土、霞石、萤石、硅线石、锂辉石、重晶石、红柱石、滑石、锆英石、膨润土、菱镁矿等非金属矿物的除铁提纯。

赤泥、冶炼钢渣、瓦斯灰、粉煤灰、炉渣等二次资源再选回收。

4. 立环脉动高梯度磁选机技术性能参数

立环脉动高梯度磁选机技术性能参数见表9-6。

表9-6 立环脉动高梯度磁选机技术性能参数

机型	SLon-500	SLon-750（Ⅰ）	SLon-750（Ⅱ）	SLon-1000	SLon-1250	SLon-1500	SLon-1750
转环外径/mm	500	750	750	1000	1250	1500	1750
转环转速/(r·min^{-1})	0.3~3	2.5~3.5					
给矿粒度/mm (-200目/%)	-1 (30~100)	-1.3（30~100）					
给矿浓度/%	10~40						
矿浆通过能力/(m^3·h^{-1})	0.25~0.5	0.5~1.0	5~10	12.5~20	20~50	50~100	75~150
干矿处理量/(t·h^{-1})	0.03~0.125	0.06~0.25	2~4	4~7	10~18	20~30	30~50
额定背景场强/最高场强/T	0~1.8						
额定激磁电流/A	0~2200（可调）						
额定激磁电压/V	0~80						
脉动冲程/mm	0~30		0~20			0~26	
脉动冲次/(次·min^{-1})	0~400	0~300					
供水压力/MPa	0.1~0.2	0.2~0.4					
冲洗水量/(m^3·h^{-1})	0.75~1.5	0.75~1.5	5~8	8~14	20~36	40~60	60~100
冷却水水量/(m^3·h^{-1})	0.75~1.5	0.75~1.5	1~2	2~2.5	2~2.5	2~2.5	3~4

机型	SLon-2000	SLon-2250	SLon-2500	SLon-3000	SLon-3500	SLon-4000	SLon-5000	SLon-6500
转环外径/mm	2000	2250	2500	3000	3500	4000	5000	6500
转环转速/(r·min^{-1})								
给矿粒度/mm (-200目/%)								
给矿浓度/%								
矿浆通过能力/(m^3·h^{-1})	100~200	160~300	200~400	350~650	550~1000	750~1400	1200~2300	2000~3000
干矿处理量/(t·h^{-1})	50~80	75~115	100~150	150~250	250~400	350~550	600~950	950~1500
额定背景场强/最高场强/T	0~1.8							
额定激磁电流/A	0~2200（可调）							
额定激磁电压/V	0~80							
脉动冲程/mm	0~26							
脉动冲次/(次·min^{-1})	0~300							
供水压力/MPa	0.2~0.4							
冲洗水量/(m^3·h^{-1})	80~120	120~160	160~220	240~400	400~600	560~800	950~1300	1350~1600
冷却水水量/(m^3·h^{-1})	3~4	4~5	4~5	6~7	7~8	7~8	8~9	9~11

（二）永磁筒式磁选机

1. 设备结构和工作原理

SCT 型半逆流筒式磁选机主要由筒体、槽体、机架、精矿冲洗水管、给矿槽、磁偏角调节装置等部件组成（图 9-23）。该机利用永磁磁系所产生的磁力，将矿浆中的强磁性矿物吸附于圆筒表面上来，在磁场和冲散水流的作用下，不断地实现磁性物料和非磁性物料的分离，磁性矿物随圆筒一起旋转至精矿端被精矿冲洗水冲洗至精矿收集槽，而非磁性物料从尾矿口排出，完成分选作业。

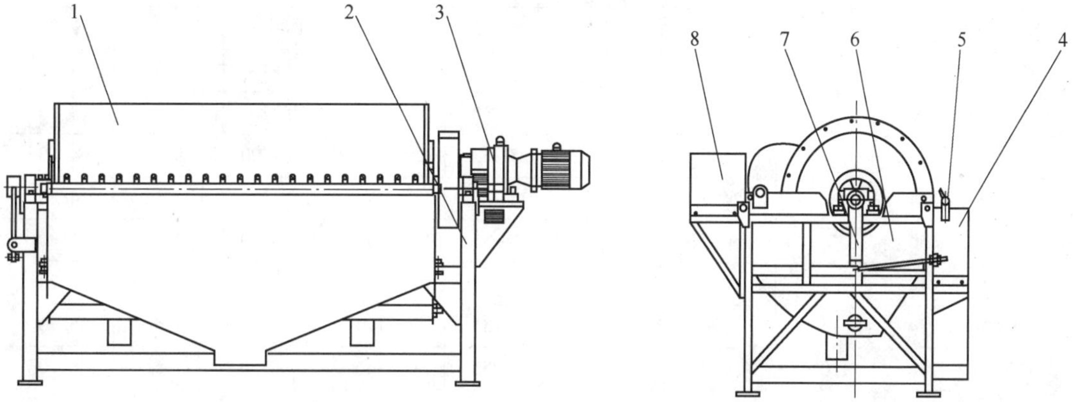

图 9-23　SCT 型半逆流筒式磁选机结构图

1—滚筒；2—机架；3—减速机；4—精矿收集槽；5—精矿冲洗水管；
6—槽体；7—磁偏角调节装置；8—给矿槽

2. 设备特点

（1）磁系具有良好的抗退磁能力和可靠的保护措施。

（2）通轴结构，使滚筒运转更可靠，更安全。

（3）槽体根据选别矿石不同针对性设计，适应性更强。

3. 应用范围

适用于磁铁矿、磁黄铁矿、磁赤铁矿、钛磁铁矿、焙烧矿等物料的预选、粗选和精选，以及长石、石英砂、高岭土等非金属矿的前期除铁提纯。

4. SCT 永磁筒式磁选机主要技术参数

SCT 永磁筒式磁选机主要技术参数见表 9-7。

表 9-7 SCT 永磁筒式磁选机主要技术参数

设备型号	规格		转速 /(r·min^{-1})	较佳给矿浓度/%	台时处理能力		电机功率 /kW	设备质量 /t
	筒径/mm	筒长/mm			干矿量 /(t·h^{-1})	矿浆量 /(m^3·h^{-1})		
SCT-44（试验型）	400	400	20~50	20~30	0.05~0.5	0.15~2.5	0.55	0.40
SCTB/S/N-66	600	600	36	20~30	5010	15~20	1.5	0.80
SCTB/S/N-69		900	36	20~30	8015	18~35	1.5	1.00
SCTB/S/N-612		1200	36	20~30	10~20	35~55	2.2	1.25
SCTB/S/N-618		1800	36	20~30	15~30	40~65	3	1.80
SCTB/S/N-712	700	1200	36	20~30	15~25	40~65	3	1.80
SCTB/S/N-718		1800	36	20~30	18~35	60~100	3	2.20
SCTB/S/N-918	900	1800	26	25~35	20~45	70~120	4	2.70
SCTB/S/N-924		2400	26	25~35	30~55	120~190	5.5	3.60
SCTB/S/N-1018	1050	1800	21	25~35	45~60	110~160	4	3.40
SCTB/S/N-1021		2100	21	25~35	50~70	140~200	5.5	4.10
SCTB/S/N-1024		2400	21	25~35	55~80	170~230	5.5	4.80
SCTB/S/N-1030		3000	21	25~35	65~100	240~400	7.5	6.20
SCTB/S/N-1218	1200	1800	17	25~35	60~75	160~250	4	4.70
SCTB/S/N-1224		2400	17	25~35	70~110	220~380	5.5	5.70
SCTB/S/N-1230		3000	17	25~35	80~140	260~460	7.5	6.70
SCTB/S/N-1236		3600	17	25~35	100~160	280~540	7.5	7.70
SCTB/S/N-1245		4500	17	25~35	130~190	360~640	15	11.00
SCTB/S/N-1530	1500	3000	15	25~40	100~180	290~480	11	10.00
SCTB/S/N-1545		4500	15	25~40	180~240	400~650	18.5	15.00

（三）SJ 浆料高梯度磁选机

1. 设备结构和工作原理

SJ 浆料高梯度磁选机结构见图 9-24，主要由高压水冲洗装置、机架、激磁线圈、铁轭、磁介质、高压气冲洗装置、热交换器等组成。

激磁线圈通以直流电，在分选区产生感应磁场，位于分选区的磁介质表面产生高梯度磁场，矿浆通过配有变频调速电机的渣浆泵由底部给矿管给入下磁轭，经下磁轭孔隙进入磁介质堆分选区，矿浆中的磁性颗粒吸附在磁介质表面，非磁性颗粒穿过磁介质堆，并经上磁轭空隙从精矿口排出；经一定时间的分选，磁介质堆吸附磁性颗粒饱和之后，关闭给矿阀门，开启回料阀门，让留在腔体内的矿浆回流至原矿池中；回流结束后，关闭回料阀门，开启尾矿阀门，采用正反高压冲洗水和脉冲高压气冲洗磁介质，使吸附在磁介质堆上的磁性物完全冲洗干净；冲洗过程完成后，关闭尾矿阀门和回料阀门，打开给矿阀门重新给矿，至此完成一个除铁周期。

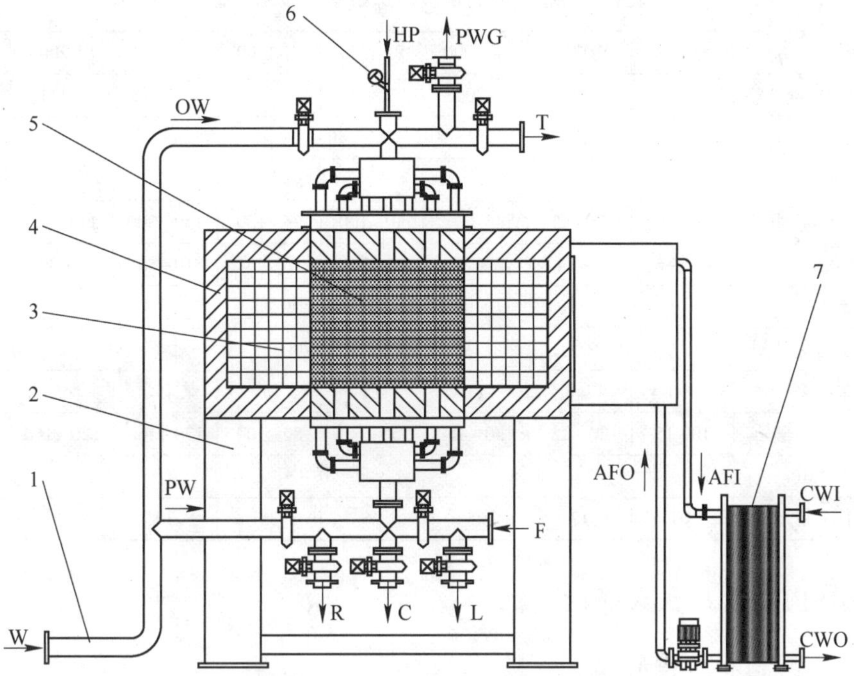

图 9-24　SJ 浆料高梯度磁选机结构图

1—高压水冲洗装置；2—机架；3—激磁线圈；4—铁轭；5—磁介质堆；6—高压气冲洗装置；7—热交换器；PW—高压水正冲；OW—高压水反冲；HP—高压气冲洗；PWG—高压水正冲尾矿；AFI—热水进口；AFO—热水出口；CWI—冷水进口；CWO—冷水出口；W—清水；T—精矿；R—回料；C—尾矿；L—循环回料；F—给矿

2. 设备特点

（1）采用独特聚磁介质，场强可达 1.8 T；

（2）分选粒度范围 0.037~0.425 mm；

（3）采用 PLC 全自动控制，免拆洗；

（4）采用正反高压水及脉冲高压气的卸矿方式，磁介质长期不堵塞。

3. 应用范围

适用于钾钠长石、石英砂、高岭土、霞石、萤石、蓝晶石、滑石等非金属矿去杂提纯及微细粒金属矿物分选，尤其对微细粒级非金属矿去杂提纯效果良好。该设备与 SLon 立环脉动高梯度磁选机联合使用，可产出高品质、高附加值非金属精矿。

4. SJ 浆料高梯度磁选机主要技术参数

SJ 浆料高梯度磁选机主要技术参数见表 9-8。

表 9-8 SJ 浆料高梯度磁选机主要技术参数

型号	SJ-500	SJ-750	SJ-1000	SJ-1250	SJ-1500	SJ-1750	SJ-2000	SJ-2500
分选直径/mm	500	750	1000	1250	1500	1750	2000	2500
给矿粒度/目	40~400							
给矿浓度/%	10~30							
矿浆通过能力/($m^3 \cdot h^{-1}$)	10~20	15~45	45~70	50~100	75~150	150~300	200~400	320~600
干矿处理量/($t \cdot h^{-1}$)	0.5~6	1~14	2~20	4~30	6~45	10~55	10~80	20~120
额定场强/T	0~1.8							
额定激磁电流/A	0~1600			0~1700			0~2500	
冲洗泵/kW	5.5	7.5	11	15	22	45	45	37×2
冲洗水量/($m^3 \cdot h^{-1}$)	10~15	20~25	30~45	50~65	80~100	120~160	120~160	200~250
气冲压力/MPa	0.8							
最大零件质量/t	10	12	25	26	25	30	25	30

(四) SPBC 永磁板式强磁选机

1. 设备结构和工作原理

电机驱动主动轮使皮带向上旋转运动，料浆进入给料箱，通过底部孔均匀流出至皮带上，与皮带逆向向下呈薄层状流动。料浆中磁性颗粒受皮带下方磁系的磁力捕获作用，紧贴皮带的上表面，被皮带上的凸起挡条截留，随皮带向上运动；磁性颗粒在被漂洗水冲掉混杂在其中的非磁性颗粒之后，被皮带携带至磁性产品冲洗水区域，被冲洗水卸落进入收集槽，从排出孔流出得到磁性产品。非磁性颗粒不受皮带下方磁系的磁力作用，与皮带逆向向下流动，进入收集槽，从排出孔流出得到非磁性产品。该设备工作原理如图 9-25。

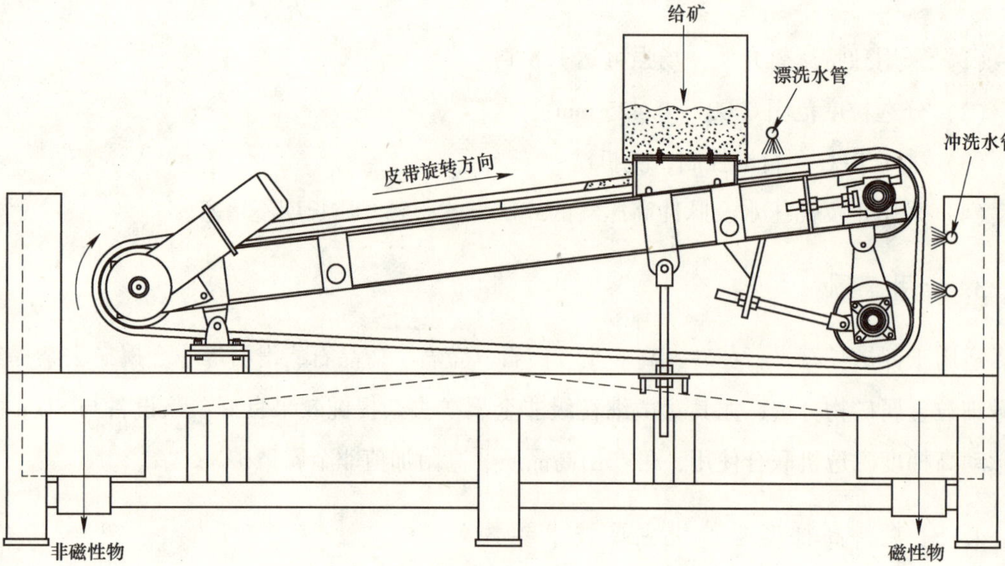

图 9-25 SPBC 工作原理图

2. 设备特点

（1）磁场强度高：磁系全部采用高性能稀土钕铁硼材料制作，磁块矫顽力高不易退磁，磁感应强度高，磁场梯度大，对弱磁性矿物的捕获力大；

（2）有效分选面积大：磁选分选面最大宽度可达 2.5 m，最大长度可达 3.0 m；

（3）磁板表面平整：磁块和导磁板采用独特的固定方式，固定牢固，整个磁板表面平整；

（4）布料均匀：采用双级缓冲分级布料，均匀网孔布料，实现物料在分选宽度方向上均匀接触；

（5）皮带不跑偏：皮带内侧设置卡条，在运行过程中不会跑偏，并且更换皮带方便快捷；

（6）卸铁干净：采用多段多角度强力冲洗系统，实现磁性产品与分选皮带的全部分离；

（7）节水节能：采用集约供水管路、节约用水；单台设备仅一台电机驱动，耗电极低。

3. 适用范围

适用于石英砂、钾钠长石、霞石、高岭土等非金属矿除铁提纯，也适用于赤铁矿、褐铁矿、锰矿、黑钨矿、钽铌矿、钛铁矿等弱磁性金属矿的分选，同时也可以用于尾矿中回收有用金属矿物。

4. SPBC 永磁板式强磁选机主要技术参数

SPBC 永磁板式强磁选机主要技术参数见表 9-9。

表 9-9　SPBC 永磁板式强磁选机主要技术参数

设备型号	磁板有效宽度/mm	磁板有效长度/mm	磁板磁场强度（标配）/T	给矿浓度/%	耗水量/$(m^3 \cdot h^{-1})$	矿浆通过量	干矿处理能力/$(t \cdot h^{-1})$	电机功率/kW
SPBC-0315（试验型）	300	1500	1.5	10~35	0.1~1	3~6	1~2	0.75
SPBC-0615	600	1500	1.5		1~4	12~20	1~5	0.75
SPBC-0820	800	2000	1.5		3~5	20~40	8~10	1.5
SPBC-1020	1000	2000	1.5		3~6	30~60	10~15	2.2
SPBC-1220	1200	2000	1.5		4~7	60~80	15~20	2.2
SPBC-1520	1500	2000	1.5		5~9	80~100	20~25	3
SPBC-1525	1500	2500	1.5		5~9	80~100	20~25	3
SPBC-2025	2000	2500	1.5		6~12	100~120	25~30	3
SPBC-2030	2000	3000	1.5		6~12	100~120	25~30	3
SPBC-2520	2500	2000	1.5		9~16	120~160	35~40	4
SPBC-2525	2500	2500	1.5		9~16	120~160	35~40	4
SPBC-2530	2500	3000	1.5		9~16	120~160	35~40	4

（五）SL 离心选矿机

1. 设备结构和工作原理

SL 离心选矿机结构见图 9-26，主要由离心转鼓、机架、给矿装置、精矿冲洗水装置、漂洗水装置、分矿装置等组成。

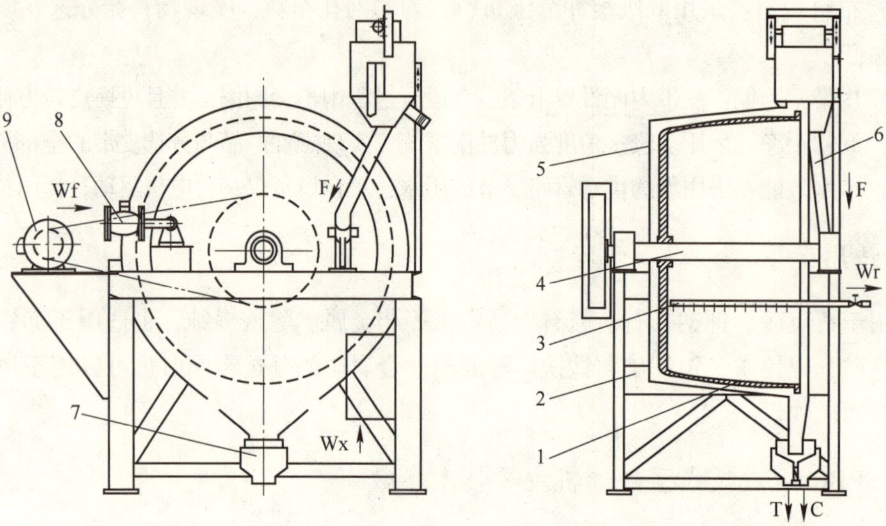

图 9-26 SL 离心选矿机结构图

1—离心转鼓；2—机架；3—漂洗水装置；4—转鼓主轴；5—防护机罩；
6—给矿装置；7—分矿装置；8—精矿冲洗水装置；9—转鼓电机；
F—给矿；C—精矿；T—尾矿；Wf—精矿冲洗水；Wr—漂洗水；Wx—动作气源

该机工作原理为离心转鼓卧式旋转，在转鼓内表面上产生径向均匀分布的离心力场。矿浆由给矿装置给至转鼓内表面上，并在离心转鼓带动下随转鼓一起做回转运动。离心转鼓内表面沿轴向存在坡降，矿浆液流作回转运动的同时还要以一定的流速沿轴向流动。这样，矿浆在转鼓内表面上呈螺旋状沿轴向运动。

做螺旋运动的矿浆液流中大密度颗粒在弱紊流流膜和离心力场的联合作用下，不同密度矿粒发生选择性分离。大密度矿粒群在极短时间内离心沉降至离心转鼓的内表面上，呈压实薄层状颗粒层随转鼓一起旋转；小密度矿粒群受流膜脉动扩散作用无法到达流膜底层，沿转鼓坡降随液相一起排出成为小密度产品（尾矿）通过排矿装置排入尾矿收接槽内。当暂停给矿时，精矿冲洗装置将密度大的产品（精矿）冲卸落至排矿装置排入精矿收接槽内。

2. 设备特点

SL 离心选矿机是利用不同矿粒之间的密度差异实现矿粒群分离的一种重选设备，其利用离心力强化流膜选矿，大幅度提高了设备的处理能力并降低了粒度的回收下限，具有分选指标好、回收微细金属矿粒度下限低、能耗小、不污染环境等特点。

3. 应用范围

适用于微细粒级黑色、有色及贵重稀有金属矿物的分选回收，如磁铁矿、赤铁矿、镜铁矿、黑钨矿、锡矿、铅锌矿、金矿、重晶石等，也可用于各种矿山尾矿中微细金属矿的回收。

4. SL 离心选矿机主要技术参数

SL 离心选矿机主要技术参数见表 9-10。

表 9-10　SL 离心选矿机主要技术参数

型号	SL-400（Ⅰ）	SL-400（Ⅱ）	SL-800	SL-1600	SL-2400	SL-2800
转鼓直径/mm	400	400	800	1600	2400	2800
转鼓转速/($r \cdot min^{-1}$)	420~840	420~840	340~680	120~240	110~220	100~200
给矿粒度/mm	-0.074	-0.074	-0.074	-0.074	-0.074	-0.074
-200 目/%	90	90	90	90	90	90
给矿浓度/%	5~20	5~20	10~30	15~40	15~40	15~40
干矿处理量/($t \cdot h^{-1}$)	0.004~0.02	0.01~0.02	0.5~0.7	2.0~2.5	3.0~3.5	4.0~4.5
转鼓电机功率/kW	1.5	1.5	4	11	22	37
冲洗水压力/MPa	0.2~0.3	0.2~0.3	0.4~0.6	0.4~0.6	0.4~0.6	0.4~0.6
空压机压力/MPa	—	—	0.4~0.6	0.4~0.6	0.4~0.6	0.4~0.6
每台耗水量/($m^3 \cdot h^{-1}$)	0.3~0.5	0.3~0.5	2.0~4.0	5.0~7.0	13.0~15.0	18.0~20.0
主机质量/t	0.3	0.45	1.5	4	8	21

（六）SGTQ 干式永磁辊式强磁选机

1. 设备结构和工作原理

SGTQ 干式永磁辊式强磁选机主要由机架、给料斗、永磁强磁辊、无磁辊筒、皮带张紧装置、辊筒架、传动装置和分料系统等部件组成（图 9-27）。选矿时，物料由振动给料器均匀给入给料斗中，再运送到皮带上，传动机构带动皮带将物料输送到永磁强磁辊上，物料中磁性物料被永磁强磁辊吸引，黏附于强磁辊带面上，由传送皮带带离强磁辊区后，通过分料板掉落到永磁强磁辊下部的精矿收集槽中，而非磁性物料在离心力和重力的作用下掉入尾矿收集槽中，从而实现磁性与非磁性物料的分离。

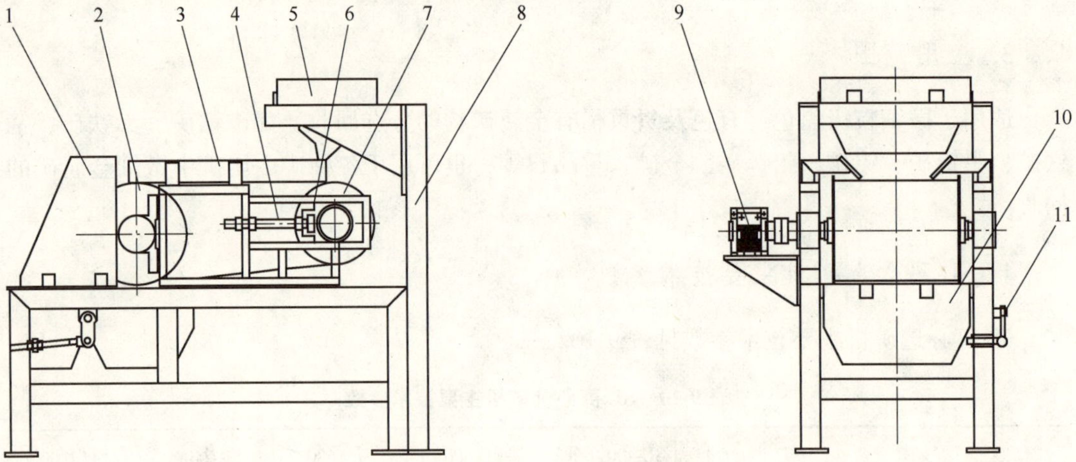

图 9-27　SGTQ 干式永磁辊式强磁选机结构图

1—挡料罩；2—永磁强磁辊；3—挡料护板；4—皮带张紧装置；5—给料斗；6—辊筒架；
7—无磁辊筒；8—机架；9—传动装置；10—接矿斗；11—分料板调节装置

2. 设备特点

磁场强度高，辊表面磁感应强度可达 15000 Gs 以上。干式选矿，节约水资源。通过辊体无级调速和分离隔板的调节可以随意控制精尾矿的产率和品位。

3. 应用范围

适用于赤铁矿、褐铁矿、镜铁矿、铬铁矿、锰矿、黑钨矿等弱磁性矿物的抛尾作业或精选提纯；非金属矿物原料及产品的精细加工；去除各种磨料产品、催化剂及其他物料的弱磁性有害杂质等。

4. SGTQ 型干式永磁辊式强磁选机主要技术参数

SGTQ 型干式永磁辊式强磁选机主要技术参数见表 9-11。

表 9-11　SGTQ 型干式永磁辊式强磁选机主要技术参数

型号	磁辊直径/mm	磁辊长度/mm	磁辊表面场强/mT	物料粒度上限/mm	处理量/$(t \cdot h^{-1})$	机重/t	磁辊驱动功率/kW
GTQ0105	100	500	1500	6	0.4~0.6	0.3	0.55
GTQ0110	100	1000	1500	6	0.7~3	0.6	1.1
GTQ1515	150	1500	1500	12	2~10	1.1	1.5
GTQ3510						3.3	2.2
GTQ3515	350	1500	1500	30	25~60	1.8	2.2
GTQ0410						2.9	3

续表 9-11

型号	磁辊直径/mm	磁辊长度/mm	磁辊表面场强/mT	物料粒度上限/mm	处理量/(t·h^{-1})	机重/t	磁辊驱动功率/kW
GTQ0415	400	1500	1500	40	30~65	2.1	3
GTQ0418						4.5	3
GTQ0610	600	1000	1500	50	25~60	2.3	3
GTQ0615	600	1500	1500	50	35~75	3.2	3
GTQ0810	800	1000	1500	60	25~55	3.1	3
GTQ0815	800	1500	1500	50	35~70	3.9	4

第二十六节　陆凯科技有限公司

一、基本概况

陆凯科技有限公司（以下简称“陆凯科技”）创建于 1997 年，位于河北省唐山市国家级高新技术产业园区，是国家级制造业单项冠军企业、国家专精特新“小巨人”企业。公司专注于智能筛分装备及耐磨材料的研发与制造，构建了“重型筛分装备—细粒筛分装备—细粒物料脱水系统—耐磨筛网制品”四位一体的选矿全流程技术体系，产品覆盖冶金、煤炭、建材等行业，产品和服务遍及全球 50 多个国家和地区，与宝武资源、鞍钢矿业、中国五矿、中国有色、首钢矿业、山东黄金、国家能源、开滦集团、云锡集团、ROY HILL、JSC APATIT（AO“Апатит”）、VALE、METALLOINVEST 等国内外多家大中型资源企业建立深度合作。

公司拥有中国冶金细粒筛分机械工程技术研究中心、河北省企业技术中心和高效筛分装备及数字控制工程研究中心等七大研发平台，累计拥有授权专利 140 余项。公司通过 ISO 9001、欧盟 CE、俄罗斯 EAC 等国际认证体系，产品远销欧洲、南美洲、北美洲、非洲、澳洲及东南亚等地区，助力全球矿业高质量发展。

陆凯科技以“智能装备+工业互联”双轮驱动战略为核心，打造覆盖矿业全生命周期的智慧服务体系，加速向全球化科技集团转型，持续引领行业智能化、低碳化变革。

二、主要装备

（一）重型筛分装备

重型筛分装备主要是指采用重型筛分理念设计的大型筛分设备，具有抛射力强、处理量大等特点，适用于冶金矿山、有色、非金属、建材等矿石物料的高效筛分，广泛应用于破碎筛分、高压辊磨机闭路筛分、磨前预选及一段球磨机闭路筛分等环节。陆凯科技重型筛分设备主要包括 LKBB-Ⅰ系列大型等厚筛（香蕉筛）、LKFD(S)系列大型弛张筛、LKLB 系列大型湿式分级筛（直线筛）等（图 9-28）。

LKBB-Ⅰ系列大型等厚筛(香蕉筛)　LKFD(S)系列大型弛张筛　LKLB系列大型湿式分级筛(直线筛)

图 9-28 主要重型筛分装备示意图

（1）LKBB-Ⅰ系列大型等厚筛（香蕉筛）：筛面多段倾角设计，入料端大倾角加速物料分层和透筛，后续倾角递减延长物料与筛面接触时间，提升颗粒透筛率；双主梁双驱动大型化筛分技术装备采用强制同步激振形式，激振力强，振幅大，可靠性高；搭配模块化的聚氨酯/橡胶筛板，无螺栓榫卯结构安装，拆装方便。

（2）LKFD(S)系列大型弛张筛：在激振力作用下，弛张筛主振筛框和浮动筛框之间产生相对运动，驱使弛张筛网交替张紧和松弛，使筛面产生较高的加速度（50g）和大挠度变形，类似于“蹦床效应”，实现物料充分分层和高效透筛；弛张筛网弹性形变自动清孔，堵孔率低，特别适用于细、湿黏等难筛物料的干式高效筛分。

（3）LKLB 系列大型湿式分级筛（直线筛）：通过电机驱动箱式激振器，实现筛机整机的强制直线振动，激振力与物料重力协同作用，实现物料跳跃式直线筛分。筛机采用高效斜齿轮箱式激振器，处理能力大、筛分效率高，运行稳定，最大筛面宽达 5.1 m，振幅 9~14 mm 可调，产品技术达到国际先进水平。

（二）细粒筛分装备

细粒筛分装备主要用于细粒物料的高效筛分作业。如磨矿分级、浮选前隔粗、除渣、脱泥降灰等环节。此类设备包括 DxZ 系列叠层高频振动细筛、FMVS 系列复合振动高频细筛、MVS 系列电磁振网筛、FG 系列高频振动细筛（除杂筛），如图 9-29 所示。

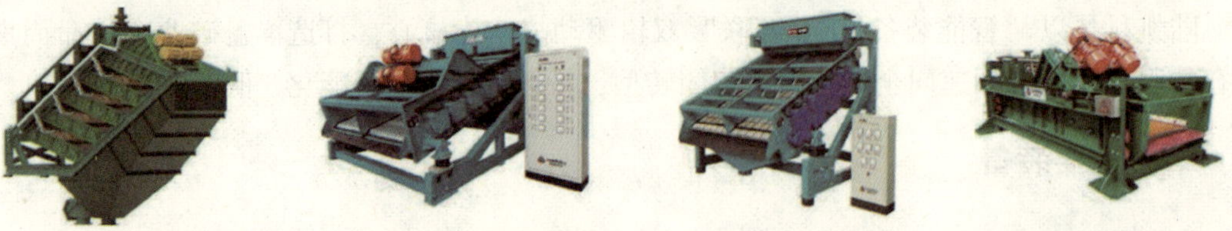

DxZ系列叠层高频振动细筛　FMVS系列复合振动高频细筛　MVS系列电磁振网筛　FG系列高频振动细筛(除杂筛)

图 9-29 主要细粒筛分装备示意图

（1）DxZ 系列叠层高频振动细筛：双电机驱动，筛箱 1~8 层布置，多路并联方式占地空间小，以最小的占地面积获取最大的筛分能力；搭配高开孔率柔性耐磨聚氨酯筛网，筛分效率高、使用寿命长，适合细粒物料湿式分级。

（2）FMVS 系列复合振动高频细筛：整机直线振动（频率 16 Hz，振幅 2～3 mm）与电磁激振筛网（频率 50 Hz，强度 $8g \sim 10g$）复合作用。电磁激振频率高，利于细粒物料透筛，自清理能力强，筛分效率高；直线振动对物料起抛掷作用，有利于物料层的松散和运输，处理量大。

（3）MVS 系列电磁振网筛：电磁激振器驱动振动轴激振筛网，频率高，强度大；单电磁激振器功率 0.15 kW，能耗低；支持多组激振系统独立调节，实现物料快速精准分级。

（4）FG 系列高频振动细筛（除杂筛）：采用双高频振动电机（1500 r/min）反向同步驱动，在处理较低固体含量的矿浆时具有较高的处理能力；该筛机占地面积较小、能耗低、动载荷小；搭配高开孔率的柔性聚氨酯筛网，单位面积处理量大；整体操作简单，运行稳定、维护量小；适用金、银等贵金属选矿工艺的除杂（屑）、提炭等环节和工业矿物的脱泥、隔粗等作业。

（三）细粒物料脱水系统

该系统由旋流器和直线脱水筛组成，主要用于尾矿或产品脱水，在提升资源利用率，建设绿色环保型矿山体系等方面具有重要意义，该系统如图 9-30 所示。

图 9-30　细粒物料脱水系统示意图

（1）LKLM 系列直线筛：双振动电机同步反向驱动，实现物料抛掷式直线筛分。筛机无焊缝侧板设计，采用进口 HUCK 铆钉液压装配，结构简单、稳定，脱水效率高且能耗更低；筛面可选直面（LKLMP）与折面（LKLMF），满足不同工矿要求，搭配模块化高弹性聚氨酯筛板，开孔率高，可实现细粒物料高效脱水。

（2）LKFX 系列旋流器：高效浓缩旋流器，利用流体动力学计算系统等模型，对旋流器入矿口弧线、锥体角度等参数进行模拟优化，实现旋流器的使用寿命和旋流分级、浓缩效果的突破；浓缩效率高，处理量大，能应对不同浓度和粒度的矿浆。

（四）智能选矿筛分系统

智能高效筛分装备主要参数识别控制系统，集成无线传感、5G 等智能化技术，具备远程监控、预警、诊断、自动调整、人机交互等功能。自主开发并编写代码，拥有完全自主知识产权，实现产品的全生命周期健康管理。图 9-31 为智能选矿筛分系统示意图。

图 9-31　智能选矿筛分系统

（五）耐磨筛网制品

陆凯科技拥有先进的、规模化的耐磨筛网研发制造中心，采用进口加工设备，产品品质得到国际认可。耐磨筛网制品主要包括橡胶筛板、聚氨酯筛板、弛张筛网、柔性聚氨酯细筛网、不锈钢筛板等。橡胶和聚氨酯筛板主要用于香蕉筛、直线筛、圆振筛等大型筛分装备；弛张筛网主要用于弛张筛；柔性聚氨酯细筛网及不锈钢筛板主要用于细粒筛分装备。图 9-32 为主要筛网类型。

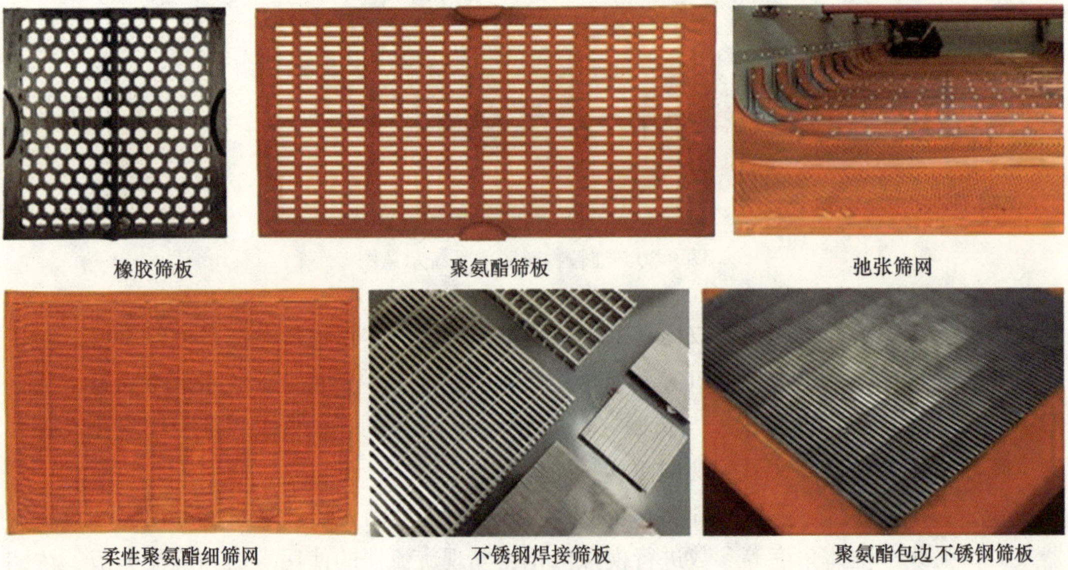

图 9-32　主要筛网类型

（1）橡胶及聚氨酯筛板：橡胶筛板采用高纯度天然橡胶，结合高精密模具加工成型，具有高开孔率、高耐磨、高弹性等特性；聚氨酯筛板甄选优质聚氨酯原料，反复试验研究确定配方，选用进口浇铸设备一次浇铸成型，硬度可调，适用于不同物料、不同环节的高效筛分作业。两种筛板均内置钢骨架，具有结构稳定、抗变形能力强等特点；支持圆孔、方孔、六角孔、长条孔等多种孔型定制，模块化轨座式安装，拆装方便。

(2) 弛张筛网：聚氨酯一次性浇注成型，兼具耐磨、高弹及耐曲挠等特性，适用于细、湿黏等难筛物料的干式高效筛分，筛分效率高不易堵孔。采用顿入式无螺栓安装设计，更换便捷。

(3) 柔性聚氨酯细筛网：采用高分子聚氨酯弹性体材料，通过模具一次浇注成型，网区筋条穿线，筛丝采用倒三角结构，筛孔上窄下宽不易堵孔。筛孔尺寸多种规格可选，最小筛孔尺寸 0.053 mm。开孔率在 30%~45%，使用寿命长。支持电磁振动高频筛、叠层高频筛等设备，可替代进口产品。

(4) 不锈钢筛板：包含不锈钢焊接筛板和聚氨酯包边不锈钢筛板。采用脱磁工艺，耐腐蚀性强，力学性能优异，具备高强度、高韧性及耐磨性，能承受较大压力和冲击力，结构稳定不易变形。

第二十七节　顺达重矿集团

一、基本概况

顺达重矿集团（SHUNDA MINING GROUP）坐落于辽宁省沈阳市，是一家以矿山工程领域全生命周期技术服务为主营业务的大型民营企业。始建于 1988 年，占地面积约 270000 m^2，员工 700 余人。集团企业拥有沈阳顺达重矿机械制造有限公司、沈阳强强重工有限公司、沈阳顺达进出口有限公司、沈阳顺达工程服务有限公司、沈阳沈电电机有限公司、矿山设计研究院、技术研发中心等多家全资子公司及分公司。公司通过了 ISO 9001 质量管理体系及 ISO 14001 环境管理体系认证。

二、产品研发

SD 系列液压旋回破碎机、H 系列多缸液压圆锥破碎机、JPS 系列精品制砂机至今保持着国内单机处理量最高业绩。顺达重矿品牌连续多年被评为破碎机行业中国优选品牌，产品远销 110 余个国家和地区，广泛应用于矿山、冶金、建材、交通、水利水电工程等领域。

其中，沈阳顺达重矿机械制造有限公司生产的 SD(G) 系列液压旋回破碎机、H 系列圆锥破碎机、HC（重型）高能系列圆锥破碎机、半移动式破碎站、HV 单缸液压圆锥破碎机、HV/HVS 系列单缸液压圆锥破碎机、JPS 精品制砂机、MZS 系列（半）自磨机、MQS/MQY 系列球磨机、SDTM 系列塔磨机远销国内外各大矿山企业，同时，顺达重矿在超细磨领域投入大量研发成本开发 SDDM 系列盘磨机，以满足超细粉料的日益增长需求（图 9-33）。顺达重矿连续多年被评为破碎粉磨行业中国优选品牌。

强强重工拥有月产 3000 t 碳钢、1000 t 锰钢、单体浇铸 90 t 钢水的生产能力及 120 t 的热处理能力，是顺达重矿集团破碎机产品性能稳定可靠、交货期短的重要保证。顺达重矿集团自主研发的第四套半移动式旋回破碎站成功投入运行（图 9-34）。

自 2023 年 6 月顺达重矿集团自主研发的国产首台套具有自主知识产权的半移动式旋回破碎站投入运行以来，先后有三台套半移动式旋回破碎站（矿石破碎系统）投入运行，

图 9-33 主要设备

图 9-34 顺达重矿集团自主研发的第四套半移动式旋回破碎站成功投入运行

破碎站的各项运行指标达到设计要求，并通过了用户设备验收。第四套 SMG5475 半移动式旋回破碎站（废石破碎系统），于 2025 年 1 月 15 日投入带料运行（图 9-35）。

由于前三套半移动式旋回破碎站运行稳定并得到用户认可，又于 2023 年 5 月签订了两套废石 SMG5475 半移动式旋回破碎站。第四套半移动式旋回破碎站成功投入运行，标志着具有自主独立知识产权的半移动式旋回破碎站从设计、研发、制造到运行技术水平逐渐走向成熟。

顺达重矿提供的废石 SMG5475 半移动式旋回破碎站，选用 SDG5475 旋回破碎机，最大给料粒度≤1200 mm，出料粒度 P80≤250 mm，最大处理量 3500 t/h，半移动式旋回破碎站供货范围包含：旋回破碎机、出料皮带、E-House、悬臂吊、液压锤、干雾抑尘系统、布袋除尘系统、除铁器、金属探测仪、皮带秤、消防系统等。

2024 年 5 月，集团在南昌市召开半移动旋回破碎站现场观摩会，邀请行业内专家及领导亲临现场进行实地观摩和技术交流。专家们一致认为国产化半移动式破碎站的成功运

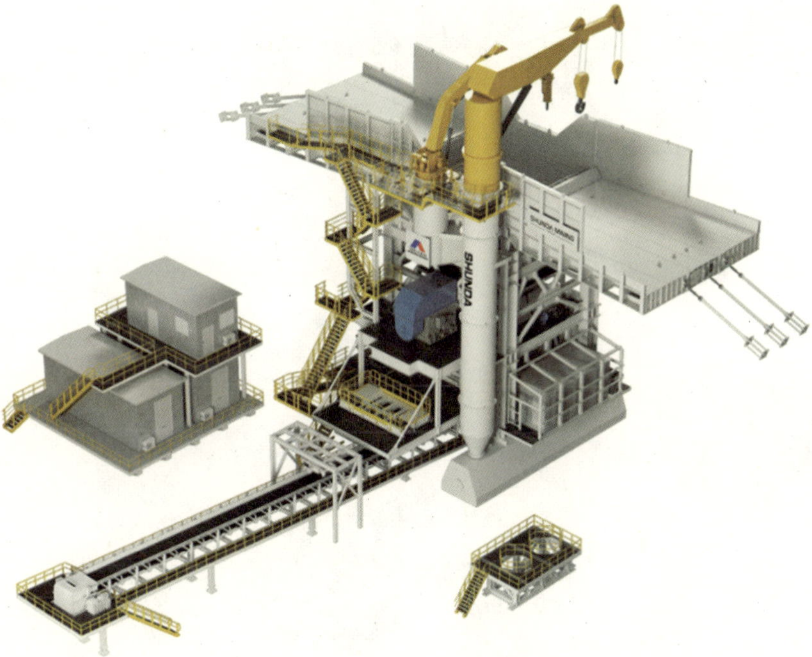

图 9-35　SMG5475 半移动式旋回破碎站

行，打破了国外的技术垄断，大幅度降低了矿山投资成本，并在半移动式破碎站设计上有所创新。顺达重矿设计制造的半移动式旋回破碎站在吸收国外技术基础上，采用模块化设计，降低了移设成本，改变了传统的整体移设方式，满足中国矿山对半移动式旋回破碎站的移设要求。

半移动式旋回破碎站成功运行也吸引大批国外客户前来现场参观考察，其设计结构及运行指标得到国外客户的认可，并于 2024 年成功地将半移动式旋回破碎站推向国际市场。

2024 年 11 月顺达重矿集团签订俄罗斯 KGOK 项目两套铁矿排岩 SMG6089 半移动式旋回破碎站，最大处理量 5500 t/h。交货期 2025 年 5 月。该半移动式旋回破碎站的签约，标志着中国矿山破碎设备从引进、消化到走向国际市场的一次跨越！

第六篇

中国铁矿石需求及海外资源开发与利用

第十章　中国铁矿石需求及定价机制

第一节　中国铁矿石需求概况

一、中国钢厂及高炉分布情况

在地理位置上，我国80%的钢厂主要建设在沿海城市或国内矿产量丰富的地区，尤其是大型高炉，主要分布在东部沿海一带。这是由于大型高炉对于焦炭、原料的要求高，大部分原料都需要从海外采购，才能满足高炉生产和顺利运行的需要。从高炉数量上看，河北高炉数量首屈一指，其次是江苏、山东、湖北、山西等地。从炉型大小看，我国钢厂主要以中小型高炉为主，因此在用料结构上对高品位矿依赖程度不高，吨铁矿消耗要高于日韩、欧洲等发达国家和地区。

近年来，虽然北方的钢铁产能持续南移，但是北方钢厂生铁产能仍占三分之二以上；从产能大小看，排名前五的省份有河北、江苏、山东、辽宁、山西，分别占全国总生铁产量的23.26%、11.54%、8.66%、8.09%、6.89%，排名第六的省份仅占全国总生铁产量的3.47%。造成这种差异的主要原因有：一是河北、江苏、山东、辽宁主要为沿海省份，在进口铁矿石运输方面具有天然的优势，能有效减少钢厂的生产成本；二是河北、辽宁、山西三省具有丰富的铁矿石资源，其省内铁矿石年产量在全国各省市中排名均为前三，同时山西为我国煤炭生产量最大的省份，炼铁所需要的燃料充足，多数钢铁企业与焦化企业结合，降低了钢厂生产过程中的燃料成本，以弥补非沿海省份在地理位置上的不足。

二、过去10年钢厂高炉变化情况

21世纪以来，中国高炉炼铁技术取得了跨越式发展。生铁产量已稳居世界首位并逐年攀升。近年来，生铁产量约占全球生铁总产量的50%以上，中国高炉数量由增到减，高炉平均容积不断提高。

2009年5月，首钢京唐1号高炉建成投产，标志着我国已经完全掌握了5000 m^3 以上巨型高炉设计、建造和生产运行技术，中国成为继日本、苏联和德国之后，世界上第四个拥有5000 m^3 以上巨型高炉的国家。随后，沙钢5000 m^3 高炉、京唐2号5000 m^3 高炉、宝钢湛江2座5000 m^3 高炉、山钢日照2座5000 m^3 高炉、京唐3号5000 m^3 高炉相继建成投产。这些巨型高炉是中国钢铁冶金工程科技的集成创新和综合实力的集中体现，中国已成为5000 m^3 高炉数量仅次于日本的世界排名第二的国家。据不完全统计，截至2019年末，中国大型高炉已达到90余座，其中5000 m^3 以上巨型高炉8座，4000 m^3 级特大型高炉18座，3000 m^3 级高炉18座，2000 m^3 级高炉48座。

第二节 中国生铁产量和铁矿石需求分析

一、中国分区域钢厂生铁产量

受中国经济向高质量发展转变，中国粗钢产量近年已经达到圆弧顶部。2020 年受新冠疫情的影响，中国成为世界主要国家中钢厂复工复产最早的国家之一，中国产品出口大幅增加，中国的粗钢和生铁产量分别达到 10.65 亿吨和 8.8 亿吨。2021 年后，随着全球经济逐步恢复和中国低碳发展战略的逐步落地实施，中国的粗钢和生铁产量开始下降。

二、精粉需求分析

从精粉需求看，2020—2023 年国产精粉造球消耗量呈现上升趋势，烧结消耗量呈现“倒 V 字”走势，所以就全部国产铁精粉产量当中，用来造球的比例浮动较小，维持在 47%~48%之间。2022—2023 年国产精粉造球消耗量呈现宽幅下降，降幅达 1155 万吨左右，烧结消耗量大幅增加，增幅在 2155 万吨左右，所以自 2023 年以来造球的精粉比例下降。由于近几年来进口精粉成本优势使得其造球消耗量不断增加，2023 年在所有精粉进口量中用于造球比例更是达到历年来最高值，约 76%用来造球，因此在所有用来造球的精粉当中，国产精粉的比例逐年下降，从 2019 年的 75%下降至 2023 年的 57%左右（表 10-1）。

表 10-1 国产铁精粉消耗情况

时间	进口精粉造球消耗/万吨	进口精粉烧结消耗/万吨	进口精粉造球比例/%	国产精粉造球消耗/万吨	国产精粉烧结消耗/万吨	国产精粉造球比例/%	造球用国产精比例/%
2019 年	4290	6713	39	13021	13879	48	75
2020 年	5510	6563	46	12919	14981	46	70
2021 年	6699	5286	56	13284	15216	47	66
2022 年	7252	4314	63	13768	14732	48	66
2023 年	9513	2961	76	12613	16887	43	57

三、块矿需求分析

根据我国 2014—2023 年的高炉生铁产量以及块矿入炉配比情况，粗略测算得到过去 10 年我国的块矿消耗量。2014 年至 2023 年，尽管块矿入炉配比整体变化不明显，但块矿需求量整体随着生铁产量的增加而一再增加。10 年间，我国的块矿需求量从 1.18 亿吨上升到 1.6 亿吨，增幅达到 35.5%（图 10-1）。

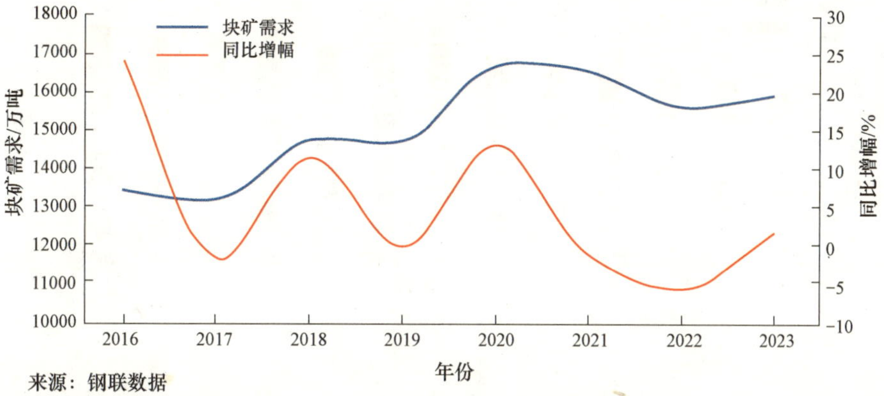

图 10-1　2016—2023 年中国块矿需求量

四、球团矿需求分析

因环保和资源原因，北美和欧洲高炉使用球团矿较多，如安塞洛米塔尔美国公司的高炉球团矿入炉比例为 83%，荷兰艾莫伊登高炉球团矿比例为 60%。相比欧美国家的高比例球团配比，目前我国的球团平均入炉配比大约仅在 16%。但随着节能环保要求的日益严峻，发展球团，提高球团矿入炉比例成为铁前工艺绿色化发展的方向。目前，首钢京唐公司已建立了 3 台 400 万吨带式焙烧机球团生产线，3 座 5500 m^3 高炉球团矿入炉比例达到 60%以上；河钢乐亭生产基地也建立了 900 万吨球团矿生产线，高炉球团矿比例也达到 50%以上。

中国的球团消耗主要来源于进口球团和国产球团。我国高炉球团入炉配比较低的原因主要有：一是由于中国资源禀赋因素，原矿品位较低，造成选矿比较低，精粉产量较需求而言出现短缺；除此之外，国内每年生产的精粉中，大约 40%以上要用于烧结，因此更加造成用于造球的精粉的短缺。二是中国钢铁行业正处于由粗放向精细化转型的发展阶段，钢铁行业发展初期主要以中小型高炉为主，而小高炉原料入炉配比较为灵活，对原料品质的要求较低。随着中国高炉大型化的发展，未来中国高炉对球团等高品质原料需求将会逐步增加。

第三节　中国进口铁矿石情况

一、中国进口铁矿石历史回顾

（1）中国虽然铁矿石储量丰富，但品位较低，可采储量少、开采成本较高，无法满足国内钢铁行业快速增长需求。近十年，由于开采成本高和安全环保等条件的限制，进口铁矿量逐年增加，导致我国对进口铁矿石依存度上升。其中，2016 年达到了峰值 82%，目前仍然维持在 80%左右（图 10-2）。

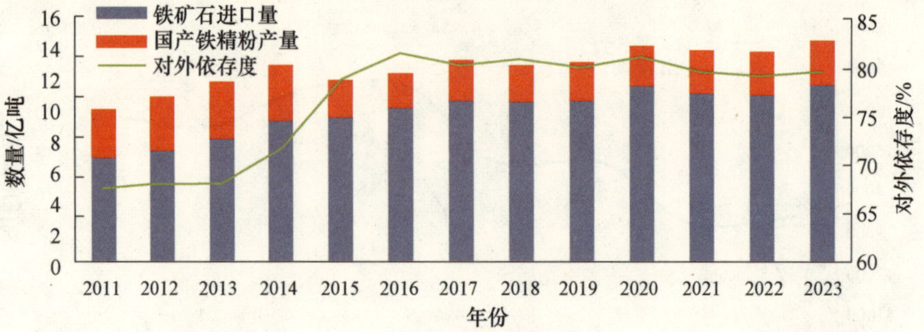

图 10-2 中国铁矿石对外依存度

（2）我国进口铁矿石主要来自澳大利亚和巴西等国，运输方式为大型散货船运输。自 2015 年以来，澳大利亚和巴西铁矿石进口量占据全部铁矿石进口量的 80%以上，其中从澳大利亚进口铁矿石超过 60%，澳大利亚已经连续多年成为我国铁矿石进口的最大来源国（图 10-3）。

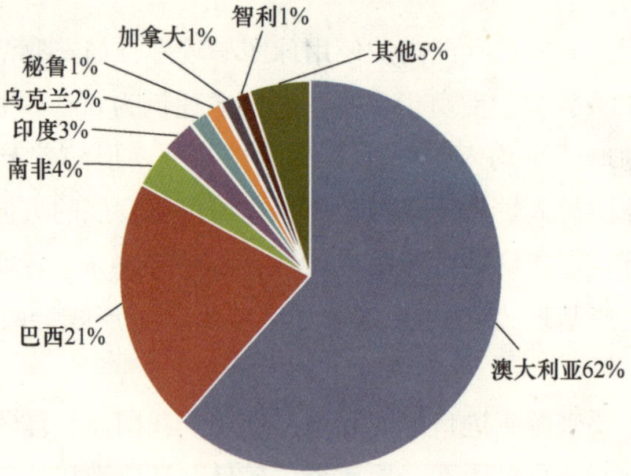

图 10-3 2021 年我国进口铁矿石来源国占比

（3）进口矿石比例高，且供应渠道高度集中，因此中国的铁矿石价格易受海外不确定因素影响程度大，给中国的矿山企业和钢铁企业的正常经营造成了严重干扰，主要为：

一是海外矿山有意控制矿石供应量来提高市场价格。典型事例：2007 年力拓、必和必拓和淡水河谷铁矿石三巨头缩减供货作谈判筹码，控制中国市场。为了在 2008 年度全球铁矿石价格谈判上获得更多收益，三大矿山在 2007 年便开始释放计划在 2008 年缩减对中国钢厂铁矿石长期供应量的信息，并在 2007 年三季度开始减少向中国的供应量，造成了中国市场铁矿石现货价格飙升。Mysteel 进口铁矿石绝对价格指数从 2007 年初的 675 元/湿吨飙升至 2008 年 3 月的 1566 元/湿吨，价格涨幅高达 130%。

二是国外矿产地区群体事件、溃坝、飓风等突发情况，影响铁矿石阶段性供应。典型事件：2019 年 1 月巴西淡水河谷公司尾矿坝溃坝事件后，公司官方宣布将有 9280 万吨铁矿石产量受影响。同时，另一主要铁矿石供给国澳大利亚在 3 月也受到了 Veronica 飓风影响，铁矿石生产和运输均受影响，力拓、必和必拓公司均下调 2019 年铁矿石产量目标，三大矿山减产合计达 1.1 亿吨，铁矿石价格由 1 月的约 550 元/湿吨迅速攀升至 7 月的 860 元/湿吨。

二、全球铁矿石产量分布现状

近三年来，随着铁矿石均价线逐年上移、部分矿山逐渐复产以及新产能逐渐释放，全球铁矿石产量呈现逐年递增的趋势。Mysteel 统计口径下 2023 年全球铁矿石产量（中国为铁精粉产量）为 23.9 亿吨。以 2023 年产量统计为基准，全球前 15 大主要铁矿石生产地主要分布在：澳大利亚、巴西、中国、印度、俄罗斯、伊朗、加拿大、南非、美国、乌克兰、哈萨克斯坦、瑞典、秘鲁、智利、墨西哥。澳大利亚和巴西产量占比分别高达 38.5%和 16.7%，两大铁矿石生产巨头依旧占据了全球铁矿石生产的半壁江山。

澳大利亚：澳大利亚得益于其优越的地理位置以及稳定的地质条件，铁矿石、煤矿和锰矿等矿物资源丰富且优质。澳大利亚铁矿石储量占全球储量的 25%左右，其中 70%左右是可直接装船的中高品富矿。截至目前，澳大利亚铁矿石主产区主要分布在西澳皮尔巴拉地区和中西部地区，北部地区也有少量资源。随着澳大利亚主流矿山新增和替代项目的持续发力，2023 年澳洲铁矿石产量延续小幅上涨趋势。Mysteel 统计口径下 2023 年全年铁矿石总产量达 9.5 亿吨，较 2022 年的 9.45 亿吨同比增加 487 万吨左右，较 2021 年的 9.24 亿吨增加了 2588 万吨左右。

巴西：铁矿石主产区主要分布在米纳斯杰拉斯州（Minas Gerais）和北部的帕拉州（Pará），合计占巴西总产量的 98%左右，剩下极少量分布在巴西中西部地区。巴西目前有超过 12 家矿山企业，其中淡水河谷（VALE）为该国家最主要的铁矿石生产商，也是全球铁矿石生产商 TOP2，产量占巴西总产量的 78%左右。

其他国家：除中国、澳大利亚和巴西以外，其他非主流国家产量近三年也出现了较明显的变化。首先从总量的角度来看，2022 年非主流国家总量同比 2021 年减少了 3992 万吨，而 2023 年产量则同比增加 2270 万吨。分国家来看，印度、加拿大、俄罗斯、乌克兰等国家 2023 年的产量同比变动相对较大。

第四节　铁矿石定价模式的演变

一、进口矿定价模式的演变

纵观历史，铁矿石定价机制经历了一系列演变，其中长协固定价定价机制和指数定价机制是最主要的两种模式，分别先后在不同阶段形成了全球铁矿石核心的定价模式。

1. 长协固定价定价机制的形成与演变

铁矿石长协定价机制的形成是各方面因素综合作用的结果。在需求侧，日本经济自二战后复苏，钢铁工业快速崛起，铁矿石需求迅速增加，成为主要需求一方。在供给侧，澳大利亚自 20 世纪 60 年代开始放松铁矿石出口，并逐步成为亚洲市场主要供应方。在亚洲铁矿石市场，双方形成了较为特殊的上下游相互依赖的“双边垄断”（Bilateral Monopoly）模式。“双边垄断”模式下，买卖双方都拥有讨价还价的地位和能力，所以市场的价格和销售量难以确定，最终的市场交易价格和销售量取决于双方的力量对比。

（1）澳大利亚-日本铁矿石“双边垄断”贸易模式真正起于20世纪60年代，当时日本经济处于高速发展，国内生产总值（GDP）平均年增长率达9.7%，1973年日本钢铁产量达到1.2亿吨峰值，铁矿石需求量平均年增长率超过16.9%；与此同时，由于资源匮乏，日本高度依赖进口铁矿石。

（2）长期合约下的“双边垄断”机制能为双方创造超额租金，这是维持两国铁矿石贸易关系的重要基础。在利益的驱使下，双方政府都曾对价格进行干预。1964年澳大利亚第一次价格干预，设立了铁矿石价格的最低下限，但受到日本企业的抵制，历时19个月之后被迫撤销。1973年澳大利亚第二次对铁矿石价格干预，因其质优价廉，对日本铁矿石出口依存度在下降，日本不得不接受澳大利亚将铁矿石价格从6.62美元/吨直接提高到14.57美元/吨。澳大利亚两次干预价格后让日本认识到，必须打破“准垄断”的市场格局，发展其他供应渠道，于是日本政府出台一系列应对措施：一是日本政府组织联合谈判，确定亚洲市场产品价格；二是日本商社或钢厂参股矿山企业形成了利益共同体；三是日本政府鼓励大力兴建航运业，海运费成本下降50%，迫使澳大利亚矿业公司在签订长期合同时接受船上交货价（FOB）发货。

（3）铁矿石年度长协定价机制的确立。澳大利亚和日本的这种年度基准定价模式后来被欧洲市场效仿；20世纪70年代后，欧美大量进口铁矿石并签订长期合约，确定了“年度协议定价”。

2. 长协定价机制向指数定价机制转变

（1）国外矿山对中国铁矿石需求增长的反应严重。2000年之后，中国铁矿石需求量快速增长，2013年中国铁矿石表观消费量达到了10.8亿吨，占全球铁矿石消费总量的55%，其中进口量达到8.2亿吨。2000—2013年，中国铁矿石进口量的复合增长率维持在20.8%的水平。

（2）以海外三大矿山代表的低成本铁矿石供应商对中国需求的崛起反应严重滞后，国外主要矿山对中国铁矿需求持续快速增长预判不足，澳大利亚铁矿对铁矿的大规模投资实际上在2005年才开始展开，考虑到勘探、评估、建设周期，新增供给明显滞后需求增长。海外铁矿石供给产能增速滞后于中国的进口需求，导致了后续的进口铁矿石年度长协谈判价格快速增长。

3. 长协定价机制已无法及时反映市场供需情况

2003年之后年度长协谈判价格涨幅逐渐加大，2003—2005年涨幅分别为9%、16%、71%。铁矿石年度长协谈判价格与现货价格分歧快速拉大。同期，中国进口快速增长的铁矿石需求也造成铁矿石海运市场的失衡，导致铁矿石海运费出现了严重超预期的暴涨。2003—2008年澳大利亚到中国的海运费从9美元/吨增加到最高50美元/吨，巴西到中国的海运费从20美元/吨增加到最高106美元/吨；巴西与澳大利亚到中国的运费差最高增加到50美元/吨。

4. 固定价长协定价机制的终结

2004 年开始，宝钢代表中国钢厂介入亚洲市场价格谈判，这是自 1974 年长协定价机制确立后，非日本钢厂引领亚洲年度价格谈判。2003—2008 年间，中国螺纹钢价格整体上涨 500 元/吨，而同期铁矿石的价格涨幅约为 580%，引发中方强烈质疑年度合同谈判的“公平性”，认为年度合同价格并没有反映铁矿石的边际成本。到 2008 年，买卖双方未能在规定期间内达成协议，导致年度长协定价机制破裂。

5. 指数定价机制开始进入历史舞台

随着 2009 年长协定价机制的破裂，铁矿石定价正式引入了现货指数定价机制。指数定价机制无需谈判，由独立第三方提供的指数价格作为铁矿石买卖双方的合同定价依据，降低了买卖双方交易成本，减少了市场人为干预，避免了对本来高度依赖的买卖双方长期由于价格问题导致的关系伤害。2010 年 3 月，必和必拓与淡水河谷同意采用季度指数定价。虽遭到中国钢铁工业协会强烈反对，但最终国内钢铁企业还是被迫接受了现货指数定价，铁矿石定价机制转变的本质是市场供需结构以及话语权的转变。

二、国产铁矿石定价机制运行分析

国产铁矿石贸易中主要存在两个定价体系：长协体系和现货体系。长协体系的核心是供需双方通过长期合同锁定供货数量和采购数量，但其价格并不固定，主要是通过现货价格指数结算。目前国内矿山与钢厂主要是参考进口铁矿石 62%和 65%美元价格指数结算。例如五矿、鞍矿主要采用 62%指数，首钢矿业主要采用 65%指数。现货体系相较之下现货体系定价则更加多样，主要有采用指数定价，传统的一对一谈判方式，现货招标及采用炼铁与现货基差进行定价。

三、现有的定价模式体系

当前中国的铁矿石贸易可大致分为外贸与内贸两种，外贸主要指以美元信用证结算的远期贸易，买家在付完信用证后需要等待一定时间，货物才能抵达中国港口（一般需要等一周到两个月的时间）；内贸是指货物已经到达中国港口并已完成进口通关等手续，在港口进行人民币结算贸易。

（1）铁矿石远期贸易（外贸）中，主要以现货指数定价为主。以 2023 年为例，海关数据显示，全年中国进口铁矿石 11.7 亿吨，其中约 80%以上进口铁矿石以现货指数定价交易，具体交易指数主要是普氏、上海钢联和英国金属导报指数，或者是混合指数（选择某几家机构指数的加权平均或算术平均），剩余部分以“一单一议”为主。

（2）铁矿石港口人民币结算贸易（内贸）中，2023 年全年贸易总量约 4.9 亿吨，其中约 1.8 亿吨属于钢厂下属的国际贸易公司与其自身的内部结算，余下约 3.1 亿吨按照“一单一议”的现货市场交易。近几年来采用港口铁矿石现货价格指数结算及期货点价的交易均有增长态势。

第十一章 海外铁矿石资源和国际贸易

第一节 海外铁矿石资源状况

一、澳大利亚铁矿石资源状况

2023 年澳洲铁矿石产量延续小幅上涨趋势。Mysteel 统计口径下 2023 年全年铁矿石总产量达 9.5 亿吨，较 2022 年的 9.45 亿吨同比增加 487 万吨左右，较 2021 年的 9.24 亿吨增加了 2588 万吨左右。

二、巴西铁矿石资源状况

2022 年巴西由于矿区老化叠加矿价下跌等因素铁矿石产量同比边际下滑。进入 2023 年，随着淡水河谷产能持续恢复，叠加高矿价刺激下中小矿山的积极增产接力，以及雨季影响相对较弱，Mysteel 统计 2023 年巴西铁矿石产量从 2022 年的 3.99 亿吨增加至 4.17 亿吨，同比增加约 1814 万吨，较 2021 年的 4.03 亿吨增加了 1455 万吨。

三、非洲铁矿石资源状况

非洲地区矿产资源丰富，有着极大的开发潜力。非洲的铁矿资源主要分布在几内亚、南非共和国、刚果（布）、加蓬、毛里塔尼亚、尼日利亚、摩洛哥、埃及、津巴布韦、坦桑尼亚、利比里亚等国。南非是过去数十年非洲最大的铁矿石资源国和生产国，铁矿石储量 10 亿吨。近年来，随着非洲矿产资源开发的热度不断提升，各国铁矿石资源的勘探程度也在逐步提高。经过数轮的勘查之后，几内亚仅西芒杜和宁巴山两个地区的铁矿石资源量已超过 120 亿吨，已经远远超过南非。刚果（布）的铁矿勘探也在不断推进，预估储量达 250 亿吨以上，有望成为新的非洲最大铁矿石资源国。非洲待开发的铁矿石资源多位于西海岸沿岸，主要国家的铁矿资源品位及特点如表 11-1 所示。

表 11-1 非洲主要国家铁矿区矿石品位及特点

国家	矿区名称	矿石品位	类型	储量	特点
几内亚	Simandou 1&2	65%以上	赤铁矿	26.5 亿吨	储量大、品质高 矿体集中、埋藏浅 陆地运输较远 港口条件较差
	Simandou 3&4	65%以上		24 亿吨	
	Kalia	23%	磁铁矿	约 57 亿吨	品位低，选矿成本高

续表 11-1

国家	矿区名称	矿石品位	类型	储量	特点
利比里亚	Massif de Nimba	60%~69%	赤铁矿	约 15 亿吨	储量大、品质高 矿体集中、埋藏浅 两国均适合开工
	邦矿	35%	磁铁矿	约 13 亿吨	
	Putu Range	35%	磁铁矿	约 32 亿吨	
刚果（布）	Zanaga	33%	磁铁矿	约 43 亿吨	
	Nabeba	60%	赤铁矿	约 35 亿吨	
		30%~40%	磁铁矿		
	Chaillu	32%	磁铁矿	约 7 亿吨	
			赤铁矿		
赞比亚	卡马提克	46%	赤铁矿	约 3.5 亿吨	
	潘巴	60%	赤铁矿		
	纳盖布韦	62%	赤铁矿		

四、其他国家资源状况

除中国、澳大利亚和巴西以外，其他非主流国家产量近三年也出现了较明显的变化。首先从总量的角度来看，2022 年非主流国家总量同比 2021 年减少了 3992 万吨，而 2023 年产量则同比增加 3767 万吨。分国家来看，印度、加拿大、俄罗斯、乌克兰等国家 2023 年的产量同比变动相对较大。

（1）俄罗斯和乌克兰两地铁矿资源丰富，生产成本在全球具有很强的竞争优势。根据 Mysteel 统计，2021 年俄罗斯铁矿年产量在 1 亿吨，乌克兰产量在 8540 万吨。从产量占比来看，俄乌铁矿合计占全球产量的比重在 7.5%。2022 年俄乌冲突导致两国铁矿石产量均出现了明显减量。2023 年受事件持续影响两国铁矿石产量，其中乌克兰产量同比减少 742 万吨至 3290 万吨，俄罗斯产量为 9562 万吨，同比相对持平。

（2）印度方面，2023 年 Mysteel 统计其铁矿石产量约 2.73 亿吨，较 2022 年增长 2360 万吨，较 2021 年增长 2400 万吨。在印度钢铁产业强劲发展助力下，印度铁矿石产量未来仍将保持良好的增长趋势，但其对外出口量则将取决于当地及出口之间的价差高低以及潜在的出口关税政策波动。

第二节 海外主要矿山的产量变化和到中国的比例变化

力拓：2021 年力拓皮尔巴拉矿区铁矿石产量为 3.2 亿吨，2022 年产量为 3.24 亿吨。2023 年三季度力拓铁矿石产量达 8350 万吨，同比下降 1%，前三季度总产量为 2.44 亿吨，同比增长 5%，其全年生产目标仍维持在 3.2 亿~3.35 亿吨。

力拓铁矿石年产量稳步增长，得益于皮尔巴拉系统的性能改善、Gudai-Darri 项目的稳步增产，以及安全生产系统的生产力提高，2023 年前三季度力拓皮尔巴拉业务铁矿石发运量环同比都保持着一定的增长趋势，满足了国内需求的强劲需求。

VALE：2021 年淡水河谷铁矿石总产量为 3.13 亿吨，2022 年产量为 3.08 亿吨，同比下降 1.6%。2023 年三季度淡水河谷铁矿石产量达 8624 万吨，环比增长 9.5%，同比下降 3.9%，前三季度产量为 2.31 亿吨，同比增长 2.1%。

2022 年淡水河谷铁矿石产量的下降主要受雨季、中西部矿区资产出售以及矿区运营许可批准延迟的影响。作为简化投资组合战略的一部分，淡水河谷于 2022 年 7 月 15 日以 1.5 亿美元的价格向 J&F 矿业有限公司出售了中西部系统，包括科伦巴（Corumbá）和乌鲁库姆（Urucum）两个生产单元。2023 年三季度产量环比继续呈现季节性回升，而同比虽略低于历史同期值，处于 5 年内最低点，但是由于 S11D 矿区产量的增长和托尔托（Torto）矿坝启动调试，产品质量得到了显著提升。S11D 作为淡水河谷历史上最大的投资项目，预计产能为 9000 万吨铁矿石。2020 年 8 月，淡水河谷提出“Serra Sul 120 ”项目，计划将 S11D 的产能提升至 1.2 亿吨/年，2024 年上半年投产，届时北部系统的总产能将达 2.6 亿吨/年。

BHP：2021 年必和必拓皮尔巴拉业务铁矿石产量为 2.84 亿吨，2022 年为 2.85 亿吨。2023 年三季度必和必拓皮尔巴拉业务铁矿石产量为 6944.8 万吨，环同比均有所下降，前三季度总产量为 2.08 亿吨，同比下降 1.02%，其 2024 财年（2023 年 7 月—2024 年 6 月）铁矿石目标指导量维持 2.82 亿~2.94 亿吨不变。必和必拓通过提高南坡项目产能，解决港口和铁路系统问题，推出自动运输卡车和持续的生产力，运输效率进一步提升，在 2023 自然年中期将铁矿石生产量提高至超 3.05 亿吨/年。预计在 2025 自然年将生产量提升至 3.3 亿吨/年。

FMG：2021 年齐切斯特铁矿石加工量为 1.93 亿吨，2022 年加工量为 1.89 亿吨，2023 年三季度铁矿石产量为 4800 万吨，环同比基本持平，前三季度加工量为 1.42 亿吨，同比增加 2.4%。发运量方面，齐切斯特 2023 年三季度发运量为 4594 万吨，环同比均有所减少，前三季度发运总量 14114 万吨，同比减少 1.6%。其 2024 财年（2023 年 7 月—2024 年 6 月）铁矿石发运目标指导量维持 1.92 亿~1.97 亿吨不变。

英美资源：一家全球性的采矿公司，其铁矿石资产包括位于巴西的 Minas-Rio 项目（生产精粉为主）和位于南非的 Kumba 铁矿石项目（生产块矿和粉矿为主）。总体看来这两个项目的生产趋于稳定。巴西的 Minas-rio 项目在 2018 年 3 月由于运输管道泄漏而停产，直到 12 月才恢复，因此其 2018 年产量减量比较明显，2019 年基本恢复到正常水平。2020 年和 2021 年仍然保持平稳运行，无明显变化。由于疫情对劳工的影响，英美资源将其巴西 Minas-rio 项目 2021 年目标产量从 2400 万~2500 万吨区间下调至 2400 万吨。相反，位于南非的 kumba 铁矿石项目近两年产量波动明显。正常情况下，该矿山年产量在 4200 万~4300 万吨左右，但 2020 年只完成了 3700 万吨，主要由于异常天气导致的强降雨，加上 Sishen 和 Kolomela 加工厂的破碎机出现问题，对生产造成了较大影响。2021 年总体运营正常，前三季度产量同比增加 7%，但由于南非铁路运营情况差于预期，因此英美资源将其南非 Kumba 铁矿石项目 2021 年目标产量从此前的 4050 万~4150 万吨区间下调至 4050 万吨。

第三节　全球铁矿石贸易格局

（1）全球铁矿石贸易流向在六大洲内（北美、南美、欧洲、非洲、亚洲和大洋洲）进行，北美洲、非洲、南美洲以及大洋洲均为铁矿石主要出口区域，四大洲的铁矿石出口目的地均以亚洲为主，欧洲是除亚洲之外的第二大铁矿石进口区域。具体为，北美洲铁矿石主要从加拿大流向欧洲和东亚国家（中国、日本、韩国等）；非洲铁矿石主要从南非流向中国。

（2）由于铁矿石的贸易出口及流入格局，铁矿石进出口运输依托于海运，运输路线分为北美洲东部-远东航线，北美东部-西欧航线，南美洲-东亚航线，南美洲东部-西欧航线，西澳-东亚航线，西非-东亚航线和南亚-东亚航线等（见图 11-1）。产生这种现象的原因是亚洲地区发展中国家较为集中，人均钢铁表观消费量快速增加。尤其是中国在“十五”期间，钢铁工业更是实现了持续高速发展，使得中国成为全球最大的铁矿石消费国。

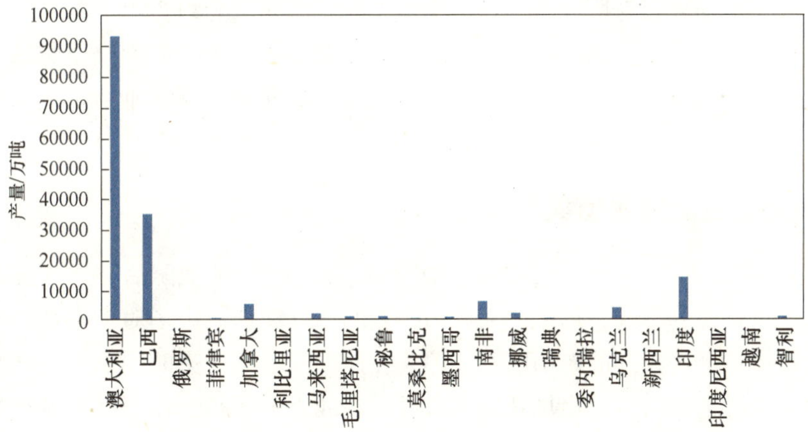

图 11-1　2020 年 Mysteel 统计全球铁矿石发运数据

（3）非洲地区矿产资源丰富而独特，有着极大的勘查、开发潜力。非洲铁矿资源主要分布在南非，其次分布在民主刚果、加蓬、几内亚、毛里塔尼亚、摩洛哥、埃及、津巴布韦、坦桑尼亚、利比里亚、安哥拉等国。2010—2014 年期间，由于全球铁矿石价格长期维持在 100 美金以上，非洲的铁矿石出口量也在逐年增加，并于 2014 年达到 1.05 亿吨的最高点。进入 2015 年之后，矿石价格大幅回落，低于部分矿山的成本线，造成高成本矿山停产，低成本矿山维持生产，非洲铁矿石的出口量也进入到一个相对稳定的时期。目前非洲的铁矿石出口量在 8.5 亿吨附近波动。

第四节　主要铁矿石企业套保方式和典型案例

金融衍生品是基于基础金融工具（如货币、汇率、利率、股票指数等）的金融工具，也是以传统金融品为基础衍生出来的、作为买卖对象的金融品。与其他金融工具不同的是，金融衍生品自身并不具有价值，其价格是从可以运用衍生品进行买卖的货币、汇率、证券等的价值中衍生出来的，通过交易价格风险，使参与者更好地进行风险控制，实现规避风险、发现价格、套期保值等目的。在国际金融市场上最为普遍运用的衍生品有金融期货、期权和互换（又称“掉期”）等。

2008 年，德意志银行和瑞信最早推出了铁矿石掉期合约，但初期的掉期交易不仅没有合约标准化，也没有结算服务提供方，买卖双方都承担着较大的违约风险，这也严重制约着掉期市场的发展。2009 年，新加坡交易所（SGX）率先推出了铁矿石掉期合约 OTC 结算服务，并制订了更为严谨的掉期合约合同，使标的资产、结算价格等有了标准，铁矿石掉期业务也有了更大的发展空间。时至今日，虽然全球多个商品交易所也能提供结算服务，但使用 SGX 的铁矿石掉期结算业务数量占到了全球 95% 以上。与掉期相比，期货工具在标准化方面更进一步，并且属于场内交易，具备更低的信用风险、更高的保密性等优势，得到更多交易者的青睐。随着市场避险需求的增加，2011 年 1 月，印度商品交易所（ICEX）和印度多种商品交易所（MCX）联合最先推出以 TSI 铁矿石指数为结算价格的铁矿石期货，同年新加坡交易所（SGX）也推出了铁矿石期货合约。2013 年 10 月 18 日，中国大连商品交易所（DCE）的铁矿石期货正式上市交易，并迅速成为全球交易量最大的铁矿石衍生品，2018 年 5 月 4 日大商所宣布正式实施引入境外交易者业务，是中国的铁矿石期货迈出了国际化的关键一步。

一、海外企业套期保值典型案例

（1）2011—2013 年，铁矿石价格在多次上探 200 美元/吨受阻后，逐渐开始回落。随着中国钢铁产量增速的下降，加之各大矿山产量的继续增加，市场对未来铁矿石价格预期极为悲观，高成本区间投产的矿山陆续关停。在此期间，某投产时间不久的新兴矿山，敏锐地发觉到了生存危机：一旦市场长期在自身成本线以下运行，作为一家没有足够的利润积累的新生企业，很容易遭遇资金链断裂的风险。因此，该企业于 2013 年初的前后数月间，将未来 3 年计划销售铁矿石的大半数量，分别通过掉期、场外期权等工具进行了套期保值操作。在 2013—2015 年长达两年多的铁矿石价格长期单边下跌过程中，该矿山成功地挺过了市场的寒冬，逐步发展成一家举足轻重的大型矿企业。

（2）相对掉期和期货而言，期权方面尤其是传统的场外期权几大矿山参与度相对较高，交易对手多是管理资金规模极大、信誉极好的投行类企业或在跨商品贸易、金融和投资等多个领域的超大型跨国公司。在交易对手信用较强的前提下，期权交易对矿山企业来说形式灵活、交易方式相对简单，更能满足矿山的套期保值需求。

二、国内企业套期保值典型案例

（1）钢企套保加工利润，有效应对成品材利润被压缩风险。通过对未来大趋势的判断，合理利用期货工具可以有效规避成品材利润被压缩的风险，甚至可以实现扭亏为盈。2014—2016 年，铁矿石供应过剩格局确立，铁矿石和钢材价格连续下跌，到 2015 年底钢铁行业出现大面积亏损，据钢铁协会统计行业亏损面超过 50%。2019 年上半年，受淡水河谷溃坝和澳大利亚飓风影响，铁矿石短期内供需失衡，2019 年 1—7 月期间矿价上涨 65%。在此期间，一些钢铁企业利用铁矿石期货，积极进行动态风险管理，避免了突发事件对企业经营造成不利影响，甚至获得较大收益，实现生产利润逆势增长。

（2）钢企基差轮库和保供策略。铁矿石远期现货长期处于贴水结构，遵循保证金付款规则，轮库可享受巨大福利。行情上涨时，钢厂可以在交货期前点价，获得比现货成本低的远期现货来备货，例如 2020 年 12 月底对市场看涨，计划为春节前后备货，当时港口现货价格为 1090 元/吨左右，2 月市场基差报价在 DCE2105+50~DCE2105+60 元/吨，按照当时盘面价格点价可获得成本在 1050 元/吨左右。2 月底市场已经涨至 1180 元/吨。行情下跌时钢厂可以在交货期后点价，钢厂享有先使用货权、后点价结算的福利。钢厂需要做未来 5 个月的铁矿资源锁定以保供，但觉得铁矿绝对价位已经相对高，如果认为后期市场行情中枢会向下回调，则可以约定上家每月均量交货，保障生产物资，但是定价均在使用货权后一两个月内完成。

第十二章　中国境外铁矿石资源投资与开发

第一节　中国境外铁矿石投资资源情况

中国海外铁矿投资有两个“引擎”即政策和市场。20 世纪 80 年代“走出去”政策开启了中国企业海外铁矿投资的序幕，之后企业受市场驱动，投资数量和金额逐步上升，在 2008 年金融危机后达到顶峰。在这段上升周期内，跨行业投资增加，投资的方式逐渐多样化。投资数量和金额在 2009 年顶峰后迅速下降。政策端，中国钢铁产能过剩，政府开始实施供给侧结构性改革，铁矿石整体需求下降，有观点认为中国钢铁产量已经见顶，未来铁矿石需求不会有大的增加。市场端，2008—2012 年期间的大量投资以失败收场，企业对外投资信心不足。同时，铁矿石价格持续低迷，投资回报小。2017 年以后，“一带一路”方针公布，海外矿业投资得到新的政策端支持，但是国内钢铁行业供给侧结构性改革持续深化，政策端动因持续减少。2019 年以来，矿山事故和新冠疫情引起全球铁矿石供应担忧带动铁矿石价格上涨，又提供了新的市场驱动。

21 世纪以来，我国对外直接投资连续快速增长，长期列全球第二位。采矿业在我国对外直接投资活动中曾一度占据主导地位，2019—2021 年的占比却微乎其微（图 12-1）。铁矿是采矿业集中投资的主要矿种之一，采矿业对外投资的变化趋势和铁矿高度相关。

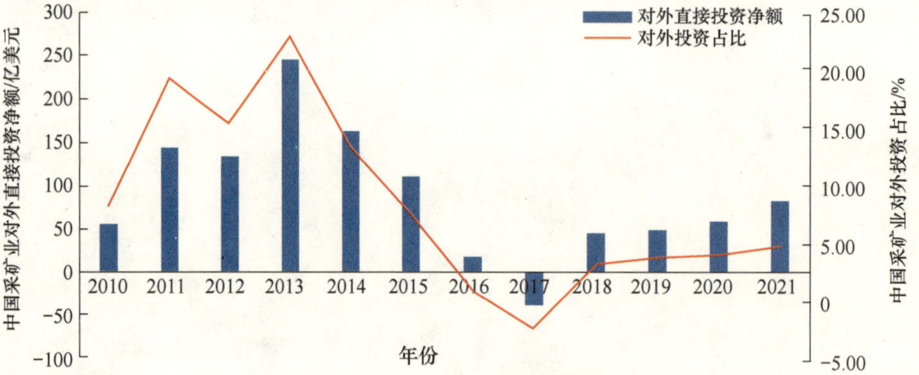

图 12-1　中国采矿业对外直接投资情况

第二节　中国境外铁矿石投资的主体及投资情况

随着铁矿投资政策和市场的趋势变化，参与海外投资的主力企业不一而足，大体可以分为三类：一是政策驱动的大型国有企业（如中钢、中铝和五矿集团）；二是政策和市场混合驱动的钢铁冶炼企业（如宝钢、武钢、河钢等）；三是市场驱动的民营企业（如股东利益和自身的企业战略驱使，如南金兆、华南投资等）。从投资的数量和金额上看，中国海外铁矿的投资可以分为五个阶段（图 12-2），每个阶段都有其显著的主导动因和时代背景。

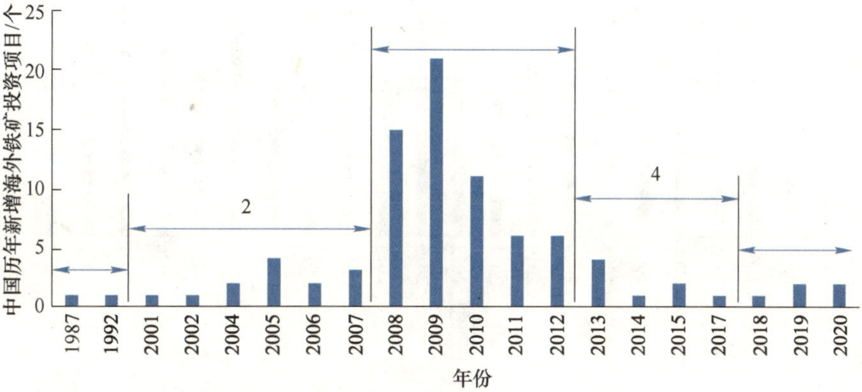

数据来源：China Global Investment tracker、上海钢联

图 12-2　中国历年新增海外铁矿投资项目情况

一、第一阶段（1980—2000 年）

中钢集团前身中国冶金和首钢分别在澳大利亚和秘鲁投资了恰那铁矿项目和首钢秘鲁马科纳项目。虽然经历了许多挫折，但这两个项目至今仍然是中国海外铁矿投资的成功范例。海外铁矿投资主要受到政策驱动，市场驱动的影响相对较少。恰和秘铁两个项目都被赋予了超越铁矿石的政治意义。其中，恰那铁矿是中国海外首个重大矿产资源投资项目，合营 30 年以来，很多党和国家领导人都曾到访过恰那项目。恰那铁矿已经被视为中澳经济相连的纽带和中澳两国的友好交往的平台，也成了双方关系的象征。

二、第二阶段（2001—2007 年）

少数企业意识到铁矿石资源的价值，开始了海外探索。相比第一阶段，成规模投资项目的数量上升明显，从第一阶段的年均 1 提高到此阶段的年均 2. 13。这段时间海外铁矿的投资依然以中央控股的央企为主，其中宝钢是最早走出去的企业之一，通过在合适的时机与国际矿山合作，获得了稳定的铁矿石保障体系。为了获取稳定的铁矿石供应，2003 年宝钢作为中国企业的代表首次加入了三大矿山铁矿石长协谈判，中国对铁矿石的大量需求打破了多年来的供需平衡，然而日本钢厂新日铁依然掌握了谈判主导权，新日铁每年有大量权益矿，年度长协价格从 2004 年开始快速增长。

在投资趋势变化的背后，是全球经济上行，中国钢铁产量高速增长的时代背景。2000—2007 年，中国粗钢产量从 1. 26 亿吨增长到 4. 93 亿吨，粗钢产量翻了四倍（图 12-3）。钢厂对进口铁矿石的需求爆发式增加，2000 年中国铁矿石进口只有 7000 万吨不到，2003 年就达到近 1. 5 亿吨，翻了一番，2008 年扩大到 4 亿吨。铁矿石进口需求急剧扩张。截至

2023年底，中国的粗钢产量已经达到了10.19亿吨。

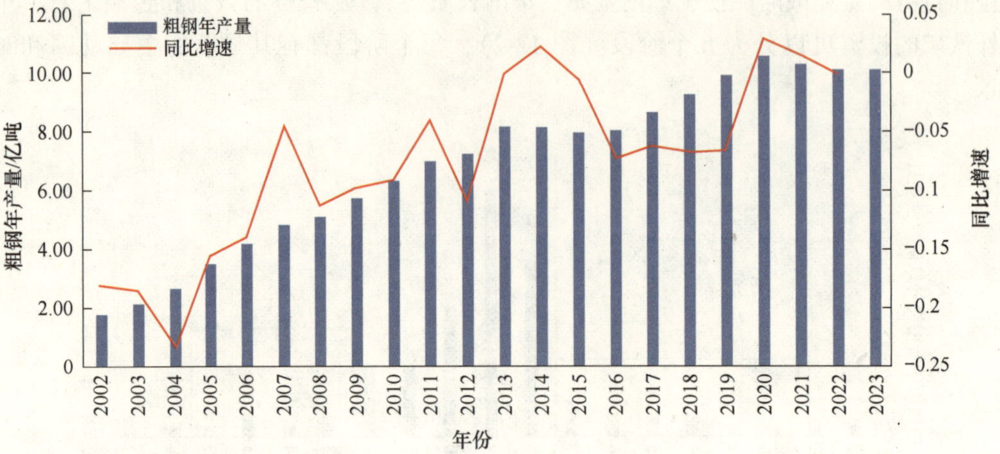

数据来源：上海钢联

图12-3 中国粗钢产量和增速

三、第三阶段（2008—2012年）

第三阶段是中国海外铁矿投资的高峰，大量企业意识到铁矿石资源的价值，对外投资的主要动因转变为市场驱动的企业自主行为。跨行业投资趋势明显，出现了大量不与采矿业和钢铁行业相关的民营企业对海外铁矿项目进行投资，并且投资铁矿石资源的方式更加丰富。投资方式主要包括全资收购、参股成为股东并获得协议矿供应量、与铁矿石生产商组建合资公司开发矿山、战略层面参股但并不一定直接获得协议量等。比较前两个阶段的资源获取方式，这一阶段的方式更加灵活和务实。同时，2008年受全球金融危机影响，大量国外矿业公司出现资金压力，十分需要中国资金注入。而中国企业受金融危机冲击较小，在经历第二阶段后，对投资海外矿山意愿较高，双方一拍即合。据不完全统计，2008—2012年间，中国在海外投资的铁矿项目超过50个，金额超过150亿美元（不含中铝入股RioTinto）。其中，比较重要的海外铁矿并购项目有2008年中铝斥资145亿美元入股RioTinto，可惜的是最后以RioTinto毁约收场。国有钢厂在这个阶段依然是并购的主力，其中武钢集团在2009年接连以低价收购澳洲CXM矿业、WPG矿业公司和巴西MXX矿业。民营钢厂湖南华菱在2009年成功收购FMG17%的股份，后者在中国市场需求的拉动下，成为世界第四大矿山。

四、第四阶段（2013—2017年）

本阶段，投资趋势由供需关系主导，国内供给侧结构性改革，需求下降使得中国企业大幅减少对采矿业的对外直接投资。我国矿业对外直接投资持续下降，进入调整阶段。全球经济增速放缓，大宗商品市场持续低迷，铁矿石价格从140美元的高位逐渐下降，全球矿业进入深度调整期。2015年，中央政府针对钢铁和铁矿石等行业产能过剩严重的问题提出供给侧结构性改革。认为钢铁供给体系与需求侧严重不配套，中低端产品过剩，高端产品供给不足。此外，中国钢铁的供给侧集中度和产能利用率低，导致钢铁行业盈利低迷。供给侧改革以来，中国粗钢产量出现了负增长，需求的持续低迷让铁矿石价格低位徘徊（图 12-4），中国企业对海外铁矿的投资动机不足。海外投资多数为存续项目的后续投资，包括宝钢 2014 年 10 亿美元收购其在 2009 年入股的 AquilaResources，山钢收购即将破产退市的非洲矿业 75%的股份，达成对其唐克里里铁矿的 100%控股。比起前三个阶段，第四阶段的投资以对存续项目的重启和整合为主，新增项目相对较少。

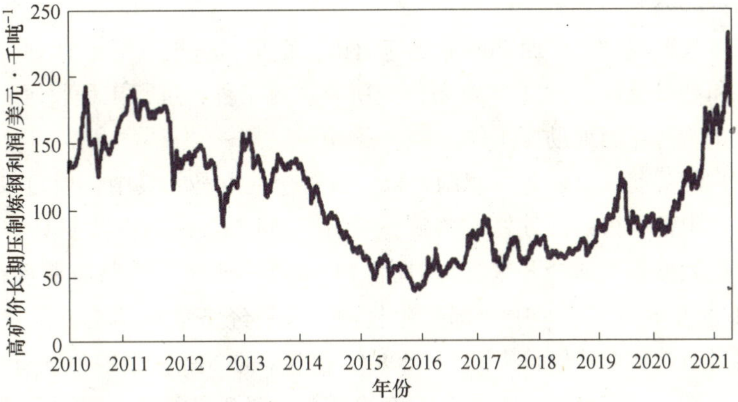

数据来源：上海钢联

图 12-4　2010 年至今铁矿石价格走势

五、第五阶段（2017 年至今）

第五阶段投资趋势依然是以对存续项目的重启和整合为主。2017 年“一带一路”之后，受政策驱动，中国对外直接投资恢复，采矿业也开始了新一轮的尝试。铁矿投资相比其他矿种项目数量提升有限，一是由于前期投资的大量失败和低迷的铁矿石价格，市场驱动力不足。二是国内供给侧结构性改革依然在不断深化。2019 年，巴西矿山 Vale 发生溃坝事故，铁矿石供需平衡被打破，价格大幅攀升，钢铁生产企业利润下降。2020 年以来，受新冠疫情影响，三大矿山供应减少，铁矿石价格高位徘徊。持续两年的高价铁矿石再度激发了对海外铁矿的投资欲望，投资金额和数量再次上升。

第三节　重点企业海外投资案例分析

一、案例 1：中信泰富购买西澳铁矿石资源

宣布时间：2006 年 3 月。

现状结果：收购成功。但收购后项目生产已经公告延期三次，从预定投产的 2009 年上半年一直拖延至今不能开始正式生产。总投资成本已从原来预计的 42 亿美元上升到

2012 年的 78 亿美元。公司最近公告于 2013 年下半年争取开始正式生产。

投资结果：矿山尽职调查不够全面。磁铁矿含铁品位低，需要当地开采并当地选矿，极大增加了成本。澳洲主流矿山避免开采此类资源，而专注于无需当地选矿可直接销售的赤铁矿为开发资源。中信泰富收购该铁矿资源时，未充分考虑当地选矿所需的资本支出（包括选矿时需要的海水淡化厂的建设），导致成本失控。

二、案例 2：中钢收购澳洲中西部矿业

宣布时间：2008 年 3 月。

现状结果：收购成功，中西部矿业迅速退市。但项目进展落后于计划，无法打通矿石开采后的铁路和港口瓶颈，2011 年宣布停止所有在建工程，进行工程收尾；中钢关闭在当地办事处，停止所有在当地勘探工作。

投资结果：购买前项目矿业尽职调查未完成，仓促上马。其中，项目未考虑矿产所在地的运输瓶颈。中钢获得的两处铁矿资源，只有 Weld Range 的赤铁矿具有开采价值（另一处磁铁矿质量太低，不适合开采），但距港口 1000 多千米，铁路需要重新修缮或重建。中钢最终于 2008 年 6 月完成对中西部矿业收购，随后经济危机爆发。虽然中西部及时退市，但同类型当地铁矿企业股价下跌到 2008 年上半年的 20%。中钢为国有大型贸易企业，在矿业项目的运作上没有经验，为了在矿价的高涨时期锁定资源，进行大规模的全资直接敌意收购，使自己处于不利境地。

案例经验总结：一是并购开始前缺乏对能源和金属产品市场周期的了解，进入时间，投产时间和市场需求高点错配；二是并购前对资源本身质量尽职调查不够充分，急于获取资源而忽视考察资源形成生产能力之后的成本竞争力和投资环境的适当评估；三是并购中缺乏对目标国政治和舆论力量的影响力和沟通能力；四是并购中缺乏同收购目标管理层的沟通能力；五是并购结束后缺乏对在目标国运作项目的能力，试图移植中国的基建和开采模式往往铩羽而归。

第四节 进口铁矿石在国内的再加工情况

一、选矿厂中进口矿的再加工

随着我国钢铁产业的高质量发展要求以及日趋严格的环保、低碳政策要求和高炉大型化趋势，促使钢铁企业更倾向于使用高品位铁矿石。我国作为全球最主要的铁矿石进口国和消费国，而全球铁矿石资源在经过多年的开发利用后，高品位铁矿石资源正在日益减少，因此在高品位铁矿石需求逐步增加的背景下导致高低品位铁矿石价差总体扩张，为解决高品位矿总体供应不足和价格偏高的问题，国内企业在现有政策允许的范围之内，选择电力基础设施相对发达的沿海沿江地区布局铁矿石选矿及尾矿处理工厂，对非洲、中东等地区的易选、中高品位磁铁矿进行低品位矿再加工，具有较好的市场前景和资源基础。

（1）从可选品种和成品用途上看，2021 年中国铁矿石进口总量 11.2 亿吨，其中可选

品种进口量大约1.26亿吨，实际用来选矿的量为5194万吨，占可选矿进口量的41%。从实际选矿的品种上看，巴西粗粉加上CFFT占到实际用来选矿量的70%，其中巴粗选矿量达到2075万吨，巴西CFFT全部用来选矿；剩下磁铁矿各品种的选矿量则比较分散，总占比只有25%。

（2）从需求的角度看，目前绝大部分的选后成品矿主要还是用于烧结。主要原因是目前的成品矿主要以烧结精粉为主，若用于造球精粉，则还需要增加一道碾磨工艺，会增加选厂加工成本；且目前国内精粉造球的资源相对充裕，因此外选厂所选的成品精粉更多应用于烧结。

（3）从选矿利润上看，选矿成品矿的定价主要参照62%和65%品位价差（图12-5），近三年62%~65%品位铁矿石价差整体呈现扩大趋势，多数时间两者的价差在100~200元/吨，峰值时两者价差可达到近500元/吨；2017年6月至2021年底，选矿平均利润大约在65元/吨附近，最低值为-147元/吨，最高利润值达到400多元/吨，为选矿企业带来了较可观的利润（图12-6）。

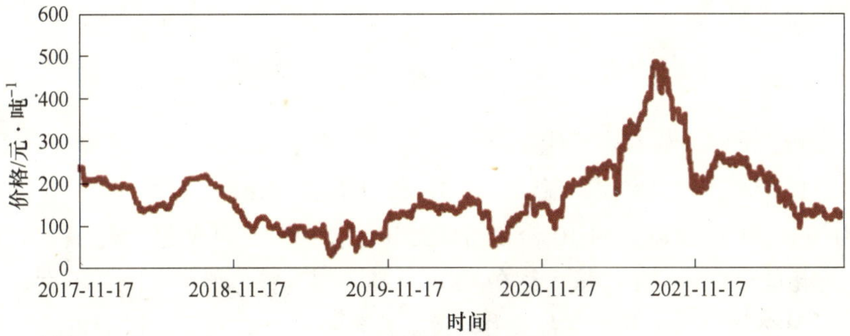

来源：Mysteel

图12-5　62%~65%品位精粉价差

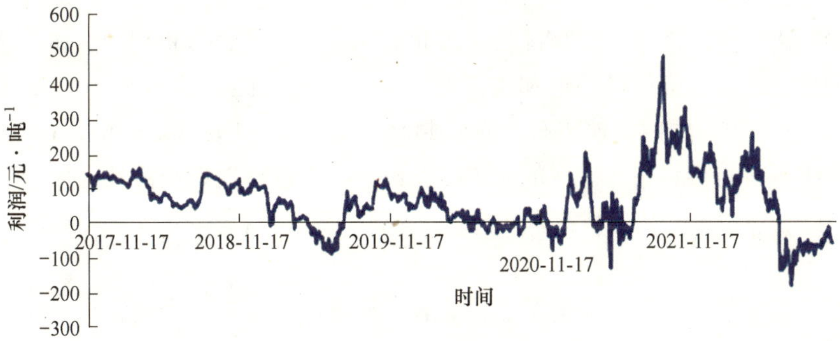

图12-6　65%品位成品精粉利润

（4）从选矿产能上看，由于外选厂的投资回报整体较好，近两年在沿海沿江区域陆续有新的外选厂投产，截至2021年中国选矿厂数量为56家，年选矿产能约1.37亿吨/年，对应铁精粉产品总产能约8150万吨/年，主要分布在河北、江苏、山东和安徽四省。从未来生产预期来看，目前外选厂项目投资仍在增长，已有多家企业规划建设外选厂项目，部分旧的外选厂也计划扩张产能。随着高品质原矿精粉供需矛盾的日益突出，选矿业务在较长时间内将保持较高的利润空间，选矿产能总体上也将持续扩张。

二、进口矿混矿业务

全球已知的含铁矿物多达260多种，现阶段具备较好的开采利用条件与经济价值的主要是四种：磁铁矿、赤铁矿、褐铁矿、菱铁矿。由于生产矿山企业的不同，各矿山企业根据矿石产品的特点和企业的习惯方式为各自产品命名，市场中的不同品名的铁矿产品有近百种。不同矿山的矿物品质在矿石品位、粒度和杂质含量等多方面的差异较为明显，甚至同一矿山不同的作业面开采出来的矿物品质差异都很大，因此为了满足高炉的长期顺产使用要求和铁水成本的经济性要求，一般钢铁企业会选择不同的矿石品种进行充分混匀后再使用。其中最经典的混矿品种便是力拓的皮尔巴拉混合矿，即PB矿。

近年为了进一步满足中国钢厂客户多样化的需求和扩大销售影响力，淡水河谷、力拓和英美资源等大型矿山将其“矿山”前移，在中国港口进行选矿；同时，中国部分贸易企业也开始在港口进行混矿。

1. 海外矿山企业在中国的主要混矿品种

由于英美资源的3A粉在市场上的接受度较低，目前基本处于停产状态，目前海外矿山在中国港口的混矿产品为淡水河谷的BRBF和力拓的RBBF。

（1）力拓RTBF主要以其SP10粉和加拿大IOC精粉混合而成的，该品种为2019年出的非标产品。力拓的RTBF的年产量大约在1000万吨，但其整体增产空间并不大，主要受制于其IOC精粉产量全年仅700万吨左右，力拓暂未找到补充IOC精粉供应缺口的更好品种。

（2）BRBF是目前海外大型矿山在中国最主要的混矿产品，2021年在中国港口的混矿量约8000万吨。巴西和澳大利亚是中国主要的铁矿石进口来源国，其中澳大利亚矿石基本在发运前已完成混矿加工，而巴西矿山因为南北矿区矿山品位差极大，北部矿区产高品质低硅卡粉、南部矿区产中低品高硅粉，南北矿区路上距离约3000 km。如果选择在巴西港口进行混矿，巴西北部伊塔基港和南部图巴朗港的海运距离约1650 n mile（1 n mile=1852 m），相比在巴西国内将铁矿石运输至少1650 n mile（1 n mile=1852 m）进行混矿作业后再发往中国，直接将南北矿区的铁矿石发运到中国进行混矿经济性更优。

2. 中国企业的主要混矿品种

国内目前混矿规模比较大的混配品种为五矿河钢粉和五矿混合粉，该品种是由中国五矿集团主导的混矿品种，其混矿基地位于曹妃甸港口；该项目由中国五矿集团、曹妃甸港集团和河钢集团等共同投资运营，目标为建设交易规模为1亿吨级矿石混配交易中心。2020年一期的粗混产品已正式产出，目前粗混产量约2000万吨/年。由于股东企业在采购渠道和物流等方面的影响力优势，目前河钢粉和五矿混合粉的销售对象多为钢厂的长协采购需求，其低品的五矿粉性价比较高，比市场上同类产品价格低10元/吨左右。在钢铁企业对入炉矿石质量和经济性的综合平衡下，不同类型矿石进行混配使用已是行业趋势；但在环保压力下部分环境敏感区域钢厂的铁矿石原料堆场被迫迁移。在此条件下，未来部分具备条件的大型港口将一定程度上承担钢厂的铁矿石堆场功能，在港口为钢厂量身进行矿石精混业务将是发展趋势。

附：国内外铁矿石期货合约介绍

1. 大连商品交易所铁矿石期货合约

大连商品交易所铁矿石期货合约见表1。

表1　大连商品交易所铁矿石期货合约（适用于铁矿石I2205及以后合约）

交易品种	铁矿石
交易单位	100吨/手
报价单位	元（人民币）/吨
最小变动价位	0.5元/吨
涨跌停板幅度	上一交易日结算价的4%
合约月份	1—12月
交易时间	每周一至周五9：00—11：30、13：30—15：00，以及交易所规定的其他时间
最后交易日	合约月份第10个交易日
最后交割日	最后交易日后第3个交易日
交割等级	大连商品交易所铁矿石交割质量标准（F/DCE I004—2021），可交割品牌和品牌升贴水由大连商品交易所另行规定
交割地点	大连商品交易所铁矿石指定交割仓库及指定交割地点
最低交易保证金	合约价值的5%
交割方式	实物交割
交易代码	I
上市交易所	大连商品交易所

注：①交易所可以根据市场情况调整各合约涨跌停板幅度和交易保证金标准。当前各合约交易参数详见www.dce.com.cn/dalianshangpin/yw/fw/ywcs/jycs/rjycs/index.html；

②日盘交易分三个交易小节，分别为第一节9：00—10：15、第二节10：30—11：30和第三节13：30—15：00；

③本品种已开展夜盘交易，夜盘交易时间为21：00—23：00。

2. 大连商品交易所铁矿石交割质量标准（F/DCE I004—2021）

（根据〔2021〕9号文件，此标准自铁矿石I2205合约开始施行）

1　主题内容与适用范围

1.1　本标准规定了用于大连商品交易所交割的铁矿石质量要求、试验方法、检验规则和运输要求等。

1.2　本标准规定的铁矿石是指天然开采的铁矿石经过破碎、选矿等工序之后，形成的用于生产铁矿石烧结矿、球团矿等人造块矿的粉矿和精矿。

1.3 本标准适用于大连商品交易所铁矿石期货合约交割标准品和替代品。

2 规范性引用文件

下列文件中的条款通过本标准的引用而成为本标准的条款。凡是注日期的引用文件，其随后所有的修改单（不包括勘误的内容）或修订版均不适用于本标准。凡是不注日期的引用文件，其最新版本适用于本标准。

GB/T 6730.5—2007 铁矿石全铁含量的测定

GB/T 6730.61—2005 铁矿石碳和硫含量的测定

GB/T 6730.62—2005 铁矿石钙、硅、镁、钛、磷、锰、铝和钡含量的测定

GB/T 10322.1—2000 铁矿石取样和制样方法

GB/T 10322.5—2000 铁矿石交货批水分含量的测定

GB/T 10322.7—2004 铁矿石粒度分布的筛分测定

3 术语和定义

GB/T 20565 确立的术语和定义适用于本标准。

4 质量要求

4.1 标准品质量要求

标准品质量要求见表1。

表1 标准品质量要求

指标	质量标准
铁（Fe）	61.0%
二氧化硅（SiO_2）	4.5%
三氧化二铝（Al_2O_3）	2.5%
磷（P）	≤0.10%
硫（S）	≤0.03%

4.2 替代品质量差异与质量升贴水

替代品质量差异与质量升贴水见表2。

表2 替代品质量差异与质量升贴水

指标	允许范围	质量升贴水/元·吨$^{-1}$	
铁（Fe）	≥56.0%	[60.0%，63.5%]	与61%相比，每降低0.1%，扣价X；每升高0.1%，升价X
		[56.0%，60.0%]	与60%相比，每降低0.1%，扣价X+1.5，并与[60.0%，63.5%]扣价累计计算
		>63.5%	与63.5%相比，每升高0.1%，升价X+1.0，并与[60.0%，63.5%]升价累计计算

续表 2

指标	允许范围	质量升贴水/元·吨$^{-1}$	
二氧化硅（SiO_2）	≤8.5%	<4.5%	与 4.5%相比，每降低 0.1%，升价 0.5
		[4.5%，6.5%]	与 4.5%相比，每升高 0.1%，扣价 1.0
		[6.5%，8.5%]	与 6.5%相比，每升高 0.1%，扣价 1.5，并与 [4.5%，6.5%] 扣价累计计算
三氧化二铝（Al_2O_3）	≤3.5%	<1.0%	以 1.0%计价
		[1.0%，2.5%]	与 2.5%相比，每降低 0.1%，升价 2.0
		[2.5%，3.5%]	与 2.5%相比，每升高 0.1%，扣价 3.0
磷（P）	≤0.15%	[0.10%，0.12%]	与 0.10%相比，每升高 0.01%，扣价 10.0
		[0.12%，0.15%]	与 0.12% 相比，每升高 0.01%，扣价 15.0，并与 [0.10%，0.12%] 扣价累计计算
硫（S）	≤0.20%	[0.03%，0.10%]	与 0.03%相比，每升高 0.01%，扣价 1.0
		[0.10%，0.20%]	与 0.10% 相比，每升高 0.01%，扣价 5.0，并与 [0.03%，0.10%] 扣价累计计算

其中，二氧化硅（SiO_2）与三氧化二铝（Al_2O_3）合计不得超过 10%。铁（Fe）指标质量升贴水中 *X* 数值的确定方法、公布和实施时间如表 3。

表 3　*X* 数值的确定方法及公布和实施时间

公布时间	*X* 数值的确定方法	实施时间
每年 3 月最后 1 个交易日	取自上一年 9 月第 11 个交易日至当年 3 月第 10 个交易日之间每日的最近交割月份合约的当日结算价，计算算术平均值。若该值小于 600 元/吨，则 *X* 为 1.0 元/吨；若该值大于等于 600 元/吨且小于等于 1200 元/吨，则 *X* 为 1.5 元/吨；若该值大于 1200 元/吨，则 *X* 为 2.0 元/吨	自当年 10 月第 1 个交易日至次年 3 月最后 1 个交易日
每年 9 月最后 1 个交易日	取自当年 3 月第 11 个交易日至当年 9 月第 10 个交易日之间每日的最近交割月份合约的当日结算价，计算算术平均值。若该值小于 600 元/吨，则 *X* 为 1.0 元/吨；若该值大于等于 600 元/吨且小于等于 1200 元/吨，则 *X* 为 1.5 元/吨；若该值大于 1200 元/吨，则 *X* 为 2.0 元/吨	自次年 4 月第 1 个交易日至次年 9 月最后 1 个交易日

4.3　铁矿石采用干基计价，水分是扣重指标。实物交收时，实测水分按四舍五入至小数点后一位扣重（例如，实测水分为 6.32%，扣重 6.3%）。

5　试验方法、检验规则

5.1　试样的采取和制备按照 GB/T 10322.1—2000 的规定执行；

5.2　铁含量的测定按照 GB/T 6730.5—2007 的规定执行；

5.3　二氧化硅、三氧化二铝、磷含量的测定按照 GB/T 6730.62—2005 的规定执行；

5.4 硫含量的测定按照 GB/T 6730.61—2005 的规定执行；

5.5 粒度的测定按照 GB/T 10322.7—2004 的规定执行；

5.6 水分的测定按照 GB/T 10322.5—2000 的规定执行。

6 运输要求

铁矿石产品用洁净的火车车厢、汽车车厢、轮船船舱或其他运输工具装运。

7 附加说明

7.1 本标准由大连商品交易所负责解释。

8 可交割品牌

可交割品牌信息见表 4。

表 4 可交易品牌信息（自 I2312 合约开始施行）

品牌简称	品牌名称	生产厂家	品牌升贴水（元/吨）
鞍钢精粉	鞍钢矿业精粉	鞍钢集团矿业有限公司	0
河钢精粉	河钢矿业精粉	河北钢铁集团矿业有限公司	0
本钢精粉	本钢矿业精粉	本溪钢铁（集团）矿业有限责任公司	0
太钢精粉	太钢岚县铁精粉	太原钢铁（集团）有限公司矿业分公司	0
马钢精粉	宝武马钢精粉	安徽马钢矿业资源集团有限公司	0
五矿标准粉	五矿标准粉	中国五矿集团（唐山曹妃甸）矿石控股有限公司	0
卡拉拉精粉	Karara Standard Magnetite Concentrate	KARARA MINING LTD	0
卡拉加斯粉	Carajas Iron Ore	VALE INTERNATIONAL S. A.	15
乌克兰精粉	AGGLOMERATE IRON ORE CONCENTRATE	METINVEST INTERNATIONAL S. A.	0
KUMBA	KUMBA STANDARD FINE ORE	Kumba Singapore（Pte）Ltd.	0
BRBF	Brazilian Blend Fines	VALE INTERNATIONAL S. A.	15
	巴西混合粉	淡水河谷金属（上海）有限公司	
纽曼粉	NEWMAN HIGH GRADE FINE ORE	BHP Billiton Marketing AG（Singapore Branch）	0
PB 粉	PILBARA BLEND FINES	Rio Tinto Commercial Pte. Ltd.、Robe River Ore Sales Pty. Ltd. 和 Hope Downs Marketing Company Pty. Ltd.	15
IOC6	IRON ORE FINES-IOC6	CSN MINERACAO S. A.	0
麦克粉	MAC FINE ORE	BHP Billiton Marketing AG（Singapore Branch）	0
罗伊山粉	ROY-F	Roy Hill Iron Ore Pty Ltd.	0
金布巴粉	JIMBLEBAR BLEND FINE ORE	BHP Biliton Marketing AG（Singapore Branch）	0

续表 4

品牌简称	品牌名称	生产厂家	品牌升贴水（元/吨）
SP10 粉	SP10F	Rio Tinto Commercial Pte. Ltd. Robe River Ore Sales Pty. Ltd. Hope Downs Marketing Company Pty. Ltd.	0
FMG 混合粉	FORTESCUE BLEND FINES	CHICHESTER METALS PTY LTD	0
杨迪粉	YANDI FINE ORE	BHP Billiton Marketing AG（Singapore Branch）	0
超特粉	SUPER SPECIAL FINE	CHICHESTER METALS PTY LTD	0

3. 新加坡交易所铁矿石期货合约

新加坡交易所（SGX）的亚洲清算中心在 2009 年 4 月 27 日开始推出 OTC 铁矿石掉期结算服务。SGX 的铁矿石掉期合约每手 500 公吨，为 CFR 中国铁矿石实物。合约于每月底以现金结算，按合约月份 TSI 指数的铁矿石参考价格的简单平均价进行计算，保留至小数点后两位数。目前新交所已经为全球超过 90%的 TSI 铁矿石掉期提供结算服务。为了满足矿石和钢铁产业不断增长的风险管理需求，新交所不仅又推出了铁矿石期货，还于 2012 年 9 月 10 日推出了 OTC 的铁矿石期权。新加坡交易所铁矿石掉期和期货规则见表 1。

表 1　新加坡交易所铁矿石掉期和期货规则

<table>
<tr><th>合约规格</th><th colspan="6">铁矿石</th></tr>
<tr><td>交易品种</td><td colspan="2">新交所 TSI 铁矿石 CFR 中国（62%品位）</td><td colspan="2">新交所 MB 铁矿石 CFR 中国（65%品位）</td><td>新交所普氏铁矿石 CFR 中国（块矿溢价）</td><td>新交所 MB 铁矿石 CFR 中国（58%品位）</td></tr>
<tr><td></td><td>掉期/期货</td><td>掉期期权/期货期权*</td><td>掉期/期货</td><td colspan="2">掉期期权/期货期权*</td><td>掉期/期货</td></tr>
<tr><td>报价代号</td><td>FE/FEF/FEFTR（参考交易）**</td><td>CFE，PFE/CFEF，PFEF</td><td>M65/M65F</td><td colspan="2">CM65，PM65/CM65F，PM65F</td><td>LP/LPF</td></tr>
<tr><td>合约规模</td><td>500 公吨/100 公吨</td><td>500 公吨/100 公吨</td><td colspan="2">500 公吨/100 公吨</td><td>500 公吨/100 公吨</td><td>500 公吨/100 公吨</td></tr>
<tr><td>合约月份</td><td>4 个日历年</td><td>4 个日历年</td><td colspan="2">3 个日历年</td><td>2 个日历年</td><td>2 个日历年</td></tr>
<tr><td>NLT</td><td>无/5 手</td><td>无/5 手</td><td colspan="2">无/5 手</td><td>无/5 手</td><td>无/5 手</td></tr>
<tr><td>最后交易日</td><td colspan="6">当月最后一个新加坡营业日</td></tr>
</table>

续表 1

合约规格	铁矿石				
最终结算价格（FSP）	采用钢铁指数（TSI）铁矿石 CFR 中国（62% 品位）价格的平均值进行现金结算，四舍五入至小数点后两位	在行权时现金结算。认购期权价值等于掉期/期货的最终结算价格减去行权价。认沽期权价值等于行权价减去掉期/期货的最终结算价格	采用 MBIOI 65% 巴西铁粉 CFR 青岛指数价格的平均值进行现金结算，四舍五入至小数点后两位	在行权时现金结算。认购期权价值等于掉期/期货的最终结算价格减去行权价。认沽期权价值等于行权价减去掉期/期货的最终结算价格	采用普氏每周铁矿石现货块矿溢价 62.5% CFR 中国指数价格的平均值进行现金结算，四舍五入至小数点后四位
彭博社价格信息	IORA Comdty/SCOA Comdty	IORA Comdty OMON/SCOA Comdty OMON	MFSA Comdty	MFSA Comdty OMON	LPLA Comdty
路透社价格信息	O#SGXIOS/SZZF	无	O#SLPF	无	O#SLPF
清算假期	新加坡和英国共同假期				

4. 芝加哥交易所铁矿石期货合约规格

芝加哥交易所铁矿石期货合约规格见表 1。

表 1 芝加哥交易所铁矿石期货合约规格

合约规模	500 千公吨	
报价单位	美元美分/千公吨	
交易时间	CMEGLOBEX 电子交易：	周日至周五，美东时间下午 6：00—下午 5：00（下午 5：00—下午 4：00，芝加哥时间/美中时间），每天从美东时间下午 5：00（美中时间下午 4：00）开始有 60 分钟短暂休市时间
	CMECLEARPORT：	周日至周五，美东时间下午 6：00—下午 5：00（下午 5：00—下午 4：00，芝加哥时间/美中时间），每天从美东时间下午 5：00（美中时间下午 4：00）开始有 60 min 短暂休市时间
最小价格波幅	每千公吨 0.01 美元	
产品代码	CMEGLOBEX 电子交易：TIO CMECLEARPORT：TIO 清算所（CLEARING）：TIO	
上市合约	本年和接下来三年的月度合约。本年的 12 月合约交易终止后，上市新一年的月度合约	

续表 1

结算方法	财务结算
浮动价格	各合约月份的浮动价格等于该月份钢铁指数公司（THESTEELINDEX）发布的“62%品位铁矿石-CFR 中国港”所有评估价格的平均值
交易终止	交易于合约月份的最后一个营业日终止，营业日根据新加坡公共假期日历而定。若合约月份的最后一个营业日为新加坡公共假期，则交易于前一个交易日终止
头寸限制	COMEX 头寸限制
交易所规则手册	COMEX 规则手册第 919 章
大宗最小限额	大宗交易最低门槛

5. FEX 铁矿石期货交易

FEXGlobal 是一家总部位于澳大利亚的期货交易所，获准提供一系列基于能源、环境交易类和大宗商品的期货和期权合约，并由芝加哥商业交易所（CME）提供中央清算服务。为了加强亚太地区的风险管理以及促进投资的便利，FEXGlobal 一直致力于寻求为亚太地区的市场参与者和用户提供更大的产品相关性。

目前，FEX 推出的铁矿石期货合约以澳元为基准，每手为 50 t。

6. 美国洲际交易所 ICE 铁矿石掉期交易

美国洲际交易所 ICE 于 2009 年 11 月份宣布推出铁矿石掉期合约，并用普氏 IODEX62%Fe 指数来结算。ICE 结算的铁矿石掉期交易合约见表 1。

表 1　ICE 结算的铁矿石掉期交易合约

项目	铁矿石掉期合约（普氏）62%铁含量
合约代码	ORE
合约时间	24 个月
合约规模	每手 1000 干公吨
交易单位	手
货币	美元及美分
最低价格变动	每干公吨 1 美分（0.01 美元）
结算价格	每干公吨 1 美分的十分之一（0.001 美元）
最后交易日	结算期后的第一个工作日
固定价格	交易价格或前一日结算价格
浮动价格	就每日结算而言，浮动价格将由 ICE 根据多个来源获得的价格数据来确定，包括现货和金融产品的现货市场、期货市场及衍生品市场

续表 1

最后结算	就最后结算而言，浮动价格将为每公吨美元及美分价格，依据的是确定期内每日公布在“普氏金属快讯（PMA）”的 IODEX 铁矿粉 62%铁含量 CFR 中国北方” 标题下的相关每日高/低报价的平均数。ICE 将采用日历月中第一公布价格的平均数来算出最后的现金结算价格。如果新加坡公共节假日恰逢最后的每月公布日，最后的每日报价将于节假日前最后一个工作日新加坡时间 20：00（GMT 时间 12：00）在 PMA 上公布
最后结算时间	普氏公布的最后价格将于日历月最后一个工作日新加坡时间 20：00（GMT 时间 12：00）在 PMA 上公布。如果新加坡公共节假日恰逢最后的每月公布日，最后的每日报价将于节假日前最后一个工作日新加坡时间 20：00（GMT 时间 12：00）在 PMA 上公布
初始保证金	会员/套期保值者：4000 美元； 非会员：4200 美元
跨品种价差	1000 美元